作者简介

高鸿宾,张家口市文物考古研究所副研究馆员、河北省文物考古学会会员、河北省博物馆学会会员、张家口历史文化研究会理事、张家口察哈尔文化研究会理事。编著及参与编著的作品有:《河北长城游》《话说京西第一》《张家口历史文化丛书》之《丰富的文物》《独特的古戏楼》《现存的古长城》《悠久的历史》《中国长城年鉴》(张家口特邀撰稿人)、《河北省明代长城碑刻辑录》《中国赤城历代碑匾刻辑录》《张家口考古文集》《河北省文化志·张家口文物篇》《河北省长城志·张家口明代长城》《张家口文物保护单位通览》《可爱的张家口》等。

内 容 提 要

《清实录·察哈尔卷》(附宣化府·口北三厅)是一部大型历史文献工具书,内容取材于《清实录》中有关察哈尔、宣化府、口北三厅在大清十二朝的实录记载,包含历朝皇帝上谕和大臣奏疏及皇帝的巡幸、战事等活动,涉及政治、经济、文化、军事、外交及自然现象等众多方面。全书按清代历朝分为十二卷,加附表,近82万余字,是了解、研究清代张家口区域内历史最为准确、详实、便捷的史料典籍。可作为察哈尔历史研究学者和广大教师从事教学及高等院校文科学生学习、研究察哈尔历史之用。

上 卷

张家口市文物考古研究所、张家口察哈尔文化研究会　主编

清实录·察哈尔卷
（附宣化府·口北三厅）

高鸿宾　点校辑纂

天津出版传媒集团

天津古籍出版社

图书在版编目（CIP）数据

清实录·察哈尔卷：附宣化府·口北三厅 / 高鸿宾
点校辑纂. -- 天津：天津古籍出版社，2017.7
　　ISBN 978-7-5528-0538-3

　　Ⅰ. ①清… Ⅱ. ①高… Ⅲ. ①中国历史－史料－清代
Ⅳ. ①K249.06

中国版本图书馆CIP数据核字(2017)第153073号

清实录·察哈尔卷：附宣化府·口北三厅

高鸿宾/点校辑纂
张家口市文物考古研究所、张家口察哈尔文化研究会/主编

出版人/张玮

天津古籍出版社出版
（天津市西康路35号　邮编300051）
http://www.tjabc.net

天津金彩美术印刷有限公司印刷
全国新华书店发行
开本 787×1092 毫米 1/16　印张 75　字数 939 千字
2017 年 7 月 第 1 版　2017 年 7 月 第 1 次印刷
ISBN 978-7-5528-0538-3　　定价：280.00元（上、下卷）

《清实录·察哈尔卷》(附宣化府·口北三厅)
编纂委员会

主　任：王培生
顾　问：杨文宝　刘文锦　刘　徙
副主任：高鸿宾
委　员：(以姓氏笔画为序)

　　　　王晓平　王雁华　龙　岩　邓小洁　冯国良　冯　超
　　　　刘文清　李现云　李　军　张苗苗　张益嘉　赵　婕
　　　　高　霞　高素英　郭怡星　逯慧承　梅　晨　焦春金
　　　　裴　蕾　魏惠平

总 目

序 言

前 例

凡 录

目 文

正 件

附 表

附 图

附 后 记

序

欣闻张家口市文物考古研究所副研究馆员、察哈尔文化学者高鸿宾先生,利用近四年的时间,从鸿篇巨帙的《清实录》中将有关察哈尔的记载检索、辑录、点校成卷,辑纂出《清实录·察哈尔卷》(附宣化府·口北三厅),付梓出版之际,张家口市文物考古研究所、张家口市察哈尔文化研究会邀我为其作序,感怀家乡对我这远在外乡的察哈尔人的信任,同时,由衷地想为家乡做些事情,更何况这部书关乎察哈尔历史文化研究,与我多年所研究的课题正相契合,于是便欣然命笔了。

察哈尔部是蒙古族一个特殊的部落,根据国内外察哈尔历史文化学者研究,其起源是成吉思汗时期选拔贵族优秀子弟及白身中有特异才能者所组建的蒙古汗庭禁卫军,史称"怯薛"军。至北元中兴之主达延汗(巴图蒙克,1473—1517)1480年重新统一漠南蒙古后,将汗廷驻帐察哈尔万户,并确定察哈尔万户为蒙古大汗的历代继承者,从此察哈尔部成为蒙古大汗直控的中央万户,成为"黄金家族"官僚阶层的核心部分,并逐渐成为蒙古汗廷的代名词。

从明成化十六年(1480年)达延汗逐步统一漠南蒙古开始,至明崇祯七年、后金天聪八年(1634年)察哈尔部最后一任可汗——林丹汗病死甘肃打草滩(今甘肃天祝藏族自治县境内),在长达164年间,察哈尔部一直是蒙古各部的汗廷所在。虽然期间土默特部(察哈尔原始分支,右翼三万户之一）俺达汗（又称"阿拉坦汗"，达延汗三子巴尔斯博罗忒之子）也曾实际控制着大片蒙古地区，但察哈尔部由于一直为黄金家族嫡传汗嗣，而一直以蒙古汗廷自居，并接受蒙古各部及鄂托克（子部落）的尊崇和贡奉。在与明王朝的外交关系、冲突战事、贸易互市、封贡交往中，仍发挥着举足轻重的主导作用。

后金天聪九年（1635年）林丹汗之子额尔克孔果尔额哲率察哈尔残部归降满清，自成吉思汗以来，绵延400余年的黄金家族汗统蒙古国，至此终结。额哲因归降及献历代传国玉玺功，得配皇太极第二公主马喀塔为妻，受封固伦额驸和硕亲王，赐孙岛习尔哈地方居住（今辽宁省锦县、义县一带），所率亲众被编为扎萨克旗，以"察哈尔国"相称，位冠漠南蒙古四十九旗王公之上。此时，先于额哲归降的原察哈尔八大寨桑（头领，汉语"宰相"的蒙古译音）所领察哈尔部众，已于天聪八年（1634年）八月，按满洲八旗牛录（佐领）整编为"察哈尔八旗"，各旗设昂邦章京（总管，汉译"参领"）统领，分隶八旗蒙古及满洲贝勒。清崇德六年正月（1641年）额哲病卒，清顺治二年（1645年）额哲弟阿布鼐与寡嫂固伦公主（马喀塔）成亲，顺治五年（1648年）固伦额驸阿布鼐袭爵和硕亲王。康熙八年（1669年）阿布鼐因"无藩臣礼"被革去亲王，囚禁于盛京。同年，其子布尔尼袭爵和硕亲王。康熙十四年（1675年）布尔尼乘南方发生"三藩之乱"之机，举兵反清，兵败被杀，其子也于军前正法，女入官，其父阿布鼐被立绞，察哈尔部黄金家族嫡传子嗣遂绝。康熙帝又令将归附及掳来之察哈尔人，押解京城，分隶八旗满洲、蒙古佐领下为披甲（兵丁）。其老弱人丁，赏给参战受伤官兵。察哈尔国（布尔尼直属扎萨克旗）遂亡。将参与叛乱未遂的察哈尔左翼四旗从原驻防地宣化府调防河南府。康熙十五年（1676年），移其部众游牧于宣化、大同边（长城）外，定游牧察哈尔八旗，分左、右两翼，废止察哈尔部王公扎萨克旗制，改为总管旗制，总管由在京八旗官员内简任，由在京蒙古都统兼辖，隶于理藩院典属司。由外藩蒙古，变为内属蒙古。规定"此八旗在蒙古四十九旗外。官不得世袭,事不得自专,与各旗子民不同"。并陆续将归降的喀尔喀、厄鲁特、巴尔虎、苏尼特、乌拉特、伊苏特、茂明安、土尔扈特、科尔沁等部落零散部众编成数佐,安插于察哈尔八旗内,对察哈尔八旗进行分化、瓦解,使其组织成分发生了脱胎换骨的改变。从而既根除了蒙古汗庭权威对蒙古各部的影响力,又顾及了蒙古各部对原汗庭的情感归宿。以杀一儆百的方式,既震慑了归心未稳的蒙古各部,又剪除了旧蒙古王庭对新满清皇室的潜在威胁。采取了留其名以拢蒙人之心,去其实以绝不臣之念的怀柔羁縻策略。清乾隆二十六年(1761年)设察哈尔都统一人,驻扎张家口,由驻京蒙古八旗中精通满、蒙语言者和满洲八旗懂蒙语者充任,统辖八旗,兼管张家口驻防满、蒙军务。据《清乾隆实录》记载:察哈尔都统,驻扎张家口,总管察哈尔左、右两翼副都统、八旗总管;管辖满洲、蒙古官兵及张家口理事同知;节制宣府、大同二镇。不久又令其兼理阿尔泰军台、户部张家口税司署。察哈尔都统虽说只管军政,不理民事,但也位高权重,实为一方封疆大吏。从那时起,察哈尔不仅仅是指蒙古八旗部落,而且成为行政区域和军事建置的名称,并和张家口紧紧地联系在一起。成为大清王朝拱卫畿辅,震慑西北诸边的屏障与依托。

自清乾隆二十六年(1761年)设察哈尔都统,至清朝结束(1911年),150年间,无论是国内平叛、援疆戍边、抵御外侮,凡有战事,总有察哈尔八旗兵的身影,东讨西伐,南征北战,为大清朝的稳定与安宁立下了汗马功劳。而游牧察哈尔八旗及所属牧群,则成为大清国最大的军马繁殖和供宫廷御膳及坛庙祭品牛羊肉食、乳制品基地,百多年间提供战马不下数万匹。随着对俄边口贸易的开展,察哈尔所辖张家口,成为《中俄条约》中指定的俄、蒙商出入通道和贸易商埠,而由此带来的商业繁荣和人口聚居,迅速催发了张家口的城市发展,使之跻身于清朝对外贸易的北方重要陆路口岸之一。也奠定了察哈尔及张家口在大清朝乃至中国近现代史上的重要战略地位。

张家口坝上地区是清代察哈尔八旗主要游牧区，我的家乡河北省尚义县，正是察哈尔镶黄旗和正黄旗游牧地，也是张家口理事同知所辖民人垦荒聚居区。通往库伦和阿尔泰的军台线穿境而过，其中四台与五台均在县境内，现在的居民依然是当年守台蒙古台兵的后人。而县境内仍有不少地名沿用着当年察哈尔八旗时的名字，这种情况在张家口所属北部各县区中普遍存在。

张家口曾作为察哈尔都统驻扎地和民国察哈尔省政府所在地，历近200年，深受察哈尔文化的浸透与洗礼，其文化元素早已成为其地域文化特质的重要组成部分。所以开展对清代察哈尔文化的研究，对研究张家口历史具有特殊的意义。

张家口市文物考古研究所、张家口察哈尔文化研究会，以发掘研究察哈尔历史文化为使命，以拯救和传承察哈尔优秀传统文化为己任，广泛开展与察哈尔分布区各地的文化交流，资料搜集，推进学术研究。这些活动得到了中共张家口市委、市人民政府的大力支持，并审核批准了包括检索、辑录、点校、辑纂出版《清实录·察哈尔卷》（附宣化府·口北三厅）在内的察哈尔文化研究十年工作规划。《清实录·察哈尔卷》（附宣化府·口北三厅）正是在此背景下辑纂完成的学术成果。

虽然察哈尔建置撤销已近65年，察哈尔的印记在逐渐远去。但察哈尔文化悠远博大，内涵丰富，历史曾经存在，文化需要传承。这就需要我们深入发掘，不断研究，去揭示察哈尔文化精髓及精神内涵之所在。如果将察哈尔文化形容为大海，我衷心希望这部《清实录·察哈尔卷》（附宣化府·口北三厅）能成为帮人渡海的舟楫；如果把察哈尔文化当作是摩天大厦，那么希望这部书成为助人登顶的基石。该书既是史志，又是工具典藏。它的编纂出版，将为研究清代察哈尔历史提供最便捷的查阅途径，将是清代地方史学研究中一部最权威、最全面、最系统、最翔实的史料典籍，对张家口乃至国家清史研究具有里程碑式的深远意义。

《清实录·察哈尔卷》(附宣化府·口北三厅)的辑纂完成,对于张家口地方史学界来说,是一项文化遗产传承和地方史学研究的文化建设工程。虽然该书辑纂或难免存在一些瑕疵,但瑕不掩瑜,它毕竟令张家口察哈尔历史研究迈出了一大步,并填补了一个史籍空白。高鸿宾先生通过艰辛的努力,在如此短的时间里完成此项工作,其精神可嘉,毅力可赞。我们也希望,借助此书的付梓出版,能有更多有识之士受其精神感召,投入到历史文化的研究和保护当中,共同努力,将之发扬光大。

是为序。

全国政协外事委员会副主任

察哈尔学会创会主席

张家口察哈尔文化研究会荣誉主席

韩方明

2016年10月31日 于北京

前 言

清乾隆二十六年（1761年）十一月，设察哈尔都统（武职从一品），驻扎张家口。总管察哈尔左、右两翼副都统、八旗总管，管辖满洲、蒙古官兵及张家口理事同知、阿尔泰军台，兼理户部张家口税司署，节制宣府、大同二镇。至宣统三年（1911年）清王朝结束，历时一百五十年，察哈尔作为大清国的一个行政建置，其历史与张家口紧密相关。所以，研究张家口地方史，清代察哈尔的一百五十年应该是非常重要的历史时段，更是中国近现代史中不能忽视的组成部分。

在清代所著张家口地方史志典籍中，有成于康熙五十年（1711年）的《宣化县志》、成书于乾隆八年（1743年）的《宣化府志》、成书于乾隆二十三年（1758年）的《口北三厅志》等，这些地方史志均成书于察哈尔八旗都统设置之前，故而不涉及或涉及察哈尔八旗的信息甚少。而成书于民国二十四年（1935年）的《察哈尔省通志》，又对清代察哈尔八旗的记载较为笼统。所以，在研究清代察哈尔历史方面，张家口迄今为止尚没有一部全面、系统、权威的史料典籍。而记载清代察哈尔八旗历史最为翔实、准确的史料，当首推纂修于清代历朝的《大清历朝实录》（以下简称《清实录》）。

20世纪80年代，中华书局根据中国第一历史档案馆收藏的皇史藏大红绫本、上书房藏小黄绫本、北京大学图书馆收藏的定稿本、故宫博物院图书馆收藏的乾清宫小红绫本、辽宁省档案馆收藏的盛京崇谟阁大红绫本等版本，相互补充，出版了《清实录》影印本。该书之宏大为中国历代史书之最，堪称鸿篇巨著，它以编年体详尽记载了清代近三百年的用人行政和朝章国故，是清朝历代皇帝统治时期的大事纪。影印本包括《满洲实录》、太祖至德宗十一朝实录，以及附印的《宣统政纪》，从努尔哈赤至溥仪，共计四千四百三十三卷，套装全六十册，总计62357页，每页影印4个版面。而察哈尔八旗在清代历朝的信息，就夹杂散落其间。要了解和研究察哈尔八旗在大清朝近三百年中的形成、变化、地位、作用等情况，就需要从浩瀚的文字中进行大海捞针般的查阅，需要耗费相当的精力和时日。

2014年察哈尔都统署修缮竣工，根据中共张家口市委、市人民政府的要求，在都统署筹办《察哈尔历史陈例展》，编者有幸参与了展陈大纲的编撰以及展陈形式的策划设计工作。为了尽可能真实、全面、完整、准确地展示察哈尔历史，编者开始对《清实录》中有关察哈尔的记载进行梳理研究，有感于查阅工作之艰辛，遂产生了将《清实录》中有关察哈尔的记载进行检索、节选、辑录、点校、辑纂成卷的想法，以便日后方便查阅研究。在检索过程中编者又发现察哈尔都统与宣化府和口北三厅存在着千丝万缕的联系，于是又将涉及宣化府和口北三厅等和张家口有关的内容一并收入。凡历时四载，披阅点校数遍，终于从浩如烟海的原著中检索出相关资料82万余字，点校辑纂出这部《清实录·察哈尔卷》(附宣化府·口北三厅)。全卷以十二帝分历朝十二卷，并后附历任都统年表、副都统年表、宣化府历任总督、巡按、巡抚年表、直隶宣化镇总兵官年表、西迁新疆察哈尔八旗领队大臣年表。

察哈尔及张家口在清代具有重要的战略地位。正如察哈尔都统溥良所言："察哈尔居西北要冲，张家口当内外孔道，为畿辅之项背，库(库伦，即乌兰巴托)恰(俄罗斯恰克图)之后援。自来有事于西北者，莫不于张家口屯驻重兵，以资拱卫。"特殊的战略位置，一向深得清政府的重视，历任都统多由满洲皇亲贵族或蒙古侯爵担任。张家口作为察哈尔都统驻扎地，经一个半世纪的洗礼，其地域文化深受其影响，已成为张家口历史文化中重要的元素之一。可谓积淀深厚，内容丰富。故此，对察哈尔历史文化的研究，多年来一直是张家口历史、文史学术部门研究的重要课题，并具有广泛的社会基础。近年来一些社会有识之士通过文物收藏、旧文献研究、老照片搜集、博物展示等方式，在追忆察哈尔已经远逝的背影，研究察哈尔在中国近现代史上所具有的历史地位，和对张家口历史文化的深远影响。希望《清实录·察哈尔卷》（附宣化府·口北三厅）的辑纂出版，能够对这些研究工作有所帮助。

通过对《清实录·察哈尔卷》（附宣化府·口北三厅）的研读，我们将方便对以下问题开展研究：

（一）察哈尔八旗的产生以及在清代的历史地位；

（二）察哈尔都统的设置与管辖权、管辖范围；

（三）察哈尔八旗军队编伍配置及变化；

（四）察哈尔的财政收入与管理（税赋、生息银）；

（五）察哈尔的边口贸易在全国边口贸易中所占比重；

（六）察哈尔官员的俸饷与养廉银；

（七）察哈尔八旗四牧群的马政管理及支配；

（八）察哈尔军台驿站的管理；

（九）察哈尔八旗的西迁戍边；

（十）察哈尔八旗的历史功绩；

（十一）察哈尔军台线与"张库大道"的形成；

（十二）察哈尔与宣化府、口北三厅的关系；

（十三）察哈尔与张家口近现代城市建设；

（十四）宣化府的设置变化与配置；

（十五）宣化府在清代的战略地位；

（十六）清代张家口地域各类自然灾害的发生及朝廷赈灾情况；

（十七）口北三厅的设置历史背景及意义；

（十八）清代对口北三厅及察哈尔八旗垦荒的管理；

凡此多种课题，均可在本卷找到最原始的相关记载依据，并可以通过这些记载方便地将某人、某事的原始背景、形成过程、产生影响、处置措施、最终结果等情况联系起来，从而俯视其全部，理顺其关系，得其原委真相。

由于检索、辑录、点校、辑纂工作量巨大，加之编者才识有限，文字功底浅薄，驾驭如此巨著深感吃力。尤其是满、蒙人名的点校断句，更费周折，故书中难免存在讹误，祈请专家学者多加指教。

本书特邀全国政协外事委员会副主任、《公共外交季刊》副总编辑兼编辑部主任、察哈尔学会创会主席、张家口察哈尔文化研究会荣誉主席韩方明先生为本书作序，不胜荣幸之至。

本书的编纂出版，得益于编者工作单位张家口市文物考古研究所为编者提供了较为宽松的工作时间，并配置了先进的办公设备，为编纂工作的顺利完成提供了保障。同时也得到了张家口市察哈尔文化研究会的鼓励和支持，在此一并深表感谢。

高鸿宾

2016年10月31日于张家口

凡　例

一、《清实录》全称《大清历朝实录》，四千四百三十三卷，分60册（包括《宣统政纪》），是记载清代十二朝295年历史（包括入关前努尔哈赤、皇太极两朝）的编年史长编。其中有关察哈尔、宣化府以及口北三厅的大量史料，是《清史稿》或其他地方史志典籍所缺略的。为了便于开展对清代张家口历史的研究，编者辑纂了这本《清实录·察哈尔卷》（附宣化府·口北三厅）。

二、本卷以20世纪80年代中华书局影印出版的《清实录》为检索辑录资料源，该版本被认为是迄今国（境）内外所刊印《清实录》中最为完整、准确的版本。

三、本卷以《清实录》中涉及当今及原属张家口地域历史的察哈尔、宣化府、口北三厅（张家口理事同知厅、多伦诺尔理事同知厅、独石口理事同知厅，均隶属直隶口北道，故称之）相关记载为辑录内容，对一些虽不涉及但却具有普遍意义的信息，如职官设置、称谓变化、等级制度等，也予以收录，以便参阅。

四、口北三厅设置于雍正年间，故在此前四朝实录目录中不作标注。

五、本卷按原著编年顺序编纂，每年卷首均标以公元纪年，努尔哈赤、皇太极两朝并标以明朝相应的纪年，以便相互参照。

六、所录文字标注时间均以原文中年、月、日为准，原文日期缺略者,视为与上文同日,故以上文日期补充。各条文字前均以〇符号为段首,以所属卷号(《》)为结尾。标明出处,以备检索核对。以卷为单元,各卷之间以空行间隔。

七、为方便阅读,将原著竖排繁体字,改为横排简体字,并加标点。对原著中的通假字,均按照标准汉语进行了更正。

八、为了全卷文字表述准确,对原著各卷中同一名称不同用字偶尔会出现差异。该差异有时是由于满汉译注用字习惯的各异所产生的文字区别,有时是由于底本所作时代、编者的不同所造成的。为了读者阅读的方便和理解上不出歧义,书中均将这些同音异字的专有名词规范为现行最通用称呼。如原文为"插汉",在书中写作"察哈尔";原文为"鄂罗斯",在书中写作"俄罗斯",原文为"蒿齐忒部落",在书中写为"浩齐特部落"。原文为"乌珠穆秦",在书中写为"乌珠穆沁"。对于这种情况,本书仅在该名词首次出现时以编者注的方式加以标注。以保证全卷表述统一,避免混淆。

九、为了节省篇幅,在不影响对内容理解的前提下,对所辑录段落中不相关的部分文字进行了必要的删略。

十、编者对书中个别记述增加了简略的"编者注",以方便理解,加深记忆。编者注中除专门标注外,均为编者个人观点,以字体变化与正文加以区分。

十一、《清实录》是历代史料典籍中位居榜首的鸿篇巨著,卷帙浩繁,由于笔者能力所限,在辑录编纂过程中难免遗漏疏失,尤其是对满蒙人名的点校上,由于不熟悉满蒙文化,定会存在诸多舛误,敬请专家学者提出宝贵意见,以便修改。

编者
2016年10月31日于张家口

目 录

上 卷

一、清太祖高皇帝(努尔哈赤)实录·察哈尔卷(附宣化府)之一

二、清太宗文皇帝(皇太极)实录·察哈尔卷(附宣化府)之二

三、清世祖章皇帝(顺治)实录·察哈尔卷(附宣化府)之三

四、清圣祖仁皇帝(康熙)实录·察哈尔卷(附宣化府)之四

五、清世宗宪皇帝(雍正)实录·察哈尔卷(附宣化府·口北三厅)之五

六、清高宗纯皇帝(乾隆)实录·察哈尔卷(附宣化府·口北三厅)之六

下 卷

七、清仁宗睿皇帝(嘉庆)实录·察哈尔卷(附宣化府·口北三厅)之七

八、清宣宗成皇帝(道光)实录·察哈尔卷(附宣化府·口北三厅)之八

九、清文宗显皇帝(咸丰)实录·察哈尔卷(附宣化府·口北三厅)之九

十、清穆宗毅皇帝(同治)实录·察哈尔卷(附宣化府·口北三厅)之十

十一、清德宗景皇帝(光绪)实录·察哈尔卷(附宣化府·口北三厅)之十一

十二、清宣统政纪·察哈尔卷(附宣化府·口北三厅)之十二

十三、附(乾隆朝)《钦定大清会典事例》节选

十四、附(光绪朝)《钦定大清会典事例》节选

十五、附表

    历任察哈尔都统年表

    历任察哈尔副都统年表

    历任宣大总督、宣府巡抚、宣府巡按年表

    历任宣府总兵官年表

    察哈尔领队大臣年表

十六、后记

清太祖高皇帝(努尔哈赤)实录
察哈尔卷(附宣化府)之一

(明万历四十四年至明天启六年)
公元1616—1626年

公元1619年 明万历四十七年

○天命四年己未冬十月庚戌朔○辛未,蒙古国察哈尔林丹汗及喀尔喀五部落众贝勒遣使来。林丹汗使臣康喀儿拜虎所赍书曰:"统四十万众蒙古国主巴图鲁成吉思汗,问水滨三万人满洲国主英明皇帝安宁无恙耶?明与吾二国仇雠也。闻自午年来,汝数苦明国。今年夏,我已亲往明之广宁,招抚其城,收其贡赋。倘汝兵往广宁,吾将牵制汝。吾二人非素有衅端也,但以吾已服之城,为汝所得,吾名安在?若不从吾言,则吾二人是非天必鉴之。先时二国使者常相往来,因汝使臣谓吾不以礼相遇,构吾两人遂不复聘问。如以吾言为是,汝其令前使来复至我国。"贝勒诸臣得书皆怒,欲斩其使者半,欲将使者劓鼻馘耳而后放归者半,上谓诸贝勒大臣曰:"尔等怒之是也,吾亦未尝不怒。但与使者无与焉,遣使者罪耳。姑留使者,俟遣归时,吾亦有以报之。"遂羁其使。(《清太祖高皇帝实录卷之六》)

编者注:○贝勒,满洲语之音译,部落首领,是位次大汗之爵号。○成吉思,蒙语"大海"的意思,"汗"是部落首领。成吉思汗是"众汗之汗"的意思,并不专指铁木真。所以林丹汗也自称"成吉思汗"。

公元1620年　明万历四十八年

○天命五年庚申春正月○丙申,遣使硕色吴巴什赍书报察哈尔林丹汗,曰:"阅察哈尔汗来书,称四十万蒙古国主巴图鲁成吉思汗,致书水滨三万满洲国主神武英明皇帝云云。尔奈何以四十万蒙古之众骄吾国耶?我闻明洪武时取尔大都,尔蒙古以四十万众,败亡殆尽,逃窜得脱者仅六万人。且此六万之众,又不尽属于尔。属鄂尔多斯者万人,属十二土默特者万人,属阿索忒、雍谢布、喀喇沁者万人,此右三万之众,固各有所主也,于尔何与哉!即左三万之众,亦岂尽为尔有?以不足三万人之国,乃远引陈言,骄语四十万,而轻吾国为三万人,天地岂不知之?吾固不若尔四十万之众也,不若尔之勇也,因吾国之少且弱也,遂仰蒙天地眷佑,以哈达、辉发、乌喇、叶赫,暨明之抚顺、清河、开原、铁岭等八处,悉授予焉。来书以广宁系尔贡赋之地,俾我勿征。若征,将牵制我。夫使我二人有郄,宜尔为此言也?今我二人毫无怨尤,乃以异姓之明广宁一城之故,慢天地眷佑之主,为此轻薄之言,岂不抗天意,倒行而逆施耶?吾惟开诚布公,仰格苍昊,赐我神武,绥我福禄,尔岂未之闻乎?尔焉能不利于我哉!且尔之往广宁也,所获锱铢之利,岂尔能兴师转战,多克坚城,彼畏而与尔耶?抑姻娅和好,爱而与耶?如爱而与,锱铢之利,受之何为?且尔果能复尔大都,暨三十四万蒙古之众,则尔之出此言也宜矣。昔吾未征明之先,尔曾与明构兵,尽失其铠胄、驼马、器械,仅得脱去。其后再构兵,格根戴青贝勒之从臣并十余人被杀,毫无所获而回。尔侵明者二,有何虏获?克何名城败何劲旅乎?夫明岂真以此赏厚汝耶?以我征伐之故,兵威所震,男子亡于锋镝,妇女守其孤嫠。明畏我,姑以利诱汝耳。且明与朝鲜言语虽殊,服制相类,二国尚结为同心。尔与我言语虽殊,服制亦类,尔果有知识,来书宜云:"明,吾深仇也,皇兄征之,天地眷佑,俾堕其城,破其众,愿与天地眷佑之主合谋,以伐深仇之明。"如是立言,岂不甚善焉?乃不思祈福于天,全令名,立大业,惟利是嗜,以有限金帛,而与我素无嫌怨之国,甘心构怨。皇天后土,宁不鉴之!"察哈尔林丹汗得书,执我使臣硕色吴巴什,系拜星所居城。先是察哈尔林丹汗使臣康喀儿拜虎为我国所羁,至是我国使臣亦被系。上风闻我使臣见杀,欲诛其使者。四贝勒谏曰:"恐吾之使臣,未必见杀也,或传闻者误耳。察哈尔国有从康喀儿拜虎来者,同被羁留,当遣之。俾持书往,约以期,归我使者。逾期,戮未晚。"上从其言,遂遣同来之人赍书往。与之期:"若还吾使者,吾亦俾尔使康喀儿拜虎还,否则必杀毋赦。逾期,复不至。"又北蒙古五部落喀尔喀贝勒屡使人来,言我使臣硕色吴巴什,察哈尔林丹汗已斩之祭旗矣。上复待之月余,谓诸贝勒大臣曰:"今逾期月余,吾使被杀无疑也。"遂诛康喀儿拜虎。后硕色吴巴什密与守者谋,脱杻械,偕之潜出,徒步逃归。

编者注:〇戴青,又译作"代青""岱青"。

〇天命五年庚申三月己卯朔〇上论诸臣功,序列武爵,分总兵官品级为三等。其副将、参将、游击亦如之。众牛录额真俱为备御官。每牛录下设千总四员。(《清太祖高皇帝实录卷之七》)

编者注:〇牛录,满洲官名。早期满族出兵或狩猎时,按家族村寨组织队伍,每十人选一人为首领,称为"牛录额真"(箭主之意)。明万历二十九年(1601年)努尔哈赤定三百人为一牛录,作为基本的户口和军事编制单位,设牛录额真一人管理,始正式成为官员。清太宗天聪八年(1634年)改名"牛录章京",顺治十七年改称"佐领"。掌管所属的户口、田宅、兵籍、诉讼等。

公元1624年　明天启四年

○天命九年甲子二月○庚子，初，我国与蒙古科尔沁贝勒，通使往来者数年。至是，上复使人往与之约，坚盟好焉。科尔沁台吉奥巴乃使人赍书来奏称："上如青天之上，太阳当空，众光尽敛，威震列国，众民慑服。普天共主之圣明皇帝陛下，自称嫩江水滨所居科尔沁贝勒等，闻皇帝谕言，众皆钦服，然何以修好，共定大业？惟皇帝命，我等无败约者。但察哈尔及喀尔喀知我等与他国合，必侵我，何以为计？惟皇帝圣明鉴此。"上于是与蒙古科尔沁国修好，遣巴克什库尔缠、希福往，与科尔沁台吉奥巴，阿都齐达尔汉、戴青、蒙果等会盟。刑白马乌牛，置酒一器，肉一器，骨血及土各一器，焚香誓曰："满洲、科尔沁二国，愤察哈尔侮慢，是用缔结盟好，昭告天地。今后满洲若惑于察哈尔诈谋，受其馈赠，不预闻科尔沁，先与之合，天地降之罚，殃及其身，如此血，如此骨，如此土，俾坠厥命。若科尔沁惑于察哈尔诈谋馈赠，不预闻满洲，先与之合，降罚亦如之。果践盟，则天地佑之，永其年，俾子孙及于万年，长保此太平安乐焉。"誓毕，库尔缠、希福偕科尔沁使者来。大贝勒、二贝勒、三贝勒、四贝勒及台吉阿巴泰、德格类、寨桑古、济尔哈朗、阿济格、杜度、岳托、硕托、萨哈廉等，亦刑牛马祭天地，对使者如前誓，书而焚之。

编者注：○台吉：蒙古贵族封爵名。源于汉语皇太子、皇太弟，是蒙古部落首领的一种称呼。一般有黄金家族血统的首领才能称台吉。在清代官制品阶中，位次辅国公，分四等，自一等台吉至四等台吉，相当于一品官至四品官。

公元1625年　明天启五年

○天命十年乙丑秋八月○乙酉，科尔沁台吉奥巴闻蒙古察哈尔国林丹汗欲兴兵侵之，使人致书于上，其词曰："昔我二国原欲合为一国，刑马牛以告天地、歃血盟，凡被兵，必以兵来援。今侦知南察哈尔与北阿禄察哈尔林丹汗期会举兵，于次月望，乘河冰未结、草未枯夹攻我。去年闻其构兵，欲侦实，使人驰告。而皇帝预闻，命易沙穆兼程而至。今兵来果真，助兵多寡，惟皇帝命。幸以练习火器者千人助我。至五部落喀尔喀贝勒中，吾不知其他，惟洪巴图鲁贝勒，今将田中之禾急为刈获，欲与我合。我所恃者，惟洪巴图鲁贝勒及巴林而已。至于介赛、巴哈达尔汉情状，皆欲附察哈尔加兵于我。彼若连兵来，可袭其后而取之。惟皇帝圣明鉴此。"上览其书。翼日，使使者四，习火器者八，赍书报奥巴曰："尔借兵多，多与尔。若少，少与尔，勿过忧也。然兵不在多寡，在天而已。凡此各国，皆天所命，以众暴寡，天岂容之？但坚尔城郭，据城堵御，察哈尔不能拔，必退。否则或败而走，国且危；即不败，知尔国不可得，亦不复侵，尔可安处无虞矣。昔察哈尔土门扎萨克图汗侵辉发国，时辉发兵五百，带甲仅五十人与战，察哈尔不胜而回，遂不复侵。此非明验耶？至两军野战，譬如投骨之戏，或俯或仰，胜负难必，兵寡而欲出城野战者，其人必怯，便于自走耳，慎勿从，必据城以待。伺其力攻不克而退，然后乘机出战，以制胜者，始为大勇耳。汝若欲与之盟好，以幸无事，则汝科尔沁贝勒等，先曾与察哈尔土门扎萨克图，称和好矣，其至于今，察哈尔、喀尔喀弃绝盟誓，数侵掠汝，岂汝等曾有罪耶？今虽再欲与和，以幸无事，彼既蓄意侵害矣。汝等即无罪，彼遂已乎？明、朝鲜、乌喇、辉发、叶赫、哈达，暨我满洲国，若无城郭，蒙古岂令我等安居哉！惟恃有城郭故耳。"

编者注：○达尔汉，因功劳而享有免除一切赋役等特权之人的称号。

○初察哈尔车臣汗卒，孙林丹汗立。尽夺其叔祖贝勒戴青所属石纳、明安部落人民。戴青率其六子扎尔布、色冷、公格、石达苍、噶尔马、兀尔占及其眷属，奔附科尔沁台吉奥巴。至是戴青子扎尔布、色冷从科尔沁来谒。上赐蟒披领四，玲珑金带二，刀二，猞狸狲裘二，貂皮百，青鼠皮千，海豹皮二，甲十二，及银器缎帛诸物甚厚，遣之还。

○天命十年乙丑十一月○庚戌，科尔沁台吉奥巴遣使五人至告急，言："察哈尔林丹汗举兵来侵，兵已逼，因请援。"上闻之，召集各路军士。乙卯，上亲率诸贝勒大臣统大军往援，至开原城北镇北关视军，因先经射猎，马赢甚。乃别选精骑五千，命三贝勒、四贝勒及台吉阿巴泰、济尔哈朗、阿济格、硕托、萨哈廉等，统之而往，上率大军还。诸贝勒、台吉兵至农安塔地，察哈尔林丹汗围科尔沁奥巴城已数日，攻之不克，闻我国援兵至农安塔，林丹汗仓皇夜遁，遗驼马无算。科尔沁围解，诸贝勒闻之，乃还。（《清太祖高皇帝实录卷之九》）

公元1626年　明天启六年

○天命十一年丙寅六月壬申朔○丁丑，上以科尔沁台吉奥巴倾心归附，与结盟好，刑白马乌牛祭告天地。上誓曰："我以公直处世，被明及察哈尔、喀尔喀辄肆凌侮，不能堪。乃昭告于天，天佑我。又察哈尔、喀尔喀合兵侵掠科尔沁奥巴台吉，奥巴台吉亦蒙天佑。今奥巴台吉怨恨察哈尔、喀尔喀二部落，来此同谋国事，乃天以我两人被困厄，俾相合也。如能体天心，绝欺诈，式好无尤，天必眷之。不然，天降之罚，俾罹灾害。我两人既相盟好，后世子孙有渝盟者，天亦降罚，俾罹灾害。如克守盟好，终始弗渝，天亦永为眷顾焉！"台吉奥巴亦誓曰："天生奥巴，俾与皇天眷命，复前代帝王疆土，平心御物之英明皇帝合，以盟言告天。

我以公忠之心,向察哈尔、喀尔喀。自扎萨克图汗以来,我科尔沁诸贝勒无纤微过恶,欲求安好而不可得,杀伐我,侵掠我,殆无已时。将我科尔沁诸贝勒剪除无遗。其后我达赖台吉以无辜被杀,介赛又以兵来杀我六贝勒,我欲相安无事,而彼不从,将无辜之人恣行杀掠。吾等拒之,又谓我敢于相抗,察哈尔、喀尔喀合兵而来,欲行杀掠。仰蒙天佑,又赖皇帝助我,幸而获免。我不敢忘天佑及皇帝助,以故来此与皇帝会,昭告天地,订盟好。若渝盟负恩,与察哈尔、喀尔喀合,天其降罚于奥巴,俾罹灾害。若践盟,不忘皇帝恩,式好无尤,受天眷禄,我后世子孙有渝盟者,天亦降罚,俾罹灾害。若世守盟好,天亦永为眷顾焉。"时盟于浑河岸,对天焚香,献牲,上率奥巴行三跪九叩首礼,以誓书宣于众,乃焚之。

〇戊寅,张筵,宴科尔沁台吉奥巴,赐号曰汗。上曰:"为恶而蒙天谴,国乃败亡。为善而蒙天佑,国乃昌炽。总之主宰在天也。察哈尔汗起兵侵奥巴台吉,天佑奥巴获免于难,来归附我。朕仰承天意,赐以名号,当察哈尔兵至时,其兄弟属下人皆遁去,独奥巴台吉奋力拒战,故号为土谢图汗。兄土梅,号代达尔汉。弟布塔齐,号扎萨克图杜棱。贺尔禾代,号青卓礼克图。"复赐铠甲及四时衣、各种银器、雕鞍、蟒币、布帛等物有加。土谢图汗奥巴叩谢而退。(《清太祖高皇帝实录卷之十》)

清太宗文皇帝(皇太极)实录
察哈尔卷(附宣化府)之二

(明天启七年至明崇祯十六年)
公元1626—1643年

公元1626年　明天启六年

○天命十一年十一月庚午朔○戊寅,察哈尔阿喇克绰忒部落贝勒图尔济率人口百户来归。上谕曰:"来归之人,诚心向化,不以礼迎之,可乎?"命伊拜、纳兰携食物往迎之。(《清太宗文皇帝实录卷之一》)

公元1627年　明天启七年

○天聪元年丁卯夏四月○辛亥,以唐古特喇嘛及察哈尔使臣俱来,用昭我国之体也。上谕曰:"天佑我国平服朝鲜,声明宣播。今与兄贝勒互行拜见之礼,外国闻之,愈彰其美,若使兄跪拜而端坐受之,岂足以播美名哉!"

○六月庚子,时蒙古敖汉部落诸贝勒、奈曼部落诸贝勒举国来附,留守沈阳诸贝勒奏闻。

编者注:○敖汉、奈曼二部落原为察哈尔分支,均属达延汗时期所封左翼万户鄂托克(部落)。

○丙辰,阿邦和硕齐古英、和硕齐侯痕巴图鲁遣使臣十五人来。奏言：“我蒙古察哈尔汗蔑弃兄弟，败坏伦理。伏见皇上，威德遐敷，仁恩普被，因相率来归。我等应居何所，惟上裁之。”上曰：“尔因察哈尔汗不道，弃逆就顺，来归我国，我国可居之地任尔居之。”

编者注：○和硕齐，蒙古职官封号名称。○古英，汉语"国王"的蒙语译音。明末清初开始出现的称号，多用于蒙古部落首领。清太祖努尔哈赤曾将"古英"作为赐号赏给次子代善。○巴图鲁，蒙语"勇士"的意思。

○庚申，上率诸贝勒大臣统兵千五百人往迎敖汉、奈曼部落诸贝勒。

○辛酉，上驻跸都尔鼻山冈。○蒙古敖汉部落琐诺木杜棱、塞臣卓礼克图，奈曼部落衮出斯巴图鲁三贝勒，遣使臣偕我使阿臣朱户阿尔山至。奏称："三贝勒本偕后队同来，蒙上出迎，不敢久稽。故敖汉琐诺木杜棱、奈曼衮出斯巴图鲁贝勒先来，塞臣卓礼克图率众小贝勒，随后队至。"又："明朝曾遣人两次致书言，何故往投满洲，当投我国。今其书俱在，谨先呈览，其使者二人亦即解至。"

○秋七月乙丑朔○戊辰，上自都尔鼻山冈渡辽河十里外驻跸。

○己巳，来归蒙古诸贝勒至。上率诸贝勒出营迎之，随率来归蒙古诸贝勒拜天毕。……来归蒙古众贝勒入御营，奏曰："吾等因察哈尔汗不道，来归皇上，叩求皇上福庇。"上曰："诸贝勒因察哈尔汗不道，远来归附，跋涉劳苦，可弗拜，但相互抱见可也。"蒙古贝勒等覆奏曰："异国之人远来归命，蒙皇上鸿慈容纳，即系编氓，岂敢不拜。"于是趋前将拜，上为之起。叩拜毕，上令近前抱见，次三大贝勒及诸贝勒皆序齿，互相抱见。乃出所携酒肴进上。……○是日，上率大贝勒代善、阿敏、莽古尔泰，贝勒阿巴泰、德格类、阿济格、杜度、岳托、硕托、萨哈廉、豪格及蒙古来归诸贝勒告天盟誓曰："臣敢昭告于皇天上帝，察哈尔汗败弃典常，罔恤兄弟，无故残害喀尔喀五部落。以故敖汉、奈曼部落诸贝勒与察哈尔汗交恶，来归于我，我若不加轸念，视若编氓，勒遣内地者，上天鉴谴，夺其纪算。若加之爱养，仍令各安疆土，而琐诺木杜棱、衮出斯巴图鲁、塞臣卓礼克图、土谢图、戴青达尔汉、桑噶尔寨、俄齐尔、杜尔霸诸贝勒,听察哈尔离间之言,背我而怀二心者,天亦鉴谴,夺其纪算。若各遵誓辞,无相违弃,天佑我等福祚延长,子孙繁盛,千秋万世,永享安乐。"

○八月甲午朔○辛亥,是日,察哈尔国阿喇克绰忒部落巴尔巴图鲁、诺门达赉、吹尔扎木苏三贝勒率男子十五名、妇人十四口、幼小十口、马四十五匹来归。上召见,赐宴。复赐民四十户及庄田、奴仆、牛羊、金银、裘、帑、器用等物俱备。

○九月甲子朔○丙子,奈曼部落贝勒衮出斯巴图鲁之侄、台吉俄齐尔率兵征察哈尔国,杀百人,获牲畜约二百来献。因赐俄齐尔号和硕齐,赏甲一副。

○十一月甲子朔○庚午,察哈尔国管旗大贝勒昂坤杜棱携妻子人民来降,以礼迎之。

○十二月甲午朔,察哈尔国阿喇克绰忒部落贝勒图尔济伊尔登携妻子人民来降。(《清太宗文皇帝实录卷之三》)

公元1628年　明崇祯元年

○天聪二年戊辰二月癸巳朔,蒙古喀喇沁部落苏布地、杜棱古英、朵内衮济、诺干达喇、万旦卫征、吴尔赫贝勒、塔布囊等,以书来奏曰:"察哈尔汗不道,伤残骨肉。天聪皇帝与大小诸贝勒俱知之,我喀喇沁部落被其欺凌,夺去妻子牲畜。我汗与布颜台吉、博硕克图汗,鄂尔多斯济农同雍谢布及阿苏特、阿巴亥、喀尔喀诸部落合兵,至土默特部落格根汗赵城地方,杀察哈尔所驻兵四万人。我汗与布颜台吉率兵十万回时,复值察哈尔兵三千人赴明张家口请赏,未得而回,又尽杀之。今左翼、阿禄、阿霸垓三部落及喀尔喀部落遣使来约,欲与我合力兴师,且有'与天聪皇帝同举兵'之语,请天聪皇帝睿裁。观伊等来约之言,察哈尔汗根本摇动,可乘此机,秣马肥壮,及草青时同嫩、阿霸垓、喀喇沁、土默特兴师取之。大国如欲发兵,即宜秣马厉兵,至期进发。如不发兵,亦听大国之便。兹蒙皇帝敕谕,谨此奏闻。"

编者注:○塔布囊,黄金家族女婿身份的首领。○济农,蒙古贵族首领称号之一。汉语"晋王"的蒙古语译音。也写作吉囊、吉能。意为"储君"或"副汗"。一般由汗王的兄弟或儿子充任。

○庚子,以遣往喀喇沁使臣为察哈尔国多罗特部落两次截杀,上亲率偏师往征之。

○辛丑,上召集诸贝勒大臣谕曰:"此行皆选精锐以往,兵不甚多,当出奇制胜。尔等诚谕军士,严明纪律,勿得轻进。"

○丁未,上谕诸贝勒曰:"尔等率精锐前行,若遇敌人,当以计擒之,讯其消息,朕即率诸军继进。"于是诸贝勒前行,生擒敌人,讯知多罗特部落青巴图鲁塞棱并其部众,俱在敖木伦地方,遂驻兵以待。大军至,俱擐甲,上与诸贝勒率众驰击之。多罗特部落多尔济哈谈巴图鲁中伤遁走,尽获其妻子,杀其台吉古鲁,俘获万一千二百人。以蒙古汉人千四百名,编为民户,余俱为奴。

○己酉,以敖木伦之捷告天,赏从征将士及被伤士卒俘获人口有差。

○癸丑,复选精骑从故道往略察哈尔,获马一百三十,牛七十,俘获人口,尽赏给往略将士。

○丙辰,遣兵蹑追察哈尔逃人,获二百户以归。

○丁巳,遣使赍书谕喀喇沁部落贝勒吴尔赫及塔布囊等曰:"汝以察哈尔汗不道,来书欲与我国和好,合兵讨之。如果欲和好,尔两塔布囊可为倡率,令贝勒吴尔赫各遣人来面议,一切可也。"

○夏四月壬辰朔○甲午,先是,敖汉部落琐诺木杜棱额驸,因察哈尔汗残害弟兄,殃民不道,闻上宽仁恬冒,抚育群黎,携部众来降。至是赐号济农,琐诺木杜棱具筵献上谢恩。

○丙辰,巴林部落贝勒塞特尔,台吉塞冷阿玉石、满珠习礼来归,贡驼马。上率诸贝勒出迎五里,赐大宴。塞特尔、塞冷等蒙古喀尔喀所属也。蒙古察哈尔林丹汗既破喀尔喀,于是塞特尔、昂阿遂举部投蒙古嫩科尔沁国。科尔沁贝勒复扰害之,至是率部众来归。

编者注:○额驸,清宗室、贵族女婿的封号。清代制度,皇后所生封固伦公主,其夫称固伦额驸,品阶相当于固山贝子;妃嫔所生女封和硕公主,其夫称和硕额驸,品阶相当于镇国公;亲王女封郡主,其夫称郡主额驸;郡王女封县主,其夫称县主额驸;贝勒女封郡君,其夫称郡君额驸;贝子女封县君,其夫称县君额驸;镇国公、辅国公女封乡君,其夫称乡君额驸。宗室女嫁蒙古贵族亦如此。相当于前代的"驸马"。

○八月乙丑朔○乙未,上御殿,赐奈曼部落衮出斯巴图鲁贝勒号为达尔汉,扎鲁特部落喀巴海台吉号为卫征。先是,衮出斯、喀巴海因察哈尔汗不道,欲依庇于上,俱来归附。后出征察哈尔阿喇克绰忒部落,斩其台吉噶尔图,俘获人民七百来献,故赐此号。

○九月戊午朔○庚申,上将征蒙古察哈尔国,遣使谕西北降附外藩蒙古科尔沁国诸贝勒、喀喇沁部落塔布囊等,敖汉、奈曼及喀尔喀部落诸贝勒,令各率所部兵,会于所约之地。

○癸亥,上率诸贝勒大臣统大军,西征察哈尔国。

○乙丑,大军次都尔鼻地方,敖汉部落济农琐诺木杜棱、奈曼部落达尔汉巴图鲁衮出斯等,各率兵来会。

○丙寅,大军次辽阳,喀尔喀部落诸贝勒各率兵来会。

○己巳,大军至绰洛郭尔地驻营,以约科尔沁国会兵于此也。

○庚午,扎鲁特部落台吉喀巴海率兵来会。

○壬申,察哈尔国男妇三十余人来归。

○甲戌,喀喇沁部落汗喇思喀布、布颜阿海之子台吉毕喇什、万旦卫征、塔布囊马济、贝勒耿格尔及众小台吉、塔布囊等,各率师来会朝见,献财币驼马。上悉却之。○是日,大宴来会诸贝勒。○巴克什希福奉使科尔沁国还,奏言:"科尔沁诸贝勒俱不至,惟土谢图额驸奥巴、哈谈巴图鲁、满珠习礼已率兵起行,自行侵掠。掠毕,然后与我军合。"上大怒,复遣希福率健士八人,往邀土谢图额驸,速令来会。

○乙亥,喀喇沁部落之头目苏布地杜棱率众塔布囊以兵来会。朝见,献财币马匹。上悉却之,赐之宴,并赐喀喇沁两次来会头目甲胄。

○丙子,大军乘夜进发。

○丁丑,黎明,驰击席尔哈、席伯图、英、汤图诸处,俱克之。翼日,遣精骑追捕败军至兴安岭,获人畜无算。抗拒者杀之,其降者编为户口。

○己卯,赐科尔沁国台吉满珠习礼号为达尔汉巴图鲁,贝勒孔果尔子台吉巴敦号为达尔汉卓礼克图。时土谢图额驸奥巴率所部兵侵掠察哈尔国边境,掠毕遽还,不以兵来会,惟满珠习礼及巴敦以所俘获来会上,上嘉之。故赐此号。并赏财币、驼马、牛羊甚多。

○冬十月戊子朔○辛卯,大军还至纳里特地,祭纛。

○甲午,大军次浑河。

○乙未,初大军进发时,以疲马留于敖汉济农城中,令每旗一章京守之。有达敏者,亦以病留居于彼。适察哈尔国嘛哈噶喇率部众来降,达敏遇之,掠其财物,尽杀其男妇。上闻之,命诛达敏,其从者鞭八十,贯耳鼻以徇。

○丙申,上谕敖汉、奈曼、巴林、扎鲁特诸贝勒曰:"闻各处来降者,尔等每要而杀之,甚非我抚恤流离、同仁一视之意。今后来降之人,若诸贝勒明知而杀者,罚民十户。贝勒不知而小民妄行劫杀者,抵死,妻子为奴。傍人举首者,即将举首之人留养内地。尔诸国可于各边界遍置哨卒,违者罚牛五。哨卒有不听遣者,罚牛一。"(《清太宗文皇帝实录卷之四》)

公元1629年　明崇祯二年

○天聪三年己巳三月丁巳朔○戊午,遣国舅阿什达尔汉同尼堪等,赍敕谕归顺各部落蒙古诸贝勒,申定军令。敕曰:"尔等既皆归顺,凡遇出师期约,宜各踊跃争赴,协力同心。共申敌忾,毋有后期。我兵若征察哈尔,凡管旗事务诸贝勒,年七十以下,十三以上,俱从征。违者罚马百、驼十。迟三日不至约会之地者,罚马十;我军入敌境,以至出境,有不至者罚马百、驼十;若往征明国,每旗大贝勒各一员、台吉各二员,以精兵百人从征。违者罚马千、驼百;迟三日不至约会之地者,罚马十。我军入敌境以至出境,有不至者,罚马千、驼百;于相约之地辄行掳掠者罚马百、驼十。"

○冬十月壬子朔○丁巳,是日,察哈尔国五千人来归。

○壬戌,上闻蒙古有自察哈尔国逃入明国者,命总兵官吴讷格、副将苏讷率兵四百人,蹑其踪追之。获百人,马八十,驼七十六,牛一百二十有七,羊一百有十。(《清太宗文皇帝实录卷之五》)

公元1630年　明崇祯三年

○天聪四年庚午十一月丙子朔○壬寅,阿禄伊苏忒部落贝勒为察哈尔汗兵所败,闻上善养人民,随我国使臣察汉喇嘛来归。留所部于西拉木伦河,先来朝见。上命诸贝勒至五里外迎之。(《清太宗文皇帝实录卷之七》)

公元1631年　明崇祯四年

○天聪五年辛未三月乙亥朔○戊戌,上以征察哈尔国调蒙古诸部落贝勒,各率所部兵,会于三湟地方。上亲率大军至三湟驻跸两日,俟

蒙古各部落兵齐集，以贝勒济尔哈朗帅左翼，贝勒岳托帅右翼，选阅士马，遣之。（《清太宗文皇帝实录卷之八》）

〇天聪五年辛未夏四月甲辰朔〇丙午，上遣十六人往追征察哈尔大军，谕令班师，曰："朕因土谢图额驸来会，与之商议两日，据土谢图额驸奏称：'我蒙古马匹皆不堪用，且所发兵甚少，此行不如中止，宜定为盟书。上与诸国各执其一，俟秣马肥壮，然后大举，方克有济。今无所迫胁，不必汲汲为此举也。将来大举时，如马匹尚有疲瘦，责罚我等，罪复何辞！至于是役，会师不至，诸贝勒俱宜议罪，一切事宜皆从此会酌定。其新服蒙古诸部落，宜加训练，我等向蒙恩遇，愿效前驱，非敢惮劳也。'其谆谆劝阻如此，朕思土谢图额驸所言良是，尔等可遵谕班师。若谓前既调遣，此时何以遽令班师？今秋且如前议，移兵征明，至来春再征察哈尔可也。"于是出征诸贝勒遵谕还。（《清太宗文皇帝实录卷之九》）

公元1632年、明崇祯五年

〇天聪六年壬申三月戊戌朔〇丁巳，上将征蒙古察哈尔国，遣使以大军启行日期谕归降各蒙古贝勒，令以所部兵来与大军会。命阿山觉罗布尔吉率兵六百驻守边界，以防我国之逋逃者。因下令军中曰："朕以察哈尔汗不道，亲率大军征讨，必纪律严明，方能克敌制胜。尔固山额真、梅勒额真、甲喇额真、牛录额真以次相统，当严行晓谕所属军士，一出国门，悉凛遵军法整肃而行。若有喧哗者，除本人即予责惩外，该管将领仍照例治罪。大军启行之时若有擅离大纛一二人私行者，许执送本固山额真，罚私行人银三两，给与执送之人。驻营时，采薪取水，务结队偕行。有失火者论死。凡军器自马绊以上俱书各人字号，马须印烙并紧系字牌。若有盗取马绊、马络、马韂等物者，俱照旧例处分。有驰逐雉兔者,有力人罚银十两,无力人鞭责。启行之日不得饮酒。若有离纛后行,为守城门及守关门人所执者,贯耳以徇。"

○夏四月戊辰朔,上率大军往征察哈尔。出抚近门,谒堂子毕,大军西发。命贝勒阿巴泰杜度及总兵官额驸杨古利、镶白旗固山额真副将伊尔登、管旧汉兵总兵官额驸佟养性等留守。

○己巳,大军次辽河,值河水泛涨,上与诸贝勒乘舟以渡,并渡辎重人马皆浮水而过。凡两昼夜始尽。

○辛未,大军至都尔鼻地方,喀喇沁、土默特部落诸贝勒各率所部兵来会。

○癸酉,大军至喀喇和硕地方驻营。上集大凌河新附将士大宴之。

○甲戌,大军次都儿白尔济地方,镶黄旗固山额真额驸达尔哈所获大凌河蒙古二人盗良马逃去。

○丙子,大军次西拉木伦河,前遣总兵官阿山觉罗布尔吉至,与大军会。喀喇车里克部落阿尔纳诺木齐、伊苏兹部落噶尔马、伊尔登巴图鲁、伊绥、绰思熙、巴拜、塔实、扎鲁特部落内齐、色本达尔汉巴图鲁、马尼青巴图鲁、喀巴海、拜浑岱、喇巴泰、㢰登图、巴牙尔图、额腾、根度尔、寨桑侯痕、济尔噶朗、恩克参、桑土、商佳布、额一德、额参德、戴青、桑噶尔寨、博尔济、昂阿、桑阿尔、猎烈忒、特精克塔占诸贝勒各率所部兵来会。又敖汉部落班第、额驸昂阿塔布囊、奈曼部落衮出斯巴图鲁、阿禄部落萨扬、达颜、吴巴什,亦各率所部兵来会。

编者注:○寨桑,蒙古贵族首领称号之一,汉语"宰相"的蒙古语译音,又写作"宰桑"。管理一鄂托克事务,或一寨桑管一鄂托克,或三四寨桑管一鄂托克。○鄂托克,蒙古语,汉译为部落、疆域、屯营地。它是明代蒙古中后期军政合一的社会基本单位。

○己卯,大军次扎滚乌达地方,塞冷、阿布海之子昂阿尔柱尔、巴林部落塞特尔、阿禄部落奔巴楚虎尔、顾鲁台吉、僧格台吉、科尔沁国土谢图额驸奥巴、布塔齐哈谈巴图鲁、孔果尔、冰图、国舅吴克善、满珠习礼、额驸桑噶尔寨、阿禄部落孙杜棱、东戴青、塔赖楚虎尔之子穆章等诸贝勒各率所部兵来会。又北边蒙古诸部落贝勒,亦各率所部兵来会。

〇辛巳,大军次博罗额尔吉地方,命图鲁什劳萨率精兵五百人前行。

〇壬午,大军次哈尔占地方。

〇癸未,留大军行粮于哈尔占,命董山颜布禄统马步兵六百人、代子八员守之。〇是日,召集科尔沁国土谢图额驸并其昆弟诸贝勒及扎鲁特、敖汉、奈曼、阿禄各部落贝勒等,谕之曰:"朕以察哈尔汗不道,整旅徂征,先期谕尔等率所部兵来会,今尔等所率兵多寡不齐,迟速亦异。惟土谢图额驸率来军士甚多,又不惜所蓄马匹,散给部众,疾驰来会。足见立心诚恳,忧乐相同,朕甚嘉之。若吴克善者,则于朕心有所不慊矣。扎鲁特诸贝勒亦属实心效力。至若巴林诸贝勒既托命于我,自应身先士卒,竭力戎行。乃吝惜马匹,怠缓不前,何耶?尔同类之喀尔喀诸贝勒,为察哈尔所俘戮者有之矣,离其夫妇者有之矣,取其部曲只存孑身者亦有之矣。朕从大公起见,兴师来此,正尔等奋志雪仇之日也。今视尔等似犹有惧心者,彼察哈尔能至我城下否?我亦有惧心否?尔塞特尔动辄托病,果何病耶?不念及国政,而嗜饮无度,为酒所困耳!又阿禄诸贝勒为察哈尔所逐,自奔投我国以来,朕每谓当移营近地,乃不遵朕言,仍于远处放牧,复为察哈尔所掠,且以所掠诸物献于明国。诳云满兵进攻之后,我入其地而得之以献。是彼指侵夺我国之名以诳告于明也。属国为人所袭,朕犹有憾。阿禄诸贝勒躬罹其害,蓄怨自深。岂不思仗朕力以复仇者,乃竟不散给尔马,不多发尔兵,仅以一旅之师勉强应命?应俟班师日议罪。至尔敖汉、奈曼诸贝勒独先他部来归,济农移居沈阳,班第年少,衮出斯巴图鲁身居本国,汝等较巴林殊优,然亦未为尽善也。……"前遣图鲁什劳萨获蒙古流散男妇子女共二百余人,马八匹以献。

〇甲申,大军次喀喇木伦河。

〇乙酉,大军次哈纳崖,命图鲁什劳萨将所获蒙古人口留于喀喇木伦河,召其族人之解事者泰布和多内、巴屯、阿纳克四人,上谕之曰:"汝等暂住于此,俟师旋时,携尔还。勿萌异志。"因赐以御食留之。○是夜,镶黄旗固山额真额驸达尔哈家旧蒙古二人盗良马六匹,潜奔蒙古察哈尔国,告以"满洲已举大兵无数来征汝国,我等从军至哈纳崖,先逃来"。蒙古察哈尔林丹汗闻之大惧,遍谕部众,弃本土西奔,遣人赴归化城驱富民及牲畜尽渡黄河。察哈尔国人仓卒逃遁,一切辎重皆委之而去。

○戊子,大军次格垒壁路。

○己丑,大军过兴安岭,次大儿湖之公古里河。命总兵官阿山率将领八人、精兵三百人往助前行图鲁什劳萨军。大儿湖延袤约八十里,东西三河环流灌注,水卤不可饮。距沈阳东一千三百五十里。

○庚寅,大军次都勒河,命白布赫率壮士八人,每贝勒下拨给良马二匹,入察哈尔边界捉生。○是日,察哈尔国一人步行逃至。讯之云:"皇上大军前来,有二人驰六骑往报,察哈尔汗大惧,其部民有两牛以上可以携带者,尽携之。奔库黑得勒苏地方,自大儿湖距彼地约一月程。"上谕率兵诸贝勒大臣曰:"察哈尔知我整旅而来,必不敢撄我军锋。追愈急则彼遁愈远,我马疲粮竭,不如且赴归化城暂住。"因命喀山、吴拜率兵八十名,往调前遣阿山、图鲁什劳萨等还。于是大军趋归化城。

编者注:○捉生,指促俘虏。

○壬辰,大军次兀尔土地方。命巴克什库尔缠率亲军十六名,前行侦探。

○癸巳,大军次胡喇户地方。前自大儿湖遣白布赫等八人捉生,行至忽鲁古尔河,直抵噶海额勒苏地方,不得踪迹而还。

○乙未,前遣图鲁什劳萨获察哈尔国三人,马七,骆驼一。令布哈塔布囊携所获一人至上前,言察哈尔国左界与喀喇莽奈之境相接,因定议罢征明之师,进征察哈尔。

○丙申，大军自阿济格和尔戈地方，还趋察哈尔。

○五月戊戌朔，大军次果果索太河。前遣捉生图鲁什劳萨还。○命阿山、图鲁什劳萨、吴拜留其前次所统兵，复率精锐三百人，前往捉生。

○癸卯，大军次胡喇户地方。詹土谢图下蒙古五人逃奔察哈尔，为前遣阿山、吴拜、图鲁什劳萨所获。斩首以献。○命刘哈布哈塔布囊率壮士十六人前侦踪迹。……刘哈布哈塔布囊生擒察哈尔精悍哨兵二人来献。○命贝勒阿济格率官十六员、精兵三百人，往擒察哈尔哨兵。

○甲辰，大军次扎喇布喇克地方，前行贝勒阿济格兵还，与大军会。○遣喀山劳萨率精兵百人先大军三十里前进。○大军次布龙图布喇克地方，复遣吴拜、他哈布率精兵九十人前进。○前遣劳萨至喀喇莽奈地方，遇察哈尔哨兵四人，追至益图地方，斩一人。见前有敌兵近百人围困前遣刘哈，于是劳萨率七人大噪冲入，敌遂败走。

○丁未，前哨劳萨遣人奏言，遇察哈尔哨兵一次，为我兵追北，后无所见。观敌人大队踪迹逃去已久，恐我兵追之无及。是日，上自布龙图旋师至枯橐地方驻营。

○戊申，……上谕之曰："我等原征察哈尔至此，察哈尔不能御而遁，追之无益。今我兵马疲惫，其暂旋师，以俟再举乎？抑先取蒙古部民复入明境乎？二者孰便，尔诸臣可定议以奏。"于是群臣集议奏云："我师此来，已近明境，即先取蒙古部民，复入明地，以图大事，诚为上策。"于是复定议征明。○遣孟阿图率各旗官一员、兵一百还沈阳传谕云："额驸达尔哈属下人逃入敌境泄露军机，致察哈尔觉而远遁，追之不及。因旋师取察哈尔部民直入明境，所有遗留粮饷可移贮辽河，掘壕加意防护。贝勒阿巴泰、额驸杨古利防御之兵可撤回守城。前者令喀喇沁人于法库山耕种，若耕种未完，当督之尽耕，仍慎守勿忽。"

○己酉，大军往取察哈尔部民。

○辛亥，大军次朱儿格土地方。夜有喀喇沁一人窃马十三匹而逃。追者言逃人向察哈尔奔去，止获所弃马六匹以归。

○丙辰,左右两翼兵于启行时,分道而猎。及合围,见黄羊遍野,不可数计,遂杀死数万。……是夜,至和尔果地方。

○庚申,大军次木鲁哈喇克沁地方,分兵两翼。左翼命贝勒阿济格为帅,率巴克什、吴讷格、科尔沁土谢图额驸奥巴及巴林、扎鲁特、喀喇沁、土默特、阿禄等部落兵万人,往掠大同、宣府边外一带察哈尔部民。右翼命贝勒济尔哈朗、岳托、德格类、萨哈廉、墨尔根戴青贝勒多尔衮、额尔克楚虎尔贝勒多铎、贝勒豪格等率兵二万人,往掠归化城黄河一带部民。又命车尔格察哈喇率兵五百人往黄河取备船艘,为前队,命图鲁什劳萨先往捉生。上与大贝勒代善、贝勒莽古尔泰统大军继进。

○癸亥,前遣兵乘夜入博多克隘口。

○甲子,两翼兵齐入隘口。前遣图鲁什劳萨生擒蒙古一人送至,讯知察哈尔汗闻我兵入境,尽携部民牲畜财物渡黄河以遁,所遗止穷民耳。○是日午刻,上至归化城驻营。大军一日之内约驰七百里,西至黄河木纳汉山,东至宣府,自归化城南及明国边境所在居民逃匿者悉俘之,归附者编为户口。

○乙丑,谕两翼领兵诸贝勒曰:"尔等可选精骑调赴黄河一带,以助兵力。若俘获者多,可携则携之,不能尽携则任诸将酌行。凡诸贝勒所俘获者,酌分羸马之兵留守。仍深入其地以扰之,俟旋师时可纵焚其庐舍粮糗,朕驻归化城以待。"

○丙寅,往掠黄河一带诸将奏报:"蒙古已悉渡河而去,不料我军突至,复渡河而归,为我俘获者以千计。"(《清太宗文皇帝实录卷之十一》)

○天聪六年壬申六月丁卯朔,前遣往略科尔沁国吴克善、满珠习礼、塔布囊达雅齐等遣人奏报:"近明界沙河堡一带蒙古部民皆逃入沙河堡内。"于是遣护军纛额真杨善率精兵六十人,偕所俘获察哈尔通事顾禄古赍书付吴克善等,令向明人索取之。书曰:"满洲国皇帝致书沙河堡各官:我北征察哈尔,穷追四十一日,擒其哨卒,讯之,云已星夜遁去。我欲收其部民,因还兵克归化城,暂驻军营以待我进剿黄河军。近闻察哈尔所遗人畜财物为尔等容留,此系我未经收尽者,当一一还我。且此部民原系蒙古格根汗之人,察哈尔取之则为察哈尔所有,我取之即为我所有。以我所有,而尔等取之,不可也。且我边外之事,尔等何得干预?此事谅非尔主所知,乃尔等边臣所为。尔等岂不知辽东官员干预我边外叶赫之事,自取祸患?尔如不还,与辽东官员何异耶?我此来原欲修两国之好,故遍谕尔守边各官也。"

○庚午,国舅吴克善及杨善还奏言:"明沙河堡官得皇上书,知兵至,大惊,凡逃入堡中蒙古及赏察哈尔汗财物,俱送出尽归于我。计还男妇三百二十,牲畜一千四百四十,并所赏绸缎布帛六千四百九十,俱携之还。"

○甲戌,大军自归化城启行,趋明边。

○丙子,大军次虎湖斯河。

○丁丑,大军次布里渡地方。遣苏达喇图赖率兵二百人及蒙古通事二人,赍书谕沙河堡各官曰:"始我意在议和,屡与辽东各官言之。缘辽东各官从前厚遇察哈尔,与我宿成怨隙,不听我言。我故将此处察哈尔逐去,特与尔等议和。尔得我书,即将逃入蒙古献出,甚善。今我将往大同、阳和、宣府一带议和,道经尔地,不可无一言相慰,故遣人以书相告。"时苏达喇图赖等至沙河堡以上谕示之,沙河堡官遣十七人赍牛羊缎疋并茶酒来献,上赏其为首三人牛各一,余各羊一,遣还。

○己卯,上遣库尔缠龙什进德胜堡,遣爱巴礼、喀木图进张家口,各赍书二函,诣大同、阳和、宣府各官等处议和,书曰:"满洲国皇帝致书于明守边各官:我之兴兵非欲取中原、得天下也。因辽东官员不行正直之道,贪赎货贿,罔顾是非,助边外叶赫遣兵戍守,而专意结怨,无故欺凌,遂成七恨。我屡曾致书尔主,辽东官员与我为难,壅不上闻,竟无报书。我之所以兴兵者,欲尔主察询其故,是以攻取抚顺时得尔国商贾人等俱纵之,令赍书转奏尔主,恐其不能径达,又令其付与尔各省官员,乃自后亦复无回音。数年以来,我师所向屡破城池,窃意尔主必加察问,知我兴师之故,则和议成而战争息。古语云:下情上达天下罔不治,下情上壅天下罔不乱。今和事无成,战争不息,皆下情不上达之故也。且上天以生民为心,若黩战不已,民死锋镝,岂能仰合天心乎?我今开诚相告,惟愿两国和好,戢兵息战,兆庶粹宁,财货丰足,互相贸易,各安耕猎,以乐太平。我若言不由衷,上天鉴之。我诚心议和,而尔等犹豫不决,天宁弗鉴尔耶!前者兵入边境屡有攻取,书词往复,其中疾怨之言有两相轻慢者,此兵家之常,不足道也。尔国岂无才俊?勿以古昔毁盟弃好及互相欺罔之事为鉴,因而致疑于我。幸速为裁断,以成此举,实两国之福。我将驻此十日以待回音,勿再迟延也。"又一书曰:"向者尔山西一带边口于格根汗布颜台吉部落,例有额赏。及格根汗布颜台吉部落为察哈尔吞并,将此额赏移彼以与此,遂为察哈尔所得。今察哈尔既为我所逐,自应以给察哈尔者与我。察哈尔为边外之国,我亦系边外之国。且跋涉远来,驰驱劳苦,三军之众,将何以犒赉?幸勿靳此财物之细,而失与国之好也。尔等与我素无嫌隙,我第与辽东各官为敌耳,与汝等何涉?我两国之好,惟汝等实图之。"

○庚辰,大军至大同边外厄布尔石拔尔台地方,于近边一带驻营。

○癸未,大军趋宣府。

○戊子,往略宣府贝勒阿济格奏言:"臣等兵至宣府,彼处官兵惊惧,将犒赏察哈尔汗所余财物在张家口者悉已献出,计缎布及虎豹狐獭等皮共一万二千五百。"

○庚寅,大军至宣府边外张家口喀喇把尔噶孙地方。列三十余营,联络四十里,环营四面穿堑,深广各一丈。

○癸巳,明宣府巡抚、总兵遣张家口黄官寿等二通官二守备,偕十一人,同前遣往张家口巴克什库尔缠及卫寨桑罗硕等,赍牛羊食物来献。上御黄幄坐,领兵诸贝勒大臣左右列侍,令二守备二通官进见。四人不胜恐惧,跪拜失措,叩首而退。次令从人遥叩,命守备等坐左侧,宴之。赐守备各马一,通官各牛一,从人各羊一。○我军大市于张家口。○科尔沁国土谢图额驸部下三人潜入明边取其牛驴,上以两国既和好贸易,何得违令盗取与国牲畜,令执三人赴明界上,斩其为首者,以示明人,为从二人各鞭一百,贯耳。

○甲午,明宣府巡抚沈某、总兵董某身任和议,与我国共定盟约。明都司金某、黄某,又官二员与我国阿什达尔汉、达雅齐龙什卫寨桑等刑白马乌牛,誓告天地。燔书盟曰:"明与满洲二国,共图和好。谨以白马乌牛誓告天地,若明先败盟,天地厌之,统绝国亡。若满洲先败盟,天鉴亦如之。两国若遵守誓言,交好勿替,天地眷佑,世世子孙长享太平。"盟毕,明人以黄金五十、白金五百、蟒缎五百、布疋千来献。

编者注:上文史实,查《宣化府志·职官》所载明代历任宣府巡抚、总兵年表,宣府巡抚沈某,为时任巡抚宣府地方赞理军务都察院右佥都御史沈棨;总兵董某,为时任宣镇总兵官董继舒。《明崇祯实录》载有"崇祯五年秋七月壬寅,逮巡抚宣府右佥都御史沈棨,时插汉虎墩兔憨(即林丹汗)犯张家口求款市,棨不以闻,即答书设誓宴赉,太监王坤以闻,逮讯之。"显见《明崇祯实录》将后金皇太极与察哈尔林丹汗相混淆。

○乙未,明议和使者还,遣启心郎祁充格率八人送之。○是日,以所得明张家口财币五之一赐土谢图额驸,所余及贝勒阿济格所俘沙河堡所得财币各籍之,酌赐行间诸将有差。所献虎豹皮、红毡分给八贝勒,缎布獭皮等物悉犒军士。○先是,遣巴克什库尔缠、塔布囊达雅齐及穆成格以御马二匹遗明宣府巡抚沈某、总兵董某。至是答曰:"未奉君命,焉敢受汗之马?"固辞不受。○席汤噶、吴巴海追捕逃亡,遇察哈尔哨卒五人,俱斩之,获马十六匹来献,即以其马赐之。

○秋七月丁酉朔,命塔布囊达雅齐率官八员、精兵八十人,赍书谕明张家口守臣,书曰:"两国既誓天地,敦和好,凡事皆当敬承天意,善保始终。我岂乐于战争?惟以大义之故专意修好,谓两国相安,则各受其福。所以倡率议和,期于必成。远出边隅,至于此地,顷获尔哨卒二人,旋即送还。我兵私入尔边为盗,即于尔界斩一人,余二人各鞭一百,贯耳,复还所盗之物。以我国崇尚礼义如此,尔国反不还我逃人,是何谓耶?试思此逋逃数人,果损于我,而有益于尔耶?尔等宜以信义为上,勿效辽人偏助叶赫、厚察哈尔而外我也。我专意和好,敬天保终。尔等亦不相负,则两国皆善矣。议和时,尔等原谓辽东地方,并议在内。但辽东人从来志大言谬,难与议和,须尔处遣人往议为善。我亦俟尔处人来议,若尔等来议之人日久不至,我即乘暇来此与尔等议之。"○是日,上率大军还至孔果尔俄博地方驻营。

○戊戌,左翼贝勒阿济格来与大军会。

○庚子,大军至上都河驻营。明国以和好礼成,来馈礼物。诸贝勒以蟒缎十、倭缎十、缎十、黄金五十、琥珀数珠二盘进上。上阅毕,受蟒缎及缎,其倭缎、珀珠、黄金俱却之。又蟒缎三百一十疋、缎百二十疋、锦缎十六疋、绿皮五十六张、布二千五百疋、茶一千七百包,分给八旗诸贝勒。

○辛丑,外藩蒙古贝勒孙杜棱等辞归,各赐缎有差。○遣赛穆哈穆虎率兵八十人还沈阳,报收服察哈尔、归化城等处部民捷音,兼令接济军需。

○壬寅,以大军克捷,刲八牛祭纛。

○丙午,大军过兴安岭,至尼出衮都尔鼻儿地方驻营。

○庚戌,大军至摆斯哈儿地方驻营。

○八月丙寅朔,上以旋师以来大凌河归降汉人逃者甚众,召额驸佟养性及文馆诸臣,宣谕大凌河归降官员曰:"尔等被围三月,天以与我,我不忍加诛。故携尔等至此,给以衣食,与以妻室,厚加抚恤。使我兵为尔等所获,岂特不加养赡,即首领其能保乎?尔等当孩赤之时,养之者父母也。今朕衣食以养之,朕即尔等之父母也。鞠养之恩,如何可忘?尔等在明国统属千万人,今所与尔统属者约不过四五十人或二三十人耳,有何繁多而不各加训饬抚养,竟任其逃亡也?岂以此番出兵从宣府议和而还，恐不得与妻子相见，故如此耶？不知和议若成，则财币有资，边市无阻，国家富强，长享安乐，岂非美事！若和事不成，专图进取，彼察哈尔已远遁万里之外，旁无窥伺。我军分道攻明，可一举成事，不难也。不是之思而背逆窜逃，或出于己意而潜行，或出于同谋而故纵，负我豢养之恩，是负天也。可令伊等三复思之，若欲归家探取信息，则奏闻于朕，明白遣去。他日或来或否，愿听自由，何不出此而徒思乱不已也！"

○冬十月乙丑朔○己巳，上行猎至新哈达地方，有察哈尔蒙古八人携妇人一口、马三十匹来归阿禄四子部落琐诺木台吉。

○甲戌，是日申刻，上还沈阳，自北门入。遣卫征囊苏喇嘛赍书赴明宁远与驻守各官议和，书曰："满洲国皇帝奉书明国皇帝：我国称兵，非不知足而冀图大位也。因边吏欺侮之恨不得上达，致启兵端，于兹数载矣。我思战争不息，则彼此俱被其祸。和好一成，则彼此均受其福。所以前于往征察哈尔时，过宣府议和，刑白马乌牛誓告天地。盟誓者虽系小臣，然人无大小，皆属皇帝统御。且凡誓词皆告于天，岂肯轻背！自彼处盟后，我意和事已成，故执我国越境之人，戮示于尔边臣之前，所掠牲畜财物悉令送还。若我非诚心议和，肯自执其人，杀于尔边境耶？缔盟以来已经数月，未尝少犯尔边。我之笃守盟誓，可谓至矣。尝观往事，下情上达天下无不治，下情上壅天下无不乱。我两国构兵，亦由下情阻蔽、不得上达之所致也。我今欲将怨恨之故备悉上闻，又恐以我为不忘旧怨，虚意讲和，致起疑贰。所以不敢详陈。皇帝如欲洞悉我之恨端，当遣信使来问，我将悉告之。若谓业已议和，又何必语及夙怨，则亦惟皇帝之命，惟和好既成，获邀岁币，优游田猎，共享太平，是所愿也。"又一书曰："满洲国皇帝致书明国诸臣：我使者还闻尔等以宣府议和，尔不与闻，与尔无涉。不知彼与我盟时曾言'既盟之后，勿侵犯辽东'。我以为随在议和，皆尔朝廷之命，因刑白马乌牛誓告天地。今尔乃有异议，尔则有异而天岂有异乎？臣则有异而君岂有异乎？尔若诡为异辞，亦任尔为之。尔又云,议和之礼,须送还大凌河官一二员,并少退尺寸之地,以此为名方可转达朝廷。若和事果成,我又何吝此一二人耶?且普天之下,尽为尔朝廷所属,岂仅尺寸之地耶?尔若不忘已失之土地人民时,藉以为口实。我之二祖无故被害,我能一日忘耶?我惟愿见太平未动,尔边疆寸草尺土,乃边臣凌逼,致成七恨,渐启兵戈,迄今未息。今我仍愿太平,屡议和好,尔顾以地方,为言过矣。况自克抚顺以来,我两国强弱,岂有不知?既已知之,而徒饰利口,贻误主上,流祸生民,何为也?诸公若果明哲,上纾朝廷之忧虑,下安边境之民生,凡事断之以义,俾速成和好,诚彼此之福也。凡执政大臣,宜通权达变,切勿徒事大言,坐失事机。今日尔君民休戚与后世声名美恶,诸公虑之可不悉耶!从来两国议和,必彼此使命往来,则和事易于就绪。今我一心愿和,天鉴在上,实无欺伪。乃以至诚遣使,而尔卒不信,不一遣使相报。夫我若欲称兵,则张皇以出,岂有托言相诱之理?向者袁巡抚与我议和时,我方遣使通问,彼即修缮城池,非惟拒守,又复相逼,是以计愚我也。我用是决意起兵,然于两三月前,令杜明忠赍书预告,然后兴师,未尝诡计掩袭尔等。若不信,以我为欺杜明忠,现在尔处可询也。我如是求和,尔坚执不从,且不必远征往古,即自我两国构兵以来,历年战争之苦,昭昭可鉴。尔不乐太平,惟寻师旅,国家生灵,视昔更苦,咎将谁归耶?今春往征察哈尔时,见尔一年之内与彼银百万有余。与其以有用之金钱,费于无用之察哈尔;何如遣一解事人来,早决和事,俾两国共享太平也?我之心事直告无隐,勿疑为不可信,勿惜遣一二使臣也。尔诸大臣果能身任和议,以成美事,岂特两国息争,人民安业,且使无限生灵免于锋镝,造福甚大,其福亦归于任事之人矣。"又一书曰:"满洲国皇帝致书宁远太监:我使者还言,尔躬代朝廷巡视边境,凡有所见,必入告无隐。予虽不知尔姓氏,特以书告。凡我意中所欲言者,于奉尔皇帝及诸大臣书内俱已备悉,所望于尔者,惟恐我所奉之书与所遣之使,不得径达于上。惟望尔以身任之,俾我书及使转奏上闻。倘蒙皇帝从长商榷,和事得成,则边境宁谧,坐享太平,是亦尔之福也。我屡遣使议和,原为战攻不息,必多致人于死。多致人死,天心所忌,岂不可畏?我体上帝好生之心,故言之谆切,惟高明筹度之。"

○十一月乙未朔○癸丑,蒙古察哈尔八十四人携马百有十二来归。(《清太宗文皇帝实录卷之十二》)

公元1633年　明崇祯六年

○天聪七年癸酉二月癸亥朔○癸未,上遣副将图鲁什劳萨等并大臣十六人,率兵三百人,往略宁远迤西一带。命随处揭榜谕众,谕曰:"朕昔征察哈尔时,逼近尔大同、宣府一带,破坏边城,绝不侵犯。我兵有夺尔民间之驴者,即戮示于尔边臣之前,随与尔边臣誓天修好而还。设朕不诚心愿和,岂有舍见在可乘之机而秋毫无犯者乎?朕以尔国或思及此,信朕议和之意,当遣使来。乃久之不至,朕复遣使三次。尔将告天誓之言,竟置不问,不容我使入城而回。尔虽如此,朕犹欲各享太平。冀尔国徐思遣使来议,乃不惟使命杳然,反侵我属国。尔意以为宣大系属别省,可不遵从前誓言。夫省会虽殊,尔主岂有殊乎?前此盟誓,皆祷于天,今尔违天若此,想不欲修好耶?尔乃大国,理当愿致太平。乃反不崇信义而喜动干戈?朕亦无如之何矣。我今复告于天,率满洲蒙古汉人诸军,携耕牛农具,屯种山海关外八城之地因尔之粮,为久住计。尔等八城人民远近田地,不必耕种。尔若播种,我当往耨焉。尔既不愿修好,文臣孰为善谋,武臣孰为善战?即当各竭智勇,以决两国胜负,毋徒深匿雉堞中也。"○是日,遣叶努刘哈率护军二十名,赍书往谕大同、宣府等官曰:"朕昔往征察哈尔,逼近尔宣府一带破坏边城,因朕愿修好,故绝不加侵犯,与尔誓天而还。以为尔必遣使来议,乃久待不至。朕三次遣使,尔复不容入城而还。朕犹望尔国徐思遣使来议,乃不惟使命杳然,反侵我属国,是尔仍不欲议和也。尔为大国,理当愿致太平,乃反不愿太平而喜动干戈,朕亦无如之何矣!倘我大军所临,或多踩躏,实非朕过。朕今复告于天,携耕牛农具往征山海关外城池,因有前言,不可爽信,特以兴师之故,遣使相闻。尔意云何?如谓山海关外之人不愿修好,非尔等本意;则当遣使即来,朕自行裁议。若谓山海关外人既不修好,尔等亦不便议和,则亦自由尔意可也。"

○夏四月壬戌朔○乙丑,察哈尔汗属下两翼大总管塔什海虎鲁克寨桑率二十人携马百、驼二十来归。言:"察哈尔汗残虐不道,国人思乱。有固山额真绰图寨桑移营时,察哈尔汗怒其移居伊地,致所属部落困穷,遂射杀绰图寨桑所乘马,褫其职。臣思彼待臣下类皆如此,岂可久处?又闻天聪皇帝宽仁大度,善养人民,故特率所属之众倾心归附。"

○丁卯,察哈尔杭爱地方阿布图和硕齐率七人携马驼来归。(《清太宗文皇帝实录卷之十三》)

公元1634年　明崇祯七年

○天聪八年甲戌五月丙辰朔○丙申,上问诸贝勒大臣征明当由何路进兵,贝勒大臣俱以宜从山海关大路而入对。上曰:"诸贝勒大臣所议,未协军机。今我大军宜直抵宣大,蒙古察哈尔国先为我兵所败,心胆皆裂,举国骚然。彼贝勒大臣将来归我,我往必遇诸途。尔众贝勒可多备衣服,以赏彼贝勒大臣之来降者。我师往征大同,兼可收纳察哈尔来归贝勒官民。计莫有善于此者。"遂命出内库缎帛,多制各色衣服、帽靴、甲冑、弓矢、撒袋、鞍辔等物,以备赏赉。复命出征诸贝勒各多制衣服及一切用物。命甲喇章京范文程、喀木图以行师之期,往谕都元帅孔有德、总兵官耿仲明、尚可喜。于是集各固山额真、众章京及拨什库等于大殿,传谕行军事宜。每牛录下派骑兵二十名,护军八名。各处兵士期于十九日入城,骑兵于二十日启行,护军于二十二日启行。右翼五旗由上榆林出口,左翼五旗由沙岭出口。师行时,勿擅离本纛,勿酗酒,勿践踏田禾。凡随满洲旗蒙古贝勒所属牛录甲兵,令各该管甲喇章京率之以行。其蒙古贝勒则各该固山额真率之以行,勿使一二后期。即满洲蒙古骑兵亦勿使一二后期。其大凌河蒙古及归化城俘获蒙古,与各处所获新蒙古等,不必率往。如蒙古中有其主,自言所属蒙古人,曾给以奴仆,使之各居抚养,得所可保,不逃者即许彼携往。如将蒙古内不足凭信之人擅行携去,以致逃脱者,罪之。每甲喇出弓匠二名,每牛录出铁匠一名,钁五,锛五,锹五,斧五,锉二,凿二,每人随带镰刀。各备一月糗粮。每牛录纛一杆,每二人共枪一杆,箭五十支。每甲喇出云梯二架,用预采干木为之。各备冬衣一副。固山额真以下、牛录章京以上,各量力备鲜明衣服凉帽。凡马绊及匙碗俱书字号。每兵携带帐房一架。又传谕留守贝勒大臣,告以留守兵数,每牛录护军二名,步兵援兵守兵俱留守,骑兵有驻防巨流河者,有往征瓦尔喀者,减援兵之数以补之。或有牛录下骑兵原不足数者,以步兵有马者补之。若有牛录下骑兵额数太少者,令马匹有余之牛录多派人前往。其派往之数,令缺额之牛录派人顶补留守,仍将留守兵丁姓名开报。如各牛录下留守兵丁姓名开报不实,怠玩旷误者,后被留守贝勒等查出,以缺数注册,定坐重罪。○遣使招抚驻牧明边境察哈尔国诸蒙古,示以书曰:"皇帝赐书于察哈尔国遗众:尔掌部落寨桑未审为谁,是以未书姓名。朕闻自察哈尔西迁以来,所遗部众俱驻明边外,此大误矣!与其居于彼处,何若归我?凡尔寨桑等不拘众寡,有举国来降者,即命掌其国事,成全录用。如不审度事势,欲于明境安居。独不思以全盛之察哈尔尚不能自存,而逃往西海地方,尔等又焉能久居于此乎?若不归我而归明,明与我两国之强弱,尔试忖度之,当自明也。我与尔两国语言虽异,衣冠则同,与其依异类之明人,何如来归于我?不惟尔等心安,即尔祖父世传之衣冠体貌,亦不烦变易矣。且彼先附明国之右翼土门蒙古等,穷年累月,不得家居,妻子不能相见,屡为我兵所戮。其存者明人犹驱之使战,委命疆场,此皆尔等所目睹者。尔等若不从朕言,亦任尔自便。但我大军一出,倘蒙天佑以地与我,彼时欲求抚养,言之无及矣。天果佑我,得明土地,虽潜奔西海者亦难安居,岂独尔区区附明之蒙古哉!"

○庚戌,大军至冈干驻营,察哈尔国林丹汗所属土巴济农下二人携马十三匹来归。(《清太宗文皇帝实录卷之十八》)

○天聪八年甲戌六月乙卯朔○辛酉,先是,壬申年上统大军往征蒙古察哈尔国林丹汗时,林丹汗举国惊恐无措,林丹汗见人心惶扰,知国势不可为,为窜逃计,遂弃故业,渡黄河西奔。图白忒部落牲畜死者甚多,其臣民向苦其暴虐,抗违不往,中途逗留者十之七八。又食尽,杀人以食,自相屠戮,夺取牲畜财物,相继溃散,皆不出宸算。来归者甚众。时来归之内,先有一人,为哨探前锋参领努山席特库等擒获来献,讯之,对曰:"我自察哈尔国逃来,如我类者,千有余户,俱在中途。"上即命户部承政英俄尔岱、觉罗布尔吉率每旗章京二员、兵二千名,往探其所在。○有五人自察哈尔国逃至,为阿禄部落班第卫征所获以献。

○癸亥,额驸布颜代及星讷达兰泰遣人奏言:"有一喇嘛及俄尔寨、图退图三人率户口百、弓手百有五十、马七十、驼一百二十四、牛二百六、羊千,自察哈尔国来归。"○命固山额真、昂邦章京阿山率每旗护军参领一员,每牛录护军一名,往收察哈尔国溃散蒙古。○是日,觉罗布尔吉、英俄尔岱遇察哈尔国来归蒙古户口一千,遂遣其头目侯痕巴图鲁见上。○遣人往谕贝勒德格类曰:"蒙古来归户口,可令其居中,尔德格类居前,公吴讷格居后,护送至所约之地,勿令扎鲁特部落蒙古与新附户口贸易。"○贝勒德格类遣归附蒙古一千户口头目巴达习寨桑,额参侯痕巴图鲁、乌努固齐达鲁噶、康喀尔塔布囊、绰博惠侯痕巴图鲁五人见上。

编者注:○达鲁噶,蒙古职官名称。

○戊辰,是日,额驸布颜代、布哈塔布囊于西拉木伦河源,获察哈尔来归男妇幼稚四十人,先令其一人见上。

○己巳,大军次习礼地方,和硕贝勒德格类、公吴讷格携察哈尔国归附千余户来见。

○庚午,以和硕贝勒德格类、公吴讷格所获察哈尔千余户分给八旗。

○辛未,先是,觉罗布尔吉、英俄尔岱遇察哈尔国布颜图台吉部众,招之降,不从,布尔吉、英俄尔岱遂纵兵击之。杀布颜图及壮丁二百余人,获妇女幼稚一百四十人,驼三十四,马三十五,牛四百四,驴八,羊一百二十。来奏云:"遇布颜图部众,招降不从,因俱杀之。"上以所获妇女十八人给与察哈尔新附之人为妻。布尔吉、英俄尔岱及同往将士,各赏以驼牛马匹有差。至是,布尔吉、英俄尔岱所杀余党约三十人来奔,奏曰:"彼时并无一言相问,我等欲降,不允,遂行屠戮。"

○癸酉,梅勒章京额驸布颜代、布哈塔布囊至,奏言:"臣等遇察哈尔国逃来百余户,招降之,俱携以来。"

○甲戌,大军至喀喇拖落木地方驻营。○命和硕贝勒德格类率正蓝旗固山额真觉罗色勒、镶蓝旗固山额真篇古、左翼固山额真公吴讷格,及两蓝旗护军将领蒙古巴林、扎鲁特、土默特部落诸贝勒、众头目兵进独石口。遇敌人拒战者杀之,取其地规视居庸,会大军于朔州,休兵秣马,以候进取日期。

○乙亥,是日,察哈尔国额林臣戴青、多尔济、塔苏尔海、顾实、布颜代、塞冷等五寨桑,率男子七百人、家属二千人,尽携牲畜来归。

○丁丑,大军起行,贝勒阿济格遣星讷携察哈尔土巴济农下诺颜太锡吴巴什、班第车臣、台吉白本、塞冷墨尔根四人来奏:"土巴济农归附。"赐诺颜吴巴什马一,令与星讷同还。

编者注:○太锡,蒙古贵族首领称号之一,汉语"太师"的蒙古语译音,蒙古相当普遍的贵族称号,特别是非黄金家族的异姓封建主多有此号。○诺颜,蒙古语音译词。犹君、领主。

○戊寅，是日，召察哈尔国归附小寨桑多尔济塔苏尔海、顾实布颜代、塞棱、额林臣等入宫。上御黄幄，命新附蒙古较射、角觝，设宴宴之，用昭优渥之意。

○壬午，先是，察哈尔国林丹汗部下土巴济农以察哈尔汗不道，苦虐国人。闻上宽仁恤众，德威被于天下，遂叛彼来归。上闻之喜甚，遂命贝勒阿济格、超品公杨古利率兵往迎。复遣礼部承政巴都礼、吏部承政拜尹图等迎至十二程。至是，土巴济农尽携其民千余户至。上命筑台于兀尔图卜喇克南山，坐黄幄中。土巴济农遥望下马至幄前，上出幄行三十步许，亲率土巴济农对天行三拜礼。上还御幄，土巴济农献珊瑚、琥珀、菩提子三种数珠，金银器皿、貂镶朝衣、蟒衣、甲胄、鞍辔、马驼。土巴济农之子塞冷台吉、扎木苏杜棱、太锡诺颜，土巴济农之婿安达古英、苏默尔台吉、吹默尔根、道通巴图鲁、班第戴青、古木思辖布台吉、虎尔盖齐台吉，各献驼马朝见。土巴济农遥拜一次，复近前跪拜。上答之，行抱见礼。次与大贝勒代善抱见，次与敖汉部落济农、阿禄部落杜棱济农、贝勒阿巴泰、多尔衮、多铎、萨哈廉、豪格、奈曼部落衮出斯巴图鲁，各以次相见毕。土巴济农以所携酒肴，酌金卮献上。上命土巴济农坐左侧，大宴之。赐甲胄、蟒袍、帽靴、玲珑鞓带、鞍马等物。

○甲申，命大贝勒代善、和硕贝勒萨哈廉、硕托率正红旗固山额真、梅勒章京叶克书，镶红旗固山额真昂邦章京叶臣，右翼固山额真甲喇章京阿代、敖汉部落杜棱济农、奈曼部落衮出斯巴图鲁、阿禄部落塔赖达尔汉、俄木布达尔汉卓礼克图、三乌拉特部落车根、喀喇沁部落古鲁思辖布、耿格尔等兵，自喀喇俄保地方入德胜堡，往略大同一带，取其城堡。西略黄河，会兵于朔州。○命前锋将领梅勒章京图鲁什、牛录章京吴拜等率兵历归化城，招抚察哈尔国逃民。

编者注：○固山额真，满洲官名。固山，满语，汉译为旗。额真，亦满语，为一旗长官。○昂邦章京，满清官爵名，位同明朝总兵。○梅勒章京，满清官爵名，位同明朝副将。○甲喇章京，满清官爵名，位同明朝的参将、游击，分三等，一、二等即参将，三等为游击。乾隆元年（1736）改称轻车都尉。〇乌拉特：原文又写为"吴喇忒"或"乌喇特"。

〇秋七月乙酉朔，土巴济农下苏默尔代旺台吉进献貂裘、琥珀数珠、马驼，上酌纳之。赐土巴济农苏默尔代旺台吉宴，仍赐土巴济农缎袍、帽、靴、玲珑鞓带等物。

〇己丑，命贝勒阿济格、和硕墨尔根戴青贝勒多尔衮、额尔克楚虎尔贝勒多铎率护军统领等正白旗固山额真昂邦章京阿山、镶白旗固山额真梅勒章京伊尔登、阿禄，翁牛特部落孙杜棱、察哈尔新附土巴济农额林臣戴青、多尔济、塔苏尔海、俄伯类布颜代、顾实等。诸军自巴颜朱尔格地方入龙门，会兵于宣府。上亲率贝勒阿巴泰、和硕贝勒豪格、超品公杨古利、护军统领正黄旗固山额真纳穆泰、镶黄旗固山额真梅勒章京达尔哈，汉军固山额真昂邦章京石廷柱、马光远、王世选，天佑兵都元帅孔有德、总兵官耿仲明，天助兵总兵官尚可喜，嫩科尔沁国土谢图济农巴达礼、扎萨克图杜棱、额驸孔果尔卓礼克图、台吉吴克善等，入上方堡。由宣府攻略朔州一带，定议四路兵俱于七月初八日入边。

编者注：〇"上方堡"即今张家口市万全区膳房堡，译音之别。〇上文表明新归附的察哈尔土巴济农率部参加了对明朝的战争。其部应该是清察哈尔八旗建置的起始。

〇庚寅，上统大军前行至哈流土地方，察哈尔国云敦车臣、俄伯类、塞冷台吉、塞冷墨尔根巴图鲁、叟僧戴青率部下四百余户来归，遇于中途。上御黄幄，云敦车臣等朝见，献貂裘马驼。赐之宴，降谕抚慰之。

编者注：〇"哈流土"，即今张家口市张北县海流图，为汉译之别。

〇辛卯，命贝勒豪格、超品公杨古利、正黄旗固山额真纳穆泰、镶黄旗固山额真梅勒章京达尔哈，前往上方堡拆毁边墙，攻台捉生。命护军统领甲喇章京谭泰、鳌拜、图赖等前往设伏。上亲率大军继之，至喀喇巴尔噶孙地方驻营。

〇壬辰，黎明大军将行，贝勒豪格等奏报边墙已毁。于是大军入上方堡,分道而进,至宣府右卫,遣龙什等,令台军赍书与右卫参将曰:"满洲国皇帝致书明国官员:予向与尔等定盟时,在我毫无欺诳之意,亦并无猜疑尔等之心,故对天地盟誓已成和好。孰意尔等竟阴怀诡谲,不念前盟。初约遣人于辽东,寻盟久候不至,予三次遣使,辽人复拒不纳。且袭我边部,杀我二十余人。伊虽如此,予犹欲追念前盟,共敦和好,曾经遗书归化城。辽东执事者毁弃誓词,侵我边塞,尔等之意云何?若谓辽人不和,与尔无涉,我两国盟誓俱在,可即遣使来。若谓辽人既不欲和,尔亦难以独和,则不必遣使。至今不惟不遣人来,且无一语相复。是以予切望之心,从此断绝也。尔等或以向日诈盟自为得计,恐上天必不见佑。予纵可欺,上天岂可欺乎?况盟誓者同此上天,称名者各是国主。同盟之人,何论大小耶?今尔等果愿和好,可遣信使持尔主玺书来,速与裁决,勿延时日。不然,予惟量力前进耳。夫复何言?今予此来,尔地方已遭残破。若再经此,城郭虽存,糗粮不继,民何所恃耶?尔等乃民之父母,明知强弱之形已不相敌,而不念军民之涂炭,议和不允,其故何也?若谓古人有既盟而复毁者,因而效之,是特守株之见耳。古有盟而复毁者,亦有始终不变者,自宜随时权变也。如执迷不悟,干戈相寻,尔国之祸何时已乎?既为民父母,不以民之疾苦奏于朝廷,速议和好。但偷安窃禄,唯恐上之罪己,则尔之所谓大臣者,亦何益于民耶?予未尝不愿太平,值此炎暑,岂乐兴兵?皆尔等不赞成和议之所致耳!"谕军民曰:"予与尔明国构兵之故,非我所愿。止因辽东各官欺侮难受,及上奏又壅蔽不达,故兴兵至此,冀尔主下询其由。岂知用兵多年,竟无一言相问及!予屡次致书遣人议和,并不纳我使臣,亦不答书。前年临尔边地,秋毫无犯,结盟而归,予以诚心议和,毫无疑贰,誓诸天地。不意尔官吏阴怀诡诈,从前盟约尽为尔君臣所毁。凡人盟誓,皆同此天,无论大小,称名各是国主,岂有可以轻弃之理耶?古云:下情上达天下罔不治,下情上壅天下罔不乱。似此干戈不息,皆由汝官吏壅蔽下情,尔国君不愿议和所致。尔等父母妻子离散,无辜之民死于锋镝,实非予之故,乃尔国君之过也。"○是日,上率大军至宣府城西南五里外驻营。贝勒阿济格、和硕墨尔根戴青贝勒多尔衮、额尔克楚虎尔贝勒多铎自龙门口入边,击明参将马步兵,败之。进攻龙门未下。

编者注:○宣府右卫,即今张家口市万全区右卫城。○宣府,即今张家口市宣化城。

○癸巳,大军至宣府城东南驻营。

○甲午,以护军参领图赖、南褚、鳌拜,骑兵甲喇章京巴布泰,出略时越指示往略之界,又不至约会之处,尽夺所获之物入官。

○乙未,命贝勒阿济格、和硕墨尔根戴青贝勒多尔衮、额尔克楚虎尔贝勒多铎率两黄旗每牛录兵五名往略保安州一带。上率大军西至新城。

编者注:○保安州,即今张家口市涿鹿县城。

○丙申,命正黄旗、镶黄旗骑兵及汉军攻新城,发炮,城中守备中炮死。时昂邦章京拜尹图牛录下二人越城先登,既而梯折,上命勿攻。

○丁酉,大军西行至东城,于城东十里外山冈驻营。遗明代王书曰:"满洲国皇帝致书代王:我国起兵之故,初非有意取天下、得大位也。我国昔年驻守辽边,以正直为心,未动寸草撮土。因辽东官员无故伤害我祖,蹂躏我世传庐舍田地,攘夺我疆土。又以我太祖礼聘叶赫之女逼嫁蒙古,复谋害我国,偏助叶赫,给兵防守。似此种种欺凌,遂成七恨。后屡次致书尔主,辽东官不肯上达,愈加横逆。万不得已,遂尔兴师,实欲尔主察问其由。故于攻陷抚顺时,尽释所获十三省商人,详书七恨付之,且嘱之曰:辽东官员不为我转达尔主,尔等当各至本处,告尔督抚转奏朝廷。孰意尔主信辽东官欺诳之言,竟无一次问及,以至构兵不已。夫尔主何不遣一使询其故耶?古人云,下情上达天下罔不治,下情上壅天下罔不乱。此事皆由尔主不加察问之所致也。王诚忧国忧民,可遣一语言明晰之。使来,我将以宿恨一一告之,想王闻我之言,亦当为我恻然也。倘疑我言为欺,试思我但诱杀此一人,有何益耶?尔明国之主倘得悉我抱恨之处,岂有不翻然悔祸、解息兵戈者乎?我若惟贪财嗜杀,蓄念不戢,何以各国蒙古尽来归附耶？我尝欲和好,尔国不从,始不得已而构兵。若和事有成,安享太平,岂有不愿之理！此言若有虚伪,上天自鉴之！王如以我言为是,可速遣使来。"○西路进兵大贝勒代善,和硕贝勒萨哈廉、硕托等领兵入边,攻得胜堡。正红旗尼哈里先登克之,尽歼明兵,城守参将李全自缢死,镇场堡民弃城而逃。于是代善、萨哈廉进兵大同,攻怀仁县,未克。硕托及镶红旗固山额真昂邦章京叶臣等击败朔州骑兵二百,追至城下,抵步兵营始还。又围攻井坪城,不克。寻代善、萨哈廉兵及右翼固山额真阿代兵继至,三旗兵并力攻之,又不克,乃驻营朔州。遣使奏闻。

○丙午,上率兵沿途略屯堡至应州,围其城。

○丁未,御前护军取小西城之郭,两黄旗固山额真纳穆泰、额驸达尔哈等攻小西城不克。○遣敦多惠、喀木图谕大贝勒代善,和朔贝勒萨哈廉,率兵赴马邑县驻札。

○己酉,前锋将领图鲁什等至归化城,遇察哈尔国阿牙克喀塔喜木里克喇嘛寨桑、古木德塞臣寨桑、衮出克僧格台吉寨桑、恭格济农、毛海叶尔登寨桑、叟格都喇尔寨桑、忒济叶祐伊特格尔图寨桑、噶尔马青山寨桑、卓礼克图卫寨桑等,同察哈尔汗妻高尔土门福晋,率一千二百户来降,携其为首诸寨桑先朝上于行在。

编者注:○察哈尔汗妻高尔土门福晋,原称斯琴图福晋,是林丹汗第二大妃。因统管高尔土门万户斡耳朵,故又称高尔土门福晋,是第一个归降后金的察哈尔林丹汗遗孀。1636年(后金天聪九年),改嫁林丹汗原属下寨桑祁他特车尔贝为妻。○高尔:又作"高勒",汉语意为"中心";"土门",汉语意为"万户"。高尔土门万户,又可以称作"中心万户"。○斡耳朵,在汉语中,语义不详,但根据史料分析,应是由从各个万户抽调组成的,在大汗身边担负皇室各种职责的忠诚奴仆和骁勇善战的中军卫士和随从。这种性质的组织建制,可能统称为斡耳朵。

○庚戌,和硕墨尔根戴青贝勒多尔衮、额尔克楚虎尔贝勒多铎、贝勒阿济格进兵保安州，攻克其城，杀其守备，略取沿途村堡，会上于应州城。各籍俘获人口及牲畜、金银、缎布衣服，奏闻，酌收之。

○壬子，东路和硕贝勒德格类兵入独石口，沿途攻略。镶蓝旗宗室艾度礼、固山额真宗室篇古攻取长安岭，杀其城守守备。攻赤城，克其郭，城坚未拔。德格类兵及公吴讷格兵继至，三旗兵并力攻之，亦不克。于是德格类不至上所指示长城之地，复入保安州，会上于应州城。

○八月甲寅朔○壬申，是日，科尔沁国土谢图济农、巴达礼扎萨克图杜棱布塔齐、台吉喇嘛思希、卓礼克图台吉吴克善、伊尔都齐、冰图、噶尔图、察哈尔土巴济农、敖汉部落杜棱济农、奈曼部落衮出斯巴图鲁、喀喇沁部落古鲁思希布、塞冷、塔赖及杜尔伯特部落、扎赖特部落、郭尔罗斯部落、四子部落、乌拉特部落诸贝勒，各籍所获人口及牲畜奏闻。酌收之。

○辛巳，前锋将领席特库设伏于赤城地方，杀其哨探千总一员、兵九人。获马十四匹，生擒四人。

○壬午，是日，前锋将领图鲁什、侍卫喇都虎、胡沙、扈什布，及穆彻讷、罗实、车克、萨哈连设伏于左卫城，遇明曹总兵骑兵二百五十人出城，击败之。斩三十八人，获马三十八匹，生擒四人。

○癸未，大军至左卫城南驻营。（《清太宗文皇帝实录卷之十九》）

编者注：○上文中独石口、长安岭、赤城，其名今仍沿用。○左卫城，即万全左卫城，今张家口市怀安县左卫城。

○天聪八年甲戌闰八月甲申朔，大军至左卫城东驻营。

○乙酉，前锋将领图鲁什往宣府侦探，遇明哨卒十五人，单骑冲击之，矢中图鲁什腹，犹力战不休。我军继至，斩十三人，擒二人，图鲁什被创危笃。事闻，上迎视之。○是日，前锋将领吴拜席特库萨海于宣府设伏，邀击明哨卒，斩二人，生擒其守备一员，获马三匹。

○丙戌，遗驻宣府太监王某、吴某书，曰："尔主以尔等为耳目亲信之臣，使分驻各省，理应以兵之强弱、民之疾苦，及予屡欲修好之意，直奏无隐，以奠安尔国之民。今尔等乃附合外官专欺尔主，则国罢民困何时休息，且令尔等驻外有何裨益耶？"

○丁亥，是日攻万全左卫城，八旗合力修整，挨牌进攻，穴其城，隳之。正红旗护军竖梯，亲军褚库、布丹、孟库、外泰先登城，四面守军皆溃，斩其城守守备常汝忠，我兵入城搜剿明兵近千人。

○庚寅，上班师出尚方堡边二十里驻营。时察哈尔国噶尔马济农等遣三十人至，奏言："噶尔马济农、多尼库鲁克、德参济王、多尔济达尔汉诺颜等率众六千并家口来归，上已至木纳折忒户地方。又察哈尔林丹汗病痘，殂于打草滩地方，其子及国人皆欲来归，先令驰奏。"

编者注：○尚方堡，同上文"上方堡"，即今张家口市万全区膳房堡。

○是日，前锋将领席特库纳海设伏于宣府，遇明哨卒三人，斩其一，生擒二人。○遣敦多惠率四十人赍勅二道，往谕留守诸贝勒。其一曰："朕入边时定议七月初八日四路并进，限半月会兵朔州。朕率两黄旗及汉军都元帅孔有德，总兵官耿仲明、尚可喜，科尔沁国诸贝勒兵，从尚方堡入边，至宣府南驻营。两白旗、翁牛特喀喇车里克部落，并土巴济农及新附察哈尔兵千人从龙门口入，次日会朕于宣府。朕复自宣府新城、东城、西城趋应州驻营，令两白旗全军及两黄旗骑兵每牛录甲士五人并包衣牛录人，自宣府分兵进保安州，会兵东城，因水涨阻隔已于应州会朕。两蓝旗公吴讷格及巴林、扎鲁特、土默特部落兵由独石口入，未至长城，亦随两白旗由保安州会朕于应州。两红旗、阿代一旗及敖汉、奈曼、四子、塔赖、乌拉特、喀喇沁诸部落兵，从得胜堡口入，由大同直趋朔州驻营；阿代一旗沿边过杀虎口，绕道至朔州合营；两黄旗护军攻小西城傍一城，正黄旗先登，克之。贝勒阿济格、阿巴泰、超品公额驸杨古利率两黄旗、两白旗兵攻灵邱县，从城垣倾圮处奋击，正黄旗先登，克之。斩其守备、知县各一员。攻王家庄，掘其城，正黄旗复先登克之。时谭泰等先与和硕贝勒德格类期约，逾时不至，因率护军二百人往迎之。城中守备出战，中伤死，其子代守城，亦杀之。朕与和硕墨尔根戴青贝勒多尔衮、额尔克楚虎尔贝勒多铎、贝勒豪格，率科尔沁国为首。诸贝勒四旗，每牛录护军二名及四旗前锋往视大同城。其城南有兵结营，因击败之，追及城壕而回，获马百匹。御前侍卫及前锋将领席特库、纳海、洪科等四十人，击败阳和骑兵九百，斩首二百级，获马六十余匹。两红旗及阿代一旗攻得胜堡，正红旗先登，克之。斩参将一员。和硕贝勒萨哈廉出略至崞县，于城圮处攻入，克之。代州城以马步兵三百来挑战，败之。追至城隅而返。镶红旗击败朔州城外骑兵二百，追至城下方还，获马二十余匹。两白旗于入边后遇马步兵，皆击败之，获马百余匹。两白旗全军及两黄旗骑兵，每牛录甲士五人与包衣牛录人攻保安州，正白旗先登，克之。斩其守备及知州各一员。镶蓝旗攻援长安岭。尚总兵率七人击败代州兵三十骑，获马二十匹。复与汉军郎参将戴都等败其步兵三百，约斩百级。孔有德部下副将黑成功、佟三等，率三十余人败代州兵八百人，获马二十匹。科尔沁国土谢图济农巴达礼攻克十堡一台，土谢图济农、扎萨克图杜棱布塔齐合攻克一堡，土谢图济农复与杜尔伯特部落合克一堡。扎萨克图杜棱克三堡。扎赖特部落克八堡。杜尔伯特部落克十堡。喇嘛斯希克五堡。额驸孔果尔克二堡一台。卓礼克图台吉吴克善攻克八堡。达尔汉巴图鲁满珠习礼克六堡。伊尔都齐族人克十二堡。绰尔济克二堡一台。大妃兵克三堡。众兵合克一堡。翁牛特部落杜棱济农克三堡。东戴青克一堡一台。塔赖达尔汉克四堡一台。乌拉特部落克一堡三台。敖汉部落济农额驸琐诺木克一堡。奈曼部落巴图鲁衮出斯克一堡。四子部落克四堡。扎鲁特部落内齐克二堡一台。达尔汉巴图鲁色本、内齐合克一堡。达尔汉巴图鲁色本又独克四堡六台。巴林部落阿玉石、满珠习礼合克三堡。阿玉石又独克五堡。喀喇车里克部落阿喇纳克三堡一台。噶尔马克四堡。八旗及汉军并两翼诸旗兵所得寨、堡、台等多少不一，书不备悉。时明大同守吏欲尽杀降明之蒙古，于是蒙古八百九十五名杀其守备来归。是日，朕自应州还，右翼诸贝勒兵自朔州还。出略兵后队入长城,越山西代州百余里至五台山顶。及还,前锋将领图鲁什、侍卫扈什布、胡沙、喇都虎、罗硕、穆彻讷、萨哈连、车克等,击败祖大弼等兵二百五十人,斩首三十四级,生擒把总一员,兵三名。获马三十八匹。又至万全左卫城,造挨牌进攻,八旗四面奋击,正红旗竖梯先登,拔之。是役也,我师战则胜,攻则克,风驰霆击,所向披靡。是以宣大地方禾稼尽蹂躏,庐舍尽焚毁,台堡之人俘斩甚众,遇哨卒辄击败之,军威丕振。明之边吏震恐,未尝敢以大兵撄我锋者。我兵计获牲畜无算,惟两黄旗骑兵、汉军攻深井城,竖梯正黄旗二人将登,忽梯折,后队不能继,遂止,其守备亦中炮死。又两黄旗骑兵攻小西城不克,正红旗攻怀仁县不克,镶红旗夜袭井坪城未下,正红旗、镶红旗并阿代一旗合攻之亦未下。镶红旗攻圆平驿不克,其夜驻守之参将率城中人尽遁走。两白旗攻龙门城亦不克。镶蓝旗攻沙城堡不克,拔其郭。正蓝旗、镶蓝旗及公吴讷格合兵复攻之,亦不克。凡此不克者,非我兵尽力攻之而不能克,乃相机而止耳。"其一曰:"察哈尔内乱,国中自溃。自和硕贝勒岳托还后,蒙天佑我,其国之大臣,如土巴济农、阿牙克喀塔喜木里克喇嘛寨桑、古木德塞臣寨桑、衮出克僧格台吉寨桑、桑噶尔寨子济农、毛海叶尔登寨桑、叟格都喇尔寨桑、额林臣戴青寨桑、忒济叶祐伊特格尔图寨桑、噶尔马青山寨桑、卓礼克图卫寨桑、多尔济塔苏尔海额齐格寨桑、兀伯类扎萨古尔卓果诺达尔汉扎萨古尔、云敦塞臣、额布格德墨尔根袍、塞冷台吉、颜泰阿尔萨兰、塞冷舒冷格等,俱已来归。又克什腾部落苏默尔戴青、格根戴青子班珠尔达赖杜棱、浩齐特部落敦多布台吉、喀尔喀部落巴噶达尔汉,又喀尔喀、察哈尔小台吉近二三十人、察哈尔汗八大福晋内之一福晋及察哈尔小寨桑舒冷格、达鲁噶,来者甚众,户口四千余,骆驼六千余。又闻其国皆溃散,国人从察哈尔汗者甚少,其妹婿朵内额尔克楚虎尔,杀桑噶尔寨,携察哈尔汗所娶叶赫之女逃入明国,又额尔克多克新亦携察哈尔汗之妻入明国,从榆林西甘州之东口而入。今归附者,皆自黄河之外逦迤而来,计程三月,牲畜无草,人马死者甚众。余皆食牲畜肉,得至此。闻察哈尔汗出入明边界时,其国人未从者多在黄河之西,朕今遣众于黄河岸招之。又闻喀尔喀部落寨赛辎重俱为来附人所掠,惟寨赛夫妇乘牛播迁,饥馁之余,存亡未可知。其部落石尔胡纳克杜棱之妻及家口俱来,石尔胡纳克杜棱因应差未至。阿喇克绰忒部落巴图鲁阿拜贝勒、喀喇沁部落善弹戏之班第卫征台吉来归,死于途。此来归之人同类中,互相杀夺者甚众。初七日,朕出边时,有自察哈尔所逃之地来者,凡三十人,系其四大寨桑噶尔马济农、德参济王、多尼库鲁克、多尔济达尔汉诺颜等,于木纳折忒户地方遣之来报,言:'察哈尔汗在打草滩地方病死,距西海有十日程。其子及余众不能守,俱蹑归附人踪迹而来。'并遣巴牙思虎达尔汉塔布囊追之,欲与同行,前来者不肯待。计来归男子六千名,内有察哈尔汗两妻先来附之,察哈尔国大臣鄂尔多斯部落济农自黄河西所遣之人与之相左,令人追之,尚无音耗。"○赐察哈尔四大寨桑之使者侯痕巴图鲁、杨果尔、和硕齐、克石克、布阳古、托克他哈、扎木苏喇唐及衮济使者阿泰和硕齐并其同来四十人马匹牛羊有差。仍命达雅齐塔布囊率四十人,于是夜起行,往迎之。

编者注:○克什克腾,又作克西克腾。○浩齐特,又作蒿齐忒。○库鲁克,蒙古职官名称。

○壬辰,遣国舅阿什达尔汉额尔德尼囊苏同前锋将领吴拜等八大臣率兵百名,往侦察哈尔汗子额尔克孔果尔踪迹。谕之曰:"闻额尔克孔果尔率众来归,尔往探之。若距黄河西有十日之程,则遣额尔德尼囊苏、哈尔松阿前往;如无音耗,不必往。令鄂尔多斯济农收其部众,博硕克图汗子集土默特部落人各驻于移营处,俾我遣往图白忒部落,使人得取道于彼来归之察哈尔。勿令其途中迟延,其悉以此言谕知之。"

○乙未,两翼主帅公吴讷格率兵来会。吴讷格等还自得胜堡,遇蒙古之逃入阳和者四百七十人,携之以归。命分给八旗。○运米三百石于克蚌地方,赐后来归附诸蒙古。

○丙申，喀尔喀部落额驸恩格德尔之侄自察哈尔逃来，为贼邀杀于路。巴浑之子亦被掠去，惟一人得脱来奏。上遂遣两翼主帅公吴讷格、阿代率将四员、兵百人及喀喇沁、土默特部落将四员、兵百人，往缉贼之掠巴浑子者。○喀尔喀部落额驸古尔布什属下阿尔赛率六人及妻子自察哈尔来归。

○丁酉，察哈尔阿苏特部落男子十二名、妇人三口来归。

○己亥，以察哈尔来归各官分隶八旗赡养。隶正黄旗者：阿牙克喀塔喜木里克喇嘛寨桑、古木德塞臣寨桑，男子二百四十五，驼二百四十二，马一百八十，牛三百七十六，羊二千二百七十；隶镶黄旗者：班珠杜棱、布颜代、博尔库，男子二百七十三，驼二百五十一，马二百二十二，牛一千一百，羊四千六百四十；隶正红旗者：毛海叶尔登寨桑，男子二百三十三，驼一百三十六，马八十九，牛四百四十，羊二千三十；隶镶红旗者：叟格都喇尔、塞冷，男子二百六十八，驼一百九十六，马一百八十二，牛六百一十七，羊三千六百五十；隶正蓝旗者：兀伯类扎萨古尔、达尔马和硕齐，男子二百六十四，驼二百七十六，马一百七十五，牛七百有九，羊二千九百二十；隶镶蓝旗者：顾实寨桑、喇户，男子二百四十七，驼一百七十六，马一百七十，牛八百有六，羊三千九十；隶正白旗者：卓果诺寨桑，男子二百四十一，驼一百四十三，马四十八，牛二百五十五，羊一千七百；隶镶白旗者：额林臣戴青、多尔济塔苏尔海、达赖杜棱，男子二百四十九，驼一百九十四，马一百六十一，牛五百八十八，羊三千九百二十。

编者注：此为察哈尔八旗编制之始。编入八旗的察哈尔部，称新察哈尔蒙古八旗，分隶蒙古王公和满洲诸贝勒。

○辛丑，上赐阿牙克喀塔喜木里克喇嘛寨桑、古木德塞臣寨桑牛百、羊千。令其均给部下穷乏者，毋得自取。其余七旗所分寨桑等，令各该贝勒给以牛羊。○管高尔土门固山事察哈尔汗福晋来谒，上献金银器皿、雕鞍、貂镶朝衣、琥珀、珍珠数珠，酌纳之。赐宴毕，复赐貂裘、鞍马、牛羊。先是,高尔土门福晋为察哈尔汗下衮出克僧格寨桑所娶,上谓诸贝勒大臣曰:"衮出克僧格既叛其主,又娶其妻,大失臣子之义,勒令离异。"○赐青山羊百。

○壬寅,遣托克退率每旗官一员、兵十名,护察哈尔来归之蒙古家口还盛京,令席伯德尼堪指挥前往。○是日,上赐阿牙克喀塔喜木里克喇嘛、公噶济农、衮出克僧格、颜泰阿尔萨兰、忒济叶祜伊特格尔图、弼木巴、拜户、雅珠、虎尔盖齐沙济达赖马各一。

○癸卯,命每旗护军校一员、护军五名驻扎骑兵回军之所,候达雅齐塔布囊来信。

○甲辰,达雅齐塔布囊遣硕兑等至,奏归附诸国今已俱至。于是复遣布哈塔布囊、巴赖山津往迎之。

○乙巳,达雅齐塔布囊遣卫征赍察哈尔来归各官名数册籍至,册内开载中土门固山巴图鲁噶尔马济农、摆牙喇和诺特固山德参济王、窦土门固山多尔济达尔汉、多尼库鲁克四人为首;次小贝勒台吉、寨桑扎萨古尔、舒冷格、达鲁噶等百余人。又从黄河西岸后至者,祁他特车尔贝寨撒达尔汉、博尔护必鲁达希、毕得库鲁克、额什格库鲁克、额参尼处衮等皆来归。于是遣户部承政英俄尔岱、启心郎布丹、吏部启心郎索尼,率每旗三人,赍册报于留守贝勒,令预备粮储以待。

○庚戌,布哈塔布囊、巴赖山津还奏:"察哈尔国寨桑噶尔马济农等,可于二十八日至。"

○辛亥,察哈尔国寨桑巴图鲁噶尔马济农、德参济王、多尔济达尔汉诺颜、多尼库鲁克等,率小寨桑扎萨古尔及贝勒、台吉、塔布囊等,送察哈尔汗妻窦土门福晋携其国人来降。上令选良马四,加御用鞍辔往迎之。比至,上率诸贝勒出营,御黄幄。噶尔马济农等见上,献马匹牛羊。上出幄率噶尔马济农等拜天毕,还御幄。寨桑等率众至上前行礼,噶尔马济农复出班至上前,行抱见礼。次见大贝勒代善。上命四大寨桑与诸贝勒同坐于右侧。察哈尔汗妻窦土门福晋至幄前拜见上。时察哈尔汗之姑亦从之来朝见上。命窦土门福晋坐于左侧幄内,设大宴宴之。令新附诸人较射、角觝,以示柔远之意。于是上回营,复召新降诸臣入营赐宴。

编者注:○窦土门福晋,原称芭德玛瑙伯奇福晋,察哈尔林丹汗第四大妃。阿霸垓博尔济吉特氏,名巴特玛·璪(亦作芭德玛瑙),蒙古阿霸垓部塔布囊博第塞楚祜尔之女。因掌管窦土门万户斡耳朵,故又称窦土门福晋。1635年(后金天聪八年)八月,在多尼库鲁克护送下,带所领部落到皇太极的军营表示归顺,并成为第一位改嫁给皇太极的林丹汗遗孀。崇德元年七月被封为东衍庆宫淑妃,位居崇德五大福晋的第四位。顺治元年九月,迎至燕京。顺治九年十月尊皇考康惠淑妃。康熙六年薨,葬昭陵贵妃园寝。她抚养一蒙古女(疑为蒙古林丹汗之女,不确),于崇德五年(1640年)正月嫁多尔衮。○窦:汉语意为"弟弟";土门:又做"图门""土蛮",汉语意为"万户"。窦土门万户,可以理解为"弟弟的万户"或"小万户"。

○壬子,大贝勒代善宴察哈尔归附诸大臣。次七旗贝勒各张筵宴之。

○癸丑,宴察哈尔汗之姑及噶尔马济农、德参济王、多尔济达尔汉诺颜、多尼库鲁克、扎雅汉詹杜棱、布喇克寨桑等。赐察哈尔汗之姑貂裘一,余各赐甲胄、鞍马、貂裘、牛羊诸物有差。○是日,大军起行,至木湖尔伊济牙尔地方驻营。大贝勒代善及众和硕贝勒等公同具奏:"窦土门福晋率国人来归,请选入宫闱,亦抚慰众心之道也。"上辞曰:"朕不宜纳,当以予贝勒之家室不睦者。"代善等力请,上遣文馆儒臣巴克什希福、达雅齐塔布囊、兵部启心郎穆成格,复宣前谕,固辞。代善曰:"臣等以为福晋委身顺运,异地来归,其作合实由于天。上若不纳,得毋拂天意耶?皇上非好色,多纳妃嫔者,比若上必不宜纳,臣等岂特不敢劝,且未有不于上前力谏者。伏念皇上修德行义,允符天道,故天于皇上,特加眷佑。皇上恩泽所洽,凡兄弟臣民咸获休养,群庶无不爱戴如父。臣尝内自思维,不知当操何术,即可仰答高深,俾皇上功德昭宣,比隆古帝,且仓库充盈,治臻殷富,然后快于臣心。夫上丰豫则国民康乐,上匮乏则国民怨咨。臣此言,若心与口违,天有不鉴之者乎?皇上若从臣请,不但臣心慰悦,众意亦莫不欢欣矣。"希福等回奏,上深念久之,至三日,谓文馆龙什、刚林、喀木图白格曰:"大贝勒等坚劝朕纳窦土门福晋,朕恐未合于义。"龙什等奏曰:"此天赐也,大贝勒之请是,上宜纳之。"上因思行师时驻营纳里特河,曾有文雉飞入御幄之祥,今福晋来归显系天意。于是意始定,命希福、达雅齐往迎焉。卫送福晋之多尼库鲁克等喜曰:"我等此行,乃送福晋。非私来也。皇上纳之,则新附诸国与我等皆不胜踊跃欢庆之至矣。"遂望天拜谢。于是送福晋至,上赐卫送之诸大臣妻各衣一袭。

○九月甲寅朔,赐多尼库鲁克多尔济达尔汉、诺颜卓尔齐代、波托果绰尔济库鲁克等马匹、弓、刀、甲胄等物。

○甲戌,上以季思哈征瓦尔喀所俘人民未经分拨,遣英俄尔岱、龙什穆成格与大贝勒代善及诸贝勒等会议,谕之曰:"此俘获之人,不必如前八分均分,当补壮丁不足之旗。八旗制设牛录一,例定为三十牛录,如一旗于三十牛录之外,余者即行裁去,以补各旗三十牛录之不足者。如有不满三十牛录旗分,择年壮堪任牛录之人,量能补授,统领所管壮丁别居一堡,俟后有俘获再行补足。朕意旧有人民不便均分,新所俘获理应拨补旗分中不足者。若八旗不令画一,间有一旗多于别旗者,其意欲何为乎?"代善等皆曰:"如此分拨最当,重分旧人似属未便,今后俘获之人,自应分补不足旗分。"于是英俄尔岱等还奏。上命户部和硕贝勒德格类、兵部和硕贝勒岳托会同分拨。二贝勒于户部拣妇人五口、女子五口、貂裘四领、貂皮百、猞狸狲皮五供应内廷。上曰:"察哈尔新附蒙古甚众,八家费用甚繁,朕止留一人,余皆发还,分给八贝勒可也。"二贝勒复固请曰:"蒙古虽有供应,但皇上统为抚养,较之臣等费用更多。即分给八家,其何能偏。"上终不纳,命以无夫之妇及皮张等物,八分均分,以所编户口五百五十七丁拨补不足旗分。

○壬午，国舅阿什达尔汉、前锋将领吴拜等，携察哈尔国代噶尔塔布囊、塞冷台吉至，复奏黄河西祁他特车尔贝塞冷、布都马尔率千人渡河而来，并有众寨桑率四千人，待冰结时渡河来归。

○冬十月甲申朔○壬辰，是日，谕征大同、宣府诸将士功罪。

○辛丑，阿禄毛明安部落来归，见上，设大宴宴之。

○戊申，上以征宣大军凯旋及察哈尔诸臣举国来附，又科尔沁国卓礼克图台吉吴克善送妃至，行庆贺礼。（《清太宗文皇帝实录卷之二十》）

○天聪八年甲戌十一月癸丑朔○壬戌，先是遣国舅阿什达尔汉、塔布囊达雅齐往外藩蒙古与诸贝勒分画牧地，并会审巴图鲁衮出斯等罪，至是还。……其分定地方户口之数：正黄旗二千户，镶黄旗六百户，正红旗八百二十户，镶红旗八百三十户，镶蓝旗六百七十户，正白旗六百四十户，镶白旗七百户，正蓝旗七百户，敖汉一千八百户，奈曼一千四百户，巴林塞特尔八百户，满珠习礼八百户，达尔汉巴图鲁土巴二千四百五十户，内齐土巴济农二千户，四子部落土门达尔汉二千户，塔赖达尔汉车根塞冷三千户，杜棱济农二千户，东戴青二千户，共计二万五千二百余户。

○戊辰，先是遣额尔德尼囊苏喇嘛、哈尔松阿，往迎察哈尔国归附之众。至是还，奏称："渡黄河三日，方遇塞冷车臣寨桑、祁他特车尔贝寨桑、塞冷布都马尔寨桑、沙布古英寨桑、阿玉石台吉、巴特玛台吉、古鲁思希布台吉兄弟，班第库鲁克、阿尔萨虎墨尔根、巴图尔扎萨古尔、吹尔扎木苏塔布囊扎萨古尔、吴孙泰、都喇尔扎萨古尔、巴扬阿扎尔固齐、祁类都喇尔、萨马克谈达尔汉喇嘛、戴青囊苏喇嘛、达尔汉囊苏喇嘛、俄托齐额木齐，率四百户来归，携之渡黄河留居于西拉木伦地方。又有未渡黄河俟冰结后至者，巴赖都尔莽赖寨桑、摩罗尔额尔德尼寨桑、温多额尔德尼寨桑、迈喇寨桑、詹泰舒冷格、兀兰巴图鲁、寨萨木冰图古英、布达习礼台吉、博尔和扎萨古尔、额世格库鲁克、巴吉尔扎萨古尔、古英塔苏尔海、卫征囊素喇嘛等，计五千户二万口。

○丙子，驻跸察罕诺尔塔地方。

○十二月癸未朔○甲午，是日，遣前锋将领硕翁科罗巴图鲁劳萨，率苏尔德、苏达喇、布颜努山、鄂硕、护军参领准塔、蓝拜等将士共一百人，往迎察哈尔国来归者。谕之曰："闻察哈尔国祁他特车尔贝、塞冷布都马尔、塞冷车臣将至，恐明人闻之，截其来路。故先遣艾松古率喀喇沁兵百人，候于张古台河口，今可顺道遣人邀之同行。尔等未会之先，当从朕旋师旧路而往，会后可沿明边界护之而来。若已至石鲁苏特地方，可择草盛处令其驻牧。尔等酌量近明地驻札，于除夕归来可也。"

○丁酉，是日，墨尔根喇嘛载护法嘛哈噶喇佛像至。初元世祖时有帕斯八喇嘛用千金铸护法嘛哈噶喇像奉祀于五台山，后请移于蒙古萨思遐地方。又有沙尔巴胡土克图喇嘛复移于元裔察哈尔国祀之。墨尔根喇嘛见皇上威德遐敷，臣服诸国，旌旗西指，察哈尔汗不战自遁。知天运已归我国，于是载佛像来归。上遣毕礼克图囊苏迎至盛京。

○辛丑，召察哈尔汗妻掌高尔土门事福晋及众臣妻进宫，察哈尔福晋及众臣妻朝见皇后诸妃，遥拜一次，察哈尔福晋复近前拜谒，次德参济王所娶之福晋谒见。见毕，命序坐，遂赐宴于官中。○是日，上召察哈尔新附诸臣，赐大宴。德参济王、阿牙克喀塔喜木里克喇嘛率诸臣跪献酒于上前，上曰："朕本不饮酒，念尔等新附诸臣诚意，当饮之。"遂尽一卮。

○癸卯，察哈尔国来归祁他特车尔贝、塞冷布都马尔、塞冷车臣各率所部人民至。

○己酉，外藩蒙古执政诸贝勒以元旦来朝，上率诸贝勒出城迎至演武场。……察哈尔土巴济农子塞冷台吉依次于上前跪拜行抱见礼。……上各赐以甲胄、鞍辔、衣帽、彩缎、财物、银器、弓、刀、撒袋等物有差。

（《清太宗文皇帝实录卷之二十一》）

公元1635年　明崇祯八年

○天聪九年乙亥春正月壬子朔，……上还宫，赐察哈尔国来归诸臣茶。

○庚午，以察哈尔国归附大臣多尼库鲁奉其福晋以礼来归，赐以甲胄、鞍马，号为"都喇尔达尔汉贝勒"，给之敕书，命于国中往来驻宿，按日给以口粮，子孙永免驿马杂派。行师居前，从猎居中。毋得呼其旧名，违者罚之。

○癸酉，以察哈尔国来归各官并壮丁三千二百十有一人均隶各旗。○赐察哈尔来归之格龙阿牙克喀塔喜木里克喇嘛寨桑、德参济王、都喇尔达尔汉诺颜、多尔济达尔汉诺颜、古木德塞臣、布喇克特济叶祜、噶尔马青山、卓尔齐代、墨尔根袍、秦代默得齐、商绍代寨桑、古木寨桑、特得赫寨桑、阿密奈寨桑、巴特玛寨桑、诺门达赖寨桑、克声寨桑、吹尔额尔克寨桑、塞木寨桑、呼喇盖齐台吉、巴琫寨桑、额叶图寨桑、古木台吉、布达礼寨桑、摆户扎萨古尔、塞冷车臣、布颜代、扎萨古尔、阿尔素虎、墨尔根巴图鲁、侯痕巴图鲁、古木布护海、塞塔苏尔、海扎木苏塔苏尔、海托克托会拔里、和硕齐绰斯希尔台吉、巴图扎萨古尔、衮出斯台吉、公格奇他木、扎雅汉詹、古鲁扎萨古尔寨桑、衮出克寨桑、翁喀代寨桑、叟格都喇尔绰尔济台吉、敦朱克台吉、阿津、巴布古寨岱青、塞冷寨桑、阿津舒冷格、阿巴尔户额思护、布颜图、巴木布古英寨桑、扎木苏寨桑、益速太寨桑、吴布格塞臣、马齐代和硕齐、俄戚代寨桑、多尔济塔苏尔海、翁阿代台吉、诺木图扎萨古尔、和津泰扎萨古尔、额林齐戴青、额尔格布什寨桑、白希库鲁克塔赖、班津海桑、特白里户、劳桑台吉、祁他特车尔贝、白德库鲁克、赵诺巴阳、阿扎尔固齐、吴孙泰、都喇尔扎萨古尔、巴琫台吉、吹尔扎木苏、扎萨古尔、归痕塔布囊、绰尔门寨桑、额布鲁扎萨古尔、喇唐扎萨古尔、巴特玛浑津、顾实、德得钗扎萨古尔、达喇马和硕齐札噶尔、莽奈海塞塔布囊、杭爱代达尔汉、诺木图、阿楚、达都和、阿习克、达颜绰思熙、辉朗布户、索尼扎萨古尔、益苏得尔、达尔汉巴图鲁、喀朗、额塞内和硕齐、萨马克谈达尔汉喇嘛、戴青囊苏喇嘛、额木齐喇嘛、塞冷布都马尔寨桑、琐诺木塔布囊、沙布古英扎萨古尔、巴特玛达尔汉寨桑、额恩达尔汉寨桑、单把和硕齐扎萨古尔、顾实寨桑、古英、博尔退巴图鲁、和硕塔尔苏海、拜星、祁隆都喇尔、墨尔根、郭尔楚、海塞、喇和、额布根扎萨古尔、祁他特台吉、叶苏得古英扎萨古尔、阿达尔巴克什、归痕古英寨桑、温多额尔德尼寨桑等百二十七人，貂镶朝衣、貂裘、猞狸狲裘、貂帽、凉帽、靴、蟒缎、素缎、玲珑鞍辔、玲珑鞓带、撒袋、弓矢、银器、甲冑、牛羊、马匹、奴仆、屯庄。其所属塔哈尔、噶尔马等百九十一人各赐马匹、朝衣等物有差。又赐祁他特台吉庄屯四所，每所人十名，牛六头。○以察哈尔掌高尔土门固山事福晋赐祁他特车尔贝为妻。

○二月壬午朔。是日，又谕曰："迩者察哈尔国新附各官频加恩宴，其燕京及大凌河归顺各官久未宴劳。虽得新附之员，其旧归我国者，讵可顿忘耶？"谕毕，遂命设宴，召燕京及大凌河归顺各官，自守备都司以上，皆集内廷宴之。

○丁亥，是日，编审内外喀喇沁蒙古壮丁，共一万六千九百五十三名，分为十一旗。古鲁思辖布杜棱一千五百名，万旦卫征一千六百一十五名，卫寨桑八十四名，阿济格、阿玉石一百五十四名，戴青和硕齐三十五名，西里克四名，额马尔克尔察二十名，马济塔布囊四百二十八名，德尔登塔布囊四十一名，德尔格尔塔布囊七十四名，巴珠尔塔布囊二十五名，叶布舒古英一百五十一名，班第三十一名，噶尔马、布尼思希、干卓尔三人共二十名，塞冷六百五十六名，琐诺木塔布囊四百一十名，纳木什里、达尔马什里共十七名，叶白舒二十一名。以此五千二百八十六名为一旗，命古鲁思辖布为固山额真。俄木布楚虎尔九百一十三名,巴特玛塔布囊三十三名,俄木布台吉十四名,博洛一百七名,阿弘三百五十五名,琐诺木三百八十二名,寨桑二十二名,以此一千八百二十六名为一旗,命俄木布楚虎尔为固山额真。耿格尔一百八十八名,噶尔马、扎木苏、绰克图三人共八十六名,吴尔寨图一百六十九名,喇嘛斯希六十三名,绰思熙二十四名,噶尔马六十名,俄齐尔二十二名,单把三百六十二名,阿玉石一百一十名,萨班代一百七名,拉虎九十五名,石兰图二百九十六名,苏布地多尔济二十三名,阿济奈八十六名,塞冷三十八名,班第四十六名,阿喇先三十二名,多尔济一百一十四名,阿玉石九十名,以此二千一十一名为一旗,命耿格尔、单把同管固山额真事。其余俱令旧蒙古固山兼辖。正黄旗:津扎、多尔济、布崖、阿玉石、拜都、塔拜、巴布泰、浑齐、吴巴什等之壮丁及在内旧喀喇沁壮丁,共一千二百五十六名,合旧蒙古为一旗。命阿代为固山额真,其下设梅勒章京、甲喇章京各二员。镶黄旗:吴思库、拜浑岱等之壮丁及在内旧喀喇沁壮丁,共一千四十五名,合旧蒙古为一旗。命达赖为固山额真,其下设梅勒章京、甲喇章京各二员。正红旗:昂阿、甘济泰、喇嘛斯希、库鲁格、巴特玛、海塞、苏班达礼、卜达礼等之壮丁及在内旧喀喇沁壮丁,共八百七十名,合旧蒙古为一旗。命恩格图为固山额真,其下设梅勒章京、甲喇章京各二员。镶红旗:苏木尔、赖胡尔、噶尔图、绰思熙等之壮丁及在内旧喀喇沁壮丁,共一千十六名,合旧蒙古为一旗。命额驸布颜代为固山额真,其下设梅勒章京、甲喇章京各二员。正白旗:布尔哈图、阿玉石、苏班、齐古喇海、莽古尔代、塞内克什鲁克等之壮丁及在内旧喀喇沁壮丁,共八百九十名,合旧蒙古为一旗。命伊拜为固山额真,其下设梅勒章京、甲喇章京各二员。镶白旗:喇木布里、诺云达喇、阿兰图、什里得克、桑噶尔寨等之壮丁及在内旧喀喇沁壮丁,共九百八十名,合旧壮丁为一旗。命额驸苏纳为固山额真,其下设梅勒章京、甲喇章京各二员。正蓝旗:什喇祁他特、喀喇祁他特、考祁他特等之壮丁,及在内旧喀喇沁壮丁,共八百六十名,合旧蒙古为一旗。命吴赖为固山额真,其下设梅勒章京、甲喇章京各二员。镶蓝旗:诺木齐、石喇图、纳勒图、桑奈、张素、绰克图、诺密弩木赛、阿衮等之壮丁及在内旧喀喇沁壮丁,共九百一十三名,合旧蒙古为一旗。命扈什布为固山额真,其下设梅勒章京、甲喇章京各二员。此次编审壮丁时,谕令凡年六十以下、十八以上,并从本地方带来汉人,每家所有壮丁若干名,俱照例编审。其目不能视、足不能行、手不能持者不入编审内。如诸贝勒、塔布囊及一切人等,有隐匿壮丁不送编审者,或经人举首,出首之人,准其离主,将所隐之人入官,仍交刑部照例治以隐匿之罪,其十家之长罚马二,永着为令。

○丁未,以和硕墨尔根戴青贝勒多尔衮、贝勒岳托、萨哈廉、豪格为统兵元帅。以固山额真纳穆泰为右翼,以吏部承政图尔格为左翼,率护军骑兵每甲喇官各一员,精兵万人,往收察哈尔林丹汗之子额尔克孔果尔额哲。(《清太宗文皇帝实录卷之二十二》)

○天聪九年乙亥三月辛亥朔○戊午,察哈尔国祁他特台吉来朝,献鞍马、珊瑚树等物。上酌纳之,召祁他特台吉进宫赐宴。

○己巳,赐察哈尔国祁他特台吉及其母甲胄、雕鞍、撒袋、银壶、蟒衣、缎靴、缎、布等物。

○庚午,是日,察哈尔国巴赖都尔寨桑、胡晒、巴特玛扎萨古尔、阿山寨桑、巴吉尔扎萨古尔、绰克图、雅当扎萨古尔、塞冷塔布囊、寨萨木寨桑、沙济德尔格尔寨萨、额习格库鲁克等十二头目,率一千四百四人,携妻子牲畜来归。

○癸酉,召察哈尔国来归巴赖都尔、吴班喇当、扈习叟色胡晒巴吉尔、雅当、绰克图、冲内萨户赖布喇克、阿山、博户扎尔卓吉代、托晋、囊苏、莫洛尔、巴特玛、沙里布、额习格、博罗达希、土巴喇沙、卓尔图、塞本、库禄寨萨特忒克土巴、和尼齐、沙济巴寨、兀兰巴图鲁、寨萨木、塞冷塔布囊、布达习礼、阿晋等于中殿赐宴。又令七旗贝勒照例以次宴之。

时巴赖都尔等各献黄金、驼马及珊瑚、菩提数珠、金器等物,酌纳之。

○夏四月庚辰朔○辛巳,遣大臣济席哈、海塞率八旗八人,及外藩蒙古八十人往驻上都城旧址,候出征察哈尔国诸贝勒消息。

○戊子,赐察哈尔国来归巴赖都尔等雕鞍、撒袋、弓、马有差。

○五月庚戌朔○丙子,和硕墨尔根戴青贝勒多尔衮、贝勒岳托、萨哈廉、豪格等遣礼部启心郎祁充格等赍书奏言:"臣等奉命率大军至西喇朱尔格地方,遇察哈尔汗妻囊囊太后、琐诺木台吉率部下一千五百户来降。臣等以礼接见,设宴宴之,已遣温泰等引之见上矣。臣等随率兵前进,至黄河造船,于四月二十日大军渡河。二十八日,抵察哈尔汗子额尔克孔果尔额哲国人所驻托里图地方。天雾昏黑,额哲国中无备,臣等恐其惊觉,按兵不动,遣叶赫国金台石贝勒之孙南楮,及其族叔祖阿什达尔汉、拜哈尔松、阿代衮同往,令先见其姊苏泰太后及子额哲,告以满洲诸贝勒奉上命,统大军来招尔等,秋毫不犯。南楮等急驰至苏泰太后营,呼人出,语之曰:'尔福晋苏泰太后之亲弟南楮至矣,可进语福晋。'苏泰太后闻之大惊,遂令其从者旧叶赫人觇之还报。苏泰太后恸哭而出,与其弟抱见,遂令其子额哲率众寨桑出迎我军。于是臣等命列旗纛、鸣画角,鼓吹以进,率额哲拜天毕,臣等以次与额哲交拜抱见。遂至苏泰太后营,苏泰太后迎入相见,设宴宴臣等。臣等私议,恐额尔克孔果尔及其群臣生疑,乃誓告天地云:'我等待额尔克孔果尔若有异念,天地降谴。我等推诚敦信,如此盟誓,若伊等不从,包藏异心,伊等当被天地谴责。'翼日,苏泰太后、额哲复设宴,送驼马、雕鞍、貂裘、琥珀数珠、金银、彩缎等物。臣等却其驼马,余悉纳之。仍设宴答礼,赠以雕鞍马、黑貂裘等物。于是额哲部下群臣额齐格顾实、多木藏顾实、额齐格喇嘛、达尔汉喇嘛、阿木出忒喇嘛、卓礼克图格龙、俄克绰特巴俄木布、朱成格达尔汉诺颜、额布格寨桑、布兑杜棱诺颜、巴牙思户达尔汉塔布囊、达赖浑津、布泰阿噶喇户、琐诺木卫寨桑、额参塞臣、额尔克楚虎尔、阿齐图太锡、波罗库鲁克、巴特玛都喇尔、扎唐伊尔都齐、苏朗察尔庇、毕木布寨桑、杜棱大云、俄思户布都马尔、图巴太锡、摆户寨桑、塞冷叶尔登、祁他特西格津、尹图寨桑、褚阳寨桑、波布达雅齐、塞冷古英、萨马克谈古英、喀木卫达尔汉、达尔马台吉、巴雅海塔布囊、通阿寨桑、囊弩克台吉、吴尔寨图古英、达鲁齐诺颜、阿拜泰台吉、萨代寨桑、阿津泰达尔汉寨桑、朝科卿礼、巴特玛寨桑、古木台吉、吴巴什苏朗、辛达孙古英、波格勒寨桑、库图克达尔汉、讷木汉达尔汉、扎萨克古英、西达布都马尔、绰思熙扎萨古尔、琐诺木扎萨古尔、俄齐尔扎萨古尔、海赖扎萨古尔、巴达礼扎萨古尔、博尔达扎萨古尔、巴颜图寨桑、土巴台吉、多尔济冰图、土轮齐达户、占泰寨桑、翁讷和寨桑、苏朗塔布囊、博洛尔泰喀萨克等，率其部民一千户归降。当我军未至时，有鄂尔多斯部落济农来招额哲，令遵其约束与之盟誓，诘旦已行，前军阿什达尔汉等闻而追及之。济农见臣等，臣等察其有异志，遂羁留之，因谓济农曰：'凡察哈尔有遗物在尔国者，当悉送来，不然我兵即前进矣。'又谓察哈尔诸臣曰：'鄂尔多斯处凡有尔国遗物，可具数报来。'众以数开报，于是遣人齐往鄂尔多斯部落，随以察哈尔额尔克楚虎尔妻，及其部下人达云绰尔济、宜特格尔图、额尔克多克辛、托诺达尔汉塔布囊、托克脱和都喇尔寨桑、劳罕俄尔洛克诺颜、布兑塞臣、额尔克俄尔洛克僧格寨桑、古鲁古英、琐诺木诺颜、塞臣卓礼克图、门都赫塔苏尔、海僧格塔苏尔、海朱喇图、巴图尔布尔噶图、宜特格尔图、吴哈纳特、白里户、额墨格尔根、巴图都喇尔、沙里额尔克古英等官，并其部民千余户，及一切诸物，俱已送至。臣等荷蒙天眷，仰仗皇威，谨遵指授方略，进止以时。所有察哈尔国苏泰太后母子及其部众人民，悉已招降归附。其囊囊太后同琐诺木台吉率其部众人民先已投诚，谅至国境矣。谨遣礼部启心郎祁充格具奏以闻。"方捷音将至之前一日，上谓文馆诸臣曰："朕忆从来左耳鸣必闻佳音，右耳鸣必非吉兆。今左耳鸣，出师诸贝勒必有捷音至矣。"是日果奏捷。○先是，阿禄喀尔喀部落以书一函，付察哈尔国琐诺木台吉，谓倘遇满洲国天聪皇帝之人，即付之。又遗察哈尔汗妻苏泰太后、子额哲书一函,至是俱携至。其奉上书曰:"马哈撒嘛谛塞臣汗、土谢图汗、塞臣济农率大小诸贝勒奏书于水滨六十三姓满洲国天聪皇帝:人君抚有大宝,以宣扬美名于诸国为贵,其兴起教化盛于诸国之名,各当力图。我六万蒙古之主虽不能奋兴,然谊属同宗,尚能守此大宝。倘谓大业尚存,可互相通好,信使不绝。如此,则我等方可谓生为有福之人,称为强盛之主也。"其遗察哈尔国书曰:"诸人拥戴马哈撒嘛谛塞臣汗,谕太后、子孔果尔及扎尔门达尔汉贝勒以下为首。诸寨桑等:在先执红贝勒送还,言辞互敬,相与有成,在后亦未尝不善。止因国乱,遂不相往还。夫我等素无怨恨,并非仇敌。自汗弃世,闻尔国全来附我,自秋以来,即令哨卒侦探实耗。我等与尔汗原系同宗,满洲岂尔等之主耶!即宜来归,勿再迟延。譬诸衣服有表有里,太后乃吾福晋之妹,若欲他往,揆之国体宗谊,未有亲于我者,其三思之。"

编者注:○囊囊:源于汉语"娘娘"的译音。○额参塞臣,又作额参车臣。○西格津,又作"锡格沁",蒙语,指黄金家族的女婿,或其子孙。

○六月己卯朔○壬午,遣布哈塔布囊、哈克萨哈、俄莫克图率每旗六人,齐敕往迎出师和硕墨尔根戴青贝勒多尔衮、贝勒岳托、萨哈廉、豪格。

○辛丑,是日,以察哈尔琐诺木台吉率本部人民将至,命礼部大臣出迎,宴毕,入城。

○壬寅,琐诺木台吉、托克托内都喇尔、麻寨布户、吴邦和硕齐、衮楚克车臣、祁他特台吉、班第思希布、苏兰古英、波木博达尔汉、通噶尔喀尔察海、巴牙尔图、车户沙济、都喇尔寨桑、塔尔济库鲁克、海塞伊尔登、额白尔特古英、达赖、琐诺木达尔汉、道汤、布达习礼、塔尔巴齐、布颜图、古木太锡、吴尔寨图、阿土赖扎萨古尔、诺尔布扎萨古尔、郭尔图车臣、苏班达喇、都噶台吉、阿喇噶尔祁他特等,共率男子一千三百九十五人,家口五千四百三十八人来归。献马四,朝见,并以所携酒献上。设大宴宴之。(《清太宗文皇帝实录卷之二十三》)

○天聪九年乙亥秋七月己酉朔○辛亥，察哈尔国额尔克孔果尔额哲使臣阿齐图太锡至，奏言："我主无禄云殂，我等无所依赖。皇上景福方昌，故举国来归。"上嘉之，阿齐图太锡诮察哈尔诸大臣曰："汝诸大臣向皆位尊于我，及君殁，遂不顾君之诸子与诸福晋，竟弃之来奔，何以谓之大臣耶！"众皆惭。上见众有惭色，乃慰谕之。

○戊午，赐来归察哈尔国折尔门台吉、古木太锡等六十一人黑貂褂、镶貂朝衣、银器、雕鞍、鞓带、撒袋、弓矢、蟒缎、朝衣有差。

○戊辰，先是，郭尔图塞真送察哈尔汗大福晋囊囊太后至。贝勒阿巴泰、和硕贝勒德格类、贝勒阿济格、和硕额尔克楚虎尔贝勒多铎等请于上曰："此乃察哈尔汗多罗大福晋，既归我朝，必应使之得所，皇上宜纳之。"上曰："朕先已纳一福晋，今又纳之，于理不宜。"诸贝勒奏言："此非有所欲而强娶之也，乃天所赐，皇上不可不纳。"再三奏请，上坚执不从。至是月余，方允诸贝勒所请，命皇后、诸妃及诸贝勒福晋等出城迎入。遂集诸贝勒大臣大宴。○赐郭尔图塞真号为"卓礼克图达尔汉贝勒"，命行师居前，从猎居中，往来给以供应，世世子孙免应驿骑及诸徭役。若有呼其旧名者，罚之。仍给与敕书。以雕鞍马、甲胄赏之。

编者注：○囊囊太后，又称囊囊大福晋，是林丹汗的正室大福晋，号多罗大福晋，为八大福晋之首。阿霸垓博尔济吉特氏，名娜木钟，又一名为德勒格德勒。蒙古阿霸垓部后封郡王额齐克诺颜之女。统管阿纥土门万户斡耳朵。1635年（后金天聪八年），她生下林丹汗的遗腹子阿布鼐（亦作阿布奈）。1636年（后金天聪九年）五月，归顺满清，改嫁爱新觉罗·皇太极。崇德元年七月被封为西麟趾宫贵妃，位居崇德五大福晋的第三位。顺治元年九月迎至燕京。顺治九年十月尊皇考懿靖大贵妃。康熙十三年十一月二十日薨，葬昭陵贵妃园寝。她为皇太极生皇十一子博穆博果尔，得封襄昭亲王；皇十一女固伦端顺长公主，下嫁噶尔玛索诺木。又抚养一蒙古女名淑济（疑为林丹汗之女），嫁济旺之子噶尔玛德参。○阿纥，又作"阿哈""阿喇"，汉语意为"哥哥"。阿纥土门万户,可以理解为"兄长的万户"或"大万户"。

○癸酉,遣董得贵达拜率八家人赍书往朝鲜,书曰:"……蒙古大元世祖忽必烈时,帕斯八喇嘛以千金铸佛一尊。后汤古忒国沙尔巴胡土克图喇嘛携之,归于元太祖成吉思汗后裔察哈尔林丹汗。今察哈尔国灭,阖属来附,此佛已至我国。复有诸宝妆成佛像,亦皆携至,今虔造寺宇供养。"

○八月戊寅朔○庚辰,出师和硕墨耳根戴青贝勒多尔衮、贝勒岳托、萨哈廉、豪格等征察哈尔国,获历代传国玉玺。先是,相传兹玺藏于元朝大内,至顺帝为明洪武帝所败,遂弃都城,携玺逃至沙漠,后崩于应昌府,玺遂遗失。越二百余年,有牧羊于山冈下者,见一山羊三日不啮草,但以蹄刨地,牧者发之,此玺乃见。既而归于元后裔博硕克图汗,后博硕克图为察哈尔林丹汗所侵,国破,玺复归于林丹汗,林丹汗亦元裔也。贝勒多尔衮等闻玺在苏泰太后福晋所,索之。既得,视其文乃汉篆"制诰之宝"四字,璠玙为质,交龙为纽,光气焕烂,洵至宝也。多尔衮等喜甚曰:"皇上洪福非常,天赐至宝,此一统万年之瑞也。"遂收其玺。携降民渡黄河至归化城时,贝勒岳托有疾,分兵一千驻营归化城,防守察哈尔降民。三贝勒率众兵并察哈尔汗子额尔克孔果尔额哲及其大臣,往略明山西一带。自平鲁卫入时,镶白旗护军参领博尔惠率二十人,遇明右卫兵二百人,败之,生擒一人。

○乙酉,赐察哈尔汗子额尔克孔果尔额哲使臣阿齐图太锡、胡土克图达尔汉雕鞍、撒袋、鞓带、马匹、貂袍、靴帽等物。

○丁未,是日,喀喇沁部落古鲁思辖布吴班和硕齐、察哈尔国卓礼克图达尔汉诺颜夫妇,以所携酒肴进上。复献驼马,俱却之,(《清太宗文皇帝实录卷之二十四》)

○天聪九年乙亥九月戊申朔○壬子,凯旋诸贝勒携归降人民至营,于御营之右二里许。

○癸丑卯刻，上出御营迎凯旋诸贝勒。时诸贝勒率归降察哈尔汗子额尔克孔果尔额哲及其诸大臣从皇上右侧驰马来谒，上率众少前，至御营南冈所筑坛上，设黄案，焚香，吹螺，掌号。上率众拜天毕，上还御座。凯旋诸贝勒设案，袭以毡，奉所得玉玺置于上，令正黄旗固山额真纳穆泰、镶白旗固山额真吏部承政图尔格举案前进，诸贝勒率众遥跪以献。御幄前设黄案，陈香烛，上受玉玺，亲捧之，率众复拜天行礼。复位，传谕左右曰："此玉玺乃历代帝王所用之宝，天以畀朕，信非偶然也。"于是凯旋诸贝勒率诸大臣遥跪，和硕墨尔根戴青贝勒多尔衮进前跪拜，复近上前行抱见礼。次兵部和硕贝勒岳托、礼部和硕贝勒萨哈廉、和硕贝勒豪格，俱如多尔衮礼相见毕，诸贝勒退，就位跪，令国舅阿什达尔汉向前跪请圣安。及问诸贝勒起居，固山额真昂邦章京阿山出班答曰："蒙天眷佑，上与诸贝勒举国平安。"复问凯旋诸贝勒安否，国舅阿什达尔汉奏曰："仰蒙天眷，复赖皇上洪庥，收复察哈尔汗子额尔克孔果尔并察哈尔汗妻与其群臣百姓，又获历代帝王传国玉玺，又入明宣大界至山西地方，多所俘获，大败敌兵，此行甚利。"奏毕回班。于是察哈尔汗妻苏泰太后及子额哲、察哈尔汗女弟泰松格格，及其臣额尔克楚虎尔、琐诺木卫寨桑等，各以金印、玉带、诸色数珠、蟒缎、金银器皿、驼马等进献。苏泰太后率察哈尔汗二女弟及本国诸大臣妻朝见上，苏泰太后进前，上起迎，出幄以礼相见。苏泰太后者，上母舅叶赫贝勒金台石之孙女，台吉德尔格勒之女，于上为中表，卑幼行，是以优礼之。见毕，命坐于御座左侧青幄内。额哲率其国诸大臣遥跪，稍前拜一次，复近前跪拜，行抱见礼。次与诸贝勒相见毕，上命额哲坐于御座左侧。苏泰太后、额哲具筵恭进以表戚，酌酒玉杯跪献上，饮之。时皇后三妃率诸贝勒福晋等出营迎苏泰太后，俱相见毕。皇后诸妃率诸福晋还坐黄幄内，苏泰太后既谒上，随诣皇后前行礼。遂设大宴，宴苏泰太后及察哈尔汗诸女弟并随从妇人，上大宴凯旋诸贝勒及额哲与其诸大臣。宴毕，上阅所献礼物，酌纳之。凯旋诸贝勒以马一百七十四、驼八十籍以闻。上酌收马八十、驼四十，仍分赐八贝勒家。其余驼马俱分赏行间效力大臣有差。

编者注：○苏泰太后，叶赫那拉氏，名苏泰（亦译作苏巴瑚）。叶赫部台吉德尔赫礼（亦译作德尔格勒）之女，贝勒金台石（孝慈皇后之兄）之孙女。察哈尔林丹汗的第三大妃，八大福晋中的第三位，史称苏泰大福晋。后金天命六年（明天启元年即1621年）生察哈尔林丹汗长子额尔克孔果尔额哲。因统管哈纳土门万户斡耳朵，故又称"察哈尔汗掌哈纳土门固山事福晋"。改嫁和硕贝勒爱新觉罗·济尔哈朗。她是济尔哈朗已去世继福晋之姊。○哈纳，蒙语，意为可汗，汗。○额尔克孔果尔额哲时年十四岁。

○丙辰，以鄂尔多斯济农处所得察哈尔壮丁八百名补各旗之缺少者。○大贝勒代善闻察哈尔汗女弟泰松格格饶于财，奏欲娶之。

编者注：○泰松公主（亦称泰松格格），林丹汗之二妹，二公主。第一任丈夫是衮楚克台吉，铁椠科诺特十苏木之一，奈曼万户济农。他于1632年在林丹汗北征漠北期间逼走留守漠南的土巴济农，又杀害桑哈儿寨济农，似乎是企图政变未遂，逃入明边后失踪。泰松公主在1636年（后金天聪九年）与众福晋一起归附满清，改嫁爱新觉罗·代善。

○丁巳，上以第二公主许妻林丹汗子额哲，额哲行聘礼，设盛筵进献。复献蟒缎、黄金、金器、各色数珠、貂褂衣服、甲胄、雕鞍、驼马，上酌纳之。赐额哲貂帽、貂裘、玲珑玉带、缎靴等物。

○戊午，上召苏泰太后、额哲及其诸大臣入营，赐宴，复赐雕鞍、驼马、貂裘、貂帽等物。○贝勒豪格欲娶察哈尔伯奇福晋，贝勒阿巴泰欲娶察哈尔额尔哲图福晋，奏闻。上命诸贝勒议，诸贝勒皆以为可。覆奏，遂定议。令贝勒豪格娶伯奇福晋，贝勒阿巴泰娶额尔哲图福晋。时上姐哈达公主闻之曰："吾女尚在，贝勒豪格何得又娶一妻也？"遂怀怨望。

编者注：○伯奇福晋，名苔丝娜，全称苔丝娜伯奇福晋。所管领的部民不详。改嫁爱新觉罗·豪格贝勒为其侧福晋。○额尔哲图福晋，名额尔哲图(又作"俄尔哲图")。所管领的部民不详。改嫁爱新觉罗·阿巴泰贝勒。疑为阿巴泰已去世的元配嫡福晋那拉氏之妹。

○庚申,贝勒豪格娶伯奇福晋,设大宴,献雕鞍马,不纳。

○辛酉,都元帅孔有德奏言:"窃观自古受命之主,必有受命之符。昔文王时凤凰鸣于岐山,今皇上得传国宝玺,二兆略同。此宝实非寻常,乃汉时所传,迄今二千余年。他人不能得,惟我皇上得之,盖皇上爱民如子,顺时合天。虽宝玺在千里之远,应运呈祥。是天启其兆,登九五之尊而享天下之福无疑也。"……○总兵官耿仲明奏言:"夫玉玺者,乃天子之大宝,国家之上瑞,有天下者所必用也。今皇上合天心,爱百姓,故天赐宝玺,可见天心之默佑矣。惟愿蚤正大统,以慰臣民之望。"

○庚午,皇后及诸妃召察哈尔汗妻苏泰太后大宴之。

○辛未,赐苏泰太后及其下寨桑十三人牛羊及酒。○是日,贝勒阿巴泰娶察哈尔额尔哲图福晋,设大宴,献雕鞍马,不纳。

○壬申,召苏泰太后及额哲进宫,备陈乐舞,赐宴,仍令七旗贝勒各依次宴之。

○冬十月戊寅朔○癸卯,赐苏泰太后、子额尔克孔果尔额哲雕鞍、马匹、甲胄、撒袋、弓矢、黑貂裘、猞狸狲裘、鞓带、靴帽、各种金银器皿及貂皮等物。○是日,召苏泰太后进宫,赐大宴。(《清太宗文皇帝实录卷之二十五》)

○天聪九年乙亥十一月丁未朔。是日,命苏泰太后、额尔克孔果尔额哲居孙岛、习尔哈地方。赐雕鞍马、貂镶女朝衣、貂裘、靴帽等物。上与大贝勒代善率众贝勒、皇后诸妃出盛京五里外,大宴遣之。○特木禄、甘代皆土默特部落人也,后属察哈尔,居杀虎口。我兵至即来归附。至是授特木禄为三等甲喇章京,甘代为牛录章京,俱准袭三次。

编者注:"孙岛、习尔哈(或译为石尔噶)地方"据国内专家考证,南界为哈喇乌苏河与库伦河,即今内蒙古自治区库伦旗南部的厚很河及其支流哈喇乌苏河流域。西界为达勒达河、察罕河一带,即今库伦旗西部、奈曼旗东北部。北界为西拉木伦河南岸。东界为科尔沁王阿勒坦格埒勒和宜什班第两旗西界,即今自库伦旗东南部向北至开鲁县东南境的西辽河一带。即以今内蒙古自治区通辽市库伦旗全境为中心,包括科尔沁左翼后旗西北一角、开鲁县辽河以南的部分和奈曼旗东北一部分。是为清初"察哈尔国"境范围。(见乌云毕力格《清初"察哈尔国"游牧地考》一文)

编者认为,随额哲、苏泰太后迁居孙岛、习尔哈地方的应该是随额哲、苏泰太后最后一批归附后金的察哈尔部,即"哈纳土门万户斡耳朵"。而由八大寨桑所率人员,在此前已经编入满洲和蒙古八旗,成为"新察哈尔蒙古八旗",并分隶诸蒙古王公即满洲贝勒所有。根据后金对蒙古察哈尔汗廷的征服战略,绝不可能再将其划归回额哲所辖,以壮其势,成为隐患。

○十二月丁丑朔○丁酉,上率诸贝勒大臣诣太祖陵,以察哈尔汗妻、子举国来归,兼获玉玺上瑞及莽古尔泰、德格类、莽古济等逆党伏法,焚楮祭告太祖,……喜庆祝册曰:"维天聪九年岁次乙亥十二月二十一日,孝子嗣皇帝,敢昭告于太祖皇帝神位前曰:自受命以来,征讨诸国,所在克捷,遐迩大小之邦,罔不臣服。谨以惧怵之忱上告,用慰皇考神灵。我兵前次出征,蒙古察哈尔汗力不能支,望风奔北,逃于汤古忒国。其诸贝勒大臣举国来附,所余者止察哈尔汗之妻三人,及其子孔果尔并臣僚数人、户口千余而已。继又进兵,悉降其众。至于历代帝王相传玉玺,久不知其所在,今已为我国得之,共称符瑞。谓得受命之征,兹蒙古诸国尽归一统,惟有明国尚为我敌。……"

○辛丑,察哈尔格格、苏泰太后及额尔克孔果尔额哲来朝,皇后率诸贝勒福晋迎于五里外,至演武亭宴毕入城。(《清太宗文皇帝实录卷之二十六》)

公元1636年　明崇祯九年

○天聪十年丙子春正月丁未朔○丙辰，察哈尔汗子额尔克孔果尔额哲以尚第二公主，行纳吉礼，具盛筵以献。并进雕鞍、马、驼、琥珀数珠、缎衣、蟒缎、文绮等物。

编者注：○第二公主，名马喀塔，即清太宗皇太极的第二女，后金天命十年（1625年）生。母亲为孝端文皇后博尔济吉特氏哲哲，与三女、八女同母。后金天聪九年（1635年）许配察哈尔部蒙古林丹汗之子博尔济吉特氏额尔克孔果尔额哲。清崇德元年（1636）出嫁，时年12岁，额尔克孔果尔额哲时年15岁。

○壬戌，以第二公主下嫁察哈尔汗子额尔克孔果尔额哲，设九帐幄于内廷丹墀，大宴诸贝勒大臣。时额哲献雕鞍马、金盆、貂帽、黑貂镶黄装袍、貂镶黄装袍女衣、貂裘、金带、蟒衣、蟒缎、文绮等物，俱纳之。

○二月丙子朔○丁酉，和硕贝勒济尔哈朗以娶察哈尔林丹汗妻苏泰福晋具盛馔，复献甲胄、雕鞍、马匹、黑狐裘。上纳鞍马一，以雕鞍马二、驮甲胄马二赐额驸额哲，余俱却之。（《清太宗文皇帝实录卷之二十七》）

○天聪十年丙子夏四月乙亥朔○乙酉，上以受尊号祭告天地，受"宽温仁圣皇帝"尊号，建国号曰大清，改元为崇德元年。

○丁酉，分叙外藩蒙古诸贝勒军功，封……固伦额驸额哲为和硕亲王……赐雕鞍、甲胄、金银器皿、彩缎、文绮有差。（《清太宗文皇帝实录卷之二十八》）

公元1636年　明崇祯九年

○崇德元年丙子六月甲戌朔○丙辰，上谕大学士希福、刚林、范文程曰："科尔沁国土谢图额驸有名马号曰'杭爱'，我曾以甲十副易之，彼不与。蒙古察哈尔汗向彼索马，势如强夺，止予一胄，竟取之，从此科尔沁诸贝勒为之解体。察哈尔汗又以一胄送阿禄部落济农，索马千匹，阿禄济农曰：'岂有一胄而易马千匹者乎？此直欲起衅而来，侵犯我耳，不可不与。'遂与马五百匹。从此阿禄诸贝勒亦为解体。科尔沁国卓礼克图亲王有一鹰，能横捕飞鸟。察哈尔汗又遣人往索，卓礼克图亲王欲不与，土谢图额驸劝令与之。既取其鹰，一无所偿，并送鹰之人亦不令见。如此贪横，人心安得而服耶？今各处蒙古，每次来朝，厚加恩赏，因此俱不忍离我而去。虽去时犹属恋恋，而蒙古各国亦从此富足安闲。由此揆之，以力服人，不如令人中心悦服之为贵也。"希福等奏曰："治之以德则化，治之以刑则败，此之谓也。"

○癸未，命和硕睿亲王多尔衮、和硕豫亲王多铎、多罗贝勒岳托、豪格及固山贝子诸大臣率大军往征明国，分两翼先后启行。

○壬辰，固伦额驸额哲、固伦公主将还，召入清宁宫，大宴之。

○癸巳，以初送固伦额驸额哲及固伦公主归国，上偕皇后、麟趾宫贵妃、永福宫庄妃，率和硕福晋、多罗福晋、多罗贝勒福晋及文武各官，于巳刻出地载门十里外，赐大宴。仍令和硕郑亲王济尔哈朗偕其福晋送之。赐公主驼三十、牛三百、羊五千、人十户。又赐侍女九人，各雕鞍马一、皮鞍马一、驼二、牛十、羊百，毡帐房一架，并银茶桶、瓷器应用等物。（《清太宗文皇帝实录卷之三十》）

○崇德元年丙子九月壬寅朔○乙卯，遣苏尔德率九人赍敕往谕征明宁锦和硕睿亲王多尔衮、和硕豫亲王多铎,敕曰:"上谕奉命征西和硕睿亲王、和硕豫亲王等,近者往征燕京武英郡王有捷音至,赖上天眷佑,威声大振,克获城池,所在敌兵,无不披靡。我国出征将士俱无恙,朕心甚为慰惬,故令尔等知之。总计捷功克十二城,败敌五十六次,或有获马甚多者,或有获五六匹以上者。共俘获人畜十七万九千八百二十,辎重等物无算。除粗恶外,已令人籍之以归矣。至前者未入长城时,阿山所领旗兵攻克雕鹗、长安岭二城,尔等已知。至传言入长城后,昌平城内蒙古斩其州官,以城降者,妄也。我兵尽斩昌平城外兵,见城上兵少,合二十旗兵攻之,火炮并发,毁其城楼。城上兵被焚,图尔格一旗兵乘隙先登,遂克之。"(《清太宗文皇帝实录卷之三十一》)

○崇德元年丙子十一月辛丑朔○壬寅,察哈尔国额哲所尚公主来朝,命和硕睿亲王多尔衮、和硕豫亲王多铎、多罗贝勒豪格及贝子大臣等于前一日往迎之。

○癸卯,皇后诸妃偕大臣妻往迎察哈尔国公主于十里外,大宴,入城。

○甲辰,察哈尔国公主具盛筵进上,复献金茶桶、金盆、金壶、玉数珠、珍珠衫、蟒缎、妆缎、翠缎、倭缎衣服、嵌松子石青金石鞴辔等物。

○辛亥,是日,遣官赍敕调兵于外藩蒙古诸贝勒,敕曰:"朕将统众入边,凡应出兵诸贝勒等,可将各旗兵丁所乘驼马烙印系牌,以为标示,盔甲器械亦各为记号。备二旬糇粮,约本月三十日俱会盛京,分道征明。科尔沁由卓索入口,喀尔喀、察哈尔、阿霸垓由十方寺入。入边以后,宜严饬士卒,勿私探亲戚,任意妄行。勿入城堡醉饮失事,紊乱法度。诸将其严训遵守之。"(《清太宗文皇帝实录卷之三十二》)

编者注:该记载证实,在征明诸军中,察哈尔八旗为独立成军。

公元1637年　明崇祯十年

○崇德二年丁丑八月丙申朔○是日,察哈尔固伦额驸额哲同固伦公主归国,上偕皇后诸妃至宫门外送之,命诸王、贝勒、大臣出城三里,设宴饯之。又命多罗贝勒豪格、固山贝子尼堪、罗讬、博洛马瞻往送,越宿而还。(《清太宗文皇帝实录卷之三十八》)

○崇德二年丁丑冬十月乙未朔,定历法,颁满洲、蒙古、汉文历。(《清太宗文皇帝实录卷之三十九》)

公元1638年　明崇祯十一年

○崇德三年戊寅二月乙未朔○壬戌,是日,遣前锋将领硕翁科罗巴图鲁劳萨、梅勒章京席特库等,自朵云赍书与明宣府各官曰:"大清国宽温仁圣皇帝致书明国宣府执事:壬申之夏,朕率大军往征察哈尔,察哈尔汗闻风远遁归化城,及各寨部众咸归于朕。彼时曾谓宣府执事人等曰:'尔宣大之人无怨于朕,惟辽东边官欺凌特甚,朕故征之。今尔等与朕修好互市,凡岁币之与察哈尔者,悉应与我国。'尔云:'察哈尔虽遁,其身尚在。倘复来索岁币,奈何?彼若尚存,而以岁币与贵国,无乃不可乎?'故虽与而不尽如例。但与我国讲和开市,因对天地盟誓,我大军遂不入境而还。嗣后,朕践此盟言,静俟一载,两次遣人致书,尔竟背盟,并无一语回答,朕是以有甲戌之役。今天下蒙古入我版图,朝鲜为我藩服,察哈尔汗畏威远窜,身死国亡,妻子臣民我悉绥定。尔曩者穷遁之辞谓察哈尔汗尚在也,今将更以何辞推诿乎?彼北边蒙古、喀尔喀者,岂与尔有誓好之情耶?乃与之岁币开市,而结盟之国反不与岁币开市者,何哉?朕今亲统大军驻布颜阿海游牧之地以待尔,如能悔过,以岁币与我,开市互易,则不入尔宣大之地,止征辽东。夫逆则征伐,和则贸易,古亦有之。尔若不审天时,逆朕之命,朕当令朝鲜、蒙古诸大军分路纵略,废尔农时,恐后悔无及也。朕以实告尔,尔其速图而裁答焉。"(《清太宗文皇帝实录卷之四十》)

○崇德三年戊寅三月甲子朔○甲戌,驻跸义奚里。是夜,前锋将领硕翁科罗巴图鲁劳萨等赍书谕明宣府官。还奏言:"路遇蒙古硕雷使者往明国交易,获其马百四十、驼四十,其蒙古人给以羊只为行粮,遣之去,获二汉人以还。"(《清太宗文皇帝实录卷之四十一》)

○崇德三年戊寅六月壬辰朔○辛丑,遣达雅齐塔布囊、卫寨桑往明张家口互市。

○庚申,更定蒙古衙门为理藩院。○先是,土默特部落古禄格、杭古、陶虎图美多尔济、特济、拜都喇大诺尔布、小诺尔布等二十二人,原系土默特部落博硕克图汗所属,后察哈尔汗征服之,遂为察哈尔所属。及察哈尔汗逃奔汤古忒国,古禄格等遂散居山谷间。我国遣额尔德尼达尔汉喇嘛收其溃散之民,遂来降。至是以其众编立旗分牛录,设固山额真、梅勒章京、牛录章京,仍依品级,各授以世职。

编者注:该编旗设领建置,应是察哈尔八旗之一部。

○秋七月壬戌朔○壬申,遣达雅齐塔布囊率喀喇沁部落毕喇什、喇什希布等,往明张家口与明镇守官议岁币,一如与喀喇沁贝勒之数,兼议开关互市。(《清太宗文皇帝实录卷之四十二》)

○崇德三年戊寅冬十二月己丑朔○丁巳,赐察哈尔国固伦公主瓷器一千七百件。(《清太宗文皇帝实录卷之四十四》)

公元1639年　明崇祯十二年

　　〇崇德四年己卯春正月己未朔〇丁卯,察哈尔国固伦公主同固伦额驸和硕亲王额哲辞归,皇后率诸王、贝勒等福晋送至演武场,设宴饯之。

　　〇三月戊午朔〇丙寅,征明左翼奉命大将军和硕睿亲王多尔衮、右翼多罗贝勒杜度等,自军营遣兵部启心郎詹霸、俄莫克图、巴图鲁硕尔兑等奏报。……左翼多尔衮疏曰:"臣等率兵毁明边关而入,两翼兵约会于通州河西。由北边过燕京,自涿州分兵八道,一沿山下,一沿运河,于山河中间纵兵前进。燕京迤西千里内六府俱已蹂躏,至山西界而还。复至临清州,渡运粮河,攻破山东济南府,至京南天津卫。仗皇上威福,大军深入,克城三十四座,降者六城,败敌十七阵,俘获人口二十五万七千八百八十,将士凯旋,无一伤者。……"右翼杜度疏曰:"臣等从明燕京西至山西界,南至山东济南府,蹂躏其地。共克十九城,降者二城,败敌十六阵。杀其二总督及守备以上官共百余员。生擒一亲王、一郡王、一奉国将军。俘获人口二十万四千四百二十有三。金四千三十九两,银九十七万七千四百六两。"(《清太宗文皇帝实录卷之四十五》)

　　〇崇德四年己卯五月丁巳朔〇庚辰,叙张家口开市功。授达雅齐、卫寨桑、侍卫诺木图卫征俱为牛录章京。赐喇嘛卫征囊苏号为达尔汉。给达雅齐敕曰:"尔达雅齐,原系废官。因奉遣至明宣府北张家口,与明人创议开市,有裨国计,授为牛录章京,准再袭二次。"给卫寨桑敕曰:"尔卫寨桑,原系降明之蒙古,前取大凌河时归于我朝,予以豢养。因奉遣至明宣府北张家口,与明人创议开市,有裨国计,授为牛录章京,准再袭二次。"给诺木图卫征敕曰:"尔侍卫诺木图卫征,原管牛录事,奉遣至明宣府北张家口,与明人创议开市,有裨国计,授为牛录章京,准袭二次。"给卫征囊苏敕曰："尔卫征囊苏，原在众喇嘛之列，因奉遣至明宣府北张家口，与明人创议开市，有裨国计。赐貂裘一领，银百两，仍赐号卫征达尔汉囊苏，准子孙世称达尔汉。"（《清太宗文皇帝实录卷之四十六》）

〇崇德四年己卯六月丁亥朔〇乙卯，升牛录章京吴巴礼山津为三等甲喇章京，加世袭二次，共准袭四次，以其奉命往张家口，与明人创议开市，有裨国计也。（《清太宗文皇帝实录卷之四十七》）

公元1640年　明崇祯十三年

〇崇德五年庚辰春正月癸丑朔〇乙酉，午刻，上偕皇后诸妃出地载门，率和硕亲王等幸察哈尔固伦公主、固伦额驸额哲所居地行猎，驻跸聂千户屯。

〇戊戌，上行围至察哈尔孙岛、习尔哈地方，察哈尔固伦公主及固伦额驸额哲迎上与皇后，恭进筵宴。

〇己亥，上偕皇后诸妃及和硕亲王等幸固伦公主、固伦额驸额哲第。公主、额驸具盛筵献上，并献金佛、各色数珠、东珠、项圈、黑狐裘、貂裘、貂镶朝衣、帽靴、金鞓带、雕鞍马、金银器皿等物。上酌纳之。

〇壬寅，上驻跸察哈尔固伦公主所居地，凡三日。至是上回銮，固伦公主、固伦额驸俱亲送，越三宿，乃辞归。（《清太宗文皇帝实录卷之五十》）

〇崇德五年庚辰夏四月壬子朔〇丙子，以蒙古察哈尔汗之族塞冷，于察哈尔汗出奔汤古特国时独身来归，及为理藩院参政，克副任使，勤劳王事，授塞冷为三等甲喇章京。白身尼堪为理藩院参政，克副

任使,勤劳王事,授尼堪为三等甲喇章京。(《清太宗文皇帝实录卷之五十一》)

○崇德五年庚申八月庚戌朔○己未,命希福、朱马喇、启心郎布丹等,率八家商人,及公以下、牛录章京以上家人,往张家口交易。(《清太宗文皇帝实录卷之五十二》)

○崇德五年庚申冬十月戊申朔○壬戌,察哈尔固伦公主同和硕亲王额驸额哲至,关雎宫宸妃率诸王、贝勒福晋迎宴之。公主及额驸额哲亦于清宁宫具筵进上。○固伦额驸和硕亲王额哲下齐隆杜棱诺颜病卒,命礼部以礼殡之。(《清太宗文皇帝实录卷之五十三》)

公元1641年　明崇祯十四年

○崇德六年辛巳春正月丁丑朔○己亥,察哈尔国固伦额驸和硕亲王额哲孔果尔病卒,时年二十岁。上闻之,恸悼。欲临其丧,内院诸臣谏不从,诸王、贝勒谏,亦不从,上遂亲往。皇后偕诸妃俱随往,恸哭而还。和硕亲王以下,牛录章京以上;固伦公主、和硕福晋以下,固山额真、承政等官命妇以上,皆往吊。赐亲王仪仗,雕鞍马二,画鞍马四。于未刻发引,出盛京西北门五里暂停,越一日,以蒙古礼火化。

○癸卯,致祭固伦额驸和硕亲王额哲孔果尔。祭文曰:"皇帝谕旨:嗟尔额哲孔果尔,原系大元之裔,察哈尔汗之子。及归我国,朕甚加优眷,配以公主,为固伦额驸,仍册封为和硕亲王。不意尔年甫二十,而遽尔溘逝,深用悯悼。朕笃爱之心,罔间存殁。特命备俱祭物,遣官谕祭。且以尔蒙古之礼,令喇嘛讽经。又仿汉人之礼,令僧人诵忏。焚化黑狐貂等帽、貂镶披领、蟒表貂朝衣、貂裘、貂狐等褂妆缎衣、缎皮等靴、金镶玉带、鞓带、撒袋、弓矢、雕鞍、裹囊等物,并从隆厚。尔灵有知,尚克祇承。"于是命固伦公主以额驸额哲丧归国。和硕亲王以下,诸大臣以上;固伦公主以下,多罗格格以上;和硕福晋以下,大臣命妇以上,皆送。各祭奠毕起行,和硕郑亲王、和硕福晋及辅国公和托、屯齐喀送至其国。固伦公主、和硕福晋以下,多罗格格以上送五里,诸王及大臣送十里。〇朝鲜国王李倧闻固伦额驸和硕亲王额哲丧,遣礼部正郎官车大元来吊。献各色纻布、绵绸、纸张等物。照例设宴、赐车大元及从役人等貂皮、银两有差。〇乌珠穆沁部落多尔济济农闻固伦额驸和硕亲王额哲丧,遣纳木达尔汉来吊,献雕鞍马匹。赐纳木达尔汉及从役人等蟒缎、布匹有差。〇朝鲜世子李㴭等以固伦额驸和硕亲王额哲丧,献白金、纸张、苏木。命纳其纸张、苏木。〇科尔沁国和硕福妃、和硕贤妃、卓礼克图亲王吴克善巴图鲁、郡王满珠习礼、奈曼部落达尔汉郡王衮出斯巴图鲁、苏尼特部落额驸腾机思、喀喇沁部落查萨衮杜棱以固伦额驸和硕亲王额哲丧,各献雕鞍马匹。(《清太宗文皇帝实录卷之五十四》)

〇崇德六年辛巳夏四月丙午朔〇己酉,和硕郑亲王济尔哈朗、多罗武英郡王阿济格、多罗郡王阿达礼、多罗贝勒多铎、罗洛宏等,自锦州遣人奏报:"俘获人数共四千三百七十四口。明援松山杏山兵,俱已撤还。或云屯驻宁远,或云已过宁远。闻欲牧马造箭,又恐我兵掘壕,围断高桥,故遂撤去。我国察哈尔兵及蒙古兵之马瘦者,初一日皆至,惟穆章兵未至耳。……"

〇甲子,浩齐特部落博罗特额尔德尼闻固伦额驸和硕亲王额哲丧,遣绰尔济来吊,献马二匹。赐绰尔济及其从役缎布有差。

〇五月乙亥朔〇戊戌,以蒙古八旗章京缺少,每旗增设虚衔章京各二员。(《清太宗文皇帝实录卷之五十五》)

〇崇德六年辛巳六月乙巳朔〇戊午,召土默特部落额齐格喇嘛等赐宴，以其赍马币来吊固伦额驸和硕亲王额哲丧也。

○己卯，上命内大臣往祭固伦额驸和硕亲王额哲。

○辛巳，阿霸垓部落额齐格诺颜闻固伦额驸和硕亲王额哲丧，偕其妻进马匹来吊。命迎于实胜寺北亭宴之。（《清太宗文皇帝实录卷之五十六》）

○崇德六年辛巳八月甲辰朔○乙亥，先是，梅勒章京硕翁科罗巴图鲁劳萨、护军参领丹代、土默特王喇嘛、察哈尔国昂邦章京多尼都喇尔达尔汉诺颜等，随多罗睿郡王多尔衮、多罗肃郡王豪格与明洪承畴兵战殁。至是，上遣内大臣往奠之。（《清太宗文皇帝实录卷之五十七》）

○崇德六年辛巳冬十月癸卯朔○甲寅，苏尼特部落济农叟塞所属噶尔马塞冷下马达海、都穆古尔、吴尔哲三人，在张家口擒明哨卒三人，释二人，匿一人。张家口汉人首告于达雅齐，达雅齐遣人往三家索之，果得其人。问其故，对曰："非我等所执，乃彼自投来也。"下法司讯之，哨卒被执是实，马达海等三人应论死。奏闻，上免之。（《清太宗文皇帝实录卷之五十八》）

公元1642年　明崇祯十五年

○崇德七年壬午夏四月庚子朔○辛亥，一等昂邦章京察哈尔琐木折尔默病故，以其子阿喇纳袭职。（《清太宗文皇帝实录卷之六十》）

○崇德七年壬午六月己亥朔○癸丑，先是，梅勒章京锡翰于辛巳年以汉人冒充满洲，往张家口贸易。后其妻复欲令汉人贸易，赴部验视，部中识其为汉人，不准往。其妻仍私遣往，噶思海之妻效之，亦令汉人往。莽嘉出兵后，其妻亦以汉人往，莽嘉闻之，即于出兵处告于参政硕詹，遂送户部。至是，皆审实。以锡翰违禁私令汉人贸易，应革去梅勒章京，并罢参政任。两次所买缎布、茶及马二匹，并所遣贸易二人，俱入官。其噶思海妻所买缎布及遣往汉人，亦应入官。但女子无知，效尤锡翰，俱令锡翰代赔。莽嘉自首，免籍所买缎疋，止以贸易汉人入官。四汉人妻子财物俱入官。

○秋七月己巳朔○壬申，命编汉军为八旗，各设牛录章京。(《清太宗文皇帝实录卷之六十一》)

公元1643年　明崇祯十六年

○崇德八年癸未六月癸亥朔○庚寅，谕户、兵二部曰："各旗下所有伊苏忒喀喇车里克部落之闲散蒙古，无得令其隐漏。户部宜清察人丁，编入牛录。兵部再加察核，俱令披甲。其现在满洲旗下察哈尔、喀尔喀等部落蒙古，亦当察其壮丁增减，勿令混匿。至于诸王、贝勒、贝子、公等家下闲散蒙古，亦编为小旗，设护军校管辖之。"○察哈尔国固伦公主至，皇后率诸王、贝勒等福晋迎至北演武亭，设宴宴之，入城。

○秋七月壬辰朔○壬寅，察哈尔国固伦公主具筵于崇政殿献上。和硕亲王以下、梅勒章京以上皆集。

○己酉，辉发姨母福晋及绰奇福晋至，皆上之母姨也。皇后率衍庆宫淑妃、察哈尔国固伦公主、科尔沁国公主，迎于翔凤楼下。入清宁宫，宴毕。各赐金银器皿、彩缎等物。

○丁巳，以征明克捷，敕谕朝鲜国王李倧曰："朕命多罗饶余贝勒阿巴泰为奉命大将军，内大臣图尔格副之，率固山额真阿山、谭泰、叶克书、何洛会、吴赖、准塔巴图鲁、马喇希、巴特玛、石廷柱、祖泽润、李国翰、金砺，内满洲八旗、蒙古八旗、汉人八旗共二十四固山额真，各率将士之半;再外藩察哈尔国八处、喀尔喀部落五处,科尔沁国阿禄部落昂邦土门查萨克图,翁牛特部落杜伦,阿禄科尔沁国习喇汗,敖汉、奈曼、喀喇沁部落坤杜伦汗,及明国沿边居住俄尔黑喀喇沁部落庄嫩古英,及庄图、土默特部落格根汗各国之后裔,亦率各处归服蒙古兵之半,往征明国。毁边入关,所向无敌。师过燕京,连败明各路兵三十九次,生擒白姓、汪姓、张姓、王姓、刘姓总兵五员,兵道五员,郎中一员,科臣一员,副将五员,参将八员,游击四员,皆诛之。其余总兵、副将、参、游等官,被戮者无算。克兖州、顺德、河间三府,州十八,县六十七,共克八十八城。归顺者一州五县,生擒兖州府鲁王朱衣珮,乐陵王朱弘治,阳信王朱弘福,东原王朱衣远,安邱王、滋阳王等六王,及管理府事宗室等约千人,皆诛之。共俘人畜九十二万三百。分大军为二路,一过山东莱州、登州府,直抵宁海州及海州;一渡黄河,回至莒州、沂州。复分为左右翼,左翼大军沿青州府、德州、沧州、天津卫至燕京城。南过三河县,历三月抵密云。右翼大军沿东昌府、广平府、彰德府、真定府、保定府,过燕京迤北,历三月亦抵密云。两翼兵合攻墙子岭,斩关而出。明国三年饥馑,禾稼不登,人皆相食,或食草根树皮,饿死者什之九。兼以流贼纵横,土寇劫掠,百姓皆弃田土而去,榛芜遍野。其城堡乡村,居民甚少。初,明总督洪承畴等率各省精兵来援锦州,俱已败亡。锦州、松山、杏山、塔山既下,四城精兵复经歼戮。蒙古察哈尔兵乘乱归明者杀伤既众,其余复叛彼来归,无复存者。所余仅汉兵已耳。兵势大衰,人心震恐,东西逃窜。我兵所向,力莫能支。明之国势已如此矣。又鄂尔多斯济农、土默特部落格根汗所居地方,暨兴安地方以西乌珠穆沁、浩齐特、苏尼特等部落,及各处归附蒙古,尽欲举兵。以地处甚远,令其各安地方,仍与汉人贸易。蒙古国人六万,已归附五万。喀尔喀人万余,已服其半,其一半虽地方辽远,亦每岁遣使来朝,进贡驼马。因与王喜乐相同,故明告尔国,俾悉知之。"(《清太宗文皇帝实录卷之六十五》)

编者注:根据上述记载,归附满清整编后的察哈尔,属于外藩察哈尔八旗。所谓"察哈尔八处",即应是在原察哈尔八大寨桑所领八大鄂托克基础上整编而成的察哈尔八旗,独立于满、蒙、汉二十四旗之外。

清世祖章皇帝（顺治）实录
察哈尔卷（附宣化府）之三

（明崇祯十六年始）
公元1643—1661年

公元1643年　明崇祯十六年

○崇德八年癸未八月○庚午亥刻，太宗文皇帝宾天。内外和硕亲王以下、牛录章京以上，朝鲜国世子等及公主和硕格格、和硕福金以下，牛录章京等官命妇以上咸集。……时外藩科尔沁国和硕福妃、和硕贤妃，与察哈尔故额驸额哲妻固伦公主……等俱以戚属贺捷至盛京未还。遇丧，衣带皆缟素，不截发。王以下、奉国将军以上，公主以下、固山格格以上，和硕福晋以下、奉国将军之妻以上，咸集清宁宫前。诣大行皇帝几筵，焚香跪奠酒三毕，皆起立举哀。（《清世祖章皇帝实录卷之一》）

公元1644年　明崇祯十七年

○顺治元年甲申夏四月○乙酉，师次开平卫。指挥陈任重、李培元等率众来降，各赐袍服。（《清世祖章皇帝实录卷之四》）

○顺治元年甲申五月○庚寅，摄政和硕睿亲王谕兵部曰："今本朝定鼎燕京，天下罹难，军民皆吾赤子，出之水火而安全之。各处城堡，着遣人持檄招抚，檄文到日，剃发归顺者，地方官各升一级，军民免其迁徙。其为首文武官员，即将钱粮典籍、兵马数目，亲赍来京朝见。有虽称归顺，而不剃发者，是有狐疑观望之意，宜核地方远近，定为限期，届期至京，酌量加恩。如过限不至，显属抗拒，定行问罪，发兵征剿。至朱姓各王，归顺者亦不夺其王爵，仍加恩养。"〇又谕故明内外官民人等曰："各衙门官员，俱照旧录用，可速将职名开报，如虚饰假冒者，罪之。其避贼回籍、隐居山林者亦具以闻。仍以原官录用，兵丁愿从军或愿归农者，许该管官送至兵部，分别留遣。凡投诚官吏军民皆着剃发，衣冠悉遵本朝制度。各官宜痛改故明陋习，共砥忠廉，毋朘民自利。我朝臣工不纳贿、不徇私、不修怨，违者必置重典。凡新服官民人等，如蹈此等罪犯，定治以国法不贷。"

〇甲辰，以故明巡抚宣府都察院右佥都御史李鉴仍为原官。

〇己酉，宣府巡抚李鉴捕斩伪权将军黄应选、伪防御使李允桂等十五人以祭明崇祯帝。并上安抚机宜，摄政和硕睿亲王令鉴，加意招集防守。〇应袭恭顺侯吴惟华请招抚宣大山西自效。摄政和硕睿亲王许之。

〇庚戌，摄政和硕睿亲王多尔衮奏言："诸王大臣等统兵追剿流寇于庆都，大破其众。固山额真谭泰、准塔，护军统领德尔得赫、哈宁噶等率前锋兵追至真定，又破之。贼焚辎重仓皇败走，燕京迤北居庸关内外各城及天津、真定等处皆降。"

〇甲寅，以投诚总兵官刘芳名为柳沟总兵官。

〇顺治元年甲申六月〇戊寅，宣府巡抚李鉴启言："上谷一府，在明朝为边镇，在我朝为腹里。前定经制，兵多而员冗，今宜急议裁汰。"查得宣镇原额经制官军七万六千九百二十九员名，索之簿籍则有兵，用之战守则无兵，总由前朝法纪废弛无核实之政也。日来索饷者纷纷，宜早定经制。抚镇、道协以及各路堡，应设营、马、步兵若干，应支月饷、马干及将领月廪若干，均应酌立成规。至于冗员，如宣府城内有万全都司,有管屯都司,又有巡捕都司,今宜照大同例,改设知府。而以征收屯粮之事,归并于府官,则管屯之都司可裁也。在城管粮同知,加以缉捕一衔,则巡捕都司又可裁也。保安、延庆两州,斗大一城既有州官,又设守备,似宜裁去守备,而以城守之务,专责正印官料理。若永宁县,距柳沟止二十里,而有两参将,尤属滥冗。似宜裁去永宁之参将,专其责于县官。东路一隅,设总镇,又设两协,其间宜留宜汰,尤宜急议。怀来一城,内有道、有厅,又有参将、守备,亦属赘疣。似宜裁去参将,而留守备,以司城守。若援营之兵有名无实,不如简其精壮者付之守备,而以道厅为之提挈。兵马既减,钱粮出纳有数,其旧设同知、通判多员,亦宜量加裁减归并。"下所司议行。(《清世祖章皇帝实录卷之五》)

编者注:○马干(马乾),饲马的干食料。《六部成语注解·户部》:"马乾:马之食料也。"

○顺治元年甲申秋七月○壬辰,擢吏部员外郎吴孳昌为都察院右佥都御史,总督宣大山西等处军务,兼管巡抚事。以侍郎刘余祐、金之俊保举故也。

○乙未,宣府巡抚李鉴启荐故明宣大总督江禹绪,令吏部行取来京录用。

○壬子,升户部主事贺久邵为山西按察使司佥事,分巡口北道;苑马寺卿林德馨为山西布政使司参政兼按察使司佥事,分巡蔚州道。(《清世祖章皇帝实录卷之六》)

○顺治元年甲申八月丙辰朔,以察哈尔国巴图曾率所属一百二十人来降,授为牛录章京。

○癸亥,摄政和硕睿亲王谕官民人等曰:"……各府、州、县、卫所属乡村,十家置一甲长,百家置一总甲。凡遇盗贼逃人、奸宄窃发事故,邻佑即报知甲长,甲长报知总甲,总甲报知府、州、县、卫。府、州、县、卫核实，申解兵部。若一家隐匿，其邻佑九家，甲长、总甲不行首告，俱治以重罪不贷。"

○丙寅，故明宣大总兵张致雍奉表归诚。

○甲戌，设镇守……柳沟等处官兵。柳沟参将一员、守备一员、兵一千名。

○庚辰，察哈尔国固伦公主及外藩蒙古王、贝勒等来迎圣驾，朝行在，贡献驼马。(《清世祖章皇帝实录卷之七》)

○顺治元年甲申九月丙戌朔，调永平道佥事姚恭为山西按察使司副使、潞安兵备道，怀隆兵备道朱寿鋆为山西布政使司参议、朔州兵备道。○宣大总督吴孳昌启留已升山西岢岚道云镇饷司王弘祚，从之。(《清世祖章皇帝实录卷之八》)

○顺治元年甲申十一月○丙戌，授察哈尔国鄂齐尔为三等甲喇章京，以其劝噶尔玛济农来归故也。

○庚寅，宣府巡抚李鉴奏言："故明巡抚朱之冯，当闯贼临城，誓以死守，力穷众叛，遂自经于城上。中北路通判朱敏泰闻贼西来，知事无济，遂集父老于中堂，封府库，解印绶，自缢死。生员姚时中，作忠义诗书衣带，弃妻子，缢于文庙。总兵宁宠，骂贼而死。总兵董用文、副将刘九卿死于狱中。知县申以孝并子生员旺，全家俱死。乡官卢某、孙妇董氏、王氏，生员黑某妻冯氏、民陈王猷妻郭氏、妇胡氏并幼女，张万全妻王氏、妾翟氏，王逢善妻张氏并幼女，俱洁身殒命，请赐恤旌表。"下所司知之。(《清世祖章皇帝实录卷之十一》)

○顺治元年甲申十二月○丙子，以胡章为都督同知，署宣府柳沟总兵官事。(《清世祖章皇帝实录卷之十二》)

公元1645年

○顺治二年乙酉春正月○戊子,设张家口、古北口满洲章京各一员。命哈克萨哈驻张家口,满都布赉驻古北口。谕之曰:"尔等驻防之地,凡外藩各蒙古来贸易者,俱令驻于边口照常贸易,毋得阻抑。其喀尔喀部落来市马者,令驻于口外,申报户部,听候谕旨。"○初,宣府巡抚李鉴以赤城道朱寿鏊贪酷不法,将劾奏之。寿鏊遣其子嘱绰书泰,求和硕英亲王阿济格王与鉴印扎,令贳寿鏊罪。及王出师至宣府,召鉴面谕之,曰寿鏊忠良,尔宜释免。鉴曰:"此钦犯也,若擅释之,王亦不便。"绰书泰叱之曰:"尔何不惧王?而反惧冲龄皇帝耶!"鉴艴然而去,王复遣绰书泰、总兵刘芳名强之,鉴坚不允。事闻,下内院等衙门会鞫得实。寿鏊、绰书泰及绰书泰四子俱弃市,并籍其家,芳名革职入旗。

○辛卯,赐宣府巡抚李鉴玲珑鞍马一匹,貂裘一袭,金五十两,银千两。并以朱寿鏊家产给之。

○乙未,宣府巡抚李鉴奏辞钦赏以佐军需。优旨嘉奖,所赏不准辞。(《清世祖章皇帝实录卷之十三》)

○顺治二年乙酉二月甲寅朔,守备霍然评告宣府巡抚李鉴受贿事,下法司勘问,拟鉴弃市。议上,得上旨:"李鉴曾着大功,免死。追赃,罚俸六个月。"

○乙卯,增设宣府、代州饷司各一员。

○己未,升宣府巡抚李鉴为兵部右侍郎兼都察院右佥都御史,总督宣大等处军务。○擢原任山西潞安府通判冯圣兆为都察院右佥都御史,巡抚宣府。

○癸亥,革大同总督吴孳昌职,以和硕英亲王阿济格致书,令释监司朱寿鋆罪，孳昌匿不奏闻故也。

○壬申，宣府巡抚李鉴以守备霍然诬讦，上疏自讼。命刑部会同内院覆勘得白，免其罚俸。（《清世祖章皇帝实录卷之十四》）

○顺治二年乙酉三月○甲午，蒋家峪男妇聚集二百余人，号称善友。利民堡参将王守志乘机搜掠，遂致激变，宣大巡按张民骏以其事闻，鞫实守志，伏诛。

○丙午，裁柳沟营总兵官、副将各一员，兵二千名。

○丙辰，叙入关破流寇及征松山、杏山、锦州、宁远等处功。以二等甲喇章京、察哈尔国海塞为一等甲喇章京；加一等甲喇章京、察哈尔国衮楚克古英，牛录章京鄂尔退巴图鲁、英格巴图鲁、阿习泰巴图鲁麻尼各半个前程。

○癸亥，调柳沟总兵官刘芳名仍以都督同知，管陕西宁夏总兵官事。

○戊辰，叙入关破流寇、及松山、锦州、山东、大凌河、朝鲜等处功。升一等甲喇章京衮楚克古瑛为三等梅勒章京。加一等梅勒章京班第思哈布、一等甲喇章京察哈尔国巴喇习礼、察哈尔国戴青、牛录章京祁塔特巴图鲁各半个前程。授护军参领达尔岱半个牛录章京。（《清世祖录卷之十五》）

○顺治二年乙酉五月○丙戌，宣大总督李鉴疏报："许林堡宁贼及灰沟营流寇悉平。"

○己丑，妖民刘伯泗掘穴得石匣，内函天书。又石弹内有元帅印，遂自称天罡星。宣府巡抚冯圣兆捕获以闻，命斩之。

○己亥，宣府巡抚冯圣兆疏言："柴沟堡已赐察哈尔国公主，其府第择用廪生闫允第等居宅，但无他宅偿允第等，议令入监。"得旨："应偿房屋，当听户部拨给，若令入监，殊非政体。"（《清世祖章皇帝实录卷之十六》）

○顺治二年乙酉六月○甲寅,增设三关守关章京。以尼堪守古北口,硕塞守张家口,石汉守喜峰口。

○丁卯,以宣府副将张世耀为西宁副将。

○癸酉,以故明宣府副将侯永宁为洮岷副将。(《清世祖章皇帝实录卷之十七》)

○顺治二年乙酉闰六月○壬辰,定文武官员品级:御前内大臣、固山额真、六部尚书、都察院、理藩院、承政、昂邦章京、多罗额驸为一品。内三院大学士、六部侍郎、都察院、理藩院参政、銮仪卫官二员、梅勒章京、护军统领、前锋统领、镇守盛京京城总管官、贝勒壻多罗额驸、摄政王下内大臣为二品。御前头等侍卫、内三院学士、六部满洲启心郎、六部都察院理事官、銮仪卫官四员,甲喇章京、管前锋参领、五城满洲理事官、护福陵、昭陵总管各二员,镇守盛京、两翼副管官、督催匠役总管官二员,镇守宁古塔、雄耀、凤凰各城总管官、固山额驸、摄政王头等护卫、辅政王护卫七员,亲王、郡王下各护卫六员,摄政王管仪仗官二员为三品。御前二等侍卫、内三院侍读、都察院、理藩院满洲启心郎、副理事官主事、六部汉启心郎、副理事官主事、銮仪卫官六员,国子监祭酒赞礼郎、五城满洲副理事官、牛录章京、守太庙总管官二员,护福陵、昭陵副管官各四员,镇守盛京、京城各旗章京、在外各城镇守官、在外总管藩牧官、摄政王下二等护卫、辅政王下护卫七员,亲王下护卫六员,郡王下护卫四员,贝勒下护卫六员,镇国公、辅国公壻、摄政王、亲王下各管仪仗官二员为四品。御前三等侍卫、銮仪卫官八员,半个牛录章京、守太庙官六员,护福陵、昭陵官、迎送使、管墩台两翼官、驻防锦州护军校、蒙古旗添设闲散官、旧设巡哨章京、总管牛羊蕃牧官、摄政王下三等护卫、辅政王下护卫九员,亲王下护卫八员,郡王下护卫五员,贝勒下护卫四员,贝子下护卫六员,公下护卫四员,摄政王、亲王、郡王下各管仪仗官二员,贝勒下管仪仗官一员为五品。内三院、六部、都察院、理藩院他赤哈哈番、造满汉历日他赤哈哈番、銮仪卫官十员，护军校、骁骑校、摄政王下管仪仗官四员，亲王、郡王、贝勒下各管仪仗官二员，贝子管仪仗官一员为六品。内三院、六部、都察院、理藩院笔帖式哈番、两翼教习三员，贝子下管仪仗官二员，公下管仪仗官一员为七品。公下管仪仗官二员为八品。诸王、贝勒下长史，各照初授品级。其汉官品秩俱仍旧制。

〇乙巳，先是，都察院左副都御史刘汉儒，疏劾宣大巡按张鸣骏所荐宣府推官沈宜系原任吏部侍郎沈惟炳子，在任凭藉父势久招物议，鸣骏乃荐为科道，显属徇情。并劾惟炳在吏部时，曾选两仆沈永宁、沈顺祯为典史，冒滥官常，并宜斥逐。有旨："责问鸣骏。"鸣骏仍称沈宜才品堪补擢任。汉儒复言："沈宜名曰明经，实系假借，其部试文章乃同乡贡士钱锡爵代作。及履任，文移悉听吏书播弄，疏愚已甚，何以厘剔刑名？"疏入，得旨："张鸣骏着再从实回奏，沈宜革职并锡爵，永宁、顺祯俱提解来京究问。"

〇丁未，宣大总督李鉴清察故明代藩宗禄以闻。得旨："明朝宗室故绝者产业入官，见在者分别等次酌给赡田，入民册内。其则例户部定拟。"〇宣大总督李鉴、山西巡抚马国柱以剿平岚县土贼奏闻。（《清世祖章皇帝实录卷之十八》）

〇顺治二年乙酉秋七月庚戌朔〇戊午，遣浙江道试监察御史王应昌巡按浙江，云南道试监察御史朱廷翰巡按宣大。（《清世祖章皇帝实录卷之十九》）

〇顺治二年乙酉八月〇壬申，宣府总督李鉴坐与守备霍然有隙，故令然变卖仓米，部议褫职。诏："降总督职以巡抚用。"（《清世祖章皇帝实录卷之二十》）

〇顺治二年乙酉冬十月〇癸未，升山西巡抚马国柱为兵部右侍郎,兼都察院右副都御史,总督宣大山西等处军务,兼理粮储。

○乙巳,太宗文皇帝第二女固伦公主,下嫁察哈尔汗之子阿布鼐。

编者注:○固伦公主,即马喀塔,清崇德元年(1636)出嫁察哈尔部蒙古林丹汗之子额尔克孔果尔额哲,时年12岁。六年(1641)额哲去世。顺治二年(1645)复嫁额哲的弟弟阿布鼐。阿布鼐时年10岁,马喀塔21岁。顺治十四年(1657)受封为固伦长公主。十六年封为永宁长公主。后改封为固伦温庄长公主。于康熙二年(1663)去世,享年39岁。○阿布鼐(亦作阿布奈),1635年(后金天聪八年)生,其母为察哈尔林丹汗正室大福晋囊囊太后,是林丹汗的遗腹子。

○十一月己酉朔○庚戌,命原任副将都督同知胡章,仍以都督同知充镇守宣府总兵官。原任宣府镇标署副将刘永亨为遵化副将。(《清实录章皇帝实录卷之二十一》)

公元1646年

○顺治三年丙戌三月○癸酉,封阿霸垓部落多尔济为贝子。以太宗皇帝平察哈尔时举部来降故也。

○甲申,选授进士多象谦、梁清宽、胡兆龙、李若琛、黄志遴、张嘉、石申、董笃行、李霨、胡之骏、夏敷九、傅维鳞、王公选、王炳昆、王士骥、朱之锡、韦成贤、王无咎、魏象枢、王一骥、陆嵩、魏裔介、陈熿、杭齐苏、宋杞、董润、石维昆、沙澄、单若鲁、李培真、乔映伍、张文明、杨思圣、常居仁、王舜年、王紫绶、袁襜如、沈兆行、艾元征、法若真、蓝滋、杨运昌、刘泽芳、张尔素、傅作霖、张汧等四十六名为庶吉士。俱送翰林院读书。

编者注:其中魏象枢为今河北省张家口蔚县人。

○丁酉,以……太仆寺少卿管内院典籍事朱国诏为山西布政使司参议兼按察使司金事,分巡口北道。

○辛丑,谕吏部:"朝廷设官治民,而冗员反致病民。各府设推官一员,其挂衔别驻,推官尽行裁革。大县设知县、县丞、典史各一员。小县设知县、典史各一员。一切主簿尽行裁革。原管职事,大县归并县丞,小县归并典史。其裁过推官主簿,赴部改选,至各府同知、通判各赘员,可裁者通察具奏。"(《清世祖章皇帝实录卷之二十五》)

○顺治三年丙戌秋七月○辛酉,遣山东道监察御史宁承勋巡按宣大。

○甲子,多克辛系降明蒙古人,我兵征大同时,率七十户来归。取察哈尔国为向导,又同达尔汉卓里克图追杀苏尼特部落反叛之吴班代等,授为牛录章京。

○八月甲戌朔○癸巳,宣大巡按朱廷翰奏言:"马邑县贡生霍钱继妻郑氏年二十四岁夫故,誓死自守,抚孤成立,苦节四十九年,请照例旌表。"事下所司。(《清世祖章皇帝实录卷之二十七》)

○顺治三年丙戌十一月癸卯朔○丙午,升居庸关参将石万钟为昌平副将。

○辛亥,遣湖广道监察御史高景,巡按宣大。(《清世祖章皇帝实录卷之二十九》)

公元1647年

○顺治四年丁亥春正月○戊申,命辅国公巩阿岱、内大臣吴拜、何洛会等,率将士征宣府地方。

○辛亥,户部奏请:"去年八旗圈地,止圈一面,内薄地甚多,以致秋成歉收。今年东来满洲又无地耕种。若以远处府、州、县、屯卫故明勋戚等地拨给,又恐收获时孤贫佃户无力运送。应于近京府、州、县内,不论有主无主地土,拨换去年所圈薄地,并给今年东来满洲。其被圈之民,于满洲未圈州、县内,查屯卫等地拨补。仍照迁移远近豁免钱粮,四百里者准免二年,三百里者准免一年。以后无复再圈民地,庶满、汉两便。"疏入,从之。于是圈顺义、怀柔、密云、平谷四县地六万七百五晌。以延庆州永宁县、新保安、永宁卫、延庆卫、延庆左卫、右卫、怀来卫无主屯地拨补。……圈昌平、良乡、房山、易州四州县地五万九千八百六十晌,以定州、晋州、无极县、旧保安、深井堡、桃花堡、雕鹗堡、鸡鸣驿、龙门所无主屯地拨补。……

○己未,设宣府巡捕都司一员。(《清世祖章皇帝实录卷之三十》)

○顺治四年丁亥三月○戊申,降补保定巡抚郝晋为山西按察使司副使怀来道。

○庚申,谕吏部:"今当天下初定之时,在京三品以上,及在外总督、巡抚、总兵等,俱为国宣力,着有勤劳,与平时循分供职者不同。朕用是特沛殊恩,无论新旧,各准送亲子一人入朝侍卫,以习本朝礼仪。朕将察试才能,授以任使。如无亲子,准送亲弟或亲兄弟之子。宗族远支,无得滥送。嗣后诸臣,纵有过犯,经朕罢斥,其侍卫者如故。该部院衙门传谕,作速遵行。"(《清世祖章皇帝实录卷之三十一》)

编者注:其法沿袭了蒙古成吉思汗"怯薛军"的组建形式,取权贵子弟入朝侍卫,既是恩宠,又为人质。

○顺治四年丁亥秋七月○癸丑,升山西巡抚申朝纪为兵部右侍郎兼都察院右副都御史,总督宣大山西等处。

○戊午,升宣大总督兵部右侍郎马国柱为兵部尚书,兼都察院右都御史,总督江南、江西、河南等处。

○丁卯,上幸边外行猎,驻跸沙河地方。是日,昌平道陈维新、副将张珍等迎驾。赐食并缎袍、帽、靴等物。

○戊辰,上驻跸南口。是日,居庸关游击佟彤迎驾。赐食并缎袍、靴、袜等物。

○庚午,上驻跸鸡鸣山地方。是日,宣府总督马国柱、巡抚冯圣兆率文武各官迎驾。赐食并袍、帽等物有差。

编者注:○"鸡鸣山地方"即明代所建鸡鸣驿城,为清代西出居庸关汉驿第三站。第一站为怀来县土木驿,第二站为怀来县东八里店站(腰站)。

○辛未,上驻跸宣府。是日,郎中冯桓、道臣张大仁等迎驾。各赐食并袍、帽有差。

○壬申,上出张家口,驻跸布牙乃山地方。是日,驻守张家口章京哈克萨哈等迎驾。各赐食并袍、帽有差。

编者注:这里"出张家口",即指出大境门。"布牙乃山"按其行程,其地应在今张家口市崇礼区、张北县交界地带。

○甲戌,上驻跸西巴尔台。是日,苏尼特部落噶尔马台吉等献马。赐甲胄、袍、缎等物有差。

编者注:○"西巴尔台"按其行程,其地应在今张家口市张北县境内,或为城关镇大山尖村二台蒙古营自然村,即阿尔泰军台线第二台布尔哈苏台所在地。

○丙子,上驻跸海流土河口。是日,归化城土默特部落章京古禄格等献驼马。赐甲胄、鞍辔、银币有差。

编者注:○海流土河口,应即今张家口市张北县海流图水库附近,原阿尔泰军台线张家口外第三台哈柳图台所在地。

○丁丑,是日,上仍驻跸海流土河口。摄政王纳阿霸垓部落笃思噶尔济农女,请驾幸其营,献筵并献鞍马、骆驼、金壶等物,酌纳之。分赐和硕郑亲王济尔哈朗等。

○壬午,上驻跸察汉诺儿。是日,乌朱穆沁部落苏勒亲王、阿霸垓部落卓礼克图郡王率其属朝见。献牛马。赐宴,并甲胄、衣、帽等物有差。

编者注:○"察汉诺儿"按其行程,其地应即今张家口市尚义县五台蒙古营附近,原阿尔泰军台线第五台奎素图台所在地,当地有察汗淖儿,故得名。

○丙戌,上驻跸胡苏台。是日,浩齐特部落博罗特额尔得尼等朝见,献鹰、马。赐食并甲胄、鞍、辔、袍、帽等物有差。

编者注:○胡苏台,疑即今内蒙古自治区乌兰察布盟商都县小海子镇宋家村脑包营子,原阿尔泰军台线第六台扎噶苏台,又名查哈苏台。

○丁亥,直隶涞水县民狄文通等二十六人,妖言惑众,纠党谋叛。巡按黄徽允讯实以闻,斩之。

○乙未,宣府万全、龙门卫雹。(《清世祖章皇帝实录卷之三十三》)

○顺治四年丁亥九月○甲辰,升……宣府右卫参将贾梧为陕西孤山副将。

○冬十月戊辰朔○己丑,遣广东道监察御史刘漪巡按山西,云南道监察御史朱鼎延巡按宣大。(《清世祖章皇帝实录卷之三十四》)

○顺治四年丁亥十二月○甲申,礼部遵谕,议定固山额真、昂邦章京、护军统领、梅勒章京、甲喇章京、牛录章京、前锋统领、前锋参领,皆系管兵职衔。不论世职大小有无,授此官者,即照此衔称之。凡箭号等项,亦书此衔于上。其世职昂邦章京改为精奇尼哈番,梅勒章京改为阿思哈尼哈番,甲喇章京改为阿达哈哈番,牛录章京改为拜他喇布勒哈番,半个前程改为拖沙喇哈番。其在部院官员及各直省驻防章京官衔俱仍旧。

编者注:○清乾隆元年(1736年)定拜他喇布勒哈番汉称"骑都尉",满文如旧。○拖沙喇哈番,汉称旧为外所千总,正五品。乾隆元年(1736),定汉称"云骑尉",满文如旧。

○庚寅,户部、兵部奏:"差理事官科奎、钟固,自张家口起,西至黄河止,察得张家口关门迤西,黄河迤东,共一千四十五里。其间险峻处,约六七里一台。平坦处,约四里一台。共应留台二百四十四座。每台设军丁三名,共军丁七百三十二名。其余台一千三十二座,应不用。故明时得胜堡一口,系察哈尔国讨赏出入之路;河保营系鄂尔多斯部落茶盐交易之处,以上二口俱已堵塞。又差理事官满都户等,自张家口起,东至山海关止,察得张家口迤东,山海关迤西,共二千四百四里。其间险峻处约六七里一台,平坦处约四里一台,共应留台四百一十七座。每台设军丁三名,共军丁一千二百五十一名。其余台二千四百五十座应不用。洪山口、龙井关口、西常峪正关口、潘家口、冷口,俱系捕鱼网户耕种往来之路。密云迤后石塘岭正关口系民间运木之路,昔户部于此按板抽税,以上应留关口共六处。外如常峪口、独石口、龙门所口、墙子岭口、黄崖口、罗文峪、董家口、刘家口、桃林口、界岭口、一片石口,以上十一关口俱已堵塞。墩台兵丁应照城守例,月给米一斛,银一两。"得旨:"河保营既为鄂尔多斯部落交易盐茶之地,与董家口俱准开。余如议。"(《清世祖章皇帝实录卷之三十五》)

公元1648年

○顺治五年戊子春正月○丁卯,命察哈尔国故固伦额驸亲王额哲弟阿布鼐袭爵。

编者注:阿布鼐此时十三岁。

○壬辰,降总督宣大兵部右侍郎李鉴为都察院右佥都御史,巡抚宁夏,赞理军务。(《清世祖章皇帝实录卷之三十六》)

○顺治五年戊子三月○丙午,总督宣大山西等处兵部右侍郎申朝纪卒。

○辛酉,升顺天巡抚耿焞为兵部右侍郎,兼都察院右佥都御史,总督宣大山西,兼理粮饷。(《清世祖章皇帝实录卷之三十七》)

○顺治五年戊子夏四月○己卯,授来归察哈尔国绰尔济、扎鲁特部落台吉桑图为拜他喇布勒哈番,杜尔霸为拖沙喇哈番。

○癸巳,升宣府抚标中军参将董昆为洮岷副将。(《清世祖章皇帝实录卷之三十八》)

○顺治五年戊子六月○戊辰,革怀来兵备道朱永旺职,鞭五十,给本主多罗贝勒勒克德浑家为奴,以抗摄政王令不饲牛也。(《清世祖章皇帝实录卷之三十九》)

○顺治五年戊子八月○乙未,升宣府参将姜文惠为山海营副将。

○九月○己亥,遣贵州道监察御史金志远巡按宣大。

○辛亥,宣府赤城兵叛,命护军统领阿尔津等率兵讨之。(《清世祖章皇帝实录卷之四十》)

○顺治五年戊子十一月○乙卯,革宣大总督耿焞职,下法司议罪。以姜瓖叛故也。

○丁巳,以山东沂州总兵官佟养量为兵部左侍郎,兼都察院右副都御史,总督宣大山西等处军务。(《清世祖章皇帝实录卷之四十一》)

公元1649年

○顺治六年己丑春二月○戊申,宣府巡抚冯圣兆启摄政王多尔衮,宣府总兵胡章心怀叛逆,所报剿杀土贼并无确数,又擅给贼首守备札付。王以章招抚贼首情由曾经题明,讵可加以叛逆之罪?着据实具奏。后章见王辩晰圣兆诬陷,王慰劳之。赐鞍马一匹,令率所部兵马前往大同,听和硕英亲王调度。

○己酉,摄政王多尔衮师次古儿班口,有喀尔喀硕雷汗下七人携妻子来归,言硕雷汗兵马距我国有十日程,散处于野。王因止大同之行,议定出张家口趋喀尔喀,遣人调外藩蒙古兵。

○壬子,摄政王多尔衮师次察喜儿土察罕脑儿,以军中马瘠且蒙古道路无水,遂罢往喀尔喀。转趋大同,遣人止外藩蒙古兵。(《清世祖章皇帝实录卷之四十二》)

○顺治六年己丑三月○戊辰,宣府总兵官胡章自以一介书生不能披坚执锐,吁请改授文职。疏入得旨:"胡章着解任改用,其员缺,以大同总兵官刚阿泰调补之。"(《清世祖章皇帝实录卷之四十三》)

○顺治六年己丑五月○丙子,初,宣大总督耿焞因姜瓖谋叛不能觉察,降为巡抚。至是,吏部以耿焞不堪复任巡抚,请以左布政使用。从之。

○壬午,改原任宣府总兵官胡章为山东布政使司右布政使。(《清世祖章皇帝实录卷之四十四》)

○顺治六年己丑九月丁巳朔,八旗每甲喇添设步兵章京一员,每牛录添设步兵五名。

○丁丑,更定宣、大二镇官兵经制。宣大总督:标兵二千名,分二营。中军副将一员,兼管左营事中军守备一员,右营游击一员,中军守备一员,旗鼓守备一员,掌印都司、管屯都司、巡捕都司各一员,俱移驻阳和。阳和副将、中军守备、右卫副将、中军守备各一员,兵各一千名。阳和道:分守道、中军守备各一员,兵各二百名。大同城:操守一员,驿兵一百名。平鲁、井坪、天城、威远、得胜、助马、新平等路,参将、中军、守备各一员,兵各四百名。右卫、山阴、应州、马邑、高山、聚落、怀仁等城,守备各一员,兵各二百名。宏赐、镇川、拒墙、镇边、破虎、灭虎、镇羌、将军会、杀虎、迎恩、破鲁、保安、拒门、威虎、镇门、镇宁、灭鲁、镇鲁、保平、守口、牛心、西安、乃河、云岗、镇口、败虎、阻虎、平远、威鲁、宁鲁、云石等堡,大水、瓦窑二口,操守各一员,兵各一百名。宣府镇:总兵一员,旗鼓守备一员,兵二千四百名。分三营,中营:中军游击一员,管中营事中军守备一员;左营:游击一员,中军守备一员;右营:游击一员,中军守备一员。抚标:旗鼓守备一员,兵一千二百名。分二营,左营:中军游击一员,管左营事中军守备一员;右营:游击一员,中军守备一员;东南城守、西北城守守备各一员,兵八百名。独石、西城、怀来、右卫、柴沟、龙门所、葛峪等路参将、中军守备各一员,兵各五百名。蔚州、万全左卫、怀安、龙门等城守备各一员,兵各三百名。新保安守备一员,兵二百五十名。赤城、屯牧、怀来等道标中军守备各一员,兵各二百名。洗马林、西阳河、滴水崖、周四沟、四海冶、长安岭、东城、旧保安、广昌等城,深井、膳房、镇安、云州、矾山、靖安等堡,张家、新开、新河、大山等口,永宁、柳沟二路,守备各一员,兵各二百名。宣府驿:操守一员,兵二百名。鸡鸣驿、土木、榆林二堡,操守各一员,兵各一百五十名。延庆州:操守一员,兵一百名。桃花、马营二堡,操守各一员,兵各八十名。雕鹗堡操守一员,兵六十名。黑石岭、青边口、大白阳、小白阳、镇宁、清泉、君子、赵川、长伸地等堡,操守各一员,兵各五十名。

○戊戌,宣大总督佟养量疏报:"投诚守备杨登州,结连土寇,攻破山阴县,典史施邦政死之。"疏下所司。

○癸卯,升宣府游击王一正为王庆坨副将。

○辛亥,察哈尔等国、敖汉等部落,亲王、郡王、公等,各率兵来会摄政王于军前。王宴劳之,赏貂裘、蟒袍等物有差。

○十一月○己未,遣江西道监察御史刘达巡按宣大。

○甲戌，免宣府蝗雹灾伤地亩本年额赋。(《清世祖章皇帝实录卷之四十六》)

公元1650年

○顺治七年庚寅春正月○丙申，宣大总督佟养量疏报："姜逆倡乱云镇时，章京钟固、佟养升，游击刘懋德、千总刘懋谦及听用官江山定等巷战死；冀北兵备道宋子玉、通判杨逵自尽；兵备道徐一范、浑源州知州荣尔奇、朔州知州王家珍骂贼死。以不屈遇害者，游击鲁学礼，兵部副理事官能能格，原任冀北道童可选，参将佟国仕、管一举、李向尧，都司谢应举，同知张肇斌，通判李三元，旗鼓董廷儒，守备位进学、徐进第、耿烺、李良臣、赵坤、李长盛、杨弘祖等。以不受伪职死。狱者大同府经历陈瑞麟，卫经历屠大栋、陈光世，请加恤典，以慰忠魂。"事下所司。(《清世祖章皇帝实录卷之四十七》)

○顺治七年庚寅三月○甲子，谕扎萨克图汗、土谢图汗、伊思丹津喇嘛、俄木布额尔德尼、大小贝子曰："尔等为诺门汗讲和而来，究竟未有定议。朕统一天下，用张挞伐，原非好兵乐战，以伐无辜。但有侵犯，亦不轻贷。前此察哈尔无端执我使臣，且不欲朕加兵于明，如我兴师，彼必助明为难以故，斩其来使康喀尔拜户，兴师致讨，破其家国，擒其妻孥。苏尼特原系察哈尔属部，苏尼特腾机思先乘乱叛入硕雷，后向化来归。硕雷素与本朝无隙，虽煽惑久附之苏尼特叛去，朕仍行戒谕，勿遽加兵于喀尔喀，止遣师追剿苏尼特，与喀尔喀毫无干涉。不意喀尔喀土谢图汗、硕雷汗率众迎犯，抗我王师，以致上天谴责。土谢图、硕雷败衄，使果欲致讨喀尔喀，彼方败衄，死者死，窜者窜，师已压境，岂不可长驱直取乎？尔等怙恶不悛，土谢图、硕雷则逆抗我师，二楚虎尔则侵我巴林,俄木布额尔德尼、巴尔布冰图则率众来犯,闻我发师始遁。巴尔布冰图则驰入土默特,杀人掳掠人马。从前我与尔等,曾有此构兵之事否乎?已往姑弗论,尔等若复申盟好,可具书来奏,当报以敕谕。其二楚虎尔所掠巴林牲畜,可即赔偿,以赎俄木布额尔德尼、巴尔布冰图兴兵之罪。及巴尔布冰图驰入土默特杀人之罪,并赔补掠去人畜。自今以后,如欲罢兵修好,彼处为首汗,贝勒、贝子、誓诸天地,朕仍与之通好,否则遣使无益也。"

○己卯,……宣府巡抚冯圣兆、浙江巡抚萧起元、陕西巡抚黄尔性、郧阳抚治赵兆麟、宁夏巡抚李鉴、江西巡抚朱延庆、福建巡抚张学圣,俱由都察院佥都御史加为右副都御史。以五年十一月覃恩也。(《清世祖章皇帝实录卷之四十八》)

○顺治七年庚寅九月○己未,裁直隶延庆右卫,归并怀来卫;延庆左卫、永宁后所、四海冶所,归并永宁卫;保安右卫归并怀来卫。

○戊寅,补原任宣大总督、中军副将高宗为陕西延绥中协副将。

○壬寅,喀尔喀部落察哈尔墨尔根台吉等贡马。宴赉如例。

○癸卯,裁并大同后卫于前卫,高山卫于阳和卫,镇鲁卫于天城卫。云川卫聚落中左所于左卫,玉林卫高山城中右所于右卫。(《清世祖章皇帝实录卷之五十》)

○顺治七年庚寅十一月○壬子,归并……蔚州左卫、义勇右卫于彭城卫,腾骧左卫、富峪卫于神武左卫。

○辛未,遣侍卫桑阿尔寨等赍敕往谕喀尔喀部落扎萨克图汗、土谢图汗、伊思丹津喇嘛、俄木布额尔德尼、大小贝子等,敕曰:"尔等众使臣与诺门汗同来,讲睦通好,究无定议。朕自一统天下,凡有征讨,从不欲无故加兵于无辜。其无故来犯者,亦不能默然置之。曩与察哈尔原无衅隙,乃擅执吾使,且言勿伐明,伐则助明为难。所以我国斩其来使,兴师讨察哈尔,收其土地,俘其妻孥。至于苏尼特部落,原系察哈尔汗所属。抢攘之际,苏尼特部落腾机思遁附尔硕雷,后复慕义来归于我。我与尔硕雷并无凤衅,乃诱久附之苏尼特叛而遁走,朕仍不欲加兵于尔。止遣师追剿苏尼特,与尔无涉。尔土谢图汗、硕雷汗反率兵逆战,惟天谴尔,以致败衄。如朕果欲伐尔,当尔败北之际,死者死,窜者窜,师已压境,何不长驱而直取乎?乃尔等肆行不义,土谢图、硕雷,逆我颜行,二楚虎尔扰我巴林,及俄木布额尔德尼、巴尔布冰图举兵犯我,闻我发师始遁。巴尔布冰图又驰入土默特杀人掠畜。从前我国与尔等,曾有此举乎?今尔等如欲复通盟好,尔以表来,我以敕往。二楚虎尔所掠巴林牲畜,如数偿我,赎俄木布额尔德尼、巴尔布冰图侵犯之罪,并赎巴尔布冰图擅入土默特杀掠之罪。嗣后,尔等如欲罢兵,永通和好,尔部落之长及贝勒、贝子,誓告天地,欲和则和。倘有一二固山、贝子不愿和好,自与尔诸贝子愿和好者无与,如我问罪于彼,尔亦不得相助。其修好诸贝子宜照定例,每年各按旗进贡一次,每旗下贝子合进驼一只、马八匹,遣大臣朝见,朕亦照定例赏赉。此外遣使贸易,各从其便。尔等如遵朕命,则尔众贝子可遣大臣来朝,否则毋遣。"(《清世祖章皇帝实录卷之五十一》)

编者注:后金崇德三年(1638)喀尔喀遣使求贡,清太宗令其每年例贡朝廷白色驼一只、白马九匹,称为"九白之贡",岁以为常。

公元1651年

○顺治八年辛卯春正月○戊午,设宣府柳沟、永宁二路都司各一员。(《清世祖章皇帝实录卷之五十二》)

○顺治八年辛卯三月○壬午,加宣镇总兵官刚阿塔都督同知,以

保五台县功也。(《清世祖章皇帝实录卷之五十五》)

○顺治八年辛卯夏四月○乙卯,上出安定门行猎,是日驻跸沙河。

○丙辰,上驻跸昌平州。

○丁巳,上驻跸榆林。

编者注:○榆林,即今张家口市怀来县榆林堡。

○戊午,上驻跸土木驿。

编者注:○土木驿,即今张家口市怀来县土木堡,亦即明正统十四年"土木之变"之地,清代西出居庸关第一汉驿。

○己未,上驻跸雕窝堡。厄鲁特部落台吉诺木齐等贡驼马。宴赉如例。

编者注:○雕窝堡,即今张家口市赤城县雕鹗堡。○厄鲁特,亦作额鲁特,是清朝对西蒙古卫拉特(明代文献译为瓦剌)人的通称,包括准噶尔、杜尔伯特、和硕特、土尔扈特四大部,以及附牧于杜尔伯特的辉特部。明末清初,准噶尔首领最早是哈剌忽剌。明崇祯七年,后金天聪八年(1634年),巴图尔即位,对外扩张疆土,并于明崇祯十三年即清崇德五年(1640年)制定了《卫拉特法典》,正式建立了准噶尔汗国。清康熙九年(1670年),巴图尔珲台吉的儿子僧格被杀后,他的异母弟噶尔丹夺得了准噶尔的统治权。

○辛酉,上驻跸赤城。

编者注:○赤城,即今张家口市赤城县城所在地。

○壬戌,上驻跸独石口。

编者注:○独石口,即今张家口市赤城县独石口城。

○癸亥,上驻跸俄伦土鲁。

○甲子,上驻跸上都。

编者注:○上都,即今内蒙古锡林郭勒盟正蓝旗元上都遗址,明初设开平卫于此。

○丙寅,翁牛特部落杜棱郡王等来朝,赐宴。厄鲁特部落屠尔古特、博地苏克等贡马,赐银币等物。

○丁卯,上驻跸塔尔虎。杜棱郡王进驼马,赐甲胄、弓、矢、蟒衣、缎疋。

○戊辰,赏扈从军士马各一。

○己巳,上驻跸俄尔峒。

○辛未,上回銮,次上都河。

○壬申,上驻跸俄尔峒河。(《清世祖章皇帝实录卷之五十六》)

○顺治八年辛卯秋七月丙子朔○乙卯,遣监察御史李敬巡按湖南,郝浴巡按四川,王荃可巡按广西,薛陈伟巡按宣大,何承都巡按甘肃。(《清世祖章皇帝实录卷之五十七》)

○顺治八年辛卯八月○戊午,册立科尔沁国卓礼克图亲王吴克善女为皇后。是日,……上出御太和殿,赐诸王及察哈尔额驸阿布鼐亲王、土谢图亲王、卓礼克图亲王等,并贝勒、文武群臣宴。

编者注:察哈尔额驸阿布鼐在外藩蒙古中位列首位。

○戊辰,追复肃亲王豪格爵,建碑纪绩于茔上。其文曰:"尔和硕肃亲王豪格,乃太祖武皇帝之孙,太宗文皇帝长子。当征蒙古扎鲁特、东魁、察哈尔、鄂尔多斯诸国时,所在克敌,收服其国。逮屡征明国,所在击败敌兵,攻克城池甚多,封尔为和硕肃亲王。平定朝鲜时,率左翼兵屡败敌众,下其城。同睿王于山海关,破流贼二十万众,克定中原。顺治三年,又统大军剿除四川逆寇,平定郡县。师还之后,值睿王专政启衅,遽加以罪名,辄行拘系,抑勒致死。朕知尔无罪,不胜悼念。仍追封尔为和硕肃亲王,用建冢碑,传之后世。"(《清世祖章皇帝实录卷之五十九》)

○顺治八年辛卯九月○丙子,改昌平州副将为参将,居庸关参将为都司。裁昌平州守备一员,调昌平州兵四百名于涿州。

○甲申,科尔沁国卓礼克图亲王及福晋、察哈尔国公主等归国。命和硕亲王以下、尚书以上及亲王、郡王福晋等设宴饯送之。

○己丑,解宣大总督佟养量任,以科臣袁懋功纠其不通文义故也。(《清世祖章皇帝实录卷之六十》)

○顺治八年辛卯冬十月○辛亥,免宣府属卫所本年分雹灾额赋。

○壬戌,初,宣大总督佟养量以不谙文义为科臣袁懋功所纠解任,至是养量具疏申辩,命留任。

○十一月○己丑,升浙江嘉兴府副将补原任宣府团练营参将王家宾为宣府右卫路参将。(《清世祖章皇帝实录卷之六十一》)

公元1652年

○顺治九年壬辰二月○戊午,裁山西应州、浑源州、蔚州、朔州、大同县、怀仁县、山阴县、马邑县、灵邱县、广灵县、广昌县各学训导,大同府知事、照磨、大同县县丞、云中驿、浑源州王家庄驿驿丞。

○三月○辛巳,授察哈尔得德为拖沙喇哈番,子绰本袭职。巴特玛、纳穆僧额、祁塔特为拖沙喇哈番。(《清世祖章皇帝实录卷之六十三》)

○顺治九年壬辰夏四月○丁未,户部以钱粮不敷,遵旨会议。一、山东登莱巡抚宜裁。一、宣府巡抚宜裁,以总督兼理。(《清世祖章皇帝实录卷之六十四》)

○顺治九年壬辰冬十月○壬子,宴外藩蒙古二十七旗听事头目于礼部。

○癸丑,直隶昌平道佥事亢发祥,坐多索驿递夫马,降二级调用。(《清世祖章皇帝实录卷之六十九》)

○顺治九年壬辰十一月○丁丑,遣广东道试监察御史焦毓瑞巡按宣大。

○戊寅,裁并直隶兴州前卫于开平卫。

○辛卯,以军功授外藩蒙古固山额真巴朱泰、阿布泰、都尔东、达尔式、达穆为拜他喇布勒哈番。固山额真噶尔图、那木涂、布尔特黑、布达尔、巴颜岱、噶尔玛什希布、博第、樗德、吴喇泰、巴特玛达尔汉、琐诺木卫寨桑、布内、班第,梅勒章京额图、拜赛、摆达尔、布尔噶图、叶伯舒、苏海、达汉、特木德、色冷伊尔登、巴达礼、阿玉锡、哈巴、诺木齐,甲喇章京吴赖、巴图、布都麻尔、邦噶特、马尼、孔科岱、巴布为拖沙喇哈番。(《清世祖章皇帝实录卷之七十》)

编者注:上述受封人员中,固山额真琐诺木卫寨桑、梅勒章京色冷伊尔登、巴达礼,为察哈尔固伦额驸和硕亲王旗下。

公元1653年

○顺治十年癸巳二月○庚子,先是浩齐特部落瞻土谢图既殁,其妻杜圭因察哈尔汗不恤宗族,扰其部曲,率其子奔附喀尔喀。及太宗皇帝既破察哈尔,杜圭遂弃喀尔喀,率子暨部众来归。至是,以其功大,诰封为多罗苏勒福晋,封其子噶尔玛萨望台吉为多罗郡王。(《清世祖章皇帝实录卷之七十二》)

○顺治十年癸巳三月○辛卯,以故一等阿思哈尼哈番朱马喇弟伊马喇、一等阿达哈哈番又一拖沙喇哈番聂克塞子浑布、二等阿达哈哈番莫洛浑伯子喀零阿、赵木宝弟张甲、察哈尔部落拖沙喇哈番塞棱伊尔登子多尔济、年老休致拜他喇布勒哈番白广恩兄子良柱、阵亡敖汉

部落拖沙喇哈番马尼子殷达大什、科尔沁国拖沙喇哈番努赖子达礼，各袭职。(《清世祖章皇帝实录卷之七十三》)

编者注：○一等阿思哈尼哈番，称外卫都指挥副使，正二品。乾隆元年(1736年)定汉字为男，即为男爵。满文如旧。○一等阿达哈哈番，称外卫指挥副使，再一拖沙喇哈番，称外卫指挥使，正三品。乾隆元年(1736)改阿达哈哈番为一、二、三等轻车都尉，其下为骑都尉。清代的轻车都尉是外姓功臣与外戚的爵位称号，而不是实职，位于爵位的第六位，居于公侯伯子男爵之下，并与以上爵位一样都分三等，一等轻车都尉是属于正三品，二三等的轻车都尉则为从三品。作为一种爵位，如果所有者不享有其他实际官职，那么就仅仅是一个拥有爵位的贵族，而没有具体的职务去做。

○顺治十年癸巳夏四月○庚戌，宴外藩蒙古二十七旗听事头目等于礼部。

○己未，升宣大督标中军副将范垶为都督佥事，充镇守临清总兵官。(《清世祖章皇帝实录卷之七十四》)

○顺治十年癸巳六月○己未，复设江南、宣府、临清、蓟、密鼓铸炉，共三百四座。

○辛酉，复原任吏科左给事中刘楗职，以科臣魏象枢等奏其从前被谴事冤故也。(《清世祖章皇帝实录卷之七十六》)

○顺治十年癸巳九月○癸卯，理藩院奏言："喀尔喀部落土谢图汗下索诺额尔德尼，遣阿颜齐等进岁贡驼马至张家口外，请旨定夺。"下议政王、贝勒、大臣议。寻议："前有旨与喀尔喀，若全归我巴林之人，遣为首贝子谢罪来朝，尔时再为酌定。今应遣启心郎鼎格等往视，若巴林之人果已全还，为首贝子来朝，则令彼进口。否则逐之。"报可。

○十月○壬申，宴外藩蒙古二十七旗听事头目及随从人于礼部。（《清世祖章皇帝实录卷之七十八》）

○顺治十年癸巳十二月○丁卯，补原任巡抚宣府都察院右副都御史冯圣兆，仍以原衔巡抚偏沅、提督军务。（《清世祖章皇帝实录卷之七十九》）

公元1654年

○顺治十一年甲午二月○庚午，甄别各直省督抚，加江南总督马国柱太子太保，直隶总督马光辉、湖广总督祖泽远俱太子少保，漕运总督沈文奎、操江巡抚李日芃、四川巡抚李国英俱兵部尚书。陕西巡抚马之先、兵部右侍郎广东巡抚李栖凤，加一级。浙江巡抚萧起元，降一级，照旧管事。宣大总督佟养量、宁夏巡抚孙茂兰，俱解任。山西巡抚刘弘遇，降一级。山东巡抚夏玉，降二级调外用。湖广巡抚迟日益，革职。余俱留任。

○壬午，以总督仓场户部左侍郎马鸣佩为兵部左侍郎，兼都察院右副都御史，总督宣大山西等处军务。（《清世祖章皇帝实录卷之八十一》）

○顺治十一年甲午夏四月○甲戌，以甲喇章京佟学文为都督佥事，充镇守宣府等处总兵官。（《清世祖章皇帝实录卷之八十三》）

○顺治十一年甲午六月○戊寅，宣大总督马鸣佩奏报："宣大等处，顺治十年分，共开垦荒地一千一百九十顷有奇。"（《清世祖章皇帝实录卷之八十四》）

○顺治十一年甲午秋七月○甲午,裁宣府前、保安、怀来、永宁、万全左、右卫,怀安、开平、龙门、蔚州、阳和、大同前、左、右卫,平鲁、天城、朔州、安东、中屯等卫千总各一员。(《清世祖章皇帝实录卷之八十五》)

○顺治十一年甲午九月○癸巳,免宣府万全右卫所属暖店堡,梁家、渠家、吴家、沙家等庄,盆儿窑、西红庙本年分雹灾额赋。

○冬十月○庚午,裁宣府两镇十八卫百总六十七员。(《清世祖章皇帝实录卷之八十六》)

○顺治十一年甲午十二月○壬申,宣大总督马鸣佩疏报:"宣云两镇本年开过屯地二千六百九十余顷,收粮一万六千九百余石。"(《清世祖章皇帝实录卷之八十七》)

公元1655年

○顺治十二年乙未夏四月○壬寅,敕谕毕席勒尔图汗、俄木布额尔德尼、大小诸贝勒等曰:"曩曾谕扎萨克图汗、土谢图汗、宜思丹津喇嘛、俄木布额尔德尼、大小诸贝勒,久经示悉,彼时尔等公同遣使,偕诺门汗来通好,尔等所言,游移未定,是以降谕,言我朝初定天下,怀德讨罪,用张挞伐,非无故好兴兵端。如有无故犯我者,我亦未尝轻纵。我与察哈尔初无嫌隙。察哈尔执我使臣,又欲我毋用兵于汉人,如用兵,则将助汉人侵我。如此悖慢,故杀其使臣刚喀尔拜户,兴师致讨,尽得察哈尔福晋诸子,及其土地人民。苏尼特向属察哈尔,当溃乱之时,腾机思投入尔硕雷,而苏尼特向化来归,与我亲附。尔乃唆诱苏尼特,教令叛去。我因遣兵以往,但追取苏尼特,诚勿侵喀尔喀,是与尔喀尔喀初无干涉也。乃土谢图汗、硕雷汗,辄将兵迎战,惟天谴责,土谢图、硕雷兵败,若我果欲与喀尔喀构兵,乘此兵败之时,切近尔国,纵兵擒取,何为不可?而我并未加兵于尔,尔等反好启兵端。土谢图、硕雷既逆战我师,两楚虎尔掠我巴林,俄木布额尔德尼、巴尔布冰图以兵犯我,巴尔布冰图杀掠我土默特人马,何其妄乱若此耶!然我仍示优容,谓尔等果能自新,共为盟誓,凡往来书问,俱遵大义。尔等书云题奏朕云敕谕,两楚虎尔将所掠巴林人畜送还,俄木布额尔德尼、巴尔布冰图从前杀掠之谷,自行赎罪进献,嗣后息止兵戈,永坚和好。彼处为首汗、贝勒、台吉等,同对天地,诚心盟誓和好,则仍加宽宥,嫌怨释然。是以二次遣使往谕,即尔等遣来车臣卓礼克图,及为首使者至,亦曾将此言传谕遣还。朕往复开导,无非欲太平修好也。不意尔等复造衅端,不惟不从朕命,且遣车臣卓礼克图,言取尔衮东古西之牲畜,是何为耶!夫一面交易,一面兵来,我曾不杀一人而遣之,可谓备极宽仁矣。尔不知感恩服罪,反遣使言衮东古西事,是以将尔使逐回。维我朝受天眷命,统一天下,尔等弹丸之地,能恣意自为乎?甚毋恃土地遥远,听信在下奸诡之言,致败和好,朕之中怀,明以告知。自古以来,是是非非,天鉴不爽,尔等未之知耶?今尔将我人口牲畜及所定驼马速送,遣为首贝勒、台吉等以来,则为无罪。不然,败弃和好,自贻伊戚,虽悔何及?其亟思之,宜早决断,毋得犹豫。朕屡示宽容,虽尔等屡违谕旨,仍纳汝使者,给以恩赏。今若送还巴尔布冰图所掠人口,为首贝勒、台吉认罪来朝,其巴尔布冰图妄杀之罪,再为裁度。如此,则和事可成,往来通好,朕亦赏赉不绝。如仍前违旨,即遣使亦复何益哉!"(《清世祖章皇帝实录卷之九十一》)

○顺治十二年乙未六月甲寅朔,以中书科中书舍人翁祖望巡按宣大。(《清世祖章皇帝实录卷之九十二》)

○顺治十二年乙未冬十月○丙寅,免山西宣府、大同二镇本年分雹灾额赋。

○甲戌,移宣大总督驻札大同。(《清世祖章皇帝实录卷之九十四》)

○顺治十二年乙未十一月○戊申,裁直隶万全都司、司狱各一员……龙门、兴和、美峪、广昌各守御所吏目各一员。(《清世祖章皇帝实录卷之九十五》)

○顺治十二年乙未十二月○癸亥,免宣府前,万全左、右,柴沟、怀安、东城、蔚州等卫本年分雹灾额赋。

○辛未,予故宣大山西总督佟养量祭葬如例。(《清世祖章皇帝实录卷之九十六》)

公元1656年

○顺治十三年丙申春正月○己亥,裁宣大保安旧城守备、井坪路中军守备各一员;柳沟、松树、守口等堡操守十二员,兵三百五十名。改葛峪、井坪参将为都司。

○庚子,赠故宣大总督兵部右侍郎兼都察院右副都御史佟养量为都察院右都御史,荫一子入监读书。(《清世祖章皇帝实录卷之九十七》)

○顺治十三年丙申三月○癸巳,调宣大总督兵部左侍郎兼都察院右副都御史马之先为兵部尚书,兼都察院右副都御史,总督陕西三边四川等处军务,仍令赴京陛见。(《清世祖章皇帝实录卷之九十九》)

○顺治十三年丙申五月○己亥,又谕:"总督重任,最宜简择,须破格擢用实能胜任之员,方于封疆有益。今宣大总督员缺,朕见内翰林弘文院学士张悬锡恪慎勤敏,堪称此职。着升兵部尚书,兼都察院右副都御史，总督宣大等处。"

〇闰五月〇丁丑，宣大总督张悬锡陛辞，上谕曰："卿到地方，必勤慎供职，毋使天下谓朕无知人之明，此则卿之所以报朕也。"赐春夏衣各一袭。又谕曰："卿服此衣，如侍朕左右，当勉尽厥职。"谕毕，复赐鞍一副，良马一匹。（《清世祖章皇帝实录卷之一〇一》）

〇顺治十三年丙申秋七月〇甲寅，裁直隶延庆卫经历。（《清世祖章皇帝实录卷之一〇二》）

〇顺治十三年丙申八月丙子朔，遣官赍敕慰谕科尔沁国和硕土谢图亲王巴达礼、和硕卓礼克图亲王吴克善、乌珠穆沁部落和硕车臣亲王察汉巴拜、喀尔喀部落和硕达尔汉亲王奔塔尔、察哈尔国固伦额驸和硕亲王阿布鼐、喀尔喀部落多罗卓礼克图郡王衮布、鄂尔多斯部落多罗郡王巴图、科尔沁国扎萨克图郡王拜撒哈尔多罗达尔汉、巴图鲁郡王满珠习礼、多罗郡王张继伦、多罗冰图郡王额参、多罗郡王额尔德尼、浩齐特部落多罗郡王噶尔玛塞望、阿赖充额尔德尼、敖汉部落多罗郡王墨尔根巴图鲁马济克、苏尼特部落多罗郡王腾机特、多罗杜棱郡王楮鲁睦、奈曼部落多罗达尔汉郡王阿汗、阿霸垓部落多罗卓礼克图郡王色尔哲尔、多罗郡王沙克厦僧格、翁牛特部落多罗杜棱郡王博它和、巴林部落固伦额驸多罗郡王塞布腾、阿禄科尔沁国多罗郡王朱尔扎哈、四子部落多罗达尔汉卓礼克图郡王巴拜、喀喇沁部落杜棱多罗贝勒古鲁什希卜、苏尼特部落多罗贝勒噶尔玛、多罗贝勒额驸萨麻扎、扎鲁特部落多罗贝勒扎穆布桑哈尔、阿禄科尔沁国多罗贝勒顾穆、鄂尔多斯部落多罗贝勒单达、乌珠穆沁部落多罗贝勒色冷额尔德尼、鄂尔多斯部落固山贝子额林臣沙克察色冷、喀尔喀部落固山贝子奔巴世希、扎赖特部落固山贝子达尔汉和硕齐色冷、阿霸垓部落固山贝子绰博会达尔汉、翁牛特部落固山贝子叟色、巴林部落固山贝子满珠习礼温冲、杜尔伯特部落固山贝子色冷、喀喇沁部落镇国公色冷、科尔沁国镇国公阿济格色冷、额驸绰尔济、乌拉特部落辅国公楮冲赫、镇国公峨奔杜巴之子海塞、扎鲁特部落镇国公毛奇塔特、喀喇车里克部落镇国公察哈代、土默特部落镇国公顾穆单巴达尔汉、郭尔罗斯部落辅国公昂阿、镇国公扎尔布、喀尔喀部落镇国公扎穆苏、鄂尔多斯部落镇国公扎木苏等，各赐缎疋有差。敕谕曰："尔等秉资忠直，当太祖太宗开创之时，即诚心效顺，结为姻娅，请为屏藩。太祖太宗嘉尔等勋劳，崇以爵号，赏赉有加，恩至渥焉。朝觐往来，时令陛见，教诲饮食，异数有加。凡有怀欲吐，俱得奏陈，情意和谐，如同父子。朕荷祖宗鸿庥，统一寰宇，恐于祖宗德意有违，成宪未合，恒用忧惕。但初年朕在幼冲，睿王摄政，任意变更，不遵太祖太宗旧制，所行悖逆，以致众怒群怨，使尔等夙夜望朕亲政，常保恩惠，如得复见太祖太宗。乃朕自亲政以来，六年于兹矣，未得一见，岂朕忘尔等哉？盖因地广事烦，万几少暇，且痘症流行，尔等远来之日，朕复出巡幸，是以相见甚疏。然相见之疏，固自有由，而怀尔之诚时切。朕念每思尔等效力年久，战伐多功，虽在寤寐未之有斁，兹念尔等久不来见，恐有诚意不得上通。故特遣官赍敕，赐尔等缎疋，以谕朕意。嗣后有欲奏闻之事，即行奏请，朕无不体恤而行。朕方欲致天下于太平，尔等心怀忠直，毋忘太祖太宗历年恩宠。我国家世世为天子，尔等亦世世为王，享富贵于无穷，垂芳名于不朽，岂不休乎？"

○丁酉，复定直省钱粮考成则例。其州、县经征接管正印官，俱按任事月日多寡，每官各作十分计算。完欠分数仍照定例处分。其署官处分欠一二分者，罚俸三个月。三四分者，罚俸六个月。五六分者，罚俸九个月。七八分者，罚俸一年。九十分者，降职一级调用。不及半月者免议。其巡抚、司道、府、州，俱各作十分计算，照旧例处分。(《清世祖章皇帝实录卷之一〇三》)

○顺治十三年丙申冬十月○己卯，免宣府西北两路本年分雹灾额赋。

○乙酉,补外转给事中郭一鹗为山西按察使司副使阳和道。原任宣大兴屯道邢以忠为湖广按察使司副使驿传道。(《清世祖章皇帝实录卷之一○四》)

公元1657年

○顺治十四年丁酉春正月○乙卯,谕吏部:"直省总督,关系甚重。必得其人,乃能胜任。张悬锡着加太子太保,仍以兵部尚书兼都察院右副都御史,总督直隶、山东、河南等处军务,兼理粮饷。"

○庚申,以吏部右侍郎卢崇峻为兵部左侍郎,兼都察院右副都御史,总督宣大军务。

○甲子,遣江南道监察御史俞铎巡按宣大。(《清世祖章皇帝实录卷之一○六》)

○顺治十四年丁酉二月○庚寅,立和硕武肃亲王碑。其文曰:"国家纪功崇德,首重懿亲,苟能宣力王室,着有勋劳,高爵宠禄,以光耀于生前,丰碑美谥,以流传于殁后,典至钜也。和硕肃亲王豪格,系太宗文皇帝长子,朕亲兄也,智略超群,英勇盖世。其征蒙古扎鲁特、东挏、察哈尔、鄂尔多斯等国,及征明数次,平定朝鲜,入山海关,破流贼兵二十万诸功,前碑载之详矣。顺治三年,统率大军往征四川贼寇,至陕西,立解汉中府之围。所属州、县,尽为平定。攻克三寨山、张阁老崖等处山寨三座,各寨俱就招抚。击败水陆马步兵二十二次,追杀八次,又招抚伪总兵副将、参游以下官百十二员,士卒翕然归命。陕中遗寇,扫荡无余。又复入川,攻克内江县,击败张献忠一百三十六营,斩贼首献忠,及其伪巡抚总兵等官二千三百有奇,俘获无算,广宣德意。招徕文武官二百三十五员,马步兵六千九百九十有余,四川大定。建此奇功宜膺上赏,睿王摄政掩其开疆拓土之勋,横加迫胁幽囚之惨,忠愤激烈,以疾薨逝。朕念手足之谊,不胜凄怆。亲政之后,即命树立贞珉,以纪厥功,而加恤予谥之典,阙焉未举。今特重叙前绩,表王之德业,辟土斥境,折冲御侮,宜谥曰武。追封为和硕武肃亲王,加以厚赍。呜呼!朕追思痛悼,弗能自已,是用旌尔殊勋,扬尔忠义,昭朕笃亲酬庸之意。勒之金石,用传不朽。"(《清世祖章皇帝实录卷之一〇七》)

○顺治十四年丁酉九月○己巳,又谕吏部:"总督、巡抚责任不同,巡抚专制一省,凡刑名、钱谷、民生、吏治,皆其职掌。至于总督,乃酌量地方特设,总理军务,节制抚镇文武诸臣一切战守机宜,调遣兵马重大事务。"(《清世祖章皇帝实录卷之一一一》)

○顺治十四年丁酉冬十月○戊戌,以故四子部落一等阿思哈尼哈番昂阿子达尔马、察哈尔亲王阿布鼐属下拖沙喇哈番梭那穆魏斋僧子噶尔马塞棱,各袭职。(《清世祖章皇帝实录卷之一一二》)

公元1658年

○顺治十五年戊戌五月○戊午,裁宣大巡按,差归并山西巡按。(《清世祖章皇帝实录卷之一一七》)

○顺治十五年戊戌六月○辛巳,归并宣大二镇学政于山西提学道管理。○改宣府生员附山西乡试,中额仍照顺天例。(《清世祖章皇帝实录卷之一一八》)

○顺治十五年戊戌秋七月○己亥,裁宣大总督及巡漕御史,停督抚年终荐举,及内外文武四品以上官送子弟入监。从内院大学士觉罗巴哈纳等请也。

○戊午,谕吏部:"自古帝王设官分职,共襄化理,所关甚钜。必名义符合,品级画一。始足昭垂永久,用成一代之典。本朝设内三院,有满汉大学士、学士、侍读学士等官。今斟酌往制,除去内三院秘书、弘文、国史名色,大学士改加殿阁大学士,仍为正五品,照旧例兼衔。设立翰林院,设掌院学士一员,正五品,照旧例兼衔。除掌印外,其余学士亦正五品。以上见任各官,俱照本品改衔供职。以后升授,衔品俱照新例。内三院旧印俱销毁,照例给印。内阁,满字称为多尔吉衙门,汉字称为内阁。翰林院,满字称为笔帖黑衙门,汉字称为翰林院。其侍读学士以下员数官衔,满名照汉官称谓,通著察例详议具奏。六部满汉尚书俱作正二品,满字仍称阿里哈昂邦,汉字仍称尚书。满汉侍郎俱作正三品,满字仍称阿思哈尼昂邦,汉字仍称侍郎。理事官,满字称为一齐下喇哈番,汉字称为郎中,俱作正五品。副理事官,满字称为爱惜喇库哈番,汉字称为员外郎,俱作从五品。主事,满字称为额者库哈番,汉字仍称为主事,俱作正六品。司务,添设满官,汉字仍称为司务,满字仍称为他库喇布勒哈番,俱作从九品。都察院左都御史,满字仍称为哈思户额尔机阿里飞拜察喇昂邦,汉字仍称为左都御史,俱作正二品。左副都御史,满字仍称为哈思户额尔机阿思哈尼拜察喇昂邦,汉字仍称为左副都御史,俱作正三品。左佥都御史,满字仍称为哈思户额尔机阿达飞拜察喇昂邦,汉字仍称为左佥都御史,俱作正四品。监察御史,满字仍称为拜察脉拖喇哈番,汉字仍称为监察御史,俱作正七品。经历改为司务,添设满官,汉字仍称为司务,满字称为他库喇布勒哈番,俱作从九品。通政使司通政使,满字仍称为阿里飞哈分布勒哈番,汉字仍称为通政使,俱作正三品。左通政,满字仍称为哈思户额尔机哈分布勒哈番,汉字仍称为左通政,俱作正四品。右通政,满字仍称为一齐额尔机哈分布勒哈番,汉字仍称为右通政,俱作正四品。左参议,满字仍称为哈思户额尔机爱惜喇喇哈番,汉字仍称为左参议,俱作正五品。右参议,满字仍称为一齐额尔机爱惜喇喇哈番,汉字仍称为右参议,俱作正五品。经历,改为司务,添设满官,汉字仍称为司务,满字称为他库喇布勒哈番,俱作从九品。大理寺卿,满字仍称为阿里喇哈番,汉字仍称卿,俱作正三品。少卿,满字仍称为一尔希哈番,汉字仍称为少卿,俱作正四品。寺丞,满字仍称为惜喇脉哈番,汉字仍称为寺丞,俱作正五品。寺正,满字仍称为寺依一齐下库,汉字仍称为寺正,俱作正六品。寺副,满字称为寺依爱惜喇库,汉字仍称为寺副,俱作从六品。评事,满字仍称为额者库,汉字仍称为评事,俱作正七品。司务,添设满官,汉字仍称为司务,满字称为他库喇布勒哈番,俱作从九品。各衙门见任各官,俱照本品,改衔供职。以后升除衔品,俱照新制。凡改定官名,通行传谕。至各衙门满汉启心郎,原因诸王、贝勒管理部院事务而设,今宗人府启心郎仍照旧,其余部院满汉启心郎,俱着裁去,照原品另用。其太常寺等衙门,满汉官名品级,着一并详议画一具奏。"(《清世祖章皇帝实录卷之一一九》)

○顺治十五年戊戌冬十一月○乙巳,裁蓟州道,归并通密道,改为通蓟道。以通密道所辖密云、平谷二县,归并昌平道,改为昌密道。从顺天巡按董国兴请也。(《清世祖章皇帝实录卷之一二一》)

公元1659年

○顺治十六年己亥闰三月○丙寅,宣府总兵官佟学文以老病乞休,允之。

○夏四月○壬辰,裁直隶涿州州同、蓟州州判、密云、遵化二县县丞,并涿州、蓟州、开平、河间四卫经历。

○己酉,裁……万全都司断事、经历各一员。(《清世祖章皇帝实录

卷之一二五》)

○顺治十六年己亥五月○辛巳,理藩院议:"察哈尔国固伦额驸亲王阿布鼐,因部人阿济萨持刀行刺,不遵例知会掌扎萨克别旗王贝勒等,擅自处斩。应削亲王爵,罚马一千匹。审阿济萨案之固山额真阿克喇瑚噶尔马色棱,擅将阿济萨父母及伊弟伊妻,不启请本王,竟行处斩。俱应弃市,籍没家产。其噶尔马色棱所袭拖沙喇哈番,令其别支子弟承袭。同审之萨马克坦、绰瑚、席达、晋苨、博尔波、他珥、塞冷等,俱应籍没家产。"议上,得旨:"阿布鼐从宽,免削亲王爵,罚马一千匹。阿克喇瑚噶尔马色棱,从宽免死。并萨马克坦、绰瑚、席达、晋苨、博尔波、他珥、塞冷等,俱籍没。余依议。"(《清世祖章皇帝实录卷之一二六》)

编者注:察哈尔部固伦额驸和硕亲王阿布鼐与大清王朝的矛盾自此开始显现。

○顺治十六年己亥秋七月○辛巳,升直隶怀来道副使吴执忠为湖广布政使司参政,分守督粮道。

○八月己丑朔,永宁县归并延庆州。(《清世祖章皇帝实录卷之一二七》)

○顺治十六年己亥冬十月○戊戌,裁……云州守御所、龙门守御所千总。(《清世祖章皇帝实录卷之一二九》)

○顺治十六年己亥十一月○辛未,上驻跸沙河。

○壬申,上驻跸昌平州。是日,驾过明崇祯帝陵,凄然泣下。酹酒于陵前,复遣学士麻勒吉奠明太监王承恩墓。

○十二月○庚戌,封下嫁察哈尔固伦公主为永宁长公主。(《清世祖章皇帝实录卷之一三○》)

公元1660年

○顺治十七年庚子三月○甲戌,谕兵部:"以后固山额真,满字仍称固山额真,汉字称为都统。梅勒章京,满字仍称梅勒章京,汉字称为副都统。甲喇章京,满字仍称甲喇章京,汉字称为参领。牛录章京,满字仍称牛录章京,汉字称为佐领。昂邦章京,满字仍称昂邦章京,汉字称为总管。尔部即传谕遵行。"(《清世祖章皇帝实录卷之一三三》)

○顺治十七年庚子六月○乙酉,浙江道监察御史季振宜疏言:"……山东、河南为京师辅翼重地,连年水旱,盗贼繁兴。而直隶八府,强贼公行。白昼劫掠,殆无虚日。涓涓不塞,将成江河。祈密敕兵部,宁为远虑,毋使势成。臣更有虑者,风闻陕西洮岷一带,蒙古阑入者将十余万人,已历有年。近来或耕种于其地,秦人犷悍,倘以贸易小故,妄生衅端,马首扬尘事真有不忍言者。况关门无结草之固,自西宁以抵宣大等处长城数千里,皆颓败已尽,士卒单弱,防卫空虚,何可听其自出自入,而不一加讥察耶?惟望宸衷密画,未雨绸缪,天下幸甚。"得旨:"此奏内事情关系重大,着议政王、贝勒、大臣会同详察议奏。"

○乙未,升……宣府张家口参将宣有才为陕西宁夏西协中卫副将。(《清世祖章皇帝实录卷之一三六》)

○顺治十七年庚子秋七月○庚申,旌表节妇……蔚州卫民康我庭妻田氏。……各给银建坊如例。(《清世祖章皇帝实录卷之一三八》)

○顺治十七年庚子九月○丁丑,谕礼部:"历代帝王陵寝,原有祀典,理宜虔肃举行,以昭追崇之意。闻明朝陵寝,向所给守护内员人户地亩数少,以致各陵祭品备办不敷,止于大红门外总祭,殊于朕怀未惬。嗣后除万历陵不行致祭外,每年应春秋二次,太常寺差官致祭。金朝陵亦每年春秋二次,太常寺差官致祭。其元朝陵寝未知定所,应行望祭礼。至前代各陵附近者,亦应春秋二次差官致祭。远者着各该地方官春秋二次致祭。尔部俱详察议奏。"

○戊寅,上幸昌平州,观故明诸陵。是日,驻跸昌平州。(《清世祖章皇帝实录卷之一四〇》)

○顺治十七年庚子十二月壬午朔○丙申,升直隶怀来道副使李荣宗为陕西布政使司参政。(《清世祖章皇帝实录卷之一四三》)

清圣祖仁皇帝(康熙)实录
察哈尔卷(附宣化府)之四

公元1661—1722年

公元1661年

○顺治十八年辛丑春二月○戊申,……察哈尔和硕亲王额驸阿布鼐……各进香献马。酌纳之。(《清圣祖仁皇帝实录卷之一》)

○顺治十八年辛丑六月○庚辰,定张家口额税每年一万两,杀虎口额税每年一万三千两,两翼额税每翼一年六千两。

编者注:"张家口额税"系指大境门商贾贸易出入门税。不包括察哈尔地方其他税赋、捐科。

○壬辰,山西巡抚白如梅疏言:"阳和巨镇仅一守备,坐镇单弱,新平参将反处闲僻。今议官兵更调,缓急得宜。又,马邑县居三邑之中,乃设守备。朔州系云西极边,止一操守,不足弹压。今亦议更调,冲僻适宜。天、阳二卫屯粮,旧多逋欠。今议中路通判,移驻阳和,稽屯清饷。至和顺县,距柏井驿远,今议每年原额站银,解协该驿,无鞭长不及之虑。"下部议。(《清圣祖仁皇帝实录卷之三》)

公元1662年

○康熙元年壬寅八月○己未,直隶总督苗澄疏请怀来道事务归并口北道管理,……从之。(《清圣祖仁皇帝实录卷之七》)

公元1665年

○康熙四年乙巳春二月○丁卯,命京城左、右翼、张家口、杀虎口四差,不必轮差六部官员,止将户部官轮差。

○三月○壬辰,谕兵部:"设立驿站,原备紧要公务,供应往来。近闻在外督抚、提镇、司道,多给吏胥、衙役、家人私票,经过驿站,乘马支应,威逼官役,不令销算,骚扰驿递,贻累小民。以后除兵部火牌、勘合外,其文武各官给与私票,着概行停止。至各衙门亦有借端公务,辄行私事,给与火牌、勘合者,以后自王公将军督提以下,何项公务,方应用火牌勘合,着详议定例具奏。"

○壬寅,命八旗满洲、蒙古、汉军武臣之荫生、监生,二十岁以上不能学习者,照各品级给与顶带,随旗上朝,给俸。(《清圣祖仁皇帝实录卷之十四》)

○康熙四年乙巳五月○丁未,议政王、贝勒、大臣、九卿、科道会议,吏部题请裁并督抚一疏,得旨:"……直隶、山东、河南设一总督,总管三省事。"

○六月丙辰朔○以升任福建总督朱昌祚为直隶、山东、河南三省总督。

○辛巳,兵部议:"……直隶、山东、河南、山西、江西总督已经裁并。省城要地不可无重兵弹压,此五省提督驻扎地方,应请更定。直隶提督原驻大名府,今改驻河间府。"(《清圣祖仁皇帝实录卷之十五》)

○康熙四年乙巳秋七月○甲辰,兵部议覆,三省总督朱昌祚疏言:"直隶督提二标,经制额兵各二千名,督标兵旧驻河间府,提标兵旧驻大名府,今三省总督驻扎大名,提督改驻河间,若令标兵彼此更调移驻,恐携带家口,扰累民间。请免调两标兵丁,止换统辖之员,应如所请。"从之。(《清圣祖仁皇帝实录卷之十六》)

公元1666年

○康熙五年丙午春三月○丙午,喀尔喀台吉滚布什希等,率领四部落共五百九十人来归,命隶察哈尔和硕亲王额驸阿布鼐旗下。(《清圣祖仁皇帝实录卷之十八》)

编者注:将其他部落归降人员编入,逐步分化、瓦解察哈尔部。

○康熙五年丙午五月○丙申,定居庸关税额银三千两。

○丁未,命直隶各省督抚查禁离任官员,不得逗留原任地方,从科臣周明新请也。(《清圣祖仁皇帝实录卷之十九》)

公元1668年

○康熙七年戊申春夏四月○己丑,裁直隶各省大小衙门吏攒承差等役三千八百四十九名,共存留二万六千五百八十六名。

○庚寅,酌减直隶各省存留钱粮额数。(《清圣祖仁皇帝实录卷之

二十五》)

○康熙七年戊申九月丁酉朔○直隶山东河南总督白秉真请修坍塌城垣。部议:"行令地方官设法修理。"得旨:"今年雨水甚大,各处城垣多有倾圮,与寻常修理不同。若责令地方官设法,恐不能完工,反致累民,该部察明确议具奏。"

○冬十一月○壬戌,免直隶保安州、保安卫、矾山堡康熙六年分雹灾额赋十之三。

○十二月○癸未,裁直隶大宁都司缺,归并保定左卫;万全都司缺,归并宣府前卫。(《清圣祖仁皇帝实录卷之二十七》)

公元1669年

○康熙八年己酉二月○己巳,户部遵旨再议户科给事中苏拜条陈关税一疏:"查崇文门税差,已奉旨设官收税。其通州坐粮厅,京城左、右二翼仓、宝泉局、大通桥、通州西仓、中南仓、张家口、杀虎口,此九差原系臣部官员差遣,应仍旧例外。浒墅关额税银一十四万两零,芜湖关额税银一十二万两零,北新关额税银九万两零,九江关额税银九万两零,淮安关额税银五万两零,太平桥额税并盐利银共四万两零,扬州关额税银三万两零,赣关桥额税银三万两零,天津关额税银三万两零,西新关额税银二万两零,淮安仓征收税银二万两零,临清关额税银二万两零,凤阳仓征收税银二万两零,临清仓无征收税银,止有米折银、本色米麦。又在临清关一处,应并为一差。江宁仓原归并西新关,今应仍旧。此一十三差税额既多,应择各部院贤能满汉官员差遣。其挖运厅额税银六千两零,居庸关额税银三千两零,徐州仓征收税银三千两零,德州仓征收税银七百两零。此四差税额俱少,应交与地方官征收。"从之。

编者注：根据上述记载可以计算出清康熙年初张家口关税收入在全国关税收入中所占比例。

○辛卯，礼部请封外藩蒙古诸王妃。得旨："察哈尔阿布鼐亲王之妻，着停封。余如议。阿布鼐系出征所获之人，乃尚以固伦大长公主，命为亲王，恩遇优渥，较之在内诸王及在外蒙古诸王，止有太过，并无不及。乃在外诸王、贝勒等，每年俱来问安，年节来朝。阿布鼐竟忘恩养，八年以来不一朝请，且每年遣人存问公主所生之子，颁给恩赐，阿布鼐犹不亲身一问太皇太后及朕躬安。公主所生幼子，阿布鼐理应抚养，乃交与已分家之长子，更属何心！此等情节，着理藩院严察议奏。"（《清圣祖仁皇帝实录卷之二十八》）

○康熙八年己酉五月○己未，理藩院遵谕议覆："阿布鼐无藩臣礼，大不敬，应论死。革去王爵，不准承袭。"得旨："阿布鼐理应依议处死，但向经恩遇，姑从宽免死，着革去亲王，严禁盛京。"（《清圣祖仁皇帝实录卷之二十九》）

编者注：阿布鼐时年34岁。

○康熙八年己酉六月○丙寅，和硕康亲王杰书等奏："鳌拜案内，内大臣巴哈系鳌拜胞弟。前挐问鳌拜时，巴哈差往审理察哈尔阿布鼐之事，今提到勘问，巴哈不据实吐供，隐庇巧饰是实，应将巴哈革职立斩，家产籍没，其妻及未分家之子为奴。"得旨："巴哈效力年久，免死，宽其籍没，着革职为民。"

○秋七月壬辰朔，裁直隶、山东、河南总督缺。

○癸丑，改……万全都司学为宣府前卫学。（《清圣祖仁皇帝实录卷之三十》》

○康熙八年己酉九月○己未，谕理藩院："昔我太宗皇帝遣发王师,获额哲等以归。念其为察哈尔林丹汗之子,乃元朝苗裔,不忍废绝,特沛殊恩,加封和硕亲王。迨额哲既殁,以其弟阿布鼐袭王爵。阿布鼐宜思世受恩眷,竭诚图报。乃上负国家豢养之仁,累失外藩朝贺之礼,情罪重大,理宜削封。但念皇祖太宗、皇考世祖优容抚恤之意,不忍夺其封爵,其以阿布鼐子布尔尼,仍袭封和硕亲王。"(《清圣祖仁皇帝实录卷之三十一》)

编者注:阿布鼐子布尔尼,皇太极第二女固伦公主马喀塔所生。根据其父阿布鼐娶固伦公主马喀塔时仅10岁,按常人生理发育情况分析,布尔尼时年不会超过19岁。

公元1670年

○康熙九年庚戌春二月○癸未,户部遵旨议覆:"古北等口外空闲之地,分拨八旗。查喜峰口、独石口外既无闲地,正红旗又无赴边外领地之人,不必拨给。今以古北口外地拨与镶黄旗、正黄旗,罗文峪外地拨与正白旗,冷口外地拨与镶白旗、正蓝旗,张家口外地,拨与镶红旗、镶蓝旗。"从之。(《清圣祖仁皇帝实录卷之三十二》)

编者注:分隶于蒙古旗分中的察哈尔八旗应在此次被安置之列。此察哈尔八旗,非阿布鼐、布尔尼所辖"察哈尔国"扎萨克盟旗。布尔尼所辖"察哈尔国"扎萨克盟旗依然驻牧于孙岛、习尔哈地方。

公元1671年

○康熙十年辛亥春正月○辛酉,赐朝正外藩王、贝勒、贝子、公、台吉、塔布囊等银币、鞍马有差。

○丁卯,以苏尼特及四子部落地方青草不生,又兼雪大,牛羊倒毙殆尽。差户部理藩院官各一员,动支宣府、归化城仓粟赈济。(《清圣祖仁皇帝实录卷之三十五》)

○康熙十年辛亥十二月○丁未,赐朝正翁牛特、察哈尔、奈曼、四子部落、阿霸垓、喀尔喀、苏尼特、浩齐特王、贝勒、贝子、公,及内大臣、大学士、上三旗都统、副都统,尚书、侍郎、学士、侍卫等宴。(《清圣祖仁皇帝实录卷之三十七》)

公元1672年

○康熙十一年壬子春正月○辛酉,以上元节,赐翁牛特、察哈尔、奈曼、四子部落、鄂尔多斯、阿霸垓、喀尔喀、苏尼特、浩齐特王、贝勒、贝子、公、台吉等,及内大臣、大学士、上三旗都统、副都统,尚书、侍郎、学士、侍卫等宴。

○上以太皇太后将幸赤城汤泉,谕:"工部侍郎觉罗查哈喇、佟弘器,动支帑银,前往修理道路,毋得扰民。"

○庚午,上诣太皇太后宫问安。太皇太后曰:"我因身抱微疾,故欲往赤城汤泉,汝若同往,恐误国事,可不必去。"上奏曰:"太皇太后驾幸汤泉,臣若不随往侍奉,于心何安?至国家政事,已谕内阁,着间一日驰奏一次,不致有误。"

○辛未,上奉太皇太后往赤城汤泉。是日启行,上随辇步行,至神武门乘马,出德胜门。驻跸巩华城。

○壬申,上驻跸南口。

○癸酉,过八达岭。上自山麓下马,扶太皇太后辇。太皇太后念上步行劳苦,谕乘马。上奏曰:"此处道险,必扶御辇,于心始安。"至坦道始乘马,驻跸岔道。

编者注:"岔道"即今北京市延庆县八达岭镇岔道村。

○甲戌,上恐怀来城东浮桥不固,亲驰视验,方请太皇太后辇行。驻跸怀来卫。

编者注:"怀来卫"系指张家口市老怀来城,明代清初怀来卫所在地,今张家口市怀来县官厅水库卧牛山景区一带。

○丙子,上驻跸新井堡。

编者注:"新井堡"疑即今张家口市怀来县杏林堡,音译致误。

○二月丁丑朔,过长安岭。上自山麓下马,扶太皇太后辇步行,至坦道始乘马。驻跸东山庙。初东山庙有井易涸,水不足用,是日山泉忽涌成河,人马皆足饮。

编者注:"长安岭"即张家口市怀来县与赤城县交界之长安岭,"东山庙"即赤城县大海陀乡东山庙。

○戊寅,上驻跸兴仁堡。先驰诣汤泉,视太皇太后行宫及汤池而还。

编者注:"兴仁堡"即今张家口市赤城县城东南之兴仁堡。

○己卯,太皇太后至汤泉宫。上诣太皇太后行宫,问安。驻跸头堡。

编者注:"汤泉"即张家口市赤城县汤泉;"头堡"为今头堡子村,地名一直沿用。

○庚寅,上移跸赤城。诣太皇太后行宫,问安。

编者注:"赤城"即今张家口市赤城县城,明代赤城堡。

○辛卯,上诣太皇太后行宫,问安。以本月二十日行耕耤礼,奏辞太皇太后回銮。是日,驻跸新井堡。

○壬辰,上驻跸岔道。

○戊戌,上因太皇太后在汤泉,是日启行,复往赤城。驻跸狼山堡。

编者注:"狼山堡"即今张家口市怀来县狼山堡村。

○己亥,上至汤泉。诣太皇太后行宫,问安。驻跸赤城。

○丙午,谕兵部尚书明珠:"京城来换班兵,皆系穷苦之人,身负行李米粮而来，甚为可矜。尔部可给与官车装载，并酌量给与锅帐。到此之日，即按日给与口粮。"又召赤城同知胡之睿，问地方百姓生理。胡之睿奏曰："此地人民淳朴，虽不富饶，然各务耕种，秋成所得，除供赋外，尚可糊口。"上曰："太皇太后幸汤泉，去冬修路，及收买草料木炭等物，皆用民夫，想甚劳苦，朕心大为不忍。尔在地方，若有所见，可据实陈奏，勿有所隐。"

○三月○己酉，命直隶各省提督总兵官，俱照康熙六年例，于十月内自陈，在内武职各官，一体遵行。

○甲子，万寿节。上诣太皇太后行宫，行礼。以驻跸赤城，停止庆贺筵宴。

○戊辰，上奉太皇太后回銮。太皇太后登辇，上扶辇行数步，方乘马行。驻跸兴仁堡。○谕宣府总兵官拜音达礼曰："总镇之职关系甚重。朕观宣府一带虽安静，而昌平、密云、石匣等处，尚多盗案。地方有盗，民生何安？尔当与该抚会议，必期盗息民安。至于兵丁，全赖军饷资生。尔必正己率属，切勿扣克，否则国法难容。尔其慎之。"

○己巳，上驻跸东山庙。

○辛未，过长安岭。大雨，上下马步行扶辇，太皇太后曰："此地险峻，天雨路滑，汝步行劳苦，可乘马缓行。"上奏曰："道路泥泞，臣扶辇而行，于心始安。"仍步行至岭上。太皇太后欲少憩，上即趋行，命取凉棚，亲视安置。及下岭时，仍步行扶辇，至平地方乘马傍辇而行。驻跸新井堡。

○壬申，上驻跸怀来卫。

○癸酉，上驻跸岔道。

○甲戌，过八达岭，上步行扶辇。太皇太后再四谕乘马，上奏曰："岭路崎岖，不似平地，臣缓步扶辇，无甚劳苦。"至平地始乘马行。驻跸巩华城。（《清圣祖仁皇帝实录卷之三十八》）

编者注："巩华城"位于今北京市昌平区沙河镇内，为建于明代的巩华城行宫。

〇康熙十一年壬子十二月〇乙卯,以正红旗参领李应魁为山西大同总兵官。(《清圣祖仁皇帝实录卷之四十》)

公元1673年

〇康熙十二年癸丑五月〇丁亥,以游牧地方居住察哈尔,故三等精奇尼哈番班惕思希布子多尔济袭职。(《清圣祖仁皇帝实录卷之四十二》)

编者注:精奇尼哈番,清爵名。顺治四年(1647)定名精奇尼哈番,为满语。汉语即是子爵,三等就是第三等子爵。

〇康熙十二年癸丑十二月〇甲子,察哈尔和硕亲王布尔尼、巴林多罗郡王鄂齐尔、科尔沁多罗冰图郡王额济音、敖汉多罗郡王扎穆苏、扎鲁特多罗贝勒扎穆等朝正。闻吴三桂反,争请献所携马匹助军。复有愿率所部兵随大兵进讨者,上谕之曰:"吴三桂本为流寇所迫,势穷来归之人。朕推置心腹,委以重任,累进亲王,子为额驸。恩养至此,尚行反叛,负国已极。今已遣大兵进剿,吴三桂虽反,亦将安往。朕与尔等,亦同一体,如有需用尔等之处,可俟春回草青时,再听调遣。"
〇乙丑,赐朝正外藩察哈尔、巴林、科尔沁、敖汉、扎鲁特王、贝勒、贝子、公、台吉等,及内大臣、大学士,上三旗都统、副都统,尚书、侍郎、学士、侍卫等宴。(《清圣祖仁皇帝实录卷之四十四》)

公元1674年

○康熙十三年甲寅春正月○己卯,以上元节,赐外藩察哈尔、科尔沁、敖汉、巴林、扎鲁特、喀尔喀、扎赖特、鄂尔多斯、翁牛特、土默特、郭尔罗斯、杜尔伯特、喀喇沁、浩齐特、乌拉特等王、贝勒、贝子、公、台吉等,及内大臣、大学士,上三旗都统、副都统,尚书、侍郎、学士、侍郎等宴。○先是,副都统马哈达往驻兖州。至是,添发察哈尔前锋、护军、骁骑兵,往与马哈达兵协同防守。

编者注:派遣察哈尔八旗参与平定三藩之乱的战争。

○辛巳,谕户部:"迩者京师需用驼马,凡蒙古驼马进张家口、杀虎口贸易者,自今至九月,免其税课。

○甲申,命德州、沧州及顺义等十处驻防满兵会于德州,以都统尼雅翰为镇南将军将之。尼雅翰奏:"请增兵竟往武昌,俟大将军师克定湖广,臣愿率兵从广西进取。"议政王大臣会议,令尼雅翰与副都统席布仍领德州等处驻防官兵,往兖州会同驻防副都统马哈达,分兵为三。择马肥者,尼雅翰、席布领之先往安庆。马瘠者,速令喂养,马哈达领之,继往安庆,其察哈尔兵亦同往。余兵以副都统根特巴图鲁领之防守兖州。奏入,报可。尼雅翰临行,授之敕印。令马哈达、席布同预参赞军务。(《清圣祖仁皇帝实录卷之四十五》)

○康熙十三年甲寅二月○癸亥,谕兵部:"江西一省,东接福建,南界广东,西通湖广,为三省要地。令前往兖州副都统根特巴图鲁、前往安庆副都统席布,率兵速赴江西省城。原驻江宁副都统马哈达,将自京所带甲兵,移驻安庆。其察哈尔左右两翼官兵,于兖州秣马之后,左翼官兵赴江宁,听江宁将军统辖。右翼官兵赴安庆,听马哈达统辖。"(《清

圣祖仁皇帝实录卷之四十六》）

编者注：察哈尔八旗左、右两翼官兵均参加了平叛三藩之乱的战争。

○康熙十三年甲寅夏四月○丁未，先是，谕江宁将军额楚、总督阿席熙："闽中告变，两浙需兵。如杭州将军调尔满兵时，可令副都统一员，马兵千名，水陆往援。尔等当预备以俟，尔兵若行，可调安庆察哈尔兵镇守江宁。"又谕杭州将军图喇、总督李之芳、提督塞白理等："耿精忠反叛，尔等率满汉官兵，作何防御固守，当相机而行。朕已敕驻防江宁满兵预备。若需用满兵，可于江宁调取。"至是，福建告急，上命副都统胡图率江宁满兵、副都统马哈达率所部官兵，及江宁左翼察哈尔官兵，速赴杭州，同将军图喇等商酌行事。安南将军华善，于所部汉军内择马肥者五百名，令夸兰大二员领之，亦速赴杭州听图喇等调遣。移安庆右翼察哈尔官兵守江宁，华善仍令速赴京口。（《清圣祖仁皇帝实录卷之四十七》）

○康熙十三年甲寅六月○丙午，谕议政王大臣等："今逆贼吴三桂于澧岳诸处抗拒我师，且用奸谋摇惑军民之心，分我兵势，宜增兵速行剿灭。"令八旗每佐领拨骁骑二名，并派察哈尔护军骁骑一半，又蒙古四十九旗内与京师稍近者，如科尔沁十旗、敖汉一旗、奈曼一旗、克什克腾一旗、归化城十旗，共出兵万人。以旗下兵之半及蒙古兵六千，令固山贝子准达率往荆州，散秩大臣多莫克图为署都统，参赞准达军务。又以旗下兵之半及蒙古兵四千，以多罗贝勒尚善为安远靖寇大将军，同固山贝子章泰、镇国公兰布率往岳州。所调蒙古兵，俱限八月初一日以前至京，择蒙古贝勒以下领之。寻理藩院以蒙古贝勒、贝子、公、台吉等，列名奏请，上命科尔沁辅国公图纳黑、杜尔伯特台吉温布赴荆州。巴林贝子温春、台吉格勒尔图赴岳州。

○庚戌，浙江提督塞白理疏报："总兵官祖弘勋以温州叛。"上谕：

"驻江宁副都统纪尔他布率右翼察哈尔全军,及每佐领甲兵一名赴浙江,会同提督塞白理守御。镇东将军喇哈达所辖蒙古兵,悉令署副都统巴尔堪率赴江宁,听将军阿密达统辖。松江乃海口要冲,且与浙江连接,阿密达、额楚等,可密咨提督杨捷。若以松江可虞,即酌遣满洲蒙古官兵,以副都统一人领赴松江,与提督协守。在京满洲蒙古,每佐领拨骁骑一名,汉军每佐领二名,以精奇尼哈番硕塔、一等侍卫穆森为署副都统,偕汉军都统释迦保领之,前赴兖州,与将军喇哈达会议行事。"

〇秋七月〇辛巳,调宣府总兵官拜音达礼为随征福建后镇总兵官。

〇丁亥,升参领闫可权为宣府总兵官。(《清圣祖仁皇帝实录卷之四十八》)

公元1675年

〇康熙十四年乙卯三月〇辛未,命都统毕力克图为平逆将军,帅师赴大同,调察哈尔兵入驻宣府、大同。

编者注:左翼察哈尔八旗兵入驻宣府。

〇丁亥,初,察哈尔布尔尼乘吴逆作乱,欲谋劫其父阿布鼐,兴兵造反,日与其党缮治甲兵。从嫁公主长史辛柱阴使其弟阿济根告其谋。上以事尚未露,不便遽加以兵,欲遣人召布尔尼兄弟,以觇虚实,又恐其生疑,乃奏太皇太后,遣侍卫塞棱等,遍召巴林王鄂齐尔兄弟、翁牛特王杜楞兄弟及布尔尼、罗卜藏,俱入京师。已而诸王皆至,惟布尔尼兄弟不来。遂于三月十七日执侍卫塞棱,约二十五日举事。长史辛柱亲率伊弟巴勒米特赴京奏闻,从嫁公主诸人俱挈妻子奔回锦州。奉天将军倭内巴图鲁亦以其事疏报。上命多罗信郡王鄂札为抚远大将军,大学士都统图海为副将军,护军统领哈克山、副都统吴丹、洪世禄并为参

赞,帅师讨布尔尼。并谕奉天将军倭内巴图鲁、宁古塔将军巴海等固守盛京。(《清圣祖仁皇帝实录卷之五十三》)

编者注:察哈尔部和硕亲王布尔尼借"三藩之乱"之机,以营救被囚禁的阿布鼐和抗争被压制为由,发动了军事叛乱,察哈尔部与清廷的矛盾彻底激化。

○康熙十四年乙卯夏四月○辛卯,布尔尼既反,遣人求助于土默特贝子滚济斯札布,滚济斯札布遣其三等护卫舍布来告,上命厚赉之,仍令理藩院作书谕滚济斯札布曰:"初长史辛柱首布尔尼负恩背叛,朝廷正欲察其情实,适贝子遣舍布来奏。布尔尼于三月二十五日使护卫巴米,说贝子同叛,贝子即遣使奏闻,复调兵为擒讨计,朝廷深为嘉悦。今布尔尼逆状既实,贝子等可选良马,速率所部,讨擒逆渠,厥功匪细。倘马瘦不堪驰骋,亦宜各守地方。大兵定于四月初六日自京启行,故预令知之。"时察哈尔邻近部落王、贝勒等,知布尔尼反,先后遣人来报。上命理藩院郎中马喇、员外郎塞冷,赴诸部落调兵。又谕理藩院作书,如与滚济斯札布书指,发科尔沁和硕卓礼克图亲王鄂辑尔、管领五旗和硕额驸沙津、阿禄科尔沁多罗郡王朱尔札哈、翁牛特多罗杜楞郡王毕礼衮达赖、多罗达尔汉贝勒搜色、巴林多罗郡王鄂齐尔、固山贝子乌尔占、敖汉多罗杜楞郡王札穆苏、喀喇沁多罗杜楞郡王札什、镇国公乌忒巴喇、土默特多罗达尔汉贝勒赵图、扎鲁特多罗达尔汉贝勒巴达里、多罗贝勒札穆等,其诸部落使人,悉着与马喇等偕行。

○癸巳,抚远大将军多罗信郡王鄂札等帅师启行,上谕之曰:"大兵出山海关,当宣布累朝待布尔尼厚恩,及朕不忍加诛之意。彼若悔罪来归则已,否则以敕书付纵还蒙古,持往谕之,即布尔尼等临阵来降,亦当保全恩养。今值蒙古马瘦,尔等速往。毋违。"○谕察哈尔布尔尼敕曰:"长史辛柱奏尔举动乖戾,势欲为乱,朕初未信。既尔邻近各旗王、贝勒等,相继遣人告变,朕犹疑之。朕维察哈尔遭乱覆亡之后,尔伯父额哲等受太宗文皇帝殊恩,封为亲王。国家于察哈尔不薄矣!诚望尔子孙报效于世世,不应及尔身而负恩叛国也。朕虽不遽以为实,但告变者接踵而至,念尔必惑于奸宄之言,抑或别有不得已之故耳。故发大兵来问,如有别情,尔可明白奏闻,朕必赦尔罪愆,仍敦夙好。尔受累朝恩养,又为公主所生,以至戚不忍遽灭,故屡行晓谕。若仍执迷,恐贻后悔。"谕布尔尼弟罗卜藏敕曰:"尔当开谕尔兄布尔尼,令其悔罪归诚,尔等以及子孙庶不失荣贵。若布尔尼不悟,恐以尔兄之故,并累及尔。尔果能率属来者,仍待以亲亲之道,即以王爵封之,必不食言。尔为公主子,于国为至戚,故行晓谕,其于大兵未至时,向尔兄开陈利害,速令请罪,以副朕不忍遽灭之意。"谕察哈尔部众敕曰:"尔等当向布尔尼申明利害,彼若悔罪归诚,尔等亦获福多矣。朕以尔等为太宗文皇帝、世祖章皇帝怀柔之国,不忍以布尔尼一人故遽加剿灭。因此反覆申谕,若布尔尼拒谏不悛,或擒献逆渠,或自行投降,朕锡以官爵,俱加恩养,断不食言。往时察哈尔大臣来归者,受恩隆重,尔等共知,勿于太平安乐时自取祸败。"时布尔尼下佐领班第、喀尔喀公垂札布下护卫索讷木,俱以他事在京,会布尔尼垂札布反,悉就拘禁。上特释之。令赍敕与大兵同往。○奈曼王札木山附布尔尼,遣护卫巴地,约喀喇沁多罗杜楞郡王札什同叛。诳吓之云:"科尔沁十旗及扎鲁特、阿禄科尔沁、乌珠穆沁、浩齐特、阿霸垓诸部落,悉起兵相应。"札什归其使,以无能谢之,即具疏陈明心迹,遣其护卫达喇世入告。迨理藩院员外郎图尔哈图奉命至其地,札什出迎,具述前情。且云:"身蒙主恩,爵为郡王,何敢同叛!若止二旗为乱,我力可支。但恐应彼者果众耳,使臣不可久留,宜速回奏。若出师,宜从古北口行。"图尔哈图诘其故,札什曰:"无事多言,但以是奏,皇上自能鉴察。"图尔哈图复欲诣敖汉部落,札什止之,遂不果。归复嘱曰:"途中凡有询问者,但答云:'我等奉旨来召札什,因其马瘦,不能赴京,我等今仍回去。'"图尔哈图还,具陈如札什指。上曰:"大兵众多,若由古北口,则崎岖难行,且多带红衣炮具,耽延时日,自应出山海关。札什既不忘国恩，凡得逆渠动静，即令遣骑具奏。进边后，驰驿速来。"于是赐之敕书，令达喇世赉往。敕曰："员外郎图尔哈图致王言，具见悃诚，王可率本旗兵固守地方。王又言大兵宜出古北口，夫古北口石径崎岖，大兵多，且携有火器，恐致稽延，今仍出山海关。王宜不时密探，凡有动静，即具疏遣骑速奏。"

○辛丑，理藩院郎中马喇疏报："喀喇沁多罗杜楞郡王札什云：'近奈曼王札木山迁于察汉郭尔河，布尔尼移营就之，二人已合，二旗外别无叛者。'"上因赐札什御用盔甲以旌之。

○甲辰，奈曼札木山已附布尔尼，使人招台吉鄂齐尔等。鄂齐尔等遂率九佐领兵，与其妻子奔敖汉。寻复至喀喇沁，札什遣护卫党西喇来奏。上谕理藩院曰："奈曼台吉鄂齐尔等，不与札木山同谋，率属来归，忠贞可嘉。俟事平日，札木山王爵可与诸台吉内承袭。诸台吉或暂居敖汉与喀喇沁地方，听自便。其奏事党西喇从优授为三等达尔汉，世袭勿替。"未几，奈曼二等台吉吴勒木济同其母，率所属二佐领兵避居土默特，亦遣人来奏。上亦优旨答之。

○丁巳，抚远大将军多罗信郡王鄂扎疏报："臣等帅师往征察哈尔，于是月二十一日次岐尔哈泰，侦知贼屯达禄，臣等以轻骑前进，二十二日抵达禄。布尔尼设伏山谷间，悉众列阵以待，臣与副将军图海等，分布满洲蒙古官兵进击，历山涧，贼伏发，扰乱土默特兵，我军击之，尽歼焉。布尔尼亲领大队，摆列火器相拒。我兵奋击，贼不能支，遂大败。察哈尔下都统晋津，率其族于阵前降。布尔尼复收溃卒接战两次，我军乘胜冲杀，连败之，斩级甚多，获马匹器械无算。布尔尼兄弟仅以三十骑遁，垂札布等亦皆散走。二十三日，臣等闻郡主留居瓦子府东三十里，遣官兵迎归。布尔尼部下佐领五人，兵三百余名随侍卫塞棱来归。"得旨嘉奖，下部议叙。○参领舒什兰疏报："奉调宣府左翼四旗察哈尔镇大同，众哗，毁边墙私遁。"上命散秩大臣绰尔济、杜尔麻等，率八旗章京侍卫赍敕抚之，曰："昔察哈尔溃散时，尔等祖父来归，太宗文皇帝论次赐与世职，分隶八旗，眷顾抚养，以迄于兹。吴三桂造乱，调尔驻守地方。今参领舒什兰奏尔等不请所司，遽行遁归，理应治罪。但先将尔八旗察哈尔调发同官兵进征，今又尽征余兵，尔等或虑妻子牲畜无人养育，马又羸瘦，难以从征，以此亡归，其情可恕，今特行宽宥。其各返故伍如常，毋生疑畏。昔额哲、阿布鼐被俘，不没入旗下为奴，封额哲为亲王，所部人员亦加抚养，亡国苗裔，无功而施大恩若此，古所希有。阿布鼐曾有大罪，又全其命，以其子布尔尼袭封亲王。布尔尼不思报效，背恩叛逆，故命大将军信郡王率兵进讨，于是月二十二日大破之于达禄，尽歼其众。科尔沁等诸部王、贝勒、贝子、公、台吉等，俱以布尔尼罪大恶极，起兵会剿。恐尔等不知此情，妄惑流言，陷于罪罟，故特赐晓谕。"

○戊午，散秩大臣绰尔济等疏言："臣等至张家口询关吏，据云，是月二十七日，察哈尔兵至鄂西奚地方，将御马厂并诸大臣、牧马人役、附近旗下蒙古妇女、牲口尽行掠去。及臣等至齐涝地方，遣一等侍卫阿南达等前进，遇察哈尔被胁四人，遂擒以归。其言亦如之。臣等欲竟将敕谕送往，恐此辈无知，不体圣意，故将诏旨大略录写，即令擒来二人赍送。"精奇尼哈番阿玉席等复遣二人传谕被掠人众。上谕兵部："察哈尔兵狂悖如此，应发兵防御。"其授内大臣舅舅佟国纲为安北将军，率兵往镇宣府。令护军统领杰殷、副都统恰塔偕往。以散秩大臣绰尔济杜尔麻为署都统，并预参赞。（《清圣祖仁皇帝实录卷之五十四》）

○康熙十四年乙卯五月○辛酉，抚远大将军多罗信郡王鄂札等疏报："上命科尔沁和硕额驸沙津率所属五旗兵会剿布尔尼。达禄之战，沙津失期未预，因至扎鲁特境壁于贵勒苏特，会布尔尼兄弟逃奔山后，知沙津兵至，使科尔沁随嫁二人送罗卜藏妻，并告以战败欲逃之故。盖罗卜藏妻，沙津妹也。沙津于是留其妹，率兵至山后围之，布尔尼预遁，罗卜藏云：'布尔尼去矣，余来乞命。'沙津曰：'尔欲乞命，当招尔兄来,'遂遣三十骑同往。罗卜藏亦遁走,更遣其副都统布达里,潜闻于其兄。沙津兵内有孟克者,追及之,为布达里刺死。沙津怒,身率兵追射,罗卜藏与布达里皆死。益穷追布尔尼,明日及之,布尔尼十二骑并力拒战,沙津尽射杀之。"得旨:"沙津感累朝厚恩,亲统所属驰追布尔尼兄弟,斩之,克继祖父忠贞,深为可嘉。大兵凯旋日,着议叙具奏。"○谕抚远大将军多罗信郡王鄂札等:"闻向日所调左翼察哈尔驻扎宣府者,今毁边墙私遁,恣为寇抄,直趋独石口。此辈或止知察哈尔变乱,不知我兵战胜察哈尔,及额驸沙津射杀布尔尼兄弟之事,欲往助彼,未可知也。其巴林、翁牛特、敖汉、喀喇沁、土默特诸路兵,皆调征布尔尼。其妻子在家,倘叛卒经过劫掠,深为可虞。今察哈尔事平,大将军等可谕令诸王、贝勒、台吉等,率兵速回,各守境内。叛卒一到,即为剿除。我兵定于五月初六日,速往追剿,尔等其传谕诸部知之。"

○壬戌,谕兵部:"本月初四日,太监刘忠传奉太皇太后谕旨:'慈宁宫内庶妃,有母九十余岁,同其兄萨麻地尚在察哈尔处。闻之深为悯恻,军前可弗加掳掠。'朕钦承谕旨,仰见太皇太后仁慈已极,敢不敬副圣怀?尔部即速行文彼处,如伊等阵亡则已,或存一二,或全未伤残,即行收管。其家产亦勿致散失,交与内务府所管庄头,解送来京。"

○癸亥,议政王大臣奏:"布尔尼反,既伏诛,其父阿布鼐见禁盛京,应立斩。妻郡主,归伊父安亲王。其子于军前正法,女入官。"得旨:"阿布鼐改为立绞。余依议。"

编者注:阿布鼐时年40岁,布尔尼年令不详,但根据阿布鼐尚固伦公主时时年10岁,按常人生理发育情况分析,布尔尼时年不会超过25岁。而兄弟皆伏诛,子被军前正法,父被立绞的严惩,宣告了蒙古汗廷"黄金家族"嫡传汗嗣被根绝。

○甲子,谕议政王大臣等:"昔察哈尔遭乱覆亡,太宗文皇帝收集豢养,编为整旗,历有年所。今布尔尼背恩作乱,实僧额浑津、噶尔马色冷辈匪类教之,其余官民毫无干涉。此皆太宗文皇帝抚育之人,朕甚悯焉。凡投归军前，或投入邻旗及溃散者，其令大将军鄂札、副将军图海等速行收集，作何赡养，另疏请旨。"○议政王大臣等议："从嫁公主诸人，经布尔尼之乱，产业荡尽，请量留数户守公主祠，其余悉令还京。内原隶八旗者，仍归本旗佐领。原隶内务府者，仍归内务府。"得旨："义州为边陲要地，从嫁诸人，停止还京。俱着披甲，着长史辛柱管辖镇守。"

○乙丑，抚远大将军多罗信郡王鄂札等疏言："教布尔尼造乱者阿杂里喇嘛、僧额浑津、噶尔马色冷、布达里、破翁、巴达里、巴呢、陈特、塔尔、噶尔昭、噶尔马、薄托和也。布达里、破翁、巴达里、巴呢、塔尔此五人与布尔尼兄弟同死。陈特为乱兵所杀。噶尔昭、噶尔马、薄托和等，或死或逃，尚无的耗。其子女皆在卓礼克图亲王处。阿杂里喇嘛、僧额浑津、噶尔马色冷亦为卓礼克图亲王解送军前，候旨处分。"得旨："阿杂里喇嘛等悉于军前正法，其叛人妻孥赏给有功官兵。"未几，信郡王鄂札等疏言："阿杂里喇嘛诸叛逆之子及近族兄弟俱在科尔沁，其僧额浑津之弟尼塔尔当布尔尼未败，即投科尔沁卓礼克图亲王处，俟卓礼克图亲王解到日，俱行正法，家产妻孥入官。"得旨："尼塔尔既于未破布尔尼之先投入科尔沁，着免死，勿分其产。"

○己巳，议政王大臣等疏言："察哈尔布尔尼兄弟背叛授首，理应悬示。额驸沙津为国效力，应行优叙。及边外率兵协助之诸王、贝勒、贝子、公、台吉等，俟大将军信郡王旋师之日，一并议叙。献布尔尼首级之昂阿尔住尔，应授为三等达尔汉，世袭罔替，赏给蟒服、银币、鞍马。及同来土谢图亲王之头等护卫绰石希等，亦分别赏给。"得旨："布尔尼首级本当悬示。但念系公主所生之子，朕心不忍。布尔尼并罗卜藏，俱令收葬于公主坟傍。余如议。"○奈曼达尔汉郡王札木山附布尔尼作叛，势穷，自缚请罪。议政王大臣等议："札木山法无可赦，妻孥应没入官。"得旨："札木山束身请罪，着从宽免死，革去王爵，仍留家口牲畜，令其自给。"

○庚午，一等侍卫奇塔特等疏报："招抚察哈尔左翼四旗，输诚归顺。"下部议叙。

○丁丑，议政王大臣等奏："归附及掳来之察哈尔人等，应解京，隶八旗满洲、蒙古佐领下披甲。其老弱人丁赏给被伤官兵。"从之。

编者注：标志着额哲及苏泰太后降清被整编的察哈尔扎萨克盟旗（居孙岛、习尔哈地方，称为察哈尔国）自此被分解不存。

○庚辰，谕兵部："今左翼四旗察哈尔既已归顺，应调山西兵援陕西。以将军舅舅佟国纲所领前锋兵，及每佐领护军一名，驻大同。盛京全军、绿旗马兵三百名、右翼察哈尔兵三百名，副将军毕力克图率赴榆林，同总兵官许占魁，协力平定延安诸处。以护军统领杰殷并协领觉和托为署副都统，同参赞军务。令副都统恰塔率每佐领兵一名，赴大同，兼统见驻大同镇守之兵。其余每佐领兵一名，调赴太原，并太原汛守及保定调往兵，令署副都统吴丹总统，用建威将军印，在太原镇守。舅舅佟国纲、散秩大臣绰尔济、杜尔麻等，俱着回京。"寻延安、绥德等处陷贼，榆林危急，许占魁请援，又遣其子许登隆至京师言状。上复命毕力克图分兵付觉和托，速赴榆林。毕力克图速率兵继进。○副将军图海疏言："臣按察哈尔十二佐领人丁家口，其来投军前者丁凡一千一百六十六，口凡六千八百八十七，奉调出征人妻子家口凡二千八百三十八，俱随大兵相继入京。其投入外藩蒙古各旗者，丁凡五百十四，口凡三千六百三十八。布尔尼所属喇嘛、班第丁凡一百十六，家人男女凡三百八十三。先经奉旨察取，但外藩各旗自去岁荒歉以迄今夏，人马皆饥，往来迎送实为艰难，请俟蒙古马肥再为移取，人数无多，取之自易。"得旨："着暂停察取，仍令各旗王、贝勒等加意赡养。"

○癸卯，抚远大将军多罗信郡王鄂札、副将军都统大学士图海等，征灭察哈尔，班师凯旋。上率在京王、贝勒、大臣、侍卫、八旗都统、精奇尼哈番、副都统、阿思哈尼哈番，及大学士、尚书、侍郎、学士、诸大臣，迎劳于南苑之大红门。上御黄幄，鄂札等行礼毕。谕曰："王、将军、诸大臣远行征讨，灭察哈尔国，建立大功，深可嘉悦。"俱着进前，行抱见礼。

复谕凯旋大臣章京及冒刃效力军士以上,俱进前坐。赐茶。复命副将军图海至御幄侍坐,问以战阵之事。上曰:"军士此役,奋勇效命,遂灭叛国,立奏凯旋,朕心深悦。八旗冒刃效力军士以上,朕欲面问。"遂令次第引至御幄前,一一遍问毕。上自南苑回,率在京王、贝勒、大臣,及凯旋王大臣等,诣堂子行礼。回宫。

○乙巳,左翼四旗察哈尔兵皆感皇恩,愿立功自效。上因命察哈尔兵赴河南府驻防。恐其难以钤束,复令每旗出骁骑五十人,副都统龚图统领前往。

编者注:以"每旗(满、蒙八旗)出骁骑五十人"掺杂进察哈尔左翼四旗,以防再行生变,起到便于掌控的作用。

○先是,归并察哈尔之喀尔喀公垂札布,附布尔尼反,台吉托伊等率四佐领兵奔科尔沁。及布尔尼败,垂札布无所归,投诚军前。议政王大臣等集议:"昔垂札布之父根敦贫不聊生,无以自立于喀尔喀,纳款来归。皇上优礼之,擢为上公,俾赡养于察哈尔为附庸,是以得延至今。布尔尼反,垂札布不即以状闻,反附逆助战,逮败遁无归,始率属乞降。请革垂札布爵,所属人口分给八台吉。台吉托伊等既豫投科尔沁卓礼克图王,请留其职衔,人口应归何旗,伏候敕旨。"上命:"并托伊等佐领于土默特滚济斯扎布。"余依议。

○戊申,随征察哈尔后军满洲汉军都统祖永烈等,及八旗夸兰大等还京。遣礼部、兵部官员赍茶往迎。效力军士各赐茶。○谕议政王大臣等:"布尔尼反乱之时,理藩院郎中马喇将边外蒙古藩下兵丁调发前进,可嘉。着交吏部从优议叙。"

○己酉,授长史辛柱二等阿达哈哈番,其弟阿济根拖沙喇哈番,巴勒米特拖沙喇哈番品级。叙首告察哈尔布尔尼谋叛功也。(《清圣祖仁皇帝实录卷之五十五》)

○康熙十四年乙卯六月○辛巳,以奈曼多罗达尔汉郡王札木山兄子,一等台吉鄂齐尔、二等台吉格勒尔,及鄂齐尔之子厄尔德尼、族弟三等台吉乌尔图纳苏图、四等台吉噶尔麻、副都统吴伦木苏等,见札木山同布尔尼作叛,并不党附,先率其九佐领人等来投,可嘉。鄂齐尔袭封多罗达尔汉郡王,格勒尔授为辅国公,乌尔图纳苏图为一等台吉,噶尔麻为二等台吉,厄尔德尼为三等台吉,副都统吴伦木苏给拜他喇布勒哈番。又以札木山弟二等台吉吴勒木济,见其兄札木山与布尔尼同谋叛逆,感念国恩,率其二佐领人等来归,授为贝子。(《清圣祖仁皇帝实录卷之五十六》)

〇康熙十四年乙卯八月〇壬辰,以管辖科尔沁右翼五旗和硕额驸沙津,追杀布尔尼献首功,封为多罗贝勒。

〇戊申,先是,因察哈尔布尔尼叛,命抚远大将军多罗信郡王鄂札及副将军都统图海等讨灭之,其余党散附各部落者颇多。至是,特遣理藩院侍郎博罗特等,于义州、锦州等处安插。谕曰:"今时届严冬,其逃散人丁户口,加意移来安插,务令得所,以副朕柔远至意。"

编者注:于义州、锦州等处所安插者,为原属布尔尼的察哈尔扎萨克盟旗(居孙岛、习尔哈地方,称为察哈尔国)人员,非先于额哲归附后金的八大寨桑所率部落整编而成的新蒙古察哈尔八旗。

〇己酉,赏赉诸外藩追剿布尔尼效力受伤之王、公、台吉、官兵缎疋、鞍马有差。

〇十月〇丁卯,叙平察哈尔功。赐大将军多罗信郡王鄂札黄金一百两、白金五千两。给副将军都统大学士图海一等阿思哈尼哈番。护军统领哈克山、副都统吴丹、洪世禄,署前锋统领达克萨哈、夸兰大、札木素等,俱量给世职。

〇庚午,兵部题:"顺天武乡试旧额,京卫武生取中一百名,八府及宣府一镇,共取中一百名。奉天府取中三名。今科京卫武生,步箭合式者,止七十七名。奉天无一人合式。相应于京卫武生内,选文理明通者,

减额取中五十名。奉天既无合式,应无庸议。八府及宣府一镇,照旧取中。"从之。(《清圣祖仁皇帝实录卷之五十七》)

○康熙十四年乙卯十二月○己卯,谕四子部落多罗达尔汉卓礼克图郡王沙克都尔曰:"镇守宣府察哈尔兵反叛,尔即欲领兵征剿,遣使来奏。可嘉。故以朕所服貂裘、天马皮挂、皂靴等物赐汝。"(《清圣祖仁皇帝实录卷之五十八》)

公元1676年

○康熙十五年丙辰春二月○甲子,旌表直隶节妇……宣府前卫田氏等,各给银建坊如例。(《清圣祖仁皇帝实录卷之五十九》)

○康熙十五年丙辰六月○壬申,内大臣哈岱等发四子部落、苏尼特兵五百余名,将至张家口。上命蒙古兵赴大同,调太原员外郎胡思哈前来领之。参领胡什巴领大同兵五百名往太原,同太原兵五百名先往河南。发京城每佐领骁骑二名,乌喇、宁古塔兵一千名,悉改为护军,率赴河南,并胡什巴兵偕往江西。以副都统席山总统之,多诺为署副都统,同赴军前效力图功。其兖州每佐领兵一名,亦调往江西。将军布颜仍留驻兖州。寻又谕兵部:"副都统席山,署副都统多诺等所领甲兵,皆系精锐。以此破贼,定有成功。尔部即移文大将军王、副将军等知悉,务令全军制敌,勿分其势。万不得已,必须分遣,则酌量以行。"(《清圣祖仁皇帝实录卷之六十一》)

○康熙十五年丙辰秋八月○丙子,谕吏部、兵部:"抚远大将军都统大学士图海,器识老成,才猷练达,赞襄机务,宣力累朝。以文武之长才,兼忠爱之至性,劳绩茂著,倚毗良殷。前察哈尔布尔尼背恩反叛,命图海为副将军帅兵征剿,运筹决胜,克振军威。未及一月,捷功立奏。逆贼歼灭,疆圉敉宁。近以平凉阻兵日久,屡命剿抚,罔有成效。特简图海为大将军,统率大军,节制各路。果尔谋略渊深,调度得宜,军锋所至,一战克捷。更能体朕好生之心,宣布恩威,开诚招抚。遂使平凉、庆阳、固原等处文武官员兵民,倾心向化,悔罪归诚。生灵免于涂炭,边境赖以保安。数日之间,关陇悉定。皆由筹画周详,布置神速,剿抚并用,克建朕功。图海以心膂大臣,膺秉钺重寄,实心为国,克副倚任,朕心深为嘉悦。于军功议叙外,应从优加恩封三等公,以示朕眷注忠勤,酬答勋庸至意。"(《清圣祖仁皇帝实录卷之六十二》)

公元1677年

○康熙十六年丁巳冬十月○甲寅,……又理藩院疏言:"据张家口报称,厄鲁特来使博瑞额叶图等不敢归,言来时鄂齐尔图汗、喀尔喀土谢图汗曾夹攻我台吉。近又闻归化城来贸易人言喀尔喀色楞达什台吉率三百余人,将邀劫我等于汛界,我等得在边塞之内,即如金城之固,请暂居此,俟本地使来同归。"上谕大学士等曰:"闻厄鲁特、喀尔喀交恶兴戎,虽虚实未确,朕统御寰区,一切生民皆朕赤子,中外并无异视。厄鲁特、喀尔喀倘因细故交恶,至于散亡,朕心大为不忍。伊等向相和好,贡献本朝,往来不绝。若交恶果实,当遣使评其曲直,以免生民于涂炭,如仰副朕一视同仁之意。仍前和好,相与优游太平,朕大嘉悦焉。但天寒路远,若遣使往回,无饲马驰驿之所,或致有误。今厄鲁特、喀尔喀使至,其令理藩院明白备檄,交发来使传谕之。"○先是,回子诺颜和卓、巴颜白克等,以进贡来至边口,自相屠害作乱。上数遣官往察,命檄行噶尔丹台吉,此后入贡遣使,务令有材识厄鲁特为首,不得仍遣回子。如系厄鲁特,方许放入边口。至是,有回子佟噶尔代等八人冒称贡使,与噶尔丹所遣之西白里达尔汉和硕齐等偕来。理藩院奏请檄行噶尔丹台吉究处,上曰:"厄鲁特贡使往来,若无符验,仍复假冒,亦未可定。令檄行噶尔丹将佟噶尔代等用彼例照常治罪。嗣后进贡遣使,务给符验,方准放入。"

○辛酉,以原任宣府总兵官拜音达礼为浙江平阳总兵官。(《清圣祖仁皇帝实录卷之六十九》)

公元1680年

○康熙十九年庚申二月○丙戌,谕户部尚书伊桑阿:"朕闻宣府等处,岁值大祲,贫民乏食,鬻卖妻、子以自求活。夫人孰不爱其室家哉! 至欲延一朝夕之命,割其所亲,憯恻莫甚焉! 其遣尔部郎中明额礼驰驿速往,会同地方官赈济。急拯艰厄,以纾朕怀。"(《清圣祖仁皇帝实录卷之八十八》)

○康熙十九年庚申九月○丙子,以察哈尔故一等阿思哈尼哈番都尔巴之子古鲁札布袭职。(《清圣祖仁皇帝实录卷之九十二》)

○康熙十九年庚申十二月○己酉,直隶宣府所属怀安卫、蔚州卫、东城、西城,水冲沙压地一千八百顷有奇,额赋永行豁免。(《清圣祖仁皇帝实录卷之九十三》)

公元1681年

　　○康熙二十年辛酉五月○壬戌，谕户部："比年以来，宣府、大同叠罹饥馑，而边外蒙古亦复凶荒。故发宣、大二府存贮米石，尽用赈济。朕思边境粮储，所关最要。古称三年九年之蓄，盖合侯甸藩畿，通为之计，岂仅谓公廪之充盈已也！养人足食，道贵变通。可发京仓米二十万石运往宣、大备用。其运送米石，用就近地方驿站车夫，不致靡费。尔部派才能官一员前往会同该抚。确议以闻。"

　　○甲子，谕户部："宣府、太原、大同等处，近罹灾伤，人民困苦，所征房号银两，着悉与除免。"

　　○戊寅，谕大学士等曰："宣府、大同诸处，今虽得雨，田禾长盛，但三月中大风坏麦，不得收刈，民间甚饥。虽行赈恤，犹未能苏。前抚臣疏称，饥民因得赈济，又得雨泽，不至流离，各图生业。以今观之，殊为不然。着将应征康熙二十年诸项钱粮，及历年带征钱粮，概行蠲免。户部仍遣贤能司官往同巡抚，设法赈济，务使均沾实惠。"又谕户部："前因大同等处地方，自去岁饥荒，百姓无食，流离失所，已经发银二十万两，遣官赈济。又将应征房税悉与豁除，务期小民家室复完，不失故业。今差官各处察看，闾阎尚多逃亡，田土仍然荒弃。耕种无资，衣食奚赖，朕心深为悯恻。虽已将本年应征地丁各项正赋，并历年带征拖欠钱粮尽行蠲免，犹恐小民困苦已极，无济目前。此外有何应行事宜，可以速拯灾黎，俾得存活者，尔部即行详议具奏，以副朕轸恤百姓至意。"

　　○六月○戊戌，吏部尚书介山自福建班师回京。上谕曰："尔出征甚劳，察哈尔众兵进征亦为劳瘁，兹回本地，宜加给行粮。"

　　○秋七月○辛未，议政王大臣等议覆："赐给银米之苏尼特多罗郡王萨穆札等十五旗蒙古已得生理，毋庸再议。其苏尼特杜楞郡王阿毓锡等不能赡养之蒙古,应令于左右两翼察哈尔地方住牧,以科尔沁所协助牲畜,与鄂尔多斯所罚牲畜给与。"从之。(《清圣祖仁皇帝实录卷之九十六》)

编者注:左右两翼察哈尔驻牧地,据《续修四库全书·史部·政书类》《钦定大清会典事例》记载:察哈尔各部落,察哈尔左翼四旗,南与丰宁县及张家口、独石口二厅边外地接界,东与围场接界。右翼四旗,南与丰镇、宁远二厅边外地接界,西与归化城接界,北与阿巴哈纳尔右翼旗、苏尼特左翼旗、右翼旗、四子部落旗接界。

○康熙二十年辛酉八月○丁亥,免直隶保安州本年分旱灾额赋有差。

○庚寅,理藩院郎中麻拉等以奉遣往察张家口外贫困八旗蒙古请训旨。上谕之曰:"此等蒙古,因遇灾荒,先经赈济粮米牲畜,今闻其尚无生计,尔等前往详察。果系穷困之人,作何再赈,俾得资生?即行议奏。间遇有牲畜者,尔等勿以为有此即可度日,不行察出。其畜牧之物,今若食尽,明年必致又饥。其稍有牲畜,而米谷缺乏、生业艰难者,亦以实闻。务加详慎。毋忽。"

○癸卯,予故原任蒙古都统太子少师察哈尔佐领毕力克图祭葬,加祭一次,谥恪僖。(《清圣祖仁皇帝实录卷之九十七》)

公元1682年

○康熙二十一年壬戌秋七月○癸酉,上谕大学士等曰:"天道关于人事,彗星上见,政事必有阙失。其应行应革者,令九卿詹事科道会议以闻。"于是尚书介山、侍郎沙赖、科尔坤等奏:"请安插裁汰各省兵丁,令其得所。"尚书魏象枢奏:"请察裁兵中或有效力行间者,不令裁汰。"尚书梁清标奏:"今天下太平,凡事不宜开端,当以安静为主。"左都御史徐元文奏："请暂停台湾进剿。"侍郎杜臻奏："请全复浙省运丁裁扣钱粮。"汉给事中御史等奏："请潼关收税免差。"少詹事及满给事中等奏："大同、宣府宜设满洲官兵，则无田产满兵，皆有裨益。"上曰："裁兵务使得所，慎勿汰及效力之人。"另降谕旨："梁清标所言，'凡事不宜开端，当安静'，甚得为治之要。近总督姚启圣疏称，十月进剿台湾，可暂行停止，俟十月后再行定夺。复运丁钱粮及免差潼关收税，令各所司议奏。大同、宣府设满洲官兵事宜，令该部于议覆，凯音布、噶尔泰等条奏时，一并确议以闻。"又谕曰："近观凡事，不论是非大小，满官则徇亲戚朋友情面，汉官则徇同年门生情面，相为钻营奔竞者甚多，从之则已，拂之则妄议谤讪。然此皆存乎其人，尤甚者，科道官员条奏事宜，原期除弊，及行其言后，反滋弊。尔等可将此传谕九卿詹事科道官员。"（《清圣祖仁皇帝实录卷之一〇三》）

〇康熙二十一年壬戌八月〇己卯，奉使侍卫多尔济扎卜、台吉额林辰等，至张家口外空郭尔鄂波之地，遇厄鲁特噶尔丹贡使萨拉巴图尔，问："罗卜臧台吉为喀尔喀扎萨克图汗所执，果有此事否？"其同来有布库班第者，系扎萨克图汗之人，对曰："罗卜臧欲与俄罗斯合谋攻我汗，我汗遣其子率兵万人，于今岁二月终旬夜，乘罗卜臧酣寝，执之。其属下人俱为俘掳。财物及马驼牛羊，俱为我军所获。我曾执纛随行，此目击之事也。"多尔济扎卜等据此奏报。得旨："罗卜臧台吉被执既真，尔等携赏物即回。"（《清圣祖仁皇帝实录卷之一〇四》）

〇康熙二十一年壬戌十一月〇丁未，遣官发大同、宣府仓粮，赈济四子部落、苏尼特穷困人等。（《清圣祖仁皇帝实录卷之一〇六》）

公元1683年

○康熙二十二年癸亥春正月○壬戌,叙平定察哈尔功,升扎鲁特二等台吉根都西希布为辅国公。(《清圣祖仁皇帝实录卷之一○七》)

○康熙二十二年癸亥夏四月○戊寅,议政王大臣等议叙固山贝子章泰功,查贝子以上,从无议叙之例。惟信郡王剿灭察哈尔,曾以功绩写入册内颁赏。应否亦遵此例,请旨定夺。上命:"照例入册,赐黄金二十两,白金千两。"

○己未,议政王大臣等会议,八旗汉军马兵鸟枪手,每佐领增十八人,共二十人,演习鸟枪。得旨:"火器关系武备,甚为紧要。应严加操演,以裨实用。"(《清圣祖仁皇帝实录卷之一○九》)

○康熙二十二年癸亥八月庚子朔○上谕大学士等:"近观厄鲁特噶尔丹博硕克图来使,较前渐多,每一次常至数百人。闻其沿途遇边外游牧蒙古,肆行扰害。外国之人,若行痛惩,又恐失柔远之意。彼处遣来人员,当有定数,不可听其意为多寡。嗣后正使头目,酌量数人,令进关口。其余人等,或令在张家口外,或在归化城交易。事毕应即遣回。此事着议政王大臣会同确议具奏。"(《清圣祖仁皇帝实录卷之一一一》)

○康熙二十二年癸亥九月○癸未,敕谕厄鲁特噶尔丹:"声教既一以来,尔历世相承,虔修职贡,聘问有年。朕嘉尔尽心敬顺,往来不绝,故向来尔处所遣之使,不限人数,一概俱准放入边关。前此来使无多,且头目人等,善于约束,是以并无妄行作乱者。比年尔处使来,或千余人,或数千人,连绵不绝,沿途抢夺塞外蒙古马匹牲畜。进边之后,任意牧放牲畜,践食田禾,捆缚平民,抢掠财物,妄行者甚多。边外蒙古与内地百姓,非不能相拒报复,祇以凛遵朕之法度耳。朕俯念尔等素行恭顺,不将若辈照内地律例究处。遂至妄行殃民,日以益众。用是限定数目,放入边关,嗣后尔处所遣贡使,有印验者,限二百名以内,准入边关。其余俱令在张家口、归化城等处贸易。其向来不用尔处印验,另行纳贡之厄鲁特噶尔马戴青、和硕齐和硕特之博洛库济台吉、杜尔伯特之阿尔达尔台吉、图尔古特之阿玉奇台吉等所遣贡使放入边关者,亦不许过二百人。尔噶尔丹博硕克图汗,尚毋违朕视四海一家、中外一体至意,敬慎遵行。嗣后遣使,必选贤能头目,严行约束。若仍前沿途抢掠,殃民作乱。即依本朝律例,伤人者以伤人之罪罪之,盗劫人财物者,以盗劫之罪罪之。特此先行晓谕。尔其知之。"(《清圣祖仁皇帝实录卷之一一二)》

○康熙二十二年癸亥十一月○壬申,喀尔喀土谢图汗、车臣汗、额尔克戴青台吉、墨尔根济农,各遣子弟请安入贡,并口奏曰:"去岁蒙皇上谕令各牧地设立汛哨,以警寇盗。但我等就水草游牧,居止不定,难以置哨。皇上限以何处为界,请遵旨而行。"随赐敕曰:"尔喀尔喀等,向来不越噶尔拜瀚海之地游牧,康熙三年七月内,尔等越界而来。朕念乱之所生,皆此之故。特颁敕旨,晓谕尔等部下属众。迨后喀尔喀间有一二违禁来近境游牧,以致逃盗纷纷不绝,故令尔等设哨立界。今尔等既称就水草迁徙,居止不定,难以置哨,请限以何地为界,可停其置哨。限以噶尔拜瀚海为界,不得越此游牧。噶尔拜瀚海之地距我边境有三日程。其瀚海尽界之东,亦须离我边境三日之地,不得入内。朕视天下为一体,率土之人,靡不抚恤。我边境地方刍牧美好,朕亦知之。若喀尔喀遇灾旱,刍草不生,必不得已,具奏请旨,方可内向游牧。俟草生时,仍回原处。如不请旨,擅入内地,即令我边地官兵驱逐。"(《清圣祖仁皇帝实录卷之一一三》)

公元1684年

○康熙二十三年甲子二月丁酉朔○刑部尚书魏象枢以病乞休,慰留之。(《清圣祖仁皇帝实录卷之一一四》)

○康熙二十三年甲子夏六月○乙巳,赐随驾八旗章京及护军等,蒙古察哈尔章京及护军等牛羊。

○乙卯,上御额尔通阿拉所设黄幄,阅视马驼牛羊牧群。谕温郡王延寿曰:"朕虽未见先代,幼时好与诸故旧老臣谈论,得悉祖宗兴隆时所行事宜。昔太宗皇帝凡阅视牧群,令诸王亲于群内选取良马。今朕巡幸,诸王并未扈从,止汝一人在侧,可往视朕亲乘内厩之马,选取二匹。"温郡王起立,即亲拣马二匹。其扈从内大臣,都统、前锋统领、护军统领等,赐内厩马各一匹。侍卫、前锋参领、护军参领以下,及八旗前锋护军、察哈尔蒙古官军并执事人等,各赐马一匹。内正黄旗前锋参领西图、镶白旗前锋参领塔尔代,因效力行间,人材壮健,于常赐外,各赐内厩马一匹,以奖之。(《清圣祖仁皇帝实录卷之一一五》)

○康熙二十三年甲子秋七月乙丑朔○赐随行八旗官兵及察哈尔蒙古官兵牛羊。

○癸巳,上驻跸西尔哈乌里雅苏台。

○八月○乙未,上驻跸乌喇岱地方。

○乙卯,刑部尚书魏象枢以病再疏乞休。允之。(《清圣祖仁皇帝实录卷之一一六》)

公元1685年

○康熙二十四年乙丑五月○己卯,遣官动支宣府仓粮,赈济阿霸垓多罗郡王沙克沙僧厄属下穷丁。

○六月庚寅朔,上巡幸塞外,命皇太子允礽、皇长子允禔随驾。是日启行,驻跸三家店。

编者注:"三家店"即今北京市三家店。

○辛卯,上驻跸河漕。

○壬辰,上驻跸钓鱼台。

○癸巳,上出古北口驻跸。

○八月○庚寅,上驻跸察罕郭尔昂阿地方。

○辛卯,上驻跸孟克昂阿地方。

○癸巳,上驻跸齐老图地方。○赐察哈尔官兵绸缎、布疋、银两、袍褂有差。

○丙申,上驻跸伊玛图地方。○命理藩院尚书阿喇尼等传谕八旗察哈尔官兵曰:"尔等自太宗皇帝时,皆编旗分佐领,爱养有年。今朕巡行边外,讲习武备,见尔等人材壮健,颇谙体制,与京师八旗无异。朕所以奖励尔等,不分内外,一视同仁。嗣后各宜善为畜牧,力勤农事,谨守成法,勿为盗贼。如此,不特人皆得所,即朕任使亦有裨益矣,尔等其谨志之。"总管游牧参领品级阿耀等及八旗察哈尔官兵皆欢忭稽首奏谢。又命领侍卫内大臣舅舅佟国维、公偎赫等,传谕总管游牧参领品级阿耀曰:"尔自奉命管辖察哈尔兵丁以来,能敬慎奉职,驭下严明。且畜牧孳生颇盛,尔若在京,当授散秩大臣。今任外职,此后进京,可即以内大臣品级行走。"(《清圣祖仁皇帝实录卷之一二一》)

○康熙二十四年乙丑九月○乙酉,户部题:"张家口诸处仓廒应令地方官设法修造。"得旨:"若令地方官设法,势必加派于民。着即以本处税银修建。"(《清圣祖仁皇帝实录卷之一二二》)

公元1686年

○康熙二十五年丙寅春正月○戊辰,先是,理藩院奏:"厄鲁特巴图尔额尔克济农携其属七百八十人将至。"遣官往迎。上曰:"巴图尔额尔克济农所属,亦限以二百人入关。余者留归化城,则见在噶尔丹之贡使,可无辞矣。兹当严冬之际,行李牲畜,盗贼可虞。归化城都统古睦德见以年节来觐,可令速回监视。着遣户部理藩院司官各一员,前往宣化府,优给供应。"至是,巴图尔额尔克济农至京朝见,筵宴毕。上以御服貂裘赐之。(《清圣祖仁皇帝实录卷之一二四》)

○康熙二十五年丙寅九月○癸卯,理藩院题:"厄鲁特土哈尔台吉、噶尔丹台吉等,遣使互市。"上曰:"厄鲁特部落,如噶尔丹等四大台吉,应令来京互市。其余小台吉俱于张家口互市。着为定例。"(《清圣祖仁皇帝实录卷之一二七》)

公元1687年

○康熙二十六年丁卯九月○辛巳,升陕西延绥神木副将蓝理为宣府总兵官。(《清圣祖仁皇帝实录卷之一三一》)

公元1688年

○康熙二十七年戊辰秋八月○甲寅,赐随围管八旗察哈尔兵各官弁等缎疋、银币有差。

○丁卯,设站侍郎文达、侍卫阿南达疏报:"土谢图汗与噶尔丹于八月初三、四等日,相遇于鄂罗会诺尔之地,鏖战三日。厄鲁特兵夜袭善巴额尔克戴青之营,破之。喀尔喀属下诸台吉星散。土谢图汗力弱,乃越瀚海,奔至哲布尊丹巴所。"上谕领侍卫内大臣舅舅佟国维、领侍卫内大臣伯费扬古、内大臣明珠、尚书阿喇尼等曰:"今喀尔喀、厄鲁特交恶作乱,境上急宜防守。其令见随八旗骁骑兵丁及下五旗护军前锋,以其半往驻张家口外形势之地,以听调遣。两苏尼特、四子部落三旗,派兵二千,以郡王萨穆扎额驸将之,贝勒博木博等副之。喀尔喀达尔汉亲王、毛明安、三乌拉特五旗,派兵二千,以达尔汉亲王诺内将之。于四旗扎萨克内,选贤能善于约束者一人,又于三旗协理台吉内,每旗派出一人副之。鄂尔多斯旗分派兵二千,以贝勒松阿喇布将之,贝勒古鲁西希布、台吉阿尔赛等副之。此所拨兵,俱令环我边汛,驻备形势之地。再令归化城两旗备兵一千,都统阿拉纳、副都统阿第等将之。于彼两旗拨人材雄健,善于约束之员,即令屯驻归化城内,以备紧急调遣。"(《清圣祖仁皇帝实录卷之一三六》)

○康熙二十七年戊辰九月庚午朔○时哲布尊丹巴呼图克图遣使报称:"噶尔丹分兵三路,沿途劫掠,约会于我边哨爱必汗喀喇鄂博之地。"侍郎文达以闻,上谕尚书阿喇尼等曰:"喀尔喀所告之言,虽未审虚实,而我边塞不可不为之防御。应派京师八旗护军每佐领七名,骁骑每佐领二名,前锋二百名,火器营兵一千,子母炮八门,限五日内起程。

再令大同、宣府总兵官鲍敬、蓝理,各选精兵一千,亲率而来。我军俱应在归化城驻备,此系备兵,不用将军印。每翼置都统一员,右翼着公苏努率之,左翼着公化善率之,即以苏努为统帅。左翼副都统迈图、那秦、查木扬、杨岱,右翼副都统希禅、阿尔法、牛尼有、达尔泰,令一并前往。"

○壬申,谕兵部:"前者侍郎文达奏,言噶尔丹分兵三路,追土谢图汗,将近我汛界。朕以边疆事关重大,故颁谕旨,派京师大兵以备之。今闻噶尔丹于我朝所遣使臣,待之有加,礼殊为恭顺。且又闻其遣使,与我阿齐图、拜里等偕来请安。应将京城大兵暂且停其起程,仍令各为预备候旨。大同、宣府总兵官之兵,亦暂停起行,令其候旨。行在所有之兵,每佐领派护军二名,前锋派二百名,火器营兵全派,令赴安亲王军前。其存留官兵,拣选肥壮马匹,给发前去之兵。将青城运来之米,计口授之。此去之兵,着都统诺敏、彭春,护军统领托伦、惠兰,副都统康喀拉、尚图,酌量派发章京,统率前往。"

○冬十月○庚戌,裁涿鹿、永平、真定、河间、保定等卫守备千总员缺。

○十一月○辛未,兵部议覆:"御史郭世隆疏言,山海关城守御、章京等官,职司稽察,每多懈弛。嗣后失察私参之例,请加严定处分,应无庸议。"上曰:"偷刨人参,禁绝甚易。但人参为物,治病有益。且无甚关系,故朕于偷刨之人,亦未曾有一正法者。着如部议,山海关守御官兵,嗣后停止,令盛京将军管辖。照张家口例,一切事件送部定夺。"(《清圣祖仁皇帝实录卷之一三七》)

公元1689年

○康熙二十八年己巳夏四月○甲午,先是,喀尔喀土谢图汗等,以米粮将尽,续到二万余人,不能赡给,奏请赈济。上命领侍卫内大臣伯费扬古等赍银两茶布,前往散给。至是,谕大学士等曰:"朕闻喀尔喀乏食,有至饿死者,深为轸念。顷虽令内大臣费扬古等赍茶布银两采买牲畜,赈其乏绝。但采买尚需时日,若不速发粮以拯之,则死者愈多矣。哲布尊丹巴呼图克图,见有贸易骆驼百余,在张家口。并内驼厂及太仆寺骆驼,共发一百,将张家口仓米星速运到散给。计支一两月间,费扬古等所买牲畜可继之矣。如此,则喀尔喀可活也。其令侍卫吴达禅、侍读学士西拉、牧厂侍卫、太仆寺堂官、户部贤能司官各一员,前往经理。"(《清圣祖仁皇帝实录卷之一四〇》)

○康熙二十八年己巳五月○癸亥,理藩院题:"前因喀尔喀、厄鲁特于边境构兵,奉上谕苏尼特、四子部落、毛明安、乌拉特、鄂尔多斯等旗,共派兵六千,俱令于沿边形胜之地驻防。又令归化城两旗,派兵一千屯驻城内,以备紧急调遣。今既传闻厄鲁特发兵二支,一支从阿尔泰之后攻昆都伦,一支从达尔汉亲王旗分之北前进,应较去岁所发之兵,量减其半。仍令前所派领兵王、贝勒、台吉等,照常备之。八旗游牧之地,所有察哈尔兵内,不论护军骁骑,选人材健壮者一千备之。"得旨:"着各在家预备,以俟调遣。"

○八月○丁丑,谕内大臣、大学士等:"朕自春至今,缘兹旱灾,无日不殷忧轸念。近出口阅视,更不堪寓目。当此仲秋之时,即以山核桃作粥而食,若时届冬春,何以存活?且闻诸蒙古所在亦然。如此情形躬亲目击,忧悯不能自止。前于口上积粮,特为众蒙古计。今蒙古牲畜,目前尚可支持。若不预给米粮,则牲畜羸瘦。至极穷困之时,虽再议给赈,无论彼不能承领,此间亦无术可以运致矣。今择贤能官分遣诸处,察其实不能存活、极困穷者。一面令带人夫车辆骆驼而来,何旗于何口相近,即以就近口上所收粮食量给之。则所需之粮,不至万斛,而众蒙古之困苦可救矣。粮食足而牲畜存,渐遇丰年,庶可得济,其集议以闻。"寻议差理藩院官前往,会同各扎萨克等,令于喜峰口、古北口、杀虎口、张家口、独石口相近之处领赈。再行文户部,于五口上预备米粮,确查蒙古贫人,每口给米以五斗为率。上曰:"尔等议人给米五斗,误矣!应遣蒙古侍卫及通蒙古语满洲侍卫前往,会同该王协理旗下事务台吉等,明白清察穷人数目若干,应给米若干可以度日处细加详算,交与王、台吉等赡养,则速而且易。王、台吉等,皆朕所信任之人,有何不可信?散米时,令王、台吉等亲身来领。以巴林、翁牛特、二喀喇沁为一起,二土默特、敖汉、奈曼为一起,苏尼特、察哈尔八旗为一起,扎鲁特、阿禄科尔沁为一起,详查实数散给。"(《清圣祖仁皇帝实录卷之一四一》)

○康熙二十八年己巳九月○庚戌,户部议覆,郎中殷特等会同直隶巡抚于成龙疏言:"臣等察勘直属被灾地方,宣府、广平、真定等府所属被灾十分者,共四十四州、县卫所。请将本年未征钱粮豁免。并发各属所贮仓粮,通行赈济。若米谷不敷,动正项钱粮,折米支给。……应如所请。"上谕大学士等曰:"小民生计,最多苦辛。今人动称耕九余三,谈何容易!农家终岁勤动,幸遇有秋,而谷价又贱。欲办八口衣食,与来岁耕种之资,犹恐不足。安得宽然有余?一遇歉岁,不免颠连困苦矣。惟富饶业户,陈陈相因,贱买贵卖,每获厚利。然赖有富户居积,犹得散粜民间,以济荒歉。若使尽为灾黎,其何以堪!自古帝王生长深宫,少知稼穑艰难与民生疾苦。朕轸念民艰,时常巡省,周咨博访,悉知穷檐困踣之状,实可哀怜。直隶被灾地方,本年未征钱粮及康熙二十九年上半年钱粮,俱应蠲免。着候谕旨行。"

○冬十月○癸巳,户部议覆:"直隶巡抚于成龙疏言:'兵丁藉月粮度日,今岁天旱,米豆草价腾贵、请于原折价外增添一半。'其所请过浮,应令巡抚将时价详加核实,奏明再议。"上曰:"今岁直隶地方旱荒,米豆草束折价,若不增给,兵丁必至苦累。可如该抚所请增给,宣府、古北口等沿边地方,见有积谷,可将此米支与附近兵丁,不必折给,其赈济亦令动支此米。"(《清圣祖仁皇帝实录卷之一四二》)

○康熙二十八年己巳十二月○己卯，调直隶宣府总兵官蓝理为浙江定海总兵官。以原任湖广襄阳总兵官许盛为宣府总兵官。(《清圣祖仁皇帝实录卷之一四三》)

公元1690年

○康熙二十九年庚午春正月○庚申，喀尔喀土谢图汗以所部六千余人乏食，请赈。部议不准。上命以独石口仓粟，每户给以四斗，遣理藩院户部司官各一员，会同土谢图汗监视散给。又车臣汗哲布尊丹巴呼图克图等俱以乏食来告，前后千万计。上皆命按口给之。

○己巳，户部遵谕议奏："八旗不能赡养之庄屯人口，及穷官护军拨什库兵等之庄屯人口，共二万二千四百二十八人，每人给米一石。至于孑身寡妇、退甲护军、拨什库及无马甲，止给一两钱粮者，其家口庄屯人口，共六万三千七百一十九人。每人亦给米一石。"得旨："此等人口，俱应给米粮，可令速给之。"(《清圣祖仁皇帝实录卷之一四四》)

编者注：○马甲(满语morin uksin)，原指保护上身的坎肩似的皮甲，在清代也将八旗兵丁中十八岁以下的二等兵称为"马甲"。和"步甲"均为满洲末等兵(披甲人)的两种。

○康熙二十九年庚午夏四月○癸亥，遣官赈济察哈尔及八旗游牧蒙古穷丁。

○甲子，谕内大臣公舅舅佟国维等曰："据阿南达奏，言厄鲁特与拖多厄尔德尼战，颇被杀伤。其袭西布推哈滩巴图尔时，两人共一骑，有斩木为兵者，且闻来侵昆都伦博硕克图，而至今未到，想已狼狈，必有退回俄侬之势。阿南达欲带行炮，并禁军前往，相机征剿。朕非不知禁军足以克敌，但路远艰于粮运。朕前率察哈尔兵行猎，见其人材壮健,皆思效力,可选精锐六百,左翼令阿要率之,右翼令博尔和代率之,马驼牛羊于八旗大场内派出,兵各携五月粮,再于汉军每旗选章京一员,领行炮八门及炮手前往。檄阿喇尼、额赫纳知之。"○又谕曰:"比闻厄鲁特策妄阿喇布坦、阿奴,与噶尔丹交恶。情事未悉,应颁敕书询其故,并量加恩赉。令理藩院择贤能司官一员,送往嘉峪关,交侍读学士达虎,即令其前往宣谕。达虎事竣,着乘驿来京。此遣去官,及达虎同事之主事奔玺,仍留边外,侦取消息,不时报闻。"赐策妄阿喇布坦及阿奴敕曰:"朕抚育万邦,率土之人,皆欲其协和安辑。今闻尔等与噶尔丹不和,致启争端。尔厄鲁特向修职贡,恭顺惟谨。今乃内自交恶,必有其因,朕甚怜之。远闻之言,虚实难据。特遣侍读学士达虎,赍御用各色缎二十疋,赐策妄阿喇布坦、阿奴,其以尔等交恶之由,明告使臣,毋隐。"

　　○乙亥,先是,一等侍卫阿南达疏言:"臣所率兵,请与阿喇尼兵合为一处,兵势方壮。"上曰:"兵事重大,其令阿喇尼等各陈所见。"至是阿喇尼、纪尔他布奏曰:"臣等窃思额赫纳等兵,若沿汛界而来,时候非宜,恐跋涉艰苦。况庙谟已定,应遵前谕,赴所指之地以行。至阿南达所领察哈尔兵及行炮,令前赴臣军。其诸扎萨克兵,期会于绰嫩河。今车臣汗兵已抵绰嫩河西北洮濑河矣,臣等亦驿召前所调扎萨克兵,来会于洮濑河。至噶尔丹来从何路,及昆都伦博硕克图在何处,访问未确。俟所调兵至,遣人侦探,事当急行,则臣奏闻即发,缓则请旨后行。"奏至,上谕曰:"阿喇尼、纪尔他布,仍往前所指示之地。额赫纳等既往西路,止带扎萨克及喀尔喀兵,恐力寡不敌。阿南达速领军往额赫纳处策应,仍遵前谕行。"(《清圣祖仁皇帝实录卷之一四五》)

　　○康熙二十九年庚午五月○癸未,乌珠穆沁额尔德尼贝勒博木布疏报:"六月十四日,厄鲁特至乌尔会河东乌阑之地,臣属人民多被劫掠。臣遣护卫额克济尔往视,见噶尔丹之弟憨都台吉,送之至噶尔丹所。谓曰:'我攻我仇喀尔喀耳,不敢犯中华界,闻尚书阿喇尼率兵而北，何故？哲布尊丹巴、土谢图汗、车臣汗皆在何地？'额克济尔以不知对。"奏入，上谕曰："噶尔丹已至乌尔会河，军宜速出，其军中无火器者，与禁军前所发兵及盛京兵，俱应增发。"令议政王大臣速行详议。寻议："应于马场催取马匹，公苏努之兵仍于初一日起行。前所发之前锋护军，携见马于初二日发。后派之前锋护军、骁骑，于初三日俱发。令各都统一员、护军统领一员、副都统一员率之，至边外水草宽衍之地驻候。诸王军于初四日起行，直隶巡抚、天津镇、三屯营协标下火器兵，再发一千。并发宣化府镇标兵一千，藤牌兵一千，俱令宣府总兵官许盛率之，与诸王同发。京城兵每佐领应增派护军二名，每旗护军参领一员，每参领护军校署护军参领一员，每翼副都统一员。八旗火器营兵增发一千，所增发护军及火器营官兵俱护驾而行。至盛京兵增发二千，令将军及副都统统之。吉林乌喇兵二千，将军亲率之。俱令赴科尔沁达尔汉亲王军前，与前所发盛京兵会。遣兵部官乘驿往。再取巡捕三营马八百，给与军士。京城大兵陆续遣发，皇上亲统大军相继而行。理藩院檄谕四十九旗：令各备兵，分汛哨探。并檄阿喇尼、额赫纳、阿南达等军知之。"奏入，上谕曰："后所发护军各二名，令都统阿席坦、副都统那秦、希禅率之，俟朕启行后续发。至副都统噶尔玛等所领兵并炮，令内大臣阿密达往统之。不时侦探奏报，以候朕至。总兵官许盛既带操练藤牌军一千名，其标兵可选六百出张家口，令前锋参领索柱巴图鲁引之，由岱阴达巴汉之路往赴阿密达军前。其直隶巡抚、天津镇标兵一千，令三屯营副将师帝宾率之，随诸王而行。俱携两月粮。巡捕营马八百匹给火器营兵。比闻驿站废弛，令直隶巡抚于成龙整理。其绿旗候选军官、武进士、举人及林兴珠等，革职官员有愿效力者，令与火器营兵同行。如有劳绩，酌量擢用。其晓谕之。都统彭春、护军统领杨岱、副都统塞赫于初二日起行。都统喇克达、护军统领苗齐纳、副都统海澜于初三日起行。"未几，许盛已行，复令回宣府听调。

〇戊子，谕议政王大臣等曰："康亲王杰书、恪慎郡王岳希、副都统海笃、牛尼有率前所发骁骑,每佐领各一名,于初二日起行,出张家口,屯归化城。如大同兵可用,听王等随宜调遣。其厄鲁特贸易人马匹,托言乘用,尽收之。直隶巡抚率兵一千,驻遵化。西安将军尼雅翰、副都统巴赛、柏天郁,率满洲兵二千、汉军兵一千屯宁夏。其宁夏绿旗兵亦令预备。"

○己丑,上以厄鲁特兵入汛界,马场亟宜防护。乃遣副都统马锡,调察哈尔兵往驻形胜之地,以备之。○喀尔喀扎萨克台吉额尔克阿海等率千余人劫掠。学士布彦图以闻,上谕发察哈尔兵备之。遣军校橃阿喇尼,令与额赫纳、阿南达兵会,毋以前战未捷,遽怀退怯。其收集兵马,严行警哨。如各扎萨克之兵不足恃,皆令内移。喀尔喀有横行者,禁辑之。自古北口至西巴尔台,令兵部遣坐驿笔帖式设站。自西巴尔台至阿喇尼所,令蒙古设站。学士布彦图设站毕,撤张家口驿。其坐驿笔帖式军校,赴伊处酌用。兵部侍郎沙穆哈前往安驿,直至布彦图所。令巡抚于成龙星速来京,整理近京驿站。其标下所调之兵及天津镇标兵,俱选贤能将弁,率往遵化。兵部遣官,疾驰往谕。(《清圣祖仁皇帝实录卷之一四六》)

○康熙二十九年庚午秋七月庚寅朔○科尔沁土谢图亲王沙津,遣署副都统苏尔米、二等护卫根都等,往侦噶尔丹,至察克墩望见噶尔丹前哨,次第屯列,且营垒甚近。沙津即率所备兵前进,具奏以闻。上谕曰:"大兵陆续前进,朕亦亲往,姑勿与战,以待各路军至齐发,毋失机宜。"其橃王沙津知之。

○辛卯,噶尔丹深入乌珠穆沁地,上命和硕裕亲王福全为抚远大将军,皇子允禔副之,出古北口;和硕恭亲王常宁为安北大将军,和硕简亲王雅布、多罗信郡王鄂扎副之,出喜峰口;内大臣舅舅佟国纲、佟国维,内大臣索额图、明珠、阿密达,都统苏努、喇克达、彭春、阿席坦、诺迈,护军统领苗齐纳、杨岱,前锋统领班达尔沙、迈图,俱参赞军务。诸军前发,惟佟国维、索额图、明珠留京。俟大将军至阴山,驰往会之。

○谕兵部:"本朝自列圣以来,战必胜,攻必克,所向无敌者,皆以赏罚明，法制严，兵卒精锐，器械坚利，人思报国，殚心奋勇之所致也。今军行，其令各该都统以下，察核军实。凡甲胄、弓矢诸器械，务令犀利坚好。其盔甲俱系号带，马鬃尾书旗分佐领姓名。其行也，视大纛整队齐发，有零星前后错行及醉酒者，该管官立拏惩责。其止也，各按旗分队伍，分列屯扎。有前后错乱者，罪及该管大臣。马无印，箭无名，各罚以银，给拏获者。窃取鞍辔什物马匹者，视其多寡治罪。失火者，亦从重究惩。官兵厮役，所过百姓蒙古地方，毋骚扰，毋抢掠，毋践踏。有擅离营伍，入村落山谷，夺人财物者，军法从事，罪及本主及该管官。军士厮役逃亡，在汛界内，立行察拏治罪。如出汛界外，该管大臣即遣官兵穷追务获，立斩以徇。如不能获，则将往追将卒从重治罪。其逃人之主及该管官，一并严行察惩。既出我境，哨探斥堠，务期严密。如旷野交兵，对阵见敌，王、贝勒、贝子、公、大臣，不按次序，挽越前进，及见贼兵寡弱，不复请令，冒昧前进者，有功不叙，仍治以罪。其进也，须齐列缓辔，按队前行。如自离其队而附人后，或自弃其伍而入别行，或他人已入而独留不进，身死、家没。及重责革罚，分别治罪。如整齐而进，击败贼兵，厥功维均。勿以略分先后，致生争竞，至彼不抗我军而奔溃，则选精兵良马逐之，列队蹑踪而进。如前忽遇伏，或贼兵有旁抄者，则后队接战。夫兵者，所以讨逆而安顺也。领军大臣果能严束其下，不使良民受害，朕不靳厚赏。否则罚亦无赦。凯旋之日，有以兵器私售蒙古者，本人治罪，并及该管官。马乃大军急需，须视水草善地，小心护养。起行时，则留将卒察遗失之马，视鬃尾所系字样，交还原主。如系疲马，则开明马色数目，交所在官司人民蒙古，善行牧养，报知兵部。如有匿而骑用，及杀之、弃之者，治以罪。其遗失疲马之人，亦开明马色，报兵部存案。恐官兵未能遍知。尔部其刊布晓谕之。"○谕理藩院："大将军裕亲王率大兵出古北口，其令侍郎沙穆哈、学士布彦图，自阿喇尼设站之处，酌拨附近旗分人马，尾随大军设立驿站。"

○壬辰，副都统噶尔玛疏言："臣率兵往会阿喇尼等，六月二十七日至阿霸垓。闻前军已与噶尔丹交锋,乃遣人探两尚书所在往会之。以兵力单弱,便宜于附近调察哈尔左翼四旗兵,每旗百名以行。越二日,与阿密达军会于冈阿。"得旨:"前已调发察哈尔兵八百,左翼兵无庸再调。今抚远大将军将出塞,应令阿密达等暂驻冈阿,侦明苏努军行实信,与之齐赴克勒,以候大将军至。如闻厄鲁特内向,即回与大军合。"其檄知之。

○癸巳,一等侍卫阿南达疏言:"臣等六月初十日,自伊克噶扎尔起行,至布尔汉布喇克。尚书阿喇尼檄令臣等率察哈尔兵并炮,至他奔他什海。臣因选兵五百,前赴至冈阿,则阿喇尼已回就大军。臣乃疾行至阿霸垓,闻阿喇尼在西喇西巴尔台集兵,噶尔丹已东走矣。臣等马疲粮乏,仅以归化城副都统阿毓玺所运来米一百石,散给士卒。尚余米百驮,阿毓玺护之,与臣等同行,迎就大军。"上命阿南达等与阿喇尼、噶尔玛两军,就其近者往会之。额赫纳兵恐亦粮尽势迫,其檄阿南达,速往迎之入汛界。副都统阿毓玺所解米百驮,量给阿南达兵,余留以给额赫纳军,令阿南达酌行。

○戊戌,谕内大臣舅舅佟国维等曰:"朕夜来思及一事,方欲传谕,适诺木齐岱来奏苏尔达之语,与朕意相符。朕观噶尔丹退回二宿之地,似欲潜逃。如俟京城大兵至,始追之,恐不及。闻盛京乌喇兵俱已起行,十日内即到矣。其令阿密达全军及公苏努军中,视有壮马者选出。即简出征大臣一员统领而往。沿途择水草善地,克期到彼。如噶尔丹欲逃,即行追剿,无失机会。若彼来迎敌,则我军切勿急行,以待大兵。姑遣使往谕之曰:'汝阑入我汛界,尚书阿喇尼等不得不迎战。汝向与天朝修贡通好,此来追喀尔喀耳。今喀尔喀劫夺我外藩,肆行悖乱,亦与我朝相失,圣上特遣和硕裕亲王及皇子来,与汝申明礼法。自兹以往,永定盟好。汝不闻前者我朝出兵至俄罗斯以礼和好,不战而归乎?汝其谨俟王及皇子之至。'如此往复遣使以羁縻之。大兵可俟阿喇尼等,所有扎萨克兵及阿南达兵,其马既不堪用,着阿南达亲押火器,速往与盛京乌喇、科尔沁兵会。阿南达所留之兵，着一人管辖，驻于见居之地，不时探报。苏努等所余之兵，尾此军后，联络坐台哨探。"其令议政王大臣集议。寻议："上谕已极周详，其统领此军之大臣及管辖阿南达所留兵之人员，恭候特简。"上曰："着索额图统领，偕阿密达先往。令阿密达及苏尔达参酌而行。索额图、阿密达前去，则携前锋参领石图与俱，并量选前锋兵带往，至则视其情形，如彼能待，则俟大军而行；不能待，则遣人羁縻之。必不得已，则明谕之，曰圣上遣皇兄及皇子与汝相见，非恶意也。汝乃不俟而去，非汝之不轨乎。虽圣上戒勿战，我不汝贷也。往复数四，度盛京乌喇诸扎萨克兵且至，力足以胜，即便宜行事。如彼奔逃已远，不便往追，则速奏，以便撤兵。苏努及阿密达之军，俱令苏努率之而往。除阿南达等押炮，及马壮者前去外。其马不堪者，酌留。令副都统扎木素、噶尔玛领之，驻阿喇尼等原驻之地，探噶尔丹声息及额赫纳军情，不时报闻。并防御就近地方作恶肆行之人。其查努喀、朱尔素，亦酌量带往调用。"索额图取皇子允禔厩马百匹，乘以前去。

○壬寅，抚远大将军和硕裕亲王福全等疏言："厄鲁特今至奇尔萨布喇克之地，于盛京乌喇、科尔沁，调兵之处不相涉，盖稍在内矣。索额图等若仍赴苏尔达所，似觉迂曲。然已近巴林，臣等欲使索额图等勿赴科尔沁，而驻军巴林以待臣。臣等当选马疾行，尾随索额图而进。"尚书阿喇尼等疏言："噶尔丹距臣军所驻西喇西巴尔台仅一日程。又侍卫阿南达率察哈尔兵五百及运米土默特兵二百，已至臣所。并巴林、翁牛特兵八百，共一千五百名，臣等率之，已与内大臣阿密达军会。两军止三千余耳，势力单薄，请且驻朱尔亨布喇克等处，整兵以待禁军。"奏入，上谕："速檄索额图至巴林候裕亲王，王等亦不必选马疾行，率全军赴巴林，并令人追苏努兵之分行者齐赴巴林。其阿密达、阿喇尼等兵，速令内向，至我大军去路以待。又前所发五旗每佐领护军二名，令恭亲王领之，逾二日起行。王其约束军士，所过毋践禾稼。"

○戊申，议政王大臣等遵旨议覆："归化城宜留兵防守。和硕康亲王杰书军,不必令赴大军,应遣人迎回归化城。其外藩兵应调其半至康亲王所。归化城兵,亦檄知少詹事厄尔塞,令其预备。又前所拨宣府镇标兵一千并藤牌手一百候调遣者,令许盛率之。大同兵二千备杀虎口者,令鲍敬率之。俱着速赴归化城康亲王军前。"从之。

○甲寅,谕署理理藩院事左都御史马齐、学士西拉曰:"朕闻二等侍卫吴达禅云,喀尔喀土谢图汗、哲布尊丹巴呼图克图属下,贫不聊生者甚多,可遣尔衙门司官一员,至土谢图汗处,将至穷乏食者带至张家口外相宜处。同口北道,动支张家口所贮之米,日给饭食。其食米人及所需米数,俟进京时奏闻。"(《清圣祖仁皇帝实录卷之一四七》)

○康熙二十九年庚午八月○癸未,谕理藩院:"今岁塞外歉收。见今张家口外设立饭厂,散赈喀尔喀等。倘有他处蒙古闻信前来者,查果系穷乏之人,俱着一体赈济。"

○庚寅,谕户部:"直隶顺天、保定、河间、真定、顺德、广平、大名所属并宣府等处被灾黎氓,殊为可悯。其康熙二十八年,未征地丁二十六万三千五百余两,粮五万七千三百九十余石;康熙二十九年上半年,应征银三十一万一千五百余两,粮二万八千七百二十余石,尽行蠲免。"(《清圣祖仁皇帝实录卷之一四八》)

○康熙二十九年庚午冬十月○癸亥,谕大学士等曰:"噶尔丹虽立誓而去,其人狡诈,不可深信。着于陕西各营步兵内,选素习征战、人材壮健、善于步行、能用大刀连节棍者二千人,戍守大同、宣府,以备明春有事时调遣。再须善用藤牌大刀福建人数百,驻于石匣,以备调用。古北口石匣之军,应设总兵官。即令与该部会同选择。此驻防之兵。张家口亦选步兵一千名驻扎,即令宣府总兵官统之。此两处新设兵粮,应较步兵钱粮增给。"议政王大臣其集议之,寻议:"钦遵上谕,应檄川陕总督,以陕西各营步兵内,素经战阵、人材壮健、善于步行、能用大刀连节棍兵二千。其副将参游以下等官，量兵派出。着总督巡抚、提督、总兵官亲选，自延绥等处就近拨发，以一千戍守大同，一千戍守宣府。此官兵行粮，及家口坐粮，该督抚照例给发。期于十二月到汛，俟来年夏四月无事撤回。古北口、张家口各添设善用藤牌大刀兵一千。……其设于张家口之兵，着于直隶各营步兵内，有人材壮健、善于步行、能用藤牌大刀者，着巡抚、总兵官亲选一千，送往张家口。所设统领官员，亦照古北口、石匣例，令宣府总兵官统之。此所设总兵官一员，副将二员，恭候皇上简授。游击以下官员，着总兵官选择具奏。此两处兵，皆每月给以银二两，米照常支给。"得旨："此兵务足额数，朕当亲阅。古北口创设藤牌军，统辖之总兵官，务选习于战阵、材技优长之人授之，使不时操练。襄阳总兵官蔡元，谙练戎事，著有劳绩，着调授古北口总兵官。龙泉营参将王廷标着升为副将。其张家口副将员缺，着兵部推补。"

〇丙寅，谕大学士等曰："康亲王之军今已无事，王等及八旗满军、绿旗兵，俱撤回。马锡等兵亦撤回。至左翼四旗察哈尔旗下管旗参领等官，各身率该旗兵，驻于正蓝、镶白二旗之末，防守勿离。有警速报。"

〇乙酉，户部等衙门题："古北口、石匣、张家口三处安设兵丁，添设总兵官、副将等员，应盖造衙署营房。请先发库银盖造，令地方官捐补还项。"得旨："着动支正项钱粮，速行盖造。不必捐补。余如议。"（《清圣祖仁皇帝实录卷之一四九》）

公元1691年

〇康熙三十年辛未春正月〇癸巳，上谕大学士等曰："今噶尔丹所屯之众，自俄侬向喀尔喀墨尔根济农而来。应令八旗汉军都统选举能员，豫运大炮前至大同、宣府驻札。从前令各佐领秣马十五匹，后减去五匹，今仍令如数秣养。又闻出征大臣官员将所有丁壮抽取以护身，致战阵之时丁壮甚少。大小官员,亲随甲士,各有家人。以后军中抽取之事,应令停止。此番兵丁,原令带两月之米,今闻仅带有二十日,亦令严饬。以后照数携带,不可减少。"

○戊申,先是,噶尔丹认罪立誓,上书请降。上以噶尔丹狡诈,宜发兵预备。至是,发兵前往张家口、独石口等地方备之。着议政大臣领侍卫内大臣、八旗都统集议。寻议覆:"前派每佐领护军七名、骁骑五名、前锋一名、火器营兵二千。今以此军分遣张家口、独石口,则张家口应遣每佐领护军四名、骁骑二名、前锋两佐领合一名,火器营兵一千。独石口应遣每佐领护军三名、骁骑三名、前锋两佐领合一名,火器营兵一千。"奏入,得旨:"赴张家口军,令往大同。赴独石口军,令往张家口。其张家口一路,都统瓦岱总领之,与都统喀岱、王永誉,护军统领洪海,副都统方额、科尔代、喻维邦偕往。大同一路,都统郎谈总领之。与都统公宗室化善、都统李正宗、护军统领宗室惠兰、署前锋统领副都统硕鼐、副都统马锡、田象坤、郎化麟偕往。此二路俱授将军印。自汉军副都统以上,俱令参赞。余如议。"○授都统瓦岱定北将军印,都统郎谈安北将军印。

○壬子,谕大学士等:"闻噶尔丹劫掠墨尔根济农、巴图尔额尔克济农,向青海而去。着将陕西西安兵酌留守城外,其余兵丁命将军亲率之。川陕督标绿旗兵命总督亲率之。宁夏镇标兵,命总兵官亲率之。俱于宁夏备噶尔丹。致仕勇略将军赵良栋,见在宁夏,熟习军务,令与将军总督酌议行事。"又谕:"宣府、大同兵,虽未尝攻战,而两次出边,修整器械,亦已劳矣。今又令将军等,于有事时便宜率之而行,宜加恩赉,每兵着赏银四两。"

○二月○壬戌,户部议覆,直隶巡抚郭世隆疏言:"康熙二十八年分,宣化府属保安州等被灾地亩,未完钱粮。请分两年带征,应如所请。"得旨:"保安州等处既经被灾,未完钱粮俱着豁免。"

○癸酉,谕户部:"八旗甲兵,国家根本。当使生计充裕,匮乏无虞。

向因剿除三逆,久历行间,制办军器,购送马匹,兼之户口日增,费用益广。以致物力渐绌,称贷滋多。朕每念及,深为轸恻。若不大沛恩施,清完夙逋,将愈至困迫,难以资生。今八旗满洲、蒙古护军校、骁骑校及另户护军、拨什库、马甲,并子幼或无嗣、寡妇、老病伤残、告退人等,家下马甲所有积债,尔部动支库银给还。汉军每佐领各给银五千两,令其偿完债负外,余者各该都统收贮,以备公用。其口外驻牧八旗察哈尔兵丁,出征随围,凡有差使,一同效力,向并未给钱粮,亦属可悯。嗣后察哈尔护军校、骁骑校、护军、拨什库,着月给钱粮各二两。甲兵及执事人,并太仆寺牧厂人役,着月给钱粮各一两。俟其赡足时停支。尔部即遵谕行。"又谕:"八旗兵丁,债负偿完,恐犹有不得已而称贷之事。若向部内借支,事务繁扰。今发帑银,交与八旗。将各旗内部院堂官派出,会同该旗都统、副都统,视其需用之事借给。于每月钱粮,陆续扣除。如此,则兵丁不至窘迫,将来可免称贷之累,永有裨益矣。"

编者注:自康熙十四年平定察哈尔王布尔尼叛乱以来,察哈尔八旗始享有月饷银。○拨什库,清代官名,满语。汉语称领催。在佐领(满语称牛录)之下,是八旗军队衙署的低级官员,司文书、饷粮等事务。

○三月○庚子,先是,理藩院题:"臣等与内大臣阿尔迪等议,应于上都河、额尔屯河两间七溪之地会阅。先期遣人调集左翼喀尔喀诸王,前至上都土尔根伊扎尔交界之地,右翼喀尔喀诸王,前至上都黑棚交界之地以待。"上命大学士与兵部大臣集议。至是议覆:"喀尔喀等在两处会集,应遣大臣分道先往,各令所在地方蒙古驻于会阅七溪百里以外议事。驾至之前,檄令前来。其喀尔喀等,已传谕于四月十五日,来会于期约之地。驾发日期。并请于命下之日,谕众知之。"奏入,得旨:"四月十二日启行,前行大臣如何差遣,喀尔喀等如何分别,何地安插,喀尔喀作何坐次,又前有噶尔丹之警,备发之兵颇多,今噶尔丹远去,其兵应减。尔等会同满洲九卿詹事科道定议。"寻议覆:"喀尔喀遇乱离散,先后来降。皇上不忍坐视伊等灭亡,安插汛界内外,赈给米谷牲畜,各令得所。又将车臣汗人等编列旗队矣,应俟会阅既毕,视汛界四周,暂令游牧。至厄鲁特事定后,仍遣往土喇、俄侬等处安插。前所发八旗兵,今应减去。率每佐领护军四名,前锋全队,汉军火器营兵而往。上三旗兵丁随驾,下五旗兵丁出独石口赴御营。至张家口所备兵,应俟驾发之后,令将军瓦岱等率领。支两月粮,马驮轻炮,出张家口,往正白、镶白察哈尔游牧之地。随其水草,在彼游牧。会阅既毕,如何措置,该部再行请旨。至会阅之地,应备器物,俱令各该部院奏遣前行。"奏入,得旨:"如议。左翼着马齐、布彦图、额尔贺图、西拉、纪尔他布往。右翼着班迪、索诺和、文达、达虎、阿喇尼往。"(《清圣祖仁皇帝实录卷之一五〇》)

○康熙三十年辛未夏四月○丁巳,兵部议覆,古北口总兵官蔡元疏言:"臣标止步兵六百名,臣自带随丁一百五十名。请照宣府镇标例,再增兵七百五十名,为一千五百名。分设左右两营。应如所请。"从之。

○辛卯,先是,令定北将军瓦岱等兵出张家口,驻正白、镶白两旗察哈尔游牧之地。至是,兵部奏:"会阅事毕,除瓦岱等率兵往土喇侦探外,其余兵士应驻何地?"得旨:"除瓦岱所率兵外,其他兵士俱发往郎谈所。"○遣原任尚书阿喇尼,侍郎布彦图、索诺和、文达,学士达虎等,往编喀尔喀旗。分佐领拨给游牧地方。(《清圣祖仁皇帝实录卷之一五一》)

○康熙三十年辛未秋七月○戊戌,谕兵部:"归化城兵无事当彻,着都统郎谈、副都统硕鼐,于在彼大臣内酌带一员,沿边直至宁夏、延绥、西宁,往勘大军可行可止之地。至于巴图尔额尔克济农,前者来归,给地安插而养之,助喀尔喀往征厄鲁特,竟不为效力,且劫夺喀尔喀之事甚多,灼知其必不能改,故令迁徙居察哈尔之地。奈彼素藏祸心,是以远遁。朕以向加养育,初无困之、杀之之意,欲居何地,惟其所择,但不得扰害边塞地方。可令达虎书此原由,遣人往谕巴图尔额尔克济农,着一并议奏。"寻议:"今归化城兵无事应撤。但留在归化城之厄鲁特尚未去,应拨每佐领护军二名,火器营兵四百名,照兵数派官在归化城周围暂驻,余俱彻回。此所留兵,俟头队厄鲁特起程后即回。其调到大同、宣府、绿旗官兵,亦令各回汛地,暂留大臣,伏候上命。应着达虎抄誊敕谕,遣发巴图尔额尔克济农,俟彼作何回复,即令奏报。"得旨:"着都统喀岱、李正宗,副都统田象坤、郎化麟留后,将军印交与喀岱。参领诺尔孙达米纳夸塞、苏丹古尔哈,着与郎谈偕往,勘视大军可行可止之地。事毕,着郎谈等一二紧要之人,乘驿先来入奏。"(《清圣祖仁皇帝实录卷之一五二》)

公元1692年

〇康熙三十一年壬申六月〇甲申,议政王大臣等议覆,奉差安设口外五路驿站内大臣阿尔迪疏言:"喜峰口外设立十五站,古北口外六站,独石口外六站,张家口外八站;杀虎口外十二站。每站安丁五十名,量给与马匹牛羊,应如所请。其应给马匹牛羊银两,差大臣前往料理。又该旗扎萨克,除公事外,不许擅动驿站。如有应动车辆,令众扎萨克供应,照例给价。"得旨:"此五路设立驿站之事,先于科尔沁、鄂尔多斯两路安设,即赏给买牲银两,以副朕轸恤蒙古人丁之意。其余三路,俟来年会议安设。随命科尔沁一路,着刑部尚书图纳去。鄂尔多斯一路,着内阁学士德珠去。"

编者注:西北军台(即阿尔泰军台)设置提出构想。

〇秋七月〇己巳,喀尔喀格楚尔喀屯以属裔来归。得旨:"格楚尔喀屯既有属裔佐领,着居口外。应附何旗安插,兵部议奏。"寻议覆:"上三旗游牧地方察哈尔内,镶黄旗蒙古人丁缺额,应将格楚尔喀屯及其两孙并属裔一佐领,附于蒙古镶黄旗下。至格楚尔喀屯属裔,有佐领官阿南大、骁骑校扎木巴拉,另户蒙古壮丁及家下蒙古壮丁编为一佐领。

此佐领内已有旧管官员不必再设,其护军校、前锋、护军、骁骑,俱照察哈尔例补充。"从之。(《清圣祖仁皇帝实录卷之一五五》)

○康熙三十一年壬申冬十月○辛卯,谕大学士等:"近欲发兵备大同,但天时寒冷,若竟无事,则士卒徒劳。倘不加预备,万一有警,又恐不及。朕意欲暂停发兵至大同,以见在京城喂养之马驼,驱往大同等处饲秣。如有当行之事,立发京城所备之兵,星驰而往,即乘所饲之马,似于事无误。着将每佐领所喂骆驼一头、马六匹,发往宣府、大同喂养。可传谕遵行。"(《清圣祖仁皇帝实录卷之一五七》)

公元1693年

○康熙三十二年癸酉春正月○庚辰,理藩院题:"先经议政王大臣议奏喜峰口等五路添设驿站。奉旨:'此五路设站之事,于喜峰口至科尔沁,杀虎口至鄂尔多斯,此二路先设。其三路明年再设,作何设立之处,俟来春议奏。'今议,于古北口至乌珠穆沁,设立六站。独石口至浩齐特,设立六站。张家口至归化城、四子部落设立八站。此三路设立驿站,悉照从前二路设立驿站之例。"得旨:"依议。古北口一路,着内阁学士安布禄、侍读学士席密图去。独石口一路,着工部侍郎图尔宸、侍读学士喇锡去。张家口一路,着吏部侍郎布彦图、侍读学士额赫礼去。"

○癸未,吏部、兵部议覆,直隶巡抚郭世隆疏言:"宣府所属六厅,俱系佐贰,十卫俱系武弁,予以临民,似为未协。宜裁六厅十卫,改设一府八县。应设知府一员,同知一员,通判一员,知县八员,教职九员,县丞二员,典史八员,驿丞七员,经历一员,司狱一员,巡检一员。又东城等六驿,地处偏僻,差使无多,均宜裁去。"应如所请。从之。(《清圣祖仁皇帝实录卷之一五八》)

编者注：宣化结束沿袭明代镇领卫所制，始设府、县。

○康熙三十二年癸酉九月○戊申，上驻跸乌里雅苏台达巴汉地方。

○冬十月○己卯，先是，留寓归化城回子有赛必定、额尔克白克、及沙和卓、纳秦和硕齐。留寓张家口者，有莫洛等。原议与沙哈孙、额尔克白克一同遣归。至是理藩院题："纳秦和硕齐等四十户一百三十口，莫洛等十一户四十口，召至沙哈孙、额尔克白克等前，谕之遣还。俱言居此年久，又无粮骑，断不去也。沙哈孙、额尔克白克等言，伊等既无粮骑，我亦不能携归，是以令伊等仍住原地。其赛必定、额尔克白克，并沙和卓共二百口，自归化城遣行，出四子部落汛界，济鲁克俄博地方，同沙哈孙、额尔克白克等归去矣。纳秦和硕齐、莫洛等，皆不愿去，应暂留归化城。"得旨："纳秦和硕齐等，着将军等防护，俟噶尔丹使至，遣归。"（《清圣祖仁皇帝实录卷之一六〇》）

公元1694年

○康熙三十三年甲戌夏四月○庚午，理藩院题："今岁编审外藩蒙古四十九旗人丁，共二十二万六千二百七十有奇。内除隶公主、郡主、王、贝勒、贝子、公、额驸、台吉等三万一千五百九十六丁外，余十九万四千六百七十余丁，三丁内着一丁披甲，应披六万四千八百九十一甲。下所司知之。"（《清圣祖仁皇帝实录卷之一六三》）

编者注：上述记载不包括察哈尔八旗人员。

○康熙三十三年甲戌秋七月○壬午，兵部题："建威将军希福，请将大同绿旗兵三千，令总兵官率之，与臣等同行。又镶蓝蒙古旗分察哈尔兵，近杀虎口居住。其八旗察哈尔俱接壤而居，丁壮整齐，秋高马肥。

请将伊等前锋护军、骁骑,酌量派发附各旗,遣至臣等军前。"上谕大学士等:"绿旗兵若多发往,则其马少。且边外地方,米粮何能运到?朕前巡察边外时,曾带古北口绿旗兵往,沿途常赏赉食物赡养。然去时犹可,及观其回时,情形甚惫,随朕行走,尚有苦累之处。今希福亦能如此赏给乎?希福每遇一事,必生疑阻。此番发往满洲之兵,已有八千。有此兵力,所向无敌。将军费扬古,勋旧大臣,今驻防归化城,众皆称赞。军士亦皆心服。都统郎谈,边外行走,熟练于此事,无不能办者。若又遣希福往,或致疑阻大事亦未可定。此处关系甚大,希福着停其前往。右卫新驻兵丁,令将军希福料理。大同绿旗兵丁,不必多发。着大同总兵官康调元亲选五百名,与将军费扬古一同前往。至京城兵,亦已预备。察哈尔兵,倘有紧要差遣,即与所备之兵一同调遣,不必发往。"(《清圣祖仁皇帝实录卷之一六四》)

○康熙三十三年甲戌九月○壬辰,命左副都御史阿山往宣化府监督喂养军需马匹。(《清圣祖仁皇帝实录卷之一六五》)

公元1695年

○康熙三十四年乙亥八月○庚戌,理藩院尚书班迪奏报:"遣往西卜退哈滩巴图尔等处送文兵丁孟索和等报称,我等回至巴尔泰罕地方,远望厄鲁特兵沿克鲁伦河屯札,踪迹甚众。西卜退哈滩巴图尔、纳木扎尔陀音等,已往阴山之北。噶尔丹兵两支,随后往追之。谨奏闻。"上谕议政大臣曰:"前备兵曾经减退,仍宜备兵一队,于前减护军三名,亲随护军一名,再增每佐领下护军各一名,鸟枪骁骑一千二百名,鸟枪护军四百名。按鸟枪骁骑之数,派夸兰大及章京统之。其增发之护军,派实授参领统之。诸王可于后队兵内豫备。八旗察哈尔地方有马二千余匹，调取交部，分给八旗，以充拴养马额。都统护巴、伊勒慎、诺穆图，护军统领苏喝，副都统龙西库、张所知，亦着于后队兵豫备。其增发之大臣，俟朕进京另奏。"

○冬十月○癸巳，增顺天、永平、宣化三府驿站马匹。

○庚子，理藩院尚书班迪疏报："遣人至克鲁伦河等处，探得噶尔丹在峨格穆尔布尔哈苏泰之地度冬，俟雪后乃行。复遣员外郎笪赖等往探，自多罗忒延及巴颜额尔黑图驻扎，约三百户，骆驼牛马千余头，毳幕敝坏，绝无羊群。"奏至，谕议政大臣等曰："噶尔丹前有下雪时行走声息，今所报相符，应饬兵豫备设。彼于严冬妄进，可即行剿灭。今每佐领派前锋一名，亲随护军一名，鸟枪护军二名，护军五名，鸟枪骁骑一名，汉军火器营兵二千名以备。可俱选人材矫健者，其领兵大臣，着兵部奏请。再宣化府有草豆，京师所畜马匹内，每佐领派马十四匹发往饲养，咸令肥泽。俟大兵行日，每兵给京师马三匹，宣化府马一匹。其宣化府饲养之事，应差部院及旗下大臣各一员，前往亲督。右卫将军费扬古处，可令檄知其所属兵众，亦豫备以待。"

○壬寅，谕大学士等："都统噶尔玛、副都统硕岱，着往驻左翼察哈尔地，探厄鲁特声息。设有警，可传集左翼察哈尔兵众，以待京师之兵。"

○丁未，谕议政大臣等："闻噶尔丹部落不过五六千人，我大兵皆踊跃愿战，而大臣官员逡巡退缩，无意效力。近噶尔丹于巴颜乌阑屯聚，彼纵不敢深入，或潜来边徼，掠我外藩，亦未可定。闻警后始遣大兵，势不能朝发夕至。我进彼退，我还彼来，再三若此，凡蒙古诸部，亦大遭其蹂躏矣。尔诸王大臣，可与八旗都统、前锋统领、护军统领、副都统等公同筹画，作何进止，其详议之。"寻议覆："宜遣发师徒，携两月粮，赴巴颜乌阑进剿。"上曰："方今冬令，噶尔丹虽不能亲率其妻孥辎重前来，或以游骑潜掠汛界近地，亦未可定。然谅其人无多，京师大兵，不便轻发。即遣往，亦未必与彼相值，莫若以蒙古兵应之。见今墨尔根济农、善巴戴青各备兵一千。归化城有将军伯费扬古驻扎，西路事柄，应全付与。右翼察哈尔兵、归化城兵及四子部落以西所有扎萨克兵,俱令酌量征调。其东路兵宜另派大臣管领。两苏尼特、两阿霸垓,两阿霸哈纳旗兵,着索额图前往收集。鄂克济哈、扎喇克图见赴汛界,索额图可偕之去。喀尔喀土谢图汗等及两浩齐特、两乌珠穆沁兵,着明珠偕阿喇尼、恩额森,前往收集。俱令各驻要地,探听声息。都统噶尔玛、副都统硕岱,朕已令于察哈尔左翼驻扎,毋容遣动。设有必不可已机务,再行。调取会同索额图、明珠等,以行其理藩院官,或别部院官,听其酌量题请带往。兹遣伊等,非取其奋勇一试,惟期一应声息,得其真实耳。尚书班迪,虽见在彼侦探,犹恐京师大兵难遽定行止,故复有此遣师之进退,俟伊等报闻定夺。"(《清圣祖仁皇帝实录卷之一六八》)

　　○康熙三十四年乙亥十一月○庚申,直隶巡抚沈朝聘疏言:"宣化府龙门等县霜灾地方,康熙三十四年额赋,请分年带征。"得旨:"宣化府钱粮皆免征,并三十五年额赋,亦令蠲免。"

　　○壬戌,安北将军伯费扬古疏言:"噶尔丹在巴颜乌兰之地,宜分军进剿。"上谕议政大臣等:"我大军进剿噶尔丹,宜分为三路。东一路,仍派盛京兵二千,宁古塔兵一千,黑龙江兵将军萨布素酌派。再派科尔沁兵四千,令定期会合,沿克鲁伦进剿。西一路,征调各处官兵总辖于费扬古,由归化城进剿。中一路,以京城每佐领下所余预备兵六名,及火器营兵,与费扬古所请宣化府绿旗兵,停其发往西路,皆定为中路进剿。此三路官兵,俱令裹八十日口粮。中路随运米石,着诸王大臣官员急公之驼马驮运。倘不足,即动支正项钱粮,雇车装载。西路军粮应随运几日,费扬古明白具奏。至师行,惟马最要,东光、吴桥、景州三处,户部见贮有乌豆,每佐领下发马十匹,交地方官饲养,遣侍郎陈汝器往督之。是师来年何月何日启行,着费扬古定议以闻。"

　　○乙亥,安北将军伯费扬古疏言:"巴颜乌阑距归化城约二千里。西路进剿官兵,除自赍粮八十日外,应复随运两月行粮。所调各路兵,俱令明岁齐集归化城，二月二十日前后启行。"上谕议政大臣等曰："可俱如费扬古所请。其随运之米，可定为五十日。见今大同附近诸处，未经积贮草豆，着户部派才能官一员，往同该抚，约计马二万匹，四十日刍秣之需，速行购备。京城每佐领下，添拨西路之护军三名，鸟枪兵一名，于今岁十二月望后起程，至大同养马四十日，如期赴归化城进发。再宣化府见喂马匹，亦着带往西路备用。其中路进兵之期，俟遣往费扬古处人回定夺。"

〇丁丑，大学士会同兵部议奏："西路进剿，右卫兵五千，京城增发兵三千四百七十，大同绿旗兵五千，合官兵厮役，共计二万四千二百六十名有奇。先经议政大臣议，京城增发兵，每名给马四匹，厮役一名，各赏口粮八十日外，每名月给米二仓斗。以湖滩河朔米随运。其运车及马骡草豆、挽兵口粮等物，俱着山西巡抚备给。并遴才干道官一员，同知、知州、知县等官四员，同部院官四员随车押运。请于特简于成龙等三大臣内分拨一人，佐以一满洲堂官，速赴山西，会同巡抚温保料理诸务。至中路进剿，京中每佐领兵六名，汉军火器营兵二千及随炮兵，共计八千一百三十名。俱照西路例，每名给马四匹，厮役一名。炮手绵甲军八百八十八名，两名合一厮役。又盛京兵二千，宁古塔兵一千，黑龙江兵约二千，宣化府绿旗兵三千，合官兵厮役，共计三万二千九百七十名有零。各赏八十日口粮外，每名月给米二仓斗，以通仓米运给。其运车及兵夫马骡需用食物，俱着直隶、山东、河南三省巡抚备给。押运官员亦着各该抚遴选，与西路同。再遴部院衙门才能官十二员，每省派四员分管，尾随中路大兵前进。其总理运务，既经派出于成龙等，诸事应令会同料理。"上曰："既派出于成龙等使之专任，嗣后凡关运米机务，即自行奏请，不必会同该部。押运官员，亦着伊等选择具题。牵挽兵卒，给与行粮。余如所议。"

〇十二月〇辛亥，谕大学士等："古北口总兵官李世达告病，今当军兴之际，可升石匣副将马进良为古北口总兵官。石匣副将以刘虎补授。索额图曾奏宣府总兵官许盛年老有疾,其令解任。此缺以通州副将白斌补授,皆令于年内速赴任所。白斌既到任,可选其标下兵卒前赴军中。总兵官李世达,令来京调养。病痊起用。"

○乙卯,谕大学士等:"朕思察哈尔之兵若不善饲马匹,恐不能同大军前进。宜简察哈尔左、右两翼各八百人,每人各带马三匹,左翼属中路,屯宣化府;右翼属西路,屯大同府,与地方官协同善饲之。"(《清圣祖仁皇帝实录卷之一六九》)

公元1696年

○康熙三十五年丙子春正月○乙丑,赏宣化府、大同府及古北口从征绿旗官兵银两。

○壬午,谕抚远大将军伯费扬古:"大兵进剿,归化城地方紧要,土默特二千余兵外,着增拨宣化府绿旗兵一千驻防。"寻命安郡王马尔浑、辅国公赖士、副都统迓图统领防守。

○甲申,谕兵部等衙门:"大兵至巴颜乌阑,倘噶尔丹不敢迎敌,从此遁去,可预选察哈尔兵一千六百名,喀喇沁、翁牛特兵一千四百名,再于大兵内及新满洲诸王护卫、喀尔喀兵内,共选精兵一万。备足驼马糗粮,务将噶尔丹穷追剿灭。"(《清圣祖仁皇帝实录卷之一七〇》)

○康熙三十五年丙子二月○壬辰,兵部、理藩院奏:"中路设驿,自京城至独石口设四驿,有额定驿马,不必增加外,每驿用笔帖式一员,拨什库二名。自独石口外,约设六十驿,每驿马四十匹,至中路。大兵到汛界后,与西路联络处,设十五驿,每驿马二十匹。如相隔遥远,驿或不足,再酌量增设。中路大兵正站、腰站,俱两驿合设笔帖式一员,拨什库二名,扎萨克蒙古官一员,兵十名。其管理正站,应拨理藩院、兵部官各二员，腰站各一员前去。"得旨："此番出师诸物，朕皆全备，并无待后赍送之物，飞驰之事亦少。着每驿设马二十匹，部院官、笔帖式、拨什库，调用将尽。今设此驿，有情愿效力废员，每一驿可用两三人坐塘效力，并酌拨扎萨克蒙古内台吉、章京、兵丁，监视马匹。如驿马失盗被劫，即依律治罪。至草青后，将蒙古之马，着该管台吉各自本旗酌带赴驿，协助传报。以此传谕设驿地方众扎萨克。余如议行。"

○丙午，谕领侍卫内大臣等："军士接战当预编队伍，头队兵必多，诸王可俱编入二队。两胁之兵，亦应派定。所选取勇士，可编入头队。头队、二队及左右两胁之兵为最要，军士不得以前进相争。尔等其集议之。"寻议："头队军正中，排设鹿角，及绿旗兵次以左右翼，汉军、火炮、鸟枪之兵继之。继此则派左右翼满洲火炮兵四百名，鸟枪护军每佐领一名，护军一名，亲随护军鸟枪、骁骑俱两佐领合一名。勇士及情愿效力者，俱派在头队。其二队，每佐领护军一名，亲随护军两佐领合一名。皇子及王、贝子、公等，俱定在二队。其左右两胁，每佐领护军一名，鸟枪护军、鸟枪骁骑，俱两佐领合一名。行李令在二队后，各随本旗参领，立于百步之末。再每佐领前锋一名，鸟枪护军两佐领合一名。内府护军各执事人等，及部院大臣官员笔帖式，俱令在御前，以备调用。察哈尔兵八百，扎什王兵五百，另作一队，预备追击。众扎萨克之兵一至，即令与察哈尔兵会合。其派领兵接战之大臣，伏候钦点。"上从之。又谕："火器营军士，既派在头队、二队，其火器营大臣，即率之接战。至于都统、护军统领、副都统等，俱系特简大臣。人材伟岸，并无庸懦者。头队、二队及两胁，可照各翼派定。昔太宗文皇帝时，公彭春之祖和硕图于南苑交战，横冲而入，奋勇破贼，故封以公爵。今有能越众效力者，朕自不靳爵赏。若退缩不前者，治罪无赦。都统兼前锋统领硕鼐，着统前锋而行。提督张云翼，着与都统公鄂伦岱一处效力。副都统吴达禅、齐兰布令随驾行。穆森等随从皇子不必编入队伍。领侍卫内大臣，目下无庸派出，俟临期再行拨派。"于是，头队派都统苏努、杜思噶尔、石文英，护军统领鄂克济哈、苏丹,副都统崇古礼、胡什巴、阿尔纳、莫尔浑、扎喇克图。二队派都统齐世噶尔玛,副都统席柱噶尔璧、阿喀纳握赫。左胁派都统阿席坦、副都统达礼善、那秦。右胁派都统周卜世、副都统法喀、龙西库。○领侍卫内大臣等遵谕议定:"中路兵营,皇上驻跸处为一营,八旗前锋军列作二营,八旗护军及骁骑列作十六营,八旗汉军火器营兵随炮兵、炮手、绵甲兵,列作四营。部院大臣官员笔帖式等列作一营。左翼察哈尔兵列作二营,宣化府及古北口绿旗兵各为一营。至守护御营官兵及执事人员,俱交领侍卫内大臣、护军统领及内务府总管约束督理。"得旨:"镶黄旗大营内,着皇七子允祐、都统杜思噶尔、副都统达礼善、内大臣额驸尚之隆、督捕右理事官温达;镶黄旗小营内,着贝子苏尔发、副都统喀尔沁、席柱;正黄旗大营内,着皇五子允祺、都统侯巴浑德、副都统阿喀纳、学士嵩祝、内大臣布克陶;正黄旗小营内,着宗室公普奇、都统周卜世、副都统莫尔浑;正白旗大营内,着信郡王鄂札、都统阿席坦、副都统阿尔纳、侍读学士席尔登;正白旗小营内,着宗室公吞珠、都统石文英、副都统胡什巴;正红旗大营内,着皇四子、公长泰、都统齐世、副都统法喀、原任尚书顾八代侍读学士觉罗华显;正红旗小营内,着宗室公齐克塔哈、护军统领鄂克济哈、副都统扎喇克图;镶白旗大营内,着恪慎郡王岳希、都统噶尔玛、署护军统领桑遏、副都统那秦;镶白旗小营内,着贝子吴尔占、护军统领苏遏;镶红旗大营内,着皇三子允祉、公福善、副都统孙渣齐、侍郎席尔达、学士三宝;镶红旗小营内,着宗室公苏努、副都统握赫;正蓝旗大营内,着显亲王丹臻、副都统禅穆布、侍郎常绶;正蓝旗小营内,着闲散宗室哈尔萨、副都统崇古礼;镶蓝旗大营内,着康亲王杰书、原任内大臣阿密达、副都统宗室鄂飞;镶蓝旗小营内,着贝子鲁宾、原任都统喀岱、副都统龙西库率领。再八旗汉军火器营、镶黄、正白两旗合为一营,着都统公鄂伦岱、副都统公孙征灏;正黄、正红两旗合为一营,着都统王永誉、副都统张所知;镶白、正蓝两旗合为一营,着都统李正宗、副都统雷继尊、喻维邦;镶红、镶蓝两旗合为一营,着都统诺穆图、副都统宗室巴赛、费仰古、赵钺、张朝午率领。其察哈尔兵,着贝勒多尔济渣卜、散秩大臣吴巴锡统领。余如议行。"

○丁未,理藩院奏:"大兵经行蒙古地方,应令蒙古等沿途贩卖驼马牛羊等物。"得旨:"尔院可另设一营,其贩卖人等,即在尔营内贸易,大军十六营中,每营派官一员,专司贸易之事。如有指称贸易行窃者,不分首从,枭首示众,妻子家产籍没入官。尔等即行晓谕。"

○己酉,命宣化府总兵官白斌统领官兵,从张家口前至适中处,会合大兵进剿。

○庚戌,谕兵部:"此番出征兵马众多,可分为两路出口。将镶黄、正黄、正白、正红四旗前锋军,并绿旗营前锋军为一队,继以宣化府绿旗兵、左翼察哈尔兵为一队,继以御营又分四旗兵为四队,汉军火器营兵为一队,出独石口。再将镶白、镶红、正蓝、镶蓝四旗前锋军并绿旗前锋军为一队,继以古北口绿旗兵为一队,再继以四旗兵分为四队,汉军火器营兵为一队,令其出古北口。军行一日一队,接踵进发,出独石口之前锋军,镶黄、正黄旗兵,绿旗兵马匹,俱牧于路左。正白、正红旗兵及汉军火器营兵马匹,俱牧于路右。其出古北口之前锋军,镶白、镶红旗兵、绿旗兵马匹,俱牧于路左。正蓝、镶蓝旗兵,及汉军火器营兵马匹,俱牧于路右。则牧场不致互相踩践,于军士大有裨益。可通行传谕。"

○癸丑,发张家口仓谷,赈喀尔喀多罗郡王敦多布多尔济下穷丁。

○三月丁巳朔,上驻跸南口。

○戊午,上驻跸榆林。

○己未,上驻跸怀来县。

○庚申,上驻跸石河。

编者注:按其行程,其地应在张家口市怀来县境内。

○辛酉,上驻跸真武庙地方。

编者注:按其行程,其地应在张家口市怀来县或赤城县境内。

○壬戌，上驻跸雕鹗堡。

○甲子，上驻跸赤城县。

○乙丑，上驻跸猫儿峪。○谕议政大臣等："内厩马拨一千匹，兵部马拨五百匹，八旗佐领所养马内择其肥者，拨一千五百匹，共三千骑。于每佐领所留护军一百名内，酌量派出。令同内厩人将此马赶护，于三月二十日起行出张家口，约行二十余日可到。此马到时，如正当对敌之际，则给兵骑用，甚有裨益。即旋师时，令兵丁骑用亦大有济。其赶护马匹之护军与内厩人，亦应照出征人例，给马四匹。此项马匹，着副都统管上驷院事宗室阿喀纳、二等侍卫鄂克济哈等带来。"

编者注："猫儿峪"即今张家口市赤城县云州乡猫儿峪堡。

○丙寅，上驻跸独石口城内。

○丁卯，上驻跸齐伦巴尔哈孙。○遣户部侍郎阿尔拜，祭独石口山川之神。

编者注：按其行程，其地应在张家口市赤城县或沽源县境内。

○戊辰，上驻跸诺海和朔。

○己巳，上驻跸博洛和屯。

○辛未，上驻跸滚诺尔地方。雨雪交作，上以军士未即安营，雨服露立。俟众军士结营毕，始入行宫，营中皆炊饭，然后进膳。又遣御前侍卫海青以骆驼载帐房及食物柴炭，赐挽车未至之人，令栖息举爨。

○癸酉，上驻跸揆宿布喇克地方。○谕领侍卫内大臣等："出古北口之前锋兵，见今已到。应令合于前锋兵营，一同先行。其次，着两路绿旗兵、察哈尔兵随行。其次，着镶黄旗、正黄旗兵，在朕军前行。朕军后，着正白旗、正红旗随行。其余各旗，俱两旗合军。照此随行。"○苏尼特多罗郡王额驸萨穆扎率领二等台吉扎卜等，愿从军效力。得旨："自噶尔丹作乱，尔等旗分，信使往来，供应驿马食物，显著劳绩，至秋间定行重赏。尔回时，可遍谕尔旗诸王下军民人等。"又谕："王年迈，免从征，台吉扎卜、垂扎卜、苏代纳木扎卜、毕立克等，俱令随征。"

○乙亥,抚远大将军伯费扬古疏言:"臣等率领大兵于三月十三日至汛界,十五日臣率京城兵及大同绿旗兵,于东路前进。扬威将军觉罗舒恕率右卫兵,于西路前进。预计程数,四月初三日可至翁金,二十四日至土喇,二十七日至巴颜乌阑。"上命:"示议政大臣等,谕众知之。"

○丙子,上驻跸和尔博地方。○谕议政大臣等:"前曾着前锋兵、绿旗兵,在察罕诺尔地方等候。今大将军伯费扬古兵业已前进。若大兵到时,始行起程,则迟误日期。见今古北口绿旗兵在昂几尔图地方。彼等皆有车辆,若不令前进,俟大兵到时,始令起程,则大兵又致稽留。尔等集议具奏。"寻议:"前锋兵、绿旗兵,不必在察罕诺尔等候。着古北口绿旗兵见在昂几尔图者,酌量趱赴在前之绿旗兵。两黄旗兵到察罕诺尔时,令越过在前行走。已经奉旨,应从察罕诺尔即扎环营。问乡导万舒克云,至克鲁伦河,俱可两旗并行。今仍着两旗并行。前锋兵距绿旗兵、察哈尔兵两日程前行,绿旗兵、察哈尔兵距两黄旗兵一日程前行。在御营后之兵,亦照此行走。俟出汛界时,将各兵总会于何处,及前锋如何行走之处,再题请旨。"得旨:"前锋兵着距绿旗兵、察哈尔兵一日程行走。余依议。"

○丁丑,上驻跸昂几尔图地方。○先是,上遣乾清门一等侍卫马武、侍郎阿尔拜,察阅宣化府绿旗兵。至是还奏:"臣等观张家口兵七百名甚优。护送炮位兵百名,看守炮位鸟枪兵三百名,此四百名兵断不可少。惟宣化镇标马兵四百名内,有一二不堪者,然亦决不至贻误。因令总兵官白斌仍率所带兵一千五百名,前往察罕诺尔地方候旨。"从之。

○戊寅,上驻跸胡什木克地方。

○庚辰,上驻跸噶尔图地方。

○壬午,上驻跸滚诺尔地方。

○癸未,上驻跸郭和苏台察罕诺尔地方。

○甲申,上驻跸瑚鲁苏台。上以粮运所载太重,恐难速行,命员外郎雅囊传谕于成龙,将多带之米酌留所过驿中,交蒙古官兵看守。俟至汛界,再将正额米留一千石,出汛界后,倘有用米之处,即遣官催来。倘无用米之处,亦遣官止之。(《清圣祖仁皇帝实录卷之一七一》)

○康熙三十五年丙子夏四月○戊子,谕乾清门一等侍卫马武曰:"自宣化府取来炮二十四门,需用最要。着汉军四旗火器营大臣等照看,一同带来。"

○癸巳,上谕行在兵部:"前锋兵、镶黄旗兵、正黄旗兵、察哈尔兵、绿旗兵,此五营见在一处同行,伊等牧放马匹,俱遵法度。今草甚茂,着将御营相近迤西牧草,留以待用。行则在前一程驻扎,勿相去太远。"

○乙未,议政大臣等奏:"京城送来马三千,作何给发兵丁?"上谕曰:"自京城每佐领下出兵七名,每人给马四匹,四人共骡一头。今每旗留八十名,则八旗共留六百四十名矣。合绿旗兵、察哈尔兵,自京城赶马护军二百名,通共计算比原数仍多。计每旗所留八十名兵丁之马骡,共三百四十有余。于此马匹内拣膘壮者,可得马一百五十匹。再添自京城带来马一百五十匹,则每旗三百匹矣。若给火器营兵每旗一百匹,二总兵官下绿旗兵各五十匹,马自有余。所留兵八十名,着留十五日口粮,其余米粮给与前去兵丁,其补还此项米粮,俟于成龙运米到时,照数补给。此马三千匹内,拨给兵丁所剩,着交与上驷院。其赶马护军二百名,令归各旗营内行走。"寻又谕:"在前之兵,若将赶来马匹复赶送前去,则马匹劳苦。内御马群有马八百匹在前,将此马内给前锋兵一百匹,给两黄旗三百匹,其在前行走之绿旗兵,给兵部马五十匹。着马思喀、达利善、安布禄看给。其在后六旗兵、汉军火器营兵、绿旗兵马匹,着索额图将兵部赶来马匹,取其膘壮者五百匹,并自京城赶来旗下马匹,照数看给。内御马群马一千匹不用给与。其所留之兵,着左都御史傅腊塔、副都统海澜在此驻扎,总管兵马,遣人察看哨口,侦探消息。"

○己亥,上驻跸瑚鲁苏台察罕诺尔地方。○命定军行次序:前锋军在前,次八旗汉军火器营,察哈尔、宣化府、古北口绿旗兵,次御营并上三旗,次五旗。总兵官岳升龙至,亦同绿旗兵行。

○辛丑。上驻跸喀喇芒鼐哈必尔汉地方。○宣化府总兵官白斌等率官兵迎驾。上谕曰:"尔等俱经历战阵之人,若遇敌时,宜各加勉励。"

○癸卯,上驻跸席喇布里图地方。○谕领侍卫内大臣索额图:"前行八旗前锋兵、汉军火器营,与四旗察哈尔兵及绿旗兵,统领不可无人。着皇长子允禔与尔前往统领行走。朕十九日,在今日所驻席喇布里图地方停留。其八旗前锋、汉军火器营、察哈尔兵、绿旗兵,俱着于拖陵布喇克地方停留,等候御营。"○谕副都统吴达禅:"御营后五旗中,着正红旗明日近至御营,听上三旗都统指示扎营。其四旗至御营军所过六七里外,绕湖泊扎营。"

○丙午,上驻跸西巴尔台地方。

○己酉,上驻跸察罕布喇克地方。(《清圣祖仁皇帝实录卷之一七二》)

○康熙三十五年丙子五月丙辰朔○谕领侍卫内大臣等:"步行厮役及羸瘦马匹,应留拖陵地方,留总兵官白斌标下绿旗兵二百名,马进良标下绿旗兵一百名,令其踞水浚壕,筑垒扎营。留杭艾令其总管,拨总兵官岳升龙所领兵二百名,给白斌,以补所留二百兵之缺。又八旗满兵内有马匹疲惫、不能前行者,亦察明留之。"○谕行在兵部:"内府管骆驼首领郝尚图等,星驰运米到此。着传谕八旗夸兰大,每旗给米三十石。古北口、宣化府绿旗兵,给二十二日米及牛羊。其米经留贮不敷八十日者,亦着补给。"○内大臣等奏:"防护马群甚属紧要,除先到之前锋兵及汉军、察哈尔营所设防护外,应将见在此处五旗,每旗派护军五十人,增入周围防护。再御营内,领侍卫内大臣及护军统领等,仍照前轮班行走。今既逼近厄鲁特窜处之地,御营内既添设宿卫,其防护等处不必着侍卫及内府护军前往。"得旨:"侍卫及护军等皆不令往,亦为未可。伊等各有马匹,无人看守,且牧马处有信息,亦须令来报。应着三旗内,合派侍卫九员,内府护军十五人前往。"○谕行在兵部:"马匹最为紧要。嗣后安营,不必向南,宜各随其方,惟视有水处,周围环绕。令两黄旗居御营后,其余悉照旗分。次察哈尔兵、汉军火器营兵,又其次绿旗兵,于御营外环列大营,勿践营中之草。所有马匹昼则于各旗营外近处牧放,夜即收入营中,则马匹不难于水草,而兵行大有裨益。"

○丁巳,谕行在兵部:"征讨莫要于法令,奋勇登先者锡赏,怯懦退后者议罪,俱系定例。岳升龙、马进良、白斌等,系简选任用之人,今已逼近噶尔丹,若遇敌交战时,副将以下至兵众人等,有退怯违令者,着该总兵官正法奏闻。"

○辛酉,命喀喇沁王扎什兼领察哈尔兵。

○甲子,谕领侍卫内大臣等:"今日据厄鲁特降人言,闻朕亲率大兵四路并进,噶尔丹即行逃窜,朕若率绿旗步兵前进,则牵缀迟误。今可拣选绿旗马兵,会合大将军费扬古,向巴颜乌阑追剿噶尔丹。其绿旗步兵应留大臣管辖,着随后缓行前来。满洲兵每旗留二十名,应派章京、护军校管辖。宣化府取来炮二十四门,亦着留下。汉军炮十六门,能带则尽带往。若不能带,着留炮一二门。所留之兵,应派大臣一员统辖。克鲁伦之克勒河朔地方,去此一百三十里。朕作二日程前行到彼。所留兵丁着作四日程前行到彼。抬鹿角兵有不能到者,着汉军大臣等酌量调拨,带往前去。"大学士伊桑阿等随将应派大臣职名入奏。得旨:"内大臣阿密达着充将军。副都统胡什巴、沙济,左副都御史阿山,着为参谋。令从此分四日至克勒河朔,若有调遣,着酌量趱行前来。"

○癸酉,抚远大将军伯费扬古遣副都统阿南达奏捷,疏言:"五月十三日,臣军正向昭莫多前遣躧探之布达等,至特勒尔济口,见厄鲁特踪迹,遣人来报。臣等即令署前锋统领硕代、副都统阿南达、阿迪等,率前锋挑之。因厄鲁特势众,硕代等且射且却,诱至大军。将及昭莫多,臣等令将军孙思克率绿旗官兵居中,京城、西安、满洲汉军官兵、察哈尔诸扎萨克蒙古,就东方山之高处。右卫满洲、汉军官兵、大同总兵官康调元、绿旗官兵、喀尔喀扎萨克,就西方沿河布阵。谨遵圣上预授之策,令官兵皆步行。噶尔丹率贼万许，向前逆战。官兵奋勇，自未至酉，击噶尔丹而大败之。分行追逐，至特勒尔济口，剿杀三十余里，斩首二千余级，生擒百余人。俘获子女、驼马、牛羊、兵器、什物无算。"得旨："嘉奖，下部从优议叙。"

○甲戌，上驻跸察罕布喇克地方。○又谕："天时炎热，应令厄鲁特降人暂居张家口外。俟丹巴哈什哈等家口到后，酌给牛羊锅帐等物，交侍郎西拉加意照管。"

○庚辰，喀尔喀妻子老幼齐集行宫东门，叩谢再造之恩。上谕曰："朕君临天下，统御万邦，本无分于内外。即绝域荒陬，皆吾赤子，一体眷念。厄鲁特噶尔丹逆天肆虐，恃强凌弱，掳掠喀尔喀等国。朕不辞劳瘁，亲统大兵，征伐剿灭。今厄鲁特之祸靖，则朔方永清矣。尔七旗喀尔喀自今以后，各自乐业，图报国恩，以副朕家视天下至意。"随命原封贝子伊尔登、济农达礼等，以次入幔城进见。众皆叩头，欢呼万岁。复赐茶及宴，赏银币衣服有差。自是以后，至独石口，皆依此例。每日王、贝勒、贝子、台吉等来行宫外，庆贺朝谒，贡献驼马牛羊，不可数计。驾行时，男妇老幼拜跪路旁，迎献酒浆酥酪，沿途环拥，欢声遍野。

○癸未，上驻跸察罕诺尔地方。○赐阿霸垓、苏尼特等各旗分修道、凿井、监牧人员白金有差。○谕侍郎安布禄等："于成龙所运米，已过察罕诺尔者，着拨给后队官兵，余俱载回察罕诺尔地方。其未至察罕诺尔及和尔博以南驿站所留之米，亦令运至察罕诺尔地方，着于成龙等谨慎收贮。察罕诺尔地方，去阿霸垓、苏尼特甚近，量派此六旗官兵看守。"○抚远大将军伯费扬古、平北大将军马思喀疏言："五月二十一日，副都统阿南达传上谕：西路粮饷未至军前，朕深切轸念。尔等会议具奏：臣等于噶尔丹大败之后，即拨察哈尔兵一百名，遣往翁金。倘遇有散行之厄鲁特，即行擒剿。并移文看守翁金米粮之西安副都统西尔哈达，与运粮侍郎王国昌等，令加意防守。二十二日，光禄寺卿辛宝等所送米粮已到军前，其留翁金之米，辛宝等送往纳喇特地方矣。又臣于二十一日,已遣喀尔喀昆都仑博硕克图多罗郡王滚布下色尔济等十人,赍上谕送齐思希忒克木齐克等处,寻觅根敦戴青去矣。"疏入,命示议政大臣。(《清圣祖仁皇帝实录卷之一七三》)

  ○康熙三十五年丙子六月乙酉朔○上驻跸昂几尔图地方。
  ○丙戌,上驻跸揆宿布拉克地方。
  ○丁亥,上驻跸滚诺尔地方。
  ○戊子,上驻跸诺海河朔地方。
  ○己丑,上驻跸独石口。○奏皇太后书曰:"臣违圣母定省日久,惓切之忱,靡间时刻,远塞徂征,荷天笃祐,诞奏成功凯旋,已于初五日进边口。于沿途见蒙古生计,阿霸垓、苏尼特等旗骆驼皆健,马匹较少,牛羊饶裕。察哈尔八旗御牧地方,较前颇觉殷富。我上都马群因途次经过,臣咸视之,甚觉充盛孳息。今年塞草蕃庑,牲畜肥硕,湩酒奶酪,家家充牣。途中所进献驼马牛羊,不可胜用。从军之马皆壮,故大半遣留于口外马群。每日来迎于道旁者,男妇幼穉约略一二千人。臣旋镳甚速,其追随不及者,且将随至京师,途间趋迎拜舞者无算。口内禾苗畅茂,为此谨具奏闻。"○谕大学士伊桑阿:"朕进独石口,见今年麦禾俱盛。恐大兵陆续归时,或致践踏,或偷盗喂马。今将独石口至怀来县交侍郎多奇,自怀来县至京城,交侍郎马尔汉,及随行部院官等,率地方官沿途巡察。如有践踏田禾、偷取喂马者,立拏参奏。如有纵徇,必以军法从事。"
  ○庚寅,上驻跸雕鹗堡。
  ○辛卯,上驻跸怀来县。
  ○壬辰,上驻跸清河。
  ○乙未,安郡王马尔浑疏言:"奉旨于本月初五日,赴爱必罕西喇穆伦汛界地方。以土默特兵交土默特都统阿必达等,其随来宣化府等处绿旗步兵千名,交原领都司陈福等,在归化城候旨。"上命绿旗兵归本汛。○又谕："朕兹出师见察哈尔之军,人皆壮健,效力为最。其护军每月应加饷一两。至四十九旗士卒,连年出征、巡哨,往返劳苦。每兵一名岁以六两为率,给与三年。"

编者注:自康熙十四年平定察哈尔布尔尼叛乱后,首次给予随队出征的察哈尔兵丁护军饷。

○丁未,侍郎西拉等奏言:"厄鲁特降人丹巴哈什哈、察罕西、达里哈什哈等一百六十一口,到张家口外十八里台地方居住。丹巴哈什哈等言,愿得赴京,以供道路洒扫之役。"上曰:"着谕丹巴哈什哈云:尔等虽系降人,俱有用之材。今天时炎热,不宜入京,尔等姑在口外,俟以后军中所解降人俱到之日,当另有谕旨。又丹巴哈什哈等无衣服铺盖,着于张家口章京何芳处支领。"

○辛亥,理藩院奏言:"据大将军伯费扬古咨称,前奉旨,时方炎热,着厄鲁特降人暂居张家口外。即遵旨,将回回国王阿卜都里什特、厄鲁特台吉塞冷扎卜、米寨桑等共八百九十八名,交付土默特副都统阿迪、阿毓玺,拨官兵防护,送往张家口侍郎西拉处。查厄鲁特降人,既俟秋凉安插善地,其押送官兵应暂驻防守,俟安插后回京。此项官兵及厄鲁特降人口粮,应交户部将张家口所有之米拨给。"从之。

○秋七月○己未,理藩院奏:"喀尔喀伊尔登卓礼克图之子宾图等,屡请从军,迁延不赴,诳诈之罪,殊为可恶。应将宾图等四台吉,及独石口外所在三百五十二口,俱交内务府,发辛者库当差。"上免其内务府当差,查下五旗察哈尔丁壮缺少者,编附佐领,着令披甲。

○庚申,谕户部:"朕亲征时,闻宣化府牧养三旗驼马所需草豆甚急,皆先派龙门、赤城、蔚州百姓供用,后给价值。恐小民不能如数支领,着该抚委地方贤能官查明,照价估给。务令小民得沾实惠,以副朕抚恤至意。此地百姓供应军需,修治道路,劳苦可悯。俟冬间,当免其来年之赋。"

○癸亥,命送降人厄鲁特绰克图巴图尔、唐古特寨桑等一百七十

六人至张家口外，与丹巴哈什哈一同安插。(《清圣祖仁皇帝实录卷之一七四》)

编者注：将厄鲁特归降人安插在张家口外察哈尔游牧八旗。

○康熙三十五年丙子八月○庚寅，先是，喀喇沁王扎什旗下附籍厄鲁特台吉巴拜，因属下博克寨桑来朝，附奏云："闻投诚之厄鲁特在张家口外者，有臣属下二三百人。"上谕署理藩院事户部尚书马齐曰："此投诚厄鲁特等，着差官一员，带从前来降之台吉巴拜博克寨桑前往认识。"至是，巴拜往认得属下男妇等共一百七十五口。上命还之。(《清圣祖仁皇帝实录卷之一七五》)

○康熙三十五年丙子九月○乙卯，先是，理藩院奏："陆续来降之厄鲁特，大小人口共一千五百余人，向暂在张家口安插，应令伊等赴京。"上谕领侍卫内大臣等："着取丹巴哈什哈等来京，令副都统吴达禅乘驿而往，同纳拉善、满都迁来。倘厄鲁特有不愿来内地者，即送赴大将军伯费扬古军前，着各给马一匹遣回。令彼往谕噶尔丹，言彼若来降，亦待以显荣。其看守厄鲁特等之察哈尔兵，各归本地。至解厄鲁特降人到京，着边关官兵绿旗官兵转递押解，并令户部理藩院贤能官各一员，前往沿途给口粮食物。既取伊等到京，应令议政诸臣会议，编入旗分佐领。"至是，议厄鲁特降人应编入镶黄、正黄、正白三旗，满洲佐领其内有父子兄弟不可离者，如编入一佐领，为数浮多，则扣算一佐领人口。其余编入本参领内之佐领内有年老孤身，附入人口少者之家，给米赡养。从之。

○丁巳，抚远大将军伯费扬古奏："王善巴哨卒来报，八月二十四日在达阑土鲁地方，见有厄鲁特形影，因调右卫兵一半前来。"上谕议政大臣曰："前命安郡王及将军萨布素来京，今着停止，各率兵赴伯费扬古军前。朕将往宣化地方行围，当减从而往。侍卫拨二百员，御营拨三旗，新满洲护军骁骑三百名，拨三旗亲随护军，每旗三十名，八旗前锋四百名，火器护军一千名，每旗带马上炮三门。此次随驾前锋、护军、骁骑以佐领内拴喂之马，每人各给四匹。侍卫内有无马者，亦各给四匹。火器护军千名，分为两营，其马匹将汉军旗内所拴马亦选与乘用。此行不过试鹰诸色人等，不得告请。从行部院官员从少派出，兵粮亦从少支取。张家口贮有米在，到彼再给。"

○壬戌，先是，奉差修路侍郎多奇以独石口一路修治不堪，下部严察。至是，吏部议应将多奇革职送刑部。得旨："前以行军，凡事不可不严，故将多奇交该部议罪。今自军中来见所修之路并无误大兵往返，着从宽免。"

○癸亥，谕议政大臣等："目下着右卫兵一半秣马，马肥。换伯费扬古带往之兵前来秣马。大同着侍郎多奇，宣府着侍郎席密图监督饲养。"

○丙寅，理藩院奏："自张家口以外设蒙古驿，至大将军伯费扬古所驻地方，应每驿设马二十匹，蒙古章京一员，兵十名。"从之。

编者注：此为"阿尔泰军台"设置之始。

○壬申，谕议政大臣等："大同、宣化所积草料甚多，着于骑坐官马之新满洲护军三百内，使二百十名乘盐池厂马前去，其九十名携其所乘官马九百匹，往大同牧养。其大臣侍卫官员自备之马亦携往大同牧养。解此项马匹牧养时，令三旗大臣各一员，侍卫各三员前去。其在前两队之兵亦发往大同牧养马匹。如此则不误军行，于事大有裨益，此所养马匹，着布克韬、苏永祚、唐保住前往，与侍郎多奇监牧。"

○癸酉，上驻跸南口。

○甲戌，上驻跸岔道。○谕兵部："西路发回大同、宣化府等处骆驼共八十六头，着交侍郎多奇监牧。"

○乙亥，上驻跸怀来县城西。○以招抚噶尔丹丹济拉敕书，并所印刷蒙古文三百道，遣理藩院主事丹巴赉发大将军伯费扬古，令其颁示。

○丙子,上驻跸沙城堡。○谕户部:"宣化府钱粮,前已屡经蠲免。但比年以来,所属各州、县牧养军前需用马匹,又大兵络绎往来,各有支给经费。而供亿甚繁,殊劳民力。朕巡幸经临,深切轸念。着将康熙三十六年宣化府属地丁银米全与蠲豁,仍行文该抚,通行晓谕,俾民间均沾实惠,以副朕宽恤黎元至意。"

编者注:"沙城堡"即今张家口市怀来县城沙城镇。

○丁丑,上驻跸下花园。○谕大学士阿兰泰、尚书马齐:"前令右卫兵丁马匹分牧大同、宣化两处,右卫近大同,将马远解宣化,不若在大同为便。但若在大同一处喂养,恐累小民。着侍郎阿尔拜前去与监牧内大臣酌量,于附近州、县分养,务给实价,毋苦百姓。"○宣化总兵官白斌来朝。

编者注:"下花园"即今张家口市下花园区。

○戊寅,上驻跸宣化府。○赐宣化府骑兵、张家口步兵白金,谕曰:"此银尔等可留家中日用,俟到张家口再给米粮。尔等安营,可附近行宫屯扎,以便不时赏给。"

编者注:"宣化府"即今张家口市宣化区,明代宣府镇城。

○己卯,上驻跸下堡。

编者注:"下堡"即今张家口市堡子里,明代宣德四年建张家口堡。

○辛巳,上出张家口,驻跸察罕拖罗海地方。

编者注:"出张家口"即指出大境门。"察罕拖罗海"即今张家口市崇礼区察汗陀罗村。

○壬午,上驻跸喀喇巴尔哈孙地方。○谕领侍卫内大臣苏尔达等:"据厄鲁特降人言,噶尔丹往博罗乌纳罕、空音扎巴哈等处地方度冬。令丹济拉往就之所云博罗乌纳罕者,乃扎萨克图汗旧居之地,距汛界有四十余日之程。大将军伯费扬古进兵之时,右卫兵每人乘马一匹。以驴骡负装,其膘亦瘦,料断不能到。噶尔丹所在之地,必自翁金等处。因马瘦而还,则徒劳无益。朕所以使大同养马者,正欲探实噶尔丹所在。

如立刻可行,则于黑龙江六百兵内,选前锋二百,新满洲四百,察哈尔兵一千,全用肥健马驼、充足米粮进剿。乘其穷困,可一举灭之。噶尔丹业已尽破,今我何故不深算剿灭之策,而徒劳人马乎？今速檄大将军伯费扬古,不必进兵,至来年青草萌时,秣马以待。视噶尔丹所往,剿而除之。此际当频遣厄鲁特降人,招抚为要。"

编者注：按其行进路线,"喀喇巴尔哈孙地方"应在今张家口市张北县境内。

○癸未,上驻跸海柳图地方。(《清圣祖仁皇帝实录卷之一七六》)

○康熙三十五年丙子冬十月○甲申,上驻跸鄂罗音布拉克地方。

○乙酉,上驻跸胡虎额尔奇地方。

○丁亥,上驻跸昭哈。○赐沿途穷窭蒙古及进牛羊人等白金有差。

○戊子,上驻跸河约尔诺尔地方。

○己丑,上驻跸巴伦郭尔地方。○抚远大将军伯费扬古疏言："今噶尔丹已远遁,臣遣回右卫兵一千,给马八百匹,骆驼一百二十头,令解至大同。"得旨："着侍郎多奇收领牧养。"

○庚寅,上驻跸瑚鲁苏台。

○辛卯,上驻跸磨海图地方。

○壬辰,上驻跸喀喇乌苏地方。

○癸巳,上驻跸察罕布拉克地方。

○甲午,上驻跸喀喇河朔地方。○谕大学士阿兰泰、尚书马齐："今岁归化城一带,田谷既收,价亦甚贱。俟到归化城,扈从人员应支十日口粮,可折价给发,令彼自买。其归化城所贮之米,原以豫备师行,令存留此米。如右卫兵或有调遣,以之给散。其张家口至归化城增设腰站俱撤去,将兵部马直抵杀虎口安设。又黑龙江兵出征日久,据将军疏称,行粮可至十一月初五日,俟至归化城时,应派察哈尔兵五百、新满洲人一百,前往代之。"

○丁酉,遣散秩内大臣吴巴锡等,率察哈尔官兵赴大将军伯费扬古军前。上谕察哈尔官兵曰:"尔等并无俸粮,而勤劳素著。今遣尔等往听大将军指挥,各宜勉力宣劳,师旋之日,定使尔等各得其所。"

编者注:此记录表明自康熙十四年以来,察哈尔八旗兵一直没有俸粮。

○丙午,谕内大臣等:"归化城当留一大臣,受厄鲁特降人,完其夫妇,给以衣食。着散秩大臣宗室永吉、侍卫汉楚翰等,随驾至湖滩河朔,仍回住归化城。安郡王等出行已久,俟察哈尔兵往替,与黑龙江兵同归。到归化城后,其随从人等俱着回京。将军萨布素疾未愈,不必随驾,将伊所带官兵一百十人,率往大同养马,以待大将军伯费扬古处兵五百到时,亦往大同养马,如大将军处有急务,即拨兵六百前赴大将军处。"(《清圣祖仁皇帝实录卷之一七七》)

○康熙三十五年丙子十一月○戊午,上驻跸喀林拖会地方。

○壬戌,上行围,驻跸察罕布拉克地方。

○癸亥,上驻跸瑚斯台地方。

○乙丑,上驻跸夸拖罗海地方。

○己巳,上驻跸哲固斯台。

○丙子,上驻跸瑚斯台地方。

○戊寅,上驻跸东斯垓地方。

○十二月○乙酉,上驻跸湖滩河朔之南,以御佩、櫜鞬、弓矢等物赐大将军伯费扬古,遣赴大军。

○丙戌,上驻跸秋伦鄂洛木地方。

○丁亥,上驻跸哈当河朔之西。○命领侍卫内大臣马思喀率兵留驻大同秣马,以候调遣。

○戊子,上驻跸西尼拜星地方。

○己丑,上驻跸杀虎口城内。

○庚寅,上驻跸右卫城内。

○辛卯,调张家口副将施世驥为延绥总兵官。

○壬辰,上驻跸左卫城内。

○癸巳,上驻跸高山城东。

○甲午,上驻跸大同府城内。

○乙未,上驻跸望关屯。

○丙申,上驻跸天城。

○丁酉,上驻跸北旧场。

○戊戌,上驻跸宣化府城内。

○己亥,上驻跸旧保安城内。

编者注:"旧保安城"即今张家口市涿鹿县城。

○庚子,上驻跸怀来县。

○辛丑,上驻跸昌平州城内。(《清圣祖仁皇帝实录卷之一七八》)

公元1697年

○康熙三十六年丁丑春正月○壬申,谕内大臣等:"前以投诚来京厄鲁特,应与建房居住,故命议政诸臣集议。今厄鲁特在此病故者甚多,其将伊等送至张家口外,交与各该旗参领监管。应给粮饷仍照常分给,则伊等可以谋生矣,既安插张家口外,应停止建房。"

○甲戌,谕理藩院、户部:"屡年以来,察哈尔八旗官兵从征效力甚苦,伊等向无俸粮。自今察哈尔官员,着比照京官俸量减给与。目下护军暂给二两,骁骑暂给一两,以后护军每月仍给二两,骁骑一两,尔等作速定议具奏,即于二月支俸时给之。"寻议覆:"八旗察哈尔在边外者及世袭官俸,应照京官俸四分减三给之;参领、佐领以下等官,应照京官俸减半给之；前锋、护军每月一名给二两，骁骑及执事人员每月一名给一两。此官员内有见食俸者，仍照常给与。见任官员内有世袭者，当照减等之数量给。年幼官员，尚未当差，宜停其给与。所给官兵俸粮，俟行役既罢、生养充足之日，再行奏止。"从之。(《清圣祖仁皇帝实录卷之一七九》)

编者注：康熙帝兑现了上一年对察哈尔官兵的承诺，始定察哈尔官兵俸饷例，照京官俸四分减三给之。

○康熙三十六年丁丑二月○癸未，督运都察院左都御史于成龙等奏："此次运米九千，止有臣等七人，恐前后不能管摄。请遣旗员及情愿效力人等分管押运。至牵驼负米，乃蒙古兵所习，请将附近地方之鄂尔多斯兵从多派出，使之牵驼。"上曰："旗员及效力人等，并准带往大同，见有察哈尔兵一百六十名，尔等经其地，可率之前去。其鄂尔多斯贝勒该管官员一并带去。"又谕曰："马聚一处，必至受伤。着以肥马在前，鱼贯而行，但所负过重，则远道难以长驱。尔等酌量，可负二百斤者，率以百斤为准。至运之之法，亦照坐塘递运为便。"于成龙等奏请带理藩院官及勘合火牌随行。上从之。

○戊子，上驻跸岔道。

○己丑，上驻跸怀来县城西。

○庚寅，上驻跸沙城堡。

○辛卯，上驻跸上花园东。○理藩院题："侍郎满丕，解送降人厄鲁特阿玉什等夫妇、阿克楚必夫妇及幼童一名索诺木往归化城，交收管厄鲁特之副都统阿迪。"上命发厄鲁特阿玉什等至张家口，交坐塘官员，俟后来厄鲁特到，归并抚养。

编者注："上花园"即今张家口市下花园区上花园村。

○壬辰，上驻跸宣化府。○谕抚远大将军伯费扬古："朕以二月初六日出京，于十一日至宣化府。观此际情形，噶尔丹穷困已极，虽欲归降,自彼至此,亦岂易易。宁夏地方去噶尔丹所在萨克萨特呼里克格隔特哈朗古特甚近,已令参领车克楚、近御侍卫僧图等,领西安、宁夏兵一百人,前至伊克敖拉探视伊等,报称于二月初三日已起程矣,为此谕知。朕意欲令将军孙思克、博霁等,领兵三千人为一路出嘉峪关,或取道哈密,或取道巴尔库尔前进。俟车克楚还时,所侦路可行,则更以三千兵为一路,出宁夏进新勘之路。设不可行,则以两路为一路,择地而进,事宜可济。朕欲往宁夏亲视大兵粮饷地方情形,汝意更复云何?特为商略。"其遣往第巴处主事保住报文,付去令知。

　　○癸巳,上驻跸左卫南。

　　编者注:"左卫"即今张家口市怀安县左卫镇,明代万全左卫城。

　　○甲午,上驻跸怀安县。

　　编者注:"怀安县"即今张家口市怀安县怀安镇,明代怀安卫城。

　　○乙未,上驻跸天城。

　　编者注:"天城"即今山西省大同市天镇县,明代天城卫城。

　　○丙申,遣官祭先农之神。上驻跸阳和城。

　　编者注:"阳和城"即今山西省大同市阳高县,明阳和卫城。

　　○丁酉,上驻跸聚乐城。○谕副都统吴达禅:"右卫所有厄鲁特降人,着拨户部、理藩院官各一员,解往张家口曼都处。如伊等马驼羸瘦难行,着内务府郎中董殿邦助之。沿途粮草及赏赐衣服等类,亦令董殿邦给与。董殿邦可住右卫,如大将军处解到厄鲁特,即收养之。如解到者多,则逐队送往张家口。俟青草出后,董殿邦往归化城住,待大将军解到厄鲁特,即从外送往张家口曼都处。"

　　○戊戌,上驻跸大同。

　　○庚子,上驻跸怀仁县。

　　○辛丑,上驻跸郑家庄东。

　　○壬寅,上驻跸榆林村前桑干河崖。

　　○癸卯,上驻跸朔州城。

○甲辰,上驻跸大水沟地方。

○乙巳,上驻跸义井地方。

○丙午,上驻跸三岔堡。

○丁未,上驻跸李家沟地方。

○己酉,上驻跸保德州。

○庚戌,上自保德州渡河,驻跸府谷县城南。(《清圣祖仁皇帝实录卷之一八〇》)

○康熙三十六年丁丑夏四月○丁丑,护军统领鄂克济哈疏言:"厄鲁特滚木察罕等率其家属来降。"上命送至张家口。

○五月○辛巳,抚远大将军伯费扬古奏报:"遵旨选择前锋四百名、护军枪手五百名,每旗炮各一门,八旗骁骑炮手八十名、察哈尔兵二百名、宁夏绿旗兵二百五十名,往觅丹济拉所在巴雅恩都尔地方,收集丹济拉,余俱遣回。左都御史于成龙所运之米,请以三分之一运至郭多里巴尔哈孙,以备回归之用。其余二分,即留见在运到之地。至遣回一千一百余官兵仆从,止给一月口粮,可以到归化城等处。其黑龙江官兵俟到归化城,再支仓粮带去。又臣等公议,遣散秩大臣丹巴哈什哈等前往晓谕丹济拉曰:'尔既诚心来归,何不轻身先携噶尔丹骸骨并其女来,其属下人随后徐来,方为恪遵上意。'以是作蒙古书,用印钤封,令丹巴哈什哈持往讫。"上曰:"使人于蒙古,应遣从军效力者。乃差散秩大臣丹巴哈什哈前去,殊为草率。至发回黑龙江等处兵,及拨粮诸事,俱如所奏行。"

○甲申,抚远大将军伯费扬古疏报:"厄鲁特鄂里哈之子车陵率其属七十余户,男妇共二百五十许来降。"得旨:"将车陵遣赴御营,其属下人等令解至张家口,交监养厄鲁特官员,一同安插。"

○丙戌,上驻跸齐齐尔哈纳地方。是日,阅庆丰寺牧场牛羊。

○丁亥,上驻跸魁吞布拉克地方。是日,阅礼部牧场牛羊。

○戊子，上驻跸布尔哈思苏台。是日，阅上驷院牧场马匹。

○己丑，上驻跸三岔地方。○赐苏尼特多罗郡王额驸萨穆扎等牛羊。

○庚寅，上进张家口。文武官员、兵丁士民等跪迎。是日驻跸宣化府城内。

○辛卯，上驻跸新保安城内。

编者注："新保安城"即今张家口市怀来县新保安镇，明景泰初筑，移保安卫及美峪千户守御驻扎。

○壬辰，遣官祭关圣帝君，上驻跸怀来县城外黄寺。

○癸巳，上驻跸昌平州城内。（《清圣祖仁皇帝实录卷之一八三》）

○康熙三十六年丁丑秋七月○庚辰，昭武将军马思喀等疏言："臣遵旨率兵由坐塘之路，经鄂尔多斯地方回来，行程遥远，恐马驼膘落。是以臣等率兵仍自郭多里，经归化城之路进张家口。"上以示议政诸臣。（《清圣祖仁皇帝实录卷之一八四》）

○康熙三十六年丁丑八月○庚戌，上驻跸三岔口地方。

○辛亥，上驻跸狼山地方。

○九月○癸未，副都统阿南达疏言："据回子额贝杜拉达尔汉白克报称：厄鲁特丹济拉率家属七十九人来降，于六月十五日至哈密城，求请面圣。随遣长子郭帕白克送丹济拉，已于六月二十八日启行。"上以丹济拉向系名族，授为散秩大臣。其子多尔济塞卜腾授为一等侍卫，俱安插张家口外，编入察哈尔旗分佐领。其属下人酌可用者披甲，给以钱粮。（《清圣祖仁皇帝实录卷之一八五》）

公元1698年

○康熙三十七年戊寅春二月○壬子,理藩院题:"振武将军孙思克,解到厄鲁特憨都及其妻女男妇共十人。据憨都云:'我系杜哈尔阿喇布坦亲兄,噶尔丹族侄。乌阑布通之战,与噶尔丹同败于王师。往投策妄阿喇布坦,将我拘禁七年,尽取我属裔。后噶尔丹败于昭莫多,我兄子滚楚克率四十户人,投策妄阿喇布坦。策妄阿喇布坦乃释我,交与滚楚克。我率属下百余户人内向逃来,至斋力纳木地方,因雪大不能行,故尽留众人。至巴尔库尔地方为郭帕白克所执,送振武将军孙思克解部。'"得旨:"憨都远来归朕,殊可怜悯。着授为台吉,附镶黄旗察哈尔佐领中安插。"

○三月○壬辰,以投诚厄鲁特散秩大臣诺尔布一佐领、丹津阿拉布坦属人一佐领,隶镶黄旗察哈尔旗分。散秩大臣达木巴一佐领、一等侍卫多尔济塞卜腾一佐领,隶正黄旗察哈尔旗分。散秩大臣车陵一佐领、二品官巴拜一佐领,隶正白旗察哈尔旗。分散秩大臣沙克朱穆一佐领,隶正红旗察哈尔旗分。二等侍卫鄂嫩巴图尔一佐领,隶镶白旗察哈尔旗分。三等侍卫吴巴什一佐领,隶镶红旗察哈尔旗分。三品官卜尔器一佐领,隶正蓝旗察哈尔旗分。一等侍卫韩都一佐领,隶镶蓝旗察哈尔旗分。每佐领各设前锋二名、亲军二名、护军十七名、拨什库六名、骁骑二十四名、跟随兵一名,俱照其族属分编。(《清圣祖仁皇帝实录卷之一八七》)

○康熙三十七年戊寅冬十月○癸亥,遣都统杜思噶尔,祭察哈尔温庄长公主墓。(《清圣祖仁皇帝实录卷之一九○》)

编者注:即皇太极第二固伦公主马喀塔,察哈尔国第一任和硕亲王额哲、第二任阿布鼐妻,布尔尼、罗卜藏之母。

○康熙三十七年戊寅十一月○丙戌,都察院等衙门会议:"宣化总兵官白斌,于恶棍周尚库等争夺煤窑,率众执械伤人一案,并不发官兵擒拏,有玷职守,应革职。"从之。

○乙未,升直隶三屯营副将尚宣为宣化总兵官。

○十二月○丁巳,原任内阁学士黄茂等前往教养蒙古,请训旨。上谕之曰:"蒙古之性懒惰,田土播种后即各处游牧。谷虽熟,不事刈获。时至霜陨穗落,亦不收敛,反谓岁歉。又因盗贼众多,将马畜皆置之近侧,夜则圈之宿处,以致马畜瘦毙,生计窘乏。且蒙古王、贝勒、贝子、公等,俱各承袭父爵。年在童稚,率皆不能教养所属,安辑民人。兼之族类性贪,见所属有马牛刀带诸物,亦必索取。遂至困苦难存,四散糊口。不能禁止,亦不能收集。是以人皆穷乏。尔等至彼,查明实无生计者,赈给之。至于劝善惩恶,尤为要务。应会同蒙古王扎萨克等,严禁盗贼,如拏获系两旗下者,尔等即会同取供。情实,立刻正法示惩。又必加意鞫讯,勿得枉杀无辜。蒙古地方多旱少雨,宜教之引河水灌田。朕巡幸所至,见张家口、保安、古北口及宁夏等地方,皆凿沟洫,引水入田,水旱无虞。朕于宁夏等地方取能引水者数人,遣至尔所。朕适北巡,见敖汉、奈曼等处,田地甚佳,百谷可种。如种谷多获,则兴安等处不能耕之人,就近贸易贩籴,均有裨益。不须入边买内地粮米,而米价不致腾贵也。且蒙古地方既已耕种,不可牧马。非数十年,草不复茂。尔等酌量耕种,其草佳者,应多留之。蒙古牲口,惟赖牧地而已,且敖汉、奈曼等处地方多鱼,伊等捕鱼为食,兼以货卖,尽足度日。此故宜知之,凡有利益,朕不时指示。尔等当尽心勉励,以副朕意。其王、贝勒等,尔等宜与和好,凡事相商而行。有训诲之处,须服其心,驯致协睦。蒙古性情,怠玩愚蠢者固多,然亦朴直。但董理教导得宜,此辈亦易从也。"(《清圣祖仁皇帝实录卷之一九一》)

公元1699年

○康熙三十八年己卯九月○庚子,上进张家口,至宣化府驻跸。

○辛丑,上驻跸保安州。

○壬寅,上驻跸怀来县。

○癸卯,上驻跸岔道。

○甲辰,上驻跸杖头村。

○冬十月○丙寅,免直隶宣化县本年分雹灾额赋有差。(《清圣祖仁皇帝实录卷之一九五》)

公元1700年

○康熙三十九年庚辰八月○丁卯,谕太仆寺卿喇锡等:"八旗察哈尔,所交尔衙门牧场之马拨八百匹,给赐翁牛特多罗杜楞郡王颁第旗分。伊等马匹短少,分给牧场,令其生息。此马即着喇锡前往,分给台吉鄂齐尔可也。"(《清圣祖仁皇帝实录卷之二〇〇》)

公元1701年

○康熙四十年辛巳六月○丁巳朔,上驻跸延庆州岔道地方。○宣化总兵官尚宣等来朝。

○戊午,上驻跸沙城。

○己未,上驻跸怀来县。

○庚申,上驻跸宣化县下花园。

○辛酉,上驻跸宣化府西门外。

○壬戌,上驻跸万全县下浦。

○癸亥,上驻跸西巴尔台。

○甲子,谕领侍卫内大臣索额图:"牧场之马,着大臣督理。其侍卫人等,自京师乘来之马有疲瘦者,令将牧场中肥马换给之。太仆寺驱来牝马、驽马,亦可给散护军执事人等驮载。至乌阑布通仍缴太仆寺闲。乘官马者有私将良马留存,以驽瘦之马换缴,嗣后凡给官马,将旗分姓名并马毛色、牝牡,注档存册。倘有倒毙者,于马首用印,令其呈明倒毙之由,记数回京,送部查对。"(《清圣祖仁皇帝实录卷之二〇四》)

公元1702年

○康熙四十一年壬午二月○甲寅,命居庸关税务归并张家口监督兼理。(《清圣祖仁皇帝实录卷之二〇七》)

编者注:张家口税务监督为户部所遣郎中(正五品)担任。

○康熙四十一年壬午八月○庚辰,增顺天乡试中额,八旗满洲蒙古三名、汉军一名、顺天等八府十名、国子监贡监生八名、奉天一名、宣化一名。从顺天府府尹钱晋锡请也。(《清圣祖仁皇帝实录卷之二〇九》)

公元1703年

○康熙四十二年癸未二月○己丑,升……直隶张家口副将张文焕

为山西大同总兵官。(《清圣祖仁皇帝实录卷之二一一》)

○康熙四十二年癸未夏五月○庚申,以察哈尔故一等精奇尼哈番索诺木席拉布兄子巴里弥特袭职。(《清圣祖仁皇帝实录卷之二一二》)

公元1705年

○康熙四十四年乙酉秋七月○丙戌,古北口提督马进良疏请:"以昌平营参将吴开圻,补授石匣副将王朝辅员缺。"上谕大学士马齐曰:"石匣副将之缺要职也,参将吴开圻其人仅可而已,不当授之。张家口副将师懿德,乃原任总兵官师帝宾之子,人材壮健可用,着调补。"(《清圣祖仁皇帝实录卷之二二一》)

○康熙四十四年乙酉八月○庚申,上自博洛和屯启行,阅各处孳生马牛羊群,及编入左翼四旗察哈尔、巴尔虎、厄鲁特各蒙古生业。于是察哈尔、巴尔虎、厄鲁特诸蒙古,皆列庐帐,携妇子,捧羊酪等物,跪于道侧迎驾。察哈尔蒙古奏曰:"累世受皇上天高地厚之恩,马与牛羊皆得繁息。男女老少俱享安乐于盛世。"巴尔虎蒙古奏曰:"我等系绝域微末之人,蒙皇上收恤养育,又无差徭,今各得其所矣。"厄鲁特蒙古奏曰:"我等原系负罪不赦之人,蒙皇上如天好生,特为免死。又需洪恩,编入旗伍,安插牧地,赐以牲口。五六年间,牲口繁息,生计丰饶。隆恩如此,不能仰报于万一也。"○是日,上驻跸诺海河朔。

○辛酉,上阅察哈尔、巴尔虎、厄鲁特诸蒙古牧群及太仆寺马群。○是日,驻跸他奔拖罗海地方。

○九月壬戌朔○上驻跸乌阑诺尔地方。

○癸亥,上阅庆丰司羊群。是日,驻跸扎玛克图诺尔地方。

○甲子，上阅庆丰司牛群。是日，驻跸托里浑诺尔地方。

○乙丑，上阅上驷院马群牧马。蒙古男女老幼俱欢欣踊跃，奉羊酒等物迎驾。○大学士马齐都统吴达禅等，跪于道左，各进牧场马匹牛羊。○是日，上驻跸昂古里海毕尔汉地方。○赐扈从大臣、侍卫、执事人员马匹。○赐牧群察哈尔、巴尔虎、厄鲁特等银币、布疋有差。

○丁卯，上驻跸哈穆湖地方。

○戊辰，上驻跸察罕拖罗海达巴汉地方。○赐随围察哈尔、巴尔虎官兵银币、布疋有差。

○己巳，上进张家口，驻跸夏堡。

○庚午，上驻跸宣化府。

○辛未，上驻跸下花园。

○壬申，上驻跸沙城。

○癸酉，上驻跸怀来县。

○甲戌，上驻跸岔道。

○乙亥，上驻跸张头。

○戊子，直隶宣化总兵官尚宣以老病乞休。允之。

○冬十月○壬辰，免直隶保安州、怀来县本年分水灾额赋有差。

○甲午，升……陕西西凤副将康泰为直隶宣化总兵官。（《清圣祖仁皇帝实录卷之二二二》）

公元1706年

○康熙四十五年丙戌秋七月○壬午，上出行宫，率诸皇子及侍卫善中诸人员射，继令天津总兵官师懿德、宣府总兵官康泰等射，赐善中三等侍卫哈达纳护军校金保住等衣服各一袭。

○九月○丙寅，上驻跸张三营。（《清圣祖仁皇帝实录卷之二二六》）

公元1707年

○康熙四十六年丁亥春正月○辛巳,宣化总兵官康泰丁父忧,命在任守制。(《清圣祖仁皇帝实录卷之二二八》)

○康熙四十六年丁亥九月○甲子,上率诸皇子及善射侍卫射,上亲射二次,每发必中。射毕,阅察哈尔巴尔虎蒙古兵丁射。(《清圣祖仁皇帝实录卷之二三〇》)

○康熙四十六年丁亥十二月○壬午,以游牧地方察哈尔故三等公噶尔玛之子都噶尔袭爵。(《清圣祖仁皇帝实录卷之二三一》)

公元1709年

○康熙四十八年己丑冬十月○壬子,谕内务府:"张家口每年解送羊皮等物,闻地方官将彼处居民及旗人派供解费,恐多骚扰。嗣后应于出差回京官员内,派一员前往解送。事既易办,而民间苦累亦得免矣,尔等会议具奏。"寻议:"张家口解送羊皮等物,向系地方官起运,派累民间,应遵旨停止地方官解送。嗣后每年于差回官员内派一员前往,协同内务府司官,并匠役人等拣选羊皮及马牛皮等物,俱令解送来京。其不堪用之皮,即于张家口变价交库。"得旨:"嗣后拣选皮张仍照旧拣选,其拣遗之皮,着变价赏牧马场贫穷蒙古。余依议。"(《清圣祖仁皇帝实录卷之二三九》)

公元1711年

○康熙五十年辛卯春正月○戊申,先是,上谕领侍卫内大臣公鄂伦岱曰:"延庆州地方藏匿盗贼逃人甚多,常行劫掳,扰害居民庄头,未获安处。尔率前锋参领丰盛额、护军参领沈保,前锋护军八十人,声言放鹰,前往缉捕。刑部尚书齐世武带贤能司官,同往审理。"寻鄂伦岱等前往独石口外营盘口等处,擒获盗贼逃人李得功、陈大等百余人,交齐世武审理。至是,齐世武奏:"李得功等六人俱拟斩立决。逃人陈大等,照例系旗人给还原主,系民人发回原籍。"得旨:"李得功、方小嘴、白达子、黑子刘八、短子刘四,俱着即处斩。逃人陈大等依议。此案内额楚系圈禁家中之人,今逃遁村庄,伙同贼盗,肆行不法,情罪可恶。着交与伊父英赫紫、伊母舅齐世武处死。"(《清圣祖仁皇帝实录卷之二四五》)

公元1712年

○康熙五十一年壬辰夏四月○甲子,升直隶宣化总兵官康泰为四川提督。

○丁丑,升直隶石匣营副将司九经为宣化总兵官。(《清圣祖仁皇帝实录卷之二五〇》)

○康熙五十一年壬辰冬十一月○乙未,升甘肃永固城副将张自兴为山西大同总兵官。(《清圣祖仁皇帝实录卷之二五二》)

公元1715年

○康熙五十四年乙未春正月○甲寅,谕理藩院:"今年蒙古地方雪大,先曾听见下雪,不知近日如何。着派善于驰驿好司官三员,令其驰驿出张家口、古北口、喜峰口三处,直至哨地尽处回来,凡牲畜被雪倒毙伤损者,勿得隐讳。因雪大,特差尔等看牲畜,即以此意告之。凡经过旗分俱着问明回来。"

○三月○壬子,理藩院遵旨议覆:"蒙古被雪损伤牲畜、乌拉特等十四旗缺食之人,酌量速运附近粮米,散给两月。其三乌拉特、毛明安、喀尔喀、贝勒詹达、古米此五旗,应将湖滩河朔存仓米石散给;其四子部落、二苏尼特此三旗,应将张家口存仓米石散给;其二阿霸垓、二浩齐特、二阿霸哈纳此六旗,应将唐三营存仓米石散给。其米石派八旗佐领下官驼运往。户部、理藩院各派司官一员,会同该扎萨克等查明散赈。又察哈尔八旗缺食人等,户、兵二部各派官会同察哈尔统领等,将各该旗存仓米石,算至秋收,酌量散赈。"得旨:"所派官员,带领八旗兵丁骆驼前去,若驼有倒毙,运米不到,失落抛散,必致误事。着户部尚书穆和伦前去查看。又喀尔喀、厄鲁特蒙古侍卫执事人等,亦着派往。"
(《清圣祖仁皇帝实录卷之二六二》)

○康熙五十四年乙未夏四月○庚辰,谕议政大臣等:"策妄阿喇布坦作何举动,虽不得知其实,其到我哈密地方,便不可为虚。若彼倾国而来,势有万余,我一总兵之力微有不足,不可不预为周备也。应着右卫兵即刻预备,八旗察哈尔、厄鲁特、巴尔虎兵内,挑选千名,发往归化城。如用右卫兵时,令其一同前往。鄂尔多斯及厄鲁特阿宝额驸之兵,亦应令预备,一同前去。"着详议具奏,议政大臣等随遵旨议覆:"右卫兵应选三千名，令将军费扬古预备。八旗察哈尔、厄鲁特、巴尔虎之兵选千名，令总管铿特、傅尔丹、常济保、阿礼浑管领，速往归化城。如用右卫之兵，一并遣往。右卫、察哈尔兵，给与六月食米钱粮。鄂尔多斯兵派二千名，令王董罗布、贝勒甘珠尔管领。厄鲁特贝勒额驸阿宝兵五百名、归化城土默特两旗兵一千名，令都统新泰、副都统齐式预备，令将军费扬古统领兵马事务。再派大臣一员，与将军费扬古同行，商议管理。"得旨："现有将军费扬古，且不必派大臣，若嗣后有事，着都统新泰为将军参赞。余依议。"○谕议政大臣等："八旗马匹俱已出厂，着照出厂马数，令佐领殷实之家，并该佐领人，公派拴养，照常给发钱粮。目下虽稍觉烦难，后来究竟有益。如有行动，则从此骑马前去。一到口上，彼处之马又到，诸凡便益。着详议。其拴养骆驼之处，并着详议具奏。"

○辛巳，议政大臣等遵旨议覆："八旗出厂之马共一万四千九百一十四匹，驼七百九十一只。今照出厂马驼之数，每佐领下添设马十七匹，八旗共添设驼七百九十一只，交与八旗喂养，照例给与钱粮。"得旨："依议，其有不能添设之佐领，着借与库帑。"

○丁亥，谕议政大臣等："着派黑龙江兵五百名，并打牲、索伦、打虎儿兵五百名，三处喀喇沁兵一千名，每人各带长枪、鸟枪。其黑龙江及打牲索伦、打虎儿兵，着从口外往归化城去。喀喇沁兵着乘自有马匹，从本处起程，其口粮到湖滩河朔再支领仓米。倘粮不足，着支领唐三营仓米。于八旗出厂马匹内，给喀喇沁兵每人马二匹。如同归化城、察哈尔并右卫预备之兵，发往推河地方驻扎，则不拘何处，俱可去得。"着议奏，议政大臣等随遵旨议覆："右卫、察哈尔、归化城之兵，已经预备。应令将军费扬古于咨文到日，率领起程。"（《清圣祖仁皇帝实录卷之二六三》）

○康熙五十四年乙未六月○庚辰，议政大臣等议覆："都统图思海疏言：'臣奉旨管理运米事，计自湖滩河朔至推河地方，须设七十台，每台应派兵三十名。除所派直隶、山西两省抚标下步兵各二百名,及归化城、土默特两旗,察哈尔右翼四旗兵,共六百名外,尚不敷兵一千一百名。请将土默特、察哈尔兵及直隶、山西两省步兵增给。'应如所请。"从之。

○秋七月甲午朔○辛亥,议政大臣等奏:"今年运米所需骆驼三千只,除官驼一千只外,应派大臣一员,动正项钱粮,前往张家口、杀虎口、鄂尔多斯、归化城等处购买,令足三千之数,送往湖滩河朔。"得旨:"着吏部侍郎傅绅前往。"(《清圣祖仁皇帝实录卷之二六四》)

○康熙五十四年乙未八月○庚午,议政大臣等议奏:"今年用骆驼所运四千八百米石,及明年用骡马所运一万二千米石,俱以预备前往推河之右卫。黑龙江兵丁及藤牌手等口粮,但明年进兵时,或再须添兵亦未可定。除前应运米石外,亦须再行多运。其运米,惟骆驼行走便利,又不多需人夫,而所载较骡马又多。查浩齐特、苏尼特等旗分,虽去年被雪伤损马匹牛羊,而骆驼未经受损。应差大臣一员,携帑前赴各旗购买骆驼四千,带至大同、宣府,交地方官动用正帑,喂养肥壮。俟明年青草未出之前,送至湖滩河朔,亦交与都统图思海等,为运送米石之用。"得旨:"着兵部尚书殷特布去,余依议。"

○甲申,谕议政大臣等:"购买蒙古各旗骆驼,兵部尚书殷特布一人不能料理。着散秩大臣郭廉、护军参领巴禄,前往协同购买,送至宣化、大同喂养,即着殷特布监管,俟明年发往军前。"

○辛卯,谕都统穆赛:"朕以尔为人可用,特令前往统领大兵。其右卫、黑龙江、喀喇沁、察哈尔、土默特、鄂尔多斯、喀尔喀等处兵丁,务令共相和好。至管摄兵丁,不可失之柔弱。其效力赎罪诸人,可分在各满洲、蒙古、绿旗兵内,勿任其聚于一处。祁里德谙练蒙古事务,且诚实,有胆气。娄征额虽老病,曾随朕行兵,熟识地利诸事,应与伊等酌议奏闻。朕所派往之新满洲等,行走熟练,可令同我兵往汛界哨探。再彼处有黄羊、沙米等物,应令兵丁采取食用。如省一月口粮,即得一月之益。

总兵官蓝理颇骁勇，熟谙军机，着随尔办事。其原有官爵效力军前者，可拣选署理章京、护军校、骁校等官。特谕。"

○冬十月○壬辰，谕户部："……直隶顺天、保定、河间、永平、宣化五府所属地方，今岁雨水过溢，田亩被淹者甚多，谷耗不登，民艰粒食。见今缓征赈贷，虽惠泽频施。而来春应办钱粮，若仍行征取，恐匮乏之民，输将难继。着将五府、州、县康熙五十五年地丁银八十五万五千八百两零，粮米豆谷一十一万五千五百石零，草九万四千九百束零，俱通行蠲免。尔部行文该督，遍饬所属，实心奉行，俾穷乡僻壤，均沾朝廷德意。倘有不肖官吏，私征侵蚀者，察出从重治罪。尔部即遵谕行。"（《清圣祖仁皇帝实录卷之二六五》）

○康熙五十四年乙未十二月○戊寅，议政大臣等议覆："都统穆赛疏言：'臣等率领大兵，于空各衣扎布罕等处连营驻扎。所有右卫、黑龙江、索伦、打虎儿、喀喇沁、察哈尔、土默特，前锋兵共六百名，请于现在此处大臣内，委一前锋统领。'应如所请。"得旨："委齐齐哈尔副都统白济为前锋统领。"

○庚辰，增直隶府、州、县、卫入学额数各三名。从总督赵弘燮请也。（《清圣祖仁皇帝实录卷之二六六》）

公元1716年

○康熙五十五年丙申闰三月○辛酉朔，议政大臣等奏："据兵部尚书殷特布疏称，在张家口及归化城等处，共买骆驼六千余只。应送至宣化、大同，交与都统图思海，以备运米之用。"从之。（《清圣祖仁皇帝实录卷之二六八》）

○六月○戊申,都统图思海疏言:"臣等自湖滩河朔起程,运米至郭多里巴尔哈孙地方,换用喀尔喀之驼驮运。原用过驼五千余只,已交侍郎艾芳曾带回,付大同、宣化二府官员喂养。续运米石于明岁再运。"从之。(《清圣祖仁皇帝实录卷之二六九》)

○康熙五十五年丙申冬十月○乙卯,谕议政大臣等:"散秩大臣阿喇衲,着前往西路,于八旗察哈尔兵丁内拣选人材壮健、并从前随过阿南达出兵旧人,共四百名,带往巴尔库尔军前。着阿喇衲在参赞行走。此次派出察哈尔官兵,亦照从前蒙古官兵之例给赏。"(《清圣祖仁皇帝实录卷之二七〇》)

编者注:察哈尔八旗开始逐步享有与蒙古八旗官兵同等的待遇。

公元1717年

○康熙五十六年丁酉三月○戊辰,以直隶宣化总兵官司九经声名甚劣,命革退。○升直隶张家口副将张自成为宣化总兵官。

○庚午,上谕八旗都统、副都统等:"旧例,八旗官兵派往马场牧马,皆预支俸饷,按月扣除。嗣后每年往口外马场牧马官兵,每人各赏给行月钱粮五月,不必扣除俸饷。"(《清圣祖仁皇帝实录卷之二七一》)

○康熙五十六年丁酉夏四月○己丑,以游牧地方察哈尔故一等精奇尼哈番兼一拖沙喇哈番阿尔浑子根杜渣布袭职。(《清圣祖仁皇帝实录卷之二七二》)

○康熙五十六年丁酉九月○壬申,靖逆将军富宁安疏言:"进剿一万三千兵外,请添喀尔喀兵三千。"上谕议政大臣等曰:"将军富宁安处,派察哈尔兵一千、京城八旗护军一千前往。所派护军内,将鸟枪手护军派五百名。此兵到时,将彼处绿旗兵之不整齐者,着将军酌量撤回。"(《清圣祖仁皇帝实录卷之二七四》)

公元1718年

○康熙五十七年戊戌二月○乙巳,上曰:"……康泰、王文雄、原任宣化总兵官司九经,伊等汉仗俱好,经历战阵。着自备鞍马,前赴色楞军前效力。果能效力,将伊等免罪。如不效力,加等治罪。"(《清圣祖仁皇帝实录卷之二七七》)

○康熙五十七年戊戌冬十月○庚申,先是,议政大臣等奏请派出之兵由何路发往,奉旨:"往西安一路为第一起,往宁夏一路为第二起,往宣府、大同、神木、榆林沿边一路为第三起。如此三路前去,则易于应付草束。"至是,奏请出兵日期。上命:"护军统领吴世巴、委署护军统领噶尔弼带领第一起兵,于十一月十五日起程,驻扎庄浪。副都统宗室赫石亨宝色带领第二起兵,于十一月二十九日起程,驻扎甘州。抚远大将军允禵带领第三起兵,于十二月十二日起程,驻扎西宁。各于驻扎处喂养马匹。"(《清圣祖仁皇帝实录卷之二八一》)

公元1719年

○康熙五十八年己亥春正月○癸卯,先是,额驸吴尔衮有母丧,召回料理丧事。至是,仍命往军前。谕曰:"今年大兵既不前进,若发兵袭击,则策妄阿喇布坦,情形自露。着派盛京、乌喇、察哈尔、索伦、喀喇沁及内地喀尔喀兵一万,自前年进兵处往彼袭击。出兵时,不必派厄鲁特王策零旺布、公多尔济色卜腾之人。又前欲令盛京三千兵,越过巴尔库尔地方,今暂行停止。此次袭击之兵,令六月发往,及秋而回。倘今年不便袭击,来年另为筹度。尔到傅尔丹处详议后,即差人到巴尔库尔将军处,会议具奏。"(《清圣祖仁皇帝实录卷之二八三》)

○康熙五十八年己亥夏四月○庚申,议政大臣等议覆:"靖逆将军富宁安疏言,见今出兵地方,所出之西安。察哈尔旗下员缺,请于军前之官兵内,遴选应升并素有劳绩以及人材勇健、能钤束人之官兵列名咨送,与内地之人一并交与该旗具奏。应如所请。"得旨:"朕曾有旨,此次大兵在外,如遇章京并护军校、骁骑校缺出,令大将军即行补授。令若照富宁安所奏,出兵地方所出之缺,又将军前人等与内地之人一并开列具奏,必致重复。富宁安、傅尔丹两路军中所出官员之缺,将出征之官兵内,所有应升及人材勇健、善于钤束、素有劳绩之人,令富宁安、傅尔丹等即行遴选补授。俟事竣之后,再补行引见。如外省驻防官缺出,仍将在内人等题补。"(《清圣祖仁皇帝实录卷之二八四》)

○康熙五十八年己亥八月○壬子,察哈尔公达锡林臣、敖汉和硕额驸多尔济拉什、阿霸垓多罗卓礼克图郡王扎木巴尔扎卜、科尔沁扎萨克图多罗郡王撒胡喇克、扎鲁特多罗贝勒毕鲁瓦来朝。

○九月○乙亥,赐来朝翁牛特、喀喇沁、科尔沁、巴林、阿禄科尔沁、阿霸垓、土默特、敖汉、乌拉特、浩齐特、乌珠穆沁、喀尔喀、察哈尔、扎鲁特、郭尔罗斯、鄂尔多斯、克什克腾王、贝勒、贝子、公、台吉等银币、鞍马有差。(《清圣祖仁皇帝实录卷之二八五》)

○康熙五十八年己亥十二月○丙辰,议政大臣、军前召至大臣、九卿等,公同议奏进藏一事。得旨:"此议尚未周详,只议西地进兵,并未议及阿尔泰、巴尔库尔两路之兵。两路兵会合取吐鲁番。若乌鲁木齐难以堵塞看守,应将两路之兵会合袭击,或各减骑进入震慑。从呼尔达拉之处袭击,则彼必畏惧,自然弃此牧放牲畜之处而去。再闻知西地大兵进剿,并两路兵袭击,不但惊惶无措,亦且首尾不能相顾矣。额驸阿宝所属厄鲁特兵五百名、察哈尔兵四百名,令带往取藏。此柴旦木所有之兵,亦令前往取藏。大将军留驻穆鲁乌苏三千兵内,令派兵一千前进。大将军处之兵若少,将京师每佐领下派出护军二名、马兵一名,于二月内起程,前往西宁。"

○庚申,谕议政大臣等:"古北口、宣化二镇,兵丁壮健。着每处各派兵五百名,发往西宁。尔等议奏。"寻议:"将古北、宣化二镇兵,各派五百名。古北口之兵,令副将韩良辅带往。宣化之兵,令副将陈栋带往。俱于二月内起程前往西宁。"从之。

○辛酉,议政大臣、军前召至大臣、九卿等遵旨议覆:"送往新胡必尔汗兵八千,为势稍弱。应再添兵四千。令额驸阿宝亲身带厄鲁特兵五百名,副都统常龄带察哈尔兵四百名同往。其柴旦木驻防之都统阿尔纳处二千兵内,派一千五百名,令侍卫阿齐图等带领前往。大将军留驻穆鲁斯乌苏三千兵内,拨派一千六百名。此进藏之兵共一万二千名。派大臣一员,授为将军,给与印敕,令其统理。新胡必尔汗封为达赖喇嘛,应给印、敕名号等项,令各该处议奏。都统延信、楚宗、公策旺诺尔布、侍读学士常授等回时,令与大将军商酌。青海台吉等,若实心送去,即将新胡必尔汗与兵马一同前往。若俟事定之日送去,令暂住滚穆布木庙内。先遣大兵将藏地攻取,令阿宝所领之五百兵,并察哈尔四百兵、满汉二千兵、青海二千兵,俱驻扎看守。再令都统法喇等酌量带兵,由巴尔喀木一路前进。噶尔弼、年羹尧亦派兵二千名,发往法喇军前。都统武格带往兵内,挑选满兵一千、绿旗兵二千。满兵令都统武格、副都统吴纳哈统领,绿旗兵令总兵官赵坤、马会伯统领,前往与法喇之兵会合。应于何日起程、何地会合之处,令大将军咨行商酌,约会一同前进。

再将阿尔泰二万兵内挑选一万五千,令裹带三月口粮,于六月下旬,自布喇罕、布鲁尔两处前进。若策妄阿喇布坦不行防备,即深入袭击。若知觉防备,将兵速行带回。巴尔库尔一万三千内,挑选一万。令三千兵轻骑袭击吐鲁番,二千兵轻骑袭击乌鲁木齐。所余五千兵,令其徐徐前进,接济袭击乌鲁木齐之后。此袭击之兵俱令裹带两月口粮,于七月初旬,与阿尔泰之兵约定前进。其袭击之兵及驻扎之兵,令何人统领?进藏之兵,于军前大臣内,派何人为将军?及西宁等处提督总兵官内,将何人派往之处?伏候谕旨。"得旨:"此议甚详,事务关系重大,着行令大将军等与青海台吉等,共同定议具奏。"(《清圣祖仁皇帝实录卷之二八六》)

公元1720年

○康熙五十九年庚子五月○庚午,兵部等衙门议覆,浙江道御史严开昶疏言:"江南、浙江、江西、湖广、福建五省营驿,每年遣人赴张家口,向商人王纲明等领受马匹。查五省距张家口,计程数千里。商人所给之马,未必尽皆膘壮。路远日久,不无倒毙,地方官员,多受赔累。请嗣后五省营驿马匹,停其赴张家口领受。准令就近购买,以充营驿之用。应如所请。"从之。

○六月○癸卯,直隶保安、怀来及山西蔚州等处地震。是日,京师地微震。

○丙辰,谕大学士等曰:"朕闻保安、怀来等处地震,宜速遣大臣前往赈济。若俟部中启奏,恐致迟延。着副都御史杨柱、屠沂,速自京城出居庸关,前往延庆、保安、怀来、沙城等处查阅,一面奏闻加恩。并查验蔚州、广昌、浑源等处,如果被灾,着一并加恩。直隶守道李维钧亦着量带地方官数员,前往赈济。"

○丁卯,谕左副都御史杨柱等曰:"保安等处地震,尔等前往散赈,毋得爱惜银两,有不足用,即以奏闻。务使百姓均沾实惠,不可速回。俟民情安定,再行回奏。其保安等处本年钱粮及次年钱粮,俱着蠲免。"

○癸酉,都察院左副都御史杨柱等疏报:"延庆、保安、怀来、沙城等处地震,见在遍查被灾之户,散给银两。其蔚州、广昌、浑源等处,已经行查该抚,如果灾重,臣等再行前往。又闻宣化、龙门等处,被灾亦重。俟怀来等处赈毕之时,请一体散赈。"得旨:"怀来、保安、延庆等处,见在加恩。蔚州、广昌、浑源、宣化、龙门等处,查被灾重者,亦着一体加恩。"(《清圣祖仁皇帝实录卷之二八八》)

○康熙五十九年庚子十二月癸巳朔○免直隶延庆、宣化等五州县额征米豆谷,共三万七千九百余名,以地震被灾故也。(《清圣祖仁皇帝实录卷之二九〇》)

编者注:"三万七千九百余名"疑应为"三万七千九百余石"。

公元1721年

○康熙六十年辛丑二月○己未,抚远大将军允禵疏言:"西藏虽已平定,驻防尤属紧要。见今留驻彼处者,扎萨克蒙古兵五百名、额驸阿宝兵五百名、察哈尔兵五百名、云南兵三百名、四川兵一千二百名,以公策旺诺尔布总统官辖。"(《清圣祖仁皇帝实录卷之二九一》)

○康熙六十年辛丑六月○乙卯,靖逆将军富宁安等折奏:"吐鲁番回人阿里穆和涿等诉称,策妄阿喇布坦将众回人迁往哈喇沙尔地方,众回人相率逃回,有准噶尔之人来追,众回人并力杀退。见在鲁克齐穆地方驻扎,共议以拖克拖麻穆忒为头目。差我等前来,祈请速救。臣等议:众回人仰慕仁化,情愿来归,应即遣兵收纳。但策妄阿喇布坦未灭,将吐鲁番回人收纳,势必屯兵守护。但恐粮运艰难,是以不曾遣兵收纳。"上谕议政大臣等曰:"据富宁安奏称:策妄阿喇布坦将吐鲁番回人拖克拖麻、穆忒等,迁往哈喇沙尔地方中途逃回,在鲁克齐穆地方驻扎等语。见今归顺之回人,与准噶尔之人争斗,将准噶尔之人杀害,取甲来献。观此情形,策妄阿喇布坦似略无报复之意。或伊同党内有不睦,亦未可定,此机不可轻失。朕意策妄阿喇布坦,将伊等不能迁往哈喇沙尔,又不能护卫准噶尔之人,足见万不能敌我兵。今收复吐鲁番若不看守,则策妄阿喇布坦处归顺之人,以及来使逃人,有回人居中,倘行杀掠,此路必致阻隔。尔等速议行文富宁安,派绿旗兵一千名,察哈尔、厄鲁特蒙古回兵一千名,前赴吐鲁番收纳归降回人,照看驻扎。将归顺之人及来使逃人往内解送之处,牢设哨汛,令回人归降于我,与厄鲁特世成仇敌。即系我民,其巴尔库尔相距吐鲁番止六百里,为途不远。如果策妄阿喇布坦率众侵扰,我兵前去救援不迟。着富宁安预行转饬回人等,于我军尚未抵境之时,若有策妄阿喇布坦处来使逃人,万勿隐匿侵犯,即行解送。"着议奏。寻议:"回人头目拖克拖麻穆忒等来归,应遣兵防护,行文富宁安等,钦遵谕旨施行。其蒙古、回兵,令辉特公巴济、察哈尔之兵,将巴尔库尔侍卫阿玉锡着为副都统。与侍卫克什图一同带领,前往绿旗马步兵,令富宁安处所有总兵官,拣选一员带领前往,再令散秩大臣阿喇衲统辖前往。至所需米粮,作何运送之处,令富宁安等酌议料理。"从之。(《清圣祖仁皇帝实录卷之二九三》)

公元1722年

○康熙六十一年壬寅春正月○庚戌,议政大臣等议覆,管理兵饷事务侍郎敦秤等疏言:"去年七月内,都统图思海等运到米石,除布娄儿一路照数分给外,其布拉罕一路现存米粮尚足一年之用,但途路遥远，预应准备。又据都统图思海等咨称，从前所运米粮，送至郭多里巴尔哈孙，曾令喀尔喀之驼只迎接更换驮载，运到察罕叟尔等处。但来年运粮，比今年更多，则驼只应请增添，以便更换。查大同、宣府现有喂养驼只，应酌量增添。令都统图思海等将米粮运至察罕叟尔交明之后，仍将驼只送回大同、宣府喂养。"得旨："军前运送米粮系敦秤、萨哈布、图思海公同之事，今敦秤、萨哈布在彼处无事，着调回与图思海等一同挽运，彼此看管，运至察罕叟尔将军等处交纳。其带回驼只公同看管，送至大同、宣府交纳后，再往军前。"（《清圣祖仁皇帝实录卷之二九六》）

○康熙六十一年壬寅夏四月○己丑，议政大臣等议覆："靖逆将军富宁安疏言：'臣遵旨将巴尔库尔官兵内，查明年老病废，不能效力之官员七人、护军披甲二百二十五名、察哈尔兵一百八十名，即在此员内设立头目，管辖遣回。其吐鲁番科舍图、俄隆吉等处及巴尔库尔尚驻兵丁共二万一千一百名，请将遣回兵丁之缺，停其顶补。'应如所请。"从之。（《清圣祖仁皇帝实录卷之二九七》）

清世宗宪皇帝（雍正）实录
察哈尔卷（附宣化府·口北三厅）之五

公元1723—1735年

公元1723年

○雍正元年癸卯春正月○辛卯，署理抚远大将军事务辅国公延信折奏："甘州所屯兵丁，除京城满洲兵外，有预备调遣鄂尔多斯兵三百名，及宣化兵五百名，古北口兵四百八十名，山西兵五百九十名，陕西榆林兵一百九十名，分屯各处。现今并无调遣，请俱令撤回本处。"奏入，报闻。

○庚子，理藩院议覆，喀尔喀和硕额驸策零奏请："将原编入察哈尔旗分一佐领之人，停其给与钱粮，恳恩令带回本处，共为两个佐领，一体承办差徭。应如所请。"从之。（《清世宗宪皇帝实录卷之三》）

○雍正元年癸卯二月○庚午，谕理藩院："据察哈尔总管诺尔布奏报，察哈尔厄鲁特佐领罗卜藏锡拉布、蓝翎侍卫垂木丕尔等逃遁等语。着作速传知将军等，令其派兵各路，要截捕擒。再着喀尔喀、苏尼特，严令各处哨汛追剿擒获。其现在厄鲁特，恐伊等妄生疑虑，着一等侍卫达鼐、郎中鄂赖前往照管。俟将罗卜藏锡拉布等擒获之后，再回京。"（《清世宗宪皇帝实录卷之四》）

○雍正元年癸卯三月○甲申,谕总理事务王大臣等:"在藏之兵或撤回,或于通藏之路驻扎,及西宁所余官兵撤回之处。"集议以闻。寻议:"西藏地方因策妄阿喇布坦妄行扰乱,用申天讨,平藏之后,留兵防护。恐屯扎日久,唐古特等供应繁费,应将驻藏官兵尽行撤回。察哈尔及额驸阿宝之兵丁,应令公策旺诺尔布、都统武格、阿宝等统领,由西宁路遣回。阿宝在军营年久,应令伊与策旺诺尔布等一并来京。"(《清世宗宪皇帝实录卷之五》)

○雍正元年癸卯夏四月○丙辰,命察八旗年老人员有独子在军前者,奏闻。

○乙亥,谕都统拉锡:"嗣后游牧处、八旗察哈尔来京引见人员内有军前效力、曾经皇考识认者,尔预先奏闻。朕加恩赏赐。"(《清世宗宪皇帝实录卷之六》)

○雍正元年癸卯五月○壬午,给察哈尔副总管宫额孙拜他喇布勒哈番世职,护军校多尔济、喀尔喀塔布囊巴赛寨桑喀尔詹巴图尔、拖沙喇哈番世职,弁兵等各升赏赐恤有差。其收管未曾逃遁厄鲁特之一等侍卫色卜腾、蓝翎侍卫纳木扎,俱加赏赉。(《清世宗宪皇帝实录卷之七》)

○雍正元年癸卯六月○乙亥,谕领侍卫内大臣八旗都统等:"附近京畿等处,驻防八旗官员兵丁内尽有曾经出征效力者,伊等并无升转之处,应选其汉仗好、人去得、劳绩宣著者,给与升阶。着公同会议具奏。"寻议:"考选军政之年,将记名贤员(如德州等处之三品城守尉)交兵部,视应升之缺列名具奏。玉田、顺义县等处之防守尉,及山海关、张家口等处总管,视伊等应升之三品城守尉,京城参领员缺题补。德州、玉田县、顺义县、山海关、张家口、古北口等处之防御,及查围场之官员等,有记名者,于本处应升之协领、京城之步军副尉,及查围场之章京员缺题补。各处之骁骑校,于本处应升之防御及京城步军校员缺题补。各处之领催人等,令该管之城守尉、防守尉等,保举咨部。于本处骁骑校、京城骁骑校及六品官等员缺题补。"从之。

○丙子,谕理藩院:"塞外居住之八旗察哈尔蒙古护军、骁骑之器械,三年查看一次。而前往之护军参领、骁骑参领等,骚扰蒙古,勒索马牛等物。其三年一往比丁之官员,亦有勒索之处,朕所洞悉。再察哈尔蒙古内,未曾出痘者甚多。若来京挑选护军,倘遇出痘,恐有损伤。嗣后察哈尔八旗护军缺出,即着察哈尔总管、副总管、参领公同阅看,人材可用者挑补。其挑补之护军,俟三年查看军器时,从京中奏派大臣一员,前往查看军器,将所挑之护军一并验看。其三年比丁,亦照外省例,交与该总管等详察明白。将比过丁数造册送各该旗都统。则众蒙古无骚扰之患,亦无往返京师之事。于伊等大有裨益。"着八旗蒙古都统、领侍卫内大臣、前锋统领、护军统领公同议奏。寻议:"嗣后将三年一次查看器械之护军参领、骁骑参领及比丁官员,俱停其派往。越一年,派大臣一员查看八旗察哈尔器械,其人丁档册、该总管参领等,缮写明白,转送各旗都统。再护军校、骁骑校、前锋、亲军、护军等缺出,着八旗总管、副总管、参领等秉公挑取,着派往游牧处之大臣一并验看。若佐领世袭官员内有未出痘者,亦着派往之大臣查奏承袭,不必来京引见。"从之。(《清世宗宪皇帝实录卷之八》)

○雍正元年癸卯秋七月○甲申,……升直隶张家口副将陈栋为福建漳州总兵官。

○丁亥,议政大臣等议覆副将军阿喇衲疏奏:"察哈尔兵丁现在行间之人,虽于军前员缺补用,但军前缺少,其本处员缺并不补用,转将在家从未效力及军前撤回之人补用为护军校、骁骑校等员,揆诸情理似未允当。嗣后应令阿喇衲,将伊所领察哈尔官兵内效力人员查明咨送该旗,遇察哈尔地方员缺题补。至于其缺不便久悬,令该旗拣选现在应用之人奏请引见,暂行委署。"得旨:"自有策妄阿喇布坦之事已经八载,凡出征之在京八旗及盛京、黑龙江、宁古塔、西安右卫等处,满洲、绿旗官兵内,有宣力行间分内应升者,若于各本处补授,恐致悬缺,不敷看守。是以将现在之人拣选补授,以致军前效力官兵转壅滞其升迁之路。着行文诸路将军等,于满洲、蒙古、汉军绿旗官员兵丁内,有宣力行间分内应升人等查明选举。在京者咨送该旗,外省咨送各将军,绿旗咨送各该督抚提镇。嗣后遇伊等应升缺出,令该处即行题补。至补授军前之人,其缺不便虚悬。着该处即行拣选人员,奏请委署其补授之人。若再升转,此委署之人亦可得升如此。则军前效力人等既获升迁之路,即各本处才力可用人员,亦不致于壅滞。将此交兵部,着遍行八旗诸路将军,及外省将军、督抚、提镇等知悉。"(《清世宗宪皇帝实录卷之九》)

〇雍正元年癸卯八月〇庚戌,察哈尔总管常济保以老病乞休。命给副都统衔致仕。

〇乙卯,升……察哈尔总管富尔丹为镶红旗蒙古副都统。

〇丙寅,命赏叩谒梓宫之察哈尔厄鲁特散秩大臣罗卜藏锡拉布等马匹行粮。(《清世宗宪皇帝实录卷之十》)

〇雍正元年癸卯冬十月〇壬戌,抚远大将军年羹尧折奏:"西藏撤回额驸阿宝所领蒙古兵丁,马匹军器皆不堪用。且阿宝身有残疾,应令回原处。定西将军公策旺诺尔布带领之察哈尔兵,汉仗俱好。将察哈尔兵拣留四百名,交都统武格管辖。其余交策旺诺尔布带领起程。再都统西伦图,现驻于东郭尔庙,甚属无益。伊所领京城兵在外日久,马匹器械俱已缺乏,交侍卫班领阿齐图带领发回。西伦图汉仗犹好,请留军前,管辖察哈尔前锋兵。西宁现在满洲兵无几,应令署西安将军公普照,派鸟枪骁骑四百名、前锋一百名,交副都统觉罗伊礼布带领,速赴西宁。再用兵不可无参赞大臣,前锋统领苏丹经事颇多,岳钟琪总统绿旗土司兵丁，请授为参赞大臣。至青海之事，并请侍郎常寿、一等侍卫达鼐参议。"奏入，报闻。

○癸酉，抚远大将军年羹尧折奏："十月十九日，贼人来侵镇海堡。臣令都统武格率察哈尔兵、西安满洲兵援救。二十日，厄鲁特兵二千名、番贼一千余人围堡。二十一日至二十三等日，贼人陆续添兵，日夜转战。臣将前锋统领苏丹所领兵丁交参将宋可进等，带领军前效力满洲绿旗官员，于二十五日前往援救。贼众六千余人，或据堡前之山，或在谷中埋伏，我兵分队奋攻，炮伤贼人甚多，贼人败走。镇海堡内，满洲、察哈尔、绿旗兵齐出截杀，贼人四散逃去，共杀伤厄鲁特六百余人。我军阵亡五人，被伤六人。再，多巴之囊素阿旺丹津从前叛归罗卜藏丹津，今为我兵擒获，理应正法，但军务未完，暂行监禁。"奏入，报闻。
(《清世宗宪皇帝实录卷之十二》)

○雍正元年癸卯十一月○丁酉，直隶宣化总兵官张自成年老乞休，允之。以正黄旗汉军副都统许国桂署理直隶宣化总兵官。

○己亥，抚远大将军年羹尧条奏进剿青海事宜："一、预备进剿兵丁。请将陕西督标西安、固原、宁夏、四川、甘州、大同、榆林、土默特、鄂尔多斯、巴尔库尔、吐鲁番等处兵丁共挑选一万九千名，令提督岳钟琪等分领，从西宁、松潘、甘州、布隆吉尔四路进剿。一、防守边口土司兵二千名及西安满兵五百名，留守西宁各边口。陕西抚标兵五百名防守永昌。西安满兵五百名防守甘州。其布隆吉尔旧有兵一千名，应仍留驻防。至副将张成龙现领兵五百，防守巴塘。其里塘止驻兵二百，请将四川抚标兵三百名增派防守。再令署松潘镇副将张英、副都统黑色领兵一千五百名出松潘口，在黄胜关驻札。云南提督郝玉麟领兵二千名，驻札乂木多。则罗卜藏丹津等断不敢前往巴尔喀木等处。一、购买马驼。臣在陕西买马一千匹，甚不敷用。请令在归化城、张家口采买。或将太仆寺上都打布孙脑儿孳生马匹解送三千匹，巴尔库尔挑送驼二千，再于甘、凉、肃州等处采买一千五百。则兵丁进剿之时,可无贻误。一、贮备军粮。臣在西安,虑青海有事。已预买米六万石,将来自不致有误。一、精炼火器。请将景山制造之火药,每驼以一百八十斤计算,赏给一百驼。于明年正月内解送西宁。"得旨:"总理事务王大臣、议政大臣会议具奏。"寻议:"大将军年羹尧所奏进剿贼寇,调遣兵马,坚守隘口,备足粮饷等款,均应如所请。其所请马数外,再增一千匹解送。至火药,于所请额数外,增送一倍。再行文郝玉麟,即由中甸带兵前往乂木多驻札。其中甸地方,应令总督高其倬简选总兵官一员,带兵五百名前往驻札。"从之。

○癸卯,命八旗蒙古各建立官学,吏部、理藩院考取能蒙古文、蒙古语者,每旗设助教一员,于每佐领下选择一人肄业,准其考试笔帖式补用。(《清世宗宪皇帝实录卷之十三》)

○雍正元年癸卯十二月○己酉,理藩院议覆:"察哈尔右翼捕盗章京,应授为六品官,照例给与半俸。再每旗添设兵丁十名,月给钱粮一两。"从之。○予……直隶宣化总兵官司九经祭葬,赠署都督同知。

○丙寅,添设宣化镇属土木堡、岔道城、榆林堡、鸡鸣堡、左卫城、怀安城六处驻防兵,共一百九名。从宣化总兵官许国桂请也。(《清世宗宪皇帝实录卷之十四》)

公元1724年

○雍正二年甲辰春正月○辛巳,实授许国桂为直隶宣化总兵官。

○丙戌,赏给巴尔库尔、满洲、察哈尔、绿旗种地兵丁银两有差。

○丁酉,谕宣化总兵官许国桂:"宣镇兵丁出征劳苦,军前倒毙马匹,从宽免其赔补。"

○辛丑,兵部议奏:"直隶巡抚李维钧疏言:'从前宣化镇出师军士,所给十个月行粮,两个月口粮。经部准议政大臣等原议,乃系给与,并无扣还字样,请旨免扣在案。今古北、密云等镇协营官兵,与宣化镇属官兵,同时同地,一体出师,所给钱粮请照宣化镇之例,免其扣还。'应如所请。"从之。(《清世宗宪皇帝实录卷之十五》)

○雍正二年甲辰二月○甲寅,差往德州、山海关等处护军统领汝福等,考察军政事竣回奏。得旨:"防守各处兵丁有五十名者,边口兵丁亦有二十四名者,似此则不成部伍矣。可将五十名兵丁之处,添为百名。其守边口之二十四名兵丁,酌量添设。倘遇有用之时,可成部伍。且在京城闲散人内,挑为马甲派往,亦于满洲人等有益。"着交与总理事务王、大臣会议。寻议:"山海关等处满洲兵已足数,无庸添设外;山西太原府现有正蓝、镶蓝二旗兵四百十三名,山东德州现有镶黄、正黄二旗兵三百四十名,直隶保定府现有正红、镶红二旗兵四百一名,应各添足五百名。古北口、喜峰口现有八旗兵八十名,独石口现有八旗兵六十名,应各添足一百名。冷口现有八旗兵二十四名,应添足五十名。"从之。

○戊午,谕总理事务王大臣等:"青海之事不日告竣,而策妄阿喇布坦亦属恭顺。其撤回各路之兵,及固守地方之事,应预行定议。额驸策凌、贝勒博贝俱在阿尔泰驻札年久,地方情形皆所悉知,现皆在京,可详询阿尔泰一路兵丁如何撤回,及驻防兵丁应于何处安设之处。确议具奏。"寻议:"策妄阿喇布坦于伊使垂纳木喀去后,中心悦服,遣使诚恳前来,甚属恭顺。然永固边陲之策,宜预为筹画。查阿尔泰一路,振武将军傅尔丹军前,现在兵丁共三千八十二名,征西将军祁里德军前,现在兵丁共六千九十八名,俱应撤回各本处。查先奉圣祖仁皇帝谕旨,喀尔喀边疆系与策妄阿喇布坦及俄罗斯接壤,交将军及喀尔喀王等会议,茂岱察罕叟尔、扎克拜达里克两处,俱系紧要形势地方,相应驻兵,已经盖造城二座。后以乌阑古木地方广阔丰腴,可以屯田。于是又遣哨兵于彼种地修城屯驻。但乌阑古木直抵阿尔泰山前，与茂岱察罕叟尔、扎克拜达里克及喀尔喀游牧处相隔千里，应停其在乌阑古木驻兵，仍于茂岱察罕叟尔、扎克拜达里克两处，派京城满洲兵二千名防守，四年一换；蒙古兵二千名，永远屯驻。满洲兵请于京城佐领内选派一千七百四十二名，其不足兵丁于八旗汉军炮手内均派充补。蒙古兵请于八旗游牧察哈尔佐领内挑选一千名，再于右卫佐领内挑选七百名，其不足兵丁，请于归化城土默特佐领内酌派充补。此四千兵，应派将军一员、副都统一员，统领将军在察罕叟尔驻札，副都统在扎克拜达里克驻札。应铸给驻防茂岱察罕叟尔等处地方将军印信。其察哈尔、右卫、归化城蒙古兵二千名，俱设总管等管辖，于两城左近游牧驻札。至阿尔泰军前现有喀尔喀扎萨克兵二千名，应暂行存留，交与王丹津多尔济、额驸策凌、贝勒博贝等统领调遣。丹津多尔济应铸给管辖喀尔喀左翼兵丁副将军印信，策凌应铸给管辖喀尔喀中路兵丁副将军印信。博贝应铸给管辖喀尔喀右翼兵丁副将军印信。军营一应器械盔甲，交与兵部工部制给。俸饷马驼等项，按员令户部支赏。京城满洲兵于明年四月内起身，令将军、副都统带领出张家口，由中路行走。察哈尔、右卫、归化城兵，令总管等带领，各随其便，游牧前去。至茂岱察罕叟尔、扎克拜达里克两处，地亩丰腴，应俟将军到彼，派兵耕种。并令官商范毓馪等挽运米石，备支给口粮之用。其屯种事务，奏派大臣一员，铸给办理茂岱察罕叟尔、扎克拜达里克两处兵饷关防。俟四年与将军一同更换。再阿尔泰两路兵内，令傅尔丹挑留五千名暂行驻札。其余今岁七八月间，令征西将军祁里德统领撤回，并将征西将军印敕带缴。至阿尔泰现在所设军台，俱系僻路，且瀚海辽阔，水草不佳。查张家口抵朱尔辉、翁机、推河甚近，水草亦佳。应遣大臣一员，将台站挪移安设，庶于驿站人员牲畜俱有裨益矣。"得旨："尔等所议，令傅尔丹处暂留兵五千名。阿尔泰既有喀尔喀之兵，着留四千名。余依议。并行文大将军年羹尧知之。"
(《清世宗宪皇帝实录卷之十六》)

○雍正二年甲辰三月○丁酉,直隶巡抚李维钧折奏现行地方事宜各款:"一、亏空地丁银两均摊十分之四,以便逐渐补完。一、减火耗每两二三分,以纾民力。一、起解兵饷知府例有规礼,今悉裁革。令州县自行解司。一、各官衙署,例有里下铺垫陋规。今已革除。一、清查地亩,无致隐占。一、行保甲以杜奸匪。一、查饬武弁,除募兵虚兵之弊。一、亲检三营甲帜,勤加操演。一、修整烟台,添建营房。增设马步兵五名,以严防汛。一、遍饬村庄,筑墙掘壕。兼选壮丁习练,以防盗贼。一、驿路两傍栽种柳树,以恤行旅。"奉上谕:"天下督抚,皆当如此留心。扩而充之,何虞吏治不肃,民生不遂耶!村庄沟壑,实系有益之事,但须预为陈说利害,使愚民灼知有益,踊跃乐从。秋成之后,方可行之。断不宜急遽强迫也。民壮头目,殊难其人,须择平素为众所推服者,方可委之董率。尤须饬地方官不时稽查其行止,勿致生事。至种树,即古人列树表道之意。朕现刊谕一道,尚未颁发,尔奏恰合,随即通行直隶各省矣。"(《清世宗宪皇帝实录卷之十七》)

○雍正二年甲辰夏四月○辛亥,兵部参奏:"允䄉奉使口外,不肯前往。捏称有旨令其进口,竟在张家口居住。"得旨:"廉亲王允禩议奏。"允禩寻议:"应作速行文,仍令允䄉前往差遣之处,并将不行谏阻之长史额尔金交部议处。"得旨:"允䄉既于中途私回,不肯前往。今又何必令其出口?伊既进口,亦听其自便。至额尔金,原非允䄉意之所重,何必治罪?着允禩再议具奏。"允禩又议:"允䄉奉使口外,不肯前往。捏旨进口,应革去多罗郡王,撤其所属佐领,没入家产解回,交宗人府永远禁锢。"……得旨:"允䄉之事交与允禩者,特以观其如何处置,向来允禟、允䄔、允䄉等俱听允禩指示,即便遵行。故朕望允禩教诲伊等,使之改过,乃不但不行教诲,反激成伊等妄为,朕所差遣之处竟不前往,私回观望,居住口外数月。又称奉旨进口。如此不法,任意妄行,惟欲朕将伊等治罪,以受不美之名,岂知此等无理无义乖戾犯法之弟,治之以罪,适足以昭朕无私之善政,何碍之有?朕今施以恩泽而不知感,喻以法令而不知惧。朕自当明罚敕法,虽系兄弟,亦难顾惜。诸王大臣理应将允䄉素行与今所作之罪明白指陈,或照允禩所议治罪,或加等减等治罪之处,请旨定夺。朕自降谕旨。"(《清世宗宪皇帝实录卷之十八》)

○雍正二年甲辰六月○己卯,理藩院议覆:"总管阿尔泰路军台宗查布奏称:'阿尔泰一路军台共四十七处,内除十二站照旧不移外,其自杀虎口至扎克拜达里克城,所设军台三十五站,水草不佳,道路迂远。请移在张家口外一路安设。'应如所请。"从之。

○癸巳,理藩院议覆:"都统拉锡疏言:'察哈尔右翼四旗,生计不足。请严捕积盗,以裕畜牧。'应如所请。"从之。(《清世宗宪皇帝实录卷之二十一》)

○雍正二年甲辰秋七月○甲寅,怡亲王允祥等遵旨议覆都统世子弘升疏奏:"丈量察哈尔右翼四旗地亩,共二万九千七百余顷,每年应征银十九万余两。请设满洲理事同知一员,驻扎北新庄地方,督管农民事务。并设满洲千总二员,催粮稽察。再,察哈尔西界,穷山僻谷,易于藏匿。请再设满洲理事同知一员,驻扎张家口,管理词讼,稽查边口出入之人。均应如所请。"从之。(《清世宗宪皇帝实录卷之二十二》)

编者注:在张家口设置理事同知衙门,理事同知为满洲官缺,正五品。隶于直隶口北道。

○雍正二年甲辰八月○丙子,抚远大将军年羹尧奏报:"青海之事已定,从前调集驻防凉州等处西安满洲兵一千名、柴旦木调回之察哈尔兵一百名、驻扎松潘之四川满兵五百名、驻扎甘州之鄂尔多斯土默特兵一千名、驻扎山丹之大同兵一千名、驻扎布隆吉尔之满洲、蒙古、乌喇、索伦、察哈尔、厄鲁特兵二千名,俱令原管将弁陆续统领撤回本

处。"奏入，报闻。(《清世宗宪皇帝实录卷之二十三》)

○雍正二年甲辰九月○辛亥，靖逆将军富宁安折奏："阿尔泰调来之盛京、乌喇、右卫、察哈尔、土默特兵二千名，交都统艮敦自巴尔库尔起程，各回原处。"奏入，报闻。(《清世宗宪皇帝实录卷之二十四》)

○雍正二年甲辰十二月○庚寅，兵部议覆："直隶总督李维钧奏言：'宣化镇张家口副将标下步兵一千名内，将藤牌三百名改为鸟枪手，大刀二百名改为弓箭手。'应如所请。"从之。(《清世宗宪皇帝实录卷之二十七》)

公元1725年

○雍正三年乙巳春正月○壬戌，理藩院议覆管理蒙古同知白石奏言："张家口外入官地亩，请照边内例，定为三等起科。每犁一具，征银四两二钱。张家口之东百里内，蒙古汉人杂居，盗贼词讼，应严加管理。又德胜口、张家口之仓，应籴谷分贮，每年出旧籴新报部。其衙署仓库应盖造于张家口内城郭会集之处，添派千总一员、把总一员、马兵二十名，协同办理看守。俱应如所请。"得旨："民人交纳维艰，不得催科太迫，如不能足四两二钱之数，着再量减二钱。余依议。"

○癸亥，理藩院议覆阿霸垓贝子德木楚克呈称："热河之喀拉和屯、锡喇他拉、哈祁尔伊嘛图、多伦诺尔等处之人民数千，俱在达尔脑儿地方捕鱼。此脑儿周围二百余里，其外柳林丛密，人不可行。脑儿内陆地长三十里，宽二十余里，有人偷盗蒙古马匹牲畜，筏载藏匿生事。应将捕鱼人等一并驱逐。"得旨："达尔脑儿处打鱼人等，聚集至二三千人。若将伊等即行逐去，俱系无藉穷民。虽回原处，亦未必安分为生。此皆扎萨克等希图微利，纵容积渐所致。着马尔萨带银三千两前去，其有本商人，着即发回。其无力回籍者，酌给盘费，俾此穷民安居原处。着晓谕扎萨克等知之。"

○丙寅，追赐原任福建巡抚许嗣兴祭葬，从其子宣化总兵官许国桂请也。(《清世宗宪皇帝实录卷之二十八》)

○雍正三年乙巳三月○乙巳，裁直隶延庆卫守备一员……从直隶总督李维钧请也。(《清世宗宪皇帝实录卷之三十》)

○雍正三年乙巳夏五月○壬戌，谕礼部："前博尔多来京陛见，奏称僧人宏素处有朕昔年赏赐金刚经一部，上有朕所制序文，今欲刊刻流传。朕细思向来并无此事，因命博尔多将此经取来阅看，昨日赍到。文与字俱非朕笔，且将朕名皆书写错误，甚不可解。闻宏素已经身故，其同寺僧人必有知其由来者。着即行文问明具奏，不必严挐拘禁。前令各处呈缴御笔，伊等既将此序认为御笔，何以不行呈缴？若以为非御笔，何以不行详察？亦着问明。朕在藩邸时，因府第与柏林寺相近，闲暇之时，间与僧人谈论内典，并非以僧人为可信用也。况今临御天下，岂有密用僧人赞助之理？近日直隶宣化府、江南苏州府等处，竟有僧人假称朕旨，在彼招摇生事者，已经发觉惩治。此等小人行为，皆于朕之声名大有关系。尔部不可不严行禁饬。若再有此等，着该地方官访挐参奏，毋得疏纵。年来各处呈缴御笔，今限期已满，尚有未缴者。所缴之内，亦有假笔混杂者。朕俱从宽，不行深究。今又有金刚经序文之事，尔部可严行各省，以文到之日，再限一年，务令全缴。倘再有隐漏，定行治罪。"(《清世宗宪皇帝实录卷之三十二》)

○雍正三年乙巳六月○己丑，谕大学士等："前据年羹尧折奏，'镇海堡城外之战，我兵已将贼人杀败。城内都统武格带领满兵及察哈尔兵开城西门，尾追贼后，抢掠物件，以致贼人折回，斫伤西安骁骑校一员、满兵一名、察哈尔兵二名。武格首先败回，又复冲突绿旗队伍，致镇海营千总与兵卒带伤者十有余人。其余行事昏愦，不知羞耻。西伦图轻浮妄言，狂叫无礼，皆军事所最忌者。臣是以即行撤回'等语。朕比时即批示，令其具本参奏。随据年羹尧奏称，'都统武格、西伦图本应参劾，然臣之受恩，威权太重。若再参两都统，于臣不利。伏乞暂赐优容，置之闲散之地'等语。朕是以将武格、西伦图调回，令其别处效力。今据护军参领常明奏称，'罗卜藏丹津侵犯康城边界时，年羹尧令臣到镇海堡，送信与都统武格，武格随带西安满兵一百名、察哈尔兵三百八十名，入守镇海堡，凡四昼夜。至第五日，今升总兵之宋可进带西宁绿旗兵一千五百名来赴。臣与都统武格、参将张家翰，同率在城满洲、蒙古、绿旗兵丁六百余名，出西门向城下排列，与贼战。贼即奔败，因深入贼垒交战，西安正蓝旗骁骑校署参领四哥、镶蓝旗披甲达三保阵亡，正黄旗领催署骁骑校吴泰等五六人俱数处重伤。察哈尔兵亦有阵亡及受伤者，此皆世受国恩，遇敌感愤，报效死伤之人，臣不敢隐匿，谨此奏闻'等语。常明身在军前，所奏如此，与年羹尧从前所奏迥异。且年羹尧既称武格种种失律之处，彼时又不参劾。及朕令其参奏，又云'臣威权太重，不便又参两都统'。夫行军之道，只论功罪之当否，岂可意为轻重！且以年羹尧之擅作威福，所参岂止两都统，而至此忽又惧威权太重耶？观常明所奏，当日在事官兵，奋力杀贼，有受重伤者，有阵亡者，深属可悯。武格等既无失律之罪，则效力之官兵等应加优恤。此案功罪，不便含糊归结，着年羹尧明白回奏。"（《清世宗宪皇帝实录卷之三十三》）

○雍正三年乙巳秋七月○癸亥，谕直隶总督李维钧："闻近京各处地方，桥梁道路多被潦水淹没，行旅维艰，诸物腾贵，朕心甚为轸念。尔可转饬各地方官悉心筹画，其大路中积水之处作何疏泄，洼坷之处作何修垫。通州一路，可交与副将赛都，通永道高矿。古北口一路，可交与总兵何祥书及该管州县官。宣府一路,可交与总兵许国桂及该管州县官。至近京一带,可交与大兴、宛平、良乡、涿州等州县。俱速令其相度地势,设法修理,使行旅之人通行无阻。不可借端差派,以便民之政,反致累民。"(《清世宗宪皇帝实录卷之三十四》)

○雍正三年乙巳八月○甲申,八旗都统等议覆:"护军统领阿尔纳奏称:'察哈尔地方挑取护军,及查点军器,现交于游牧总管、副总管。其所有护军参领二员并无可管之事,请行裁汰撤回,令其管理护军营事务。'应如所请。"从之。(《清世宗宪皇帝实录卷之三十五》)

○雍正三年乙巳十二月○丙子,升直隶宣化总兵官许国桂为正红旗汉军副都统。

○辛巳,升镶红旗参领黄廷桂为直隶宣化总兵官。(《清世宗宪皇帝实录卷之三十九》)

公元1726年

○雍正四年丙午春正月○庚申,是日,蒙古王、贝勒、贝子、公、额驸、台吉、塔布囊等谢恩。上召入。谕曰:"尔等俱受国家深恩,封号优崇,非小部落可比。尔等在皇考时,或有过被惩,尔等毫无怨色。及朕嗣位后,厄鲁特罗卜藏锡拉布等,从察哈尔旗分逃去。朕之谕旨未到,而内外扎萨克等即领兵往追。似此竭诚效力,始终如一,天必加尔多福。今尔等归,各宜尽心养育属下之人。俾得各遂其生,朕心滋为喜悦。特谕尔等知之。"(《清世宗宪皇帝实录卷之四十》)

○雍正四年丙午三月○复设直隶延庆卫守备一员,……从署直隶

总督蔡珽请也。(《清世宗宪皇帝实录卷之四十二》)

○雍正四年丙午秋七月○乙巳,谕内阁:"前命鄂尔奇、缪沆往直隶清查州县仓谷。今据奏称,直隶借祟仓谷弊端种种。无非地方官巧为掩饰亏空之计。向来直隶仓谷亏缺甚多,朕知之甚悉。各官惟恐败露,故设计弥缝,详请借祟。此等州、县官员,若仍留原任,将来假公济私,挪新掩旧。必至刻剥小民,亏欠正项,而地方仓廒始终不得清楚。可将巧称仓谷出借各官悉行解任,着吏部将投供到部候补、候选之州、县官,俱带来引见,朕亲自选定人数。其鄂尔奇等已经到过之正定、顺德、大名、广平、保定五府,所属赞皇等二十一州、县,着即将拣选人员掣签发往。鄂尔奇等未到之永平、宣化、顺天三府所属之二十一州、县,俟伊等到彼,查出有出借仓粮者,即咨吏部,令签掣人员前往代之。以上各州、县借出之谷,俱着解任之官员自行催还,以一年为限。限内全完者,仍准即行另补。若先期速完者,随到随即另补。逾限不还者,治以挪移亏空之罪。如此,则亏空之员,不得复居见任,挟制小民,挪移出纳。而接任之员,交代井然,又无前后不清之项。若果系借欠在民,按数催还,其原官仍可另补,于公私均有裨益。又,鄂尔奇等奏称:阜平、赞皇等处,违例将谷借给兵丁。向来有无借给兵丁之例,着九卿察明具奏。闻直隶各处仓廒久未修理,倾圮者多。着李绂严饬各属,设法速行修整。"寻议:"米谷原无借给兵丁之例,或贫乏兵丁于青黄不接时,该管官出具印文,借支季米,至支放秋粮时扣还。今赞皇等处借给兵米,应令该督会同该管总兵官查明。再,嗣后直省、州、县,遇借给民粮之时,或有兵丁需借米谷者,许具该管官印领借给,于支兵粮时扣还。倘有私领、冒领、私给、擅给等弊,各按律治罪。庶兵丁无匮乏之虞,仓谷亦免滥给之弊。"从之。(《清世宗宪皇帝实录卷之四十六》)

○雍正四年丙午九月○乙未,议政王大臣议覆:"振武将军公巴赛奏称：'唐奴山前特斯等处驻札之满洲、蒙古、喀尔喀兵二千名，此际并无事务，阿尔泰山岭十月间降雪后，无庸防守。请将丁寿、博贝所领兵二千名，于十月初间撤回军营。俟来年青草发生时，令前锋统领穆克登率察哈尔兵丁在特斯驻牧。副将军贝勒博贝率喀尔喀兵一千，在特斯河驻牧。丁寿率右卫蒙古兵一千，在扎布韩驻牧。平时操练，倘遇有事，公同商议，相机而行。仍于十月降雪后撤回军营。'应如所请。"从之。（《清世宗宪皇帝实录卷之四十八》）

○雍正四年丙午十一月○乙未，吏部遵旨议覆："御史分巡直隶，应令都察院于满洲、汉军、汉人御史内，各派出二员差往。其各员巡察之处，分顺天各属，及永平、宣化二府为一路，保定、正定、河间三府为一路，顺德、广平、大名三府为一路。每路派御史二员，遍历巡查，凡旗下告退官员，在屯庄头。内监族戚及在籍乡绅衿监，并内府庄头。如有恣行不法者，即行该地方官提拏，讯实惩治。其应交地方官归结者，即会同地方官归结。应参奏者，即行参奏。并请铸给关防，以重职守。如该御史徇私容隐，以及生事滋扰。仍许直隶总督据实题参。"从之。（《清世宗宪皇帝实录卷之五十》）

公元1727年

○雍正五年丁未夏四月○乙卯，谕八旗大臣、内务府总管等："直隶州县，缉拏逃盗，每每察访至内府庄头之家。而庄头等护庇不令缉捕。以致逃人盗案，匪类不绝。再八旗在屯居住人等，多系不思上进，怠惰浮薄之辈。竟有窝藏逃盗，欺凌百姓，好事妄为者。若不严加约束，必至妄生事端。八旗都统、内务府总管等，行文直隶总督及巡察御史，嗣后内府庄头及乡居旗人，有窝藏逃盗在家者，地方官差役搜捕。有抗拒者，即将窝家一并拏究。或有不守本分、酗酒生事妄为者，该地方官即行详报总督。若系旗人，由总督移咨该旗。系内府庄头，移咨内务府。该旗及内务府将应行审理者即行审理，应行拏送者即行拏送。若有迟延违误，将尔等治罪。若地方官徇隐，不行详报总督；或已详报，而总督不行移咨各该管处者，被巡察御史题参，该总督及州、县官一并严加议处。巡察御史，徇隐不行查参，或别案发觉，或经朕访闻，务必重治其罪。如此立法，则内府庄头及居乡旗人，各知警戒，畏法守分。而直隶地方窝藏逃盗之弊可清。于乡居旗人百姓，亦大有裨益。"○宣化总兵官李如柏疏言："宣镇所属各营，请于执三眼枪及大刀兵丁内，酌改数名为藤牌手。"得旨："各处营伍，所习武艺、所用器械原无定制。是以武弁到任，往往以己所好尚，操演所属兵丁。学习未久，而接任旋复更改，非训练专精之道也。除骑射通行学习外，其余各种操演，着该上司会同通省大员，因地所宜。酌量永远规制。定议以闻。"（《清世宗宪皇帝实录卷之五十六》）

○雍正五年丁未冬十月○丁亥，理藩院奏："俄罗斯头目郎喀呈请将商人之马匹牛羊留在张家口外牧放。应如所请。令张家口察哈尔总管严行稽查盗贼，禁止斗殴。"得旨："俄罗斯既欲将伊等马匹牲畜牧放边外，着照所请行。即派司官一员前去，稽查盗贼，禁止斗殴。并晓谕俄罗斯郎喀：尔等留住之人，必须拣选善能管辖者为首，使约束尔等之人，毋令生事。再行文与就近居住之总管等，着各属下人加意约束，防禁盗贼。俄罗斯系外藩小国，如伊等马匹牲畜被人偷窃遗失，查系何处地方，即着该地方总管等查缉交付。若不能查获，着该地方总管等照数赔偿。"

编者注：文中所提"张家口察哈尔总管"，副都统衔，官职正二品。察哈尔都统设置前，管理张家口察哈尔驻防官兵的统领，由满洲官员担任。

○癸卯，敕直隶各镇总兵官俱受古北口提督杨鲲节制。后不为例。(《清世宗宪皇帝实录卷之六十二》)

○雍正五年丁未十一月○庚午，理藩院遵旨议覆："哲布尊丹巴呼图克图，请加封哲布尊丹巴喇嘛，遣官赍捧敕印，送至喀尔喀库伦地方。"得旨："哲布尊丹巴呼图克图与班禅额尔得尼、达赖喇嘛等之后身出处甚确，应封于库伦地方，以掌释教。朕为普天维持宣扬教化之宗主，而释教又无分于内外东西，随处皆可以阐扬。昔达赖喇嘛与班禅额尔得尼在西域时，其居住青海之厄鲁特顾实汗等，实与之邻近，相与护持，故其教盛行于西藏。自此各部落俱为檀越，踵而行之有年矣。盖宣扬释教，得有名大喇嘛出世即可宣扬，岂仅在西域一方耶？哲布尊丹巴呼图克图，其钟灵原有根源，乃与达赖喇嘛、班禅额尔得尼相等之大喇嘛也，故众喀尔喀俱尊敬供奉之。且伊所居库伦地方，弟子甚众。着动用帑银十万两修建大刹封伊后身，俾令住持齐集众喇嘛，亦如西域讲习经典，宣扬释教。再多伦诺尔地方，乃众喀尔喀归顺时，我皇考巡狩于此，众喀尔喀齐来朝觐会盟之地也，应造寺宇以表彰之，俾去世之张家呼图克图居住。张家呼图克图者，西域有名之大喇嘛也，唐古特人众敬悦诚服，在达赖喇嘛班禅额尔得尼之上。各处蒙古亦皆尊敬供奉。今其后身禀性灵异，确实可据。着将多伦诺尔地方寺宇，亦动帑银十万两，修理宽广，使张家呼图克图之后身住持于此，齐集喇嘛亦如西域讲习经典，以宣扬释教。蒙古汗、王、贝勒、贝子、公、台吉等，既同为檀越，朕如此推广教法，建造寺宇，一如西域令喇嘛居住讲习经典，于伊等蒙古之诵经行善，亦甚便易。盖礼佛行善，无分远近。宣扬释教之处愈多，则佛法可以日广。即哲布尊丹巴呼图克图、张家呼图克图，皆前世达赖喇嘛之弟子，伊等岂肯忘其宗派耶？"(《清世宗宪皇帝实录卷之六十三》)

编者注：○呼图克图(又作"胡土克图")，清朝授予蒙、藏地区喇嘛教上层大活佛的封号。"呼图克"为蒙语音译，其意为"寿"，"图"为

"有",合为"有寿之人",即长生不老之意。原是藏语"朱必古"之蒙语音译,意为"化身"。凡册封"呼图克图"者,其名册皆载于理藩院档案中,其下一辈转世,须经清廷代表(钦差)主持金瓶掣签仪式而加以承认。西藏地区这类活佛地位低于达赖和班禅,但可出任摄政。

公元1728年

○雍正六年戊申二月○丁酉,直隶天津总兵官赵国瑛缘事革职,升直隶张家口副将岳超龙为直隶天津总兵官。

○甲辰,命副都统职衔勒什布回京,以内大臣克什图总管阿尔泰一路军台事务。(《清世宗宪皇帝实录卷之六十六》)

○雍正六年戊申三月○壬戌,命……铸给总管托和齐管理察哈尔兵丁总管关防。(《清世宗宪皇帝实录卷之六十七》)

编者注:文中"命铸察哈尔总管关防",标志着驻张家口管理察哈尔兵丁总管受命管理张家口大境门关防事务。

○雍正六年戊申夏四月辛巳朔○谕议政王大臣等:"阿尔泰换班兵丁,八月内方得到彼。换回兵丁俟到后起程,于十一月尽方能至京。时既严寒,兵丁不无苦累。如何可使换回兵丁预先起程,不受寒冻即能至京,着议奏。"寻议:"查自归化城至扎克拜达里克,有上海新驿、旧驿、阿拉克诺海、古尔班、赛堪五路。若令换班兵丁于四月二十间起程,由张家口至归化城分作四路。博尔屯、查克旦、塔拉图、诺穆柱分领,各由一路而行。再令归化城都统丹晋等,每路选派熟识道路之参领、佐领等官各一员,令其选择水草,引路前行。大约于七月二十间,可至扎克拜达里克。应令军营兵丁,俱预在扎克拜达里克等候。此际暂派盛京船厂官兵，令其哨望，俟换班兵丁到时即令起程，仍令熟识道路官员沿途指引，可于十月二十间至京。庶官兵不受寒冻。"从之。

○庚寅，予故副都统兼察哈尔总管哈济噶尔祭葬，赠都统衔。

○丙午，户部议覆："山西巡抚觉罗石麟疏言：'山西之蔚州，与直隶之蔚县界址交错，应俱归直隶宣化府管辖。广昌县与蔚县县治村庄俱相交错，而蔚县向设广昌巡检一员，止经管广德一里。请将广德地方归并广昌，仍隶山西大同府管辖。其巡检缺可以裁汰。至广昌守备，向系宣化蔚州路管辖，今应专属山西灵邱路参将管辖。'均应如所请。"从之。（《清世宗宪皇帝实录卷之六十八》）

编者注："蔚州""蔚县"即今张家口市蔚县地，"广昌"即今保定市涞源县。明代蔚州卫、广昌守御千户所隶万全都指挥使司（驻宣府镇城），其地属山西大同府。

○雍正六年戊申五月○乙丑，兵部议覆："署直隶总督宜兆熊疏言：'宣化府属之保安、延庆二州，属在关外，旗人杂处，最为紧要。城内止有知州、吏目等员，并无武弁防御。如文职遇调，则城池仓库，门禁锁钥，乏员防护。查张家口协标两营，并无专汛护送等差，应拨把总二员，令其移驻，改归怀来、永宁二路参将都司管辖。'应如所请。"从之。（《清世宗宪皇帝实录卷之六十九》）

○雍正六年戊申秋七月○戊辰，署直隶总督何世璂疏报："宣化府、深井堡等处，开垦本年分田地六十顷有奇。"下部知之。（《清世宗宪皇帝实录卷之七十一》）

○雍正六年戊申八月○乙未，以……直隶张家口副将张三让署直隶天津总兵官。（《清世宗宪皇帝实录卷之七十二》）

○雍正六年戊申十一月○甲寅，添设直隶冷口、古北口、喜峰口、独石口防守尉各一员，千家店防御一员。裁古北口、喜峰口、独石口防御各二员。从镶白旗汉军都统鄂善请也。

○丙子，命内阁学士班第、副都统罗密往库伦地方，会同王丹津多尔济修建庙宇。侍郎张保、原任巡抚布兰泰往多伦诺尔，会同王色登敦多卜修理庙宇。(《清世宗宪皇帝实录卷之七十五》)

公元1729年

○雍正七年己酉春正月○己巳，直隶总督何世璂疏报："宣化等府开垦雍正六年分田地一百九十六顷有奇。"下部知之。(《清世宗宪皇帝实录卷之七十七》)

○雍正七年己酉三月○庚戌，谕王大臣等："护军统领塔拉图，朕闻在军前每日醉饮，大负委任，着革职来京。其员缺，令副都统衔察哈尔总管马尔萨前去。"

○戊午，谕内阁："尝思岁时雨旸之各地不同者，其故或由于朝廷政事有所阙失，或地方官吏乖其职守，或民间习俗浇漓、人心伪薄，皆足上干天和，致成灾祲。此理数之必然，纤毫不爽者。数年以来，朕已谕之详矣。上年直隶通省地方收成丰稔，惟宣化、怀来、保安三州、县，独愆雨泽。朕心即疑地方官民恐有招致之由。秋间口北道王棠来京，朕令进见，曾经谕及。今据王棠折奏，'宣化、怀来、保安等处，去年夏秋亢旱，今春他处皆得瑞雪，而此地独少。二月间，臣因公出境，勘得鸡鸣驿、新保安之间，有古惠民渠一道，灌田数百余顷，旗民互讼。历三十余年，未曾结案。臣详勘渠道，先剖曲直，继将上年所奉上谕再四宣布，劝使回心。一时旗民人等，顶颂皇仁，即时感悟，分渠共溉，永息争端。果于三月初一二等日连降瑞雪，平地尺余，春耕有赖，万民称庆'等语。王棠此奏，不过敷陈其事。而实乃天人感应之至理。盖人之所以为心，即天之所以为心。倘一方之中，彼此猜嫌，构争起讼，人怀不平之气，斯天地之气亦湮塞于一方，不能和畅宽舒，有不雨旸失序者乎？古圣有言，万方有罪，罪在朕躬，朕躬有罪，无以万方。今朕此言，非为人君宽解，而推卸其责于臣民也。君民上下，原为一体。尝见直省督抚官员等，每遇年岁丰登，辄曰'此皇上之洪福'，此语朕从不受。朕无自私之福，以天下人之福为福。若吏治澄清，民风醇厚，以致时和年丰，天下人各受其福，即朕之福也。若官吏坏法营私，黎庶嚣凌成习，以致召为灾异，此皆用人不得其当，化导未尽其方，天下不能共受其福，即朕之歉于福也。人君原无可诿之责，而臣民自有各尽之道。朕以实心实政，干惕于上。天下臣民，果能黾勉修省，同归于善，以感召于下，则太和之气流行于宇宙间，灾沴何自而生，雨雪应时而降，人歌乐利，百室盈宁，以同受上天之慈惠。岂不美钦！着各省督抚通行所属。咸使闻知。"

○辛酉，议政王大臣等遵旨议奏北路出征事宜："一、统领将弁，应行派定。京城八旗兵六千名，自总统将军外，应派副将军、参赞大臣、前锋统领等员。其营总、参领、侍卫、章京、前锋校、护军校、骁骑校等，均请派出，以资差遣。车骑营兵九千名，应派总兵、副将、参将、游击、守备、千总、把总等员。其押运粮饷大员、随印学士，及中书司官、笔帖式等，均应派出。奉天、船厂、察哈尔、索伦、土默特、右卫、宁夏七处，共兵八千名，应派统领及管辖之员。至喀喇沁、土默特兵八百名，应派塔布囊等员率领。一、官兵起程，分路定期。北路官兵驻札阿尔泰，路途遥远。京城八旗兵于五六月间，分五路前进。出口后，令察哈尔、土默特兵同行。车骑营兵分六路前进。奉天、船厂、索伦、右卫、宁夏兵，俱于六月起程，至大兵驻札处会合。一、北路官弁，共计总统将军一员，副将军一员，参赞大臣六员，前锋统领一员，副都统十员，总兵二员，营总二十四员，参领、副参领四十一员，云麾使一员，副将四员，章京一百三十六员,中书二员,司官十三员,侍卫十二员,参游八员,前锋校十七员,护军校一百八十一员,骁骑校一百三十九员,笔帖式四十三员,守备十六员,千把总九十六员,共七百五十三员。除奉旨赏赉外,分别各给马驼、器械、跟役口粮、盐菜银两与兵丁粮饷等。俱遵旨宽裕支给。"得旨:"振武将军公巴赛,着为副将军;振武将军印务,着顺承郡王锡保管理。镶黄旗满洲都统侯陈泰、右翼前锋统领衮泰、镶白旗汉军都统石礼哈、正白旗满洲副都统戴豪、散秩大臣公达福、正蓝旗满洲副都统觉罗海兰,俱为参赞大臣。原任右翼前锋统领丁寿,以都统衔为军营前锋统领。直隶正定总兵官魏麟、河南河北总兵官闪文绣,统领车骑营兵。奉天副都统纳秦统领奉天兵。白都纳副都统塔尔岱、副都统衔西弥赖,统领索伦兵。白都纳副都统费雅思哈统领宁古塔兵。右卫副都统阿三统领右卫兵。宁夏副都统苏图统领宁夏兵。镶蓝旗蒙古副都统承保、镶白旗满洲副都统常禄,统领察哈尔兵。归化城副都统马尔齐衮布统领土默特兵。塔布囊丹巴、沙津、达赖等,统领喀喇沁土默特兵。粮饷事务,派法敏、伊都立、巴泰、西琳、傅德等管理。盛京礼部侍郎永国,兼内阁学士衔,随靖边大将军印前往北路军营。其办理各款,俱详细妥协。悉依议行。"(《清世宗宪皇帝实录卷之七十九》)

○雍正七年己酉闰七月○辛丑,谕户部:"闻直隶地方有寄庄、寄粮之弊,往往地寄此处,粮寄他处,相隔百余里或数百余里之远。即如宣化府、怀安一县,有人地俱在怀安,而寄粮于宣化万全者;有人地俱在宣化万全,而寄粮于怀安者;更有现在怀安纳粮,而寄地于顺天府之宝坻、丰润、三河,相隔五百余里者。在征粮者,则鞭长莫及。而寄地者,则彼此无关。脱漏欺隐之弊,势所不免。地方有司,实难稽察催征。着直隶总督详查,妥议更正改隶。再,各省有似此寄庄、寄粮者,亦着该督抚斟酌办理。"(《清世宗宪皇帝实录卷之八十四》)

○雍正七年己酉八月○壬戌，谕户部："直隶宣化府属挖运一事，前经部议改征折色，令各州、县照拨运之数，每米一石，折银一两。解交受运州、县，支给兵丁。既免挖运之烦，又省挽输之累。是以降旨允行。但查宣属屯粮，例于九月开征。而兵米例于季首支领，今改征折色，恐百姓输纳不前，兵丁支给有待。着该管官先于藩库，将应发银两预行给领。俟各州、县征完之日，解司还项。至万全县及独石、张家二口，地势稍寒，春夏之间米价不无增长，过往员役口粮及兵丁季米，折银一两，恐不敷采买之价，亦着该管官于每年秋成米贱之时，约计需米若干，于藩库领银，预先采买，存贮各处仓廒，以备支给。俟州、县折征完日，解司还项。庶百姓既免从前挖运之累，而兵米口粮亦无需待不敷之虑矣。"（《清世宗宪皇帝实录卷之八十五》）

○雍正七年己酉九月○丙戌，谕内阁："上年直隶通省收成丰稔。惟宣化府属之宣化、怀来、保安三处交界之地，广约四十里，长约百里，独愆雨泽，颇觉亢旱。今据直隶巡农御史舒喜奏称，京畿一百四十州、县，筑场纳稼，百谷咸登。各府、州、县之收成，册报八分、九分、十分不等，老幼得所，共庆有秋。惟宣化府属宣化、西宁、蔚县三处，今年六七月间有冰雹之伤，禾稼稍损。朕思天人感应之理，纤毫不爽。连年以来，直隶通省雨泽应时，西成丰稔。而宣化府属之数州、县地方，两年之内有亢旱冰雹之灾。此必地方官民政治有缺，风俗不淳，是以上天显示儆戒，欲其警醒悔悟，翻然悛改于将来也。官斯土者，宜敬谨修省，以免过愆。着遍行晓谕劝导，令所属百姓消亢戾浇漓之风，敦和睦忠厚之行，共为良善，以迓天庥。而此数州、县之绅衿士庶，尤当深感上天垂象示儆之恩，各扪心自问。若有几微匪僻乖戾之念，即猛加省改，并交相劝勉。俾比间族党，兴仁讲义，共成亲逊良善之俗，则以和召和，雨旸时若之应，天必锡之以福矣。"（《清世宗宪皇帝实录卷之八十六》）

公元1730年

○雍正八年庚戌夏四月○庚申，命署直隶古北口提督魏经国，节制直隶各镇总兵官。后不为例。（《清世宗宪皇帝实录卷之九十三》）

○雍正八年庚戌秋七月○辛巳，大学士马尔赛等遵旨议奏："恩赏各镇标兵营运生息备用银两。按数酌拟：陕西西宁镇二万两，凉州镇一万六千两，江南苏松镇一万四千两，陕西宁夏镇、广西左江镇各一万三千两，浙江定海镇、湖广镇筸镇、彝陵镇、福建漳州镇、汀州镇、陕西延绥镇、云南曲靖镇、乌蒙镇、贵州古州镇各一万二千两，江南狼山镇、浙江黄岩镇、温州镇、福建台湾镇、福宁镇、山东登州镇、陕西肃州镇、广东左右二翼、碣石镇、云南普洱镇各一万两，直隶正定镇、浙江处州镇、福建海坛镇、金门镇、山西大同镇、陕西兴汉镇、广东潮州镇、云南鹤丽镇、永顺镇、楚雄镇、开化镇、临安镇各九千两，湖广襄阳镇、江西南赣镇、陕西西大通镇、广东高州镇、云南永北镇、四川川北镇、重庆镇、松潘镇、建昌镇各八千两，直隶宣化镇、山东兖州镇、湖南永州镇、河南南阳镇、河北镇、广东琼州镇、广西右江镇、贵州安笼镇各六千两，直隶马兰镇、天津镇、江西南昌镇、福建南澳镇左营、广东南澳镇右营各五千两。行令各镇总兵官会同督抚提督，于该省藩库照数支领，料理营运。"从之。

○乙未，遣正红旗汉军副都统韩光基、户科给事中罗凤彩，赈济直隶宣化府属西宁、蔚州、怀安等处旱灾饥民。（《清世宗宪皇帝实录卷之九十六》）

○雍正八年庚戌九月○乙未，谕八旗蒙古都统："察哈尔地方原系蒙古游牧处所，若招民开种，则游牧地方必至狭隘。且民人、蒙古杂居一处,亦属无益。着行文察哈尔总管等,查有此等擅行招民开种之处,作速据实呈报,将前罪悉行宽免。倘仍复隐匿,一经发觉,加倍治罪。"(《清世宗宪皇帝实录卷之九十八》)

　　○雍正八年庚戌十二月○癸丑,免直隶蔚州、蔚县二州、县本年分水灾额赋有差。

　　○丁巳,又谕:"……太原总兵印务,着宣化总兵李如柏署理。宣化总兵印务,着三屯营副将高弘荣署理。"

　　○甲子,北路大将军傅尔丹等遵旨议奏:"臣等阅看纪成斌奏折,准噶尔贼人,或分兵来犯阿济毕济卡伦。震动喀尔喀公通摩克、辉特公巴济之游牧,亦未可定。臣行文副将军巴赛等,商酌挑选精兵二千名。令前锋统领丁寿管辖,带领副都统马尔齐、拉锡等,会同库布可尔地方驻札之察哈尔、喀尔喀兵丁一千三百名,前往伊可斯脑儿地方附近处驻札。以防护阿济毕济卡伦等处……。"奏入,报闻。(《清世宗宪皇帝实录卷之一〇一》)

公元1731年

　　○雍正九年辛亥春正月○己巳,谕大学士等:"直隶古北口、宣化镇及督标兵丁内,着总督唐执玉,会同提督路振扬,拣选马兵一千名。派委官弁领赴西安。……并听大将军岳钟琪、署总督查郎阿调遣。……听候调拨此所派弁员、俱着赏给一年俸银。再令该督抚等宽裕帮给,兵丁各赏银三十两,给与两个月行粮月饷,马三匹。其派出官弁员缺,该督抚等酌量委署,兵丁额缺即行召募补足。并行令岳钟琪、查郎阿知之。"

　　○辛未,又谕:"喀喇沁三旗,土默特二旗,着派兵一千名,于二月间起程。至张家口外形胜地方居住,令贝子僧滚扎卜、塔布囊罗布臧策布登统领前往，预备军营调遣。……其恩赏银两粮饷等项。俱照例给发。"

○癸酉，又谕："奉天兵一千五百名，着副都统额尔勤统领。黑龙江兵二千名，着副都统王常、索伦总管沙津统领。宁古塔兵一千五百名，着副都统乌查拉统领。察哈尔兵一千名，着总管达什统领，前往北路军营，应赏银两，宽裕赏给。其派出兵丁六千名，着各该处将军、副都统等，照数将余丁充补。"

○乙亥，又谕："准噶尔贼众犯我西路阔舍图卡伦。今虽败遁，或由噶斯一路，遣兵扰乱青海地方，劫掠马驼羊畜，亦未可定。二等侍卫殷扎纳，着加副都统衔，前往青海。传谕各扎萨克，于左右翼拣选兵丁一万名，令王额尔得尼厄尔克托克托奈，会同王盆苏、克汪扎尔、公阿拉布坦扎穆苏、公阿喇布坦统领，在青海紧要适中之地驻札。派出之官员，照伊品级，赏给半年俸银。兵丁每名赏银五两。再着内大臣克什图前往青海，与王额尔得尼厄尔克托克托奈等一同管理。克什图所管阿尔泰一路台站事务，着上都打布孙脑儿总管五十四、张家口管站郎中伦岱办理。"

编者注："张家口管站郎中"指张家口军台署郎中。

○又谕："西北两路，或尚有应拨兵丁之处。朕思归化城乃通行两路之地，着理藩院传谕四十九旗扎萨克等，按旗均算，派出精兵五千名，由各该游牧处，于二三月间前后起程。沿途牧放马驼，至归化城会齐。择形胜地方驻札，以备调遣。其需用口粮于归化城仓支领，月饷于张家口同知存库银内动支。户部核算……。"(《清世宗宪皇帝实录卷之一〇二》)

○雍正九年辛亥二月○丁未，谕大学士等："从前阿尔泰兵丁驻札之时，粮运维艰，是以廷议每兵每月祗给米一斗并羊价五钱。迩年以来，羊价渐长，所给银两，不足羊只之值。月米一斗，亦有未敷，不免半菽之虞。朕心深为轸念。查察罕叟尔每年屯种所获，富有余贮。而运送粮石，较前亦易。着将现今调拨军营防守之满洲兵丁，每名月给米二斗四升九合。其戍守阿尔泰之满洲兵丁，每名月给米二斗。至察哈尔、土默特兵丁，每名月给米一斗五升，以示朕恩恤兵丁之意。"（《清世宗宪皇帝实录卷之一〇三》）

○雍正九年辛亥三月○己丑，谕大学士等："察哈尔地方居住之巴尔虎护军披甲人等内，着挑选一百名。巴尔虎侍卫岱噶尔、那木扎尔、鄂钦、敦柱克，亦着派出。此一百名兵丁，令侍卫岱噶尔会同该总管详加拣看。其马匹行粮，照例办理支给外，侍卫四员各赏银五百两，兵丁一百名各赏银一百两。令其收拾预备，俟京师兵丁定有起程日期，即行文知会岱噶尔等，带领前往鄂尔多斯地方，等候副将军伊礼布领兵到时，着伊礼布一并管辖，带往巴尔库尔军营。若有行走之处，着于彼处所有归化城一千兵内，残弱者拨出百名，存留营内。将此一百名入于归化城兵丁数内，令其防范盗窃马匹等事。俟成功之时，着侍卫岱噶尔各带回本处。"（《清世宗宪皇帝实录卷之一〇四》）

○雍正九年辛亥五月○甲子，谕兵部："今岁命往陕西西安驻防兵丁，派出直隶张家口营兵一百八十余名，闻各兵家口支领钱粮，而该管武弁等以各兵应有钱粮，俱给与新募之兵支领，无可给发。以致各兵家口三月未曾领饷，日食不敷，四路奔诉。凡兵丁拨派他往者，如马兵一名原领月饷二两，则以九钱付本兵，为途中盐菜之用。以二两一钱为养赡家口之资。所有兵米，亦仍令其家口支领。若有新募兵丁，则另行给与月饷。并无以本兵钱粮付新募兵丁之事。何以张家口官弁等错误迟延，以至各兵家口糊口无资？着该督、该提镇即速查明，照例给发。并将迟误之处据实参奏。"

○丁卯，谕大学士等："巴尔虎兵丁一百名，前赴巴尔库尔军营，由古尔班赛堪行走，路近而水草好。着由此路前往，所派兵丁，先令于镶蓝旗察哈尔地方齐集。俟阿敏道、噶扎尔图到时,带领起行。京城所选骁勇兵一百名,亦着由此路前往。"(《清世宗宪皇帝实录卷之一〇六》)

〇雍正九年辛亥秋七月〇戊辰,谕大学士等:"四十九旗扎萨克游牧之地,甚属紧要。今派京城八旗满洲、蒙古兵六千,右卫归化城兵二千,自乌珠穆沁以及乌拉特数扎萨克处派兵三千,共派兵一万一千名,着于八月起程。九月间绕至乌拉特游牧地方后、瀚海前适中处驻札,令其防护游牧地方。此所派扎萨克之兵,着王札木巴尔扎布统辖,每旗各派出协理台吉同往。科尔沁等旗派兵六千、盛京派兵五千,俱绕至科尔沁迤西游牧地方后驻札。其驻防乌拉特等处之兵,着都统穆森管领前往,副都统萨穆哈协同管辖。其科尔沁兵,着王罗卜藏滚布、贝子拉锡、公噶尔弼管辖。每旗各派大台吉同往。盛京兵丁,着尚书海寿统辖,副都统博第、黑龙江副都统多起纳,协同管辖。"

〇癸酉,靖边大将军傅尔丹折奏:"臣等于六月初九日进兵,十七日擒获贼夷,已陆续奏闻。二十日遇贼二万余人,连日交战,杀贼数千。因贼夷踞山拒险,难以仰攻,移营和通脑儿地方,诱贼邀击。贼人益兵尾追,围困军营。索伦、察哈尔、归化城、土默特、喀喇沁兵丁,俱乘机溃散逃遁。臣等整齐残兵,且战且走,贼人追击,昼夜力战。臣傅尔丹等渡哈尔哈纳河,于七月初一日,已至科布多修城地方。前因索伦等处逃兵妄造讹言,都统衮泰等以全军失利奏闻。今因贼人有从科布多河两路来犯之信,臣现在办理防守之事,其每日交战情形、阵亡之大臣官员,查明续奏。"得旨:"前据北路都统衮泰等奏报,大将军傅尔丹等领兵进剿,为贼所困,全军失利。彼时已传谕西路大将军岳钟琪,令其加意防守。今据傅尔丹奏称,官兵为贼诱败,臣于七月初一日带领兵马,回至科布多军营等语,是从前北路逃军所报,竟属子虚。不过兵马有伤损之处,大将军等原无恙也。可即传谕岳钟琪知之。总之目前进兵之议,且不必言。而防守之策,倍当加意。着大将军等照近日谕旨,谨慎办理。"

○甲申,靖边大将军傅尔丹折奏:"臣等于六月十七日,擒获厄鲁特哨探贼夷二十三名,供称博克托岭有贼兵二千,驼马万余。遣参赞苏图、副都统戴豪等,率兵三千往剿。十八日,遣前锋统领丁寿统兵一千五百名应援。与贼战于库里野图岭,杀贼四百余名。贼驱驼马逾岭败遁。十九日,丁寿、苏图等与臣傅尔丹合兵一处。二十日,贼兵二万余人从高埠冲突大营,力战一日,杀贼千余。遣副都统塔尔岱、马尔齐率兵二千名,夺占西山。二十一日,因贼营险要,移营至和通脑儿诱贼邀击,遣丁寿、苏图、参赞觉罗海兰、副都统常禄、西弥赖,领兵据山梁之东,塔尔岱、马尔齐屯守西山,副都统承保居中策应。参赞马尔萨由东路,公达福、戴豪在前,副都统舒楞额、土默特公沙津达赖等在后,俱保护行营。臣傅尔丹统兵继进移营时,贼人列阵冲突军营,来攻丁寿、塔尔岱两军。丁寿等力战杀贼千余。忽狂风、骤雨、冰雹齐至,丁寿等遂为贼围困。臣傅尔丹遣兵将塔尔岱援出,又令承保救援丁寿等,因日暮未能解围。二十二日,觉罗海兰冲杀贼队,溃围而出,丁寿、苏图、马尔齐俱自尽,常禄阵亡。西弥赖命索伦兵救援丁寿,索伦兵俱溃散。西弥赖随亦自尽。二十三日,贼昼夜犯臣大营,力战杀贼五百余名。土默特公沙津达赖等,及察哈尔、归化城、土默特、喀喇沁兵一时溃散,军营止存满洲兵四千名。二十四日,随印侍郎永国及觉罗海兰、戴豪俱自尽。臣等以余兵退归,步设方营,保护辎重。以塔尔岱署前锋统领,达福、舒楞额殿后。承保统右翼,马尔萨统左翼。臣傅尔丹与副将军巴赛、查弼纳往来巡察,副都统德禄捧携敕印起行。贼夷领兵三万余,四面来侵。二十五、二十六连日力战,杀贼千余。二十七日,殿后公达福阵亡。二十八日,臣等渡哈尔哈纳河,贼夷尾追,冲突左翼,力战,杀贼五百余名。遂登山岭,分兵二队,臣傅尔丹率德禄、承保,自右下山。巴赛、查弼纳、舒楞额自左下山。臣傅尔丹于七月初一日,至科布多修城地方。兵丁陆续至营者,共二千余名。臣傅尔丹随遣弁兵,往迎未归诸将,惟塔尔岱于初七日负伤至营。巴赛、查弼纳、马尔萨、舒楞额今尚未至。臣轻举妄动,以至败绩。请将臣等正法,用彰国宪。"奏入,得旨:"此举损兵败绩,虽属有罪,朕览尔等之竭蹙力战,宽恕其罪。痛恻难忍,不觉泪下,将朕亲束之带赐与军营,令傅尔丹系之。尔等忿激之下,急思报复,恐又妄动。贼人虽来,不可轻进追击,但能相机坚守,即尔等之功。科布多地方若难固守,可回至察罕叟尔驻扎。今已授马尔赛为抚远大将军,领兵前来。到时尔等公同商酌料理。"

○乙酉,靖边大将军傅尔丹折奏:"臣回至科布多修城处,验看工程。遂将逃遁之京城正蓝旗副参领官保、阿达哈哈番陆格,及首先造谋溃散、讹言惑众之索伦领催里色、奔德尔图,先正军法。至黑龙江佐领巴都马,始虽劝阻索伦,后亦伙逃妄报。科布多河西守卡伦之侍卫吴林泰,擅离汛地,至营报信。前锋参领金柱、前锋校黑达色,奉丁寿之令,报信大营,并不冲队前进,先还筑城之处。俱请革职,效力赎罪。土默特公沙津达赖由塔布囊晋封公爵,不知图报,临阵溃逃,请敕部议罪。驻扎科布多河东之参赞侯陈泰、副都统阿三,闻臣等军营围困之信,都统衮泰调取守城,并不应援,反率领所属二千兵并达锡领到察哈尔兵三百名,急回扎布韩地方。请交部严加议罪。再,归化城之土默特副都统衮布、夸兰大、里查布、参领塞楞,皆背恩降贼。凡被获脱归之人,俱见其在策零敦多卜之营。请先将其妻子正法。至贼兵闻暂驻阿尔泰山岭地方,专候噶尔丹策零之信,以决进退。谨奏。"(《清世宗宪皇帝实录卷之一〇八》)

○雍正九年辛亥八月○辛卯朔,谕大学士等:"四十九旗扎萨克游牧之地,甚属紧要。科尔沁等处游牧兵丁,着派数千名,驻扎图拉克尔伦等处。见在军前扎萨克兵丁,着撤回数千名,与伊等合为一处。盛京兵亦派二千名,共一万有零。贼来侵扰喀尔喀等游牧处,可以照管。尔等会同科尔沁王额驸罗卜藏滚布等,详议具奏。"寻议:"选派科尔沁十旗兵二千名、敖汉等十一旗兵一千名、乌珠穆沁十一旗兵一千名,再军前撤回兵丁四千名，连盛京派出二千名，共为一万，委员管辖。照例赏给银两口粮，往驻克尔伦地方捍御。"得旨："此等处兵丁，俱行选派，暂在该处预备。听候调遣。"

○癸卯，谕内阁："今年五月间，直隶、山东、河南三省，雨泽愆期，大有亢旱之象。朕心忧惧，寝食靡宁。特命大学士、九卿等，预筹赈恤备用之策。务使三省苍黎，无一夫之失所。遂经廷臣定议，截留漕粮，以备三省赈济。专遣大臣经理其事，再令翰林、科道等官，分往各州、县，亲身查勘，助理散赈。朕俱降旨允行。嗣于六月二十八九等日，京师地方天赐甘霖，四野沾足。随据署直隶总督唐执玉、山东巡抚岳浚、署河南巡抚张元怀陆续奏报，各该省沾被雨泽，及秋禾秀实情形。兹据巡察御史窦启瑛奏称，顺天、永平、宣化三府，收成六七分、八九分者居多。此皆上帝垂慈，矜悯下民，而锡以再造之福也。朕思截留漕粮，原以备地方缓急之需，应仍照前旨，交与差往之大臣办理外，至于分派大臣官员等，前往各省查勘散赈者，因恐被灾甚重，而地方又复繁多，难以全委之于该省有司也。今则地方官可以料理，若添设钦差，转致有司之推诿，所有差往河东二省之员，即着回京。直隶巡察御史等，亦不必兼管查赈之事。该大臣等于办理截漕事竣后，亦着回京。其三省得雨稍迟之州、县，即交与该督抚、督率地方官，秉公查勘。有应行散赈之处，悉心办理。务令穷民咸登衽席。倘怠忽从事，奉行不力，责有攸归。"（《清世宗宪皇帝实录卷之一〇九》）

○雍正九年辛亥九月○辛未，谕大学士等："哲布尊丹巴呼图克图，乃七旗喀尔喀供养之大喇嘛。额驸敦多卜多尔济，可加意防备。若贼人有来侵库伦之信，将呼图克图远避，来至多伦诺尔居住。"

○丁丑，振武将军顺承亲王锡保折奏："据图垒卡伦之察哈尔章京西拉等报称，图垒、毛海、控科尔、苦克齐图等处，俱有贼兵往来。又贼兵二千余，由阿哈尔拜已至奎苏地方，并分兵往大兰一路等语。臣即令喀尔喀副将军郡王额驸策凌贝子罗卜藏等统兵分路,往寻贼踪。如有偷盗牲畜之贼,即行击杀。贼如大队来犯,合兵会剿。"奏入,报闻。

○丙戌,谕大学士等:"归化城北翁滚地方,系八旗察哈尔西界。四子部落、毛明安、乌拉特东界。于适中形胜之处调度二面,亦属容易。着行文于大将军马尔赛,令伊带领汉军兵四千,会同喀喇沁兵一千名,往翁滚地方环山有树木水草之处驻札。"《清世宗宪皇帝实录卷之一一○》

○雍正九年辛亥冬十月○乙未,大学士等议奏:"西宁撤回台吉滚济扎布所领科尔沁兵七百名,令赴察哈尔八旗昂古里等处适中之地驻札,应自京城派正蓝旗蒙古副都统黑色同驻,以防盗贼。再,京城预备六千兵丁内,请派二千名。令都统萨穆哈、副都统胡琳带领,于张家口外陶赖庙察罕托罗海左近地方驻札,以便彼此声援。"从之。

编者注:"陶赖庙、察罕托罗海"位于张家口市崇礼区境内。

○戊戌,谕大学士等:"归化城地方紧要,前所派京城兵四千名内,着派出二千名,令副都统胡琳、归化城副都统席尔塔,带领前往归化城驻札。其胡琳原领张家口外驻札之兵,着都统萨穆哈、副都统宗室诺穆柱统领。归化城副都统五十六,着先往会同都统丹晋办理事务,康亲王令其暂住归化城候旨。"

○甲辰,谕大学士等:"今预备派出之察哈尔兵二千名,其缺额着挑补。察哈尔八旗佐领多寡不同,此次挑补兵丁,不必拘泥旗分佐领,但择汉仗好者挑取。若不得二千名,即一千五百名或一千名亦可。所挑兵丁,照常支给钱粮,并赏与制造军器银两。再,察哈尔地方居住之厄鲁特,不拘旗分,着共派四百名,每翼各二百名。至照看伊等妻子游牧,亦属紧要。伊等父子弟兄内,但看其汉仗好者拣选,不可全行派出。"

○乙巳,谕抚远大将军马尔赛:"尔从前奏称备兵一事,已行文于顺承王等语。尔领兵尚未至察罕叟尔,并不知军前之情形,即欲指示顺承王,殊觉不合。现今蒙古扎萨克等,俱遵靖边大将军印信行事。若又用抚远大将军印信调遣,则蒙古等难以遵行。抚远大将军印信,除奏章及行部咨文钤用外,其调遣兵丁等事,不准钤用。昨尔又奏称将乌拉特、毛明安、四子部落、苏尼特、阿霸垓等旗、察哈尔两翼,各预备兵一千,听尔调遣等语。乌拉特等扎萨克、察哈尔旗分,皆边外之兵,岂可妄动?尔即欲预备调遣,亦当请旨。乃并不奏闻,即行调遣,甚属背谬。再,尔所侦探军机,并不确实,即行具奏,办事亦甚含糊。嗣后尔宜尽其所长,效力行走。"

○壬子,谕大学士等:"沿边一带地方,最为紧要。向来额设之兵太少,古北口、宣化、大同三处,应召募兵丁,添入防汛,以实营伍。独石口以东至山海关,皆属内地。各处营汛,仍照旧规。其独石口以西至杀虎口一带,中间紧要隘口,必须查勘明白,以定添兵多寡之数。至于边墙年久倒塌,而地当紧要者,亦应酌量修筑,以肃边境。着御史舒喜、天津总兵官补熙,会同古北口提督路振扬,亲往踏勘。召募之兵,何处应添若干,何处应驻大员,或将参游改为副协,边城何处应行修理,路振扬等可会同各该提镇,详悉定议具奏。天津总兵官印务,着銮仪卫冠军使孙承恩暂行署理。路振扬现有召募兵丁之事,今既奉差公出,其募兵之事,着路振扬遴选公明可信之人代为办理。再差副都统韩光基前往古北口督率查验。"寻议:"边防最关紧要,直隶、山西沿边一带提镇协标,及各口汛兵,额设之数,尚觉不敷。请于直隶古北口提标,添兵一千六百名,独石口添兵六百名,宣化镇标添兵二千名,张家口三营添兵八百名,山西大同镇添兵二千七百零八名,杀虎口添兵一千零四名,朔平府城守添兵八百名,得胜路添兵二百八十八名,助马路添兵二百名,直隶、山西二省各添兵五千名。至添加多寡之处,该提镇确有所见,即据实陈奏。"从之。○管理阿尔泰台站郎中伦岱折奏:"前因贼人扰乱,台站不通。臣遵旨按站沿台,安抚蒙古。前至二十二台,皆已安定。随据赛尔乌苏等处,管理台站委署章京常保报称,由二十三台直抵三十台,皆接续安抚。又据鄂尔斋图果尔等处管理台站之员外郎俄星额报称,顺承亲王令其带兵,由四十七台至三十一台,俱已接续宁靖。"奏入,报闻。

○戊午,谕大学士等:"八旗察哈尔,俱累世效力之旧人。从前征讨南方,剿灭噶尔丹,并随围出猎,以及数年用兵于准噶尔。宣力之处,不可枚举。此次达什率领察哈尔兵一千名,较众先到军营,又击败准噶尔贼人策零敦多卜等,夺回驼马等物,甚属可嘉。昨厄鲁特大臣来京,奏称旧察哈尔人等之生计,反不如新厄鲁特等语,朕闻之恻悯。今沿边居住之蒙古,并王大臣等马群之蒙古,多有伊主不能养赡者。似此生计艰难,朕心不忍。爰命大臣前往查勘,令伊等各得养赡。将朕此旨,通行传谕。"(《清世宗宪皇帝实录卷之一一一一》)

○雍正九年辛亥十一月○甲子,又谕:"朕闻汉军兵四千名,自京至归化城,伤损马驼甚多。及至归化城,变卖衣物,任意费用,甚属不堪。且路途尚近,即如此窘迫,亦甚属懦弱。着行文马尔赛,此次领兵大臣等,若不加意统摄,致兵丁仍蹈故辙,或有逃回者。马尔赛即行拘拏,应惩治者惩治,应正法者正法。再行文归化城都统丹晋,右卫、大同、宣化等处总兵官,凡兵丁家人内有逃回者,拏获奏闻,即行正法。其不加约束之大臣官员,从重治罪。马尔赛将此晓谕大臣官员兵丁知之。此兵到扎克拜达里克地方,马尔赛加意操演。严行约束。"

○乙丑,改直隶张家口协标左、右二营游击,河间、通州、大名、石匣、三屯、山永等协中军守备,怀安城、西城、赤城、滴水崖、怀来城、靖安堡、长安岭……等营守备,各缺俱为都司佥书,从署直隶提督路振扬请也。

○辛未,靖边大将军傅尔丹折奏:"臣率领大兵,于本月初六日已至察罕叟尔。京师满洲兵,臣自行统率,在察罕叟尔之东巴颜布拉克地方过冬。归化城、土默特之兵,令与王桑里达居住之济斯布隆地方附近驻扎。盛京船厂、右卫、察哈尔、喀喇沁、土默特、绿旗兵,离满洲营相去五里,次第安营。黑龙江兵丁,令在大营之北扎哈苏泰呼集尔图地方驻营防守。"奏入,得旨:"交办理军机事务大臣等议奏。"寻议:"本月初四日,靖边大将军印既令顺承亲王掌管。应行文顺承亲王,将各处弁兵如何择地屯札之处,会同傅尔丹酌量办理。"从之。(《清世宗宪皇帝实录卷之一一二》)

公元1732年

○雍正十年壬子春正月○乙亥,谕大学士等:"张家口外领兵驻札之都统萨穆哈,着来京。令都统绰奇、副都统宗室满珠锡礼前往。绰奇所管镶蓝旗事务,着平郡王福彭署理。"(《清世宗宪皇帝实录卷之一一四》)

○雍正十年壬子二月○甲午,又谕:"察哈尔总管、副总管之缺,因本地无应补之人,是以于京城蒙古旗分官员内拣选补授。伊等俱系由披甲、护军升用之员。口外游牧地方并无产业,艰于谋生,未免向属下人等混行勒索,致被评告,为稽查官员参奏。若竟照贪婪之律治罪,殊属可悯。嗣后于京城拣选补授察哈尔总管、副总管、办事官员,作何施恩赏给之处,着酌议具奏。"寻议:"嗣后察哈尔总管,请赏给帐房四架、马十四、牛十头、羊八十只。副总管帐房三架、马八匹、牛八头、羊六十只。办事官员帐房二架、马六匹、牛六头、羊四十只。赏给之后,伊等再有勒索苛累等弊查出,将产业追还,从重治罪。"从之。

○癸卯,大学士等议覆:"直隶古北口提督路振扬等查奏直隶、山西边境事宜:'直隶独石口参将,请改为副将,添设都司一员、千总二员、把总三员。马营堡把总改为千总,再添拨千总一员。龙门路城都司改为游击,赵川堡把总改为守备。张家口路属柴沟堡,添设参将一员、把总一员。其应添兵丁,请于宣化镇兵内抽出四百三十名,再招募四百名,以敷防守。至于山西沿边各营路将领,应行增添。新平路、助马路俱添设千总、把总各一员。将军会堡添设千总一员。马市水口改原设外委把总为千总。平鲁路添设把总三员。得胜路添设把总二员。镇弘堡、镇边堡、弘赐堡、镇羌堡、拒门堡、保安堡、铁山堡、威虎堡、迎恩堡、焦尾城添设把总各一员。其应添兵丁,于大同镇、杀虎协、朔平城守营内抽拨足额,无容另为招募。所有直隶、山西一带边墙,无庸修筑。其坍塌各口,应用木栅、鹿栅堵塞。'均应如所请。"从之。(《清世宗宪皇帝实录卷之一一五》)

○雍正十年壬子三月○丙戌,办理军机大臣等议覆:"靖边大将军顺承亲王等奏言:'臣等遵旨将军营年老残疾人等,详加察阅。京城八旗、奉天、船厂、黑龙江、右卫、宁夏、察哈尔、归化城、喀喇沁、土默特等处并防戍绿旗弁兵等,官弁共五十九员,兵丁共一千五百五十二名,俱系残疾。候青草出时,酌量办理,发回各该旗、该地方等处。'应如所请。"得旨:"裁汰官兵内,效力被伤,著有劳绩。若俱行革退,甚属可悯。着各该管大臣等察明题奏,官员赏给半俸,兵丁赏给半饷。官兵内如有病痊可以起用者,奏闻请旨。"(《清世宗宪皇帝实录卷之一一六》)

○雍正十年壬子夏四月○壬辰,免直隶赤城县雍正九年分雹灾额赋有差。

○甲寅,谕理藩院:"察哈尔人等居住近边,历年与内地之人一体效力行走。从前定制,察哈尔处官员内有职掌者,给与半俸。无职掌者,给俸四分之一。伊等俱系国家效力之人,今特沛恩膏,有职任官员给与全俸,无职任官员给与半俸。"(《清世宗宪皇帝实录卷之一一七》)

编者注:由此察哈尔八旗官兵始享受满蒙八旗官兵平等的俸饷待遇。

○雍正十年壬子五月○壬申,谕内阁:"附近京师小县城内,所有驻防满洲兵丁,俱系协领等官管束。因无总辖大员,故教训兵丁、稽察官员之事,殊为疏忽。应交相近驻札之大臣兼管。若近陵寝者,即令陵寝大臣管辖。近天津者,即令天津都统管辖。若附近无有大臣驻札之处,着由京师特派大臣一员,令其统辖。每年巡察一次。则官兵各加奋勉遵法,而地方可无妄行生事之人。着大学士鄂尔泰详酌议奏。"寻议:"喜峰口、冷口、罗文峪,俱与陵寝相近,此三处驻防官兵,请交陵寝处大臣等稽察管辖。三河、玉田、顺义县、永平府,系直达山海关之大路,此四处交与山海关总管。沧州与天津相近,交与天津水师营都统。德州系山东所属,交与青州将军,各就近稽察管辖。独石口、古北口、张家口、千家店、郑家庄、昌平州六处系一路,宝坻县、固安县、雄县、霸州、彩峪、保定府、良乡县、东安县八处系一路,俱无可兼管之处,应由京城派副都统各一员,令其总理。每年秋季前往稽察一次,分别劝惩。务令勤加操演,谨守本分。其官员优劣,亦令分别具奏。"从之。

○丙子,办理军机大臣等议覆:"散秩大臣塞楞等奏言:'臣等至察哈尔地方,会同各总管,遵旨查明八旗诸王、大臣官员等所进蒙古,及移居就食蒙古,共计八百余户。内选得谙练骑射、堪以充兵之壮丁共五百七十余名。请五十名编为一佐领,共十一佐领,分充护军、领催、骁骑,给以月饷。令操练骑射鸟枪等项,其制备、军器、马匹、银两,照例给与。内有正黄旗原任侍卫阿拉布坦所进蒙古,已敷一佐领。该佐领员缺,请于伊子弟内补授,准为世管佐领。其余各佐领,俱系凑集各处蒙古编隶,应为公中佐领。于察哈尔闲散官荫生、护军校、骁骑校内拣选补授。其护军校、骁骑校员缺,于察哈尔前锋、护军、领催内选补。至所选壮丁外,其余闲丁无可依赖,生计维艰。应照厄鲁特佐领下闲丁例,每名月给银五钱。再,察哈尔贫苦兵丁,请每户赏银十两,每名赏布二疋。其牧场蒙古,每名止赏布二疋。'均应如所请。"从之。(《清世宗宪皇帝实录卷之一一八》)

编者注:佐领一职开始允许从察哈尔部荫生、护军校、骁骑校内拣选补授。护军校、骁骑校等下级军官员缺,也允许从察哈尔前锋、护军、领催内选补。

○雍正十年壬子六月○癸亥，又议覆："领侍卫内大臣拉锡等奏言：'查得察哈尔左翼四十六佐领，右翼三十五佐领，共八十一佐领，兵共五千余名。除现在出征及预备调遣外，八旗止余兵五百名。即看守游牧，亦不敷用。今察哈尔巴尔虎孳生蒙古壮丁一千四五百名，弓箭可观，人丁壮健。连各处觅食人丁，共二千有余。请将此人丁编设十九佐领，合之旧有八十一佐领，共成一百。左右翼各派五十佐领，共设兵七千。则一应差使。俱得整齐。'应如所请。"从之。

○甲子，兵部遵旨议覆北路阵亡官员兵丁应得恤典："除副将军宗室公巴赛、参赞觉罗海兰应移交宗人府详议，喀喇沁、归化城、土默特、口外蒙古人等应交与理藩院详议外，自副将军以下，披甲从役以上，俱请照会典开载之例，各给与应得赐恤银两。其各官如有世职大者，照世职给与。如世职小及无世职者，照本身职衔品级给与。京城八旗大臣官员兵丁从役，令各该旗都统查核。及察哈尔、奉天、宁古塔、黑龙江、右卫、宁夏等处，令该将军查核。将各官有无世职，造册送部。臣部移咨户部，给发赏恤银两。务令官员兵丁从役之父母、妻子的属亲领。至副将军以下，骁骑校护军校以上，应加赠荫，移咨吏部定议。应予祭葬，移咨礼、工二部定议。其阵亡之原任副都统阿岱等七员，均应照伊原品，赐祭一次，各荫一子入监。"从之。（《清世宗宪皇帝实录卷之一二〇》）

○雍正十年壬子九月○丁亥，移直隶永宁路原驻柳沟守备一员，带兵三十名，并添派永宁城、四海冶堡、周四沟堡三处兵三十一名，驻防岔道城。拨永宁路外委把总一员，驻防柳沟。从署直隶提督路振扬请也。

○乙未，大学士伯督巡陕甘经略军务鄂尔泰奏言："北路逆贼于八月初五日，在厄尔得尼招地方被我兵大败，由鄂尔昆河源向推河地方逃去。查毕济一带，乃逆贼败遁必由之路，中间有衮他马哈之沙碛，系毕济要隘。离巴尔库尔不过三百余里。臣随于八月二十八日，咨行护宁远大将军印务张广泗，令其挑选满洲、察哈尔精兵二千名，交前锋统领阿思海总统，佐以副都统达什，选绿旗精兵一千名，交总兵官张存孝总统，佐以副将冯廷雄，即日起程，前往衮他马哈堵截。并令阿思海等一到衮他马哈，即遣弁兵哨探毕济一带。如有贼踪，飞报张广泗，领兵追剿。又令张广泗备兵数千名，遣发继进，以壮声援。"得旨："鄂尔泰身在肃州，一闻信息，即调遣兵丁，截杀贼众。斯可谓为国之大臣。达尔济、诺尔浑、钦拜等拥兵万余，驻札扎克拜达里克。遇准噶尔穷寇，徒手奔逃，并不迎击。待其已过，虚作追赶之势，怯懦不堪。将此寄与伊等知之。"（《清世宗宪皇帝实录卷之一二三》）

○雍正十年壬子冬十月○壬戌，又谕："宣化镇署总兵官高弘荣，以放废旗员，朕加恩擢用。乃闻伊才既平庸，人复衰惰，所属之营伍多不整齐。甚至贪黩居心，营私蚀饷。劣迹昭著，深负朕恩。高弘荣着革任，将朕所闻各款，交与总督李卫审拟具奏。路振扬身为提督，何以并不查参？显系徇庇。直隶提督等官，着受总督李卫节制。宣化总兵印务，着署直隶天津总兵官补熙署理。天津总兵官印务，着署湖广永州总兵官宋爱署理。宋爱未到天津之先，着长芦巡盐御史鄂礼暂署。"

○丁卯，办理军机大臣等遵旨议奏："张家口外居住之察汗喇嘛等徒众，共一百七十丁，合之岁饥来投之蒙古。及副都统瞻岱等所进新平口外蒙古，共六百有五丁。请以五百五丁编为三个佐领，赏给额驸策凌收管。余一百丁，以七十丁赏给喀尔喀公密什克，三十丁赏给一等台吉丹津，并按户给予牲畜，以资活计。"从之。

○己巳，谕办理军机大臣等："张家口外驻札之兵二千名、归化城驻札之兵一千名，若令往三旗乌拉特右边喀尔喀北界之红郭尔鄂隆等处驻札，保护西界之喀尔喀内地扎萨克等游牧，实属有益，且可就近调遣。着散秩大臣瞻布、副都统哈达哈，于今冬带领张家口之兵前往归化城,并驻札归化城之兵分为三队。着满珠锡礼同哈达哈,富达礼同瞻布,诺穆柱同绰尔多,各领一队行走。若兵丁马匹不敷,令都统丹晋每兵再给马一匹,拣择水草好处牧放过冬。多派兵丁看守牧厂,勿致亡失疲瘦。"(《清世宗宪皇帝实录卷之一二四》)

○雍正十年壬子十二月○甲子,谕办理军机大臣等:"额驸策凌于明年回军营时,令京城操演之兵,及沿途宣化、大同、右卫、归化城等处兵丁,俱候额驸阅看。"(《清世宗宪皇帝实录卷之一二六》)

公元1733年

○雍正十一年癸丑三月○壬寅,移直隶张家口千总一员、把总一员、兵二十名,驻札口外察哈尔地方。从稽查游牧郎中文保请也。(《清世宗宪皇帝实录卷之一二九》)

○雍正十一年癸丑夏四月○癸亥,添设张家口笔帖式一员,驻和尔科地方。从巡察游牧等处兵部员外郎六格请也。(《清世宗宪皇帝实录卷之一三〇》)

○雍正十一年癸丑六月○甲子,加奉天佐领哲库、察哈尔总管老章敦朱克副都统衔。俱仍留军营。

○丙寅,命直隶总督李卫前往古北、宣化等处,查阅新添兵丁。以太常寺卿顾琮暂署直隶总督印务。

○癸酉,谕办理军机大臣等:"带领察哈尔兵丁前往巴尔库尔之副都统莫尔浑,着来京。军前内大臣参赞顾鲁,着管辖察哈尔兵丁。"(《清世宗宪皇帝实录卷之一三二》)

○雍正十一年癸丑八月○乙卯,大学士等议覆:"直隶总督李卫疏言:'独石口边城外河西,请添造逼水堤,并东西雁翅二道。张家口边城外旧有土堤一道,请增高三尺,改砌石坝。'应如所请。"从之。(《清世宗宪皇帝实录卷之一三四》)

○雍正十一年癸丑十二月○甲子,谕办理军机大臣等:"前曾令调拨红郭尔鄂隆处满洲兵五百名、牧场蒙古兵五百名、乌尔辉音查汉蒙古兵一千名,于来年草发时,遣往北路军营。今据平郡王等奏请,停拨乌尔辉音查汉兵丁,将红郭尔鄂隆处满洲兵一千名,并拣选牧马场察哈尔兵一千名,遣赴军前。朕思红郭尔鄂隆军前不可不留蒙古兵丁照看牧场,着将驻札红郭尔鄂隆马场蒙古兵一千名内,调拨八百名。并满洲兵一千名,遣往大营。令副都统绰尔多、富达礼、公博尔屯管领前往。博尔屯到京后,再赴红郭尔鄂隆地方。其乌尔辉音查汉蒙古兵内,着拣选四百名,令额驸达尔玛达都带领前去。"(《清世宗宪皇帝实录卷之一三八》)

公元1734年

○雍正十二年甲寅三月○戊戌,兵部议覆:"山西巡抚署理提督印务觉罗石麟疏言:'大同镇属标营,向因地当边隘,额设兵数原多。嗣于雍正九年,复议添兵五千名。旧设者,或操防有余;新增者,或无需调遣。自宜因时随地,酌量议裁。查大同镇四营应裁兵一千名。杀虎协裁千总二员、把总四员、兵四百名。朔平营裁参将一员、守备一员、千总一员、把总三员、兵七百三名,改设都司一员。茹越营裁守备一员、兵九十名,改设把总一员。阳方口裁守备一员、兵一百三十名,改设把总一员。其破鲁堡,把总一员、兵七十九员。贾家堡,把总一员、兵四十五名。永兴堡,把总一员、兵六十七名。车道场,把总一员、兵三十九名。宁武营,兵一百三十一名。偏关营,兵一百五十九名。老营营,兵一百三十三名。保德营,兵二十四名。均应裁汰。'应如所请。"从之。(《清世宗宪皇帝实录卷之一四一》)

○雍正十二年甲寅夏四月○壬子,加直隶独石口副将任怀德总兵衔,前往北路军营。

○己巳,旌表烈妇。直隶宣化县薛宗州妻杨氏,守正拒奸,被刃殒命。给银建坊,入祠致祭如例。

○辛未,谕办理军机大臣等:"准噶尔投顺之劳章、伊特根儿、衮楚克等,携带妻子百余口,抒诚来降,殊属可悯。今天气炎热,即令护送来京。路途劳苦,着派理藩院笔帖式一员,携带衣服、缎疋等物迎往,晓谕赏赐,令其退回。会同伊等妻子由驿站缓行,护送至察哈尔地方。该总管等加恩赏赐产业牲畜。俟办理居定后,将为首之人调京引见。"(《清世宗宪皇帝实录卷之一四二》)

○雍正十二年甲寅六月○庚戌,办理军机大臣等议覆:"定边大将军平郡王福彭折奏:'乌里雅苏台、扎克拜达里克、推河等处,共应撤京城满洲、汉军、右卫、宁夏、察哈尔、土默特兵共三千六百名。臣照例拨给钱粮、米石、车辆,派人管领,带回各本处。所有内扎萨克及乌兰察布兵丁三百七十余名,调赴推河驻防。再,现在除撤回兵丁外,乌里雅苏台余兵九千,不敷调遣。请将红郭尔鄂隆所调满洲兵六百名,再添派四百名,交富达礼等带往军营。'均应如所请。"从之。(《清世宗宪皇帝实录卷之一四四》)

○雍正十二年甲寅八月○戊午,谕内阁:"从来天人感应之理,捷如影响。朕自临御以来,每遇水旱灾祲,即恐惧儆畏。思政事之阙失,虔加省改，不肯诿其过于臣民。惟是上天之降灾，往往画地分疆，广狭不一。有邻省俱获丰登，而一省独遭荒歉者；亦有通省皆收，而一府一县或一乡一里独罹灾沴者。此岂上天有所厚薄于其间哉？或由彼地之文武官弁政令乖舛，或由本乡之人庶风俗浇漓，其招致之由？必非无故，不可不敬凛天威，上下各自省畏也。即如雍正六年，直隶通省地方收成丰稔，惟宣化府所属之宣化、怀来、保安三州、县交界之处，广约四十里，长约百里，独愆雨泽，甚觉亢旱。是年冬月，他处皆得瑞雪，而此地独少。此必地方文武大员不能妥协，或无知愚民有干和气之所致。今年六月间，又闻宣化地方苦旱。七月间，又有被冰雹之处，其大有如拳如鸡子者，田禾多被损伤。朕思冰雹虽北方所时有，而宣化乡村被灾独甚，为近来所罕见。可见上天垂象，屡屡示儆于宣化者。显然若彼地官民，或视为气数之适然，而不知恐惧战栗，思过省愆，是不知敬天畏天，而为无忌惮之小人矣。其何以感召天和，享百室盈宁之庆乎！着该部将朕此旨通行晓谕宣属文武官员兵民，着人人各自省疚，共戴上天垂象示儆之意，以迓将来时和年丰之福。"(《清世宗宪皇帝实录卷之一四六》)

○雍正十二年甲寅九月○戊寅，兵部议覆："直隶总督李卫疏奏裁改官弁兵丁事宜：'一、张家口协标，请裁左营游击一员，左右营守备二员，千总五员，把总九员。改右营都司为左营中军守备。一、改张家口路标参将为游击，添设千总二员，把总三员。裁柴沟营参将一员，改柴沟营守备为都司。一、改龙门路游击为都司，所辖赵川堡守备为千总。添拨龙门路属长安岭把总一员，改长安岭都司归宣化镇管辖。一、改石匣营副将为提标前营游击。裁守备一员，千总一员，把总三员。一、裁顺义营游击一员，撤原拨居庸路把总一员归本营。改怀来路参将为都司，怀来路中军守备为怀来城守备。一、添设岔道汛守备一员，永宁路千总一员，东马营外委把总一员。一、移石匣营守备一员驻天津镇。添拨宁河县把总一员，韩村外委把总一员。一、改顺德广平两营都司俱为游击。

各添拨千总一员,外委把总一员。杜胜营添拨千总一员,外委把总一员。一、移开州千总一员驻临洺关,添拨开州城守备一员,把总一员,高家铺等集外委把总、磁州彭城镇外委把总各一员。一、移易州马水口外委把总一员驻黄庄司,紫荆关外委把总一员驻奇峰口,原设官庄岭汛兵驻孔哥庄。添设马水口把总一员,涞水县把总一员。一、改河协城操营守备为景州营守备。移城操营外委把总一员驻大龙湾,南皮县外委把总一员驻冯家口,冯家口把总一员驻南皮县。一、添拨马水口营固城店把总一员,撤原拨高阳、新安二县之河协外委把总二员回本营。添拨高阳、新安外委把总各一员。一、添设张家口外太平庄把总一员,黑河川千总一员。一、宣化府属之沙城,延庆州属之永宁城,并古北口城内,各添设巡检一员。一、古北、宣化沿边等处,新募兵五千四百名。应分别裁汰者二千三百零六名。此内人材不堪,准令归农者三百三十六名,拨补旧额老弱兵二百二十五名。再于蔚州、独石、龙门等营添派四百七十名,于拱极、通州、畿南各府等营添派五百七十八名。余六百九十七名俱归督标,以补新营召募之数。'均应如所请。"从之。

○己卯,升署直隶宣化总兵官补熙为江南提督。以原任江南提督南天祥署直隶宣化总兵官。

○乙未,定边大将军平郡王福彭奏言:"北路军营遵旨裁撤兵丁,臣将汉军官兵交与都统祖秉衡统领,防戍官兵、宁夏右卫官兵交与本营营总等统领,已于八月十九等日由军营起程。其携带家口之察哈尔、土默特兵丁一千名,交与副都统职衔色尔古楞统领,送往归化城。俟安插完毕,令色尔古楞回京。"奏入,报闻。(《清世宗宪皇帝实录卷之一四七》)

○雍正十二年甲寅十一月○癸未,升察哈尔总管纳兰宝为归化城右翼副都统。(《清世宗宪皇帝实录卷之一四九》)

○雍正十二年甲寅十二月○乙巳,办理军机大臣等议覆:"归化城都统丹晋奏言：'归化城添设同知等官之处，经臣等奏请覆准在案。查归化城地广事繁，俱系原设同知办理。兼有协同察哈尔、鄂尔多斯扎萨克等办理之事，诚不可无分理之人。但添设同知一员，恐转致互相推诿。应请停其添设同知，于归化城南之和林格尔东之坤都伦，西之托克托城，西北隅之萨尔齐等四处，各添设笔帖式一员驻札，令与原设同知协办事务，三年限满更换。'应如所请。"从之。

○壬戌，免直隶宣化、万全二县及二县代征之通州民地本年分雹灾额赋有差。

○癸亥，谕内阁："畿辅为天下首善之地，是以各府、州、县童生入学之数，昔年曾加恩增添，以示鼓励。惟宣化府属之蔚州，从前原隶山西。广平府属之磁州，从前原隶河南。及改归直隶之后，其入学仍照晋豫原额，未与直隶一体邀恩。又新从山西改归易州管辖之广昌县入学之数，尚不及直隶小县。此两州一县，均当酌议加增。每遇乡试之年，宣化府属另立旦字号，与奉天府属夹字号额数相同，各取中三名。今宣郡人材较前渐盛，又添蔚州一属，应举人数加多。查夹字号前已广额二名，则旦字号亦应加增中式之数。着礼部定议具奏。"（《清世宗宪皇帝实录卷之一五〇》）

公元1735年

○雍正十三年乙卯二月○己巳，谕兵部："官兵驻札外边，原为防卫蒙古而设。若盗取蒙古马匹，是不能防卫而转行扰害，应加重惩，以儆将来。嗣后官兵及跟役等，有偷盗蒙古马匹者，一经审讯确实，即在本地正法。着该管大臣官员将此旨通行晓谕，务令人人知悉。文到三月之后，照此例遵行。至蒙古偷盗官兵马匹，或官兵等自相偷盗者，仍照旧例行。"○吏部等衙门议覆直隶总督李卫条奏经理边界事宜："一、张家口所辖地方,请于新平路平远头分界,迤西归于山西,迤东归于直隶。着各该督抚,饬令地方官查明地亩钱粮,竖立界牌,分划管理。一、山西分有旗地,应添设口外蒙古理事通判一员,承办旗民交涉事件。一、口外镶蓝旗和尔图地方分归晋省,所有驻札和尔图千总一员请撤回直隶,与现驻章稿尔把总分汛管辖。均应如所请。"从之。(《清世宗宪皇帝实录卷之一五二》)

○雍正十三年乙卯三月○丙子,礼部遵旨议奏:"直隶宣化府属之蔚州、广昌县,向隶山西。广平府属之磁州向隶河南。今既改归直隶,请将蔚州、磁州入学额数,照直隶大州县例,于原额十五名外加取三名。广昌县入学额数,照直隶小县例,于原额八名外加取二名。再,宣化府属士子乡试,旧例列为旦字号,额中举人三名。今添蔚州一属,人数较多,请将旦字号中额加增一名。"从之。

○辛卯,裁直隶张家口协标左营守备一员,改张家口路参将所辖万全营、膳房堡、新河口堡、洗马林堡、柴沟营、怀安城、左卫城、西阳河堡等营汛,归张家口副将管辖。从直隶总督李卫请也。(《清世宗宪皇帝实录卷之一五三》)

○雍正十三年乙卯闰四月○戊寅,礼部议覆:"升任提督顺天学政吴应棻疏奏:'……宣化县民李智妻杨氏……俱痛夫身故,慷慨捐躯,请予旌表,以维风化。'查妇女激烈轻生,向经禁止。今应否旌表,请旨遵行。"得旨:"吴氏等着予旌表,凡烈妇轻生从死,昔年圣祖仁皇帝曾降旨禁止,朕于雍正六年又降旨晓谕,至明且悉。数年以来,因各省奏请旌表烈妇者尚少,朕是以格外加恩,准其旌表。今数日之内,题奏殉夫尽节之烈妇烈女如此之多,可见地方官未将从前谕旨剀切晓谕。乡曲愚民,尚未深悉圣祖仁皇帝与朕重惜民命之至意。以致民间妇女激烈捐躯者,更多于前。嗣后若概予旌表,恐转相则效,易致戕生,深可悯侧。着地方有司,将朕前旨广为宣布。俾遐陬僻壤,家谕户晓。倘宣谕之后,仍有不顾躯命、轻生从死者,不必概予旌表,以长闾阎愤激之风。"

○壬午,改山西蔚县原属之广昌营归直隶紫荆关参将管辖。从直隶总督李卫请也。

○戊戌,又议覆:"定边大将军平郡王福彭遵旨议奏北路军营撤兵驻兵事宜:'一、军营应留满洲、蒙古兵二万名。酌派红郭尔鄂隆,调来之京城满洲兵二千名,乌里雅苏台驻札满洲兵一千名,令侯马兰泰、护军统领职衔吉当阿、副都统富达礼管辖。家选兵二千名,令护军统领阿成阿、副都统敦巴管辖。汉军兵一千名,令都统诺尔浑、石礼哈管辖。奉天兵四千名,令护军统领胡琳、噶尔锡、副都统席尔璊、哲库管辖。船厂兵二千名,令副都统富昌、阿思哈管辖。索伦兵二千名,令副都统职衔巴里孟吉、翟三管辖。打牲乌喇兵一千名,令护军统领职衔哈岱管辖。牧厂察哈尔兵一千名,令副都统绰尔多、学士吴金管辖。四子部落兵一千名,令王阿喇布坦多尔济管辖。鄂尔多斯兵一千名,令贝勒查木阳管辖。内扎萨克兵一千名,令喀喇沁公罗布藏策布登、协理台吉罗布藏达锡管辖。察哈尔厄鲁特兵四百名,牧厂兵三百名,喀喇沁兵三百名,令散秩大臣巴匝尔管辖。此次留驻之京城、满洲、汉军内扎萨克等兵,俟明年派兵前往更换。奉天船厂、呼伦贝尔、牧厂察哈尔等兵,于丁巳年派兵前往更换。俟议定界址后,再将应行减撤之兵具奏。至防守台站之鄂尔多斯兵一千名,应撤去一半。其存留之五百名,令副都统图尔赛席尔塔照旧管辖。其都统佟时茂、副都统刘英、协理台吉滚济扎布,俱行撤回。一、乌里雅苏台地方紧要,请挑选前锋六百名,并拨满洲蒙古兵三千名,在乌里雅苏台附近地方驻札。再拨绿旗兵一千名看守城池,令前锋统领塔尔马善、哈岱管辖。其车臣汗兵五百名,西三部落兵一千名,令在乌里雅苏台附近之鄂衣衮特里默尔地方驻札。一、派守卡伦侍卫护军三十五人驻防年久,请于京城另派更换。一、四省绿旗兵丁,除乌里雅苏台调拨一千名外,其扎克拜达里克、推河、塔米尔三处,请各拨绿旗兵五百名，各派副将等一员，带领驻札。一、驻札大兵之地，最关紧要。查鄂尔昆地方辽阔，水草俱佳。请于此处酌量建城驻兵，将粮饷官物移运收贮。一、留驻兵丁与撤回兵丁，所需粮饷马匹等项，应照例给发。其马兰泰队内，余剩应撤兵丁一千名，请令护军统领职衔喀尔吉善带领回京。俟李如柏所领换班绿旗官兵到时，再令军营绿旗官兵起程，各回原处。'均应如所请。至大兵在鄂尔昆驻札，或暂令大将军平郡王福彭留驻总统，或另派大臣前往之处。候旨遵行。"得旨："大将军平郡王着暂留统辖，参赞领侍卫内大臣萨穆哈等，着仍协同大将军平郡王办理事务。前锋统领阿岱着回京。余依议。"（《清世宗宪皇帝实录卷之一五五》）

〇雍正十三年乙卯五月庚子朔〇调署山西大同总兵官蔡永文，署直隶宣化总兵官。南天祥署山西大同总兵官。

〇丙寅，署宁远大将军查郎阿等折奏："噶尔丹策零现今遣使赍表求和。军营满洲、蒙古官兵，应行撤回者，俟准噶尔使臣回后，请按程挨次分队行走。第一队，贝勒特古斯，管领科尔沁兵一千名，由喀尔喀河索纳尔济山前赴原驻牧处。其索伦兵一百名，应令夸兰大冀本、参领萨都拜等带领，同科尔沁兵行走至喀尔喀河分路，前赴齐齐哈尔。第二队，内大臣顾鲁，带领原管察哈尔兵一千名，由奈曼等路赴驻牧处所。其巴尔虎兵一百名，应令侍卫噶扎尔图管领，一同前往。第三队，副都统达什，带领东四旗察哈尔兵一千名，从翁机河前赴驻牧处所。其奉天船厂兵一百名，应令原管副都统乌察拉带领同行。行至八沟，分路各回伊等本处。第四队，副都统班第，管领西四旗察哈尔兵一千名，行至归化城，前赴本游牧处。第五队，副都统喀拉，带领巴图鲁兵一百五十名，应令前往肃州，酌量派员分领。第六队，散秩大臣安楚护，管领土默特兵四百名，由塔尔那沁进嘉峪关，会同都统艮敦，沿边前赴归化城。第七队，一等台吉定匝拉锡，带领鄂尔多斯兵五百名行至肃州，会同副都统班第等，由宁夏出口回至原游牧处。第八队，协理台吉罗卜藏，带领和托辉特兵一百名，由奈曼、明安一带前往驻牧处所。第九队，贝子衮布，管领厄鲁特兵五百名，由镇番前赴驻牧处所。其内地行走之满洲官兵内，江宁满兵一千名为第一队，荆州满兵一千名为第二队，西安兵三千名分作三队，与宁夏满兵并依次起行，俱令原管之将军、副都统等管领。进嘉峪关抵肃州，各回该处。至绿旗兵丁，现在军营共二万四千七十余名，内有勇健兵丁，到营日浅，应行留驻。再于西安督标及固原、宁夏、延绥、兴汉等处兵丁，共挑留一万一千名。内将一万名驻札巴尔库尔，一千名添防哈密外，其余俟满洲蒙古兵丁起行之后，亦挨次撤回。令各营原管之大员带领进口，以备训练。"奏入，报闻。（《清世宗宪皇帝实录卷之一五六》）

○雍正十三年乙卯六月○壬申，户部议覆："直隶总督李卫遵旨议奏：'稽查张家口兵科给事中尚德条陈门税事宜：一、宣化府为南北通衢，凡有货物，已经张家口、居庸关上税。过府之时，张家口监督复委家人书吏照数重收，以致小民肩挑背负，手持日用笤帚、锅刷琐碎之物，进城无不邀拦收税，民情甚为不便。且家人书吏，征多报少，究非实裕国课。嗣后南北商货，若已在张家口、居庸关上税者，请敕部定例，宣府不许重征。刊刻木榜，竖立各门。如有违禁横征者，严加参处。一、居庸关收税之所，离张家口三百余里，监督势虽躬亲，每差亲信家人，协同吏役，携带印单收税。而家人识见卑鄙，辄为关役利诱，私用小票，隐漏偷肥。嗣后请委附近州、县不时查考。但昌平、延庆二州，离关稍远，难于查考。请设立税课大使一员，给以钤记，令收商税银两，按月转解监督。仍令霸昌道就近稽查，照宣府之例，民间零星日用之物，免其抽税。如有苛勒商民、侵渔滋事者，亦严加参处。'均应如所请。"从之。（《清世宗宪皇帝实录卷之一五七》）

○雍正十三年乙卯八月○己卯，命北路军前内阁学士吴金、护军

统领阿成阿管辖家选兵丁。副都统敦巴、副都统绰尔多管辖牧场察哈尔兵丁。(《清世宗宪皇帝实录卷之一五九》)

清高宗纯皇帝（乾隆）实录
察哈尔卷（附宣化府·口北三厅）之六

公元1735—1795年

公元1735年

○雍正十三年乙卯冬十月○癸未，总理事务王大臣议覆内大臣海望奏："现今大兵驻防鄂尔昆，所有军营官驼数万，别无所用。若以给台站蒙古运米，则运价大省，于蒙古生计有裨。请自归化城至鄂尔昆，编台站三十二。每台给官驼一百五十只，三班更代，日以驼五十只，运米一百石，每年计八阅月，可运米二万四千石。台兵原额六十名，今增丁役二十，以四十名轮班运米，其运米之月，加给银一两。在台参领、章京、骁骑校等，各加银三两。领催加银二两。牵驼往来，每台给官马三十匹。统计每年运米需费，及增给蒙古官兵钱粮，添补驼马等费，共需银十二万九千余两。较商人范毓馪之运价，可省银十八万有奇。较都统丹津等之运价，可省银十二万有奇。其台站应如何移置，令总管五十四办理。"寻经五十四奏言："自归化城至鄂尔昆，设台站三十二，用丁役八十，驼二百只。自张家口至归化城，设台站八，用丁役四十，驼一百只。其原设腰站应撤者，悉行裁撤。"从之。

○甲午，总理事务王大臣议覆："都统弘升奏言，八旗事务向由佐领、骁骑校、领催、族长办理，均属妥协无弊。自添设副佐领以来，一切印用图记等事，多有掣肘之处。再察旗侍卫章京等官，亦属有名无实，徒滋繁冗，均请裁汰。查旧例，八旗每甲喇设有参领、委参领各一员，护军参领、委护军参领各一员。每佐领设有骁骑校、护军校各一员。嗣经添设副参领、副佐领、副骁骑校、副护军校等官，冗员既多，益滋烦扰。应如所请，将各旗委参领、委护军参领、副佐领、副骁骑校、副护军校及包衣副管领、副骁骑校、副护军校并察旗章京侍卫等官，悉行裁汰。又署副都御史索柱奏言，八旗事务，既有都统、副都统专办。其协同办理之部院司员，既于旗务不能谙习，且恐于本任事件转致贻误。不如仍令专在部院当差。亦应如所请，停止部员帮办旗务之例。"从之。(《清高宗纯皇帝实录卷之五》)

○雍正十三年乙卯十二月○丁丑，工部议准直隶总督李卫疏称："宣镇新添官兵，应需衙署营房。原议存城兵丁，建造六檩大房。其沿边隘口，建造三檩小房二间。共估需银三万七百五十三两零，分别实给折算。在司库地粮银内拨给。"从之。(《清高宗纯皇帝实录卷之八》)

○雍正十三年乙卯十二月○戊子，尚书通智等疏言："前大兵驻察罕廋尔，原于归化城设台。嗣以将军宗扎卜奏，由张家口直向军营，近千余里。因议改设，颇费帑金。后范毓馪等亦遂由此运米。若复议移设归化城，道远且恐损驼。今军营运粮四万石，现在台站所运大半，其小半令范毓馪等别由归化城用商挽运，诸商辐辏，兼贩私货，即范毓馪等亦藉其力。若闻设站运米，将谓商贩不行，各卖驼马，收拾廛屋。异日粮或不敷，别有加运之事，一旦无从购募，且合计办米原价，兵弁粮饷并绳袋驼屉马价，及人夫路费，颗粒未运之先，已费帑金二十余万。计目今奏定之数，由台站运米二万四千石，需银十五万一千二百两，公同悉心筹算，详询商人，亦云用此银数，即可运至鄂尔昆。且今军机事少，将来兵数渐减，用米渐省。应将归化城之米石暂停，度用兵形势，俟一二年再议移站，无碍目前运务。且留余地，以备他日增运。若因张家口台多费巨,一转移间,或量减数站,即可节粮马之费。倘急议移站驼运,先增一番经费,于军务毫无裨益。"得旨:"此奏甚是。交总理事务王大臣等议奏。"寻议:"现在鄂尔昆撤回大兵,惟留驻五千名,每年需粮渐减。近范毓馪自请,以明年运送军前米四万石,不用脚价银两。径挽运赴军,以补从前亏缺。又察罕叟尔、乌里雅苏台两处,所蓄米六万余石,并已运至鄂尔昆。合本处所存三万余石,已十三万石有奇。足支五千兵丁数年之用,无庸更运。其议移站驼运应停止。并通智等所奏。明年用内地扎萨克、喀尔喀,购募车驼运送,亦应停止。"从之。(《清高宗纯皇帝实录卷之九》)

公元1736年

○乾隆元年丙辰正月○辛亥,总理事务王大臣议奏:"工科给事中永泰疏言,科道遇有差缺,请将各员挨次带领引见,差过者于履历下注明,恭候钦定。应如所请。托故规避者,令该堂官参处。"又议:"永泰奏科道出差盛京、黑龙江、吉林、乌拉、张家口、归化城、南北漕七处,请照巡察台湾、山西之例,量给养廉等语。查各官养廉,就该地方酌定。有无多寡,未能画一。科道奉差,例有廪给口粮,并各衙门饭银帮贴,所奏应无庸议。"得旨:"是。"

○甲寅,总理事务王大臣议奏:"乌里雅苏台、扎克拜达里克、推河等处满洲、绿旗兵撤还,止留喀尔喀兵一千于乌里雅苏台,连接卡伦,巡查瞭望。所有鄂尔昆以外十八站蒙古兵应悉撤。其由鄂尔昆至乌里雅苏台台站,相接如故。自鄂尔昆抵张家口台站二十九,俟归化城驻满兵时,令自归化城置台,接至鄂尔昆,俾两处军营信息可通。大兵既撤,每台置兵六十名过多,应行议汰,并应减马驼干粮羊只若干。现在罪人停发,其载送车辆应归何处,坐台官一人应管几台,请令总管五十四等详议具奏。"奏入，报闻。寻五十四等奏："自张家口至鄂尔昆，大站二十九，腰站十六。每大站留四十户，披甲者二十名。设章京、骁骑校、领催各一员。每腰站留二十户，披甲者十名。设骁骑校、领催各一员。以参领四员分管。其裁兵器械，查贮备用。每大站马八十四，请留五十。驼五十只，请留四十。每腰站马四十四，请留三十。驼三十只，请留二十。第二十九台，当递送交会之所。第十五、十六台，与张家口、赛尔乌苏两处台站接壤。请于此三台，各驻官一员。余四十二处，每二站驻官一员。自回龙观至边上，从前增设腰站十四，今大兵既撤，并应裁汰。"下总理事务王、大臣议覆："现在台站减撤，所有往来喀喇沁、土默特人等需用车辆，应令五十四于台站所有车牛选用，余分赏留台蒙古等。坐台官二十四员现缺员额，请于在京笔帖式内拨往，应回旗者遣归。其回龙观至宣化台站，本以给西北两路之用，西路既撤，北路亦宜议减。请交兵部定议。余悉应如所奏。"从之。(《清高宗纯皇帝实录卷之十一》)

编者注：卡伦，即哨所。是清朝特有的一种防御、管理设施。亦作喀伦、卡路、喀龙，为"台"或"站"的满语音译。分常设、移设、添撤三种卡伦。常设卡伦是长年不移，固定驻守在一地。移设卡伦是住卡官兵，有时在此处，有时向彼处，或两季递移，或春夏秋三季递移。添撤卡伦是在固定的地点，按季节设撤。三种卡伦只是值勤任务不同，设置时间在一年内长短不等(或长年驻守，或按季节移设，或按季节添撤)。各种卡伦年年都在固定的地点、固定的时间、固定的卡房驻守，都有清朝官兵，包括满族兵、索伦兵、锡伯兵、察哈尔兵、厄鲁特兵等十名至三十二名守卫，守卡官兵三至五年更换一次。卡伦则领以前锋校、骁骑校，而以侍卫统之。卡伦侍卫由清中央政府选派。

○乾隆元年丙辰二月○庚午，又议覆："张家口监督塞尔登疏称：'宣化府门税，原恐张家口、居庸关或有走漏而设，所收税课，多系小民零星日用。请将口盐归张家口征收，其余肩挑背负，概予豁免。'应如所

请。"从之。(《清高宗纯皇帝实录卷之十二》)

○乾隆元年丙辰三月○乙卯,协理军台事务总管觉和托奏:"请将二十四台移于克勒,扎拉腰站移于桑衮达赖,二十五台移于齐希勒达克岱,丁萨腰站移于哲格苏泰,二十六台移于西巴尔图,二十七台移于乌兰淖尔。"下部知之。

○丙辰,命直隶古北口提督宗室璋格管辖通省兵丁,节制各镇。(《清高宗纯皇帝实录卷之十五》)

○乾隆元年丙辰夏四月○庚午,总理事务王大臣议覆工部尚书来保奏:"满洲人员补用绿旗将弁员缺,与绿旗各官控制北边,酌量训练,彼此相资,实于地方大有裨益。酌议自山海关以至杀虎口,自杀虎口以西至保德州,并古北、宣化、大同所属地方,俱系沿边关隘,近京要地。所有副、参、游、都、守,一百三十三缺,请以三分留与绿旗补用,以七分给与满员补用。其应用绿旗者,照例推补。应用满员者,按满员品级对品擢用。如副将缺出,以头等侍卫、王府长史、前锋参领、护军参领、八旗参领、步军总尉、一品、二品世职等官调补。参将、游击缺出,以二等侍卫、前锋侍卫、各营副参领、佐领、步军副尉、三品世职等官调补。都司缺出,以三等侍卫、步军副尉、步军校、四品世职等官调补。守备缺出,以蓝翎侍卫、前锋校、护军校、骁骑校、亲军校、五品世职等官调补。兵部遇有缺出,行文领侍卫内大臣、銮仪卫、八旗都统、前锋统领、护军统领、火器营步军统领等官,拣选送部引见补授。补用之后,俱以五年为满。熟谙营伍、人地相宜者,准该督提以各该处应升之缺递补。其余咨部,转咨该旗。遇有该员原官应升缺出,先尽该员升补。应由该旗具奏者,该旗请旨补用。应由兵部具奏者,兵部请旨补用。如副将俸满,应以步军总尉、城守尉、协领等缺补用。参游俸满,应以前锋参领、护军参领、八旗参领等缺补用。都司俸满,应以前锋侍卫、各营副参领、步军副尉、佐领，及各省防守尉等缺补用。守备俸满，应以步军校、五品防御等缺补用。所遗绿旗将备员缺，行文该旗，照例咨取满员补用。再，副将系从二品，步军总尉、城守尉、协领，俱系正三品。其由副将补用步军总尉等官者，应给与从二品顶带俸禄。遇有应升缺出，与京官一体较俸，开列具题。"从之。（《清高宗纯皇帝实录卷之十六》）

○乾隆元年丙辰五月己酉○乙卯，豁减直隶怀来县垦荒地粮。谕总理事务王大臣："朕闻宣化府属之怀来县，僻处山边，向有保字号垦荒地七十一顷，征粮八百六十余石。始于前明时，防御边患，募兵戍守，即以近山地土，令其耕种。每军士一名，种地五十亩者，准作半年粮六石。种地一顷者，准作一年粮十二石。彼时应募屯军，不过图免本身杂差，遂不计地之多寡荒熟。今历年既久，其间有地荒而粮存者，有地少而粮多者，官民不免赔累之苦。且该县征粮科则，上地每亩征粮五升六合。中地三升六合。独此项地土，则每亩征粮至一斗二升，民力尤难输纳。着该督委员确查，将山地不可耕、粮无所出者，共计若干，奏闻豁免。其可以耕种之地，则按照本县科则，分别定议。俾边塞黎民，永沾实惠。"（《清高宗纯皇帝实录卷之十九》）

○乾隆元年丙辰六月○己巳，吏部右侍郎阿山等查奏张家口外东西两翼八旗地亩，绘图呈览。得旨："据阿山等查奏，张家口外东四旗地亩，应照西四旗之例，每亩征银一分四厘，于乾隆元年起科。朕思该处地亩甫经查明，若即令于本年起科，未免输纳维艰。着缓至乾隆三年起科。又据奏称西四旗地亩内，从前有征多报少之弊，请交直督李卫查审明确定拟等语。此项开垦地亩，今既查明。嗣后该管官自应据实征报。其从前之隐匿朦混，有征多报少之处，事在恩赦以前，着从宽免其查究。余着该部查议具奏。图并发。"（《清高宗纯皇帝实录卷之二十》）

编者注：乾隆元年定察哈尔东西两翼地亩税额，每亩征银一分四厘，从乾隆三年起征。

　　○乾隆元年丙辰六月○戊子，以李质粹为直隶宣化镇总兵。(《清高宗纯皇帝实录卷之二十一》)

　　○乾隆元年丙辰七月○癸丑，议叙西北两路撤回之京城、奉天、船厂、右卫、黑龙江、察哈尔、西安、宁夏、巴尔虎等处弁兵，分别升赏有差。(《清高宗纯皇帝实录卷之二十三》)

　　○乾隆元年丙辰八月○丁卯，命直隶提督德沛仍管辖通省兵丁，节制各镇。(《清高宗纯皇帝实录卷之二十四》)

　　○乾隆元年丙辰八月○辛巳，总理事务王大臣议覆："公丰盛额奏现在张家口防御等缺出，因俱由京补放。该处兵丁并无升路，现既增设官兵，人数众多。亦应照别省给与升路之处，一并议奏等语。查古北口、独石口、喜峰口、冷口等处，俱有防御。张家口因向无骁骑校缺，兵丁等实无升路。应于张家口等处增骁骑校一二员。各该处遇有防御缺出，由本处骁骑校内择其人去得、汉仗好者，咨送出缺旗分，与本旗应升人员一并带领引见补放。"从之。(《清高宗纯皇帝实录卷之二十五》)

　　○乾隆元年丙辰九月○甲午，以独石口副将任怀德为高州镇总兵官。(《清高宗纯皇帝实录卷之二十六》)

　　○乾隆元年丙辰十月○壬戌，户部等部议覆："吏部右侍郎阿山等疏言：'清丈张家口外东四旗地亩，除应得赏给外，所有太仆寺马厂、驼马牛羊群等，开种地一千五百九十一顷九十三亩有奇，赏给一半养赡，余照例纳课。又千家店驻防兵，多开种地二十九顷六十七亩有奇。独石口驻防兵,开种地二十一顷九十七亩有奇。各村庄香火地,八十五顷一十三亩有奇。石窑子、六间房、东沟门等处,班第佐领下,地一百四十七顷七十亩有奇。杨木栅子、怡亲王府枪手地,三十七顷八十二亩有奇。胡素台、韩庆坝、三道营等处,色楞家人地,一十三顷三十一亩有奇。俱照例纳课,于乾隆三年起科。并禁种地民携带妻子及多雇人,越界耕种。又设立领催四名,分管新营、六间房、太平庄、西峰砦各路。每路给兵四名,协同同知差役催交钱粮,稽查奸匪。分别月给银两,归理事同知管辖。又查丈出西四旗余地五百七十二顷四十八亩有奇。一并照例起科。'应如所请。"从之。(《清高宗纯皇帝实录卷之二十八》)

〇乾隆元年丙辰十二月〇丙寅,议叙西北两路撤回之京城满洲、蒙古、汉军、察哈尔、奉天、宁古塔、黑龙江、右卫、呼伦贝尔等处未经打仗弁兵,及东三省存留官兵,或从前出征,或在军效力,分别劳绩。将列为一等者官三百六十一员,兵一千二百一十五名,各依应升之缺补用。列为二等者,官二百四十八员,兵一万二千三百一名。开档兵一百四十八名。照从前议叙三等官兵之例注册。其一等之开档兵三十九名,各加赏银五两。

〇癸酉,兵部遵旨议覆:"自山海关至杀虎口、保德州,并古北、宣化、大同所属地方,均系沿边要地。副、参、游、都、守等官,以三分留与绿旗补用,七分给与旗员对品补用……。"着将此旨传谕直隶总督、提督、总兵等知之。

〇甲戌,户部议覆:"仓场侍郎宗室塞尔赫等疏言:'口外东西两河旗地,旧照现定科则征粮,旗人未免不敷养赡。又居住远近不一,每届完粮之期,驮载维艰。此项旗人地亩,原以口内熟地,退换开荒。应请分别等次,酌减粮则。并照察哈尔西四旗之例,改征银两。上则每亩纳银一分四厘。中则以二亩折上地一亩。下则以二亩折中地一亩。庶旗人于输纳之外,养赡宽裕。并即归该同知通判按地编征,解交藩库,无庸热河总管经理。'应如所请。又蒙古达拉图等地亩,亦应一体输银。但与熟地退换荒地者有别,应令照察哈尔例,每亩征银一分四厘。"从之。(《清高宗纯皇帝实录卷之三十二》)

○乾隆元年丙辰十二月○戊寅,总理事务王大臣遵旨议覆果亲王等各疏:"内留戍兵丁,奉天、宁古塔、黑龙江五千人,并三年当代。但此处兵丁皆熟练戎行,若尽易新兵,恐未练习。请于明年,先更代二千五百人。又明年,再更代二千五百人。其庆复请拨呼伦贝尔索伦兵,海望请拨索伦巴尔虎,及内扎萨克与牛马群察哈尔兵之处。臣等详悉参酌。明年换班时,应拨察哈尔兵一千五百,以在京副都统一人率之。拨呼伦贝尔索伦兵一千,以黑龙江副都统一人率之,往代。又明年,选东三省兵二千,马群兵五百,往代。如此,则新旧相间,劳逸既均。而防戍兵亦皆精练。……请交军营将军、参赞大臣等,详悉办理。"从之。○户部议覆:"直隶总督李卫疏言:'怀来县吕家湾等处,垦荒军地,遵旨委员查勘。或有粮无地,或粮存人亡,以及水冲沙压,并沙石不堪耕种者,共地九顷六亩有奇。请豁除额赋。又水泉庄等处,地六十二顷七十一亩有奇。地皆沙瘠,止供樵采,旧额每亩征粮一斗二升,实为过重。请减,照怀来县下地银粮科则征收。'应如所请。"从之。

○丁亥,总理事务王大臣议覆:"山西巡抚觉罗石麟疏言:'晋省口外,附近宁朔卫之刘家窑等十四村,居民有垦熟地四百余顷。因在察哈尔镶蓝旗界内,前经赏给右卫驻防兵丁,民人皆向旗兵交租。于雍正十三年,察哈尔总管广锡又请给还蒙古游牧,令居民于收获后迁居,民情甚为恋恋。查刘家窑等村,民人建屋而居,耕田而食,已二十余年。一旦令其移徙,则谋生托足,皆致失所。且蒙古向年以来,并不藉此游牧。莫若照丰川卫之例,令宁朔卫守备会同该总管,将此民地查明亩数,仍准居住耕种,照例交租,散给应得地亩之蒙古等收领。'应如所请。"从之。(《清高宗纯皇帝实录卷之三十三》)

公元1737年

○乾隆二年丁巳正月○壬子,总理事务王大臣等奏:"前者臣等议,乾隆二年拨赴北路换班兵二千五百名,其察哈尔兵一千五百名,应遣京城副都统一员率之。索伦达呼尔兵一千名,应遣黑龙江副都统一员率之。其兵丁应给口粮马匹。请照例支给。"得旨:"着殷扎那图那去。余依议。"(《清高宗纯皇帝实录卷之三十五》)

○乾隆二年丁巳二月○己未朔,谕总理事务王大臣:"去年七月内,准贼侵我卡伦,掠去喀尔喀二人,今秋宜严加防范。现在派往换班察哈尔兵一千五百名,黑龙江兵一千名,令于五月初间,由本处起程,七月初间务到军营。着行文额驸策凌等,俟换班兵到日,将换回兵丁暂行留驻,协力加谨防范。俟过七八月紧要之时,再将伊等发回。今年准夷若复侵我卡伦,应令额驸策凌将明年应如何防范之处,先期定议具奏。再西路应如何豫备之处,亦行文大学士查郎阿,令其先事详议具奏。"(《清高宗纯皇帝实录卷之三十六》)

○乾隆二年丁巳四月○戊辰,王大臣议覆直隶古北口提督瞻岱疏称:"归化城应征粟米不敷支放之用。查察哈尔右翼,拨于晋省卫所之地亩钱粮,距归化城较近。若于该卫所拨解采买,可以充补兵食,少减内地挽运。再开垦地亩,征收米石草束,赴城输纳,未免累民。请离城五十里以内者听民自纳,五十里以外者,酌给运价,并属应行。"奏入,报闻。(《清高宗纯皇帝实录卷之四十》)

○乾隆二年丁巳四月○乙亥,吏部议准巡察游牧等处兵部员外郎兆明奏称："游牧理事员外,请照盛京五部司员俸满调京之例,三年一换。但查盛京司员,三年年满时,在京部院,满洲员缺甚多,遇有缺出,即行调补。今在京蒙古员外郎共二十一缺,游牧员外郎共十六缺。若照盛京司员之例,三年年满,即行调补。不惟缺出无几,守候需时。且于蒙古应升人员,必致壅滞,于铨法未为妥协。臣等公同酌议,将由京城补放游牧员外郎八员,定以历员外郎任五年期满,该总管出具考语,咨部注册。其由六部出身之员,仍俟六部蒙古员外郎缺出。无论保题升选,补用二缺后,将年满游牧员外郎论俸调取一员补用。由理藩院等衙门出身之员,俟理藩院等衙门缺出,亦如之。其现今五年年满游牧员外郎,即令该总管出具考语,咨部注册。遇有缺出,即照此例遵行。"从之。

○己卯,谕定边左副将军额驸策凌:"现在准噶尔作镇压之喇嘛,已在察哈尔地方拏获矣。伊等既作镇压,必有埋藏镇压之物。尔等审明如有埋藏之物,起出后,恐蒙古等无知,心生疑惑。或由京派熟谙经典喇嘛,前往念经,抑或令锡勒图胡图克图念经。以杜蒙古之疑。"○又谕:"巡查察哈尔地方员外郎兆明,拏获准噶尔遣来作镇压之喇嘛那旺垂音丕勒,迄今尚未解到。着侍卫五十七前赴兆明处所,速将那旺垂音丕勒解京。交总理事务王、大臣等审讯。其与那旺垂音丕勒同来之人,归化城都统根敦等,现在查拏。着旺扎尔前赴归化,会同根敦等密商,缉拏务获。勿致远扬。"(《清高宗纯皇帝实录卷之四十一》)

○乾隆二年丁巳秋七月○丙申,谕定边副将军额驸策凌:"昨据巡查察哈尔地方兵部员外郎兆明所拏厄鲁特喇嘛那旺垂音丕勒供称,准噶尔遣来作法之人,是以令其解送京城,及覆加审讯。伊并非准噶尔之人,系青海札萨克台吉济克济扎布旗下之人。伊父母与兄俱在青海地方居住,因行查是实,遂发回本地安插。此皆由那旺垂音丕勒,身为喇嘛,并不安分。在各处游荡,妄行欺诈之所致也。朕从前敕令给与喇嘛度牒者,特为此等匪类,混入喇嘛之内,妄行生事,于众喇嘛无益。是以分别贤否,给与实在出家人度牒,以凭稽查,以扶佛教,澄清喇嘛之意。众喇嘛不识此意,或反虑伊等之徒弟渐少,着将此情由晓谕众喇嘛知之。并交与边塞塘汛人等,务须留心,不时稽查。"(《清高宗纯皇帝实录卷之四十六》)

○乾隆二年丁巳七月○壬寅,户部议覆,直隶总督李卫疏报:"……宣化、蔚州、万全、怀安、西宁、蔚县、怀来、……广昌等八十一州、县、卫,二麦歉收,动支存仓谷石,分别赈济。"得旨:"依议速行。"(《清高宗纯皇帝实录卷之四十七》)

○乾隆二年丁巳八月丁巳朔○山西巡抚觉罗石麟疏报:"察哈尔多内苏磨地方,呈出该旗游牧处所作为正项纳粮田地,共四十二顷十亩有奇。"(《清高宗纯皇帝实录卷之四十八》)

○乾隆二年丁巳九月○辛丑,八旗都统议覆署镶红旗蒙古都统布兰泰奏:"将养育兵每月饷银三两改为二两,其余银增缺另补,应如所奏办理。又所奏十八岁以上之养育兵,或因步射平常,不能挑取护军马甲,即换为步甲。查十八岁为限太近,应请以二十五岁为限。至此内有父兄阵亡、子弟孤弱残疾者,该参、佐领具给报明。留给养育兵原饷,应如所请。"从之。

○戊申,户部议覆:"直隶总督李卫奏:'筹办买补仓粮,赈济民食。查直属本年,低处秋田虽淹,而高阜平原收获丰稔。民间粜卖,价值平贱。请不拘米谷高粱杂粮,按时价收买,照例搭放赈济。但本地所产米粮有限,若一时购买,恐民食多妨。应于山东胶莱、济宁等处采买。又奉天产米最多,亦请委员购办。倘奉天以上年曾被偏灾,恐致米贵,即将该处仓粮酌量留备足用。其余交委员领回,留价采买,补还仓谷。再河南楚王、道口二镇,系从直隶归并,均属米粮聚所,亦应一体知照。至宣化府属州、县应需米石，则于古北口外之热河，及张家、独石二口外地方采买拨用。'均应如所奏。"得旨："依议速行。"（《清高宗纯皇帝实录卷之五十一》）

○乾隆二年丁巳十一月○丁卯，总理事务王大臣议公法尔善奏："守护陵寝兵丁，请照张家口等处添设骁骑校之例，于每马甲四十名，添设骁骑校一员。应如所请办理。"从之。（《清高宗纯皇帝实录卷之五十六》）

○乾隆二年丁巳十二月○戊戌，追封皇后之父，原任一等男加一等云骑尉，兼察哈尔总管李荣保为一等公，妻为公妻一品夫人。（《清高宗纯皇帝实录卷之五十八》）

○乾隆二年戊午二月○甲午，改顺天昌平州训导为延庆卫训导，从直隶学政刘吴龙请也。（《清高宗纯皇帝实录卷之六十二》）

公元1738年

○乾隆三年戊午二月○癸卯，禁派祭祀燎柴。谕："直隶宣化府属怀来、保安二县，采办杨木长柴，供郊坛、宗庙焚帛之用。向无开销之例，俱系两县捐贵。继因添用柴薪，又分派宣属他县协办，相沿已久。朕思州、县公捐，易启借端科派，贻累小民之弊，不可不防其渐。着从乾隆三年为始，将每岁需用杨木长柴，按照办解之数，动用正项，造入地丁册内报销。令出产之怀来县承办，以专责成。倘有私行派累等弊，该督即行查参。从重议处。"（《清高宗纯皇帝实录卷之六十三》）

○乾隆三年戊午四月○癸巳，大学士鄂尔泰等遵旨议奏察哈尔八旗总管兴德、苏鲁克总管觉和托、博泰等会奏，商都达布逊诺尔地方请添设驼马一疏："牧厂添设马匹，原为滋生藩庶起见，若添骟马八千匹，于牧事无益。应减去二千匹，改添骒马二千匹，仍足八千匹之数。此外更添骟驼五百只，庶于牧事有济。再查扎萨克五处，盟会所存骟马二万六千余，骒马一万二千余，驼一千八百余，不无倒毙。而扎萨克蒙古管理官畜，亦属艰辛。今马厂议添驼马，与其派员另行采买，不若就伊现存马匹内领取牧放，更为两便。应令扎萨克挑取骟马六千匹，骒马八千匹，骟驼五百只，遴员于今秋送交觉和托、博泰等收牧。如一时不能全交，俟明岁草盛时再行补送。又商都原属牧厂，今既称达布逊诺尔地方狭隘，应如所请，即于商都添设新厂，仍令觉和托等查明旧厂基址设立，不得藉此侵占他人游牧。至旧厂人员，不能兼顾。请于旧设翼长一员外，更添设一员。牧长、牧夫俱循例增补。亦应如所请。"从之。

○甲午，户部议覆："直隶总督李卫疏称：'张家口及热河等处地粮驮载艰难。请仍征折色，以从民便。至关外积贮，亦可照内地买购。'应如所请。"从之。（《清高宗纯皇帝实录卷之六十六》）

○乾隆三年戊午四月○壬寅，直隶总督李卫疏报："霸昌、通永二道，并永平、保定、河间、正定、天津、宣化六府，及直隶易州各属，开垦二年分水旱田地一百六十二顷有奇。"（《清高宗纯皇帝实录卷之六十七》）

○乾隆三年戊午秋七月○乙卯，大学士等议覆："内阁学士雅尔呼达奏称：'张家口、独石口、古北口、马兰关、喜峰口、冷口、罗文峪等处，俱系屏藩重地，驻札兵丁甚少，请量为添拨。现在京城八旗满洲、蒙古，生齿繁多，可令各处分驻。'应如所请。至所称在军前行走之年老病退人等，请照官员全俸、半俸之例，分别赏给钱粮。查兵丁既非官员可比，且人众亦难遍及。请嗣后老疾告退兵丁，曾在军前打仗者，每名月给银

一两，米一斛。其未经打仗者，止给银一两，以养余年。"得旨："允行。"（《清高宗纯皇帝实录卷之七十二》）

　　○乾隆三年戊午八月○乙酉，户部议覆："山西巡抚石麟奏称：'归化城与镶蓝旗察哈尔连界之察汉库仑等处地亩，原系召民认垦输租。虽坐落土默特界内，不便改归土默特。请仍令宁朔卫管辖征收，解交绥远城充饷。其坐落察哈尔界内地亩，本系土默特巴特马孟克等七户业地，未便归公。请亦令宁朔卫照例收租，解送归化城，散给原管业主收领。其两旗交错地亩均画界立石，毋许越种。'应如所请。"从之。（《清高宗纯皇帝实录卷之七十四》）

　　○乾隆三年戊午九月○甲寅，大学士等议覆直隶总督李卫奏请减免屯田粮额一折："查直属屯田，如宣化府属之宣化等县，永平府属之箭杆岭等处，并顺天府属蓟协营路之李家峪等处。所有编征粮额，均较重于民田，应照民粮科则，酌量减免。请将各处民屯钱粮，令该督分别科则，造册送部，以便核议。"得旨："依议速行。"（《清高宗纯皇帝实录卷之七十六》）

　　○乾隆三年戊午九月○丙寅，谕："今年畿辅地方，收成有歉薄之处。而口外年谷顺成，颇称丰稔。昨已降旨，准商人出口往来贩运，以资接济。今思京城米价，现在不能平减，来春青黄不接之时，恐益加腾贵。着派出户部司员赫赫、那尔善，内务府官员王常保、王慎德，于张家口、古北口二处，每处各二员，携带内库帑银前往，会同地方官，将米豆杂粮等项照时价采买，运送来京，交八旗米局平粜。使都门兵民得资外来之米，以供饔飧。而口外有余之粮，亦不致耗费于烧锅等项无用之地，实属两有裨益。其应赍银两若干，并作何挽运之法，着该部速行详悉议具奏。"

○辛未，户部遵旨议奏出口买米一事："商人范毓馪请自行采买，回京领价，较官买更为便易。其派往张家口外之官员，应令携带库银六万两，前往古北口、喜峰口、热河一带地方，分头采买。不拘何项米谷，按照市价购买，陆续运京，分给八旗米局平粜。至一切挽运之处，即令派往之员酌量情形，会同地方官办理。将来运送至京，再请派员接办。以免交收迟滞。"得旨："依议速行。"(《清高宗纯皇帝实录卷之七十七》)

公元1739年

○乾隆四年己未二月戊寅朔○铸给多伦诺尔理事同知关防，从山西巡抚觉罗石麟请也。(《清高宗纯皇帝实录卷之八十六》)

○乾隆四年己未三月○己酉，大学士等议覆："察哈尔正蓝旗总管阿敏道奏：'内地民人往察哈尔垦种多年，断难徙归。但民人与蒙古杂处，情性各异，易滋事端。请将刘家窑子之十三村民人，与在木圈子内之蒙古，互相抵换居住，余地仍给民人耕种纳租。'似此定界，实为两利。应令山西巡抚石麟，派员会同该总管妥办。至察哈尔各旗中，尚有似此民蒙杂处者，亦着各旗总管移咨该抚查议具奏。"从之。(《清高宗纯皇帝实录卷之八十八》)

○乾隆四年己未三月○丙子，又议准直隶总督孙嘉淦疏称："昌平等六州、县、卫，供应兵丁差使，每年拨银一万二千四百两。今大军凯旋，而戍兵未彻，尚有各需供应之处。但查核该州、县造报乾隆元二两年清册，较之雍正十三年以前，有少至五分六分者。请将每年应拨昌平州银三千两、延庆卫银二千两、宣化县银二千两、怀来县银三千六百两、怀安县银一千二百两，各减一半拨给。万全县应拨银六百两，向止

拨银三百六十两,无庸再减。"从之。(《清高宗纯皇帝实录卷之八十九》)

○乾隆四年己未五月丙午朔○谕:"各府、州、县设立养济院,原以收养鳏寡孤独、疲癃残疾之穷民。近闻山西陕西一带,多有老病残废之人在途行乞,行旅见之恻然。朕思各处既有养济院,若有司实力奉行,何至小民之困苦无依者饥寒难支,乞食于道?山陕一路如此,则他省与此相类者不少矣。着各省督抚各饬所属州县官,体国家设立养济院之意,与朕哀此茕独之心,实力奉行,毋得视为具文故事。该督抚亦当时时留心访察之。"

○壬子,直隶总督孙嘉淦疏报:"永平、天津、正定、宣化四府并易州属,于乾隆三年开垦成熟水旱荒田四百七十九顷九十二亩有奇。"(《清高宗纯皇帝实录卷之九十二》)

○乾隆四年己未六月○癸未,军机大臣议覆……法尔善奏:"添张家口等处骁骑校,并未请添领催。其应否酌量兵数一并添设之处,请交兵部会同八旗定议具奏。"从之。(《清高宗纯皇帝实录卷之九十四》)

○乾隆四年己未六月○壬辰,以……直隶宣化镇总兵官李质粹为广西左江镇总兵官。

○癸巳,调江西南赣镇总兵官苗国琮为直隶宣化镇总兵官。

○乙未,兵部议准直隶总督孙嘉淦疏称:"据泰宁镇总兵公元奏,请添设广昌营矾山堡官兵。查广昌营原设都司一员,外委一员,马步兵七十七名。矾山堡原设守备一员,外委一员,马步兵八十七名。今请广昌营添设马兵五名,守兵十八名。矾山堡添设马兵四名,守兵九名。各足百名之数。查现将官座岭口汛马步兵十三名,移驻孔各庄。而孔各庄尚有镇标兵丁,足敷巡查,应撤回以补新添之数。尚不敷马步兵二十三名,另行招募,并添设额外外委、千总各一员。"从之。

○辛丑，谕大学士等："朕因广西左江镇总兵官员缺紧要，降旨将李质粹调补。其宣化镇员缺，将苗国琮调补。今据李质粹奏：伊父母年俱七旬，难以远离。复以路远不能迎养，情词恳切。李质粹着仍留宣化镇之任，其左江镇员缺，即着苗国琮调补。"（《清高宗纯皇帝实录卷之九十五》）

○乾隆四年己未秋七月○戊申，定边左副将军和硕超勇亲王固伦额驸策凌奏："本年二月，军机来文。奉旨令两路将军大臣等留心严防准噶尔使臣盗窃马匹牲畜。请将喀尔喀四部落游牧地方防备兵一万余名，各携两月资粮，俾赴汗山、鄂尔坤河、齐齐尔里克等水甘草盛之处，于七月间各至该地方。此项兵丁、器械、马匹，遣参赞大臣副都统阿兰泰点视。绰卡图等处，驻札参赞大臣副都统海兰所领博尔德索伦兵一千、喀尔喀兵一千名，前往乌里雅苏台城之附近地方。所用钱粮米石备至明年六月，粮用官驼负送，在彼处过冬。臣处所有东三省满洲兵二千名，内着副都统宗室图纳统领一千名；察哈尔牧场兵二千名，内着副都统谟尔珲统领一千名；喀尔喀防秋之兵三千名。内着喀尔喀副将军固山贝子成衮扎布统领一千五百名，随臣前赴鄂尔海西拉乌苏等处地方驻札。其余东三省兵一千名，着护军统领阿林统领。察哈尔牧场兵一千名，着副都统际昌统领。喀尔喀兵一千五百名，着辅国公衮布策凌统领。于额尔德尼昭、塔密尔等处驻札，用心巡瞭，俟阿尔泰山得雪报到后，撤回过冬。"得旨："知道了，但阿林、际昌二人同居一处，微有不妥。二人皆庸懦，仓卒有事，亦无主见。明年毋得如此。"（《清高宗纯皇帝实录卷之九十六》）

○乾隆四年己未八月○丁丑，兵部议覆："直隶总督孙嘉淦疏请：'宣化镇设立城守一营。增都司一员，千总一员，把总二员，外委二员。马、步、守、兵四百八十名。即裁宣镇所属之靖安堡都司，并兵三十八名。止留兵六十名,设千总一员弹压。又裁镇标余丁营每月饷银五钱之兵一百六十名。改为城守营守兵八十名,饷银已经敷用。每兵每月再给米三斗。尚需兵四百名,于宣镇三营内,酌拨马步兵四百名,以足四百八十名之数。其所裁之靖安堡都司一员,并余丁营把总一员,外委一员。再添千把各一员,外委一员。其都司千把,驻札城内。外委二员,内一员带兵十名,驻札城东之响水铺。一员带兵十名,驻札城西之沙岭堡。至向属中营之深井、鸡鸣二堡弁兵,亦应归并城守营管辖。其靖安堡改设千总一员,尚存兵六十名,应归就近之滴水崖堡都司管辖。靖安堡所裁兵三十八名,应分拨岔道城十五名,怀来城二十三名。又怀来城营系属专城,守备一员难于照应,应添设把总一员。'应如所请。"从之。(《清高宗纯皇帝实录卷之九十八》)

○乾隆四年己未九月○是月,直隶宣化等处副将署总兵官李质粹奏:"请令镇标三营兵丁随时射猎。"得旨:"绿旗兵丁,非同旗下。射猎演武,恐属无益之举。此奏不必行。"(《清高宗纯皇帝实录卷之一○一》)

○乾隆四年己未冬十月○丙子,理藩院奏:"呼伦贝尔总管色卜腾,冒销钱粮,苦累属下。伊子佐领赞布随众列名控告,均请革职治罪。"谕曰:"色卜腾身为总管,苦累属下,甚属不合,理应照所议治罪。但从前色卜腾率众首先归附,而罗卜藏锡拉卜等逃遁之时,色卜腾约束伊属下,并未摇惑,实心报效。是以皇考特加殊恩,授散秩大臣,甚为眷注。色卜腾身系蒙古,未晓中国法度,无知犯法,若遽行治罪,朕心不忍。色卜腾革退散秩大臣,治罪并勒追钱粮之处,俱着宽免。前往审理色卜腾事务之章京等称,色卜腾情愿移往察哈尔地方居住。着照伊所请,移往察哈尔原旗分居住。所遗员缺,拣选应补人员引见。控告色卜腾之时,伊子赞布为众所迫,冒昧列名,并非有意。赞布革职治罪之处,亦着宽免。伊身既有佐领,仍留呼伦贝尔地方效力行走。再行文训谕纳木雅、赞布等,嗣后应感激朕恩,尽心惠养所属,共相和好。若仍有犯法之事,朕必从重治罪。断不姑贷。"(《清高宗纯皇帝实录卷之一〇二》)

○乾隆四年己未十二月○壬辰,铸给直隶宣化城守营都司关防。(《清高宗纯皇帝实录卷之一〇七》)

公元1740年

○乾隆五年庚申二月○丙子,又谕曰:"哲卜尊丹巴呼图克图作札寄与额驸策凌云:'前蒙世宗宪皇帝特旨,令我移居多伦诺尔。前岁瞻仰天颜,奉谕俟一二年后,令尔仍移居库伦。今军事已定,乞为我奏闻'等语。哲卜尊丹巴呼图克图系众喀尔喀普同供养之喇嘛,前准噶尔侵犯时,觊觎抢夺。蒙皇考睿鉴,降旨令呼图克图移至多伦诺尔,贼人失意空还。今噶尔丹策零革心悔过,奏请求和,边庭无事。应令哲卜尊丹巴呼图克图仍居库伦。"着军机大臣等议奏。寻议:"喀尔喀公敏珠尔,原系照管呼图克图之人,应请饬令代为办装。更请饬交理藩院,拨章京一员,与驻札多伦诺尔之侍卫一同送往库伦游牧。"得旨:"依议。但整理行装,文移知会,已逢夏暑,难于涉远。俟明年青草生时,酌令起程,届期着赏给呼图克图银一万两。"(《清高宗纯皇帝实录卷之一一〇》)

○乾隆五年庚申五月庚子朔○户部议准直隶总督孙嘉淦疏称:"顺天府之霸昌道属,及永平、宣化二府属,雍正七年共报垦过旱荒地三十九顷八十一亩有奇,又旱荒小下地一百九十三顷五十七亩有奇,共折大上地六十四顷五十八亩有奇。乾隆三年,据各属报到,业经详题,汇入熟荒地内升科外,实剩旱荒并折大上地七十九顷五十九亩有奇。又顺天府之霸昌、通永二道属,并保定、河间、天津、宣化四府属,雍正十一年共报垦过水荒地二十二顷十八亩有奇。均请照例起科。"从之。

○丙午,谕军机大臣:"噶克等弃其妻子,前来投顺,甚属可悯。伊等未经出痘,又无应询之事,无庸解京。可即由口外送往察哈尔,交该总管安插。其如何赏赍之处,着军机大臣议奏。"寻议:"据噶克等自言,本系台吉,无凭可查。又向例单身投诚者,发天津等处安插。今噶克等弃孥来归,应发察哈尔,授额外护军,并请赏给如例。"从之。(《清高宗纯皇帝实录卷之一一六》)

○乾隆五年庚申五月○壬戌,谕理藩院:"现今察哈尔八旗袭补世管佐领,俱造具家谱进呈,甚属明白易看。嗣后归化城土默特袭补世管佐领之时,亦着造具家谱,一并进呈。"(《清高宗纯皇帝实录卷之一一七》)

○乾隆五年庚申六月○庚寅,以直隶张家口副将吴开增为福建汀州镇总兵。(《清高宗纯皇帝实录卷之一一九》)

○乾隆五年庚申七月○辛卯,八旗都统等奏:"先经议政大臣议准内阁学士雅尔呼达条奏,山海关等处添设驻防官兵,所有该处员弁,交八旗酌定旗分补放,应添兵丁由马甲养育兵内挑派等语。查罗文峪、喜峰口、冷口三处官兵,现归山海关副都统兼管。张家口、古北口二处官兵,归独石口副都统兼管。七处分为二属,新旧员弁必须均匀配定,方免壅滞。请将……独石口三品协领二缺,作为左右翼满蒙公缺各一;佐领八缺,作为正黄、正红、镶红、镶蓝、镶白、正蓝六旗满洲各一缺;左右翼蒙古公缺各一,防御八缺,照佐领之例办理。骁骑校八缺,作为正黄、正红、镶红、镶蓝、镶白、正蓝六旗满洲各一缺。镶黄、正白、镶红、镶蓝四旗蒙古公缺二缺。张家口四品总管一缺,作为镶黄旗满洲额缺;防御三缺,作为镶黄、正黄、正白三旗满洲各一;骁骑校六缺,作为镶黄、正白、正蓝、正红、镶蓝五旗满洲各一缺;镶白、正蓝二旗蒙古公缺一缺。……山海关等七处,共应添驻满蒙兵丁一千八百名,现于马甲养育兵内照数挑选派往。其编派佐领之处,照依热河驻防之例办理。不派佐领地方,令该管副都统酌量各旗旧数,多寡分定。"得旨:"所办好,依议。"(《清高宗纯皇帝实录卷之一二三》)

○乾隆五年庚申八月○丙午,吏部奏:"定例各省理事同知、通判员缺。系内阁并各部院堂官于所属小京官笔帖式内,将通晓汉文,并兼通翻译者,保送过部。吏部会同大学士、各部尚书,公同拣选。照拣选月官之例,考试汉字履历,将试卷进呈,带领引见。奉旨记名者,豫行注册。遇有缺出,将记名注册之员带领引见补授。俟此项人员挨次用完之时,照例拣选考试。其归化城、张家口等处边地同知员缺,向俱系理藩院拣选,蒙古司员带领引见,令其管理,届三年照例更换。续经军机大臣议定,归化城、张家口同知员缺,令各部、理藩院,将满洲、蒙古员外郎、主事内通晓汉文者,各拣选一员,送部引见补授。陆续添设各边口同知,俱照此例办理。查品级考内开,员外郎系从五品,由各部院主事等官、各省理事同知通判升授。是理事同知与主事原属对品,员外郎系应升之缺,今拣选理事同知,复将员外郎补放,与铨法实多未便。且理事同知审理旗民互涉事件,止在吏治之谙练,持身之廉谨。即各边蒙古地方,不过须熟悉蒙古字话之员,其余与各省理事同知原无区别,似应画一办理。请嗣后各边地同知员缺,除员外郎不行补用外,将各部院满洲、蒙古主事、小京官、笔帖式内,令各衙门拣选通晓汉文、熟习蒙古字话、贤能之员保送过部,照依各省理事同知之例,会同理藩院,并各部尚书拣选考试,分别去取,带领引见补授。其边地各通判员缺,除主事不行补用外,止将小京官、笔帖式一体考取补用。"从之。

○戊申,谕:"闻得居庸关之北关年久未曾修理,有倾圮残缺之处。此系蒙古来往之路,关系观瞻。可寄信与总督孙嘉淦,令其委员相度估

计应作何修治,酌量办理。"(《清高宗纯皇帝实录卷之一二四》)

○乾隆五年庚申八月○己未,军机大臣等议覆:"副都统旺扎勒奏:'杀虎口等处台站,原为喀尔喀众蒙古接递事件而设。若无大员兼管,必致马匹疲瘦缺少。请以杀虎口边路台站,令绥远城将军管辖。古北口、独石口两边路台站,令提督管辖。喜峰口边路台站,令热河副都统管辖。'应如所请。"从之。

○丙寅,兵部议覆:"巡查游牧地方员外郎廷柱奏:'察哈尔右翼四旗,原设捕盗兵四十名巡查。今招募民人开垦,贸易之人渐多,地方辽阔,难以稽查。请每旗添设捕盗兵十名,于口外闲散蒙古及察哈尔闲散壮丁内挑补,照例每名月给银一两。至每旗向设捕盗六品官二员,由京补放。但捕盗兵,终无进身之阶,不足鼓励。请嗣后每旗二缺,一仍由京前锋护军领催内拣补,一于捕盗兵丁内选拔一人,送部拟正。于领催内拣选一人拟陪,带领引见,恭候简用。'应如所请。"从之。(《清高宗纯皇帝实录卷之一二五》)

○乾隆五年庚申十月○戊申,大学士等议覆定边副将军额驸策凌及扎萨克等奏覆撤兵防守事宜:"查现在军营兵五千,俱应撤回。内东三省二千、牧厂五百,又塔米尔、鄂尔昆守城、直隶山西绿旗兵一千,俱系乾隆三年到彼,应令于明春起程。其呼伦贝尔兵一千、察哈尔兵一千五百,又济尔玛台种地宣化大同绿旗兵六百,今年始至。应令于明秋起程。"(《清高宗纯皇帝实录卷之一二八》)

○乾隆五年庚申十一月○是月,直隶总督孙嘉淦奏:"张家口外多伦诺尔地方向产咸土,口内口外民人,煎熬资用。后因奸商聚众私熬,经内务府奏令禁止。地方官遂将口外熬咸自用及零星贩卖者概行查禁,实多未便。请嗣后照内务府原议,仍不许召商给票、聚众熬咸外,其沿边附近咸土居住之蒙古,及种地之民人,扫取煎熬,或携带入口货卖者听便。"得旨:"着照所议行。"(《清高宗纯皇帝实录卷之一三一》)

公元1741年

○乾隆六年辛酉春正月○甲申,大学士伯鄂尔泰等议奏西北两路撤兵事宜:"据额驸策凌奏,东三省兵二千,令护军统领阿林、副都统图纳率领。吉林苏鲁克兵五百,令副都统莫尔浑率领。守城绿旗兵一千,令总兵吴凯曾率领。并于今年草青时起程。呼伦贝尔兵一千,察哈尔兵一千五百,去秋方到,应令少歇。俟今秋,令副都统衔乌勒德、副都济昌率领起程。其种地绿旗兵六百,虽撤兵后可停耕种,但塔密尔、鄂尔坤仓库需人守护。请暂留等语。并应如所奏。……"得旨:"此议甚善,着依议。所撤之兵俱令于本年九月起程。"(《清高宗纯皇帝实录卷之一三五》)

○乾隆六年辛酉二月○丁未,谕:"闻得围场右界卡伦之内,往往有人偷入打牲,开垦地亩。着御前侍卫副都统旺扎勒驰驿,带领正蓝旗察哈尔总管前往查看。"(《清高宗纯皇帝实录卷之一三六》)

○乾隆六年辛酉二月○壬戌,工部议准直隶总督孙嘉淦疏:"张家、独石二口,边地最寒,居民稠密,所需煤炭倍于他处。柴薪稀少,不敷炊爨。请于张家口外之土木等处,独石口外之东槽碾沟等处,开采煤窑。"从之。

编者注:"土木"即今张家口市尚义县红土梁乡土木路村,清时为察哈尔镶黄旗游牧地,与察哈尔正黄旗相毗连,红土梁煤矿至今仍在开采;"东槽碾沟"在今张家口市沽源县境内。

○是月,直隶总督孙嘉淦……又奏:"近闻独石口外七八十里有红城子，乃元中都旧基。沟渠井邑，尚有遗踪。又百余里有开平城，乃元上都旧基，城郭犹存。控扼张家、独石二口，为形胜地。若驻札重兵，能助神京右臂之势。且土肥地阔，满兵据为世业。耕田牧马，可以富强。此实久远之计，必须身亲相度，乃敢建议。现拟遍阅边关，自保定前往宣化，经过京城，入觐请训。"得旨："卿回道亦必由京师，彼时再来陛见，则此次巡视办理情形，皆得面陈，亦可就近廷议，此去可无庸来京也。"（《清高宗纯皇帝实录卷之一三七》）

编者注：该处所述"红城子"按其位置即今沽源县小宏城遗址，为元忽必烈察哈尔行宫（金莲川幕府）遗址，并非所言元中都遗址。"开平城"即元上都，在内蒙古自治区锡林郭勒盟正蓝旗境内元上都遗址。

○乾隆六年辛酉三月○戊寅，训诫蒙古妄言。谕曰："正白旗察哈尔地方居住之高郑备，赴张家口，控告厄鲁特之原任散秩大臣策旺达尔扎，与喇嘛等同谋作乱。本佐领下官员巴素等六人不从，与伊盟誓，遣伊首告一案。当经兵部奏闻。朕即不信以为策旺达尔扎父子，受皇祖皇考豢养深恩，断无负恩谋逆之事。且哲布尊丹巴呼图克图两世受国家之恩，感戴出于至诚，朕所深知。岂肯信小人之言，为不法之事耶！所言皆虚，伊必有别故，不可不审明。即交大臣等详加审讯，将伊捏告取巧情节逐一究出，已将高郑备拟斩矣。此案虽因高郑备秉惟凶顽，捏词诬告；亦由蒙古等平日玩忽，好传风闻之言、谈论公事所致。着札寄八旗察哈尔总管、蒙古扎萨克等，明白晓谕各该蒙古，嗣后务须各勤厥职，滋养牲畜，安分度日。军国大事，与己无涉者，痛戒妄言。"（《清高宗纯皇帝实录卷之一三八》）

○乾隆六年辛酉夏四月○庚子，工部议覆："直隶总督孙嘉淦奏称：'万全县属洗马林堡，城外逼近大沙河。向有护城沙堤被水冲坍，请修筑石堤，以保城垣。并加筑灰土坦坡，疏挑引溜。'应如所请。"从之。

○癸卯,工部等部议覆:"直隶总督孙嘉淦疏言:'张家口添设骁骑校四员,应建衙署二十四间,以奉裁防御章京衙署拨给。其添设满兵一百四十名,共应建营房二百八十间。'应如所请。"从之。

○甲辰,军机大臣等议覆:"管理台站总管觉和托等奏称,自张家口至鄂尔坤,大台二十九,中台十五。北路既经撤兵,应量汰。查大台、中台里数无异,宜令一体当差,勿分彼此。请两台共用章京一员、骁骑校一员、参领四员、领催四十四名,轮流管理。每台酌留十五户,马甲五名,乌拉齐二名,马二十匹,驼二十只。又第一台至第十台,当京城军营往返,及察哈尔左右翼、苏尼特、四子部落、茂明安、归化城诸处,传递事件总路不可照他台裁减。其间十大台、七中台,各用马甲十名、乌拉齐十名、马三十匹、驼三十只。章京、骁骑校、领催等,酌量存留。应如所请。其西路台站应否裁减之处,俟准噶尔熬茶事毕,撤哈密兵时,再行定议。"从之。○蠲免直隶……延庆、万全、怀来等十州、县乾隆五年被水灾民额赋有差。(《清高宗纯皇帝实录卷之一四〇》)

○乾隆六年辛酉四月○是月,直隶总督孙嘉淦又奏:"遵旨至宣化审办事件。现在巡边,即由山海关取道兼程前往。"得旨:"为有人告王者辅谋叛,其言虽属荒唐,或王者辅平日居官平常,以致民怨,则未可知耳。卿其秉公查审,未至宣化,尚宜密之。卿其毋庸来京,亦不必过于匆忙就道也。"(《清高宗纯皇帝实录卷之一四一》)

○乾隆六年辛酉五月○辛未,王大臣议覆:"直隶总督孙嘉淦奏称,独石口地方气候甚寒,不能建盖营房,驻札官兵。应如所请。将原议添设副都统一员、兵七百名之处停止。其原设之防守尉已改佐领,照旧设立并给关防。又奏称,独石口外三十余里,即平原旷野。又五十余里为红城子,又百余里为开平城。襟山带河,平畴沃衍。再张家口外西行七十余里为兴和城,北行百余里为北城子。川原甚广,可耕之田皆不下数万顷,均堪驻札满兵,招民开垦等语。但口外天寒霜早,不知该处收获足供民食与否。又地近牧厂,恐招民耕种,疆界易淆。旗民杂处,或致有争端。请特简王公大臣会同该处总管,详加查勘。"从之。(《清高宗纯皇帝实录卷之一四二》)

编者注:"兴和城"即张家口市张北县城;"北城子"即白城子,也即元中都遗址。

○乾隆六年辛酉六月○甲辰,修理居庸关北门,从直隶总督孙嘉淦请也。(《清高宗纯皇帝实录卷之一四四》)

○乾隆六年辛酉六月○乙卯,工部议覆:"直隶总督孙嘉淦奏称,直隶关口要隘边墙旧迹颇多倾圮,京东一带边墙之外皆系崇山峻岭,山口多有封闭。惟山海关为蓟辽锁钥,喜峰口当八沟通衢,古北口乃潮河要路,实属冲要之地。京西一带边墙之外多系平原旷野,四通八达,边口皆宜慎防。而张家口、独石口尤为极冲之所,二口之路皆归并于居庸,故居庸一关乃中外之咽喉。岔道城当居庸之北口,昌平城当居庸之南口,此数处工程皆当先行修理。应如所请,查勘兴工。"从之。

○丁巳,兵部议覆:"独石口副都统保善奏称,古北口、独石口、张家口、千家店此四处驻防开档人等,俱顺治二年、八年、康熙二十三年初设驻防,续添领催。披甲子孙,在口养育数世。请嗣后此四处披甲缺出,先于另户闲散满洲壮丁内挑补。其另户中有年力未壮而一二年后可造就者,亦准挑补。如再不敷,方准于开档户内年力精壮、技艺可观者拣选充补。应如所请。"从之。

○辛酉,谕:"独石口所属千家店补授防御一事,该副都统保善以独石口骁骑校二员皆持服未满二十七个月,千家店骁骑校一员有别案未结,行令该旗补授等因具奏。朕思外省官员,升缺甚少。本处官员,祗于本处升用。若因持服未满,将员缺行令京城该旗满授,则本处应升人员,必至壅滞。千家店防御,仍着该副都统拣应行题补人员升补。其拟升人员持服未满之处,行令该旗转奏,着暂行署理。俟服满时将该员移送本旗,带领引见,奏请实授。此旨着交与各边口,以及小八城驻防满兵之处该管大臣等。嗣后各该处官员缺出,俱照此办理。庶员缺不至久悬,而人员升转亦不至壅滞矣。"

○兵部等部议准巡查游牧等处地方理藩院员外郎齐里克特奏称:"察哈尔左翼四旗向无专司捕盗章京、兵丁。请照察哈尔右翼四旗之例,每旗添设捕盗章京各二员,兵丁各二十名,令其在所属地方查拏盗案。并令游牧总管达锡等,其章京于各该旗闲散世职荫生等官内选派,其兵丁于各旗闲散蒙古内拣选。应如所请。"从之。

○壬戌,军机大臣议覆:"张家口驿站总管觉和托等奏称:'本年既撤驿站人夫驼马一切事务,俱属简少。请自来年为始,每年轮派一人前往查阅。'应如所请。定于三年内查阅两次,令觉和托、白泰轮班办理。"从之。(《清高宗纯皇帝实录卷之一四五》)

○乾隆六年辛酉七月○丙戌,豁免独石口兵丁开垦地租银三十一两有奇,从独石口副都统宝善请也。

○是月,镶黄等左翼察哈尔四旗总管关福等奏:"请将印务暂交副总管署理,随往进哨效力。"得旨:"尔等四人内着一人来,嗣后轮班随往。"(《清高宗纯皇帝实录卷之一四七》)

○乾隆六年辛酉八月○丙辰,调任直隶总督孙嘉淦疏报:"丈出察汉陀罗海九犋牛地一十五顷七十五亩,布金三犋牛地七顷,布金一犋牛地二顷五十七亩,旧荒地一顷九十亩。"

○庚申,谕:"朕此次巡幸木兰,所有随围之兵丁,首推东三省,暨察哈尔之巴尔呼等汉仗好,马上熟练,手技便捷,行围整齐。至他省及京兵,汉仗、弓马、膂力、骨格,尚属去得,当差亦甚勤奋。但于行围耐劳等处，较之稍逊。皆因平素好贪安逸之所致，士气日见委靡矣。我满洲兵丁，从来到处超群。同是丈夫，岂可行走落后？今看兵丁等所穿衣服，多用绸缎。围场之内，理宜服用布疋皮革。非惟结实，亦且省俭，奚用绸缎为耶？缎衣一件之费，可得布衣数件。自应仍遵淳朴素习。至出外马匹，最为紧要，若不习调膘之法，则马匹易于疲乏。兵丁所乘，俱系官马。倒毙后不得不为赔补，于生计亦属无益。夫兵丁精强，习学马上技艺，俱在平素操练。即如各省弁兵，每年操演围猎。京城兵丁，亦教习步围。兵丁等既有官拴马匹，如果专心，各加勤习，何致不成！着交各该管大臣官员等，务须悉心训练兵丁以马步骑射围猎之法，兵丁等亦应各加奋勉。留心习学马上技艺，耐受劳苦。及养马调膘之方，尚其勉旃。"（《清高宗纯皇帝实录卷之一四九》）

○乾隆六年辛酉十一月○辛卯，大学士等议奏调任直隶总督孙嘉淦奏称："独石口外之红城子、开平城二处，张家口外之兴和城、北城子二处，地土宽衍，请于该处开垦驻兵。现已奉旨，派令尚书海望等查勘。……应令钦差大臣前往独石、张家二口勘地。回转之便，再往古北口外热河等处逐一履勘，将该处地势情形具奏定议。"从之。（《清高宗纯皇帝实录卷之一五五》）

○乾隆六年辛酉十二月○乙未，工部议准调任直隶总督孙嘉淦疏请，补筑怀来县挡水石坝。从之。

○戊戌，工部议准调任直隶总督孙嘉淦疏称："怀来、岔道二城，各添设兵丁，俱系赁房居住。请于向水、沙岭二处，建营房二十间，外委住房三间。每处马棚二间，大门一间。岔道城应建营房十五间，怀来城应建营房二十三间，马棚四间。"从之。（《清高宗纯皇帝实录卷之一五六》）

○乾隆六年辛酉十二月○戊申，谕："蒙古在外各旗世袭佐领，虽进家谱。其拟正拟陪之处,并未明晰。嗣后家谱,俱着照在内八旗之例,分别缮写正陪具奏。"

编者注:所谓正陪,即主要推荐人与备选推荐人。

○辛亥,又谕:"朕闻绥远城、归化城两处将军大臣等,凡办理旗民交涉事件,每与文官拘执地界,互相猜疑,以致掣肘,案悬经年未结。即如土默特一处,自乾隆二年至今未结之案,有六十余件。其余扎萨克、察哈尔各蒙古等人命盗案,未结者尚多。伊等俱系简用封疆大臣,责任甚重。自应和衷共济。现在案件稽延废弛,皆由伊等平素不和所致。着传谕申饬。嗣后务须虚心商办,勿得仍前迟延。至伊等身为大臣,乃与巡查官员宴会演剧,均干例禁。又闻都统玛尼曾取属下蒙古女子为妾,且有配与家人者,尤属非是。着一并传谕申饬。"○又议准直隶总督孙嘉淦疏称:"张家口等处添设官兵,罗文峪、喜峰口、古北口新设官兵,每年应需米石请循旧例,折中定价在于司道库贮银内动拨,交遵化州、密云县领回给发。……"从之。(《清高宗纯皇帝实录卷之一五七》)

公元1742年

○乾隆七年壬戌春正月○庚午,又议覆:"将军补熙等奏称,查绥远城兵三千九百余名,右卫兵三千五百余名,应备挑二千名。归化城土默特兵五千名,应备挑一千名。八旗游牧察哈尔兵七千余名,应备挑二千名。俱由该将军总管等咨报该部及军营存记。查归化绥远存贮军需银二十七万余两,足敷备办右卫、绥远、归化官兵起行之用。其张家口口北道衙门,原存军需银十万余两,除陆续用过外,现实存银四万余两。于备拨察哈尔兵二千名,尚不敷用。俟该处派出官兵数目,造报到日,由部核计官兵应得银数,豫为妥备。一经檄调,即由部作速解往。并行文额驸策凌等,酌量事势之缓急,相度近日贼众情形。得有确实,一面奏闻,一面檄调。查现在各处兵足敷应用,倘有需檄调之处,合计内地扎萨克之首队兵丁四千五百名,已足盈万。派委该管官催令前进,虽道路远近不齐,然约计一月之内,俱可到齐。二队兵丁六千五百名,亦可继踵而至。似此军威壮盛,足资应援抵御。"得旨:"拨给察哈尔官兵银两,俟得确数,由部即行解送口北道衙门存贮。余依议。"(《清高宗纯皇帝实录卷之一五八》)

○乾隆七年壬戌三月○辛未,谕:"向来直隶、山西沿边副、参等缺,准以侍卫、章京等员补用。原以满洲骑射素优,防御关隘,自属相宜。而于绿旗营伍,恐未能周知,是以止将边缺补用。朕思直隶一省,为京畿重地。所有营汛,均属紧要。若将已任边关将备满员之内,择其通晓营伍者调补。以在京满员补用边缺,则于职守既无贻误,而满员亦得藉此疏通。向来沿边副、参等缺,以三分补用绿旗,以七分补用满员。今内地副、参等缺,应酌以七分补用绿旗,以三分补用满员。在绿旗将弁,原于各省通行升转,非若满员之有界限,分缺无多,实无占碍之虞。而满员历任边疆,留心营伍,亦收驾轻就熟之益。其如何分缺拣补,及如何定例题升之处,该部详悉妥议具奏。"(《清高宗纯皇帝实录卷之一六二》)

○乾隆七年壬戌四月○癸巳,大学士等议覆:"直隶总督高斌奏称,……原议查看独石口外、张家口外、八沟添驻兵丁建造营房之处,均请停止。再现驻之兵,设有协领、佐领等官,每佐领名下,兵不过五六十名。今应将新兵即拨各佐领管辖,无庸另设多官。惟各省驻防兵额至三千者,例设副都统,与将军兼管。今天津亦应添设副都统一员,协同都统管理,以符体制。所有天津添设之副都统员缺,请于八沟副都统常久、独石口副都统保善二员内,补用一员。其余一员,遇缺请旨另补。独石口副都统既经裁汰,其原有之防守尉应仍旧制复设。至张家口、罗文峪二处,裁汰防御六员,添设骁骑校五员。今八沟、独石口既不驻兵,则应裁之防御无缺可补。请仍留旧地驻防,无庸添设骁骑校。再独石口外台站,向亦隶副都统保善兼理。现并无大臣稽查,应令古北口提督就近管理。"得旨:"常久着补授天津副都统。保善自补授副都统以来,并不勉力,且伊亦有降级调用之罪,即着补授独石口防守尉。其应裁之防御六员,着暂行停止,俟出缺时再行裁汰。骁骑校五员,仍着补放。余依议。"(《清高宗纯皇帝实录卷之一六四》)

注:裁撤独石口驻防副都统,降格为城守尉。

○乾隆七年壬戌四月○乙巳,免直隶遵化州乾隆六年水灾余绝地亩租银,并蔚州水冲民地额征银两。

○乙卯,工部议准直隶总督高斌疏请修理独石口城垣并挑筑河坝,各工估需银七万七千四百九十余两。从之。(《清高宗纯皇帝实录卷之一六五》)

○乾隆七年壬戌五月○庚申,大学士等议覆建威将军补熙奏称"绥远城、右卫、归化城、察哈尔四处,备兵五千名。应将领队大臣四员数目豫报额驸策凌,以备征调带往。并建威将军之参赞,亦应豫为指派。又称察哈尔兵二千名,每翼派总管一员,如遇征调,与臣等之兵会合时,再派领队二人管辖"等语:"查此项派拨备兵,原期平时豫将马匹器械等项备办,设有调遣,即可起程。至领队大臣,非官兵可比,即临期指派,自可不至贻误。再定例统兵将军,方派参赞。此项备兵调往军营,尚听将军调发,不必带往时豫为另派。至察哈尔兵丁,原派总管二员,由京复派大臣管辖前往。其由何路进发之处,难以悬定。且五千兵行走,必须分队,酌量牧场水草。若令察哈尔兵会合伊队,即交领队管辖,诸有未便。该将军所奏,均无庸议。"得旨:"依议。"

○戊辰,理藩院议覆:"巡查归绥城员外郎那逊额尔和图奏称,归化城商贾众多,奸匪乘机为盗,并有逃人。应如所请,行令将军、都统等,饬所属官兵,于各卡伦交界处所不时严查。倘有贿纵情弊,将该员分别处分。其有捕获命犯二三次者,官则纪录一次,兵则以罚取牲畜给赏。仍移咨察哈尔、四子部落、喀尔喀、乌拉特、鄂尔多斯等处,添兵设卡,一体巡查。惟蒙古官员,原无加级纪录之例。嗣后果有捕获著绩者,令该扎萨克等报部,亦以罚取牲畜给赏。如有徇纵者,分别议处。"从之。(《清高宗纯皇帝实录卷之一六六》)

○乾隆七年壬戌五月○丙戌,谕大学士等:"高斌所奏张家、独石二口外地方定界一事,朕已批令军机大臣等议奏。但高斌折内称蒙古为夷人,甚为错误。向来称准噶尔为夷人,至于内扎萨克,乃本朝之臣仆也,岂可以夷人称之?从前孙嘉淦曾经错误,朕严加训谕。今高斌此折,虽据李质粹来文,然高斌具奏时,亦当改正,并告李质粹知之。尔等可传旨训谕高斌。"(《清高宗纯皇帝实录卷之一六七》)

○乾隆七年壬戌六月○甲午,大学士等议覆:"直隶总督高斌奏称,据宣化镇总兵李质粹奏称,张家、独石二口地方,商民时被蒙古抢夺。总缘地界分歧,责任不专,以致盗贼肆行。多有汉人勾通蒙古,交杂为害。应否俯如所请,命大臣前往该口,会同各牧厂总管及察哈尔五旗总管,并令张家、独石、多伦诺尔三同知随同勘明,分清疆址,酌定如何管辖缉拏,以免推诿?又据总兵李质粹奏称,口外盗风愈炽。若候奏定章程,迁延时日,更不免滋累商民。现先至张家口地方,协同总管觉和托等差缉各等语。所办甚属妥协。应行令该督,速遴员弁,前往协拏。并知照察哈尔总管等,严行督缉。俟拏获贼匪,再行请派大臣查勘界址,次第办理。"得旨:"依议。此事著汪扎尔前往,如贼匪已获则已,如尚未获,即著汪扎尔督催缉拏。其分查界址、酌立章程等事,亦著汪扎尔会同办理。"
○乙未,兵部议准直隶总督高斌疏称:"宣化府属之榆林、土木、鸡鸣、宣化、万全、怀安、云州、赤城、长安、雕鹗等十驿,地临边隘,与内地不同。查各驿共马七百四十五匹,夫七百四十七名。以两马一夫计算,除额设兽医、铡草等夫八十名,应照议准顺、永二府属冲驿之例,仍留站供差。其余浮多夫二百九十四名半,概行裁撤,以节经费。"从之。(《清高宗纯皇帝实录卷之一六八》)

○乾隆七年壬戌六月○是月,直隶宣化副将充总兵官李质粹奏:"张家口外盗风日炽,业令该管章京督率护军前往躧缉。惟是地方辽阔,恐难周历。随咨察哈尔总管,派兵分巡。至坝内汉奸,或有通夷情事。又令理事同知留心缉捕。并移知防御总管,盘诘进口之人,印对商民所失马匹。"得旨:"好,可见汝留心地方,勉力为之。"(《清高宗纯皇帝实录卷之一六九》)

○乾隆七年壬戌九月丁巳朔○又谕:"出场马匹,原定以不拘八九月,惟看时令之燠寒,再行解送。今秋天气尚热,值草秀之时。正宜牧放马匹。俾得肥壮,乃伊等即行解送,殊属过早。嗣后出青之马,务令饱饫丰草。俟实应解京之时,详报该部查核。俟覆准到日,再行解京。并交察哈尔左翼总管,于每年入场时,将天气之燠寒、霜降之早晚,随时报部。以便查核。"

○戊午,工部议准直隶总督高斌疏称:"宣化府西门里面瓮城墙一段,同东南西北四面城墙,累年被雨渗坏。边关重地,应动帑修理。"从之。

注:宣化城在清代的首次大修。

○壬戌,兵部议准直隶总督高斌疏称:"直省所裁民壮九百六十八名,于各标镇营分别派定。在兵丁子弟内挑选精壮余丁,随营操演。每月每名给饷银五钱。遇营兵粮出,即于此内挑补。是余丁之设,仅为兵丁子弟起见。但查额兵缺出,原系先尽兵丁子弟顶补,兵丁果有壮健子弟,不患进身无阶。且现今所养余丁,俱系幼小孱弱。除宣化余丁一百六十名,已经另案改为守兵八十名。其余臣标并提标,马兰、正定二镇余丁,应请悉行裁汰。循照裁兵之例,按月给与养赡银两,俟拔补事故缺出,停其募补。"……从之。(《清高宗纯皇帝实录卷之一七四》)

○乾隆七年壬戌冬十月○己丑,工部议准署直隶总督史贻直奏称:"雕鹗堡城西关外,有山河一道,系赤城、龙门二县众山之水汇流而下,近因土淤沙积,每遇山水陡发,侵入堡门为害。应请挑挖河身,凿开山脚,在司库地粮银内支修。"从之。(《清高宗纯皇帝实录卷之一七六》)

○乾隆七年壬戌十二月○庚寅,户部议覆:"正黄旗蒙古都统瑚琳等奏称:'察哈尔官兵之妻寡妇,应否支给半俸半饷,须议定章程。'应如所请,照八旗官兵寡妇之例,支给周年一半俸饷,即行文察哈尔总管遵照办理。"从之。(《清高宗纯皇帝实录卷之一八○》)

○乾隆七年壬戌十二月○己酉,和亲王弘昼等议准镶红旗蒙古副都统前任察哈尔总管那兰保奏称:"嗣后察哈尔游牧世袭佐领官员,俱照京城世袭佐领官员之例,承袭有分者列入家谱,承袭无分者无庸列入。"从之。(《清高宗纯皇帝实录卷之一八一》)

公元1743年

○乾隆八年癸亥春正月○己未,定边左副将军额驸策凌奏:"准噶尔投诚人等,其携眷来者,例发察哈尔安插。嗣因人众改发内地,其妇女婴孩,多未出痘,于内地不宜。请改发东三省凉爽之地,下军机大臣议。寻议,盛京诸处,现清查无业游民,不便令准噶尔人混处。黑龙江所属接壤俄罗斯又近北路,亦不便。应发宁古塔安插。"从之。(《清高宗纯皇帝实录卷之一八二》)

○乾隆八年癸亥三月○戊午,户部议准署直隶总督史贻直疏称:"直属各州、县驿站缺额工料,乾隆八年春夏二季,应需九折银一万四千六百两零。若照例俟乾隆八年开征后给发,司驿各官无力垫办。请将春季工料,于司库乾隆七年地粮银内动支。夏季工料,于乾隆八年地粮裁站银内动支。涿州、良乡、通州、三河、安肃五属,每岁地亩圈退无定,征粮未有确数,请照各州县摊丁额数题拨。榆林、土木、鸡鸣、宣化、怀安、万全、长安、雕鹗、云州、赤城十驿,曾于乾隆七年奉裁浮夫,请除裁夫数目题拨。"从之。(《清高宗纯皇帝实录卷之一八六》)

○乾隆八年癸亥五月○戊申,以直隶宣化镇总兵李质粹为广西提督。降广西提督谭行义为直隶宣化镇总兵。(《清高宗纯皇帝实录卷之一九三》)

○乾隆八年癸亥秋七月○辛卯,调广西左江镇总兵丁士杰为直隶宣化镇总兵。(《清高宗纯皇帝实录卷之一九六》)

○乾隆八年癸亥冬十月○丁巳,以直隶宣化镇总兵丁士杰为贵州提督,通州协副将萧良金为宣化镇总兵。(《清高宗纯皇帝实录卷之二〇二》)

○乾隆八年癸亥十一月○乙巳,大学士鄂尔泰等议覆:"直隶总督高斌奏称:'永定河上游为桑干河,发源山西境内,绵长八百余里。多开渠道,可以灌溉。前经大同、西宁等县居民,捐地开浚未成,尚留渠口旧迹。乾隆六年,该处士民又呈请借帑兴工,经署督臣史贻直遣员查勘,事属可行,移交到臣。臣念兴修水利,不特有裨民田,亦可减泄永定水势。应请于桑干河南北两岸,各开渠一道。北岸自山西大同之西堰头村黑石嘴起，至直隶西宁之辛其村止，计长四十六里。南岸自大同之册田村起，至西宁之揣骨疃止。计长五十八里。渠尾俱归桑干正河。北岸地势衍顺，应先施工。俟有成效，再行估挑南岸。又山西应州境内之浑源河，发源浑源州，汇归桑干。亦可开渠灌田，应俟两岸渠成，再商办理。至永定涨发之时，湍流奔注，最称险急。若于宣化境内之黑龙湾、怀来境内之和合堡、宛平境内之沿河口三处建筑玲珑石坝，以束其势，则下游水患可减。亦应先将和合堡筑坝，俟试行有效，再于黑龙湾二处兴工。所需工料各银，请即动项速办。俟营田成熟后，按亩均摊归款。'查开渠既有裨于河道民生，应如所请。惟永定水势汹涌，若于下流层层拦筑，水大之年，上游不无阻遏。应令该督详慎办理。"从之。

○丙午，又谕军机大臣等曰："大学士鄂尔泰等所议开浚永定河上流一折，内云永定河摊泥挟沙，水势汹涌。若于和合堡等处建筑玲珑石坝。恐水大之年，下流层层拦筑，上游不无阻遏壅淤之虞。应令该督酌度形势，详慎办理。所议甚是。高斌原奏或有所见，未能透彻言之耶？抑或其中尚有另须筹画之处耶？尔等可寄信询问之，令其详悉具奏。"寻高斌覆奏："永定上游，酌建三处石坝。一在宣化县之黑龙湾，一在怀来县之和合堡，一在宛平县之沿河口。桑干河自西宁石匣村，入山十八里。至黑龙湾，又一百八十里。至和合堡，又四十里。至沿河口，又一百三十里，抵石景山。自和合堡以下一百七十里，皆两山夹束。桑干并洋河等水汇此，势等建瓴。臣拟于和合堡先建玲珑石坝一处，以勒其直注之势，则下游之患可减。至坝上山势陡峻，坝身止高五尺，遇汛涨时，水即漫坝而过。此玲珑坝之设，止于迅流中稍加节制，实不至有阻遏之虞。水路虽经截顿，然在山间喷薄，冲刷泥沙，亦不至有壅淤之患，谨将道里情形备细陈明。"得旨："览奏始悉矣。"(《清高宗纯皇帝实录卷之二〇五》)

公元1744年

○乾隆九年甲子二月○甲戌,调……直隶宣化镇总兵萧良金为河南南阳镇总兵。以直隶蓟州协副将高琦为直隶宣化镇总兵。

○丁丑,谕:"山海关、喜峰口、冷口、罗文峪、张家口等处增设驻防兵丁内,有在京时借过库银,及指钱粮制造盔甲器械者。此皆应行坐扣之项,但伊等初到,服习未定,若于每月所得钱粮内再行坐扣,伊等未免拮据。此项坐扣未完银两,俱着加恩豁免,停其坐扣。"该部知道。(《清高宗纯皇帝实录卷之二一一》)

○乾隆九年甲子三月○庚辰,户部议覆:"直隶总督高斌奏称京城豆价日昂。原议以保安、宣化、万全三州县存贮屯豆,运京平粜。应及时运贮附近仓厫,分发八旗官局。"得旨:"依议速行。"

○癸未,调江西南昌镇总兵李如柏为直隶宣化镇总兵,直隶宣化镇总兵高琦为江西南昌镇总兵。

○丁亥,谕军机大臣等:"江西南昌总兵官李如柏来京陛见,朕看其人材壮健,亦尚明白,是以调用宣化总兵官。但尹继善前曾奏其不宜边地,想伊自有所见,可寄信询问之,令其据实覆奏。"

○己丑,御史胡定等参奏:"直隶宣化镇总兵李如柏不应为失节之母妄请封典。"得旨:"李如柏之母既系改嫁之妇,实不应受诰封之荣。朕从来披阅诸臣章奏,无不详览细绎,择其当否而审行之。昨李如柏具折时,适因望雨心烦,开折见其有请恩貤封之语,遂降照所请行之旨,而其折实未详阅。若知其改嫁之事,亦断不允所奏也。此朕一时疏略之失。胡定、章佑昌如此陈奏,甚属可嘉。李如柏之母不必给与诰封,李如柏亦不必交部议处。"(《清高宗纯皇帝实录卷之二一二》)

○乾隆九年甲子四月○庚申，大学士鄂尔泰等议覆："兵部侍郎雅尔图奏称，直隶民食首重高粱粟米，其次则春麦莜麦。今春雨愆期，已失其一。倘再弥月不雨，则高粱粟米，又属难期。莜麦一项，实为至急。请于豫东二省及奉天地方采买备贮。万一大秋不能播种，即借给莜麦，于五六两月广种，亦可佐数月民食。查莜麦堪佐民食，播种可以稍迟。倘雨泽稍缓，五六月间尚可种。豫备籽种，借给民间，自属有济。但所称豫东购买，东省亦有歉收地方。应请交与总督高斌，令查明直属有无籽种。倘有不敷，则委员于河南、奉天等处采买，分发存贮。如秋成有望，仍可变价还项。倘秋禾难种，即借给种植。"又议："雅尔图奏称，直隶春雨愆期，麦收既失。倘大秋复难播种，民食何赖？请敕直督，早委干员分往湖广、江西、江南三省。不拘米麦豆谷，采买四十万石，运至直属，分发收贮。再豫省彰、卫二府，水路可通直隶。该处今岁二麦丰收，亦应委员酌量赴买，以凑赈用。查先经直督高斌奏报，通省存仓米谷及截留之项，共二百一十余万石。今除大名、宣化雨泽已降外，其余各处，俱须豫筹。恐前项米谷不敷，皇上念切痌瘝，不惜帑金赈恤，则先事豫防，自应再加购买。但查江南地方民众，所产米谷，祗足供本地民食。况歉收后偶遇有秋，亦未必能接济他省。其湖广、江西二省，距直隶辽远。现虽据总督阿尔赛奏称，两湖地方米价平减，二麦茂盛。巡抚塞楞额奏称，该省麦苗茂盛，米价亦平。而收成分数，尚难豫定。恐委员往购，转致商贾居奇，彼处或有未便。至河南与直隶接壤，彰、卫二府，水路可通。如果该处二麦丰登，自当酌量买贮。应请将雅尔图所奏，密交直督高斌。斟酌本地情形，应如何豫筹，并湖广、江西二省，可否采买之处，详细计议，奏闻办理。"谕曰："雅尔图所奏直隶备荒二折，及大学士等所议奏帖二件，可俱发与高斌阅看。从来办事之道，贵乎得中。凡身在事外，常不察其事之究竟，而先期张大其词，启人心之希冀，固属太过。而身在事中者，或稍观望迟回，以致临时急迫，此又不及之病也。高斌之意，以地方灾尚未形,此时当务镇静,并非视为缓图。朕亦深知之。然麦秋既已失望,万一大田再不能布种,则办理甚为棘手。未雨绸缪之策,所当悉心豫筹者。而高斌此时则尚未有成算,可寄信问之。至于委员前往河南、奉天采买之处,亦询问高斌。此时尚可无需,亦不必。如果必需,即行具奏。朕思直隶官员,现有查灾散赈修工等事,难以兼办采买。俟高斌具奏到日,朕降旨令河南巡抚硕色、奉天将军额尔图委员采办,运送直隶交纳,似更便益。可将此一并询问之。若彼直隶官自能办此,则不必。"寻奏覆:"直属除大名一府雨泽沾足,宣化、永平、广平次之,顺德又次之,正定府及赵州雨尚未足。至顺天、保定二府及定州属,二麦歉收。而上年被灾之河间、天津、深、冀等属,旱象尤觉可虑。备荒之策,多储为先。今岁河南、河北一带,及直隶大名府,俱丰收可期。河南彰、卫二府,与大名水路可通。若委员采买,运贮灾区,实为有益。臣拟先拨司库银十万两,遴员前往。不拘定数,察看市集情形,如可多得,即添银购办。至目下差委办事之员,现足敷用。虽河南邻省,办运之事均属办公,究不如就臣所素知之属员易于策励。至荞麦籽种,所需不至甚多,即河西务等处水路马头地方,粜卖市集尚多,易于购办。届期谨先豫备,此时无庸赴河南奉天采买。"得旨:"知道了。"(《清高宗纯皇帝实录卷之二一四》)

○乾隆九年甲子四月○癸亥,谕曰:"三陵事件,最关紧要。五十四自补授总管内务府大臣以来,并未实心经理一事。前在张家口游牧总管及军台总管任内,藉称患病来京。亦毫无效力之处,为人亦不安分。着解任来京候旨,所遗员缺,着巴图补授,令其总理三陵事务。其热河总管员缺,着盛京包衣佐领七十补授。"(《清高宗纯皇帝实录卷之二一五》)

○乾隆九年甲子秋七月○乙酉,直隶总督高斌疏报:"据布政使沈起元详称,……赤城、延庆、万全……等一百五州、县、卫、厅,今春雨泽愆期，间被冰雹，二麦歉收。再东安、迁安、抚宁、唐县、定兴、河间、灵寿、延庆、怀安、西宁、蔚州、怀来等州、县，四、五、六等月，被雹伤禾。业经借给籽种，俟秋收后确勘分数，另行题明。"得旨："该部速议具奏。"寻议："应如该督所请办理，秋获后将收成分数另题，并将借给籽种数目咨部。"得旨："依议速行。"

○己丑，直隶总督高斌疏报："开垦顺天、保定、易州、永平、河间、天津、正定、顺德、宣化各府、州属，水旱荒地一百十四顷五十八亩有奇。"（《清高宗纯皇帝实录卷之二二〇》）

○乾隆九年甲子九月○丁酉，刑部议覆："直隶总督高斌奏称，龙门旗人穆延太图财害命，应依律斩决。查穆延太祖父系出兵阵亡，可否照例减等发落？"得旨："例内凡祖父出兵阵亡，其子孙准免死一次者，原系国家酬功之意。其有因公事获罪致死者，自应照例宽免。今穆延太图财害命，非因公事获罪。其祖父军功，与被杀之人何干？若仅以枷责完结，既不足以蔽其辜，且将使不肖之子孙有所恃，以肆恶矣。穆延太着改为应斩监候，秋后处决。余依议。"（《清高宗纯皇帝实录卷之二二五》）

○乾隆九年甲子十月○是月，直隶总督高斌奏："勘估昌平州、居庸关、居庸上关、八达岭、南口、沙河、巩华城、三河、蓟州、玉田、丰润、卢龙、抚宁十二处城工，应行修理。"得旨："去年经过三河，看来尚属整齐，岂即有坍塌？此城有保固否，查明再奏。余依议修理。"寻奏："遵旨查明三河县城垣，雍正五年原未全修，乾隆三年亦祇将坍塌工段修整，俱满三年保固例限。此次估修工段，系从前未修之处。"得旨："知道了，三河仍照议修理可也。"（《清高宗纯皇帝实录卷之二二七》）

○乾隆九年甲子十一月○甲申，谕曰："山东布政使乔学尹，着来京候旨。其布政使员缺，着按察使图尔炳阿补授。其按察使印务，着直

隶口北道王芥园前往署理。口北道员缺,着吴炜补授。"(《清高宗纯皇帝实录卷之二二八》)

〇乾隆九年甲子十一月〇壬寅,又谕:"新授直隶口北道吴炜,尔在工部做官甚好,在御史任内亦无不好之处,所以用尔。尔曾因水利奏过高斌,但高斌是正气人,断不存此意见。若存此意见,亦不成其为高斌了。朕亦断不将尔放在直隶去矣。尔即将此旨下与高斌知之。尔亦不可因此与之抵牾。若效谢济世之与许容,便是尔有不是之处。尔在言官,则尽言官之职;在下属,则尽下属之道,方于地方有益。倘地方有水旱之灾,最宜实心体恤,无负朕爱民之至意。"寻据直隶总督高斌覆奏:"吴炜前在御史任内,陈奏河务,乃其本职。此时即蒙恩谕,并不敢稍以为嫌。今吴炜补授直隶巡道,为臣属员,若犹存芥蒂,则褊衷私意。不但有累身心,亦且自滋愆咎。仰蒙俯鉴微衷,实深感激,合行奏覆。"得旨:"彼甚疑惧,故有此谕也。"(《清高宗纯皇帝实录卷之二二九》)

〇乾隆九年甲子十二月〇辛未,直隶总督高斌奏:"访得奉天锦县越狱盗犯宋义、南皮县越狱盗犯孙三黑,俱逃往口外敖汉地方。仰恳降旨密交敖汉台吉等,密行缉拏。"得旨:"知道了,若谕部缉拏,恐其闻风远扬,有密旨谕敖汉王、贝勒矣。"寻谕军机大臣等:"据高斌奏称,越狱盗犯宋义、孙三黑,现今访闻俱逃往口外敖汉地方等语,朕已降旨交敖汉王、贝勒等,密行严查务获。但思此等凶恶之人,行踪诡诈。高斌不可因已经奉旨交与敖汉王等,而直隶地方遂不留心捕缉。可寄信与高斌,直隶所属及八沟一带与敖汉相通之处,可密令文武官弁留心察访,不可疏忽。至令兔脱。"

〇是月,直隶总督高斌奏各属粮价。得旨:"今秋如此有收,而米价究未大减。是何也?"〇又奏:"遵旨条对教养实效。查直隶地方,民风本属淳朴,尚可为施教之地。而室家素鲜盖藏,未能裕生养之资。伏思政治得人为要,而州、县于民最亲。果使有司存爱民之心,百姓皆信有司之教。化导休养,可渐而几。州、县中居官行事,能近此者,臣皆略其所短,督率训勉,以期相与有成。至于端士习、崇经学、重农功、勤树植、实仓储,以及兴修河渠淀泊之水利,抚恤鳏寡孤独之穷民,遵照历年奉到谕旨,暨议行条奏办理。惟有矢竭愚诚,实心实力,以副皇上抚育万方、牖迪群伦之至意。"得旨:"所奏俱悉,实力行之可也。"○又奏:"修理直隶城垣,请将密云、石匣、怀来三处列为要工,东安、永清、固安、涿州、定兴、新城、雄县七处,列为缓工,分别估需动支,派员领办承修。"得旨:"皆准兴修。拱极城亦应略为修补。"(《清高宗纯皇帝实录卷之二三一》)

公元1745年

○乾隆十年乙丑三月○丁丑,户部议准直隶总督高斌疏称:"直省广昌营都司,向支马粮四分,守粮六分。今该营兵丁如数补足,请照马步各半例支食。"从之。(《清高宗纯皇帝实录卷之二三六》)

○乾隆十年乙丑三月○辛卯,谕:"朕今年木兰行围,由多伦诺尔进张家口回京,程途较远,与往年不同。所有此次扈从之侍卫、章京、官员、兵丁、拜唐阿等,着仍照初次行围之例,特加恩赏。"

○壬辰,大学士等议覆:"詹事李绂奏:'八旗丁口不得食饷者多,而畿辅五百里内,皆旗人所得居住。请自巡捕三营、督提二标、天津、宣化、马兰、易州等镇所辖马步兵,遇绿旗缺出,将附近旗丁顶补。补至十名,设一领催。五十名设一骁骑校。三百名设一防守尉。'查驻防与绿旗,营制本属不同。但旗人所资养赡,惟在钱粮一项。而绿旗兵额,系汉军旗分者本少,自宜酌为变通。除直隶督提各标营分防散处、毋庸顶补外,应如所请,嗣后巡捕三营民人兵丁,每出二缺,令汉军壮丁、兵丁子弟另记档案,开户人等,四项间补。此内如系汉军所出缺,仍以汉军壮丁充补。马兰、泰宁二镇,令该督提将附近各标营按照兵额多寡,酌量分别若干缺,令二镇兵丁,遇缺间补。凡调补及别项缺出,亦照巡捕三营办理。其应补兵缺之汉军壮丁,兵部行文该旗,选年力壮健、弓马熟习者送部。俟该镇报有十缺,照旗分派员送往。每名给盘费银十两,其无营房者,每名给价,盖房二间,均于八旗公产地价内动支。至此项改补绿旗兵缺,俱有提镇将弁管辖,无庸添设领催、骁骑校、防守尉。"从之。

○丁酉,豁直隶蔚县贾家湾乾隆九年水冲地赋。(《清高宗纯皇帝实录卷之二三七》)

○乾隆十年乙丑四月○丁卯,军机大臣等奏:"军营随将军印务察哈尔兵一百名,向例三年期满,经臣等议准,改为五年更换一次。今春额驸策凌到京,臣等向商现今军营无事,所有兵丁有无应行裁减。兹据额驸策凌议称,随印察哈尔兵一百名,现于本年七月内期满。应将此项兵撤回本处,不必另派更替。其需用随印兵,即于喀尔喀兵内拣选应用,似属可行。"从之。(《清高宗纯皇帝实录卷之二三九》)

○乾隆十年乙丑五月○丙戌,刑部等部议覆:"护理山西巡抚布政使陶正中疏称,大、朔理事通判承审察哈尔蒙古人民交涉案件,请仍旧例一折,应如所请。大朔理事通判承审交涉事件,仍由大同、朔平二府核转完结,毋庸呈报归绥道。又称蒙古交涉命案,嗣后命该卫所按照旗界,带领件作,会同该管理事官相验。承审时,仍令原验之理事官会同该通判审拟。又嗣后各旗自行拏获窃案,罪止杖责者,令该通判一面审结,一面通详存案。其徒罪以上,审得实情,先通报,再拟结。至命盗重案,例应监禁者,应查明收禁。"从之。(《清高宗纯皇帝实录卷之二四〇》)

○乾隆十年乙丑五月○辛卯，谕："朕此次巡幸多伦诺尔，察哈尔八旗总管及马厂太仆寺总管等，沿途扈从预备差务，均自备马匹器具，不无需费。着加恩各赏俸半年，并着照随围官员例，豫支秋季俸银。察哈尔副总管等，除留该游牧办事外，其随同总管前来者，亦着一体加恩赏给。"（《清高宗纯皇帝实录卷之二四一》）

○乾隆十年乙丑六月壬寅朔○谕："朕巡幸木兰及多伦诺尔，于七月二十二日起銮，一切应行豫备事宜，着交各该处豫先备办。"

○己酉，兵部议覆："直隶提督保祝奏请将天津、正定两镇左营游击守备、宣化镇中军游击守备、马兰镇左营游击、天津城守营都司、通州协左、右两营都司守备，并提标所辖之山海关都司、唐三营守备等一十二缺，及提标之中营参将守备二缺，均各改为题补等语。查马兰镇左营游击，系守护陵寝重地。提标中营参将、宣化镇中营游击、唐三营游击，均系沿边紧要，应如该提督所请，改为题缺，余应毋庸议。"从之。

○丙辰，直隶总督高斌疏报："顺天、永平、保定、天津、正定、宣化等府属，雍正十二年开垦旱荒成熟地亩，实在升科地九十五顷二十七亩有奇。"（《清高宗纯皇帝实录卷之二四二》）

○乾隆十年乙丑六月○戊午，谕军机大臣等："直隶宣府所属地方及古北口一带，今年夏月雨水短少，收成歉薄，恐民间不无乏食之虑。且朕出口经过之地，亦复需用米粮。可寄信与高斌，于昨所留天津北仓之漕粮内，动拨十数万石，运至密云、宣府、古北等处，亦是接济之一策。其运至密云等处，尚有河路可通。若宣府、古北等处，如何运往，并收贮何仓？若或天津所留尚虑不足，即于到通未入仓米石内，酌拨十数万石亦可。着高斌悉心筹画，即行定议具奏。"（《清高宗纯皇帝实录卷之二四三》）

○乾隆十年乙丑秋七月○癸酉，谕军机大臣等："直隶地方今年雨泽不匀，有得雨沾足之州、县，亦有未能沾足之州、县。今八月开征之期将届，可寄信与高斌，令其悉心体察。或有雨少歉收、应行缓征者，一一确查，分别奏闻，候朕降旨。若将来有成灾应行蠲免之处，亦陆续奏闻请旨。"寻奏："直属文安等一百一十二州、县、卫、厅，夏麦被旱、被雹情形，前经奏报在案。至各处秋禾，除顺天府之东西南三路同知，并永平、保定二府，及遵、易、定三州所属各州、县，俱经得雨透足，可望有秋，毋庸置议外，其宛平、大兴、昌平、通州、……宣化、延庆、保安、怀安、西宁、蔚州、蔚县、赤城、龙门、怀来……等七十州、县，延庆卫、热河、喀喇河屯、八沟、四旗、张家口等五厅，有六月内未经得雨者，亦有得雨未能透足者。虽经补种晚禾，恐收成不无歉薄。内除景州、故城、阜城、交河、吴桥、东光、庆云、盐山、沧州、南皮、武邑、武强等十二州、县，俱系乾隆八年被灾最重之区。所有本年应征钱粮，业于上年奉旨缓征外，其余六十四州、县、卫、厅，当八月开征之期，亦应暂行缓征。俟秋后勘明是否成灾，将应行蠲免之处，陆续奏闻，分别办理。"……得旨："所奏俱悉，如所议行。"

○乙亥，兵部尚书班第等奏："各处驻防官兵，原为防卫地方而设。至山海关、热河、古北口、张家口、天津、小八城等处，又因沿边关隘重地，是以添驻满兵。该管各员自应加意整饬。今一年之内，各处报逃之案，竟有二百五十余起之多。查定例旗兵潜逃，一年自首者免罪。各该驻防处，于该犯销逃之后，因披甲已经补人。又为咨报该旗，循例留京。以致不肖之徒，竟藉潜逃为留京之计。请饬各省驻防将军、都统、副都统及城守尉、防守尉、总管、副总管等，严加约束。如有逃犯，虽准自首免罪，仍即发回原处当差，不准留京。再各处逃兵，该管官无失察处分，未足示儆。请嗣后失察逃兵之佐领、防御、骁骑校等，照绿旗营兵私逃，专管官失察之例，罚俸一年。其协领、参领、城守尉、防守尉、总管、副总管等，照兼辖官失察之例，罚俸六个月。"得旨："所奏是，依议。"（《清高

宗纯皇帝实录卷之二四四》）

○乾隆十年乙丑七月○丙戌，户部议准升任直隶总督高斌疏称："直属……延庆、宣化、万全、龙门、怀来、冀州，并所属之……涞水、广昌、遵化州，并所属之丰润、玉田；又延庆卫、热河、喀喇河屯等一百一十二州、县、卫、厅，因春夏雨泽愆期，二麦被旱歉收，兼有被雹伤损者，俱经酌借籽种口粮，并令及时布种秋禾。其应否加赈蠲免，俟秋获时勘明，分数办理。"得旨："依议速行。"

○壬辰，谕："乾隆八年朕恭谒祖陵，经过之州、县，蠲免钱粮十分之三。今年直隶地方，间有雨泽未能沾足之处，前已降旨缓征。此次出口行围，所有经过地方，不令丝毫扰累。但安营除道，未免有资民力。朕心轸念，着将近京一带及宣府等处车驾经由之州、县，本年应征额赋，蠲免十分之四。其如何分晰办理之处，着总督那苏图速行酌量筹办，并将朕谕宣谕官民等知之。"寻奏："直属宛平、大兴、昌平、顺义、怀柔、密云、热河、喀喇河屯、四旗、多伦诺尔、独石、张家等口；万全、宣化、保安、怀来、延庆州、延庆卫等州、县、卫、厅，俱系行围经过地方，查各处安营除道，均属阖境轮拨。其额征银两、米豆、草束、榛栗等项，亦应阖邑摊免十分之四。并照例将入官旗地余绝地亩租银，同额赋一体蠲免。"得旨："所奏俱悉。"

○乙未，又谕："畿辅未得透雨之州、县，将来如果成灾，应如何接济之处，前已传谕高斌，令其会同在京总理事务王、大学士，与那苏图豫行定议。今朕出口，路经密云、古北一带，殊觉天时亢旱，恐致成灾。其接济之方，亟应筹画。可即寄信大学士张廷玉、讷亲，会同二王及尚书高斌、总督那苏图，速行妥议。将运至密云、古北口粮石，即行酌量情形，或借、或赈、或平粜。一面办理，一面奏闻。如此时那苏图已经赴任，即行寄信会商，务俾近边贫民不致失所。宣府一带，亦应筹及。"

○丙申，又议奏："京仓现存黑豆，除应给各处驼马牛鹿需用外，止余三万余石。目今直属,虽节次得雨,而豆田恐有歉收,自应豫筹。但远赴豫、东二省及奉天等处采买,未免烦费。查宣化府属现存屯豆十一二万石,若运至京师,以资动拨平粜,较为便易。"得旨:"依议。既有余豆,可于宣府,兼宣、顺适中之地,豫行平粜数千石,则回銮时,众不苦刍秣之需矣。亦行令那苏图妥办。"

〇己亥,谕军机大臣等:"宣化一带未得透雨,朕心轸念。前已降旨,令王、大学士等寄信与那苏图,豫为筹画。不知近日得雨与否,可寄信询问,令其将目下情形,及如何办理之处,即速具折奏闻。"(《清高宗纯皇帝实录卷之二四五》)

〇乾隆十年乙丑八月〇乙巳,总理事务王大臣等议奏:"密云、古北一带,应行借粜赈恤事宜。前奉谕旨,令臣等咨商督臣那苏图公同酌议,复谕议定后,即交保祝就近办理。今那苏图与臣等会同定议,如果密云、古北二处秋收歉薄,自应筹办赈恤。现在旱象已成,请将该处运到漕粮一万五千余石,先行平粜。俾米价不至加增,其口外四旗通判所属,及喀喇河屯等处常平仓贮,并内务府仓粮,共有一万二千余石,亦应酌拨平粜。如贫民无力籴买者,量行酌给。于明岁麦熟后,收补还仓。兵丁无力者,一体借支,于月饷内扣还。其应作何借粜之处,即交提臣保祝相度办理。至宣化府属各州、县,现存仓粮二十万余石,亦令照例速办。"……得旨:"依议,宣化一带,着开泰前往董率妥办。"

〇己酉,兵部侍郎开泰奏:"宣化一带借粜事宜,命臣前往办理,臣惟有董率地方各员,悉心妥办,俾灾民均沾实惠。"得旨:"知道了。查灾一事,固不可冒滥,以启愚民侥幸之念。而此次所以遣汝者,则因銮舆必经之路,或有荒凉气象,汝应外不露此意,而内则亟为调停。且不可即言查赈,但云奉旨遣来查道,或云平粜可耳。再者回銮之时,若有愚民希恩告赈,此则大不可行之事,汝应密为留心。凡此所谕,汝俟那苏图到时,告彼知之。一切汝二人同办。"(《清高宗纯皇帝实录卷之二四六》)

○乾隆十年乙丑八月○丙辰，兵部侍郎开泰奏："宣化府属被灾各州、县，现在督臣委员确勘，陆续散赈。但该处向例相沿，既行散赈，则平粜稍缓。查宣属山僻，且被灾较重，若拘泥缓粜之说，恐米价渐增。臣酌令地方官查明曾开粜之处。如米价犹昂，不必速议停止。其未开粜者，即量行出粜，以平市价。"得旨："所奏俱悉。"

○丙寅，谕曰："三旗牧厂，盈余牛九十九只，羊七千二百七十八只。商都达卜逊诺尔牧厂，盈余马三百四十一匹。着赏给随围之王公、大臣、官员、兵丁、太监，并蒙古王、额驸、台吉，及察哈尔官员、兵丁等。其如何赏给之处，交总理行营事务王大臣酌量办理。"

○丁卯，又谕："此次察哈尔八旗在围执事之官员、兵丁等，应如何赏赉之处，着交总理行营事务王大臣等议奏。"寻奏："自张家口至库尔奇呼等处，蒙古台站虽调用张家口、独石口二处驿马，而察哈尔镶黄旗亦派有官员兵丁等看守马匹，传递文报。请赏官员等彭缎各一疋，兵丁等毛青布各二疋。"从之。○又谕："朕至宣化，将阅镇标官兵。着公哈达哈、尚书班第先期前往，豫备办理。"

○是月，直隶总督那苏图奏："直属被旱各州县业经节次得雨者，秋禾可望有收。惟宣化、万全、龙门、怀来、西宁、怀安、延庆、保安等八州、县及延庆卫，已成偏灾。现饬该管道府查办赈恤。"得旨："所奏俱悉。宣化一带，朕令开泰前往平粜。卿应办事件俟有头绪，亦可前往就近查办，更妥。"○又奏："直隶被旱成灾各属，除宣化等八州、县、延庆卫外，又有庆云、赞皇、威县、故城、临城、高邑等六县。臣现将赈借事宜，豫为筹酌。拟于本月二十日，前赴张家口接驾，沿途查勘情形，并与开泰面商赈恤诸务。"得旨："所奏俱悉。开泰奏折中，曾批谕查办之法。卿其询彼，一同妥办。"○又奏："本年被灾各属，除宣化等十四州、县及延庆卫外，其昌平、密云、三河、献县、盐山、沧州、巨鹿、蔚州、蔚县、赤城，亦续报有成灾村庄。一切赈恤粜借，及蠲缓各事宜，俱遵照原议，分

别轻重办理。"得旨："所奏俱悉。"(《清高宗纯皇帝实录卷之二四七》)

○乾隆十年乙丑九月庚午朔○总理事务王、大臣等奏："前月二十七日,京师得雨沾透,晚田可望有收,秋麦亦乘时插种。现在米豆价值,渐次平减。"得旨："欣悦览之。朕恭奉皇太后已至多伦诺尔,仰蒙上天慈佑,一路清吉平安,夜雨朝晴,诸凡妥适。览众蒙古之奔走输诚,知我列祖之贻谋孔厚。今已回銮,于二十四日至圆明园。宣化府属虽被旱,朕命那苏图等加意抚恤。古所云'游豫休助'者,虽不敢当;然比之晏处深宫,祗令有司料理者,所益谅不浅也。其令在京王大臣等知之。"○军机大臣等议奏："准噶尔投诚之厄鲁特回子等,安插各处,赏置产等项银。又作为额外护军披甲,支给钱粮。原因伊等边远来投,加恩格外。伊等身故后,所出额外护军等缺,若再挑取伊等子孙顶补,未免过优。查安插各处之厄鲁特回子等,俱系归入旗分佐领之人。嗣后除照例赏置产银外,如本身已故,出有额外护军等缺,即照理藩院所办,选伊子息内汉仗可观、堪供差遣者,该管大臣酌挑本旗佐领下额缺,不准挑补额外护军披甲。即有子息幼小,不能料理产业者,未长成以前,该管大臣派人照管,令足资养赡。再此后投诚之人,奉旨赏给额外护军披甲者,钱粮减半支给。仍令该管大臣不时稽查,毋致妄费。"从之。

○辛未,兵部侍郎开泰奏："宣属万全等县,复有续被霜雹之处。现经督臣那苏图委员查勘,分别办理。再万全、宣化、怀来、延庆四州、县,皆系回銮时经过地方。恐米谷草豆随营买者既多,或致市价过昂。臣与督臣酌量情形,豫为妥办。"得旨："览。"○是日,上行围于多伦鄂博图。驻跸。

○壬申,谕："从前圣祖巡幸路经昌平,曾遣官致祭明陵。此次进口路过昌平,应如何遣官致祭之处,着该部查例具奏。"寻议："遣大臣各一人,前往明代十二陵致祭。"

○甲戌,上驻跸乌兰诺尔。

○乙亥，又谕："此次入哨，自围场至张家口安设台站，俱用独石口、张家口两处驿站官员所管马匹。伊等俱各早为豫备，驰递本报无误，办理甚属妥协。所有管理独石口驿站郎中阿拉卜坦、张家口驿站员外郎长兴，俱着以应升之缺记名。"○是日，上行围于扎玛克图，驻跸。

○丙子，是日，上行围于陁尔呼，驻跸。

○丁丑，是日驻跸济尔噶朗图他拉，翌日亦如之。

○戊寅，谕军机大臣等："朕闻张家口以内一带地方，草束短少，其价昂贵。此次回銮经过，随从人众，价必倍昂。可寄信那苏图，令其速委干员，于草束丰裕之所，筹酌运往，俾官兵人等，易于购买。再柴薪亦所必需，凡驻跸之处，并着多为运贮，以备买用。"

○己卯，上驻跸哈木呼诺尔。

○庚辰，户部议准直隶总督那苏图奏称："直属被旱之七十六州、县、卫、厅，现据各属分别详报，内惟故城、庆云、赞皇、临城、高邑、威县、宣化、延庆、保安、怀安、西宁、万全、龙门、怀来等十四州、县及延庆卫，灾象已成。臣酌办赈恤事宜，请将被灾户口，先行急赈一月，再查极次贫民，分别加赈。即动支各处仓粮，及派拨领运米石。如有不敷，再在邻近州、县拨给。至宣化府属仓贮不足济用，其加赈请兼用银谷米，并令各属酌借贫民麦种工本，以资播种。有应蠲应缓钱粮，勘明分数题请。其被灾旗户，令地方官会同旗庄官查勘，一例赈济。再续报被雹、被水、被霜各州县已经成灾者，均照例查办。"得旨："依议速行。"○是日，驻跸十八里台。

○辛巳，上驻跸陁赉庙。

○壬午，赐张家口副将以下各官及兵丁等银币有差。○是日驻跸下堡。

○癸未，是日驻跸宣化府，翌日亦如之。

○甲申，上阅宣化镇兵，赐总兵以下各官兵等银币有差。(《清高宗纯皇帝实录卷之二四八》)

○乾隆十年乙丑九月○乙酉，谕："前因畿辅地方多缺雨之处，恐黑豆收成歉薄，不敷京师喂养马驼之用，曾降旨令在京总理王大臣等，豫为筹画。河南、山东，素称产豆之乡，或可就近拨济。续据覆奏无庸豫东拨运，宣化存贮豆石尽敷接济等语。今宣化一带已经被灾，此项豆石应留该处备用。况京师得雨之后，现在豆价未为昂贵。将来如有需用之处，另行酌拨，不必动用此项。"○又谕："今年宣化府所属夏秋缺雨，其成灾州、县，已据总督那苏图题明赈济四个月，至明年二月停止。今朕回銮经过，见该处被灾颇重。边地多寒，计来岁麦秋，尚在五六月内。恐停赈之后，小民未免乏食。其如何加赈之处，着该督留心豫为筹画，临时酌量情形，奏明办理。"○谕军机大臣等："七月内王、大臣等议拨宣化豆石一事，朕已允行。今该处现经成灾，且地方官亦以办运为难。后思此处现被灾，而反运豆于他处，亦非民情之愿，故降旨不必动用此项，但不知目下京师豆价如何。若价值尚平，无庸另为筹画。如豆价昂贵，必须接济。应如何令山东、河南拨运之处，王大臣等一面办理。一面奏闻。"○命察哈尔正蓝旗总管明德回京，以镶黄旗护军参领双柱为察哈尔正蓝旗总管。起原任副都统清保为镶黄旗护军参领。○是日驻跸下花园。

○丙戌，是日上行围于沙城，驻跸。

○丁亥，是日驻跸怀来县。

○戊子，谕："自十八里台站，留令在后行走之官兵等不必随赴汤泉。着统领大臣就近带领进京。"○是日驻跸岔道。

○己丑，是日驻跸薛山。

○庚寅，是日驻跸温泉，至壬辰皆如之。

○戊戌，赐宣化府城镇朔楼御书匾，曰"神京屏翰"。昌平州西门城楼御书匾，曰"重岩环拱"。（《清高宗纯皇帝实录卷之二四九》）

○乾隆十年乙丑冬十月○壬寅，直隶总督那苏图奏："……本年被灾较重之宣化、怀来、保安、延庆、怀安、西宁、赤城、龙门、蔚州、蔚县、万全,并延庆卫等十二州、县、卫,新旧钱粮,概行停缓。村庄被灾,复大势歉收之昌平、巨鹿、威县、临城、高邑、密云等六州、县,暨阖境被灾歉收之热河、喀喇河屯、张家口三厅所属地方,新旧钱粮,亦均请停缓。"……得旨:"那苏图所奏,直隶被灾各州、县、卫、厅,应将新旧钱粮缓征者,俱着照所请行。至……其不被灾村庄,例应开征。朕思彼地既有歉收之处,其邻近村庄谅亦难免拮据。着加恩将不被灾村庄应征旧粮,亦着缓征,以纾民力。"

○庚戌,谕:"今年直隶宣化所属等处被旱歉收,朕谕该督多方筹画,加意抚绥。目今赈务已有头绪,谅贫民不致失所。但恐宣化附近州、县所贮米谷,未必处处充裕,可以派拨济用。来岁青黄不接之时,或致米粮不敷。此时应当计及,着将通仓米拨五万石,听该督那苏图酌量分派,于缺米州、县存贮,以为备用。该部即遵谕行。"

○癸丑,兵部议覆:"青州将军伯钦拜奏称,山海关等处逃兵,该专管兼辖之员、部定罚俸例,应请酌量变通。查山海关、热河、古北口、张家口、天津、小八城等处,俱系沿边关隘。上年以来,逃兵过多。是以议令嗣后逃兵自首者免罪,发回原处当差。失察之佐领、防御、骁骑校,照绿旗营兵私逃例,罚俸一年。兼辖之协领、参领、城守尉、防守尉、总管、副总管等罚俸六个月。本年七月内,奉旨允行。今该将军以满洲官员,惟倚俸资生。与绿旗官员俸外尚有薪蔬等项者不同。请一年内兵丁逃至五名,将专管之佐领、防御、骁骑校,罚俸六个月。至十名,兼辖之协领罚俸六个月。至二十名,将军、副都统罚俸三个月,未免过宽。请嗣后逃兵自首者,销逃免罪,仍发原处当差。该管各官,均免查议。逃至三名者,失察之佐领、防御、骁骑校罚俸一年。至五名,协领、参领罚俸六个月。至十名,将军、副都统罚俸三个月。城守尉、总管、防守尉等,照协领例处分。并令各省驻防兵丁,均如此例办理。"从之。(《清高宗纯皇帝实录卷之二五〇》)

○乾隆十年乙丑十月○丙寅,兵部议覆镶黄旗察哈尔总管那兰泰参奏佐领伍什布分食属下钱粮:"查雍正六年,镶黄旗佐领双柱分食属下钱粮,经该旗参奏,停其分食。康熙五十一年,镶黄旗台吉楚鲁木分食属下钱粮,经该旗查奏,准其分食。旧案既属两歧,多寡又不画一,请敕下八旗王、大臣,将察哈尔佐领台吉等坐扣属下钱粮,或应援双柱、或应援楚鲁木之处,妥议请旨。至佐领伍什布分食属下钱粮,查自伊祖音济那原编佐领时即已分食,应免查议。但近年多扣至九十及一百余两不等,虽称属下愿帮,究属多扣。应将伍什布罚俸九月。"从之。

○是月,直隶总督那苏图奏:"宣化府城西门外连南北两角,飞沙积与城齐,应急刨去。刨平后,于旧沙堆边挑壕一道,外筑长堤,密种箕柳。沙可刷落,不至复堆城下。且宣化现在被灾,来春动工,于穷民有益。"得旨:"着照所请行,各属城垣,尚恐有似此者,徐徐留心办理可也。"(《清高宗纯皇帝实录卷之二五一》)

○乾隆十年乙丑十一月○庚午,赈贷直隶香河、三河、昌平、密云、延庆卫、……清河、宣化、万全、怀安、西宁、蔚州、蔚县、延庆州、赤城、龙门、怀来、保安、热河、张家口、独石口、喀喇河屯等四十八州、县、卫、厅旱灾军民。

○癸酉,谕军机大臣等:"朕闻京师豆价日昂,皆因赶运宣化米石,雇车甚多,车户畏避不前,商贩希少所致。昨询吴拜等,据称该督运限一万余石,已经运送,足资目前接济。其余米石,原备来岁青黄不接之用,可以陆续运往。朕已令吴拜等目下暂且缓运。可寄信那苏图,令其酌量该处情形,分别指示地方官,陆续办运。庶宣属米石,不致有误平粜。而派雇官车之累,亦可免除。"(《清高宗纯皇帝实录卷之二五二》)

○乾隆十年乙丑十一月○癸巳,谕:"宣属今岁被旱歉收地方,经朕降旨,加赈一月,闾阎尚不致失所。"○直隶总督那苏图奏:"宣化府属被灾州、县，除业经题明赈恤外，遵旨酌量情形，请于明年三月内，无论极次贫民，再加普赈一月。并将银、米、豆三项兼赈。"得旨："着照所请行。"该部知道。(《清高宗纯皇帝实录卷之二五三》)

公元1746年

○乾隆十一年丙寅二月○壬子，谕军机大臣等："上年直隶有被旱州、县，而宣属为尤甚。朕已令拨运豫、东二省麦粮二十万石，又截留尾帮漕米三十万石，又拨通仓米运往宣化五万石，以资赈粜。今思目前正当青黄不接之时，而闰月节气稍迟，去麦收较远。或尚有须为接济之处，亦未可知。上年豫省通属丰收，尔等可寄信与那苏图，令其酌量。如有应需豫省接济之处，可一面奏闻，一面与硕色商酌办理。"(《清高宗纯皇帝实录卷之二五九》)

○乾隆十一年丙寅三月○己巳，蠲免直隶盐山、巨鹿、保安、万全、蔚县、西宁、怀来、昌平八州、县乾隆十年分水灾额赋有差。(《清高宗纯皇帝实录卷之二六〇》)

○乾隆十一年丙寅闰三月○己亥，谕："上年宣化所属地方被旱歉收，朕已叠沛恩施，俾灾黎不致失所。查从前定议赈济之期，至今年二月停止。经朕复加恩，不分极贫次贫，于二月之外，再普行加赈一个月，以资接济。今思宣府被灾之后，春间雨泽又少，且彼地不种二麦，此时去大田收获之期尚远，青黄不接，穷民难以糊口，朕心深为廑念。着于三月加赈一月之外，再加赈闰三月一个月。着即传谕该督那苏图，遵旨速行办理。"○又谕："朕因宣化被旱歉收，加赈之后，作何接济；再庆云县地瘠民贫，连岁歉收，今已届停赈之期，令那苏图悉心筹画，速行定议。于二十九日传谕之后,至今五日之久,尚未覆奏。从前高斌在直隶时,凡有赈济传谕之件,不过三日即行回奏。事关赈恤要务,不可稽延时刻,嗣后务须加意赶办。其宣化等处,朕已降旨再加赈闰三月一个月,并传谕那苏图知之。"寻奏:"宣化、庆云赈务,于本月初一日奉到谕旨,谨于初三日奏覆。至宣化等处,蒙恩再加赈一月,照前银、米、豆三色搭赈。其籴借等项事宜,仍各按地方情形,随时酌量办理。"得旨:"以后勉之慎之。不然,则中言官之窥伺,又将以卿为玩视民瘼矣。"(《清高宗纯皇帝实录卷之二六二》)

〇乾隆十一年丙寅闰三月〇丁巳,谕:"朕加惠黎元,将天下钱粮,分年蠲免一次。今岁系直隶轮免之年,宣化府属各州、县,所有应征屯粮,例不在蠲免之内。但念宣属地处边陲,上年被灾较重,今春雨泽又复稀少,现在降旨加赈,与常时不同。着将各该州、县本年额征屯粮蠲免三分之一,以纾民力。该部谕令该督那苏图速行办理。"

〇庚申,谕曰:"上年宣化府所属地方被旱歉收,今夏雨泽又复稀少。朕去岁巡狩经过,知彼处为边区保障,不可不豫筹接济。虽现存米豆尚足敷用,恐将来或有急需,一时难以猝办。着将通仓粟米拨运十万石,分发所属州、县,以备拨给。倘今岁秋成丰稔,即将此项为补实仓储之计。其如何陆续挽运之法,着仓场侍郎会同该督妥议办理。"〇谕军机大臣等:"直隶总督那苏图奏请拨运通仓粟米十万石,以备宣属仓储,豫筹接济。朕已降旨允行。但此项米粮,原为豫备秋成以后之用,可以从容办理。务须慎选干员,酌量陆续挽运,不可如上年办理未善,以致车辆短少,价值昂贵,于商民又有未便。尔等可传谕知之。"

〇乙丑,工部议准协办大学士署直隶河道总督刘于义奏:"勘明张家口冲塌水洞城垣,应凿去石嘴,先建石堤筑坝,以资捍卫。"从之。

编者注: 据该条记载,建于明代万历四十一年的大境门东段抵东太平山处河道内的三券洞水闸及连带长城是在此时被冲塌。

○是月，直隶总督那苏图又奏覆："宣属地方向无麦秋，惟期早种大田，可望霜前收获。贫民常年生计，佣工外，全在刨采煤炭柴薪。家畜一驴，堪任驮载，即可免饥寒。边民老幼，皆习勤苦，不尽恃农田。农田所产，高粱为多。丰年用以烧酒，化贱为贵。歉岁奉禁，即可充食。是以目下粮价多昂。而西宁、龙门、赤城等处，高粱时价，每石自五钱一分至五钱五分。即甚贵之区，亦至九钱而止。贫民买食尚易，今即再加赈一月，计至秋后仍远。与其聚而赈之，惠难续继；不若令散而力作，可以自营。现在宣府刨沙挖河等事，原属以工代赈。此外惟出借口粮籽种，以资贫农耕作；出粜仓谷，以平市价。一经停赈，即应接续举行。业已分檄各属，豫筹借粜事宜。除本处仓谷足用之区，其食谷兼有兵米支销。而粮价又复昂贵。如宣化、万全二县，已将怀来存贮通州漕米拨用，节据各该州、县详出借口粮籽种，俱已酌办。其减价平粜，有于常例外，应大加核减。如蔚州、蔚县、怀来、张家口等处，业经奏明饬办。"……得旨："已有旨了，此事所办迟疑，非勤恤民瘼之意也。"（《清高宗纯皇帝实录卷之二六三》）

○乾隆十一年丙寅四月○是月，直隶总督那苏图又奏："庆云地方及宣化所属，加赈闰月口粮，分给完竣。"○直隶宣化镇总兵李如柏奏报："各属同日得雨，均已沾足。"得旨："欣慰览之。民情米价，作何光景，何不详奏以慰朕耶？"（《清高宗纯皇帝实录卷之二六五》）

○乾隆十一年丙寅五月○壬子，管理出青副都统瑚毕图等奏："两翼出青马驼，向由古北口、张家口往返，沿途俱系民田，并无牧场。路途遥远，多需时日。请将此项马驼并上三旗内务府马匹，改由独石口往返。"得旨："本年尔等试看一次，再行奏改章程，可将此旨令该部知之。"（《清高宗纯皇帝实录卷之二六七》）

○乾隆十一年丙寅六月○癸巳,谕军机大臣等:"据那苏图奏称,通仓运宣粟米,因道路泥泞,车马重载,坑堑难行,暂请停运等语。从前原因宣化被灾之后,恐米粮不能接济,是以酌筹拨运,以备仓储。今自闰三月以来,该处连得雨泽,田禾茂盛,可望丰收。将来米粮自不至于缺少。可传谕询问那苏图,此项运到之米,若已敷用,则通仓之米即可停其转运。或尚须拨济,令其酌看道路及本地情形,相时办理。其已经运到若干,尚须转运与否,一并奏闻。"寻奏:"宣属自闰三月以来,雨水调匀,田禾茂盛。口北一带,均可有秋。臣前因时届农忙,复以夏雨过多,拟俟高秋路坦,再行运米。与顺天府府尹蒋炳札商,意见相同,暂令缓运。"复谕宣化府知府:"就近酌看秋收情形,米粮是否充余,近地可否购买?口外买运,较通仓运脚,节省若干,从长核计。俟秋成后,详酌定议,奏请办理。或尚须拨运若干,彼时再为起运。又据宛、大二县及宣化府各报到运送过禄米仓米一千九百四十八石,接收贮仓。"得旨:"既有此意,何不早奏明耶?"

○甲午,以直隶张家口副将何祥书为陕西延绥镇总兵官。

○是月,直隶总督那苏图又奏报直隶通省雨泽沾足,禾稼将次登场,民情欢忭。并多伦诺尔地方雨水均调,游牧水草畅茂。蒙古一带边疆禾黍丰盛、贸易安贴各情形。得旨:"所奏光景,京师亦同,较汝处有过之无不及也。然此际朕尚不敢谓即定丰收之象,维祈天恩,照此清朗旬余。俟万宝告成之后,幸五台时,与卿相见。我君臣之喜当何如耶!"(《清高宗纯皇帝实录卷之二六九》)

○乾隆十一年丙寅秋七月○丁未,贷直隶……蔚州、西宁、蔚县……延庆卫、喀喇河屯等五十一州、县、卫、屯被旱灾民,……西宁、万全、玉田、丰润、八沟同知等十州县、厅被水灾民,……保安、蔚州、宣化、万全、怀来、西宁、蔚县、赤城、武强、饶阳、易州、广昌、曲阳等十九州、县被雹灾民,并予缓征。(《清高宗纯皇帝实录卷之二七〇》)

○乾隆十一年丙寅七月○甲寅,旌表守正被戕之直隶蔚州民刘生花女刘氏。

○辛酉,又谕:"今年直隶通省雨旸应时,田禾丰稔。惟近日宣化县所属之村庄有被雹之处,轻重亦不等。被雹虽向无赈济之例,朕念彼地上年被旱,百姓度日艰难;今年夏月幸获雨泽,秋成有望,而此被雹之处,又复不免向隅。朕心轸念。着该督委员确查,将被灾较重之地亩酌量赈恤。该部即遵谕行。"(《清高宗纯皇帝实录卷之二七一》)

○乾隆十一年丙寅八月○丁卯,定边副将军策凌奏:"驻防宣化、大同军营官兵等,业经五年。一切差务,勤劳出力,俱无贻误。仰恳将库贮备赏缎布内赏给。"报可。(《清高宗纯皇帝实录卷之二七二》)

○乾隆十一年丙寅八月○辛巳,又谕:"据那苏图奏称,宣化各属秋收约计八九分以上,可分买米五万石。每石不过一两或九钱几分。张、独二口外,现在丰收,亦可分买五万石,共足十万之数。连脚运每石不过一两二钱,较之京仓运米十万石用脚价银三万三千余两,可省糜费。所奏原拨通仓粟米,毋庸再为挽运。请动银十万两,并前经动支司库银二万两,凑为买米之用等语。朕看那苏图所奏,原为节省钱粮起见。但通仓拨运,只需脚价三万余两。若就近采买,转致拨银至十二万两之多。此固系粮运价值俱在其内,然拨运通米,原系酌其有余,以补不足,且省采买之费。国家酌盈剂虚之道,当如是办理,与商贾懋迁有无者不同。可传谕那苏图再加筹酌,妥议具奏。"

○癸巳,大学士等议覆:"直隶总督那苏图覆奏宣属贮米挽运采买并行一折内称,延庆、怀来、保安、怀安、宣化、万全六州、县,道路平坦,仍照原议拨运通仓米五万石分贮,应如所请。又称蔚州、蔚县、西宁、龙门、赤城五州、县山路崎岖,挽运维艰。本年皆属丰收,请于本处酌定米数采买等语。查拨运通米,原因通仓有余,以补宣属不足。蔚州等处挽运虽艰,并非不能挽运。且此项米石,若系紧急需用,恐致贻误。今宣属存贮,原系从容办理。且该处收成丰稔,尤可陆续挽运。何必置通仓有余之米于不用,而另行采买?应将所奏无庸议,请仍照原议一并拨运。"从之。(《清高宗纯皇帝实录卷之二七三》)

○乾隆十一年丙寅九月○丙午,直隶总督那苏图奏:"……又宣化府属十一州、县,上年被灾,本年亦多被雹。请无论所欠多寡,统分作二年带征。"得旨:"着照所请行。"该部知道。(《清高宗纯皇帝实录卷之二七四》)

○乾隆十一年丙寅九月○己未,谕军机大臣等:"尔等议奏绥远营挑选兵丁,移驻察哈尔地方一事,朕询知将军补熙,据称此项人等,不能养牲度日。到彼处将所赏产业费尽,仍至不能生理等语。此项人等移驻察哈尔地方,原为一经办理,即无庸复为经营。但伊等既不能在蒙古边界养牲度活,且办理移驻所费良多。不如将伊等即作为绿旗兵,令其驻防靖远营,俾得永远生计。着寄谕大学士讷亲查明,嗣后照此办理。"(《清高宗纯皇帝实录卷之二七五》)

○乾隆十一年丙寅冬十月○庚午,兵部议覆:"直隶总督那苏图疏称,直属冲繁地方,差使络绎,夫役奔驰,马匹损伤,请倍给工料等语。查直属各驿支销钱粮,多寡悬绝。自应分别冲僻,核定数目。请嗣后至冲繁驿递,差使最多者,其马匹草料照臣部馆所额马之例,日准销银六分七厘五毫。次者照江南山西之例,日准销银六分。最简僻者,照河南湖广之例,日准销银五分。各驿骡亦日销银五分,驴日销银三分。至各项夫役工食,亦应酌定数目。马牌、夫头、马头、人等,日支银六分。喂马夫役,日支银四分五厘。扛、轿、车、包、骡、驴、纤、水、走递、传报、听事等夫,兽医、车牌、厨役等项,日支银四分。抄牌、字职、水火、门、茶、仓

库、馆防、答应、执事、铡草等夫,日支银三分。递皂日支银二分,着为定例。"从之。(《清高宗纯皇帝实录卷之二七六》)

○乾隆十一年丙寅十一月壬辰朔○直隶总督那苏图奏:"直省宣化府属,本年被雹成灾,及蓟州、宝坻等州、县,田禾被淹。现委员将被灾贫民分别极次,照例赈恤。"得旨:"仍不时查察,令其妥办,使灾黎均沾实惠。可也。"

○庚子,直隶总督那苏图奏:"前奉谕旨,拨运通仓米石,交宣化府属收贮。经仓场侍郎觉罗吴拜等奏,令大宛二县在京雇觅车辆,运至昌平州,其宣属车辆即于该州接领。现据该道等议,请由京直运至宣。较原议中路接卸,更觉便捷。且令宣属州、县,自雇车辆,专差丁役,前赴京仓一手领回。以专责成。"报闻。(《清高宗纯皇帝实录卷之二七八》)

○乾隆十一年丙寅十二月○丁丑,谕军机大臣等:"前据达青阿奏称,直隶驿站废弛。已经降旨那苏图,令其查参一二,以儆其余。今那齐布自口外回京,又奏称伊等分内应给驿马,只十余匹,竟有以骡代马应付者。是南北两路,经由直隶地方官员,俱如此陈奏。则通省驿站,皆有此弊。着再行传谕那苏图,令其严加查察,极力整顿,不得以一查了事。"寻奏:"直省驿站废弛,臣屡将管驿官员丁役究惩。今那齐布自口外回京,管驿官员竟有以骡代马应付之事,当即查取职名题参。臣仍不时立法严查,极力整顿。"得旨:"直隶为四通八达之区,若驿马应付迟延,大有关系。可留心整顿,毋为姑息。再有似此,朕将惟汝是问矣。"(《清高宗纯皇帝实录卷之二八一》)

公元1747年

○乾隆十二年丁卯二月○乙丑，大学士等议覆："太仆寺卿阿兰泰等奏称：'阿鲁西巴尔台地方未种地一百二十二顷，系从前议给正红旗察哈尔官兵之项。据牧厂副总管呈称，原系镶蓝旗牧地，且水草丛深，地多咸卤。恳留牧放马匹。本翼赛尔马克特卜克等处，有水草平常，不宜牧放之地。如数换给官兵垦种，实为两便。'应如所请。"从之。(《清高宗纯皇帝实录卷之二八四》)

○乾隆十二年丁卯二月○是月，……得旨："……宣化灾余之区，与庆云积歉之地，皆朕所轸念也。近日光景如何？并何以料理之处，明白速奏来。"寻奏："宣郡上年被灾给赈，且各属丰收，粮价平减，贫民安帖。臣恐被雹六分以上之户，不无拮据，前经借给口粮籽种。"……得旨："览奏俱悉。"(《清高宗纯皇帝实录卷之二八五》)

○乾隆十二年丁卯三月○丁未，命副都统罗山以原衔管理阿尔泰等处军台，并商都达布逊诺尔马厂事务。

○己酉，豁除直隶蔚州三年分水冲沙压地一百十九顷七十三亩额赋。

○庚戌，谕："罗山由现任副都统差往管理阿尔泰等处军台事务，仍照伊原衔，赏给京师副都统养廉。此后如有由现任副都统差往管理阿尔泰等处军台事务者，着照此例行。"

○辛亥，以直隶独石口副将什格为山东登州镇总兵。

○壬子，免直隶蓟州、宝坻、宁河、静海、蔚州、宣化、万全、西宁、蔚县、怀来、保安、丰润、玉田、张家口同知等十四州、县、厅，十一年分水灾额银二千九百一十八两有奇，粮四千九百三十五石有奇。(《清高宗

纯皇帝实录卷之二八七》)

○乾隆十二年丁卯夏四月○辛未,大学士等议覆:"据直隶总督那苏图等奏称,上年十一月内侍郎玉保奏请,独石口等处添给生息银一案,内称查各省驻防兵俱蒙赏滋生银。惟直隶各小城及各边口,内除郑家庄向有房租银外,余山海关等处,未蒙恩赏。各处兵数自八百名至四十名不等,若按地方分给本银,未免难于办理,请将天津每年赏剩利银内酌给。其各处每年应需数目,并如何拨给存贮备赏之处,交直隶总督天津都统定议具奏等因。查山海关冷口、罗文峪、喜峰口、独石口、张家口、古北口、昌平州、千家店、雄县、卢龙、三河、宝坻、玉田、东安、固安、霸州、采育营、顺义、良乡等处驻防兵,共二千六百四十名,骁骑校共四十五员,每官兵百名,酌拨息银八十两,每岁共应拨天津余息银二千一百四十八两,分给贮附近该管衙门备赏。查各省驻防远近不齐,兵多寡不一。应请按照兵数,将岁需派出赏项,先令该驻防统辖之员出具印领,差弁赴臣富昌等衙门领贮,试办一年。如有余,统于岁底查明,存作下年赏数,仍于次年岁首接续具领。其岁底册报之法,查冷口、罗文峪、喜峰口三处,均由山海关副都统管辖。独石口、张家口、古北口、昌平州、千家店五处,均请照郑家庄之例,由本管大员造册请销。其各小口听管领之员,随旗造册,送部核销。所有赴领盘费各照远近,公项动给等语,均应如所奏行。再查各省驻防生息银,俱系各该将军、副都统等,造册咨送各该承查旗分核销。惟郑家庄系房租银两,由该管副都统自行奏销。现在山海关等处拨给银,虽由各该处赏给,均系天津余息,且为数无多。若如该督等所请,纷烦难稽。应令各该管副都统造册,仍报承查天津生息银两之正蓝各旗,总核奏销。"从之。(《清高宗纯皇帝实录卷之二八八》)

○乾隆十二年丁卯六月○己卯,旌表守正被戕之直隶万全县民张

云交妻江氏。（《清高宗纯皇帝实录卷之二九三》）

○乾隆十二年丁卯七月○丙午，赈恤直隶……宣化、赤城、万全、怀来、蔚州、蔚县、西宁、怀安、喀喇河屯通判、独石口同知、热河、八沟同知、四旗通判等七十五州、县、厅被水、被旱、被雹饥民。（《清高宗纯皇帝实录卷之二九五》）

○乾隆十二年丁卯八月己未朔○副都统品级管理商都达布逊诺尔驼马群总管白泰故，赐祭如例。

○甲子，军机大臣等议覆："副都统保德奏称，军营侍卫官员拜唐阿等，应换班时，随伊等报满日期更换，未有定时。此等人员一出张家口，均骑蒙古马匹。若适遇冬春，牲畜疲瘦之时，应付马匹及供应食物，未免拮据。请将军营换班人等，于五月半间自京起身。换回之人，于七八月间来京。其差使来京者，除有要事外，其寻常赍送档册事件，亦俟五月起身，于九月间回至军营。再军营换班，若均在一年，应换之人太多。请将看水草侍卫、部院衙门官员，作为一年更换。守卡侍卫，作为一年更换。再口外行走，惟工珠及珠尔惠两路，若分年分路行走，蒙古人等自不致拮据等语，均应如所奏办理。现在军营官员，冬春应换者，即照此奏。俟来年五月内更换，其看水草侍卫，向系新旧错综更换，不便令与部院官员一时全换。现在侍卫十员内仍留一半，另作一次更换。"从之。

○辛未，又议覆："直隶总督那苏图奏称苏尼忒六旗蒙古被灾，奉旨命理藩院尚书纳延泰前往赈恤，行令于张家口、独石口等处，备茶四万斤、米二万石济用。现在张家口存谷无多，应乘秋收采买新米。至独石口仓内，现存米九千余石，应于此内酌拨。一切运费，俟奏明后定议等语。查蒙古需赈甚亟，如此办理，未免稽迟。应令该督即行酌拨，应采买者即行采买。一俟尚书纳延泰查明应赈地方，即行起运。一切运费，亦应即为核定。至该督奏称张家口同知，现存谷价银三万三千余两。买米价值,即可动支。今秋热河、八沟丰收,先经奏明买米。今赈恤蒙古,不敷米亦可就近拨运。所需茶叶,令多伦诺尔同知购买。均应如所奏办理。再口外地方,并无塘汛。运送茶米,必需委员防护。应如该督所请,派理藩院蒙古笔帖式二员,一往张家口,一往多伦诺尔,协同运送。"得旨:"依议速行。"(《清高宗纯皇帝实录卷之二九六》)

○乾隆十二年丁卯十一月○癸卯,谕:"据管理阿尔泰军台副都统罗山等以坐台原任都统佟世茂年老患病,伊子佟泰呈请,愿代伊父效力军台等情奏闻。佟世茂坐台亦经五载,既年老患病,着加恩准其回京,不必令伊子佟泰往代。该部另行派人前往。"(《清高宗纯皇帝实录卷之三〇三》)

○乾隆十二年丁卯十二月○甲戌,举行……独石口等处军政。卓异官七员,罢软官一员,年老官二员,分别升赏处分如例。(《清高宗纯皇帝实录卷之三〇五》)

公元1748年

○乾隆十三年戊辰春正月○己亥,谕军机大臣等:"从前自准噶尔投来之厄鲁特博罗特等六人安插青州,合伙逃去,已擒获五人。惟厄鲁特达什哈一名未获,朕曾降旨,就所过地方,令该督抚查拏。迄今一月,未据该督抚等奏明擒获。青州地处东偏,其脱逃必由直隶潜行,且状貌易于躧缉,该督那苏图应即密饬严查,擒于境内,何以不闻奏报?夫跟缉奸宄,乃地方之责。各该督抚等,平日每称严行保甲,若果督率各属,实力稽查,其栖止处所,形迹可疑,自难逃邻佑之盘诘。今迟久而未弋获,则其不留心严缉可知。他省去京较远,直隶、河南、山东、山西,道里甚近。何不即行奏报?可传谕询问该督抚等,令其将现在如何办理查拏之处,即速奏闻。"寻直隶总督那苏图奏:"上年接廷寄,随知会古北口提督、山海关副都统等,于各边口严查,并饬各官速差兵役,在关津隘口,查拏务获。复选善缉之兵,于张家口、独石口、龙泉关、倒马关,及通杀虎口之僻道,分路缉拏。伏思逃犯行踪诡秘,青州路通天津,现在流民北下,恐其潜身夹杂此内。臣指出密行各处,照依年貌留心察问。"得旨:"设法缉拏务获,此不比寻常逃犯也。"(《清高宗纯皇帝实录卷之三〇六》)

〇乾隆十三年戊辰二月〇戊辰,又谕曰:"正红旗察哈尔总管五十八,着来京候旨。其员缺,着上驷院卿多尔济补授。"(《清高宗纯皇帝实录卷之三〇八》)

〇乾隆十三年戊辰五月〇乙酉,蠲免直隶……宣化、万全、赤城、西宁、丰润、玉田等三十二州、县、厅十二年分水灾地亩额赋有差。(《清高宗纯皇帝实录卷之三一四》)

〇乾隆十三年戊辰秋七月〇甲申,兵部议准直隶总督那苏图疏称:"直省分派绥远城家选兵丁九百一十二名,顶补绿旗兵缺。准部咨,每兵一名给房二间。如不敷拨给,就近择地建造。查明应添数目,督标四营并保定、新雄二营三百一十四间;提标四营并蓟协、山永、河屯、八沟、唐三、昌平等营五百三十八间;正定镇两营并龙固、固关、龙泉、大名协两营,杜胜、广平、顺德等营一百间;天津镇两营,城守营并河间、通州二协七十二间;宣化镇三营,城守营暨张、独二协,蔚州、龙门、长安各营三百六十五间,均请陆续建造。"从之。

〇丙戌,谕军机大臣等:"据总兵李如柏奏称,宣化地方于六月二十二日得雨,尚未普遍沾足,秋禾不能畅发,望雨甚殷。若旬日之内,甘霖普沛,秋成尚属有望。现今道府设坛祈祷等语。宣化情形如此,那苏图何以未经奏及?着将李如柏原折抄寄,令其阅看。倘该处秋成歉少,应作何办理,或应酌拨附近米谷,先事豫筹之处,可传谕那苏图,令其详悉妥酌具奏。"寻奏:"宣属于六月二十二等日得雨,秋禾大为得济。其需翻种荞麦之处,已饬豫备借给。惟蔚州、蔚县自六月初一日得雨后,至今未见续沾。若至立秋后,补种无及。现已委员往勘,并各邑中或有村庄高下不齐者,俱查勘收成分数,照例办理。"得旨:"览奏俱悉。"(《清高宗纯皇帝实录卷之三一八》)

○乾隆十三年戊辰八月○辛亥,……以直隶张家口副将任澍为江西南赣镇总兵。(《清高宗纯皇帝实录卷之三二三》)

○乾隆十三年戊辰九月○乙卯,直隶总督那苏图奏:"宣化镇属蔚州、怀来、永宁、龙门四路并长安岭,向未设生息银两。现于臣标及宣化镇标,共拨赏剩息银三千两,交商生息备用。"报闻。(《清高宗纯皇帝实录卷之三二四》)

○乾隆十三年戊辰冬十月○己丑,又谕:"据那苏图奏,直属地方今岁收成丰稔。惟是幅员辽阔,如宣化府属之西宁县、蔚州、蔚县三州、县内,间有雨旸不能应时,及偶被微雹之处,俱勘明被灾不及五分。其新旧钱粮,例应缓至来年麦熟后征收等语。宣属系积歉之区,且地方寒冷,播种秋麦者甚少。若仅缓至来岁麦熟后征收,输将未免拮据。着将西宁、蔚州、蔚县三州、县被灾不及五分之各村庄应征新旧钱粮借谷,俱加恩缓至来年秋成后征收,俾民力宽纾,示朕体恤边民之意。该部即遵谕行。"(《清高宗纯皇帝实录卷之三二六》)

○乾隆十三年戊辰十二月○丁亥,军机大臣等议:"八旗官马拨三千匹往军营,其缺马应补额,请于商都达布逊淖尔骟马厂内挑三千匹,作为官马。派马厂侍卫一员,该部司官一员,会同该处总管挑选。"从

之。(《清高宗纯皇帝实录卷之三三〇》)

○乾隆十三年戊辰十二月○庚子，户部尚书舒赫德奏："驿站设笔帖式、领催，每员兼管两站。又加腰站二，即系四站，相隔百余里。虽笔帖式及领催分住站首尾，中仍州、县驿丞委书役经手。请再拣派笔帖式、领催，每正站驻笔帖式一员，腰站驻领催一名。遇紧急事件，亲行递送。"得旨："着照所请速行。"该部知道。(《清高宗纯皇帝实录卷之三三一》)

公元1749年

○乾隆十四年己巳春正月○甲寅，谕察哈尔八旗总管等："原因差少，无甚事件，故无坐甲养廉。朕思伊等多由护军参领补放，皆系京职。驻札蒙古地方，若无得项，伊等生计维艰。着加恩均照护军参领例，给与坐甲，年终亦一体给与养廉。朕为伊等生计，降此特恩。伊等当感激奋勉。嗣后总管内有怠于公务、不教养蒙古等、横行侵渔等事，朕必从重治罪。"(《清高宗纯皇帝实录卷之三三二》)

编者注：察哈尔总管始享有清官员"养廉银"。

○乾隆十四年己巳三月○乙亥，蠲免直隶保安、宣化、西宁、蔚县、赤城、万全、怀安、龙门、怀来、张家口十州、县、厅被灾田亩额征银一千六百二十九两有奇，粮二千九百六十九石有奇。(《清高宗纯皇帝实录卷之三三七》)

○乾隆十四年己巳夏四月○甲申，又谕："据副都统衔总管达什奏称，镶白旗察哈尔地方被灾，所伤马畜甚多，请豫借官兵一年俸饷等语。昨据镶黄旗察哈尔总管那兰图亦因该管旗分被灾，马畜伤毙，请借俸饷具奏,是察哈尔蒙古地方受灾较重。着尚书纳延泰、乾清门侍卫鄂实驰往查勘。将如何施恩之处,具奏办理。"(《清高宗纯皇帝实录卷之三三八》)

○乾隆十四年己巳六月○是月,直隶布政使朱一蜚奏:"洗马林口外东录计河一带,山水陡发,地亩间有被淹;又怀来县矶石堡水泛,冲损城堡。"……得旨:"……至被水各处,虽属一隅,亦当督率属员,加意抚恤。勿以通省丰收而置之度外也。"(《清高宗纯皇帝实录卷之三四三》)

○乾隆十四年己巳七月○癸亥,谕:"据张家口牛羊群总管辉色奏称,科多多诺尔等处,有匪徒在彼据地熬碱,多至千人,盗窃牲畜,扰累地方等语。科多多诺尔一带,俱系口北道所辖。平时何不严拏查禁,以至聚集多人?闻该道吴炜自抵任至今,从未前往巡察,以至奸匪潜踪,聚众滋事,又不能督率属员,缉拏弹压。似此漠视地方,殊属溺职,着交部严察议奏。"(《清高宗纯皇帝实录卷之三四五》)

○乾隆十四年己巳九月○丁未,谕:"蒙古旧俗,择水草地游牧,以孳牲畜。非若内地民人,倚赖种地也。康熙年间,喀喇沁扎萨克等地方宽广,每招募民人,春令出口种地,冬则遣回。于是蒙古贪得租之利,容留外来民人,迄今多至数万。渐将地亩贱价出典,因而游牧地窄,至失本业。朕前特派大臣,将蒙古典与民人地亩查明,分别年限赎回,徐令民人归赴原处。盖怜恤蒙古,使复旧业。乃伊等意欲不还原价而得所典之地,殊不思民亦朕之赤子,岂有因蒙古致累民人之理!且恐所得之地,仍复贱价出典,则该蒙古等生计永不能复矣。着晓谕该扎萨克等,严饬所属。嗣后将容留民人居住、增垦地亩者,严行禁止。至翁牛特、巴林、克什克腾、阿噜科尔沁、敖汉等处,亦应严禁出典开垦,并晓示察哈尔八旗一体遵照。自降旨后,如仍蹈前辙,其作何惩治,及应隔几年派

员稽察之处,该部定议具奏。"(《清高宗纯皇帝实录卷之三四八》)

○乾隆十四年己巳十月○己亥,蠲缓直隶蓟州、丰润、天津、青县、静海、盐山、庆云、津军厅、正定、邢台、永年、邯郸、肥乡、成安、宣化、怀安、龙门、张家口等十八州、县、厅本年水灾额赋,分别赈恤,及旗户灶户有差。

○乙巳,理藩院奏:"喀喇沁、土默特等处派官,往查民典蒙古等地亩。"得旨:"此初次稽查,当派大员。喀喇沁、土默特两处地方,罗卜藏等才经查过,着此次不必往查。察哈尔地方,着派纳延泰会同副都统罗山往查。敖汉、翁牛特等处地方,乘罗卜藏前往游牧回去之便,添派通政使富森一同前往详查。下次再照所奏,派理藩院章京往查。"(《清高宗纯皇帝实录卷之三五一》)

○乾隆十四年己巳十二月○己亥,命镶黄旗蒙古副都统达松阿,以原衔为商都达布逊诺尔驼马厂总管,并兼阿尔泰驿站事务。(《清高宗纯皇帝实录卷之三五五》)

公元1750年

○乾隆十五年庚午三月○壬子,以直隶独石口副将额尔格图为山西太原镇总兵。(《清高宗纯皇帝实录卷之三六○》)

○乾隆十五年庚午四月○壬午,豁除直隶张家口被水冲汕地五十四顷四十五亩额赋。(《清高宗纯皇帝实录卷之三六二》)

○乾隆十五年庚午六月○甲戌,军机大臣等议覆直隶古北口提督布兰泰奏酌筹巡防多伦诺尔事宜："一、有眷流民，宜住坝内。查多伦诺尔地方，凡回民客商，原止令贸易往来。若携带妇女，牵引多人，将来复有安土重迁之患。今据称现有眷属者不过数十家，驱逐尚易。请立限半年，令移坝内。应交直隶总督转饬该管道员同知等立限驱逐。一、蒙古与民人为婚宜禁。查例载民人出口，在蒙古地方贸易种地。如私行嫁娶者，将所娶之妇离异，民人照内地例治罪，蒙古罚一九牲畜。今据称现有民人与蒙古为婚者，除已获之犯，按照办理外，应令该管地方官严禁。如再事犯，即将该管官参处。"从之。（《清高宗纯皇帝实录卷之三百六十六》）

○乾隆十五年庚午秋七月○是月，又奏："查永平、宣化二府所属各州、县、厅，额征本色屯粮，向有加一余耗。雍正七年，经前任布政使王謩议，每石一斗之内，三升留为鼠耗，七升变价充公。嗣于乾隆二年题准，此后槩价银两，节年动用。祇缘章程未立，迄今未汇案咨销。兹据布政司造册详送，查屯耗一项，虽节年并无侵蚀，但既未按年报销，而征存粮，亦不按年槩变，恐生弊窦。请嗣后永、宣二属所收屯耗，责令各该府督催，按年变价解司，以充地方公用及办差之费。动支随时咨部，仍于奏销时，按年汇册咨部查核。至各属办公借垫，本案俱有应领之项，现在陆续报销。如核减不敷，仍令各属照数完补，以符款额。"下部知之。（《清高宗纯皇帝实录卷之三六九》）

○乾隆十五年庚午九月○壬戌，准噶尔寨桑萨喇尔率所属来降，报准噶尔台吉策旺多尔济那木扎勒为其下所弒。先是，沙喇克来降时，称策旺多尔济那木扎勒昏暴不理政事，其姊乌兰巴雅尔代管诸务，又为策旺多尔济那木扎勒所疑，送往回地羁禁等语。及敦多布等来降，又称策旺多尔济那木扎勒自知凶暴淫乱，惧众人谋害。可代伊立为台吉者，惟喇嘛达尔扎一人。欲托言至沙喇擘勒行围，将喇嘛达尔扎谋害。

有台吉赛音伯勒克,与为首寨桑厄尔锥音、衮布、鄂勒吹鄂罗什瑚巴哈曼集、那木扎多尔济、博和尔岱商谋,乘策旺多尔济那木扎勒行围,即将伊擒住,另立喇嘛达尔扎为台吉。经小策零敦多布之子达什达瓦密告其谋,策旺多尔济那木扎勒聚兵,将厄尔锥音擎获。衮布等闻知,随即领兵将厄尔锥音夺回。复将策旺多尔济那木扎勒擒住,瞎其两目,并达什达瓦俱送往阿克苏囚禁。遂立喇嘛达尔扎为台吉等语。至是,萨喇尔来降,据办理青海番夷事务副都统班第具奏,将萨喇尔送京,经军机大臣询问。据称,策旺多尔济那木扎勒疑忌其姊夫赛音伯勒克,赛音伯勒克遂与寨桑厄尔锥音等同谋,将策旺多尔济那木扎勒杀害,立其兄喇嘛达尔扎。因我台吉达什达瓦为策旺多尔济那木扎勒所信任,亦遂擒拏。又拘唤大策零敦多布之孙达瓦齐,达瓦齐不肯前往,喇嘛达尔扎以其人众地险,亦未敢相迫。至我台吉被擎后,又欲将我等户口分赏各寨桑。是以我等来降等语。军机大臣具奏,并请将萨喇尔等照例安插,赏给畜产等项,编设佐领,即令萨喇尔管理。奏入,命安插于察哈尔,寻授萨喇尔为散秩大臣。(《清高宗纯皇帝实录卷之三七三》)

○乾隆十五年庚午十月○庚寅,兵部题军机大臣议准山海关副都统常生奏请疏通永平等处骁骑校各缺一折:"臣等酌议,冷口八旗满洲一百五十名,独石口一百四十名,骁骑校各三缺。应每翼各分一缺,四旗轮转,余一缺,八旗轮放。喜峰口、古北口八旗满洲、蒙古各二百名,骁骑校各四缺,应按翼每二旗各分一缺,二旗中再行轮转。罗文峪八旗满洲、蒙古一百名,骁骑校二缺,应每翼各分一缺,四旗轮转。张家口八旗满洲、蒙古三百名,骁骑校六缺,应按翼每二旗各分一缺,二旗中再行轮转,其余二缺,八旗轮放。俱令该副都统等,按人数分别拣选,保送引见补放。"……从之。

○甲午,蠲缓直隶……万全、张家口同知、西宁、蔚县、宣化、龙门、怀安……等四十六厅、州、县,水灾、雹灾地亩本年额赋。……并予赈恤有差。

○戊戌，兵部议覆："直隶总督方观承疏称，直隶、山西沿边都司以上员缺，向系三七满汉间补，嗣经部议，四六补用，奉旨满汉各用五分。今准直隶提督布兰泰咨覆，议将地僻事简之缺，裁去满员，改用汉员。于沿边都司以上额设四十一缺内，改副、参、游、都共九缺。查与原奉谕旨相符，应如所请。独石副将一缺、蔚州路参将一缺、古北口提辖左营、宣化镇标左营游击二缺、古北城守营、蓟州营、燕河路、镇边路、宣化镇属永宁路都司五缺，共九缺，改为部推，分用绿旗官员，其余缺仍补用满员。"从之。（《清高宗纯皇帝实录卷之三七五》）

公元1751年

○乾隆十六年辛未春三月○乙丑，兵部奏："前据调任户部尚书舒赫德奏请，酌定各省往来文移日行里数，编设排单，挨站填核，奉旨允行。并行令各省查报，经各督抚彼此咨商，分别险易，酌覆到部。江苏、安徽、山东、陕、甘，均按事缓急，照旧例日行三百里、六百里。其余紧要公文，直隶宣化府属之长安、雕鹗、赤城、云州，并热河道属之喀喇河屯等处；浙江会江驿至福建小关，并江西常山各驿，均日行三百里。山西至豫省之盘陀等驿，江西之德化等驿，湖北自东湖县至成都、四川自成都至打箭炉，并至湖广、陕西、贵州各省会，均日行四百里。广西日行二百里。自广西至广东水站，日行三百里。广东赴江入楚，并至广西省，均日行二百里。自省至福建，日行二百四十里。云、贵日行四百八十里。福建日行二百四十里。湖南、河南照旧例日行三百里、六百里。但湖南自祁阳至广西路窄岭峻，河南黄河阻隔，请俱展限一时。均应如所议。部颁排单式样遵办，惟内廷交发事件，仍按三百里、六百里旧例签送。至古北、张家、喜峰、杀虎、独石各口，界连外藩，文移络绎。其管站郎中、员外等,酌定日行里数。交理藩院核定,咨部存案。东三省幅员辽阔,将军、副都统等文移,亦应酌定日行里数,填单稽核。"从之。(《清高宗纯皇帝实录卷之三八五》)

○乾隆十六年辛未夏四月○己卯,兵部议准直隶总督方观承疏称:"直隶沿边应用满员副将,系张家口、三屯营二缺。张家口路当塞北,防守宜严。三屯营虽营制广阔,较之张家口稍简。请将三屯营副将改为部推,张家口仍以满员补用。"从之。(《清高宗纯皇帝实录卷之三八六》)

○乾隆十六年辛未四月○丁亥,谕大学士等:"各省驻防协领等,例应三年一次轮班来京引见,原欲察看优劣,酌量记名升用,以示激劝之意。其城守尉、总管等,原定例时,并未议及。但思伊等俱系防守城池,管教官兵之大员,所关甚为紧要,即如朕巡幸所至,留心察看。其优者升用示劝,劣者降斥示惩。若巡幸未至之处,伊等贤否既未周知。其中庸劣之员,得以姑容旷废。不但于公事毫无裨益,即有才优之员,亦因不得显其所长,以致阻抑上进之心。于一切事务,未免草率办理。嗣后各省驻防城守尉、总管等,亦应照协领之例一体轮班。其如何分定年限轮流引见之处,着该部定议具奏。"寻议:"……八旗游牧察哈尔总管、副管、参领、吉林参领,皆三品大员。应照协领之例,三年任满,该管官出具考语,送部引见。其无大员统辖者,于任满之日报部,调取引见。至陵寝总管,有按时上香行礼等事,与驻防官不同。毋庸轮班引见。"从之。(《清高宗纯皇帝实录卷之三八七》)

○乾隆十六年辛未五月○庚戌,谕:"据直隶总督方观承奏称,霸州等处上年勘不成灾,及歉收各村庄,所有借给籽种口粮,例应按期催追还仓。但现在各处麦收,虽属可期,而米谷无出,民力不无拮据等语。

着照所请,将霸州、涿州、宝坻、蓟州、丰润、清苑、雄县、完县、祁州、容城、河间、肃宁、任邱、天津、青县、静海、定州、曲阳、宣化、怀安、万全、蔚县等二十二州、县内,从前借给各村庄米谷,无论加息免息,俱缓至本年秋成后照数完交,以抒民力。该部遵谕速行。"(《清高宗纯皇帝实录卷之三八八》)

○乾隆十六年辛未五月○己未,又谕:"方观承奏,请将宣化府属所贮屯豆及时粜卖,朕已据折批示。向来宣府岁有余豆,已积存七万余石,例准随时题请发粜。此项既无别用,即使用以平粜,边地或亦无须如此之多,因思京师饩养马匹,需用豆石,若以彼地之所余,储偫京仓,以备随时粜卖,亦属酌盈剂虚之道。但一时运送京师,不免糜费脚价。朕意宣化系八旗牧放马匹经由之地,若令于此项马匹每年回京时,酌量零星分带,尽足运送,仍于马匹无碍。或有水路可通,用舟楫挽运,更为妥便。着询问方观承可否如此办理,令伊详悉定议覆奏。如此项豆石,于本地仅足敷用,亦不必勉强,可并传谕知之。"寻奏:"臣前奏续余屯豆七万石之数,系统计七州、县所存。若照九年运豆案内,除难以挽运之怀安等四县,其保安、宣化、万全三处余豆,实二万一千四百五十余石。今拟酌留一半,为本地平粜之用。一半俟八旗马回京时,陆续带运。其作何分拨驮运,每马驮豆若干,及进口何处可以负载。已行口北道与管马之副都统妥议,到日另奏。所需口袋,八月后漕务已完,向通仓借用。"得旨:"览奏俱悉。"○又谕:"方观承奏称,宣化府州县目下粮价昂贵,缸户率皆图利私烧,罔知撙节。现饬地方官封禁缸房,暂免缸税等语。开烧耗费粮石,遇价贵之年,量为节制,原属应办之事。至免税封缸,概行饬禁,则恐税虽免而缸终不封,徒使缸户潜自开烧,居奇获利。奸胥猾吏,更复乘机需索,以饱囊橐。而于民间食用,市肆粮价,实无裨益。即如康熙年间之禁烟免税,而烟迄不能禁。天下事有言之近理,而行之了无实际者,皆此类也。朕思向来缸户给领牙帖,本属有数可稽。不但粮贵之年,即屡丰大有,亦应明定缸户之数,不令日加,则盖藏日裕矣。其偶遇歉收,于额定缸户,每日所烧粮石,亦约以定数。此外不得任意糜耗。即就成法之中,自可寓稽察撙节之道矣。朕办理庶务,惟求实济,不事虚名。着传谕方观承,此事令其另行筹办。"寻奏:"宣化一府每年额征缸税银六百一十六两,谷九石三斗二升零。旧例丰年按帖征收,歉岁缴帖免税,原有可稽之数,而不于平时严禁私开,诚恐徒滋弊窦。臣即密饬口北道,细查各属所设烧缸旧额若干,现给牙帖若干,有无私开缸户,每日每缸酌需粮石若干,烧多烧少,以及开烧停止定期,逐一查明,到日另议具奏。"得旨:"是,知道了。但此事恐非吴炜所能办理详妥者。"

○辛酉,大学士等议覆:"直隶总督方观承等奏称,多伦诺尔地方原设铺司二十名,以供邮递。嗣据尚书那延泰奏,铺司民人占踞游牧,请行拆逐。臣等酌议,以蒙古游牧,固当严禁侵扰;但铺司相距各五十六里,俱在道旁。本非牧地者,均应照旧存留。其非设立铺司之地,所有房屋俱令拆逐。应如所请,准其分别存留。"从之。(《清高宗纯皇帝实录卷之三八九》)

○乾隆十六年辛未闰五月○癸酉,谕:"八旗所拴官驼向有八百余只,遇有远行,每用六七百余只不等。虽有盈余,为数甚少。若再有行走之处,仍需此驼,无轮流息养之暇,故多瘠瘦。官驼原为旗人拴养,今每佐领若增添一驼,永远长拴,既有便于旗人,而各项当差之处,亦属从容。此增拴驼只,或用太仆寺所管牧厂驼只,或应如何增添之处,着八旗都统会同该部议奏。此次增拴后,若不加意喂养,仍致瘠瘦,惟该旗都统是问。"寻议:"太仆寺所属三圈驼,每遇应差,尚不敷用。所有八旗应添驼八百八十一只,请在于归化城多伦诺尔等处采买。每驼作价银二十五两,共需银二万二千二十五两,于户部支领。并请旨于八旗副都统内钦点二员,带同通蒙古语之章京,买足解回,分给八旗拴养。"从

之。(《清高宗纯皇帝实录卷之三九〇》)

○乾隆十六年辛未九月○丁卯，又谕："近年八旗发往马厂之马，每多疲瘦，而今年为尤甚。此俱因马厂大臣官员等不行稽察所致，相沿既久，将至旗人不谙牧放之法。若不即令整饬，则马不得实用矣。蒙古人娴于牧放，且无别项差役。嗣后八旗官马发往时，着察哈尔总管将一半派蒙古人牧放，即令其详悉指示旗人。至马匹如何护往，及牧马之蒙古，应赏盘费之处，着军机大臣会同八旗大臣妥议。"寻奏："牧场参领，请仍由京派往。其余官兵拟定额数，一半派自各旗，令由京解马起程；一半派蒙古兵丁，并将出口日期及齐集何处，知会察哈尔总管，豫行遣往守候。其弹压管束，于察哈尔左右两翼，各派副总管、参领二员。每年再派散秩大臣一员，厄鲁特侍卫二三员，协同管理。总管酌定班次，轮番效力，办理妥协，奏闻鼓励。如不加意牧放，仍致疲瘦，官兵一并议处。其盘费银，散秩大臣照副都统，副总管、参领、侍卫等，照京城参领。察哈尔官兵照京城官兵，一体支给。再，蒙古远近不一，请由察哈尔起程日始，暨解马来京，回到本处日止，按照支领。旗员正月派定，行装需费，临期给予外，其春季俸暂免坐扣借项。"从之。(《清高宗纯皇帝实录卷之三九八》)

○乾隆十六年辛未十一月○戊辰，旌表守正捐躯之直隶龙门县民郝全女郝氏。(《清高宗纯皇帝实录卷之四〇二》)

○乾隆十六年辛未十一月○是月，直隶总督方观承覆奏："察哈尔汤河围场，四百有六里。现有村铺六十八所，住旗民二百五十八户。其地亩已垦成熟者一百八十七顷，未垦荒田约计可得百余顷。现令民垦种，俟成熟后，履亩确勘，照例升科。其新旧旗民各户，应令独石四旗二厅，编排保甲，设立乡地，以约束地方，催收粮赋。"报闻。(《清高宗纯皇

帝实录卷之四〇三》）

公元1752年

　　〇乾隆十七年壬申二月〇甲午，察哈尔总管达什林沁等奏请裁减出牧之京城官员兵丁等。得旨："是，着照所请行。但各旗兵弁今既裁减，牧放马匹蒙古兵丁更属劳瘁。且伊等自备马匹乘骑，着施恩每年牧厂蒙古兵丁，每人赏银五两。以示鼓励。"（《清高宗纯皇帝实录卷之四〇八》）

　　〇乾隆十七年壬申二月〇是月，直隶总督方观承奏："准户部咨王公等本年俸米及豫借明年米，毋任铺户兴贩出境，囤积居奇，并严禁烧锅。查原议内未指定何处地方，臣细绎原议，专为在京官员豫领俸米而设。此项米祇有近京地面并水路可通处须防透漏，余均商贩所不及。即如保定省城，购老米绝不可得。京南一带更可知京北宣化一府，除烧锅已酌定缸数，给帖纳税，例不禁外，其商贾贩运有关沟之限，断难飞越。至京东永平各属，近拏获烧锅十数案，俱系本地商粮，亦从无以京通仓米贩运彼处者。此次新定章程，惟京城及顺天各属通行饬遵，庶不失因时立制之本意。"得旨："甚是，依议速行。"（《清高宗纯皇帝实录卷之四〇九》）

　　〇乾隆十七年壬申四月〇癸卯，蠲免直隶……万全等八州、县、厅乾隆十六年分灾赋有差。被灾较重者，并分别赈恤。
　　〇乙巳，蠲免直隶……宣化、怀来、万全、怀安、张家口、丰润、玉田等二十三厅、州、县乾隆十六年分灾赋有差。（《清高宗纯皇帝实录卷之四一二》）

○乾隆十七年壬申九月○甲戌，直隶总督方观承疏报："宁河、昌黎、乐亭、赤城等四县，乾隆十年、十六年首垦水旱田、地六十九顷七十七亩有奇。"(《清高宗纯皇帝实录卷之四二三》)

○乾隆十七年壬申十一月○甲申，军机大臣议覆："察哈尔总管达什琳沁奏称：'八旗马匹牧场，应就近择水草丰茂处所，并派该总管公同牧放。'应如所请。再查向例牧放马匹，系派散秩大臣及副都统等员，给予帮贴银两。总管系三品职衔，其帮项应减半给予。"从之。(《清高宗纯皇帝实录卷之四二七》)

公元1753年

○乾隆十八年癸酉春正月○戊寅，定边左副将军成衮扎布奏："准夷素性诡谲，近未通使。请于五六月间，派贤能台吉官员各一二人，以年例买马为名，在乌梁海暗侦。再喀尔喀副将军，每年于军营四季驻班。请令在参赞上，随内地大臣行走学习。"得旨："值班副将军着在参赞上行走，余着军机大臣会同该将军议奏。再散秩大臣萨喇勒，颇悉准夷情事，若选派索伦、乌拉齐带往，于军营有益，着一并议奏。"寻议："乌梁海探信之处，应如所奏。至萨喇勒前赴军营，应派索伦、乌拉齐一百名。再令萨喇勒于伊属下挑选数十名，并令察哈尔八旗总管于旧厄鲁特等项人内，每旗挑二十余名，密行豫备。"从之。(《清高宗纯皇帝实录卷之四三一》)

○乾隆十八年癸酉三月丁巳朔○又谕："前因防备准夷，令萨喇勒前赴哈密，会同永常防守西路。以鄂尔坤军营，并未派有大臣。伊一人前往，不能使彼处无疑。且办事亦恐掣肘。是以降旨，由京师察哈尔挑派员弁三百名,令其统率带往。可传谕萨喇勒,令于牧所豫备行装,俟朕特派尚书舒赫德于四月中旬由京起程,经过察哈尔地方时,随同前往。一切应办事宜,务抒所见,协同办理。再察哈尔所派二百名蒙古兵弁,业已选定。伊起程后,即交彼处总管,仍于游牧所驻札。如一时调用,即照来文限期起程。"(《清高宗纯皇帝实录卷之四三四》)

○乾隆十八年癸酉三月○甲戌,谕军机大臣等:"方观承奏,据宣化镇总兵吴士胜禀报,水沟台汛兵被蒙古捆缚抢去一案。此事前据游牧总管惠色奏称,察哈尔牛羊群牧长策凌达什等禀报,该处失马八匹,寻至边城,见三人赶马进边,正在寻看。有汛兵向伊等施放两枪,并拔刀恐吓,将伊等捆去,至夜半放回。次日伊等将兵丁一人拏住呈报等语。看来窃马贼人扰累蒙古,复恃有该地兵为之窝庇,致窃匪益无畏忌。该镇吴士胜平日不能约束,已难辞咎。乃所禀该督情节,则但称蒙古欲行越边,汛兵拦阻被缚等情,明系袒护汛兵,欺朦该督且伊现任总兵,遇有此等事件,并不自行陈奏,而以一禀支饰。其希图含混了事,更属显然。伊由参将节次擢用总兵,似此存心,是全不知朕恩矣。此案现派部员前往审理,倘吴士胜仍尚欲始终回护,或授意兵丁,令其狡供掩饰,一经朕察出,定必重治其罪。着郎中福德、苏崇阿将此旨传谕吴士胜,令其将此案情节另行秉公确查,自行回奏。"

○辛巳,谕军机大臣等:"据吴士胜覆奏,水沟台汛兵刘成,被牛羊群蒙古捆缚抢去一折,甚属支饰回护,不仅拘执错谬而已。沿口汛兵窝留窃匪,扰累蒙古,事属显然。吴士胜身为总兵,约束兵丁,是其专责,岂可有意徇庇?且如察哈尔蒙古本属我朝世仆,张家口外牧群现俱隶之太仆寺。安设台汛,不过稽查出入,以防私越耳。乃吴士胜奏内混将属弁禀词录入,有'本日汛兵刘成瞭望,午时见有蒙古十数人,骑马直至边墙'等语。在吴士胜不过藉此张大其词,以为支饰之地,竟视察哈尔蒙古如准夷,水沟台诸汛不啻安西要卡矣。此等梦呓之语,览之可发一笑。至其奏内,有'曾与惠色面商,并无异词';及接惠色札致,又有'若遽入告,恐增宸虑'之语。若果系如此,则是惠色以计安顿吴士胜,而伊先行具奏亦属不合。吴士胜既有此奏,不可不查问明晰。可再传谕郎中福德、苏崇阿,奉到此旨时,即传吴士胜、惠色至彼,当面对问,令伊二人据实明白回奏。仍将此案实在情节秉公确查,速行奏闻。若再有回护及图含混了事,必不能逃朕洞鉴。"

○壬午,兵部议准大学士公傅恒奏:"请酌定各省驻防军政卓异人员。凡荐举之员数,仍以驻防之多寡,酌中定额。嗣后黑龙江不得过七员。盛京不得过六员。船厂不得过五员。西安、绥远城均不得过四员。杭州江宁、荆州均不得过三员。凉州、天津、广州、京口、宁夏、成都均不得过二员。热河、青州、山海关、福州均不得过一员。河南、太原二处驻防官最少,应俟军政届期,由部奏派大臣前往考察。又独石口、千家店、张家口、古北口、郑家庄、昌平州六处,及保定、宝坻、固安、东安、雄县、良乡、霸州、采育八处军政之年,向系原派巡察大臣考核。该处员数无多,且系分驻,难以定额。如果有贤能出众者,准其荐举一员,否则宁缺毋滥。"从之。(《清高宗纯皇帝实录卷之四三五》)

○乾隆十八年癸酉夏四月丙戌朔○又谕:"牛羊群蒙古捆缚汛兵一案,前因该镇吴士胜并无一字奏闻,特命传旨申饬。及吴士胜具折覆奏,则称惠色札致,曾有'若遽入告,恐增宸虑'等语。复令伊二人当面对问。今览惠色与吴士胜来往书札,是在吴士胜本意,原属迟疑,而惠色之札又与之适合。虽其回护兵丁之处,不因此而遂可稍为掩饰;然惠色既经札商于前,又复自行缮折具奏,未免有意取巧。看来惠色平日尚不至如此诡诈者,而此事则甚为不合矣。着传旨申饬。"

○戊子,谕军机大臣等:"据吴士胜奏称,万全县拏获张家湾人张英等,供认二月初八日,同山西人楚进宝、常国安夜出水沟台。又和口外达子七巴前往大海溜地方,偷马八匹。于十一日五更,仍由水沟台入口。该汛兵弁，若非怠惰疏防，必有通同故纵情弊。现在一并拏交钦差处严审定拟。其专辖将备，咨呈督臣题参，并请将臣交部严加议处等语。水沟台汛，既经设有兵弁，稽查匪窃，是其专责。乃贼犯张英等伙盗马匹、肆行出入，该兵弁等何竟毫无觉察？现据奏称，拏交钦差审拟，着传谕郎中福德、苏崇阿，令其将有无通同故纵之处，逐一严加审讯，务得实情，明正其罪，以示惩儆。至该镇吴士胜不能稽察约束，自有应得处分，但此时且不必交部。应俟此案审明后，再降谕旨，可一并宣示吴士胜知之。"

○庚寅，谕军机大臣等："据方观承奏，万全县拏获张家湾人张英等，供认二月初八日出水沟台汛，同口外达子七巴偷马；于十一日夜，赶到水沟台入口，兵丁都不知道。所偷马匹卖银群分，已供认确凿，现解钦差部郎审讯等语。张英等显系积匪，其敢于出入口汛，该管兵丁必有窝藏之处。所供'兵丁都不知道'，明有通同掩饰情弊。若果系不知，何以于蒙古欲行进口之时，又有放枪逐回之事？不可不严行审究。着传谕郎中福德、苏崇阿，将此案是否汛兵窝藏窃匪缘由，细加研讯。务得其实在情节，不得稍有蒙混草率。"

○乙未，军机大臣议奏："查乾隆七年防守北路派兵案内，绥远城一千名，右卫一千名，土默特一千名，八旗察哈尔二千名，俱经饬备调遣。今除黑龙江于上年奉旨饬备二三千名外，所有各该处应请再行密饬豫备。如遇调遣，应时遣发。仍不得张皇，致露声息。"从之。

○丁酉，户部议覆："直隶总督方观承疏称，万全县仓旧建于本城、张家口、洗马林三处，计八十间。今例存米谷及额征屯粮、兵米等项，仅敷存贮。所有张家口同知积存采买谷一万六千余石，请于张家口下堡建仓十二间，洗马林口内、万全县仓旁建仓八间另贮。应如所请。"从之。（《清高宗纯皇帝实录卷之四三六》）

○乾隆十八年癸酉五月○丁巳，军机大臣等议奏："八旗蒙恩新增马甲一千，并着于健锐营建房给住。查此项一千甲缺，满洲都统每旗应增九十四缺,蒙古都统每旗三十三缺。请交各该旗于现在养育兵内挑补,俟健锐营兵房造竣,遣往居住。其如何管辖操演之处,听健锐营办理。此项所遗养育兵缺,即按照一两五钱之数挑补。再查养育兵,满洲、蒙古、汉军二十四旗,共额一万五千一百二十四名,向支月银二两。今于每名下酌匀五钱,六缺内可匀出二缺,又恩添二缺,统计于原额一万五千一百二十四名外,共增一万八十八名。此项增出之缺,请按照满洲、蒙古、汉军旗分,匀拨挑补。并请嗣后八旗原额养育兵缺出,各旗均照一两五钱之数挑补三缺,增挑匀额一缺,月银亦照一两五钱支给。"从之。

○兵部议覆:"直隶总督方观承疏称,直隶宣化镇怀来路为冲要差繁之地,向止设马守二项兵丁,并无步粮。请于张家口协营下抽拨步兵五十二分,分派怀来路三十二分,怀来城二十分,即于守兵内拣选拔补。所遗守粮归于张家协营,召募补额。应如所请。"从之。

○戊午,直隶总督方观承奏:"据各属报雨情形,惟顺天府属,并宣化、易州多已沾足。其余均止一二寸不等。"

○己未,予故察哈尔总管兼副都统衔达什祭如例。

○辛酉,军机大臣奏:"张家口牛羊群总管惠色等,审拟蒙古贼犯朋苏克偷盗塞楞达什马匹、贿通汛兵刘成、私放进口一案。详核案情,非蒙古积匪,无由熟悉径路;非兵丁通同,不能越进关隘。刘成应照驻札外边官兵偷盗蒙古马匹例,拟绞立决。朋苏克兼有另案偷窃,应照盗蒙古四项牲畜例,拟绞立决。又另案贼犯任黑子等十一名,应如该总管所拟,照本例拟绞监候。至总管惠色、总兵吴士胜约束不严,请交部严议。"得旨:"朋苏克着即处绞,刘成着改为监候。余依议。"(《清高宗纯皇帝实录卷之四三八》)

○乾隆十八年癸酉五月○癸酉,谕军机大臣等:"据方观承奏,宣化镇总兵吴士胜禀报,独石口兵丁因副将安泰醉后混行责打、聚众辞粮一案。现饬按察使永宁前往,会同口北道严察究讯。并将该镇办理情节彻底查明参奏等语。副将安泰嗜酒召衅,殊属不职。而兵丁等藉端滋事,尤干法纪,自当严行究处,以肃军政而儆刁风。至总兵吴士胜,既不据实揭报于平时,又不详查妥办于事后。种种乖谬之处,不一而足。已据方观承委令永宁前往查办,可令该督再行飞饬该司等,将此案起衅缘由,并案内首从各犯及吴士胜前后错谬情节,一一详悉确访,严查办理。务须秉公据实,不得稍存瞻徇姑息之见。再罗田一案,首犯马朝柱远扬未获。屡经饬谕江、广及各省督抚,严密踵缉,协力查拏。迄今将届一载,杳无着落。如尚潜内地,谅无不就获之理。口外地方辽阔,易于藏奸。恐该犯因所在侦缉,无地可容。或竟潜踪远窜,希图漏网,亦未可定。可令方观承遴委妥干员弁,往口外一带地方密行体访,留心踪迹。倘由此竟得首恶渠魁,明正典刑,亦一快事也。一并传谕知之。"(《清高宗纯皇帝实录卷之四三九》)

○乾隆十八年癸酉六月○丁亥,谕军机大臣等:"独石口兵丁辞粮一案,前据方观承奏称,安泰嗜酒滋事,其罪固无可遣;但该镇吴士胜因兵丁辞粮,即将副将摘印揭参,岂不益长刁风?现在会同提臣查明另行题参等语,所奏颇协大体,已于折内批示。今方观承又将安泰会疏题参革审,岂因该镇已经委员摘印,有不便中止之势耶?抑已会同该提马负书,查明安泰果有断难姑容情节耶?然方观承从前既经具奏,此时即不题参,亦当先行奏明方是。且兵丁崔大用等俱已看守候审,并非难于查办之事。永宁、良卿前往该处二十余日,何以尚未查究明确?可传谕方观承,即将具本题参缘由,及该司道等现在作何查办情形,逐一详悉,速行奏闻。"

○己丑,调直隶宣化镇总兵吴士胜来京,命吴进义以提督衔署宣化镇总兵。

○乙未,又谕:"方观承覆奏,题参副将安泰一折,其因吴士胜已委员摘印在先,而安泰又实有应参之罪,此则前谕已及之者,但所办殊不得体耳。聚众辞粮,最为绿营习悍恶习。若兵丁有负屈之处,赴上司告理,虽法所宜禁,而情尚可宽。至把总张万明身系职弁,有约束兵丁之责,乃敢从旁主使,致起衅端。此其居心倾险,罔畏法纪,更不可不严加治罪。现既解省覆勘,着传谕方观承,务将主使聚众各实情,速行严审定拟,俾各营弁兵咸知惩儆。再,藩臬俱有奏事之责,在各省中尚偶有自行折奏者,而直省两司则终年未见一字入告。着传旨询问,岂该督有意禁约,不令具奏耶?抑畏惧该督,而不敢自行具奏耶?即如此事,经派永宁前往查办,既另究出兵丁王天德等约众告退,及把总张万明从旁主使情节。即当一面具折奏闻,何必定俟该督转奏乎!永宁着传旨申饬,并谕玉麟知之。"(《清高宗纯皇帝实录卷之四四〇》)

〇乾隆十八年癸酉六月〇丙午,又谕:"方观承奏审拟独石口兵丁聚众辞粮一案,所称总兵吴士胜并不亲往严行查办,而于把总张万明等不法,不能即行查出等语。如此则该镇办理此案,咎在不能详查。而其乖张错谬情节,转置之弗问矣。所奏非是。聚众辞粮,最为刁悍恶习。该镇于安泰嗜酒不职,平时早应揭报。及至兵丁等藉端滋事,自当先行查办,暂缓纠参。乃不法悍兵,尚未示惩。即将该弁印信摘取,不特从无此体制,亦且益长习风,沿边营伍,何以明示炯戒?是其乖谬之处,实在于此。朕前旨谓不应遽将该副将题参,亦正为此耳。朕于满汉大臣,从无异视,何惜一嗜酒不职之副将,而欲为之宽假?方观承折内所叙情节,似有以朕为回护满洲之意,岂能逃朕洞鉴耶?方观承着严行申饬。"(《清高宗纯皇帝实录卷之四四一》)

〇乾隆十八年癸酉秋七月〇丙子,谕曰:"泰宁镇标中军游击李超、守备孙士英等亏挪营项一案,前经总督方观承题参革审,并未将前任镇臣马世岱那亲等有无知情及失于觉察一并查参。本欲部议时降旨,今据该镇总兵任澍奏称,那亲曾将亏缺缘由知会,随查得马世岱并李超任意私挪,经咨明督提二臣等语,则那亲已经移交查办,尚无不合。而马世岱则通同舞弊,罪状显然。方观承仅参该弁,而不将任澍咨明之处叙入,必因近日题参独石口副将安泰,曾经降旨训谕,马世岱亦属满员,且已降调,遂不行一并查参故耳。不思朕办理庶务,初无成心,满汉全无歧视,即如安泰一案,不过因使酒启衅,而悍卒习风,宜先示惩创,不可先治所管之罪。即汉人当此任,亦应如是办理。方观承何乃一味取巧,所见卑鄙错谬,一至于此!着严行申饬,并令明白回奏。马世岱着解任,一并解交该督严审,定拟具奏。"寻奏:"营员亏空,累任统辖上司,例应于疏内声明附参。但查李超亏挪扣存兵丁号衣银项,孙士英亏挪生息截旷还官等项数目烦碎,先后参差,应查其亏挪月日,是何镇臣任内之事,于审明具题日,分别参处。是以原疏内未即声明。至任澍奏内所称,马世岱、李超任意私挪,经咨明督提二臣之处,缘马世岱有私挪典当生息银两,并浮当衣服至一千一百余两之多,例应专案参追。当经委清河道查办揭报。臣于七月二十六日题参在案。臣职任封疆,如属内有胤法营私者,无论满汉官员,均应据实纠劾,不敢稍存瞻顾。"得旨:"此奏又属用巧。何必廿六、廿八之日,不可倒移乎?"(《清高宗纯皇帝实录卷之四四三》)

○乾隆十八年癸酉十月○是月,直隶古北口提督吴进义奏:"鸟枪为军器利用先资,进步连环,右出左进,始能捷便。今古北营枪兵俱由左手出,右手进。臣前在宣化较验,原系右出左进。两标既不合一,则通省参差可知。请通饬遵行。"得旨:"与方观承商酌,徐徐整顿,画一可也。"(《清高宗纯皇帝实录卷之四四九》)

○乾隆十八年癸酉十一月○辛酉,缓征直隶大城、涿州、青县、静海、沧州、延庆、保安、宣化、怀安、怀来、张家口、遵化等十二州、县、厅本年水、雹灾民额赋。(《清高宗纯皇帝实录卷之四五〇》)

公元1754年

○乾隆十九年甲戌二月○甲申,豁除直隶张家口乾隆十七年水冲地一十五顷有奇额赋。(《清高宗纯皇帝实录卷之四五六》)

○乾隆十九年甲戌二月○癸卯,谕军机大臣等:"内大臣萨喇勒向尚书舒赫德寄信转奏,请派厄鲁特兵五百名或一千名,发往军前调遣。此次萨喇勒办理招谕驱逐乌梁海事务,颇属奋勉。但军营将军大臣等札付不合机宜,以致萨喇勒等办理掣肘,亦未可定。厄鲁特车凌等新降之人,即行调遣,亦无不可。然其游牧,尚未指定。伊等内倘有无知小人,或致逃窜,于事无益。着舒赫德会同萨喇勒、车凌、车凌乌巴什等商议,将伊属下最可信之色布腾等台吉寨桑,酌派数员领兵一二百名。再令御前侍卫永柱会同总管阿敏道,拣派察哈尔八旗兵五百名,带领交与萨喇勒,为招谕驱逐乌梁海之用。今春马匹膘欠之时,虽不可急行,但萨喇勒系熟悉此路之人,相机行事,务期迅速成功。不必照将军大臣等所饬,固执而行,将此传谕萨喇勒知之。"(《清高宗纯皇帝实录卷之四五七》)

○乾隆十九年甲戌三月辛亥朔○军机大臣等奏:"现在遣往军营兵沿途台站,需马五千余匹。臣等行查各牧场及科尔沁、喀喇沁、土默特马数,所有内扎萨克买存马,乾隆八年调用后,业将选剩之马赏给伊等,毋庸查办。惟伊克昭尚有马七千余匹,检查旧案,此项马当时扎萨克等解送军营,全行倒毙,议令伊等赔补。雍正十三年七月,因大兵既撤,暂免追赔,令其孳生,豫备将来拨用在案。乾隆八年未经调用,是以未入豁免。数年以来,该扎萨克屡报被灾不能赔补,俱经理藩院议驳,伏思内扎萨克马因动用一次，是以赏给。至伊克昭马今虽不能按数着追，亦未便概行豁免。请令派出之侍卫等于伊克昭应赔马内选择五千匹，送往各台站豫备应用。不能如数，再行动项采买。其选剩马恳恩免追，以结积年未结之案。"从之。○又奏："北路军营本年防秋紧要，遣往兵应用马驼，俱宜宽为豫备。查自张家口至北路军营，计四千四五百里。应令口外蒙古扎萨克共采买马二万匹，分为四起，以备官兵更换骑用。驼二千只，以备驮载。再于张家口买马二千匹、驼三百只，多伦诺尔买马三千匹、驼五百只，归化城买马五千匹、驼八百只，喀尔喀土谢图汗、扎萨克图汗部落买马五千匹、驼四百只。伊克昭前有购备军需存贮马七千余匹，即于此内选用五千匹。此次采买马价，不得过八两。驼价不得过十八两。俱令户部核计数目，筹拨支发。并行文该大臣及各扎萨克等，将此项采买马驼，派出贤能官兵，加意牧放。如能妥协无误，量加赏赉。倘有倒毙疲瘦，将该大臣扎萨克官兵，一并参处。至军行沿途需用口粮，查庆丰司三旗牧厂现有羊二十一万五千余只，达里冈爱牧厂现有羊八万三千二百余只，应于此内，以三万只为遣往军营官兵口粮，其七万只派员陆续送赴北路军营，交将军成衮扎布等备用。"从之。

编者注：○达里冈爱，又作"达里冈厓"。

○癸亥，蠲直隶大城、涿州、青县、静海、延庆、宣化、怀安、怀来、张家口理事厅、遵化等十厅、州、县乾隆十八年水、雹旱灾应征额赋有差。
（《清高宗纯皇帝实录卷之四五八》）

○乾隆十九年甲戌三月○戊辰，谕军机大臣等："前因军营无事，额驸策凌年老，就近以塔密尔作为军营。今有办理乌梁海之事，军营应移驻乌里雅苏台，以塔密尔作为内地。从前驿站设自推河至塔密尔，今军营既移至乌里雅苏台，自推河直抵乌里雅苏台为便。着传谕舒赫德、成衮扎布，将迁移驿路，自推河直抵乌里雅苏台之处，定议办理。再军营现贮米石，亦着查明。若添兵二三千名，酌量支给，足敷几年之用，一并具奏。"嗣经舒赫德等议:"于塔密尔、鄂尔坤二处所存银米军器等项,将应运之物派参赞大臣安崇阿、原任巡抚永贵,运至乌里雅苏台。鄂尔坤、塔密尔所有绿营参将、守备、千总各一员,把总三员,兵三百名,俱移驻乌里雅苏台大营。再查前因以塔密尔为军营,派参赞大臣一员,给与印信,驻札乌里雅苏台。今大兵既驻乌里雅苏台,所有参赞大臣印信应暂贮。俟办理诸务既毕,将参赞大臣移于卓克索等处,展界驻札,另行定拟办理。至迁移军台,查自张家口至鄂尔坤四十四台。自鄂尔坤至乌里雅苏台,设喀尔喀台站十八处。今军营既在乌里雅苏台,台站可直抵军营,道里较捷。自张家口至乌里雅苏台道路,今计现设台站数目,与应移台站,正足相当。现派侍卫六格等及喀尔喀台站台吉等,查明旧设台站地方,及移设台站由何处安台,应添喀尔喀官兵若干之处,详细查酌办理。再查军营现存米一万五千余石,大麦四千九百余石。臣等现议喀尔喀官兵停其支米,全给羊价银两,约计添兵三千名,尚足敷一年有余支用。"报闻。

○癸酉,谕军机大臣等:"昨经降旨拣选察哈尔八旗兵五百名,令侍卫永柱、总管阿敏道带往军营调遣,看来尚不敷用。着再派侍卫萨木都布前往察哈尔地方,会同总管等于八旗兵内,再行拣选五百名,即令萨木都布带往军营。"

○甲戌,谕:"朕于五月初六日启銮往热河,七月初五日由彼启銮巡幸吉林。所有军营应奏事件,若照旧例仍进张家口、出古北口,行走纡回,徒劳驿站马匹。着派富德、达松阿等,自张家口外第三四站起,察看情形,酌量定议,安设台站,直抵热河,以便驰送军营事务。"○钦差尚书舒赫德等奏:"准噶尔频年内乱,至今阿睦尔撒纳等相争未定。虽无力侵犯喀尔喀地方,而防守不可稍疏。臣等公同详议,现今乌里雅苏台地方驻兵三千名,俱经遴选。现又发察哈尔兵五百前来,由此项兵内及新到察哈尔兵,拣选二千名,于五月初十日内外,每人给马三匹,令萨喇勒、努三、贝子车木楚克扎布、沙克都尔扎布、公青滚杂卜、恭格敦丹等，与萨木都布公同带领，由控圭一路缓行牧放，进至卓克索，查验准噶尔乌梁海。如来至阿尔泰以内旧游牧地方，即速前进，或招降，或驱逐，遵奉屡次谕旨悉心办理外，计乌梁海事竣后，正防秋紧要之时。卓克索等处当库列图要路，将此二千兵即于卓克索以内控圭等路，驻札防秋。再派参赞大臣安崇阿、副将军贝勒车登扎布领兵一千名，驻札库克岭等处，防守索勒毕岭、布拉罕路。其余兵五百名，并常驻札乌里雅苏台兵一千名，令参赞大臣乌勒登带领，轮班喀尔喀大员，总办两路一应边卡事务。其每年应派防秋兵三千名，停止驻札鄂尔坤等处。臣舒赫德、成衮扎布亲率喀尔喀郡王桑寨多尔济、贝勒车布登、车苏隆、公齐旺等，驻札塔密尔、乌里雅苏台，中间鄂尔海、喀喇乌苏等处，接应各处之兵，相机而行。此项兵俱于六月初旬齐赴军营，务选人才精壮，器械整齐。倘有草率塞责者，即行严参。令各扎萨克明白通谕四部落外，并将喀尔喀协理台吉章京等员内拣选才能出众者，以备差遣。严传各卡侍卫台吉等，加意瞭望探听，于七月底差哨探兵往阿尔泰山梁，根寻踪迹。俟雪降后，将备调兵酌量撤回。其每年保护四部落游牧兵，仍照旧豫备。"得旨："此次车凌等既来投诚，又办理乌梁海事务，防秋尤为紧要。是以朕昨降旨于察哈尔兵内，再添派五百名发往。现今舒赫德、成衮扎布来京陛见，俟至京时，诸务再行面谕。至伊等另折所奏，'喀尔喀兵丁军器，挑选好者留用，其平常者俱行驳回。'办理甚是。但器械为武备要项，何至军前始行挑出驳回？明系喀尔喀风俗弊坏，平日漫不经心，苟且塞责所致。着将此严行晓谕各扎萨克。嗣后有似此者，必将该副将军及扎萨克等从重治罪，断不宽宥。再库克岭，惟安崇阿与车登扎布二人驻札堵截，尚属不敷。现在已令副都统德宁前往军营，至防秋时，即着德宁与安崇阿、车登扎布等在库克岭驻防。"（《清高宗纯皇帝实录卷之四五九》）

○乾隆十九年甲戌夏四月○乙酉，又谕："方观承奏清查宣化等属库项一折，内称未准销银两应俟准销领解归款等语，此即为浮冒之员留一地步矣。地方办差办公，俱有应销成例，乃积习相沿，每辗转不结。而承办之员，亦遂得借口尚未准销，掩其侵蚀。前因尘案累累，特颁谕旨，令各督抚将未完各案，克期速结，并予限一年，令户、工二部通查，办理完竣。今方观承犹为迂回宽缓之词，是使侵冒之员仍得行其故智，岂设法清厘之本意乎？已交户、工二部，遇有此等案件，不得往返驳诘。随时核查，分别完结。可令方观承将所有未完各案作速查明，如果系例应准销者，即据实报部请销。其不应准销者，即严行勒限追缴。着户、工二部于原定一年限满之日，已、未完结缘由、声明奏闻还款，如此则积案既清，而劣员亦无从售其侵挪之计。将此传谕知之。"

○庚寅，军机大臣议覆："据副都统富德等奏称，军营驰奏事件，取直路递送热河。张家口外自第四站分路，至独石口外张麻子井，计程四百余里。自扎噶苏台腰站至头站，此六站每站有马三十五匹，请各撤二十五匹，安台驰递等语。应如所请，遣驿站员外郎傅鼐通融台马安设，自独石口至葛家屯，自葛家屯至热河，取直接设驿站之处。即令傅鼐会同独石口、张家口台站官员，亦照此办理。所有接设驿站，即交富德、达松阿等管理。俟应撤时，一面报部，一面撤回各原站。"从之。○又议覆副都统富德奏请酌定附近台站蒙古供给乌拉口粮则例："查定例，奉差驰驿大臣官员，例应官给羊为口粮。骑乌拉者，理藩院给票，所需马羊悉由蒙古供用。后因撤兵，每站马驼仍旧。现今每站备差马各二三十匹，寻常奉差人员尚敷乘骑；若人数较多，台马不足，准令征调附近蒙古乌拉马乘用。但不明定规制，台站人等，或令蒙古加倍豫备，或竟不出台马，止用蒙古马，均未可定。应如所奏。嗣后寻常奉差人员，仍照旧例骑乌拉外，其应驰驿大臣官员，需马数目，由兵部先期行文该总管，照数豫备。其驰递报匣事件，遇有二三十匹马数台站，准用一半，其一半准令驰驿人等骑用。所需若逾此数，再令扣数酌调乌拉马。再蒙古协济之乌拉马，乘骑过站，其马本人领回口粮羊，亦不准向蒙古取用，所有应驰驿者,止令蒙古协济乌拉马,所需口粮羊均照例官给。其例应骑乌拉者,马羊仍照例取给蒙古。"从之。(《清高宗纯皇帝实录卷之四六〇》)

编者注:○乌拉(满语,穆麟德:ula),是女真的氏族部落之一,因世居于松花江畔(今吉林省吉林市龙潭区)而得名。乌拉在满语中意为"江"。乌拉马即当地所产蒙古马,个头矮小,耐力较好,通常用来作为军马使用。

○乾隆十九年甲戌四月○丁酉,谕军机大臣等:"现调察哈尔兵陆续俱至军营,若令其在大营住宿,由乌梁海前来送信之克木波尔望见,必云我调内地兵来。伊等不免豫为防守,着寄信策楞等于军营之次,或一日路程,或半日路程,择附近有水草处,察哈尔兵到时,均着在彼住宿。不可泄漏于厄鲁特乌梁海等,亦不准令见踪迹。再此旨一到,永柱若仍在军营,令其前往扎克拜达哩克,会同麒麟保办理事务,暂住数日,以候谕旨。"

○丁未,谕军机大臣等:"昨降旨麒麟保、永柱等,玉保若传旨派车凌之人出兵,晓谕色布腾,令永柱亲自带色布腾前来,于何日起程,何日可到张家口外,作速奏明。今据玉保奏,已以色布腾为参赞大臣,派车凌等出兵,此时永柱若在扎克拜达哩克,想遵朕前旨,已领色布腾起程前来。如永柱因迎接察哈尔兵丁,道路舛错,未到彼处,恐致太迟。着寄信麒麟保,即将朕先降谕旨晓示色布腾,派本处章京一员照料色布腾前来。一日行几里,量何日可到张家口外某站,急行奏闻。但勿过急,致劳色布腾之力。并寄信永柱到扎克拜达哩克时,即行赶紧前来。"
(《清高宗纯皇帝实录卷之四六一》)

○乾隆十九年甲戌闰四月○辛未,谕侍卫永柱:"新降台吉色布腾,已令在参赞上行走,带兵前往军营办事。今年不得前赴热河瞻仰朕躬,加以封爵。若令其来京陛见,伊未经出痘,不便前来。着永柱带领色布腾至张家口。至时,着大学士公傅恒往彼接见,转传谕旨。"寻永柱遵旨带领前来,命大学士公傅恒至张家口传旨迎劳,并封色布腾为贝勒。(《清高宗纯皇帝实录卷之四六三》)

〇乾隆十九年甲戌五月〇壬午,又谕:"据永常奏,准噶尔夷使已抵桥湾,现在即可入关。且据该夷使言,于起程时业已派出贸易头目,亦于六月间可到等语。从前准夷部落,准其通贡贸易,原系加恩噶尔丹策零。其后策妄多尔济那木扎勒、喇嘛达尔扎继立,因系噶尔丹策零之子孙,是以仍前办理。至达瓦齐篡立,则系伊之仆属矣。今伊贡使前来,若仍前相待,我朝当全盛之时,国体攸关,不应委曲从事,以示弱于外夷。若少示贬损,准夷素性猜疑,阴怀叵测,将来必至构衅滋事,不得不先为防范。况伊部落数年以来,内乱相寻,又与哈萨克为难,此正可乘之机。若失此不图,再阅数年,伊事势稍定,必将故智复萌,然后仓猝备御,其劳费必且更倍于今。况伊之宗族车凌、车凌乌巴什等率众投诚,至万有余人,亦当思所以安插之。朕意机不可失,明岁拟欲两路进兵,直抵伊犁。即将车凌等分驻游牧,众建以分其势。此从前数十年未了之局,朕再四思维,有不得不办之势。所有明岁军兴,一应粮饷、兵丁、马驼,均应豫为筹画。其西路所调兵丁,约需二万。此内欲拨甘凉绿旗兵八千,及西宁、凉庄、西安、归化城、土默特、察哈尔,以及新降之厄鲁特兵,共合二万之数。如此办理,似已足敷调遣。或有另行办理之道,着永常详细筹议,速行具折驰奏,候朕酌定。将来十月内,朕另降谕旨。令永常策楞等来京,将一应机宜,面加训谕。至陕甘现办军需,鄂乐舜恐不能办理裕如。已特派鄂昌前往,并令史奕昂署理甘藩,以资协助。可一并传谕知之。"寻奏:"查归化城、土默特、察哈尔及新降之厄鲁特,习知口外道路情形,自应派拨。再索伦兵骑射素强,尤谙草地路径,亦应派入。请于臣标,暨固原、甘州、安西三提,西宁、宁夏、凉、肃四镇绿旗兵派拨一万,其西安、宁夏、凉庄、归化城、土默特、察哈尔、厄鲁特派兵九千,再将索伦兵派入一千,共合二万之数。又查瓜州扎萨克公额敏和卓人极勇往,深悉夷情。应将哈密瓜州缠头派拨二百名,使额敏和卓带领,随营进征。如遇夷境左近之缠头,令其晓谕招顺。至一切军装器械,现有备战备贮之项。可以动用粮饷马驼,查照出征西路筹画,奏闻办理。"下军机大臣议行。

○乙酉,又谕:"前令由张家口、多伦诺尔、归化城、伊克昭及喀尔喀之土谢图汗等部落采买马二万、驼二千,今尚无需。不若暂解军营,加意牧放,以备应用。着派莫尔浑总理其事,归化城所买驼马,即交彼处官兵解往。其张家口、伊克昭、喀尔喀所买驼马,就近送至何地及作何分起解往之处,令莫尔浑酌妥,一面移知约会,令各该处大员统领本地官兵解送。其驼马解至军营,交将军策楞,另派官兵妥为牧养豫备,原解之官兵俱令撤回。着寄知莫尔浑,沿途不必急行。务觅丰美水草牧放,缓缓护解前行,勿令疲瘦。再军营现在需人,莫尔浑到彼时,着在参赞大臣上行走。并寄信策楞、达松阿、惠色等知之。"(《清高宗纯皇帝实录卷之四六四》)

○乾隆十九年甲戌五月○己亥,军机大臣奏:"查西北两路派兵,臣等公同商议:北路派兵三万,西路派兵二万。拟派京城满洲兵四千,黑龙江兵二千,索伦巴尔虎兵八千,绥远城右卫兵二千五百,西安满洲兵二千五百,凉州庄浪满洲兵一千,宁夏兵一千,察哈尔兵四千,新降厄鲁特兵二千,归化城土默特兵一千,阿拉善蒙古兵五百,哲里木兵二千,昭乌达兵二千,喀尔喀兵六千,和托辉特兵五百,宣化、大同绿旗炮手兵一千,甘肃各营、安西绿旗兵一万,共兵五万,分两路遣往。计每兵需马三匹,共马十五万。除现在北路军营所有马六千余匹,及交额琳沁多尔济采买马一万,莫尔浑解送二万外,再令额琳沁多尔济动军营饷银,于喀尔喀四部落买马三万。车凌等带来马甚多,着将官羊换马一万,于内扎萨克六会盟处买六万,尚不敷一万四千。应令永常于绿旗营并孳生牧厂内,照数拣派其北路所需驼约计一万。除现在官驼三千外,交额琳沁多尔济亦动军营饷银再买二千,于内扎萨克六会盟处买五千,其口食羊亦于内扎萨克六会盟处采买二十万。西路兵应需驼六千、羊十万。除各营现在备战驼三千二百,余近经宁夏满洲营交鄂尔多斯等旗喂养官驼八百与孳生驼一并取用外,若仍不敷。交永常动饷采买。其口食羊,甘肃所管番子地方产羊甚多,且萨尔楚克、海努克等处牛,亦可应用。亦交永常动用饷银,或羊或牛,酌量共采买十万豫备。其采买内扎萨克马、驼、羊,仍照前于御前乾清门行走之王公额驸内,分派数员前往,会同各盟长采买。其价值每驼一银十八两,马八两,羊七钱,不得浮用。所有应派蒙古王公等职名伏候钦定。"得旨:"依议。着派齐默特多尔济、索诺木喇布坦、阿喇布坦多尔济、裕木充、扎拉丰阿、哈穆噶巴雅斯瑚朗图、班珠尔、喇什塞楞、齐旺班珠尔、喇什纳木扎勒、德里克旺舒克、拉里达外,添派鄂实、白衣保、哈清阿、诚林、永兴、巴尔品,前往办理采买马驼事务。"

○甲辰,军机大臣议覆:"直隶提督吴进义奏称:'各处交商营运银,每月一分及一分五厘起息不等。惟古北标营,原本银一万两,兵丁红白二事较多,息银若仅照各处,不敷恩赏,是以二分起息。今阅年已久,现除遍赏外,尚余息银四千余两,合本银共一万四千余两。请照各处交商例,每年一分五厘起息等语。查原本既多于前,即稍减息银,每年所入,足敷赏赉。'应如所请。"从之。○又奏:"查明岁所用驼,稍有不敷。请交直、晋、豫省督抚,采买商驼,送张家口备用。"从之。

○乙巳,定边左副将军策楞等奏:"臣等公同商议,除库克岭、卓克索二处各派兵一千驻防外,乌里雅苏台尚存察哈尔兵一千、喀尔喀兵三千,并继至之防秋喀尔喀兵三千,共兵七千。若令一处屯驻,不但水草不敷,且库克岭等处去乌里雅苏台甚远,缓急策应。殊多不便。臣等计其适中之地,派兵一千,屯驻布尔哈雅等处,以为库克岭应援。又派兵一千屯驻西巴尔图鲁等处,以为卓克索、控圭之应援。即令各台吉带往。余察哈尔兵一千、喀尔喀兵四千,令于乌里雅苏台附近舒鲁克河、哈克诺尔等处,屯驻备调。"从之。

○丙午,军机大臣等奏:"明年进兵,西路所派兵二万名,俱于明年四月内令至军营,方于进兵日期无误。但所派兵远近不等,明年春草未生时,势难趱行。其索伦、巴尔虎兵三千,应交该将军。令于明年正月初十内至京师,自京师送至军营。应交直隶等省各督抚,照往金川兵例,或用马,或用车,自正月十五日起,间三日起程一次。其由嘉峪关送至军营,如何备马之处,交永常办理。其察哈尔兵二千,应令总管固穆扎布带领,会同京师派出侍卫各员,带四十日口粮,乘今年秋令起程,沿途牧养马畜。前至推河等处时,令将军策楞等自军营差人换给马匹,酌办口粮,送至西路驻札哈密军营。其口粮由永常处办给。新降厄鲁特兵一千,即令车凌乌巴什带领,于四月内赴西路军营。其阿拉善兵五百名,交永常、鄂昌派员照例办理。令公衮楚克带领,于四月底至军营。至西安、凉州、庄浪、满洲兵,及甘肃各营、安西绿营兵,俱离军营甚近,应令该将军等会同永常,照例支给行装口粮,如期调集。"得旨:"依议。索伦、巴尔虎兵,着派三格、纳木球带领。西安满洲兵,着派都赉、丰安带领。凉州、庄浪满洲兵,着派纳迈、齐努浑带领。甘肃、安西绿营兵,着派豆斌、李中楷、傅魁、马得胜带领。"○又奏:"调往北路兵三万名,务于明岁四月内俱至军营,方不误进剿之期。臣等酌议,京兵四千,于明岁二月初旬起程。黑龙江兵二千,于明岁二月十五内至京起程前往,列于京兵之末。以五百名为一队,间三日起程一次。其索伦巴尔虎兵五千,或于今年秋间起程,或俟明年起程,应令该将军速筹定议,具奏办理。察哈尔兵二千,赏给两个月口粮,令于二月初间起程,四月内未必能到。蒙古兵习于游牧,不如乘今年秋间水草,即令起程,沿途游牧缓行,择暖燠处过冬,再行前往。不但不误进剿之期,马亦不致疲乏。应交各盟长妥办。其绥远城、右卫兵二千五百,宁夏兵一千,归化城土默特兵一千,及宣化大同绿旗兵一千,均令该将军、都统、督抚等,照例办理起程。均限于四月内齐到。和托辉特兵五百,交将军策楞,行令该扎萨克等办理。新降厄鲁特兵一千,亦令策楞处办给赏赉,交亲王车凌带领。"得旨:"依议。黑龙江兵着派达色、鄂博什带领。索伦、巴尔虎兵着派清保、鄂尔衮察、温布带领。绥远城右卫兵着派郝善、哈宁阿带领。宁夏兵着派和起、海福带领。察哈尔兵着派五十六带领。归化城土默特兵着派阿尔宾带领。哲哩木兵着派色布腾巴勒珠尔、齐默特多尔济、拉里达带领。昭乌达兵着派额琳沁、阿咱喇、朋苏克带领。宣化大同绿旗兵着派福禄带领。"○又奏:"查从前出师人等,赏给治装银两,大臣、官员各赏俸二年,京师前锋护军各赏银四十两,驻防满兵各三十两,绿营兵各二十两,官兵跟役各二两。明岁进兵,派出各处大臣、官员及满洲蒙古兵,俱照旧例赏给。其厄鲁特兵系初次派令出师,臣等酌议,管旗章京各赏银二百两,副管旗章京各一百五十两,参领各一百两,佐领各八十两,骁骑校各六十两,兵各三十两。再从前出师蒙古王公扎萨克等,俱系候旨,按照伊等爵级,分别赏赉。此次出师蒙古王公扎萨克等,恭候训示遵办外,其派出哲哩木、昭乌达、阿拉善、蒙古官兵赏赐,臣等酌议,台吉各一百五十两,管旗章京一百两,副管旗章京八十两,参领六十两,佐领五十两,骁骑校四十两,兵二十两。所有驻防满兵、绿旗兵赏银,由各该处库内拨给外,其哲哩木、昭乌达两盟官兵赏银,由各该处核明报院。派户部、理藩院、司员各一员,由户部领出,解往赏给。其阿拉善官兵赏银,就近向宁夏地方官领出赏给。厄鲁特官兵赏银由将军拨解赏给。"报闻。○又奏:"查北路军营前经拨银一百五十万两。今调兵及赏厄鲁特,皆由此项动用,似尚不敷。请交户部派员,再解送一百五十万两备用。"报闻。(《清高宗纯皇帝实录卷之四六五》)

○乾隆十九年甲戌六月○乙卯,军机大臣奏:"查雍正年间,阿尔泰路军台,每站马八十、驼二十。应差章京、骁骑校、领催等各六十员名,羊各百只。戈壁六站,有骑驼各五十。嗣因大兵撤回,陆续裁汰。自首站至十站,大腰站十七站,每站仅留人二十名、马三十。由十一站至二十九站,大腰站二十七站,每站留人十七名、马二十。戈壁六站留驼二十,每站留羊五十。去年以来,因驿递纷繁,每站添马五。戈壁塘站每站添驼五。又骑载需用马驼较多,由附近蒙古征调乌拉供应。蒙恩量赏绸缎、布疋、茶叶等物,所需羊俱照例官给。合计各台站牲畜及征调乌拉牲畜,足可供应来往差务。但用乌拉牲畜,仍需赏给,蒙古等尚不免啧有烦言,臣等公议,不如将此等台站,酌量增添。每站马五十、驼二十、人四十名,戈壁六站骑驼各四十,交副都统富德、达松阿、惠色等。于各站马驼外如再须加添,照官价采买,其征调乌拉之处请禁止。应添驿站蒙古,着富德等查明,于附近台站之蒙古内挑取。所有倒毙牲畜及驿夫工食,俱照例办理。其采买应添马驼银,就近令口北道由部支给,并行文将军策楞等。所有前赴军营设立喀尔喀驿站,增添马匹牲畜之处亦照此办理。事竣后,照旧裁汰。"从之。(《清高宗纯皇帝实录卷之四六六》)

○乾隆十九年甲戌六月○戊辰,军机大臣奏:"查牛羊牧群所存羊只无多。请交副都统富德、达松阿,总管惠色,采买羊十万只备用,价由口北道库支领。"报闻。(《清高宗纯皇帝实录卷之四六七》)

○乾隆十九年甲戌七月○辛丑,定边左副将军策楞等奏:"现在阿睦尔撒纳等来降,若即安插在乌里雅苏台附近地方,军营、粮饷、军器、马匹、牲畜,俱在周围近处。又系通准噶尔大路,恐将明年进兵之事,向准夷泄漏。且投诚人现有二万,即明年准夷事定后,令其仍回旧处游牧。此一年内,若照办理车凌、车凌乌巴什等之例,支给牛羊等项,则喀尔喀地方不能有此宽余牲畜。欲给米石,则现今存贮及挽运之米,尚不敷明年军需之用。臣等公酌,若安插在喀尔喀王车凌拜都布游牧之南苏尼特,与四子等旗接壤地方,则距归化城、张家口、独石口甚近。伊等以赏给银两，就近兑换食物甚便。请俟阿睦尔撒纳到军营日，谕以照车凌等初到接济口粮之例，分给骒马牛羊，挑其可用之兵，将阿睦尔撒纳等大台吉一并留在军营候旨。其老少子女，俱令携带接济口粮，移至所指地方。祈另派通晓蒙古事务大臣，前往照管安插。似此大事，臣等理应恭候谕旨。但蒙古地方霜雪甚早，若水草一枯，又至迟滞。臣等商酌已定，一面陈奏，一面俟阿睦尔撒纳等进卡后，即照此办理。"得旨："策楞等办理此事，甚属错谬。阿睦尔撒纳等系远方新归之人，岂有将伊妻子如此分散之理？此必舒赫德意见，策楞从而附会耳。此旨到时，无论阿睦尔撒纳等妻子已经起程与否，着即行撤回，令其会集一处，在乌里雅苏台附近地方游牧居住。"又谕曰："策楞等请将新降阿睦尔撒纳等眷属分驻于戈壁以内，留其为首台吉及兵丁等于军营以备遣用，已将办理错谬之处指示斥驳。此事策楞、舒赫德不知是何居心，乖张谬戾，实为朕所不料。即云一时错误，亦不应出乎情理至于此极。试思远方归顺之人，尚未知内地作何安插，乃甫经归命，即将其父母妻子发遣，留伊本身于军营，伊心岂有不生疑惧，不知将伊眷属作何发落？今策楞、舒赫德等办理军营重务，其意只欲安居无事。若将此等新降之人，未经承受朕恩以前即如此处置、倘或心生怨望，激成事端，伊二人又将如何办理？即为筹画伊等口粮起见，亦当请旨暂为酌拨。若因口粮一时难至，则迁移如许户口，又岂能不支给牲畜行粮？现在更如何办给乎！即或不然，俟阿睦尔撒纳到卡以后，公同商议，再行奏请，亦不为迟。乃亟亟奏闻，且云一面已经办理，闻之实可骇异。总因策楞、舒赫德全无勇往办事之心，一味畏葸怯懦，必欲坏国家大事。其居心尚可问耶！伊二人究系何人主见，着即明白回奏。若以'公同商议'含糊掩饰，断难逃朕洞鉴。"

○丙午，谕军机大臣等："准噶尔台吉阿睦尔撒纳赴军营投诚，所部约二万人。其所需口粮，应豫为料理接济。即将军营备贮暂行挪用，亦当豫筹抵补。山西、归化城一路，现在巡抚恒文办运军需粮石。此项需用口粮,若由直隶另行办运,较为省便。"着传谕方观承:"于宣化各属产粮处所,或招商承运,或官为采办。即由张家口陆续运赴军营,以二万四千石为率。其如何酌筹办运之处,该督即行妥议奏闻。"寻奏:"现拨银二十万两,交口北道良卿同南路同知范清旷赴张家口筹办。俟该员等查覆到日,奏闻请旨。"得旨:"应即一面办理,一面奏闻。何云候旨也?"(《清高宗纯皇帝实录卷之四六九》)

○乾隆十九年甲戌八月○癸丑,又谕:"据策楞等奏称,新降台吉阿睦尔撒纳等属下之人,有衣服缺少者,请于张家口等处采办皮袄二三千件运送军营等语。现在晋省办运米石,事务繁多。着传谕方观承,令其在张家口等处尽数采买。如一时买不足数,即速行制备,随得随运。务于严冬以前,陆续由台送至军营,以应急需。"

○乙卯,又谕曰:"恒文奏称,赏给阿睦尔撒纳口粮,除已经起运外,所有拨运米二万石,炒米六千石,若于年内办齐,即行赶运。如或不能,明年正月即行起运等语。赏给阿睦尔撒纳口粮,曾交军机大臣计算数目。若有二万四千石,足敷一年之用。前朕已谕方观承,令其由张家口运送,恒文请运米二万石,炒米六千石。若于今年运到甚妥,如不能运到,先将军营现存兵米拨用,接济阿睦尔撒纳,俟明年运到抵还。再兆惠已授为参赞大臣,遣赴军营。今只有恒文一人承办运粮事务,最关紧要。可寄信与恒文,令其尽心妥办,不可稍有懈怠。"

○壬戌,谕军机大臣等:"北路进剿官兵原派三万石,今该处又有新降厄鲁特等咸愿出力报效,合计兵数已属有余。所有宣、大两镇炮手兵一千名,着停其派往。"(《清高宗纯皇帝实录卷之四七〇》)

○乾隆十九年甲戌八月○癸亥,又谕曰:"朕前降旨令萨喇勒于十一月前来陛见,今日据纳木扎勒奏称,车凌孟克与伊子巴雅尔当欲同色布腾逃回等语。此事未知虚实,但巴朗甫经逃叛,车凌孟克属下之人复有此言，不可不暗加防备。可密寄萨喇勒，令其严加防范。并酌量调派察哈尔、喀尔喀兵丁豫备。十一月色布腾来陛见时，萨喇勒暂不必前来，俟色布腾回军营后，萨喇勒再来陛见。"○天津都统玛尔拜因病解任，以天津副都统噶尔锡为天津都统。张家口总管雅隆武为天津副都统。

　　○甲子，军机大臣等议覆："前往黑龙江将军清保等奏派往西北两路官兵军行各事宜：一、现派出兵一万名，以五百为一营，以总管、协领、副总管为营长。每五十名为一甲喇，每甲喇应给纛一、画角一。齐齐哈尔等处兵，令各带现存单甲一副。巴尔虎官员，各带现存棉甲一副。打牲、乌拉、索伦、达呼尔官兵，向来未办军器。除各带本身弓箭外，每人应给棉甲一副，腰刀一把，梅针箭五十只，请交部备办等语。查打牲、乌拉、索伦、达呼尔官兵，皆自有弓箭。今若交部另制梅针，不惟一时赶造不及，恐弓力亦多不合。应交新任将军达勒当阿，令该处派出官兵，将本身弓箭足数带往。所需腰刀，于齐齐哈尔等城楼存贮腰刀内拨给。纛旗、画角亦将本处现存者支给。至棉甲一项，原为鼓励出力兵丁之用，并无派兵一名，即给棉甲一副之例。应请交内务府、工部，将现存棉甲解赴军营备赏，毋庸另造。余应如所请。一、火药、铅丸、绳索，由京前往兵需用者，应由部拨给。由边外前往兵需用者，由本处存贮项下支给等语。查火药、铅丸、绳索，俱系明年进兵时始用之项。应俟伊等抵军营后，由将军酌量拨给。一、员弁例给跟役。除赏皮衣银二两外，应给盐菜口粮。再每兵四名，合用帐房一架、罗锅一口，应折银支给等语。应如所请。并行知两路将军等，兵丁到营后、毋庸再行支给。一、由克噜伦赴北路兵五千名，各给马二匹，每一匹折银八两。官员按品支给。跟役二名，合给驮马一匹，亦折银支给。由京赴两路兵五千名，抵京时副都统给马八匹，总管、协领、副总管、委营长六匹，佐领、防尉四匹，骁骑校三匹，兵丁各一匹。两兵合给牛车一辆，俱折银支给等语。查由边外赴北路兵五千名，各给马二匹，折给马价。应如所请。至由京赴两路兵五千名到京后，于张家口、直隶、河南、陕西等处安设马台，转行解往，非同由该处直抵军营可比。应行令新任将军达勒当阿酌量支给车辆,车如不敷,再补给马。一、各项军需,约计用银六十六万四千两,除现存储备银二十万两,额尔登额解来银二十万两,尚不敷银二十六万四千两。请由盛京户部拨给支放,俟兵起程后,由京补领归款等语。应如所请办理。"从之。(《清高宗纯皇帝实录卷之四七一》)

○乾隆十九年甲戌九月○戊寅,以察哈尔游牧总管多尔济为正蓝旗汉军副都统。(《清高宗纯皇帝实录卷之四七二》)

○乾隆十九年甲戌十月○辛未,直隶总督方观承奏酌筹西北两路兵行事宜:"一、西路自京至河南淇门驿设四大站,用兵部马送至良乡,按站换车,送至淇门驿北路。自京至张家口设两大站,顺天府备车,送至怀来县换车,送至张家口,给马驼长行。一、兵二名合一跟役,给大车一辆,行装盔甲俱可携载。其车价,按马骡一匹,每百里给银三钱计算。回空守候,概不支给。一、官兵沿途住宿。用各标营帐房,每二三名合给一架,领兵大臣官员,亦用帐房安营驻札。一、良乡、清苑、正定、临洺,并怀来五站,车马聚集,草豆必昂。请于司库动项,豫发各州县备办,事竣归款。"下军机大臣等议行。

○是月,直隶提督吴进义奏:"请巡阅镇属营伍。查直隶五镇,除马兰、泰宁所辖营汛无多,应乘便巡阅外,其宣化、天津、正定三镇,请分为三年,挨次查阅。提督巡查之年,总兵停其巡查。"报闻。(《清高宗纯皇帝实录卷之四七五》)

○乾隆十九年甲戌十一月○丁丑,谕:"明年派往西路官兵,经行台站,关系紧要。已令各督抚派委司道大员,于本省专司其事。但自京抵哈密路经七十余站,必得大臣经理。届期着派侍郎吴达善往来查看,以专责成。"○谕军机大臣等:"陈宏谋奏,该省现设台站,责成知府不时查验一折，所办甚是。台站关系军行，甚属紧要。自京至哈密，路经七十余站，必得大员往来督察，已降旨派侍郎吴达善届期前往。其专司本省站务，亦应各就司道内拣派一二员，不时弹压巡查。倘有办理未善之处，惟该员是问。着该督抚等即行拣派奏闻。又另折称，此次征兵过站，备饭既多，不便给银，零星难使。应每银一两，折给钱一千文，以资饱腾。并将陕省余钱借给甘省，画一散给等语。如此方得大臣不分彼此之道，所办尤为妥协。河南已如此办理，可将此传谕各该督抚，令其豫行筹办。此折并着抄寄。"

○庚辰，赈贷顺天直隶所属武清、蓟州、霸州、保定、永清、东安、滦州、昌黎、乐亭、高阳、万全、怀安、怀来、丰润、玉田等十五州、县本年被水、被雹饥民及旗户灶户人等。其本年应征钱粮及积年旧欠。分别蠲缓带征。（《清高宗纯皇帝实录卷之四七六》）

○乾隆十九年甲戌十一月○己亥，以直隶宣化镇总兵福禄、广东右翼镇总兵丁大业对调。

○庚子，谕军机大臣等："刘统勋等奏酌带赏需一折，内称准噶尔头目如果有交纳军器、实心向化者，应酌予赏赉等语，所奏非是。准夷投诚人众所需军器，若令其一一交纳，则是激之使反。拒之使不来，既阻其向化之诚，复启其疑贰之渐，焉有如此办理之法？若果应行奖赏，则当其率众归诚，朕自有格外加恩之处。如近日北路之阿睦尔撒纳等来降，何尝不厚加宠锡？如以其投诚交纳器械，军营将军即行议赏。则是以我财币贿诱来降，几似利其所有而为之矣。况橐载巨万而往，是启贼人以抢掠之门也。此从前岳钟琪等办理错谬，岂可复蹈前弊？刘统勋原系汉人，军务非所谙练。鄂昌外任年久，乃亦渐染绿营恶习。为此陈奏，甚属不合。着饬行。至另折奏，五十六带领察哈尔兵丁，支领口粮火药之处。从前原议令其随带两月口粮，缓程前往。其经过处所，尚可打牲行围，以资口食。岂必按日计算？且察哈尔兵丁，从无掺演之例。即应行掺演者,既到彼处,亦宜停止,再无需用火药之理。明系五十六借此希图侵冒货卖。刘统勋等据此办理,直为伊所朦蔽。所有支领火药,着悉行追缴。五十六如此居心,岂可令在军营?已有旨拏交刑部。着刘统勋等即行派员,押解来京。"

○辛丑,又谕:"旧有喀喇沁台站及现设台站,明年进兵时随营安设台站,俱交兆惠、富德总理。自张家口台起至喀喇沁台,仍令达松阿管理。自喀喇沁台以外及新设喀尔喀台站,交将军班第,或于喀尔喀副将军,或于扎萨克大员内,拣派贤能二员,亦令如达松阿、惠色一律管理。"(《清高宗纯皇帝实录卷之四七七》)

○乾隆十九年甲戌十二月○辛亥,谕军机大臣等:"前经降旨,由张家口安设喀喇沁喀尔喀及随营各台站,令兆惠、富德总统办理。其额尔齐斯种地兵丁,着努三照管。可传谕兆惠、努三,均不必在参赞大臣上行走。明年进兵,运粮甚属紧要,此时兆惠亦应留心催办。"(《清高宗纯皇帝实录卷之四七八》)

○乾隆十九年甲戌十二月○壬戌,谕军机大臣等:"据班第等奏,五十六所带察哈尔兵一千名内,有私逃护军齐齐克等,因偷马被获,请将为首之齐齐克照偷窃官牲之例,加重定拟,即行绞决。其余西拉布等九名,分别发遣责革等语。所办殊属非是。齐齐克等俱系出师之人,途次擅逃,其罪甚重。一经拏获,即宜正法。班第等因何不按逃人办理,反以偷马拟罪?若使途次未曾偷马,又如何定拟耶?着寄信班第,将齐齐克等十名俱行正法。此十人内,将四名解送北路军营,余六人分解西路三名,京师三名,正法示众,嗣后如遇此等案件,俱照此办理。此旨到时如班第已经起程,即将此旨由驿递交阿睦尔撒纳、色布腾巴勒珠尔办理,并着寄信哈清阿,令晓谕察哈尔八旗人等。咸使闻之。"○又谕:"班第等奏,前赴北路之察哈尔兵丁内私逃齐齐克等十人,俱系察哈尔八旗之人，未便发遣邻境，请将伊等并其妻子发往南省等语，所办非是。奴仆内果有奋勉者，朕必加恩改为另户。其旗人犯法，照例将其妻子为奴，亦所当然。不惟察哈尔蒙古，即八旗满洲人等，亦如是办理。若因旗人从宽，法何以行？齐齐克等十人业经降旨，令分解西北两路军营及京师等处正法。着哈清阿即查明伊等妻子，解送北路，赏给原获此辈之喀尔喀等为奴。起解后，哈清阿即行来京。嗣后如有似此之事，俱照此办理，并通行晓谕，中外知之。"

○乙丑，军机大臣等又奏："明年二月内酌派西路先进精锐兵五千名。查西路现有察哈尔兵一千名，其原派车凌、车凌乌巴什等之兵，飞檄催令起程，于二月初十间抵哈密军营。此三千兵外，尚少兵二千，就近派阿拉善蒙古兵五百名，并原派凉庄满洲兵一千名，及现议调拨宁夏之满洲兵一千名，亦飞檄催令起程，于二月初十间抵哈密军营。此内较现今议定五千名之数，仍多五百名。如所备马足用，即将多余兵五百名一同带往进剿。如马不敷，着将军永常、萨喇勒酌量裁减五百名，仍以五千名进剿。俟命下日，速行檄知各处。"从之。○又议覆定北将军班第等奏，遵旨将出征满洲、蒙古各项兵丁应给口粮画一办理一折："查从前廪给之数，较今给与察哈尔之项，大略相仿。惟喀尔喀、和托辉特之兵，因去游牧近，比从前较少。今应俟明年各路调兵前来，无论满洲、蒙古、索伦、巴尔虎、喀尔喀、厄鲁特，俱一律按照定例给与。令其携带炒米、炒面、牛羊干肉，并盐菜银两。其初到军营守候之时，亦照定例。每兵一名，每月支给二十日米一斗六升六合。羊一只，盐菜银一两五钱。至明年进兵时，止议给两月干粮，少觉不足。现议于二月内先遣哨探兵前往，应令带四月干粮。其现在军营之察哈尔兵每月应给羊三只，但军营米石甚裕，应裁两只，每月给二十日米，羊一只。喀尔喀兵仍支给羊价银二两一钱。其声援之喀尔喀兵，既不进剿，仍给羊价银七钱。臣等并行文西路将军等，亦照此办理。"从之。

○庚午，谕军机大臣等："察哈尔出征兵丁，倒毙马匹甚多，理应查明，着落赔补。今据萨喇勒奏称，察哈尔此次办理乌梁海、擒拏玛木特等事，往来行走，奋勉效力，着有劳绩。若喀尔喀去伊游牧甚近，行走尚易，且掳掠牲畜内，不无暗行偷窃，以抵倒毙之项。其察哈尔离伊游牧甚远，掳掠牲畜，不敢丝毫隐匿。且倒毙俱属实情。着将察哈尔应行赔补马匹施恩宽免，后不得援以为例。"

○辛未，军机大臣等奏："臣等原议派往西路之京城满洲兵，定于明年正月十五日以前起程。其索伦、巴尔虎、哲哩木等兵，俱随后接续起程。发往北路之京城满洲兵，定于明年二月初起程。其黑龙江兵亦随后接续起程。兹据顺天府文称，索伦、巴尔虎兵，于明年正月初间即到京城，且现议先遣哨探兵前往。臣等酌议，索伦、巴尔虎头队兵五百名，即于正月初三日起程，每间二日起行一队。其派往西路之京城满洲兵及哲哩木兵共二千，分作四队，俱接索伦、巴尔虎兵之后起程前往。派往北路之京城满洲兵一千名，黑龙江兵二千名，分作六队。自二月初三日起至十八日止，亦间两日一队，陆续起程。其在张家口豫备分给北路官兵马驼事务，现止达松阿一人，不敷办理。请再派大臣一员。"得旨："张家口备办马驼事务，着派副都统鄂实前往，余依议速行。"

○壬申，军机大臣等议覆，协办陕甘总督刘统勋奏，请以察哈尔骑往之马，改作备战一折："查前据陈宏谋奏，晋省解到之马，多有疲乏。挑退六百余匹，若驳回另解，往返需时。议将督抚两标内马好者拨补。解甘、晋省疲马，留陕喂养，以备台站之用。今刘统勋奏称，督抚两标原议供台之马，已议改作战马，是代补晋省之马。即在战马数内，晋省留陕喂养之挑退马，终难资用。现今察哈尔官兵骑往马匹在哈密牧放，若于此内挑选千余匹，则备战充裕等语。但现议于明年三月初，先遣五六千骑前往略地。业遵谕寄令该协督，挑选膘壮马匹，于二月内齐集备用。今刘统勋议，以察哈尔马匹改为战马。窃思略地官兵应于明岁三月初进发，察哈尔官兵于十一月甫到哈密，即加意牧放，恐难资用。应令该协督仍遵前旨，于该省备战马内先行挑选豫备。其察哈尔马牧放挑

选,以补晋省挑退之数。"得旨:"依议速行。"(《清高宗纯皇帝实录卷之四七九》)

公元1755年

○乾隆二十年乙亥春正月○甲申,又谕曰:"通玛木特为人诚实恭敬,朕甚嘉悦。是以加恩授为散秩大臣,赏赉衣服银物。今闻溘逝,殊堪轸念。着传谕军前大臣,于军营内支银二百两,赏伊家属治丧,并拣选伊子袭职。再伊家属,如在原游牧处,着库克新玛木特照看;或欲来察哈尔地方,即相依萨喇勒居住。并令其加意照看。"

○乙酉,兵部议覆直隶总督方观承奏:"由宣化递京军站,除下堡、榆林毋庸添马外,回龙观至宣化城十二站,沙岭堡至枳儿岭五站,马匹不敷,应各拨添十匹。沙岭堡至枳儿岭五站,台员已足;回龙观至宣化城十二站,惟昌平、宣化两站设有专员。回龙观首站,应添设千把三。余九站添千把二,三月一更。再陕、晋文报,南至井陉,北至良乡,共十三驿。各相距四五十里、六七十里不等。议于长生口、微水铺、赵林铺、拐角铺、马头、明月店、清风店、新店、大激店、滦河、六里屯、泽畔村、琉璃河、卢沟桥,添腰站十四,各设马十五匹。仍于每正站添千把外委一,亦三月一更。西北两路责成口北道、霸昌道、宣化府、北路厅及该管之参游等,南路责成清河道、正定、保定二府,西路厅及该管之参游等分查。均如所请。"从之。(《清高宗纯皇帝实录卷之四八〇》)

○乾隆二十年乙亥二月○己巳,豁除直隶热河同知所属乾隆十九年水冲沙压地十三顷九十一亩,张家口同知所属被水冲汕成河地七十顷三十六亩额粮。其余成灾各地亩额赋分别蠲缓带征。(《清高宗纯皇帝实录卷之四八三》)

○乾隆二十年乙亥三月甲戌朔○又谕曰:"班第奏带领察哈尔兵丁,于二月二十日起程续进。令永贵将后队官兵口粮办理支给外,所有余剩驼只酌量携带粮饷,跟随大兵相继前进,俟办定再为奏闻。此奏殊未明晰,现在大兵鼓勇直入,成功指日可期,官兵已携带口粮四个月,又何须额外带往豫备?此或系豫备赏赉之用,或从前议带两月口粮,后复定为四个月。而于官兵起程时,未及满支四个月之数,今特为之补运,均未声明。如系带往赏赉之用,尚属可行。若官兵已携带四个月口粮,今复多行裹带,接续前进。万余兵丁,应备口粮若干,需用驼只若干,中途保护,既分兵丁之力,且防意外之虞,殊未妥协。着传谕班第查明,如系必需之项,一面计数奏闻,一面办理。"寻奏:"现计马驼有余,酌带军饷,既可接济大兵,亦可备平定赏项。且随大兵照看亦易。"报闻。(《清高宗纯皇帝实录卷之四八四》)

○乾隆二十年乙亥三月○辛卯,又谕曰:"纳木扎勒奏,支领阿睦尔撒纳等俸饷之厄鲁特人等,现派领催敦珠克带领,于三月初九日,自塔密尔起程来京。厄鲁特人等到京时已值夏令,天气渐热。恐其不耐炎暑,或致患病,宜加体恤。着派副都统多尔济将阿睦尔撒纳等应支俸饷缎疋等项运往张家口,俟厄鲁特人等到时,一一照数给与。仍将朕体恤伊等不令入京之旨,明白晓谕。令其归至游牧时,转传与该扎萨克寨桑等知悉,并传谕纳木扎勒知之。"○直隶总督方观承奏:"直隶喂养余剩马四千五百五十三匹,应送下厂。查向来系按东西四旗,派出张家、独石二口牧放。今节次领喂之马,无旗分可查,自应统行送部查办。惟是宣镇各营,俱附近张家口一带,提标马兰二处,亦距口为近。如亦令送京,复由京出口,殊多劳费。请就近送张家口,候牧厂副都统等出口时,顺路查收下厂。"得旨:"是。"

○壬辰,定北将军班第奏:"带领察哈尔兵,于三月初八日,出巴颜珠尔克边卡前往。又查包沁之七得沁,人丁多寡不等,应照扎哈沁例,每得沁编一佐领,已委员编定。"报闻。

○己亥,谕军机大臣等:"班第奏称,阿睦尔撒纳、讷默库请将扎哈沁、包沁内所有辉特、杜尔伯特及业克明安人等,俱即给发伊等管辖。班第不准所请,办理甚属妥协。着将原折抄寄萨喇勒、扎拉丰阿、鄂容安知悉。看来车凌、车凌乌巴什人虽朴实,然不能保其无此等侥幸之心。倘有似此情事,萨喇勒等即照此办理。但须密加防范,勿稍宣露。再北路哨探兵奏折内,将班珠尔、讷默库之名一并开列,甚是。西路至博罗塔拉后,遇有奏折,亦将车凌、车凌乌巴什、车凌孟克、色布腾之名列于鄂容安之后,一并传谕萨喇勒等知之。"

○庚子,蠲免直隶霸州、东安、滦州、丰润、万全、张家口等六州、县、厅灾地银一千一百八十两有奇,粮四十七石五斗有奇,米二石九斗有奇,草十二束五分有奇。(《清高宗纯皇帝实录卷之四八五》)

○乾隆二十年乙亥夏四月○丁未,定北将军班第奏:"三月十九日,据副将军阿睦尔撒纳文称,进兵至额尔齐斯。查伊苏图、铿格尔、乌拉克图等处,俱可屯田。现留贝勒齐木库尔等,俟护军统领塔勒玛善到时一同指示耕种。再现在奏明前赴察罕呼济尔地方,所有后队续进大兵,迅行方为有益,臣即行催塔勒玛善速往。臣现于察哈尔兵一千五百名内,拣选马力健壮者六百名。臣与喀尔喀王桑寨多尔济、贝子三都尔扎卜、公车登萨木丕勒等,星夜减装,紧随副将军等进发,余兵饬令副都统柏起统领继至。"报闻。

○甲寅,又谕:"从前派往西路之索伦、巴尔虎、察哈尔、哲哩木各处兵丁,俱由腹地前往。因边外道里稍远,春季马力不足,恐未能远涉。现今两路进兵,成功指日可待。各处兵丁奏凯言旋,若仍由腹地行走,地方料理顿宿,不无繁费。且伊等素居边外,时当夏令炎热,行走亦不相宜。着传谕班第等,俟各处兵丁遣回时,俱饬令由边外行走。其派往西路之各处兵丁,亦应由阿尔泰一路取道遣回。沿途水草肥美,乘便至额尔齐斯收取所种粮石,以资口食,于兵丁更为有益。若成功甚速,后队兵丁尚有未过巴里坤者。仍令由腹地遣回,此虽系奏凯后办理之事,但临时请旨,未免迟缓。着班第、阿睦尔撒纳、萨喇勒等豫为留心,斟酌妥办。"

○戊午,谕军机大臣等:"据副都统良玉等奏,直隶宣府等处交马二千四百七十四,内挑出有癞残疾马一千二百三十余匹。请将方观承交部严加议处外,并令其作速更换好马,送厂牧放等语。此项马匹,何至癞疾者竟居其大半?由此观之,则方观承从前奏请在张家口顺便交付牧放者,乃自知马匹残癞,恐赶赴京师,经王、大臣验看,必致驳饬,故为此奏。希图顺便交收,以掩饬取巧耳。所有残癞马匹,自应令该督照数更换,送至马厂牧放,仍着方观承明白回奏。"(《清高宗纯皇帝实录卷之四八六》)

○乾隆二十年乙亥四月○庚申,直隶总督方观承疏报:"霸昌、通永、热河三道属,永平、保定、河间、天津、正定、宣化六府属,易州一州,乾隆十九年首垦荒地一百八十六顷有奇。"

○庚午,谕:"昨良玉等奏称,直隶应交出青马匹,内有癞疾者一千二百余匹,而方观承又称并无残疾马匹。是以朕命尚书李元亮、副都统鄂什前往查看。今李元亮等同方观承赴张家口,查无一匹癞马。良玉、德保身为牧场大臣,并不秉公收马,妄称癞马如许之多,甚属悖谬。良玉、德保俱革职,仍留牧场,自备资斧效力赎罪。"(《清高宗纯皇帝实录卷之四八七》)

○乾隆二十年乙亥五月○辛卯,谕军机大臣等:"据班第奏,擒获罗卜藏丹津,派侍卫台布等解送来京。并据达什敦多布转报,额伯津寨桑所属得木齐诺尔布扎布、巴颜辖,将逃人巴朗擒获,同从前擒获之孟克特穆尔一并派员解送前来。罗卜藏丹津负恩悖叛,逃往准噶尔,偷生三十余年。今两路大兵直抵伊犁,无路奔逃。并将投降潜逃之巴朗一并擒获,实足以彰国宪而快人心。着班第等令解送之侍卫等,沿途悉心防范。仍派乾清门侍卫前往张家口,俟罗卜藏丹津等一到,即速解京。候朕择日献俘,明正典刑。其擒获巴朗之诺尔布扎布、巴颜辖奋勉可嘉,应从重加恩。但前此投降人内,并未见有额伯津寨桑及巴颜辖之名,着班第查明。如系新来投降者,即照投降寨桑之例,宣旨授为散秩大臣。并着赏给世袭云骑尉,银一百两,以示奖励。再副都统达什敦多布有无协力擒拏巴朗,班第等亦即查明奏闻,候朕酌量加恩。"(《清高宗纯皇帝实录卷之四八九》)

○乾隆二十年乙亥六月○庚戌,谕军机大臣等:"准噶尔全部已定,班第等仍留彼处办事,俟一二年内,将伊等撤回后,每年自京遣派大臣一员,前往巡查该处情形。但如此更换,需用多人。着班第等于准噶尔旧大寨桑之子孙或已革寨桑内,择其诚实者拣选八九人,带领家属移居察哈尔地方,令其巡查,并资差遣。副都统达什敦多布及投诚之乌尔古勒济勒,即附入察哈尔旗内居住。必须妥为安置此拣选人内,如未有职衔者,着赏散秩大臣职衔。"

○丙辰,军机大臣等议奏:"现在口马备用军需,甚属有余。据江宁将军锡尔璊、京口将军海常、两江总督尹继善,共请买马三千余匹。并委员赴领前来。查明岁巡行南省,江浙需马甚多,若以此次军需备用余马,暂行拨给,亦通融之法。现今都统莫尔浑军营,余马二万余匹。除备厄鲁特朝觐之用,余马俱令牧放,酌量分队,于八九月间赶至张家口。锡尔璊等请领马匹,应令各委妥员,于八月间赴部报明,会同理藩院司官一员,至张家口照数拨给。马价即交藩库,无庸解京。山东、浙江如有缺马之处,均令咨明,照此办理。"从之。(《清高宗纯皇帝实录卷之四九〇》)

○乾隆二十年乙亥六月○辛酉,户部议准直隶总督方观承疏称:"多伦诺尔同知地方试收牲税,已满三年。议以一千两为正额。"从之。

○丁卯,谕军机大臣等:"班第等奏称,大兵陆续撤回,留察哈尔兵三百名,喀尔喀兵二百名,驻札尼楚滚地方,以资差遣防守等语。"(《清高宗纯皇帝实录卷之四九一》)

○乾隆二十年乙亥七月○己亥,定北将军班第奏:"臣等于七月初七日至尼楚滚地方,将察哈尔、喀尔喀兵五百名留驻,余兵陆续撤回。"报闻。(《清高宗纯皇帝实录卷之四九三》)

○乾隆二十年乙亥八月○己酉,谕军机大臣等:"班第等奏称,奉到六月二十八日谕旨时,阿睦尔撒纳业与额琳沁多尔济同行。又有各处撤回兵丁在后,阿睦尔撒纳自必前来入觐等语。阿睦尔撒纳果来至热河,办理自易。且将伊罪恶令暴白于新来投诚人等,亦可以快众心而彰国法。但伊甫经起程,即有人指其罪状,纷纷告讦。伊岂不闻风畏惧?且伊自揣所为,必不敢前来入觐。虽已起程,或沿途托故,恋住游牧,事所必至。伊现在已抵何处,折内未经奏明。前曾谕及起程若尚在十日以内,即行擒治。此时曾否办理,所当加意慎密。如尚未办理,现在虽有攻击阿睦尔撒纳之人,且阳为解劝,置之不问。切勿令其知觉,致生他变。至阿巴噶斯诞妄情形,显与同恶。今伊忽告萨喇勒云,从前随阿睦尔撒纳行走。未得在将军前效力等语,前经班第等调取阿巴噶斯等前来,此时果遵调前来与否,折内亦未明晰。又管理伊犁渡口回目鄂斯瑞伯克来诉,阿睦尔撒纳强取其牲只口粮。俟办伊游牧后,酌量给还。即不敷抵补,料擒治阿睦尔撒纳后,众心已快,亦可无庸补给。再所奏塔尔巴哈沁台吉额琳沁由哈萨克逃回,现住博罗塔拉,与阿睦尔撒纳同族而有宿嫌。今虽攀援内附,中心必不相合。俟来见时加意体察,自可得哈萨克与巴特玛车凌信息等语。班第等或令额琳沁前来入觐,或酌量安插原游牧处，公同酌定。即行奏闻。至萨喇勒于阿睦尔撒纳之姊来见时，察其醉语，甚属留心。但妇女言词，不足深究。即如阿巴噶斯等，亦不过趋附势力、勉强胁从之人。若概行穷治，则各部未免生疑。但阿睦尔撒纳既有令伊姊子沙津巴图管领达什达瓦户口，协力同助之语，将来或即将沙津巴图安插于察哈尔地方。若沙津巴图尚无异心，亦不必安插。将此传谕班第等，俟办理阿睦尔撒纳后，即遵旨办理。"（《清高宗纯皇帝实录卷之四九四》）

○乾隆二十年乙亥八月○丁巳，谕曰："宣化镇总兵丁大业看来人甚平常，不胜总兵之任，着以副将用。其宣化镇总兵员缺。着存泰补授。"

○己未，命副都统鄂实带领达瓦齐父子，于张家口外居住。俟热河回銮，行献俘礼。所属寨桑等解京看守。

○辛酉，又谕曰："准噶尔四卫拉特台吉等，俱照内扎萨克一体分封汗、贝勒、贝子、公、扎萨克等爵秩，令各管辖所属，诸事俱应照内扎萨克一体办理。此时尚无庸分派旗分，其归公管辖之寨桑等，无人统辖。此项鄂托克等，应照察哈尔等，拟定八旗名目。着班第等将归公管辖之二十一昂吉，仍存其旧日名号，分立八旗，定议具奏。"

○丙寅，豁除热河、张家口乾隆十九年水冲沙压民地共八十四顷二十九亩有奇，银一百二十六两有奇。（《清高宗纯皇帝实录卷之四九五》）

○乾隆二十年乙亥九月○己卯，谕军机大臣等："览阿兰泰等屡次奏折，竟以交办阿睦尔撒纳游牧一节无误，即可苟安无事。如所奏第四十站以往，台站断绝。已行文将军班第，转饬台站章京永泰速为办理等语。所称行文班第之语，甚属糊涂。现在台站已断，作何传送？着即明白回奏。伊等尚未知西路阿巴噶斯等抢掠台站之事，着将永常所奏钞寄伊等阅看。又如接济额琳沁多尔济追擒阿逆之处，竟全不置议。夫桑寨多尔济，一少年耳。尚能出兵分路堵截。伊等身为大臣，何至一筹莫展！着传谕哈达哈、阿兰泰于撤回索伦察哈尔兵丁内,如何调遣接济额琳沁多尔济之力并通信班第,作速筹画办理。再玛木特之孙扎木禅,人尚可用。或令伊拣选扎哈沁兵丁,前驱侦探;或于伊等内拣选熟悉道路之人,径达伊犁,通知班第等协力相助。一面办理,一面将现在情形及陆续信息即行奏闻。"(《清高宗纯皇帝实录卷之四九六》)

○乾隆二十年乙亥九月○丙申,军机大臣等奏:"明年恭遇南巡,江省应差马匹,现赴张家口领取。但赶赴江南,尚需时日。恐不能喂养膘壮。拟于河南绿旗营马、驻防兵马内,酌拨二千五百匹,交江南应用。其所领口马,就近解送河南补额。"从之。

○庚子,谕军机大臣等:"哈达哈等奏,收取阿睦尔撒纳游牧后,未即发兵接济额琳沁多尔济,因兵少路遥,马匹疲乏等语,所奏甚属含糊。伊等前为收取阿逆游牧,奏留马三千匹,又将解送张家口马一万匹,亦经奏留。今所奏疲乏马匹,或指军营附近者尚可;若调来之马,皆久系牧放喂养,何以至于疲乏?着伊等明白回奏。仍查明现足敷用马匹,即遵朕旨,带领哨探兵丁前进。若马匹膘分实有不足,即发银两缎疋,向新收之乌梁海等购买应用亦可。或路远难应急需,仍酌量办理,速为奏闻。"(《清高宗纯皇帝实录卷之四九七》)

○乾隆二十年乙亥十月○戊午,又谕曰:"哈达哈等奏,带兵前进,随路安设台站。于撤回台站兵丁及察哈尔兵内共挑选五百名,办给马驼,每台安设十人。现在兆惠、富德俱经出差,请另派大臣总管台站等语。军行台站,关系紧要。每台十人,尚觉单弱。着于察哈尔兵丁内添派数百名,每台约以十五人为率。昨经降旨,令兆惠总理北路台站。今添派阿思哈,所有随营安设台站事务,着阿思哈办理。其自乌里雅苏台至张家口台站,着兆惠办理。"

○己未,谕军机大臣等:"昨因阿睦尔撒纳属人根丕勒协助坐台台吉班第等枪毙厄鲁特，甚属奋勉，又遣探贼信回报，曾经降旨，将根丕勒不必分赏喀尔喀送至察哈尔安插。今思根丕勒诚心效力，且正在需人之际，着加恩授为蓝翎侍卫，赏银五十两。令其随营效力，或于哨探队内差遣。将伊妻子送往扎哈沁游牧，暂行安插。至哨探兵丁，捉生取信，必使贼人全无知觉为要。若擒获时，有一二人逃脱，则贼早有防备，反为无益有损。着传谕达勒当阿等严饬遣往各员，务期全获，不得任其脱逃。仍于索伦、喀尔喀、厄鲁特内，选派精壮兵丁前往。"

○乙丑，谕军机大臣等："策楞奏称，塔尔巴哈沁台吉唐古忒，遣寨桑鄂罗斯率五百余户来归，并将台站被掠之察哈尔、喀尔喀等送回等语。唐古忒诚悃可嘉，着加恩封为贝勒，赏给双眼翎。策楞俟伊来见时，即传旨奖谕。"○又谕曰："哈达哈等解送阿睦尔撒纳近族台吉吹喇锡、乌勒木济到京。询非贼人党羽，人亦可用。着加恩各赏银三百两，衣一袭，仍交玛虎带回。俟达勒当阿等到西路军营时，酌量调遣。伊等妻子不必送往察哈尔，即在鄂尔坤、塔密尔等处居住。其扎木参所属之他沙，阿睦尔撒纳属人托博克、哈尔布锡、和通，仍着解送来京。"（《清高宗纯皇帝实录卷之四九九》）

○乾隆二十年乙亥十一月○癸酉，又谕："据策楞奏，达什达瓦之妻，遣寨桑萨喇勒族弟哈柳、侍卫满楚等告称，自伊犁前来，两次遇敌冲突，率领属人来归等语。达什达瓦之妻深知大义，率领属下弃贼来归，深属可嘉。昨已遣副都统鄂实传旨，将达什达瓦之妻赏给名号，并赐以银两缎疋。着和起仍照前旨办理，并令在巴里坤附近过冬，俟明年向阿尔泰地方迁移居住。侍卫满楚，奋身脱出，着授为二等侍卫。寨桑哈柳护送萨喇勒之子玉鲁斯前来，亦着加恩授为蓝翎侍卫。仍照哈柳所请，明年前往萨喇勒游牧察哈尔地方居住。"

○乙亥，又谕："据策楞等奏，诺尔布琳沁附近游牧等处，查出喀尔喀二百三十余人，各台吉寨桑等情愿资给口粮，送回原处等语。众台吉寨桑等输诚效顺，将众鄂托克所有之喀尔喀查出给与口粮送回原处，办理甚属可嘉。着策楞酌量将缎疋茶叶赏给，以示鼓励。再唐古忒查出办理台站之察哈尔、喀尔喀人等，即照策楞所奏，仍令办理台站。唐古忒亦着奖赏。"（《清高宗纯皇帝实录卷之五〇〇》）

○乾隆二十年乙亥十一月○丁亥，谕军机大臣等："军营粮饷关系紧要，理应加意办理。何以游击王国士派委运粮，半月仅行六台？必系仅派绿旗兵丁运送，以致如此玩误。和起等办理甚属错谬。现在满洲及索伦、察哈尔兵丁调集巴里坤，若交伊等运送，不但行走迅速，且于运粮之便，直抵军营，一举两得。况达什达瓦人众此际已应至巴里坤附近地方。伊等善于行走，又熟悉路径。将伊等选派数百名，酌给粮石，与满洲、索伦等兵丁同运，更为有益。此皆和起等应行筹办之事，乃并未筹及，所司何事？着传谕吴达善、和起、豆斌等，遵旨悉心办理。"

○丙申，又谕曰："方观承参奏游击钟世俊折内，据钟世俊供称，此项马匹系索伦、察哈尔等兵丁自伊犁骑回。又经进接永常，骑往克什图，往返疲乏等语。该弁等收领马匹，如果不尽心牧放，以致倒毙如此之多，自属罪无可逭；若实系回自伊犁，又复骑往克什图，劳伤已极，与有意忽略者有间。且其咎在责令收领之人，而该弁等承委办理，势非由己，情尚可原。着方观承等将实在情由查核具奏，候朕酌量降旨。"（《清高宗纯皇帝实录卷之五〇一》）

公元1756年

○乾隆二十一年丙子正月○甲申，谕军机大臣等："从前北路军营遣往阿睦尔撒纳传谕之厄鲁特兆齐，今与侍卫顺德讷同回，着加恩授为蓝翎侍卫。并着哈达哈等将伊妻子查出给还，令在察哈尔居住。"

○乙未，又谕曰："达勒当阿等奏称，萨喇勒领兵由珠勒都斯前来，已遣喀尔喀公恭格敦丹等先至，俟其到时，即会同前进，擒剿逆贼等语。萨喇勒带领喀尔喀王公等，办事伊犁，原无重兵驻札。一旦中贼诡谋，被围受困，朕甚深轸念。今能奋身归来，不特不加罪谴，俟阿逆擒获后，尚当格外施恩，着将此明白晓谕。萨喇勒等此时现在同来者若干人，其尚留彼处者若干人，并阵亡及病故者，俱交与萨喇勒查明奏闻，分别加恩。萨喇勒、锡克锡尔格、巴桑，俱远道前来，将来又即领兵深入，俱着加恩，各赏银三百两，锡克锡尔格、巴桑并授为散秩大臣。诺尔布敦多克前已降旨封授公爵，其同来之喀尔喀察哈尔、厄鲁特等，俱着酌量赏赐，令其制装，仍往军营效力。所有定边右副将军印，原系萨喇勒掌管，今应仍行给与。昨命鄂勒哲依由珠勒都斯进兵，伊在准部，原办图什墨勒事务，人甚历练。是以令其统领大兵，照将军体制办事。且其年较萨喇勒为长，今与萨喇勒同队，其定边右副将军印，着伊二人公同掌管。其奏事列名，应以鄂勒哲依为首。扎拉丰阿此时已应与策楞同在一处，即着在参赞大臣上行走，不必更用副将军印。伊等务期屏去形迹，和衷共济，方为无负任使。前据哈达哈等奏称，将回人阿底斯等遣往西路效力，即交与鄂勒哲依等带领前往，以便招服各部落回人。但此内有与阿逆同谋者，不可不加意觉察。如有形迹可疑之人，即行正法。现据锡克锡尔格等告称，彼处回人附和逆贼，甚属可恶，且能资给阿逆马匹。进兵时即将回人等牲只收取，亦可以增我兵力。再特讷格尔一带，现有台站事务，富德不必同达勒当阿等进兵，仍着驻札彼处办事。顷兆惠亦知萨喇勒前来之信，奏请带兵由吐鲁番往迎，已降旨催其前往。着即前赴特讷格尔，会同富德办理台站事务。"（《清高宗纯皇帝实录卷之五〇五》）

○乾隆二十一年丙子二月○庚子，谕军机大臣等："据舒明奏称，厄鲁特部人擅杀台站侍卫，并据厄鲁特侍卫丹津告称，讷默库带伊游牧人等，移至额克阿喇勒时即欲逃叛等语。看来讷默库已露背叛情形。着即传谕阿兰泰，令将驻札乌里雅苏台及附近喀尔喀兵丁酌量飞调，带领堵截。其乌里雅苏台军营存贮钱粮，派兵加意防守。阿兰泰追及讷默库，如果抗拒，即行诛戮。所有属人，照阿睦尔撒纳属人一例办理。擒拏讷默库时，并将伊寨桑察罕鼐济、巴图济尔噶勒、乌察喇勒等一并拏获。伊等从前在热河时，面奏讷默库必不生事；今若随同逆贼逃窜，情理可恶，必应重治其罪。如讷默库尚无背叛实据，即将丹津首告情节谕知，令其至乌里雅苏台与丹津质对，俟到时将丹津一并拏解来京。仍谕知管解人员，解至察哈尔附近地方，即将丹津释放，并将加恩授丹津为散秩大臣，令在察哈尔居住之旨密行晓谕丹津，俾伊不生疑惧。其讷默库同部之刚多尔济、巴图博罗特等，曾劝阻讷默库逃窜。着明白传谕伊等，仍照旧安居，不因讷默库一人，致受株累。再昨经降旨，令哈达哈带兵往阿尔泰一路前进，今既有此事，应即带领兵丁在各处边卡防守，毋使逆贼得以乘间脱逃。"（《清高宗纯皇帝实录卷之五〇六》）

〇乾隆二十一年丙子三月〇庚辰，又谕曰："侍卫丹津此次办理讷默库之事，甚属出力。着加恩授为散秩大臣，赏银一百两，归于察哈尔正蓝旗安置，仍交该总管照从前安置厄鲁特之例赏给产业牲只。其牲只未滋生之前，并赏给口粮一年。至丹津所属户口及归并居住之兄弟等，并着阿兰泰等查出，同此次赏给讷默库之二十户人等一并送至察哈尔安插。"（《清高宗纯皇帝实录卷之五〇八》）

编者注：厄鲁特人编入察哈尔八旗。

〇乾隆二十一年丙子三月〇甲申，大学士管陕甘总督黄廷桂奏："接军营将军和起咨，将军策楞等带兵前进，恐军中尚需马，应将内地马密行饲养豫备等语。查陕省路远，缓不济急，且一概饲喂豫备，亦恐张皇。现在甘省各营共存马三万余，即以接济凯旋官兵，并索伦、察哈尔兵需马为辞,移各将军提镇,共留二万二千匹,将冬季收槽马干那前一月,留槽饲喂,以备调用,疲瘦者出厂。庶伊等不致猜疑,钱粮亦无糜费。"得旨:"甚是。径当密行文,问之兆惠,尚须马否。"

○乙酉,谕军机大臣等:"萨喇勒现已降旨拏问,俟到京时审讯治罪。着传谕兆惠,俟伊犁事竣后回至巴里坤,将拏问萨喇勒之处,明白晓谕达什达瓦之妻及萨喇勒之兄布林等知悉。仍谕布林,罪由萨喇勒一人,与伊无涉,毋庸疑惧。萨喇勒子弟等若尚未送至察哈尔地方,即留于达什达瓦部落内管辖。如已至中途,即令解送来京。并将萨喇勒在伊犁带回之牲只物件,俱行查出,奏闻请旨。再萨喇勒自伊犁带来达什达瓦之子布库,现在巴里坤。着兆惠向达什达瓦之妻晓谕,伊等从前投诚时,并未言达什达瓦尚有子嗣,即鄂齐尔、布林等至,亦未奏及,其中不无可疑。伊等或听从萨喇勒一人之言,附和朦混,不可不究问明白。令将实情供出。奏闻后,再行酌量办理。"(《清高宗纯皇帝实录卷之五〇九》)

○乾隆二十一年丙子夏四月○壬寅,又谕:"此次索伦、察哈尔、喀尔喀官兵,甚属奋勇。着查明分别等第,加恩赏赉。一等官员着赏俸半年,兵丁着赏钱粮两月。二等官员着赏俸三个月,兵丁着赏钱粮一月。其厄鲁特人等,虽不如索伦、察哈尔等出力,亦着查其着有劳绩者,每人各赏银三两。至坐台之察哈尔、厄鲁特、喀尔喀等,俱着赏钱粮一月。以示奖励。"(《清高宗纯皇帝实录卷之五一〇》)

○乾隆二十一年丙子四月○戊午,谕军机大臣等:"策楞等奏称,行文于附近鄂托克寨桑等,令其派出兵丁从征等语。现在厄鲁特生计甚艰,人亦不能奋勉效力,派往从征于事无益。兵贵锐而不贵多,所有索伦、察哈尔兵丁,现足调遣,不必更派厄鲁特兵丁前往。其现在投诚之台吉、寨桑等,自必恳求入觐。伊等出兵效力,殊属劳苦,宜暂为休息，以示体恤。俟拏获阿逆后，再行降旨，令伊等前来入觐。"

○辛酉，调直隶怀安县知县蒋允㵎来京引见。(《清高宗纯皇帝实录卷之五一一》)

○乾隆二十一年丙子五月○壬申，谕军机大臣等："策楞等虽自知不能实力追擒阿逆之罪，而现在办理，亦不合机宜。从前伊等奏阿逆逃窜，带兵甚少。今复欲多选兵丁，再行前进。且派拨厄鲁特兵丁，更向各鄂托克等支取口粮。殊不知索伦、察哈尔兵丁尽足调遣。若厄鲁特兵丁乘胜则进，遇敌则退，不能奋往出力，何庸多派？至向伊等支取口粮，更属不合。伊等若不将巴里坤运送口粮飞檄停止，此时早已运到，何至如此周章！此皆策楞等从前冒昧所致。再伊等奏请存留伊犁兵五百名，甚属无谓，若将此兵带往追擒阿逆，岂不甚善！今反欲将此存留伊犁，不过为保护伊等一身起见，与军务何益？又称带兵回至登努勒台地方等语。朕从前令伊等在登努勒台牧放马匹，相机进止。特因伊等先令玉保前行哨探，尚在未议进兵，是以令其暂住，陆续继进。今既已进发，岂有将已进之兵复行撤回之理？种种拘泥办理，甚属谬妄。此旨到日，策楞等即速行前往，毋得退缩怯懦，仍蹈前辙。"(《清高宗纯皇帝实录卷之五一二》)

○乾隆二十一年丙子五月○癸未，谕军机大臣等："据达勒当阿奏称，现领索伦兵六百余名前进等语。看来达勒当阿带兵甚少，必需续为进发。已令巴禄速行继进，其海福所领兵丁，亦即速前往。再策楞所带索伦等兵一千余名，即日赶赴尼玛，令其带往。俟遇达勒当阿时，仍将索伦、察哈尔等兵丁交与管辖。策楞着即遵旨，回至伊犁驻扎办事。"(《清高宗纯皇帝实录卷之五一三》)

○乾隆二十一年丙子六月○壬子，以察哈尔总管阿敏道为镶蓝旗蒙古副都统。

○甲寅，谕军机大臣等："方观承所奏雨水情形一折，有宣、延未种之地，如于伏前普得透雨，尚可布种糜子晚豆等语。现据宣化总兵存泰奏称，宣属地方于十五六日已得透雨，该督十六日具奏时，想尚未报到耳。但该处雨泽现在究竟是否优沾，足资布种，着传谕方观承即速查明奏闻。"寻奏："查宣郡于本月十五六日得雨。据该道府禀报时，尚未据各属报到。近据延庆州报称，初十日得雨三四寸，十四日又得雨四寸。各乡未种之地，俱补种齐全。其保安、怀来、怀安三州县内，得雨不均，尚有未能种齐之处。万全、西宁两处，尤觉暵干。如十五六日均得透雨，补种犹可及时。"得旨："览奏俱悉。"（《清高宗纯皇帝实录卷之五一五》）

○乾隆二十一年丙子秋七月丁卯朔○军机大臣等奏："查达什达瓦属人六千余口，其弟伯格里属人一千余口，现令移至阿尔泰游牧。遵旨酌给官厂牲只，每户牛一、羊四。骁骑校每员牛二、羊八。佐领、参领每员牛三、羊十二。管旗章京、副管旗章京每员牛四、羊十六。至寨桑鄂齐尔、布林、托里俱恩授散秩大臣，每员应优加牛十、羊四十。此等牛羊原为伊等孳息生产，其现在食用，交舒明等详察情形，量给口粮数月。其牛羊等项，俱由张家口牧厂挑解。"从之。

○己巳，又谕曰："青滚杂卜擅自撤兵，捏造怨辞，情殊可恶。可密谕达勒当阿、哈达哈等，于拏获阿逆撤兵时，将青滚杂卜调至军营拏问。如调而不来，即会同统兵进剿，务令成擒。与伊子一并解京，切须慎密，勿令闻风兔脱。但哈达哈向系经由北路，今自应由原路回兵。而达勒当阿之兵骤由北路撤回，青滚杂卜势必生疑。即内地之厄鲁特闻之，恐亦不无犹豫。达勒当阿此际须相机托辞，豫为晓示。不惟喀尔喀之兵由此处撤回与伊游牧处相近，即索伦、察哈尔之兵由此处撤回，亦甚便捷。所有索伦、厄鲁特之兵，令各回游牧处休息。其健锐营之兵交哈宁阿，拨赴兆惠处候旨。其巴禄、莽阿纳等统率之兵，亦仍由原路撤回。"

《清高宗纯皇帝实录卷之五一六》

○乾隆二十一年丙子七月○甲申,谕军机大臣等:"前降旨,俟擒获阿逆后,令达勒当阿、富德带领索伦、察哈尔兵丁,由北路凯旋。哈宁阿带领健锐营兵丁,前往兆惠处候旨。但思索伦、察哈尔兵丁俱由北路撤回,即不复至伊犁。所有驻札伊犁兵丁,应先行派定。此时达勒当阿应已擒获阿逆,毋庸更派兵前往。兆惠亦应将抵伊犁。着传谕兆惠至伊犁时,即留索伦兵二百名、察哈尔兵二百名、健锐营满洲兵或一百名或二百名,共兵丁五六百名,为驻札伊犁大臣差委之用。其伊犁办事大臣,亦毋庸永远驻防。一切事宜,俱与图什墨勒、扎尔呼齐等商酌妥协。令伊等熟习内地条例,俟一二年后,即交伊等轮班管理。所有办事大臣印信,已饬部铸给管理厄鲁特二十一昂吉印信颁发。其图什墨勒向用图记之处,亦着停止。俟驻札大臣撤回后,此印贮于公所,即令值班之图什墨勒掌管,永着为例。再蒙古等遵奉黄教,固勒扎系伊犁善地,理宜重新庙宇,遣大喇嘛前往诵经。着即将此庙为大臣等办事之地,但应酌量于厄鲁特内派人就近防守。准噶尔原有济喇特辖一项人员,即于此内派出防守。其伊犁附近地方可否发绿旗兵前往屯田,亦着兆惠等豫为筹酌奏闻。"

○戊子,谕军机大臣等:"前因土尔扈特遣人前往西藏,特派麒麟保带领同行。今据奏称,已于七月初旬起程赴藏,计其回时,朕已驻跸热河。着传谕麒麟保,即带领土尔扈特使臣,由张家口外前赴热河入觐。"(《清高宗纯皇帝实录卷之五一七》)

○乾隆二十一年丙子八月○乙卯,谕军机大臣等:"纳延泰奏,喀喇沁二十七八等台站,为喀尔喀贼人抢掠,已交台站附近王车凌拜都布等部落人等查拏贼人,并向归化城调兵,接续台站等语。办理甚是。前已降旨,谕富昌派兵二千名,前往乌里雅苏台。又派公苏巴什里、侍卫诚林会同达松阿等,将喀喇沁台站安设至乌里雅苏台。并据苏巴什里等奏闻,安设妥协。着再传谕富昌,先派兵三百名,作速起程驰赴。并着瑚图灵阿、保德速往察哈尔四旗选兵一千名,带领至乌里雅苏台,接续台站,查拏贼人。其车凌拜都布上年进兵伊犁病故,应袭王爵,未经该盟长等拟请承袭。今着加恩,即令伊子丹衷多尔济承袭。务将抢掠台站贼人令其擒拏治罪。"

○丁巳,谕军机大臣等:"公敏珠尔多尔济,着授为营长,带领察哈尔兵丁,驰驿前往北路军营。并派侍卫敏珠尔等九员及司员留保住等,赍谕送往哲布尊丹巴呼图克图处晓谕。"

○戊午,又谕:"西路坐台察哈尔、厄鲁特兵丁,驰递甚速。着加恩察哈尔兵丁,赏给一月钱粮。厄鲁特兵丁,赏给两月钱粮。以示朕体恤兵丁至意。"

○庚申,又谕:"北路台站俱经接续,其调往绥远城及察哈尔兵丁,除补设卡座台站之外,余着俱赴将军成衮扎布处,会同擒拏青滚杂卜。瑚图灵阿、富昌、保德、哲库讷、阿尔宾领兵到彼,俱着授为参赞大臣,随同成衮扎布办事。尚书纳延泰、亲王德沁扎布留驻乌里雅苏台,会同普庆等查出抢掠台站人等,审明正法。"

○辛酉,谕军机大臣等:"据兆惠奏称,大兵自哈萨克撤回,应酌定驻札地方。已与图什墨勒扎尔呼齐等商议,在崆吉斯、安济海等处驻兵防守等语。大兵驻札原为保护众厄鲁特游牧,应在众厄鲁特游牧之外周围布置。设遇哈萨克侵扰,大兵即行抵敌。或再调厄鲁特兵同御,方合机宜。且使厄鲁特等知大兵全为保护伊等起见,愈加感戴。兆惠即晓谕图什墨勒扎尔呼齐等,遵照办理,不必泥定何地。再大兵撤回后,坐台兵丁亦应裁汰。所有厄鲁特坐台人等,俱令回至各游牧。惟酌派察哈尔兵丁,安设台站,倘有不敷,再添派绿旗兵丁,同往办理。"(《清高宗纯皇帝实录卷之五一九》)

○乾隆二十一年丙子九月丙寅朔○侍卫诚林等奏："据员外郎永常报称,自第十六台至第二十二台,俱已派兵接续。其自第二十三台至二十七台,经贝勒达什丕勒每台各派兵五名,马十五匹,驰递事务。"复据亲王德沁扎布遣护卫达玛林报称:"已将二十八九两台派兵接续。又闻二十九台至乌里雅苏台各台站,俱经驻札乌里雅苏台大臣委员带兵,按站接续。"报闻。

○己巳,谕军机大臣等:"据瑚图灵阿等奏称,已选派察哈尔兵丁一千名,带往军营等语。现在喀尔喀王公等,俱各派兵接续台站,将军成衮扎布亦即遵旨往擒青滚杂卜,察哈尔兵丁,毋庸调往。着传谕瑚图灵阿等,即令兵丁各回游牧。但念伊等迅速启行,虽行走不过数日,然业经整装前往,不无所费。着加恩将派出兵丁一千名各赏给钱粮两月,以示优恤。"(《清高宗纯皇帝实录卷之五二○》)

○乾隆二十一年丙子九月○癸未,谕军机大臣等:"成衮扎布奏称,喀尔喀各部落调遣兵丁,克期未能齐集。所有内地派往兵丁三千名,现在行文催取等语。绥远城兵丁,前据富昌等奏闻,将抵军营,此时应已齐赴乌里雅苏台。惟察哈尔兵丁一千名,已经降旨停派。着传谕成衮扎布,酌量应否仍遣此项兵丁,再行调遣。并令瑚图灵阿等仍赴察哈尔拣选豫备,听候成衮扎布行文到日,即速前往军营,听候调遣。如不需用,仍行停止。昨降旨令瑚图灵阿赴车臣汗部落,会同集福等查拏抢掠商人匪贼,此时毋庸前往。若成衮扎布行知停派察哈尔兵丁,瑚图灵阿即赴车臣汗部落,会同查办。"(《清高宗纯皇帝实录卷之五二一》)

○乾隆二十一年丙子闰九月○丙午,定边右副将军兆惠等奏筹办伊犁屯种事宜:"明春先令回人一百名、绿旗兵一百名,指定地方耕种,已奉谕旨准行。俟秋收后,再添派绿旗兵丁广为垦种,约可派兵一千名至防守地方。应派索伦、巴尔虎兵一千名,吉林兵五百名,察哈尔兵三百名，满洲兵二百名，即将绿旗兵所获及各部回人输纳贡赋，给为粮饷。"谕军机大臣等："兆惠等筹办屯种事宜，及派各处兵丁驻札伊犁，俱属妥协。第念索伦兵丁，连岁在军营行走，未便多留。前降旨令伊等于大兵撤回时，由北路回至游牧，今未知已抵何处。即着兆惠咨询达勒当阿等索伦兵丁，如尚未过额尔齐斯，着拣选三百名前往伊犁，俟明年另行派出更替。再哈宁阿已带领满洲兵前往，合计伊犁已有兵丁若干。俟兆惠查明奏到，再由吉林、察哈尔等兵丁内，拣选派往。"（《清高宗纯皇帝实录卷之五二二》）

○乾隆二十一年丙子闰九月○丙辰，军机大臣等议覆："直隶总督方观承奏称，张家口外科多多诺尔等处所产碱土，康熙年间商人领执照票，煎熬交课。嗣因有碍蒙古游牧，停止招商。惟准附近蒙古人等煎刨，仍不许进口售卖。近经军机大臣议奏，准其携带进口，不许过四十斤之数。惟是边外碱土，乃蒙古自然之利。有扫土煎熬者，有于冬月冰冻之时，自然结成碱块者。内地染局面铺用之，比他处所产甚佳。是以远近流通，请毋庸定以四十斤之限，亦不必拘定各蒙古地界。凡有携带碱块至张家口，无论多寡，概准入口，与民人交易等语。应如所请，至所称令店铺收买之民人，赴张家口监督衙门纳税之处，应令该督会同监督酌议。如何设法稽查、按数纳税，报部遵行。"从之。

○己未，又谕："健锐营索伦、察哈尔、厄鲁特驻札伊犁兵丁，效力行间，深堪轸念。着兆惠动用正项钱粮，酌量赏赐，以示体恤。前降旨令图什墨勒、扎尔呼齐寨桑等轮班驻札伊犁办事，亦应给与官项。图什墨勒着按月给银三十两，扎尔呼齐给银二十两，闲散寨桑给银十两，得木齐、收楞额等各给银五两。伊等自必益加奋勉。兆惠等可即遵照办理。"（《清高宗纯皇帝实录卷之五二三》）

○乾隆二十一年丙子冬十月○丁卯，吏部议准直隶总督方观承奏热河道属官员汛兵各事宜:"一、八沟同知所属乌兰哈达地方,相距四百余里。路通奉天、多伦诺尔等处,蒙古民人聚居流寓者甚多。向虽设有部员驻札,祇管旗务。应添设巡检一员,管理民人与蒙古交涉事件,仍由该同知复核完结。其员缺定为要缺,在内地拣调。三年俸满题升。一、乌兰哈达地方野旷山深,最易匿匪。八沟所属有波罗树汛,旗民稀少,且与龙须门汛相近。应将波罗树千总一员,马步兵五名移驻巡查。一、口外各厅,命案繁多,均应同知、通判亲验。但地方辽远者,常在数百里或千里之外,应令巡检代行相验。倘有别情,报明该厅覆验。"从之。

○癸酉,军机大臣等议奏:"据兆惠奏称,每台应派察哈尔兵十名,传递事务;厄鲁特人五十名,管理马匹牲只;绿旗兵五名种地。每十台派绿旗官一员总领,办理台站及种地事宜。五台派笔帖式一员总领,每台派委署笔帖式一员,登记档案。现在大兵撤回,每台祇应设马四十四、驼五只。兵丁每年给钱粮八个月,每月二两;茶叶四个月,每月一包。其种地收获粮石,即给为口粮。所有厄鲁特供应口粮之处,悉行停止。至驰驿官兵,马不得过五匹,驼不得过一只,跟随台兵不得过二名。违者参奏。凡部限六百里紧要事件,专行递送。其寻常事件,俱交管台人员,于驰送六百里事件之便一并递送等语。应如所请。交巴里坤办事大臣及永贵、第鲁巴等办理。至噶勒藏多尔济、扎那噶尔布及额林哈毕尔噶一带各台吉等,曾经供应台站人等牲只口粮,遵旨赏给缎疋,一并交兆惠查明分赏。"从之。

○己卯,赈直隶延庆、蓟州、延庆卫、保安、宣化、万全、西宁、怀来等八州、县、卫本年水旱雹灾饥民,借给籽种。(《清高宗纯皇帝实录卷之五二四》)

○乾隆二十一年丙子十月○是月,直隶总督方观承奏:"张家口旧石堤,正当水口之冲,仅长十七丈五尺。水掠堤尾而西,直射堡城东面。城下土岸,宽才丈许,时防冲刷。应于旧石堤下接筑石堤十六丈,西南斜向十四丈,其末二丈南北挑直。此堤尽处,水势渐趋东南,已于城村无碍。又于水趋东山,复回向西之处,南北挑引河一道,计长八十丈。即以所挑之土堆填东山根脚,束水由引河直趋而下,则水口石堤,顺水而非顶冲。"报闻。(《清高宗纯皇帝实录卷之五二五》)

○乾隆二十一年丙子十一月○丙申,又谕曰:"哈达哈等奏称,达瓦藏布寨桑班珠尔属人顺库尔察克,厄鲁特台吉吹喇锡属人赛音察克等,进兵哈萨克时派为向导,行走奋勉等语。顺库尔察克等俱着赏给银两,并其妻子等送往察哈尔居住。"

○丁未,又谕:"据成衮扎布等奏称,新来归降明噶特、特楞古特、绰罗斯等共四百户。酌量赏给口粮,即令前往原游牧。再辉特台吉噶勒丹达尔扎属人,前已给过口粮两个月,其续到户口,请一并给与口粮等语。此等新降之人,前曾令其各回原处地方,昨经兆惠奏请暂行安插,是以复降旨雅尔哈善等,令将新赴巴里坤人等,暂给口粮过冬,俟明年再为筹办。今此项明噶特、特楞古特、绰罗斯等,应一体办理。着即赏给口粮,令于现在所住地方过冬。其明岁如何遣回,并令何人兼管之处,会同哈达哈等详议具奏。但特楞古特、奇尔吉斯人等,若系古尔班和卓属人,即不应加恩。俱着照阿逆属人之例,赏给喀尔喀等为奴,并着哈达哈查明办理。再嗣后有似此投诚人等,其在十户以内者,送至察哈尔安插。三十户以内,留乌里雅苏台等处,给予口粮,令其当差。若至三十户以上,人数众多,酌量在科布多、布延图等处居住,接济口粮,仍遣回各原游牧。成衮扎布等即遵照分别办理。至噶勒丹达尔扎人等,前次虽俱经赏给口粮,现在未能充裕。着将新到户口及从前已经赏给口粮人等,一体加恩,再给口粮两个月,以示体恤。"(《清高宗纯皇帝实录卷之五二六》)

○乾隆二十一年丙子十一月○丁巳,又谕:"西路现需兵丁调遣,着传谕吉林将军额勒登选派兵丁一千名,交满福带领来京。并着察哈尔总管等选兵一千名,交端济布、敏珠尔多尔济等带领来京,分起驰赴巴里坤,听候调遣。"○军机大臣等议奏:"察哈尔、吉林兵到京时,不必候至明正。随到随即前往巴里坤,五百名一次,交该管官头目带领行走。仍知照各督抚等,或站马,或车辆,豫先设站。"得旨:"直隶着清馥专办,方观承总理。河南即着图勒炳阿专办。陕西着塔永宁专办,陈宏谋总理。甘肃着黄廷桂总理。"

○戊午,又谕:"现在派拨察哈尔、吉林官兵二千名,前往巴里坤军营。由直隶、河南经行赴陕,马匹最关紧要。所有沿途地方应给与各兵车辆,以息马力。其备车并口粮等项,着照二十年原议,一体妥协豫备。如车辆难行之处,即酌雇驴骡接替,毋致临时贻误。将此传谕方观承、图勒炳阿、陈宏谋知之。"

○己未,谕军机大臣等:"图勒炳阿已有旨调任湖南巡抚,但现在派往巴里坤之察哈尔、吉林兵,由直隶、河南赴陕,其应豫备车辆口粮,关系紧要。着传谕图勒炳阿,此时即督率员弁,先期妥协料理。不可以已经调任,呼应不灵为辞。俟蒋炳到任时,将所办事宜详悉交代,再赴新任。此时若有所误,惟图勒炳阿是问。"

○庚申,直隶总督方观承奏:"遵旨于直属各营内拨马三百匹,合宣化马共足五千匹,并酌带余马解送西安。应分十五起行走,按日一起,每起三百四五十匹不等。派候推守备一员,千把总一员,带兵十五名,沿途管押。每三起派现任都守一员往来稽察。其总统弹压,用副将一员,按驿站大道缓行。牵马夫役,每起约需一百十数名,令各就驿站雇备。"得旨:"甚妥。"(《清高宗纯皇帝实录卷之五二七》)

○乾隆二十一年丙子十二月甲子朔○直隶总督方观承奏:"宣化解驼往山西,有内地边地两路。如由内地关沟,崎岖迂远,且山西购驼,自系归化城一带。若直隶由宣化解大同转解,似为便捷,臣已咨商晋抚办理。至南巡需用驼,或改用车骡之处,现咨商武备院。并同两司筹酌。"得旨:"好,悉心办理。总以妥速为要,不可拘例。"

○己巳,直隶总督方观承奏:"察哈尔、吉林兵到京,系前后陆续起程。臣于良乡以南四大站,每站安设大车两班,足敷一千兵之用。如察哈尔兵过完之后,吉林兵尚无到京确期,暂令州县带回车辆,俟将到之前二日齐集,不致有误。再察哈尔进口道所,所骑本马,行走自易。其吉林赴京较远,此次更须便捷。已饬令于百里外,多备住宿处所,不必以上届程途为准。兼于沿途酌备车辆,遇有马匹疲乏者,即行接应。"得旨:"诸凡甚妥。"(《清高宗纯皇帝实录卷之五二八》)

○乾隆二十一年丙子十二月○壬午,直隶总督方观承奏:"直属官驼已尽数解交山西转解,南巡需用驼只。臣于房山一带煤驼并张家口外商驼内,购得膘壮者一千只,已敷武备院咨开之数,毋庸添用车辆。"得旨:"甚妥。"○副都统衔管理台站永兴奏:"各台站军器甚少,应酌量添设。查自张家口外第一台至十台,并腰站共十七台。额设弁兵二十二人,旧定撒袋止十二副。自第十一台至第二十九台,并腰站共二十七台。额设弁兵十七人,旧定撒袋止七副,俱不敷用。请各添鸟枪五杆,撒袋五副。每撒袋一副,弓一张,腰刀一把,箭三十枝。其旧存撒袋等项有朽敝者,自行修理。并令喀喇沁章京不时操演,臣及管理赛尔乌苏台站之理藩院司员,于每年巡查台站之时,顺便阅看。"得旨:"如所请行。"(《清高宗纯皇帝实录卷之五二九》)

公元1757年

○乾隆二十二年丁丑春正月○乙未,又谕:"据将军成衮扎布奏称,乌里雅苏台看守仓库,原有满洲、绿营兵八百。请再留索伦、察哈尔兵各一千，以五百驻科布多，以一千五百驻崆圭、扎布堪。留喀尔喀兵五百，以二百添驻科布多，以三百分驻乌里雅苏台。喀尔喀游牧内应备兵三千，仍留在各游牧内。豫备调遣所需马驼，于军营附近牧放备用。其余兵丁皆令撤回等语。此奏甚是。但科布多附近阿尔泰，阿尔泰内外皆系厄鲁特游牧处所，驻兵五百恐不敷用。着于崆圭、扎布堪所驻兵内派出五百，添驻科布多。余依议行。"

○戊戌，谕军机大臣等："据雅尔哈善等奏称，自伊犁前来之察哈尔阿什达等告称，闻阿巴噶斯等属人及布库努特、扎哈沁人等，与副将军兆惠交战，贼众力不能敌等语。此信既确，亟宜遣兵赴兆惠处应援。昨雅尔哈善等奏，派侍卫图伦楚等带兵八百名先往。因兵数不多，是以降旨停止，仍令俟大兵齐集同进。今据阿什达所称，不过穷蹙贼众，原易剿灭。再得图伦楚等领兵协助，甚合机宜。着即照雅尔哈善等前奏办理，毋庸停止。"（《清高宗纯皇帝实录卷之五三〇》）

○乾隆二十二年丁丑正月○是月，陕西巡抚陈宏谋奏："察哈尔、吉林兵入陕，原止按台换马，并不按台住宿。虽每起有五百名，车马宽裕，随到随换，甚为迅速。若分二百五十名为一起，转有不便，应毋庸更改。"得旨："甚好。"（《清高宗纯皇帝实录卷之五三一》）

○乾隆二十二年丁丑二月○乙丑，谕军机大臣等："据唐喀禄等奏称，辉特人众自迁至扎克赛地方，自相抢掠，甚不安静。且本系阿逆亲属，将来不免滋事。请旨迁至呼伦贝尔、齐齐哈尔等处。设有事端，彼处密尔索伦办理甚易等语。唐喀禄等所奏甚是，辉特人等原非善类，自应豫行办理。但现在科布多驻兵无多，而伊等又无背叛实据，且与其迁至呼伦贝尔、齐齐哈尔等处，又不如即行剿灭，永绝根株。着传谕车布登扎布等，悉心查察。如已有可疑形迹，即将伊等剿灭。倘尚安本分，应暂为安抚。惟宜加意防范，俟将来再行办理。至唐喀禄所奏，巴勒济得木齐恳请同色布腾迁往察哈尔居住等语。从前军机大臣等议将巴勒济属人归入辉特部落，令在乌兰固木种地，业经准行。今巴勒济得木齐既愿往察哈尔居住，俟其至乌里雅苏台时，即照唐喀禄所请赏给口粮，送至察哈尔地方安插，不必仍照前旨办理。"

○丙寅，谕军机大臣等："据雅尔哈善等奏称，副将军兆惠等遣领催云多克等报称，于正月初五日至乌鲁木齐，途中杀贼千余人。其侍卫图伦楚所领兵丁，与兆惠相距止四五日。又图伦楚遣人告称，约二月初十日内，即可同兆惠至巴里坤等语。览奏甚为欣悦。前布图库供称，兆惠由招摩多前往阿尔泰，朕即知其言不足信。今果由西路前来。兆惠系驻札伊犁等处办事大臣，适遇厄鲁特等背叛，奋勇剿贼，甚属可嘉。兆惠着封为一等伯，世袭罔替。并将御用荷包、玉韘、鼻烟壶加恩赏赐。三格、哈宁阿、永贵、莽阿纳，俱着赏给三等轻车都尉，亦着世袭罔替。兆惠所遣报信之云多克、德楞彻，俱授为三等侍卫。图伦楚等所遣之副护军校济德，着授为护军校。图伦楚、达礼善此次亦属奋勉，着赏给图伦楚副都统职衔，授达礼善为头等侍卫。奋勇官兵，着查明交部议叙，并着照例赏赉。所有阵亡官兵，着兆惠等查明，交部议恤。至健锐营委署前锋校纳兰图、索伦委署章京成果、达什达瓦属人色勒，前往侦探，擒剿贼人，亦属勇往。着加恩赏给纳兰图、成果孔雀翎，色勒授为三等侍卫，仍各赏银五十两。此时兆惠等谅已抵巴里坤军营，着会同将军成衮扎布、参赞大臣舒赫德等悉心筹画。或两路进兵，或合为一路，务期同心协力，奋勇前往。至进兵时，索伦兵最为得力，除兆惠等带回受伤兵丁，毋庸调遣。其余兵丁，仍酌量带领前往。并着发往孔雀翎、蓝翎各二十枝，交兆惠等分赏奋勇效力官兵，以示鼓励。并着于哈宁阿、永贵、三格三人内，酌派一人驰赴行在，备朕询问。厄鲁特人等反复无常，实为覆载所不容，至达什车凌与哈萨克锡喇尼玛等同谋叛逆，尤为罪不容逭。其属人必应全行剿灭，不得更留余孽。今大兵自巴里坤分路进剿，贼人等逃入乌梁海，亦未可定。着车布登扎布等传谕乌梁海内大臣察达克等加意防范。如有厄鲁特逃至彼处,即将首贼擒拏,送乌里雅苏台将军大臣办理,余众悉行擒治,毋任脱逃。再据坐台厄鲁特孟克告称,解到羊五百只,遇一索伦官员抢去,在台之察哈尔等亦俱随往。又千总车布登同台站笔帖式,俱往噶勒藏多尔济游牧未回等语。索伦官员及随往之察哈尔,究系何人?车布登等因何潜往噶勒藏多尔济游牧,现在何处?俱着兆惠等查明具奏。"(《清高宗纯皇帝实录卷之五三二》)

○乾隆二十二年丁丑二月○己卯,谕军机大臣等:"唐喀禄奏称,据杜尔伯特台吉布图库、班珠尔等呈称,伊等与车凌相离年久,无庸归并同住,请送至察哈尔安插等语。布图库等既不便与车凌同居,自应另筹安插。第察哈尔地亦无多,若将此等户口俱行送往,恐于伊等生计无益。着在呼伦贝尔及通肯呼裕尔等处,令布图库等居住。即传谕车布登扎布等酌量办理。呼伦贝尔等处,系黑龙江将军所辖,并着传谕将军绰勒多知之。"

○甲申,兵部议覆:"直隶总督方观承奏称,口北道属之多伦诺尔孤悬独石口外,向设理事同知一员,其他为外藩四达之区。兼有山场地泊,均须防范。虽每年于独石协拨千总一员,带兵四十名分防,究非同知专辖。且按年轮换,人地不习,请于多伦诺尔设都司一,千把、外委各一。并应设外汛二处,酌于距独石口适中之闪电河、二道泉,各驻外委一。其应设员弁兵丁,请裁文安营都司并外委一,马守兵一百六十三名,移驻多伦诺尔。即改文安营为文安汛,归霸州营游击辖。移宣镇永宁路所属周四沟外委一,马守兵八十名移驻。改周四沟守备为把总,带兵三十名防汛。其每年原拨独石协弁兵,即作为多伦诺尔额设,改隶都司,常川驻守。均应如所请。"从之。(《清高宗纯皇帝实录卷之五三三》)

○乾隆二十二年丁丑三月○乙未,定边将军成衮扎布奏:"臣与舒赫德已于二月二十日,先后至巴里坤。其阿拉善、察哈尔兵丁共一千五百名亦已到齐。吉林兵一千名已过安西，兆惠亦于月内可到，当即公议进兵。"报闻。

○己亥，吏部议覆："直隶总督方观承疏称，宣化府属之蔚县与蔚州共处一城，计该州县幅员，祇一百四十里，丁赋非多，事务亦不甚繁，请裁蔚县归并蔚州管辖。蔚州原为疲难中缺，今改为繁、疲难要缺，在外调补。其蔚县常平仓谷，移增蔚州一万石，余粜价解司。县学改编乡学，额定生童廪贡均如其旧，应如所请。"从之。（《清高宗纯皇帝实录卷之五三四》）

○乾隆二十二年丁丑三月○是月，大学士管陕甘总督黄廷桂奏："本年二月甘省满汉各营，买补摘缺马数甚多，沿边觅购艰难。现委员弁前赴张家口、杀虎口一带出马处所，广行购买。闻青海蒙古各部马尚多，亦札知副都统德尔素照料购办。"得旨："买补马匹乃第一要务，当实力督催，不可缓视之。"（《清高宗纯皇帝实录卷之五三五》）

○乾隆二十二年丁丑夏四月○戊辰，豁免直隶延庆、蓟州、怀来三州、县、卫乾隆二十一年雹灾水灾额赋有差。

○己巳，署定边左副将军车布登扎布奏："臣等遵旨将伯什阿噶什游牧劫夺侍卫佛保之为首贼人，交瑚尔起带兵擒剿。旋据蓝翎侍卫齐凌扎布等，获造言惑众之护卫孟克柴、巴岱，倡言'达什达瓦人众俱已剿灭，我等不如逃走'，致厄鲁特、沙赖古勒等抢掠。伊等又欲驱喀勒占和硕之牧群，经巴岱之兄和锥劝阻不从。有厄鲁特达启闻知，向绰尔济喇嘛、长史博和勒岱处首告，因报侍卫等擒获，解送军营。巴岱于途中病故，讯据孟克柴等，知台吉达布都噶尔曾夺佐领色布腾牲只。色布腾因与孟克柴等纠抢，以致达布都噶尔属人困穷，劫夺侍卫佛保。巴岱业经病故，将其子女赏喀尔喀。孟克柴正法枭示。色布腾理应正法，但尚无倡逃情形，此次又同侍卫等擒贼，应解京。巴岱之兄和锥曾力阻厄鲁特达启即行首告,俱送察哈尔安插。其伯什阿噶什幼女三人,现交喇嘛及长史等看守,量给口粮。所余五十一户,大小二百四十余口,分赏喀尔喀。至前奉旨赏伯什阿噶什、贝子乌巴什牲只,应请停。"得旨:"伯什阿噶什之幼女及看守人等,俱着解送来京。"

〇庚午,又谕:"据唐喀禄等奏,车布登多尔济系察哈尔前锋委署骁骑校噶尔保等七人擒获,噶尔保等生擒首贼车布登多尔济,甚属黾勉,理宜加恩。但究系何人首擒,何人协助擒拏之处,唐喀禄原奏内并未声明。着寄信与唐喀禄,令其查明。此外更有效力人员,亦一并申明。署理将军车布登扎布等酌量赏赐,并寄信与车布登扎布等,如唐喀禄此时已经起程前赴车凌等游牧,车布登扎布奉到此旨,即遵照办理。再,今日哈达哈奏到擒拏普尔普奋勉出力人等,亦着车布登扎布等查明,一并赏赐。"(《清高宗纯皇帝实录卷之五三六》)

〇乾隆二十二年丁丑四月〇辛巳,又谕曰:"辉特贼人德济特、克什克等惧罪逃窜,经官兵分道擒拏,俱已弋获。察达克感戴朕恩,奋勇效力,深堪嘉予。前已授为内大臣,着加恩将伊子塔斯呼勒补授蓝翎侍卫,并赏缎六端,茶叶二十封。图布慎、赤伦、洪郭尔等,亦各着有劳绩,如有未经赏翎者,准其戴翎。并各赏缎五端,茶叶十五封。扎萨克台吉齐巴克扎布,着赏给公品级。头等台吉德勒克丕勒、索伦佐领瓦济尔等,俱着赏给孔雀翎,以示奖励。其首告车布登多尔济潜通阿逆之厄鲁特尼玛、根敦扎布及遣赴军营报信之阿齐,俟伊等到京,酌量加恩。所有尼玛、根敦扎布、阿齐等亲属户口,俱着编入察哈尔旗分安插。哈达哈、阿桂前因疏纵首贼,饬部分别议处。今既经擒获,着加恩宽免。"(《清高宗纯皇帝实录卷之五三七》)

〇乾隆二十二年丁丑五月辛卯朔〇又谕曰:"达什达瓦之弟伯格里妻室已系孀居,无可依恃,恳请移入内地,情殊可悯。着加恩准其携带属人,赴察哈尔正黄旗居住。"

○戊戌,又谕:"据成衮扎布等奏,乌噜特寨桑锡克锡尔格属人等禀称,锡克锡尔格及巴图尔乌巴什等知阿逆现在博罗塔拉,拟即领兵擒献,大兵亦即迅速前进等语。成衮扎布等闻锡克锡尔格等,有擒贼自效情形,即日领兵前进,甚合机宜。逆贼穷蹙已极,官兵到彼,自可立即擒获。若俟锡克锡尔格等擒贼来献,则伊等系效力之人,应行加恩,不便一体办理。但亦不得仍归原地方居住,俱着迁至内地安插,以杜后患。即三都克亦并未从贼,今复在军营效力。俟事竣后,亦令伊等属人迁入内地,或在通肯呼裕尔,或在察哈尔,酌量安插。其老幼人等不必悉令迁移,着同内地派往驻扎兵丁同住,酌量授总管职衔一二员约束。毋庸照从前留各鄂托克旧名,及补放寨桑等职衔。成衮扎布等即遵照办理。"(《清高宗纯皇帝实录卷之五三八)》

○乾隆二十二年丁丑五月○己酉,又谕:"据哈达哈等奏,现于科布多所存兵六百余名内,先派索伦、察哈尔兵四百名交车木楚克扎布,协助唐喀禄等。哈达哈复欲亲身带兵前往,伊与车木楚克扎布现俱候旨等语。前经车布登扎布等奏称,于额尔齐斯驻兵八百名,截拏窜逆。朕即照伊所奏允行,复派唐喀禄、车木楚克扎布带兵前往。今哈萨克锡喇既在和博克地方种地,宜上紧擒拏。但已令唐喀禄、车木楚克扎布带兵前往,人数已足。哈达哈不必前往,仍遵朕前降谕旨,至那木占察罕布尔噶苏军营时,即回乌里雅苏台办事。"

○己未,谕军机大臣等:"据察哈尔总管巴尔品奏,前同萨喇勒投诚,安插察哈尔旗分之佐领察罕鼐济等,应与察哈尔一体效力差遣。所有应制军器,限三年内扣各官俸银制办等语。所奏甚属错谬。从前同萨喇勒投诚人等安插察哈尔地方,原因伊等系初降之人,加以体恤,并非责令差遣。且萨喇勒曾任佐领,并未派令差委。今因萨喇勒获罪,即令察罕鼐济等供应差使,且扣除俸银,制办军器。伊等无知,能不妄生疑惧？况察哈尔地方有何紧要事务？其制办军器一事，更不必急于办理。设遇调遣，自可临时办给。巴尔品身任总管，不知事体，冒昧陈奏。着严行申饬，仍将朕旨晓谕察罕鼐济等知之。"（《清高宗纯皇帝实录卷之五三九》）

○乾隆二十二年丁丑六月○丁丑，又谕曰："索诺木喇布坦等擎获抢夺达里冈爱、多伦诺尔等处商民贼人九十余名。俱着照所奏，即行正法。所有各部落王公扎萨克等失察之咎，本应交部议处，但既会同索诺木喇布坦等擒拏贼人，不致漏网，俱着从宽免议。索诺木喇布坦、永兴办理妥协。着交部议叙。"

○丙戌，又谕："据唐喀禄等奏称，三等侍卫穆伦保、索伦委署参领多尔吉勒图、察哈尔委署参领托郭齐等，俱经效力年久。此次随同进兵，中途遇贼，奋勇剿杀等语。着加恩将穆伦保补授二等侍卫，多尔吉勒图、托郭齐，俱着补授三等侍卫。"

○丁亥，又谕："据兆惠奏，富德等追袭阿逆，已将巴尔达穆特各鄂托克人众收服。阿逆穷蹙奔窜，如系逃入哈萨克地方，即领兵前往擒拏等语。富德等此次奋勇追袭，甚属可嘉。如已经弋获，自可竣事。若又逃窜他往，则应暂行撤兵，富德毋庸前往哈萨克，仍遵前旨，俟明春再行办理。至奏请将巴尔达穆特等各鄂托克人众暂存安抚，事属可行。但伊等若闻现在撤兵，明岁仍行前进之语，必致妄生疑惧，致滋事端，务须密行防范。富德着赏给荷包，并发往荷包十个，着富德酌量赏给奋勇行走之图伦楚、奇彻布等，以示鼓励。努三此次亦属奋勉，着施恩补授二等侍卫。其厄鲁特侍卫衮楚克扎布，着赏给孔雀翎，并银五十两。所有阵亡之察哈尔子爵车凌多尔济，着交部照例议恤。"（《清高宗纯皇帝实录卷之五四一》）

○乾隆二十二年丁丑七月○辛亥，军机大臣议准署定边左副将军车布登扎布奏："乌里雅苏台以内喀尔喀二十台,原未官办马驼。惟派拨台站之马甲二十二户,以本身应备马三匹当差。后私马不敷,由四部落公派,每台马百、驼十,又派两扎萨克协济。倒毙疲瘦,俱自行补换,未免拮据。今差务较少,应将协济马驼撤回。其喀尔喀二十台,照例每台官办马五十、驼二十,于现在马驼内挑选凑足。按年以马三驼二销算,给价买补。"从之。(《清高宗纯皇帝实录卷之五四三》)

○乾隆二十二年丁丑九月○戊戌,谕:"察哈尔旗分游牧人等内,向例未经出痘者,概不进京。故虽有应补官职,亦捍格不得升用。嗣后有此等应补放官职者,将职名缮写绿头牌,于已出痘者引见时具奏。补放后,俟朕木兰行围之便,补行带领引见。"(《清高宗纯皇帝实录卷之五四六》)

○乾隆二十二年丁丑九月○己酉,谕军机大臣等:"雅尔哈善奏,据三格报称,察哈尔总管巴宁阿等于博罗齐地方,捉生询问三十里外有贼人十户。入山搜剿,遇伏阵亡等语。总管巴宁阿,三等侍卫努呼德、阿拉善,二等台吉达瓦车琳,奋勇剿贼,殁于王事,深可悯恻,着交部照例议恤。"(《清高宗纯皇帝实录卷之五四七》)

○乾隆二十二年丁丑冬十月○辛未,又谕曰:"黄廷桂所办马匹,自肃州送至巴里坤,即另委官兵解送。着派出厄鲁特散秩大臣巴图济尔噶勒、乾清门侍卫果木尼勒图、富绍,自巴里坤解送济尔哈朗。巴图济尔噶勒赏银一百两,果木尼勒图、富绍,各赏银五十两。即前赴巴里坤等候。仍派察哈尔、索伦兵四百名,沿途防备吗哈沁,其马匹加意照料。如遇风雪,即便住宿。进兵之日,以巴图济尔噶勒为领队大臣。果木尼勒图、富绍照从前图伦楚例,带兵行走。"(《清高宗纯皇帝实录卷之五四八》)

○乾隆二十二年丁丑十月○是月，直隶总督方观承奏："地方有司编查保甲，城乡十户立一牌头，十牌立一甲长，十甲立一保长。给用印门牌，开写本户姓名口数，年齿生业。如有故绝迁移及外来无稽之人，随时呈报。即口外地方，亦设立牌头乡长，逐户悬挂门牌。责成道厅并武员，巡查会哨。乃地方官奉行不能切实，甚至日久懈怠，缘户口迁移存殁，以及生计经营，每多更易。州县不能数数亲查，稍涉因循，即成故套。查州县保甲原有底簿，向来直隶系按各府州属，遴派能事佐贰教职数员，会同各该州县，以次编查。臣请于来年正月为始，仍照此法，至编查既确之后，应设立循环二册，一存州县，一交乡保。凡村庄户口，生故迁移、改习行业以及外出流寓，分别开注。季底将循册缴送印官，查对环册，改注、发交乡保，于下季之底，将环册缴送查对。一循一环，按季更换，仍出具并无容留匪类甘结，自不至有藏奸捏结之弊。至身充甲保，即属官役，一切事件，地方官悉惟该役是问。责惩多而奖赏少，且往来城邑，不无劳费。是以稍能自给，爱惜颜面者，不愿承充。请照义仓设立仓正、仓副例，择其诚实者，联名公举点充。三年内果能实心稽察，或优给扁额，酌加奖赏。户口册籍需用纸笔，于办公项内酌给，以免借名派累。如州县果能实力奉行，司道核详记功，遇有升调，声明保荐。其奉行不力者，记过揭参。"得旨："立法止可如此，行之又在得人，妥协勉为之可也。"(《清高宗纯皇帝实录卷之五四九》)

○乾隆二十二年丁丑十二月○壬戌，参赞大臣富德奏："臣准兆惠咨文、奉到谕旨，以阿睦尔撒纳逃入俄罗斯，顺德讷等不必在彼守候，即应遵旨撤回。因前往哈萨克之额尔克沙喇、努三等尚未回营，暂令留驻。臣于十月二十五日令鄂博什带兵二百名，前往额林哈毕尔噶，沿途搜剿玛哈沁，与将军会合。昨据往哈萨克贸易人等带来额尔克沙喇等书札，闻阿布赉游牧移向巴颜鄂拉。又闻巴图尔乌巴什出痘身死属实。再臣等闻乌梁海安济、格斯奎与俄罗斯素有雠隙。派出署防御达色等，于本月二十四日至布克图尔玛，安济等十余户迎战，达色追射安济，遇石伤足。前锋卓丹即奋力前进，将安济生擒。其格斯奎亦被擒获。计剿杀乌梁海三百余户，奖赏蓝翎乌勒德克阵亡，三等侍卫喀勒扎布等带伤。又于库克郭勒地方遇果勒卓辉之乌梁海等二十余人，放枪迎敌，我兵坠马者数人。有宁古塔披甲人英德讷、黑龙江打牲达呼尔达三保，奋勇救出，尽剿贼众。又在前队行走奋勉之三等侍卫毕拉尔海、吉林署协领扎库齐、索伦署协领金济噶尔、阿第木保，察哈尔署协领喇嘛扎布、蓝翎侍卫达桑阿等，俱出众效力。"得旨："富德所奏，前队效力之毕拉尔海，授为二等侍卫；扎库齐、金济噶尔、阿第木保，俱授为协领。喇嘛扎布授为头等侍卫。达桑阿授为三等侍卫。擒获乌梁海安济、格斯奎之达色、卓丹，俱授为蓝翎侍卫。剿杀乌梁海之英德讷、达三保，俱授为三等侍卫。其余奋勉效力及阵亡得伤官兵，俟造册到日，该部照例议叙议恤。"（《清高宗纯皇帝实录卷之五五二》）

○乾隆二十二年丁丑十二月○甲戌，谕军机大臣等："据富德奏称，察哈尔护军鄂罗斯拜于十月二十五日夜骑牵马匹逃走等语。鄂罗斯拜派往军前效力，反向哈萨克逃去，情甚可恶。但伊虽哈萨克种类，来投之后，即作为护军，给与产业，豢养二十余年，家属俱在察哈尔，有何被迫情事，只身逃往哈萨克耶？向来兵丁迷路，则该管官罪重，若逃走则罪轻。或该管官员希图避罪，以逃走详报，亦未可定。除将伊家属交该总管暂行严加监禁外，着富德将鄂罗斯拜或系迷路，或实系逃走，查明具奏。此时伊或潜回察哈尔，着该旗亦严行缉捕。"（《清高宗纯皇帝实录卷之五五三》）

公元1758年

○乾隆二十三年戊寅春正月○乙巳，谕军机大臣等："据兆惠等奏称,鄂实等领兵追剿逃往玛纳斯河源之扎哈沁哈勒拜等,官兵奋勇杀贼一百四十余人,获马驼军器甚多。厄鲁特侍卫达尔汉等九人阵亡,侍卫老格等二十六人得伤等语。此次官兵剿贼,甚属奋勉。厄鲁特侍卫达尔汉乃达什达瓦属人,从前因进剿纳木奇、库图齐讷尔鄂托克,较众尤为出力。是以授为二等侍卫,赏给巴图鲁名号。今奋勇捐躯,深为悯恻。着加恩赏给云骑尉,令伊子承袭,仍将伊户口移于察哈尔,照例安插。并将此旨传示达什达瓦属人及军前厄鲁特等侍卫官员。其余阵亡得伤官兵,俱交部照例议恤议叙。至此次进剿,正值隆冬大雪之时,马力自当疲乏,尚能剿贼奏功。使去年进兵若此,何患无成!彼时鄂实系参赞大臣,有事但诿之将军,不加策励,今自知负罪。不敢如去年之互相推诿,是以直前剿贼,朕深悉其隐。着传谕兆惠等进兵之时,当似此各知奋勉,不可稍存意见。并将鄂实畏罪图功之处,晓示众人。鄂实着加恩授为三等侍卫。瑚尔起、端济布与效力官兵,亦着交部议叙,以示鼓励。"(《清高宗纯皇帝实录卷之五五五》)

○乾隆二十三年戊寅二月○乙丑,又谕:"据雅尔哈善等奏称,所调陕、甘绿旗兵丁,计二月二十日以外,可至鲁克察克。自鲁克察克至玛纳斯,又需二十日。于三月初十左右始至军营,距兆惠进兵之期已逾一月等语。前因兆惠屡次奏请增兵,又将伊所领索伦兵一千名拨给雅尔哈善,故派绿旗兵一千名前往。近因雅尔哈善奏,伊现在所有索伦、察哈尔及富绍等送马兵丁,将及三百名,拟分派哨探策应及巡察牧群之用。朕虑此数尚不敷用,谕将一切差遣回程索伦兵留于鲁克察克,合计可得若干。如有不足,再自兆惠军营遣发。"又谕顺德讷:"阿里衮兵丁俱归雅尔哈善之队,亦将及一千。但未知此内有索伦兵若干?若得六七百名,已足敷用。则兆惠所领索伦兵,即无庸调遣。或已经起程,行走未远,亦可调回。再绿旗兵虽赴调稍迟,而随后进发,亦足增声势,可仍行遣往。若兆惠竟不需用,即存留屯种亦可。着传谕兆惠、雅尔哈善,一

面咨商办理。一面奏闻。"(《清高宗纯皇帝实录卷之五五六》)

○乾隆二十三年戊寅二月○是月,直隶总督方观承又奏:"宣镇派往鄂尔坤军营官兵换防届期,需用驼只价昂。请照乾隆二十一年采买军需例,每驼给价十八两。"得旨:"今次竟且不必换,多住一二岁何妨?或明岁,或后岁,驼价平时再奏。则一切皆不致周章矣。"(《清高宗纯皇帝实录卷之五五七》)

○乾隆二十三年戊寅三月○戊子,兵部议准直隶总督方观承奏:"天津镇属之文安营都司,前经裁移多伦诺尔,请改铸多伦诺尔都司关防颁给。"从之。

○己丑,谕军机大臣等:"前因厄鲁特巴雅尔等八人随端济布效力行走,令从巴里坤咨送来京。今巴雅尔诺尔布、曼集于中途病故,其沙喇巴图尔、穆呼赖、和通、托林特古斯,俱授为护军,在察哈尔旗分安插居住。"

○己亥,又谕:"前因擒拏阿陆尔撒纳,剿捕逃窜贼众,派索伦、察哈尔等兵丁在乌里雅苏台等处驻扎。今阿逆既伏冥诛,阿尔泰以往地方宁谧,乌里雅苏台兵丁初无所事,转似防范喀尔喀边界之厄鲁特。恐车凌、车凌乌巴什等不能无疑。且兵丁驻扎年久,自应酌量撤回,以示休息。可传谕衮扎布等,于乌里雅苏台、科布多等处兵丁,量足看守仓库、供应差遣外。其余索伦、察哈尔等兵丁,应如何分队撤回,着定议具奏。和硕齐、唐喀禄等带兵不多,于归途亦撤回游牧。再从前喀尔喀四部落,每年派兵防秋。今准噶尔既入版图,防秋之兵,或仍照派拨,或当酌减,并着议奏。"(《清高宗纯皇帝实录卷之五五八》)

○乾隆二十三年戊寅三月○癸卯,靖逆将军雅尔哈善奏:"调派领队侍卫官员,俱至鲁克察克军营,哈密贝子玉素布亦领回兵百名,于三月初一日到。其侍卫富绍等陆续带来索伦、吉林、察哈尔兵,计共一千四百余名。兆惠等军营兵,可无调取。至应撤留屯田之绿旗兵,俟从巴里坤到时,照原派吐鲁番三百回兵之数,撤换留屯。本地已支整装银免其追缴,余应得项并马匹,移给回兵。回兵整装银,于奏带备赏银内支给。至伯克鄂对等,系库车、乌什、库尔勒等城头目平定伊犁时迎降,即随营行走。此次进剿,令其招抚各城,臣等候绿旗兵到,往哈喇沙尔定期进剿。"报闻。

○丁未,又谕曰:"顺德讷等队内效力之厄鲁特察罕库本、班第,俱着授三等侍卫,赏给衣服银两。派乾清门侍卫德尔森保等送至雅尔哈善军营,效力行走。其家口安插察哈尔人少旗分。向导擒剿贼众之巴图、根敦扎布,着同家口送京。伊等若未出痘,亦在察哈尔旗分安插。"(《清高宗纯皇帝实录卷之五五九》)

○乾隆二十三年戊寅夏四月○戊午,又谕:"昨成衮扎布等请迁移达什达瓦游牧于通肯呼裕尔。经军机大臣议奏,俟秋收后办理。朕即谕成衮扎布等,将迁移游牧之事,不必先使闻知,恐伊等因此懒于耕作。今思达什达瓦游牧移往通肯呼裕尔,恐非伊等本意。若到彼无计谋生,仍须接济。且或致脱逃,又滋事端。莫若移往察哈尔,或在巴里坤附近阿济必济等处游牧。俟巴里坤驻兵屯田等事议定,即令长住亦可。此事仍待朕熟筹交议。着传谕成衮扎布,此时惟劝课伊等耕种,其应移驻何地,俟议定后,临时再行晓谕。"

○辛酉,定边左副将军成衮扎布等奏:"臣等奉旨乌里雅苏台等处,驻扎索伦、察哈尔等兵,应酌量撤回。四部落每年派出防秋兵,亦应裁减。查上年臣等奏准,北路军营留索伦、察哈尔兵各一千名,右卫、绥远城、满洲兵五百名,喀尔喀兵五百名,绿旗兵三百名,除挑往西路索伦兵四百五十名外,余同察哈尔兵俱应撤回至乌里雅苏台等处。仓库牲只,均需照管。新调满兵驻防未久,及喀尔喀兵在游牧附近更换,请同绿旗兵并俱留存。再四部落防秋兵，从前每年派三千名，定地齐集。今准噶尔既平，即在各游牧豫备，以节縻费。下军机处议。"寻议："成衮扎布请留满洲绿旗兵，照看仓库牲只。应如所奏办理。其索伦兵无多，驻防日久，应同察哈尔兵全行撤回。至所请喀尔喀兵支给钱粮，现在地方无事，应照旧停支。或食粮有年，亦应减半。再防秋兵毋庸齐集，准各回游牧。"得旨："喀尔喀兵丁钱粮，仍照原奏支给。俟索伦等兵撤回时，再如所议行。余依议。"

○戊辰，免直隶……宣化、万全、西宁、龙门、怀来、怀安、丰润、张家口理事厅等三十三州、县、厅乾隆十年起至二十年未完民欠银米。（《清高宗纯皇帝实录卷之五六〇》）

○乾隆二十三年戊寅四月○壬申，免直隶……西宁、蔚州、延庆、保安、宣化、万全、怀安、怀来、赤城、四旗等二十九州、县、厅乾隆二十二年分水灾额赋。（《清高宗纯皇帝实录卷之五六一》）

○乾隆二十三年戊寅五月○壬寅，大学士等议覆："据桑寨多尔济审讯敦多布等犯，实系伙同盗马，供认不讳。应如所请，将起意之敦多布、主使之达什，俱按首犯，即行正法。其罗卜藏，系听信达什之言，莫罗木吹木丕勒、衮楚克，俱系随同敦多布行窃。齐巴克明知敦多布等盗窃，又与同居，亦应如所请，按为从例，发黑龙江。至乌巴什、车林，系商民张所能佣工，并未偷马，应各鞭责一百。各犯妻子分发邻盟，抄没家产牲畜，分与失主。张所能借给贼犯马骑，又令盗远处马，为之护送赴口，非惟主使，显系勾窝。应将张所能押解张家口，交总管审明正法。嗣后如有聚伙偷马贼犯及窝赃商民。应如所请，随获即行正法。"得旨："桑寨多尔济所办甚善。着交桑寨多尔济，将张所能之张家口铺内伙计共几名，有无知情之处，讯明取供。一面奏闻，一面出派妥员，将张所能严行押解，送至张家口，交宣化镇总兵官和成、口北道彰宝、署理驿站总管福鼐办理。余依议。"

○壬子,谕军机大臣等:"据阿桂奏报,和硕齐、唐喀禄等为贼舍楞所诱,唐喀禄等被害,和硕齐更衣降贼等语。唐喀禄虽一时被诱遇害,尚能奋勇捐躯,深可悯恻。着交部照阵亡副都统例议恤。侍卫富锡勒、穆伦保、佛尔庆额等,亦着交部议恤,俱给与世职。其余阵亡得伤官兵着阿桂查明,送部分别议叙议恤。侍卫奎萨、营总班珠尔闻信前追逆贼,亦着议叙。护军校七格着加恩授为二等侍卫,赐号哈坦巴图鲁;蓝翎侍卫硕通授为三等侍卫,赐号卓哩克图巴图鲁,赏银各一百两。营总齐巴勒、敏逊,遇应升之缺即补。骁骑校萨尔巴图,遇佐领缺出即补。护军赛音图、领催达赉,以骁骑校即补。至和硕齐自归附以来,加恩擢至散秩大臣,今遇贼叛降,情罪可恶。倘恋其妻子,潜回游牧,即行拏送来京。仍遣纳木扎勒驰驿至察哈尔,将伊妻子全行诛戮,以彰国宪。"(《清高宗纯皇帝实录卷之五六三》)

○乾隆二十三年戊寅六月○己未,又谕:"前命努三办理哈萨克贸易事宜,曾面谕以不可多给价直。现在进剿回部,恐本年未能竣事。来岁需马更多,可传谕努三,俟哈萨克以马贸易时,不妨多为购办,即价直稍昂亦可。至所易马匹,牧放需人。绿旗兵虽不可用,若巴里坤有察哈尔兵,当酌量拣派,暂令牧放马匹。仍着一面奏闻,一面咨明巴里坤大臣办理。现在拟派察哈尔兵一千名,星速前往。其加意牧放,以利军行。昨命永德协办贸易事务,努三俟其到时,更宜留心指示。俾得学习行走。"

○庚申,谕军机大臣等:"黄廷桂奏哈萨克贸易马匹商办牧放事宜一折,自属慎重防护之意。现在已派察哈尔兵一千名前往照料牧放,可免匪人潜窃之虑矣。至折内所称大兵指日成功,亦无需马之处等语,于现在情形,尚未稔悉。办理回部一事,此时雅尔哈善正在领兵进剿,如果能奏功,固属甚善。设或一时未即就绪,则明岁派添兵马,亦必于此时豫为擘画。即口粮一项,亦应酌备一二万兵之用,庶不致临事周章。该督虽不可因此豫存张皇之见,而熟筹妥备,又不可不留心经理。若于哈萨克贸易马匹时设法多为购换,以资储蓄,更属周至。总在该督酌量从容妥办耳,将此传谕知之。"(《清高宗纯皇帝实录卷之五六四》)

○乾隆二十三年戊寅七月○戊子,大学士管陕甘总督黄廷桂奏:"巴里坤为军需总汇,近奉旨派出索伦、察哈尔兵丁,明年又添派官兵二万。须豫备一岁口粮,请于甘省各属运十万石。乘此夏秋道路便于行走,先从哈密存贮粮内米面兼拨,务于九月前运足五万石。其哈密缺额,再从内地运补。"报闻。

○庚寅,谕军机大臣等:"前据黄廷桂奏,请添备明岁官兵所需弓箭撒袋一折。当经军机大臣议覆,已行知该督矣。但据称二万官兵需备四十万箭之处,未免过多。现在京兵及察哈尔、索伦兵所用弓箭,俱系自行带往。此外再为豫备二十万箭,已足敷用。此箭亦自京中解往。至弓力有强弱之不同,必各兵自带,方能适用。亦不必官为置办。其撒袋一项,各官兵原有自备箭筒及随身携带之法,亦毋庸另为筹备。着将此传谕该督知之。"

○辛卯,谕军机大臣等:"近派察哈尔兵一千名,令侍卫讷齐讷、总管萨木都布领至巴里坤,前赴雅尔哈善军营。着传谕阿里衮,将应行豫备口粮驼只,就现在之数派拨。如有不足,即行文黄廷桂办送。俟讷齐讷等到日,即可遄行。再,运送口粮驼只,若自巴里坤迳达军营,长途未免疲乏。此时应先拨驼只于吐鲁番一带有水草处豫行牧放,以备更换。其吐鲁番何处水草较好,应需驼若干,着阿里衮与黄廷桂、永贵、定长等酌议具奏。"

○壬辰,谕军机大臣等:"据豆斌奏称,欲往戈壁内哈布塔克、拜达克及阿济必济等处搜捕玛哈沁等语。阿济必济等处,系察哈尔、索伦兵往军营经过之路,自可顺便搜查,毋庸豆斌前往。已降旨令其前赴雅尔哈善军营,与马得胜分管绿营兵丁。着即遵旨速往,将此传谕知之。"

○乙未,军机大臣等议覆大学士管陕甘总督黄廷桂筹增马匹一折:"前奉谕,令该督豫备明年二万官兵口粮,系统计进剿兵数而言,并非专用绿旗兵二万。今该督所奏绿旗兵二万,人给马一匹,加以官员随役,得马二万五千匹,已足敷用等语,似属误会。查今年若取库车,大兵前抵阿克苏,则来年所用绿旗兵多不过一万五千。人给马一匹,再合吉林、索伦、察哈尔等兵,约以五千为率,人给马三匹。前陆续派往巴里坤马,已有三万。应如所奏。再饬陕甘各营拨出五千匹,则官役需用亦足。此外若有急需,可于军营骑回马内挑用。至称巴里坤养马不便过多,亦应如所奏。酌将续拨马匹于十月送至肃州饲秣,俟军营需用转解。"得旨:"来岁进剿回部,合吉林、索伦、察哈尔及绿旗兵,不过一万五千人,即再多亦不过二万。该督筹办一切,具见实心。然看来未免稍形拮据,转恐远近传闻,张皇其事。当以静镇密筹为要。至马驼骡只,又交直隶及各省购办,现又于鄂尔多斯购马四千匹,驼一千只,自可无误军行。着再传谕知之。"(《清高宗纯皇帝实录卷之五六六》)

○乾隆二十三年戊寅七月○庚戌,又谕:"据车布登扎布奏称,乌里雅苏台军营原署参将常青、察哈尔佐领署营总炳图,因疏脱盗马贼犯等,革职效力赎罪。今伊等自备资斧,甚属黾勉。着加恩照伊等原衔降一级,将常青授为都司,炳图授为防御职衔,俾得效力行走。"

○是月,直隶总督方观承奏:"宣化各属仓豆充裕,又值丰收,稻草易办。现口外商贩马陆续已到。请照定价,每匹给银九两,采买四千匹,交宣镇各营领豆喂养,以备拨用。"得旨:"甚好,多多益善,今岂有无用之马!"(《清高宗纯皇帝实录卷之五六七》)

○乾隆二十三年戊寅八月甲寅朔○又谕:"昨派出察哈尔兵一千名,由阿济必济往乌鲁木齐,所需口粮马匹,应先送至乌鲁木齐豫备支给。现在派出索伦兵二千名,俱由此路行走,亦应照前豫备。至派出健锐营兵一千名,则不必至巴里坤,径由哈密、吐鲁番、鲁克察克一路。着传谕阿里衮,或将巴里坤现有马匹送至哈密豫备。如不敷用,即将肃州牧养马匹令伊等支领,前赴军营亦可。阿里衮速咨黄廷桂,筹酌办理。"
(《清高宗纯皇帝实录卷之五六八》)

○乾隆二十三年戊寅八月○辛未,军机大臣会同刑部议奏:"审拟古北口笔帖式书启善控告防守尉岳灵阿等敛银贿买一案。查岳灵阿并无克扣等弊,然于属员永格贿属行求不能查揭,应请革职。书启善未便仍留该处,并请调补京缺。"得旨:"岳灵阿如果有克扣侵肥情弊,即革职亦不足蔽辜,且将从重治罪。今阅其情节,不过失察属员,议以革职,未免过重。岳灵阿从宽,免其革职,仍回原任办事。其应得处分,着交部照例议处。至笔帖式书启善,若以京缺调用,转得在部院衙门行走,此例一开,将来在外笔帖式希图内调,皆将展转效尤,适以启告讦之渐,此风实不可长。书启善不必调京,即于张家口、独石口、喜峰口等处笔帖式内对调。"

○甲戌,谕军机大臣等:"据豆斌奏,在伊逊达巴罕一带擒获玛哈沁八人,现在带兵前往库车军营,顺道搜剿逸贼巴拉等语。前曾降旨,令豆斌前赴军营,分管绿旗兵丁。昨据永贵奏,哈喇沙尔屯田处所及海都台站,间有被玛哈沁偷窃马匹者。朕以军台关系紧要,既有贼人乘间窃发,不可不剿除净尽。已降旨带领察哈尔兵之总管敏珠尔、乾清门侍卫栋保前往擒捕。计豆斌此时尚未抵军营。着仍就军台一带尽力剿洗,务绝根株。使台站肃清,方为妥协。俟搜捕如果净尽,再赴军营。至另折所奏剿贼阵亡之把总马明安、兵丁郎洪训二人,着即报明将军,咨部办理。"○又谕:"从前雅尔哈善等以六月十六日击败霍集占援兵。昨据兆惠所奏,俘获厄鲁特供词云,曾随霍集占战败,逃入后山,于七月二十四日至特呼克等语。看来伊等行走月余,特因辗转逃匿。若我兵直抵库车，必较为迅速。乃所奏但言搜捕哈萨克锡喇尚未有速往回部之意，岂以前有往哈萨克索取叛贼亦可之谕？遂尔拘泥，抑或不愿前往，从中观望。若如此存心，避难就易，则更不可。且兆惠等曾以厄鲁特贼党净尽，即策妄阿喇布坦复生，亦无可如何等语见之章奏。而又借搜捕逸贼，留恋伊犁，自相刺谬。谅不至此。此时应接奉屡次谕旨，迅速启行矣。现因办理回部，调发健锐营兵一千名，索伦兵二千名，察哈尔兵一千名，军威甚壮。今年断不撤兵，且必于今冬竣事。盖大兵一撤，则回人又来夺据城堡，种植禾稼。惟相持不解，则贼人无从得食，而我官兵粮饷马匹又由哈密源源接济。自可早奏肤功。兆惠其加意奋勉，毋蹈覆辙。"（《清高宗纯皇帝实录卷之五六九》）

○乾隆二十三年戊寅九月甲申朔○谕军机大臣等："兆惠奏称，现在领兵一千，择其马力有余者八百名，前往回部，余俱由乌鲁木齐遣回游牧等语。前因索伦、察哈尔等兵在西路军营年久，已降旨派拨更换。今据奏军营兵丁又复前往回部，是今岁不能即回游牧，着加恩再行给赏一次。其发回兵丁，由乌鲁木齐、巴里坤、肃州资送至京，再回游牧。着传谕永贵、阿里衮、黄廷桂等，照例办理。"

○丁酉，谕军机大臣等："现在阿克苏城已经归附，看来各城自必相继迎降。可传谕将军纳木扎勒、参赞大臣三泰，带领索伦、察哈尔及健锐营官兵之副都统福禄、侍卫讷齐讷、丰安等，速行前进，与兆惠会合。仍谕永贵等，将官兵粮饷，速为办给。既合两路大兵，又益以三队劲旅，声势倍加雄壮，回众闻风震惧。今岁可告成功。朕伫待伊等捷奏，兆惠专膺阃寄，其率先奋勉，以副眷怀。"（《清高宗纯皇帝实录卷之五七〇》）

○乾隆二十三年戊寅九月○丁未，又谕曰："永贵等奏，吐鲁番公素赉璊等报称，巡查台站遇有玛哈沁等，追至库车，因大雪迷踪等语。从前永贵等派员追捕盗窃军需之贼，未能弋获，曾谕将派往军营之察哈尔兵一千名内酌留二百名,令敏珠尔、栋保等带领搜捕,再赴兆惠军营。今兆惠已至阿克苏,官兵足敷调遣。可传谕永贵,除办给军营兵八百名照例整装外,所留兵丁,亦一体赏给。追捕盗窃台站之玛哈沁等,务期尽获,不必驰赴军营。"

○庚戌,又谕:"观霍集斯望风迎降,是回人畏我军威。将有擒献霍集占者,兆惠成功后,亦当稍为休息。所有驻防屯田等事宜,自当豫行筹办。朕意于新派索伦兵二千名,察哈尔、健锐营兵各一千内,派索伦兵一千,察哈尔、健锐营兵各五百,共二千名。令纳木扎勒、三泰驻防伊犁。所余察哈尔等兵各五百,酌派七百,益以绿旗兵三百,共一千名。令舒赫德以头等侍卫职衔驻防阿克苏。仍余察哈尔等兵三百,益以绿旗兵二百,共五百名,令鄂实驻防库车。舒赫德屡获重谴,鄂实全未效力,此次当知奋勉赎罪,俟驻防数年后,派员更换。若因久戍思家,诸事懈惰,仍当重治其罪。至平定回部后,谅无难办理。惟调派回人于伊犁屯田,尚须酌量。若回人伤残者多,且伊等地已足用,自不必勉强从事。如必须派调,则宜乘新定之势。稍迟,恐伊等安土重迁,反觉滋扰。再,北路之塔尔巴哈台亦宜防守,所需索伦兵一千,拟令阿桂带领驻札,已面为训谕。新兵既经分驻,旧兵自宜撤回。凡此筹办大略,可传谕兆惠,酌量情形议奏。"

○壬子,又谕:"据车布登扎布奏,现派壮兵往乌鲁木齐支领口粮,前赴库车等语。车布登扎布久在军营宣力,因降旨令其自阿济必济回游牧休息。且库车、沙雅尔、赛哩木、阿克苏、乌什等城,俱已降服。现进兵叶尔羌擒挐霍集占,大功即日告蒇。车布登扎布仍遵前旨,将喀尔喀兵带回游牧休息。至厄鲁特汗罗卜藏多尔济所领厄鲁特兵丁,亦宣力有年,俱着带回游牧休息。再,富德前令其赴叶尔羌协剿逆匪。如兆惠已擒霍集占,则彼处大事已定,富德亦无庸前往。着将所领索伦、察哈尔兵丁,酌量路途近便,留于辟展、吐鲁番等处。伊即行来京,其索伦、察哈尔兵丁到时,巴里坤办事大臣照例办理。令其由内地驿站,各回本

处。将此旨传谕车布登扎布、富德遵照外,并谕阿里衮知之。"(《清高宗纯皇帝实录卷之五七一》)

○乾隆二十三年戊寅冬十月○丙寅,谕军机大臣等:"巴禄奏称,领兵分路搜剿玛哈沁等,至扎木巴拉布拉克之源,探有贼踪。署笔帖式四达色奋勇冲击,剿杀五十余人。计阵亡兵三名,得伤兵二名。又喀喇沁参领赛图、于图尔根、察罕乌苏,剿贼四十余人。计阵亡官一员,兵六名,得伤兵十名。察哈尔护军锡喇布现未回营,觅尸无获等语。此二次搜剿玛哈沁阵亡得伤官兵,俱着交部议恤议叙。四达色原系健锐营前锋,着加恩授为护军校,遇缺即补。其赛图等效力官兵,俱着造册送部议叙。仍传谕巴禄,伊所领兵丁久应更换,若未能即歼逸贼,可回抵乌鲁木齐,照富德兵丁例赏给遣回。现在办理回部将竣,新派索伦兵尚未效力。巴禄即选派五百名,每人给马三匹,裹粮前往。凡藏匿之玛哈沁及哈丹、阿巴噶斯余贼,尽行搜捕剿除。并传谕永贵、阿里衮知之。"

○丁卯,谕:"镶红旗蒙古察哈尔总管员缺,该旗奏请将护军参领格木德衣等四员带领引见。察哈尔总管有管教一旗蒙古之责,必需干练之员。格木德衣系不胜副都统任调用之人,其余三员恐亦不能胜任。着军机大臣会同该旗大臣,不拘旗分,拣选能胜察哈尔总管之任者带领引见。嗣后俱照此办理。"

○戊辰,赈贷直隶大城、青县、沧州、蔚州、万全、怀安、怀来、赤城、龙门等九州、县本年水雹霜灾,贫士、饥民、旗户、灶户,并缓征新旧钱粮。(《清高宗纯皇帝实录卷之五七二》)

○乾隆二十三年戊寅十月○己巳,又谕曰:"阿桂奏称,厄鲁特侍卫硕通在军营殊属奋勉,今仍恳随往西路等语。着准其所请。硕通既于布延图,候与妻子相见。可传谕扎隆阿,将伊妻子查出。酌量办给资装,发往察哈尔居住。伊安插家属后,仍即来京,再赴阿桂队内行走。西路现无急应前往之事,该总管等亦不必过于催迫。并传谕知之。"

○是月,直隶总督方观承奏:"明岁张家口不敷兵米九千六百七十余石,例应在万全县采买,该县本年收成歉薄,恐妨民食。请于怀安县存米一万五千一百余石内,就近拨用。"从之。(《清高宗纯皇帝实录卷之五七三》)

○乾隆二十三年戊寅十一月○丙申,又谕曰:"努三等奏称,侦知博罗托罗海有玛哈沁贼众藏匿芦苇中,即领官兵往剿。巴图鲁侍卫老格,自车布登扎布队内前来,即领兵协助,擒获贼众,收取马匹等语。伊等此次行走,殊属效力。努三着赏缎三端,永德、老格赏缎各二端。索伦署营总固宁保、署参领阿布达察、署防御绰勒颇勒图、原任协领革职效力之扎库齐、察哈尔署骁骑校布颜图、厄鲁特向导巴桑,赏缎各一端。其随往兵丁各赏一月钱粮。"(《清高宗纯皇帝实录卷之五七四》)

○乾隆二十三年戊寅十一月○庚戌,谕军机大臣等:"据富德奏称,十一月初十日,遇舒赫德所遣蓝翎侍卫扎勒都,告知军营情形。即于现在乌鲁木齐兵丁一千三百名内,选索伦兵三百名,吉林、察哈尔、绿旗兵二百名。令副都统鄂博什、玛瑞、侍卫额勒登额、老格等为前队,又派往巴禄处之索伦兵五百名,现距乌鲁木齐两站,即亲行带领起程。余兵令瑚尔起带往伊拉里克、托克三等处,支领马匹军器等语,所奏甚合机宜。即瑚尔起之兵不能趱赴,而豫备来年再举,亦甚有益。惟宜加意奋勉前进,仍令瑚尔起晓示兵丁,以伊等效力年久,本欲撤回;事出仓猝,暂行留用。一切赏给,均照初次之例。沿途酌量马力,速赴阿克苏,会同舒赫德计议进剿。"(《清高宗纯皇帝实录卷之五七五》)

○乾隆二十三年戊寅十二月○己巳,又谕:"据扎隆阿奏称,车木楚克扎布领兵拏获逃犯恩克等,甚属效力,着加恩赏缎六端。察达克赏缎四端。所有索伦、察哈尔官兵。着查明交部议叙。察达克所领兵丁，前虽赏给口粮，今既拏获逃犯，着加恩同喀尔喀等官兵，俱酌量赏给银两。以示鼓励。"○以故一等子察哈尔车凌多尔济子那木扎勒、一等男加一云骑尉奇山子喀宁阿，各袭爵。

○丙子，又谕："据舒赫德呈报军机处，因送回纳木扎勒等家人之便，将效力年久之察哈尔佐领巴雅尔暨兵丁四十四名撤回巴里坤等语。察哈尔兵调往军营，多用于卡座台站，所关甚要，不可悬缺。可传谕舒赫德、清馥，此等撤回兵丁，有原在卡座台站者，自应将新派之察哈尔兵补缺。纳木扎勒等之行装至巴里坤，清馥即给与驿马，由西安一路来京。又所报，同行有三等侍卫章武、蓝翎侍卫班泰等家人。前爱隆阿奏报，纳木扎勒、三泰信息，祗有侍卫奎玛岱，未及其余侍卫官员。俱着兆惠、舒赫德查明，奏请优恤。"（《清高宗纯皇帝实录卷之五七七》）

公元1759年

○乾隆二十四年己卯春正月○丁酉，谕军机大臣等："据舒赫德等奏称，侍卫齐凌扎布、噶布舒、散秩大臣伯克鄂对等安抚和阗等六城，击败霍集占所遣贼党等语。齐凌扎布等奋勉效力，深属可嘉。伯克鄂对近已加恩赏给公品级，着赏银一百两，仍交部议叙。齐凌扎布赐号穆尔德木图巴图鲁，赏银一百两。噶布舒赏银五十两，俱授为二等侍卫。阵亡之察哈尔奖赏蓝翎侍卫鄂博、得伤之索伦署防御布特木济、马甲纳苏图，俱着交部照例分别议叙议恤。得伤之回兵等，着交将军兆惠，酌量赏给，以示鼓励。"（《清高宗纯皇帝实录卷之五七八》）

○乾隆二十四年己卯二月壬子朔○又谕曰："成衮扎布等奏称，北路所有索伦兵六百余名，察哈尔兵九百余名，请交营总舒都勒、副都统职衔柏起等，照例给与口粮，陆续遣回游牧。所留满洲、喀尔喀、绿旗兵一千三百名，以八百名看守乌里雅苏台、塔密尔仓库，以五百名驻扎布延图等语。北路现在无事，兵丁在外年久。索伦、察哈尔兵着照所奏撤回游牧。布延图无庸驻兵五百，着留三百看守仓库。其看守乌里雅苏台塔密尔仓库之兵丁八百名，着留六百，各撤二百名，即同索伦、察哈尔兵遣回原处。布延图兵丁亦系暂驻，今岁回部事竣，即行撤回。"

○丙辰，喀尔喀亲王桑寨多尔济奏："查内地商民于恰克图购买俄罗斯皮张等物，于布哩雅特购易俄罗斯马匹，于军需有益，或以官银令商民承办。或仍令商民置买，每年可得一二千匹。"得旨："军机大臣议奏。"寻议："收买俄罗斯马匹，必须遴选干员，访确实价。虽支官银购买，仍不露官办形迹。俟交易后，派员送张家口，将骟马弥补牧群欠数。骡马、儿马交总管等归入牧群孳生。"从之。(《清高宗纯皇帝实录卷之五八〇》)

编者注：清政府与俄罗斯进行贸易从马匹开始，并和察哈尔、张家口相关。

○乾隆二十四年己卯二月○丁卯，谕军机大臣等："清馥奏称，询知侍卫官长保等带领达什达瓦兵丁，由乌里雅苏台、哈布塔克、拜达克直抵乌鲁木齐。因将伊等应得钱粮送至乌鲁木齐办给，又达勒当阿等自巴里坤至乌鲁木齐，需用熟识水草之向导等。已于索伦、察哈尔、厄鲁特等兵丁内派出二百余名等语。所办尚是。从前谕官长保等由巴里坤会同达勒当阿等行走，原以厄鲁特等颇悉沿途情事。今既就近前往，自无庸议。若伊等接得前旨，仍回巴里坤，更为妥协。但厄鲁特等虽称熟识水草，而我兵岂遂无历练之人？可传谕达勒当阿等自巴里坤前往，务严饬新派官兵沿途加意照看，并剿杀玛哈沁等。或叶尔羌、喀什噶尔等处，有厄鲁特及回人逃来，即行剿杀，以清台路。庶马匹不致被窃，而渠魁亦难漏网矣。"○又谕："据喀尔喀亲王齐巴克雅喇木丕勒等奏报，俄罗斯将舍楞等带往之察哈尔佐领巴颜察克等十八人查出,送至恰克图等语。可传谕成衮扎布等,巴颜察克等十八人,被陷得脱,殊可矜念。伊等至乌里雅苏台,即于索伦、察哈尔、厄鲁特内,择其明白晓事者各一人,赏给行装,驰驿来京,以备询问。余十五人酌量赏给,令其各回游牧。其来京之人,不必派员照管。"

○己巳,谕军机大臣等:"据军营奏报,将军兆惠、富德等声援既接,分领官兵,奋勇剿贼。合军一处,整顿兵马,再行进剿。览奏殊为欣慰。此实上天眷佑之恩,朕不胜欣感。至将军大臣侍卫官兵等奋勉效力,允宜优叙,以示奖励。"……奖赏孔雀翎之察哈尔护军署参领茂海、赛音伯勒克,着授为防御,在参领上行走。

○戊寅,又谕:"据富德奏称,呼尔璊等处剿贼立功官兵等。……着加恩赏给……察哈尔防御署营总斌图,着授为佐领;察哈尔总管敏珠尔之弟车凌多尔济,授为护军。"(《清高宗纯皇帝实录卷之五八一》)

○乾隆二十四年己卯三月○甲申,又谕曰:"兆惠等奏称,随纳木扎勒等进剿阵亡之侍卫官员十人,兵一百五十余名,又得伤兵六十余名。分别列单进呈,造册送部等语。……察哈尔骁骑校署防尉阿穆呼朗、护军校署防尉齐旺扎布、前锋署护军校纳们,俱着照现署职衔议恤。阵亡兵丁等,着交部照例议恤。……着兆惠查明具奏。"

○戊子,以察哈尔总管端济布为镶红旗满洲副都统。

○辛卯,又谕曰:"镶黄旗察哈尔总管员缺,着郎中富鼐补授。其正蓝旗察哈尔总管员缺,交将军兆惠,于现在军营之察哈尔侍卫官员及京中头等侍卫内,拣选一员保奏补授。"

○甲午,又谕曰:"巴尔品等奏称,罗卜藏多尔济所进羊只,请照鄂尔多斯,每只给银八钱。所有购买牡羊,请照该督所奏,每只给银一两。牝羊、山羊每只仍给银六钱、四钱。牛只照增价给银五两、四两五钱等语。近年因用兵多需牛羊,价值比前较昂。今阿拉善所买羊只,若照巴尔品所奏办给,与蒙古等生计无益。着交巴尔品、富鼐,将罗卜藏多尔济所进及阿拉善地方购买羊只,无论牝牡山羊,俱赏价银一两。从前齐旺班珠尔等所进羊只,虽经降旨增价,每只并未增至一两。今罗卜藏多尔济所进羊只,既每只赏银一两,鄂尔多斯人等亦系蒙古臣仆,自应一体加恩。着交巴尔品等,将从前齐旺班珠尔等采买羊只,亦照此次增价,每只按一两之数补行给与,以示朕体恤蒙古之意。"(《清高宗纯皇帝实录卷之五八二》)

○乾隆二十四年己卯三月○丙申,又谕:"据巴尔品、富鼐奏称,阿拉善采买牛羊内,可用者仅二百余只。此时赶赴乌兰察布采买,尚属可及。请降旨该院,即咨行盟长阿喇布坦多尔济,令其多备牛羊,以便会同采买等语。着照所请,行文办理,并按新增价值给与。"

○壬寅,又谕曰:"兆惠等奏称,军营效力之蓝翎侍卫锡勒图讷等十七人,得伤较重,业经平复,恳请留营剿贼等语。伊等幸获痊愈,仍愤思报效,深可轸念。着加恩……察哈尔领催齐凌旺舒克,着授为骁骑校。……着将军等酌赏银两。"

○甲辰,定阵亡及从征病故厄鲁特世袭例。谕:"附入察哈尔旗分厄鲁特等,原系输诚来归,已加恩赏给二三品官职,并无承袭之例。因皇考体恤伊等,令其子嗣降等承袭,俟降至八品官停止。今陆续投降之厄鲁特等,赏给官职,承袭者亦甚多。其在游牧当差,未曾在军营行走者,自应照例降至八品停止。但伊等有阵亡及在军营病故者,若亦照此办理,朕殊不忍。嗣后伊等如有此项承袭人员,俟降至八品官时,着加恩亦照八旗恩骑尉例世袭罔替,着为令。此特朕体恤蒙古奴仆之意,令伊等共知之。"(《清高宗纯皇帝实录卷之五八三》)

○乾隆二十四年己卯夏四月辛亥朔○谕军机大臣等:"兆惠等数日来未有奏报,想瑚尔起等领兵已抵和阗,此时和阗若无他故,则伯克鄂对及侍卫齐凌扎布等劳绩懋著，俱应加恩。盖伊等以绿旗兵数百与回人杂处，尚能保守和阗，较兆惠等有满洲索伦兵数千者为更难。今军营侍卫颇多，足敷调遣。除伯克鄂对仍令驻扎和阗外，齐凌扎布、噶布舒着即来京休息。再去岁派出满洲、索伦、察哈尔兵，原以更替久在军营者，俾得撤回。因兆惠等被围，复行发往。此次平定叶尔羌后，即令各回本处，不必再行陈奏候旨。仍将朕轸念伊等劳苦之处，晓示知之。"

○癸丑，又谕曰："舒赫德奏称，富德应援和阗，安设台站。派察哈尔兵二十名，绿旗兵五十名，办给马驼口粮。又回人三十名，伊等情愿自备口粮，未经另给等语。回人新附，未便令其自备口粮。可传谕舒赫德，将所派回人照军粮折给价银，以示体恤。嗣后派出回人，即遵照办理。"

○癸亥，又谕："据察哈尔总管高亮奏称，巴尔浑将已经另派别差之兵丁绰尔们，未经报明，仍行开入牵驼兵内，当经前任总管咨部查议。兵部以定例应须题奏驳回另办，谨专折具奏，请将巴尔浑交部察议等语。凡定例应行题奏之事，各该管大臣，或仅咨部办理，此实畏奏规避之恶习。然该部即应据咨查奏，但将不行题奏之处，请旨申饬。若事关紧要，即于奏内声明参处，庶于政务不致迟延。而外省大吏亦晓然于违例咨部之非是。方克称部院大臣职掌，若必驳令具奏，交部始行定议，则簿书期会，徒滋案牍，于实政究何裨益？该部不过曰守例不擅权而已，夫不擅权与推诿，似是而非。今既不能擅权，何必推诿乎！嗣后各部院衙门及八旗都统等，凡遇此等事件，俱遵此旨行。此案佐领巴尔浑着交部察议。"○谕军机大臣等："成衮扎布奏称，从唐喀禄队内，被逆贼舍楞等诱陷之索伦兵一百三十八名、察哈尔兵三十五名脱出后，发回游牧。酌量每名借给银六两，令各该处照数扣还等语。此等兵丁俱经力战，今既撤回，应酌量赏给整装银两。所借之项，着不必扣还，以示体恤。"（《清高宗纯皇帝实录卷之五八四》）

○乾隆二十四年己卯五月○丙申，谕军机大臣等："据方观承议覆,蒋溥所奏酌筹州县平粜折内,有密云县之石匣,现据该县详请平粜,业已批行之语。不知该县仓粮是否充裕,足资平粜,可以接至秋成与否,深为轸念。密云距通州尚近,且有水道可通。着传谕该督酌量情形,如有需用米石之处,即咨明仓场侍郎,酌拨米一二万石,委地方官运赴,以便筹办平粜。一面办理,一面奏闻。再宣化地方,节气虽较京师少迟,然此时亦未闻得有透雨。未知该处米粮民情若何光景,并着方观承一并速行查明具奏。"

○己亥,又谕:"前据明瑞奏,健锐营前锋琳保,不待云梯,直薄贼寨。朕已赏给噶克察巴图鲁号。仍谕兆惠,将似此奋勇击贼之人,查出请旨。今据将……察哈尔骁骑校巴图孟克,赐号巴图巴图鲁。照例赏银各一百两,以示鼓励。"(《清高宗纯皇帝实录卷之五八七》)

○乾隆二十四年己卯六月○庚午,谕:"口外多伦诺尔等处,因尔来粮价稍昂,商贩稀少。恐民间食米未能源源相继。着该督严谕四旗八沟等处,不许违例遏籴。俾商贩流通,用资接济。其八沟、塔子沟地方,蒙古王公台吉等属下殷实之户,所收粟谷,不无待价观望,未肯乘时出售。并着理藩院行文该王公台吉等,晓谕属下,各出所藏,照时价售卖。在伊等可以得价获利,而边口米粮日见充裕,实属两有裨益,该衙门遵谕速行。"(《清高宗纯皇帝实录卷之五八九》)

○乾隆二十四年己卯闰六月己卯朔○谕军机大臣等:"据富德等奏称,有回人哈里玛自叶尔羌逃出,将所询供词知会将军兆惠。定于六月初二日,自和阗起程,沿途息养马力,俟得兆惠进兵信息,相机办理。又和阗六城伯克等,愿派兵六百五十名,从军效力,甚属诚恳。请将各城为首伯克等留办事务,其小伯克等酌量派出,令伯克霍集斯统领进发等语。观回人所告情词,是逆贼霍集占已无计可施,大兵一到,成功应速。富德即行前进,深合机宜,朕伫闻捷奏。其和阗从军回人,着加恩每名赏银二两。领兵之大伯克赏缎二端,小伯克赏缎一端。仍将恩旨传谕至驻札和阗之游击丑达,与协同办事之察哈尔委员章京固穆扎布,俱着赏戴花翎。吉林署骁骑校黑住,赏戴蓝翎。"

○庚寅,谕:"据方观承奏,各属屡次大雨之后,唐河、沙河、白沟、拒马诸水同时并涨,下游悉归淀内。以至大清河尾闾不能宣泄,转由凤河倒漾,阻遏浑流。而宣化上游雨后涨发,溢涌旁溢,南岸四工堤顶漫开数丈,现在驰往确勘等语。入夏以来,直属大雨时行,各河涨发。而山西上游诸路,亦均得透雨。山水下注,永定河堤埝致有漫冲。着派安泰、赫尔景额即速驰驿前往,看视情形。并留赫尔景额在彼,协同该督,将漫口克日堵筑毋致再有侵溢。其水过村庄,现在有无淹浸,及应行加恩抚恤之处,着方观承一面勘明妥办,一面奏闻。该督职司河道,不能先事豫防,着交部照例察议。其疏防之河道各员,俟查参到日,一并交部察议。"(《清高宗纯皇帝实录卷之五九〇》)

○乾隆二十四年己卯七月○庚午,谕曰:"兆惠等折奏,据带领侦探兵蓝翎侍卫莫宁察,投回家人玛木特告称,前随莫宁察并固济尔巴图鲁侍卫璊绰尔图,与达什车凌等,带兵百名,前途侦探遇贼党千余人,猝被遮断。时莫宁察、璊绰尔图各踞空屋固守,有察哈尔一人开门投贼。璊绰尔图等悉力拒贼,因发矢已尽,莫宁察等遂尔遇害。璊绰尔图与索伦六品官岱屯被贼拏去。璊绰尔图骂贼不屈,逆酋手断其颈,岱屯亦刳腹被害。其察哈尔投贼者,名丹巴林沁等语。达什车凌、璊绰尔图等,前已降旨敕部加恩,今璊绰尔图被擒骂贼,惨烈捐躯,始终不屈,忠义之气炳然,览奏深为嘉悯。璊绰尔图有无子嗣,并前此作何加恩,该部即查明具奏。候朕降旨施恩优恤,以励忠贞。岱屯等着一并查奏。玛木特被拏投回,情亦堪悯,着加恩作为另户披甲。至丹巴林沁开门投贼,即系叛逆,情甚可恶。应照叛逆律治罪。着派乾清门侍卫舒常驰驿前往察哈尔地方,会同该总管,将丹巴林沁子孙查出,插箭锁押,于八

旗地方巡行示众后,将其子孙即行正法,其兄弟妻女等挐解来京,赏给王大臣为奴。"(《清高宗纯皇帝实录卷之五九三》)

○乾隆二十四年己卯八月○己卯,军机大臣等议准直隶提督吴进义奏称:"提属并马兰镇应交张家口马,请同南路标营,就近在京城交收等语。查提标并马兰镇,距京自七八十里至四五百里不等,而距张家口则在千里内外,远交马匹,浮费徒多。应如所请,准在京交收。"从之。

○辛巳,又谕曰:"舒常奏称,查得叛贼察哈尔丹巴林沁并无妻子,惟亲兄护军齐旺多尔济现在军营等语。着传谕兆惠,即将齐旺多尔济赏给伯克鄂对为奴,令其严加管束,稍有滋事,即听鄂对办理。其丹巴林沁若尚在霍集占处,着留心查挐,送京治罪。"(《清高宗纯皇帝实录卷之五九四》)

○乾隆二十四年己卯九月○丁卯,谕军机大臣等:"杨应琚奏,军营马匹,分起解送,第一起已于本月十六日起程等语。此时清馥若已遵旨回至巴里坤,自可适相会合。倘尚未转回,即着五吉同侍卫舒常、苏呼等,送马至叶尔羌。除派出哈密满洲兵及回人外,仍行文同德、淑宝,将巴里坤存留索伦、察哈尔、阿拉善等蒙古兵调用。又杨应琚派出从前脱出之满洲兵,解马前抵哈密,伊等熟谙道路,亦令送至叶尔羌。其绿旗兵着五吉裁撤,仍行文清馥,酌量办理。"(《清高宗纯皇帝实录卷之五九七》)

○乾隆二十四年己卯冬十月○庚辰,又谕:"据清馥奏称,遣往搜捕玛哈沁之都司张遇奇、察哈尔骁骑校阿喇布坦,已于喀喇莽鼐探得贼踪,并未亲行追袭,但遣马甲富海、索伦马甲噶勒保,领兵八名前往。伊等遇贼,又未报知。及张遇奇等闻信往追,见有男妇四十余人,反被贼诳诱,借给马匹,以致逃去。请将张遇奇、阿喇布坦交部严加议处,富海、噶勒保重责百鞭等语。清馥系领兵追贼之人，既未亲身前往，又不将疏懈官兵从重办理，更属姑息，着传旨申饬。至追剿贼人，若非勇往直前，则将来效尤成习，各顾身命，安望擒获！张遇奇、阿喇布坦，俱着革职。留军营效力赎罪。富海、噶勒保，着即正法示众。"

○丁亥，又谕曰："努三等奏称，准清馥咨文，随派出察哈尔佐领裕木扎布、厄鲁特向导蒙克津等，领兵往喀喇莽鼐等处搜捕等语。此等玛哈沁，诳诱官兵马匹，情罪可恶，务必尽行剿灭。着传谕努三等，此等贼人，即窘迫来降，仍应解送肃州正法。伊从前所得降人，如蒙克津等之奋勉效力，则令其来京在上驷院行走。其余即赏给王大臣等，不必安插旧地。昨谕努三与永贵会合追剿戕害德舒之玛哈沁等，着遵旨奋勉办理。"（《清高宗纯皇帝实录卷之五九八》）

○乾隆二十四年己卯十月○丙申，赈恤顺天直隶所属……延庆、保安、蔚州、宣化、怀安、万全、西宁、龙门、怀来、张家口等四十七州、县、厅本年水、旱、霜、雹、虫螣偏灾贫民，并蠲缓额赋有差。（《清高宗纯皇帝实录卷之五九九》）

○乾隆二十四年己卯十一月○癸酉，定边将军兆惠等奏："现在平定回部，安抚新降，仍须驻兵弹压。请于叶尔羌驻兵一千，令副都统丰安领健锐营兵三百名，侍卫达勒当阿总管巴雅尔领索伦兵五百名，散秩大臣鄂齐尔领厄鲁特兵二百名，以散秩大臣永庆巡查台站卡座。于喀什噶尔驻兵一千，派索伦兵五百名，察哈尔兵三百名，厄鲁特兵二百名，令副都统伊柱管领。于英吉沙尔驻兵五百，派索伦兵三百名，察哈尔兵二百名，令副都统丰纳亨管领。其阿克苏、乌什等处官兵，以阿桂统领。仍派副都统传景、总管罗尔本泰、敏珠尔、厄鲁特副管旗章京密什赉等分管。其军营年久官兵，俱行撤回。计乾隆二十年、二十一年，派出之健锐营兵二十余名，吉林兵七百余名，以爱隆阿管领。索伦兵二千余名,以瑚尔起由屯鄂博什、温布分领。察哈尔兵七百余名,以端济布敏珠尔多尔济管领。喀尔喀兵百余名,以公朗衮扎布管领。阿拉善兵百余名,以公衮楚克管领。办给资装,撤回原处。派侍卫讷齐讷、特通额、塔尔海、栋保、乌尔图纳逊、扎拉丰阿、塔玛鼐、瑚什、科普萨、额勒登额、蒙固勒、乌三泰等,沿途照管行走。至绿旗官兵,臣等业经奏派驻扎叶尔羌等城,余兵撤回本营。近准总督杨应琚议奏:屯田兵丁,需用万人。请于撤回官兵内就近截留。除在军营年久,及随臣兆惠、富德等,着有劳绩者,均撤回休息。将续派新兵,酌留阿克苏一千名,和阗三百名,乌什三百名,赛哩木二百名,拜二百名。其余发往乌鲁木齐等处屯田。所有阿克苏等处驻兵事宜,臣阿桂与阎相师、五福办理。"谕军机大臣等:"兆惠等奏叶尔羌等处驻扎官兵各数,其余悉行撤回等语。所留厄鲁特兵二百名,尚未妥协。伊等皆新附之人,在军营颇着劳绩,若令久驻,既虑其未谙纪律,且亦当稍为休息。着传谕舒赫德等此二百厄鲁特兵,即着鄂齐尔带领撤回。仍晓示以安插内地,承受恩泽。至厄鲁特乌鲁木等六人内,衮楚克扎布阵亡,殊可悯恻。着查伊妻子,加恩优恤。乌鲁木等亦甚属奋勉,着舒赫德传谕询问。如愿来京,即行资给起程。或愿在军营效力,亦酌量奖赏。厄鲁特硕通恳请留营效力,甚属可嘉,着加恩酌赏银两。讷齐讷等系乾清门侍卫,即着来京供职。傅景仍遵前旨来京。"(《清高宗纯皇帝实录卷之六〇一》)

○乾隆二十四年己卯十二月○癸未,兵部议覆:"稽查独石口等处镶白旗护军统领宗室弘昫奏称,张家口额设上三旗防御三员,如遇缺出,惟将上三旗官员拣补。其下五旗骁骑校,并未得有升途。请将防御裁一缺。余二缺每翼各分一缺,管辖四旗。原设骁骑校六缺,添二缺,每旗各分一缺。凡遇升转,均令按翼保送等语。应如所请。"从之。

○乙酉,以镶黄旗汉军副都统阿兰泰为归化城都统,察哈尔总管傅鼐为镶黄旗汉军副都统。(《清高宗纯皇帝实录卷之六〇二》)

公元1760年

○乾隆二十五年庚辰春正月○癸丑,又谕曰:"努三等奏称,察哈尔正黄旗原任佐领署营总鄂勒哲依图,因管台时兵丁遗失所送事件,革职效力。今伊解送阿克苏羊只,搜捕玛哈沁,甚属奋勉,从前曾随兆惠在济尔哈朗突围等语。鄂勒哲依图着加恩,复还原职。"

○丁巳,谕军机大臣等:"刑部查审察哈尔请领功牌一案,供出兵部武库司书吏茹胜谦得受贿银。提讯该犯,已于上年十一月内逃走。现据该犯同寓族叔茹济苍供称,茹胜谦伯母胡氏在镇江府城居住,可以投奔。并伊弟茹元,分发湖南试用吏目,茹胜谦之父茹栻同在任所,及原籍浙江山阴县桃园村地方,三处皆可踪迹等语。蠹吏因事得赃,一闻发觉,辄冀潜逃漏网,最为恶劣。着传谕各该抚等立即密饬地方官,严拏务获,解部治罪。毋得仅照寻常通缉之案,虚应故事。俾得迁延免脱,自取咎戾也。仍即速行奏闻。"(《清高宗纯皇帝实录卷之六〇四》)

○乾隆二十五年庚辰正月○壬戌,又谕曰:"安泰等奏称,乌鲁木齐祇有绿旗兵屯田,其防范哈萨克等,仍须索伦、察哈尔兵。请于叶尔羌等处,调取一百名听用等语。朕昨已传谕舒赫德等,酌于回城所驻索伦兵内,抽调三百名,前往乌鲁木齐。安泰所请兵数,为数尚少,着传谕伊等,仍遵前旨办理。"

○是月,直隶总督方观承又奏:"凯旋察哈尔、索伦等处官兵,现据陕甘督臣吴达善咨称,每起以三百名为率,间二日一起行走。查此次回兵,行李无多,数兵跟役一人,不必拘一车二兵之例。酌以四兵共载一车,仍属轻捷。并移咨陕西、河南一体照办。"得旨:"好。"(《清高宗纯皇帝实录卷之六〇五》)

○乾隆二十五年庚辰二月○癸未，谕军机大臣等："阿桂等奏称，伊犁屯田，原议今岁派兵五百名，回人三百户前往。今与杨应琚相见，始知将军等酌议派兵四五千名，回人一千户。但阿克苏回人，业经豫备，而库尔勒等处所派尚未办理。仍俟杨应琚到叶尔羌时，与舒赫德定议等语。伊犁向为准夷腹地，加意经画，故稽事颇修。今归我版图，若不驻兵屯田，则相近之哈萨克、布鲁特等，乘机游牧，又烦驱逐。大臣等自当办理妥协，不可苟且塞责，以图早归。看来驻兵屯田，惟当渐次扩充。今岁且照原议派兵五百名，回人三百户。或并此俱行停止，来年再为举行。则我兵既得休息，而回人生计，亦稍宽裕。又可量为添派，以渐增多。此事朕惟责之舒赫德，伊不过于用兵时退缩，至于办事心细，朕所深知。若果尽心，自能办理。今虽命新柱前往协办，究未熟悉。舒赫德惟视若已事，办理妥协，方准其更换。此时应作何办理？伊前奏多派兵丁回人，及河船粮运。经朕训饬，何以尚未覆奏？俱着传谕知之。"（《清高宗纯皇帝实录卷之六〇六》）

○乾隆二十五年庚辰三月○庚戌，兵部奏："平定回部凯旋之索伦、吉林、察哈尔兵，请照金川凯旋例，于德胜门外住歇一日。"得旨："所奏是。伊等俱系军前效力之人，今凯旋回去，若不令其来京，即由彼前往，稍觉未协。着照该部所奏，各队兵丁到京之日，着内务府总管同朕所派之御前行走大臣侍卫等，监赐饭食，稍为休憩，再令其回往各该处。"（《清高宗纯皇帝实录卷之六〇八》）

○乾隆二十五年庚辰三月○庚午，参赞大臣舒赫德奏："臣于二月十九日自叶尔羌起程，三十日抵阿克苏查询应设台站处所。由阿克苏至穆素尔岭，请设六台，岭上无水，酌为步站。过岭至海努克，台站人数酌量增添为三大台。俱派察哈尔总管敏珠尔、原任副都统杨桑阿办理。至官兵需用马匹，惟乌什尚可酌派，现在乌什之伯克萨里等愿为承办。"谕军机大臣等:"伊犁台站马匹伯克萨里、额塞木图拉等愿为承办,殊属效力。昨据舒赫德奏,以阿布都拉补乌什阿奇木之缺,萨里即无职掌,但遇有伊什罕等缺,亦可补放。若乌什未有伊什罕之缺,则各城有伊应升缺出,亦可奏补。仍与额塞木图拉俱酌量奖赏缎疋。(《清高宗录卷之六〇九》)

○乾隆二十五年庚辰夏四月○己卯,谕军机大臣等:"同德奏称,北路蒙古等以牲只来巴里坤、哈密辟展贸易者,俱由乌里雅苏台该处将军给与执照。其由张家口、归化城前往之商民及内地扎萨克蒙古等,亦须折至乌里雅苏台领照,未免纡回,是以来者甚少等语。新疆驻兵屯田,商贩流通,所关最要。着传谕直隶、山西督抚及驻札将军扎萨克等,旗民愿往新疆等处贸易,除在乌里雅苏台行走之人仍照前办理外。其张家口、归化城等处,由鄂尔多斯、阿拉善出口,或由推河、阿济行走,着各该地方官及扎萨克等按其道里给与印照。较之转向乌里雅苏台领照,程站可省四十余日,商贩自必云集,更于新疆有益。该部即遵谕行。"

○癸未,谕军机大臣等:"理藩院奏,杜尔伯特温图呼尔等,因生计穷乏,闻伊弟安插察哈尔,告知该扎萨克,前往寻觅,有违定例,请解回原旗等语。温图呼尔等穷乏求生,实非得已。又经告知该管,情尚可原。着加恩即与伊弟一同安插。但该部落自投诚以来,编设旗分佐领,原欲伊等各安生业,若不善为收恤,竟至分散,殊为可悯。着成衮扎布传谕该扎萨克等,其各加意抚绥,俾不致流离失所,副朕痌瘝一体之意。"(《清高宗纯皇帝实录卷之六一〇》)

○乾隆二十五年庚辰四月○庚寅,直隶总督方观承又奏:"宣化府属岁需驻防兵米,向于该州县屯粮项下动支。今宣化县因上年缓征,旧存屯米仅一百二十余石,不敷支放。查向例准于别州县通融拨运。查宣化附近之龙门县,现存屯粮一千九百八十余石,请照例拨运宣化,以充

夏秋二季兵米支放。"得旨："如所议行。"(《清高宗纯皇帝实录卷之六一一》)

○乾隆二十五年庚辰五月○丙寅,军机大臣议奏："查北路军台张家口外,自第一台至十台,额马各三十五;十一台至二十五台,各二十五;其间有戈壁台站者,驼亦二十五。今北路事既不繁,其额马三十五之站,应减为二十五。二十五者,减为二十。驼亦照数裁减。其由乌里雅苏台至喀喇沁之喀尔喀,凡二十台,额马各五十,驼二十,亦属过多,每台俱应裁半。"从之。(《清高宗纯皇帝实录卷之六一三》)

○乾隆二十五年庚辰六月○丙子,谕军机大臣等："阿桂奏称,领兵搜捕玛哈沁,至阿圭雅斯等处。据侍卫翘苏勒等,于呼尔岱见有贼踪,收获男妇二十六名口。又至都木丹济尔哈朗,侍卫硕通等搜剿树林贼众,收获马匹。旋有藏匿贼匪,前来争夺。奖赏蓝翎铁柱等沿途共杀贼三十余名,得马三百五十余匹。察哈尔署参领车凌旺布及兵丁三名阵亡,又得伤兵丁四名等语。此次搜捕玛哈沁官兵,甚属奋勉。侍卫硕通,前曾赐卓哩克图巴图鲁号,着再赏银一百两。翘苏勒着赐锡勒哈达克巴图鲁号,仍赏银一百两。健锐营奖赏孔雀翎护军校达什欣巴图鲁沙尔瑚善,着授为三等侍卫。侍卫上行走奖赏蓝翎前锋护军铁柱,着授为蓝翎侍卫,仍赏给孔雀翎。索伦署参领骁骑校乌尔库勒图、察哈尔护军署章京扎布,俱赏给孔雀翎。健锐营前锋护军诺海、察哈尔护军车凌多尔济、索伦署领催玛塔木保、三世保、厄鲁特兵丁和通,俱着奖赏蓝翎。阵亡得伤官兵,俱着造册送部,议叙议恤。"

○庚辰,谕军机大臣等："方观承参奏延庆卫守备褚廷章捕蝗不力,请旨革职拏问一折。褚廷章不查不报,任意延误,罪固难辞。至署北路同知朱山,为该卫专管上司,理应严行纠劾。乃方观承仅同统辖道员,一体附参,殊为轻纵。另有旨谕部,方观承仍传旨严行申饬。该督向于捕蝗一事,多听有司诿饰之词。如蚂蚱不食禾苗,及搜捕恐伤田谷之类,与养痈贻害无异。通州各处飞蝗,即系上年留贻余种。今查出关沟生发之地,乃其明验。若非朕一有所闻,即派侍卫大臣等星往督同搜捕,追问根由,安能刻日扑灭净尽?然飞蝗所过,孽种潜滋,势所必有,是以当暑萌生。即方观承所奏,亦不能自保。此时若不严饬所属,实力追缉,务绝根株,则展转蔓延,伊于何底?着传谕该督,令其于曾有飞蝗经过停落之处,沟塍草泽,逐细体勘,加意剔除。毋以事过因循,自取咎戾也。"

○辛巳,又谕:"据五吉等奏,将定长送马一百二十余匹,交齐大勇等牧放。俟秋季乌鲁木齐送马数多,再请旨设立牧厂等语。从前定长奏送此项马匹时,经军机大臣议,以马匹甚少,暂归巴里坤旧有马厂内牧养。俟秋季马多,另议添设。今乌鲁木齐既移驻大员。则秋季所得哈萨克马匹,亦不必送至巴里坤。即于本处酌量设厂,现有安泰带回之索伦、察哈尔兵,可令牧放。其已送巴里坤马匹,即于台站豫备应用,并传谕永瑞等知之。"(《清高宗纯皇帝实录卷之六一四》)

○乾隆二十五年庚辰七月○癸卯,谕军机大臣等:"据曹瑛奏,口外宁鲁堡之韩家梁等处起有飞蝗,从边外向东北飞去,并未进边,现在速往扑捕等语。该处虽系口外,然是处皆有庄稼,与口内无异。不得以飞蝗未及进边,遂稍弛搜扑。曹瑛现往查办,应星即广搜速捕。务使净尽,毋任蔓延。再该处飞蝗,既向东北飞去,则古北口以外如热河塔子沟、八沟等处,皆适当其地,恐不免有停落处所。着传谕吴进义、和成,会同热河道良卿早为查察。倘有飞蝗停落,务当尽力扑灭,不使稍留余孽。即目下并未飞至,亦当留心早为防范,无稍疏忽。该提督等奉到此旨,作何查办,即行据实速奏。"寻奏:"遵谕飞札宣化镇和成,并檄行热河道良卿、河屯协副将四十八,分委妥员。各处周视巡查,倘有飞蝗停落,协力扑捕,务尽根株。"报闻。(《清高宗纯皇帝实录卷之六一六》)

○乾隆二十五年庚辰七月○己未，谕军机大臣等："方观承奏，直属易、蔚等州，以次接到晋省宁远通判关文，知六月下旬有飞蝗落于宁远之八墩窑村，旋又飞起，渐近边墙。现在会同总兵和成、萨音图等查办等语。飞蝗所至，一经停落，必有遗种。今岁直属蝗蝻，皆上年搜捕未尽所留余孽。现在既有飞蝗从宁远渐近边墙，自必有飞集之所。若不亟为查出，尽力扑除，并刨挖种子，务使净尽，势必又为明年之患。辗转萌生，将何穷已！方观承既经查办，当以今年为戒，广搜迅捕，毋使留遗，方为永杜后患之计。广昌等州县，虽已饬令防范，其紫荆关、长城岭等处，石薄丛积之处，亦宜豫行留心。再鄂弼前奏，善岱地方有蒙古苇塘所出飞蝗来食禾稼，已亲往扑尽。此番宁远所属，既有飞蝗，何以尚未奏到？着传谕方观承、鄂弼，务宜彼此关会，于经过之处寻查踪迹，于停落之处搜尽根株。不可互相推诿，以致贻患。其如何办理并即速行奏闻。"寻方观承奏："臣专委涿州营参将带领弁目，前往广昌，协同地方文武，于晋省交界察探。如有飞蝗停落，一面拨夫扑捕，仍一面知会鄂弼，一并殄除。"报闻。（《清高宗纯皇帝实录卷之六一七》）

○乾隆二十五年庚辰八月○癸酉，又谕："前据成衮扎布奏称，俄罗斯人等在克木克木齐等处驻兵，在乌伊喀喇齐潦等处立标等语。当经降旨，令车布登扎布、车木楚克扎布，于明年选派扎哈沁杜尔伯特兵一千名，由阿尔泰至额尔齐斯，与阿桂会合，前往巡查。今览车布登扎布等所奏，俄罗斯驻兵立标，俱系济喇那克旗布鲁特人等捏造之言，实无此事。其扎哈沁杜尔伯特兵丁，着不必派遣。至阿桂明年既系领兵前往巡查塔尔巴哈台等处，着顺便领兵一千余名，前往额尔齐斯等处巡查，相机妥办。"（《清高宗纯皇帝实录卷之六一八》）

○乾隆二十五年庚辰九月○乙卯，豁免直隶蔚州、万全县水冲荒地一百四十五顷二十九亩额赋。（《清高宗纯皇帝实录卷之六二〇》）

○乾隆二十五年庚辰十月○庚寅，军机大臣覆奏："会审张家口总管玛尼咨参万全县知县蒋良翊迟误兵米一案。讯据各供，缘万全县每年支放兵米，仓额不敷，例许采买供支，分春秋二季关领。上年督臣方观承奏准，于西宁县额征屯米内拨给九千余石，令该县运回备支。本年春季放米时，该县以前赴领运，脚价不敷。商同防御富明安等，议照时价折给。随派运户赴西宁领米，就地变价，将春夏季全数折放。该县又以西宁尚有应拨秋季米，令其一并变卖折给。富明安等乐其豫支，令各催领收银，袛以春夏折银告知该总管。而豫支秋季，实未禀明。至八月应放秋冬米时，穷兵豫支银已经花费。该县又以秋米业经折给，应支冬米，令俟征收屯粮后支放。玛尼见兵丁待食情急，遂以迟误报部。该县随即将新征屯米补放冬米足数。查玛尼于春间支放兵米，听从防御等折银，又未查出豫支秋米情由，率行揭报。富明安等虽讯无克扣情毙，但既以应支本色折银，又不将豫支事由禀知该总管，均有不合。至该县恐运米赔垫，商同防御折给，亦属不合。应交部分别议处。查兵米折价，易致耗费。照旧例春秋二季关支，到手易尽。嗣后张家口支放兵米，请照京城甲米例，四季关支。"从之。

○壬辰，蠲缓直隶宣化、万全、怀安、西宁、龙门、冀州、宁晋等七州、县本年水、雹灾民额赋有差，并借给籽种。（《清高宗纯皇帝实录卷之六二三》）

○乾隆二十五年庚辰十一月○辛丑，军机大臣议覆："伊犁屯田需用牲只，购办解送，长途糜费。查商都达布逊诺尔、达里冈爱牧场，总计马、驼十二万八千有奇，牛三万九百有奇，羊三十四万九千八百有奇。请抽马二万，驼一千，牛六千，羊六万。就牧场官兵内选熟习牧放饲秣之人，于来年草青时解送伊犁。仍请旨简派侍卫照管起程，并行令巴里坤、乌鲁木齐大臣，沿途派兵护送。"从之。（《清高宗纯皇帝实录卷之六二四》）

○乾隆二十五年庚辰十二月○乙酉，军机大臣议覆："马厂总管巴尔品奏称，太仆寺左翼马，乾隆二十三年查看，除三十九群无缺外，其余五十七群，共缺马八千九百余匹，当经动项买补。于管该牧群官兵俸饷内，按年坐扣一半，陆续归款，未免年数过多。请将不欠马匹官兵等俸饷，一并坐扣，速结官项。其事尚属可行。应令巴尔品善为调剂。"得旨："巴尔品此奏，军机大臣等即照所请议覆，均属非是。坐扣原欠马匹官兵俸饷，其咎本属应得，即多扣数年，亦无不可。何得以速完官项，而以不欠马匹人等俸饷，令代他人赔补乎？殊非惩劝之道。且管牧群官兵，知有一体赔补之例，又岂肯尽心牧养？况原欠之人，或已发遣，或已斥革。补其遗缺者，并未缺欠马匹，亦不当扣伊俸饷。嗣后着免其坐扣。其原欠马匹人等，除本人现在及有产业者，仍令照旧赔缴。其业经治罪及无产业者，着加恩宽免。朕此番晓谕之后，管理牧群人等如再不尽心牧放，复蹈前辙，仍行缺欠，不惟定行着落赔补，必且从重治罪。"（《清高宗纯皇帝实录卷之六二六》）

编者注：据《清代国家机关考略》记载，清代牧场各类牲畜以群为计算单位，马以400—500匹为一群，驼以300只为一群，牛以300头为一群，羊以1100只为一群。

○乾隆二十五年庚辰十二月○丙申，参赞大臣阿桂等奏："现在伊犁所有厄鲁特及来年自阿克苏、肃州送到之厄鲁特等，共百余名。将来藏匿哈萨克布鲁特人等，闻安插之信，必陆续来投。请嗣后来投满百人，则编为一佐领。拣选佐领一员，骁骑校一员，领催四名管束，更换日期，将在京及察哈尔居住之厄鲁特侍卫等拣选派出，新旧参用，三年一换。兵丁着有劳绩者，给与钱粮。新经来投之人，给口粮候补。跟役家口等，酌给籽种牛羊。"下军机大臣议行。

○是月，直隶总督方观承奏："张家口驻防兵豫支米，经军机大臣议准，照京师甲米例四季关支。兹通查直省各驻防兵，惟保定、雄县、古北口、千家店,向系按四季关支。无庸复议。天津水师营,则系按月关支。热河按三季关支。宝坻、玉田、三河、冷口、山海关、卢龙、喜峰口、罗文峪、沧州、昌平、顺义、霸州、固安、东安、大兴、良乡、张家口、独石口等十八处,系春秋雨季关支,办理殊不画一。请悉照京师甲米例,均作四季支放。"得旨:"如所议行。"(《清高宗纯皇帝实录卷之六二七》)

公元1761年

○乾隆二十六年辛巳正月○丁卯,户部议覆:"直隶总督方观承疏称,延庆州康熙三十二年间,归并永宁卫协济学粮银一百一十七两零,向于每年奏销册内开报征收支用。今彻底查明,并无实在地粮。地方官循旧捐解,虚征虚支,已阅六十余年。应如所请,豁除粮额。"从之。

○戊辰,参赞大臣舒赫德奏:"本年派出驻防伊犁健锐营前锋校一员,骁骑校一员,前锋三十七名,察哈尔总管一员,佐领一员,兵八十九名,厄鲁特兵二十四名,效力之原任总管舍通额等四名,共官兵一百五十八名。照例给马、驼、盐菜银两,口粮羊只,每五人给帐房一架并军器等物。"

○己巳,直隶总督方观承议覆:"御史七十五奏称,多伦诺尔粮米皆资远贩,贸易货物较前虽增,而情形与八沟迥别。内地茶布俱自张家口贩往,毋庸重征。惟库伦、恰克图各处,贸易货物及克什克腾木植。其在多伦诺尔售卖者,应如所请,一律增收课税,以杜私贩。"下军机大臣等议行。(《清高宗纯皇帝实录卷之六二九》)

○乾隆二十六年辛巳二月○辛巳,军机大臣等议准:"御史七十五奏称,多伦诺尔商贾日众,其由张家口来者已经纳税,定议不复重征。其由古北口来者原未纳税,恐商贩故避纳税,绕行古北口。请将出古北口及自库伦、恰克图、盛京运至多伦诺尔货物，一体均纳落地税。再克什克腾等处木植运至多伦诺尔者，该处山近价廉，未便照内地例办理。请按大木每根四分，小木二分征纳。"得旨："贩至多伦诺尔木植，均系蒙古等砍运，无庸征税。余依议。"

○癸未，谕曰："山西太原镇总兵丑达在军前年久，着和成前往更换，令回原任。其直隶宣化镇总兵员缺，着福勒黑（亦作富勒赫）调补。福勒黑未到任之前，着巴尔品暂行署理。所遗湖南永州镇总兵员缺，着黄士俊补授。"（《清高宗纯皇帝实录卷之六三〇》）

○乾隆二十六年辛巳二月○丁亥，谕："畿辅各属上年秋收丰稔，应征额赋，踊跃输将。惟宣化一郡节年积欠银粮，为数稍多。但念该处山多土瘠，且二十三四两年连值偏灾，元气难以骤复。若令新旧并征，小民生计，深恐未免拮据。着加恩将宣化、万全、怀安、怀来、西宁、蔚州、延庆、保安等州县，自乾隆八年以后，十八年以前民欠未完，改折银六千三百余两，地粮银九千五百余两，屯粮三万三千九百余石概予蠲免，以纾民力。该督方观承查明出示，通行晓谕，并严饬各属，妥协经理。如有不肖官吏以完作欠，侵蚀中饱，即行严参治罪。用称加惠黎元之至意，该部遵谕速行。"（《清高宗纯皇帝实录卷之六三一》）

○乾隆二十六年辛巳三月○乙卯，又谕："据纳世通奏称，派往伊犁屯田之多伦回人等，因玉古尔至穆素尔岭地多戈壁，牲只疲乏，将籽种口粮借供饲秣。旋准和其衷咨，已向阿克苏回人通融办解。今准阿桂咨，仍少籽种三十五石，暂将口粮内大麦抵补，再行办送等语。纳世通初次办理，殊未妥协。至多伦回人，系甫经招抚，安插库尔勒，非各城回众之驯服者可比。嗣后宜留心约束，固不当苦累，亦不得过于姑息。着传谕知之。"○蠲免直隶宣化、万全二县乾隆二十五年雹灾额赋。（《清高宗纯皇帝实录卷之六三三》）

○乾隆二十六年辛巳夏四月○甲申，参赞大臣舒赫德奏称："臣等奉谕酌将叶尔羌等城官兵移驻伊犁，本年已派阿克苏等处马兵一百五十名，绿旗兵四百名前往。俟麦收后，将叶尔羌等城马兵移驻三百四十名，来年再于各城选派绿旗兵一千前往，其各城仍应留兵防守。查叶尔羌马兵六百八十七名，酌派官四员，兵一百八十名。喀什噶尔兵五百名，酌派官二员，兵一百名。英吉沙尔兵一百六十名，酌派官一员，兵六十名。通计派出满洲兵四十，索伦兵一百，察哈尔兵二百前往伊犁。其阿克苏马兵三百，厄鲁特兵四十三，仅足差遣，毋庸派拨。"……从之。（《清高宗纯皇帝实录卷之六三四》）

○乾隆二十六年辛巳四月○壬辰，直隶总督方观承奏："延庆卫并无漕政，卫备议裁，所有一切事宜归并附近之延庆州管辖。查昌平州州判，本任无专管事务，请移驻居庸关，改为延庆州分防州判兼管驿务。卫备衙署，作为州判衙署。地丁钱粮，令新设之延庆州州判就近代征。居庸关等处常、社、义三仓米谷，亦令该州判就近看守稽查。该卫回赎民典旗地租银公产地租，均令该州照案办理。现在节年屯粮，应归该州存贮。其延庆卫学训导，系昌平训导改设，今应仍归昌平。其延庆州训导，改为延庆州乡学训导，移驻居庸关。其所进文武生额及考补廪贡，悉照旧办理。文武生童考试，另编乡学字样，归并宣化府考试。延庆卫原设额引八百三十七道，照旧行销。其奏销考成，悉归该州考核。延庆州知州一缺，原议冲难中缺，今延庆卫既经归并，请改为冲繁难要缺注册，在外拣选调补。其新设延庆州州判，应铸给延庆州分防州判钤记。亦以要缺注册，在外拣选调补。"下部议行。（《清高宗纯皇帝实录卷之六三五》）

○乾隆二十六年辛巳六月○癸巳，谕军机大臣等："据察哈尔总管齐哩克特奏称，所属正红旗察哈尔海拉苏台等处，忽有蝗蝻。虽于蒙古地方无害，但恐飞扬内地，有妨民田。现在督捕扑灭等语。所见甚是。蝗蝻既有萌蘖，若不及时扑捕，日久必至蔓延。口外地方，纵不为害，而附近内地田禾，所关綦重。地方官应及早悉心体访，实力防范。务绝根株，方为妥协。着传谕方观承、鄂弼等，令于杀虎口、张家口等处速行饬属体察。其现在有无蝗蝻情形，着即据实查明具奏。"寻鄂弼奏："查有蝗蝻处所，现据各路禀报，俱搜捕无余。惟蒙古草地，最为辽廓，闻亦有蝗。现在严饬道府文武，督兵搜捕。"得旨："地方文武之禀报，全不可信。汝及藩臬大员中，何无一往者？切不可入外省养高习气。慎之。"（《清高宗纯皇帝实录卷之六三九》）

○乾隆二十六年辛巳九月○乙丑，军机大臣等议覆："参赞大臣阿桂奏称，塔尔巴哈台与俄罗斯、哈萨克相近，应驻兵屯田。请从伊犁派领队大臣一员，马兵及屯田兵一千名，前往驻札。自辉迈拉呼至都图岭，设卡二十一所，酌派官员侍卫等带兵分驻。查现在侍卫止余六员，请再派十五员。并迁移杜尔伯特、扎哈沁部落，以壮声势。……今届换班，应派京师满洲兵二千，黑龙江满洲索伦兵一千，察哈尔、厄鲁特兵一千，前往更换。此等兵仅系防守，应照征战兵减半赏给。满洲兵二千，人给马二匹，二人合给驼一只。"得旨："叶尔羌事务甚简，有马兵二百名，即已足用。着将酌留之三百名内再拨一百名驻伊犁。其察哈尔、厄鲁特等兵，着富德、巴图济尔噶勒驰驿前往拣选。再，此次换班兵丁，行走甚缓，沿途宜加意牧养马驼。从前征战兵丁，马驼例毙过多，尚须赔补。若伊等不知爱惜，则是自取罪戾。着明瑞及领队大臣将此通行传谕官兵等知之。"（《清高宗纯皇帝实录卷之六四五》）

○乾隆二十六年辛巳十月○辛卯，又谕："据巴尔品、齐凌扎布奏，云骑尉乌尔津扎布等本年解送木兰羊只，沿途私卖一折。前因齐凌扎布在军前效力，且系蒙古，是以授为总管，牧群事务是其专责。该委员擅卖羊只,皆由平时管束疏懈,殊不称职。着来京仍在散秩大臣上行走,所遗员缺,着奇成额补授,巴尔品仍着兼理。"(《清高宗纯皇帝实录卷之六四七》)

○乾隆二十六年辛巳十一月○辛丑,军机大臣等议奏:"各省将军、都统、副都统均非冗员,应照旧设立。惟归化城土默特每翼原设都统一员,副都统二员,应裁都统一员。绥远城原设将军一员,副都统二员,右卫副都统二员,应各裁副都统一员。察哈尔新设都统,请驻札张家口。即令辖该处弁兵,无庸京城八旗都统兼管。其副都统二员,就左右翼游牧边界驻札。应得之项,照绥远城将军、副都统例办给,并请铸给镇守察哈尔地方都统、管理察哈尔左右翼四旗副都统等印。"得旨:"依议。归化城都统舒明、绥远城副都统七十、右卫副都统素玉等缺,着照所请裁汰。改设之西安副都统常清、陈世泰二缺,俱着裁。青州将军一缺辖兵无多,并着裁。所有察哈尔都统紧要,着嵩椿调补。所遗西安将军员缺,着如松调补。所遗绥远城将军员缺,着舒明补授。丰安未到之前,舒明仍署归化城都统事务。七十、常清俱着调补察哈尔副都统。素玉着调补青州副都统。青州将军额尔德蒙额、副都统万福、西安副都统陈世泰,俱着来京另补。应得之项照右卫办给。着为例。"

编者注:察哈尔首设驻防都统,驻扎张家口。

○又议覆:"理藩院尚书富德等奏称,此次派察哈尔兵及新旧厄鲁特等效力新疆,挈眷前往,非换班兵可比。应如所奏,派察哈尔总管、副总管等官护送。所需整装等银,照派出索伦兵例,量加支给。并于达里冈爱、商都达布逊诺尔牧群内抽拨马匹。应给驼只,行文锡林郭勒盟长等拣送。"从之。(《清高宗纯皇帝实录卷之六四八》)

编者注:抽调察哈尔蒙古八旗人员西迁新疆戍边。

○乾隆二十六年辛巳十二月○辛未,刑部议覆大学士等奏:"据镶红旗蒙古都统奏称,察哈尔逃犯护军车布登系察哈尔蒙古,非厄鲁特等语。察哈尔蒙古逃人,例无治罪明文,伊等俱蒙古旗分之人,如有逃走,或一月内外自回,或被拏获,悉照逃旗例发遣黑龙江。其归并察哈尔之旧厄鲁特,年久逃走者,即照察哈尔蒙古等办理。至新归之厄鲁特,如有逃走,除于拏获处即行正法外,不论年月自回者,概发广东、广西、云南、贵州烟瘴地方。倘不安分,即就彼处正法。应行文值年旗,嗣后均照办理。"从之。

○甲戌,军机大臣等奏:"据副都统旌额理奏,请将派往伊犁、索伦兵内,调拨一百名,驻防乌鲁木齐等语。查乌鲁木齐等处较伊犁、回部更成内地,既经议派满洲、察哈尔兵驻防,无庸再调。"得旨:"着照旌额理等所请,调伊犁、索伦兵一百名,驻札乌鲁木齐。"(《清高宗纯皇帝实录卷之六五〇》)

○乾隆二十六年辛巳十二月○壬辰,谕军机大臣等:"兵部奏称,来京候旨之察哈尔总管色楞系骑都尉职衔,衮布车楞系世管佐领,高亮系骑都尉职衔兼世管佐领,请以本身职衔在该旗效力等语。色楞等系加恩补授察哈尔总管之员,自应实心供职训练所部。乃嗜饮偷安,若所属群相效尤,有关该旗风俗。因谕令来京,其员缺已另行拣选补授矣。伊等既不胜总管之任,若令其仍在该旗行走,则适如所愿,转得家居安乐,非所以示惩创,但其罪尚不至革职。色楞、衮布车凌、高亮着分发伊犁、阿克苏、喀什噶尔三处,效力行走,以赎前愆。"(《清高宗纯皇帝实录卷之六五一》)

公元1762年

○乾隆二十七年壬午春正月○戊戌,谕曰:"各省驻防将军,品阶例在总督之上。地方官虽非专属,而尊卑异等,相见自有一定之仪。载在令典,遵行已久。今嵩椿调任来京,因问及地方政务,据奏别省尚循旧制。陕西一省地方各属,接见将军并不照接见督抚之例,是则甚非政体。国家于省会分驻重兵,将军职司统辖。有司不循礼节,匪独体貌攸关。在官必生文武之嫌,在下易滋兵民之事,不可不深防其渐。着通谕各省,俾知恪遵定制,无得稍渝。并令总督杨应琚、巡抚钟音,将该省因何沿习违式之处,查明据实具奏。仍一面悉心整顿,以肃官联。"

○乙巳,军机大臣等议奏:"新设察哈尔都统、副都统等应办事宜:一、各省将军、都统,均给填名敕书,凡应行应管事件,缮入遵行。察哈尔初设都统,应交内阁,编纂填名敕书颁给。又前奉旨,命大同、宣化总兵听察哈尔都统节制,并入敕书奉行。仍交该部颁给令箭、勘合、火牌、满洲、蒙古条例各一分。再旗纛应用何色,请旨颁给。一、都统、副都统,俱有关防。应添设随印笔帖式四员,以在京八旗满、蒙候补笔帖式补用,六年照例更换。都统衙门仍设左、右司,给关防,分办事件。其掌关防及帮办各官,俟嵩椿到任后,于察哈尔旗及张家口官员内,拣选具奏。往来行文传事,亦派官兵,设台站办理。一、张家口理事同知一员,照各省驻防例,属都统管辖。遇满、蒙、民人交涉事件,会同左司官员审办。大计年分,都统会同总督办理。一、张家口距京甚近,都统每年年终奏请陛见,候旨遵行。副都统每年轮流一人来京。总管三年来京一次。应来京时,都统报部。再总管既有统辖、分辖,仍不准奏事。惟至京,准照别城城守尉例,奏请圣安。一、补放官员。总管将应行开列人等,由副都统出具考语,送都统衙门拟定正陪,送该旗带领引见。承袭官爵,副都统按家谱拣选,送都统衙门阅看。年终咨赴该旗,带领引见。挑补兵,该总管半年一次,造册具报都统、该副都统,备查。一、领俸饷。各总管造册,送该副都统用印,行都统衙门右司查对,汇造总册,用都统印行部支领。应行事件,各总管呈该副都统,行都统该司具稿,用都统印咨行。一、总管平日照常操兵外,本翼副都统量为巡查。都统按年每翼巡查一次,并训练行围。一、军政年分,照各省驻防例办理。其军器亦照驻防例,该都统三年一次查阅具奏。再左、右翼八旗事务,向系绥远城将军及热河副都统兼管,今设都统、副都统专管,应将前二处敕旨撤回,裁去兼管字样,另缮给。"从之。

〇丙午,谕:"察哈尔都统旗纛作为镶黄,左翼副都统旗纛作为正白,右翼副都统旗纛作为正黄。"(《清高宗纯皇帝实录卷之六五二》)

〇乾隆二十七年壬午正月〇己未,又谕:"昨武备院将察哈尔官兵到京迟误之处参奏,已降旨令舒赫德查办。但此项官兵未到,事在启銮之前,何以至今始行奏闻?又未将迟延之故声明,该院所司何事,安得辞其咎责。旺扎勒、福隆安、老格等,俱交领侍卫内大臣察议具奏。"寻奏:"察哈尔官兵于正月十三日接奉咨文,即行来京。计扣日期,并无缓滞。实由武备院行文迟延,兵部办理错误。所有支给该兵丁帮银路费等项,业经领用,难令交还。应着落武备院赔交六分,兵部赔四分。"得旨:"应如是办理者。"(《清高宗纯皇帝实录卷之六五三》)

〇乾隆二十七年壬午二月〇丁丑,谕军机大臣等:"据如松将西安马甲阿纳泰点炮具控一案,审明定拟具奏前来。前阅钟音奏此案折内,词意含糊。既谓嵩椿所言太过,复不明白声叙。彼时朕即降旨申饬。今阅如松所奏,与钟音相符。则嵩椿前奏,殊属非是。阿纳泰既欠民人张茂祺银两,安有不许其追索之理?即张茂祺剥去伊衣,亦从索欠起见。阿纳泰辄至抚署点炮具告,何得如此妄为?自系嵩椿平日纵容所致。着申饬。并传谕如松,此等恶习断不可长。将阿纳泰从重治罪,以示惩儆。嗣后办理诸事,惟当秉公持正,不可稍存瞻徇姑息之见。"(《清高宗纯皇帝实录卷之六五四》)

〇乾隆二十七年壬午二月〇辛卯,谕军机大臣等内务府奏,怀来县快头李洪印等将庄头张永旸所拴官车骡马套去一折:"向来地方官每遇大差承办车辆,胥吏人等,藉端滋扰。是以降旨改令内务府派委大粮庄头等承办。乃庄头等甫经拴车,而蠹役竟敢藉势抢拏,是为地方官代办之事,而恶徒转以肆横,是诚何心?此等棍役,断不可留于内地,贻累小民。着传谕方观承,令其严讯明确,即将该犯发往伊犁,以示惩创。其该县知县有无知情故纵,并着据实查明办理,速行奏来。"寻奏:"查明李洪印拦拏庄头官车属实,遵旨将该犯发遣伊犁。至知县左世寿,讯系前期送兵公出,非知情故纵,第失察。请交部议。"得旨:"左世寿从宽免其议处,仍通行各属,严禁胥役骚扰地方。"(《清高宗纯皇帝实录卷之六五五》)

○乾隆二十七年壬午三月○甲午,直隶总督方观承奏:"万全县之张家口上堡围城,东为旧日水洞。乾隆十二年于水口西岸修筑石堤,下接荆囤坝。二十一年,水涨,冲去荆囤。更于旧石堤下接筑,又筑片石堤。复遵旨于未至山根之上游,开引河一道。上年夏秋雨甚,口外山水奔涌,至水洞,夹束激射,不东循山麓,而西撼堤根,致旧石堤冲塌八丈三尺,片石堤冲塌四十八丈,应修复旧规。"报闻。(《清高宗纯皇帝实录卷之六五六》)

○乾隆二十七年壬午夏四月○辛未,谕:"据素玉奏称,德州满洲兵贩,有索伦、察哈尔人等十六缺。现今此十六缺内,另户兵十二人,开档兵四人,每月俱给十口粮米。开档兵丁,给与十口粮米,殊属非是。请将现任专管防御、骁骑校等,交部严加议处。城守尉伍什布,兼辖之前任将军、副都统,专辖之德州历任城守尉等职名,并应赔多给粮米官员名衔,俟查明另行咨部等语。德州索伦、察哈尔兵丁开档人等,照依另户,给与十口粮米,殊属非是。但此事非现今所办,乃系历任大臣官员遵循办理,年分已久。今更正自属当然,尚不至查参历任大臣官员。其现任官员,着交部查议,多领米粮,加恩免其赔补。"

○乙亥,又谕曰:"钟音覆奏,陕西地方官接待将军嵩椿不遵定制一折,所奏殊属颠顶。从前因嵩椿面奏及此,朕以体制所关,是以降旨询问钟音,令其饬查。如果实无其事,不妨据实具奏。朕何难诘问嵩椿?若该司道等,实有傲慢失礼于将军之处,即当查明系何官、何人,在某地、某事,逐一覆奏。乃该抚仅叙列仪制浮文,并以'嗣后谒见将军,悉照督抚体制'为曲意调停之举,殊属非是。钟音着传旨申饬,并令再行确查,据实具奏。"(《清高宗纯皇帝实录卷之六五八》)

○乾隆二十七年壬午四月○癸未,军机大臣等议覆:"陕甘总督杨应琚奏称:'请将南北两路换班撤回索伦、察哈尔兵,照前赴新疆换防官兵之例,皆走边外,较为省便。'应如所请。其自南路回京之满洲官兵,该督请由乌鲁木齐行走,如有疲乏马匹,即于该处酌换之处。查乌鲁木齐马匹,业经奏准,令换防之索伦、察哈尔兵,到彼拨换。此外尚有马若干,是否足敷更换,应令妥为经理。"从之。

○辛卯,谕:"朕巡省江浙,畿辅所过地方,应征赋额,前已特颁恩旨,分别蠲免。但念各属尚有节年民欠未完之项,因灾分年缓带钱粮,尚应按数征收。兹回銮沿途体察民依,宜敷惠泽。着再加恩,将乾隆十二年至二十五年,大兴、静海、龙门、宣化、怀安、万全、西宁、怀来、蔚州、四旗等十州、县、厅未完地粮银七千一百余两,改折银六千六百余两,屯粮一万六千余石,概予豁免。其自十九年至二十五年,各属因灾缓带地粮银八万六千七百余两,改折银九千一百余两,屯粮六万三千余石,并着加恩于本年起限,再分作三年带征。俾民力益舒,得资耕作,用称爱养黎元至意,该部遵谕速行。"(《清高宗纯皇帝实录卷之六五九》)

○乾隆二十七年壬午五月○丙午,又谕曰:"钟音覆奏陕西地方官接见将军不遵礼制一折,糊涂不堪更甚,已于折内批示。前因嵩椿面奏，伊在西安曾有道旁呈递手本，并不跪接之员，甚非体制，是以降旨饬查。而钟音并不实言其事之有无，一味颠顶。但称酌改仪注，妄意调停了事，所见已属大谬。复经明切传谕，虽甚愚懵者，亦当了然洞悉矣。该抚如果遍查所属，实无其人，何难据实声覆！请旨诘问嵩椿，即嵩椿所言不实，亦何难治以捏奏之罪！今乃辗转执迷不悟，所奏竟至出人意表。如称前此司道接待历任将军，俱相沿旧习，非敢于将军嵩椿之前傲慢失礼。又有蒙恩不加严谴，仍令确查云云。一似朕庇护嵩椿，为之争论体统，此则成何言语！夫嵩椿何人，钟音乃于朕前奏事，竟有敢与不敢之辞耶！试问方今即有举朝重臣及钦差大吏，倘欲稍示威福，令地方有司委曲承奉者。朕宁肯少假借之，又何有于嵩椿！此皆万无可置论之事，而钟音愦愦若此，何以能胜巡抚之寄？可见封疆中，处非其据。苟冀无事善藏者不少，朕转不能不为深虑矣。钟音着传旨严行申饬，仍将此事有无虚实，究属如何，令其据实回奏。"（《清高宗纯皇帝实录卷之六六〇》）

○乾隆二十七年壬午五月○庚戌，谕军机大臣等："前钟音覆奏，西安属员接见将军不遵定制一事，并不据实确查具奏，一味支饰糊涂，已有旨详谕。今询之嵩椿，据称初赴任时，即有潼商道屠用中，仅用官衔名帖，不投手本。及抵省城，又见有同知署府事者，亦并不跪接，各员之大率不循礼节，已可概见等语。属吏仪制有乖，不过相沿旧习，要非干犯功令可比。朕传旨饬查，亦不过意在得实而止。并非庇视嵩椿，亦非欲罪钟音。何难据事详查？而纡回执迷，竟如大案者然，诚属可笑。今已询问指实，可再传谕钟音，令其遵照前旨，逐一明白查奏，毋稍含混。"（《清高宗纯皇帝实录卷之六六一》）

○乾隆二十七年壬午闰五月○庚午，谕军机大臣等："昨据方观承奏怀来通济桥工一折。朕见图内桥洞稍小，恐遇水长之时，不能畅流，易致冲垫，工程仍属糜费。已令三和驰驿前赴该处，相度情形。或将桥洞酌展高大,使湍流得以畅达,庶于往来孔道,永有裨益。着传谕方观承,令其与三和一切会商熟筹,妥协办理,务令工归实用。再京师现在时霁时雨,望晴甚切。不知近京各属情形是否相同。此时二麦收割,尚未全完。值此连阴,不无妨碍。着并谕该督,速将各处阴晴光景及麦收实在如何之处,即行详查,明晰驰奏,以慰廑念。"(《清高宗纯皇帝实录卷之六六二》)

○乾隆二十七年壬午闰五月○己卯,谕军机大臣等:"阿桂等奏称,新来伊犁换班之满洲、察哈尔侍卫官兵等,自本年八月起,一年内应支食羊三个月,共需一万三千余只。除牧放及孳生羊只外,仍需羊七千五百余只。可否交巴里坤大臣办送等语。着照所请。传谕该大臣等,将喀尔喀等往巴里坤所售羊只,照数采买。选派官兵,沿途加意牧放,送往伊犁。"

○辛卯,以察哈尔都统嵩椿为西安将军,正黄旗汉军副都统巴尔品为察哈尔都统。(《清高宗纯皇帝实录卷之六六三》)

○乾隆二十七年壬午六月○丁巳,又谕:"据巴尔品奏称,敕书内有大同、宣化二镇,听伊节制之语。请将应如何节制,及与督抚如何会办之处,交部详悉定议等语。从前令大同、宣化二镇,听察哈尔都统节制者,原因绥远城将军有节制二镇之例。新设察哈尔都统,驻札张家口,与大同、宣化二镇驻札地方相距甚近,若仓卒有事,易于调遣。今已无事,徒存节制之名而已。所有二镇事务,应呈报总督、提督者,仍着照旧呈报,不必另行定议。"(《清高宗纯皇帝实录卷之六六五》)

○乾隆二十七年壬午秋七月○丁卯,军机大臣等议覆,察哈尔八旗都统巴尔品等奏称:"镶黄、正黄二旗各牧厂,亏缺牛羊额数,应着落该管各员赔补。其无力之一百四人,将伊等所食之饷,酌借买补,俟扣完日议罪。至护军校兼牧长噶勒桑、吹喇什所管十厂,亏缺尤多。请将伊二人并妻子发往伊犁,给厄鲁特为奴。此十厂所剩羊只,归别厂看守。俟补足后,再设牧厂。均应如所奏。"从之。

○辛未,谕军机大臣等:"阿桂奏称,新疆所驻索伦、察哈尔官兵,现在阿克苏以西。今因换班撤回,索伦兵过乌里雅苏台,察哈尔兵过乌鲁木齐,各归游牧甚近。应令其先至伊犁,由边外转回。即末队稍值冬寒,亦可在伊犁度岁等语。所见甚是。撤回兵丁,非派出征剿者可比,惟视其行走便利,方为有益。且更代兵丁,亦系缓行。则撤回者,不妨在伊犁少为休息,于来年二三月,遣回游牧。着传谕永贵、杨应琚,遵照办理。"(《清高宗纯皇帝实录卷之六六六》)

○乾隆二十七年壬午八月○丙辰,敕谕察哈尔八旗都统巴尔品等:"谕曰:皇帝敕谕察哈尔八旗都统巴尔品及副都统等,朕惟察哈尔地方,向设八旗总管。凡练兵行围等事,每不能一律整齐,宜设大员,以专统辖。兹特命尔驻扎张家口,总管察哈尔左、右两翼副都统、八旗总管,管辖满洲、蒙古官兵,及张家口理事同知。尔宜持躬公正,律己严明。董率属弁,训练兵丁。练习行围,以精技艺。整理器械,以壮军容。所统弁丁,有不遵训令者,听尔参处。其选补承袭员缺,详慎核定。一应俸饷,确查咨领。尤须加意严饬官兵,不许滋事扰民。凡一切事宜,俱照题定事例办理。至钱谷词讼、民间情事,俱属地方官管理,不得干与。其宣化、大同二镇附近张家口地方,亦听尔节制。尔受兹委任,须实心率属,加意训练。如或怠玩旷职,责有攸归。尔等慎之。特谕。"(《清高宗纯皇帝实录卷之六六九》)

编者注:记载中的察哈尔都统第一份"坐名敕"。

○乾隆二十七年壬午九月○己巳,谕军机大臣等:"阿桂、明瑞等奏称,现在安插伊犁之察哈尔、厄鲁特兵丁,编设佐领。给与孳息牲只,仍先给口粮,以资接济等语。此项察哈尔、厄鲁特兵丁,除牧养牲只外,尤当以耕种为业。今既迁移安插,自应代伊等筹画生计。所有新到各户口,俱令其实力开垦。余俱如所议行。"○军机大臣等议覆:"都统巴尔品奏称:'察哈尔镶黄旗右翼四旗副总管及捕盗官,不晓清文蒙古语者甚多,有名无实,应请出缺裁减。再命盗案件,俱由都统衙门汇办,请两翼各设笔帖式一员,副都统衙门各设一员。'均应如所奏。"从之。(《清高宗纯皇帝实录卷之六七〇》)

○乾隆二十七年壬午九月○丁亥,谕军机大臣等:"适因老格获罪,查伊什物,据供伊之马畜,现俱在富德马厂内牧放。富德马厂在张家口外第六台附近地方,马畜并厄鲁特男妇人等甚多,台站章京毕齐罕扣代伊管理等语。朕以勋旧大臣数家内马厂牧群设或有之,至富德乃乌拉齐,伊何至亦有马厂牧群?是以降旨交巴尔品查明具奏。今据巴尔品奏称,富德牧厂内共有驼一百十一只,马五百十五匹,牛一百五十五头,羊三千只。此内除倒毙售卖外,现有驼一百十一只,马四百七十一匹,牛九十四头,羊一千四百六十只。此项马畜内有少给银缎等物向扎萨克王公等购换者,亦有竟向伊等索取者等语。比诚意外之事,甚堪骇异。近年因蒙古等马畜较前稀少,一切官用,尚且停止采买。富德系理藩院尚书,岂尚不知此,而反向伊等购买索取马畜数千,有是理乎?且其中虽云购买,或竟未给价;即使给价,以些少银缎,便获如许马畜,亦与索取者无异。富德前在军营,所掳马畜什物,正复不少,朕岂不知?但身在行间,稍有掳获索取,尚可容恕。是以伊等到来时,朕并未深究。今到京身为该部尚书,岂可复向蒙古等混行索取马畜耶?令伊管理理藩院,便如此向蒙古等索取马畜;若令伊管理银库,即将国帑私行取用乎?富德乃乌拉齐,在军前稍效劳绩,朕即施恩用为尚书,领侍卫内大臣,并令在军机处行走。因伊本系乌拉齐,恐勋旧大臣或将伊轻视,诸处往往留伊地步,畀以殊恩。即如去岁阿里衮到京,论及伊等前在呼尔璊打仗时，富德曾被贼围，阿里衮送马之便，冲入将伊救出。伊谓并无此事，且在朕前争论至变颜，作势甚属非礼。若系他人，彼时朕必挐问治罪，即明正典刑亦理所当然。因念伊如禽兽之愚鲁乌拉齐，故姑容宽宥。伊不思感戴朕恩，反如此贪婪。岂谓身已成功，便可肆行无忌乎！即以此次大功告成而论，亦朕豫为筹画，调兵发往；而众大臣兵丁等俱遵朕指示，奋勇前进，始能告成。岂伊力之所能乎？即伊此次稍有劳绩，朕即格外施恩。伊平日果能谨身慎行，何至以此赃私被朕闻之！若谓诸大臣与伊不合，将伊陷害，而诸大臣之断不敢行之于朕前者，亦众所共知也。若将此事竟为隐讳，不行奏闻，始获伊心，岂朕前所能行之事耶？即此看来，心术不良之人，肆行私弊虽不自行首出，天亦不容，必致败露。即如富德寄信嗔责成衮扎布之事，朕何由而知？亦经成衮扎布具奏，朕始得知耳。再老格之事，与富德何涉？因查老格什物，供出伊所有马畜数匹，附于富德马厂牧放等情。又查出伊种种贪婪行止，此非伊福量已尽，不能承受朕恩，天夺其魄，恶迹自然败露而何？前因富德微功，朕即格外加恩，用之显要之任。伊如此行为，殊负朕恩。着将巴尔品折抄寄富德，令其明白回奏。至蒙古王公原不应私行馈送富德马畜，然富德乃该部尚书，若不索取，伊等因何馈送？此次姑不深究。嗣后蒙古内若复有私行馈送该部大臣马畜者，朕决不姑贷，必一并治罪。将此晓谕御前乾清门行走大臣、侍卫等外，并通行传谕知之。"（《清高宗纯皇帝实录卷之六七一》）

○乾隆二十七年壬午冬十月○庚子，又议覆："察哈尔都统巴尔品奏称，察哈尔右翼地租银，请照正黄旗例，分赏贫人一折。查正黄旗地租银五百九十三两零，于乾隆二十二年，经巴尔品奏准，将该旗岁得租银归公。除公用外，余银存贮俟成总时，查明本旗贫人，分赏在案。现在正红旗岁租二十八两零，镶蓝旗二千三百八十二两零，自应照正黄旗一体办理。至镶红旗租银一千一百五十余两，经前任总管高恒奏准，购买牛羊孳生，为贫人生计。查此项牛羊，倒毙者多，毫无实济。应请将现存牲只均匀分赏。嗣后岁租,亦照正黄旗办理。惟各旗地租,多寡不等。必将本旗银分赏本旗,未免不均。应统计四旗,共得租银均齐数目,画一办理。其每年各佐领修理旗纛帐房,并给戴干寺,及本衙门印房浩齐特、游牧主事等项需用若干,余银作何存贮分给之处,交该都统,查奏另议。"从之。(《清高宗纯皇帝实录卷之六七二》)

○乾隆二十七年壬午十月○丙午,又谕:"据巴尔品等奏称,达什达瓦所属厄鲁特等,应得孳生牲只,所有解往马三百匹,牛一百五十头。请照时价酌减,于伊等俸饷内坐扣等语。此项马牛价值,例应坐扣。但念厄鲁特等系新附之人,若将俸饷坐扣,伊等生计未免拮据。着施恩赏给,免其扣价。传谕额勒登额,将此通行晓谕三旗厄鲁特,并谕令巴尔品知之。"

○庚戌,加赈顺天直隶所属……宣化、万全、怀安、张家口……等六十三州、县、厅本年被水、雹、霜灾饥民,分别蠲缓应征额赋。

○壬子,军机大臣等奏:"伊犁当勘定之初,为新疆总汇,奉旨设立将军。一切管辖地方,调遣官兵,自应酌定成规。臣等谨议,凡乌鲁木齐、巴里坤,所有满洲、索伦、察哈尔、绿旗官兵,应听将军总统调遣。至回部与伊犁相通,自叶尔羌、喀什噶尔至哈密等处,驻札官兵亦归将军兼管。其地方事务仍令各处驻札大臣照旧办理。如有应调伊犁官兵之处,亦准咨商将军,就近调拨。开明职掌,载入敕书。"从之。(《清高宗纯皇帝实录卷之六七三》)

○乾隆二十七年壬午十一月○庚申,军机大臣等议覆:"察哈尔都统巴尔品奏称,察哈尔右翼地租银,前经议准通计四旗画一办理。查右翼租银每年共四千一百五十余两,除给戴干寺及总管印房、游牧主事、各衙门纸笔银两外,余银三千二百余两。应按各旗佐领多少均匀分派。正黄旗给银一千四十一两零,正红、镶红、镶蓝各七百二十三两零,交该总管修补旗纛等项。计每佐领下有甲之护军,领催披甲等七十名,纛各二,旗各七,五人合给帐房一,均于此项支销,其余存贮。通计四年后,每佐领约余银一百二三十两。即查明贫乏户口,分赏等语。应如所请。并令该都统等将每年所收银及需用存贮数目,造册咨部。"从之。

○壬戌,礼部议覆:"顺天学政张泰开奏称,宣化一府自康熙五十五年,定为岁科两试连考。该处士习因考试迢隔三年,试后遂营别业,致文艺生疏。取进童生,每难足额。请嗣后岁科两次分考,使岁试未进者知所激励,以应科试。文风当益振兴。应如所请。"从之。

○丙寅,军机大臣等议覆:"巡察独石口等处地方镶白旗护军统领弘晌奏称,独石口地方额设官七员,兵百名。向俱在城居住。其口内不过进班数人,轮替防守。查该处为蒙古出入关隘,驻防员弁相离十数里,不便巡查。拟照古北口例,将旧住官房改造口内,应如所请。"从之。(《清高宗纯皇帝实录卷之六七四》)

○乾隆二十七年壬午十二月○庚子,军机大臣等议覆:"黑龙江将军国多欢奏称,打牲乌拉兵丁,应给孳生马匹,须按其人数多寡、地方相宜之处,分别办理。索伦请给骟马一千匹,儿骒马一千匹。呼伦贝尔给骟马一千匹,儿骒马一千匹。齐齐哈尔、黑龙江、墨尔根、呼兰等四处,给骟马一千匹,儿骒马一千五百匹等语。应如所请。交巴尔品分等定价,行文该管副都统,派兵往牧厂领取。至此项马价,限三年于兵丁钱粮内扣完。"从之。(《清高宗纯皇帝实录卷之六七六》)

○乾隆二十七年壬午十二月○乙巳,举行各处驻防军政。……独石口卓异官一员、年老官一员、有疾官一员。……分别议叙处分如例。

○癸丑,谕军机大臣等:"新柱等奏称,巴达克山素勒坦沙统众抢掠博罗尔游牧,围困城池。博罗尔沙瑚沙默特情急求救。已遣使将素勒坦沙,严行斥责。若仍不肯止息,即当领兵问罪,留额敏和卓办事等语。

巴达克山、博罗尔俱已归顺，同为臣仆。素勒坦沙不知守分，托言欲报旧仇。博罗尔因而情急请救，若置之不问，其何以服众心？如斥责不从，自当进剿，但新柱向未历练戎行。额敏和卓颇悉回部情事，自当同往。叶尔羌已有鄂对，何必留伊办事？即至巴达克山，若必须用兵，叶尔羌官兵甚少，昨已派爱隆阿、伍岱前往伊犁。即于彼处派出满洲、索伦、察哈尔兵千余名，厄鲁特兵数百名，拨给马匹，合之叶尔羌等处官兵。以三千人为率，始能集事。现在霍罕额尔德尼亦有占据额德格讷游牧之事，当量其轻重缓急，相机行止。新柱、额敏和卓督办军务，爱隆阿、伍岱领队进剿。其和衷商榷，妥协办理。并传谕明瑞、永贵等知之。"

○甲寅，定移驻伊犁防兵事宜。谕军机大臣等："前因准夷未平，凉州、庄浪等处为西陲冲要，故将西安驻防之满洲、蒙古、汉军兵丁派出数千名，分地驻防。今大功告成，巴里坤以西皆成内地。凉、庄既非边徼，而该处并无行围习艺之所，以致兵丁怠惰偷安，俱归无用。现在伊犁建造城堡，设立将军驻防屯田。与其三年一次派兵，更番戍守；何如即以凉、庄兵丁挈眷迁移，较为省便？至内地之京口、杭州等处，亦不必多驻官兵。从前汉军人等，原准其出旗，拨补绿旗兵缺。此二处兵丁亦应照例裁汰拨补，将所出额缺分例，拣选索伦、察哈尔余丁，派往伊犁驻防。庶粮饷不致虚縻，而伊等得以及时效用，差操得所，为国家增一劲旅。着军机大臣，将凉州、庄浪兵官作何挈眷迁移，及裁汰京口、杭州驻防，拣选索伦、察哈尔余丁派往伊犁之处，详密定议具奏。"寻奏："凉州、庄浪旧驻满蒙兵三千二百名，现在无须防守，应遵旨令其携眷移驻伊犁。其余汉军兵一千名，照出旗例裁缺，交该管将军，或拨归绿营，或令为民。杭州额设汉军兵一千九百名，亦照此办理。惟京口汉军兵三千三百名，系水师营缺，应留千余名，于江宁满蒙兵六千名内，择其熟谙水务者拨往。再将汉军兵缺裁汰，各项额缺，给与索伦、察哈尔余丁，往驻伊犁。交该管将军、都统，拣选索伦一千名，察哈尔一千名，作为马甲。照例于应得兵饷外，给与盐菜银两。统计遣往兵丁，共五千余名，并其眷口,将及二万名,须陆续派遣。议于所拣余丁内,派索伦五百名,察哈尔五百名,于春草萌生时先往,其眷口着后去五百名携带。凉州、庄浪、满蒙兵,自明年为始,分为三起,按年起程。"从之。(《清高宗纯皇帝实录卷之六七七》)

编者注:察哈尔八旗在新疆地区驻防三年换防制,改为携眷永久驻防制。

公元1763年

○乾隆二十八年癸未春正月○辛酉,谕军机大臣等:"新疆平定有年,伊犁应多驻官兵以筹久远。昨谕将凉州、庄浪等处官兵携眷迁移,交军机大臣详悉妥议。因念官兵三四千名,合之家口,不下万人。所有营房粮饷,俱当豫为备办。着传谕明瑞等,将此项移驻官兵,作何建造城垣庐舍,及给与粮饷之处,先行筹画。一面办理,即行具奏。"寻奏:"察哈尔、厄鲁特兵,游牧为生,应仍其旧。索伦亦然。过冬自备棚房,产业再行议给。惟凉州、庄浪官兵,房屋需七千余间。乌哈尔里克新城,仅敷现在官兵驻札。查伊犁河岸高阜,地土坚凝,可筑大城。在新城及固勒扎回城之间,粮运亦便。所产煤薪皆足用。计明春调兵起造,至乙酉年,城屋均可竣。现派伊犁兵游牧至阿布喇勒山伐木,咨遣内地工匠,制器应用。至粮饷,以伊犁收获及回人所交粮计之,至丁亥年麦收,可支新旧兵三年食。更请以来年为始,陆续增屯田兵一千五百名,耕获自有盈余。孳生牛羊在外,将来塔尔巴哈台驻兵,亦可源源接济。"从之。○又谕曰:"明瑞等奏称伊犁驻防屯田官兵及贸易商民,日以增多。所有附近薪木,俱经取用,樵采之处渐远。今查勘洪郭罗鄂博有产煤之地,已传示兵民等,有愿行开采者,听其前往等语。开采煤窑,以接济日用,自属要务。但兵民既皆往采,则群聚杂处,不能无争斗之事,更当留心约束。且伊犁为厄鲁特故地，蒙古风俗，以游牧资生。若居处饮食，竟似直省驻防官兵，则日久渐至颓惰。着传谕明瑞等，将索伦、察哈尔兵丁，令其照常游牧。即满洲兵丁，亦不宜常居城市，仍令其兼以游牧为事。即可撙节薪刍，而伊等亦不忘本业，甚有裨益。着即遵照办理。"（《清高宗纯皇帝实录卷之六七八》）

○乾隆二十八年癸未正月○乙亥，察哈尔都统巴尔品奏："察哈尔八旗新附厄鲁特等，编入旗分已经数年。应请与旧厄鲁特一体当差，照例挑捕护军马甲，俾得钱粮，各立器械。"从之。

○戊寅，乌鲁木齐办事副都统旌额理等奏："乌鲁木齐岁易哈萨克马，数不过三千余匹。本年九月至十二月，已得四千二百匹，积久增多。除拨捕新疆额缺及肃州等处标营倒毙马外，拟于乌鲁木齐常留马一千匹应差，七百匹备阿克苏调，余于来年四月牧放巴里坤，供安西提标及肃州等处拨补。"得旨："军机大臣议奏。"寻议："现奉谕旨，令索伦、察哈尔余丁及凉州、庄浪驻防兵丁，续赴伊犁，须增牧群，先请将孳生马匹送往。骟马暂留乌鲁木齐备拨，如应留马外仍有余，即续送伊犁。此后与哈萨克交易，以孳生马为要，俟新疆足额，再拨补内地。"从之。

○丁亥，军机大臣等议覆："黑龙江将军国多欢奏称，索伦兵向无跟役，应准挈眷，赏项照上年派往伊犁之察哈尔官兵例，每户给整装银三十两，驼一只，折银十八两。人给马一匹，帐房锣锅折银六两。起程时裹带两月口粮，每丁月给盐菜银一两五钱。俟办给孳生牲只，日停再各赏银十两置办军器。其次，起兵丁应于何处过冬，及派出笔帖式、领催等，于喀尔喀选带向导行走，俱交成衮扎布酌办。再据察哈尔都统巴尔品奏，应派余丁一千名，不必分翼、分旗，惟选壮者，作两起前往。遵旨派达克塔纳、成果带领，应给行装产业，照例办理。"从之。（《清高宗纯皇帝实录卷之六七九》）

○乾隆二十八年癸未二月○庚寅,户部议奏:"多伦诺尔税银应照八沟定额例,以管税官所报两年征数,均匀核算。嗣后每年请以一万六千八百五十八两八钱为定额,有余尽解。"从之。

○丙申,又议奏:"现在伊犁屯田,岁入三万五千余石。除给该处官兵外,尚有赢余。但本年所派索伦、察哈尔及移驻凉州、庄浪兵不止万人,仍需粮三万石。应请再派屯田兵一千五百名。前据舒赫德等奏,回城愿迁伊犁人甚多,应令明瑞等议,以一千五百人为率。不足,以绿旗兵补。其盖造伊犁城署营房,请派绿旗兵一千,限三年竣工。至添驻之索伦、察哈尔等应给孳生羊只,请交都统巴尔品等,拣选牧群牛四千只、羊二万只,令其陆续带往。或酌派官兵协助,作何分给孳生,并交明瑞办理。再塔尔巴哈台等处驻兵,应俟移驻伊犁兵事竣再办。"从之。

○辛丑,又谕:"前经降旨,令集福更替福德,前往迎接哲布尊丹巴呼图克图之呼毕勒罕,现在西宁无事,不必特派大臣驻札。着传谕留保住,令其自彼处带领喀尔喀等,前往迎拉哲布尊丹巴呼图克图之呼毕勒罕。即令福德仍遵前旨回京请训,以便前赴库伦,同桑寨多尔济办事。此际福德若已经起程,谅亦不远。留保住,即驰赴多伦诺尔,更换福德速行回京。集福在何处,得此信,即回京。"○又谕曰:"巴尔品等奏'察哈尔八旗总管、副总管及官员等,去岁捐助移驻伊犁兵丁马驼,此次虽不能如去岁捐助之数,现在察哈尔人等呈称,情愿出驼二百只、马一千四,资助派往驻防兵丁'等语。察哈尔官兵情愿捐助派往伊犁驻防兵丁马驼,情词恳切,甚属可嘉。宜加恩奖赏。着交巴尔品等,将去岁捐助马驼及今岁助马驼之官兵,由彼处租银内动用。酌量奖赏。"(《清高宗纯皇帝实录卷之六八〇》)

○乾隆二十八年癸未二月○丙午,军机大臣等议覆:"察哈尔都统巴尔品奏称,数年来解送伊犁牛羊,因牛性不能远行,倒毙过多,应如所请。嗣后牛一折羊五,可得羊二万,交头起行走察哈尔解。再,屯田需牛。查喀尔喀距伊犁较近,请令成衮扎布每年办牛千只以内,宽期行走。"从之。

○癸丑,谕军机大臣等:"巴禄、杨应琚所奏,筹办凉州、庄浪、满营官兵,移驻伊犁,及汉军官兵出旗各事宜二折,已交军机大臣议奏。"……寻军机大臣议奏:"一、凉、庄满蒙兵挈眷移驻伊犁办装银,官按品级赏俸一年,兵每名赏银三十两,跟役二两。一、步兵自凉庄至哈密,每二名并跟役,给车一辆。至伊犁每名给马一匹,折银八两。到后缴还十分之三,分二年坐扣。眷口照例给车外,每户添给行李、锅帐,车一辆。一、应需盘费、盐菜、口粮,照安西提标兵移驻乌鲁木齐例分别支给。跟役无论多寡,准量给一名盐菜银,不准更支盘费。一、帐房照察哈尔兵移驻伊犁例给价,爨具应所本有,不准折给。一、抵哈密后,应由辟展、乌鲁木齐台路前进。仍令该将军、总督、办事大臣等,遴员沿途照料。"从之。

○丁巳,谕军机大臣等:"据明瑞等奏称,前乌鲁木齐领取耕牛五百只内,不知曾合计库尔喀喇乌苏等三屯否,因札商阿思哈。旋据阿思哈咨覆,若解送牛百余,亦属有益,当即选百二十只送往。现在伊犁尚有牛八百余只,并捴哈萨克所换马匹,均配使用,并无贻误之处等语。明瑞等将牛只通融办理,用于屯田,颇合机宜。伊犁乃蒙古地方,必须设立牧场,孳生牲只,方为久远之计。着传谕明瑞等,将伊犁现有牛马,除所用外,余俱着交厄鲁特加意牧放孳生,不可因现在牲只无多,遂致玩愒。果能加意孳生牧养,日久自可繁庶。其携眷移驻索伦、察哈尔兵到彼,亦将此项牲只令同厄鲁特等牧放,则孳生益多。不但一切地方敷用,亦合蒙古生计。"(《清高宗纯皇帝实录卷之六八一》)

○乾隆二十八年癸未三月戊午朔○军机大臣等议覆叶尔羌办事尚书新柱奏:"换班兵正月初起程,六月可到。查四月水草恐尚不敷,驼马易损。换班与战兵不同,缓行讵能克期,至下次换班尚远。回京兵无需赶办。请令明瑞、永贵、新柱等,将巴里坤西四月有无水草,如何于官兵有益议奏。再厄鲁特、回子两处，情形少异。换班兵，应自京指定地方，庶所用物件，易于备办。回地稍远，嗣后换班兵，应分作头二三起。均如所请。再现在伊犁移驻索伦、察哈尔兵各一千，复将凉、庄、满洲、蒙古兵移驻，此后乌鲁木齐及回子地方换班索伦四百名，即于伊犁驻防，索伦兵内调。"从之。

○庚申，察哈尔都统巴尔品奏："八旗察哈尔捐助移驻伊犁兵驼马，奉旨赏给银布。请改用银牌，重五钱。"得旨："蒙古何必赏给银牌，赏银五钱，未免过少，着赏一两。"

○辛未，谕军机大臣等："齐里克特、纳旺奏称，带领挈眷驻防之察哈尔兵丁，已抵乌鲁木齐等语。齐里克特、纳旺照管妥协，着交部议叙。"（《清高宗纯皇帝实录卷之六八二》）

○乾隆二十八年癸未三月○丁丑，军机大臣等议准："伊犁将军明瑞等奏索伦、察哈尔兵挈眷移驻伊犁事宜：一、除所带马驼准存留外，应给孳生牲只。请按现在牛羊数目，每户派给羊二十五只，二三户合给牛一只。羊十只，岁交孳生羊三只。牛十只，交孳生牛二只。除伊犁现存羊只外，已议令巴尔品，于牧群办送四万只。又成衮扎布奏，现有牛五百八十只，喀尔喀折抵应交马匹，计牛四千只。一、盐菜银，一年内准支开垦赏籽种，收获前准给口粮，大口日八合三勺，小口半之。一、伊犁新迁察哈尔、厄鲁特兵一千八百名，应分为二昂吉。旧有厄鲁特兵千余名，应作为一昂吉。各设总管、副总管、佐领、骁骑校等官。每佐领下领催四名，所辖以二百人为率。实授官不敷，以领催署。总管、佐领应给关防钤记。一、厄鲁特兵千余名，食饷仅一百二十名。伊等有前随将军等效力者，有自布鲁特、哈萨克来投者，请增食饷兵八十名。"从之。

编者注：从乾隆二十七年（1762年）至二十九年（1764年），共从察哈尔抽调兵丁2000名，义婚妇女（清廷从察哈尔八旗中以"按其自愿，不得逼迫"原则所招募、迁送伊犁与察哈尔及编入察哈尔八旗的土尔扈特单身壮丁婚配的妇女）420名，家眷大小人口共6400余人，分三批移驻新疆。初编为两昂吉，委领队大臣统之，设十二佐领，分左右二翼，每佐领设兵二百。

○丙戌，谕曰："协办大学士兆惠、侍郎钱汝诚，差往直隶宣化府，会同该督方观承查办事件。着驰驿前往，所有带往司员一并给与驿马。"（《清高宗纯皇帝实录卷之六八三》）

○乾隆二十八年癸未夏四月○己丑，又谕曰："方观承奏，查出宣化碧天寺邪教一案。所有抄誊逆词之曹生泰，已咨山西缉拏解直等语。曹生泰传抄逆词，系此案要犯。着传谕明德遴委干员，速即查拏，解往宣化，交兆惠等严行审究。其该犯家中有无存贮悖逆字迹，一并严行搜查，不得稍有疏忽。"○军机大臣等议准："据伊犁将军明瑞等奏称，挈眷驻防之索伦、察哈尔兵到伊犁日，即将乘骑马驼给为产业。索伦距伊犁尤远，其兵丁抵乌里雅苏台时，疲乏马驼应行更换。"从之。

○丁酉，又谕："据明德奏，宣化邪教案内人犯曹生泰，于乾隆四年前赴直隶张家口外华山庙出家，未曾回籍一折。该犯既不在介休本籍，宣化离口甚近，着即传谕兆惠、钱汝诚、方观承速委干员，就近严密查拏，毋令闻风兔脱。折着抄寄阅看。"

○己亥，又谕："现在直属望雨甚殷，一切赈务，均须董率经理。方观承为本省大员，必当身亲督办，于地方尤为有益。且近因粮价稍昂，已降旨令奉天、山东、河南三省购买米八十万石，运赴直隶接济，亦须该督豫为筹画储拨。至审讯宣化邪教一案，现有兆惠等专司审鞫，且口北道玉神保，近在同城，遇有应交事件，尽足以资调遣。方观承着即来京候朕面降谕旨，即速前往应行查勘地方，专心办理。所有宣化审案，方观承系首发承审之人，此后折奏，仍着一体列衔。"

○庚子，谕军机大臣等："据兆惠等奏，查审宣化邪教案内之曹生泰现未拏获，应将已获各犯先行治罪一折。此案现获之犯，既据查审明确,自应按律定拟,先行完结。其曹生泰一犯,书写经符,笔迹显然。将来拏获到案,自可续行完结。兆惠等不必因该犯未就弋获,在宣久候。着将李继印各犯办理完后,即行驰驿回京。至曹生泰,虽系游方麈定,察其情形,谅亦不过边口内外,匿迹潜踪。着传谕方观承、明德等遴委干员,会同该地方官,上紧躧缉。拏获之日,即解军机处查审定罪。"(《清高宗纯皇帝实录卷之六八四》)

○乾隆二十八年癸未四月○戊申,又谕曰:"明瑞等奏称,叶尔羌应撤之索伦兵若于八九月起程,自当在伊犁过冬。或夏令即已遄行,则度库克讷克岭,由珠勒都斯一路,经过乌鲁木齐至乌里雅苏台,回抵游牧。已行文新柱、海明、旌额理等语。各回城撤回索伦、察哈尔兵,由伊拉里克至乌鲁木齐路多戈壁,故皆于伊犁过冬。今明瑞等所奏,系从阿克苏以东赫色勒河上游过岭,水草颇饶,道路亦近。嗣后撤回之索伦、察哈尔官兵若值有水草之时,自当行走此地。即起程稍迟,亦不必往伊犁过冬。现在各城有积贮粮石,随其所至,足资憩息,并当取道于此,以免纡回。着传谕明瑞,及各驻札大臣等知之。"(《清高宗纯皇帝实录卷之六八五》)

○乾隆二十八年癸未五月○甲申,谕:"行在户部议覆热河道良卿奏请奉地商货验票出口,以免重征一折,尚非永远祛弊之道。古北口向未设有税局,祇系张家口监督,差役巡查。嗣因奸商绕越偷漏者多,前任监督多隆武,请于古北口,一体查明征税。经部议覆,准行。乃该监督办理不善,以致巡役人等,藉端滋扰,辄将热河等处本地有税之商货,一概重复征收。将来口外货物,必致腾踊,殊非立法稽查之本意。着派安泰带贤能司官一员前往,将滋弊之巡役人等严查惩治。即将税局撤去,其失察之该监督并着交部议处。嗣后除张家口商货绕越私行者,仍准派役稽查,毋致偷漏外,其余悉照旧日章程办理。如有仍前需索等弊,

并交与直隶提督,就近查察究处。"(《清高宗纯皇帝实录卷之六八七》)

○乾隆二十八年癸未六月○壬辰,谕军机大臣等:"前因恰克图奸商小院子京张等教唆俄罗斯,阻挠伯德尔格回人贸易,随降旨桑寨多尔济等,令其查拏,解赴热河治罪。续据桑寨多尔济等奏称,小院子京张已回张家口。复降旨巴尔品,严缉务获。今据奏到,张家口商民内并无小院子京张其人,惟查有万盛永记铺内,商民赵越(人皆称为小院子),讯供系汾州府汾阳县人,伊并不出口贸易。惟伊伙计张宗烜、田昌于去年七月、九月间,先后往恰克图贸易,铺中亦称为小院子等语。再查恒裕玉记铺内张朝元,向在京城贸易,系昌平州人。是以人俱称为京张,随讯据伊弟张朝相、伙计李逢春称,张朝元于去年七月往恰克图,其伙计李胜敬亦于十一月前往贸易,至今未回各等语。小院子、京张等,俱系内地商民,乃敢教唆俄罗斯阻挠回人贸易,其奸诡不法情罪,甚属可恶。现据巴尔品查讯缉拏,尚无着落。该犯等行踪诡秘,今或闻风匿迹。若非潜留恰克图地面,即在口内外沿边一带,或窜回本籍,均未可定。着传谕方观承、明德等,迅即遴选妥干员弁,密速缉拏务获,解送行在,交军机大臣严审究拟,毋致漏网。"

○癸巳,又谕曰:"明瑞等奏,现在伊犁驻防及陆续添驻之索伦、察哈尔、厄鲁特兵丁,分为四昂吉。每昂吉设总管一员,佐领六员,应照例铸给关防钤记,以昭信守。谨拟定字样请旨等语。着交该部照明瑞所定字样,兼清汉托忒回字,成造关防钤记颁发。"(《清高宗纯皇帝实录卷之六八八》)

○乾隆二十八年癸未六月○乙卯,谕军机大臣等:"永贵等奏称,喀什噶尔为总办回部事务之地,向系拖穆齐图办理,续调英吉沙尔总兵额僧额协办。今拖穆齐图进京,惟额僧额一人办事。而奉派总兵台布,恐不如额僧额之熟悉,请即调赴英吉沙尔办事。又驻扎赛哩木拜之原任察哈尔总管衮布策凌，不甚谙练。请将英吉沙尔侍卫伊凌阿调往办事等语。额僧额着仍驻喀什噶尔办事，台布着调往英吉沙尔办事，伊凌阿着调往赛哩木拜办事。"（《清高宗纯皇帝实录卷之六八九》）

○乾隆二十八年癸未七月○甲戌，又谕曰："明瑞等奏称，从哈萨克投来伊犁之厄鲁特壮丁六百余名，并无妻室。现在察哈尔、厄鲁特等妇女甚少。若将内地绿旗兵等，俘获售买，及回地所有妇女等赎出，顺便送往伊犁，可以酌量给配等语。伊犁厄鲁特等，已编设昂吉佐领，若壮丁多系鳏居，非长久之道。着传谕杨应琚，除内地绿旗兵等，所得厄鲁特妇女已经匹配外，其但供役使者，如年方少壮，酌量择取，给价赎出，送往伊犁。至回部厄鲁特妇女颇多，从前阿桂等虽行文各城，给价赎取，并未规为要务。并着传谕驻札大臣，与该伯克等会商，加意办理。"

编者注：据新疆博尔塔拉蒙古自治州地方史记载，为稳定到新疆戍边的察哈尔、厄鲁特兵丁，从察哈尔八旗共征募未婚及单身妇女420名，行程近一年，途中死亡30余名，到达新疆380余名，与戍边察哈尔兵丁组成家庭。这些妇女即前文注释提及的"义婚妇女"。

○乙亥，谕军机大臣等："直属六月二十八、九等日，据报得有透雨。自立秋以来，又将半月有余，未审复得雨泽否。今岁禾稼，虽历询俱称长发丰稔，但其中是否有因得雨泽少，未能一律畅茂之处，及现在有无望雨情形，并着传谕方观承据实查明速奏。"寻奏："各属六月二十九日普雨之后，七月初五、六等日，顺天、保定、永平、河间、天津等府属，遵、易、冀、赵、深、定等州属，复得雨三四寸至七八寸不等。初九日，保定以南各府州属，又报得雨二三寸。而顺属之昌平、通、蓟、霸、保、房山一带，更为优渥。此时禾稼成实，高粱谷黍，依次收获，惟晚禾仍需雨泽。其后种之豆荍，向前更望雨勤。乃可一律丰收。至宣属，宣化附郭二三十里之内，并万全北乡、张家口外等山地，微觉干燥，收成恐减分数。……"得旨："晚田竟致被旱，殊为可惜。民情光景如何，有须豫为绸缪处否？速奏来。"

○戊寅，谕军机大臣等："方观承题参石坝被冲防守疏虞之万全县知县庄有昌议处一本，内称万全县大境门外北岸护城石坝，经该县上年领帑修理，因本年口外山水陡发，新工适当顶冲，致塌倒二十七丈，并冲去石道。经口北道玉神保查勘，实属人力难施，并无工程草率、修筑不坚等语。于事理全未明晰，该县护城石坝，上年动项修筑，原因当顶冲而设。当令永远坚固，以资堵御。若经十余年之久，或致倾颓，尚可谓非工程草率之故。乃于一年以内，即致冲坍，则去年修筑时，并未坚固，不问可知。使谓新修堤坝，如式完好，终不足以抵御暴涨，则估修此项工程，实为徒劳无益之举。况该道玉神保上岁查勘估修，今于坍塌之后，复称工筑并无草率，其中不无掩饰情弊。直隶吏治之不可信，于此益可概见。着方观承将上年修筑石坝及现在冲塌实在情形，查明具奏，毋得稍有徇隐。若再徇隐，朕将特派大臣往查矣。将此传谕知之。"（《清高宗纯皇帝实录卷之六九一》）

○乾隆二十八年癸未八月乙酉朔○军机大臣等奏："查哈密、巴里坤、伊犁、叶尔羌等处，官兵养廉盐菜等项，曾经核算，每年共须银四十三四万两。今伊犁、乌鲁木齐二处，增设官兵，约须增银一二万两。合之各城旧额，每年不过四十五六万两。若于甘肃等处裁撤兵丁马干等项节省之六十六万余两内支用，每年尚可节省十八九万余两。即将来索伦、察哈尔各兵一千，庄浪、凉州兵三千，携眷移驻后。廉俸盐菜虽又加增，计尚有京口、杭州所裁汉军兵丁分例，可给索伦、察哈尔等兵。凉州、庄浪官兵，仍得原旧分例，无庸议增。"报闻。（《清高宗纯皇帝实录卷之六九二》）

○乾隆二十八年癸未九月○甲子，伊犁副都统伊勒图奏："准新柱等咨，伊犁挈眷之满洲、索伦、察哈尔等人口甚多，布疋棉花，俱日用必需。请将叶尔羌折粮钱文,采买棉花三万余斤解送等语。查现在驻札伊犁满洲、绿旗官兵,各有原来衣被,三年内尚可不须添补。其索伦、察哈尔兵多用皮衣,是伊犁现在须棉无几,而与哈萨克贸易及修补兵丁衣服,所用布疋甚多,请将回城折粮钱文,暂买棉花数千斤。其余尽买布疋,尤为适用。将来必须棉花之时,又可酌量通融办理。"报闻。(《清高宗纯皇帝实录卷之六九四》)

○乾隆二十八年癸未十月○壬寅,军机大臣等议奏:"据巴尔品奏称,商都达布逊诺尔太仆寺马共六千匹。除应给察哈尔马二千三百二十六匹外,俟牧场马驹养成,仍可得二三十匹等语。查现在直隶绿营缺马皆需买补,请将商都达布逊诺尔太仆寺所余骗马四千余匹,交直隶总督、提督,令其抵补所属空额。其应如何定价,着方观承、巴尔品会议具奏。再据巴尔品所称,牧场马驹陆续长成,俟二三年后可用者实系若干,令其呈报。"从之。(《清高宗纯皇帝实录卷之六九七》)

○乾隆二十八年癸未十一月○庚申,谕军机大臣等:"素诚覆奏哈萨克前来叶尔羌贸易一折内,清语不通。素诚系满洲奴仆,又在回疆办事,理宜勤学清语。折内竟有不成话者,皆由素不熟习所致。着严加申饬。再各城驻答办事之员,俱系满洲大臣,一切文移应用清语。若清语不熟,致失满洲体制,必为回子、哈萨克诸部所笑。朕从前屡经降旨训导,现在伊犁地方满洲、索伦、察哈尔、厄鲁特、回子错处,尤当以清语为要。着寄信明瑞及驻札各城大臣,黾勉肄习。"(《清高宗纯皇帝实录卷之六九八》)

○乾隆二十八年癸未十一月○己巳,伊犁将军明瑞等又奏:"办理凉州、庄浪、满洲兵移驻伊犁事宜。臣杨应琚即赴凉州会同巴禄,将兵行装各项逐一查明,派员赴出产之地置备,其余银照例至伊犁补给。但新疆移驻满洲与索伦、察哈尔兵人众,物价未免昂贵,与其厚利归商,莫若令旗人分获利息。请将前项银交臣巴禄,派委妥干旗员,臣杨应琚饬令地方官,将日用必需物件从内地采买,载运牲只车辆交三起移驻官兵,陆续运至伊犁。臣明瑞豫备开设店铺,按月查访市价,酌平增减。每年所得余利,一体均散各兵,以为买补马匹修理器具之用。"报闻。

　　○己卯,直隶总督方观承、察哈尔都统巴尔品奏:"商都达布逊诺尔太仆寺牧厂内骟马四千余匹,拨补直隶绿营缺额。查绿营例马多寡无定,应将各标营报例马暂停买补,每季底查明缺额实数,汇填印票,行咨牧群。将现挑马赶赴张家口外之波罗采吉,由张家口副将会同牧群总管官验交领回,过关免税。应支干银于接收日起支,其价照满桩马匹除皮脏银五钱,每匹实支银八两五钱。开销俟厂马领抵完日,各标营买补缺额,照旧例办理。"报闻。(《清高宗纯皇帝实录卷之六九九》)

　　○乾隆二十八年癸未十二月○乙酉,蠲缓直隶延庆、保安、蔚州、万全、宣化、怀安、西宁、易州、怀来、龙门等十州、县雹、旱灾饥民额赋并贷籽种。(《清高宗纯皇帝实录卷之七〇〇》)

　　○乾隆二十八年癸未十二月○戊戌,军机大臣等议奏:"据吉泰奏称,请将太仆寺两翼由军营撤回护军二百一十三名、护军校八员等,俟牧丁额缺出后陆续充补,即可陆续裁减等语。应如所奏办理。"从之。(《清高宗纯皇帝实录卷之七〇一》)

公元1764年

　　○乾隆二十九年甲申二月癸未朔○丁亥,军机大臣等议覆:"察哈尔都统巴尔品奏称:'察哈尔自乾隆二十六年设都统、副都统,但统以张家口官兵,未议添设,额已短少,而支给分例,俸饷外并无马干,亦不敷当差之用。查右卫额兵三千七百有余,既多于察哈尔,差事又轻,其分例俸饷马干并放。请拨右卫前锋一百,马兵七百,养育兵、步兵各二百,匠役二十,并应得粮饷马干,移驻张家口。而马兵七百内,移实兵四百,其三百俟右卫出缺裁去,补以张家口闲散。以张家口现设之四品总管,作为新设协领。现设之防御、骁骑校,改为新设之缺,不必尽由右卫移驻。两处官员分例,各暂仍旧。俟右卫出缺裁汰,再给以右卫应得之数。所移员缺及随总管之笔帖式,由此处官兵补放,移兵并建瓦房居住。'均应如所请。惟存右卫三百兵内,出缺尽以张家口闲散充补,于右卫尚有不便,应仍于三缺留一。"从之。(《清高宗纯皇帝实录卷之七〇四》)

编者注:此次从山西右卫所拨来的1020名兵丁,补充进了察哈尔都统辖下张家口驻防八旗,非边外游牧察哈尔八旗。

○乾隆二十九年甲申二月○己酉,蠲直隶乾隆二十八年分蔚州被雹灾地一百八十八顷七十八亩、万全县被旱灾地六百一十四顷四十六亩应征额赋十之一。(《清高宗纯皇帝实录卷之七〇五》)

○乾隆二十九年甲申三月○丁巳,又谕:"今由热河派出厄鲁特移驻伊犁,其应用马匹,已谕令在张家口外支给。但由本处起程,亦必需用车辆。着交道员揆义,同地方官迅速妥办,其车价即出自本人整装银内。有不愿雇车者,听其自便。并着乌勒登、玛瑞会同商议。"(《清高宗纯皇帝实录卷之七〇六》)

○乾隆二十九年甲申三月○辛未,直隶总督方观承疏报:"乾隆二十八年开垦顺天、永平、宣化三府并遵化州属熟荒地六十二顷四十八亩,顺天府属旱地六十九亩,正定府属水地二顷七十亩,蓟州老荒地四

顷三十七亩,宣化县河滩荒地一十五顷六十三亩,各有奇,分别升科。"(《清高宗纯皇帝实录卷之七〇七》)

　　○乾隆二十九年甲申夏四月○甲午,又谕:"据巴尔品奏,自乾隆二十六年五月派内大臣巴图济尔噶勒等稽查牧场,迄今已满三年,请更派大臣。又称伊亲身前往查场,其印务请旨着人署理等语。着派副都统集福同巴尔品前往,查商都达布逊诺尔、达里冈爱等牧场。巴尔品身系都统,出口查场,其印信令伊带理,毋庸另派人员。"(《清高宗纯皇帝实录卷之七〇八》)

　　○乾隆二十九年甲申四月○庚子,谕军机大臣等:"明瑞等奏称,伊犁现有察哈尔、厄鲁特官员办事者,俱照部咨,给与全俸。而陆续所派之察哈尔、厄鲁特,止称照前次派往之例发给,并未声明是否全俸。近奉谕旨,令将新派厄鲁特官员俱照察哈尔例,给与半俸,办理尚未画一等语。前次派往伊犁之厄鲁特官员,经军机大臣议奏,令照察哈尔例给与半俸,并未将察哈尔办事人员给与全俸。世职人员给与半俸之处,分别声明。是以谕令伊等至伊犁时,一体给与半俸。今详阅明瑞等所奏及军机大臣原议,俱未明晰。朕思现在伊犁之厄鲁特官员,业已给与全俸,自不便无故裁减。至新派之厄鲁特官员,亦俱归附有年,情愿效力之人,不应止给半俸。着传谕明瑞等,将厄鲁特五百户内所有办事及世职官员,俱照察哈尔之例分别给俸,于伊犁生计更有裨益。并着传谕乌勒登,晓示厄鲁特等,知朕格外加恩之意。"○盛京将军舍图肯等奏:"据兵部移咨内开军机大臣议准,盛京锡伯官兵内挑选一千名,携眷发往塔尔巴哈台驻防,遵照索伦、察哈尔之例办理。但前次派往伊犁索伦、察哈尔兵,每兵百名有佐领、骁骑校各一员。五百名有协领一员管辖。此次所拨锡伯兵,应于伊犁满洲大员内拣派协领二员分翼管理。再于现在防御内,派数员作为佐领分管。又查从前索伦、察哈尔等兵移驻伊犁时，俱派总管协领等大员送往。今锡伯兵，臣即拣派协领二员、防御十员、骁骑校十员送至该处。"得旨："知道了。如有私行逃走者，着严行查拏具奏。若未经奏闻，由他处发觉，惟尔等是问。"

○丙午，军机大臣等议准："察哈尔都统巴尔品等奏称，移驻右卫兵应裁之额，每三缺，请以二缺给张家口，一缺仍挑右卫闲散幼丁。以百人编一佐领，共设满洲佐领八，蒙古佐领二，汉军佐领二，防御、骁骑校各十员。满洲、蒙古每佐领各设领催四名，前锋四名，马甲六十名，步甲十六名，养育兵十六名，匠役二名。汉军每佐领设领催四名，马甲五十六名，步甲二十名，养育兵二十名。满洲八旗协领二员，蒙古、汉军各协领一员分管步军校二员，作为满洲、蒙古之缺，合并拣选。现在右卫所存一百二十四分马甲之缺，即请以在口之人挑补。每翼取笔帖式二名，即以张家口兵内通晓翻译者，咨送吏部考试。总管之缺，即请裁汰，其关防缴部。仍另铸四旗协领印信，遇有词讼事件，饬该同知会同该协领办理。"从之。

编者注：经这次整编，察哈尔张家口驻防八旗共设12佐领，人数相当于游牧八旗之一旗的配置。

○辛亥，又谕曰："方观承奏，张家口建盖移驻官兵房署一切工程，需员督办。候补道员增福曾任多伦诺尔同知，于宣属边口情形甚为熟谙，请暂令来工督率等语。着照所请。增福准其前往直隶，交与总督方观承，派令督办张家口工程。"（《清高宗纯皇帝实录卷之七○九》）

○乾隆二十九年甲申五月○甲寅，军机大臣等议奏："乌里雅苏台将军成衮扎布等奏，乌里雅苏台旧城年久倾圮，应行修筑，其工作等项，请添派绿旗兵一百名前往等语。查科布多现在城工，所拨绿旗兵一百名，即系乌里雅苏台派出。至该处旧城倾圮，请动工修筑。于收贮钱粮，实为有益。该处止有兵六十名看守仓库，尚属不足。自应酌复原额，以资差遣。其派出绿旗兵一百名，于宣化、大同等处调取。"从之。

○乙卯,又谕曰:"明瑞等奏称,此次解送伊犁之察哈尔兵丁五百名所带牲只,有驼马全未损伤,及马匹倒毙未至一分者。又有倒毙虽至二分,其余皆膘壮者。请将该员等议叙。其倒毙牲只之数,尚未逾额,总管成果,应否议处。请旨遵行等语。着照所请,将佐领巴里玛特等交部议叙,佐领巴图蒙克等交部议处。总管成果,着免其交议。"(《清高宗纯皇帝实录卷之七一〇》)

○乾隆二十九年甲申八月○戊戌,又谕:"据蕴著奏称,移驻张家口之十二佐领内,有二汉军佐领官员兵丁,或仍移张家口,或照右卫汉军六佐领办理之处,请旨等语。此二佐领弁兵,虽原议入于移驻张家口数内,今既将右卫汉军官兵出旗为民,调拨绿营此二佐领,自应照彼六佐领一体办理。若谓移驻张家口官兵额缺,尽可将彼处满洲官兵照数拨补。着传谕蕴著知之。"

○庚子,军机大臣等议准:"直隶总督方观承奏称,右卫移驻张家口兵,除兵房现在加紧建盖外,其协领等官四十四员,兵一千二百二十二名,岁需粟米一万七千四百七十八石。此内有张家口原设官十三员,兵三百名,每年额支米六千九百九十三石零,即在新移官兵应支数内,无庸另筹。实不敷米一万四百八十五石。宣属产米本少,采买维艰。请将宣化、怀来、怀安三县现支半豆,照乾隆二十六年例,一并折给银两。将豆八折改征粟米二千六百九十一石,运交张家口仓收贮供支。又蔚州、西宁二处酌拨屯豆六千六百石,照例改征,可得粟米五千五百石。但道远运繁,请于本地出粜。即以粜价,在张家口照数买米交仓。米价不得逾原粜之数,如有赢余,报明充公。尚不敷米二千二百九十四石,即于移驻之领催、前锋、马兵岁支米十五石内,每名改给折色三石,以准筹拨之数。再张家口米价,较右卫为贵。除旧支折色,仍每石折银一两五分外,所有新改折色之三石,应请每石以一两二钱增给。"得旨:

"依议。所有此项兵丁内,已经出旗之汉军额缺,无庸另行派往。"(《清高宗纯皇帝实录卷之七一七》)

○乾隆二十九年甲申九月○庚申,伊犁将军明瑞等奏:"此次察哈尔总管达克塔纳领兵五百,解送羊只,中途马甲朋苏克等俱迷踪未回。臣等正在察询。忽朋苏克与厄鲁特男妇五人同来,告称因马乏落后,入哈萨克托克托郭勒等所居,被其拘留。复乘间与厄鲁特等商谋脱出。臣等派兵一百名,往挐所供之哈萨克等,并收其牧群,旋据全行挐获。又查出察哈尔车布腾因马乏病卧,有哈萨克哈藏哈布起意欲买车布腾役使,以银付同行之彦扎布。彦扎布贪利允从,次日遂以病故报知该管官。查彦扎布贪利无耻,应请传集哈萨克人等,将伊正法示众。车布腾重责枷号,满日发往叶尔羌,给官兵为奴。哈藏哈布重责释放。托克托郭勒起意拘留官兵,应请正法示众,收其马匹入官。其余人、马匹,仍给还原主。朋苏克因病被拘,旋行脱出,仍令照旧差操。其该管官达克塔纳等,请交部分别严加议处。"得旨:"所办甚是,如所请行。"(《清高宗纯皇帝实录卷之七一八)》

○乾隆二十九年甲申十二月○庚辰,谕:"和其衷奏,请将移驻张家口旗兵所遗余粮,拨还大同绿旗各营一折。此项米豆,从前原系绿营支食。后因右卫安设驻防,是以改支折色。今既经移驻,余粮自应仍行拨还。着照所请,将余存之米豆一万六千七百余石,自明岁为始,无论有闰无闰,按照各营兵丁原食之数,均匀分拨,就近支食。至折内所称余剩豆一千四百余石,此时既无所需用,并着照依定价,改征折色,以纾民力。再从前额征之运脚耗粮二项,本以解往右卫支食而设,今拨还绿营,既可就近支领。所有原征之运脚耗粮,概行免其输纳,副朕体恤边氓至意。"(《清高宗纯皇帝实录卷之七二四》)

○乾隆二十九年甲申十二月○乙巳,军机大臣等议覆:"察哈尔都统巴尔品奏称,牧场官兵差役较繁,向无津贴公费。请照察哈尔总管、参领分别等次,赏给养廉。于牧场生息银五万两内,将充公余银酌给等语。应如所奏。商都达布逊诺尔、达里冈爱二处总管,每年各给银一百两;太仆寺两翼总管,各给银六十两;翼长十一员,各给四十两;五品副总管二员,各给六十两;六品翼长一员、防御六员,各给四十两,应支养廉。即以本年为始。"从之。(《清高宗纯皇帝实录卷之七二五》)

公元1765年

○乾隆三十年乙酉春正月○癸亥,伊犁将军明瑞等奏:"官兵移驻雅尔、绰克托,先领满洲、索伦兵起程,讷苏肯领满洲、绿旗兵,护送粮饷农器等项。臣等领索伦兵六百名起程,于中途合队,绰克托总统前行。沿途驱逐越界游牧之哈萨克,并派散秩大臣硕通及侍卫官员,领满洲、索伦、察哈尔、厄鲁特等官兵五百余名,令爱隆阿统领。越阿勒坦额默勒,巡察勒布什、招摩多一带。俟至雅尔时,将前勘定之额敏河沿、巴尔楚克、沁达兰三处,安设大卡座。其沁达兰与博罗塔拉相接卡座,亦酌量安设。"报闻。(《清高宗纯皇帝实录卷之七二七》)

○乾隆三十年乙酉二月○壬午,谕军机大臣等:"初五日驻跸山东孟家泉地方。向晚浓阴密布,霡霂宵零。至郯城尤为沾足,约计三寸有余。沿途土膏含润,麦垄青葱。揽辔之余,深用欣慰。因念直隶密迩山左,云气所周,雨势自应普遍。着传谕方观承,将是日曾否得雨,寸分若何,即速查明奏报,以慰厪念。"寻奏:"正月二十六、七等日,京城一带得雪三寸,保定省城微雪。顺义、密云、平谷、蓟州、永平、宣化、遵化等属,均得雪二三寸不等。现在麦苗露青,根土尚润。初四、五两日,未经

得雨。"得旨："迩日此间时雨沾霈，北望浓云密布，不知可曾被泽否。"（《清高宗纯皇帝实录卷之七二八》）

　　○乾隆三十年乙酉闰二月○己巳，明瑞又奏："前遣观音保领兵先往乌什应援，二月二十五，闻乌什大臣被害，卞塔海未能即获贼首，臣应领兵前往。除爱隆阿巡边所领兵一千二百名，观音保赴援兵五百名外，臣派满洲、索伦、察哈尔共兵一千一百余名，与阿奇木伯克公茂萨领回兵二百名，于闰二月初五起程。又派素尼尔图往迎爱隆阿，如未起程，不必令哈萨克等闻知。惟密告绰克托，即回伊犁驻札。又现在官兵渐集，恐逆回闻风逃入布鲁特等处。已行文德福与纳世通，会商堵截。如兵不能分，俟观音保到日商办。"报闻。（《清高宗纯皇帝实录卷之七三一》）

　　○乾隆三十年乙酉四月○己未，谕军机大臣等："据成衮扎布等奏称，来自库伦贸易之民人赵立装载俄罗斯毡皮等货二十车，任长源装载五车。询之则云买自库伦之蒙古。又喇嘛垂党，驼载十四驮前来，询之则云系伊等旧存物件。勘验所驮之物，俱系俄罗斯毡皮海龙各项。恰克图贸易既已停止，而蒙古等仍有贸易之人，于理未合等语。恰克图停止贸易，特为俄罗斯等背原定价值，加增货税，一切诸事，推托支吾，不肯简速办理。今既将民人贸易停止，而蒙古等岂可私行？桑寨多尔济等所司何事？不识知此事否？若知而不禁，殊属不合。着传谕桑寨多尔济、索琳，将向乌里雅苏台贸易之民人赵立、喇嘛垂党等，究讯何以与俄罗斯私行贸易之处，彻底查明具奏。"（《清高宗纯皇帝实录卷之七三四》）

　　编者注：该条记录是第一次停止恰克图中俄贸易后，针对违禁私自贸易的谕旨。

　　○乾隆三十年乙酉五月○辛丑，军机大臣等议覆："直隶总督方观承疏称,万全县张家口县丞仓支牧丁口粮一项,前以采买周章,拨运糜费,请令银米兼支。经军机大臣议,令仍支本色。但数年以来领取米石,于牧丁生计,愈觉无益,请仍改折色等语。查乾隆二十六年,督臣方观承因采拨维艰,请将察哈尔牧丁口粮银米兼半支放。臣等恐牧丁领银花费,转致乏食,不若仍支本色奏准。今复据该督体察近年情形,与都统巴尔品札商,称张家口铺户与察哈尔牧丁长年交易。牧丁所需茶布各项俱系赊取,指米偿还,逐年递压。豫赊至数年之后,该铺户于货则增价,于米则减值,辗转盘剥,无所底止。是牧丁所领米石,并非藉以食用。而每年筹解,祇为铺户罔利之端,该丁转不能实受其益。自应如所奏,按米石定价支给银两,由张家口同知支放。庶兵丁领银到手,或置买货物,籴买米粮,皆得便益。"从之。

○癸卯,工部议准直隶总督方观承疏称:"独石口官兵旧有营房共八十五间。今照古北口等处建造营房例,移建衙署营房共二百六十间,估银修建。"从之。(《清高宗纯皇帝实录卷之七三七》)

○乾隆三十年乙酉六月○庚午,谕军机大臣等:"前因喀尔喀与俄罗斯交易,朕曾遣军机章京前往张家口稽查。具报,本年正月间,有桑寨多尔济驼驮经过,约计三四十驮,俱系水獭灰鼠等物。差役恐此内有商人物件,索取税银,伊属人曾与差役角口等语。看来桑寨多尔济私与俄罗斯交易,已属显然。所有伊掩饰具奏之处,朕已令抄寄阿里衮、瑚图灵阿矣。将此着仍抄寄阿里衮等,令其严行审办。"(《清高宗纯皇帝实录卷之七三九》)

○乾隆三十年乙酉秋七月○己卯,又谕:"昨据成衮扎布奏称,桑寨多尔济私与俄罗斯贸易。朕命阿里衮查办去后,并派军机章京往张家口稽查,陆续据报,桑寨多尔济将皮张物件于张家口等处售卖。因命大臣等将桑寨多尔济、丑达家人提讯。并据供吐实情,看来私行贸易属实。桑寨多尔济自幼养育内廷,受恩深重。于停止俄罗斯贸易后,理宜严加查禁。今乃首先给票射利,深负朕恩。阿里衮、瑚图灵阿审讯外,自应将伊彼处什物入官,但伊家产系伊祖丹津多尔济所遗,若一并入官,朕心不忍。今桑寨多尔济虽获重谴,朕必择丹津多尔济子孙,量赏官爵,给予旧产。着传谕阿里衮等,除伊祖父旧产外,俱着入官。至额尔景额,系派往库伦办事之人。大臣等如此觚法,既不阻劝,又不报部,且昨据桑寨多尔济之护卫等供称,伊系知情,则其罪更难宽宥。索琳身受朕恩,特旨令其协同桑寨多尔济办事,理应留心详察。当成衮扎布初奏此事时,朕即着伊查奏,乃竟扶同捏称,并无此事。谅伊甫到库伦,未必即与桑寨多尔济合伙。但无论果否知情,即其含糊具奏,罪亦难宽。将此传谕阿里衮等,一并查办。"

○壬午,又谕曰:"富勒赫现在差往和阗办事,其直隶宣化镇总兵员缺,着恒德署理。"

○癸未,谕军机大臣等:"前据成衮扎布奏称,恰克图地方并未停止贸易等语。朕曾令索琳等查明具奏,乃索琳扶同桑寨多尔济掩饰,并不据实陈奏。今知阿里衮到彼查办,恐其败露,始行请罪,殊属不堪。索琳着革去副都统,自备资斧,管理恰克图卡兵,在章京上效力赎罪。着派福鼐同瑚图灵阿驻札库伦办事。福鼐所遗理藩院侍郎员缺,着伍勒穆集署理。"○又谕:"近因张家口查出桑寨多尔济私与俄罗斯贸易物件,朕令傅恒、舒赫德讯伊在京之护卫太监等,供出私行贸易等情,并传谕阿里衮前往审办。兹据阿里衮奏到,未及查讯之前,桑寨多尔济业经具呈自行检举等语,实属骇异。着舒赫德亲查桑寨多尔济在京家产,酌留格格分例,余俱入官。丑达一并查办。"(《清高宗纯皇帝实录卷之七四〇》)

○乾隆三十年乙酉八月○乙巳,军机大臣等议覆:"前锋统领努三奏,请于直隶喂养官马内撤回一千匹,分给八旗武职官员拴养。查八旗官马原系官兵拴养,嗣因兵丁或将马干银花销,并不加意喂养;或任缺额,空食钱粮,种种滋弊。且从前草豆昂贵,并无赢余,是以交直隶喂养。现草豆价减,官兵情愿拴养。业撤回四千五百匹,交前锋护军及亲军等喂养供差。如官员亦各分养一匹,于当差均有裨益。但一千不敷分给,应如所奏。请撤回二千匹,给三营前锋参领、护军参领等每人拴养一匹外,满洲每旗一百匹,蒙古每旗五十匹。除兼文职官员外,每员分养一匹。余给各营行走人员及勤慎护军校等分养。每年出青,留一千匹差用,以一千匹牧放,仍交该都统等严查。"从之。

○己酉,又谕曰:"巴延弼已授为宣化镇总兵官,命往和阗办事,伊得旨后,若来京请训,往返有需时日。着即由彼驰驿前往和阗,因思驻札大臣等多官于内地,习尚安逸。既以边隅为劳苦,又或不能同寅协恭,或不能洁己自爱,苛扰其下。满洲世仆,岂宜出此!即如素诚在乌什,贪淫败检,竟致激成叛乱,己身被害,并子嗣俱无所逃罪。和诚在和阗,隐匿应贡之玉,又重利盘剥回人,亦经治罪正法,其明鉴也。大臣等果能正己率属,与同官和衷集事,将来年满撤回,必加恩擢用。着传谕巴延弼,朕因其人尚可用,予以奋勉之阶。伊至和阗,当以素诚、和诚为戒。再和阗采玉,系常年土贡。每派回人供役,伊等倘怠玩隐匿,自当加意约束。若效力行走,尚属勤慎,则应酌量赏给,以示鼓励。不可丝毫扰累。"(《清高宗纯皇帝实录卷之七四二》)

○乾隆三十年乙酉九月○庚寅,又谕:"穆什霞砍运木植一事,既据查明,戴保住并无短发逼勒等情,无庸再行查办。至潘桃口监督五岱及前任监督赫达色,向多伦诺尔地方违例重复抽收税银一节,如果全无确据,该商等何以控告纷纷?其中情节,尚须彻底根究。阎循琦、迈拉逊与五岱均系司员,不免官官相护,难得实情。着派礼部侍郎鄂宁、署理藩院侍郎伍勒穆集,驰驿前往,会同秉公详悉查明具奏。"

○壬寅,谕:"独石口等处官兵,不必每岁巡查,着三年巡查一次。"

(《清高宗纯皇帝实录卷之七四五》)

○乾隆三十年乙酉冬十月○丁未,谕军机大臣等:"赫达色等违例征税一案,前降旨将因何准行之处,询问工部。据称,此项木植,经赫达色朦混呈报,工部未能详查。遽行奏准,实属疏忽等语。已将该堂官交部察议。赫达色在监督任内,辄以多伦诺尔地方商铺民居从不纳税之已卖现存木植,遍行搜查,朦混呈部,即非按例之事。宁不虑部中驳诘,难保无关通书吏,嘱托准行情弊。着传谕鄂宁等,将此情节一并严行查讯,务得实情,以成信谳。"

○癸丑,军机大臣等议奏:"会典载……又军器部载,盔缨式,都统雕翎二、貂缨。副都统熏獭尾、红缨。直省督、抚、提、镇,与都统同。查直省各镇,于乾隆十八年改正二品,受总督节制。盔缨应改用熏獭尾,与副都统同。副参以下改用獭尾,与参领同。至两翼前锋统领、八旗护军统领,向用雕翎貂尾,应并改正。"……从之。(《清高宗纯皇帝实录卷之七四六》)

○乾隆三十年乙酉十月○丙寅,豁除直隶宣化、万全、怀安等三县乾隆二十九年水冲民地十二顷二十一亩额赋。(《清高宗纯皇帝实录卷之七四七》)

○乾隆三十年乙酉十一月壬申朔○军机大臣会同工部议覆:"钦差侍郎鄂宁、伍勒穆集等奏称,潘桃口商人,例由该关监督给票,砍伐克什克腾山木,将大木赶运下河,抵关纳税。其余细小木植,听在本地售卖,或由张家口商人采买。并蒙古砍卖小木,概不征税。自赫达色等滥行征税,章程已紊,应请照旧办理。至潘桃口监督,原不准擅至多伦诺尔地方搜查木植。但不肖官吏借口水货由旱运透漏,滥征滋扰。查张家口监督,但收该处商人旱运木税,潘桃口所收系下河大木之税,办理殊属两歧，请嗣后统归张家口监督管理。将潘桃口监督裁汰，每年春秋木植采运时，该监督亲赴大河口稽查，将下河大木烙印斧记，抵关报税。旱运进口者，照张家口则例纳税。既易分晰，自免滋扰。再潘桃口监督所管，向有六小口，坐落永平府地方，离张家口辽远，应归通永道管理。"从之。

○丙子，又谕："内外各衙门题奏事件，遇有地名字面，理应遵照全写。乃向来章疏，祇图省便，每将地名节称一字，其谬不可枚举。如热河之但称为热，多伦诺尔之但称为诺，则其尤甚者。此皆幕友吏胥相沿行文陋习，形之奏牍，殊非敬谨入告之体。昨户部进蠲免海州、沭阳积欠本内，辄照原题写作海属字样，内阁亦即照依票签，经朕指示改正。今杨应琚奏开渠增垦一折，称巴里坤为巴城，亦令增改发抄矣。前因各该衙门，有称满洲、蒙古作满蒙者，曾经降旨训饬。此等字面，皆可类推，何竟不知举一以例三耶！嗣后凡遇地名字面，俱一概全写，不得竟趋简易，致乖体制。着宣谕内外各衙门知之。"（《清高宗纯皇帝实录卷之七四八》）

○乾隆三十年乙酉十一月○庚寅，又谕："恰克图贸易一事，近因俄罗斯不遵旧制，违背禁约，甚且多收货税，苦累商人。是以降旨停止。原以俟其自知悔过，抒诚祈请，再准其通商贸易。恐桑寨多尔济身系蒙古，未能深晓事宜。复派大臣前往稽查弹压，协同办理。其所以责成者甚重，当桑寨多尔济起意私通交易时，丑达系特派大臣，理应正言阻止。阻之不从，即应据实参奏。乃不惟不行阻止参奏，并且通同舞弊，贸易多次。核其赃私，竟至数千两之多。蔑法营私，殊出情理之外。及经拏解来京，尚敢冀稽显戮。在途延挨，负恩丧心，实属可恶。此断不可以一日容留，丑达已依议正法。至额尔经额系随往司员，若丑达等恪遵禁令，严绝贸易。则额尔经额决不敢自行罔利，其情罪较丑达稍轻，是以改为应斩监候。此中轻重权衡，朕惟一秉至公，毫无成见，期协乎情罪之至当而已。可将此晓谕中外,并军营办事大臣知之。"○察哈尔都统巴尔品奏:"京城八旗官马出牧,例派在京副都统二员,察哈尔副都统一员,太仆寺两翼总管二员,察哈尔乾清门侍卫二员,参领、副参领二员管理。查官马共六万余匹,出厂时俱系察哈尔官兵牧放,应即选察哈尔参领、副参领二员管理,两翼总管停派。"从之。

○丁酉,工部议奏:"潘桃口木税事务归并张家口监督管理,一切章程应令口北道会同该监督,即赴多伦诺尔确查情形办理。"得旨:"着观音保前赴多伦诺尔,会同定议办理。"(《清高宗纯皇帝实录卷之七四九》)

○乾隆三十年乙酉十二月○丁巳,谕曰:"方观承奏筹办城工一折内称,界连驿路之怀安等县土城,现在勘估改建砖城。其余偏僻小邑,仍就土城黏补修葺,工费较省等语。所奏尚未悉办理城工之本意,前因各省应修城垣,费繁工巨。特发库帑五百万两,分拨各省,一律兴修。祗期于卫民有益,虽多费亦所不较。况频岁年谷顺成,库藏极为充裕。因思天下之财,止有此数。库中所积者多,则民间所存者少。用是动拨官帑,俾得流通,而城工亦赖以完整,此朕本意也。且国家一应工作,料物皆按值购办,食用亦计日给资。间阎不但无力役之烦,而无业穷民,并得藉力作以糊口,实寓以工赡民之意。是一举而数善咸备,更无庸较量工费,意存节省。至土城改建砖城,虽现在为费略多,其实壮观瞻而资巩固,且省不时修葺之劳。视土城尤为经久,即出于原估五百余万两之外,正亦何妨?朕惟期有益于民,岂计所费之多寡乎?但承办之地方官,能实用实销,不致浮开糜费,则工程自然坚固。而夫役工料等事,皆实发价值,丝毫不科派里下,庶于民生实有利赖。前已降旨,令各督抚遴委大员,分办经理,以专责成。如各省或有土城应改建砖城者,并着一体确估核奏。该督抚等,务饬督办各员,实心查察。设致不肖有司冒销侵蚀,草率了事,及藉端扰累者,若经发觉,则该督抚不得辞重咎。着将此通行传谕知之。"

○庚申，又谕："据瑚图灵阿奏称，车臣汗部落扎萨克镇国公格勒克巴木丕勒，拏获私向俄罗斯贸易兵丁玉木玉尔等五人，解送前来。讯据伊等前随协理台吉噶勒桑，在恰克图驻扎时，噶勒桑曾受商人图库哩克布帛等物，准其私行贸易。因行知玛尼巴达喇，令将噶勒桑等解送质审，并将贸易民人蒙古等严行缉拏等语。公格勒克巴木丕勒拏获私行贸易之人，甚属可嘉。着赏给大缎四疋，以示奖励。协理台吉噶勒桑，系专在恰克图驻扎之人，竟敢受商人货物，准其贸易。商人等违禁行贿，均属可恶。着传谕瑚图灵阿，审明从重治罪。再此项人等，恐此时有回至张家口者。着将瑚图灵阿折抄寄巴尔品，令其严行拏获治罪。如有应行质审者，解往库伦，交瑚图灵阿审办。"（《清高宗纯皇帝实录卷之七五一》）

公元1766年

○乾隆三十一年丙戌二月○甲子，谕曰："鄂宁已补授湖北巡抚，所有多伦诺尔应查税务，着期成额前往查办。"○又谕曰："鄂宁已补授湖北巡抚，所有多伦诺尔税务一事，已降旨令侍郎期成额前往查办。鄂宁接到谕旨可速来行在请训，以便赴湖北新任。"

○丁卯，……方观承奏："上年协缉马逆关文，德州系由济南城守营、沂州营郯城、铜山、宿迁、宿州传来，过宿州即无来路。河间协复转移新雄营，依次传至涿州、良乡、涞水、易州、紫荆关等营，由蔚州路参将呈报宣化镇。又一路由保定城守营，转移定州、正定及赵州、顺德、广平等营，出直隶境。文内俱系查照旧案，绘画马逆年貌，并无木牌。而此次所传开泰县情形，已有实在踪迹，随差弁访缉。天津、永平一路，此文又未传到，至巩华城都司转移北营守备，则系三月内由陕西潼关、山西大同，传至保安、怀来、岔道、榆林、居庸关、巩华城，复传至良乡、涿州、涞水、新雄等营,与上冬传单无异。惟添有年貌木牌,辗转传行。总无自贵州、湖广等省来历。"得旨:"足见外省此等海捕,无实际也。然不即奏闻,亦可谓不经心矣。"○军机大臣等议准将军明瑞等奏:"本年由伊犁遣往雅尔兵一千五百名,俱从伊犁各部落携眷兵内派往,途路非遥,非内地遣往者可比。整装等项,不必支给。惟给与口粮盐菜银两。又部定新例,满洲、索伦、察哈尔戍守兵,每人月给银一两五钱,每二名跟役一名,每名月给银五钱。惟厄鲁特兵向无跟役银两,似属歧视,请照各处之例,一体支给。"从之。(《清高宗纯皇帝实录卷之七五五》)

○乾隆三十一年丙戌四月○辛丑,又谕:"前据步军统领衙门奏,黔省查拏逆犯马朝柱,由直隶巩华城等处关移前来,业经派员前往,根查来历,并即降旨,令该督查明覆奏,至今尚未奏到。现据派员明善禀称,查至宣化一带,总兵恒德曾经禀知该督,其缉拏公文,则由涿州、新雄,自涞水、易州各汛递到。而新雄营又系来自山东沂州营。沂州距新雄、涿州相隔路途尚远,何以越境径达?且既至涿州,又何以不由良乡送京,复自紫荆关递至宣化?其中失枝脱节之处,该督从前接禀时何以未经看出,不即根究文书来历,仅以通缉了事乎?着传谕方观承,速即查明,据实具奏。"○又谕:"前据步军统领衙门奏,据北营守备禀称,接到直隶巩华城都司密封公文一角,内开逆犯马朝柱在黔省黎平府开泰县饭店。店主禀县查拏该犯,已乘间脱逃。除多差干役,飞檄严拏,并绘马朝柱图牌,沿途投递等语。当经派员前往巩华城一带挨查。今据查得,直隶宣化镇总兵具禀总督内称,去年十一月二十七日,涿州营准新雄营都司单移,准沂州营移,准沂州府移,开据郯城县禀称,准江南宿迁县关会密缉逆犯等。因沂州距涿州相隔州县,营汛甚多,何以越站径达,其中恐不无别情。且如果来自沂州,则该地方文武断无不具禀该抚之理。崔应阶何以未经奏及,且曾否根究文书来历,及如何饬属查办之处,着传谕崔应阶查明,据实速奏。"

○壬寅，又谕："据巴尔品奏，去冬口外雪大，驿站人等牲畜多被损伤等语。驿站人等俱赖牲畜度日，今损伤过多，生计不无窘迫。着传谕巴尔品，将牧厂牲只按数赏给。所有伊等钱粮，于来年起，每年减半坐扣，作六年扣完。以示优恤。"（《清高宗纯皇帝实录卷之七五八》）

○乾隆三十一年丙戌四月○戊午，直隶总督方观承疏报："乾隆三十年顺天、保定、天津、宣化四府并热河道属，共垦地二百五十六顷二十亩有奇。"（《清高宗纯皇帝实录卷之七五九》）

○乾隆三十一年丙戌五月○戊子，户部议准直隶总督方观承奏称："右卫移驻张家口满洲、蒙古官兵，每岁约支米豆一万九千余石，应需仓廒收贮。查万全县县丞仓十七间，原备收贮牧丁口粮及采买兵米之用。今牧丁口粮改支折色，兵米分贮于宣化、万全、怀安等三县仓内，无庸运贮至县丞。存剩口粮及过往员役，岁需行粮拨仓二间，足备收贮。除将仓十五间归张家口同知，收贮移驻官兵岁支米豆一万二千四百余石外。请于下堡地方添建仓廒二座，计十四间，官厅三间，大门一间，每间仓约贮米六百石。除贮米六千六百石外，尚稍宽裕，以备翻晾。木料就近于富贵山砍用，工料需银一千六十六两。又围墙基地，共需工料地价银一百两零，于司库节年地粮银内拨给兴建。"从之。

○壬辰，谕军机大臣等："方观承奏，直隶司库钱粮存贮无几，所有察哈尔等处官兵俸饷，除现在拨贮口北道库外，向后恐不敷支用，请于邻省协拨贮库一折，于体制殊属未协。前以巴尔品奏：各该处官兵俸饷，请由口北道衙门就近支领。经户部议准，自乾隆丙戌年为始，原以该处库贮有余，自以就近支领，较为便易。今该督既称库贮不敷，若转向邻省协拨，未免纡途纷扰。嗣后如该处有项可支，仍着照前议办理，否则仍令赴部关支。将此传谕方观承知之。"（《清高宗纯皇帝实录卷之七六一》）

○乾隆三十一年丙戌六月○癸亥,谕军机大臣等:"今日方观承题到万全县大境门外石坝,于五月十八日,口外沟水涨发,击碎旧坝根石,并冲坏二十八年新修之石坝及虎皮石埝三处,请将该县庄有昌议处工段勒限赔修一疏。此项工程,经该督于乾隆二十八年三月奏称,该处每逢水发,其势甚猛。所有护城坝工,非用条石坚砌根脚,不足以资捍卫,请改估加料兴修等语。是该处工程,业已加帑改筑,自应坚稳巩固,足御顶冲。何以未及三年,复致被水冲坏,所谓捍卫者何在?且坝埝被冲,事关紧要,该督何以不即折奏,仅行照例具题?着传谕方观承据实覆奏。"寻奏:"现在被冲工段,乃大境门石坝内新工三处,系该县庄有昌承修。今于保固限内被冲,应行参处,并着赔修。其水洞内东坝改估加料之工,并无冲漫。查前坝工被冲,系具题之案,臣照案办理,实系拘泥报闻。"(《清高宗纯皇帝实录卷之七六三》)

○乾隆三十一年丙戌秋七月○丁亥,军机大臣等议覆:"察哈尔总管巴尔品奏称,达里冈爱牧厂请设四品蒙古总管一员,由牧群翼领内拣选引见简用。其商都达布逊诺尔牧群,所有翼领等缺酌裁。达里冈爱添设翼领二员,新添牧群内,每群牧长、牧副各一员,牧丁各八名。均应如所请办理,并另行铸给关防。"从之。(《清高宗纯皇帝实录卷之七六五》)

○乾隆三十一年丙戌八月○丁未,直隶总督方观承奏:"居庸上关南门埵垫渗漏,雨淋券中。并券洞深黑,往往藏虎为患。八达岭西门,墙身坍塌。南首相连之墙里外坍损,均应动帑修筑。又居庸上关北十四里之弹琴峡地方,石道坑洼。一遇水发,行旅阻碍。应照南口山根石道,依傍东山添漫石道一段。"得旨:"着照所请行。"(《清高宗纯皇帝实录卷之七六六》)

○乾隆三十一年丙戌八月○癸亥,谕:"各省副都统俱与将军、都统一处驻扎办事,其别城驻扎之副都统虽隶将军统辖,一切事务系自行承办。惟察哈尔左右翼二副都统,既不与都统一处驻扎办事,而其下复有总管等员办理呈报。伊等不过转达都统,仍须都统裁定;徒有副都统之名,而无承办事件。转非设立副都统本意,不若裁汰之为愈。着将察哈尔左右翼二副都统裁汰,止留一缺,驻扎张家口,与都统一同办事。一切应报、应行事件,着八旗总管等,俱呈报都统、副都统办理。在都统既得一协办之人,遇有巡查差务,印务亦可有人署理。集福即着调补察哈尔八旗副都统,驻扎张家口,与都统一同办事。"○调察哈尔副都统常青为归化城副都统。(《清高宗纯皇帝实录卷之七六七》)

○乾隆三十一年丙戌九月○辛巳,调镶黄旗蒙古都统安泰为察哈尔都统。(《清高宗纯皇帝实录卷之七六八》)

○乾隆三十一年丙戌九月○癸未,又谕曰:"巴尔品所管马厂、牛羊群、军台一切事务,俱着安泰兼管。"

○戊子,以察哈尔副都统七十为正蓝旗蒙古副都统。

○辛卯,军机大臣等议覆察哈尔都统安泰参奏:"商都达布逊诺尔牧厂共一百六十座。除衮布扎布等十六厂并未亏缺外,各厂共亏空马三万九百三十六匹,驼二百一十一只。应着落原任都统巴尔品暨历年查厂侍卫等分赔,牧长等分别革职,留厂效力赎罪。其原任小总管索诺木达尔扎等,俱从重拟绞监候。"得旨:"依议。值年侍卫讷默音等查出亏短驼马,即行具奏,并未隐匿,着施恩免其交部议处。衮布扎布等十六牧厂并未亏短驼马,宜加恩奖励。着交安泰,将衮布扎布十六牧厂之人查明,将如何加恩之处,定拟具奏请旨。"

○癸巳,军机大臣等议覆:"副都统索诺木策凌等奏称'臣等查看牧厂马匹,核对巴尔品查奏印册。除二十四厂并无缺额,其余一百六十八厂,共缺马二万九千九百七十一匹。各厂马匹内,间有未烙火印者,臣等传集两翼小总管罗布藏班珠克等询问，据称二十六年以前，原有缺额。近来滋生有限，倒毙过多，年复一年，以致累有数万。至未烙火印马匹，原有钤烙不真，渐至泯灭者；亦有倒毙缺额，陆续买补者。此皆实在数目，断不敢辗转顶换。臣等议将现有马三万六千八百四十八匹，交值年侍卫永平、鼐库纳等严行查办。该总管罗布藏班珠克等，应请查明治罪，着落分赔。统辖上司巴尔品及太仆寺堂官并历年值年侍卫，分别议处，等语。除将太仆寺历任堂官免其交部议处，令其按照一成分赔外，其余均应照依商都达布逊诺尔之例办理。"从之。(《清高宗纯皇帝实录卷之七六九》)

○乾隆三十一年丙戌冬十月丁酉朔○又谕："据安泰等奏，值年查看马厂侍卫，不能尽查，每年往返换班，马匹口粮俱属虚糜无益等语。所奏尚是。嗣后着将值年查看马厂侍卫裁汰，每年于张家口都统、副都统内，轮派一人查看。其商都达布逊诺尔、太仆寺马群，着三年一次。上驷院照例奏派大臣清查。"(《清高宗纯皇帝实录卷之七七〇》)

○乾隆三十一年丙戌十月○乙卯，蠲免直隶怀安县本年被霜灾民额赋，及被旱、被水、被雹、被霜。勘不成灾之……蔚州、宣化、万全、西宁、怀来等十七州、县，分别贷缓有差。(《清高宗纯皇帝实录卷之七七一》)

○乾隆三十一年丙戌十一月○壬辰，军机大臣等议覆："察哈尔都统安泰奏称，察哈尔八旗都统事务，管理八旗牧厂及阿尔泰一路驿站，事烦地广。所有巡查缉捕，悉赖绿营官兵。请即以张家口副将为中军等语。应如所奏。嗣后此一营拣补官员及军政大典，悉照京口例。除千把外委交该都统办理外，自守备以上各员，俱咨商直隶总督会奏。"从之。

编者注："八旗牧厂及阿尔泰一路驿站"即指四牧群和阿尔泰军台，此条记载明确察哈尔都统对其管理的职责。

○甲午,军机大臣等议覆:"察哈尔都统安泰等奏称,商都达布逊诺尔、达里冈爱、太仆寺两翼等处牧群,向由牧丁内拣选委署笔帖式五员专管。该员等俱未经事,办理不能妥协,请将委署笔帖式裁,由上驷院笔帖式内遴选一员,作为额外主事。内务府候补笔帖式内遴选一员,作为额外笔帖式,办理商都达布逊诺尔、达里冈爱行查案件。由太仆寺笔帖式内遴选一员,作为额外主事,候补笔帖式内遴选一员,作为额外笔帖式,办理太仆寺两翼牧群,行查案件等语。应如所奏办理。但委署人员未尝经事,而候补笔帖式亦未曾经事之员,不若竟派现任主事、笔帖式更为有益。臣等酌议,遴选上驷院主事、笔帖式各一员,太仆寺主事、笔帖式各一员,遣往彼处办理事务。俟五年期满,果无贻误,行走奋勉,由该都统保奏,以应升之缺升用。其不能办事,行走平常者驳回,另行派人更换。至此项人员到彼,若祇与原俸,恐不敷用。查太仆寺右翼牧场隙地募民垦种,此项地租尽可作各员养廉。请主事每员岁支银二百两,笔帖式银一百两。"从之。(《清高宗纯皇帝实录卷之七七三》)

○乾隆三十一年丙戌十二月○乙巳,察哈尔都统安泰奏:"张家口现添设副都统一员,其阿尔泰军台事务,请移给副都统管理。嗣后将苏鲁克牧群事务,俱着会同都统一并办理。"报闻。(《清高宗纯皇帝实录卷之七七四》)

公元1767年

○乾隆三十二年丁亥正月○癸未,军机大臣等议覆:"定边将军成衮扎布奏称:'张家口外安设喀喇沁台站四十余座,管站官十五员。除将现发废员分管效力,余均由京派笔帖式前往。今地方宁谧,官兵驻扎多年,事务业经熟习,祇留管台章京,足资料理,请将遣往十一台站之笔帖式撤回。又托里布拉克官差多以喇嘛牲畜应用,请令理藩院给与执照,停其应差。'均应如所请。其科布多牧厂需人,请于喀尔喀、厄鲁特等,选择年力精壮者,学习行走,应令该将军自行酌办。至称伊绷等处,踏勘修城、添驻官兵之处,究恐俄罗斯等妄生疑惧,应仍照原议停止。"从之。(《清高宗纯皇帝实录卷之七七七》)

○乾隆三十二年丁亥二月○辛丑,军机大臣等议覆:"直隶总督方观承奏称,张家口副将所辖营路,向归宣化镇标管辖。嗣经改隶察哈尔都统,惟查左卫、怀安二处系腹内汛地,为山、陕军站大路。若归都统管辖,究于军站差务,上下不相联属。请仍将二城改归宣化镇标,其沿边一带之张家口中左右三营、万全、膳房、新河口、洗马林、柴沟、西阳河等营堡,仍照原议统归都统。至怀安城,既隶宣镇,应照怀来路之例,改为怀安路。其左卫城额设守备官兵,即归怀安管辖。均应如所请。"从之。

○乙巳,直隶总督方观承奏:"直属州县仓库曾于上年三月,饬各道府厅州盘查。节据结报并无亏缺,似属可信。惟牧令贤否不齐,或初终易辙,仍应设法防范。臣现酌拟四条:一、州县仓库,款项繁多。应令将现存实数,按两月一次,造报该管上司。有弊即时抽查,并于每年五月、十一月,将所属一切款项,各造册一次详核。地丁内,除解军饷及留支俸工等项外,悉行勒限起解。旗地租银,一例随征随解。又米谷巿价,如遇停买之时,即令提贮道府库内。一、向例开征后,每十日、二十日,知府委员监拆,并令教官、佐贰,眼同封贮。惟府属杂职无多,州县或无佐贰。吏目典史,均系微员。请专令教官监拆,事竣后,开具月日银数申报。一、向例拆封后,限三日起解,但期日过促,倾镕不及。请嗣后银数在三千两以内者限十日,每千两加二日,不得过二十日,逾限分别查参。一、仓廒启放,例令佐贰公同验报。请照监拆钱粮一例,责成教官监视,随时具报。"得旨:"此即明云正未必可信也,总之不教而杀,朕必不为;既教矣而复犯之,则莫怪朕。可详悉告之各属。颇闻直隶较他处尤甚也,慎之。其四条另交部议。然有治人，无治法也。"寻议："均应如所请。"从之。

○丙午，吏部议准直隶总督方观承遵旨议奏："查直隶道员，除热河、大名二道，现有兼衔。及霸昌、通永、清河、永定四道，或近京畿，或附省会，均无庸加衔。惟天津、口北二道，俱与总兵同城。兵民错处，事多交涉。应加兵备道衔，并铸给关防。"从之。(《清高宗纯皇帝实录卷之七七八》)

编者注：驻宣化城之直隶口北道，谕兼兵备道衔，铸有关防印鉴。

○乾隆三十二年丁亥三月○乙丑，军机大臣等奏："喜峰口等处驻防官兵，已令山海关副都统兼管。惟独石口、古北口、千家店、昌平州四处，仍由京出派大员管理，未经议改。请以古北口官兵，令热河副都统兼管。独石口、千家店、昌平州三处，令张家口都统兼管。其由京特派大员之处，即行停止。"……从之。(《清高宗纯皇帝实录卷之七八〇》)

编者注：独石口驻防官兵改由张家口都统兼管。

○乾隆三十二年丁亥夏四月○己亥，又谕："据安泰等奏称，喀什噶尔自第七台至第十台并腰站所养牲只俱被雪伤。请借给该处领催、乌拉齐等一年钱粮，于每年应得项下坐扣等语。台站人等既遇雪伤牲只，着加恩赏给一年钱粮。无庸坐扣。"

○癸卯，军机大臣等议奏："兵部尚书云贵总督前伊犁将军明瑞奏称，伊犁索伦、锡伯、察哈尔兵原编佐领，每二百户设一佐领，每一昂吉设六佐领。今户口日增，佐领六员管理不敷。请于厄鲁特昂吉下，增佐领二。索伦、锡伯、察哈尔等四昂吉下，亦每昂吉增佐领二。共增八员，统按八旗分派管辖。应如所请。"从之。(《清高宗纯皇帝实录卷之七八二》)

○乾隆三十二年丁亥秋七月○乙丑，军机大臣等议覆："太仆寺卿皂保奏称，牧场马匹数年以来，甚属亏缺。因向无严禁蒙古盗卖马匹之例,是以不肖蒙古等惟图目前射利,以致盗卖日多。今除残废马匹照例官为变卖外,蒙古等有盗卖官马者,请交察哈尔都统等查拏。其私相售买之人,并着直隶总督、山西巡抚及管关隘官员等,沿边黏贴告示,严禁商人私买官马。倘经严禁之后,违禁私买者或被拏获,或经旁人告发卖主、买主,俱照盗卖官马例治罪外,将马追出,仍归原厂。其马价在卖主名下追出,一半入官,一半赏给首告之人。其失察之该管官员等,分别议处。应如所请。"从之。(《清高宗纯皇帝实录卷之七八八》)

○乾隆三十二年丁亥闰七月○戊申,军机大臣等又议奏:"伊犁将军阿桂等奏称,管理伊犁索伦、锡伯、察哈尔、厄鲁特昂吉之领队大臣等,各统领一部落事务。一切注册行文,若无钤记,不无私行添改等弊。请将管理索伦、锡伯、察哈尔、厄鲁特领队大臣等,亦照办理库车、英吉沙尔等小城大臣等,一体各铸给钤记。再粮饷处系办理官兵俸饷等事,驼马处系收交各部落牲畜、调用一切牲畜等事,关系帑项,请每处各铸给关防,即交该司员等掌管。再固勒扎仓官及惠远城仓库官,亦系收放粮饷缎布等项,所关尤重。请每处各给钤记,以免私行添改之弊。应如所请。"从之。(《清高宗纯皇帝实录卷之七九一》)

○乾隆三十二年丁亥九月○己酉,军机大臣等奏:"伊犁换获哈萨克马匹,近年为数渐多。经将军阿桂奏准,于牧厂内拣选二千匹,运送乌鲁木齐、巴里坤、哈密等处,添补营台缺马。如尚有余剩,再转送内地甘肃各标营等。因惟是伊犁贸易马匹每年逐渐增多,而内地倒缺应补者正不止于甘肃一省。查与甘肃邻境之陕西及山西、河南、山东、直隶等省,各标营马,例报倒毙十分之三。除直隶一省暂停购买,赴张家口牧厂领补外,余陕西等省遇有缺额之马,俱给价在各口买补。……"从之。
○是月,直隶总督方观承奏:"臣查勘坝工,前因山水来自西沟,而西沟北山努嘴数处,并近坝相对之山崖五十余丈,挑水南射崖坝之间。

沟身宽仅八丈,迫束骤涨之水,钻沙撞石,每至为患。臣遵谕,将西沟山嘴并石坝对面山厓悉行铲削。坝下沟道原宽八丈者,今展至二十余丈,其刨凿之山石将坝岸地基垫高。又于北面坝根堆叠沙石,坦坡宽约二丈,以为重层障护。向来循坝专趋东沟之水,今因水道宽展,涨发时大半分入北沟。所有新修条石虎皮石坝等工七十七丈七尺,并旧工甚为稳固。"报闻。(《清高宗纯皇帝实录卷之七九五》)

○乾隆三十二年丁亥冬十月○己巳,谕:"朕检阅朝审招册内,有太仆寺及商都达布逊诺尔、达里冈爱等处牧厂亏缺马匹三案,所有官犯二十三人,俱经刑部九卿核拟情实候勾。但详核案情,其中轻重迥殊,有不可不为区别者。如达里冈爱一案十四犯,不惟马匹亏缺数多,且于牧丁钱粮内摊扣弥补,甚至自行侵蚀银四千余两,核其情罪,实属重大。然其中亦自有首从差等,俟勾到时另为酌定。至太仆寺及商都达布逊诺尔两案内九犯,则并无扣派侵肥情事,其罪止于亏少马匹。安得以其均系牧厂犯案,遂为一例概视?所有两案内之索诺木达尔扎、五巴什、云敦、阿敏达瓦、罗卜桑、巴忠、车里玛、巴忒玛、古木扎布,俱着改为缓决,以示平允。"(《清高宗纯皇帝实录卷之七九六》)

○乾隆三十二年丁亥十月○庚辰,抚恤直隶永清、东安、静海、庆云、清河、威县、宣化、万全、西宁、怀来、蔚州、龙门、怀安十三州、县被冰、雹灾民。并予缓征。(《清高宗纯皇帝实录卷之七九七》)

○乾隆三十二年丁亥十二月○乙亥,举行各省驻防军政。……察哈尔卓异官四员,才力不及官一员,年老官一员,罢软官一员。……分别议叙处分如例。其曾经出兵打仗之年老、患病,以原品休致各员,加恩给与全俸、半俸有差。(《清高宗纯皇帝实录卷之八〇〇》)

公元1768年

○乾隆三十三年戊子正月○是月，直隶总督方观承奏："怀安县城西南诸山，上接大同，遇雨行水涨，汇于近城之南山口，分为两派。西一派绕城西北面，旧有护城石坝三百二十丈，足资捍御。其南一派，自西南注东北，水大辄浸城根。请于新建虎皮石坝一百五十丈外接筑土坝二百六十八丈。"下部知之。（《清高宗纯皇帝实录卷之八〇三》）

○乾隆三十三年戊子二月○庚申，谕军机大臣等："朕前降旨，令安泰于察哈尔八旗厄鲁特内挑选年壮已经出痘者，查明豫备。俟调取时，即令由京前往云南。着再传谕安泰于总管塔尼布、成果二人内酌派一员，统领来京。"○调张家口副都统集福为热河副都统。以围场总管齐哩克齐为张家口副都统。

○己巳，兵部议准直隶总督方观承奏称："独石、张家二口，同属边地。张家口副将，向例定为满缺。查独石口一协管辖多伦诺尔，兼有稽查鱼诺儿、克什克腾山场事务。请将该协亦定为满缺。将来遇轮调满员缺出，请与张家口副将一体拣选。"从之。（《清高宗纯皇帝实录卷之八〇四》）

○乾隆三十三年戊子二月○庚辰，铸给直隶省、分巡直隶天津、河间等处地方兼管河务兵备道、分守口北兵备道、整饬宣府张、独、多三厅等处……各关防从各督抚请也。

○辛巳，蠲免直隶龙门、怀安二县乾隆三十二年水、雹、霜灾应征额赋。

○戊子，谕军机大臣等："朕连次降旨，令挑选察哈尔八旗厄鲁特兵丁,豫备调往云南,复令安泰来京。今已暂止进兵,除安泰仍遵前旨,即行来京外,其所派总管及兵丁且不必前来,俱着各在原游牧处驻札,候朕临期降旨。"(《清高宗纯皇帝实录卷之八〇五》)

〇乾隆三十三年戊子三月〇乙巳,以……察哈尔都统安泰为喀什噶尔办事大臣,绥远城将军巴禄为察哈尔都统。

〇癸丑,调……张家口副都统齐哩克齐为镶蓝旗蒙古副都统。(《清高宗纯皇帝实录卷之八〇七》)

〇乾隆三十三年戊子夏四月〇壬申,直隶总督方观承疏报:"乾隆三十三年,顺天永平、保定、天津、宣化、遵化等六府州,并热河道属,共垦田三百五十二顷八十一亩有奇。"(《清高宗纯皇帝实录卷之八〇八》)

〇乾隆三十三年戊子四月〇己卯,军机大臣等奏:"察哈尔都统安泰参奏,翼长阿扎拉等将羊群牧丁空缺捏名顶替、侵蚀钱粮一案,请旨派员前往审拟。"得旨:"此案着派侍郎伍勒穆集、郎中阿扬阿驰驿前往,会同都统巴禄,查审定拟具奏。"(《清高宗纯皇帝实录卷之八〇九》)

〇乾隆三十三年戊子秋七月〇丁酉,理藩院议覆办理俄罗斯边境事务贝子瑚图灵阿等奏:"俄罗斯哈屯汗来使廓密萨尔呈请通商各事宜:一、请仍前通好,凡贸易悉循法令,不敢狡赖。一、通商后,经过边界地方,谨遵原议罢税。一、请在京之俄罗斯,听彼处附便寄银。一、请在京之俄罗斯,彼此遇便通信。一、来年另派彼处喇嘛随贸易人等来京,将在京者换回。一、文移事件若照旧行知萨纳特衙门,未免路远,请即交廓密萨尔承办。一、照旧派学生四人,随贸易人等来京学习文字。一、嗣后边界逃窃等事,详定章程,严查速办。俱应如所请。一、彼处商人赴京经过地方,请任其贸易等语。恐外夷罔知法禁,转多未便,仍照旧例办理。一、常遵旧约,不敢妄起争端,自应如所请。至所请称谓一事,查彼处哈屯汗囊无别称,应毋庸议。一、称此次特派大臣内,孰可专办事件,共相商定。应即令与瑚图灵阿等会议。一、请将在内地之俄罗斯,照彼处从前来文,悉行给回。查此项人,现无踪迹,碍难代捕,亦毋庸议。一、请将各条议准,着为定例。查边界事务,业派瑚图灵阿等办理。廓密萨尔果知恭顺,一切遵照交办。俟定议后,入于旧定款内。"从之。

○戊戌,又谕曰:"瑚图灵阿等奏,俄罗斯廓密萨尔呈请通商一折,已饬理藩院议行矣。着传谕瑚图灵阿等,将所定章程询问廓密萨尔。若一一遵照办理,即准开市通商。若稍有迟疑,即毋庸与彼复议。"(《清高宗纯皇帝实录卷之八一四》)

编者注:恰克图中俄通商贸易,虽不在察哈尔境,但系张库商道暨北方万里茶路兴盛之要事,故一便录之。

○乾隆三十三年戊子八月○甲子,又谕:"据刘统勋奏,审讯剪辫人犯韩沛显,供有江南海州茅山寺僧人普敬等,又供普敬等系东光县僧人等语。自应迅速行文各该督抚,飞提各犯解京,与韩沛显对质,以便蹑迹缉匪。至根究传播谣言,询有'得自张家口孙德隆'之语。本日方观承奏到,保安州现在盘获逆犯孙显富等造作逆词,意欲重兴邪教。业经降旨臬司周元理缉犯解送行在候审。看来宣化既现有邪教之案,而谣言又传自该处,或割辫首犯在彼潜匿煽惑,同恶相济,均未可知。虽剪辫案情自南而北,但奸徒诡秘窜逸靡常,不可不细加体察,以期得实。着传谕刘统勋等,将现在人犯即行详悉研讯,务究确情,迅速具奏。至折内所称该犯等供词狡展,忽翻忽认,始终未有确供,匪徒奸诈百出,岂肯遽吐实情?自当细心设法详究,寻问根求,务使不能掩饰。其所供人犯,亦宁信其有,飞调详鞫,以便蹑迹搜擒,早除民害。仍将审讯情形,及近日京城内外被割发辫之案较前多少,并有无续获切实要犯之处,一并详晰奏覆。"

○丁卯,又谕曰:"瑚图灵阿等奏恰克图通商一事,业将理藩院议定十三条,行知俄罗斯廓密萨尔,廓密萨尔——钦遵办理等语。俄罗斯既知遵照章程,着准其通商。其由内地前往贸易人等,交理藩院办理遣往。"(《清高宗纯皇帝实录卷之八一六》)

○乾隆三十三年戊子八月○甲申,又谕:"据吴坛奏,近因查缉割辫匪徒,于苏州城外访出久经奉禁之大乘、无为二教经堂十一处,并将各堂师徒工伙住宿在堂者七十余人,全数拏获等语。邪教久经严禁,该犯等何得尚敢潜开经堂,聚徒传教?今既经搜拏破案,自应彻底清查,严行惩治。此等邪教,莫甚于直隶之宣化府,前经屡犯屡惩,昨亦因盘缉割辫匪犯,获有图谋兴教之案。除究出逆词,另行按律从重办理外,其实在从教怙恶不悛者,并改发新疆。即始从而后改者,亦予以杖徒。俾庸众知所炯戒,不敢复蹈法网。江南此等案情,向未办及。不可不多办数人,以儆将来。或其中亦有如宣化之逆词,或其中即有割辫匪犯在内,及相干涉之处,更不可不悉心根究。着传谕彰宝即速亲提各犯,逐一研讯,分别定拟。毋得少为轻纵。"(《清高宗纯皇帝实录卷之八一七》)

○乾隆三十三年戊子九月○丁亥,谕军机大臣等:"昨据吴坛奏,于苏州城外访出久经奉禁之大乘、无为二教经堂,拏获各堂师徒七十余人一折。业经降旨彰宝悉心根究,严切定据。今据彰宝奏称,教中之人,非僧非道,惯与各处水手暗地往来,招接存顿等语。此等邪教,久经严禁。该犯等尚敢潜设经堂,聚徒传教,已属不法。且苏州远通海洋,而所属又跨连数郡,该犯等竟敢与无藉水手往来牟利,更恐滋生事端。即潜谋割辫之正犯,或隐窜其中,或交通勾结,均未可知。彰宝务宜逐一研鞫,毋得稍涉含糊。至近日直隶宣化地方,获有图谋兴复无为邪教之案。其中并究出悖妄逆词,另行按律办理。今苏州查出经堂,如究有悖逆书词,即应照宣化之案办理,不可稍存姑息。所有查办宣化原案,并着抄寄。将此传谕知之。"(《清高宗纯皇帝实录卷之八一八》)

○乾隆三十三年戊子十月○壬午,户部等衙门遵旨议奏:"各处寻常税口,由各衙门拣员引见派往,专司榷务,并无专员兼管稽核,非所以重责成。请嗣后各司员所管税口,如张家口、山海关,虽距直隶省会稍远,第道府各官均为总督属员,该二处税务应令该督兼管。……又由理藩院保送派往各差,除杀虎口驿站向隶绥远城将军,张家口、赛尔乌苏驿站隶察哈尔都统,独石口、古北口驿站隶直隶提督,喜峰口驿站隶热河副都统,应仍照旧例兼管。如税务有亏短,即着落各处大员分赔。其八沟、塔子沟、三座塔、乌兰哈达、多伦诺尔等处,俱系直隶总督所辖。所有税务,自应交该督兼管。各该关榷务,按月造报,兼管大员按册详加稽核。该监督倘有侵蚀挪移情事,即据实参奏,严行办理。如兼管大员不实力稽查,及扶同徇隐,或别经发觉,一并交部议处。亏短银两,着落代赔。"从之。(《清高宗纯皇帝实录卷之八二一》)

编者注:张家口税务事务由直隶总督兼管,张家口、赛尔乌苏一路驿站由察哈尔都统管辖,独石口、多伦诺尔两路驿站税务事务归直隶总督管辖。

○乾隆三十三年戊子十一月○庚寅,又谕:"察哈尔地方设有都统、副都统专员统辖,八旗总管虽事务无多,若仍由京补授,于该处情形诸未谙悉,殊属无益。嗣后察哈尔总管缺出,着都统等于该处副总管世职内拣员保送,该部带领引见补授。如不得其人,再行奏请另补。现出镶红旗察哈尔总管员缺,即着喇嘛扎布补授。"

编者注:自兹以后,察哈尔八旗总管缺出,由察哈尔都统在察哈尔八旗世职副总管内推荐,经朝廷认可后补授。

○甲午,谕:"据托庸等奏,保送察哈尔总管之侍卫常青等托故不到,请旨查办,前锋统领误将宗室章京保送并令查奏一折。着照所奏,嗣后总管缺出,着该部不论旗分,咨取各处通晓蒙古语之应升侍卫章京,会同军机大臣、领侍卫内大臣拣选,同察哈尔保送人员带领引见补授,毋庸咨取各部官员。"(《清高宗纯皇帝实录卷之八二二》)

○乾隆三十三年戊子十一月○乙巳,实授恒德为直隶宣化镇总兵。(《清高宗纯皇帝实录卷之八二三》)

○乾隆三十三年戊子十二月○甲子,军机大臣等议覆:"直隶提督王进泰奏称,独石口、古北口二处驿站,均隶提督兼辖。凡支放钱粮,若听管站司员豫领存贮,并不报明兼管大员稽查出入,难保无挪掩弊窦。应如所奏。嗣后独石口工料银,令管站司员册报提督,移咨户部支领。其银贮口北道库,该司员于每季首赴库领取,仍将日期报提督存查。"……从之。(《清高宗纯皇帝实录卷之八二四》)

公元1769年

○乾隆三十四年己丑二月○甲子,又谕:"现在选派察哈尔新厄鲁特兵将及二百名,令鄂呢济尔噶勒带领前往云南。伊等皆系厄鲁特,并未在内地行走,不懂汉话。且鄂呢济尔噶勒亦系厄鲁特。若无照料之人,行走恐未便捷。着传谕各省督抚,饬令原派照看兵丁之布政使、按察使,务俱亲身加意照看,送出本境。此内有止派汉员者,着派满洲道一员,协同办理。只此一次厄鲁特兵过境,照此办理。所有续往之各起兵丁过境,即不必如此办理。"(《清高宗纯皇帝实录卷之八二八》)

○乾隆三十四年己丑三月○乙酉,蠲免直隶……津军、张家口二

厅乾隆三十三年分水灾额赋。(《清高宗纯皇帝实录卷之八三〇》)

○乾隆三十四年己丑四月○乙亥,又谕:"据巴禄等参奏,独石口协领那广于钦差大臣出口时,托病并不出迎,请将那广交部议处。那广身为协领,若平日管辖兵丁,操练有方,即偶因患病,未能出迎过往大员,亦属小事、申饬足矣。何至参劾?若平日不能训练,怠忽玩愒,则宜早为题参,又岂必因未迎钦差始行入奏?巴禄等并未将那广平日训练兵丁如何之处陈奏,甚属糊涂。着传谕巴禄等将那广实系患病与否,及平日居官如何,查明具奏。"(《清高宗纯皇帝实录卷之八三三》)

○乾隆三十四年己丑五月壬午朔○癸未,又谕:"前据巴禄等参奏协领那广托病未迎钦差,请交部议处。经朕降旨查问该员平日居官何如,令巴禄查明具奏。今巴禄等覆奏,那广平日管辖兵丁甚为齐整,则那广可谓胜任。偶因患病未能出迎钦差,不过申斥而已,何至即行参劾?此等小事,巴禄等尚不能办理,其他紧要事件,安望其办理裕如耶?甚属糊涂不堪。巴禄等着传旨申饬。"(《清高宗纯皇帝实录卷之八三四》)

○乾隆三十四年己丑秋七月○乙酉,谕军机大臣等:"舒赫德奏,阿克苏贸易之安集延回人乌舒尔呼里等,经过布鲁特萨雅克部落,有布鲁特数十人,将牲只货物抢去。节次令阿克苏贸易之布鲁特等行文索取,并不遵交,反称非举兵不能索取,请派兵三四百名,往拏窃犯,追取货物。如伊等抗拒,即进兵剿办等语。乌什、叶尔羌、喀什噶尔附近地方,俱系布鲁特居住。安集延回人贸易,必由伊等游牧经过。今肆行抢掠,复敢恣意大言,情殊可恶。自应办理,以示惩儆。着传谕舒赫德等即照所奏,派出满洲、厄鲁特、察哈尔、健锐营兵数百名,令纳尔图、保宁、阿奇木等带领前往。舒赫德亦带兵百余名,在后策应。仍将如何办理之处,即行奏闻。"(《清高宗纯皇帝实录卷之八三八》)

○乾隆三十四年己丑十月○戊午,缓征直隶……宣化、龙门、怀来、蔚州、西宁、保安……万全、怀安、四旗等二十七州、县、厅本年霜、雹、水、灾贫民额赋,并借给口粮籽种。(《清高宗纯皇帝实录卷之八四四》)

○乾隆三十四年己丑十二月○癸酉,以直隶张家口副将常格为寿春镇总兵。(《清高宗纯皇帝实录卷之八四九》)

公元1770年

○乾隆三十五年庚寅二月○辛未,蠲免直隶……万全、怀安等四县乾隆三十四年雹灾地九百六十七顷十一亩有奇额赋。(《清高宗纯皇帝实录卷之八五三》)

○乾隆三十五年庚寅三月○甲午,直隶总督杨廷璋疏报:"顺天、永平、河间、天津、宣化、遵化、易州七府、州,新垦荒地百四十顷有奇。"升科如例。(《清高宗纯皇帝实录卷之八五五》)

○乾隆三十五年庚寅闰五月○乙丑,谕曰:"额驸拉旺多尔济,身系蒙古,不耐暑热。着赴张家口外,在伊父牧厂地方避暑。"(《清高宗纯皇帝实录卷之八六一》)

○乾隆三十五年庚寅九月○甲子,以……直隶张家口协副将王万邦为贵州威宁镇总兵。(《清高宗纯皇帝实录卷之八六九》)

○乾隆三十五年庚寅冬十月○甲戌,谕:"据瑚图灵阿奏称,库伦至恰克图十一台站官兵,请照库伦至塔拉多伦十四台站官兵之例,一体赏给钱粮等语。该处差务繁简不同,着施恩照库伦以南十四站钱粮之数,赏给一半。以示体恤。"

○乙亥,谕:"本日阅顺天府进呈恩科乡试录,内有中式举人名姓与已故尚书张照全同者,其人籍隶宣化。该处为直省边境,见闻僻陋,或偶然适合,亦未可知。但张照系旧日大臣,且其学问字法,近所罕有,岂新进后生所能几及!即使心存慕蔺,亦不应矜妄若此。又旗人有名乾元者,不知此二字着于易义,岂臣下所能命名?均着礼部查明,即行更名注册。"(《清高宗纯皇帝实录卷之八七〇》)

○乾隆三十五年庚寅十月○壬辰,户部议覆:"直隶总督杨廷璋疏称各州县被灾应行赈恤事宜:一、勘明被水、被雹村庄成灾之……万全、龙门、定州、丰润、玉田等四十六州、县、厅,按成灾分数蠲免钱粮。并极次贫民,自十一月起,分别给赈口粮。米粮由邻近灾轻及并不被灾州县内协拨。倘邻境无米可拨,每米一石,折银一两二钱。一、村庄离城窎远,穷民领米维艰。饬各州县将被灾村庄离城数十里以外者,于适中地设厂,委员监赈。其各州县拨运仓粮,应给脚价。一、被灾贫士,照次贫例赈给。每米一石,折银一两,令教官散给。一、屯居被灾旗人灶户,俱令办灾各委员及地方官会同场员,查明户口,分别一体赈恤。本管道、府、厅、州总理稽查。一、查灾监赈委员除正印外,其佐杂教官试用等官并书役等应给盘费饭食,及造册纸张银两。一、被灾各属涸出地亩,借给麦种籽种、谷石,并勘不成灾村庄农民缺乏口粮,请分别借给,均于来岁秋收后免息追还。至明岁停赈后,青黄不接时,贫民籴食维艰,应照歉收例,酌动仓谷平粜。一、各属钱粮业经普蠲,其例不普蠲之屯粮,并房租新垦地亩,及勘不成灾地亩应征屯粮等项,并节年旧欠钱粮、民借米谷,分别停征带征。一、入官存退余绝等项地亩及公产井田香灯地租,请照民地例缓征。一、穷民庐舍被冲及淹浸坍塌者,请给赀苦盖。每瓦房一间,给银一两,土草房五钱。……均应如所请。"从之。

(《清高宗纯皇帝实录卷之八七一》)

○乾隆三十五年庚寅十二月○丁酉,以正蓝旗满洲副都统常青为察哈尔八旗都统。(《清高宗纯皇帝实录卷之八七五》)

公元1771年

○乾隆三十六年辛卯春正月○辛未,谕曰:"常青等奏,达里冈爱场马亏缺二百余匹,请令总管、翼长等赔缴一分,定限三年;牧长等折银赔缴二分,定限六年等语。场马亏至二百余匹,理宜赔缴。总管、翼长等,着照常青等所奏行。其牧长等应赔银若定限六年,恐未免拮据。今为伊等生计起见,着施恩改限八年。嗣后以此为例。"(《清高宗纯皇帝实录卷之八七七》)

○乾隆三十六年辛卯三月○乙巳,兵部议覆:"山西巡抚兼管提督鄂宝奏称,大同镇属沿边营堡,从前弁员驻守,并不更换。嗣经前抚臣鄂弼和其衷,奏裁杀虎协等营营堡名色,令千把总轮防,而汛兵仍不更换。查汛兵既不更换,而汛弁屡易生手,不独兵丁视非专管,易生息玩,即弁员遇事因循,亦恐日久废弛。请将杀虎协所管马市口等三十二汛汛弁,各按地久驻,毋庸轮换。应如所请。"从之。(《清高宗纯皇帝实录卷之八八〇》)

○乾隆三十六年辛卯三月○庚申,又谕:"据明山筹议,甘省历年民借籽种、口粮、牛本等项未完银粮,请分别六年、四年带征完项等语。该省地瘠民贫,从前办理军需时,递年加恩蠲免。今大功告成,既不能如前此之邀恩,而历年因灾缓带,民力又未免拮据。输纳惟艰,势所必至。即如折内所称,现在尚且纷纷详请借支,安望其能按限清完旧欠耶?所有皋兰、狄道各厅、州、县未完粮四百四万余石,业经另降谕旨,全行豁免。其积欠银一百三十二万余两,亦加恩分作六年带征。俾积歉之区,得资宽裕。小民具有天良,谅无不欢欣感激。此后输将力赡,自能踊跃急公。至招募民人前往新疆耕种一事,实为内地贫民久长生计。该督所议,仍属空言无济。关外屯政日丰,所在皆成乐土,且商贾懋迁往来甚便。并闻安西一带,亦有向经垦熟之田,年来复有听其旷废者。小民趋利如骛,何竟裹足不前?闾阎生计自谋,岂能官为经理?其现办招徕资送之事,势难遍及,亦未便久远长行。况利之所在,风闻自往,如口外热河、张家口各处,山东等省民人辏集,日益月增,并未藉有司之招致。……着另行熟筹妥议具奏。"(《清高宗纯皇帝实录卷之八八一》)

○乾隆三十六年辛卯四月○戊子,户部议覆山西巡抚鄂宝奏:"丰宁、镇远二厅征解钱粮耗银,援引察哈尔西四旗准销成案,未便拟销。请交该抚按照彼地现在情形,另奏再议。"得旨:"此案着派吏部侍郎袁守侗驰驿前往,会同巡抚鄂宝,酌中定议具奏。"(《清高宗纯皇帝实录卷之八八三》)

○乾隆三十六年辛卯秋七月○壬寅,军机大臣等议准绥远城将军诺伦奏称:"蒙古驿站中如喜峰、古北、独石等口之委署骁骑校,皆赏七品顶带。独杀虎口等处骁骑校向无此例,似未公允。请将杀虎口等处十二驿站之蒙古委署骁骑校,一体赏给七品顶带。"从之。(《清高宗纯皇帝实录卷之八八八》)

○乾隆三十六年辛卯七月○壬戌,又谕:"自平定准夷以后,北路军营驰递事少,是以驻台官兵日渐疏懈。以致具奏事件,较前多迟。阿尔泰军台之喀尔喀台站,向隶乌里雅苏台将军统辖。其喀喇沁军台系察哈尔八旗都统兼管。但将军、都统管辖事务较多,如遇公出,即缺专理台站之员。乌里雅苏台既有副都统二员,着交将军成衮扎布于二员之中,拟派一员,专理喀尔喀台站。成衮扎布仍照常统辖,一切往返文报,务令依限速递,不得少延。即将派出副都统职名,咨报兵部存案。如所管台站一有迟误,即行参处。至喀喇沁台站,系都统常青兼管,即为伊所专司。嗣后务加意巡查,一切往返驰递,不致耽延。如遇公出,即令该处副都统署理。其交印接印日期,亦着咨报兵部存案。如某人任内迟延,即将某人参处。若此则台站人夫知所惩警,庶于公务有裨。"(《清高宗纯皇帝实录卷之八八九》)

○乾隆三十六年辛卯八月○戊寅,谕军机大臣等:"土尔扈特投诚,所有接济牲畜已据奏伊犁厄鲁特等,贡马牛羊二万余。商都达布逊诺尔、达里冈爱办送马羊十万。并文绶在巴里坤等处暨回子地方,采买可得十万余,合计不下二十余万,为数不少。着传谕舒赫德,如已足用,毋庸另办。即一面奏闻,一面飞咨停购,免致糜费。并将此寄吴达善、文绶知之。"(《清高宗纯皇帝实录卷之八九〇》)

○乾隆三十六年辛卯八月○是月,察哈尔都统常青等奏:"土尔扈特投诚,其安插额林哈毕尔噶和博克萨哩者,自商都达布逊诺尔等处拨马三万,羊十一万,应分马五百为一厂,羊一千五百为一厂。俱派牧长等弹压。"得旨:"所办甚妥,依议行。"(《清高宗纯皇帝实录卷之八九一》)

○乾隆三十六年辛卯九月○己亥,谕:"据色布腾巴勒珠尔奏,带领新来入觐之土尔扈特台吉渥巴锡等,行至直隶怀安县地方,所有应需饭食马匹等项,概未豫备。即照料听差,亦无一人。因将山西骑来之马,令其过站,送出张家口。并于途中购买食物,与渥巴锡等分食而行等语。土尔扈特台吉等远来归顺,欲赴行在瞻觐。早经谕令各督抚,饬知沿途地方官安设馆舍,供备马匹饭食。俾得所至如归,咸深感悦。其经过之甘、陕、山西等省,均各经理得宜。乃甫入直隶境,而怀安一县供顿缺如,视国家徕远柔怀之典漫不经心,则该知县之平日不以事为事,已可概见。昨朕巡幸木兰,该地方官办理桥道贻误。朕从不以差务责备有司,概从宽宥。至于异域归诚,岂宜玩误若此?其罪实无可贷。所有怀安县知县,即着该督查明参奏革职。至口北道明琦,系该处专管大员,竟不督办妥善,甚属不合,着交部严加议处。杨廷璋虽在永定河办理工程,何以不豫行饬示周备?咎亦难辞。并着交部议处。"

○丙午,谕:"据杨廷璋参奏,怀安县知县何燧于土尔扈特入觐台吉渥巴锡等过境时,并不遵照章程豫备,事事贻误,实属溺职。口北道明琦,系专委经管大员,既饰词缕禀于前,又漫不经心于后,不合已极等语。何燧着革职,并照该督所请,仍留直省,自备资斧效力。三年无过,方准回籍。明琦前任江南道员,曾经获谴。及朕加恩录用,仍不知实心任事。乃于归顺远藩入觐,尚尔饰词玩误。昨已有旨,交部严加议处。着该部一并核议。至宣化镇恒德,该督既曾令其一体照料,乃于专办马匹,亦致贻误。该督因何不附折参奏?杨廷璋亦着交部严加议处。"

○丁未,又谕:"据额驸色布腾巴勒珠尔奏,带领入觐之土尔扈特台吉等,沿途经过地方文武各官全然不以为事,以致多有贻误。并有总兵臬司道府等大员前来认罪,自称奴才,免冠叩首等语。土尔扈特台吉系新来投诚人众。前来入觐,所有经过地方,官员理宜豫备整齐,使知天朝体制。业经朕特降谕旨,令各省督抚妥协办理。乃各省官员尚敢不以为事,以致诸多贻误。狃于恶习,殊属不堪,自应严加议处。然此尚属事之所有,至总兵阿明阿、恒德,按察使德文、口北道明琦、知府博尔敦,身系满洲,且皆地方大员。经理不善,已无颜面。亦何至向色布腾巴勒珠尔自称奴才,免冠叩首,卑鄙至于此极?若谓色布腾巴勒珠尔系额驸,则见额驸从无叩首之例。如谓伊系王爵,则满洲谒见宗室王等,亦不可自称奴才,免冠叩首。阿明阿等如此行事,实属卑污已极,有玷国家官爵,真大奇事,非寻常过失可比。阿明阿、恒德、德文、明琦、博尔敦俱着革职,发往伊犁。自备资斧,效力赎罪。向来出差人等,如果骚扰驿站,经地方官详报,该督抚据实奏闻。朕必将骚扰驿站之人治罪,仍将该地方官深为嘉予。今地方官全不以事为事,亦太不堪。若不严加治罪,何以力挽积习?着将额驸色布腾巴勒珠尔参奏之迟误马匹、食物各员,俱交部严加议处。此事若非额驸色布腾巴勒珠尔据实具奏,朕何由知外省官员怠玩至于此极!如此相仍,将来更无底止。额驸色布腾巴勒珠尔不避众怨,据实奏闻甚是。且伊此次带领土尔扈特台吉前来,亦颇奋勉。额驸色布腾巴勒珠尔着交部议叙。并将此旨及原折一并译汉,通谕中外知之。"

○戊申,调河南南阳镇总兵达齐为直隶宣化镇总兵。(《清高宗纯皇帝实录卷之八九二》)

公元1772年

○乾隆三十七年壬辰夏四月○癸酉,直隶总督周元理疏报:"顺天、永平、天津、宣化等四府属,开垦荒地四顷六十五亩有奇。"(《清高宗纯皇帝实录卷之九〇六》)

○乾隆三十七年壬辰九月○戊申,军机大臣等议覆:"定边左副将军车布登扎布等奏称,从前阿尔泰一路驿站当有军务时,以所设乌拉不敷差遣,议自喀喇沁第十二站起,至第二十九站止,连腰站共二十六站。由土谢图汗、车臣汗、赛音诺颜三部落内,于附近扎萨克旗分,拨人四百四十名,给与乌拉钱粮当差,俟事竣裁。现边外,除往来驰递,并无别差。即或有事,尚有不食饷之喀尔喀守兵二百余,足敷应用。此项添设之乌拉应裁。应如所请。至称喀喇沁头站察罕托罗该以内,添设之乌拉,亦请一体裁。应饬张家口都统等,酌量办理。"从之。

○庚戌,军机大臣等议准直隶总督周元理奏称:"张家口副将所辖各营汛,从前原隶宣化镇,后改归察哈尔都统管理。查察哈尔都统,向专管边关以外公务。绿营官兵专管边关以内公务。内外稽查,互相纠察。遇有逃盗匪徒,拏获后究明何处私越,分别参处。今将绿营并归都统,满汉官兵彼此扶同隐混,难于究诘。再自山海关起,直接山西边隘,向系一气联络。自张家口城堡改隶都统后,沿边一带声气隔截。况该部统所管事繁,势难亲往查阅。而提镇等又因营分改隶,不复挽越管理。设遇庸碌养安之副将,营伍必致废弛。应请将张家口副将所辖各城汛仍归宣化镇统辖,沿边各小口缉逃缉匪,责成该镇,督令该副将实力巡查。其派出巡防之绿营弁兵,仍听都统察核。如此分别管辖,在都统仍有查禁之权,而营伍益加整顿,于巡缉均有裨益。"从之。

○是月,直隶总督周元理奏:"宣化府万全县属张家口之上堡圈城东北两面,旧有拦水石坝。乾隆三十四、五年,东面被水冲刷,新修一百六丈。北面于上年七月亦被冲三段,现勘估兴修。又东面新修坝工北,尚有旧坝七十二丈,亦须一律修整。其南至河神庙小石桥止,旗民聚处,向未建坝,应添筑五十九丈。查石坝之设,原以御小境门外东西北三沟之水,每汛水长发,东北二沟水自口外而入,泛溢于张家口之朝阳村后,直冲石坝。西沟沥水,复汇东北二沟水,冲石坝之北面,而并注东面。至石坝所筑处,悉系碎砂,不能下桩,势难经久。现勘地势,欲保固坝工,须改徙水道。应于朝阳村北筑草坝六十一丈,拦北沟之水,汇入东沟。再自北沟起,至河神庙南石小桥止,开宽深引河一道,导二沟之水,循东山脚下南行。则北面石坝,不受顶冲,而东面亦不虞搜逼。试看一二年,果水势东流,渐刷成河,然后再议修坝,庶可经久。前估坝工,请暂缓兴筑。"得旨:"所奏具有灼见。如所议行。"(《清高宗纯皇帝实录卷之九一七》)

编者注:"张家口之上堡圈城"即张家口市来远堡。

○乾隆三十七年壬辰十月○庚辰，察哈尔都统常青奏："察哈尔八旗，除镶白旗兵无甚贫乏外，其镶黄等七旗，无室家畜产、穷苦不能当差者一百九十名。若不早为办理，难保无逃窜为匪等事。请动用该处现存地租银一万一千余两，每名赏给三十两。饬各该旗总管、参领等，妥为经理。俾有室家，置备马匹畜产。再该处有无倚之寡妇三口，请各赏银十五两，令置产业谋生。"从之。(《清高宗纯皇帝实录卷之九一九》)

○乾隆三十七年壬辰十二月○壬申，举行本年军政。察哈尔年老有疾官一员，处分如例。(《清高宗纯皇帝实录卷之九二二》)

公元1773年

○乾隆三十八年癸巳夏四月己丑朔○又谕："据舒赫德奏，努噜布控告巴勒党等商议欲逃往俄罗斯，审系诬告。随令巴勒党仍回游牧，努噜布及妄证不实之沙尔玛克俱移于察哈尔居住等语。努噜布既系诬告，即应照内地例，拟以反坐正法。纵因伊等愚顽，不照内地例办理，亦宜酌治其罪，以整习风。乃舒赫德于审明后，仅将努噜布移居察哈尔，不足以昭炯戒。努噜布着发往南省烟瘴地方安置，沙尔玛克着移居察哈尔。又据奏，渥巴锡属下人众，恐不无疑惧欲行脱逃者，拟向渥巴锡询明，将此等疑惧者移于伊犁居住等语。从前伊等生计不敷，或尚多疑惧。今其生计俱代为筹办，自知感戴朕恩，岂尚复萌异志？舒赫德惟当将现奉谕旨宣示渥巴锡，再谕以此后，益当约束属人各务生计，勿滋事端，方足以示体统。将此传谕舒赫德知之。"(《清高宗纯皇帝实录卷之九三二》)

○乾隆三十八年癸巳六月○壬辰，谕："据周元理奏，张家口理事同知福庆,于厅属民人姚进喜图奸堂婶牛氏不遂,用剪扎伤,并行自扎。该同知亲验属实,并不交差锁禁,辄令保长雇夫抬送。以致中途逃回,复将牛氏杀死,并伤姚世忠夫妇,远扬无踪。难保无差役贿纵,并该同知有捏饰诿卸情弊,请旨革审等语。福庆着革职,交与该督,提同案犯,一并严审究拟具奏。"

○辛丑,又谕曰:"舒赫德奏称,前因努噜布诬告巴勒党等逃往俄罗斯,将努噜布解往陕甘,俟刑部拟定发往何省烟瘴地方,再行发遣;将沙尔玛克并其户口解送理藩院,交察哈尔安插等语。谅此时努噜布、沙尔玛克已送到陕界。着传谕勒尔谨,俟努噜布、沙尔玛克前至陕省,即派员将二人看守,解送热河。沿途断不可疏纵,以致兔脱。其沙尔玛克户口着暂留陕省,俟定案后,另为办理。"(《清高宗纯皇帝实录卷之九三六》)

○乾隆三十八年癸巳六月○乙卯,命调直隶宣化镇总兵达齐即赴行在陛见。(《清高宗纯皇帝实录卷之九三七》)

○乾隆三十八年癸巳秋七月○壬戌,谕:"四川提督员缺,即着王进泰调补。所有直隶古北口提督员缺紧要,候朕另行简放。现在提督印务,着达齐暂行署理,曹瑞不必兼署。其宣化镇总兵印务,着周元理于副将内拣选一员,奏请护理。"

○戊辰,又谕曰:"常青奏,请派察哈尔兵五百名,亲身带往军营效力。着照所请,挑派五百名前往听用。"(《清高宗纯皇帝实录卷之九三八》)

○乾隆三十八年癸巳七月○乙酉,又谕:"打箭炉一带,亦系绰斯甲布后路。阿桂至打箭炉,设或丰升额军营有应照料之处,阿桂易于得信,自必即为经理。至丰升额处应行添调兵丁,严密防范等事宜,俱经节次传谕,自当逐一妥办。惟是丰升额军营,距今六日,尚无续奏之折,深为廑念耳。至阿桂前奏,请派京城满洲兵三千,吉林兵四千,索伦兵三千,共一万名。今已派健锐火器营兵二千,吉林、索伦兵各二千,又西安、荆州驻防兵共三千,较阿桂所请之数仅短一千。其所需绿营兵数,除黔兵外,又请调湖广兵五千,山西兵五千,云南兵二千,共一万二千。今已调湖北、湖南兵四千,云南兵二千,陕甘兵二千,较阿桂所请之数仅短四千。通计满汉兵一万七千,已不为少。如阿桂以为必须照伊所请之数方敷办理,朕亦断不靳惜添费。现今察哈尔兵已经豫备,如必须添足,不妨即行奏闻,再为发往。至就两金川形势而论,收复小金川似为较易。其攻剿金川,当用何法制胜,何路进攻,究竟有无把握,已屡谕阿桂熟筹入告,着即据实筹核,迅速奏闻。"(《清高宗纯皇帝实录卷之九三九》)

○乾隆三十八年癸巳八月○戊子,直隶总督周元理奏:"现值军兴之际,调拨军站及应付官兵过境,差使较繁。应多养余马,喂养备用。请于司库节年地粮项下,豫行借给一季工料银九万六千二百余两,分拨各驿,豫买草豆。并酌买余马,先为喂养。仍于乾隆三十九年分作四季扣解归款。"得旨:"如所请行。"

○丙申,直隶总督周元理奏:"万全县属张家口上堡圈城,修筑东北两面石坝被水冲圮一百六十余丈,外添筑护坝石坦坡四百十一丈二尺。所用银两请于库项内支销。其坦坡下有平砌条石,遵旨筑为顺势,斜坦而下。"从之。(《清高宗纯皇帝实录卷之九四〇》)

○乾隆三十八年癸巳九月○甲戌,谕:"向来多伦诺尔同知专管水旱木税,另设监督一员,管理该处一切落地杂税。今思该同知既管木税,则杂税亦当归其兼管,何必另设专员?现在监督将届期满,着自明年正月为始,将多伦诺尔监督之缺即行裁汰。其所管一切杂税,俱着多伦诺尔同知管理,以归画一。"(《清高宗纯皇帝实录卷之九四三》)

○乾隆三十八年癸巳十月○丁未，谕："察哈尔总管缺出，向例停止在京之侍卫官员选授，交管理察哈尔旗分之大臣等，由察哈尔旗分之公、散秩大臣、侍卫官员内拣选送部引见补授者，特以本地之人素悉伊等性情管辖办理，较多裨益。但总管责任，亦属紧要，出缺时难得胜任之人。若仅于察哈尔人等内选授，恐相沿日久，不无互相袒护钻营之弊。嗣后察哈尔总管缺出，该部饬令管理察哈尔旗分大臣等，选送察哈尔旗分应升之人，并在京应升之人，令各本处选送二三员，一并带领引见，候朕旨补授。今总管玛呼所出之缺，即如此办理。着为令。"（《清高宗纯皇帝实录卷之九四五》）

公元1774年

○乾隆三十九年甲午夏四月○甲午，又谕："闻保定府以北，良乡以南，雨水尚少，麦苗亦未畅茂。今年近京一带，春雨缺短。虽三月下旬，细雨竟日。四月初亦得微雨，究觉未能沾足。迩日又稍炎燥，且正当麦穗成实之时，似又需透雨接济，深为盼望。着传谕询问周元理，将近日麦苗待雨情形如何，及于收成有无妨碍，并连日曾否得雨之处，迅速查明，据实覆奏。"寻奏："本年自三月初四、五、十五、二十四、二十八，及四月初三、四等日，天津、大名、广平、顺德、永平、宣化、遵化、易州、并顺天所属之南路、东路、北路三厅，及热河、张家口一带地方，均得透雨。现据各属报到麦苗约收分数，凡雨足之处，分数并不减少。其余各属，恐不无歉薄。臣现率同文武员弁，设坛祈祷。如日内得有透雨，可望收成无碍。"报闻。（《清高宗纯皇帝实录卷之九五六》）

○乾隆三十九年甲午四月○甲辰，谕军机大臣等："……着传谕周元理、徐绩，查明各该处实在麦收情形若何，并日内曾否续得透雨之处,迅速覆奏。"寻周元理奏:"十八日保定得雨三寸,同日顺天、天津、广平、永平、宣化、遵化、易州各属得雨,自一寸至四寸不等,尚未普遍。"……报闻。(《清高宗纯皇帝实录卷之九五七》)

○乾隆三十九年甲午五月○癸酉,吏部议覆:"直隶总督周元理疏称,……山海路属望海楼把总一员,请裁移三座塔。所遗汛务交府城把总兼管。居庸路属长峪城经制外委一员,请裁移鄂尔土板。所遗汛务交白羊城把总兼管。并于马水口裁拨马兵五名,守兵十五名;居庸路裁拨马兵五名,守兵五名。分派两处,以资巡防。归三座塔通判专管,统隶督标。均应如所请。"从之。(《清高宗纯皇帝实录卷之九五九》)

○乾隆三十九年甲午六月○甲申,军机大臣等议覆:"前因铁甲不能适用,酌议各省驻防及绿营兵丁一体改造棉甲,交各织造分年制办。查棉甲一项,惟京城满洲兵丁及各省驻防多兵处所间有调遣出征之事,给用原属得济。若驻防兵少地方,向为调拨所不及,即可无须棉甲。至绿营兵丁,本未谙用棉甲,即制给亦属虚置。臣等酌议,驻防内如荆州、青州、广州、凉庄、西安、宁夏、察哈尔,俱系兵多地方。应各制给棉甲三分之一,共六千四百八十五副。其余均无庸添造。"从之。(《清高宗纯皇帝实录卷之九六〇》)

○乾隆三十九年甲午秋七月○辛酉,豁免察哈尔所属张家口骆驼鞍等三十八年分水冲地五顷有奇额赋。(《清高宗纯皇帝实录卷之九六二》)

○乾隆三十九年甲午七月○是月,直隶总督周元理奏:"遵旨赶办张家口石坝工程,据道府报称,三月十一日开工,即于五月十一日竣工,实砌新石大坝计长一百八十七丈七尺。原任万全县王石光赔修石坝五十丈八尺。添砌新石坦坡三百九十七丈五尺。臣至工勘验,甚属完固。嗣于六月初连次发水,漫至坦坡之上,水即顺势滚泻,不复如前冲激。"得旨:"欣慰览之。面见时携图来奏。"(《清高宗纯皇帝实录卷之九六三》)

○乾隆三十九年甲午十二月○壬辰,谕:"据索琳奏称,察哈尔镶蓝旗游牧内,有德布色克地方,民人呼为平顶山,彼处出有煤苗。招商开窑,于归化城居民甚有裨益等语。开挖煤窑,自属有益之事。即谓聚集多人,有碍于蒙古游牧,亦视该管官弹压如何耳。如京师即赖西山煤窑,天地自然之利,岂可弃耶?着察哈尔都统常青等共同详查,开窑后,果于蒙古民人有裨,即着招商开挖。其应如何弹压、作价征税之处,一并定议具奏。"(《清高宗纯皇帝实录卷之九七二》)

公元1775年

○乾隆四十年乙未三月○是月,署山西巡抚巴延三奏:"查平顶山坐落察哈尔地方曾经都统常青,勘明煤苗显露之处可得窑二十八座。既与游牧无妨,并于附近归化城之蒙古民人,均有裨益。应请招商试采,以收地利。"报闻。(《清高宗纯皇帝实录卷之九七九》)

○乾隆四十年乙未夏四月○乙未,谕:"昨据伊勒图解送由俄罗斯逃出投诚之绰罗斯台吉色凌、土尔扈特台吉敦多克车琳,到京时朕曾降旨,将伊等属人一并令在察哈尔安插。但伊等由俄罗斯逃出时并未携带家口,其妻子仍留在俄罗斯,恐伊等乘便逃回。着传谕常青安插色凌、敦多克车琳后,留心密访,毋任逃脱。再此二人俱无妻室,察哈尔地方安插厄鲁特颇多,若酌准伊等有妻室,亦可牵制其心。将此一并传谕常青遵照办理。"(《清高宗纯皇帝实录卷之九八一》)

○乾隆四十年乙未九月○辛酉,又谕:"前据周元理奏报,直属秋成分数,宣化府阖属通计系约收十分。何以本日奏到粮价单内,该府价值转视上月加增?殊不可解。着传谕周元理,即行查明,据实覆奏。"寻奏:"宣属收获较迟,该府所报系八月十五日以前粮价,其时尚未收获。米价交新脱陈之候,易至增昂,是以八月粮价较七月加增。"报闻。(《清高宗纯皇帝实录卷之九九一》)

○乾隆四十年乙未闰十月○丙辰,谕曰:"周元理奏,据宣化府哈靖阿禀揭,所属怀安县知县李千龄,因该县徒犯脱逃,致该府办差未邀议叙。今为代捐加一级,据实具禀,请旨将李千龄革职等语。周元理所奏甚是,李千龄借端代捐加级,取悦本府,实属逢迎取巧,着革职。其代捐加级并着注销。外省似此逢迎上官者,谅所不免。上司若稍不持正,方以其为善于取悦。而劣员遂藉此把持结交,于吏治官方,所关匪细。哈靖阿能据实揭报,甚属可嘉。着加恩赏加一级,以示奖励。"(《清高宗纯皇帝实录卷之九九四》)

○乾隆四十年乙未十二月○己未,以……故三等子察哈尔策凌端多布子班珠尔袭爵。

○戊辰,谕曰:"四阿哥奏称,履亲王原有张家口外牧场,现在并无牧放马匹牲畜。其牧场蒙古无人约束,恐其生事,请派人管束等语。此项牧场既无牧放牲畜,想来必有开垦之地。着交常青查明,酌量派委差使,以便管束。其地业经开垦者,着官办取租,将每年所收之租给与四阿哥。"(《清高宗纯皇帝实录卷之九九九》)

公元1776年

○乾隆四十一年丙申三月○癸未,谕:"……直隶宣化镇总兵员缺,着仁和调补。所遗湖北宜昌镇总兵员缺,即着达齐调补。山西大同镇总兵员缺,着官达色调补。"(《清高宗纯皇帝实录卷之一〇〇四》)

○乾隆四十一年丙申三月○辛卯。直隶总督周元理疏报:"开垦乾隆四十年分,顺天、保定、宣化、永平、正定、天津、遵化、易州等八府、州,暨热河道属生熟地共四百顷有奇。"(《清高宗纯皇帝实录卷之一〇〇五》)

○乾隆四十一年丙申六月○癸卯,谕军机大臣等:"昨据富明奏报,五月二十六日,正定等处得有透雨。今日又据达齐奏报,五月二十六日,宣化等处得有透雨等语。正定、宣化等处,此时始据奏报得有透雨,则前此未透可知。前据周元理于五月内奏报雨水情形。虽云各属均已沾足,未经详悉分叙。不知正定、宣化两处从前所得之雨是否足资沾润,该处田禾曾否及时耕种;或得此次透雨,始行补种齐全。着传谕周元理,即将正定、宣化二府属雨水田禾实在情形查明,据实迅速覆奏。"寻奏:"得雨沾足,杂粮畅发,晚禾布种齐全。"得旨:"览奏欣慰。"(《清高宗纯皇帝实录卷之一〇一〇》)

○乾隆四十一年丙申六月○丁卯,定各省将军养廉。军机大臣议奏:"各省将军原定岁支养廉及米豆草折银两,多寡悬殊。似宜均齐,以昭平允。除盛京将军原支二千两,伊犁将军原支三千两,两处事务较繁,自应照旧支给。其余各驻防将军繁简约略相仿,请均以一千五百两

为率。其新设成都将军,亦如之。"报可。(《清高宗纯皇帝实录卷之一〇一一》)

编者注:察哈尔都统养廉银在一千五百两之列。

○乾隆四十一年丙申八月○丙辰,军机大臣等议准察哈尔都统常青等奏称:"达里冈爱牧场地方寒冷,差使亦多。应照商都达布逊诺尔等处之例,酌筹滋生银两,以为官兵一切差使之用。查太仆寺右翼牧场田租每岁得银八千余两,现积存银三万五千两。请拨出三万两作为本银,每年生息银三千两,给与官兵。其本银于官兵俸饷内分作六年扣还。"从之。(《清高宗纯皇帝实录卷之一〇一五》)

○乾隆四十一年丙申冬十月○甲辰,调直隶宣化镇总兵仁和为天津镇总兵。以陕西庆阳协副将兴奎为直隶宣化镇总兵。(《清高宗纯皇帝实录卷之一〇一八》)

公元1777年

○乾隆四十二年丁酉二月○甲寅,兵部议覆:"察哈尔都统常青奏称,太仆寺两翼牧厂马数及一切差使相等,惟所设护军多寡不齐。请将右翼额外护军于缺出时,酌拨左翼一百三十名,以归画一。应如所请。"从之。(《清高宗纯皇帝实录卷之一〇二七》)

○乾隆四十二年丁酉三月○癸未,又谕:"上年因索琳奏称,德布色克地方平顶山产有煤苗,请招商开采。当经降旨,令常青、巴延三会同核查定议具奏。兹据巴延三等奏称,平顶山所产煤苗,刨试之初,线路尚宽。久而垄口稍深,渐次微细。开凿深入,俱系煤石相间,难以成窑,应请封闭等语。平顶山煤苗微细,即开采亦属有名无实,自应封闭。但既经查明实在情形,何以不即时具奏?迟待试采一年,始知迄无成效,所奏亦属迟延。可将此谕令常青、巴延三等知之。"

○丙戌,又谕:"据常青等奏称,察哈尔八旗所属佐领多寡不同,事务繁简不一。而总管等办事亦有优长循分供职之不同,请将总管等对调补用等语。常青等所奏是,自应酌量人材调补。即着照伊等所奏,将正蓝旗总管温布调补正黄旗,正红旗总管伊尔古调补正蓝旗。其正黄旗总管敏珠尔多尔济,着调补正红旗。"

○辛卯,谕曰:"尚书公奎林,着驰驿前往张家口查办事件。"(《清高宗纯皇帝实录卷之一○二九》)

○乾隆四十二年丁酉五月○是月,察哈尔都统常青奏:"达里冈爱马厂按年驻班侍卫无事可办,应裁。"得旨:"每年遣侍卫至厂之例,着停止,仍交该部。数年中请旨一次,派往稽查。"(《清高宗纯皇帝实录卷之一○三三》)

○乾隆四十二年丁酉六月○辛丑,军机大臣议覆:"定边左副将军巴图奏称,扎哈沁人等原系库克新玛木特投降时带领同来,并非所属。今库克新玛木特之孙扎木禅病故,伊子承袭公爵,若管辖日久,视为属下,恐生事端。应将扎哈沁之佐领十员,改设四员。选一员为总管,令掌印。应如所请。"又称:"扎哈沁人等应移驻乌里雅苏台。查移徙必致烦扰,仍应驻本游牧,令科布多大臣就近管理。再扎木禅之子扣图什或移驻察哈尔,或仍驻彼处,令巴图询问,听便安插。仍酌归拉旺多尔济等旗,在乌里雅苏台当差。"从之。(《清高宗纯皇帝实录卷之一○三四》)

○乾隆四十二年丁酉八月○乙巳,兵部议准太仆寺卿富勒贺奏称:"牧厂护军校属翼长所辖,而论其品级,与翼长相同。请将翼长四

员,照商都达布逊诺尔、达里冈爱牧厂翼长之例,食六品俸,戴五品空衔顶。"从之。(《清高宗纯皇帝实录卷之一〇三八》)

〇乾隆四十二年丁酉十月〇庚申,设密云县驻防。谕:"现在八旗满洲,生齿日繁。若不稍为酌办,伊等生计日蹙。密云县地方,密迩畿辅。彼处城邑亦大,尽可建盖兵房,安插兵丁一二千名。一转移间,既于新驻兵丁有益,且京城出有多缺,又可补挑闲散壮丁,于八旗满洲等大有裨益。着军机大臣于八旗满洲兵内挑选二千名,派往密云县驻防。至于管辖此项兵丁,着设副都统一员。其如何建盖兵房、料理起程,并设立官员,以及到彼如何安插之处,着即行妥议具奏。"寻议奏:"请照张家口之例,于两旗合设协领一,每旗佐领二、防御二、骁骑校二。住房:协领十六间,佐领十五间,防御十二间,骁骑校八间,兵每人二间。并副都统衙门、两翼办公所及演武厅一切房屋,共计五千余间。应令直隶总督派员赴密云,详度地势修盖。再张家口因驻兵设理事同知一员,今密云亦应仿办。查古北口理事同知与密云相隔较近,或即令兼管,或另设,并各官饷米如何支放,统令直隶总督详查议奏。"从之。(《清高宗纯皇帝实录卷之一〇四三》)

〇乾隆四十二年丁酉十一月〇戊寅,谕曰:"舒通阿自革去副都统,管理策凌纳木扎勒游牧以来,追悔前非,甚为奋勉,将游牧事务办理妥协。着加恩赏给二等侍卫翎顶。"(《清高宗纯皇帝实录卷之一〇四五》)

〇乾隆四十二年丁酉十二月〇丁未,举行本年各省驻防军政。……察哈尔卓异官一员,有疾官六员,分别议叙,处分如例。(《清高宗纯皇帝实录卷之一〇四六》)

公元1778年

○乾隆四十三年戊戌正月○乙酉,调直隶宣化镇总兵兴奎为山西大同镇总兵。(《清高宗纯皇帝实录卷之一〇四九》)

○乾隆四十三年戊戌三月○己卯,谕:"各省保送补放佐领等官,但送拟正一人,惟察哈尔旗将拟正拟陪并送。自防御以上等官,职分较大,若一缺仅送一员,甚不合宜。着兵部行文各将军、都统。嗣后补放协领、佐领、防御,其拟正拟陪之人,俱着送京引见。朕补放拟正时,其拟陪记名与否,一并降旨。"

○庚辰,又谕:"本日顺天府奏报,十七日京师得有微雨,不成分寸。良乡、房山二县得雨二寸等语。现届春作方兴,农民望泽甚殷。良乡等县既得有雨泽,未稔保定一带曾否得雨。何以未见周元理奏及?朕心深为廑念。着传谕周元理,即将保定一带近日有无雨泽,并麦田是否盼雨之处,即行据实覆奏。"寻奏:"顺天、保定、正定、河间、定州、深州、顺德、广平、大名、宣化、冀州、赵州所属州县,俱于十七日得雨一二三寸不等,麦田已资沾润,惟尚未透足。现在设坛祈祷,并饬阖属一体虔求。"得旨:"知道了。迩日望雨,殊不快意也。"(《清高宗纯皇帝实录卷之一〇五三》)

○乾隆四十三年戊戌闰六月○辛巳,谕军机大臣等:"据明善奏,正月间由科布多派在屯之宣化中营马兵何泽洪,随同笔帖式三阳泰进京公干。该员行至宣化地方,何泽洪即托病潜逃。请旨饬下宣化镇严行查拏,俟拏获时,由驿解至科布多治罪示众等语。绿营兵丁,派往新疆换班耕种,乃因奉差进京。经由原籍,辄敢托病潜逃,情节甚为可恶。虽不至如军营征兵脱逃,拏获即行正法,然亦当按律重拟,候朕酌量定夺。若如明善所奏,仍解至科布多治罪,不足以示惩儆。而仅交该镇总兵查缉,亦恐未能迅获。宣化系直隶所属,其地与晋省毗连。着传谕周元理、巴延三严饬所属,于宣化、张家口一带地方,将该犯何泽洪设法躧缉务获,解交刑部,严审究拟具奏。再新疆各处耕屯日辟,绿营兵在彼驻防者甚多,脱逃之事,谅亦不免。着各该管大臣将此旨严切晓谕。如该兵等再有脱逃者,即照此例办理。俾各知凛遵,毋致轻蹈法网。将此一并传谕知之,并交刑部存记。"(《清高宗纯皇帝实录卷之一〇六一》)

○乾隆四十三年戊戌秋七月○辛卯,又谕:"前据明善奏,在科布多之宣化马兵何泽洪,随同笔帖式三阳泰进京公干,托病潜逃。当经降旨,令周元理等饬属查拏治罪。今该督奏,据宣化镇总兵官达色查明,该兵实系因病落后。即在该处守备衙门禀明调理,月余稍愈,即随科布多换班之宗章京前往。行至马家营,病又复发,即扶回在伊婿家调治痊愈。适有科布多把总郭明德之便,即令其带回。且查该兵派在北路换防,业届五年期满,应行撤回,该兵情愿告留科布多等语。何泽洪若系托病潜逃,避匿原籍,自应重治其罪。今既查明该兵前当期满应换时,自愿告留不撤;所有养病情由,业经禀明该管官。及病愈后,又已随郭明德前往防所。其非逃匿可知,尚无大过。着传谕明善,俟该兵回至科布多时,酌量责惩,不必严行办理。着交刑部销案,并谕令周元理、巴延三知之。"(《清高宗纯皇帝实录卷之一〇六二》)

○乾隆四十三年戊戌九月○乙卯,兵部议准察哈尔都统常青咨称:"察哈尔所制夹帐房,系备出口巡查牧群应用。请照军机大臣原奏,准其制造。定为六年应修,十二年应造。"从之。

○是月,直隶总督周元理奏:"天津、青县、静海、沧州、元城、大名六州、县村庄,间有被淹。又宣化、万全、赤城、西宁、龙门、怀安六县,因

节气较早,亦有被霜之处。请将出借仓谷及应征屯粮米豆,均缓至明年麦后征还。"报闻。(《清高宗纯皇帝实录卷之一〇六七》)

○乾隆四十三年戊戌十二月○辛巳,谕:"八旗入官地亩,向来原准卖给八旗官兵。嗣因不肖之徒私行卖与民人,种种滋弊,始令入官取租。现在生齿日繁,八旗人等圈地,俱在京城附近五百里内,数目有限。若仍将此项地亩入官取租,旗人产业不免日渐短少。嗣后所有入官圈地,加恩仍照旧例,卖给官兵。着都统等严密稽查,不许私自卖与民人。以示矜恤八旗之意。"(《清高宗纯皇帝实录卷之一〇七三》)

公元1779年

○乾隆四十四年己亥春正月○己丑,谕军机大臣等:"去冬河南、山东、山西等省,俱屡经得雪。顷据巴延三奏,山西省城于腊月二十八九等日,得雪八寸有余。其势甚宽,沾被必广。惟京城自十月初微雪以后,至今未沾雪泽。而直隶各属,亦未据周元理奏及。朕心盼望甚殷,昨浓阴竟日,颇有酿雪之意。朕问夜达旦,不能安寝。晓复开晴,又成虚望,更为焦急。岂畿辅政事,或有缺失,致不能感召祥霙?朕用是益深寅畏。着传谕周元理,于办理诸务,倍加谨凛,以期仰迓天和。至保定一带,自尚未得雪。岂迤南迤西各属,与河南、山东、山西境壤毗连者,亦未一律普沾?该督何以亦未据奏报?并着周元理即行详悉查明,迅速覆奏。有应为绸缪之计,亦当早为留心。但不过于出示饬办,反致民间增长米麦价也。将此由五百里谕令知之。"寻奏:"保定省城去年十二月二十九日,得雨不及一寸。天津、河间、广平、大名、宣化、承德、易州等府、州属,均于十二月二十七、八、九等日,先后得雪一、二、三寸不等。余未报得雪各属,因去秋雨透土润,无碍麦苗,现在粮价亦平。无力之户,已据

各属照例详请酌借籽种。"报闻。(《清高宗纯皇帝实录卷之一〇七四》)

○乾隆四十四年己亥正月○乙巳,直隶总督周元理奏:"宣化府城外西北,濒柳川河。常峪、青边口外诸山水汇归,遇汛涨,直逼城根。旧有护城坝二十四段,系分别平险,建筑石、土各工,近屡被水冲。勘明顶冲土工应改石工,并添筑石坦坡者七段。原石土工应修者三段,请动司库节年地粮银赶办。"报闻。(《清高宗纯皇帝实录卷之一〇七五》)

○乾隆四十四年己亥二月○庚申,谕:"据常青等奏,上年随往盛京官员兵丁等,换回商都、达布逊诺尔、达里冈爱牧场马一万一百七十七匹,驼一千二百六十四只。因路途遥远,倒毙者多,请于此次十分之中,准赏倒毙二分,后不为例等语。昨官兵等所换太仆寺马三千九百余匹,业已加恩宽免一半。今常青等所奏商都达布逊诺尔、达里冈爱牧场马驼,亦系向盛京官员兵丁等换回者。着加恩亦照太仆寺牧场马匹之例。宽免一半。"

○戊辰,谕军机大臣等:"据向导处大臣奏称,明岁六阿哥前往岱汉地方迎接班禅额尔德尼,由京起程出杀虎口,到岱汉地方。自岱汉经由察哈尔、多伦诺尔、克什克腾、翁牛特、喀喇沁,过赛因达巴罕,由中关至热河,所有住宿之处及行程里数,请交直隶总督、山西巡抚、察哈尔都统。经过各扎萨克或七十里,或八十里,编定行程住宿覆知等语,着照所请,传知各该处遵照办理。但阿哥奉差出京,乃常有之事。其经行地方从不修治桥道。此次当仍照常办理,至阿哥每日住宿之处,亦与朕驻跸大营不同。止须酌量可容城分,约宽长六丈地面,略为扫除,无庸过于宽大及糜费豫备。将此谕令知之。"(《清高宗纯皇帝实录卷之一〇七六》)

○乾隆四十四年己亥二月○戊寅,命察哈尔副都统齐勒克忒来京,署镶蓝旗蒙古副都统。以哈喇沙尔办事大臣观音保为察哈尔副都统。

○甲申,又谕曰:"周元理奏,审拟井陉县革生梁进文等集众抗官殴差,分别拟罪一折,已批交三法司,核拟速奏矣。梁进文、李望春为此案罪魁,自当立寘重典。至梁绿野,身系生员,乃因挟嫌起衅,传单敛钱,主使告官。及该府审出实情,饬委典史查拏,梁绿野闻信,辄即剃须潜逃,情罪实为可恶。即梁杰、梁谋野、任英,亦俱系案内要犯。不可不上紧全行缉获,从重严惩。着周元理迅速选派明干员弁,设法加紧躧缉,勿使一人漏网。今又获几人否?但恐该犯自揣罪重,未必敢潜匿近地。或竟逃窜出口,冀延残喘,亦未可定。着并传谕张家口、古北口、山海关各都统、副都统、提督、总兵等,密派兵役,于各关隘严行稽查物色。并着热河道明山保、口北道尚安,于所属地方及偏僻山沟等处详细搜查,务即弋获。毋得仅以海捕具文塞责具奏。再该犯等籍隶正定,又多系梁姓,是否系故大学士梁清标子孙?着查明速奏。如果倚恃故绅,把持滋事,尤不可不严行惩创,从重究办。将此由五百里传谕知之。"(《清高宗纯皇帝实录卷之一○七七》)

○乾隆四十四年己亥三月○是月,调任闽浙总督杨景素奏:"明年巡幸,浙省应备差马,请豫动来岁大报马价银七千,委员赴宣化、大同、张家口、古北口等处,买马五百匹。差竣,分拨各标营兵,即补该年倒马应买额,按额销价清款。"报闻。(《清高宗纯皇帝实录卷之一○七九》)

○乾隆四十四年己亥六月○戊寅,又谕:"明岁班禅额尔德尼入觐,在岱汉庙住宿数日。着派德保驰驿前往张家口,会同常青查看岱汉庙宇。如有应行修理之处,伊二人共同酌定具奏。"(《清高宗纯皇帝实录卷之一○八五》)

○乾隆四十四年己亥十月○辛未,又谕据车布登扎布等奏,牧放驼群之官兵,于三年内孳生驼驹二千三百一十一只,请照例赏给缎匹等项;贝勒德沁喇木丕勒,接续伊父,管理驼群未满三年,应否给予议叙之处请旨等语:"德沁喇木丕勒虽未满三年,伊父管理驼群时,伊即随同办理。着加恩交部议叙。余着照所奏赏给。"(《清高宗纯皇帝实录卷之一〇九三》)

○乾隆四十四年己亥十一月○丙戌,兵部议覆:"察哈尔都统常青等奏,察哈尔镶红旗闲散余丁不敷挑差,于乾隆三十四年奏准,暂悬护军披甲缺百二十三名,俟十年后挑补。今年满而兵丁可挑者,仅敷现在出差缺。应如所请,再展十年。"从之。(《清高宗纯皇帝实录卷之一〇九四》)

○乾隆四十四年己亥十二月○乙丑,又谕曰:"博清额等奏称,俄罗斯固毕尔那托尔,遵檄将越境之犯十七名俱擒向交界处,与天朝人当面治罪矣。其满济等案内,应治罪之俄罗斯人伊什提纳卜,俟拏获时再行治罪。吁请遵照从前谕旨,开通贸易。又再四恳求,将伊处人费约托尔放还,咨呈前来等语。前因固毕尔那托尔恭顺,恳请贸易,朕曾降旨准行。因尚有未完结之事,暂行停止。今固毕尔那托尔俱遵照完结,再四恳求开通贸易,并请放还费约托尔。着传谕博清额等:即遵前旨开通贸易,并饬该部将费约托尔派员护送,由驿站递交常青,转送库伦,交博清额等。其于何时贸易,费约托尔何时交与俄罗斯,着博清额等即行奏闻。……"(《清高宗纯皇帝实录卷之一〇九六》)

公元1780年

○乾隆四十五年庚子二月○辛酉,旌表守正被戕直隶张家口厅民孟建全妻夏氏。(《清高宗纯皇帝实录卷之一一〇〇》)

○乾隆四十五年庚子夏四月○辛酉,谕:"……直隶有无雨泽,及各属是否望雨之处,查明据实覆奏。"寻奏:"顺天、天津、大名、宣化、承德等府属,得雨止一二寸。永平、遵化二州州属,得雨稍多,又非望雨之区,现惟定兴县于三日内共报得雨七寸,较为优渥。余俟各属报齐汇奏。"报闻。(《清高宗纯皇帝实录卷之一一○四》)

○乾隆四十五年庚子五月○庚子,谕:"据袁守侗奏,准吏部咨,寄籍人员,改归本籍,恐寄籍之处不无亲故,其改归在三十年以内者,现任各官统限一年内,照例报部回避。兹查直隶省有宣化府知府李浚原等六员,从前皆寄籍直隶考试捐纳,嗣经呈明改归本籍,但均未及三十年,应请照例回避。又佐杂各官应行回避者,……"(《清高宗纯皇帝实录卷之一一○七》)

○乾隆四十五年庚子七月○癸卯,以湖广督标中军副将托宾泰为直隶宣化镇总兵。(《清高宗纯皇帝实录卷之一一一一》)

○乾隆四十五年庚子十月○壬戌,蠲免直隶……延庆、保安、蔚州、怀来、独石口厅、丰润、玉田、易州、武强六十三州、县本年被水灾田额赋。(《清高宗纯皇帝实录卷之一一一七》)

○乾隆四十五年庚子十二月○丙辰,又谕曰:"车布登扎布奏称,伊年已老,且已至张家口外三台,吁请陛见,甚属可悯。着加恩准其来京陛见,于本月二十三日以前到京。将此谕令知之。"(《清高宗纯皇帝实录卷之一一二○》)

公元1781年

○乾隆四十六年辛丑二月○丙寅,谕:"朕此次巡幸五台,经过直隶地方,已加恩蠲免本年钱粮十分之三。惟念顺天、保定等府州属,尚有四十五年以前因灾出借谷米麦石,及节年因灾缓征、带征地粮银两。各该处上年夏秋雨水稍多,收成不无歉薄。虽屡经赈恤,民气已纾。但若将旧欠银米一律征纳,未免尚形拮据。着再加恩将顺天、保定、河间、天津、广平、大名、宣化、冀州等府、州属未完四十五年以前节年因灾出借谷四万七千九十石零、米三万四千七石零、麦三千四百四石零,又顺天、保定、天津、广平、宣化、遵化等府、州属四十二年以前节年未完,因灾缓征、带征地粮起存银五万一千八百二两零,概行蠲免。用示朕轸恤群黎,渥沛春祺之至意。"该部遵谕速行。(《清高宗纯皇帝实录卷之一一二五》)

○乾隆四十六年辛丑三月○是月,直隶总督袁守侗奏:"多伦诺尔理事同知,自乾隆三十九年改归税务稽查征收,必需练达之员。况地方广阔,不特与口内各厅,繁简各殊。即较之张家口、独石口二厅案牍,亦觉纷繁。应请定为冲繁难三项要缺,在外调补。遇缺出,准于口内外各厅员内拣选调用。"得旨:"着照所请行。"该部知道。(《清高宗纯皇帝实录卷之一一二七》)

○乾隆四十六年辛丑四月○辛酉,蠲免直隶……蔚州……五十厅、州、县乾隆四十五年水灾民地、官地额银十五万六千二百一十七两有奇,粮一千五百二十石有奇。并豁除积欠仓粮一十六万五千七百二十七石有奇。(《清高宗纯皇帝实录卷之一一二九》)

○乾隆四十六年辛丑五月○己卯，又谕曰："袁守侗题请将蔚州路参将梦克勒令休致一本，内称该员历俸年满，经部调取引见。但现患膀背疼痛，不能痊愈等语。梦克年已七旬，且染患臂疾。该督即应早为查察，据实参劾。何待该部调取引见，始请勒休？即如上年萨载参奏，南昌镇总兵张兆璠不将衰颓之都司早行揭报一案，朕深以萨载办理为是。袁守侗在军机处行走，岂不知之？何乃效外省瞻顾陋习耶？着交部议处，提督长清、宣化镇总兵托宾泰，着一并议处。"（《清高宗纯皇帝实录卷之一一三〇》）

○乾隆四十六年辛丑闰五月癸卯朔○谕军机大臣："京师于五月二十五日，雨势颇大。正值麦收之际，深为廑念。连日以来，幸即晴霁。今据袁守侗奏：五月二十五六等日，省城得雨三寸。并据保定等府州县，均报连次得雨，自三四寸至七八寸不等。宣化府全属禀报，二十二日得雨透足等语。现值二麦登场之际，于晒晾是否无碍，农民布种大田，是否尚需雨泽，均着查明覆奏。"（《清高宗纯皇帝实录卷之一一三二》）

○乾隆四十六年辛丑七月○壬戌，谕曰："常青等奏称，署理察哈尔正白旗总管之参领三都克呈报，拏获偷马罪犯哈尔齐该、都噶尔、诺尔布三人，派骁骑校图古勒岱，并护军托果齐等十名看守。乃图古勒岱收受托果齐等七人银米，令其回家，只剩兵三名，闲散一名。夜深时，该三犯扭开镣铐，将闲散巴图殴毙。又将图古勒岱、护军额尔德尼等捆打昏晕。逃走后，旋将都噶尔、诺尔布二名拏获。审明请旨，即行正法。并俟哈尔齐该拏获到日，亦照此办理。图古勒岱发往云贵烟瘴地方。护军托果齐等七名革退，各枷号三个月，鞭一百。余俱革退鞭责。该署总管等交部严加议处等语。偷马罪犯，罔知忌惮，罪大恶极。常青等即应于审明都噶尔、诺尔布时，一面正法，一面奏闻。乃复拘泥奏请，实属不合，着严行申饬。都噶尔、诺尔布，着即处斩枭示。哈尔齐该拏获到日，即照此办理。图古勒岱并不小心看守,并收受银米。令托果齐等七名回家,以致两人毙命,三犯脱逃。营私舞弊,酿成巨案,常青等仅拟发遣,不足蔽辜。图古勒岱着即正法,以为贪黩枉法者戒。托果齐等七名,着于枷号鞭责后,仍从重发往云贵烟瘴地方。余俱照所请行。"(《清高宗纯皇帝实录卷之一一三七》)

○乾隆四十六年辛丑八月○丁丑,兵部议准直隶总督袁守侗疏称:"独石口属喜峰砦千总衙署兵丁营房,于乾隆四十五年水冲,应移于喜峰砦村内,估计兴造。"从之。(《清高宗纯皇帝实录卷之一一三八》)

公元1782年

○乾隆四十七年壬寅二月○壬申,以镶红旗蒙古副都统乌尔图纳逊为察哈尔副都统。(《清高宗纯皇帝实录卷之一一五○》)

○乾隆四十七年壬寅三月○甲子,豁直隶万全、蔚州、保安、怀来四州、县坍没地一百九十六顷有奇额赋。(《清高宗纯皇帝实录卷之一一五三》)

○乾隆四十七年壬寅六月○辛未,谕:"据常青等奏,今年春季以来亢旱,青草歉生,察哈尔之八旗官兵牲畜伤损甚多等语。察哈尔八旗官兵俱赖牲畜养赡当差。今年雨水短少,牲畜多有伤损。着加恩参领以下官员兵丁,支借一年俸饷,添补牲畜,以资生计。将此项支借俸饷分为六年坐扣。"(《清高宗纯皇帝实录卷之一一五八》)

○乾隆四十七年壬寅八月乙丑朔○丙寅,又议覆:"察哈尔都统常青奏称，察哈尔三旗达里冈爱牧厂，每年除拨解京城并避暑山庄牛羊外，所有查阅牧厂出差大臣，皆需骑载驼马。近年蒙古牲畜较少，每遇官差，皆系雇用，未免拮据。现在口北道库贮恩赏蒙古生息银五万四千余两，本银早经扣完。所得息银，已足敷用。请于牛厂四十处，羊厂一百八十五处，每厂各设驼一、马三，共设驼二百二十五，马六百七十五，以备应差之用。计需价银八千七百六十五两，即于此项息银内动用。再此项驼马，每年难免倒毙。请照官厂倒毙之数减半，每百匹不准过五匹，用息银买补。如有额外倒毙者，着该管官赔补。如出差官员不经心照料，以致倒毙，即着本人赔补。均应如所奏。"从之。（《清高宗纯皇帝实录卷之一一六二》）

〇乾隆四十七年壬寅十二月〇戊寅，举行本年各省驻防军政。罢……年老官……察哈尔五员。有疾官……察哈尔一员。才力不及官，察哈尔五员。分别处分如例。

〇庚辰，举行本年各省驻防军政，卓异官……察哈尔二员。……分别议叙如例。

〇甲申，又谕曰："浙江杭州将军王进泰，年力就衰，着加恩准其留京供职。所遗员缺，着常青补授。其常青之察哈尔八旗都统员缺，着乌尔图纳逊补授。"

〇乙酉，以正白旗蒙古副都统阿玉什为察哈尔副都统。（《清高宗纯皇帝实录卷之一一七一》）

公元1783年

〇乾隆四十八年癸卯正月〇壬子，察哈尔都统乌尔图纳逊奏："查臣所属太仆寺两翼牧群，每年由该衙门奏派大臣查察，未免纷烦。请嗣

后照上驷院例，三年一次，请派查阅。"得旨："如所请行。"(《清高宗纯皇帝实录卷之一一七三》)

　　○乾隆四十八年癸卯三月○戊午，又谕曰："镶白旗蒙古都统奏，据古北口外通判管理丰宁县事德谦呈报，住居博尔脑村之镶白旗蒙古那尔松阿佐领下闲散格斯图，因控告种地，请交本旗严管。查格斯图系奏准住居游牧之人，本旗不敢收留。请交热河副都统就近管理等语。格斯图住居游牧地方距热河较远。着传谕袁守侗，将格斯图即饬交该县德谦，严行管束。倘格斯图再有滋事逃回等情，即着该县枷责惩治。毋得宽纵。"

　　○是月，闽浙总督富勒浑奏："来春南巡差务，应需马匹。请照三十年、四十五年例，豫支大报马价银，委员赴宣化、大同、张家口、古北口等处购买应用。将来差竣，拨给各标营官兵骑操，即补该年倒马应买之额。"报闻。(《清高宗纯皇帝实录卷之一一七七》)

　　○乾隆四十八年癸卯夏四月○甲戌，大学士前署直隶总督英廉疏报："昌平、西宁等二州、县，乾隆四十七年分开垦荒地九顷三十七亩有奇。"(《清高宗纯皇帝实录卷之一一七八》)

　　○乾隆四十八年癸卯七月○辛亥，军机大臣等议覆："察哈尔都统乌尔图纳逊奏称，张家口、赛尔乌苏两处台站，共计二十八处。因去年被旱，冬间复遭雨雪，倒毙牲畜甚多。于台站官兵生计差务，不无竭蹶。现将有业官兵查明不计外，其有原立牲畜全行倒毙者，请赏借二年钱粮。其次者，赏借一年钱粮。其银即于该处同知库贮太仆寺右翼牧厂地租内动支，分作四年归款。再毕勒吉库等四台站人四十名，从前赏借银两，尚未扣完。请俟二年扣完后，续将此项银两扣还。再赏借之后，即派主事景泰等详细确查，及时购买补立等语。查口外台站官兵，悉赖官立牲畜过活。所办尚属可行,请交乌尔图纳逊实力妥办。不可使有名无实,亦不可援以为例。"从之。(《清高宗纯皇帝实录卷之一一八五》)

公元1784年

○乾隆四十九年甲辰正月○戊申,又谕:"朕清跸时巡,道经畿辅,昨已特沛恩膏,将所过地方本年额赋蠲免十分之三。第念该省尚有积年欠项,皆因从前偶被偏灾较重地方,随时出借。今若按限催科,民力恐不无拮据。着再加恩,将顺天、保定、河间、天津、正定、顺德、广平、大名、宣化、遵化、赵州、深州等十二府、州属未完积年因灾出借仓谷一十五万五千二百四十石,概予豁免。该督其实力稽查,妥协办理,俾闾阎均沾实惠。"该部即遵谕行。(《清高宗纯皇帝实录卷之一一九七》)

○乾隆四十九年甲辰三月○庚寅,谕军机大臣等:"前于渡黄之日,见云势俱往西北。曾降旨询问刘峨、明兴、何裕城,该三省曾否续得雨泽,各府、州属是否一律均沾,令其据实覆奏。昨刘峨已奏,宣化府各属曾得雨一二寸至三五寸不等。……"报闻。(《清高宗纯皇帝实录卷之一二〇〇》)

○乾隆四十九年甲辰三月○癸卯,……刘峨奏:"省城于三月十四日得雨寸许。复据保定、顺天、河间、正定、永平、顺德、宣化、广平、天津各府,易、冀、赵、深各州属报,三月十一二及十四五等日,各得雨自一二寸至四五寸不等。"得旨:"究非渥泽,何足为慰?但伫望二十五等日之信耳。"(《清高宗纯皇帝实录卷之一二〇一》)

○乾隆四十九年甲辰六月○庚寅,军机大臣议奏:"据察哈尔都统乌尔图纳逊奏称,阿尔泰台站所有紧要报匣令该官兵驰递外,其余差务派察克达官兵协济等语。查台站官兵,俱有饷银。察克达官兵应于察哈尔右翼牧厂租银内,每年赏给官一员银十八两、兵一名银十两。"得旨:"察克达官兵得银较少,若与台站官兵一体当差,未为平允。此后差务,着派台站官兵十分之六。察克达官兵十分之四。余依议。"(《清高宗纯皇帝实录卷之一二〇八》)

○乾隆四十九年甲辰六月○壬寅,予故附入察哈尔旗分厄鲁特辅国公色布腾,致祭如例。

○甲辰,……绥远城将军员缺,着乌尔图纳逊补授。察哈尔都统员缺,着积福调补。(《清高宗纯皇帝实录卷之一二〇九》)

○乾隆四十九年甲辰七月○乙亥,理藩院议覆:"升任察哈尔都统乌尔图纳逊奏称,察哈尔正白旗佐领德里克毕里克图呈称,台吉佐领下护军领催,向例每年攒助银各四两,马甲银各三两。今本佐领下人、牲畜被灾,情愿将此项银两于本年秋季减半收受等语。又称察哈尔正白旗布玉古尔佐领下人,向来亦有攒助银两之例。是以本佐领下马甲悬缺至十余名。请嗣后台吉、佐领下兵丁缺出,如不得人,准于本旗各佐领下,择其汉仗好、骑射可观者挑取,无庸攒助台吉银两。其余旗分均应照此办理。又称察哈尔八旗各佐领下,人数多寡不一。其闲散较少旗分缺出,请各按本翼挑取。均应如所奏。"得旨:"依议。台吉佐领德里克毕里克图因属下人等牲畜被灾,呈请将兵丁饷银内攒助伊等银数减半坐扣,殊属可嘉。加恩各赏缎二匹,以示奖励。着积福即于该处存贮缎匹内发给。"(《清高宗纯皇帝实录卷之一二一一》)

○乾隆四十九年甲辰八月○辛亥,又谕:"前据刘峩面奏,本年宣化一带因雨水稍稀,间有旱灾处所,欲亲往该处履勘等语。其于崖口送驾后,即起程前往。抑或俟朕回銮后,始行前往之处,未据详悉奏明。本日据托宾泰奏,宣化所属收成分数,约有七分、八分、九分等语。农民心望有秋,往往贪图少报,是其常情。若果如托宾泰所奏,则该处收成并非歉薄,何以刘峨又有前奏?着传谕刘峨,将宣化所属大田收成实在分数,并该督何时前往履勘之处,据实覆奏。"寻奏:"宣化府属统计实收七分有余,与托宾泰所奏无异。臣原拟九月底,由昌平就近取道前往,较阅宣镇官兵,并可查看地方情形。"得旨:"览。"(《清高宗纯皇帝实录卷之一二一三》)

○乾隆四十九年甲辰九月○乙丑,谕:"察哈尔事繁,积福稍觉年迈。乌尔图纳逊仍着调补察哈尔都统,即赴任所。积福着补授绥远城将军,不必来京请训。俟乌尔图纳逊到时,交代毕,即由彼前赴将军任所。"(《清高宗纯皇帝实录卷之一二一四》)

○乾隆四十九年甲辰十月○乙巳,豁除直隶延庆州本年水冲沙压地十五顷八十二亩有奇额赋。(《清高宗纯皇帝实录卷之一二一七》)

公元1785年

○乾隆五十年乙巳三月○乙亥,豁免直隶霸州、保定、文安、大城、涿州、固安、东安、香河、宛平、大兴、昌平、顺义、怀柔、密云、通州、三河、武清、宝坻、蓟州、宁河、清苑、安肃、新城、蠡县、安州、高阳、新安、献县、肃宁、任邱、交河、天津、青县、静海、沧州、庆云、盐山、藁城、永年、成安、广平、东明、长垣、延庆、蔚州、丰润、玉田、赵州、宁晋四十九州、县自乾隆四十一年起至四十九年止,民欠因灾出借未完谷米豆麦十三万六千七百七十八石有奇。(《清高宗纯皇帝实录卷之一二二七》)

○乾隆五十年乙巳五月○甲戌,谕军机大臣等:"据刘峨奏,将宣化县盘获面生可疑状类喇嘛一名解赴行在。询其情形,即系阿咱拉喇嘛,乃大天竺游募之僧。京城现有此等喇嘛住双林寺内。该督因未悉其语言书字,是以未知来历。现已送京交理藩院,查询照例办理矣。将此谕令知之。"(《清高宗纯皇帝实录卷之一二三一》)

○乾隆五十年乙巳六月○甲午,又谕:"察哈尔八旗所出官缺,向由该处拟定正陪,送京带领引见补授。朕若驻跸热河,应就近送行在带领引见。嗣后察哈尔及热河驻防官员缺出,除在十月至明年正二月仍着送部引见外。三月后之缺,俱俟朕来热河时带领引见。以示体恤。"(《清高宗纯皇帝实录卷之一二三三》)

○乾隆五十年乙巳八月○乙未,又谕曰:"乌尔图纳逊等奏,据世魁奏裁太仆寺牧丁六十名,俟缺出请旨裁汰等语。此项牧丁缺设已久,该处生齿日繁,俱倚钱粮过活,若遽行裁汰,虽于现在有缺人等无甚关碍,而缺额减少,究与伊等生计有碍。所有此次请裁牧丁六十名,及前此伊灵阿等奏裁牧丁十四名,均着加恩,免其裁汰,仍着乌尔图纳逊等均分各牧厂,令其当差。续有滋生,另行添设牧厂,再于中核其多寡,酌量撤出当差,庶与伊等均有裨益,以示朕轸恤察哈尔蒙古臣仆之至意。"(《清高宗纯皇帝实录卷之一二三七》)

○乾隆五十年乙巳九月○已巳,谕军机大臣等:"据奎林奏,察哈尔左翼马匹被窃,所有未经就获之哈萨克匪犯,经那旺等先后缉拏,祇有一名尚未弋获,已饬杭和卓缉捕等语。所奏与朕意符合,实属可嘉。嗣后遇有此等事件,当照此办理。着传谕知之。"(《清高宗纯皇帝实录卷之一二三九》)

○乾隆五十年乙巳十一月○庚戌，又谕："据奎林奏，审明偷盗察哈尔部落牧放马匹一案。现在拏获贼盗，分别治罪。并将在逃贼人指仔败交与杭和卓严行缉拏等语。奎林审拟完结，尚属近是，即照所奏办理。至副管长伍巴什，于马匹被盗时，胆敢多报马数，后复拘泥所报数目，向哈萨克等索取马匹，殊属非是。伍巴什仅予革去副管长，充作兵丁，不足蔽辜。伍巴什着再枷号一年，在大路卡上示众。"（《清高宗纯皇帝实录卷之一二四二》）

○乾隆五十年乙巳十二月○戊戌，军机大臣议准察哈尔都统乌尔图纳逊奏称："独石口、千家店二处，生齿日繁。所有孀妇孤子及残废闲散等户，请照京城例支给养赡。孤子至得差时，即将钱粮裁汰。"从之。

○庚子，又谕："所有各省城将军、副都统等，每年俱轮班来京。若系将军一员、副都统二员之省分，每人相隔二年，轮班一次。若系将军一员、副都统一员之省分，二人即相隔一年，轮班一次，则限期急迫，自不免拮据。嗣后除将军一员、副都统二员之省分仍着三员轮班来京外，若仅副都统一员者，仍照旧例，俟三年期满，来京一次。其余将军一员、副都统一员者，着将军来京后，相隔一年，再着副都统来京。副都统来京后，亦相隔一年，再着将军来京。将此通谕各省一体遵行。"（《清高宗纯皇帝实录卷之一二四五》）

公元1786年

○乾隆五十一年丙午秋七月○庚戌，命增定武职官阶及封典处分。谕："三通馆进呈皇朝通志职官略一门，朕详加披阅。其中所载文武官阶，诸多未协。国家设官分职，文武兼资。在文职则内而阁部院司，外而督抚，以至守令丞尉，阶级等差，互相维制。至武职为国干城，同膺心膂之寄，其阶级自应与文臣相埒，方足以重阃寄而励戎行。今志内文职，则系正一品起，而武职则系从一品起，既显然少予一阶。且文职自正一品至从九品，共十八阶。武职自从一品至正七品，止十二阶。多寡显有悬殊，体制即暗为隆替。非所以着朝章，垂令典也。大抵议定官制、编纂志书，多出于文臣之手，其意在乎重文轻武。殊不知国家设立武职，原欲其折冲捍卫，其责并不轻于文臣。有明之季，文臣用事于中，武臣宣力于外。一二台阁本兵，科道书生，构谋倡议，俱足以掣武臣之肘，卒致武备废弛，疆圉孔棘，国事遂不可为。此皆重文轻武之流弊，不可不引为殷鉴。所有武职人员，现在所缺正一品之阶，应照朕前次钦定领侍卫内大臣、将军为正一品之例，增入一阶。其自正七品以下，较文职所少之五阶，亦应于内外武职衙门微末员弁内，按其职守，酌定正从，照文阶一体厘正，以昭画一。再志内载旧例，武官正从一品，俱封荣禄大夫；正二品至从五品，俱封将军，未为允当。嗣后更定新例，则皆称大夫。因思将军为专阃主帅，大夫系文臣之称。乃旧例则封将军，而今又更封大夫，名义殊觉混淆。嗣后武职正一品至从二品，俱应封为将军。正三品至从九品，应分别酌与都尉、骑尉、校尉等字样递为差等，以示区别。至向来文职遇有降级处分，如降一级者，俱以正从计算，止于正降为从。而武职则降一级即降一品，办理既不画一。而武职官员遇有处分，即官阶较大者，转瞬即降至末弁，相形未免偏枯。嗣后武职处分，亦应照文员之例，以正从核计议降，庶为平允。夫文武初无重轻，官联要于整肃，必当详行更正，较若画一，载入典章。所有一切增改事宜，着军机大臣会同大学士、吏兵二部，详晰定拟具奏。"寻议奏："查中枢政考，内外武职共十六阶，较文职少正九、从九二阶。应请将蓝翎长为正九品，太仆寺委署固山达为从九品，绿营经制外委千总为正八品，外委把总为正九品，额外外委为从九品，以足十八阶。其各阶内，请增乌鲁木齐都统为从一品，委署前锋侍卫、下五旗包衣佐领为从五品，委署步军校、内务府领长为从六品，委署亲军校、前锋校、护军校、骁骑校、副护军校为从八品。请改包衣佐领、察哈尔副参领、佐领为从四品,营千总为正六品,卫千总为从六品。其正四品之驻防参领、正六品之监造火药官、正七品之弓匠固山达,请裁。再降调处分,提督至游击本以正从递降,都司以下有正无从,擢用时,升一级即升一品。降调照此,亦属适均。至封典名号,请将一二品为建威、振威、武显、武功等将军。三四品为武义、武翼、昭武、宣武等都尉。五六七品为武德、武德佐、武略、武略佐、武信、武信佐等骑尉。八九品为奋武、奋武佐、修武、修武佐等校尉。纂入例册,咨三通馆增定。"从之。(《清高宗纯皇帝实录卷之一二五八》)

○乾隆五十一年丙午七月○庚午,谕曰:"阿玉什患病,一时不能痊愈。乾清门侍卫兴福着补放察哈尔副都统,即行前往接任。兴福到任后,阿玉什着回京调理,毋庸前来热河。"

○是月,直隶总督刘峨奏:"……又宣化府属万全县四角屯等十一村雨雹,秋禾被伤。现饬员查勘,设法疏消,分别办理。其余各属雨泽调匀,可冀丰稔。"得旨:"览奏稍慰,有成偏灾者,亦加意抚恤。"(《清高宗纯皇帝实录卷之一二五九》)

○乾隆五十一年丙午九月○丙子,又谕:"此次乌尔图纳孙等保送挑补侍卫内,经御前大臣等拣选十六人,带领引见。朕阅伊等技艺,均属去得,因悉挑补。分拨乾清门八员,余在二等、三等及蓝翎侍卫上行走。但从前察哈尔尚有挑取闲散侍卫七人,乌尔图纳逊应将此等闲散侍卫送带引见,以备挑补乾清门行走。而此次所保之人,请挑闲散侍卫,乃未见及此,实属含糊错谬。除将乌尔图纳逊饬行外,嗣后乾清门侍卫员缺,着将闲散侍卫引见补放。闲散侍卫若少,再将官员勋旧人等保送闲散侍卫。则伊等升阶有别,而亦可示鼓励矣。着为令。"(《清高宗纯皇帝实录卷之一二六四》)

○乾隆五十一年丙午十二月○甲子,调直隶宣化镇总兵托宾泰为天津镇总兵。以西安将军标中军副将保兴为宣化镇总兵。(《清高宗纯皇帝实录卷之一二七一》)

公元1787年

○乾隆五十二年丁未正月○庚寅,又谕曰:"兴福系由乾清门侍卫补放察哈尔副都统。年班来京陛见,祇随众请安。而朕前行走一切差使,伊不与列,竟不似向在禁廷行走之人。可见少年一得外用,坐享安逸,便心足意满。着调补乌里雅苏台副都统,换回阿克东阿。兴福到彼后,当感激朕恩,协同将军办理诸事,黾勉学习。"

○辛卯,又谕:"松筠着即在库伦办事,佛住着调补察哈尔副都统。佛住所遗正黄旗蒙古副都统员缺,着伊龄阿补授。"(《清高宗纯皇帝实录卷之一二七三》)

○乾隆五十二年丁未二月○癸亥,谕曰:"伊犁领队大臣那旺来京陛见,看其年力衰迈,若令回任,不惟不能得力,伊亦不情愿。从前那旺曾经效力多年,着加恩赏给散秩大臣职衔,前赴察哈尔游牧地方,原品休致。所遗领队大臣员缺,着散秩大臣职衔总管那彦补授,代那旺管辖部落事务。"(《清高宗纯皇帝实录卷之一二七五》)

○乾隆五十二年丁未三月○甲戌,谕曰:"向来情节较重、罪不至死人犯,有发遣伊犁给厄鲁特为奴者。第念彼此言语不通,难于役使,未免不能约束,易致脱逃。应将此等发遣为奴人犯发给伊犁察哈尔或伊犁驻防官兵为奴,庶易于役使。且该处有协领、佐领、总管等官管束,不致脱逃。嗣后如有发遣伊犁给厄鲁特为奴人犯,着刑部发往伊犁,分

给该处察哈尔及驻防满洲官兵为奴。所有从前给厄鲁特为奴之例着停止。"(《清高宗纯皇帝实录卷之一二七六》)

○乾隆五十二年丁未四月○己未,豁除直隶万全县乾隆五十一年被水冲塌地一百三十七亩额赋。

○癸亥,缓征直隶安肃、望都、肃宁、宣化、万全、怀安、西宁、良乡、涿州、顺义、景州、阜城、交河、献县、故城、宁津、冀州、枣强、永年、广平、磁州、清河、大名、元城、开州、东明、长垣、清丰、南乐等二十九州、县连年旱灾新旧额赋。(《清高宗纯皇帝实录卷之一二七九》)

○乾隆五十二年丁未六月○丁未,谕军机大臣等:"前据保兴奏,宣化府属并附近地方,于五月三十及六月初二日,两次得雨二三寸及五寸余不等。昨又据乌尔图纳逊奏称本年张家口一带未得透雨等语。张家口距宣化近止九十里,相隔不远。宣化附近地方连得雨泽,而张家口一带何以尚未均沾?或系前次所得之雨祇在宣化迤南,亦未可定。着传谕刘峨查明张家口是否一律续被甘膏,农田有无妨碍之处,据实覆奏。"(《清高宗纯皇帝实录卷之一二八二》)

○乾隆五十二年丁未六月○庚申,谕军机大臣等:"据乌尔图纳逊奏,张家口等处自春间得雨,未及一寸。高阜之地,至今尚未耕种。该处气候早寒,立秋以后虽得微雨,亦不能赶种等语。张家口一带,春夏以来,雨泽稀少,大田尚未布种,农民不无失望。彼处即系宣化所属,户口亦为繁庶。前已谕令刘峨查明抚恤。嗣据该督奏,已饬该府亲往各属查勘实在情形,豫行酌给籽种口粮。俟查覆到日,再行照例办理等语。现在已届立秋,该处地近边疆,天寒较早,晚禾恐不及赶种。着传谕刘峨,即将宣化近边一带地方迅速确查。如有业经成灾者,即行实力抚恤,毋使一夫失所。"寻奏:"宣化、怀来、保安、西宁、怀安、万全等六州、县,及万全县之张家口,被旱较重,请借给两月口粮。"得旨:"允行,下部知之。"

○是月,直隶总督刘峨奏宣化府属大田望雨情形。得旨:"已据保兴奏报得雨矣。若有未足及成灾者,仍当抚恤,不可粉饰。"(《清高宗纯皇帝实录卷之一二八三》)

○乾隆五十二年丁未九月乙丑朔○上行围,谕军机大臣等:"朕前降旨,令将编入年班朝觐西北两路之土尔扈特、和硕特、杜尔伯特等,其已经出痘者,归于年班入觐。若人数较少,即间年入觐亦可。其未经出痘者,不必来京。着该部于每年可否令其前赴热河朝觐随围之处,照青海一体具奏请旨。其如何酌定另行编班之处,着交伊犁将军、乌里雅苏台将军及科布多参赞大臣等会商议奏。但北路土尔扈特、杜尔伯特等,每岁俱系自备资斧,前赴热河。若按年班赴京,路途较远,恐伊等力有不逮。着传谕奎林、复兴、保泰等,除西路土尔扈特、和硕特等仍按原定章程,令其自备资斧,行抵哈密外,其北路土尔扈特、杜尔伯特等,或令自备资斧,行至张家口,官为办给马匹送京。如力量仍有不敷,或于喀尔喀、察哈尔毗连地方,即行官为办理之处。据实查核办理,以副朕体恤外藩蒙古之意。至北路唐努乌梁海、阿勒台乌梁海等,非土尔扈特、和硕特、杜尔伯特等台吉后裔可比,不必同入年班朝觐。无论出痘与否,每年止赴热河朝觐随围。若人数较少,间年遣派一次亦可。一并传谕复兴、保泰知之。"

○戊寅,以直隶宣化镇总兵保兴、陕西兴汉镇总兵刘允桂对调。(《清高宗纯皇帝实录卷之一二八八》)

○乾隆五十二年丁未十月○辛亥,又谕:"本年直隶宣化府属州、县,因雨泽愆期,田禾被旱,致成偏灾。山西省大同府属各厅、州、县,秋禾亦被旱成灾。……虽经节次降旨,分别赈济,令该督抚等实力抚恤,毋使一夫失所;第念各该处被灾地方秋收失望,于明春青黄不接之时,民食恐不无拮据。是否应需展赈蠲缓,并此外勘不成灾地亩,应否量予加恩、分别酌借口粮籽种之处,着传谕刘峨、明兴、毕沅、闵鹗元、书麟、巴延三、勒保,即行体察情形,查明据实覆奏,候朕于新正酌量加恩降旨。"

○辛酉,赈恤直隶保安、宣化、万全、怀安、西宁、怀来、蔚州等七州、县本年旱灾贫民,并分别蠲缓额赋。(《清高宗纯皇帝实录卷之一二九一》)

○乾隆五十二年丁未十一月○癸酉,封闭独石口厅属槽碾沟煤窑七座,从直隶总督刘峨请也。(《清高宗纯皇帝实录卷之一二九二》)

○乾隆五十二年丁未十二月○壬子,举行本年各驻防军政。……察哈尔卓异官二员,罢软官二员,有疾官四员,才力不及官二员。……分别议叙处分如例。

○甲寅,谕:"据海宁查奏,延庆州仓储亏短一折,内称从前所亏仓库各款二万四千两,现在查明,均已抵补有项。此外所缺仓豆一千七十五石,照例核算。计银五百三十七两五钱,业据参革知州纪闻歌供认支用无存。请将纪闻歌从重发往伊犁,充当苦差。所亏豆价,着落该管知府王衍绪名下追出。并请将刘峨、梁肯堂及该管道府、历任藩司道府交部分别议处等语。纪闻歌于仓贮豆石亏缺至一千七十五石之多,现经海宁讯据,纪闻歌供称,所有亏短缘由,从前曾经详过上司。乃该督刘峨及藩司梁肯堂并不即时查办具奏,任其悬宕,至今尚未弥补足额。刘峨、梁肯堂在直隶总督藩司任内有年,于所属仓储亏缺置之不办,实属废弛。所有纪闻歌亏缺豆价,除着落该管知府王衍绪追缴外,刘峨、梁肯堂仍着各加十倍罚出,并着交部严加议处。其该管道府及历任该管上司,俱着交部,一并严加议处。余俱着照海宁所奏办理。"(《清高宗纯皇帝实录卷之一二九五》)

公元1788年

○乾隆五十三年戊申春正月○庚午,谕:"上年直隶宣化府属各州、县雨泽愆期,田禾被旱成灾。节经降旨,令该督分别赈济,毋使一夫失所。第念今春正赈已毕,青黄不接之时,民食不无拮据,着再加恩,将保安、宣化、万全、怀安、西宁、怀来、蔚州等七州、县成灾七分以上之极次贫民,概行加赈一个月。并将本年应征地粮暨节年应征新旧钱粮仓谷,缓至本年秋后征收,以纾民力。其被灾六分以下,及勘不成灾地亩,仍着该督察看情形,酌借口粮籽种,以资接济。该督务须督饬所属,实力经理,俾灾黎均沾恺泽,以副朕敷惠畿甸,用普春祺至意。"该部即遵谕行。(《清高宗纯皇帝实录卷之一二九六》)

○乾隆五十三年戊申三月○甲申,又谕曰:"乌尔图纳逊等奏,察哈尔镶红旗旧厄鲁特骑都尉罗卜藏拉布坦,于三月初一日夜间,自本旗游牧地方逃走等语。罗卜藏拉布坦系骑都尉,乃无故潜逃,恐有别项情节。计其逃逸后,或潜藏该处,或就近在直属、山西潜匿,俱未可定。着传谕刘峨、明兴,饬属严拏务获,解京审办,毋任远扬。"

○是月,直隶总督刘峨奏:"上年宣化等属被旱成灾,粮价较昂。现在官为减粜,若仅照歉收例,每石减银一钱,仍形拮据。请将宣化等七州、县并张家口、独石口,及灾邑毗连之延庆、赤城、龙门等三州、县,一体查明市价。如在一两六钱以上者,每石减一钱五分。一两八九钱以上者,每石减二钱。并令零星粜卖,以济灾黎。"得旨:"自应如此。"该部知道。(《清高宗纯皇帝实录卷之一三○一》)

○乾隆五十三年戊申夏四月○丁酉,谕军机大臣等:"据明兴奏,接奉谕旨,查拏察哈尔骑都尉罗卜藏喇布坦一折。其折首辄用缉拏逃官字样,由驿递奏,殊属过当。察哈尔系游牧地方,此等旗员或因穷苦无奈,或被索债急迫,潜避不出。该督抚等接奉谕旨后,祇须饬属留心查访,何必张大其词!况并未经拏获,不过以一奏塞责,仍属毫无实际。明兴着传旨申饬。此事昨据刘峩覆奏:现在遵旨一体严缉,但外省积习,于缉捕事件往往托诸空言,何尝实力蹓缉!着传谕刘峩,惟当督饬所属,随时留心察访,务得罗卜藏喇布坦下落。不得如明兴之徒事铺张也,将此各传谕知之。"(《清高宗纯皇帝实录卷之一三〇二》)

○乾隆五十三年戊申四月○癸丑,谕:"据刘峩奏,顺天等府属四十九州、县本年春夏以来,雨泽短缺,麦收歉薄,大田亦多未布种,小民生计不无竭蹙等语。……所有顺天府属……并宣化府属之延庆、赤城、龙门三州、县,应征节年新旧钱粮、仓谷旗租,及万全等州、县上年因灾赏借之口粮,俱着加恩,一体缓至秋成后再行征收。如并无节欠粮租者,准其将本年新粮一体缓征。俾民间生计益资宽裕,以副朕轸念民依,有加无已至意。"该督即遵谕行。

○庚申,直隶总督刘峩疏报:"滦州、昌黎、乐亭、唐县、怀安、丰宁六州、县垦地六十七顷七十九亩有奇。"

○是月,直隶总督刘峩奏报保定省城得雨情形。得旨:"此实深沐天恩,益深钦感。四月甘霖,十年不一遇者。"又奏:"现在缺雨之宣化府属七州、县,张家口、独石口二厅,及延庆、赤城、龙门三州、县,粮价稍昂。请格外减价出粜,通省各府、州所属,亦照例平粜。"得旨:"自应如此。"该部知道。(《清高宗纯皇帝实录卷之一三〇三》)

○乾隆五十三年戊申五月○乙丑,谕军机大臣曰:"……直隶顺德、广平、大名、宣化各属,前据刘峩奏,四月二十三、四、五等日所得雨泽,惟宣化一府可称深透。……着传谕刘峩、毕沅,查明从前缺雨各属此次续得雨泽。大田可以乘时播种者,或酌量借给籽种,俾得上紧一律赶种。至得雨未透处所,如已成偏灾,即据实奏明,量加抚恤。不可因各属俱沾雨泽,其缺雨处所无多,遂不妥为经理,致令向隅。仍将各该处现在民情是否不致拮据,大田可望有收之处,确切查明,迅速具奏。勿得稍存讳饰,以慰廑注。"

○壬申,蠲免直隶保安、宣化、万全、怀安、西宁、怀来、蔚州七州、县乾隆五十二年水灾民田旗地额赋有差。(《清高宗纯皇帝实录卷之一三〇四》)

○乾隆五十三年戊申五月○辛巳,谕:"据永铎等奏,察哈尔兵丁察汗口于买牲处所,将哈萨克巴斯伯克推跌致死。当将察汗口绞决外,请将该管官员分别革职议处等语。所办甚是。哈萨克巴斯伯克系外藩之人,非内地民人可比,如此办理,不但令伊众心服,兵丁等亦知所畏惧。着交保宁等,嗣后遇有此等事件,均照此妥协办理。其哈萨克等倘有将内地民人戕伤致命者,亦照此例治罪。"

○乙酉,谕军机大臣等:"连日途次雨泽频沾,云气皆自西北而来,似应系山西大同一带地方。昨据刘峨、刘允桂先后奏报,宣化等处皆已得雨深透。大同与宣化境壤毗连,亦必已得有醲膏。何以尚未据明兴奏?及该处为上年被旱之区,本年春间又复雨水缺少。虽四月下旬,业经普得透雨。但现届大田长发之时,正资渥泽涵濡。着传谕明兴,即将大同一带近日曾否续得透雨,大田曾否播种齐全并长发情形若何,迅速查明,据实覆奏,以慰廑念。"寻奏:"大同于四月下旬得雨,催令赶种。本月十四五等日续沛甘霖,一律种齐长发。"得旨:"欣慰览之。"(《清高宗纯皇帝实录卷之一三〇五》)

○乾隆五十三年戊申六月○庚戌,又谕曰:"察哈尔部落鳏寡孤独人等,向系无项养赡。着传谕保宁,查明有项可动,即照满洲索伦之例

办理。否则动正项银两生息,酌量散给,毋俾失所。以副朕一体矜恤满洲蒙古至意。"(《清高宗纯皇帝实录卷之一三〇七》)

〇乾隆五十三年戊申十月己丑朔〇谕曰:"刘峨奏,宣化府属蔚州北门子等九十九村、西宁县石宝庄四十村、怀安县西阳河等十五村,于八月初旬,雨中带雹。田禾间有折损,未能一律成熟等语。蔚州、西宁、怀安三州、县所属村庄,田禾被雹受伤。虽系一邑中之一隅,不至成灾,但念该处上年甫经受旱,今秋又复被雹,收成歉薄。若将新旧钱粮一例催征,民力恐未免拮据。所有该三州、县被雹之一百五十四村庄应征新旧钱粮仓谷,俱着缓至次年麦熟后征收,以纾民力。仍着该督酌量情形,借给口粮籽种,俾资接济。"该部遵谕即行。(《清高宗纯皇帝实录卷之一三一四》)

〇乾隆五十三年戊申十一月〇甲申,裁察哈尔镶黄、正黄、正白三旗牛羊牧厂总管。从察哈尔都统乌尔图纳逊请也。(《清高宗纯皇帝实录卷之一三一七》)

〇乾隆五十三年戊申十二月〇是月,直隶总督刘峨奏:"上年参革延庆州知州纪闻歌,亏缺存仓米谷黑豆二万余石,前经奏明于今年秋后买补。查该州境山路崎岖,商贩稀少。本年秋收虽有九分,而上年宣化一带,均系被旱灾区。该州与灾地毗连,民间鲜有盖藏。若将前项米谷全数采买,市价增昂,且妨民食。请先照依市价,采买一万石,余俟明秋买补。"得旨:"如议行。"(《清高宗纯皇帝实录卷之一三一九》)

公元1789年

〇乾隆五十四年己酉正月〇丙子,调山西大同镇总兵沐特恩为甘肃西宁镇总兵。以提督职衔彭廷栋署山西大同镇总兵。

〇己卯,谕军机大臣等:"据明亮等奏称,伊犁解到安集延回子沙哈林达尔等,至喀什噶尔,将伊等所带俄罗斯货物封锢,明白晓谕,逐出卡外等语。自恰克图停止贸易以来,因大黄为俄罗斯必需之物,屡经严禁。乃商人等冀图厚利,知新疆伊犁、喀什噶尔等处,与哈萨克布鲁特、安集延较近。此等之人,常在俄罗斯地方贸易往来,将大黄带往新疆,转售与俄罗斯。不惟可得重利,且将俄罗斯之布勒噶尔哦噔绸等物换来,又卖与伊犁、喀什噶尔等处,所关紧要,已经降旨禁止。并据明亮、福崧,各查出商民回子私贩大黄数千斤,亦降旨令其从重治罪矣。前此据蕴端多尔济奏,风闻恰克图自停止贸易以来,俄罗斯等因不得税银,伊等属下增派差务等语。看此情形,俄罗斯等既不能得必需之大黄,且税银短少,即增添属下差使,亦于伊等无益。情急势迫,自不得不恭顺天朝,请开贸易。但不行严禁密察,俄罗斯等仍得大黄,则与不停贸易何异?着传谕伊犁、塔尔巴哈台、喀什噶尔、叶尔羌等处,通俄罗斯边界之将军大臣等,饬各卡座,严行搜查。断不得将大黄透漏与哈萨克、布鲁特、安集延人等,并不得将俄罗斯所出货物带回。至乌里雅苏台、科布多、库伦地方,俱与哈萨克、俄罗斯接壤,将军大臣等驻札之地,虽易于稽察,各卡人等惟利是图,潜以大黄与俄罗斯易物,亦未可定。着传谕复兴、保泰、蕴端、多尔济,务须严饬各卡遵行外,仍留心稽查。果有贪利违禁者,一经发觉,即从重治罪,以示惩儆。并传谕直隶陕甘总督、山西巡抚,实力严饬张家口等处。不得将大黄令其出口,并饬乌尔图纳逊一体严查。"

○甲申,谕曰:"直隶宣化镇总兵着希当阿调补,以便迎养。"○又谕:"福建建宁镇总兵希当阿,亲老无子。是以降旨令其与直隶宣化镇总兵刘允桂对调,俾得就近迎养,以示体恤。刘允桂才具中平,福宁镇虽非要缺,亦系海疆专阃之任。该员能否胜任之处,着传谕伍拉纳到任后,留心察看。如果才具可期胜任,自可毋庸更换。倘于福宁一缺有不能胜任之处,即据实具奏,候朕另行简用,毋得稍有瞻徇。"(《清高宗纯皇帝实录卷之一三二一》)

○乾隆五十四年己酉三月○壬戌,直隶总督刘峨奏:"顺德、广平、大名三府并宣化府属保安等七州、县,前因被旱成灾,一切新旧钱粮分别蠲免带征。但灾歉之后,民力未纾。请将顺德等三府属五十二、三两年缓征钱谷。宣化府属五十二年赏借两月口粮并带征粮银,俱缓至本年秋后征收。"得旨:"着照所请行。"该部知道。(《清高宗纯皇帝实录卷之一三二四》)

○乾隆五十四年己酉夏四月○丁酉,直隶总督刘峨疏报:"乾隆五十三年,大兴、宣化、丰宁三县垦地三顷五十亩有奇。"(《清高宗纯皇帝实录卷之一三二六》)

○乾隆五十四年己酉四月○甲辰,兵部议覆察哈尔都统乌尔图纳逊奏称:"军台效力废员,三年期满、完交台费者,仍由都统具奏。其限满未交,应如该都统所奏,移咨旗籍查明财产。若有力能缴、故意迟延者,发往乌鲁木齐永远充当苦差。实系赤贫不能完缴,再留台三年,由该都统遣回旗籍,报部查核。"得旨:"嗣后军台效力各员,如无力完缴台费者,着于期满后再留台五年。"

○乙巳,军机大臣议奏:"革职总兵希当阿于所辖兵丁,不能实力稽查,致炮位遗失,请发往伊犁效力赎罪。"得旨:"希当阿于所辖兵丁,不能实力稽查,以致擅离汛守,有遗失炮位之事。问拟发遣伊犁,固属罪所应得,第念伊父前在西路打仗阵亡,伊屡次出兵乌什、云南、金川、台湾等处,尚能出力。伊又现无子嗣,无人养赡老母,情殊可悯。希当阿着革职,仍以健锐营护军用。所有发往伊犁效力赎罪之处,着加恩宽免。"

○壬子,步军统领衙门奏:"直隶宣化县铺户常怀恒、曹氏,呈控该县知县王秉正欠银不还,挟嫌枉断。请派大臣前往审办。"得旨:"此案着派姜晟驰驿前往审办,原告常怀恒、曹氏,照例解往。"

○丙辰,豁免直隶宣化、万全、怀安、西宁四县乾隆五十三年旱灾额赋。(《清高宗纯皇帝实录卷之一三二七》)

○乾隆五十四年己酉五月○戊辰,谕:"据姜晟奏,审拟山西监生常怀恒控告宣化县知县王秉正赊欠布银不还一案。将王秉正问拟杖罪纳赎,已批令该部议奏矣。此案王秉正虽无因常怀恒催讨布价,挟恨故出情事;但赊取布账,不即清还,以致常怀恒藉词控告,自有应得之罪。外省大小衙门所有需用零星食物不能不就近取买,至布匹一项,尚非日用饮食之物可比。若在本境店铺任意赊取,必致绸缎货物亦一概取之若寄。胥役等乘机滋扰,甚至短发价值,势所必有,殊非整饬官方之道。嗣后各省府州县等衙门,除菜蔬油酱食物准其于本地方照市价平买外,其余需用布匹绸缎一切货物等项,或由本籍携带,或在邻境买用。毋得于管辖地方滥行赊买,致启勒索捐价之端。该管上司仍应随时稽察,如有仍在本境赊欠等弊,即行严参究治。着为令。"(《清高宗纯皇帝实录卷之一三二八》)

○乾隆五十四年己酉闰五月○庚戌,谕军机大臣曰:"刘峨奏,擒获行劫多案之凶盗李海等,审明定拟一折,已批交军机大臣会同行在法司核拟速奏矣。此案盗犯李海等胆敢纠约多人,在多伦诺尔地方肆行劫掠,实属目无法纪。口外地方,多系蒙古居住,境壤辽阔,非口内可比。此等叠行抢劫之案，在内地已不应有其事。今口外亦似此盗劫频闻，蒙古人民皆难安处，更属不成事体。着传谕刘峨，务严饬该道府等，督率各厅，随时留心，实力严缉。务令奸宄敛迹，以靖口外地方。此次首伙各犯，业经拏获，府道等姑免议处。若将来不知认真督缉，复有此等肆劫之案，朕必将该管道府州县一并严议，决不宽贷。除就近令军机大臣传知热河道府外，并着刘峨传知口北，一体遵照。其逸盗孙二，仍着严缉务获，毋任远扬漏网。再此等在口外行劫重犯，自应即在犯事地方正法示众，方足使人知所儆畏。今因招解到省，留彼监禁，此时自不必再行解回，致有疏脱等事。而刘峨折内未将人犯现在何处声叙明晰，殊属疏漏。将此谕令知之。"(《清高宗纯皇帝实录卷之一三三一》)

○乾隆五十四年己酉秋七月○丁酉，谕："……其大名、宣化二府属，亦有被水地方，并着一并勘明。如有成灾处所，即行分别办理。该督务须督饬所属，实心经理，俾小民均沾实惠，毋致一夫失所，以副朕轸念灾黎至意。"该部即遵谕行。(《清高宗纯皇帝实录卷之一三三四》)

○乾隆五十四年己酉七月○庚戌，兵部奏："旗员休致革退，各处奏报、办理未能一律。请嗣后各省驻防及东三省、察哈尔、新疆等处，遇有告休革退官员，如三品总管、各城城守尉、协领、参领等大员，令该管大臣专折具奏。有应请给俸禄者，造册送部核议，毋庸于折内声叙。四五六品官员，除应纠参治罪者仍随时题奏外，若仅老病告休及弓马平常、供职怠惰、咎止革职官员，均令咨部办理。其应请给俸禄者，造册由兵部核议，具题请旨。其毋庸议给俸禄者，兵部入于半月汇题内存案，毋庸该管大臣题奏。再告休官员，例于具题后即行开缺。今四品以下告休革退各员，既令该管大臣咨部办理。亦应请一面咨部，一面开缺。"从之。(《清高宗纯皇帝实录卷之一三三五》)

○乾隆五十四年己酉冬十月○癸丑朔，谕："乌尔图纳逊现交部严加议处，难以留任。所遗察哈尔都统员缺，着保泰补授。"

○丁巳，又谕："昨因察哈尔侍卫齐巴克扎布控告该总管伊尔库多款，现经审明，伊尔库坐扣官兵钱粮入己各款皆实。其原告伊尔库之妻归宁来京，擅用乌拉，巡查牛马牧场，索取马二十匹，存公罚项牲畜内，取用马二十匹等款。齐巴克扎布俱系风闻，并无干证。伊尔库照例定拟，齐巴克扎布所告重案皆实。轻案子虚，例不坐罪，此特指平民不知律例而言。今齐巴克扎布身为轻车都尉兼三等侍卫，非不知律例者可比。所告重案虽实，尚有多案皆虚，若不薄惩其罪，恐长妄控之习。着交部察议，以为扳告者戒。着为令。"

○壬戌，大学士公阿桂议奏："据钦差尚书庆桂等将侍卫齐巴克扎布呈控察哈尔总管伊尔库克扣俸饷、苦累兵丁一案审讯得实，应将伊勒库拟斩监候，齐巴克扎布降一级留任，仍罚俸一年。都统乌尔图纳逊于伊勒库克扣之处，毫无觉察，应照例革职。其历任失察各员，分别降调。"得旨："伊勒库依拟应斩，着监候，秋后处决。乌尔图纳逊身为都统，于伊勒库敛扣俸饷不但未留心查办，且特保举。本应照部议革职，并革去世职；姑念其在乾清门行走有年，于此案尚无入己情事。伊所有云骑尉世职，系从前打仗出力所得，仍着加恩赏留，在乾清门二等侍卫上效力行走。"（《清高宗纯皇帝实录卷之一三四〇》）

○乾隆五十四年己酉十二月○戊午，又谕曰："乌尔图纳逊着赏给副都统衔，前往喀喇沙尔，更换德勒格楞贵。"

○癸亥，谕："从前各省城守尉员缺，并将宗室一体补放。城守尉一官，皆受督抚节制。身系宗室，受满洲大臣节制尚可。若受汉大臣等节制，于体制不协。是以各直省城守尉员缺，停用宗室。曾将山西、河南城守尉安庆、长庆，均已调补盛京所属城守尉矣。但念宗室于外省文职府道等官、武职绿营官员，俱不选用；而各省城守尉员缺，又不补放，伊等升途未免过少。着加恩,嗣后所有盛京城守尉员缺,皆以宗室补放。现在蓝带人员,暂且毋庸更调。俟缺出时,再将宗室等拣选,带领引见补放。"(《清高宗纯皇帝实录卷之一三四四》)

公元1790年

○乾隆五十五年庚戌二月○乙卯,以察哈尔部落领队大臣那延、厄鲁特部落领队大臣讷音对调。(《清高宗纯皇帝实录卷之一三四八》)

○乾隆五十五年庚戌三月○戊子,军机大臣以劫盗马十等一案定拟具奏,谕曰:"马十、薛热河儿、齐宽、刘得受,俱着即处斩。王世富在外把风,虽在情有可原之例,但身为县役,马十等行劫裕泰钱铺,悉由该犯指引。其不敢进店,系惧为事主识认,并非畏法。王世富亦着依拟斩决。王二、刘得受同系入室搜赃之犯,但王二一经到案,即将首伙供明,质证各犯,不能抵赖,使尘案速结,真盗无从漏网,尚可宽其一线。刘得受虽与王二一同供证,而行劫时,曾用铁尺殴打事主,情节较重,非王二可比。王二依拟应斩,着监候秋后处决,以示区别而昭平允。此案延玩,实出情理之外。若各省效尤,何以为治!但刘峨历任多年,尚属谨慎,业经降署侍郎,着加恩免其革任,仍注册。托伦前任热河道员失察重案,固难辞咎。究念道员无审转盗案之责,托伦着改为革职留任,免其降调。贡楚克扎布、明昆身为本府,于所属盗案并未查催审讯,俱着降调,留于直隶,以同知、通判,分别差委。得缺时,仍带革职留任。所有热河道员缺,着全保调补。其口北道员缺,着索诺木扎木楚署理。俟服阕后,再行实授。庆章前于景州失鞘案内革职,复令暂署清苑县事,今念其咎止失察,且曾任承德府知府,地方情形较为熟悉,着加恩补授承德府知府,仍带革职留任。所遗清苑县知县员缺,着梁肯堂拣员调

补。余依议。"(《清高宗纯皇帝实录卷之一三五〇》)

〇乾隆五十五年庚戌三月〇壬寅,谕军机大臣等:"本日刑部奏,察哈尔蒙古匪犯得尔格楞贵等强劫马匹案内,伙盗登晋即得克晋一犯因另案发配河南。业已飞咨河南巡抚审讯办理等语。着穆和蔺速提登晋即得克晋讯明,如果系此案伙盗,即将该犯在配所正法。倘该犯恃质证无人,藉词狡展,即派委妥员,将该犯径解察哈尔都统质讯办理。至该都统现获讯明咨部,经刑部拟斩立决之。得尔格楞贵、达尔济、丹津、阿玉什四犯,着传谕该都统于四犯内,择可与登晋即得克晋质证者,酌留一人,暂留监禁候质。其余三犯着即先行正法。至所留之犯,俟河南知照到日及解犯质证后,再行正法,并谕刑部堂官知之。"(《清高宗纯皇帝实录卷之一三五一》)

〇乾隆五十五年庚戌六月〇戊辰,谕军机大臣等:"昨梁肯堂奏,喀尔喀盟长贡楚克扎布差扎奇鲁克齐博罗特前来进贡,住宿多伦诺尔厅街外,被贼窃去银两衫帽等物。请将该同知交部议处,并饬令照数赔还等语。多伦诺尔地方过往之人银两被窃,该同知咎止失察。若饬令照数赔还,该处为蒙古部落往来孔道,一遇被窃之案,即令赔偿,同知所得廉俸无多,又安能逐案自出已赀,概为赔垫耶?且蒙古人众往来辐辏,其携带银两本难深悉。博罗特所失银八百余两,究属自不小心,失于防范。况系伊自行呈报,其虚实亦难凭信。即如西藏年班喇嘛,从前赴京,遇有遗失包件,俱着落地方官赔偿,以致报失者纷纷。自派委大员护送以来,将赔偿之例停止,今竟不闻有报失之事。可见伊等呈报被窃,未必不出于装点情节。所有博罗特被窃银两一案,着传谕梁肯堂,饬属严缉赃贼,务期弋获。其饬令该同知照数赔还之处,竟可不必。"(《清高宗纯皇帝实录卷之一三五七》)

○乾隆五十五年庚戌八月○乙亥，又谕曰："朱圭奏，直隶宣化府同知汤垣采买宝直局铅斤，在安徽和州地方陡遇暴风，将一号铅船沉溺。当经该州会同营弁运员，雇募水摸打捞，已经全获等语。向来各省采买铜铅等船，及滇黔等省运京铜铅，中途沉溺打捞无获或不能如数全获者，俱令各运员等分别着赔，将地方官议处。原以杜偷漏而示惩儆，但打捞不力，致铜铅损失。既定有罚赔议处之例，则认真捞获，并无缺少者，亦当量予甄叙。俾该员等知所激励，上紧打捞，以期沉溺铜铅不致终于无获，立法较为平允。嗣后遇有铜铅锡斤等船在途沉溺，该员果能实力设法全数捞获者，着该督抚查明咨部议叙，以示奖励。所有此次全获沉失铅斤之员，即着照此办理。"（《清高宗纯皇帝实录卷之一三六一》）

○乾隆五十五年庚戌九月○丙申，谕："据彭元瑞等奏，考试各省拔贡，直隶省东秋六号一卷，诗句平仄讹错甚多，又脱写二字，难以句读，应请将该生斥革等语。因令军机大臣拆阅弥封，系宣化府延庆乡学选拔增生杨廷抡。即将该生考取拔贡原卷并总督学政会考试卷详加核对，文理亦属平常，诗句兼有拗字。拔贡定例，如本学实无可拔之人，原应宁缺无滥。今似此滥膺选录，何以杜幸进而拔真才？杨廷抡着全行斥革，仍准其原名应试。所有原考之顺天学政金士松，及覆考之总督刘峨，俱着交部照例议处。"

○癸卯，又谕："据观明奏称，独石口驻防兵丁，房屋现在不敷居住。请于二十户每户加盖房两间等语。各省驻防兵丁所得官房，原俱有定额。迄今阅年已久，并无增办房屋者。若云独石口兵丁年久生齿日繁，则各省现在生齿亦皆繁庶矣。倘俱效尤，奏请增添房屋，亦实难准行。况此事亦非紧急不可等待者。观明系以副都统署都统事务，前既不同保泰具奏，今又不候乌尔图纳逊，自行专折具奏。无非见好沽名，观明着交部察议，仍着严行申饬。"（《清高宗纯皇帝实录卷之一三六三》）

○乾隆五十五年庚戌十一月○辛巳，谕军机大臣等："本年六月内，据梁肯堂奏，喀尔喀盟长贡楚克扎布差扎奇鲁克齐博罗特入贡。于多伦诺尔地方被贼窃去制造经典银八百余两并衫帽等物一案，曾降旨令该督通饬所属严拏。迄今将及半载，曾否将案内贼犯拏获，总未据该督奏闻。岂此等偷窃外藩来使之案，并不认真严缉，仅以一奏了事耶？着传谕梁肯堂，即行饬属查拏，务获赃贼，毋再玩延干咎。"（《清高宗纯皇帝实录卷之一三六六》）

○乾隆五十五年庚戌十一月○戊戌，谕军机大臣等："前据尹壮图奏，各省督抚藉罚项为名，派累属员，致仓库多有亏缺。因令将何人派累，何处亏缺，逐一指实。复据尹壮图奏称，亏空各省皆有，请简派满洲大臣，同伊密往盘查等语。其实在何省亏空，共有若干之处，并未指明。仍系摭拾浮词，笼统具奏，所言本无确据。但尹壮图既请派大臣同伊前往盘查，朕亦不肯颟顸了事。已派侍郎庆成，带同尹壮图前往山西，确切盘查，核实办理，以服其心。盖因尹壮图原奏内称，现有罚项之督抚，即自矢清廉，仍不得不望属员伙助。如书麟为督抚之较好者，未免尚瘅此失等语。是以即令其前赴伊所指书麟之省，由宣化行走，先至大同盘查。自北而南，直至省城藩库，将有无亏空之处核实盘验。着传谕书麟，即行迎赴大同，听候查办。至此次派庆成前往晋省，自应驰驿，按品支予廪给。其尹壮图系自请盘查之员，本不应一体由驿行走。但恐其自备车马，未免濡迟。止着给予驿马，不必支予廪给。将此由五百里传谕书麟，并谕梁肯堂知之。"（《清高宗纯皇帝实录卷之一三六七》）

○乾隆五十五年庚戌十二月○丁巳，谕："据刑部讯明，浙江道御史和宁，前在张家口监督任内所有未完税课盈余银两，实因是年张家口被旱成灾，客货往来稀少所致。并行文直隶总督查明属实，是该员应缴盈余银两，逾限不交，尚属有因。惟从前奏报时浮报虚数，较前任尚有加多。则其欺饰之咎,自所应得。和宁着照拟革职,其未完盈余等项银一万二千余两,着免其赔缴。所有将该员住房变抵,及在近支子弟内坐扣粮俸之处,俱着加恩一体宽免。"(《清高宗纯皇帝实录卷之一三六八》)

○乾隆五十五年庚戌十二月○壬戌,以故察哈尔三等建烈公敏珠尔多尔济子扎木巴勒策凌袭爵。

○乙丑,又谕:"据梁肯堂奏,阿布该卓里克图王进京,在宣化县榆林堡被贼窃去衣物银两,请将该县知县王澜交部严加议处,将失去衣物银两勒令照数赔还等语。外藩入觐经过州县,向无地方官派人护送之例。即偶有失窃物件,该县知县不过照窃案处分议处。俟躧缉贼匪后,起获赃物,再行给主,原不应照数赔赃。若一一为之赔偿,或竟致捏报,启诈冒之渐。从前因多伦诺尔遗失银两,该督请令赔偿,曾经降旨饬谕。今梁肯堂复有此奏,实属不晓事体。所有拉特纳锡第失窃赃物,惟当实力查拏,毋庸令该县赔偿。王澜着交部照例议处。"(《清高宗纯皇帝实录卷之一三六九》)

公元1791年

○乾隆五十六年辛亥三月○戊子,直隶总督梁肯堂疏报:"宣化县垦地一顷四十八亩有奇。"(《清高宗纯皇帝实录卷之一三七四》)

○乾隆五十六年辛亥夏四月○庚戌,谕曰:"梁肯堂奏,宣化镇总兵爱星阿现患痰疾,骤难痊愈,恳请解任等语。爱星阿准其解任回旗调理。所有直隶宣化镇总兵员缺,着扎勒杭阿补授。"(《清高宗纯皇帝实录卷之一三七六》)

○乾隆五十六年辛亥五月○庚寅，又谕："据理藩院奏，左右两翼苏尼特二旗游牧被旱成灾。该盟长扎萨克等向归化城等处借米千斗赈济，请派章京一员，会同该盟长扎萨克等查勘情形，俟查到时再行具奏等语。看来该处被灾较重，若俟查到再行办理，恐已缓不济事。着派副都统普福，署理察哈尔都统乌尔图纳逊赴苏尼特二旗游牧，会同该盟长扎萨克等查勘被灾情形。将从前所借米石即行赏给外，再于附近地方拨米千斗，迅速运往，遍给贫乏蒙古，毋使一人失所，以副朕轸恤蒙古臣仆至意。"（《清高宗纯皇帝实录卷之一三七九》）

○乾隆五十六年辛亥六月○辛亥，又谕："上年六月间，据梁肯堂奏，喀尔喀王贡楚克扎布差扎奇鲁克齐博罗特入贡，于多伦诺尔地方被贼窃去制造经典银八百两并衫帽等物，请令该厅同知照数赔还一案，曾降旨传谕该督，以赔偿银两，恐来使等有装点被窃，希图地方官赔偿之事，可以不必。惟在饬属严拏赃贼务获，迄今已届一年。曾否将案内贼犯拏获，未据该督奏闻。岂以此案一经奏报于前，遂可了事耶？着传谕梁肯堂，如贼犯业经缉获，即行奏闻。倘仍未弋获，务须严饬所属，认真躧缉，毋得视为海捕具文，日久玩延，致干咎戾也。"

○甲寅，谕曰："普福等奏，伊等亲至苏尼特两旗游牧，查勘被灾情形，办理赈济等语。该处连年被旱，贫穷蒙古必须广为赈济，方不致失所。着加恩将车凌衮布、巴勒珠尔雅喇木丕勒请借二年郡王俸银不必借与，即行照数赏给，令其散放贫穷蒙古人等。此项银就近于口北道库内速行支给。普福等仍往苏尼特两旗游牧，会同该盟长扎萨克等妥为办理，不得遗漏一人。车凌衮布、巴勒珠尔雅喇木丕勒各赏借郡王俸一年。俾整理产业牲畜，分作四年，坐扣完结。以副朕惠爱蒙古臣仆，一体轸恤至意。"（《清高宗纯皇帝实录卷之一三八〇》）

○乾隆五十六年辛亥秋七月○戊寅，谕："据永保等奏，拏获偷窃哈萨克马匹之察哈尔蒙古济兰泰、多尔济已经正法,并将帮助贼人借给马匹之棍楚克巴勒党、巴朗枷号解送内地发遣等语。永保如此定拟,办理甚是。新疆办事大臣,凡遇有关内地外夷人等事件,往往有心偏护内地之人。今永保并不偏护,如此秉公,示以大方,将偷窃马匹之贼拏获审明,令图伯特眼同正法,及晓谕杭和卓之处,甚属可嘉。至坐卡委署参领富桑阿,见哈萨克阿哈拉克齐图伯特禀到,即带兵寻踪追缉,将贼拏获,且不准图伯特恳求私息之请,据实报出,尚晓事体轻重,黾勉从事。岂但可宥其罪,仍当量为加恩,以示奖励。着永保将富桑阿记名,俟编等之时量加等第外。哈萨克阿哈拉克齐图伯特自己马匹被窃,反求私下向贼追还了事,只求饶此二人之命等语。外夷哈萨克如此诚笃,央求息事,亦属可嘉。并当奖赏。着永保即于彼处赏缎内,赏给图伯特一匹。察哈尔佐领呢勒齐海、骁骑校色楞扎布,俱系该管之员,乃济兰泰等胆敢偷越卡座,偷窃哈萨克许多马匹,皆由该员等平日管束不善所致。呢勒齐海、色楞扎布即照永保所奏,各罚俸一年完结。"(《清高宗纯皇帝实录卷之一三八二》)

○乾隆五十六年辛亥七月○丁酉,谕曰:"丹巴多尔济所出正红旗蒙古都统员缺,着保泰补授。保泰未来之前,着永琨署理。察哈尔八旗都统员缺,仍着乌尔图纳逊署理。"(《清高宗纯皇帝实录卷之一三八三》)

○乾隆五十六年辛亥九月○己亥,谕:"据乌尔图纳逊奏称,镶黄旗察哈尔三等侍卫德沁扎布,呈请将伊父那旺在时所买土尔扈特人十户共四十七名口,情愿纳进等语。着照乌尔图纳逊所奏,将德沁扎布纳进之土尔扈特十户四十七名口,即着附入察哈尔旗分厄鲁特佐领。"(《清高宗纯皇帝实录卷之一三八七)》

○乾隆五十六年辛亥十月○甲子,察哈尔都统乌尔图纳逊奏:"苏尼特两旗连岁旱荒，自蒙恩赈济后，雨泽如期，年谷顺成，野外生滋楚拉启勒，甚属丰稔。比户俱收藏御冬，各处就食者俱回家乐业。臣所管戈壁内十余台站，亦广产楚拉启勒。该处人等所收，足支来岁青草发生以前之用。谨囊封进呈。"御制沙蓬米诗序曰："蒙古东西苏尼特连年被旱，已即优加赈恤。兹据察哈尔都统乌尔图纳逊奏，前岁苏尼特野外所生楚拉启勒，居人藉此糊口，并囊贮呈览。是米内地所无，询之亦无知者。恭阅皇祖御制《几暇格物编》有曰沙蓬米者，枝叶丛生如蓬，米似胡麻而小，可为饼饵茶汤之需。凡沙地皆有之，鄂尔多斯所产尤多云云。今询之蒙古人，与《几暇格物》所言形状悉合，且西苏尼特地连鄂尔多斯。则楚拉启勒即为沙蓬米无疑。是米尝之，鲜有滋味，而荒年赖以全活者甚众，览奏为之心恻且慰，因成是诗。诗曰：东西苏尼特，前岁遭洊饥。由冬至夏秋，雨雪总未滋。所赖沙蓬米，沙地自生斯。然亦竟因旱，资食逊往时。闻之心恻然，遣赈银米施。天恩幸转旋，膏霖霈如期。嗟嗟蒙古众，乃得免流离。蓬米亦稔熟，户户饘粥炊。呈来一试尝，例草根树皮。北望心虽慰，调燮愧自知。"

○丁卯，又谕："现在剿办廓尔喀贼匪，索伦达呼尔兵丁向为得力。着都尔嘉将呼伦贝尔兵挑选六百名，打牲兵挑选四百名，照例办给马匹路费。令呼伦贝尔兵从多伦诺尔行走，打牲兵从八沟行走，迅速到京。所有领兵官，现令海兰察拟定富里善等十四人，将名册交与都尔嘉，遵旨办理，即行起程。并严饬该管官员，沿途管束兵丁，毋令稍有滋事。"（《清高宗纯皇帝实录卷之一三八九》）

○乾隆五十六年辛亥十一月○庚寅，谕据保宁奏，将偷窃哈萨克马匹之察哈尔兵丁玛穆特等三人立行正法，并请将失察官员分别议处等语："察哈尔兵丁玛穆特、班珠尔、济尔噶勒胆敢私出卡伦，偷盗哈萨克马匹，实为蔑法，殊属可恶。保宁于该处审明，即行正法，所办甚是。着赏给大荷包一对，小荷包四个，以示鼓励。卡伦章京佛会保着交部严加议处,察哈尔佐领萨木彦着罚俸一年。佐领乌尔图纳逊能留心访察,拏获盗犯,尚属奋勉。交保宁赏给该处库缎二匹,以示鼓励。余照所奏办理。"(《清高宗纯皇帝实录卷之一三九一》)

○乾隆五十六年辛亥十二月○癸丑,又谕年满张家口税务监督刑部郎中瑭瑞所收一年税额,核计前任监督所收数目盈余项下,较上年缺少银九千四百四十余两等语:"自恰克图禁闭以来,商贩货物较少。然历任监督悉遵额定数目征收交纳,从无缺少。今该监督瑭瑞所收盈余项下,较上年缺少银九千四百余两。或伊家人书吏有从中侵蚀、征多报少之弊,亦未可定。着传谕乌尔图纳逊,将瑭瑞少收税银或伊家人书吏等从中侵蚀入己,抑或实系张家口外附近地方荒歉,收成歉薄,商贩运售货物无多,始至比原额缺少之处,查明据实奏闻,毋得瞻徇。"(《清高宗纯皇帝实录卷之一三九二》)

公元1792年

○乾隆五十七年壬子正月○丁酉,谕:"前据张家口监督瑭瑞奏报,五十六年经征税务短绌盈余银九千余两等语。当经降旨,令该部都统乌尔图纳逊详查该监督任内有无侵蚀捏报情弊。兹据军机大臣及该都统查奏,瑭瑞任内所征关税银两,与该年到关货物各项核对,均属相符。采办官物,添用银两,及变价马驼,亦有赔垫。委系办理不善,尚无侵蚀情弊。但盈余短绌银两究系该监督不能妥为筹办所致,倘概予宽免,竟不示以薄惩,则人皆效尤,此风渐不可长。瑭瑞着降一级,以员外郎补用。所有短绌盈余银九千四百四十余两,着加恩宽免。"(《清高宗纯皇帝实录卷之一三九五》)

编者注:察哈尔都统行使对户部张家口税司署进行监理的职责。

○乾隆五十七年壬子三月○甲戌，谕："本日镶黄旗蒙古都统带领补行引见察哈尔公扎什巴勒车凌，系达什璘沁之孙，敏珠尔多尔济之子。念伊祖父曾经效力，扎什巴勒车凌着加恩在乾清门行走。"（《清高宗纯皇帝实录卷之一三九八》）

○乾隆五十七年壬子三月○辛卯，谕："据德勒克扎布奏称，和硕特原任四品台吉楚噜木、罗藏之妻等，现在孀居，无可依倚，应每年各赏银十两，以资养赡等语。前以和硕特之原任四品台吉楚噜木艰窘，曾经降旨，挑在乾清门行走。俾得俸饷，以资生计。讵楚噜木行至多伦诺尔地方身故。现在伊妻及罗藏之妻孀居无靠，安忍听其养赡无资？若照德勒克扎布所请，仅赏银十两，未免较少。着加恩楚噜木、罗藏之妻等，每年于房租内各赏给二十两银普尔钱，俾伊等终身得有养赡之资，以示朕体恤蒙古世仆至意。"（《清高宗纯皇帝实录卷之一三九九》）

○乾隆五十七年壬子秋七月○辛丑，谕军机大臣等："前因直隶省京南被旱各州县无业贫民至京就食者日众，并多有出口觅食者，已有旨令梁肯堂速赴河间、景州一带周历查勘，即时散赈，俾资糊口。但恐该督接奉前旨，错会朕意；或虑贫民赴京日多，惧干咎戾，令地方官先行拦阻，则此等乏业贫黎，无从得食。岂不竟至转于沟壑，更非朕痌瘝在抱之意。此时京城各厂，领赈者已不下二万人。今年京南各属被旱较广，地方官散赈恐有未周。若不设法办理，则京城热河就食者，日聚日众。古语救荒无善策，现询据热河道府等称，热河领赈贫民，有每日赴厂食粥者，有领过一二次，不复再来者。该道府访问情形，此等领赈贫民，并非俱藉粥赈度活。其稍有力者，即分赴他处手艺佣工，各自谋生等语。可见领赈贫民内，稍资接济，原即有可以自谋生计之人，并非一律嗷嗷待哺，专资粥赈度日。除已令热河道府就近晓谕各贫民，由张三营、波罗河屯等处，分往各蒙古地方谋食者不禁，其京南地方亦应一体妥办。着梁肯堂即转饬各州县,于赴京出口通衢,令各地方官遇有贫民,详晰晓谕'今年关东盛京及土默特、喀尔沁、敖汉、八沟、三座塔一带,均属丰收。尔等何不各赴丰稔地方佣工觅食,俟本处麦收有望,即可速回乡里'。如此遍行晓谕,并令其或出山海关赴盛京一带,或出张家口、喜峰口赴八沟、三座塔暨蒙古地方,不必专由古北口出口。则贫民中稍可力图自给者,知有长远觅食之路,自必分投谋生。不至齐赴粥厂,致滋拥挤,人多致病,庶更妥协。但总须善为开导,不可加之拦阻。此事该督贻误于前,再不实力稽查,任令地方官吏克扣浮冒,其咎已不止于革职留任。若复将赴赈贫民,阻其生路,则其咎更重,断不能稍为宽贷也。将此再传谕知之,仍即将如何发赈及劝谕分赴各处就食情形,迅速覆奏。"(《清高宗纯皇帝实录卷之一四〇八》)

〇乾隆五十七年壬子八月〇壬申,谕军机大臣等:"步军统领衙门奏,直隶万全县民人王泰来呈控伊子王世文被齐齐哈尔索伦松安保杀害,呈控该副都统不为究办等因一折。王泰来所控伊子王世文被松安保杀害,并将尸身残毁,如果属实,自当严审办理。即或王世文与松安保之妻通奸,若已离奸所,则非奸所杀奸,仍当照律定拟。况属指奸,尚在疑似之间。乃该副都统并不虚衷研鞫,仅将松安保杖责完案。迨王泰来亲往控诉,反勒令尸亲具结领尸,难保无袒护情弊。不可不切实究办,以成信谳。昨苏凌阿派往盛京审办事件,着传谕苏凌阿于前案审竣时,即前赴该处,提集犯证,秉公严审,定拟具奏。勿得稍存回护,以副委任。"(《清高宗纯皇帝实录卷之一四一〇》)

〇乾隆五十七年壬子十二月〇戊寅,举行本年各驻防军政。……察哈尔卓异官四员,罢软官一员,有疾官一员。……分别议叙处分如例。(《清高宗纯皇帝实录卷之一四一八》)

公元1793年

○乾隆五十八年癸丑正月○壬子，又谕："据庆桂等奏，审明福崧、柴桢侵婪各款迹，于原参二十二万两之外，又经供出侵用掣规值月差费等项共银六万六千余两。质之福崧，伊亦无可置辩等语。是此案福崧、柴桢侵挪各款，已经审讯明确。其柴桢所供，福崧曾向伊要过金子二百两，福崧止认得过金子一百两，与原供不符一节，现已行文察哈尔都统，将经手转送之归景照，解京质讯，自可无从遁饰。福崧侵婪银两，为数甚多，其罪名轻重亦不在此金两一款。着传谕庆桂等，即就现在审明情节，将福崧、柴桢按律从重定拟，迅速结案。"(《清高宗纯皇帝实录卷之一四二一》)

○乾隆五十八年癸丑二月○乙酉，谕军机大臣曰："梁肯堂奏到直隶各州县雨雪清单，朕详加披阅。内河间、顺德等属得雨仅止一寸，即顺天、永平、宣化等属，亦不过二三寸，得雨未能沾足。"(《清高宗纯皇帝实录卷之一四二三》)

○乾隆五十八年癸丑六月○乙丑，又谕："锡伯、索伦、察哈尔兵丁，素称强劲。闻自移驻伊犁以来，渐形懦弱。生计亦属艰窘。着传谕保宁加意调剂，并教导厄鲁特等，毋致缓急无用。"(《清高宗纯皇帝实录卷之一四三〇》)

○乾隆五十八年癸丑六月○是月，伊犁将军保宁奏："从前移驻伊犁之锡伯、索伦、察哈尔兵丁，业经三十年，户口滋生，倍加往昔。其察哈尔、索伦兵丁等，均有赏给滋生银两。惟锡伯仅存盐菜银滋息，不敷支用。请将余存节年粮米二万二千余石,除留一年口粮外,趁价变卖,可得银一万两。着落本处同知,交殷实商人作为滋生银两。"得旨:"甚是。"(《清高宗纯皇帝实录卷之一四三一》)

○乾隆五十八年癸丑七月○戊午,又谕:"据保宁奏,将拏获偷窃察哈尔马匹之哈萨克博推等三犯审明后即行正法等语。哈萨克等胆敢偷窃察哈尔马匹,情殊可恶。保宁将博推等拏获审明后,即行正法,所办甚当。此次布克申委官伊什珂,询知察哈尔德勒图等失马,即行带兵跟寻,将贼犯马匹俱行拏获,实属奋勉。伊什珂着以应升之缺,即行坐补。仍赏大缎二匹,以示鼓励。至追获被窃马匹,例应入官。但伊等究系穷兵,恐于生计失当。嗣后此项被窃马匹牲畜拏获后,减半给与失主。如此既足以示本身马匹不留心巡守者戒,而于伊等生计,亦不致失所。德勒图所失马匹,即照此办理。"(《清高宗纯皇帝实录卷之一四三三》)

○乾隆五十八年癸丑八月○戊寅,又谕:"据保宁奏,锡伯、索伦、察哈尔、厄鲁特等生计情形内察哈尔部落较为艰窘,其余部落皆已安堵,渐可充裕等语。察哈尔等迁移时,途次损伤牲畜已多,兼之数遭疫疠,抵补官畜,是以生计拮据,自应调剂。若将察哈尔所牧官畜移交厄鲁特牧养,伊等不致赔补。或牲畜别可设法筹办,或将伊部落滋生之项酌为生息接济,以期饶裕之处。着传谕保宁,熟筹具奏请旨,以示朕轸念察哈尔臣仆之意。"(《清高宗纯皇帝实录卷之一四三五》)

○乾隆五十八年癸丑十一月○丙申,以直隶口北道索诺木扎木楚为按察使。(《清高宗纯皇帝实录卷之一四四〇》)

○乾隆五十八年癸丑十二月○己卯,又谕:"据乌尔图纳逊等奏,三旗牧放马驼牛羊官,擢至副总管,别无升途。现有总管缺出,请将端多克同京城应补人引见。嗣后遇察哈尔旗分总管缺,即于牧放马驼总管、牧放牛羊副总管内,拣选三员,同应补人引见补放等语。端多克已来京,暂准其引见。但副总管系五品,升三品总管太优。嗣后如何令其升途不致壅塞,着军机大臣及各该衙门议奏。"寻军机大臣等议奏:"查察哈尔地方参领,正三品。佐领,正四品。请嗣后牧放马驼牛羊官,当差奋勉者,参领缺出,总管准同应升人拣补;佐领缺出,副总管准同应升人拣补。"从之。(《清高宗纯皇帝实录卷之一四四三》)

公元1794年

○乾隆五十九年甲寅春正月○壬寅,谕:"据保宁奏,伊黎察哈尔部落生计稍艰,请借支三年饷银六万四千八百两,分作十五年扣还。即将此项解交陕甘总督,给令山西、河南商人生息,以资接济等语。察哈尔自移驻伊犁以来,诸凡差务尚属奋勉,如借给饷银按月坐扣,朕心不忍。着加恩即于陕西藩库动支银六万四千八百两赏给,交勒保、秦承恩发陕西商人生息。除另降谕旨,令将每年所得利息于陕省每年应解伊犁饷银时搭解前往外,保宁务须不时留心,妥为经理,以示朕轸恤察哈尔臣仆之意。"○谕军机大臣曰:"保宁奏,伊犁察哈尔兵丁生计稍艰,请借给三年钱粮,共计六万余两,分作十五年扣还。如蒙允准,即照伊犁满营存公马价之例办理,交与陕甘总督,转解陕西、山西、河南,发商一分生息等语。已另降清字谕旨竟行赏给,不必借支扣还矣。此项银两,若由伊犁运至内地,解送既不免劳费,且为数无多。陕甘省分尽可发商生息,不必转解河南、山西等省,徒滋烦扰。甘肃地方清苦,陕西殷实商人甚多。着传谕勒保、秦承恩,即于西安藩库内动支银六万四千八百两,发商一分生息。将所得利银每年于拨解饷银时搭解前往,以为贴补伊犁察哈尔兵丁公用。该督抚务须妥协经理,俾商人藉沾余润,而兵

丁生计，益资宽裕。将此并谕保宁知之。"(《清高宗纯皇帝实录卷之一四四四》)

○乾隆五十九年甲寅二月○壬午，谕军机大臣等："本日据梁肯堂奏，顺天、保定、永平、正定、宣化等府先后具报，同于二月十八日得雨一二三四寸不等。"(《清高宗纯皇帝实录卷之一四四七》)

○乾隆五十九年甲寅五月○己丑，谕军机大臣曰："梁肯堂奏二麦收成分数一折，内称计十一府六州通共约收四分有余等语。麦秋仅止四分，是夏收竟不及半。况此内尚有宣化、承德等府所收六七分不等。通匀牵算，始有四分。则其余缺雨处麦收歉薄，已可概见。虽上年直隶通省秋收丰稔，现复降旨缓征平粜，但究恐民食维艰，不可不亟筹接济。着传谕梁肯堂，即行查明，入于夏灾案内速行办理。并董饬所属，认真妥办，务使闾阎均沾实惠，不致稍有失所。以副朕惠爱黎元、有加无已至意。所有缺雨各州县，若日内一得透雨，仍着迅速驰奏。"(《清高宗纯皇帝实录卷之一四五二》)

○乾隆五十九年甲寅五月○辛亥，又谕："……直省惟永平、宣化、承德等府，得雨尚为沾足，秋成有望。其余各属雨泽均属稀少，秋收未免歉薄。……着传谕福宁，迅速查明据实具奏，以副朕轸念灾区至意。"(《清高宗纯皇帝实录卷之一四五三》)

○乾隆五十九年甲寅八月○甲子，谕："塔尔巴哈台之察哈尔等，无产业牲畜者甚多。今虽赖屯种资生，其生计究未能充裕。着加恩于该处房地租内，每年拨银七百七十余两赏给，交伍弥乌逊妥为查办。务令无力察哈尔等均沾实惠，以示体恤。"(《清高宗纯皇帝实录卷之一四五八》)

○乾隆五十九年甲寅八月○戊寅，又谕："据保宁奏，伊犁察哈尔总管一缺、绿营都司守备二缺，各保一人，奏请补放等语。凡补放官员，俱拟定正陪，带领引见。倘拟正之员才具平庸，远不如拟陪之员，间有补放拟陪者。如拟正之员稍有可观，未有不补放拟正者。因伊犁等处道路遥远，并不引见，令该将军大臣等拟定正陪奏补。虽每次总以拟正人员补放，然究有拣选正陪、候朕补放之体制。今保宁于总管等三缺，仅各保一人请补，与伊自专何异？此风一长，各该将军、督抚等相率效尤，尚复成何政体！保宁着严行申饬，仍交部议处。所奏总管等缺，着保宁另行拟定正陪、奏请补放外，将此通谕各省将军、副都统，督抚遵行。"（《清高宗纯皇帝实录卷之一四五九》）

○乾隆五十九年甲寅十二月○辛巳，调察哈尔副都统观明为青州副都统。以正红旗满洲参领觉罗金良为察哈尔副都统。（《清高宗纯皇帝实录卷之一四六七》）

公元1795年

○乾隆六十年乙卯三月○丁丑，谕曰："雅德等奏护解遣犯兵役纵犯自缢一案，将管押不严又捏报病故之解兵及州役，问拟发遣察哈尔为奴，其并未详加验看。辄据兵役所禀，率行具报病故之外委于光明，审无捏饰情弊，即行革责，均应照所拟办理。至安西州解票、原填解役萧自伏、马成江二名，而马成江并未一同管解。讯系虚填姓名，实属疏玩。着勒保查出公差不慎之各员，交部议处，以示惩儆。"（《清高宗纯皇帝实录卷之一四七五》）

○乾隆六十年乙卯夏四月○壬午，直隶总督梁肯堂疏报："乾隆五十九年东安、香河、宛平、顺义、怀柔、三河、武清、宝坻、天津、宣化十县，共垦地二百十六顷二十亩有奇。"(《清高宗纯皇帝实录卷之一四七六》)

○乾隆六十年乙卯六月○癸巳，谕军机大臣等："本日额驸拉旺多尔济差人至行在请安，询之该折差护卫福禄，称察哈尔正红、镶红二旗及绥远城俱未得透雨，现在望泽等语。察哈尔正红、镶红二旗及绥远城地方，与山西西北各府州接壤。该处既未得透雨，想关外一带自亦未获醲膏。现在时值大暑，稻粱禾黍，正资雨泽长发，何以未据蒋兆奎奏及？着传谕该抚，即将近边及关外地方是否缺雨，田禾有无妨碍之处，迅速查明，据实覆奏，勿得稍存讳饰。"

○甲午，谕军机大臣曰："蒋兆奎奏，太原等九府属并辽州各直隶州属及归绥道所属，于五月二十前后并六月初一日等日，得雨自二三四寸及深透不等一折。昨因询据拉旺多尔济折差福禄，称察哈尔正红、镶红二旗地方，暨绥远城俱未得雨。山西沿边一带与该处接壤，恐亦未获醲膏，已有旨询问蒋兆奎矣。本日又阅该抚所奏，粮价单内，如辽州、代州及归绥道所属米粮价值，俱较上月贵至八九分及一钱不等。虽青黄不接之时，粮价稍增，亦常有之事，但究属昂贵。辽州、代州皆系近边。归绥道所属，俱系绥远城一带地方。该处粮价增长，自因雨泽稍稀所致。看此情形，福禄所称缺雨之处，不为无因。沿边及口外一带，固止系该省中之一隅。第小民觅食维艰，亦不可不亟为调剂。即如直隶省今年雨水调匀，可卜丰收。……着再传谕蒋兆奎，即速查明沿边及口外各属是否情殷望泽，田禾有无妨碍。如有应行接济者，即一面妥为办理，据实奏闻。毋得稍存讳饰，以副朕轸念民依至意。"(《清高宗纯皇帝实录卷之一四八〇》)

○乾隆六十年乙卯九月○乙丑，又谕："黑龙江将军员缺，着永琨调补。图桑阿着授为正白旗汉军都统，调补乌里雅苏台将军。图桑阿接奉谕旨,将将军印信交副都统署理,由彼驰驿赴乌里雅苏台任。永琨交代图桑阿后,亦即由彼驰驿赴黑龙江任。俱不必来京请训。西安将军员缺,着恒瑞调补。所遗绥远城将军员缺,着乌尔图纳逊补授。其察哈尔都统员缺,着博兴补授。博兴遗缺,着调特克慎往库伦驻札办事。特克慎遗缺,着调策巴克往西宁驻札办事。策巴克现在出差,俟伊回至西宁,特克慎交代后,再赴库伦更换博兴。博兴至张家口,乌尔图纳逊交代后,再赴绥远城将军任。永琨系朕之侄,最近宗室。想应顾惜体面。至黑龙江时,务须痛惩陋习,实心办事。"(《清高宗纯皇帝实录卷之一四八七》)

公元1797年

○嘉庆二年丁巳五月○戊午,敕谕:"据贡楚克扎布奏请,将从前伍弥乌逊奏交绿营官员指教种地之察哈尔兵丁,准其仍回原游牧处所照料牲畜种地等语,所奏是。着照贡楚克扎布所请,将察哈尔人等种地器具牛只,并此三年耕获积存之谷麦俱赏伊等,准其回归本游牧处所。但伍弥乌逊从前奏留察哈尔兵丁教种田地,原以伊等不谙耕种起见。视其已能,即应令其回归本游牧处所种地,兼可照顾牲畜。乃一味糊涂,令伊等频赴塔尔巴哈台地方,几至有误伊等牧放牲畜之事。从前伍弥乌逊妄奏借给土尔扈特过夏地方,已将伊治罪;今复施恩,令伊往哈密承办事务。伍弥乌逊着严行申饬,嗣后诸事务须留心,更加谨慎。倘若仍前糊涂办理,朕必从重治罪。"(《清高宗纯皇帝实录卷之一四九六》)

○嘉庆二年丁巳冬十月○癸丑,敕谕:"据汪新奏,副都统齐哩克齐将察哈尔马匹送至襄阳府交代,即便回京等语。齐哩克齐系有罪厄鲁特。宽免后,经朕节次施恩用至副都统之人。此次派伊前往湖北护送马匹，即当赶送直至军营。伊系有巴图鲁名号，既至军前，并不图效力，亦不恳请带兵，殊无良心。若系满洲臣仆如此，必在彼处正法。今姑念齐哩克齐系庸愚厄鲁特，曲全伊命。此即朕格外施恩。着将齐哩克齐革职，仍交所过各省督抚等，于齐哩克齐行抵何处，即传旨革职。令伊自备资斧回京，以示儆戒，不许私自驰驿。"

　　○十一月○戊子，敕谕："据保宁奏，伊犁索伦部落长成闲散余丁甚少，不敷挑取马甲之用。请由锡伯部落拣选一百六十户，入于索伦部落，以备挑取马甲。自应量加调剂，着即照保宁所奏办理。又另折奏遵奉前旨，将赏给察哈尔部落人等资生银两，特令派员代为立业，现在俱已较前宽裕等语，所奏均属酌量地方情形，于兵丁有益。所办甚好。嗣后诸事若能如此留心，可期利益，使各该部落皆致饶裕，乃不负朕委任之意。加恩着保宁协办大学士，保宁益当感戴朕恩，诸事尽心勉力经理，务令新疆地方，永臻宁谧。"（《清高宗纯皇帝实录卷之一四九七》）

下 卷

张家口市文物考古研究所、张家口察哈尔文化研究会　主编

清实录·察哈尔卷
（附宣化府·口北三厅）

高鸿宾　点校辑纂

天津出版传媒集团

天津古籍出版社

清仁宗睿皇帝(嘉庆)实录
察哈尔卷(附宣化府·口北三厅)之七

公元1796—1820年

公元1796年

○嘉庆元年丙辰二月○壬辰,谕内阁:"各省城守尉,系管理一城兵丁、督办操演事务大员。必须简用晓事历练之人,方于事有益。各省协领,均有随同该将军办理一旗事务之责,自应将此项人员简用。着各省将军、副都统等,于各该管协领内挑选能办事、人去得者,出具考语,咨部带领引见。记名后,俟有城守尉缺出,由军机大臣进呈名单补放。未经咨送到部以前,及将来或全行用完后,遇有缺出,着御前大臣会同值年旗王大臣,于京城应放人员内秉公拣选,引见补放。"

○丁酉,吏部疏请:"查从前恩诏,八十以上老民,给与八品顶带。此次恭逢恩诏,内开七十以上老人给与品级之处,应请酌照上次之例,将满汉七十以上者,给与九品顶带。八十以上者,给与八品顶带。九十以上者,给与七品顶带。百岁以上者,给与六品顶带。"从之。(《清仁宗睿皇帝实录卷之二》)

○嘉庆元年丙辰五月○戌申,谕内阁:"前因察哈尔厄鲁特每次来京引见人员,往往有出痘者,朕甚怜悯,因降旨令赴热河引见。今据保宁等奏称,若令该员等进嘉峪关沿边行走,此一带仍系内地,亦与伊等无益，所奏尚是。即着照保宁所奏，嗣后未出痘之察哈尔厄鲁特人员，俱令由科布多、乌里雅苏台、多伦诺尔一路，前赴热河引见。以示体恤。"(《清仁宗睿皇帝实录卷之五》)

公元1797年

○嘉庆二年丁巳五月○癸亥，以故喀喇沁辅国公拉扎布子玛哈达尔玛、察哈尔和硕特辅国公巴勒济子敏珠尔多尔济，各袭爵。(《清仁宗睿皇帝实录卷之十七》)

○嘉庆二年丁巳秋七月○辛未，赏直隶独石口被水兵丁一月钱粮。
○癸酉，停止本年秋狝。谕内阁："今年雨水过多，又有闰月。时气较早，迨八月尽，已届深秋。时令寒凉，哨内业经落霜，已逾哨鹿之时。今年着暂行停止进哨，所有阿哥等，及由京出派后班之王公大臣侍卫并各营官兵，俱着不必前来外，其察哈尔官兵、蒙古上围兵丁及鸟枪、虎枪善猎人等，亦着不必前来。朕俟中秋节后，仍于八月下旬启銮进京。"(《清仁宗睿皇帝实录卷之二十》)

○嘉庆二年丁巳十一月○己丑，谕内阁："塔尔巴哈台参赞大臣贡楚克扎布奏，本年屯田收成十八石以上，请将官员咨部议叙，兵丁各赏一月盐菜口粮一折。又另片奏察哈尔厄鲁特田亩丰收，牲畜茁壮等语。察哈尔田亩丰收情形，即可于折内一并声叙，何必另用夹片，致滋烦渎？近来此等习气，不特新疆各大臣为然，即内地督抚、提镇、藩臬等，亦多有专折具奏一事。而另用夹片至三四件者，向来无此风气，实为近日之恶习。且陈奏事件，既以夹片胪叙，又安用折奏为耶？揆厥所由，非督抚等挟私好奇，即系劣幕故创此格。以为见长能事起见，甚至总兵内亦有效尤者,实于体制不合。嗣后内地督抚、将军、提镇、府尹、藩臬及新疆各路将军大臣等,遇有陈奏事件,自当统归一折。或两折三折,各陈一事声叙,何不可之有?毋得多用夹片,以显能弄巧。其有实当紧密事件,不得不夹片密陈者,仍听行。将此通谕知之。"(《清仁宗睿皇帝实录卷之二十四》)

○嘉庆二年丁巳十二月○壬子,举行本年军政。……察哈尔都统所属卓异官一员,年老官一员,有疾官三员。……分别议叙处分如例。(《清仁宗睿皇帝实录卷之二十五》)

公元1799年

○嘉庆四年己未春正月○辛未,又谕:"张家口税务监督和精额,前经馈送和珅银两,既经查出。着传谕察哈尔副都统锦良,即行派员押解和精额来京候旨。"(《清仁宗睿皇帝实录卷之三十七》)

○嘉庆四年己未正月○辛巳,谕内阁:"八旗都统、副都统、前锋统领、护军统领及管理各营大臣等,俱有跟班之亲随。原为办理公务,代该大臣传事传话而设,非同家丁之供应趋使,自应于兵丁内各选二人跟班。现在皆由骁骑校、护军校内挑取,作为亲随,殊属不合。伊等职虽微末,俱系职任之员,各有应办事件。若令舍其公事,跟随大臣,成何体制!嗣后都统、副都统等,着由马甲内挑取。前锋统领、护军统领及管理各营大臣,皆由前锋护军内挑取。每人只准挑选二名作为亲随跟班,其挑选骁骑校、护军校之例,永远禁止。着为令。"(《清仁宗睿皇帝实录卷之三十八》)

○嘉庆四年己未三月○丙子,定户关工关盈余额数。谕内阁:"向来各关征税,于正额之外,将盈余一项,比较上三届征收最多年分。如有不敷,即着经征之员赔补。以致司权各员藉端苛敛,而赔缴之项仍未能如数完交,徒属有名无实。因思各关情形不同,所有盈余数目,自应酌中定制,以归核实而示体恤。已于户部所奏各关盈余银数清单内,经朕查照往年加多之数,分别核减。自此次定额之后,倘各关每年盈余,于新定之数再有短少,即行着落赔补。如于定数或有多余,亦即尽收尽解,其三年比较之例着永行停止。至工部船料竹木等税,除渝关盈余向无定额,及由闸等关并无盈余外,其余亦经分别减定,嗣后即一律办理,毋庸再行比较。"(《清仁宗睿皇帝实录卷之四十一》)

○嘉庆四年己未九月○己未,谕内阁:"据保宁奏称,伊犁驻防满洲、锡伯、绿营兵丁,孀妇内守节已届年限者,请照内地一体旌表等语。所奏甚是。中外之人,皆朕世仆,理宜一体加恩,着即照所请行。但伊犁驻防之索伦、察哈尔、厄鲁特、回子部落人等,俱系游牧度日,其孀妇守节年限,恐难稽查。着仍从其旧,此内果有守节不渝,如索伦孀妇伯克木库者,亦应旌表。以示朕加恩外藩,一视同仁至意。"

○壬戌,……以察哈尔总管额勒珲为墨尔根副都统。(《清仁宗睿皇帝实录卷之五十一》)

公元1800年

○嘉庆五年庚申二月○乙酉,革敖汉郡王德沁扎萨克,仍留郡王爵。(《清仁宗睿皇帝实录卷之五十九》)

○嘉庆五年庚申三月○丁巳,户部议准山西巡抚伯麟奏请:"定立口盐、池盐运行界限。据称口盐、池盐,若不酌定界限,顺流而下,势必混入淮芦引地。请口盐至碛口镇起岸,责成汾州府知府稽核。池盐于茅津渡对渡登岸,责成河东道稽核。并令陕豫抚臣,一体严禁。应如所请。"从之。(《清仁宗睿皇帝实录卷之六十一》)

○嘉庆五年庚申三月○甲戌,调直隶正定镇总兵官观祥为宣化镇总兵官,宣化镇总兵官扎勒杭阿为正定镇总兵官。(《清仁宗睿皇帝实录卷之六十二》)

○嘉庆五年庚申五月壬午朔○谕内阁据范建中奏,拟定跟随将军、副都统官兵额数等语:"去年曾经特降谕旨,定例在京都统、副都统、前锋统领、护军统领等,祗准各挑兵丁二名作为亲随。其骁骑校皆系职官,不准作为亲随。而外省将军、副都统等,并未定有额数。今据范建中查出将军、副都统等亲随官兵,现在竟至四五十名之多。酌拟数目请旨,所奏甚是。但为数尚多将军、副都统之亲随,原因公务传话而设,数人足敷所用。今乃多至四五十名,在将军大臣等,不过欲壮观瞻。而在官员则有专司之职事,兵丁则有随时之操演。跟班日久,本务技艺,必致废弛,甚属不合。嗣后各省将军等,准挑领催二名,兵丁十名。副都统等,准挑领催一名,兵丁六名,作为亲随跟班,不准任意挑取职官。仍当恪遵屡降训谕,将所属官兵尽心操演,以臻精熟,各当屏除浮饰虚文。倘经此次训饬后,仍敢挑取多人,或私令职官跟班,一经查出,必从重治罪。决不宽贷。"

○甲午,又谕胡季堂奏敖汉垦地民人停其撵逐一折:"此项蒙古地亩招民垦种之初,均出有押租钱文,并非凭空占种。嗣后民人挟资携眷,陆续聚居。数十年来,生齿日繁,人烟稠密。蒙古、民人本属相安无事,迨耕种日多,有碍蒙古牧厂,因而呈请撵逐。第此等民人,本系无业,出口种地,以资糊口。一旦驱逐,未免流离失所。若将蒙古从前所得押租概行追出，不特事涉纷扰，亦非体恤蒙古之意。我朝中外一家，无论蒙古、民人，皆系臣仆赤子。所有此项地亩，除现在垦种者，仍听该处民人各安本业，照旧交纳租息，无庸驱逐。其押租银钱，系从前所得，亦不必根查给还。惟蒙古人等以牧养牲畜为业，若听民人耕牧厂，则日种日多，伊于胡底，于蒙古生计殊有关系。着胡季堂即派道员庆章亲赴敖汉，切实查勘。仿照将军秀林所办，就现在居民所种地亩定界立碑，清查户口。此外不准再行开垦一陇，亦不许添居一人。俾蒙古、民人永远相安，两有裨益。并传集蒙古、民人，将所降恩旨详悉宣谕。俾共知感激，以示朕一视同仁，加惠矜恤至意。"(《清仁宗睿皇帝实录卷之六十七》)

○嘉庆五年庚申八月○甲戌，又谕："户部奏请查各官赔款，分别按限追缴一折，朕详阅，单开现任、前任及原任各员应赔银两，积至五百八十余万两之多。年来办理军务需用浩繁，目下大功将次完竣，一切善后事宜，均需筹拨款项。各该员等于应交官项，并不上紧措缴，任意迟延，其中多有已经宽展限期者。而原任各员子孙，上年曾经通行查办，分别加恩减免。所余银两，理应按限完交。……又宜绵在口北道任内，有未完摊赔银一千二百五十余两，宜绵历任督抚有年，伊子瑚图灵阿现复擢任盛京刑部侍郎，应交银两无多，乃亦宕延不缴。又阿精阿在直隶布政使任内，应赔藩库借垫各款未完银一万四百余两。阿精阿久任藩臬巡抚，伊弟阿明阿曾经朕施恩用为大员，旋经获罪，今又擢用，何至不能完缴！又哈靖阿在宣化府任内未完摊赔银二千五百余两。哈靖阿外任有年，伊子成书复现任盛京户部侍郎，银数既属有限，亦非力不能完交之人，乃皆未经归款，实属昧良负恩。……着照户部所奏，按单开各员，行文各该旗籍任所，饬令承追各员一体实力严催。其原有定限者，按限催缴；其原未立限者，于文到之日勒限一年完缴。如仍前迟逾不交，即着指名严参办理，并将承追之员一并议处。"(《清仁宗睿皇帝实录卷之七十三》)

公元1801年

○嘉庆六年辛酉五月○戊寅，直隶宣化镇总兵官观祥年老乞休，允之。以浙江湖州协副将富兰为宣化镇总兵官。

○丙戌，命各省总兵官轮班入觐。谕内阁："玉德奏请各镇总兵分年轮班陛见一折，所奏甚是。各省文武大员，三年奏请陛见一次，固属定例；但必须本任现无应办紧要事件，方可循例来京。亦无一省提镇大员同时奏请之理。乃近日外省习气，不以地方职守为重，动辄奏请陛见以伸忱悃。及到京召见后，又往往恳补京职。徒事虚文，无裨实政，殊属无谓。朕每日召对廷臣不下十余人，岂以外省入觐之员接见为烦？盖地方大员职守綦重，若仆仆道途，于公事必多旷废。兹玉德所奏，闽浙两省总兵李长庚、倪定得等，分年轮班入觐，自应如此办理。着照玉德所奏，不必拘定陛见年分，亦不必限以年底。总视各镇现无应办要务者，每年酌令轮替来京展觐。以重地方而昭职守，各省均当一体遵行。将此通谕知之。"○谕军机大臣等："长麟奏，筹议青海蒙古地方安设卡伦，诸多未便，所见甚是。蒙古王公扎萨克，本为中国藩卫。若以内地之兵转为外藩防守，不特于理不顺，亦于体制非宜。且以内地官兵前往蒙古地方安设卡伦，必须逾越番境，更属孤悬，鞭长莫及。倘安设卡伦之后，番子仍有劫夺等事，又将如何办理？长麟所论，俱系确切情形。着将原折发交台布阅看，如能不烦内地官兵代为设卡防守，固属甚善。倘蒙古王公等知台布业经奏准，事难中止。亦须定以年限，断无常川在彼驻守之理。应俟大功告竣后，派令晓事大员，酌带劲兵前往，于附近内地之处遥为声势，其蒙古边隘，仍令蒙古自行安设卡伦，并明谕以一二年后即当撤回，俾蒙古知内地官兵不能常为防守，力图振作，转弱为强，庶番子不敢仍前抢掠。其如何设卡防守之处，并着台布悉心妥议具奏。俟

奏到日,再降谕旨。将此谕令知之。"(《清仁宗睿皇帝实录卷之八十三》)

○嘉庆六年辛酉八月○甲寅,谕军机大臣等特清额奏穷民出口,分别验放章程一折:"各处关口定例,稽查出口民人,自当一律给票验放。何以祇山海关一处由临榆县给票,而古北口、张家口等处并不给票,办理殊未周密?至所称嗣后民人出口,如查系携带老幼妻子者,自系良民,应准放出。如无眷流民,年当少壮,无论只身结伴,概不准出关一节,所议亦未妥协。本年直属被水地方较多,穷民出口谋生者自必不少,并恐奸匪易于溷迹。若祇查其带有眷属放行,其年壮未带眷属者,或向守关兵役许给钱文,搀混出关,均属事之所有。况口外即系蒙古地方,若内地穷民纷纷到彼觅食,竟似内地不能存活。而蒙古等又必以侵占伊等游牧为词,致生枝节,殊属不成事体。总之中外之界,不可不分。稽查关隘,宁严毋滥。其应如何立定章程,给放验票之处,着陈大文会同特清额具奏。"寻覆奏:"查例凡出口旗民,俱系饬令给票验放,日久奉行不力,遂致有名无实。惟该灾民等若非流离失所,必不肯轻去其乡。惟有谆谕府厅州县,将大赈实心妥办,广为出示晓谕,令其安心待赈,切勿擅离乡井。仍通饬地方官各遵定例,凡商民出口,给与印票。至口对验相符,始准放行,造册报部。"得旨:"凡人莫不系恋乡井,若非万不得已,孰肯轻去?实力办赈为探本正办,勉之。"○贷张家口八旗兵丁一年钱粮,修补官房。(《清仁宗睿皇帝实录卷之八十六》)

○嘉庆六年辛酉冬十月○戊午,以直隶正定镇总兵官扎勒杭阿为乌鲁木齐提督,直隶张家口副将玛富塔为正定镇总兵官。(《清仁宗睿皇帝实录卷之八十八》)

○嘉庆六年辛酉十二月○壬戌,以察哈尔都统博兴署理藩院尚书,青州副都统观明为察哈尔都统。

○癸亥,上幸瀛台,阅冰技。杜尔伯特汗玛克苏尔扎布等三人,喀尔喀扎萨克贝勒德勒克朋楚克等九人,青海扎萨克头等台吉拉苏咙等三人,察哈尔扎萨克辅国公敏珠尔多尔济等四人,暹罗国正使呸雅骚滑粒巡段呵叭喇昭突等三人,于西苑门外瞻觐。(《清仁宗睿皇帝实录卷之九十二》)

公元1802年

○嘉庆七年壬戌三月○己卯,又谕:"从前行营扈从之都统、副都统等所穿马褂,均系各按旗色,原为所属人等易于辨识。今该员等多不按旗穿用,有失旧制。嗣后凡遇随围,除都统毋庸按旗穿用外,其未赏穿黄马褂之副都统等俱照旧制穿用。着为令。"(《清仁宗睿皇帝实录卷之九十五》)

○嘉庆七年壬戌冬十月○壬子,军机大臣等议覆伊犁将军松筠等奏请:"塔尔巴哈台二十二卡,每届冬寒,添派厄鲁特散丁四百四十名,分驻会哨。另设四小卡,派绿营兵六十名常川驻札,护运贡物。并设立官铺,改用车辆,借给马匹,支放口粮等款。均应如所请行。惟兵丁护运贡物,每站给车二辆已足敷用。所请另派察哈尔散丁六十名运送物件,及兵丁每名赏马二匹之处,应毋庸议。"从之。(《清仁宗睿皇帝实录卷之一○四》)

○嘉庆七年壬戌十二月○庚戌,以前任福建福宁镇总兵官刘景昌为直隶宣化镇总兵官。

○甲寅,举行本年军政。……察哈尔都统所属卓异官三员,有疾官二员,年老兼有疾官二员。……分别议叙处分如例。(《清仁宗睿皇帝实

录卷之一〇六》）

公元1803年

○嘉庆八年癸亥春正月○丙申,遣乾清门侍卫罗布藏多尔济往奠故奈曼郡王拉旺喇布坦茶酒。(《清仁宗睿皇帝实录卷之一〇七》)

○嘉庆八年癸亥五月○壬子,以前任直隶宣化镇总兵官富兰为镶蓝旗汉军副都统。(《清仁宗睿皇帝实录卷之一一三》)

○嘉庆八年癸亥十一月○甲辰,谕内阁:"本日朕诣寿皇殿行礼,出神武门时,有昨日简放张家口监督之内务府堂郎中广惠在道旁碰头。及朕回宫,又有本日内务府奏署堂郎中之六库郎中伊昌阿、递署六库郎中之都虞司郎中广泰在道旁碰头,其属胆大妄为。各部院司员职分较小,向来遇有加恩事件,从无碰头之例。即如张家口监督一缺,设简用宗室及部院司员,伊等必不敢违例碰头。今广惠以内务府司官,辄仿效大员体制。而伊昌阿等仅系递委署缺,亦相率效尤。又无总管内务府大臣带领,实属逾分。若六部满汉司官升迁调转,径行见朕谢恩,成何体制!伊等妄冀道旁瞻仰,朕即可记识其人。遇有盐政织造关差等缺,或可邀恩简用。此实内务府人员昏夜乞怜、钻营奔竞陋习,殊为可鄙。所有总管内务府大臣等,均着传旨申饬。广惠、伊昌阿、广泰,并着该管大臣转行申饬,三人俱交部察议。嗣后着该大臣等严行教导,倘再有不遵定制、任意妄行者,定行惩治不贷。将此旨通谕各部院知之。"(《清仁宗睿皇帝实录卷之一二三》)

○嘉庆八年癸亥十二月○戊寅,以察哈尔都统观明为黑龙江将军。理藩院右侍郎佛尔卿额为察哈尔都统。

○壬午，上幸瀛台，阅冰技。科尔沁扎萨克郡王罗布藏嘉木参等二十八人，土尔扈特扎萨克郡王策伯克扎布等二人，青海扎萨克头等台吉旺舒克等二人，察哈尔三等台吉诺海等五人，厄鲁特总管博本等六人，回部头等台吉四品伯克玉努斯等十四人，杜尔伯特扎萨克汗玛克苏尔扎布等十人，于西苑门外瞻觐。（《清仁宗睿皇帝实录卷之一二四》）

公元1804年

○嘉庆九年甲子二月○癸酉，命遣送编置佐领及安置各处之安南人回国。谕内阁："前据阮福映具表叩关，吁请锡封，业经加恩封为越南国王，抚有交南。备位藩服，因思从前随同黎维祁内投，编置佐领之安南人等。虽经给有廪糈，团聚安居。但远离乡土，已阅多年，情殊可悯。着加恩准令回国，以遂其怀归之志。并可将黎维祁骸骨还葬故墟，俾正首丘。着该旗都统等按照册开安南人户，佐领一员，传旨赏给银十两。骁骑校一员，赏给银八两。领催以下男妇大口，每人赏给银五两，小口每人赏给银三两，均于广储司库支领给发。令其分起行走，沿途资送广西，交与巡抚百龄，遣送出关，知会该国王收领。除江宁安插者已谕知陈大文遵照办理外，其在热河、张家口者，着该都统等即查照送京，交该旗一例遣送。至前经发往奉天、黑龙江、伊犁等处之安南人等，并着该将军等查明释回，一体赏给，资送粤西，遣令出关。以示格外矜恤至意。"（《清仁宗睿皇帝实录卷之一二六》）

○嘉庆九年甲子三月○丙申，伊犁将军松筠奏："察哈尔厄鲁特兵丁每年应交羊只，请每只折银三钱交纳。"从之。（《清仁宗皇帝实录卷之一二七》）

○嘉庆九年甲子六月○丙戌,谕内阁:"近闻畿辅各属地方间有蝗蝻飞集,正当禾苗长盛之时,急宜赶紧扑捕。除谕知直隶总督、顺天府府尹,饬属上紧督捕外,着派长琇、杨长桂前赴东路,至山海关一带;广兴、周廷栋前赴西路,至正定府一带;通恩、陈钟琛前赴南路,至德州一带;万宁、梁上国前赴北路,至张家口一带。各督同地方官迅速实力扑捕净尽,毋任稍有滋蔓,致损田禾。以副朕廑念农功至意。所有派出各员,均着驰驿。"(《清仁宗睿皇帝实录卷之一三〇》)

○嘉庆九年甲子冬十月○丙子,谕内阁:"八旗都统、副都统原为办理旗务、教养旗人而设。初设时都统均称为固山额真,其任至重且要。各大臣等如能实心实力经理,方符当时设官之意。乃近年各旗值日奏事,朕召见该旗都统、副都统等留心询问旗务,伊等每称公务甚简,不过寻常事件随时斟酌办理等语。各旗事务亦繁,伊等咸称无事,朕实不取。岂该大臣等以拣选官员挑缺放米等事即谓尽职耶?即如广兴补授正红旗汉军副都统,到任未久即查出该旗义学教习全兴,不谙清汉文理参奏。一旗如此,别旗可知。着通谕八旗都统、副都统、管理各营大臣等,嗣后务当实心办事,于所属旗人加意教育,安分度日,熟习技艺,以期各复淳朴旧俗。断不可因循塞责,致滋废弛。倘有应行参办、应行更正事件,即据实陈奏。慎勿市恩徇隐。"(《清仁宗睿皇帝实录卷之一三五》)

○嘉庆九年甲子十二月○丁卯,以……浩齐特郡王敏珠尔多尔济弟贡楚克栋罗布袭爵。(《清仁宗睿皇帝实录卷之一三八》)

公元1805年

○嘉庆十年乙丑夏四月○壬午,以故敖汉郡王齐默特噜瓦子甘杂巴拉袭爵。(《清仁宗睿皇帝实录卷之一四二》)

○嘉庆十年乙丑秋七月○乙丑,直隶宣化镇总兵官刘景昌以病解任,以河屯协副将爱星阿为宣化镇总兵官。(《清仁宗睿皇帝实录卷之一四七》)

○嘉庆十年乙丑九月○戊寅,铸给塔尔巴哈台管理各卡满营及伊犁、锡伯、索伦、察哈尔厄鲁特四营事务领队大臣关防,从前任参赞大臣果勒明阿请也。(《清仁宗睿皇帝实录卷之一五〇》)

○嘉庆十年乙丑十一月○戊辰,谕内阁:"前因八旗生齿日繁,生计不免拮据。当降旨谕令将五营马兵以若干缺归入满洲蒙古八旗闲散人等,分别挑充。令满洲蒙古八旗都统、副都统等,会同步军统领及左右翼总兵等悉心妥议具奏。既而思满洲蒙古闲散子弟挑充五营马兵,与绿营一体当差,恐不免沾染习气,致滋流弊。朕从不回护己过,原欲俟议上时,再行降旨停止。本日据禄康等奏,筹议现在巡捕营兵丁情形一折,亦见及此,与朕意适相符合,实属可嘉。能如此尽心国事,方不愧为大臣之道。其所请将差马拨出二千匹交与张家口牧放,计每月可省马干银五千两。于八旗满洲蒙古闲散内,每旗满洲额增养育兵二百分,蒙古额增养育兵五十分,八旗共增养育兵二千分。每月给银一两五钱,每月统计用银三千两。照汉军养育兵之例,毋庸给与米石,所奏俱属可行。惟是此项人等挑充养育兵丁,亦应分以等次。如闲散子弟,先挑入无米养育兵,再由无米挑入有米养育兵,再由有米养育兵挑入马甲。如此分别,方足示以限制。至所称将马干银内余出之二千两扣存部库一节,殊可不必。所省马干银两,除增养育兵二千分外,尚余银二千两,自当仍于满洲蒙古闲散内,酌再添设养育兵,以资生计。其应如何匀派之处,着军机大臣详悉议奏。至向来兵部每遇差务,闲有调取巡捕营马匹协济当差之时。今巡捕营仅存马二千匹,嗣后自难调取协济。亦着军机大臣一并核议具奏。所有前次谕令该满洲蒙古八旗都统副都统等,会同步军统领及左右翼总兵等,详议之处,着不必再行会议。"

○甲戌,又谕:"前经降旨,将巡捕营酌省马干银两,除现议新增养育兵二千名外,其余每月所余银二千两,应如何再行酌添养育兵以资旗人生计,并各旗应如何分别挑补,及兵部嗣后调取马匹协济差务之处,均交军机大臣详议具奏。本日庆桂等奏称,每月节省马干银五千两,按照每名月给饷银一两五钱,共可得三千三百三十分。合较八旗满洲蒙古佐领数目,拟于满洲八旗每佐领下,增设养育兵四名,共二千七百十八名;蒙古八旗每佐领下,增设养育兵三名,共六百十二名,分晰开单进呈等语,所议一切均属可行。旗人增此养赡之资,惟当倍敦勤俭,勉图上进,用副朕加惠至意。至向来挑兵之事,祗由各该旗之都统、副都统自行挑取。此次新添养育兵为数较多,自当详核家口人数,酌量挑补。着军机大臣将不管旗务之王、贝勒、贝子、公、散秩大臣、满洲二品三品四品阁学、京堂,开单进呈。候朕简派十六员,会同该旗都统、副都统,秉公挑补足额,以昭慎重。其京营马匹存营者,差操紧要。即牧放之马,亦仍需豫备调拨,均应查点足数。着由兵部奏请,特派王大臣会同步军统领衙门,先将存营差操马二千匹点明烙印,给交官兵等分别喂养。再将应交张家口牧放之二千匹,另行点验烙印。一面行文察哈尔都统衙门派员来京,给领牧放,无任虚冒。嗣后存营之马,均需豫备各本营差操之用。兵部过有差务。毋得再行调取。"

○丁丑,又谕:"本日据瑚素通阿奏到,审讯蔚州民人魏廷林呈控伊女魏氏被夫姊蒋梁氏等勒死一案,系属虚诬,分别定拟缘由。又据另折奏称:于公馆院内,茶夫见墙外掷进字纸,经瑚素通阿取阅,系匿名帖一纸。即言办理此案魏廷林之女冤不能申,且称瑚素通阿与司员有得银枉断情事,并将匿名原帖进呈。魏廷林控案经瑚素通阿审断后,既据投有匿名字帖,自未便即行定案。着派德瑛带同司员驰驿前往蔚州,秉公查办。所有瑚素通阿奏折及匿名字一纸,均着交德瑛带往。审明后,再行定拟具奏。"(《清仁宗睿皇帝实录卷之一五三》)

公元1806年

○嘉庆十一年丙寅春正月○庚午,……赏直隶宣化镇总兵官爱星阿副都统衔,为喀什噶尔帮办大臣。○以前任闽粤南澳镇总兵官王模为直隶宣化镇总兵官。(《清仁宗睿皇帝实录卷之一五六》)

○嘉庆十一年丙寅夏四月○乙未,……调直隶宣化镇总兵官王模为大同镇总兵官。以正黄旗满洲副都统隆福为宣化镇总兵官。(《清仁宗睿皇帝实录卷之一五九》)

○嘉庆十一年丙寅八月○癸巳,谕内阁:"昨因文宁奏,先后拏获私买红单冒领马匹各犯,已谕交托津、德文提集案犯,严审定拟具奏矣。私买红单一事,由来已久。盖因买者卖者及察哈尔交收马匹之人,均有便利可图。彼此出于情愿,虽明知犯法而不顾,然其弊不可胜言。随扈官兵给予红单领马乘骑,原以其差使繁重,俾资驰驱之用,系属我朝旧制。该官兵等即或自揣不需马匹,亦不应将红单私自卖给他人。乃希图得有价银,沿途又省喂养之费。迨差竣交马时,率以疲瘦不堪者充数缴收。否即折交银两,亦有交钱者,实不成事。而察哈尔官兵等,因所交之马多有疲瘦,即交回亦难牧放。莫若将银折收,易于买补,是以亦所乐从。殊不知此项红单一入马贩之手,伊等因缘为奸,即可遴选好马,冒领售卖,以遂其牟利之私。试思察哈尔每岁应调马匹不下万数,当点收时,即未必能一一足数。且驽下居多,其较为良骏者,官员等无由领得,转为贩夫购取。迨至交马时,不特尽成羸乏,且又任令折交,短缺更多,以致官马日少,良马尽归马贩。若不彻底查办,则每遇巡幸一次,官马即转卖于民间多匹。是则于马政殊有关系。此等弊端,即在收放马匹之王公大臣等,未必不知。特以积久相沿,不肯任怨;俱思讨好,令人感激。因循疲玩,总不查办。即如上年盛京途次挐获包揽换马红单之吴二等各犯,经军机大臣会同行在刑部,彻底审究,严行科罪,乃甫经惩创。本年又有挐获之案,可见官兵人等,竟若视为故常,无所畏惧,实为恶习。今积弊既经查出,不可不严立章程,力加整顿。着兵部堂官悉心体察,酌核事理,将随围官兵应领马匹,或按其差使,酌减数目。其领马时如何不至冒领,设有私卖红单,及折交银两者应如何定以罪名,察哈尔官兵有私收银两者,亦应一体科罪。私买之马贩等,更当从严问拟。其派出验收验放之王大臣等,应如何确切稽查;如有知而不举,如何分别惩处之处,妥议章程,奏请定夺。此系积年锢弊,恐非旦夕所能革除。着自明年为始,官兵领马交马,总须按照马匹实数。如交回之马实有过形疲瘦、难以牧放者,准令察哈尔都统奏明变价,另行买补,不得再有通融滋弊。"(《清仁宗睿皇帝实录卷之一六五》)

○嘉庆十一年丙寅九月○戊申,谕内阁:"我朝家法,凡遇讲武行围及一切时巡典礼,扈从大臣官员兵丁等,均须马力驰驱。定制分别给与官马,俾资乘骑。大臣等禄入较优,故官给之马为数较少。至官员兵丁等,则视其差使之繁简,定马数之多寡。少者一二匹,多者三四匹。至虎枪处官兵,因其登陟山险,马力易疲,一人多至五匹。实为体恤官兵起见。迨差竣旋京,仍将原马交官。如有倒毙者,将马耳马尾呈验,仍令按价折交。此项马匹交齐后，仍饬所司加意牧养，俟需用时再行派拨。其收马放马时，均特派王大臣前往督察，立法至为详尽，历久遵行勿替。乃不知始自何年，官兵等竟有将官给红单私行售卖之弊，后遂相率效尤，视为常事。即王大臣明知此弊，并不参办，以致日久弊深，牢不可破，实属非是，大有害于马政。每遇行营，该官兵等或数人合雇一仆役，驮载无多。自揣差使可以无误，辄将余马任意变卖，赚钱花用，回京时将马价折交。而察哈尔官兵以应交之马多有羸乏，难于牧放。不若将马价收回，临时将下乘充数，较为易办，彼此两便。以致市侩奸贩，三五成群，随营朋伙，设法购买红单，牟利分肥，弊端百出。上年盛京途次，特命步军统领衙门盘获两案，当令查明严办。此次木兰行围，复经查获买单卖单者若干犯，可见积弊已久，群相习惯，几不知私卖红单为违例犯法之事。即上年审办之案，该官兵等竟尚有憒然不知、自蹈禁网者。今此案经特派大臣详讯定议，复敕令军机大臣会同行在刑部逐加核议，降旨通行。自是之后犯者即当照此科罪，不能稍从宽贷。着应领官马官兵之该管文武各大员，传到官兵人等，将此旨详悉宣示。务使家喻户晓，共知儆畏，庶不致以身试法。现已谕令兵部堂官，将官给领马红单数目及一切收放事宜，悉心筹议章程具奏。自明年为始，官兵等领马一事，均须遵照新定章程办理。其放马收马，仍按旧制。总须实放实收，不得再有通融，致滋弊窦。将此通谕知之。"（《清仁宗睿皇帝实录卷之一六六》）

○嘉庆十一年丙寅冬十月○戊子，察哈尔都统佛尔卿额等奏："张家口驻防兵丁生齿日繁，请于满洲蒙古十佐领下，增养育兵二十名。并借支口北道库银三千两，发商生息充饷。"从之。（《清仁宗睿皇帝实录卷之一六八》）

○嘉庆十一年丙寅十一月○己未，谕内阁："兵部将随围官兵应领马匹数目,及放马交马条例定议具奏,已依议行矣。比因查出兵丁将领马红单私卖,均经治罪。推原其故,缘近年察哈尔缴回马匹,多有疲瘦。该兵丁等不堪骑用,傥有倒毙残废,于回围交马时,必致赔累,是以将红单变卖。今将各处应领马匹数目,酌减一千余匹。察哈尔解送更属易办,况前此又加恩酌定察哈尔官员等于收回马匹内,准照倒毙五厘报销,该官兵等自应感恩,实心奋勉办理。张家口至京城、热河,皆有数百里之遥,若将羸瘦马匹解送,必更疲乏不堪骑用。今酌定随围官兵应领马匹,俱照新定额数给领。如有私卖红单折收银两者,必当治罪。并着交察哈尔都统等,嗣后将应放马匹由该处送至京城及热河时,当选肥壮马匹,派能干官员解送,不得将欠膘三分以下之马充数。再每年派副都统等监牧察哈尔马匹,如有疲瘦者,一面驳回另换,一面据实具奏。倘不具奏,送到时经特派监放之王大臣等查出,即着据实参奏,将监牧副都统及察哈尔都统等一体治罪,决不轻贷。倘监放王大臣等,如有瞻徇,查出时一并治罪。"(《清仁宗睿皇帝实录卷之一七一》)

○嘉庆十一年丙寅十二月○甲午,上幸北海,阅冰技。科尔沁扎萨克郡王罗布藏嘉木参等八人,杜尔伯特扎萨克贝子喇特纳巴拉等十二人,喀尔喀扎萨克辅国公敏珠尔多尔济等五人,青海扎萨克辅国公喇特纳锡第、土尔扈特辅国公达玛琳、察哈尔厄鲁特三等台吉瑚勒哈齐等五人,回部署吐鲁番扎萨克头等台吉丕尔敦喀什噶尔、四品伯克阿布都瓦斯等十六人于神武门外瞻觐。(《清仁宗睿皇帝实录卷之一七二》)

公元1807年

○嘉庆十二年丁卯夏四月○癸未,以西宁办事大臣刑部左侍郎贡楚克扎布为察哈尔都统。

○丙戌,谕内阁:"前经降旨,令八旗满洲蒙古都统、副都统,各将官马应否设圈喂养,抑应仍交官兵分拴之处,详悉会商,分别具奏。旬日以来,各该都统等陆续议上,主复圈者六折,其主不复圈者三折。朕详加酌核,自以复圈者为正办。盖圈马聚集一处,便于调用,点验易周。即有弊端,亦可随时查察。若分拴则散养各处,点验甚难。如或疲瘦短少,无从稽察。再遇调集之际,虚顶捏报,其弊更不可胜言。此时筹画马政,正当详虑熟筹,以期行之永久。所有会议折内,除正蓝旗都统、副都统恭阿拉等六人,以马圈难复,请分交下五旗王公及武职大员暂行喂养,实属妄言国事,不成政体。又镶红旗满洲都统、副都统长麟、裕瑞、明志及该旗蒙古副都统哈宁阿四人,请于满洲旗分棚养马七十四,蒙古旗分棚养马二十五匹,余马尽交察哈尔牧放,回护缺额。裁减太甚,二者皆断不可行,毋庸置议外,共余各折内,主复圈者持论固是。但所议条款不同,尚须斟酌尽善。其主分拴者固属难行,但其条款内亦不无可采之处。除原议各旗都统等毋庸再行入议外,着于军机大臣内派董诰、戴衢亨,兵部堂官内派明亮、刘权之、万承风、邵自昌,汉军都统内派博兴、瑚图礼、丹巴多尔济,会同悉心论讨,详立章程,妥议具奏,候朕酌定。"(《清仁宗睿皇帝实录卷之一七七》)

○嘉庆十二年丁卯六月○壬午,大学士董诰等奏:"遵旨详议马政,请将散圈马匹官兵应扣马价暂存户部,由兵部行文察哈尔都统领银买补。其随围武职六品以下至兵丁人等,应减马匹,由各该处体察情形,分晰开单。秋围可减三千八百余匹,春围可减一千一百余匹。至调派马匹,由兵部通盘核算均派。嗣后随围马匹有倒毙残废者,其马价不能按季扣饷,应于交马时如数呈缴。其察哈尔牧放之马,照例设立牧长、牧副、牧丁。支给饷银在每年节存马干项下动用。"奏入,谕内阁:"董诰等奏覆议马政章程一折,将核减马匹清单进呈。国家定制,凡遇讲武行围及一切时巡典礼,所有扈从之官员兵丁人等,各给官马乘骑。

自一匹二匹以至四五匹不等。按其差使之繁简，以定马数之多寡。启程之时，皆应实领马匹。迨回京之后，仍应将原马交官。即间有在途倒毙情事，亦均令呈验马耳马尾，始准折交马价。从前立法之时，制度本极详尽，乃日久弊生。官兵等平日拴养空头，届当交马之时，多以银钱折交。而随围领马之官兵图得银钱，不复照数领马。迨回围之日，仍以银钱折还。即察哈尔官兵亦有折收马价之事。该官兵等领马多者，不过将一二匹自行乘骑，其余红单概行售卖。即领马少者，亦往往另觅乘骑，仍将红单卖去，藉贴补差使为词，任意花销。积习成风，通同弊混，竟已视若泛常，不复知为违条犯法之事。前年盛京途次，曾经盘获破案。上年木兰行围，又续行拏获多犯。均经严行惩办，实属情真罪当，毫无屈抑。官兵等自必人人共知儆戒。但思积弊已久，并不知始自何年。该官兵等平日惯见习闻，竟若凡遇随围例应如是。因而相率效尤，并非敢于作俑。若专将此两案之人从严办理，尚未得其平。且即上两次办理此事，其同时漏网之人，正复不少。该犯等均经分别遣戍，并问拟徒流枷杖等罪，亦足示惩。着加恩即将十年、十一年盛京热河两次私卖红单之官员、兵丁及私买之人，并同案各犯，俱从宽释回。所有案内官员兵丁，统交刑部查明，另行开单具奏，候朕酌量施恩。至此番另定章程后，以嘉庆十二年秋季为始，若再犯王章，决不轻恕，定行加重治罪。至官兵等所领马匹，此时既已分别裁减，更无多余红单可以售卖。其随围日用之费，亦不得不曲为计及。着自本年秋围为始，按照各该官兵等原领马数，凡大围减马一匹，加恩给银四两。小围减马一匹，加恩给银三两。于现在节省马干银两随时动支。如此优加赏给，官兵等起身之时，盘费宽裕。而回围之日，又无庸设措缴还。较之从前干犯国法，私卖红单，即或侥幸得免，迨于回京之后，仍须竭蹶措缴者，孰为利益？伊等具有天良，当如何感激恩施，恪遵法度，将所得马匹实领实交，永除弊混？若再以身试法，致罹宪网，尚得谓之有人心乎？至从前散圈马匹官兵等，平日拴养空头，以致一时不能交出，前已特降恩旨，免其治罪。追缴马干，仅于俸饷内每匹扣银七两,交察哈尔买补足数。今思官兵等俸饷,均关系养赡之需。若坐扣太多,犹恐生计不给。而察哈尔产马之区,其马价本贱,每匹计不过三四两。若给予七两,价银未免多至一倍。所有此项官兵应扣银两,着加恩每马一匹坐扣俸饷五两,宽免二两。如此则官兵等扣项较少,生理不致竭蹙。而察哈尔官兵承领买马,已可沾润。亦不致有苦累情事,更为妥协。将此通谕知之。余俱着照议行。

○癸未,谕军机大臣等:"兴奎奏歼毙贼番二族,现在差探进剿情形一折。……贡楚克扎布已放察哈尔都统。伊俟那彦成到后,同住数日,详悉告知办理情形。即着启程来京请训赴任。将此谕令知之。"(《清仁宗睿皇帝实录卷之一八一》)

○嘉庆十二年丁卯秋七月○己未,谕军机大臣等:"……贡楚克扎布着回京请训,再赴察哈尔新任。……"(《清仁宗睿皇帝实录卷之一八三》)

○嘉庆十二年丁卯八月○丙申,调正红旗汉军都统庆怡为察哈尔都统。以前任察哈尔都统佛尔卿额为正红旗汉军都统。(《清仁宗睿皇帝实录卷之一八四》)

○嘉庆十二年丁卯九月○壬寅,钦差察哈尔都统庆怡、通政使司副使文孚奏:"遵旨查勘大青山马厂,先后奏垦地六千余顷,尚余草地二万余顷。今若招垦数百顷,于游牧尚无妨碍。惟恐招垦以后,无业游民逐渐偷开。请交该将军查明顷数四至,严禁偷开。庶兵糈足敷支放,而马厂仍留有余,俾资游牧。"下部议行。(《清仁宗睿皇帝实录卷之一八五》)

○嘉庆十二年丁卯十一月○戊午,谕内阁:"温承惠奏查明张家口兵饷支放迟延缘由一折。据称此项兵饷向系口北道于季首备文,赴司请领。此次冬季兵饷,该道委员请领,于十月初三日到省,经藩司核明银数,于十三日兑发。该弁随即赍回收兑,于十一月初四日如数给发,缘系相沿旧章,拘于季首请领,尚非有心延玩等语。兵丁月饷,以资养赡。自应先期请领,按时给发,方免迟误。况张家口距省本远,若每次兵饷均须待至季首请领,设或途中雨雪阻滞,岂不耽延?所有旧定章程,实未妥协。嗣后该处应领兵饷,着于每季先一月派员赴省领回,以便届时给放,毋得稽滞。至此次支放逾期,既系相沿旧章,各该员于请领发给,均无延玩。着从宽免其查参。"

〇乙丑,又谕:"察哈尔站兵吹扎布之妻一产三男,礼部题请照直省民人之例,赏给米五石、布十匹。蒙古以牲畜为养生之资,赉以米布,在本家俱不适用。着交该都统等核照米五石、布十匹所值,折给马牛羊等项牲畜,俾资生计。嗣后蒙古地方有一产三男者,均照此赏赉。礼部即载入则例遵行。"(《清仁宗睿皇帝实录卷之一八八》)

〇嘉庆十二年丁卯十二月〇乙酉,举行本年军政稽查,……察哈尔都统所属卓异官三员,有疾官三员。……分别议叙处分如例。(《清仁宗睿皇帝实录卷之一九〇》)

公元1808年

〇嘉庆十三年戊辰夏四月〇庚辰,除直隶张家口外场尚南山窑等处水冲地七顷一百三十亩有奇、窑房十七间租银。

〇乙酉,……命宣化镇总兵官隆福来京,仍在乾清门行走。以服阕总兵官萧福禄为宣化镇总兵官。(《清仁宗睿皇帝实录卷之一九四》)

〇嘉庆十三年戊辰闰五月〇丁亥,以打牲乌拉总管富僧额为察哈

尔副都统。(《清仁宗睿皇帝实录卷之一九六》)

○嘉庆十三年戊辰八月○壬寅,谕内阁:"庆怡奏总管达什纳木扎勒因病呈请解任,所遗察哈尔正黄旗总管员缺,请将察哈尔镶白旗总管鄂特欢调补等语。达什纳木扎勒病难痊愈,准其以原品休致。其所遗察哈尔正黄旗总管员缺,事务纷繁,自应于现任总管内拣员调补。惟鄂特欢本系察哈尔正黄旗人,不应令其管理本旗事务。现在察哈尔总管除鄂特欢外尚有六员,岂竟无一谙练可调之员?所请着不准行。仍着庆怡于该处六旗总管内择选谙练能事人员,另行奏请调补。"

○戊午,赈察哈尔穆霍尔噶顺等三驿上年旱灾贫户。

○是月,直隶总督温承惠、山西巡抚成宁覆奏:"……查山西自大同县,历阳高、天镇二县,递至直隶怀安站,计程二百四十里。本系通京驿路。各州县驿向有额设马匹,足敷递送文报。如有相距稍远之处,令于汛期添设腰站,拨马接递。其自直隶怀安县枳儿岭,至昌平州之回龙观,计程四百七十里,向俱设有军站。臣温承惠拟将此项水报公文即由军站交弁驰递。除额设马匹外,每伏秋二汛期,令各州县即在本驿内酌拨健马二匹,赴军站听差。似较寻常邮递更为迅速。其自回龙观至卢沟桥计程七十里,向无军站。应即令该管地方官于适中之清河添设马拨接递。"批:"所议是。知道了。"(《清仁宗睿皇帝实录卷之二〇〇》)

○嘉庆十三年戊辰十二月○戊申,谕内阁:"温承惠奏清查敖汉垦地民人,分别办理一折。蒙古台吉等专恃游牧为生。所有厂地,例禁台吉民人私相授受。自嘉庆五年查勘定界,免其驱逐,不准续将地亩出租。兹据该督查出五年以前占种、漏未立桩及五年以后增添典赁各地户,尚复不少。现经该督饬令该地方官详查酌办,或补行丈量,归于纳租地户;或将欠项令其自行清理;或撤地撩荒以儆将来。惟民人等私开耕种,亦由蒙古贪得银钱、私行出租所致。着理藩院即行知敖汉盟长及扎萨克转传各台吉等,经此次查办之后,毋得再开一陇、添居一人。倘仍有不遵例禁,私相授受,将来或又以欠项不清,恳请驱逐,除将该民人照例惩办外,仍将各台吉等一体究治,不少宽贷。"

○壬子,上幸瀛台,阅冰技。科尔沁郡王栋默特等五人,敖汉扎萨克台吉栋罗布等三人,喀尔喀扎萨克亲王达尔玛锡哩等十人,青海扎萨克台吉衮布多尔济等六人,察哈尔和硕特扎萨克台吉达什沙穆丕勒等二人,厄鲁特副总管呢玛等六人,四子部落扎萨克郡王朋楚克桑鲁布等九人,杜尔伯特土尔扈特来使二十一人,回部贝子迈哈默特鄂三等二十二人,及朝鲜国正副使沈能建等二人,于西苑门外瞻觐。(《清仁宗睿皇帝实录卷之二〇五》)

公元1809年

○嘉庆十四年己巳春正月○乙酉,谕内阁松筠等奏遵旨办理叛匪缘由一折:"宁陕遣戍降匪,本系桀骜不驯之徒。狼子野心,日久断难安静。朕早已料及,节经降旨令该将军参赞等密为留心查办,不可姑息。今塔尔巴哈台安插降匪蒲大芳等三十一人,果有聚谋不轨之事,可恨已极。松筠一得祥保之信,即密派伊犁领队大臣色尔衮前往。藉巡查金厂为名,不动声色,与祥保及本处领队大臣百顺、爱新布,连夜带兵分赴各屯,将蒲大芳等悉数拏获。鞠讯之下,该犯无可置辩,立将该降匪等三十一名处斩枭示。所办妥速可嘉。松筠派色尔衮前往,可谓得人。祥保、色尔衮、百顺、爱新布,均着交部议叙。其随往奋勉之满洲、锡伯、索伦、察哈尔厄鲁特等处官兵,着松筠等记功记名,遇缺尽先升补。其出力之绿营弁兵,着行文陕甘总督,遇有本营缺出,即行拔补,以示鼓励。至马兵陈先贵、步兵张洪二人,同由宁陕遣戍前往,一闻蒲大芳等商议谋叛,即逐一指名首告,实属能知大义。着加恩均即以把总超用,拨归乌鲁木齐提标当差。准其娶妻成家,用示激劝。至此外同在塔尔巴哈台当差之戍兵马友元等二十四名,松筠现在派令雷仁前往带赴伊犁安插。并请将南路分戍之宁陕归伍兵丁一百三十七名,一并陆续调赴伊犁安插。所办甚是。松筠仍当督饬各营将领留心防范,有犯即惩,不可稍存姑息。"(《清仁宗睿皇帝实录卷之二〇六》)

○嘉庆十四年己巳二月○甲辰,以察哈尔总管彦吉保为副都统。(《清仁宗睿皇帝实录卷之二〇七》)

○嘉庆十四年己巳九月○辛未,……缓征霸、大城、固安、永清、东安、宝坻、安肃、肃宁、献、天津、青、静海、大名、南乐、清丰、万全、任、宁晋、张家口、香河、文安、保定、涿、良乡、清苑、新城、滦、乐亭、沧、龙门三十厅、州、县水灾、雹灾新旧额赋。

○丙子,又谕据那彦成奏,覆行查出照数呈缴抢夺瓦罕人口、牲畜之布噜特毕依伊曼等,请旨奖赏等语:"前因布噜特等抢夺瓦罕人口牲畜,不待索取,即照数呈出,尚属恭顺。除布噜特毕依等业经加恩毋庸置议外,所有现在查出之奈曼部落布噜特毕依伊曼、阿哈拉克、齐玛木伯特等,着加恩各赏小卷绸一匹。其随同呈出抢夺物件之布噜特等,亦着酌量赏给羊面。以示鼓励。"(《清仁宗睿皇帝实录卷之二一八》)

○嘉庆十四年己巳十一月丁巳朔○旌表守正捐躯直隶宣化县民郝栋妻李氏。(《清仁宗睿皇帝实录卷之二二〇》)

○嘉庆十四年己巳十二月○壬辰,……赏已革察哈尔都统、大通桥监督贡楚克扎布二等侍卫,为叶尔羌办事大臣。(《清仁宗睿皇帝实录卷之二二二》)

○嘉庆十四年己巳十二月○丙午,上幸瀛台,阅冰技。科尔沁扎萨克土谢图亲王诺尔布琳沁等七人,敖汉扎萨克郡王德济特等三人,喀尔喀扎萨克郡王达玛琳扎布、扎萨克头等台吉阿扎喇等十人,青海扎萨克头等台吉恩克巴雅尔等六人,察哈尔厄鲁特二等台吉纳旺楚勒提木等五人,霍罕来使阿浑占西哩布二人、哈密郡王衔贝勒扎萨克额尔德锡尔等十四人,杜尔伯特扎萨克贝子伊达木扎布等四人,并章嘉呼图克图等二十二人,于西苑门外瞻觐。(《清仁宗睿皇帝实录卷之二二三》)

公元1810年

○嘉庆十五年庚午春正月○戊午,谕军机大臣等:"昨据松筠面奏,塔尔巴哈台所属之厄鲁特官兵等牧放滋生羊只内,向于每年照原定数目拨出羊二万零八十只解送乌鲁木齐,作为满洲官兵口粮。但塔尔巴哈台地方雪大,所有滋生羊只未免间有伤损。而厄鲁特等每于动拨此项羊只,因以本身自养之羊赔抵,是以日渐艰窘。查从前伊犁所属之察哈尔厄鲁特等牧放滋生之羊,作为该处满洲官兵口粮,日久不免拮据。松筠曾奏请每羊一只折银三钱,甚有裨益。请嗣后每年于草长时,由塔尔巴哈台拨羊一万五千余只,派委官兵,或解赴玛纳斯,或解往科布多售卖。每羊一只可得银六钱,共计得银九千余两。按每羊一只价银四钱折给乌鲁木齐官兵,其余羊五千只,分给贫苦之厄鲁特等度日。每年如此,则生计充裕,盗案自息。松筠因起程后始思及此,是以未及与晋昌等商议等语。松筠此奏,于厄鲁特生计虽觉稍为宽裕,然究于乌鲁木齐官兵是否有益,亦当熟筹。着寄知晋昌、祥保、兴奎等,将塔尔巴哈台牧放滋生羊只照依如此,折价解送乌鲁木齐官兵之处,互相商酌,妥议具奏。倘有意见不合之处,即各以所见,单衔具奏。"(《清仁宗睿皇帝实录卷之二二四》)

○嘉庆十五年庚午二月○丙申，以察哈尔牲畜因疫倒毙，贷五品以下官员一年俸银，兵丁二年饷银。(《清仁宗睿皇帝实录卷之二二五》)

○嘉庆十五年庚午二月○壬寅，又谕："薛大烈奏，为子续姻，恳请将宣化镇守备卢明善酌调督标一折，所奏荒谬已极，实属任性粗鄙，不知政体。儿女姻亲，事甚琐屑，岂可形之章奏，率行入告？且伊既知上司下属现任内不准结亲，何难为伊子另行择配？乃必欲向所辖守备求婚，竟敢奏请将该守备回避督标，以便其私，殊属胆大妄为。除不准所请外，并传上谕严行申饬，先行逐出乾清门，仍交部议处。总兵萧福禄违例作媒，亦有不合。并着交部察议。"寻议上，得上谕："薛大烈加恩降补天津镇总兵官，萧福禄降为副将。赴部候补。"

○丁未，……调直隶天津镇总兵官图兴阿为宣化镇总兵官。

○己酉，谕内阁："本日朕恭阅世宗宪皇帝实录，内载雍正五年二月二十三日谕旨：'敬览圣祖仁皇帝实录内康熙五十一年奉旨，山东民人出口种地者多至十万有余。伊等皆朕黎庶，既到口外种地生理，若不容留，令伊等何往？但不互相对阅查明，将来俱为蒙古矣。嗣后山东民人有到口外种地者，该抚查明年貌籍贯，造册移送稽查。由口外回山东去者，亦查明造册，移送该抚覆阅稽查等因。此事今尚行否？其直隶、山西民人有往口外种地者，亦照此例行否？着大学士等查奏等因。钦此。'嗣经廷臣查奏：以口外种地民人，于雍正元年、二年、三年陆续设古北口、张家口、归化城三同知管理。但地方辽阔，各该同知所辖恐有遗漏。应令直隶、山西督抚，查明酌量分交管理。并饬三路同知，各按所辖地方，将寄居民人与种地民人查明姓名籍贯，造册咨查各本籍。仍令各省、州、县将所有出口种地民人记档，以备日后查对。嗣后再有出口种地之人，俱着该同知一面安插，一面移咨本籍查无过犯逃遁等情，准其居住耕种，年终造册报部等语。当蒙允准施行。因思口外各蒙古部落种地民人在圣祖仁皇帝世宗宪皇帝时，已因其人数繁多，屡经降旨设官管理，立法稽查。迄今又将及百年，内地民人生齿日繁，出口谋生者益复加增。即原先出口之人，亦复滋息日多。其自雍正年间添设同知以后，现又增设官若干员。各寄居种地民人，现在作何稽查，遇有民人出口者，各该地方是否记档，该口外官员等是否将有无过犯等情咨查本籍，再行安插，年终是否造册报部，着该部查明覆奏。"寻户部奏："查古北口、张家口、归化城自雍正年间设立三同知管理以后，归化城种地民人由该同知通判各按所管地界，照编造保甲之例。每年将旧存、新到及回籍病故人数各若干，注明系何州县民人，造册咨送臣部查核。除嘉庆十四年人数尚未造报外，计十三年分实在民人四千九百余名。古北口以外滦平、丰宁二县，向系土著民人，按册输粮。热河迤北一带，系蒙古外藩游牧处所。自乾隆四十三年改设州县以后，民人集聚渐多，山厂平原尽行开垦，均向蒙古输租。有家资稍裕、搬移眷属者，亦有偶值歉收、投亲觅食者。张家口地方偏僻，关外东西两沟虽有山坡，垦种地亩无多。数十里外即系游牧草地，并无可开垦，亦无村落。商贩往来，俱由都统衙门给与照票。其余只身出入民人，亦俱取具关内铺户保状，方准放行。此山西抚臣造报臣部，各关口造报兵部查核之原委也。至古北口、张家口外寄居种地民人，现在作何稽查，未据咨报。口外官员等是否将有无过犯等情咨查原籍，再行安插之处，归化城并古北、张家二口外，均未咨报。应请旨敕交直隶总督、山西巡抚，查明妥为安置。按年造册，报部查核。"从之。（《清仁宗睿皇帝实录卷之二二六》）

〇嘉庆十五年庚午三月〇庚申，谕内阁据庆怡等奏，请将察哈尔塔勒垂等处开垦地租作为每年正额征收等因请旨一折："察哈尔牧场地方，开垦本干例禁。今巴尔桑阿等胆敢募民开垦，不但有碍牧场，日久必致缺乏牧马地方，殊属不成事体。巴尔桑阿、松龄、承续、舒恒、塔尔巴，均着交部分别议处。其越境开垦之闲散萨恰等，着交部治罪。除将已垦地亩每年作为正额升科外，仍着该地方官察哈尔总管等随时亲往严查。永远禁止，不许私垦。嗣后如有私垦，该地方官不行亲往驱逐。一经查出，定行治罪。"(《清仁宗睿皇帝实录卷之二二七》)

〇嘉庆十五年庚午五月〇丙寅，谕军机大臣等庆怡等奏，派出管理察哈尔牧群总管鄂尔绥病故，现派本翼总管尼玛管理等语："管理牧群之总管，均系由朕简派。今鄂尔绥猝然病故，自应一面派人管理，一面将察哈尔总管等开列名单，奏请简派。今庆怡等并未具奏请旨，竟派人管理牧群，殊属错谬。庆怡着申饬，尼玛着暂令管理牧群外，仍传谕庆怡等将察哈尔总管等开列名单具奏，候朕简派管理牧群。其鄂尔绥所遗察哈尔总管员缺，着庆怡等将应放人员照例拣选，咨送部旗，与京城应行拣选人员一体，拣选带领引见。"(《清仁宗睿皇帝实录卷之二二九》)

〇嘉庆十五年庚午秋七月〇辛巳，谕军机大臣等福庆奏伊家人高斌检获匿名揭帖，控告吏部郎中吉龄在张家口管理税差，将所收税银六千两交赵四带京买房一事："吉龄身任税员，如果私将税银带京买房，其罪甚重。但系匿名揭帖，未可尽凭，恐有挟嫌诬控之处。现据伊呈内称有花户赵四，向与吉龄相好。经吉龄派其经管税口，其银两即系交赵四送回。且称吉龄因用赵四之后，遂将伊等撤回。是此事祗须查明吉龄是否信用赵四，并用赵四后撤回何人，则一切皆可根究得实。此案即着福庆带伊所属司员驰驿前赴张家口查办，一面将吉龄暂行解任。如果查获赵四，讯有私送税银进京之事，再奏明将吉龄革职治罪。如严究并无私送税银之事，则应根究匿名控告之人，查拏惩办。将此谕令知之。"(《清仁宗睿皇帝实录卷之二三二》)

〇嘉庆十五年庚午十二月〇壬寅，上幸瀛台，阅冰技。科尔沁扎萨克郡王敏珠尔多尔济等三人，苏尼特扎萨克郡王喇特纳锡第、喀尔喀车臣汗扎萨克郡王巴图鄂齐尔等十人，乌珠穆沁扎萨克贝勒旺楚克、阿巴噶贝子巴雅尔锡第等二人,阿巴哈纳尔扎萨克贝勒玛哈巴拉、喀喇沁辅国公玛哈达尔玛等四人,乌拉特扎萨克辅国公多尔济帕勒玛、鄂尔多斯扎萨克头等台吉噶勒桑济克密特多尔济、青海扎萨克头等台吉罗布藏吹达尔、察哈尔厄鲁特三等台吉衮布等五人,班禅额尔德尼来使堪布敦蕴曲木丕尔,于西苑门外瞻觐。○以荆州将军兴肇为察哈尔都统,察哈尔都统庆怡为荆州将军。(《清仁宗睿皇帝实录卷之二三七》)

公元1811年

○嘉庆十六年辛未春正月○壬申,……移蔚州路参将驻八沟,管辖建昌、赤峰、朝阳三营。并归提标统辖,热河都统兼管。移八沟营都司驻蔚州路,仍归宣化镇管辖。裁张家口滴水崖都司,四海冶堡守备,从总督温承惠请也。(《清仁宗睿皇帝实录卷之二三八》)

○嘉庆十六年辛未夏四月○丁卯,直隶宣化镇总兵官图兴阿年老,命回京。以前任江西九江镇总兵官刘荣庆为宣化镇总兵官。

○癸酉,裁直隶……赤城、龙门二县驿丞,……从总督温承惠请也。(《清仁宗睿皇帝实录卷之二四二》)

○嘉庆十六年辛未秋七月○乙巳,谕内阁:"前因拉旺多尔济牧场内有民人聚众刨挖黄耆拒伤官弁之事,节经降旨,令兴肇将如何起衅缘由,并作何办理之处,据实具奏。本日据兴肇等将该处历年刨挖黄耆各案犯缘由声叙覆奏:此项民人先于嘉庆十五年间,在海奴克达木诺尔乌讷格特等处聚集刨挖黄耆,并经该处总管呈报,有将护军依达木扎布恩克胳膊打折之案,其事系在前任都统庆怡任内。上年庆怡来京,经朕询问该处情形,据奏地方安静,总未将此事陈奏。且托称不晓蒙古言语，巧辞规避。及将伊调任荆州将军，以为可以卸责后任，即欣然赴任，置身事外。是其居心巧诈，置地方重案于不办，因循贻误，厥咎甚重。庆怡着交部严加议处。彦吉保系该处副都统，与庆怡同时在任，亦着交部严加议处。兴肇于本年二月甫经到任，四月内民人聚众在拉旺多尔济牧场刨挖黄耆、殴伤长史护卫等，是其任内之事。伊未经奏办，经降旨询问，始行陈奏。兴肇年老无能，不胜察哈尔都统之任，着交部议处。庆怡、彦吉保、兴肇俱着来京听候部议。所有荆州将军、察哈尔都统、副都统员缺，已另降谕旨补放。贡楚克扎布补授察哈尔都统，到任尚需时日。其未到任以前，着成宁由京驰驿前往署理。本智补授察哈尔副都统，亦一并驰赴新任，俱不必来行在请训。伊二人接任后，即将此案现获各犯，再行详讯。该处刨挖黄耆首犯牛秃子现已就获，其另伙为首之梁五麻子，所有前次殴伤官弁，即系伊雇往之人，尤为此案罪魁。该犯籍隶丰宁，并案内籍隶多伦诺尔厅等处之田伏有、侯怀仁，籍隶山西之高荣等四犯，着直隶总督、山西巡抚、热河都统、古北口提督等一体饬属严拏。并案内人犯无论何处缉获，俱着解赴察哈尔都统衙门，交成宁等归案讯办。其兴肇折内所叙获犯牛秃子等供，或称雇觅十余人，或称数十人，所讯亦未确实。该衙门从前报案，即称有四五百人，虽或不至如拉旺多尔济所言数千人之众，亦断不止如所供之数。并着成宁等据实查讯具奏。黄耆系寻常药植，本非例禁之物。但如此聚集多人刨挖滋事，不可不加以禁令，嗣后黄耆捆载入口，应如何查办，及民人纠集出口，应如何禁止，着成宁、本智会同直隶总督、山西巡抚详悉妥议章程具奏。成宁于办理此案完竣后，俟贡楚克扎布到任交代，再行回京供职。"（《清仁宗睿皇帝实录卷之二四六》）

○嘉庆十六年辛未八月○庚申，谕内阁："伊犁将军呈进马匹，以备天闲之选。自平定西域以来，历年遵办已久。昨据察哈尔都统兴肇奏，此次伊犁进马，共带有一百八十五匹。沿途多索支应，当交军机大臣会同行在刑部,将派来进马之总管、佐领等提讯。据供将军晋昌原交进贡马五匹,备用马四匹,此外多系该将军及领队大臣等带来分送各大臣官员者。下及总管、佐领,以至随从兵丁,均各有私带马匹。或沿途售卖,或分送亲友,以故马数增多。并将该将军等分送王大臣等马匹数目开单进呈。朕披阅单内,御前大臣及御前侍卫华聘、阿那保,均各得有馈送马匹。每年贡马仅止五匹,备用之数,亦略相等。而私带分送者竟加至数十倍,殊属不成事体。且御前侍卫多人,何以独华聘、阿那保二人得有馈遗?明系因华聘、阿那保为派出试马之人,是以该将军进马恐其挑剔,先行致送以杜其口。此等风气,亟应饬禁。嗣后伊犁将军每年进马,除例贡五匹外,再备进五匹,派委妥员送到,一同交上驷院验收,此外不许多带一匹。至官兵等所供,附带马匹售卖,添补盘费,亦系托词支饰。如该官兵远道随行,盘费实有不敷,着该将军给发充足。毋令借口滋弊。"

○壬戌,谕内阁:"庆怡前在察哈尔都统任内,于民人聚众刨挖黄耆拒伤官弁重案,未能即时查拏奏办;上年进京时,又不将该处情形据实奏闻,托称不晓蒙古言语,巧为规避,本应照部议革职。姑念伊所得处分系都统任内之事,着革去将军,仍将本身承袭公爵加恩赏留。彦吉保与庆怡同时在任,于此案亦未查办。本应均照部议革职,惟该副都统未曾来京,与庆怡饰词讳匿者有间,着加恩改为降三级,赏给三等侍卫,在大门上行走。兴肇系接任之员,本年续有刨挖黄耆之案,未经奏办,亦应照部议降三级调用。姑念伊到任未久,着加恩改为降二级,赏给头等侍卫。在大门上行走。"(《清仁宗睿皇帝实录卷之二四七》)

○嘉庆十六年辛未十二月○丙午,移直隶独石口协左营外委一员,驻赤城营。从总督温承惠请也。(《清仁宗睿皇帝实录卷之二五一》)

公元1812年

　　○嘉庆十七年壬申二月○乙丑,展缓直隶宣化、龙门二县上年被霜、被雹地亩额赋。缓征张家口、独石口、赤城、万全、怀来、蔚、西宁、怀安、延庆、保安十厅、州、县新旧额赋,并借常仓谷。(《清仁宗睿皇帝实录卷之二五四》)

　　○嘉庆十七年壬申三月○丁酉,又谕:"据恩长等奏,贝勒衮布车凌、扎萨克台吉贡楚克扎布互争游牧,今分定地界,请将盟长德木楚克扎布等交部议处等语。此案贝勒衮布车凌、扎萨克台吉贡楚克扎布以两旗游牧地图不符,各无确据,叠次相争,未能断结。今恩长等酌量形势,将两旗人畜多寡,均匀分定游牧边界,设立鄂博绘图定制。贡楚克扎布、衮布车凌等各愿具结,甚属心服。至前此萨木丕勒多尔济请仍还给察罕山、纳木岭一节,萨木丕勒多尔济既已自行绘图定界具结,今若更张,恐众扎萨克等必致效尤,此风亦不可长。恩长等奏请无庸议,所办甚是。均着照所奏办理。经此次分定之后,该蒙古人等断不许复行争竞。如再具呈妄争,定行治罪。德木楚克扎布等均着加恩,免其议处。"(《清仁宗睿皇帝实录卷之二五五》)

　　○嘉庆十七年壬申六月○丙辰,铸给直隶新设蔚州路都司关防,从总督温承惠请也。(《清仁宗睿皇帝实录卷之二五八》)

　　○嘉庆十七年壬申秋七月○乙酉,谕内阁:"贡楚克扎布覆奏刨挖黄耆章程一折,所议是。察哈尔牧厂等处游民私挖黄耆,上年甫经议定章程,限以人数、斤数,严禁聚众刨采。今若又开领票认采之例,奸民趋利若鹜,势必多方影射,聚集纷争,转致难以稽察。阿勒精阿所奏不可

行。着该都统等仍照原议章程督饬所属,实力查办,毋得日久生懈。"(《清仁宗睿皇帝实录卷之二五九》)

○嘉庆十七年壬申九月○庚午,以直隶督标中军副将音登额为宣化镇总兵官。

○辛巳,谕内阁贡楚克扎布等奏,请于察哈尔左右两翼各派总管一员,每旗各派兵四十名,缉捕抢劫蒙古商人物件贼盗等语:"察哈尔八旗游牧处所地阔贼多。若缉捕兵少,不惟无以示威,转致贼人轻视,自应多派官兵严缉。但仅令二总管带兵三百余名常川搜捕,设约束不严,转致滋事。嗣后察哈尔游牧处,遇有抢劫之事,着贡楚克所布等即按照报出贼数,酌派官兵,迅速严缉。倘贼中有敢拒捕者,即持械惩办。庶贼众畏惧,不敢抢掠矣。至所派官兵,即照贡楚克扎布所奏给与盘费。"(《清仁宗睿皇帝实录卷之二六一》)

○嘉庆十七年壬申十二月○戊申,以故察哈尔和硕特辅国公敏珠尔多尔济子丹津扎布袭爵。

○甲寅,以……察哈尔副都统本智为广州将军。……调正黄旗汉军副都统来灵,为察哈尔副都统。

○丙辰,举行本年军政,……察哈尔都统所属卓异官三员,年老有疾官一员,有疾官一员,罢软官三员。……分别议叙处分如例。(《清仁宗睿皇帝实录卷之二六四》)

公元1813年

○嘉庆十八年癸酉春正月○辛卯,谕军机大臣等:"本日据拉旺多尔济、松筠奏,张家口蒙古妇人蕴济特呈控协领图满得受贼犯银两,诬伊子达玛琳扎布等三人为盗一案,已有旨交熙昌会同贡楚克扎布、来灵审办矣。此案达玛琳扎布、图克济、图布德恩等,均系总管鄂特欢派出查拏盗贼之人,连获十余犯。协领图满得受贼犯银两,转将达玛琳扎布等严刑逼认通盗,定拟罪名,将已获正贼释放。如果所控属实,则图满得贿纵贼,诬良为盗,其罪甚重。熙昌等讯明,即将图满严参治罪,不可稍有回护。若达玛琳扎布等平日竟与贼犯相通,亦应按律究办,毋任狡脱。熙昌、贡楚克扎布、来灵奉旨会同审办,务须秉公详慎,以期无枉无纵。将此谕令知之。"

○壬辰,谕内阁:"蒙古王公等坟茔,向无立碑之例。丹巴多尔济系旧蒙古,自幼在内廷豢养,经朕擢至御前大臣,一切差使,谨慎奋勉。着加恩准其建碑,即刊朕所降恩旨于前,祭文于后。前赏丹巴多尔济银二千两,托恩多随扈盛京,无需如许路费。即着将此项建碑,以示朕体恤旧蒙古之至意。"(《清仁宗睿皇帝实录卷之二六五》)

○嘉庆十八年癸酉九月○己巳,谕军机大臣等:"贡楚克扎布奏,云骑尉噶勒桑呈报,民人段机因偷窃牛马拒捕、自扎身死一案,已有旨交衡龄提犯研审,定拟具奏矣。此案疑窦甚多,该云骑尉噶勒桑因兵丁禀称草地内拴有牛马,何以知其系属贼赃,即带兵持械前往缉捕?迨段机业已用刀自扎肚腹,伤重倒地,不难即时拘执。该云骑何以又夺刀复砍,始行捆缚?是原报之肚腹一伤,是否自扎,殊难凭信。现在严讯同行之武建升,于伙同偷窃一节坚不承认,难保无妄拏酿命情事。且段机身带帐簿,俱系蒙古人欠帐。若帐内载有该处官兵姓名,则显有因索欠起衅,诬窃妄拏,希图抵赖情弊。着衡龄提集人犯,逐一详细研鞫,务期勿枉勿纵,以成信谳。"(《清仁宗睿皇帝实录卷之二七三》)

○嘉庆十八年癸酉九月○壬午,又谕:"本月十五日突入禁城各匪犯,现已歼捕净尽。其总头目林清业已拏获。讯据该逆供系八卦教,今改名天理教,散布各处。有乾卦头目华姓,现在宣化府;兑卦头目王忠顺,现在潼关;坤卦头目魏正中,现在安庆。着贡楚克扎布、朱勋、胡克家即速选派妥干员弁,密访严拏务获。拏获后,讯取供词由驿速奏,务须不动声色将首逆擒获,勿令闻风蠢动。倘有抗违拒捕情事,并着派兵立时扑灭,毋任窜逸勾结。"(《清仁宗睿皇帝实录卷之二七四》)

○嘉庆十八年癸酉九月○辛卯,命服阕总兵官刘荣庆暂充京营额外总兵,在前三门外驻札。(《清仁宗睿皇帝实录卷之二七五》)

○嘉庆十八年癸酉冬十月○乙未,又谕:"前经有旨,令贡楚克扎布在该处牧群内挑马三四千匹,豫备吉林、黑龙江马队官兵到京更换。着再传谕该都统,此项马匹不必全行解京。即先挑选膘壮堪胜驰骤者二千匹,烙具火印,委员解赴保定,交章煦收备。吉林、黑龙江官兵过直更换。"

○庚子,命候补总兵官刘荣庆驰赴军营。(《清仁宗睿皇帝实录卷之二七六》)

○嘉庆十八年癸酉十月○辛酉,又谕:"前经降旨,令贡楚克扎布等于察哈尔牧厂内挑选膘壮马二千匹,径解直隶,豫备吉林、黑龙江官兵乘骑;再挑马二千匹来京,豫备该官兵等更换。本日据章煦奏,解交直隶马二千匹内,该督率同刘荣庆挑退瘦小难供乘骑者二百余匹。又据兵部奏,吉林头起官兵五百名应换马匹,据该领队副都统色尔衮呈请,仍将本处乘来马匹骑往。其察哈尔牧厂马匹不愿更换等语。此次所调察哈尔马匹,系豫备出征官兵乘骑之用,贡楚克扎布等并不认真挑选,以驽马充数,实属玩泄。本日复据太仆寺奏,自嘉庆十一年至十七年三次均齐,较八年以前原交马数,亏缺至一万一千二百八十八匹。牧厂孳生马匹,原应岁有赢余,以备调拨;乃自八年以后,经三次均齐,每次均有亏缺,此次缺少尤多。贡楚克扎布、来灵,俱着交部严加议处。其来灵前于正黄旗汉军副都统任内,失察曹纶父子逆谋之案,竟无庸再议。即着来京候旨。此次来京备换马匹,吉林头起官兵既不愿更换,暂留备续到官兵挑换之用。其豫备黑龙江官兵更换马一千匹,着将疲驽者挑出五百匹,迅速截回,以省糜费。所有由京及直隶驳回马匹,一应往返费用俱不准开销,着贡楚克扎布、来灵分赔示罚。并着贡楚克扎布会同新任副都统福珠隆阿,查明此次派办马匹各官员及嘉庆八年以后太仆寺左右两翼牧厂官员,分别查明。开送职名,交部严加议处。"寻议上。得旨:"贡楚克扎布着降为二品顶带,仍带革职留任。来灵着革职。"
○调正白旗满洲副都统福珠隆阿为察哈尔副都统。(《清仁宗睿皇帝实录卷之二七七》)

○嘉庆十八年癸酉十一月○甲戌,谕内阁:"此项察哈尔解京豫备吉林、黑龙江官兵乘骑马匹,除更换拨补外,其瘦小者至六百十匹之多,实属办理不善。此六百十匹往返路费草斤口分,俱不准开销。着责令贡楚克扎布、来灵及解马总管等照数分赔。贡楚克扎布身任都统,其咎较重。着再罚赔马一千匹,补入牧厂缺额。以示惩儆。"(《清仁宗睿皇帝实录卷之二七八》)

○嘉庆十八年癸酉十二月○甲寅,旌表守正捐躯直隶赤城县民王福妻张氏。

○乙卯,上幸瀛台,阅冰技。科尔沁扎萨克郡王敏珠尔多尔济等四人,苏尼特扎萨克郡王喇特纳锡第、阿巴噶扎萨克郡王玛呢巴达喇等三人,乌珠穆沁扎萨克贝勒图克济扎布等三人,阿巴哈纳尔扎萨克贝勒玛哈巴拉、土默特辅国公济噜布、喀喇沁多罗额驸扎木扬多布丹等二人,喀尔喀赛因诺颜扎萨克贝勒德勒克朋楚克等八人,杜尔伯特扎萨克镇国公鄂勒哲依鄂啰什瑚、厄鲁特辅国公丹津扎布、青海扎萨头等台吉旺舒克等二人，察哈尔厄鲁特二等台吉玛什巴图等二人，呼图克图呼毕勒罕喇嘛等九人，于西华门外瞻觐。(《清仁宗睿皇帝实录卷之二八一》)

公元1814年

○嘉庆十九年甲戌三月○己酉，谕内阁贡楚克扎布等奏详查马匹牛羊亏缺数目，并自请议处治罪一折："此项倒毙马匹牛羊，贡楚克扎布在任最久。上年福珠隆阿不谙情形，于严冬调查，贡楚克扎布亦不行阻止，咎无可辞。此时若令该总管等全数赔补，未为平允，且该蒙古等生计恐不免拮据。着将应赔数目分作十成，贡楚克扎布着分赔五成，福珠隆阿着分赔二成，无庸议处治罪。其余三成，着该总管等赔补。俱准照原议二年、三年之限，分别完缴。所有报验皮张，着分赏牧厂众蒙古，俾资生计。"(《清仁宗睿皇帝实录卷之二八八》)

○嘉庆十九年甲戌五月○己未，又谕："本日永锡等将原任察哈尔总管头等侍卫诺木齐列入请补总管缺内，拣选带领引见。诺木齐前在察哈尔总管任内，缘事革去总管，降为副护军参领。上年军营出力，授为头等侍卫。降级未久，岂可复为该处总管？拣选王大臣等漫不经心，除将诺木齐之名裁撤，毋庸带领引见，其原保之领侍卫内大臣荣郡王绵亿，署领侍卫内大臣睿亲王端恩，拣选之御前大臣庄亲王绵课、值年旗都统肃亲王永锡、苏楞额、奕绍、哈迪尔、崇禄、明亮，副都统瑞龄、西拉布，均着交部议处。嗣后总管任内获罪调用者，不准再放总管。"(《清仁宗睿皇帝实录卷之二九一》)

○嘉庆十九年甲戌六月○庚午，谕军机大臣等："贡楚克扎布奏，宣郡张家口，捕务均关紧要。宣郡距张家口只六十里，拟暂回张家口督缉，仍频赴宣郡梭织往来，期获要犯等语。所奏大不晓事。乾卦教首华姓未获，而祝现又有逃往张家口一带之信，该都统均应留心查缉。但查缉之法，必须不动声色，密派员弁兵役，设法踹访，匪徒等方不致闻风远扬。今贡楚克扎布以都统大员，随从多人，仆仆往来于宣郡、张家口之间。即使要犯在彼潜匿，伊岂无耳目？非乘间逃窜，即伏藏愈固，安能迅就弋获？该都统之意，不过欲见其办理认真，不敢怠玩。不知于缉捕机宜大相刺谬。伊日内既回张家口，不必再赴宣郡。着一面就近留心督缉祝现，一面遴派妥员，在宣郡一带访查华姓。如宣郡访获正犯，该都统前往审讯，录供具奏。道里甚近，不致迟误。总须持以镇静，勿涉惊扰为要。其另拟缉捕事宜三条，前两条请于地方交界处所及河工水次侦捕之处，所见甚是。早经降旨饬办。其在新疆侦缉一条，则断不可行者也。将此谕令知之。"

○癸未，谕内阁："贡楚克扎布等奏请将应赔马匹牛羊作价扣廉完缴一折，所奏甚属取巧，更兼胆大，在朕前竟朦混乱法。牧群牲畜，理宜孳养繁庶，不容稍有缺额。此项马匹牛羊因倒毙亏缺，系由该都统等办理不善所致。经朕加恩，免其治罪，责令分赔，亟应筹买足额。即所属地方现在采买牲畜较多，亦当分向他处设法购买。若扣廉作价，于亏缺之额仍不能即时补足。纵使缴价倍蓰，亦与牧政无裨。贡楚克扎布、福珠隆阿，俱着传旨严行申饬。即将应赔各项牲畜按限买补，买有成数，随时奏闻。缺额补足时，专折具奏。彼时朕派员前往查验，如有朦混，定将该都统等一并治罪。"（《清仁宗睿皇帝实录卷之二九二》）

○嘉庆十九年甲戌八月○壬午，缓征直隶……龙门……怀安……十五州、县水灾、旱灾、雹灾、虫灾各村庄新旧额赋及旗租仓谷。（《清仁宗睿皇帝实录卷之二九五》）

○嘉庆十九年甲戌九月○己丑,谕军机大臣等:"据刘镮之等奏称,顺义县牛栏山地方,盘获卖马之韩泳昌、刘兆、屈顺、李泳明、王增怀等五名,并起获马二十二匹。讯据韩泳昌等供,刘兆之父刘景昌向与蒙古人在口外偷赶马匹。本年八月初五日,韩泳昌、屈顺带同蒙古人根敦吉至刘景昌家,与在彼居住之蒙古人贡布等五名,在满丹花马厂抢去马三十匹,并带鞍马一匹。除留寄售卖外,该县实起获马十四匹。又将该犯在高丽营卖马八匹,一并起获。旋据事主张其显赴县呈报,详讯被窃月日并失马数目,均与韩泳昌等所供相符。并称放马之人当被殴伤,伊铺伙曾在察哈尔都统衙门报明有案等语。已将韩泳昌等犯交刑部审讯矣。近日口外窃马之案甚多,该犯等胆敢纠同蒙古人等偷窃厂马,数至三十余匹,并殴伤事主,竟与劫夺无异,不可不严行惩创。着贡楚克扎布查明张其显铺伙呈报原案,即饬派兵役,将贡布等各犯严拏务获,解部归案办理。再前月朕恭谒东陵,跸路经过地方。其各村庄编挂门牌,甚为整肃。缉拏匪犯悬贴赏格,亦极详备。询之那彦成,据称直隶各府州县,俱照此一律办理,并非于近畿地方粉饰塞责。看来口内查办保甲一事,尚为认真。因思口外多伦诺尔地方,烟户稠密,商民杂处,奸徒最易藏匿混迹。现在祝现等六犯及次要之五十余犯均未拏获,安保无一名潜往伏匿。现在该处作何查办之法,着该都统督率该地方官一体编查,设立赏格,严密访缉。如有逸犯到彼,即可追踪擒捕。毋稍疏漏,将此谕令知之。"

○庚寅,赏察哈尔木和尔噶顺等十一站被灾弁兵一年钱粮。(《清仁宗睿皇帝实录卷之二九六》)

○嘉庆十九年甲戌十一月○乙巳,以故察哈尔和硕特辅国公达什喇布坦子桑噜布多尔济袭爵。(《清仁宗睿皇帝实录卷之二九九》)

○嘉庆十九年甲戌十二月○癸酉,谕内阁:"贡楚克扎布在察哈尔都统任内,上年挑备军营马匹,率以驽马充数。吉林黑龙江官兵过京时，俱不愿承领更换。嗣饬令查拏逆犯曹纶，贡楚克扎布因见宣化镇出兵名册有曹纶在内，未经详查，率以曹纶业经出兵具奏。设彼时曹纶闻知查拏之信，先有自戕情事，或出口远避，致乱臣贼子不能明正典刑，成何事体！此二事获咎俱重，皆应革职。经朕格外施恩，仅予薄惩，免其革任。乃此次年班到京，于召对时奏及捕贼一事，痛哭不止，声震殿陛。语言亦不明析。伊谓秦庭一哭，见其忠心恋主。正所谓今之愚也，诈而已矣。上年逆贼之变，贡楚克扎布未在京城，此时若偶因论及前事，愤懑流涕，尚属情理所有；亦何至痛哭不休，以致应对失次？迨降旨交军机大臣询以捕贼一事，伊究竟有何主见？据称欲朕降旨宽其一线，将逆犯诱出，再将该犯正法等语。无论祝现等六犯散窜各方，即诱出一二人，其余数人闻风藏匿愈固，不能以次捕诛。即此六犯全行投出，尚有次要五十余犯。见此六犯被诛，又岂有不远扬深匿之理？况国家搜捕逆党，明颁诏令。若如贡楚克扎布陋见，其何以示信于天下？贡楚克扎布至愚极诈，昏愦无能，不胜察哈尔都统之任。着革去都统，赏给三等侍卫，派往新疆换班，以观后效。若再犯法，未必能还京矣。"○以西安将军祥保为察哈尔都统。……赏已革察哈尔都统贡楚克扎布三等侍卫，为和阗帮办大臣。(《清仁宗睿皇帝实录卷之三○一》)

公元1815年

○嘉庆二十年乙亥二月○甲申，调……直隶口北道廉敬为广西按察使。(《清仁宗睿皇帝实录卷之三○三》)

○嘉庆二十年乙亥三月○己亥，谕内阁祥保等奏军台续添口分羊只，请由口北道库余存利银内拨给一折："着照所请，阿尔泰军站续添口分羊只，每年应拨价银五百两，准其照数支给。俟太仆寺扣还牛羊群

息银足敷一万两后,仍交口北道发商生息,以备拨用。"(《清仁宗睿皇帝实录卷之三〇四》)

○嘉庆二十年乙亥夏四月○甲子,谕军机大臣等祥保奏察哈尔达里冈爱牧群马驼被灾情形一折:"察哈尔右翼骒驼十六群,倒毙官驼二千六百余匹。看来管群官员以今岁系清查各群之年,难保不将平时缺短马驼报入被灾数内。着寄谕祥保等,于查马大臣未到之前,务须彻底详查。如有此等情弊,即行据实参奏。"

○戊寅,军机大臣等议覆直隶提督徐锟奏请将赤峰、建昌、朝阳三营十汛守兵减改步兵一折:"查该处蒙古、民人杂处,弹压缉捕,关系紧要。所有额设之兵,自嘉庆十六年定议后,马兵步兵均已足额。守兵尚未募齐,缘守兵月支钱粮不敷养赡,势难强之入伍。既据该提督援照多伦诺尔改守为步之案,应准其将守兵六百六十二名改为步兵三百三十一名,按照兵数,分隶三营十汛。责令该提督速为募足,一体认真操练,以成劲旅。"从之。

○壬午,颁御制官箴二十六章。宗人府箴曰:"朱果源长,本支百世。蕃翰羽仪,邦家屏卫。庆衍天潢,祥绵帝系。宗正设官,永彰法制。教孝教忠,孚诚孚惠。追思旧风,时怀勉励。作求不忒,凛承绍继。尔王尔公,同舟共济。"内阁箴曰:"纶扉重任,秉国之钧。调元补衮,寅亮忠淳。统摄百辟,光辅一人。宣猷赞化,致君泽民。万邦为宪,庶绩咸循。济川作楫,正直清纯。素餐备位,政治难伸。予违汝弼,毋忽谆谆。"翰林院箴曰:"金马玉堂,深严清密。立本储才,黜浮务实。菲史枕经,身度声律。勿耽词章,藻采飘逸。研炼典谟,精勤作述。于度于咨,不言温室。虚饰屏除,彬彬文质。诞告儒臣,正心正笔。"吏部箴曰:"职司邦治,夙夜心殚。首冠六部,统理百官。铨衡黜陟,其慎其难。藻镜朗烛,表正形端。科条恪守,典籍勤观。考课贤否,真伪详看。选举平允,计要不刊。佐朕用舍,社稷永安。"户部箴曰:"宇宙财赋,养天下人。会计众寡,度支平均。经费有则,节俭常循。财货非宝,邦本惟民。上损下益,上聚下贫。盈虚消息,出陈易新。安危所系,察理最真。懋修厥职,时绎丝纶。"礼部箴曰:"立极建邦,天经地义。格神和民,宣化图治。五伦五常,三德三事。幽明崇卑,秩宗定位。轨度率由,升平可致。先务俗成,允资咸备。直亮寅清,本根培植。莫大于礼,容台励志。"兵部箴曰:"九伐掌握,任重夏卿。举优黜劣,克诘戎兵。八旗子弟,简练俊英。直省将士,选择详明。考牧蕃庶,坰野充盈。城戍邮驿,毋愆期程。敬修职业,七德用宏。昭宣我武,永绥大清。"刑部箴曰:"辅治以刑,必慎律令。哀矜常存,万民之命。听断允详,宅心公正。死不复生,岂忍陷阱。宜保善良,力除枭獍。姑息纵凶,益滋强横。狱讼繁多,敝俗日盛。咨尔皋陶,咸中有庆。"工部箴曰:"居民时利,董率司空。五材调济,职思考工。备物致用,谨度程功。去华就实,朴素是崇。缮修营造,吉叶栋隆。河堤巩固,水利疏通。节所当节,虑周始终。予惟尚俭,常念卑宫。"理藩院箴曰:"东国开基,蒙古勋旧。久缔丝萝,世臣华胄。四十九旗,新疆营堠。大漠极边,抚绥在宥。禁令录功,黜陟封授。院事实繁,承政敬懋。公正廉明,怀柔包覆。中外一家,覃敷福佑。"都察院箴曰:"明目达聪,责在御史。彰善瘅邪,整纲饬纪。铁面霜威,纠慝绳诡。私惠勿酬,私仇勿毁。敢谏不阿,忠贞常矢。言出如山,心清似水。勉尽丹忱,非图誉美。民隐敷陈,治隆患弭。"通政司箴曰:"通政立朝,九卿行列。职有攸司,官非虚设。直省本章,按日校阅。程限详稽,迟速甄别。违式劾参,勿先漏泄。登闻鼓厅,事期明彻。覆盆莫伸,立予昭雪。上达下情,治功最切。"大理寺箴曰:"明刑大理,古廷尉卿。民命至重,罪疑惟轻。期于予治,务得其平。刻则近酷,纵恶伤生。折衷求实,谳狱详精。存心宽恕,执法原情。会议必慎,救误扶倾。切忌缄嘿,思义顾名。"步军统领衙门箴曰:"昔执金吾,今名统领。城郭郊圻,八旗万井。生齿日繁,颇有顽梗。首善之乡,岂容不逞。豪霸必除,奸宄知警。要任惕承,国钧是秉。心主忠诚,政济宽猛。汝和钦哉,慎修思永。"顺天府尹箴曰:"三辅帝都,京兆要职。抚绥乡间,剪剔盗贼。奖拔才能,劾除贪墨。去莠安良,洗荡邪慝。有守有为,以引以翼。遐迩观摩,四方表则。戸日存心,尸位素食。民具尔瞻,抒诚竭力。"八旗都统箴曰:"天造草昧,神武开基。股肱心膂,辨色建旗。满洲蒙古,肇定鸿规。归附既众,汉军次之。分二十四,典则昭垂。百七十载,户口蕃滋。渐忘旧俗,日就恬嬉。力图复业,念兹训辞。"总督箴曰:"总督军兵,自前明始。我朝因之,各省分理。专司绿营,申令法纪。检阅宜勤,精练将士。禀命九重,受钺万里。设兵卫民,驱除奸宄。有勇知方,辨别臧否。安不忘危,升平可企。"巡抚箴曰:"寰区庶民,委托巡抚。激浊扬清,知其甘苦。遇歉亟拯,尽心救补。格彼愚痴,筹思生聚。常存公忠,毋任喜怒。穆如清风,化若时雨。可望小康,德洋泽普。咸矢敬勤,敉宁疆土。"总河箴曰:"千里黄流,自西北至。挟沙而行,今益难治。齐豫淮扬,总河设二。官吏分司,共筹一事。土性不同,制宜因地。固守堤工,修防敉坠。救弊补偏,克勤励志。永保安澜,勋隆福积。"总漕箴曰:"食先八政,邦本为农。岁稔谷获,千箱万钟。七省转运,天庾正供。河路虞滞,帆樯相从。停泊宜顺,风信恐逢。抵通迅速,回棹接踵。日不暇给,行春兑冬。勿惮跋涉,长勖寅恭。"学政箴曰:"士冠四民,储才卓荦。成俗化人,允赖讲学。正道昌明,非心浣濯。考选菁莪,公平拔擢。有德斯纯,浮华终驳。为国养贤,愚顽渐觉。经正意端,趋向远浊。本立道生,惠泽沾渥。"盐政箴曰:"盐法讲求,因民所利。国课攸关,设官分治。征收督催,酌中定议。丰歉不齐,审时度地。贵贱均匀,疏通壅积。淡食既除,销引免累。缉私必严,谨防作伪。征榷公平,闾里恩被。"布政司箴曰:"直省政治,惟汝承宣。旌别淑慝,黜劣兴贤。水旱赈恤,力救颠连。出纳钱谷,职守毋愆。清忠敬慎,刚直贞坚。爱民节用,持正戒偏。祛邪奖善,化美俗迁。凛思勿懈,史册永传。"按察司箴曰:"臬事汝司,民命国脉。念切祥刑,惩一警百。振挈纪纲,剔除恶逆。听讼勤明,洗冤立释。狱不稽留,平反保赤。法律聿修,宪度日辟。封章勿迟,慎理邮驿。尽职殚诚,九有沐泽。"将军箴曰:"将军之职,与古迥殊。八旗禁旅,生聚帝都。日增月盛,分驻寰区。星罗棋布,奕禩良模。旧习常守,汉俗勿趋。国语熟练,步射驰驱。先养后教,心洽诚孚。训尔营队,巩我皇图。"提督箴曰:"天下屯营,难以数计。提督总兵,官阶次第。副参游都。统归节制。选拔必公,勿贪货币。练士必勤,奖劝力艺。老弱汰除,采择精锐。备足患消,金瓯永卫。为国干城,钦承勿替。"(《清仁宗睿皇帝实录卷之三〇五》)

○嘉庆二十年乙亥六月○戊辰,又谕:"昨日朕披阅内务府进呈则例,恭载乾隆三十年皇考高宗纯皇帝谕旨内外各衙门题奏事件。遇有地名字面,理应遵照全写。乃向来章疏祇图省便,每将地名节称一字,其谬不可枚举。如热河之但称为热,多伦诺尔之但称为诺。则其尤甚者。嗣后凡有地名字面,一概全写。不得竟趋简易,致乖体制。钦此。"(《清仁宗睿皇帝实录卷之三〇七》)

○嘉庆二十年乙亥九月○庚子,贷赛尔乌苏、穆和尔、噶顺三处被灾驿丁、张家口布鲁图官兵一年钱粮,察罕托罗海弁兵半年钱粮。

○丙午,又谕:"庆溥等奏,察哈尔正黄旗喀喇沁捕盗官忠禄呈控丰镇厅同知嵩音等徇情卖法一案,已有旨交祥保亲提审办矣。此案据忠禄所,报常氏服毒毙命,因万福与王加兴等在春哥子家赌钱闹事,将春哥子养媳常氏毒毙。春哥子家引人聚赌,或因争竞斗殴,尚系事所常有。何以将其养媳毒毙?究竟因何启衅,所控情节,甚不明晰。丰镇厅同知嵩音于正月十九日接准忠禄来文知照,即应前往验讯。何以延至四月二十三日始行会验,致尸身毒饭全行抛弃无存?该同知又何以揭出忠禄赃弊?经都统将忠禄斥革,着祥保即亲提案内应讯人证,秉公查审。审明后分别定拟,用汉字折具奏。将此谕令知之。"

○庚戌,又谕:"向来蒙古人从无叩阍之事,此案七萨本系遣犯,在配脱逃,已应加罪。胆敢在围场道旁叩阍,列款翻控前案(经和宁审系全虚),实属刁诈可恶。七萨着在本旗地方枷号三个月,满日发往伊犁,交该将军严加管束。奈曼王巴勒楚克将银物馈送理事司员,虽非营私行贿,亦属不合,着交理藩院议处。司员岳祥于巴勒楚克致送银两,即用公文驳回,体面可嘉,赏加一级。余依议。"(《清仁宗睿皇帝实录卷之三一〇》)

○嘉庆二十年乙亥冬十月○丁卯,赏已革察哈尔副都统来灵头等侍卫,为西宁办事大臣。(《清仁宗睿皇帝实录卷之三一一》)

○嘉庆二十年乙亥十二月○甲子,旌表守正捐躯直隶张家口厅民史俊礼妻贾氏。(《清仁宗睿皇帝实录卷之三一三》)

○嘉庆二十年乙亥十二月○壬申,幸北海,阅冰技。科尔沁扎萨克郡王琳沁扎勒赞等四人,阿巴噶扎萨克郡王喇特纳锡第、扎鲁特扎萨克贝勒忠济勒车凌等七人,杜尔伯特扎萨克贝子鄂绰尔瑚雅克图等二人,乌拉特扎萨克镇国公巴图鄂齐尔、郭尔罗斯扎萨克辅国公恩克托克托瑚、苏尼特辅国公额琳琛、克什克腾扎萨克头等台吉旺楚克喇布坦、土默特固山额驸扎勒瓦多尔济、喀尔喀扎萨克头等台吉衮布多尔济、青海扎萨克头等台吉济克默特、察哈尔和硕特四等台吉巴彦济尔噶勒等二人,帕克巴拉呼图克图等二人,于神武门外瞻觐。(《清仁宗睿皇帝实录卷之三一四》)

公元1816年

○嘉庆二十一年丙子六月○丙午,调正白旗蒙古副都统棍楚克策楞为察哈尔副都统。(《清仁宗睿皇帝实录卷之三一九》)

○嘉庆二十一年丙子九月丁未朔○谕内阁："本日莫尔根经齐呢围，牲兽并不短少。朕见牲兽俱从蒙古围副纛尾纛之间逸出甚多，此皆管围大臣等并不严肃管护。扎鲁特扎萨克多罗贝勒甘珠尔扎布、科尔沁多罗贝勒色楞多尔济应得赏项，均着毋庸赏给，仍各罚职任俸半年。散秩大臣公吉祥保、奕礼，各罚职任俸一年。所有圈围之蒙古兵丁等，交该管王公等严惩示戒。"（《清仁宗睿皇帝实录卷之三二二》）

○嘉庆二十一年丙子冬十月○辛卯，谕内阁："祥保等参奏，署参领旺楚克于秋审勾决绞犯，延不行刑，率称十月初一日起至三十日止，均不准行刑，请俟冬至七日后正法。为时尚有一月之久，恐至疏虞。其奉文后延不行刑，有无意图稽缓之处，应彻底根究等语。外省自九月二十日起，至十月二十日止，停止行刑。该都统等接到部文已在停止行刑期内，即应将部文封存署内，以免漏泄。俟应行刑之期，计算程站发往，方为正办，不应先行发往。此系祥保二人之咎。着交部察议。至该署参领既经奉文，并知有此例，则十月二十日后距冬至尚有半月之久，自应于二十日以后，冬至十日以前，此数日内遵照办理。何以又请俟过冬至七日之后，亦属错误。着祥保等提到旺楚克查明，如果有意图稽缓别情，即行据实参奏。"

○丙申，又谕祥保等奏据实检举一折："向例外省秋审予勾，及立决人犯，奉文适遇停刑期内，均严密封存。候至过期，始行办理。今祥保等于九月二十日后停刑期内，将绞犯萨拉图等处决，不谙定例，糊涂已极。祥保、棍楚克策楞俱着交部议处。"寻议上，得旨："此案祥保于停刑期内，将绞犯萨拉图等处决，不谙定例。转将呈报商阻之署参领旺楚克参奏革职，实属糊涂。兵部议以降二级留任，尚觉过轻。祥保、棍楚克策楞本应降调，姑念一时更换乏人，俱改为降三级留任。"（《清仁宗睿皇帝实录卷之三二三》）

公元1817年

〇嘉庆二十二年丁丑夏四月〇丁丑,谕内阁:"御史王耀辰奏申禁武职违制、以重营务一折。武职官员,统率营伍,训练兵丁。分应习劳戒逸,以励勇敢之气。定例不准乘坐肩舆,私役兵丁,禁令綦严。近来将军、都统、提镇等,恐又有养尊处优、故违定制者,着再申明例禁。嗣后将军、都统、副都统、提督、总兵官,如有乘坐肩舆者,经人纠参,即行照例革职。城守尉、协领、副将、参将以下等官,如有乘坐肩舆者,着该管将军、都统、副都统、督抚、提镇一面参奏,一面即将该员革职。其曾经出兵着有劳绩者,奏明作为兵丁食粮效力。其并无劳绩者,即行革职。至武职应用仪从等项,俱着查照会典遵行。毋得违例妄事华靡,多役兵丁,致干严禁。将此通谕知之。"(《清仁宗录卷之三二九》)

〇嘉庆二十二年丁丑六月〇甲戌,谕内阁:"乾隆四十三年皇考高宗纯皇帝躬诣盛京,特降谕旨,垂示后嗣。必当眷怀辽沈旧疆,再三周历。蕲于祖宗遗绪,身亲目睹。或无识臣工,妄以为不宜。当律以悖命之罪,诛之无赦。朕敬承圣训,拟于明秋再举躬谒三陵大典,用展孝思。时向臣工言及,尚未明降谕旨。今夏亢旱未得甘霖,昨据大学士松筠折奏,致旱之由,因朕欲诣盛京,列圣示象阻止等语。实属梦呓,怪诞极矣。成汤遇旱,六事自责。六事中有谒祖陵一节乎?况一年后之事,先为此言,摇惑众心,大玷首辅之职矣。设若明年直隶及盛京遇有歉收,朕亦不待奏请,何难降旨展期乎?上年因绵课阻止秋狝,曾降旨倘有造作浮言阻止者,必按军法。今松筠因夏令微旱,竟敢阻止明岁上陵钜典,较秋狝为尤甚。此奏若在明降谕旨之后,朕必将松筠置之重典,仰承皇考律以悖命之罪,立行正法。但今逢苦旱之时,有罪之犯,尚欲减等，究在未降谕旨之前。是以交军机大臣会同吏部议处。本日奏上：议将松筠革职，实属咎所应得。姑从宽典，薄示降谪。朕从不因言罪人，此等显偝圣训之论，不能不惩治也。松筠着革去大学士、御前大臣、领侍卫内大臣、都统并各项差使，以二品顶带补授察哈尔八旗都统，仍带革职留任。八年无过，方准开复。此朕准情示罚，不得已之苦衷。此心不懈，期挽污俗。天下臣庶其谅之。此旨着上书房存记，皇子皇孙懔承毋忽。仍通谕中外知之。"○以……察哈尔都统祥保为宁夏将军。

○壬午，谕内阁："本年入夏以来，畿辅缺雨。近日省东、省南各府及古北口迤北，俱陆续得有透雨。惟顺天、保定二府仍形旱燥，连日油云时布，总未能溽润蒸腾，沛为渥澍。仰窥昊苍垂象，似天气下降，地气不能上承。且值浓云弥漫之时，辄为飙风吹散。现行夏令，非若春风鼓荡，乃节候之常，其在洪范咎征曰蒙恒风若。朕思上下之交，惟在相与以诚。蒙之为患，不必实有欺蔽隐匿之事。即下有陈善纳诲之心，而中存疑畏，不敢直达，亦足致否塞之象。昨朕亲制望雨省愆说，颁示臣工，以为致君泽民。诸臣是赖，朕有过愆，当据实入告。乃次日即有松筠折奏，谓致旱之由，因朕欲诣盛京，列圣示象阻止。其言怪诞不经，显与皇考高宗纯皇帝圣训相偝，即律以悖命之罪。夫复奚辞，朕曲加宽贷，念其言在未经降旨之前，仅交议处，经军机大臣会同吏部议以革职。朕复施恩，将伊降补察哈尔都统，仍系一品职官，暂用二品顶带。并非若文职之降为部属，武职之降为侍卫者。朕之原情示罚，亦既再四权衡矣。实无憎嫌松筠之念，出于万不得已也。然恐外闲无识之徒，因见松筠以御前大臣大学士，一经建言失旨，遂被严谴。辄虑及保身保爵，惟恐以言获咎，各思缄默。殊不知松筠之妄言，朕处于不能不加严惩之势。而朕因灾自省，冀闻谠言，以补阙失之殷怀，实堪共谅。特再通谕在廷诸臣，务各矢忠诚，尽心国是。其确有所见，即据实直陈，用资匡弼。庶上下感通，除否塞之弊，而成交泰之休。和气所蒸，兆成康阜，朕实有厚望焉。"

○乙未，命察哈尔都统松筠往奠故喀尔喀赛因诺颜扎萨克亲王巴彦

济尔噶勒茶酒,赏银一千两治丧。(《清仁宗睿皇帝实录卷之三三一》)

　　○嘉庆二十二年丁丑八月○乙亥,谕内阁:"本日据松筠审拟喇嘛缊敦等抢劫货车,并扎毙民人张明一案,系用清字折具奏。折内又夹有汉字简明节略,殊属重复。察哈尔都统向来奏事多用清字折。至审办案件,若情节烦冗者,原准用汉字折具奏。着谕知松筠,嗣后该衙门奏事,其例用清字者,仍用清字具奏。若审办案件,案情较简者,于清字奏折之外,再录汉字供单一分,即可声叙明晰。如案情节次冗长,径用汉字折定拟具奏。不准于清字折之外,再加汉字节略。以符定式。"

　　○丁酉,谕内阁松筠奏察哈尔八旗公用款项请仍行摊扣,无庸借帑生息一折:"前因祥保奏请借银五万两发商生息,调剂察哈尔八旗公用,仍于各该旗俸饷扣还,当降旨令松筠查议具奏。兹据奏称,查明各旗帮贴军站备办乌拉等差,向俱摊扣俸饷,由来已久。议请均匀摊派兵饷,每两扣银三分,除买补倒毙马匹外,交各旗总管买办农器以资生计。无庸借银生息等语。官兵俸饷,藉资当差养赡,若普行摊扣,殊于该官兵等生计有碍。着加恩仍于口北道库内赏借银三万两,发商生息。所得息银,即以调剂察哈尔八旗公用。仍照祥保原奏,分作三年,俟旧欠扣完后,接扣归款。如有不敷,再行奏明请旨。至张家口八旗满洲官兵俸饷,俱由口北道库支领。惟察哈尔八旗官兵俸饷,向例赴部请领,往返不无繁费。嗣后察哈尔官兵每年应给俸饷银十余万两,着直隶藩库查明,照数先期拨解口北道库,令其就近支放,以示体恤。即于直隶应行解部款内如数扣除。"(《清仁宗睿皇帝实录卷之三三三》)

　　○嘉庆二十二年丁丑冬十月○壬午,命察哈尔都统松筠驰往归化城审案。

　　○癸未,谕军机大臣等:"前曾有旨谕知松筠,已离伊犁将军之任,嗣后不准贡献马匹。乃松筠自到察哈尔都统任后,又复进马。该处副都统棍楚克策楞亦进马二匹。张家口素不产马,该都统等向无进马之例。此次必系松筠自出主见,又约会棍楚克策楞一同进献,作为陪伴,甚属无谓。松筠着传旨申饬,伊二人所进之马,俱不堪供御,已归入阿拉善群内。松筠嗣后不准再进马匹,倘再行渎进,除将马匹立时拨回外,仍将伊交部议处。再昨降旨派松筠前往归化城,查办佐领达莫龙呈控盘获教匪,副都统等不为究办一案。系因察哈尔距归化城不远,令松筠就近前往。松筠到彼审明后,即缮折具奏,速回察哈尔都统本任。断不可借奉使为名,妄思来京复命也。将此谕令知之。"

○乙酉,又谕:"松筠等请将张家口驻防八旗协领三员,作为前锋翼长,准戴翎枝。并请添设前锋参领前锋校等语。张家口驻防员弁,向无准戴翎枝之例。今松筠等奏请添设,断不可行。若各处驻防将军大臣等皆效尤更张,又将如何办理?松筠于所到之处,祇图邀誉。此必又系听信属员怂恿,希冀侥幸,代为奏请。除所奏不准行外,松筠、棍楚克策楞俱着交部议处。并着松筠即将此事系伊属员何人首先倡为怂恿,指名具奏,一并交部议处。"

○己丑,谕内阁:"国家各旗营品制定例已久,俱当率由旧章。张家口驻防协领向无翎枝,亦未设有前锋参领、前锋校等官。松筠率臆请增,实属沽名市惠,只知邀誉,任意更张。此端一开,若各省纷纷效尤,岂不有紊官制?兵部将松筠照妄行条奏例,议降一级调用,本属咎所应得。姑从宽改为降二级留任。棍楚克策楞身任副都统,凡与都统会办事件,可从则从,不可从即应驳正。若都统仍然固执,则当据实参奏。乃棍楚克策楞心知不可,不敢驳诘,一味随声附和。伊本属无用之人,即留任亦毫无裨益。棍楚克策楞着革去副都统。伊本系散秩大臣,着来京仍回散秩大臣之任,罚俸三年,以示惩戒。"○调正红旗汉军副都统瑞龄为察哈尔副都统。

○己亥,缓征直隶……延庆、保安、蔚、宣化、西宁、怀来……五十六州、县旱灾、霜灾、雹灾新旧额赋有差。(《清仁宗睿皇帝实录卷之三

三五》)

○嘉庆二十二年丁丑十一月○辛丑，以故浩齐特扎萨克郡王端多布多尔济子额琳沁诺尔布袭爵。

○戊申，谕内阁："前棍楚克策楞随同松筠，率请于张家口驻防，设立前锋参领、前锋校等官，并加给协领翎枝，任意更张。朕不加重谴，仅将伊革去副都统。仍留散秩大臣，已属格外恩施。昨棍楚克策楞回京召见时，并不知感恩认罪。伏地痛哭，以手抓地，哓哓剖辩，所言多不成话。并称众人代为抱屈，伊传到郭什哈三十名，逐一晓谕等语，实属妄诞无知。棍楚克策楞于召对时肆意妄言，且役使兵丁多至三十人，仍沿郭什哈之称，亦属违制。棍楚克策楞着交部严加议处，限五日内具奏。又据棍楚克策楞称该处都统衙门亦有郭什哈四十名，松筠到任后，并无增减。松筠并着交部议处。"

编者注：○郭什哈，满语，护卫高官的武士。

○庚戌，又谕："棍楚克策楞随同松筠率请于张家口驻防添设前锋参领等官，并加给协领翎枝，实属任意更张。朕施恩格外，仅将伊革去副都统，仍留散秩大臣，并未加以严谴。乃伊于回京召见时哓哓剖辩，并称伊因此奏获咎，众人代为抱屈。感伊之恩，转使怨归于上，所奏太不成话。内外大臣代属员乞恩，经朕降旨饬驳，并将原奏之大臣议处者，不知凡几，从未闻敢有怨及君上者。君臣之义，昭如天壤，即获罪者亦不敢怀怨，况寻常小事不遂所请乎？棍楚克策楞倡为此论，摇惑人心，纰缪已极。其意总自以为负屈，而巧托其词于属员之口，其居心实不可问。况召见之时，痛哭流涕，指天誓日，实属胆大狂妄之极。至所用亲随兵丁逾额，犹其咎之轻者。棍楚克策楞着即照部议革职，交该旗王大臣严行管束，不时稽察。若再抱不平，生事妄为，即行奏交刑部从重治罪。其世袭散秩大臣，着该旗照例办理。"

○是月，察哈尔都统松筠奏谢。得旨："汝岂不知典故，总为耳软心慈所误。近年汝之情性,亦觉喜怒失常,任意径行,亦不受人规劝。过宽之处固多,过刻之处亦不少。汝扪心自问即知矣。'执中'二字,汝其勉之。"(《清仁宗睿皇帝实录卷之三三六》)

○嘉庆二十二年丁丑十二月○丙戌,举行本年军政。稽查……察哈尔都统所属,卓异官三员,有疾官三员。……分别议叙处分如例。

○辛卯,幸北海,阅冰技。科尔沁郡王栋默特等二人,敖汉扎萨克郡王达尔玛济尔迪等二人,翁牛特扎萨克郡王喇特纳济尔迪等二人,四子部落扎萨克郡王朋楚克桑鲁布、茂明安贝勒丹丕勒等二人,巴林扎萨克贝子多尔济帕勒玛、喀尔喀贝子济里克喇什等八人,鄂尔多斯扎萨克贝子额尔德尼桑、青海扎萨克贝子喇特纳锡第等二人,察哈尔和硕特辅国公丹津扎布等五人,伊克明安扎萨克头等台吉托克托瑚等二人,杜尔伯特二等台吉多布察回部伯克拜咱特等十七人,廓尔喀使臣噶箕然拉作尔塔巴等二人,土司巴勒珠尔朋楚克等二十九人,于神武门外瞻觐。

○甲午,谕军机大臣等:"本月皇考高宗纯皇帝圣训清汉本,刊印全竣,颁赏臣工,松筠亦与分赏之例。乾隆四十三年,皇考亲诣盛京,恭谒祖陵。降旨垂谕后嗣,当眷怀辽沈旧疆。再三周历,或无识臣工,妄以为不宜。当律以悖命之罪,诛之无赦。煌煌圣谕,现恭载圣孝门内。松筠前此妄行陈奏,或未曾恭读圣训。此次颁发到日,着松筠敬谨焚香跪读,扪心自问,伊率意妄言,当得何罪?其时朕仅将伊降谪,伊心是否允服?知感知惧,倘自谓抱屈,亦不妨直言,即行缮折覆奏。再松筠昨奏,请赏给太仆寺商都二百五十九群牧官兵,每群牧各银十两。朕以赏出无名,且每官兵所得无几,事非长策,未予准行。本日据松筠覆奏,惟称今岁口外雪大,各群牧辛勤奋勉,是以奏请鼓励等语。察哈尔地方冬令雪大,系常有之事。历任以来,从无因此奏请鼓励者。松筠今岁创为此举,若一年准其赏给,则明年必将援以为例。岁糜数千金,亦非所惜。究之牧群人众,所获几何?于马政更有何裨益?且该处官兵等,闻松筠一有此奏,早已心生感激。及知未蒙允行,又必归怨于上。松筠天性好行小惠,煦煦为仁。全不思经久长策,亦不知为政大体,不可不痛自改悔也。至瑞龄身任副都统,遇事有窒碍难行者,即应阻止。今一味随声附和,与棍楚克策楞何异!松筠、瑞龄俱着传旨申饬。其所奏进哨调马章程,已交兵部核议矣。将此谕知松筠,并谕瑞龄知之。"

○乙未,谕内阁:"本日王大臣等,因颁赏皇考高宗纯皇帝圣训,具折谢恩。我朝列祖列宗皆以孝治天下。列圣徽号,必以孝称。诚以孝为百行之首,始于宫庭,达于四海。锡类推仁,人人亲亲长长而天下平。化理之原,莫重于此也。皇考圣训,首列圣孝。六十年中,东西两陵,躬亲展谒,四时庙祀。……大学士松筠具折陈奏,请停止二十三年盛京谒陵之举。朕览奏愕然,若律以悖命之罪,即不立正典刑,亦当禁锢图圄。朕念松筠在乾隆年间已任事有年,又经朕擢用首揆,原其陈奏,尚在未降谕旨以前,仅将伊降为二品顶带,补授察哈尔都统,用示薄惩。今圣训业已颁赐内外臣工,着各恭检圣孝门内,皇考原降谕旨,敬谨跪读。于朕惩处松筠一事,当各晓然于心,知朕不得已之苦衷,尚失之于姑息,并未为已甚也。松筠好行小惠,不识大体,必有为伊抱屈之人。此等浅陋小人,亦不值深究,任彼为之。朕亦不惧,将此通谕知之。"(《清仁宗睿皇帝实录卷之三三七》)

公元1818年

○嘉庆二十三年戊寅春正月○丁未,谕内阁兵部议驳松筠奏请调剂牧厂马匹一折:"每岁行围,调拨察哈尔厂马,放给随扈官兵,遵行已久。由京出青之马,既不能旋往旋来,若如松筠所奏,不调厂马,将不敷马匹,概行改折骡价。不特官兵乘骡随扈,无此体制。倘该官兵等又将骡价挪为路费，必致徒步随行，贻误差使。况察哈尔牧厂孳生及常川牧放马，共一万一千余匹。每年秋围，不过调用二千余匹。计五年始行轮调一次。岂马力四年休息，尚不能牧养蕃滋，何得以苦累为词！若竟不调用，则厂马岂非虚设？松筠好行小惠，不顾大体，所奏实属窒碍难行。瑞龄扶同附和，实属无能。着传旨严行申饬。该都统惟当遵守旧例，妥为经理，不准妄议更张。倘再事渎奏，定行治罪不贷。"

○戊申，谕军机大臣等松筠奏敬陈感凛下忱一折："松筠自到察哈尔都统之任，不过半年，先请添设前锋参领，加给协领翎枝；继又无故请赏牧群官兵银两。嗣又请将每岁行围马匹改给骡价。三次陈奏，皆属沽名邀誉，窒碍难行。不思国家自有定制，岂可轻议更张？如果利弊攸关，有必应调剂之事，朕早不吝恩施。即前任大员，亦必先行计及，何待伊言！松筠所至之区，惟自知沽名市惠，取悦下人，而不顾事之难行。一经饬驳，即使怨归于上。若共事者从而阻止，亦必为众谤所丛。松筠所行如此，是何居心？礼记云'善则称君，过则归己，则民作忠'，不学无术者未足与言。着传谕松筠，伊在任惟当率由旧章，不准再行妄言调剂。务痛改前非，以收桑榆之效。戒之戒之，勿贻重咎。将此谕令知之。"

○辛酉，谕军机大臣等本日方受畴奏，审拟贩马过境践食麦苗之回民妥文兴等一案："各省马贩赴口外买马，赶回内地售卖者，往来络绎。即如此案妥文兴一起，赴张家口外买马，即有二百三十余匹之多。此外各商贩每岁所买，殆不可以数计。即此以观，张家口外一带，产马非不蕃息。何以察哈尔各牧场近日马群日形支绌，每遇调用，率以羸瘦者充数？自系该牧长、牧丁等将膘壮马匹抵换盗卖，而以下劣者充公。该都统、副都统等不行查禁，以致马政日敝。松筠、瑞龄，俱系新任之员。无所用其回护，着即明查暗访，实力整顿。如有前项情弊，立即据实参奏，从严惩办，不可稍存姑息之见。将此谕令知之。"（《清仁宗睿皇帝实录卷之三三八》）

○嘉庆二十三年戊寅夏四月○庚午,以直隶独石口副将多隆武为甘肃宁夏镇总兵官。

○癸未,谕内阁:"昨因风霾示警,朕降旨求言。原冀闻政事之阙失,下民之冤苦,令各言官据实直陈。乃连日京堂御史中,竟有三人以松筠降谪之事为言,请仍召还内用者,实属莠言乱政矣。上年松筠陈奏,阻止盛京谒陵大典,朕钦遵皇考高宗纯皇帝圣训,宣示其罪。犹念其陈奏尚在未经明降谕旨以前,曲从宽典。仅革去大学士,降为二品顶带,仍授以察哈尔都统一品职任。此朕准情示罚,不得已之苦衷。曾令松筠跪读圣训,松筠亦惶悚知罪,并无几微负屈之意。朕以松筠多年旧臣,岁时赏赉无缺,意欲俟一二年后仍复召用。乃该京堂御史等妄将此事牵引论列,以应风霾之异,其言太觉支离荒谬矣。松筠谪降,系上年六月之事,彼时何以不见有吿灾告警?且言者果以松筠为屈抑,又何以去年不交章谏诤,坐待今日乃为此无稽之论?况风霾之象专为松筠,必无是理。复召与否,其权在上。岂小臣所得干与耶!是言者衹意图邀名市惠,而并不计及政体所关。国家进退大臣,功罪较然,岂容逞臆妄言!挠朕黜陟之大柄,此风断不可长。特明白宣谕言事诸臣,务各屏除偏见,毋徇私好私恶,以淆公是公非,负朕虚怀纳谏之诚也。"(《清仁宗睿皇帝实录卷之三四一》)

○嘉庆二十三年戊寅冬十月○戊子,谕内阁:"松筠因上年夏令微旱,奏阻谒陵大典,本应治以重罪。因念伊系旧臣元辅,曲加宽宥。仅革去大学士御前大臣,降为二品顶带。补放察哈尔都统。本年四五月间雨泽稀少,自六月后甘霖叠沛,转歉为丰。由畿辅以至兴京千余里间,普登上稔跸路天气暄和。迨恭谒三陵大礼庆成后,驻跸盛京。澍雨三日,旋即晴霁。克期旋跸。往返七十余日,朕躬康泰,诸事吉祥。足征天祖垂佑,大礼必应举行,始能获此嘉应。松筠前此轻听人言,妄生浮议,可谓耳软无知。伊自乾隆年间,宣力中外,历有年所。本欲俟一二年后,仍召令还京。今伊长子熙昌殁于差次，又无子嗣，实属可悯。昨已优加恩恤。俟伊灵柩抵家，仍派大员赐奠。松筠年老丧子，倍觉可怜。松筠着加恩调补正白旗汉军都统，赏还头品顶带花翎。所遗察哈尔都统员缺，即着伊冲阿补授。伊冲阿俟松宁到任后，由彼速赴新任，无庸来京谢恩。松筠俟伊冲阿到任后即行回京供职。"（《清仁宗睿皇帝实录卷之三四八》）

○嘉庆二十三年戊寅十一月○己亥，调……察哈尔都统伊冲阿为热河都统，镶黄旗蒙古都统庆溥为察哈尔都统。（《清仁宗睿皇帝实录卷之三四九》）

○嘉庆二十三年戊寅十一月○庚戌，谕内阁兵部奏松筠等违例调补总管，请交部议处一折："松筠平日每于属员中有意见好，违道干誉，本性难移。此次察哈尔镶蓝旗总管缺出，辄奏请将革职留任限缉之罗布桑丹巴调补，又请将原品休致之鄂特欢坐补镶黄旗总管，俱属违例。罗布桑丹巴着仍回本任，鄂特欢仍以原品休致。松筠等含混陈请，俱着交部议处。"

○癸丑，又谕："松筠平日好为违道干誉之事，今于察哈尔都统将次卸任，复将不合例人员违例奏请调补，欲留为去后之思，实属本性难移。着照部议降二级留任，不准抵销。瑞龄简任察哈尔副都统，原令其随事匡正，乃一味随同附和，不能胜任。着革去副都统，回京在散秩大臣上行走。仍带降二级留任，不准抵销。"○以热河协领海升为察哈尔副都统。

○丙辰，谕军机大臣等："前据成格奏，大青山一带地方，系绥远城将军、归化城副都统所辖。前因屡有抢劫之案，奏明添派官兵会哨巡缉。近日仍复盗劫频闻，缉捕废弛已极。已咨明果勒丰阿等，将派出之骁骑校等严参。请饬副都统额尔起，督饬官兵亲往巡查。嗣复具奏：自八月至今,劫案已有十六起之多。当降旨将果勒丰阿等交部议处。议上时,将果勒丰阿革职,额尔起降补骁骑校。兹据果勒丰阿等奏:成格咨开十四案,该将军等已获犯十一名,审出四案。其王师印在买岱尔村被抢马匹,石黄在巧尔报村被剥衣服。该二村坐落山前,设有厅营塘汛,事隶山西抚臣。孟学邻在高窑亥地方被抢马匹,银两系茂明安界内,应该旗承缉之案。冯陇伸在什八尔台村被抢驼只一案,已饬官兵严擎。其余六案俱系满兵未赴该处以前之案等语,所奏与成格原参互异。着松筠由察哈尔驰往绥远城署理将军事务,将王师印等被抢各案月日及村庄界址查明。如果勒丰阿等被参后捏词支饰,即据实参奏。倘买岱尔等村实设有厅营塘汛,应归地方承缉。成格据属员禀报,即冒昧参奏。亦即将成格指参。至果勒丰阿等所获贼犯十一名,是否在成格十月二十日发折之前擎获,抑系被参后所获,并着查明具奏。松筠务须一秉大公,据实确查,不可稍有偏徇。其现获贼犯十一名,并着覆加审讯,定拟具奏。"(《清仁宗睿皇帝实录卷之三五〇》)

〇嘉庆二十三年戊寅十二月〇乙酉,幸北海,阅冰技。乌珠穆沁扎萨克亲王多尔济济克默特纳木济勒、阿巴噶郡王喇特纳锡第、科尔沁贝勒色楞多尔济等二人,喀尔喀扎萨克贝勒忠济勒车凌等十一人,郭尔罗斯扎萨克辅国公恩克托克托瑚、苏尼特辅国公额琳沁、克什克腾扎萨克头等台吉旺楚克喇布坦、青海扎萨克辅国公喇特纳锡第、察哈尔和硕特扎萨克头等台吉达什沙木丕勒等四人,土尔扈特台吉鄂齐尔、回部沙雅尔阿奇木伯克诺什咱特等十五人,琉球国正副使毛维新等二人,于神武门外瞻觐。(《清仁宗睿皇帝实录卷之三五二》)

公元1819年

○嘉庆二十四年己卯春正月○戊午,大学士托津等议奏松筠等奏,大青山外界连之蒙古扎萨克一体安设卡伦巡缉章程:"一、四子部落、茂明安、乌拉特,共添设卡伦十处,轮住该蒙古官兵巡缉。一、缉捕不力蒙古员弁,分别三限惩处。俟数年后,一无劫案,再停止此例。一、被劫案件。经同知详报,将军派员带同事主与乘骑乌拉,赴就近该扎萨克印务处,守候缉拏贼犯。其扎萨克属下人,有能拏送者,奖赏;窝留者,从重治罪。一、山后商旅经行要路,准商民捐盖房间,以为官兵住所,并设卡伦,就近令土默特四佐领轮住巡缉。其乌兰布拉克地方非商民经行之路。所设官兵,裁归有房间处驻札巡缉。其房间应令交官经管,不许民人居住,致匪徒引诱蒙古。一、沙毕诺尔窝藏抢劫黑徒,应交锡勒图呼图克图严行查拏。倘有窝留及不查缉者,该管十家长发遣,该管事扎萨克喇嘛斥革。一、蒙古穷苦无依者,令本属有牲畜台吉、章京、喇嘛等收养。为其牧放牲畜,糊口有资,庶不盗窃。其每年收养若干,册报将军衙门。一、商民被劫,俱于三五日内呈报。其迟逾一两月,致查勘无踪者,即不为准理。并讯明除身被盗伤及患病,并抢去脚力不能速报外。如无故迟延,仍加责惩。其售卖马驼等项,俱令牙行查询来历。蒙古黑人,令税口一体严查。一、商民捏报,该同知查出情弊,即令申报将军、副都统及归绥道亲加提讯。果系假捏,于旧例杖一百外,加枷号一月。如系同知讳盗,即严参惩办。"从之。(《清仁宗睿皇帝实录卷之三五三》)

○嘉庆二十四年己卯闰四月○甲辰,谕内阁:"理藩院奏,锡林郭勒盟长玛哈巴拉等,以朕本年巡幸多伦诺尔庙拈香,该盟王、贝勒、贝子、公、台吉等，呈请备进筵宴驼马等语。此乃伊等诚悃，甚属可嘉。乾隆十年，我皇考高宗纯皇帝巡幸多伦诺尔，只准伊等备进筵宴，停止进马。此次朕至多伦诺尔，出哨时仅日行六十余里。至多伦诺尔拈香毕，即回木兰行围。非乾隆十年皇考高宗纯皇帝临幸多伦诺尔庙拈香毕，即由彼经过张家口，近伊等游牧处经行者可比。其所请备进筵宴驼马之处，着毋庸议。此内有轮应随围者，准其随扈，余俱不必前来。"（《清仁宗睿皇帝实录卷之三五七》）

○嘉庆二十四年己卯十二月○庚子，以故奈曼扎萨克郡王巴勒楚克子阿旺都瓦第扎布袭爵。

○庚戌，幸瀛台，阅冰技。苏尼特扎萨克郡王喇特纳锡第、喀尔喀扎萨克郡王楚克苏木扎布等四人，杜尔伯特扎萨克郡王曼达尔等二人，阿噜科尔沁扎萨克贝勒丹津巴勒桑等二人，阿巴哈纳尔扎萨克贝勒玛哈巴拉、乌珠穆沁扎萨克贝勒图克济扎布等三人，喀喇沁辅国公萨纳西哩等三人，土默特辅国公济噜布、青海扎萨克辅国公琳沁旺舒克、伊克明安扎萨克辅国公呢玛藏布、阿巴噶扎萨克头等台吉索诺木多布沁、鄂尔多斯扎萨克头等台吉色楞德济特、察哈尔土尔扈特三等台吉巴图孟克等三人，察哈尔和硕特四等台吉巴彦济尔噶等二人，喀什噶尔四品伯克体巴尔迪等三人，和阗五品伯克莫罗托克塔、叶尔羌六品伯克萨木萨克等七人，暹罗国使臣呸雅唆滑里巡段呵叭腊车突等四人，于神武门外瞻觐。（《清仁宗睿皇帝实录卷之三六五》）

公元1820年

○嘉庆二十五年庚辰春正月○乙亥，调直隶宣化镇总兵官音登额为福建台湾镇总兵官。以直隶督标副将舒凌阿为宣化镇总兵官。（《清

仁宗睿皇帝实录卷之三六六》）

○嘉庆二十五年庚辰二月○乙巳，谕军机大臣等："庆溥等奏请调发台效力废员协同司员办事一折，所奏殊属冒昧。该处从前虽有奏请废员文绶办事之案，但张五纬岂文绶之比！文绶后由废员起用，尚历任总督。张五纬年老多病，素食鸦片烟。前在山东臬司任内，即因废弛公务，积案繁多，褫职发往军台。此等劣员，安能襄办公务？明系出自钻营。庆溥等为其所愚，妄行陈请。庆溥、海升，俱着传旨申饬，所奏不准行。如该处公事必须派人协理，着另行遴选具奏。将此谕令知之。"（《清仁宗睿皇帝实录卷之三六七》）

○嘉庆二十五年庚辰六月○丁未，谕内阁："松宁奏，审明已革骁骑校温程喝令殴毙宗室喜受一案，另行定拟，并附参原审各员一折。此案温程明知喜受身系宗室，喝令攒殴致毙。瑞麟等将温程拟以流罪，而以共殴之刘二标子拟抵。经刑部议驳，当降旨交松宁另行审拟具奏。兹据松宁奏，将喝令主使之温程照殴毙宗室律拟以斩候，听从下手之刘二标子照为从律拟以杖流。并余犯各罪名，均属允当，俱着照所拟办理。瑞麟年老无能，前错拟罪名，系伊主稿，其咎较重。着交部严加议处，即行来京听候部议。松筠、额特布会衔具题。俱着交部议处，限五日内具奏。承审之司员着该部查取职名严加议处。喜受系屡经犯事之人，该管族长绍昌不严行看管，纵令私出酿命，着交宗人府严加议处。刑部议驳此案甚是，着刑部堂官查明主稿司员姓名具奏，加恩赏加一级，以示鼓励。刑部堂官俱着加恩宽免罚俸二年。"寻议上。得旨："瑞麟前在浙江布政使任内，因年老调京，嗣简放奉天府尹。值朕临莅盛京，伊承办差务，尚为奋勉，擢用盛京刑部侍郎。乃两年以来，瑞麟所办刑名事务，错误甚多。不但此次温程殴毙宗室喜受一案，所拟罪名颠倒舛谬。即如具奏文凌自缢一案，不查取文凌家信，究明原委，又失察笔帖式相图等,侵分赃罚鹿茸价值。种种昏愦,不胜侍郎之任,着以六部员外郎降补。额特布于错拟温程罪名,率同画题。亦着以六部员外郎降补。松筠自前岁奏阻朕巡幸盛京,恭谒祖陵,丧心病狂,乖谬已极。伊从此即福薄灾生,彼时未将伊严谴,降授察哈尔都统。到任后即为所属协领请赏花翎,一味市恩邀誉。现今诸臣为其所惑者颇多,并有称伊为师者。嗣复简用御前大臣、兵部尚书,又于行在遗失印信。其在盛京将军任内,中前所、沙河所盗贼肆行,全无整顿。文凌相图之案,亦漫无觉察。此案复率尔会衔具题,种种辜恩怠职,不能再邀宽贷。投闲置散,实不为过。松筠着以本旗骁骑校降补。"

　　○庚戌,谕内阁:"据庆溥奏,请将牛羊牧场总管齐巴克多尔济兼管之达里冈爱牧场添设总管一折。察哈尔牛羊牧场总管,向系兼管达里冈爱牧场事务。事阅多年,并无遗误。兹据该总管齐巴克多尔济以达里冈爱牧场相距较远,办事不便,巡察难周呈报,显系推诿,庆溥即应饬驳。乃遽行奏请添设三品衔总管,甚属冒昧。所奏不准外,庆溥着交部议处。"寻议上。得旨:"庆溥擅改旧章,率请添设总管大员,实属冒昧,着照部议降一级调用。"

　　○甲寅,以……正白旗汉军都统富兰为察哈尔都统。降察哈尔都统庆溥为正黄旗蒙古副都统。(《清仁宗睿皇帝实录卷之三七二》)

清宣宗成皇帝（道光）实录
察哈尔卷（附宣化府·口北三厅）之八

公元1820—1850年

公元1820年

○嘉庆二十五年庚辰九月○庚辰，又谕："本日据都察院奏，直隶龙门县廪生王瑞，呈控勒敛殃民一案，已有旨交方受畴审办矣。此案该县官吏等，每年科派民间草束，勒折钱文。经王瑞之父王恭辰历控，延宕一年之久，将原告严押，仍未究办。地方官于科敛扰累等情，一经小民呈诉，承审官辄意存回护，延不审办，实为向来陋习。着该督即亲提此案，秉公严审，彻底根究。如该官吏实有科派病民，及委员等意存袒护情事，即据实严参，不可稍涉回护。倘该督仍复袒庇属员，致有屈抑；审结之后，再经控诉，朕查出情弊，定将该督严惩不贷。将此谕令知之。"（《清宣宗成皇帝实录卷之五》）

○嘉庆二十五年庚辰冬十月○庚寅，谕内阁富兰、海盛奏请轮流进京叩谒梓宫一折："朕昨曾降谕旨，所有外任大臣等俱毋庸奏请进京叩谒梓宫，即宜敬谨遵照。今富兰等竟不念地方事件紧要。惟称察哈尔地方距京较近，奏恳轮流叩谒梓宫，殊属错误。倘外省各员纷纷如此奏请，成何事体！富兰等所奏不准行，仍将伊等申饬。"（《清宣宗成皇帝实录卷之六》）

○嘉庆二十五年庚辰十一月○辛酉,蠲缓直隶宣化、宁晋、宁河、宝坻、文安、东安、涿、高阳、安、青、静海、沧、盐山、大名、南乐、长垣、保安、万全、怀安、西宁、怀来、新河、丰润二十三州、县并张家口厅被水、被旱、被雹各村庄新旧额赋及出借仓谷。(《清宣宗成皇帝实录卷之八》)

○嘉庆二十五年庚辰十二月○癸卯,喀尔喀贝勒索诺木多布沁等八人,青海扎萨克辅国公伊什达尔济等二人,察哈尔旗分绰罗斯三等台吉喇特纳巴咱尔等四人并琉球国使臣向邦正等二人,于神武门外瞻觐。
○丁未,谕内阁理藩院奏多伦诺尔之扎萨克达喇嘛那木喀呼图克图涅槃一折:"那木喀呼图克图之经学较优,扎萨克喇嘛职事,尚属奋勉。兹忽涅槃,朕心深为恻然。加恩着派乾清门侍卫喇什格里赍银二百两,三十两重银满达一个,大哈达一方,小哈达十块,香二束,前往赐福。伊所遗多伦诺尔扎萨克达喇嘛员缺,着敏珠勒呼图克图补授。敏珠勒呼图克图未到之前,着善因寺达喇嘛纶噜布达木垂暂署。"(《清宣宗成皇帝实录卷之十一》)

公元1821年

○道光元年辛巳春正月○戊午,缓征直隶、宣化……保安、万全、怀安、西宁、怀来……二十三州、县及张家口厅上年灾歉村庄本年额赋,并展缓节年钱粮旗租改折等项。(《清宣宗成皇帝实录卷之十二》)

○道光元年辛巳四月○庚子,修直隶宣化、万全石土坝工,从总督方受畴请也。(《清宣宗成皇帝实录卷之十七》)

○道光元年辛巳五月○癸酉,抚恤直隶赤城县被水灾民。(《清宣

宗成皇帝实录卷之十八》)

○道光元年辛巳六月○戊戌,铸给……宣化镇永宁路守备……关防条记,从总督方受畴请也。

○戊申,赈直隶赤城、宣化两县被水灾民。(《清宣宗成皇帝实录卷之二十》)

○道光元年辛巳秋七月○壬戌,又谕:"昨经降旨,将八旗圈马可否裁撤之处,交八旗都统妥议具奏。兹据英和等会同奏请移拴裁撤。又据托津等六人及文孚各具折奏,请仍循旧制,向来交议事件。原期集思广益,今伊等各抒所见,不随同唯诺,朕深嘉悦,甚合特交会议之旨。朕将各折详加披阅,自复设圈马以来,原系因时制宜,不可徒有其名,终无实济,自应随时变通,以归简易为是。着照英和等所议,将现设满洲蒙古圈马二千四百匹内,酌拨一千匹,分给前锋营每翼马一百匹,八旗护军营每旗马一百匹。酌拨一千匹交察哈尔永远牧放以备调遣,余马四百匹,令八旗满洲分左右翼每年四旗轮流圈养。其骑操备差交代赔补,以及蒙古圈马房间改修出租各事宜,均着照所议办理。"

○甲子,又谕:"方受畴奏,新城、保安、怀来、宣化等四州县村庄,于七月初一、初四等日田禾被雹,现在委员会同查勘等语。新城等四州县村庄被雹,虽系一隅,该督务饬知各委员等,会同各州县详细确查田禾受伤情形是否成灾。如有应行抚恤之处,核实具奏,不可稍有讳饰。将此谕令知之。"(《清宣宗成皇帝实录卷之二十一》)

○道光元年辛巳八月○辛卯,调直隶宣化镇总兵官舒凌阿为山东兖州镇总兵官,兖州镇总兵官海凌阿为宣化镇总兵官。(《清宣宗成皇帝实录卷之二十二》)

○道光元年辛巳冬十月○乙酉,蠲缓直隶……宣化、保安、怀来、赤城、龙门……二十六州、县被水、被雹村庄新旧额赋。(《清宣宗成皇帝实录卷之二十四》)

○道光元年辛巳十一月○辛未,又谕海凌阿奏宣化镇各营操演章程一折:"兵丁各项技艺,长矛为军中利用之器,自应人人演习,令其精熟,以成劲旅。至弓箭所长,要在矢无虚发。凡六力以上之弓,即能克敌制胜,亦不必定以挽强为优。其所称多演马枪一节,马上鸟枪,亦军械之一端,其实不如步枪之准。该总兵当令兵丁勤演步枪,务使发必中的,以收实效,不必专于马枪求精也。将此传谕知之。"(《清宣宗成皇帝实录卷之二十六》)

○道光元年辛巳十二月○丁亥,旌表守正捐躯直隶万全县民张有妻王氏。

○戊戌,又谕富兰奏遵旨拟定操练兵丁章程,恳请训示一折:"富兰等将察哈尔满营官兵应行操演一切技艺照常演习外,仍于兵丁内酌添马上三枪三箭,所拟尚是。张家口等处官兵,均系满洲。演习骑射,皆伊等分内之事。富兰等务须督率该协领等,将官兵骑射实心指示,俾各臻精练。勿得钓取虚名,始勤终惰。其幼童等粗晓清汉文艺,俟成立当差时,亦于公务有益。彼处既现有学舍,着即选择妥善教习,将未及岁幼童等妥为教训清汉文艺。"

○庚子,理藩院奏:"掣得察哈尔旗额木齐达尔汉绰尔济喇嘛之呼毕勒罕依特申旺济勒。"报闻。(《清宣宗成皇帝实录卷之二十七》)

公元1822年

○道光二年壬午二月○己丑,谕内阁富兰等奏请借给察哈尔八旗官兵银二万两生息,遇察克达哈布苏尔噶之牲畜倒毙,以资弥补一折:"察哈尔八旗官兵等差使,历年如旧,现未有增添事件。乃富兰等奏请借银生息,明系率听该总管之言,冒昧入奏。况察哈尔八旗官兵前次所借银三万两,现在尚未扣完。若再借与银二万两,则官兵应扣之项愈多,反于伊等生计无益。所奏不准行,彼处一切事件,富兰等但循旧例办理,勿得任意更张。"(《清宣宗成皇帝实录卷之二十九》)

○道光二年壬午二月○丙申,又谕富兰等奏张家口军台官产驼马,去冬今春因遇大雪风沙,被灾损伤甚多,富兰亲往查看等语:"张家口军台官产牲畜,被灾多有损伤。据富兰等奏,已照旧例将别台之牲畜通融拨办,分助被灾台站当差。所有经过之大臣官员等,均令其暂由乌尔罕乌拉行走。其乌里雅苏台等处送部之人犯,俱各暂由扎萨克旗下护送之处,已均照所请行矣。富兰现由该处库内领银五百两,前往被灾台站查办。务期将实在困穷之蒙古等,查明均匀给予,俾得接济。勿使属下人等侵蚀,致被灾之人一夫有失生计。"(《清宣宗成皇帝实录卷之三十》)

○道光二年壬午三月○庚申,贷张家口军台被灾各驿站官兵一年饷银。(《清宣宗成皇帝实录卷之三十一》)

○道光二年壬午六月○丁卯,又谕:"此次察哈尔、厄鲁特两部落所牧各项牲畜,倒毙皆在三分以上,并未逾额。核与奖励之例相符。著加恩将该管领队大臣舒伦保、硕隆武及两部落官员等,俱照例赏给纪录。兵丁等交各部落,遇有拣选之处列名,以示鼓励。"(《清宣宗成皇帝实录卷之三十七》)

〇道光二年壬午秋七月〇辛卯,更正关税赔项例。户部奏:"管关月日,久暂不同。乾隆年间,奏定处分则例。征收关税,扣足一年为满。其管至一年零数月者,将一年奏报。其零月归于下届,俟扣足一年汇奏。如接任之员业经出结,不得复将短少缘由推诿前任。迨后办理赔项,亦按照处分之例。遂将前任短少归于后任,究属失平。请仍照各按各任月日,计成核算。"从之。(《清宣宗成皇帝实录卷之三十八》)

〇道光二年壬午冬十月〇壬子,以察哈尔军政年逾六十官六十七员精力未衰,命留任。(《清宣宗成皇帝实录卷之四十二》)

〇道光二年壬午十二月辛丑朔〇谕内阁:"敏珠勒呼图克图既已授为副扎萨克达喇嘛与多伦诺尔扎萨克达喇嘛,所有伊前世赏过静照禅师印信敕书,仍着赏用。"(《清宣宗成皇帝实录卷之四十六》)

〇道光二年壬午十二月〇戊午,举行本年军政。……察哈尔都统所属,卓异官三员,有疾官一员。……分别议叙处分如例。
〇庚申,定出口私贩骡马例。三十四以下,杖一百。三十四以上,加枷号一个月。四十四以上,加枷号两个月。五十四以上,徒一年。一百匹以上,徒二年。(《清宣宗成皇帝实录卷之四十七》)

公元1823年

○道光三年癸未春正月○丙子，展赈直隶霸、保安……五十五州、县欠收村庄本年额赋。（《清宣宗成皇帝实录卷之四十八》）

○道光三年癸未夏四月○甲寅，以张家口满洲八旗及左右两翼蒙古各佐领向用木戳，易致模糊，命改铸铜质图记。（《清宣宗成皇帝实录卷之五十一》）

○道光三年癸未冬十月○丁巳，谕内阁果勒丰阿等奏，乌里雅苏台地方，请准商民仍循旧规驮载砖茶，前赴古城兑换米面一折："前据那彦成奏定新疆行茶章程，经户部议覆，乌里雅苏台、科布多砖茶，不准侵越新疆各城售卖。兹该将军等查明该处各项商贾及蒙古人等，所食口粮向系商民等驮载茶货，前赴古城兑换。其古城商民，亦常川贩运米面来营兑换砖茶，赴西路一带售卖。此项砖茶，系由归化城、张家口请领部票，交纳官税，贩运来营贸易。迄今六十余年，均系以货兑货，向不使用银两。今一旦全行禁止，该处数万蒙古民人糊口无资，必致失所，均系实在情形。惟是新疆一带，既为官茶行引之区。若照旧规尽数运往，究恐充斥官引，自应量为筹画，以裕蒙古民人生计。着照所请，准其令商民等每年驮运砖茶七千余箱，前赴古城兑换米面。如有不敷，令其凑办杂货银两添补采买，以资接济。仍照例给发印票，祇准该商等前至古城兑换米面，不准另往他处售卖。严饬军营兵部司员等详细登注号簿，照数给发，不准逾额。仍饬管理街厅员弁，时加访察。如有私行夹带情弊，立即查拏，照私茶科罪。并着乌鲁木齐都统就近详察西路各处情形核办，务期销售茶封，两无滞碍。"（《清宣宗成皇帝实录卷之六十》）

○道光三年癸未十一月○壬辰，命察哈尔都统富兰回京，以前任福州副都统瑚松额为察哈尔都统。

○癸巳，理藩院奏："蒙古现行例内，抢劫轻于偷窃，而抢夺又与强劫不分。请嗣后青海及各蒙古地方，强劫案件有杀人放火重情，照刑律不分首从皆斩立决，仍于犯事地方枭示。其余盗劫之案，照刑律分别正法发遣。应免死发遣者，俱发烟瘴充当苦差。应拟流者，发福建湖广等省。其抢夺未经伤人得财，数在三人以下者不分首从，发烟瘴充当苦差。如四人以上至九人者，不分首从，俱改发伊犁，分给察哈尔及驻防官兵为奴。但有伤人及捆缚事主者，将喝令下手之犯，拟绞监候。杀人者拟斩立决。其抢夺牲畜在十四以上者，为首拟斩监候。纠伙至十人以上者，无论伤人与否，为首者拟斩立决，为从均拟绞监候。秋审时，核情定以实缓。均籍没其产畜，给付事主。仍将该管及地方官照例议处。"从之。（《清宣宗成皇帝实录卷之六十一》）

○道光三年癸未十二月○丙辰，以前任察哈尔都统富兰署正红旗蒙古副都统。（《清宣宗成皇帝实录卷之六十三》）

公元1824年

○道光四年甲申三月○己巳，以直隶热河道属一府六州、县，口北道属多伦诺尔一厅距省窎远，命嗣后遣军流犯由该管道就近审勘，移司核详。从总督蒋攸铦请也。（《清宣宗成皇帝实录卷之六十六》）

○道光四年甲申六月○庚戌，解张家口监督刑部郎中恩德、户部郎中盛思道任，归侯际清赎罪案内审讯。

○丙辰，又谕："向例察哈尔八旗总管缺出，京城官员祇准将蒙古头等侍卫及参领等官拣选带领引见,二等侍卫例不入选。据兵部奏称,道光元年值年旗拣选京城二等侍卫,咨部查核。兵部并未详查咨驳,遽以合例率覆,实属错误。所有前次承办司员着交部议处。至察哈尔现出有正黄旗总管一缺,着该部即行知值年旗,遵照定例办理。"(《清宣宗成皇帝实录卷之六十九》)

○道光四年甲申秋七月○壬午,以察哈尔、厄鲁特两部牧放驼畜足额膘壮,给厄鲁特领队大臣硕隆武等纪录有差。(《清宣宗成皇帝实录卷之七十》)

○道光四年甲申冬十月○甲戌,又谕瑚松额等奏废员具呈申诉,请从重惩办,并自请察议一折:"废员李景邺,前经降旨再留三年。辄以该都统等具奏废员期满,办理两歧,递呈申诉,实属刁恶。李景邺着仍遵前旨,再留三年。瑚松额等声叙该废员犯事案由,究未画一,致启该废员之疑,殊属错误。瑚松额、海升,俱着交部察议。"(《清宣宗成皇帝实录卷之七十四》)

○道光四年甲申十一月○癸丑,展缓直隶……宣化、龙门……六十州、县上年被灾应征节年出借籽种口粮。(《清宣宗成皇帝实录卷之七十五》)

○道光四年甲申十二月○乙亥,以故察哈尔子车布德恩弟旺党呢玛袭爵。(《清宣宗成皇帝实录卷之七十七》)

公元1825年

○道光五年乙酉三月○乙卯,以故乌珠穆沁扎萨克多罗贝勒图克济扎布子达克丹袭爵。(《清宣宗成皇帝实录卷之八十》)

○道光五年乙酉七月○丁未,……以察哈尔都统瑚松额为成都将军。调镶白旗蒙古都统和世泰为察哈尔都统。(《清宣宗成皇帝实录卷之八十六》)

○道光五年乙酉八月○丁卯,改直隶……宣化县鸡鸣驿丞为化稍营巡检,怀安县万全驿丞为柴沟堡巡检,怀来县土木驿丞为多伦诺尔厅白岔巡检……裁上陈驿丞并宣化府司狱二缺。从大学士总督蒋攸铦请也。(《清宣宗成皇帝实录卷之八十七》)

○道光五年乙酉九月○戊申,又谕理藩院奏,厄鲁特四等台吉扎木彦车林等控告鞯克博罗特并非台吉达什沙木丕勒之子,不应承袭扎萨克一案,请旨交察哈尔都统审办等语:"台吉扎木彦车林等屡次控告,鞯克博罗特既非扎萨克台吉达什沙木丕勒之子,自应彻底根究,照例办理。着交察哈尔都统和世泰提齐案内人等,将鞯克博罗特是否达什沙木丕勒之子,秉公严审,照例定拟具奏。"寻讯诬,坐如律。(《清宣宗成皇帝实录卷之八十九》)

○道光五年乙酉冬十月○丁丑,改铸直隶宁河、抚宁、西宁、丰宁、宁晋五县知县,宁河、抚宁、西宁、宁津、宁晋五县儒学,延庆州永宁城、宁河县芦台司、丰宁县巡检各印信条记。从大学士总督蒋攸铦请也。

(《清宣宗成皇帝实录卷之九十》)

○道光五年乙酉十二月○戊辰，谕内阁："向例城上安设堆拨，并看守马道栅栏。责成八旗都统副都统等按次稽查，立法本为周密。无如日久玩生，每多弊混，殊不足以昭慎重。嗣后各城大楼九座，马道口十八处，角楼四座，马道口八座，中心台十五座，马道口三十处，着责成八旗满洲蒙古汉军按期均匀分段看守。凡两旗分界及一旗所辖，应派堆拨官兵，准其照数酌派。仍照向例满洲蒙古汉军轮派参领一员，在城住宿。派往兵丁，务择老成安静之人，由各该旗核定人数，交内务府制备腰牌发给。至马道栅栏，如果稽查严密，闲人不能混入，城上自然肃清。所有城下栅栏、城门马道及中心台、角楼、马道口，即责成城门领及派出之步军校认真管辖。如有通同朦混情事，即严行参办示惩。至查城应行开列都统副都统衔名，无论兼管何项差使，均着全行开列，候朕点出八员，分左右翼管理。每届三年，由值年旗奏请更换。其掌管锁钥及官兵接班换班，并应添参领等官轮流巡查各章程，俱着照议办理，该都统等随时整顿。总期官有专司，兵归实用，勿得日久视为具文。"

○庚午，谕军机大臣等庆祥奏筹备粮饷马匹，及探明贼踪慎重妥办一折："览汝屡次驰奏，意见俱是。所有应用粮石，除阿克苏不敷拨运，伊犁及各回城道途太远，应缓为筹画外，喀什噶尔本城备贮余粮一万石，乌什、叶尔羌每城所存余粮一万石，着照所请，陆续运往接济。其银两即由伊犁备贮十万两，随时运往，撙节支拨。马匹于伊犁察哈尔、厄鲁特营备差马内，照官兵例得之马先行运往，以备接换。沿途乌拉照例豫备。"

○壬申，察哈尔副都统海升年老休致。调正黄旗蒙古副都统永明额为察哈尔副都统。(《清宣宗成皇帝实录卷之九十三》)

公元1826年

○道光六年丙戌三月○丁亥，谕内阁和世泰等奏请借款发商生息以资公用一折："察哈尔八旗游牧豫备台站差务牲畜，向无正项开销。据该都统等查明苦累情形，吁恳筹款调剂。并称前次坐扣银两，业已清缴。着照所请，准其于口北道库贮项下借给银三万两，发商按一分生息。每年所得息银，作为察哈尔八旗各项公用，年终将用过银数报部核销。所借银两，即于该官兵等应领俸饷内，每年扣还银一万，分作三年扣收归款。"该部知道。

○丙申，又谕："喀什噶尔防额无多，附近各城防兵不敷分调。该城地处极边，自应增设防兵，以期声威联络。长龄等请于伊斯里克、图舒克塔什、喀浪圭三要卡内，分列三营，共设满洲营兵五百名，在城北面，以防要隘。城南相度地势，合建一营，设绿营兵五百名，并选派曾经行阵官员，日加训练。着照所请，调伊犁满洲营兵一百名，索伦、锡伯、察哈尔、厄鲁特营兵各一百名，乌鲁木齐提镇属绿营兵共五百名，即在现调满汉各兵内挑选留防。至所奏大河沿地方有足开五百人屯地一区，土肥水畅，足敷千人之食。所有此次添设防兵口食所需毋庸筹款，其分营筑堡及盐菜马干一应事宜，着该将军等悉心妥议具奏。将此谕令知之。"

○壬寅，以买补张家口军台倒毙牲畜，贷扎哈苏台等十八站官兵一年钱粮，察罕托洛亥等五站兵丁半年钱粮。（《清宣宗成皇帝实录卷之九十六》）

○道光六年丙戌五月○戊戌……以察哈尔副都统永明额为泰宁镇总兵官。调镶白旗汉军副都统乐善为察哈尔副都统。

○戊申，以直隶宣化、张家口、独石口、永平、遵化、顺德、广平、大名等府、州、厅所属距省较远,命嗣后遣军流徒人犯,由口北道、通永道、大顺广道就近审勘。从总督那彦成请也。(《清宣宗成皇帝实录卷之九十八》)

○道光六年丙戌六月○癸丑,命库伦办事大臣松长来京,赏察哈尔副都统乐善副都统衔,为库伦办事大臣。调正白旗蒙古副都统存华为察哈尔副都统。

○乙亥,谕军机大臣等:"庆祥奏审办著名逆首,所办甚好。逆首迈玛呼里,上年率众助逆,并先于嘉庆二十五年戕兵滋事,罪大恶极。经庆祥设计诱擒,尽法惩治,斩决枭示,实足彰国宪而快人心。其子额喇哈满讯明两次均未助逆,姑贷其一死,着发往伊犁,给察哈尔、厄鲁特兵丁为奴,遇赦不赦。"(《清宣宗成皇帝实录卷之九十九》)

○道光六年丙戌秋七月○壬辰,谕内阁:"福建台湾府属彰化地方,自四月间有分类械斗之案。匪徒等乘机煽惑,焚抢村庄,延及嘉义淡水等处。前因提督许松年巡台在彼,就近令其督同总兵蔡万龄、知府陈俊千等分投查办,迄未将煽惑纠斗要犯究明掩获。所奏起衅实情及蔓延村庄,亦未明晰。孙尔准驻札厦门,调度策应,未便遽行过台。山东巡抚武隆阿久任台湾镇,情形熟悉,经理得宜。着驰驿前往,会商孙尔准妥速筹办,颁给钦差大臣关防,自提督许松年以下,悉听调遣。沿途如有应行就近调兵之处,即着一面奏闻,一面选带前往。并派乾清门侍卫额勒经额、庆安、巴清德,健锐营参领景福、塔斯哈,副参领兴安泰,前任建宁镇候补总兵赵龙章,来京引见之噶玛兰通判吕志恒一并驰驿随往,以便差委。其直隶张家口副将郭勒兴阿、保定城守营参将克什布、宣化城守营都司王秉武、山东文登营副将成玉、候补参将桂明、济南城守营守备马现、平度州知州方熙、候补府经历张同声、原任济南府同知黎溶,俱准其随带前往。所有应给该员等行装银两,着各该衙门按例给发。"该部知道。○谕军机大臣等："福建台湾、彰化，嘉义交界闽粤庄民分类械斗，本日已降旨令山东巡抚武隆阿驰驿前往查办。兹据武隆阿奏，请将直隶张家口副将郭勒兴阿、保定城守营参将克什布、宣化城守营都司王秉武随同前往。着那彦成、海凌阿饬令该员各驰驿前赴闽省，听候武隆阿差遣委用。所有应给军装银两，着那彦成按例支给，俾令迅速起程。将此谕令那彦成，传谕海凌阿知之。"（《清宣宗成皇帝实录卷之一〇〇》）

○道光六年丙戌八月○丁丑，谕军机大臣等："据和世泰奏，请亲赴军营效力等语，实为至诚。惟察哈尔都统之任紧要，所管地方亦属辽阔。和世泰祗将任内事务妥为办理，毋庸前赴军营。"（《清宣宗成皇帝实录卷之一〇四》）

○道光六年丙戌九月○戊子，谕内阁和世泰奏本年轮应年班，现值秋季，并无紧要事件，恳请来京陛见一折："前因和世泰奏请欲往军营效力，特降旨明白晓谕，以察哈尔都统职任紧要，自应将一切事务妥协办理，不必前往军营。兹据奏伊所属各处，惟冬季事务较繁。春夏秋三季，并无紧要事件，所奏更属荒谬。岂此三季察哈尔地方竟无需都统乎？伊果有应奏事件，专折具奏，有何不可。乃竟不待本年年班，立即奏请来京陛见，其意何居？殊属任意妄为，今既再三渎请，和世泰着即来京当差。"

○调正黄旗蒙古都统博启图为察哈尔都统，察哈尔副都统存华为山海关副都统，山海关副都统福克精阿为察哈尔副都统。

○癸巳，……以宣化镇总兵官海凌阿署古北口提督。（《清宣宗成皇帝实录卷之一〇五》）

○道光六年丙戌九月○戊戌，谕内阁和世泰等奏参台站接递夹板迟误各员一折："据称七月二十二日，兵部发出递寄乌里雅苏台将军，限日行六百里夹板一副。经张家口管站部员检举，该员所辖二十三台，迟误一日有余。复经查出赛尔乌苏所辖二十一台，亦迟误一日有余。请将阿尔泰军台四十四站正副扎兰章京等，全行革去顶带，管站部员分别交议等语。军台递送夹板，如有迟误，各台站均有填注收发时刻可稽，不难逐站查明。将迟误之员，指名分别参处，此次究系某站迟延若干时刻，未据切实声明。遽将台站各员，全行参办，殊不足以昭平允。着交新任都统博启图详细查明，据实具奏，再降谕旨。"

○乙巳，谕内阁伦布多尔济等奏查明迟延紧要公文一折："前由六百里寄德英阿谕旨，军台接递迟延，降旨饬令查明参奏。旋据和世泰查明，张家口递至口外第九台误写马递，以致下站相沿迟误，业将该管官分别议处。其第九台以后各台站，均无庸查议。兹据伦布多尔济等奏称，乌里雅苏台所属二十台站，统计二千余里，行走三日有余。虽系照马递折报一例递送，而核计数里，尚无迟延。所有伦布多尔济、八十，自请交部分别察议之处，着加恩宽免。其兼管各台站之台吉四员，并着免罚牲畜。"（《清宣宗成皇帝实录卷之一〇六》）

○道光六年丙戌冬十月○甲寅，谕内阁："前据和世泰奏请驰赴军营，降旨谕令无庸前往。旋复奏称，本年系属年班，请于秋间事少时来京陛见。现在和世泰到京，令军机大臣询问。据称急求瞻觐，并无急欲面陈之事，实在糊涂错谬，请从重治罪等语。和世泰经朕简授察哈尔都统，责任綦重。无论事务繁简之时，均当以慎重官守为念。即轮应年班来京，亦自有一定期日。若近京大员，遇事简时即行奏请入觐，成何体制！和世泰任意渎请，冒昧已极。着革去内大臣，仍交部议处。"（《清宣宗成皇帝实录卷之一〇七》）

○道光六年丙戌十一月○乙酉，又谕博启图奏，覆查台站接递夹板迟误情形一折:"前因乌里雅苏台将军夹板一付接递迟误,经和世泰将台站各员,全行参办,不足以昭平允。当降旨交新任都统博启图查明具奏。兹据奏,张家口管站部员鄂克敦布查报时辰,与该台前次册报相符,惟赛尔乌苏管站部员禄昌呈报该属第二十四台接递迟误,与前报印册迥异。缘该蒙古等不谙时刻,向系约计造报。且遇有五六百里折报,仍照常递送,月报印册,亦难凭信。总由该管站部员及专管之札兰等平日不能剀切晓谕所致。鄂克敦布虽系自行检举,究有不合。着交部察议。禄昌近驻台站,不惟平日未能晓谕明白,且于上站迟延之处,又未能查出详报,实属率忽。着交部议处。其专管之札兰那旺车凌、玛呢巴拉、棍札布、札米彦等,既失查各台迟误,又复约计造报,亦有不合。均着交部议处。其余各台章京兵丁,着分别重责。仍着该都统严行晓谕,嗣后各军台弁兵接递一切公文,并马递限行五六百里折报。务令随到随送,分别缓急,依限驰递。并填注收发时刻,由该管站部员等将各台接递过文报时日,随时呈报该都统查核,毋致再有迟延。"(《清宣宗成皇帝实录卷之一○九》)

○道光六年丙戌十二月○己巳,科尔沁郡王多克默特等三人,敖汉扎萨克郡王达尔玛济尔第、翁牛特扎萨克郡王喇特纳济哩第等二人,苏尼特扎萨克郡王齐旺扎布、喀尔喀扎萨克郡王楚克苏木扎布等六人,青海扎萨克郡王棍楚克济克默特等二人,扎鲁特扎萨克贝勒布木色楞等二人,茂明安贝勒达木丕勒等二人,巴林扎萨克贝子多尔济帕拉木、鄂尔多斯扎萨克贝子端多布色楞等二人,阿拉善镇国公普尔普、伊克明安扎萨克头等台吉托克托瑚、附察哈尔旗下和硕特扎萨克头等台吉鞯克博罗特等五人,喀喇沁多罗额驸巴勒丹蕴丹等三人,土尔扈特二等台吉车登多尔济、土司丹紫江楚等二十六人,于神武门外瞻觐。(《清宣宗成皇帝实录卷之一一二》)

公元1827年

○道光七年丁亥春正月○庚辰,又谕:"……查直隶营务,需用较繁。着照所请,所有原拨水师营天津县挂甲寺官庄地亩,所收租银一千二十余两,租粮自数十石至百余石不等。除完赋外,余给各兵食用。其地租留归天津镇经管,分给葛沽海口,并所辖运河各营汛,作为催漕缉私并看守炮台弁兵津贴之用。原拨盐斤加价项下运库生息裁剩银二千五百六十余两,分拨正定镇银一千两,河间开州两协银各三百两,顺德、广平、磁州、东明、杜胜、长垣等六营银各一百两,宣化镇银三百六十余两。并将正定镇所收叛产地租银四百七十余两,改归大名镇就近取租,分别办公。各镇协营,有此津贴之后,该督更当督饬查察,随时修整军械,务须坚利适用。每年动支银数仍核实造册,报部查核,毋得稍滋浮冒,致干参办。"

○癸卯,予故休致察哈尔都统庆溥祭葬如例。(《清宣宗成皇帝实录卷之一一三》)

○道光七年丁亥三月○壬辰,乌什办事大臣那彦宝奏:"乌什西南一带,直通喀什噶尔、叶尔羌等处,为大军后路。西北一带,俱系布鲁特游牧。该部落等赋性凶顽,习尚抢掠。自张格尔滋事以来,从逆背叛者多,均须加意防范。臣于二月初九日亲往卡伦查阅,并先期知会提督齐慎,约至巴什雅哈玛卡伦会晤。商定于西南要隘适中地方,齐慎带领甘州兵弁二千余员名防堵。其偏南柳树泉一带,游击武光琳带领西宁兵六百名堵御。西北一带地方辽阔,多贵带领乌鲁木齐兵五百名,并伊犁、察哈尔兵三百名驻札,就近弹压布鲁特。其余山路小径隘口,亦酌量分布卡伦,多设侦探,并拨兵守护城垣仓库。惟乌什地方较小,仓贮粮石面斤,合计留防后路官兵四千四百余员名,每日支放需粮十四五万斤之多,仅敷两月之用。臣已饬令陆续采买,妥为筹备。"报闻。(《清宣宗成皇帝实录卷之一一五》)

〇道光七年丁亥闰五月〇庚戌,谕军机大臣等:"张逆现在木吉地方潜匿,惟当严饬各该员等出其不意,密速掩捕。并晓谕奈曼爱曼布鲁特比等,令其协力擒拏,万不可再任远扬,又致费手。俟续得擒逆消息,随时速奏,以慰廑注。至助逆之库图鲁克得受伪封,业经审明凌迟处死,并将该犯之弟色第克等七名立即正法。其随同出卡伤毙官兵小布鲁特二十五名,解往乌什正法。实足彰国宪而快人心。该犯母妻及未及岁子女四名口,并随同叛逆布鲁特家属妇女幼孩七十六名口,俱着发往伊犁,与察哈尔、厄鲁特为奴。"(《清宣宗成皇帝实录卷之一一八》)

〇道光七年丁亥六月〇戊子,又谕格布舍等奏请酌拨废员帮办公务一折:"乌里雅苏台向例由京派拨章京四员,并由绥远城换防兵丁内保举笔帖式等官,此内岂无通晓汉字之员堪以承办奏折及一切命盗案件?且由来已久,自应遵照旧章办理。格布舍等请由新疆、张家口等处,酌拨废员帮办公务,殊属更张旧制,所奏着不准行。"(《清宣宗成皇帝实录卷之一二〇》)

〇道光七年丁亥七月〇己未,……以察哈尔都统博启图为吉林将军。
〇庚申,以正蓝旗满洲副都统安福为察哈尔都统。未到任前,命察哈尔副都统福克精阿护理。
〇庚午,……新授察哈尔都统安福着赏戴花翎。(《清宣宗成皇帝实录卷之一二二》)

〇道光七年丁亥九月〇丙寅,又谕彦德奏调剂牧厂卡伦事宜一折:"塔尔巴哈台地处极北,察哈尔、厄鲁特等自设立牧厂以来,历年交乌鲁木齐、科布多、军营内地及本处屯工军台马牛羊只,均无贻误。现因生齿渐繁,生计拮据,上年复遇偏灾,更形苦累。着照伊犁奏定章程,自道光八年起,孳生厂所取马驹牛犊,另厂牧放。遇有差拨不敷,一体拨用。俟及岁时,其儿马牸牛仍照例归入备用厂外,其骒马乳牛及岁后再取之孳,即着赏给穷苦之察哈尔、厄鲁特等,以资谋生。俟生计稍裕,仍归入孳生厂,照例取孳。其孳生厂之马,查出口老者九百四十三匹,着即赏给蒙古。嗣后口老残伤牲畜,仍照旧例办理。其东南一带,系通乌鲁木齐伊犁大道。军台五处,防范难周。着于雅玛图沙喇霍洛素之间,三月雪消之后,东西设布克申二处。每处添派官一员,满营四营兵十名,厄鲁特领催二名,壮丁二十名。于境内往来巡缉。遇有窃劫之案,即跟踪追缉,九月雪后撤回。如始终奋勉,赃贼并获,奏明奖励。倘缉捕不力,藉端滋事,即从严惩办。其干齐罕莫多原设小卡官兵,着即裁撤。并果扎木沙喇布拉克原设厄鲁特领催兵丁,一并归入新设布克申内,均着照所请办理。"该衙门知道。(《清宣宗成皇帝实录卷之一二六》)

○道光七年丁亥十月○庚寅,以察哈尔张家口驻防军政年逾六十官五十六员精力未衰,命留任。(《清宣宗成皇帝实录卷之一二八》)

○道光七年丁亥十一月○戊午,又谕:"奕颢奏查明围场情形并参办失察员弁,请更定私入围场偷牲伐木条例一折。……着刑部将越边私入围场薅山偷牲砍树、及刨挖鹿窖贩卖茸角各犯,应如何严定科条,悉心妥议具奏。"寻议:"嗣后私入木兰等处围场及南苑偷窃菜蔬柴草野鸡等项者,初犯,枷号一个月;再犯,枷号两个月;三犯,枷号三个月。满日各杖一百。若盗砍木植、偷打牲畜者,初犯杖一百、徒三年。再犯、三犯及虽系初犯而偷窃木植至五百斤以上、牲畜至十只以上,或身为财主、雇倩多人者,改发极边足四千里充军。为从及偷窃未得者,各照为首及已得减一等。贩卖者又减一等。旗人销除旗档,照民人一体办理。兵丁俱先插箭游示,加一等治罪。受贿故纵者,与犯同罪。失察者杖一百,再犯折责革伍。该管员弁失于觉察者,交部议处。察哈尔及扎萨克旗下蒙古私入围场、盗砍木植、偷打牲畜,亦照此例办理。蒙古人犯应拟徒罪者,照例折枷。应充军者,发遣湖广、福建、江西、浙江、江南交驿充当苦差。以上盗围场人犯,均面刺'盗围场'字样。偷盗未得之犯,均面刺'私入围场'字样。其每年有无贼犯偷入围场之处,该总管于五月内,热河亦于六月内,循例具奏。"从之。(《清宣宗成皇帝实录卷之一三〇》)

○道光七年丁亥十二月○己丑,乌珠穆沁扎萨克车臣亲王多尔济济克默特纳木济勒、科尔沁扎萨克冰图郡王林沁扎勒赞等四人,阿巴噶郡王那木萨喇多尔济等二人,鄂尔多斯扎萨克郡王巴保多尔济、喀尔喀扎萨克图汗玛呢巴咱尔等十人,翁牛特镇国公丰伸保、乌拉特扎萨克镇国公巴图鄂齐尔、苏尼特辅国公额林沁、克什克腾扎萨克头等台吉毕玛拉吉哩第、喀喇沁固山额驸旺沁棍扎布等三人,和硕特闲散二等协理台吉鄂勒哲依图、土尔扈特四等台吉达尔巴勒达克、附在察哈尔旗下和硕特二等台吉玛锡巴图等五人,廓尔喀使臣噶箕毕热格萨然咱邦礼等二人,及暹罗国使臣呕雅沾暖舒攀哪叭腊车突等二人,于西华门外瞻觐。

○庚寅,举行本年军政。稽查……察哈尔都统所属,卓异官二员,年老官三员,有疾官二员。……分别议叙处分如例。(《清宣宗成皇帝实录卷之一三一》)

公元1828年

○道光八年戊子春正月○癸亥,命察哈尔都统安福、头等侍卫巴清德在御前行走。(《清宣宗成皇帝实录卷之一三二》)

○道光八年戊子二月○癸巳,又谕长龄等奏先后查获逆匪并律应缘坐人犯分别办理一折:"上年克复四城,从逆各回均已审明正法。现在喀什噶尔各庄,搜获伏贼。除将实系从逆者分起正法外,其被胁入伙,情有可原,应行发遣者一百余名,又律应缘坐各犯内,有罪恶显著之贼目家属,男十岁以下及妇女等,俱着造具清册,派员解交刑部办理。其余缘坐逆属,准其照例分给伊犁、乌鲁木齐等处办理,并分赏回疆各城出力伯克为奴。缘坐男犯同被胁入伙之犯,着一并发给伊犁、锡伯、索伦、厄鲁特、察哈尔为奴。惟该遣犯等人数较多,着各该管大臣分拨零星安置,严加约束。毋令聚集一处,致生事端。"(《清宣宗成皇帝实录卷之一三三》)

○道光八年戊子三月○乙卯,谕内阁汤金钊奏查办怀来县南山等八村多派差徭,分别裁革一折:"前据给事中托明参奏,怀来县添派差徭,按月苛敛。该地方官奉旨饬查,出示朦混,并委员等押令乡民出结,拘传多人,跟跄赴署。当派汤金钊前往查办。兹据奏查讯该乡民,佥称所办柴炭等项均属旧规,并非该县添派。该典史下乡取结,并未锁拏吓逼、拘传多人,该同知亦无逼勒情事。两造供词,如出一口,与原奏所参情节不符。该护督所出告示,系将奏明情词叙入,亦非朦混。该给事中所奏未免过当。惟事关民隐,言官之所当言。虽言之不实,朕再不罪之。然嗣后给事中御史等,遇有应奏事件,亦不可不加审察,滥行入奏。尤不可因有此旨,概行缄默,反失朕听言从实,欲周知民间疾苦之本意也。该县现办差徭,虽系循照旧章发价采买,其书差辄敢相沿克扣短发,且此内果品一项,向不发价。该典史衙门并无采买成案,亦各相率收取,俱属有干例禁。着照所议。将怀来县所属各村承应果品,及该典史衙门果品柴炭等项,即行裁革,以省扰累。至该县吕崇修,既于吏役扣价折钱,未能觉察;又复相沿陋例,收受时物。该典史周振恒亦收受无价柴炭等项。均属不合,吕崇修、周振恒着交部分别议处。历任应议之知县、典史,并着查取职名,照例议处。"(《清宣宗成皇帝实录卷之一三四》)

　　○道光八年戊子夏四月○庚辰,谕内阁:"昨由兵部将卓异之京口协领全亮、张家口佐领塔克什布带领引见。朕视此二人步射甚属生疏,所有全亮、塔克什布卓异之处,着不准行。协领、佐领俱有管束兵丁之责,弓马骑射自应娴熟。乃全亮、塔克什布步射甚属生疏,安能训练?该将军大臣将此等之人保为卓异,并不论其骑射,殊属不合。前任江宁将军普恭、前任京口副都统穆朗阿、署理察哈尔都统事务副都统福克精阿,俱着交部察议。将此传谕各省将军、副都统等。嗣后保举卓异人员,务须秉公,择其著有劳绩、办事妥干、骑射精熟之员。倘仍将此等之人保为卓异,于引见时经朕看出,定将该将军、副都统等交部议处,决不宽贷。"

　　○癸巳,谕军机大臣等:"每遇带领察哈尔八旗官员引见,该旗官员步射,大半生疏,殊无可观。着安福将该官兵马步,平日如何操演查阅之处,明白奏闻。嗣后该官兵等当善为指教,不时操练,以娴熟为要。断不可含混塞责,致令生疏。将此谕令知之。"(《清宣宗成皇帝实录卷之一三五》)

　　○道光八年戊子五月○辛丑,谕内阁安福等奏遵旨训练察哈尔八旗官兵一折："察哈尔八旗官兵甚众,平日自应责令各总管妥为训练。着安福等责令该总管,务须将官兵留心训练。该都统等于秋令查阅时,亦当据实查看,妥为教导,俱令娴熟。并严饬总管等不时操演。嗣后凡遇拣选应行引见人员,该都统将伊等弓马骑射,详加验看,择其娴熟者咨送引见,毋得仍以生疏者咨送。"

○壬子,谕军机大臣等："现在回疆军务告竣,应行绘像紫光阁大臣官员。昨据长龄酌拟人数开单具奏,经朕酌加达凌阿一员。此内除来京各员,随时绘像外,其现回本任不能来京者,着吉林、黑龙江、伊犁各将军、陕甘总督,查照开列清单,行知所属之员,各绘小照一分,由该将军总督等具奏呈览。其察哈尔都统安福应绘小照,着自行具奏呈览,以便绘图。将此谕令知之。"

○丁巳,命绘平定回疆剿捦逆裔功臣:扬威将军大学士威勇公长龄、……阿克苏办事大臣副都统长清、……察哈尔都统格绷额巴图鲁安福、……头等侍卫额图珲巴图鲁华山泰、……伊犁察哈尔总管扎布都勒噶……钦差大臣直隶总督那彦成四十人像于紫光阁。……(《清宣宗成皇帝实录卷之一三六》)

○道光八年戊子八月○癸酉,以直隶万全县捐建书院,予知县张庆成、绅士罗本立等议叙有差。(《清宣宗成皇帝实录卷之一四○》)

○道光八年戊子八月○丁亥,又谕那彦成等奏严禁奸商私贩茶叶,并设局稽查一折："甘肃官引额销茶叶,每年例应出关二十余万封,近来行销竟至四五十万封之多。显系以无引私茶,从中影射。其行销各城,又复递加价值。每副茶一封,售银七八两至十余两不等。此等奸商私贩,勾通外夷,剥削回众,不可不严行禁绝。现据那彦成等酌情每封官为定价,阿克苏价银不得过四两,喀什噶尔、叶尔羌不得过五两,作为永定之价,不许增添。并于嘉峪关地方照杀虎口、归化城、张家口等处设立税局,阿克苏照古城设立税局,喀什噶尔、叶尔羌为行销总要之区,均设立税局。稽查奸商私贩以杜流弊。俱著照所议办理。其详细章程,著那彦成等另行妥议具奏。"……(《清宣宗成皇帝实录卷之一四一》)

○道光八年戊子九月○甲辰,贷张家口满洲蒙古官兵俸饷银,补修官房。(《清宣宗成皇帝实录卷之一四二》)

○道光八年戊子冬十月○庚午,又谕:"富俊等奏,此次所调应给随扈人员马匹内,察哈尔马匹较往年疲瘦身小,以致各官兵藉口碍难挑拣,请饬加意牧放等语。明岁巡幸盛京,所需马匹较多。察哈尔解京马匹,必须膘分健壮,方可乘骑。若不豫先筹备,以致临时难以验收,殊属不成事体。著该都统、副都统等将明岁应调马匹加意牧放,以备调用。倘再有身小疲瘦、不堪乘用之处,惟该都统等是问。"(《清宣宗成皇帝实录卷之一四四》)

○道光八年戊子十二月○丁卯,又谕安福等奏参应行呈报事件并未呈报,私行派员会同地方官办理之总管一折:"察哈尔总管苏苏勒通阿于礼亲王开垦所换地亩,将其余旗人游牧之察罕苏巴尔罕地方,俾令开垦一案。接到丰镇同知咨文,并未呈报该都统。辄派副参领喇先丕勒会同地方官察勘,指示交界,办理殊属任意,错谬已极。著照安福等所参,苏苏勒通阿著先行交部严加议处。此项察罕苏巴尔罕地方究系有无关碍游牧、应否开垦之处,仍著安福等另派妥干人员,复行查明据实陈奏。"(《清宣宗成皇帝实录卷之一四八》)

○道光八年戊子十二月○己丑,又谕:"察哈尔总管苏苏勒通阿于开垦察罕苏巴尔罕地亩一案,现经查明,止于未经呈报该管都统,尚无朦混丈勘情弊。所有安福前折参奏请将该总管交部严议之处,著兵部

另行核议具奏。"(《清宣宗成皇帝实录卷之一四九》)

公元1829年

○道光九年己丑三月○丁巳，又谕成格奏热河书院义学经费不敷，恳请借项发商生息一折："热河地方本属口外，当以武备为重。其各属生童有肄习文艺者，亦应加意培植。惟该处书院设立有年，修膳膏火。本有银四百五十两，在独石口等处地粮项下提解支发。上年复奏准于都统各衙门养廉内，每年捐银三百两。所立义学亦经捐廉办理，均足以资教育。该都统请借项生息，作为书院义学经费之处，此时可毋庸置议。着俟见来察看情形，如果文风日起，肄业生童，人数众多，再行奏请。"(《清宣宗成皇帝实录卷之一五四》)

○道光九年己丑夏四月甲子朔○旌表守正捐躯：江苏上元县现官直隶蔚州知州包骙媳陈氏。

○甲申，又谕："兵部奏差驼不敷，据咨另筹一折，已依议行矣。此次巡幸盛京，需用驼只。前经兵部奏准，调用察哈尔牧厂驼二千只。兹据兵部奏称，该处咨报仅有大骟驼一千一百余只堪以调用。其余除倒毙外，均系三四岁驼只，弱小未堪驮载等语。察哈尔牧厂驼只，原以备差调之用。该处左右两翼，现有大骡驼四千五百八十只。每年滋生既多，则骟驼即应不少。何以调用二千只，竟短少九百只之多？可见该处所称牧厂陆续取驹，及大骡驼四千五百余只之数，竟系有名无实。嗣后着该都统等随时认真稽查，无论骟驼骡驼，务令一律膘壮足数，逐岁增多。一经奏调，不准以倒毙弱小饰词搪塞。如再不敷应用，惟该都统等是问。"(《清宣宗成皇帝实录卷之一五五》)

○道光九年己丑五月○己未，谕内阁："内外各衙门题奏事件，遇有地名字面，理应遵照全写。如热河之但称为热，多伦诺尔之但称为诺，乌鲁木齐祇称为乌，顺天府节称为顺。从前乾隆、嘉庆年间，历经圣谕训饬，并载入则例，凡遇地名字面，不得率用省文，各该衙门自宜永远恪遵。本日据扎隆阿等奏请将余粮酌改折色折内，叶尔羌书写叶城，并有阿、乌、喀三城字样，实属简率不成文理。着再行通谕各衙门，嗣后于应载地名字面，务遵定例全行书写。断不可任听幕友胥吏，祇图省便，致于体制有乖。"（《清宣宗成皇帝实录卷之一五六》）

○道光九年己丑六月○己巳，修直隶张家口满营兵房及御水石坝。从察哈尔都统安福请也。

○丁丑，命察哈尔都统安福来京，以副都统福克精阿署都统，大理寺卿廉敬为副都统。（《清宣宗成皇帝实录卷之一五七》）

○道光九年己丑秋七月○甲午，以前任察哈尔都统安福署正红旗蒙古副都统。（《清宣宗成皇帝实录卷之一五八》）

○道光九年己丑冬十月○戊辰，谕内阁那彦成奏采买驼只难期变足原价，请援案准销二成一折："本年直隶省承办盛京大差，共采买驼一千九百只。向来领价变价，均有奏定章程。惟此次路程遥远，非常年春秋围差可比。据该督奏称，将来差竣后，驼只疲乏必多。势难变足原领价值，该州县未免赔累，自系实在情形。加恩着照所请，所有宣化府属采办官驼一千九百只，除先期倒毙者仍赴部领价外，其余收回驼只准其照察哈尔成案，一律报倒二成，按八成变足原价归款，以示体恤。此后春秋围差，仍照旧办理，不得援以为例。"该部知道。

○戊寅，又谕容安等奏拏获逃出卡外偷盗哈萨克马匹之伊犁察哈尔部落闲散塔喇朗等，审明遵例办理一折："察哈尔闲散塔喇朗、那木济勒,胆敢起意纠约霍托侬、德里克扎布,偷盗哈萨克马二十匹,情殊可恶。据容安等派出官兵拏获,审明援照成案,将为首塔喇朗、那木济勒在该游牧处所立即枭示,将为从之霍托侬、德里克扎布拟以从重枷号三个月,发往烟瘴地方充军。所奏是,着照所请。所有失察之统辖乌柯克布克、伸喀普塔海卡伦锡伯防御乌勒欣布,着交部严加议处。署理总管事务副总管克什克特依、布林特古斯、署佐领事务骁骑校鄂斯库,虽系失察,惟念伊等将塔喇朗四犯全行拏获,尚属奋勉,着准其功过相抵。容安、孝顺岱,亦属失察。着交部察议。"(《清宣宗成皇帝实录卷之一六一》)

○道光九年己丑十一月○丁酉,修直隶张家口石土坝工,从总督那彦成请也。

○壬子,又谕福克精阿等奏,太仆寺右翼协领喇锡扎木苏所遗员缺,该翼委协领内不敷拣选,可否由两翼委协领内一体拣选,抑或将左翼委协领玛哈巴勒坐补请旨一折:"喇锡扎木苏所遗阿克塔牧场协领员缺,系右翼官员,未便将左翼委协领玛哈巴勒坐补。现在右翼委协领内既不敷拣选,着福克精阿等即行秉公由左右两翼委协领内一体拣选。"(《清宣宗成皇帝实录卷之一六二》)

○道光九年己丑十二月○戊辰,以捐修直隶万全县张家口石道,予知县张庆成升用。余议叙有差。

○甲戌,谕军机大臣等:"户部奏称,直隶多伦诺尔同知裕昆应解道光七、八两年杂税正额盈余银三万七千六百余两,又道光四年起至八年止陆运木税并蒙古木税银二千六十余两,叠次严催未据解到等语。该同知裕昆前经吏部以该员推升盛京工部员外郎,例限久逾,尚未到部,奏请开缺另选。嗣据工部以该员自道光五年起至八年止,欠解木税银二万六千八百四十余两,奏请饬查。本日又据户部奏该员欠解各项税银,屡催未解,显有侵蚀情弊,必应彻底根究。该员久经卸任,一应经手钱粮,该督自应速饬依限交清结报,何以任其延宕,不加参办?着那彦成即查明裕昆在何处羁延,即委妥员解交刑部审办。将此谕令知之。"

○癸未,敖汉扎萨克郡王达尔玛济尔第等三人,苏尼特扎萨克郡王齐旺扎布、喀尔喀扎萨克郡王托克托瑚图噜等九人,扎萨克贝勒布木色楞等二人,土默特扎萨克贝勒济克默特扎布、茂明安贝勒达木丕勒等二人,翁牛特扎萨克镇国公乌呢济尔噶勒、阿拉善镇国公德勒格尔布彦、科尔沁辅国公巴图等二人,青海扎萨克辅国公达玛林扎布等二人,附在察哈尔旗下辅国公桑噜布多尔济等二人,喀喇沁多罗额驸巴勒丹蕴丹等四人,土尔扈特二等台吉诺尔布策林等三人,附在察哈尔旗下和硕特四等台吉多尔济锡喇布、赛哩木三品阿奇木伯克玉素普等三人,阿克苏伊什罕伯克色提巴尔底等四人,布古尔四品伊什罕伯克色提等四人,乌什五品阿奇木伯克哈莫特等二人,库尔勒五品商伯克阿布都克勒木等二人,伊犁五品噶杂纳齐伯克额依莫尔等二人,土司明正宣慰司甲木参多结等三十八人,于西华门外瞻觐。

○乙酉,又谕那彦成奏厅员亏短税银,解部审办,并筹议稽考章程一折:"直隶多伦诺尔同知裕昆亏短税银,据票数目,与户工二部参追银数不符,着即解交刑部,派富俊、卢荫溥会同刑部审办。此项税银向系该同知径自解部,以致无所稽考。着照所议,嗣后多伦诺尔同知经征水旱木税杂税,饬令该员按季造册,报明藩司暨总督衙门查考。俟一年期满,将征收银两统限一月内,详由藩司一律请给咨批,勒令全数解部,掣批备查,仍由司详请核题报销,俾年清年款,不致积压虚悬。倘有迟延亏缺,随时查明参办。"该部知道。

○丁亥,以察哈尔副都统福克精阿为都统。(《清宣宗成皇帝实录卷之一六三》)

公元1830年

○道光十年庚寅春正月○丁巳,谕内阁:"玉麟等奏,伊犁岁收哈萨克租马及各部呈递伯勒克马匹,向交察哈尔、厄鲁特两营,入于备差厂牧放。其例毙分数,例与孳生备差之马,按年一律以六厘报销。近年以来,各夷呈纳之马,多系残废,入厂后易于倒毙。该官兵等格于成例,不能溢额报销,赔偿官马,情形日增竭蹷,自应量加调剂。着照所请,嗣后此项马匹,收交该两营另厂牧放。续有倒毙,准其每年每百内报销三分。自道光九年为始,另册造报,照新定章程核销,以示体恤。其孳生厂出群备差之马,仍照旧例,按年以六厘报销。勿得牵混。"(《清宣宗成皇帝实录卷之一六四》)

○道光十年庚寅二月○丁丑,又谕福克精阿等奏甄别总管一折:"察哈尔镶白旗总管常德不识满洲蒙古文字,于公事未能明晰,不胜总管之任,着饬令仍回本营当差。太仆寺右翼牧群总管都噶尔前因马匹倒毙过多,降为六品顶带。该员近来办理牧务,仍多废弛。尚无别项劣迹,着降为翼长,仍留该翼候补,以观后效。各该处总管有统辖一旗之责。似此不识满洲蒙古文字者,安能办理公事?嗣后各该旗营保送总管及拣选之王大臣,务须认真考察,毋得以不识满洲蒙古文字之员滥竽充数。"(《清宣宗成皇帝实录卷之一六五》)

○道光十年庚寅三月○甲辰,……以察哈尔都统福克精阿为吉林将军,泰宁镇总兵官武忠额为察哈尔都统。(《清宣宗成皇帝实录卷之一六六》)

○道光十年庚寅夏四月○乙丑，修建直隶……保安、怀来、广昌……十四州、县监狱……怀来、怀安、……十三州、县常平仓廒，并文安县典史衙署。从总督那彦成请也。

○乙亥，谕军机大臣等景福奏请革退奸商，另行招募，以充国课一折："据称张家口税务，惟官碱一项，偷漏不少。口外活多多诺尔等处，产碱极旺。设立碱商十名，向系尽收尽买。自上年五月该监督到任，至冬底碱税分厘未交。传到该商乔元惠等验看执照，内多顶充，年貌不符，并有乔元谦一名并无执照。饬令赶紧补交正课。今年二月始有纳课之家，现查得该商近年十家私立行规，约定每年每商祇准买碱若干，不得多运，以致内地碱价有增无减，显多情弊。请将乔元惠等十名全行革退，饬交地方官严查办理等语。现在蒙古地方产碱如旧，何以该商等竟不照例纳税，复敢顶名代充，私立行规，限定买碱数目，致内地碱价日增？如果属实，不可不严行惩办。着武忠额等接奉此旨后，即将该监督所奏情形确切查明，据实具奏，毋稍徇隐。将此谕令知之。"（《清宣宗成皇帝实录卷之一六七》）

○道光十年庚寅闰四月○庚子，谕内阁那彦成奏误会例意，滥准给假，据实检举一折："直隶宣化镇左营游击王楸因伊叔马甲王泗在署病故，呈请给假护柩进京。该督前照八旗驻防官员之例，准其给假。兹据查明游击系属绿营官员，该督误会例意，据实检举。那彦成着交部照例议处。"

○己酉，谕军机大臣等："据武忠额等将张家口碱务情形查明覆奏，并酌拟章程，开单呈览。着照所议办理。惟该处商人等，据供从前监督到任，并不点卯。何以景福到任后屡次传唤点卯？且该处运碱之商十家，何以同时全行革退？难保非该监督藉端滋扰，另有别情。着确切查明，据实具奏。将此谕令知之。"

○乙卯，谕内阁武忠额等奏两淮应解牧群息银，逾限未解，无项可支,请暂借库贮军台项下银两以应急需一折:"察哈尔牧群现在应领各项银两,着准其于该衙门库贮备放军台官兵次年俸饷银内暂行借支给领,以资办公。俟两淮应交息银解到时,即行照数归款。至此项两淮生息银两,向系豫期解交,以备次年支放。自嘉庆十九年以后,历届拖延。甚至道光九年冬季应解息银,迟至十年夏季,尚未解交。以致办公无资,借款垫发。现在所借之款,乃次年应放兵饷,必须将应解息银即行解交归款,方不误届期散放。着两淮盐政将嘉庆十九年以后节年递欠银两,并道光十年分应解息银,迅速解送直隶藩司,转发口北道库存贮,以供本年支用。勿得稍涉延缓,以致悬垫未归,有误兵糈。嗣后每年息银务遵照向例,豫于岁前冬季解交,年清年款,勿稍迟逾,致干重咎。"(《清宣宗成皇帝实录卷之一六八》)

○道光十年庚寅五月○乙丑,又谕:"前任张家口监督刑部郎中景福,前因将碱商全行斥革一案有无藉端滋扰别情,降旨令武忠额等查办。即经该都统等备文咨留,并扣留伊家人杨八赴案。该员既不将杨八交出,率以任满押解钱粮,径自回京,殊属冒昧。景福着解任,派侍郎保昌驰驿前往察哈尔,会同武忠额、廉敬秉公查办,务得确情。所有随带司员,亦着一并驰驿。景福即交保昌带往备质,其家人杨八着刑部传提照例解往审讯。该监督所解税银二万八千二百一十两零,及驼马皮张变价银九百六十六两零,着交广储司。至此项正额盈余应征若干,该监督实短征若干,着户部查议具奏。"

○谕军机大臣等据武忠额等奏查讯监督景福,屡传碱商点验,同时全行斥革一案:"前据景福具折陈辩,本日又据该监督具奏,解送税课来京。业经明降谕旨,将景福解任,派侍郎保昌带往,会同该都统等审办。着俟保昌到彼,务将该监督有无需索别情,及碱商等因何敢于咆哮,秉公查讯明确,据实具奏,勿稍徇纵。至张家口税务,历届并无短绌,何以景福任内较前短征银五千余两?据奏以按月分征之数核计,又称实短征银一千余两。是否以多报少,抑系办理不善,着一并详查确实具奏。景福折二件,俱着发交阅看,将此谕令知之。"

○辛巳,谕军机大臣等:"前因前任张家口监督景福任内征收税银,较前短至五千余两,据奏以按月分征之数核计,实短征银一千余两。当经降旨令保昌等详查,并饬交户部查议。兹据该部奏,景福任内仅征银三万八千五百余两,比较历任交代成案,实短银五千余两。此时关期未满,倘后任多收,例准抵补。如后任亦属短绌,例应按日匀摊分赔。须俟本年九月关期报满奏销到日,始可定数着赔。该监督遽行奏请,亦属不谙定例。且接任监督铭恩呈报,景福短交银两并无着落,未敢冒昧结收等语。是否景福征多报少,有无情弊;何以铭恩尚未出结,着保昌等遵照前旨,确切查明,据实具奏。户部折着抄寄阅看,将此谕令知之。"寻奏:"景福任内,实无向该商等勒索滋扰。该商等因运碱出口后,不能按日点卯,向景福辩论,情急顶撞,景福随将十人全行革退。至短征银五千余两,查明尚有征收零税钱三千九百六十千文,支发书役盘费等用。虽非侵蚀入己,究属隐匿。照例仅止着追,并不治罪。惟该员不听候结案,率以任满回京,殊属冒昧。应请交部议处。"从之。(《清宣宗成皇帝实录卷之一六九》)

○道光十年庚寅八月○丁亥,谕内阁:"理藩院奏,酌定递送蒙古公文章程。嗣后无论内外扎萨克,遇有应投蒙古公文,无庸遣人来京,均就近在该将军都统大臣衙门投递。接收后,由驿径达兵部,移交理藩院办理。及蒙古人员到京,不准携带别项公文各章程,均着照所议行。"

○庚戌,以承修直隶张家口营房坝工出力,予知县张庆成升衔。余下部议叙。(《清宣宗成皇帝实录卷之一七二》)

○道光十年庚寅九月○己未,以直隶宣化镇总兵官海凌阿署甘肃固原提督。

○乙丑,贷直隶独石口、千家店官兵俸饷银,修理官房。(《清宣宗成皇帝实录卷之一七三》)

○道光十年庚寅冬十月○己丑,……以直隶宣化镇总兵官海凌阿为湖南提督,服阕总兵官李廷扬为宣化镇总兵官。(《清宣宗成皇帝实录卷之一七六》)

○道光十年庚寅十月○辛丑,蠲缓直隶……保安……三十一州、县被水、被旱、被雹村庄新旧额赋有差。(《清宣宗成皇帝实录卷之一七七》)

○道光十年庚寅十二月○辛丑,谕内阁:"从前内外八旗大员之弟兄子孙,每逾五年查阅一次。挑取侍卫拜唐阿当差,原因侍卫拜唐阿系体面差使。大员子弟挑取侍卫拜唐阿后,伊等益得演习清语、技艺、骑射,差委得人。自道光六年查办以来,已届五年又应查办之期。惟念该大员子弟内各有不同,或因身弱,马上平常;或因自幼读书,一时不及学习骑射。似此之人,纵使挑取侍卫拜唐阿,焉能得力?理宜量加调剂。嗣后在京文职三品以上,武职二品以上,外任文职自总督起至按察使止,武职自将军提督起至总兵止,该大员之弟兄子孙内,如有年已及岁,堪任侍卫拜唐阿差使,每遇五年查办之期,情愿挑取者,该大臣等仍照上届呈报本旗,由该旗造册咨送军机处汇题。经朕指出,带领引见。倘身弱有疾,或弓马平常,不称侍卫拜唐阿者,该大臣等即据实报明该旗,转行军机处,听其自便。该旗亦无庸催取名字,以示朕培养旗仆,因材器使之意。"○以故一等公禄贤子富昌,察哈尔二等子多旺鲁布子沙克杜拉策凌,各袭爵。

○癸卯,乌珠穆沁扎萨克车臣亲王多尔济济克默特纳木济勒、科尔沁扎萨克冰图郡王林沁扎勒赞等六人,鄂尔多斯扎萨克郡王巴保多尔济等二人,阿巴噶郡王那木萨喇多尔济等二人,杜尔伯特扎萨克贝子鄂绰尔呼雅克图、喀尔喀贝子阿第雅等三人,翁牛特镇国公丰伸保、乌拉特扎萨克镇国公巴图鄂齐尔、郭尔罗斯扎萨克辅国公阿勒坦鄂齐尔、苏尼特辅国公额林沁、克什克腾扎萨克头等台吉毕玛拉吉哩第、喀喇沁额驸德勒克桑保等二人,附在察哈尔旗下和硕特扎萨克头等台吉鞾克博罗特等四人,土尔扈特四等台吉图萨图及琉球国使臣向国璧等二人,暹罗国使臣拍针伦素攀那密等二人,于神武门外瞻觐。(《清宣宗成皇帝实录卷之一八二》)

公元1831年

〇道光十一年辛卯春正月〇戊午,贷给直隶……延庆九州、县上年地震被水灾民籽种口粮,并平粜仓谷。(《清宣宗成皇帝实录卷之一八三》)

〇道光十一年辛卯三月〇己巳,谕内阁武忠额奏请将库存闲款借给驻防兵丁,以济生计一折:"张家口驻防满洲蒙古官兵,近来户口倍增,生计日形竭蹶。据该都统酌筹永远调剂章程具奏,着照所请,准其在于张家口税务监督豫交军台官兵饷银历年存余款内,动拨银一万二千二百四十两,按一分生息借给兵丁,每月于应领钱粮内分别银数,本利坐扣。以一年为期,全行扣贮在库。周而复始,年清年款,不得丝毫亏短。并于每年所得息银一千二百二十四两内,提出银九百四十一两零贮库,留备将来本银。其余息银二百八十二两零另作一款,借给满洲蒙古十旗孤寡残废人等,以资养赡。所有领借兵丁,如遇事故,其有可代扣者,照例扣缴;其查明实系无著者,准于每年另款二百八十二两零息银项下开除。俟滋生息银已足一万二千二百四十两之数,准将一分生息减为五厘,永远遵行。此项年清年款,毋庸报部核销。该都统务须杜

绝弊端,俾兵丁均沾实惠,以示朕爱养旗兵至意。"(《清宣宗成皇帝实录卷之一八六》)

○道光十一年辛卯七月○庚午,命察哈尔都统武忠额驰赴乌里雅苏台审案。以察哈尔副都统廉敬署都统。

○壬申,谕军机大臣等:"昨据理藩院奏,将军乐善等拟定扎萨克台吉达玛林扎布罪名,似属含混。降旨派武忠额前往审办。本日据武忠额奏,于七月十八日业经起程查看牧群,如不久即能查竣回张家口。即俟查竣后,再赴乌里雅苏台。设一时不能尽行查看,接奉此旨,即行回口,将都统印信交廉敬署理。伊即前往乌里雅苏台审办此案,回任时补行查看牧群,亦无不可。武忠额惟计时日,酌量行之。"(《清宣宗成皇帝实录卷之一九三》)

○道光十一年辛卯八月○乙巳,命库伦办事大臣奕颢来京,赏察哈尔副都统廉敬副都统衔,为库伦办事大臣。

○丙午,以察哈尔总管苏苏勒通阿为副都统。(《清宣宗成皇帝实录卷之一九五》)

○道光十一年辛卯九月○乙亥,谕内阁:"张家口等处监督经征盈余银两,向于该监督等差满回京时,自行具奏交纳。兹据内务府查明,前任张家口监督刑部郎中景福欠交银八千二百十两零,山海关监督吏部员外郎善庆欠交银八千二百两,又前任张家口监督刑部郎中铭恩应交盈余银三万二千六百四十一两零,及驼马皮张变价银三千六十九两零,至今并未交纳。节经该衙门咨催,均未如数解交,实属从来未有之事。着吏部、刑部堂官传询该员等因何延缓缘由,据实具奏。"

○缓征直隶……保安……龙门十州、县被水、被旱、被雹村庄新旧额赋。(《清宣宗成皇帝实录卷之一九七》)

○道光十一年辛卯冬十月○壬午,谕内阁:"前任山海关张家口各监督,吏部员外郎善庆,刑部郎中景福、铭恩,短交经征盈余等款银两。着勒限一月,如数完缴,不准再有延缓。嗣后各监督差满应交盈余等款银两,着户部会同内务府严定章程具奏。"寻议:"崇文门、左翼、右翼、山海关、张家口、杀虎口等六处盈余银两,向无解交定限。拟请嗣后自奉旨日起,予限一月完缴。倘逾限延宕,即由内务府参奏。勒限二十日,全数交清。如再不完,应革职监追。"从之。(《清宣宗成皇帝实录卷之一九八》)

○道光十一年辛卯十月○乙巳,谕内阁:"户部奏,前任张家口监督刑部郎中景福于监督任内所收零税钱文,未经奏明列入交款。奉旨着追。经户部节次咨催,未据该员呈缴。此项税钱,自应赶紧完交。何得屡催罔应,反藉词扣俸?意存悬宕,实属延玩。着正白旗满洲都统严催该员,即将前项税钱三千九百六十千文勒令完缴,解部交纳。倘再迟延,即由该旗将该员奏请革职监追,以清官项。"(《清宣宗成皇帝实录卷之一九九》)

○道光十一年辛卯十一月○壬子,谕军机大臣等:"据特登额等奏,审讯撤任深州知州蒋兆璠胪列多款、致书徐寅第一案,已明降谕旨,将徐寅第、蒋兆璠俱革职严讯矣。此案蒋兆璠指出徐寅第升任道员,每年三节两寿,均遣家丁包昆每次送银二百两,交给该革员门丁任四收受。并呈出该革员谢函二件,已据任四(即任忠)供认属实。此外各州县馈送,必不止蒋兆璠一人,亦应令其指出。至徐寅第有'皇本布商,铁面拱心'之号,虽据蒋兆璠坚供,系伊戏取名色,不足凭信,恐其中有私和消弭情弊。除饬提书役,派员暗访确查外,其现任河间县典史黄应中及候补知府沈涛,俱系案内要证。着特登额等提集人证严讯,务须水落石出。至馈送松筠礼物一节,据李坤供,徐寅第于松筠出差北口时,遣伊带银六百两,先期赴张家口购买茶叶六十篓,哈达二百匹,共用银五百八十两,送交松筠公馆。松筠发给银五百两,与松筠覆奏情节不符。究竟茶叶、哈达等物,是否系松筠嘱徐寅第代买,抑系徐寅第买送在前,松筠发价在后,必应彻底究诘。至松筠审讯白勤、徐寅第入馆参议一节,蒋兆璠虽不能确指,仍应向徐寅第严切根究。该革员何以率赴公馆,所参议者何事。于案情有无出入,此系众目共睹,不能掩饰,务须严究实情,不许存化大为小之见,稍有含混。其书中'含冤流毒'一款,蒋兆璠指出田兰馨、高冯氏二案,其疑难案件不喜委员会审一款,蒋兆璠指出李文进一案。此三案已结若干,未结若干。已结者是否平允,抑竟有偏断之处,亦着一并严讯,以成信谳。将此谕令知之。"

○己未,又谕廉敬等奏两淮应解息银逾期未解,请暂借库贮银两以应急需,并请旨饬催迅速解交一折:"两淮应解道光十年、十一年察哈尔牧群息银,屡经降旨饬催,迄今尚未解到,实属疲玩。现据廉敬等奏称,该处牧群办公银两,无项给发,暂将库贮察哈尔八旗初次奏借生息银项下余存银一万二千九百余两借支给发。该处库贮此时尚有款可借,若再延不解交,势必至无项垫发,贻误办公,尚复成何事体!着两江总督即严饬两淮运司,将应解道光十年、十一年息银,务如数迅速解交。其十二年息银亦务于岁前解到直隶藩司,发交口北道库,以备支放。嗣后每年息银,仍着按期于岁前冬季解交,毋得再有迟延,致干重咎。"《清宣宗成皇帝实录卷之二〇〇》

○道光十一年辛卯十一月○乙丑,又谕特登额等奏审讯蒋兆璠致书徐寅第列款诋毁一案:"讯据徐寅第供称,松筠前在直隶交卸督篆进京时,言及前赴科布多审案,需用茶叶、哈达备赏,嘱伊遣人赴张家口代买。伊随差家人带银购买,用银五百八十两。松筠发还银五百两。系嘱买在先,发价在后,核与松筠原奏不符,着松筠据实明白覆奏。"(《清宣宗成皇帝实录卷之二〇一》)

○道光十一年辛卯十二月○甲午，又谕武忠额等奏废员肆意逗刁，抗不赴台，请从重改发一折："已革佐领德山因节次呈控地亩，毫无实据，发往军台效力。胆敢肆意逗刁，抗不赴台，实属不法。着即从重改发乌鲁木齐充当苦差，以示惩儆。"○谕总管内务府大臣："嗣后每年十二月二十三日致祭灶神，着用张家口进到黄羊，勿庸派员赴南苑打捕。"

○以……故察哈尔一等子布彦德勒格尔弟乾清门三等侍卫奇莫特永隆、三等子兼佐领保清子伊什扎木苏，各袭爵。

○甲辰，直隶总督琦善奏："遵旨裁减兵数。……宣化镇属二协九营裁兵一百三十三名。"……下部知之。(《清宣宗成皇帝实录卷之二〇三》)

公元1832年

○道光十二年壬辰春正月○乙卯，谕军机大臣等："昨降旨将各省将军、都统、副都统等员奏请年班进京之例停止，均于到任之日起，扣满三年，奏请陛见。惟盛京城守尉、察哈尔总管，例不奏事。着于到任三年后，由该将军、都统代为奏请陛见。将此各谕令知之。"(《清宣宗成皇帝实录卷之二〇四》)

○道光十二年壬辰三月○戊午，除直隶怀来县被水官地十五亩租银。

○庚申，又谕玉麟等奏伊犁例派塔尔巴哈台换防，请兼用乌鲁木齐官兵，并请撤换防塔尔巴哈台之伊犁所属察哈尔、厄鲁特，改用巴尔鲁克蒙古各事宜一折："据奏，伊犁惠远城、巴燕岱、锡伯、索伦四营，例派塔尔巴哈台换防官二十七员，兵九百七十九名。请于此项换防官兵内，改由乌鲁木齐协派官十员，兵四百名，将伊犁例派官兵原额照数酌减。既可以均戍役，而伊犁存营满洲官兵稍为加多，实于差防有益。又伊犁所属之察哈尔、厄鲁特两营,例派塔尔巴哈台换防官四员,兵三百一十九名。岁需盐菜银六千八百七十余两,口粮十七万五千余斤。请将此项官兵全行停止,节省盐菜银两。在于该处巴尔鲁克游牧之察哈尔、厄鲁特、哈萨克内酌添官兵,抵充伊犁派往之蒙古官兵差使,并以此项换防盐粮,酌派巴尔鲁克官七员,兵六百余名。每年尚余剩银一百八十余两,口粮三万余斤。既省经费,于操防亦属得力。俱着照所请,分别奏咨办理。"(《清宣宗成皇帝实录卷之二〇七》)

〇道光十二年壬辰五月〇壬申,又谕武忠额等奏请旨饬催两淮应解息银一折:"两淮应解察哈尔牧群息银,上年该都统等因解项未到,筹款垫发,降旨允准。并严饬两江总督迅速解交,不准再有玩延。兹据武忠额等奏,积年拖欠银两仍未遵旨起解。该处应领各项无款可垫,恐误办公。此项息银,为该处牧群应领急需,且特旨饬催之后,置若罔闻,仍不依限起解,疲玩已极。若竟贻误办公,尚复成何事体!着陶澍即严饬两淮运司,将欠解道光十年、十二年息银,务于本年夏季赶紧解交。其道光十三年应解息银,亦务于本年冬季解到直隶藩司,发交口北道库,以备支放。嗣后每年息银总当如限解交,不准藉词延宕,致干重咎。"(《清宣宗成皇帝实录卷之二一二》)

〇道光十二年壬辰六月〇甲申,裁……宣化府同知……、保安州训导各缺。从总督琦善请也。(《清宣宗成皇帝实录卷之二一三》)

〇道光十二年壬辰秋七月〇丁巳,展缓直隶……保安、龙门……延庆、蔚、宣化、怀安、西宁、怀来……独石口八十二厅、州、县被旱村庄旧欠额赋。(《清宣宗成皇帝实录卷之二一五》)

〇道光十二年壬辰九月〇戊午,署理藩院左侍郎松筠奏:"勘定土默特、茂明安等四旗地界章程十条：一、除原设封堆重新修理外，请就界连茂明安、达尔汉贝勒、土默特三旗之克稠封堆西北，土默特官房之西，添设二堆。西为茂明安牧场，东为土默特牧场。一、请自克稠封堆稍趋东北之山巅，以及喀喇图等处添设封堆。山北为达尔汉贝勒牧场，山南为土默特牧场。一、重修乌兰察布源泉地方号堆。东为四子牧场，西为土默特牧场。一、哈达玛勒河源，当达尔汉贝勒、土默特两旗适中之处。东为托苏图山，西为克稠封堆。以山之南北分界，请立石刻字，以免侵越。一、各旗于原设号堆之间，酌量适中之处添设数堆，载入旗档备查，以杜争端。一、移土默特之乌兰胡都克、乌兰诺尔，旧设达尔汉贝勒旗坐卡二处，仍回该旗境内。现锡呼图呼图克图等，情愿由僧徒内每卡拣派十人防守。一、嗣后各扎萨克地界之案，俟报明将军、副都统查验后，转行报部。如有任意径行报部者，严参示惩。一、嗣后各旗于每年秋季，派员定期验修号堆一次，报明副都统衙门备查。一、界连土默特、茂明安两旗之民户，应于该处多设封堆，详细划明。界东在土默特交租，界西在茂明安交租。一、详查土默特、茂明安两旗交界处所民户垦田数目。将土默特游牧之沙喇哈达巴彦化河以北，并沙喇图地方开渠之东，均为牧场。渠西河南地亩仍听开垦。"得旨："办理甚属详明，着依议行。"(《清宣宗成皇帝实录卷之二一九》)

○道光十二年壬辰闰九月○丙戌，缓征直隶……蔚、宣化、龙门、怀来……延庆、赤城……四十七州、县被水、被旱、被霜村庄新旧额赋，赈阜平、行唐、保安、霸、大城、永清、雄、天津、青、静海十州、县灾民。(《清宣宗成皇帝实录卷之二二一》)

○道光十二年壬辰冬十月○丁未，谕内阁武忠额等奏同知办案专擅，请解任提审一折："多伦诺尔同知万保承审回犯穆全等案，捏称专委，不与该旗理刑官双福等会办，实属违例妄为。又承审吴来庆等三案,并不悉心研鞠,固执己见,出入人罪。将应行会画之案,均不与旗员画行,擅自拟报,更属刚愎自用。万保着解任,即饬口北道委员将各案犯证卷宗及刑仵差役幕友代书人等,一并提集。解交武忠额等秉公严讯。多伦诺尔同知着直隶总督遴员署理。"

○戊申,蠲缓直隶……保安、蔚、宣化、龙门、怀来、延庆、赤城十七州、县被水、被雹村庄新旧正杂额赋有差。(《清宣宗成皇帝实录卷之二二三》)

○道光十二年壬辰十一月○壬午,添设古北口外丰宁县属依玛图霍罗地方八品委署骁骑校一员,乡长四名。从察哈尔都统武忠额等请也。(《清宣宗成皇帝实录卷之二二五》)

○道光十二年壬辰十二月○癸丑,赏伊犁察哈尔、厄鲁特两部落被灾蒙古贫户牛马。(《清宣宗成皇帝实录卷之二二七》)

○道光十二年壬辰十二月○庚申,举行本年军政。……察哈尔都统所属卓异官三员,不谨官二员,罢软官三员,年老官二员,有疾官一员。……分别议叙处分如例。(《清宣宗成皇帝实录卷之二二八》)

公元1833年

○道光十三年癸巳春正月○甲戌,缓征直隶……保安……宣化、蔚、龙门、怀来……延庆、赤城……六十五州、县上年被旱、被水、被霜、被雹村庄额赋,展赈……保安十二州、县灾民一月。(《清宣宗成皇帝实录卷之二二九》)

○道光十三年癸巳二月○丙辰,谕内阁武忠额等奏请旨饬催两淮应解息银一折:"两淮应解道光十三年察哈尔牧群息银,前经降旨饬令两江总督豫期解送,以资办公。兹据武忠额等奏,屡奉特旨严催,仍不依限起解。现在无款筹垫,难资接济。此项息银为该处牧群应领急需,若再任意延宕,必致贻误办公。着陶澍即严饬运司,将应解道光十三年分息银,赶紧于三月内如数解交,以为该处本年支放各项之用。其道光十四年应得息银,务于今岁冬季解到直隶藩司,发交口北道库,以备支发。嗣后每年息银,仍着按期于岁前冬季豫行解交,毋得藉词延缓,致干重咎。"(《清宣宗成皇帝实录卷之二三一》)

○道光十三年癸巳二月○庚申,谕军机大臣等:"据琦善奏,多伦诺尔地方贫民乏食,请拨司库留备充公银四万两,赏给两月折色口粮一折,已明降谕旨允行矣。多伦诺尔地方流民租种蒙古旗地,与内地土著农民不同。向来遇有偏灾,从未办理赈恤。此次该督具奏,实属创始。朕念上年直隶被灾较广,该处全境歉收,姑准所请。此项折色口粮既经动拨库款,必须实惠及民,不可有名无实。该督仅责成口北道散放,尚不足以资稽察。着再遴派明干妥员一人前往,会同该道确查极贫之户,核实散给。用剩银两仍即解还司库。倘有捏冒情弊,即行严参。如稍徇隐,经朕访闻,或别经发觉,惟该督是问。嗣后口外地方偶遇偏灾,仍当遵守旧章,不准妄希恩泽。若再援此案率行渎请,朕亦不能允准也。将此谕令知之。"(《清宣宗成皇帝实录卷之二三二》)

○道光十三年癸巳夏四月○辛亥,展缓直隶……怀来……延庆、赤城……广昌……、蔚……四十四厅、州、县被旱村庄新旧额赋。(《清宣宗成皇帝实录卷之二三五》)

○道光十三年癸巳六月○癸丑,又谕武忠额等奏请将审案不合之同知理刑官分别交议一折："前因多伦诺尔同知万保办案专擅，降旨交武忠额等审讯。兹据该都统等奏，该厅员承审贼犯穆全等案，未与该旗理刑官双福等会办。系因清文译汉，误会文义，尚非有意专擅。又提讯各案，该厅员亦尚无赃私情弊，但未能究出实情，究属不合。万保着交部议处，理刑官双福、札米彦会讯贼犯穆全等案，初未能究出实情，虽经据情报明，咎亦难辞。双福、札米彦着交部察议。"（《清宣宗成皇帝实录卷之二三八》）

○道光十三年癸巳冬十月○庚戌，谕内阁理藩院奏内外扎萨克蒙古等因界址不清，互相争讼，请旨就近派员勘办一折："西苏尼特扎萨克郡王布尔呢锡哩、喀尔喀王拉苏咙巴咱尔，及接壤之四子部落王伊什齐当，三旗交界。自嘉庆六年，经察哈尔都统宝兴查明之后，近年以来，俱各恪遵奉行。因何复以界址不清，互相争讼？着察哈尔都统武忠额带领妥干文员，轻骑减从，前往两旗交界，逐细丈量，查明是否与嘉庆六年所办相符。务须秉公妥为定拟，俾两造人等俱各心服，出具甘结，永息争端。该院将原折抄录一分，发给武忠额查办。"（《清宣宗成皇帝实录卷之二四四》）

编者注：○宝兴，即博兴。音译之别。

○道光十三年癸巳十一月○丁亥，热河都统贵庆因病解任。调察哈尔都统武忠额为热河都统。以刑部左侍郎凯音布署察哈尔都统。（《清宣宗成皇帝实录卷之二四五》）

○道光十三年癸巳十二月○己亥，谕内阁："武忠额奏西苏尼特王布尔呢锡哩、喀尔喀王拉苏咙巴咱尔等互争界址一案，现因冰雪碍难查丈，请移交新任接办等语。此案着凯音布到任后，俟明年春融，即行前往查办。"（《清宣宗成皇帝实录卷之二四六》）

公元1834年

○道光十四年甲午春正月○庚午，展缓直隶……怀安……十六州、县上年被雹、被水村庄旧欠额赋。

○甲戌，礼部奏："现纂科场条例，拟改六条：一、房考误用墨笔，请定为罚俸一年。一、试卷内有墨笔添改者，主考官降三级调用。因脱落一二字代为添注者，罚俸一年。一、文内字句有疵者，罚俸一科。一、卷内有挖补抬头者，罚停二科。一、卷内誊录漏写姓名者将该书吏责革，誊录官罚俸。一、试卷于应抬字样不行抬写者，罚停一科。其双单抬偶误者，免议。"得旨："礼部奏酌改科场条例六条，详阅单内，请将挖补抬头者定为罚停二科。朕思该士子等草茅新进，体例未必尽谙。若以无心错误，概予从严，殊非爱惜人才之意。嗣后中式墨卷，有于抬头处挖补者，着仍照挖补数字之例，罚停一科。余依议。"

○丁丑，伊犁将军特依顺保奏："遵旨认真操演，查阅各营技艺。现拣选满营前锋马甲四百八十名，教以连环马枪，并吉林马队之法。又拣选察哈尔、厄鲁特兵丁二百名，演习鸟枪马队。马甲步甲四百名，操练抬炮、长矛、砍刀。"得旨："所奏操演情形，甚属得法。总要认真训练，务期一律精熟。勿懈。"（《清宣宗成皇帝实录卷之二四八》）

○道光十四年甲午二月○壬子，谕军机大臣等："本日据车林多尔济参奏，兵部郎中景善私给监内罪人羊只，又给蒙古金顶戴用。凡有蒙古事件，并不回堂，私与骁骑校吉隆阿任意办理。将情节告知庆山，亦无可如何。请将景善撤回等语。已明降谕旨，交凯音布审办矣。此案兵部郎中景善果有劣迹，车林多尔济自应会同将军庆山、参赞禄普据实参劾，何以单衔具奏？该将军等并未列衔，是否该郎中实有其事，抑或另有别情？凯音布接奉谕旨,即驰驿前往乌里雅苏台,提集人证,秉公查讯。务得确情,据实具奏。车林多尔济原折,着抄给阅看,将此谕令知之。"(《清宣宗成皇帝实录卷之二四九》)

○道光十四年甲午三月○丙戌,又谕凯音布奏喀尔喀游牧被灾,请缓期查勘互争地界一折:"蒙古地方,以牲畜为业。喀尔喀游牧等处上年雨泽愆期,又兼冬令严寒,风雪较大。牲畜倒毙,业已成灾。所有喀尔喀王拉苏咙巴咱尔等互争地界一案,着照所请,准其缓至秋季,水草蕃畅,再行前往查勘。以示体恤。"

○庚寅,直隶总督琦善奏:"三月十五日赴宣化镇阅兵,二十日行抵宣化府城。是夜密雨沾濡,农事大有裨益。"得旨:"京师亦于二十一日辰刻下雨,二十二日子时方止,入土极为深透。朕同卿共深庆幸也。"(《清宣宗成皇帝实录卷之二五〇》)

○道光十四年甲午五月○壬申,以刑部左侍郎凯音布为察哈尔都统。(《清宣宗成皇帝实录卷之二五二》)

○道光十四年甲午秋七月○壬申,以察哈尔、厄鲁特两部落牧放牲畜膘壮,予领队大臣忠泰等议叙。

○丁丑,谕内阁凯音布等奏请拣放总管一折:"察哈尔总管缺出,现在该处无可保送之员。着值年旗于在京八旗蒙古头等侍卫、前锋参领、护军参领、骁骑参领内,慎加遴选或通晓满洲蒙古文义,或能蒙古语者,拣选二三员带领引见,候旨补放。倘将来该员等不晓公务,致办理未能妥协,朕惟保送之该大臣等是问。嗣后俱着照此拣选,不可日久疏忽。"(《清宣宗成皇帝实录卷之二五四》)

○道光十四年甲午九月○乙酉,……蠲缓赤城、……五十二州、县

被水村庄新旧额赋,给赤城县灾民房屋修费。(《清宣宗成皇帝实录卷之二五七》)

○道光十四年甲午十月○甲寅,又谕凯音布奏口外公事,请拣员随同办理一折:"据称办理口外各事宜,语言多未能通晓。请于章京笔帖式中,拣派通晓蒙古语言文义者数员,作为通事官。责成该员等轮流随同经理察哈尔八旗,并群牧台站各事务等语。该都统自为慎重职守,设法经理起见。惟拣派各员随同经理事件,断不准轻信偏听,致令在外招摇撞骗,转滋弊混。该都统仍不时明查暗访,有犯必惩。倘能始终勤奋,不避嫌怨,三年后酌量奏请鼓励。毋得徇情滥保,违例乞恩。"(《清宣宗成皇帝实录卷之二五九》)

○道光十四年甲午十一月○丙戌,展察哈尔右翼牧群官兵扣缴饷银限期。(《清宣宗成皇帝实录卷之二六〇》)

○道光十四年甲午十二月○丁未,以故察哈尔头等子喇特纳希底子巴扎尔嘎尔比袭爵。(《清宣宗成皇帝实录卷之二六一》)

公元1835年

○道光十五年乙未春正月○丙寅,缓征直隶……赤城、……五十八州、县上年被水村庄新旧额赋。(《清宣宗成皇帝实录卷之二六二》)

○道光十五年乙未三月○戊辰,命都察院左都御史恩铭、工部右侍郎赛尚阿驰往察哈尔查办事件。(《清宣宗成皇帝实录卷之二六四》)

○道光十五年乙未闰六月○丁卯，修直隶独石口协左右营坍塌营房，从总督琦善请也。(《清宣宗成皇帝实录卷之二六八》)

○道光十五年乙未秋七月○辛亥，谕军机大臣等前据凯音布等奏察哈尔总管缺出，请将张家口蒙古协领一体拣选一折："据称张家口向设蒙古协领一员，专办驻防蒙古官兵事务。遇有明白谙练之员，派在印房及左右两司行走，兼办察哈尔八旗事务，办事既久，一切情形自能谙习。请嗣后察哈尔总管缺出，一体拣选，自系为总管得人起见。但思张家口是否尚有满洲协领派在印房行走之员，如察哈尔总管缺出，拣选张家口蒙古协领，是否蒙古协领多一升转之途，满洲协领人员转致向隅，不足以昭平允。着凯音布等再行查明具奏。将此谕令知之。"(《清宣宗成皇帝实录卷之二六九》)

○道光十五年乙未八月○己未，又谕："前据凯音布等奏，察哈尔总管缺出，请将张家口蒙古协领一体拣选。当交兵部核议。经该部议准具奏，复降旨着凯音布等查明张家口是否尚有满洲协领派在印房行走之员，再行具奏。兹据奏称，张家口驻防向设满洲协领二员，历经派在印房等处行走办事。请嗣后将察哈尔总管专用蒙古人员之例略为变通等语。察哈尔总管专办察哈尔八旗蒙古事务。向例遇有缺出，由该都统于该处蒙古人员内拣选保送。其在京八旗蒙古人员，由该管大臣保送，值年旗拣选带领引见，候旨补放。旧例相沿，办理已久。若将张家口满洲、蒙古协领人员一体拣选，则察哈尔应选人员未免向隅，殊失抚驭蒙古之道。嗣后遇有察哈尔总管缺出，着仍遵旧例办理。"(《清宣宗成皇帝实录卷之二七〇》)

○道光十五年乙未十二月○辛未，以故察哈尔一等子旺当呢玛子喇什达尔吉袭爵。(《清宣宗成皇帝实录卷之二七六》)

公元1836年

○道光十六年丙申春正月○庚戌，谕内阁琦善奏地方官访获邪教，请宽免处分等语："此案直隶南和等县教犯宋廷玉等，俱系该管地方各官或先自访知,跟踪掩捕；或一经饬拏,即时按名获解。缉办均属认真，功过尚足相抵。所有南和、鸡泽、永年、邯郸、密云、平谷、三河、东安、宣化、赤城、威县、任县、巨鹿、清河、隆平、邢台、唐山、平乡、广平、东明、长垣、元城、磁州、南宫、平山、广宗、曲周、深州、山东临清等州、县,历任文武各官失察处分,俱着加恩宽免。"该部知道。(《清宣宗成皇帝实录卷之二七七》)

○道光十六年丙申二月○庚午,贷张家口驻防官兵修理房屋俸饷银。(《清宣宗成皇帝实录卷之二七九》)

○道光十六年丙申五月○己丑,谕内阁凯音布等奏两淮应交牧群息银,请饬催解一折："两淮生息银两,系充察哈尔三旗牧群之用,刻不可缓。该处无款可筹,尤当按期解交,以符定限。乃屡经饬令清款,仍未按年解交,实属延玩。着陶澍迅将道光十四、十五两年应解息银照数迅速解交。其本年应解十七年之款,仍着于本年冬季解到,以资办公,不准再有延宕。"(《清宣宗成皇帝实录卷之二八三》)

编者注：清政府本将盈余银投资生息,以利缓解俸饷不足；但两淮应付息银久拖不付,反累察哈尔牧群款项紧缺。

○道光十六年丙申秋七月○丁亥,谕军机大臣等："本日据琦善奏,接据宣化镇、宣化府及蔚州、西宁、怀安等州、县禀报,飞蝗自山西界内漫天蔽日而来,伤食田禾数十余顷等语。本年山西省蝻孽萌生,前已有旨,将扑捕不力之大同县知县王联堂、怀仁县知县蔡汝懋、山阴县知县李恩纶摘去顶带,勒令收捕。兹据琦善奏,毗连直隶各州、县,飞蝗越境,去来无定。可见山西有蝗处所,不止大同等三县。若不认真早为扑灭,尽力搜除。不特该省成灾,即邻境亦多受害。着申启贤速委大员前往,严督扑除收买,务当克期净尽,以卫民田。倘该地方官玩忽从事,再有蔓延,着即严行参处,以为玩视民瘼者戒,毋稍姑息。将此谕令知之。"（《清宣宗成皇帝实录卷之二八五》）

○道光十六年丙申七月○戊戌,又谕:"前据琦善奏,宣化镇、宣化府及蔚州、西宁、怀安等州、县禀报,飞蝗自山西界来。当经降旨,着山西巡抚申启贤派委大员前往,严督扑除收买,务当克期净尽。兹据该抚奏称:前据各州、县禀报,飞蝗从外藩草地而来,向东南飞去。直隶之蝗,或即系此。该抚已委道员督饬各属,扑捕收买,将次净尽等语。蝻蝗为民田之害,地方官但当上紧集夫扑灭,不得以起自邻封,互相推诿。乾隆三十五年,奉有谕旨通饬各督抚,煌煌圣训,洞鉴各州、县藉词推诿之弊。着琦善、申启贤各饬所属,实力捕除。如查有捕蝗不力之地方官,但就现有飞蝗之处,指名参奏。不必更问起自何方,至生推诿而无实迹。"

○庚子,调镶蓝旗蒙古都统乐善为察哈尔都统。以察哈尔都统凯音布为都察院左都御史兼镶蓝旗蒙古都统。（《清宣宗成皇帝实录卷之二八六》）

○道光十六年丙申八月○甲戌,谕军机大臣等:"有人奏山西现署太原府知府珠澜前在大同府任内纵容家人,在署外起盖房屋于太平楼东,串同粟米等店,齐行霸市,买空卖空。民心公愤,遍贴告白。有该府得赃一万五千两,苦累百姓之语。该处有'民至痛心唤鬼王,石狮头上贴三张'之谣。当经大同镇总兵收得一张,该府自收去一张,委府经历李翔麟访查,实有其事。幸该府调护雁平道,不至发作。又十四年十一月间,赴丰镇路踏勘开垦地亩,得五云店边姓摊派各地户银一千六百两。又十五年夏间,岁考广灵县文童,得银四百两。卖给案首,覆试文虽录旧,仍然上取。又十三年署归绥道任内,娶部民子女为妾,被京中债主代州人张姓藉端挟制。又十四年三月间,遣人至直隶蔚州买得一妾,未及半月,鞭责几死。诱妾父至郡,压令领回。又十五年六月间,嘱管厨家人陈姓到广灵县买部民子女为妾,偶不合意,令原买之家人领回。计三年内共娶七妾,皆不久即遣去。又爱养猫狗,冬日为制五色绸衣,派奴专管。公出必令牵狗出接,街巷环视,共相喧哗。又自署首府后,颐指气使,诸事高兴,发审局委员,登时散尽。所存者祇坐补安邑县刘应昌一人。自三月二十一日起,至今未能审结一案,积压七八十起。又太原府委员饭食,向系首府捐廉自备。前任知府朦蔽署藩司,于各府、州、县摊派一千二百金,在养廉内坐扣。今审案无人,而摊扣如故各等语。知府为方面大员,如果性情乖僻,声名平常,自应从严参办,以儆官邪。着申启贤破除情面,认真查明,据实严参。倘稍徇隐,或别经发觉,该抚不能当欺饰重咎也。将此谕令知之。"(《清宣宗成皇帝实录卷之二八七》)

○道光十六年丙申九月○庚寅,谕内阁琦善奏牧群成本银两,请仍照旧章办理一折:"察哈尔牧群生息银两,前据户部议准,拟将成本转交直隶,就近生息。兹据琦善奏称,直隶发商生息银两,每岁息银尚有拖欠。若将此项银两筹发生息,设使稍有拖欠,而藩运两库又不能筹款垫解,转致该牧群刻不可缓之需,更形支绌。着两江总督陶澍仍循旧章,由两淮盐务生息以备支用,而免延误。"(《清宣宗成皇帝实录卷之二八八》)

○道光十六年丙申冬十月○丙寅,蠲缓直隶西宁、景、蔚、阜城、宣化、怀安……十二州、县被旱、被水村庄新旧额赋有差。

○己巳,谕内阁乐善等奏请饬催两淮应交牧群生息银两,并暂借库项垫发一折:"此项息银,系充察哈尔三旗牧群之用,自应按期解交,以符定限。所有道光十六年息银九千两,十七年半年息银四千五百两,前据陶澍奏称,业经派员解送直隶藩库。着琦善迅速解交该处,以资办公。其十七年下半年应解息银,并着两江总督于本年冬季如数解送,毋再延玩。嗣后每年应解息银,务于岁前豫交,以符定限。至此项息银未经解到之前,着准其于该处八旗初次赏借生息项下积存银内暂借银七千两,以备垫放。俟前项息银解到,即行归款。"(《清宣宗成皇帝实录卷之二九〇》)

○道光十六年丙申十一月○壬午,谕军机大臣等:"前据陶澍奏,两淮应交牧群生息银两业经派员解送直隶藩库。当谕琦善迅速解交察哈尔,以资办公。兹据琦善奏称,此项息银,道光十六年一年,并十七年半年,共应交银一万三千五百两,迄今并未解到。又接据林则徐咨文,内称本年息银饬司筹垫,是此项息银,该省原未起解等语。察哈尔牧群生息银两,现既仍照旧章由两淮生息。自应按期解交,以备该处三旗牧群之用。何以陶澍既称十六年一年及十七年半年息银业经委员解送,而林则徐又称本年息银尚须饬司筹垫?此项银两曾否如数起解,着陶澍、林则徐迅即查明,解送直隶藩库,以便发交察哈尔领回支用,毋再任意延宕,致误要需。将此谕令知之。"寻林则徐奏:"遵查前项银在两淮生息,督臣陶澍因辗转解送口外,缓不济急。拟请将本银五万筹交直隶藩库,就近转发生息。并恐两淮还本之后,扣至直隶起息之时,中间不免空缺。是以议将道光十六年连十七年上半年息银一并筹垫,派员解送。本系候旨遵行,迨九月二十日,奉旨仍照旧章,由两淮盐务生息。惟时已在陶澍交卸之后,现即饬运司仍将息银筹垫详解,且尚有十七年下半年息银,亦应隔年豫解之项,全行垫解。计十二月内必到直隶,

交察哈尔济用。"报闻。(《清宣宗成皇帝实录卷之二九一》)

　　○道光十六年丙申十二月庚戌朔○谕内阁："昨日召见新放察哈尔总管穆精额,既不通晓蒙古文义,并不能解蒙古语,难胜总管之任。着即撤回本任,所遗察哈尔总管,着桑旺扎木苏补授。各该处总管,有统辖一旗之责。道光十年、十四年两次降旨,令各该旗营拣选总管,务须通晓满洲、蒙古文义,或能蒙古语者,带领引见。此次仍复滥行保送,殊属不合。所有值年旗及该旗保送大臣,俱着交部议处。"

　　○己未,又谕:"吏部将各省查取职名屡催未覆各案开单具奏,共计有一千二百十三件之多。此内应议职名,事关实降实革者。固不可任其迁延规避。即降留罚俸处分,亦岂容任意久延?该管上司并不实力督催,送部议结;经该部节次行催,总未按限咨覆,实属延玩。着盛京户部刑部侍郎暨各该府尹、直省各督抚、两河河道总督、漕运总督、盛京吉林绥远城将军、热河、察哈尔都统,查照吏部单开件数,迅即查明咨覆。并将开报迟延各员及历任不行饬催之各该管上司,均按在任月日开揭送部,一并照例议处,毋许再有延宕。"

　　○丁卯,又谕乐善等奏军台驼马被灾,请暂行调剂办理一折:"军台差务,最关紧要。现在布鲁图所属十一台驼马,因遭风沙被灾,不敷充差。即着照乐善等奏,所有报匣夹板事务,照常驰驿外,其出差大臣官员等,着由乌尔噶江行走。其由乌里雅苏台、科布多、库伦等处解部人犯,着由扎萨克各旗护送递解。"(《清宣宗成皇帝实录卷之二九二》)

公元1837年

　　○道光十七年丁酉春正月○壬午,缓征直隶西宁、景、蔚、阜城、宣化、怀安……十二州、县上年被水、被旱村庄新旧额赋。

○丁酉，直隶总督琦善等奏："查禁畿辅私藏鸟枪章程四条：一、发价收买，每杆给银二两，令民间按限缴呈。一、严禁私造，查明制造几家，令匠人出具甘结。一、编列字号，以便稽查。直隶环山滨海，或所必需。惟每户止许一杆，报官呈验，錾刻姓名，编号立册。一、明定功过，以昭劝惩。州、县收缴鸟枪，以多寡定功过。限内收存三十杆以上者，记功一次。不及十杆者，记过二次。"得旨："着照所议办理遵行。琦善等仍当督饬所属认真妥办，不可日久视为具文。尤当严禁胥役藉端扰累，总期弊端渐除，地方安谧，默化凶徒强悍之气，潜消愚民玩法之心。至口北道所属之张家口等三厅，多系蒙古。着毋庸查禁，其民间削木镶铁，藉图防暴，并非浑铁铸成。亦着毋庸查缴，以免滋扰而靖闾阎。"（《清宣宗成皇帝实录卷之二九三》）

○道光十七年丁酉夏四月○癸丑，谕军机大臣等："本日据乐善等奏，察哈尔八旗蒙古官兵，近因生计日艰，亟应量为调剂。请将该处库贮初次奏借官兵银三万两生息项下，积存银一万一千五百余两内，拨出银一万两，交口北道发商按月一分生息，每年所得息银一千二百两，遇闰加增一百两，作为差使盘费及岁修房间之用等语。动款生息，调剂官兵，原为体恤蒙古八旗起见。惟口北道所属是否有殷实可靠之商发交生息，能否按期交纳，着穆彰阿饬知该道体察情形，妥议具奏。奏到时再降谕旨。将此谕令知之。"（《清宣宗成皇帝实录卷之二九六》）

○道光十七年丁酉六月○庚午，谕内阁穆彰阿奏，查明当商难以发银生息一折："前据察哈尔都统乐善奏请拨发库银，交商生息。当交穆彰阿妥议具奏。兹据该署督奏称，直隶口北道属各州、县、厅，实无殷实商人。所有此项银两，着毋庸发交生息。"（《清宣宗成皇帝实录卷之二九八》）

○道光十七年丁酉秋七月○壬午，……以察哈尔都统乐善为荆州将军，户部右侍郎赛尚阿为察哈尔都统。(《清宣宗成皇帝实录卷之二九九》)

○道光十七年丁酉八月○丁巳，谕内阁："本日召见荆州将军乐善，现患目疾，视物不清，难胜将军之任。着开缺安心调理，其侯爵仍留本身，无庸在本旗行走。统俟病痊，再行赏给差使。"(《清宣宗成皇帝实录卷之三〇〇》)

○道光十七年丁酉九月○乙未，又谕赛尚阿等奏呼图克图干预公事等语："据称章嘉呼图克图于该都统等饬提喇嘛浓衮，呈控阿玉尔布尼巴扎尔等一案，率行传讯旗兵，取供画招，备文咨行查办，致该喇嘛藉词狡执，实属干预公事。着理藩院严谕该呼图克图，嗣后除喇嘛事务仍准其管理外，所有喇嘛蒙古交涉事件，祇应将人证送旗转解，不准传讯取供，以符定制，而杜侵越。"○谕军机大臣等："赛尚阿奏，伊因腿生疮，力疾乘坐驮轿出口，查演官兵技艺一折，着寄知赛尚阿，令伊缓行，妥为调理。认真查演官兵一切技艺。"

○甲辰，蠲缓直隶……蔚、宣化、怀安、西宁四十一州、县被旱、被水、被雹村庄新旧正杂额赋有差。(《清宣宗成皇帝实录卷之三〇一》)

○道光十七年丁酉冬十月○丙寅，谕军机大臣等："有人奏直隶宣化府万全县知县陈学源赋性贪酷，惟利是营，去年春间向各铺户勒借银二千两，冬季又以添买兵米为名，勒派银五百两。并将民捐钱文托言修理工程，复格外派借肥己。其门丁周四胆敢演戏庆寿，被人赴省控告等语。如果属实，有干法纪。着赛尚阿即将所指各款密加察访，据实具奏。不准意存消弭，稍有讳饰，以副委任。原折着抄给阅看，将此谕令知之。"(《清宣宗成皇帝实录卷之三〇二》)

○道光十七年丁酉十一月乙亥朔○命吏部尚书汤金钊驰往直隶宣化府查办事件。

○壬辰，又谕赛尚阿等奏办理军政，酌拟调口校阅一折：“明年二月，应行校阅察哈尔八旗蒙古官员军政。据该都统等体察情形，若驰赴各旗考验，恐蒙古等供应竭蹶。着照所请，所有察哈尔八旗蒙古及独石口等处官员，准其间隔调口轮流考验。以示体恤。"

○乙未，谕内阁：“前因御史张秉德奏参直隶万全县知县陈学源贪婪各款，当派令汤金钊驰驿前往查办。兹据奏称，查明该员上年正月曾令门丁周四邀各店商代借银两自二百两至八百两不等。现虽闻风偿还，究属违例。又滥派铺户帮买兵米，复失察该门丁周四在马号演戏，收受各铺户银钱。种种不知检束，实属有玷官箴。陈学源着即革职，发往军台效力赎罪。其失察之该管道府，着该部查取职名，分别议处。至该县存仓之浮派兵米一百七十石，未经给价。其应如何留抵下年兵米之处，着直隶总督饬司妥议办理。仍饬该县嗣后循照旧章，毋得轻议更张，亦不准滥行添派，以符定制而免扰累。”

○丙申，谕内阁：“前因御史张秉德参奏直隶万全县知县陈学源贪婪各款，当派尚书汤金钊前往查办。昨据查明覆奏，惟派借兴修城坝庙宇一款未确，其余各款均经审实。已降旨将该员发往军台示惩，并将该管道府交部议处矣。因思各直省、州、县，岂无似此劣员？即较此尤甚者，恐亦不免。若必待御史参劾，特派大员查办，始能究出实情，按律惩处，又安用此大吏统辖稽察为耶？国家设官分职，大小相维。吏治民生，所关匪细。该道府等果能洁己奉公，安民察吏，则不肖州、县，自不敢稍涉贪污，营私舞法。而督抚藩臬若果认真访察，则道府自顾考成，亦不敢姑容徇隐。乃因循怠忽，上下相蒙，上司博宽大之誉，属员无忌惮之心。若不力加整顿，吏治尚可问乎！嗣后着责成各直省督抚藩臬于所属州县，务当认真访察，钜细无遗。其有不能尽职，并有贪污劣迹者，一经访闻，即行参办。至该管道府，其于属员果否尽心表率，严密访查。该督抚等亦当随时体察，毋稍瞻徇。经此次训谕之后，倘仍视为具文，日久生懈，致令该州县等劣迹昭著，别经发觉，或被参劾，朕惟该督抚是问。懔之。将此通谕知之。"(《清宣宗成皇帝实录卷之三〇三》)

〇道光十七年丁酉十二月甲辰朔〇谕内阁："本年届应军政之期，兵部将在京之前锋统领、护军统领、副都统、右翼总兵、銮仪使、内务府护军统领；在外之驻防将军、都统、副都统、领队大臣、提督、总兵，分晰开缮履历清单进呈，朕详加披阅。内伊犁将军特依顺保，久历戎行，屡著劳绩。自简任以来，五年之间，办理边务，悉臻妥协。着交部议叙。余着照旧供职。其造册迟延之将军嵩溥、都统赛尚阿、副都统宗室禄普、奇明保、苏苏勒通阿、提督陈阶平、总兵文哲珲、崇福、庄芳机、陶飞熊、张作功、周佐胜、马腾龙、穆克登保，俱着交部照例议处。"

〇丙寅，赏……察哈尔辅国公桑噜布多尔济……花翎。(《清宣宗成皇帝实录卷之三〇四》)

公元1838年

〇道光十八年戊戌春正月〇戊寅，缓征直隶……蔚、宣化、怀安、西宁四十一州、县上年灾歉村庄新旧额赋。

〇丙申，谕内阁："向来察哈尔牧放马匹，每遇出青，由京派副都统前往稽察。该员既无专办之事，日久徒成具文。着自今岁为始，此项差使即行裁撤，届时毋庸请派。所有该处牧群事宜，着责成察哈尔都统、副都统督同总管侍卫认真经理。遇有出青回青之时，着遴派妥员前往照料收放。并另派干员不时加意稽察。务使牲畜足额，一律膘壮。倘日后查有疲瘠倒缺各弊，惟该都统、副都统是问。"(《清宣宗成皇帝实录卷之三〇五》)

○道光十八年戊戌三月○甲戌,以察哈尔驻防军政年逾六十官九十三员精力未衰,命留任。

○丁丑,谕内阁:"前据赛尚阿等奏,酌拟察哈尔办理出青官马章程,当交兵部议奏。兹据该部逐款核议,开单呈览,朕详加披阅,其察哈尔总管侍卫均系该都统所属。嗣后着兵部毋庸奏派,即由该都统等自行遴选堪胜领马交马之总管侍卫,将衔名豫咨兵部,并着该部于奏请钦派监放马匹王大臣折内,将该都统所派领马之总管侍卫职名一并声明,以专职守。"

○乙未,谕军机大臣等:"本日据赛尚阿等奏,接准兵部行知分饬派出总管牧放出青官马一折。此项官马牧放出青,全在料理得宜,方能膘壮足额。嗣后每年应派总管,自应由该都统等遴选咨部请派。惟本年新定章程已由兵部请旨,所有派出左翼总管搜齐等四员是否能谙牧放事宜,着赛尚阿等详加察看。倘该员等有于牧放事务不甚相宜者,不妨遴员更换,据实奏闻。总期于牧务有益,毋得稍形拘泥。将此谕令知之。"(《清宣宗成皇帝实录卷之三〇七》)

○道光十八年戊戌闰四月壬申朔○谕内阁赛尚阿等奏蒙古职官擅用兵饷被控各情,请分别解任、革职严审一折:"右翼太仆寺总管那木扎布、翼长巴雅尔济尔噶勒,着解任。固山达朋苏克、纳木济勒、委署固山达巴图济尔噶勒,着革职。交该都统等提同应讯人证,严行审办,按律定拟具奏。"

○丙子,以都察院左副都御史明训,为察哈尔副都统。

○己卯,谕内阁赛尚阿奏遵旨审办杭都扎布控案一折:"浩齐特协理台吉噶尔玛端多布、扎木素额尔德尼绰克图,于所管游牧屡有抢夺案件,未能认真巡察,缉捕又复懈弛。着交理藩院照例议处。"

○丁酉,又谕:"已革副都统苏苏勒通阿,身任二品大员。乃始因为子娶妇,转托瑞麟致信各旗,图得资助,已属有玷官箴。复因规避处分,央允瑞麟一人承认，事后措给银五百两，尤属卑鄙。着发往伊犁效力赎罪，以为大员不能洁己率属者戒。废员瑞麟听从苏苏勒通阿致信求助，迨经被控，辄敢听受嘱托，不将实情供出，实属巧诈。亦着发往伊犁效力赎罪。解任理藩院主事福宽，知情过付，着即革职。刑部左侍郎恩铭、察哈尔都统赛尚阿于苏苏勒通阿授意之处，未能审出实情，着交部议处。"（《清宣宗成皇帝实录卷之三〇九》）

○道光十八年戊戌五月○癸丑，谕内阁："刑部左侍郎恩铭、察哈尔都统赛尚阿于苏苏勒通阿授意之处未能审出实情，系属受人朦混，着照部议罚俸一年，不准抵销。嗣后部院大臣，经朕派往各处查办事件，总须秉公研究，细心确查，方为不负委任。倘有瞻徇情面，及被人朦蔽等弊。一经发觉，必当彻底根究，重治其罪，不能幸邀宽典也。"

○乙丑，谕内阁赛尚阿等奏马群亏短，援案酌筹办理一折："太仆寺右翼马群，被灾倒毙一千八百九十一匹。据该都统查明，请照例按款筹买，以符原额。着照所请，准其在口北道库贮闲款项下拨借银一万四千两，每匹照例作价银五两五钱。即着赛尚阿等派委妥员，协同该总管等，如数采买膘壮马匹，分补被灾各群，以资牧放。其余银三千五百九十余两，着赏给被灾穷苦蒙古，俾资生计。所借银两，自应于亏短马匹之正黄、镶红二旗官兵俸饷内坐扣归款。惟该翼本有前借口北道库贮，并户部坐扣马价银两分限接扣，若将此次借项银两与前项并扣，各蒙古生计未免拮据。着俟部扣马价完竣后，再将此次所借银两与前借口北道库贮银，均自道光二十四年起，统予限十四年，每年扣还银二千二百八十五两零，以清款项。所有倒毙马皮，即赏给被灾蒙古变价，以示体恤。该总管翼长等于马匹被灾亏短，均难辞咎。所有前经交部议处之四品总管那木扎布，着先行降为五品顶带。五品翼长巴雅尔济尔噶勒着降为六品顶带。均仍听候部议。正黄旗委署固山达巴图孟克、镶红旗护军校兼牧长德木伯呼勒及牧长等，均着暂行革去顶带，并将牧长、牧副、牧丁人等分别鞭责示惩。仍着加恩准食原俸,俾得坐扣分赔借项。如将来息多耗少,再由该都统等查明奏请开复。"(《清宣宗成皇帝实录卷之三一〇》)

○道光十八年戊戌秋七月○乙巳,除直隶西宁、定、昌平、宣化、安平五州、县水冲地五百五顷八十九亩有奇额赋。

○丁未,除直隶宛平、房山、保安、万全、怀来、怀安、涞水、乐亭八县坍没地四百三十七顷七十八亩有奇额赋。

○辛酉,谕内阁奕山等奏伊犁察哈尔部落官私牲畜被雪、被瘟,请旨调剂一折:"上年该部落游牧之库库托默、雅玛图、鄂托克、赛哩、库苏木什等处,因冬雪过大,马匹牲畜不能饱食。而本年青黄不接之际,复因猝遇大雪,以致所牧官私牲畜共倒毙二万有余,该蒙古等生计未免竭蹙。着加恩除将此项被灾牲畜毋庸着该察哈尔等赔补外,并将明年应交孳生马三千一百四十二匹、牛五百七十五只分赏被灾人等,以资生活。用示朕轸恤穷困蒙民至意。"(《清宣宗成皇帝实录卷之三一二》)

○道光十八年戊戌八月○己丑,以……察哈尔都统赛尚阿署理藩院尚书兼正白旗汉军都统,乾清门侍卫布彦泰为察哈尔都统。(《清宣宗成皇帝实录卷之三一三》)

○道光十八年戊戌十一月○乙卯,调正红旗汉军副都统敬敩,为察哈尔副都统,察哈尔副都统明训为正红旗汉军副都统。(《清宣宗成皇帝实录卷之三一六》)

○道光十八年戊戌十二月○癸未,以……故察哈尔头等子班珠拉拉普斋子赓音布各袭职。

○庚寅,……察哈尔扎萨克头等台吉鞔克博罗特等五人……于西

苑门外瞻觐。(《清宣宗成皇帝实录卷之三一七》)

公元1839年

○道光十九年己亥二月丁卯朔○又谕布彦泰等奏请添设六力官弓,改用抬炮一折:"张家口等处官兵骑射,据该都统等察看弓力软弱,请添设六力官弓,以备操练挑选。并请将子母炮存贮,改设抬炮。着照所请。所有张家口驻防满洲、蒙古十旗,及独石口千家店二处,每旗每处准其添制六力官弓各二张,并准于张家口改设抬炮十位。所需费银,着即在口北道库贮地租余存项下动用,年终造册报销。该都统等务领认真督率操练,一律精熟,毋致日久视为具文。至该处操演需用火药等项,向系按年赴部支领,秋操后即无余存。嗣后该处请领时,准其将每年应领之项及抬炮所需药铅,俱着豫领一年,以为备贮之用。"该部知道。

○丙子,谕内阁:"布彦泰等奏,请将挟优吸食鸦片烟之职官交部审讯一折,所办甚好。张家口额外委署主事福成身系职官,胆敢容留优伶在家吸食鸦片烟,实属有玷官箴。福成着解任,解交刑部严行审办。"寻奏:"福成吸食鸦片,请照本例加等问拟,从重发往军台效力赎罪,以儆官邪。"从之。(《清宣宗成皇帝实录卷之三一九》)

○道光十九年己亥五月○辛丑,谕内阁:"前经降旨,旗人命名若用汉字,仅准用二字,不准连用三字。若以满洲、蒙古语命名,不成文者亦不准用。昨日镶蓝旗满洲都统将盛京应放防御人员带领引见,其拟陪之骁骑校庆丰阿,命名不合,着改名庆丰。将此申谕八旗都统、副都统、各省将军、都统、副都统、城守尉等。嗣后似此不成满洲、蒙古语义,而汉字又三字不连者,概不准其命名。"(《清宣宗成皇帝实录卷之三二二》)

○道光十九年己亥冬十月癸亥朔○缓征直隶……宣化、怀来、西宁、保安二十九州、县被水、被旱村庄新旧额赋。(《清宣宗成皇帝实录卷之三二七》)

○道光十九年己亥十二月○辛卯,上御保和殿,筵宴朝正外藩。科尔沁、巴林、喀喇沁、奈曼、敖汉、翁牛特、苏尼特、阿巴哈纳尔、扎鲁特、土默特、茂明安、鄂尔多斯、喀尔喀、郭尔罗斯、乌拉特、阿拉善、杜尔伯特、土尔扈特、青海、伊克明安、察哈尔王、贝勒、贝子、公、额驸、台吉、塔布囊等,并朝鲜国使臣。(《清宣宗成皇帝实录卷之三二九》)

公元1840年

○道光二十年庚子春正月○癸巳,展缓直隶……西宁、保安……宣化、怀来二十九州、县上年歉收村庄旧欠额赋。(《清宣宗成皇帝实录卷之三三〇》)

○道光二十年庚子二月○丁亥,贷直隶独石口、千家店官兵修理房屋俸饷银。(《清宣宗成皇帝实录卷之三三一》)

○道光二十年庚子三月○庚戌,命伊犁将军兼正红旗汉军都统奕山来京供职,以察哈尔都统布彦泰为伊犁将军。未到任前,以伊犁参赞大臣关福署理,以察哈尔副都统敬敩暂署都统。

○辛亥,以阿克苏办事大臣壁昌为察哈尔都统。(《清宣宗成皇帝实录卷之三三二》)

○道光二十年庚子五月○己亥,谕内阁:"给事中周春祺奏,外省大员不应以隔品试用人员署理一折，着吏部议奏。其署湖北臬司之候补道查廷华、署直隶宣化府知府之候补同知师兆熊、署长芦盐运司之运判杨成业是否违例之处，并着该部查明具奏。"寻奏："查廷华系查炳华之误。查炳华、师兆熊、杨成业等署理各缺，均与例案相符，并无错误。该给事中所请，嗣后不应以隔品人员署理之处，应饬各督抚声明办理。"得旨："嗣后凡遇藩臬运司道府出缺时，着该督抚等因地因时，察看情形。先尽递次应署人员署理，不得遽以隔品人员署理。其有一时乏人，亦着将不得不以隔品及试用人员署理之处，据实详细声明，以符定例而昭体制。"（《清宣宗成皇帝实录卷之三三四》）

○道光二十年庚子六月○己卯，谕军机大臣等："多欢奏参前任阿克苏办事大臣壁昌任性妄为，骚扰台站一折。据称库车、阿克苏、乌什三城饷银，旧定章程，以八成元宝二成盐撒搭放。壁昌款目未清，先驳后索。致使车马往返奔驰，文书星夜载道等语。着恩特亨额详细查明，据实具奏。其自请与回务章京一并交部查议之处。亦着俟查明具奏后，再降谕旨。原折着钞给阅看，将此谕令知之。"（《清宣宗成皇帝实录卷之三三五》）

○道光二十年庚子十一月○丙申，调直隶宣化镇总兵官李廷扬为浙江衢州镇总兵官。以直隶张家口协副将石生玉为宣化镇总兵官。

○壬寅，又谕："前因多欢奏参前任阿克苏办事大臣壁昌于拨解饷银，款目未清，先驳后索，骚扰台站等情。当降旨交恩特亨额详查具奏。兹据该大臣查明，壁昌于库车解到饷银，不知有当商所缴生息碎银在内，疑系各城多留元宝，以致成数不符，是以备文行查。其驳回饷银亦祗一千余两，尚无骚扰台站情事。惟不先行咨查，率将银两驳回，复又索还，致多往返，究属不合。多欢奏参各情，措词亦属过当。均着交部分别照例议处。库车回务章京文瑞派委代收饷银，率将元宝多扣一锭，虽已补解归款，究与章程不合。着一并交部议处。"

○乙卯,又谕:"有人奏察哈尔所属洗马岭王盖素喇等处马厂,俱有游民私行垦种数百顷。将来漏交租赋,而游民日聚日众,恐生事端,请饬查察。其有妨于游牧者,概行禁止。即或无碍于游牧,已经垦种成熟地亩亦应勘丈招佃升科,勿任久漏租税等语。着敬敩接奉此旨,毋许泄漏。俟壁昌到任后,轻骑减从,前赴各处详细查明有无游民私行开垦。果否有妨游牧,务将该处情形据实具奏。将此谕令知之。"寻奏:"洗马岭并无王盖素喇等地名,惟查土木路迤西二十余里,与察哈尔正黄旗游牧毗连,有王盖素喇系该处王公马厂名目。内有公奕兴马厂,被家奴私垦三百余顷,无妨游牧。除俟各犯全获讯拟外,请交户部询明奕兴,如愿报垦,再行勘丈升课。下部议。"寻议:"察哈尔游牧厂地,例禁开垦,未便准行。请饬直隶总督、察哈尔都统,将游民一概驱逐,毋任再有私种。"从之。(《清宣宗成皇帝实录卷之三四一》)

编者注:"洗马岭"应即今张家口市万全区洗马林镇;"土木路"即今张家口市尚义县红土梁乡土木路村,清时为察哈尔镶黄旗游牧地,与察哈尔正黄旗相毗连。

○道光二十年庚子十二月○壬戌,旌表守正捐躯直隶怀安县民董幅妻刘氏。

○戊辰,以都察院左都御史铁麟为察哈尔都统。○……赏察哈尔都统壁昌都统衔,为伊犁参赞大臣。

○己巳,筑直隶大沽、北塘、海口炮台土坝,并建盖兵房,添铸炮位。裁提标及宣化、正定、大名镇标兵共四百二十五名,如额募驻大沽等处。移霸州营游击为葛沽营游击,葛沽营都司为芦台营都司。永宁营守备驻霸州,滴水崖千总驻永宁。拨天津镇把总、经制外委各一员,驻北塘口。宣化镇经制外委一员,驻滴水崖。从署总督讷尔经额请也。(《清宣宗成皇帝实录卷之三四二》)

○道光二十年庚子十二月○甲戌,谕军机大臣等讷尔经额奏遵旨驰往天津,妥为筹备等语:"天津海口,本有镇标兵丁。前恐不敷防御,令该署督酌量调拨。兹据奏称现在筹备,所需防兵着照所拟兵数,先调一半,派弁管带迅速前往。其余一半,着各该处豫为筹备。该署督随时体察情形,酌量调拨。总期有备无患,毋致临事周章。再宣化镇总兵石生玉现已饬令迅即前往,协同防堵。其宣化镇总兵着讷尔经额遴委妥员署理,以便李廷扬来京请训。将此谕令知之。"(《清宣宗成皇帝实录卷之三四三》)

公元1841年

○道光二十一年辛丑二月○乙酉,又谕色克精额奏请将恃符庇玩之呼图克图等分别严议察议等语:"此案达喇嘛等违例私开牧地,经该将军查办,该呼图克图反行护庇,狡展不服听断,实属有意抗违。多伦诺尔昭干珠尔巴诺们汗呼图克图,着交该衙门严加议处。内齐托音呼图克图于该将军查传之喇嘛叠次催提,不即送案,亦属玩延。着交该衙门察议。"(《清宣宗成皇帝实录卷之三四七》)

○道光二十一年辛丑夏四月○甲辰,谕内阁值年旗大臣奏拣选察哈尔总管,所有各旗蒙古侍卫章京内并无通晓蒙古文字人员,请旨一折:"此次拣选察哈尔总管,各旗蒙古既无通晓蒙古文字侍卫章京,即照从前办过章程,于现在住京之东三省人员内,无论满洲蒙古旗分,咨取通晓蒙古文字之头等侍卫章京,及该处保送之雅哩木丕勒等三人,一并拣选引见。"(《清宣宗成皇帝实录卷之三五一》)

○道光二十一年辛丑八月○己丑,谕军机大臣等据讷尔经额奏豫筹防堵情形一折："据奏天津海口，添调大名镇兵八百名，宣化镇兵八百名，三屯协兵四百名，先分布防守。俟陕西兵到，察看酌撤。山海关遵调黑龙江兵一千名协防，并将新旧各炮按期演试。各处层层设伏，互相策应。其丰润一带海口，添挖陷坑，分置兵勇，随处瞭望，及严防汉奸内应等情，所议尚属周妥。即着照议办理。惟所调黑龙江兵一千名，一时未即能到。山海关兵力尚单，恐不敷调遣。着讷尔经额体察情形，如有应调官兵，先行分布防守之处，一面奏闻，一面派拨，毋误事机。将此谕令知之。"

编者注：此调防部署为第一次鸦片战争。

○丙申，又谕讷尔经额奏添调防守弁兵一折："前有旨谕知耆英，将吉林兵一千名，分拨五百名赴山海关，五百名往锦州听调。其黑龙江兵一千名，令该将军分派各要隘防堵。兹据讷尔经额奏，添调提标兵三百名，宣化镇标兵三百名，三屯协兵四百名，派赴山海关听调，并另片请将黑龙江兵驻札锦州等语，自系未知有分拨吉林兵之旨。着该督俟吉林兵五百名到山海关后，即将此次添调之兵酌撤六七百名，改拨别处要隘防堵。所请将黑龙江兵驻札锦州之处，着毋庸议。将此谕令知之。"（《清宣宗成皇帝实录卷之三五五》）

○道光二十一年辛丑九月○戊午，又谕："天津地方紧要，本日已明降谕旨，着胡超带陕西头起官兵一千名前赴天津，会同讷尔经额筹办防堵事宜。其参赞大臣已改派文蔚矣。因思官兵枪炮排列，前路固宜精锐。后路尤应层层设伏，叠出不穷，方足以联声势而慑夷胆。此项陕西官兵到后，毋庸分派海口，另作后路应援之兵。其应在何处屯营接应之处，着妥议具奏。又察哈尔本年应交马匹，现已届期。已降旨饬令铁麟等认真挑选交纳，着该督派委妥员核实验收。总期膘壮足额，毋令经手官弁朦混滋弊。并着派委弁兵分别喂养牧放，俾臻肥硕。不特畿辅足资乘骑冲突，设或他处调取，亦可驱遣得力。万勿散置各营，临时致有掣肘,是为至要。将此谕令知之。"○又谕:"寄谕察哈尔都统铁麟等,察哈尔牧青马匹,每年于霜降后解交直隶,以备差操。现在筹办防剿事宜,陆路官兵皆须乘骑马匹。着该都统等于解往时详加选择,务期膘壮,足资马队冲突之用。断不准以驽骀充数,贻误临时,是为至要。将此谕令知之。"(《清宣宗成皇帝实录卷之三五七》)

○道光二十一年辛丑十二月○己酉,上御保和殿,筵宴朝正外藩。科尔沁、巴林、喀喇沁、奈曼、敖汉、浩齐特、阿巴噶、喀尔喀、鄂尔多斯、翁牛特、乌珠穆沁、乌拉特、苏尼特、克什克腾、青海、察哈尔、伊克明安、土尔扈特、土默特王、贝勒、贝子、公、额驸、台吉、塔布囊,及朝鲜、南掌国使臣等,随文武大臣依次就坐。……(《清宣宗成皇帝实录卷之三六四》)

公元1842年

○道光二十二年壬寅春正月○辛酉,谕内阁:"太常寺奏,恭送库伦罕山、肯特罕山二处春秋致祭帛香。据库伦办事大臣咨称,短少制帛一端,柱香二炷,并磨破制帛一端,现经该衙门照数豫备补送等语。此项帛香,系祭祀供用品物,由驿递送,向无贻误。此次短少磨破,据该堂官查明,承办司员并无缺误,难保非驿站道路被窃遗失。嗣后递送帛香,着太常寺堂官派委妥员,详细检点,封固发往。行至张家口时,由察哈尔都统复加检查,并饬所属管理驿站各官员严行稽查,以昭慎重。"(《清宣宗成皇帝实录卷之三六五》)

○道光二十二年壬寅二月○丙申,又谕:"寄谕察哈尔都统铁麟等,本日已明降谕旨,将伊里布改发浙江军营效力。着该都统等派员带

同伊里布,即日由驿星驰到京,毋得迟延。将此谕令知之。"(《清宣宗成皇帝实录卷之三六八》)

○道光二十二年壬寅三月○壬申,谕内阁铁麟等奏军台效力废员被控畏罪脱逃,请饬严拏惩办一折:"废员金亮、张进发,均因吸食鸦片烟案内拟发军台,辄因索欠细故,持械殴人成伤。及事发到官,复敢闻拏脱逃。种种不法,凶恶已极。据查废员金亮系江苏淮安府人,原任江苏泗州前帮试用千总。张进发系福建同安县人,原任福建金门镇把总。着原籍之江南福建督抚及各直省督抚,并步军统领衙门、顺天府五城一体饬属,严拏务获,归案从重究办。又另片奏,废员成顺系京城满洲正黄旗人,原任兵部笔帖式,亦因吸食鸦片烟拟发军台,现在查无踪迹。着该旗及步军统领衙门顺天府五城一体查拏,务获讯办。向来发往军台效力各废员,均应住居口外,不准擅行进口。似此纷纷逃逸,显有私住口内情弊。如果系由口外逃走,何以管口官员毫无觉察?嗣后应如何责成该管各官随时认真查察,着铁麟等妥议章程具奏。"(《清宣宗成皇帝实录卷之三六九》)

○道光二十二年壬寅四月○丙申,谕军机大臣等:"现值英逆在浙省滋事,天津沿海口岸早经布置妥密,惟防堵要地,不厌周详。着铁麟、敬敩豫备察哈尔蒙古精兵二千名,听候调拨。并于总管叟齐、桑旺扎木苏、巴雅斯胡朗、达什德里克四员内酌派二员,其扎兰章京佐领等官由该都统等酌量选派,以备届时分起管带。再于商都达里冈爱挑备壮马二千匹,所需器械、衣甲、帐房、马干,着一并豫备。惟此项兵丁口粮与内地不同,所有沿途需用牛羊肉干及奶子干粮,均须逐一制备应用。此系豫为等备候旨施行之件,该都统等务须妥密布置,不得稍涉张皇。将此密谕知之。"

编者注:第一次鸦片战争爆发,英军舰船意欲自天津大沽口登陆。

察哈尔八旗骑兵二千名,奉命奔赴天津参加防御。

○丁酉,谕内阁:"前因铁麟等奏,军台效力废员金亮、张进发等犯案脱逃进口,又成顺一员查无踪迹,当降旨将该废员等查拏讯办,并着铁麟等妥议查察章程具奏。兹据奏到,酌拟章程各条,朕详加披阅。其所请责成该管站部员每月出口亲查一次,及令蒙古官员就近稽察呈报之处,均着毋庸议。嗣后着该都统等不拘年月,派委妥员出口稽查。如有擅离口外者,严行参处。拏获后照由配脱逃例治罪。"(《清宣宗成皇帝实录卷之三七一》)

○道光二十二年壬寅五月○己未,又谕:"前有旨谕令铁麟、敬敩豫备察哈尔蒙古精兵二千名,听候调拨。并令将管带各员酌量选派,及应用马匹、器械、衣粮,逐一备齐应用。该都统等当已妥密豫筹矣。逆夷倘敢乘风北驶,天津海口尤应先事豫防。所有豫备之兵,着该都统等即令分起管带,先行驻札口上游牧,听候谕旨。其应用、马匹、器械、衣粮等项,务须拣择膘壮,挑选精利。悉遵前旨,豫备齐集。不论何时,一经奉到谕旨,即日启程,毋许稍有迟误。将此由六百里加紧谕令知之。"(《清宣宗成皇帝实录卷之三七二》)

○道光二十二年壬寅五月○甲子,又谕:"寄谕直隶总督讷尔经额,前因天津海防紧要,谕令察哈尔都统豫备蒙古精兵马匹,驻札口上候调。兹据铁麟等奏称,业经挑选精兵二千名,商都牧群马二千匹,于博罗柴济游牧驻札。所有由口起程至津,沿途经过地方,应行豫备店房栖居,并载运器械车辆,及每站每马应支七斤重空草一束,着密饬地方官先期妥为豫备,毋稍贻误。将此谕令知之。"○又谕铁麟等奏遵旨挑选官兵一折:"察哈尔蒙古官兵马匹,业据该都统等挑选,齐集于博罗柴济游牧。该处距张家口六十里,准其在彼驻札。一经札调,毋许迟误。所请援照成案给发银两,准其照数动支。所有蒙古官兵二千名需用火药铅丸,已谕知该部照例办理。所请经过地方豫备车辆草束之处,已谕知讷尔经额照例豫备矣。将此谕令知之。"

○戊辰,谕军机大臣等:"据奕经奏,防剿事宜五条,可备采择,兹先抄录原奏,发交讷尔经额阅看。着俟赛尚阿到后,会同相度情形,酌量布置,以臻周密。现在直隶兵丁尚须添派,着该督于所属各营挑选步队兵丁一二千名,前赴天津,以资防堵,更为周密。现已调察哈尔官兵二千名赴津,又调吉林、黑龙江兵一千名,派往洋河口至黑沿子一带,择要驻札,以壮声威。所调山西官兵,着于河南一带迅速迎提,将此谕令知之。"○又谕:"昨据铁麟等奏,豫备蒙古兵二千,已驻札口上游牧,听候调遣。着饬令迅速启程,前赴天津。所有直隶牧青马匹,着全数调回京师牧放。并着该都统等酌量于上驷院、太仆寺牧群内挑选二千匹,派员管解来京,牧放备用。将此由六百里加紧谕令知之。"

○辛未,赏调赴天津防堵察哈尔蒙古官兵银两羊只。

○癸酉,谕内阁:"每年需用饷银,养赡兵丁,原为效力国家,以卫地方百姓。近因英夷在江苏沿海一带猖獗,已由察哈尔调派兵丁二千名,前赴天津防堵。该兵丁等均系世受国家重恩、淳良蒙古臣仆,一切自知检束。惟虑有性情愚鲁之人,因车马食物,妄行勒索驿站,沿途任意骚扰,转觉不成事体。着派僧格林沁、车登巴咱尔,俟此次兵到教场之日,即将此旨传谕众官兵等。务各奉法在途行走,速抵天津,跟随钦差大臣妥为堵御,共与国家宣力,以图仰报君上重恩。倘有妄行勒索驿站、任意骚扰地方百姓者,除将犯法之人立即照军法从事外,仍将该管官指名参奏,一并严议,决不宽贷。将此通谕知之。"○又谕:"前令铁麟等将察哈尔领放直隶牧青马匹全数调回京师,并令于上驷院、太仆寺牧群内挑选二千匹,管带来京。所有此项马匹抵京后,即于南苑牧放。着派培成、贵成、巴里善前往妥为照料。"○又谕:"据铁麟等奏,察哈尔官兵分起按队由口启程一折,览奏均悉。着照所议妥为办理。又另片奏,派往防堵之蒙古兵丁跟役三百名无力自备骑乘。现据该处镶黄旗骁骑校拉什栋鲁布捐马一百匹，正黄旗原任总管鄂特浑之孀妇代孙幼丁巴彦保捐马一百匹，镶红旗公中佐领贡素隆扎布捐马一百匹，作为跟役兵丁骑乘马匹。该员等急公好义，甚属可嘉。其应如何鼓励之处，着该都统等定拟具奏，候朕施恩。将此谕令知之。"(《清宣宗成皇帝实录卷之三七三》)

○道光二十二年壬寅六月○庚辰，谕内阁："前有旨派培成、贵成、巴里善于挑选牧群马匹抵京后，前往南苑妥为照料。本日据豫堃、斌良奏，上驷院牧群骟马一千二百匹，业于五月二十七日启程。太仆寺牧群骟马八百匹，业于五月二十五日启程。此项马匹抵京，着培成、贵成、巴里善一同送往南苑。其逐日照料牧放，着分为三班。每人五日一班，轮流更换。"○谕军机大臣等赛尚阿等奏，豫筹沿海后路分驻官兵一折："据奏察哈尔马队官兵到津，拟分五六营。拨兵一千五百名，作为大沽迤南南路后劲。余兵五百名，于大沽北岸分驻二百五十名，北塘北岸分驻二百五十名，均在现设营盘之后。吉林黑龙江兵二千名内各酌拨兵五百名，即于丰润县属之李八廒等处屯驻。均着照所议办理。惟现当炎暑，本省兵丁尚皆习惯。其满洲蒙古兵丁，朕甚轸念。卿等务须妥为安置，勿致有损方好，慎毋率忽。"

○丙戌，以捐制蒙古官兵帐房，赏张家口左司员外郎福申花翎。(《清宣宗成皇帝实录卷之三七四》)

○道光二十二年壬寅六月○戊子，又谕赛尚阿等奏续商防堵事宜，及密奏设伏情形、遵议防剿五条各一折："据奏察哈尔官兵已于本月初九日塈数到津。拟拨大沽北塘五百名，其一千五百名仍在新城一带驻牧，暂缓迁移，以资休养。该处距各海口不远，一经调遣，呼吸相通。巴清德移驻新城照料等语，览奏已悉。其逆夷黑夜潜来，亦经安设马拨五十余处，昼夜传签，足资守望。又添马队会哨梭巡，稽察益密。

至沿海各处深浅不等，实皆泥淖。如果乘间上岸，现有传签会哨兵丁分投驰报，可期兜击夹攻等情，均着照议办理。仍当严饬管带员弁认真巡哨，毋任有名无实。至吉林、黑龙江官兵，前奏分驻李八廒等五处尚未周密。准其酌拨黑龙江兵二百名，在适中之洋河口地方后路屯扎。牛鉴所奏英逆欲以马车马炮运往天津肆扰，早经该督挖掘陷坑，不任驰驱。览奏甚属放心。所奏窝蜂炮子击人之法，及沿海十一处埋伏，并北塘迤南盐沟埋伏陕兵各情形，所议俱属妥当。即着照议办理。另片奏，北塘北岸防兵，于南岸拨兵凑足一千名之数，仍于添调宣化兵内拨兵防守南岸，所办甚好。其奕经前奏防剿五条，现据查明，天津货船不能直抵关门。如有逆船北驶消息，即着严禁出入，以杜漏泄军情，并免抢夺船只。抬炮现已演习，均能及远有准。大沽北塘各处并无绕至营后路径，该逆亦不能以大队攻扑，所议均属周妥。惟逆夷惯用炸炮，我兵宜以散队进攻。着俟临阵时相机布置，毋堕奸夷诡计。前谕添派兵丁赴津防御，现已调取提标及正定、大名、宣化、天津各镇标兵来津，分拨防堵。前后马步队实不为少，其察哈尔、吉林、黑龙江、山西各兵，援案折给口粮盐粮，并马匹分别给予豆料折色之处，均照所议办理。将此谕令知之。"

○庚寅，谕内阁："培成等奏，上驷院、太仆寺送到牧群马匹，俱已照数验收。所有护送来京之官员兵丁等，上驷院着留官八员，太仆寺着留官兵六员，两处各留兵丁二十名，帮同南苑官员等随时稽查，妥为照料。其余均令各回本处。"（《清宣宗成皇帝实录卷之三七五》）

○道光二十二年壬寅六月○辛丑，谕军机大臣等："昨召见巴里善，察其精力迥非从前可比，恐难胜带兵重任，着塞尚阿、讷尔经额于该员到津后，详加察看，如有不能得力，即饬令回京，将此谕令知之。"

○丙午，又谕敬敩奏请添设察哈尔八旗马枪以资操演一折："据称察哈尔八旗蒙古兵丁额设八千余名，仅有鸟枪六百四十杆，未免兵浮于械。请添设马枪四百杆,每旗分给五十杆,责成各该总管等认真教习等语。所办甚好。着准其自行捐造,所用价值免其造册报销。惟马枪贵在有准,着设立木牌认真练习,不必拘定马上三枪之数,总以所发皆中、克收实效为要。又据奏,察哈尔蒙古官员、兵丁共捐马二千五百五十匹,开单呈览。该官员兵丁等急公好义,甚属可嘉。着赏收。其应如何鼓励之处,该副都统即会同铁麟定拟具奏,候朕施恩。所有此项马匹,即交商都牧群总管另群牧放以备调拨。将此谕令知之。"○钦差大臣工部尚书赛尚阿、直隶总督讷尔经额奏:"酌拨兵丁二千名,专交赛尚阿差操。又拨天津镇标兵五百名,交署提督长春管带。并请将山西太原镇总兵官善禄派为总办营务大员,使满汉马步官兵联为一气。"得旨:"依议。同心合力,妥为办理。"又奏:"察哈尔、吉林、黑龙江官兵颇能耐暑,均属壮健。惟马匹倒毙甚多,俟查明再请拨补。"批:"加意训练照管。"(《清宣宗成皇帝实录卷之三七六》)

○道光二十二年壬寅秋七月丁未朔○谕内阁:"铁麟奏,察哈尔正黄旗佑宁寺叶古则尔呼图克图等愿捐马二百五十匹,以备调用,具见好义急公,允堪嘉尚。惟念该呼图克图等平日阐扬黄教,助国佑民。若因现在办理军务,累及该呼图克图等各于私产内捐输马匹,朕心实有不安。着该都统即传知该呼图克图等,毋庸捐输,用昭体恤。"○又谕:"寄谕察哈尔都统铁麟等:前经该都统等奏,察哈尔官员兵丁等捐办马匹备用,朕嘉其诚悃,均经赏收,并分别准予鼓励矣。现在马匹足敷调用,嗣后恳请捐办之处,着即停止。将此谕令知之。"○以捐输马匹,予蒙古商都牧群翼长帕克巴吹苏伦等加衔升补,并赏顶翎有差。

○戊午,谕军机大臣等赛尚阿等奏分拨各营马匹一折:"据称由京解来马一千匹,照数验收。拨给现驻新河口之吉林、黑龙江兵七百六十四匹,拨往察哈尔官兵二百三十六匹。该处官兵除拨给外,尚短马一百五十四匹,现于续调来津之直隶营马内拨补。其前由山海关、高桥二处调赴天津之吉林、黑龙江兵,亦间有倒毙马匹,俟查明另行核办等语。现在南苑牧放马匹,原以备天津官兵调拨,该处官兵马匹既间有倒毙,挑去马一千匹,仍属不敷拨补,尽可随时奏拨,俾资骑用。着赛尚阿等据实查明,奏请拨解。仍饬该官兵等妥为牧放。将此谕令知之。"

○己未,谕内阁铁麟等奏蒙古官兵捐输马匹一折:"前因马匹已敷拨用,所有各官兵恳请捐办之处,有旨谕令即行停止。兹据该都统奏称,军台扎兰章京旺楚克等共捐输马一千零五十匹,系在未经奉旨停止之先,自未便阻。其急公之意,即着一体赏收。该官兵等诚悃可嘉,其应如何奖励之处,着铁麟等酌议具奏,再行降旨。该都统等仍遵奉前旨,通饬各属。如再有捐输者,即行停止。"○又谕铁麟等奏官兵捐输银两一折:"张家口满洲营协领塔亲布等,因察哈尔蒙古兵丁前往天津防堵,转瞬秋寒,应备衣履,情愿捐银共六千两作为衣履之资。急公好义,洵属可嘉。惟该官兵等在营当差,俸饷无多。此次捐输防堵蒙古兵丁衣履,未免转滋苦累。着饬知该官兵等无庸捐输,以示体恤。又另片奏废员于克襄等捐输银两等语,亦着无庸捐输。将此谕令知之。"(《清宣宗成皇帝实录卷之三七七》)

○道光二十二年壬寅八月○丙申,又谕:"前往天津防堵之察哈尔兵丁,着巴清德、那桑阿等分起管带,陆续撤回。赛尚阿着管带后起兵丁,以资弹压。并着讷尔经额饬令该地方官妥为照料,毋许滋扰。所有赛尚阿等随带文武各员,亦着分起带同回京。将此谕令知之。"

○庚子,又谕赛尚阿等奏管带官兵陆续撤回一折:"览奏已悉。所有由京带赴天津之炮位、弓箭等件,除神机神枢炮二百位即由赛尚阿派员解回,其余火箭、弓箭、火药、铅丸,即着讷尔经额分饬各营按数缴回,于天津道库妥为存贮,毋任感受潮湿,致有损坏。另片奏买补营马三百十九匹,又天津县买补马七十匹。此项马匹,着于南苑牧放之余马内如数拨还各营,毋庸买补。所请留直差委之候补道文康,已降旨准行。所有天津及各海口一带善后事宜，着讷尔经额督同天津道陆建瀛及文康，责成该二人体察地方情形，悉心筹度，妥行办理。侍卫奕纪、蕴秀，准其随同赛尚阿回京当差。将此各谕令知之。"

○辛丑，又谕："昨据赛尚阿等奏，察哈尔官兵业已遵旨分起撤回。因思吉林、黑龙江官兵调赴各处备防，自应一体撤回，以节劳役，着赛尚阿、讷尔经额、禧恩、哈啢阿，将调赴天津兵一千名、调赴山海关兵一千名、驻扎洋河口一带兵一千名、留驻高桥兵五百名、留驻盛京兵五百名陆续分起撤回，沿途妥速行走，毋任扰累地方。该官兵等戍役劳苦，朕心廑念。自应分别给赏，以示轸恤。所有第一次调拨之官兵二千名，着赏给佐领以下官每员各银五两，骁骑校以下每员各银三两，兵丁每名各银二两。其第二次调拨官兵二千名，着赏给佐领以下官每员各银四两。此项赏银，在天津山海关者，由讷尔经额照数赏给；在盛京者，即由禧恩发给，务令实惠均沾，俾各遄行归伍，以慰朕念。其派出带兵之哈啢阿及副都统等，并随带各员，均着一体撤回。将此各谕令知之。"（《清宣宗成皇帝实录卷之三七九》）

○道光二十二年壬寅九月○丙辰，谕内阁："此次天津防所病故之吉林、黑龙江、察哈尔兵丁，着照八旗出征兵丁病故之例，减半议恤。其山西、陕西两省及直隶省绿营各路兵丁，并吉林、黑龙江、察哈尔官兵所带跟役余丁在防病故，着直隶总督核实查明，按名酌给银两，官为收埋。事竣报部核销。"（《清宣宗成皇帝实录卷之三八〇》）

○道光二十二年壬寅九月○辛未，谕内阁："兵部奏，南苑牧放倒毙马匹，请变通拨补。本日又据培成等奏，马匹全数出苑各一折。所有直隶天津各营县应行拨补马匹，业据培成等提拨足数。着即照议办理。至直隶出青在苑牧放马匹，除充补前次及陆续倒毙外，实存马二千二百六十八匹，即着交该省委员收领，其不敷原额马一千八匹，着铁麟等于各蒙古捐输马内照数拨归直隶，以足原额。即由宣化镇就近验收分领。其倒毙马匹皮张着交两翼监督变价归缴。"（《清宣宗成皇帝实录卷之三八一》）

〇道光二十二年壬寅冬十月〇戊寅，以捐输马匹，赏察哈尔护军阿玉尔咱纳等翎顶有差。（《清宣宗成皇帝实录卷之三八二》）

〇道光二十二年壬寅十一月乙巳朔〇以察哈尔八旗军政年逾六十官七十四员精力未衰，命留任。（《清宣宗成皇帝实录卷之三八四》）

〇道光二十二年壬寅十二月〇壬午，调察哈尔副都统敬敩为福州副都统，镶白旗汉军副都统阿彦泰为察哈尔副都统。（《清宣宗成皇帝实录卷之三八六》）

〇道光二十二年壬寅十二月〇壬辰〇举行本年军政，……察哈尔都统所属卓异官二员，不谨官一员，有疾官二员。……分别议叙处分如例。
〇癸卯，上御保和殿，筵宴朝正外藩。科尔沁、乌珠穆沁、喀喇沁、奈曼、苏尼特、阿巴噶、扎赉特、喀尔喀、鄂尔多斯、巴林、乌拉特、土默特、青海、杜尔伯特、察哈尔王、贝勒、贝子、公、额驸、台吉、塔布囊，及廓尔喀、朝鲜、琉球国使臣等，随文武大臣依次就坐。（《清宣宗成皇帝实录卷之三八七》）

编者注：〇扎赉特，亦作扎鲁特。〇廓尔喀，亦作喀尔喀。

公元1843年

〇道光二十三年癸卯夏四月〇庚子，谕内阁："本日据满洲都统穆彰阿等、蒙古都统乌尔恭阿等,遵议裁减马匹各一折,均着照所议办理。此项马匹,既经减半议裁,各该旗现存马匹为数无多。嗣后如遇恭谒陵寝、阿哥围差,及别项用马较多差务,着上驷院、兵部先期于察哈尔牧放马匹内调取备用。其八旗满洲蒙古马匹均着准其免调。"(《清宣宗成皇帝实录卷之三九一》)

○道光二十三年癸卯五月○辛未,谕内阁铁麟等奏请动项修补帐房,并请领驮运军装脚费一折:"察哈尔八旗官兵上年调往天津防堵,所带帐房现经该都统等查明均有糟霉。其往返载运军装,必须雇觅驼只,亦属实在情形,自应量加体恤。所有此次该官兵等修补帐房及驮运军装脚费,共银四千七十一两零,准其在于该衙门八旗官兵生息项下照数动给。该都统等即严饬该总管等,将该官兵应修帐房赶紧修补完整,并将放过银两于年终造册咨部核销。"(《清宣宗成皇帝实录卷之三九二》)

○道光二十三年癸卯秋七月○庚午,修直隶张家口石坝,从察哈尔都统铁麟请也。(《清宣宗成皇帝实录卷之三九四》)

○道光二十三年癸卯九月○丁酉,谕内阁铁麟等奏酌添炮兵一折:"所有前任都统布彦泰等,改设抬炮,重若干斤,装用火药若干两,铅子若干两,每杆抬运施放共用几人,着铁麟等据实查明具奏。又前经动拨张家口税务积存银两,借给满洲蒙古十旗官兵生息,扣至明年三月归足原借之数。嗣后每年应得息银若干两,如以此项制造抬枪,足制造若干杆,着一并详查具奏。"(《清宣宗成皇帝实录卷之三九七》)

○道光二十三年癸卯十一月○己卯,谕军机大臣等:"前据铁麟等奏酌添炮兵,请以闲款银两议给饷银等语,当降旨着该都统等查明此项银两足敷制造抬枪若干杆。兹据查明前项银每年六百十二两,足敷制造抬枪六十三杆等语。抬枪斤两过重,运用必不灵便。着准其制造三十杆,每杆总不得过二十五斤,须用折炼纯铁盘丝,以资坚固。所有制造工价及兵丁操演饷银,即着该都统等酌量在于前项闲款内分别动支,核议具奏,将此谕令知之。"(《清宣宗成皇帝实录卷之三九九》)

编者注:经过第一次鸦片战争,察哈尔都统铁麟显然对枪炮等现代战争兵器有了全新的认识,促其有了增加炮兵和添制枪械的紧迫愿望。

○道光二十三年癸卯十二月○乙巳,旌表守正捐躯直隶蔚州民耿光母魏氏。

○丙辰,铸给直隶移驻天津镇标大沽协副将、左营中军都司、祁口营都司、葛沽营游击、霸州营守备、通永镇标山海路游击中军守备、提标三屯营游击中军守备、喜峰路都司、宣化镇右营都司、大名镇磁州营守备各关防条记。从总督讷尔经额请也。

○丁卯,上御保和殿,筵宴朝正外藩。科尔沁、乌珠穆沁、巴林、喀喇沁、奈曼、敖汉、翁牛特、苏尼特、阿巴噶、四子部落、土默特、扎鲁特、阿巴哈纳尔、茂明安、鄂尔多斯、郭尔罗斯、喀尔喀、青海、阿拉善、土尔扈特、察哈尔王、贝勒、贝子、公、额驸、台吉、塔布囊等,随文武大臣依次就坐。(《清宣宗成皇帝实录卷之四〇〇》)

公元1844年

○道光二十四年甲辰春正月○乙亥,总理行营大臣穆彰阿议覆,兵部咨称:"核减随扈官员兵丁领马章程。查道光十九年东陵随扈,除上驷院调放太监各项马匹外,各衙门官员兵丁共领马三千零五十四。此次量加核减,计需马二千三百三十三匹,实请领马八百六十五匹。再调备用马三十五匹，均由兵部行咨察哈尔调取，限日到京。其余一千四百六十八匹，应照嘉庆十一年围差裁减马匹折价之例，每匹折给银三两，由该衙门造册，向户部支领，以省往返盘费草束之需。"从之。

○壬辰，以镶红旗蒙古都统禄普署察哈尔都统。未到任前，以副都统阿彦泰护理。(《清宣宗成皇帝实录卷之四〇一》)

○道光二十四年甲辰二月○乙卯，谕军机大臣等："据奕兴奏，喇嘛凌保控告该昭扎萨克达喇嘛罗布桑吉里克等侵蚀官项，擅将房地租钱典给民人等款。经该管之呼图克图提集两造人证质讯，突有土默特参领卓哩克图派员将凌保锁拏，该管副都统成凯延不究办等情。着派禄普前往，会同奕兴亲提全案人证，秉公审讯，不准稍有偏袒。禄普所署之察哈尔都统，着阿彦泰暂行署理。奕兴原奏，抄给阅看。将此谕令知之。"(《清宣宗成皇帝实录卷之四〇二》)

○道光二十四年甲辰三月○庚午，谕内阁："此次派出随扈之兵役已领减马赏，并车价路费银两，均着加恩免其缴还。其察哈尔上驷院、太仆寺送马驼各官兵来往盘费，俱准其照例开销。"○以直隶宣化镇总兵官石生玉为湖南提督，贵州铜仁协副将春福为宣化镇总兵官。

○乙酉，谕内阁禄普等奏审拟喇嘛凌保控告达喇嘛等侵蚀官项等情一折："此案卓哩克图将凌保锁拏严押，致滋苦累。该副都统成凯于此等事件，何至毫无见闻？着交部议处。"

○壬辰，贷直隶张家口驻防官兵俸饷银，修理房屋。(《清宣宗成皇帝实录卷之四〇三》)

○道光二十四年甲辰秋七月○庚寅，谕内阁："理藩院奏，副都统成凯奏将军规避处分，归咎成凯被劾较重一节。着派铁麟驰驿前往绥远城，将此案奕兴原审情节确切查明，据实具奏。所有察哈尔都统印务,着交阿彦泰署理。"○又谕讷尔经额奏解员亏短饷银,勒追审办一折:"已革两淮试用库大使章丹文管解牛羊群利银,胆敢动用银至四千六百余两之多。章丹文着即交讷尔经额,研讯实在如何动用确情,按律定拟。并勒限三个月,将动用银两全数完缴。此项利银,系供支察哈尔三旗牧群之用,着两江总督另行筹款,作速委解,以应急需。俟勒交足数,解还归款。倘该革员限满不交,即着原委之上司赔补,以期款归有着。"寻奏:"讯系因公挪移,除现完二千两,尚短银二千六百五十两。应按律拟总徒四年,仍按例限监追。请将该革员解回两淮,由两江总督查办监追,如限满不能完缴,仍由江省照例治罪。其银即着原委上司赔补。下部议。"从之。

○辛卯,命绥远城将军奕兴来京,以察哈尔都统铁麟署绥远城将军。(《清宣宗成皇帝实录卷之四〇七》)

○道光二十四年甲辰八月○癸亥,谕内阁阿彦泰奏讯明自行投回之废员照例定拟一折:"前因废员阿尔绷阿在配脱逃。降旨饬交吉林将军等查拏解究。兹据该署都统奏称,该废员自行投回,讯明实因病迷走失,并无滋事。阿尔绷阿着准其照逃遣投回之例,免其逃罪。仍发军台效力赎罪。"(《清宣宗成皇帝实录卷之四〇八》)

○道光二十四年甲辰十二月○甲辰,喀尔喀贝子阿第雅等二人,科尔沁扎萨克镇国公乌勒济济尔噶勒等二人,克什克腾扎萨克头等台吉毕玛拉吉哩第、察哈尔蓝翎侍卫阿木噶锡第,于神武门外瞻觐。

○壬戌,上御保和殿,筵宴朝正外藩。科尔沁、喀尔喀、乌珠穆沁、巴林、阿拉善、喀喇沁、敖汉、浩齐特、阿巴噶、土默特、杜尔伯特、阿巴哈纳尔、乌拉特、奈曼、苏尼特、克什克腾、青海、和硕特、土尔扈特、察哈尔王、贝勒、贝子、公、额驸、台吉、塔布囊等,及朝鲜国正副使,随文武大臣依次就坐。(《清宣宗成皇帝实录卷之四一二》)

公元1845年

○道光二十五年乙巳五月○己巳,以……镶红旗蒙古都统禄普兼署正红旗蒙古都统。(《清宣宗成皇帝实录卷之四一七》)

○道光二十五年乙巳六月○丙辰,缓征直隶大兴、宛平、安、容城、高阳、怀来、赤城、静海、丰润、易、涞水、广昌、武强、南和、平乡、巨鹿、鸡泽、新河十八州、县旧欠额赋。(《清宣宗成皇帝实录卷之四一八》)

○道光二十五年乙巳秋七月○戊子,谕内阁铁麟等奏续垦园地,请饬会查核办一折:"多伦诺尔营外正蓝旗游牧界内,现在续垦园地,添盖房间。着讷尔经额拣派妥员,会同铁麟等所委之员,前赴该处。调齐旗厅案据册档,眼同总管多伦诺尔同知,于交界处所确切查明,分定界址,照例核办。"(《清宣宗成皇帝实录卷之四一九》)

○道光二十五年乙巳十二月○戊申,谕内阁:"前据御史岳庆奏参审案委员与被告同车,及不提被告反罚原告等款,当交讷尔经额查讯。兹据查明覆奏,委员曾贯之承审之案,被告并非护卫。其护卫同武举被控之案,并非曾贯之承审。现提案证查讯,该委员并无与被告同车赴府之事。至被告冯巨镛实已到案,原断交出银钱,系属地租,并非勒罚。惟该委员会同河间府知府审讯此案,既据冯巨镛呈出借字,自应详查质对。乃据供率销借约,致令翻控,究属疏忽。前任河间府现任宣化府知府德龄、候补知县曾贯之,均着交部照例议处。"

○丙辰,上御保和殿,筵宴朝正外藩。科尔沁、乌珠穆沁、喀喇沁、敖汉、阿巴噶、扎赉特、翁牛特、喀尔喀、苏尼特、巴林、鄂尔多斯、青海、伊克明安、察哈尔、土尔扈特、土默特、奈曼王、贝勒、贝子、公、额驸、台吉、塔布囊,及朝鲜、越南国使臣等,随文武大臣依次就坐。(《清宣宗成皇帝实录卷之四二四》)

公元1846年

○道光二十六年丙午三月○辛酉,又谕理藩院奏查出已革诺们汗产畜等项,请旨遵办等语:"已革诺们汗在察哈尔地方所遗佛像、经卷、供器、乐器、房产、人口、牲畜等项,均着赏给会宗、善因二寺,交章嘉呼图克图承领。"(《清宣宗成皇帝实录卷之四二七》)

○道光二十六年丙午五月○丙寅,命陕西汉中镇总兵官伍魁英来京陛见。调直隶宣化镇总兵官春福为汉中镇总兵官。以直隶督标中军副将赵毓桂为宣化镇总兵官。(《清宣宗成皇帝实录卷之四二九》)

○道光二十六年丙午八月○壬午,以查拏边境贼匪出力,予察哈尔领队大臣佛尔金布等议叙。余赏翎顶升衔有差。(《清宣宗成皇帝实录卷之四三三》)

○道光二十六年丙午九月○乙未,上御洞明堂。勾到上年山西、察哈尔、直隶、热河情实罪犯,停决山西斩犯三人,绞犯四人,察哈尔绞犯一人,直隶斩犯四人,绞犯三人。热河斩犯一人。余四十三人予勾。(《清宣宗成皇帝实录卷之四三四》)

○道光二十六年丙午冬十月○壬申,旌表守正被戕直隶多伦诺尔厅民张二童养媳胡姐儿。(《清宣宗成皇帝实录卷之四三五》)

○道光二十六年丙午十一月○庚戌,察哈尔副都统阿彦泰因病解任。以光禄寺少卿裕诚为察哈尔副都统。(《清宣宗成皇帝实录卷之四三六》)

○道光二十六年丙午十二月○庚辰,上御保和殿,筵宴朝正外藩。科尔沁、乌珠穆沁、巴林、喀喇沁、翁牛特、敖汉、苏尼特、阿巴噶、土默特、扎鲁特、茂明安、鄂尔多斯、郭尔罗斯、阿拉善、杜尔伯特、喀尔喀、青海、察哈尔、奈曼王、贝勒、贝子、公、额驸、台吉等,并朝鲜、琉球国正副使,随文武大臣依次就坐。(《清宣宗成皇帝实录卷之四三七》)

公元1847年

○道光二十七年丁未春正月○乙酉,以察哈尔都统铁麟为荆州将军,察哈尔副都统裕诚为都统,正黄旗汉军印务参领景淳为察哈尔副都统。(《清宣宗成皇帝实录卷之四三八》)

○道光二十七年丁未六月○己酉,察哈尔都统裕诚等奏:"出口考验军政之便,将各该处兵丁枪箭技艺、军器、牧青官马校阅查点,并抽查军台。"下部知之。(《清宣宗成皇帝实录卷之四四三》)

○道光二十七年丁未冬十月○庚申,以察哈尔军政年逾六十官七十六员精力未衰,命留任。(《清宣宗成皇帝实录卷之四四八》)

○道光二十七年丁未十一月○己卯,又谕:"前据裕诚等奏,体察蒙古情形,酌定查旗年分一折,当交该部议奏。兹据理藩院会同兵部核议,所请嗣后每届考验军政之年,该都统、副都统轮流轻骑减从,出口考核查验一切。此外年分,责成该总管认真经理,切实具报。毋庸另行隔年往查,以示体恤。其出口查验时,并着各旗兵丁全数调赴两翼齐集处所,逐一校阅,分别奖黜。蒙古官兵骑射,本其所长。惟各项技艺,亦须娴熟。该都统务饬各该总管随时认真操演,勿致有名无实。如有年老平常,技艺生疏,军器未能完整等情,即着据实严参惩处,以肃旗务。其军台、官兵、驼马,亦于该都统等每届考验官员军政之便,认真抽查,毋任草率。"(《清宣宗成皇帝实录卷之四四九》)

○道光二十七年丁未十二月○癸亥,举行本年军政。……察哈尔都统所属卓异官四员,罢软官一员,年老官七员。……分别议叙处分如例。

○乙亥,上御保和殿,筵宴朝正外藩。科尔沁、乌珠穆沁、喀尔喀、巴林、喀喇沁、敖汉、阿巴噶、浩齐特、土默特、奈曼、阿巴哈纳尔、鄂尔多斯、乌拉特、郭尔罗斯、青海、克什克腾、土尔扈特、察哈尔王、贝勒、贝子、公、额驸、台吉等,并朝鲜、暹罗国使臣,随文武大臣依次就坐。(《清宣宗成皇帝实录卷之四五〇》)

公元1848年

○道光二十八年戊申春正月○壬午,展缓直隶……宣化、龙门……三十六州、县上年被水、被旱、被雹村庄新旧正杂额赋。(《清宣宗成皇帝实录卷之四五一》)

○道光二十八年戊申二月○己未,谕内阁讷尔经额奏遵查商民难以发银生息一折:"前据察哈尔都统裕诚奏,请筹拨积存息银,交商生息,当饬交讷尔经额妥议具奏。兹据该督奏称,张家口市圈商民,颇多歇业,殊乏殷实之家。所有此项银两,着毋庸发交生息。"(《清宣宗成皇

帝实录卷之四五二》）

　　编者注：由此可见当时张家口商贸萧条之景象。

　　○道光二十八年戊申三月○癸卯，荆州将军赓福因病解任。以察哈尔都统裕诚为荆州将军。未到任前，以荆州右翼副都统德凌阿署理，密云副都统双德为察哈尔都统。（《清宣宗成皇帝实录卷之四五三》）

　　○道光二十八年戊申夏四月○庚申，修直隶万全县护城石坝，从总督讷尔经额请也。（《清宣宗成皇帝实录卷之四五四》）

　　○道光二十八年戊申六月○戊辰，免察哈尔、厄鲁特二营游牧蒙古应赔被雪倒毙牲畜。（《清宣宗成皇帝实录卷之四五六》）

　　○道光二十八年戊申九月○甲午，调盛京副都统庆住为察哈尔副都统，察哈尔副都统景醇为盛京副都统。（《清宣宗成皇帝实录卷之四五九》）

　　○道光二十八年戊申十二月○甲寅，喀尔喀镇国公贡桑等二人，乌拉特扎萨克辅国公拉旺哩克沁、察哈尔蓝翎侍卫阿穆噶锡第，于神武门外瞻觐。

　　○己巳，上御保和殿，筵宴朝正外藩。科尔沁、巴林、喀喇沁、敖汉、苏尼特、阿巴噶、扎赉特、翁牛特、喀尔喀、乌珠穆沁、杜尔伯特、鄂尔多斯、乌拉特、阿拉善、青海、土尔扈特、察哈尔、奈曼、土默特王、贝勒、贝子、公、额驸、台吉、塔布囊等，并朝鲜国、琉球国使臣，随文武大臣依次就坐。（《清宣宗成皇帝实录卷之四六二》）

公元1849年

○道光二十九年己酉闰四月○己巳,修直隶独石口千家店兵房,从察哈尔都统双德等请也。(《清宣宗成皇帝实录卷之四六七》)

○道光二十九年己酉冬十月○丁卯,蠲缓直隶……宣化、怀来……三十八州、县被水、被旱、被雹村庄新旧额赋有差。(《清宣宗成皇帝实录卷之四七三》)

公元1850年

○道光三十年庚戌春正月○戊戌,缓征直隶……宣化、怀来……三十五州、县上年被水村庄新旧额赋。(《清宣宗成皇帝实录卷之四七六》)

清文宗显皇帝(咸丰)实录
察哈尔卷(附宣化府·口北三厅)之九

公元1850——1861年

公元1850年
○道光三十年庚戌二月○癸酉，又谕哈勒吉那奏吹布藏呼图克图为伊侄喇科呼图克图前赴多伦诺尔庙，呈请给与路引，请旨等语："喇科呼图克图暂行毋庸前赴多伦诺尔庙，着仍驻原牧数年，俟经咒娴熟，再行请旨。"(《清文宗显皇帝实录卷之三》)
○道光三十年庚戌三月○辛亥，谕内阁："吏部尚书文庆保举之直隶宣化府知府炳纲，刑部尚书陈孚恩保举之湖北候补知县饶拱辰，礼部侍郎曾国藩保举之江南升署淮阳道严正基、浙江秀水县知县江忠源，均着各该督抚，迅即饬令来京。交吏部带领引见，伺候召见。"(《清文宗显皇帝实录卷之六》)
○道光三十年庚戌十一月○乙卯，又谕奕兴奏缴口外牧厂地段，恳请赏收一折："奕兴旧有察哈尔所属苏鲁克地方牧厂一段，现因牧丁在彼滋事，难以照管，情愿呈缴。着照所请将牧厂赏收，其看厂众丁户等，均交察哈尔都统等管理。该处原拨看厂丁户，生齿日繁，且与试垦地亩间有毗连。应如何酌定章程，严加约束，不致日久滋事之处，着该

都统等妥议具奏。"寻察哈尔都统恒春等奏："奕兴牧厂应归入察哈尔正黄旗游牧,其丁户统归该旗总管等管辖。仍令在牧厂栖止,以免失所。遇有命盗词讼案件,归该旗承缉讯办。并于该丁户择人品端方者,充作首领,就近弹压。并由总管参领,查明丁户内有才堪造就者,以各佐领下甲兵缺酌补。该旗总管参领按年亲历详查,严禁私垦,于年终结报咨部。如该厂蒙古有犯窃劫案件,将该旗总管、参领,照失察本管兵丁闲散例交部议处。"下部议行。(《清文宗显皇帝实录卷之二十二》)

〇道光三十年庚戌十二月〇癸亥,察哈尔都统双德,缘事解任。以前任荆州将军赓福,署察哈尔都统。未到任前,以察哈尔副都统庆禄暂行署理。(《清文宗显皇帝实录卷之二十三》)

〇道光三十年庚戌十二月〇丁丑,改铸直隶怀安县印信,从总督讷尔经额请也。(《清文宗显皇帝实录卷之二十四》)

公元1851年

〇咸丰元年辛亥春正月〇癸巳,谕内阁赛尚阿等奏,会同审讯解任都统等供词支饰,请旨革职一折:"解任察哈尔都统双德、密云副都统德顺,均着革职。交军机大臣会同刑部严讯究办。"(《清文宗显皇帝实录卷之二十五》)

〇咸丰元年辛亥正月〇壬子,又谕赓福奏遵查已革都统任内所办事件,并参革人员呈诉各情一折:"已革委署翼长车凌皮勒、巴勒党车林,既经赓福查看该二员精力未衰,于牧务可期得力,着照所请,毋庸革退。令其回群当差,仍着随时查察。如精力稍形迟钝,即着据实甄别。

其休致总管车林丕勒及伊子协领嘎勒桑达尔窄被参各情，着刑部提讯双德，按照赓福折内情节取具确供奏明，即交赓福就近秉公查办。"（《清文宗显皇帝实录卷之二十六》）

○咸丰元年辛亥二月○庚申，谕内阁："此案已革密云协领海玉，报修工程，辄将领项内用银六百两付给户部书吏王雨田作为使费，希图分案核准，实属以财行求。海玉着从重发往新疆效力赎罪。已革察哈尔都统双德任听海玉付给书吏银两，复闻知德顺欲行参奏，措银补还库项。显系徇庇于前，消弭于后。已革密云协领苏克都亨，以管库之员，听从海玉向书吏行贿，即应以为从论。已革密云副都统德顺，于该处修工草率，业经查出。辄听属员求情，具结了事。结内注写'与己无干'字样，实属有意消弭，自为开脱。且协领缺出，即将办工草率之海玉升补，并将资格尚浅之恩成升补佐领。又于伊子私往密云，并不阻止，双德、苏克都亨、德顺，均着从重发往军台效力赎罪。双德、德顺虽年逾七十，不准收赎。事犯虽在恩赦以前，均不准其援免。已革马甲魁山因革差挟嫌，将不干己事，牵控多款，实属刁健。着销除本身旗档，发近边充军，到配枷号三个月。枷满，严行管束。未获之高二、王雨田（即王润祥），仍着严缉务获。送部究办。"

○庚午，热河都统惟勤因病解任，以署察哈尔都统赓福为热河都统，正黄旗满洲副都统恒春为察哈尔都统。

○辛未，改铸直隶万全县知县印信，从总督讷尔经额请也。（《清文宗显皇帝实录卷之二十七》）

○咸丰元年辛亥夏四月○己未，谕内阁恒春奏查明已革都统妄参属员，据实覆奏一折："已革察哈尔都统双德，陈奏不实。本有应得之咎，业因另案革职，发往军台效力。着无庸议。副都统庆禄于会参之案并不细心查明，随同列衔，亦属草率。着交部议处。所有被参休致之总

管车林丕勒、协领嘎勒、桑达尔窄,查明并无劣迹。均着咨送内务府,带领引见。"(《清文宗显皇帝实录卷之三十一》)

○咸丰元年辛亥六月○己巳,改铸直隶延庆州知州……印信,从总督讷尔经额……请也。(《清文宗显皇帝实录卷之三十五》)

○咸丰元年辛亥秋七月○己丑,谕内阁奕山、毓书、布彦泰奏,遵议满洲营添考鸟枪,酌拟考验章程,并绿营一律办理一折:"据称伊犁、乌鲁木齐两处满洲营兵丁,向系兼习鸟枪。着即责成该将军、都统等照旧教演,毋令日久生懈。其考验官缺一节,前据兵部会同八旗都统核议具奏,业经降旨。各驻防旗员来京考验,加看鸟枪之处,毋庸置议。该将军所请协领等员,由部考验鸟枪未能合式,即令暂回升任,停其升转保举,勒限勤习,未免事涉纷繁。着仍遵前旨,务循旧制,不必另议更张。至伊犁所属之锡伯、索伦、察哈尔、厄鲁特、四爱曼,或专习骑射,或向习杈子枪。若令改其素习,转非用其所长,所见甚是。亦着仍循旧章办理。至伊犁乌鲁木齐所属之绿营各员,送部考验,与旗营事同一律。均着毋庸另议章程。另片奏伊犁满洲营筹款添造枪炮,伊犁镇标捐造抬炮长矛等件,请免造册报销;及岁需操演铅丸火药,请照例报销等语,俱着照所拟办理。"(《清文宗显皇帝实录卷之三十七》)

○咸丰元年辛亥八月○戊辰,以……察哈尔都统恒春为正蓝旗汉军都统,御前侍卫西凌阿为察哈尔都统,仍兼御前侍卫。(《清文宗显皇帝实录卷之三十九》)

○咸丰元年辛亥闰八月○丁酉,……以察哈尔都统恒春为刑部尚书,吏部尚书柏葰署正红旗汉军都统。(《清文宗显皇帝实录卷之四十一》)

○咸丰元年辛亥九月○丁丑，以乌什办事大臣麟魁为察哈尔副都统。

○辛巳，蠲缓直隶……怀来……二十七州、县被水、被雹村庄新旧额赋。(《清文宗显皇帝实录卷之四十四》)

○咸丰元年辛亥冬十月○丁亥，谕内阁西凌阿奏遵旨体察牧青官马归群牧放一折："察哈尔八旗牧青马匹，既据该都统详细体访，官兵重受赔累，请分归商都等处牧放，以便照料，不致经久弊生，自系实在情形。着照所请。此项马匹，惟其分归商都、两翼太仆寺骟马群内牧放。至所请将生息银两撙节津贴各项之处，均着照所议办理。"

○辛卯，赏前任察哈尔副都统庆禄头等侍卫，在大门上行走。(《清文宗显皇帝实录卷之四十五》)

○咸丰元年辛亥十月○甲辰，……以察哈尔副都统麟魁为户部右侍郎，兼管钱法堂事务。未到任前，以左侍郎禧恩署管钱法堂事务。○调吉林副都统盛桂为察哈尔副都统。(《清文宗显皇帝实录卷之四十六》)

○咸丰元年辛亥十二月○壬寅，谕内阁西凌阿奏拏获二次脱逃废员，讯明定拟一折："废员恩连前在配所脱逃，因系自行投回，照例免罪，仍发军台效力。兹复逃走被获，辄敢捏词挟制，希图卸罪，实属狡诈。恩连着改发新疆充当苦差，到配加枷号一个月，严加管束。"(《清文宗显皇帝实录卷之五十》)

公元1852年

○咸丰二年壬子春正月○癸丑，缓征直隶……怀来……二十九州、县上年被水、被雹村庄新旧额赋。(《清文宗显皇帝实录卷之五十一》)

○咸丰二年壬子正月○甲戌，又谕西凌阿奏废员不服约束，请改发新疆，并加枷号一折："军台效力废员富尔松阿，到台甫及两月，辄敢藉词告假，擅离台所，不服约束。经站员驳饬，复敢绕越进口，捏供狡赖。实属生事妄为，居心刁诈。富尔松阿着改发新疆充当苦差，仍先在口外枷号一月示众，满日再行起解。以为废员不安本分者戒。"（《清文宗显皇帝实录卷之五十二》）

○咸丰二年壬子五月○辛未，谕内阁西凌阿、盛桂奏，查出家人听许银两，请旨讯办各一折："此案牛羊群总管等官许给都统家人徐九、副都统家人张四银两，业经该都统讯有端倪，无难彻底根究。何得率请派员交部，纷纷渎奏？着仍交西凌阿、盛桂，会同提集人证，秉公研讯确情，按律定拟具奏，毋得稍有不实不尽。其未经取供之左翼副总管扎克都尔，着一并调传归案质讯。"

○壬申，直隶宣化镇总兵官赵毓桂奏报回任日期。得旨："时时振作，勉力为之，不可自甘暴弃。"（《清文宗显皇帝实录卷之六十二》）

○咸丰二年壬子六月○己亥，又谕西凌阿、盛桂奏讯明家人求索银两，分别定拟一折："此案牛羊群总管布林特古斯车林丕勒于请领俸饷时，许给都统家人徐九、副都统家人张四茶资银两，该都统等失于觉察，各有应得之咎。仅予察议，不足示惩。西凌阿、盛桂、布林特古斯车林丕勒，着一并交部分别议处。"（《清文宗显皇帝实录卷之六十四》）

○咸丰二年壬子十月○庚子，以……察哈尔军政，年逾六十官六十四员精力未衰，均命留任。（《清文宗显皇帝实录卷之七十四》）

○咸丰二年壬子十二月○庚辰，以察哈尔副都统盛桂署察哈尔都统。○命正黄旗蒙古副都统明庆、正白旗汉军副都统德崇额、镶红旗蒙古副都统忠泰、御前头等侍卫穆克登额、乾清门头等侍卫德兴阿、察哈尔都统西凌阿,带领吉林、黑龙江官兵前赴河南军营,听候琦善调遣。(《清文宗显皇帝实录卷之七十八》)

  编者注:察哈尔都统西凌阿受命亲自带队参加围剿太平天国运动及捻军农民起义,挂职在外征战十二年之久,期间有六人先后代署察哈尔都统之职。

  ○咸丰二年壬子十二月○辛卯,以察哈尔一等子阿木尔布彦弟三音阿木古朗袭爵。

  ○癸巳,举行本年军政,……察哈尔都统所属卓异官三员,不谨官六员,年老有疾官五员。……分别议叙处分如例。(《清文宗显皇帝实录卷之七十九》)

  ○咸丰二年壬子十二月○乙巳,上御保和殿,筵宴朝正外藩。科尔沁、喀尔喀、乌珠穆沁、阿拉善、巴林、喀喇沁、奈曼、阿巴噶、敖汉、浩齐特、哈密、吐鲁番、扎赉特、土默特、扎鲁特、青海、阿巴哈纳尔、鄂尔多斯、郭尔罗斯、翁牛特、扎哈沁、克什克腾、苏尼特、杜尔伯特、霍硕特、察哈尔王、贝勒、贝子、公、额驸、台吉、塔布囊等,及朝鲜正副使臣、土司等,随文武大臣依次就坐。(《清文宗显皇帝实录卷之八十》)

公元1853年

  ○咸丰三年癸丑二月○甲辰,谕内阁:"前据惠亲王等奏请添兵剿贼,并亲王衔定郡王载铨,复奏酌派精兵各折,先后交大学士、军机大臣、九卿,会同户部议奏。兹据合词覆奏,所议各条,均属周妥。现在钦差大臣向荣统带各路大兵并续到之陕甘兵,咨调之云南、贵州、湖北等省官兵；钦差大臣琦善、帮办军务陈金绶、胜保等，统带京火器营及吉林、黑龙江马队，并西安等处驻防。直隶、山东、山西、陕甘各处官兵，分路攻剿。怡良、慧成，复带福建、陕甘精兵星驰会合，南北两路并力进攻。蠢尔幺魔。谅不难克期扫荡。惟东南数省苍生，叠遭荼毒。朕每一念及，寝馈难安。仍宜厚集劲兵，迅殄群丑。着将现在桐城之山东兵先令赶赴杨殿邦、杨以增军营，交其管带。其由襄阳撤回之直隶大名、宜昌、陕甘、湖广、云南各标镇兵，均令赶赴江北琦善、陈金绶军营，由该大臣等择要调札，以为两岸攻剿之助。仍着琦善等体察兵力，如须酌添，即由舒兴阿调赴商州防兵内，再行咨调，以资策应。以上各路重兵核计程途，均距江皖甚近，不难迅速到营。并着西安、宁夏、绥远城各将军，将谕调各处驻防官兵，均即选派得力营员，迅速管带启程，交慧成调遣。前此豫备候调之吉林、黑龙江各官兵，着该将军等亦即派员，分起管带，由京前进。至所请调察哈尔马队官兵、归化城、土默特马队官兵、蒙古马队官兵及察哈尔马匹，着各该将军并东三盟蒙古王等一并豫备，奏明候旨遵行。其余筹备军饷各款，均着照所议办理。"（《清文宗显皇帝实录卷之八十六》）

○咸丰三年癸丑三月○癸丑，调盛京兵八千名来京，察哈尔兵四千名赴张家口备用。（《清文宗显皇帝实录卷之八十七》）

○咸丰三年癸丑三月○己巳，又谕："慧成奏，行抵商邱途次，探闻逆匪窜踞扬州。现由徐州一带迎往截击，请将现驻河南永城之山东青州驻防官兵一千名、直隶宣化镇官兵五百名带往淮徐，相机剿办等语。着照所请。即令副都统常清、游击苏勒芳阿各自管领原带官兵，随同慧成驰往淮扬一带，听候调遣。此后续调各兵，道出河南，着陆应谷察看地方情形。如无须重兵弹压，即不必截留。尽数催令迅速前赴慧成军营，以备调拨。将此由五百里各谕令知之。"

○署察哈尔都统盛桂奏："查明前参商都牧群总管扎米彦车凌因病身故，请免置议。"得旨："该总管业已因病身故，应无庸置议。汝前次奏参，并未查验。朕是以降旨令查明从严参处。不料该员委系因病出缺。前参前旨，徒费周章。朕恐汝以后整饬较难也，然不可畏难不办，渐就废弛。"

○甲戌，以正红旗汉军都统华山泰，署察哈尔都统。（《清文宗显皇帝实录卷之八十九》）

○咸丰三年癸丑四月○庚寅，以贼窜浦口，堵剿不力，钦差大臣琦善下部议处。革都统西凌阿、副都统明庆、乌凌额、总管魁福职。仍留营。

○癸巳，谕内阁盛桂奏遵备察哈尔蒙古马队官兵一律整齐候调一折："察哈尔八旗官兵于四月初八日，齐抵什巴尔泰博罗柴济地方。经盛桂考验得镶黄旗总管玛克素尔扎普、镶蓝旗总管达克党，堪以派令管带。即于该兵丁内，择其年力精壮、技艺娴熟者，挑选足数。并派侍卫、参领、副参领等各员协同管理营务。所有器械、弓箭、刀矛、帐房等件，逐一豫备整齐。着盛桂仍饬该总管等勤加操练。俟华山泰到任后再加查阅，择其尤为精锐者候旨调用。"○又谕盛桂奏请将所调马匹解送军营等语："此次察哈尔所调马共五千匹，着准其送至直隶省城，交讷尔经额，派员解送前进。"（《清文宗显皇帝实录卷之九十一》）

○咸丰三年癸丑五月乙巳朔○谕军机大臣等："讷尔经额奏，江南淮徐一带现当炎夏，察哈尔马匹于内地水土素所未习，且核计日需费用甚巨，请停止调往。即由江南各粮台就地采买等语。该督所奏自系实在情形。此次所调察哈尔马匹，着即无庸解赴军营，仍留口外牧放，听候调用。如军营马匹现在不敷，即着陈启迈、郑敦谨派委妥员，于河南山东等处就近购买，毋误军行。将此由四百里谕知讷尔经额、华山泰，并由六百里传谕陈启迈、郑敦谨知之。"

○己酉，署察哈尔都统华山泰奏："遵挑马队官兵听候调用。"得旨："均着照所拟办理，枪为锐利之器，不在乎式样。该蒙古兵等既不习马枪，自应勿庸令其赶紧学习。若学不纯熟，不但不能得力，反致无仗胆之具也。步下用叉枪，准头固好，然无鸟枪之便捷也。着传谕营总等勤加操练，务期通用。"（《清文宗显皇帝实录卷之九十三》）

○咸丰三年癸丑五月○丙辰，又谕："前因讷尔经额奏，察哈尔马匹于江南水土未习，请停止调往军营。当降旨谕令办理粮台之藩司陈启迈等，于河南、山东等处就近购买，毋误军行。兹据陈启迈等奏称，河南、山东等处素非产马之区，一时难以购办。请于直隶、山西两省额设营马内，共调五千匹，解赴军营备用等语。军营急需马匹，既难购买，山东、河南防剿吃紧，亦难抽调。自应于就近直隶、山西等省酌量拨用。着讷尔经额、哈芬于接奉此旨后，迅即调选膘壮营马，直隶三千匹，山西二千匹，共五千匹，委员星速解赴江南徐州粮台，以应急需。该督等务即遵旨妥办，不必再行请旨，以免迟延。至各该省应补马匹，亦关紧要。或即以察哈尔捐备之马，挑选膘壮者，照数拨补；或由各该省购买若干匹，补足额数。着该督抚等自行筹酌办理可也。原折着抄给阅看，将此谕知讷尔经额，并由五百里谕令哈芬知之。"

○戊午，又谕："昨因逆匪由安徽窜入河南，谕令讷尔经额酌调镇将，防守要隘。畿辅重地，防守最关紧要。本日又谕令舒兴阿、张祥河调陕甘兵四五千名，由河南一路分起前进，会同攻剿。如山东直隶地方吃重，即着北行追击。复谕令哈芬调山西兵三千名，迅赴直隶，交讷尔经额派拨防剿矣。恩华行至东阿，即闻贼匪由曹河上游抢船扑过北岸。现令与李僡会同防剿。所须马匹，着讷尔经额即行拨付。已谕令察哈尔都统，迅调马五千匹，解送直隶山西，以补缺额。长芦盐运使杨霈，着该督调往扼要处所，派令带兵协同防堵。将此由四百里谕令知之。"○调察哈尔马五千匹，解赴直隶、山西备用。

○辛酉，又谕："逆匪窜扰河南归德一带。已有旨，谕令江南、安徽各路统兵大员，并陕甘、山西添派精兵，分路进剿矣。本日据讷尔经额驰奏，遵派张集馨、杨霈，并饬大名镇总兵董占元、升任山东兖州镇总兵花里雅逊布，督带提标大名、宣化、正定官兵先行驰赴河北，会同河北镇总兵，专办防剿事宜。讷尔经额即日出省，督兵接应。现在东三盟蒙古王哲里木盟长巴图、卓索图盟长色伯克多尔济、昭乌达盟长那木济勒旺楚克等，各派蒙古劲兵，由热河围场前来。并调集察哈尔官兵。近畿一带，大兵云集。着讷尔经额即督饬直隶带兵大员，奋勇前进，以为山东、河南后路应援。京师十万禁兵，均已简调齐备。谅兹幺魔小丑、裹胁匪徒，定可指日歼除也。"○又谕："前有旨，令察哈尔都统豫备马队官兵四千名，赴张家口屯驻备调。现在贼匪窜至河南，畿辅重地，自应豫为防范。着华山泰迅即统带此项官兵来京，听候调遣。再前调察哈尔马五千匹，计已解赴直隶、山西两省。着再挑膘壮马五千匹，迅解来京，以备官兵乘骑，毋稍迟误。其察哈尔都统，着盛桂暂行署理。将此由五百里谕令知之。"

○癸亥，又谕孙瑞珍奏请迅发马队精兵赴豫迎剿一折："逆匪自皖窜豫，纷扰无定。昨据胜保奏，已由扬州启程赴豫；又据托明阿、善禄奏，行抵归德，贼已星散，该将军即赴省追剿。本日又据恩华奏，已自曹州渡黄，迎头截击。周天爵亦由永城前进。各路大兵，计可陆续抵汴。昨复谕舒兴阿，由陕西出省截剿。并谕讷尔经额、李僡等严防黄河北岸矣。其察哈尔官兵及东三盟蒙古官兵，并捐备马匹，均经饬令来京听调。该尚书现驻天津，务当饬令地方晓谕居民，各安生业，不可造作浮言，自相惊扰。将此谕令知之。"○又谕讷尔经额奏请调察哈尔马队兵二千名赴直隶备防一折："已谕令华山泰迅速统兵来京，以备调拨矣。现在直隶防堵吃紧，本省之兵必应移缓就急，不可专恃邻省派兵协防。前调山西兵三千名，恐到直尚需时日。该督仍当飞催本省各营已调之兵，赶紧前进。并须就近添调，以资策应，毋稍迟误。直隶全省舆地并与山东、河南交界，水陆要隘处所，何处驻兵若干名，何人管带，着即详细绘图贴说具奏。将此由四百里谕令知之。"（《清文宗显皇帝实录卷之九十四》）

○咸丰三年癸丑五月○乙丑，又谕据哈芬奏派兵筹防要隘，并请调拨邻省官兵以资捍卫一折："该抚因贼窜汴梁，已派太原镇总兵乌勒欣泰带兵驻札泽州府隘口，复派道府大员防守黄河渡口。并饬各州、县严密盘查奸细，办理尚属妥协。惟据请调邻省官兵，现在直隶、山东俱与河南接壤，陕甘亦防守綦严，实属无可征调。着该抚于本省存兵，移缓就急，相机布置。如再不敷，即着于绥远城及察哈尔官兵内酌量调拨，以资防守。贼匪避实捣虚，是其惯技。惟在侦探确实，严防要隘。势难处处派有重兵。且兵分则力单，该抚体察情形，随时相机筹办。尤须镇定人心，勿任纷纷迁徙。将此由五百里谕令知之。"

○丁卯，又谕赵光奏遵查矿山情形开单呈览各等语："所有宛平县属珠窝山等处，业经招商开采。及此外单开各属，勘有矿苗处所，着直隶总督、顺天府，按照该侍郎所拟，分别试行开采。至各商呈报之迁安县属桑园山、房山县属矿硐坡、匣儿岭、毗卢寺沟、怀来县属之阎家石盆、牛站洼等处，既据奏称风水攸关，不应试采，即着严行封禁。"

○戊辰，山西巡抚哈芬奏："请饬调官兵以资防御。"得旨："已有旨，令汝酌量缓急，准调绥远城、察哈尔两处官兵。邻省之绿营，万不能再行调拨。"

○壬申，赏南苑察哈尔官兵每日银两有差。

○癸酉，赏南苑察哈尔官兵每月米石。（《清文宗显皇帝实录卷之九十五》）

○咸丰三年癸丑六月○丙子，又谕华山泰奏兵丁夺取驿站骡马车辆，请将带兵官分别议处一折："此次察哈尔二起官兵，行至昌平州地方,擅敢夺取骡马车辆,实属目无法纪。前锋诺尔津扎普、护军阿玉什、亲军依什旺扎勒、护军班扎拉克察,均着押交培成查讯惩办。所有不能约束兵丁之领队世管佐领蟒噶拉玛、公中佐领蟒噶拉玛、骁骑校索特那木塔业依,及失于觉察之营总玛克素尔扎普,着交部分别议处,华山泰着一并交部察议。"(《清文宗显皇帝实录卷之九十六》)

○咸丰三年癸丑六月○甲申,又谕琦善奏遵查已革都统遇贼退避各情一折:"已革都统西凌阿管带黑龙江官兵,在浦口散住民房。于帐房解到后,并不安扎营盘。漫无准备,为贼所袭,自应治以应得之罪。惟西凌阿现带黑龙江官兵在河南剿贼,未便令其置身事外。西凌阿着暂缓治罪,交托明阿,责令该革员戴罪自效。倘再不知奋勉,朕惟有执法从事,决不宽贷。"

○丙戌,赏调驻南苑察哈尔官兵羊四百只。

○己丑,又谕:"僧格林沁等奏,驻扎南苑之察哈尔官兵,现值盛暑,请拨医调治。着理藩院饬令医生喇嘛数名,前往南苑诊视,以示体恤。所请拨补马匹之处,着依议行。其应补给口粮之官兵,着户部查照成案办理。"(《清文宗显皇帝实录卷之九十七》)

○咸丰三年癸丑六月○庚子,以察哈尔蒙古官员兵丁续捐马匹,赏参领布达扎普、德什克扎普嘎勒丹、副参领策旺多尔济、委副参领奇旺、公中佐领拉什栋鲁普、三等台吉达里扎普、翼长拉苏伦扎普等花翎,骁骑校拉什达克丹等蓝翎。余加衔升叙有差。(《清文宗显皇帝实录卷之九十八》)

○咸丰三年癸丑八月○丙子,谕内阁本日据讷尔经额、恩华、托明阿、胜保由八百里驰奏,官兵攻破贼巢,怀庆城围立解一折:"………西凌阿、明庆、双成、乌凌额等带领马队,生擒四十余名。………讷尔经额运筹决策，调度有方。着加恩赏戴双眼花翎，并赏穿黄马褂。恩华、托明阿、胜保帮办军务，与善禄、西凌阿力筹攻剿，谋勇兼施，洵堪嘉尚。恩华着赏穿黄马褂。托明阿着赏穿黄马褂，并赏给西林巴图鲁名号。胜保着赏加都统衔，并赏穿黄马褂，给予霍錾巴图鲁名号。善禄着赏戴花翎，并赏给斐里巴图鲁名号。西凌阿着开复都统原官，仍加恩赏戴花翎，以示嘉奖。……"

〇戊寅，又谕："本日据郭梦龄奏，贼匪窜入晋境，扰及垣曲一折。据称，该匪由怀庆府属济源县窜入晋境。于八月初二日，围垣曲县城北门已开，所有前派督办防堵之河东道张锡蕃垣、曲县知县晏宗望，均无下落。该县距省九百里，泽州、平阳等郡均与毗连。亟宜迅速剿办。着该大臣等迅派精兵，由泽州入山。探明贼踪，迎头截击。并着官兵由正定府获鹿、井陉一路入山，以为太原后路接应。前经调防直隶之山西官兵，即可令其折回晋省，以资攻剿。山西与直隶处处毗连，关系甚重。想该大臣等，定能通筹全局迅速布置也。本日又据胜保奏，督兵追剿情形。已与善禄、西凌阿等两路进剿，由封门山邵原关、济源，顺黄河一带直赴垣曲矣。西窜贼匪，数尚不少。胜保统兵追剿，必须将士用命，方能有济。即如总兵郝光甲，前经托明阿、胜保，调赴西路堵截。若即遵调早渡沁河前往，何至该匪从此路窜逸？着讷尔经额严饬该总兵等，星速追剿。如再有延误，定即重治其罪。胜保等裹粮遄行锣锅帐房未及带齐，着即催令粮台，迅速运送前进。其火药铅丸，均着随时接济，毋令匮乏。将此由六百里加紧谕令知之。"

〇庚辰，又谕本日据郭梦龄奏，贼匪于初二日由济源之封门口窜入垣曲县城，请调重兵赴晋分头剿堵一折："该县北界平阳，西邻河东，距省亦不及千里。惟该省官兵调赴他省已九千余名。巡抚哈芬甫于初二日自泽州前赴阳城，尚未知垣曲失事。是该处兵力既单，声势亦不联络。贼匪自怀庆败窜之后，奔突而西。及早剿除，尚易净尽。否则一路抢掠裹胁，恐又成滋蔓难图之势。前据讷尔经额等奏，派托云保、松玉、乌凌额、吴灿、达尔济并善禄、西凌阿、郝光甲、乌勒欣泰，分带马步队跟踪追剿。胜保即于初二日拔营，亲督兵勇前进，谅必探明贼踪，设法兜捕。兹已谕令讷尔经额等，迅即督饬镇将大员，带兵由泽州一路抄出贼前，迎头截击。着托明阿即统兵驰往，与胜保、善禄合力夹攻。乘贼匪喘息未定，一鼓歼除，万勿稍有迟误。仍将剿办情形随时驰奏，以慰廑怀。其河东道张锡蕃、垣曲县晏宗望有无逃避情事，与平泽蒲绛各属防守事宜能否得力，一并查明具奏。将此由六百里加紧各谕令知之。"○又谕："据胜保奏，行抵济源，探明贼踪一折，并片陈郝光甲迁延情形。据称，于初二日拔营，徒步裹粮，径抵济源。适该逆围攻县城，闻大兵已到，即时西窜，幸未失守。现在胜保与善禄、西凌阿分路进剿，而该逆已窜入垣曲，且贼首伤而未死，匪党尚有数千。更恐分股窜突，抢掠裹胁，又成巨患。山西省筹办防堵，如封门山等处，有险可恃，竟被贼匪冲过。可见该省办理，全无实际。胜保现已赏加都统衔，统兵追剿。事权必须归一，所有各路大营追剿官兵，俱着准其调遣，以专责成。山西本省将弁兵丁，亦准酌量调拨。如有若郝光甲之不遵节制、迟延贻误者，即行严参治罪。山西兵力太单，哈芬又未悉贼情，恐其布置不能周密。胜保、善禄、西凌阿等既分两路追剿，务须设法绕出贼前。或飞咨哈芬，令将何路官兵调至何处，庶可前后夹击，不至纵贼四窜也。将此由六百里加紧谕令知之。"（《清文宗显皇帝实录卷之一〇二》）

○咸丰三年癸丑八月○己丑，又谕户部奏派查矿山情形，并有肆行私挖等弊。请旨严行究办一折："赤城县属之九龙山佐金硐，有旗人领催穆通阿张挂兵部旗号，私挖矿硐。经户部司员查询，据称领有兵部路引，前来开挖，坚抗不服。该领催穆通阿因何得有路引，前往该处偷挖矿硐，着兵部并该旗查明具奏，以凭核办。"寻兵部奏："镶红旗满洲领催穆通阿请假往直隶赤城县等处采办矿苗。据该旗来咨，照例给与路引。并据都察院奏，穆通阿以委员串商霸占矿硐等词具控。"得旨：

"交刑部审明办理。"又镶红旗满洲都统载垣等奏,查明私挖矿硐案内,参领行文正稿及原呈与副稿不同,显有情弊。得旨:"参领伊昌阿着即解任,交刑部归案审讯。"寻刑部奏:"穆通阿冒领路引,私掘矿硐,比例从重。定拟发边远充军。并讯明诬控委员霸占矿砂等情。伊昌阿于穆通阿欲开矿硐,改补文稿。事后查知,并不究办,应交部议处。余俱问拟如律。"从之。(《清文宗显皇帝实录卷之一〇三》)

○咸丰三年癸丑八月○丙申,又谕:"前据僧格林沁等奏,筹备察哈尔官兵御冬衣服,当降旨交内务府核议具奏。兹据奏称拟折给银两钱文等语。所有驻札南苑之察哈尔官员兵丁,着加恩赏给银二百七十六两,制钱二万二千三十串。由火器营捐输项下给发,以为制办冬衣之用。"

○丁酉,谕军机大臣等:"寄谕大学士直隶总督讷尔经额:本日据陆应谷奏,晋省与直隶毗连,东路则固关为要。北路则由代州出雁门为一路,由忻州出宁武为一路,皆汇于大同。惟由五台出龙泉关,路甚便捷。又有小道,由代州通紫荆关,直达易州。倘贼匪由此两路奔窜,关系匪轻等语。逆匪飘忽靡常,避实捣虚,是其惯技。易州一带,虽有泰宁镇驻札,兵力实形单弱。该督务当派委得力镇将,统带精兵,驰赴紫荆、龙泉两路,择要防守,万不可稍有疏忽。保恒已抵固关,则获鹿井陉一路,即饬令探明贼踪,迎头截剿。直隶与山西交界,要隘甚多。该督自应统筹全局,扼要调度。若统兵由获鹿入山,直赴晋省,倘贼从他处窜出,我军又恐落后。总当体察情形,密速侦探。何路紧急,即督饬官兵由何路迎剿。仍随时与胜保等互相知照,毋失事机。如兵力不敷分拨,所有驻札南苑之察哈尔官兵四千名,驻札天津之盛京官兵二千名,均可酌量奏明调遣。陆应谷折,着抄给阅看。将此由六百里加紧谕令知之。"

○壬寅,又谕盛桂奏豫筹防堵一折:"据称张家口额设满洲蒙古驻防骑操兵六百八十名,连闲散等统计不过千余名。协标绿营兵调赴直隶防堵,仅剩百余名。宣化镇属各营兵丁,所剩亦属无多。请将所调直隶宣化镇各协营官兵撤回归汛等语。现在逆匪纷窜山西东北界,距张家口宣化府仅二百余里。该处兵力单弱,自应亟筹添调,以资堵剿。着讷尔经额体察现在情形,或将所调宣化镇营官兵速行撤回本汛,扼要驻守,抑或另行酌量调拨。该督务当权衡缓急,妥速筹办,毋稍迟误。将此由六百里谕令知之。"○贷察哈尔布鲁图等被灾驿站买补驼马银。(《清文宗显皇帝实录卷之一〇四》)

○咸丰三年癸丑九月癸卯朔○谕内阁讷尔经额奏贼匪窜越直境,催调官兵堵剿;桂良奏临洺关被贼窜扰;胜保奏督兵星驰绕赴直隶截剿各一折:"该逆自山西洪洞东窜,复由屯留窜至潞城黎城一带。经胜保、善禄、托明阿、西凌阿等分路追截,胜保已将贼匪北窜太原之路扼要堵截。托明阿由泽潞进兵,复于屯留境内追及贼踪,亦获胜仗,将该匪击退数里,旋复奔突东窜。而恩华赴晋迎剿之兵,迄未与贼一遇。以致该逆径由涉县、武安窜入临洺,踞关抗拒。畿辅重地,岂容逆匪窜扰。该督讷尔经额由临洺退回,暂驻广平,调集官兵,亲督进剿。胜保等已统带各路大兵,绕出贼前截击。托明阿、西凌阿等跟踪追击,并有舒兴阿派来之副都统绵洵、总兵桂龄与副将孔广顺官兵,随同胜保等击贼。现在本省防兵及盛京、吉林官兵云集,已敷剿办。着再添派培成、多尔济那木凯,管带驻扎南苑之察哈尔马队官兵,即日启程。并派庆祺、维禄,管带驻扎天津之盛京官兵,迅速驰往,统计京外大兵数万余名并力奋剿。谅此幺魔小丑,恶贯满盈,尽数歼除,克期可待。前曾叠次谕令讷尔经额,严防直隶各要隘。据奏早经布置,何以先期绝无侦探准备,以致贼匪窜入直境?该督调度乖方,实难辞咎。讷尔经额着革职留任,并拔去花翎,以示薄惩。恩华会剿迁延,致贼东窜,着革职留任。仍责令带兵迅速绕出贼前,会同胜保协力剿办,以赎前愆。托明阿剿贼奋勇出力,身受枪伤。惟未能遏其窜逸,着降五级留任。胜保督催不力,咎亦难辞,着降二级留任。均着迅速会剿,珍此群凶,肃清畿甸。如带兵大员及镇将以下各员弁再有逗留不进，致误事机者，即着该大臣懔遵前旨，严参惩办。"○谕军机大臣等本日据胜保奏，贼匪东窜，绕道获鹿、井陉，迎头截击一折："逆匪被剿，窜入直隶。讷尔经额以兵力不敷，退至广平，致临洺关被贼占踞。业经该督暨桂良奏到，披览之余，殊深愤闷。临洺距直隶省城甚近，若不及早歼除，不但顺德、广平被其滋扰，即近畿一带，亦为震动。胜保素称勇敢，且畀以总统重任，各路官兵均归调度。着即迅由井陉一路出山迎截，并飞催各路带兵大员，迅速会剿。总期近畿地方及早肃清，以慰厪念。前据恩华奏报，亦拟带兵由固关一路迎截，此时不知行抵何处，是否已与胜保会合。着即速催前进，会同剿办，毋再延误。托明阿枪伤想已痊愈，即着与西凌阿等并力追击，使贼匪前后受敌，无难悉数歼除。董占元畏葸不前，至今屡催未到，实属可恶。着即查明，如系有心贻误，即奏请正法，以肃军律。现派培成、多尔济那木凯，带领察哈尔官兵三四千名，前往正定，惟马匹尚须调拨。此项官兵，恐未能克期赶到。其盛京兵二千名由天津驰赴保定。如有应需调遣之处，即行咨调协剿。恒春已令暂留正定，协同带兵防剿。并将副都统佟鉴所带炮位截留，着即酌量布置。滹沱河渡口船只亦须饬令收集，毋令奸匪偷渡。畿疆重地，岂容逆匪滋扰。该大臣惟当明申纪律，严定赏罚，与在事诸臣同心戮力，迅殄妖氛，以副委任。将此由六百里加紧谕知胜保，并谕令恩华、托明阿、善禄、西凌阿等知之。"○又谕讷尔经额、桂良先后驰奏贼窜直境情形各折："自贼窜怀庆之时，节次谕令该督严防畿辅要隘。即该督叠次奏报，亦似各处皆有准备。何以贼踪窜及一战即溃？且军火器械，为兵丁卫身击贼之具。自贼匪西窜，该督漫无布置，竟置军械于后，致令如此劲旅徒手御贼。事后归咎车辆不敷，亦已无及。即此一节，该督调度无方，已可概见。逆匪已踞临洺关，且离顺德不过二十余里。该督既在永年发折，何以并不提及临洺关失守之事？折内又称，拟由南和、冀州、无极一带，绕出贼前。广平至正定，自宜径向北行，何以转折而东？似此纡折迁延，是何意见？岂将任贼直奔正定，乃由冀州一带,为退回省城计耶!保恒带兵,由固关出山迎击,自系正办。蕴秀、伊绵阿,何以转令留札固关,不与保恒合力剿贼?胜保等现已由获鹿、井陉一带督兵迎击。该督务即迅赴正定,与胜保等会剿。万勿再有延误,致干重罪。滹沱河现当盛涨,有险可守。并着饬令地方官收集渡船,毋为贼用。所有派赴正定之察哈尔官兵,即日由京启程。该督不可专待此项兵丁,致有贻误。其派赴保定之盛京官兵,着与桂良妥商布置。并严饬地方文武,合力守御。倘再有疏失,惟该督是问。逆匪虽肆意奔突,而前后均无应援。若剿截得力,难保不由磁州一带,回窜豫境。怀庆府知府余炳焘,前已有旨补授陕西凤邠道,令赴新任。该员熟悉河北情形,着该督即饬令暂留怀庆,会同河北镇道筹办防堵。其山东与直隶交界处所,亦即飞咨瑞昌、崇恩一体严防,以杜窜逸。将此由六百里加紧谕令知之。"○调热河马三千四、察哈尔马二千匹来京备用。

○甲辰,调察哈尔兵二千名赴直隶正定剿贼。

○丙午,谕军机大臣等:"寄谕直隶总督桂良:逆匪窜入临洺关,复陷隆平柏乡,势甚剽疾,正定情形极为吃重。庆祺等所带驻札天津之盛京兵二千名,已于初三日由水路启程,前赴保定。其察哈尔官兵并派出京兵,亦即日前往协剿。所有撤回之大同兵,及龙王庙停泊之盛京官兵,并吉林官兵,均须飞催赶到。佟鉴所带炮位如已到省,着察看缓急,与恒春酌量布置,随时知照胜保合力剿办。前调大凌河、哲里木、锡林郭勒等处马匹,闻已入山海关。即行飞催前进,勿令稽延。该督身任畿疆,责无旁贷。惟当统筹全局,迅殄贼氛,以慰朕望。将此由六百里加紧谕令知之。"

○丁未,谕军机大臣等:"据桂良奏,贼匪已至赵州,该督飞札署提督保恒实力防守,并饬正定镇总兵及该府知府,于滹沱河渡口多派兵役,昼夜把守。船只已收北岸,复于沿河安设抬枪、抬炮,以防偷渡。惟赵州逼近正定,距省亦甚近。若不赶紧截剿,则近畿一带,俱为震动。该大臣由井陉出山迎截,现在行抵何处,连日未据奏报,朕心实深焦灼。

所有培成、多尔济那木凯带领京兵，及察哈尔官兵。并达洪阿带领京兵，均已催令启程，统归该大臣调度。着胜保即督兵星速兼程前进，绕出贼前，痛加剿洗。正定为省城门户，不可稍有疏虞。恩华所带之兵，亦由井陉一路出山。现抵何处，亦未据奏报。着即飞催前进，合力攻击。托明阿、西凌阿等追贼，是否跟踪紧蹑其后，何以未闻接仗？并着随时知照，前后夹击。所需粮饷，已谕令郭梦龄源源接济。想该大臣定能奋勉图功，速灭此贼，以副重任也。将此由六百里加紧谕令知之。"○赏察哈尔出征官兵羊五百只。

○戊申，又谕："昨据胜保奏报，初三日已到平定州，计程日内可抵正定。惟逆贼行踪趫急，现已扰及赵州。我军果能绕出贼前迎剿，当不致任其北窜。该大臣所称，探闻贼由顺德东窜之说，不知确否。已谕长芦盐政文谦督同天津镇道，实力巡防。庆祺统带盛京官兵二千名，已由天津水路启程，其原坐船只亦令于到省后暂留停泊。倘天津有警，即可折回截剿。其由东而北河间一路，由西而北易州一路，均须密为布置。此时兵力断不能处处设防。昨所派出之八旗精兵及京营兵二千五百名，察哈尔兵二千名，并庆祺所带盛京官兵，克日均赴保定会齐。保定扼东西之冲，两面皆可兼顾。该大臣探明贼踪所向，应调往何路，飞速调拨。或前进迎击，或东西两路堵截，并迅即知照桂良一体筹办。该大臣等带兵，或遏贼前，或蹑贼后。总须前后夹击，定当尽歼丑类。现在恩华所带之兵行抵何处，未见奏报。该大臣即严催前进，如恩华不能亲督迎剿，其带兵各员孰为勇往？即着指名调取，令其带兵飞速前赴大营，以备调遣。兵机紧要，断不可迁就拘泥，任令贻误。讷尔经额现奏续调到盛京兵，及收集溃兵二千名，交经文岱统带跟追。讷尔经额复同文冲带后到一千名，现在均在何处？署提督保恒所带兵五百名，蕴秀、伊绵阿留札固关兵一千名，并前调赴保定之吉林兵一千名，现在是否赶到？并着该大臣迅速催调，择要调拨，以资防剿。仍确探贼情，随时奏报，以慰厪念。将此由六百里加紧谕令知之。"○又谕："副都统阿彦达奏，贼由西而北,则易州一带较为吃重;由东而北,则固安迤南,天津迤西,总路要隘,尤不可不豫为防备,所奏不为无见。现在京旗各营及察哈尔官兵,俱于保定会齐,如贼匪窜过正定,则易州情形紧急,必须扼要严防。胜保如已绕出贼前,扼住滹沱正定要隘,该逆被剿,势必东窜。则河间、天津两路,均极紧要。着桂良随时确探,该逆由何路纷窜,即迅速知照达洪阿、培成等赶向截击。总宜与胜保前后夹攻,俾腹背受敌,方可歼除净尽。昨令庆祺带领盛京官兵前往保定,如探知贼匪窥伺天津,即知照庆祺将原带之兵,折回剿办。胜保片称,天津立有火会,但一鸣锣,万人皆聚。若密饬该道府团集,喻以大义,可期击贼制胜等语。已谕令文谦会同该镇道等妥速筹办。该督仍随时知照,毋误事机。原片抄给阅看,将此由六百里加紧谕令知之。"

○己酉,谕军机大臣等:"昨有旨令胜保探明贼踪,前后夹击。该大臣此时谅已赶到正定。现在西凌阿带领勇队,行抵临洺关。会同经文岱、维禄由南路跟踪追剿。托明阿、明庆等追贼之兵,尚未知行抵何处,仍即飞催前进。朕思该大臣带兵出获鹿山口,由西北一路迎头截剿,西凌阿跟踪追击。贼匪被我军前后夹攻,势必东窜。或直扑山东,由运河抢船,窥伺天津;或径窜河间一带,乘虚奔突。现在达洪阿、培成、多尔济那木凯等带领京兵,及察哈尔马队官兵四千五百名,由京前赴保定。如该大臣在正定剿贼,业经得手,则此项官兵即可飞饬沿途令其直赴河间一带迎剿。如此三面兜截,使贼匪奔喘不暇,当可一鼓歼除。惟军情旦夕不同,势难悬揣。该大臣务即统筹全局,相机调度。扼贼纷窜之路,毋任再有蔓延。佟鉴所带炮位应否运赴大营,即着与桂良酌度调用。军中利器,务宜慎重布置,毋稍大意。其滹沱河上下游及沙河、新河等处船只,着胜保飞饬各地方文武收集,勿令窜匪偷渡。并将近日击贼情形飞速奏报,以慰廑念。将此由六百里加紧谕令知之。"○又谕:"前因正定情形吃紧,叠次谕令桂良实力筹防。本日据奏,贼匪扰及栾城。栾城至正定,惟恃滹沱河阻隔。前经叠谕该督饬属收集船只,以防偷渡。兹复据孙瑞珍、许乃普等奏,亦以急收滹沱并沙河、新河船只为要。着该督严饬该地方文武员弁,赶紧将沿河船只概行撤收。其余小河口并饬一律照办。昼夜巡查,盘诘奸宄,毋任匪党乘间偷渡。该逆被剿,若不敢北渡滹沱,势恐东窜河间、天津等处。着随时与胜保知照,调拨各兵,并力兜剿。至省城重地,尤宜严加防守,勿稍大意。现在京旗各营及察哈尔官兵,即日启程。已饬顺天府雇备车辆、骡头应用,府尹宗元醇前赴良乡督催赶办。着桂良迅派大员,携带银两,沿途迎提接济,以利军行,毋稍延误。将此由六百里加紧谕令知之。"○又谕:"逆匪已窜至藁城,势甚剽疾。我军若能赶紧追及,何至任其猖獗如此?胜保现已由获鹿驰至正定,扼贼北窜之路。讷尔经额现已革职。其统带官兵,并副都统维禄、总兵经文岱所带官兵,及在后盛京官兵一千余名,均着西凌阿酌量调遣,飞速紧蹑贼踪,痛加剿洗,毋得稍有延缓。并随时知照胜保、桂良,务使声势联络,以期四面兜围。托明阿、明庆等追贼,现抵何处,未据奏报。并着飞催前进,倘贼匪被我兵前后夹击,欲图东窜。即着相机截击。该都统等追贼业已落后,若再不兼程前进,但事尾追,自问当得何罪?懔之!将此由六百里加紧谕令知之。"○命察哈尔副都统盛桂来京。调凉州副都统庆昀为察哈尔副都统。

○庚戌,谕军机大臣等:"胜保奏督兵驰抵正定境内,审度贼势,兜截追剿等语。该大臣甫出获鹿山口,该逆已闻风东窜,势甚剽疾。如不犯保定,即恐由赵北口窜入河间、天津等处。现在察哈尔官兵及京营官兵,虽于初八日陆续启程,犹恐缓不济急。该大臣总宜带兵星速绕出贼前,迎头截击,总以保卫畿疆为要。西凌阿、维禄、经文岱等,现由临洺一路追剿前来,即着飞催应于何路截剿,相机调度。庆祺所带盛京兵二千名,由水路计已行抵保定,并着酌量调拨。恩华业经革职拏问,其所带马步官兵,即着胜保严催统带各员,迅速前进。倘仍迟延观望,即着指名参奏惩办。将此由六百里加紧谕令知之。"

○辛亥,谕内阁:"前此逆贼滋扰怀庆,叠经大军攻剿,溃窜山西。

复经胜保等飞追截击,该逆计穷东窜,复由临洺北窜正定一带。胜保等现已统领大兵出山,绕至贼前。该逆不敢抗拒,残喘苟延。畿疆近地,岂容逆匪肆行?前命培成、多尔济那木凯、达洪阿等统带旗营官兵并察哈尔官兵出京进剿,必须亲近重臣总统诸军,以伸天讨。惠亲王绵愉仁勇忠诚,威德克济,着授为奉命大将军。御前大臣科尔沁郡王僧格林沁公忠体国,谋勇兼资,着授为参赞大臣。本日朕御乾清宫,亲颁大将军印、参赞大臣关防。并颁给锐捷刀,交惠亲王祗领;讷库尼素光刀,交僧格林沁祗领。即日统领健锐营、外火器营、两翼前锋营、八旗护军营、巡捕五营及察哈尔各官兵,并哲里木、卓索图、昭乌达,东三盟蒙古诸王等劲旅,由京前往合剿,与钦差大臣胜保等前后夹击。天戈所指,自可克日荡平。王等其戮力同心,严明赏罚。迅奏肤功,以副委任。"○谕军机大臣等胜保奏追贼获胜,并飞催各路官兵分道进扼一折:"逆贼自窜直境,所过州、县并未堵御,官兵亦迄未追及。以致穷蹙余匪,肆意奔突。经此次痛剿,及逃散不下三四千人,自必愈形穷蹙。惟该逆既已渡河而北,恐南路进剿之兵,又成尾追之势。本日特命惠亲王为奉命大将军,并命僧格林沁为参赞大臣,统带健锐营兵五百名、外火器营兵五百名、两翼前锋营八旗护军营兵二千名、巡捕五营兵五百名、察哈尔兵一千名即日出京,与该大臣前后夹击。所有前次派出培成等所带各官兵,皆系同时陆续启程。该大臣所称,催令分赴深泽、无极及阜城驿等处进剿之处,犹恐缓不济急。着即先将催到之兵扼要布置,仍飞咨僧格林沁分拨进剿。庆祺所带之盛京兵已由水路启程,即可令其前赴河间扼截。此时西凌阿等由南兜剿,即可兼防东窜之路。该大臣再能迅速北趋,已不难兜围剿灭。勿因命将出师,稍有延待。总期同心戮力,迅殄妖氛,论功行赏。朕惟以剿贼之迟速为权衡也。本日又据桂良奏,水路由深州可通豫河,直至天津。现已移咨庆祺相机进止。又滏阳河一带界连冀州、献县等处,亦连天津,为盐船聚集之所等语,着该大臣即酌筹妥防。其讷尔经额原带之兵,现归西凌阿管带。能否即将此项官兵调拨东南一带,

即着酌量办理。将此由六百里加紧谕令知之。"○赏察哈尔续派出征官兵羊二百五十只。(《清文宗显皇帝实录卷之一〇五》)

○咸丰三年癸丑九月○癸丑，又谕："前由山西窜入直隶逆匪，经胜保统领各路官兵追剿截击，叠获胜仗。兹命惠亲王为奉命大将军，御前大臣科尔沁郡王僧格林沁为参赞大臣，即日带领京兵并察哈尔官兵、东三盟蒙古官兵驰往，与胜保会同剿办。天戈所指，不难一鼓歼除。惟念京城内外及近畿乡曲小民见闻未广，或不免听信讹言，致有惊扰。着巡防王大臣、步军统领衙门、顺天府、五城、直隶总督，将现在剿办贼匪情形刊刻宣示，剀切晓谕城乡商民人等各安生业，互相稽查。倘有形迹可疑及造言生事之人，一体严拏，从重惩办。用副朕戡暴安良至意。将此通谕知之。"○又谕扎拉芬泰奏喀尔喀扎萨克图汗、三音诺颜两部落盟长、汗、王、贝勒、贝子、公、扎萨克、呼图克图等现因军需未竣，呈请情愿共捐备银四千两，马一千匹，恳请转行请旨一折："喀尔喀扎萨克图汗、三音诺颜两部落盟长、汗、王、贝勒、贝子、公、扎萨克、呼图克图等，情愿自行捐银四千两以充军需，足见悃诚。此项所捐银两若予赏收，朕心深为不忍。惟将所捐马一千匹赏收，与前调取特穆讷马匹一并交察哈尔都统，以备调用。俟军务告竣，由理藩院题奏，候朕施恩。"○又谕胜保奏续获胜仗，扼要堵剿一折："藁城贼匪逃向晋州，该大臣已派西凌阿、经文岱等跟踪紧追，该大臣由定州至保定督兵进剿。惟河间、天津一带，甚属空虚。本日已谕令僧格林沁，派令培成、多尔济那木凯、达洪阿等，将所带之京兵及察哈尔官兵迅催前进，由高阳、深泽一路迎击。惟培成等甫经出京，道途纡折，恐一时未能赶到。且诸将中，惟达洪阿曾经出兵，其余俱未经行阵。仍着胜保迅派得力将弁，带兵前往。扼要堵截，勿稍延待。庆祺带领盛京官兵，应于何处截击，遏贼东窜天津之路，并着该大臣酌量调度。僧格林沁所带官兵四千余名，约在涿州一带布置，兼顾保定、易州等处。其河间、天津等处何路紧要，即着拨兵迅速进剿,并随时知照僧格林沁等酌度缓急,相机夹击。讷尔经额原带之兵,前已有旨,饬令归西凌阿管带。着胜保迅即飞调来营,以资攻剿。毋任逗留迟误。将此由六百里加紧谕知胜保,并谕庆祺知之。"

○甲寅,命绥远城将军善禄、察哈尔都统西凌阿在钦差大臣胜保军营帮办军务。

○壬戌,谕军机大臣等:"现在逆匪困踞深州,粮药将尽。正可乘此机会,一鼓歼除。但恐胜保军营兵力尚单,不能四面兜围。倘致溃围而出,又须费手。此股贼匪一日不灭。则涿州大兵一日不能撤防。朕与惠亲王等商酌,仍须添派精兵,速往助剿。着僧格林沁于所带兵内,迅即派拨京营官兵二千名、察哈尔马队一千名,克日派委大员管带,前赴胜保军营,听候调遣。并据惠亲王等奏,酌拨哲理木盟马队一千名、热河兵五百名、古北口兵四百名,派令速赴涿州,以资防剿。僧格林沁接奉此旨,着即遵照办理,无稍迟延。将此由六百里加紧谕令知之。"○又谕:"寄谕钦差大臣胜保,昨据该大臣奏军营兵力尚单,不能四面兜围。东南一带,甚觉空虚。本日已谕令僧格林沁派拨京营官兵二千名、察哈尔马队一千名,迅速前赴深州军营,听候调拨。此项官兵三两日内即可赶到。着即择要布置,乘机围攻,痛加剿洗。万不可任贼分窜。张集馨由庙工带兵折回,亦谕令在深州以南督率团练,弹压抚绥。此时郝光甲及明庆、蕴秀等所带之兵,谅可赶到。再加以添派三千劲旅,兵力不为不厚。该大臣务当乘此机会,与西凌阿、善禄等迅图围剿,一鼓荡平,毋稍延缓。将此由六百里加紧谕令知之。"(《清文宗显皇帝实录卷之一○六》)

○咸丰三年癸丑九月○丙寅,谕军机大臣等僧格林沁奏拨兵移营情形一折:"多尔济那木凯、达洪阿,所带官兵暂扎新城,仍距胜保军营尚远,不能合力夹击。直省南路之兵现在催调既未齐来,若北路无兵协济,恐贼匪沿途裹胁日多,剿办更难得手。着该大臣仍遵前旨,迅饬多尔济那木凯、达洪阿,带领马步各队,探贼所向,赶紧驰往迎击,与胜保合力夹攻。断勿株守,致误事机。直隶贼匪,一日不灭,天下大局,一日不定。多尔济那木凯等万勿使绕道迎击,致落贼后为要。其余派拨一切,布置尚属周妥。仍着随时确探贼踪,相机调度。此股贼匪必须及早歼除。远堵不如近剿,谅该大臣亦当通盘筹及。另片奏察哈尔患病各官兵,即着饬令回旗。近日京师,因调兵需用车骡,致仓粮转运不及。涿州军营,扣留驼只车骡。着该大臣酌量令其轮流转运,知照顺天府,通融办理可也。将此由六百里谕令知之。"

○丁卯,谕军机大臣等:"僧格林沁奏,催兵前进并移营固安一折,均着照所议办理。仍与胜保随时知照,以便相机防剿。至需用马驼及多伦诺尔购备马匹,均已分别谕催。惟自口外解京,恐需时日。该大臣此次移营,自涿州至固安道路较近。不论民夫车辆,均可于粮台通融协济。切不可专候此项马驼,致有迟误。将此由六百里加紧谕令知之。"
(《清文宗显皇帝实录卷之一〇七》)

○咸丰三年癸丑冬十月○癸酉,以察哈尔副都统盛桂为内阁学士兼礼部侍郎衔。

○丙子,谕军机大臣等僧格林沁奏,筹调官兵扼要堵截一折:"西河一带情形甚重,该大臣令培成移扎王庆坨扼截。惟培成所带多系察哈尔之兵,是否能独当一面?逆贼搬运木植,恐未必专为作筏。或欲建立寨栅,或欲平垫泥淖,务须探听确实,以便攻剿。奕纪所带兵一千名,又添拨热河古北口兵八百五十名,均应帮同天津官兵进剿。不可但令守城,置之无用之地。达洪阿由捷径赴天津,系从何处行走,必须赶到协剿,万勿迟延。军情旦夕不同,总以相机布置,迅将逆匪兜剿净尽,勿令分窜为要。另片奏该大臣亲往天津,筹商进剿机宜。留德勒克色楞暂驻大营,览奏甚不放心。仍着僧格林沁折回杨村,以资镇守,并可扼要调度,随时与胜保知照,毋失事机。旋据文谦奏报,初一日,胜保大获胜仗。初三日，奕纪已至天津。现在贼在静海之独流镇运取木石，筑垒以守，又用马四出窥探。达洪阿必须赶紧到彼，方可无误。汝总应仍回杨村为是，恐德勒克色楞不能御贼北窜也。本日据顺天府奏，大兵聚在东路，涿州、良乡一带空虚。应如何兼顾之处，着该大臣酌量情形，妥筹办理。将此由六百里加紧谕令知之。"（《清文宗显皇帝实录卷之一〇八》）

○咸丰三年癸丑十二月○丙子，又谕华山泰、庆昀奏，张家口驻防兵饷请饬催拨一折："张家口驻防满洲蒙古官兵月支俸饷，向由口北道按季在于直隶藩库支领，如期给放。现在该官兵应领本年冬季俸饷银两，经华山泰等屡催罔应。粮饷攸关，岂容迟误？着直隶总督迅饬藩司，即将此项欠拨银两发交该管道厅散放。嗣后该处官兵俸饷并饬该藩司按季发给，无再延误。"（《清文宗显皇帝实录卷之一一四》）

○咸丰三年癸丑十二月○壬辰，以直隶剿贼出力，赏台吉伯奇立、巴哈拉吗、元敦、达古斯、巴伊立、桑底、们都巴伊尔、乌兰巴伊尔、克奇格图、们都、阿吗古拉花翎。（《清文宗显皇帝实录卷之一一六》）

公元1854年

○咸丰四年甲寅春正月○戊申，以直隶独石口协副将双禄为正定镇总兵官。（《清文宗显皇帝实录卷之一一七》）

○咸丰四年甲寅正月○乙卯，参赞大臣僧格林沁奏："与胜保会商厚集兵力，四面围剿；并以固安兵力尚单，札令多尔济那木凯带兵，随同严密防堵。"得旨："昨因德勒克色楞，已抵任邱，谕令不必回固安。着仍遵前旨，即行折回，随同僧格林沁等攻剿。其多尔济那木凯所带之

兵,可即调回固安,以昭严密而归核实。察哈尔及山西兵仍应归顺天粮台支应军饷。"(《清文宗显皇帝实录卷之一一八》)

○咸丰四年甲寅正月○己巳,又谕僧格林沁、胜保等奏进攻逆匪获胜一折:"二十六日,僧格林沁督兵先攻束城村,逆匪坚匿不出。复折赴徘徊村,会同胜保督兵进攻。达洪阿带领健锐火器等营及古北口官兵、天津壮勇,攻其西南。天津、固原官兵,及四川、山东、河南练勇,攻其东北。逼近村边,达洪阿亲冒锋镝,奋勇直前,将该逆鹿角寨拆毁。贼匪情急,于村口分股扑出。我兵两路合力夹击,毙贼百余名。贼众披靡,复有贼千余名,由束城陈官村扑出,经天津、固原官兵施放连环枪炮,瑞麟亦用铜炮向贼众轰击。培成督带马队从西面攻剿,毙贼百余名。步队官兵奋勇继进,又追杀数十名。其由束城以北攻扑桃园之贼,亦经西凌阿督伤副将史荣椿等开放劈山炮,轰毙贼匪三十余名,贼马十余匹。又经黑龙江察哈尔马队由两翼截杀贼匪十余名,另股贼匪攻扑王村,经总兵孔广顺督兵奋击,杀贼多名。逆匪窜踞束城各村,屡欲乘间逃逸。经僧格林沁、胜保亲督官兵,奋力击退,毙贼甚多。现在大炮业已运到。着僧格林沁、胜保乘此声威,迅速进剿。断不准再有延误。"(《清文宗显皇帝实录卷之一一九》)

○咸丰四年甲寅三月○甲寅,谕军机大臣等给事中仙保奏官荒地亩,请开垦升课,以裕经费一折:"据称道光年间,该给事中在张家口监督任内,曾见八旗官荒地亩无人耕种。询之土著,佥称有可垦者,因工本甚巨,必须殷实商民,方能报垦。奕兴马厂为八旗官荒地内肥美之区。如招商开垦,庶于国帑有济等语。现当经费支绌之际,筹款维殷。若如该给事中所奏,此项地亩数千顷,土润草肥,四至分明,与游牧并无妨碍。果能招集富商,开垦升课,于经费不无裨益。着华山泰、庆昀按照折内所奏,派委妥员详细履勘,据实具奏。不得稍存畏难之见,一奏塞责。原折着抄给阅看。将此谕令知之。"寻奏:"遵谕详勘该牧厂界址,惟赛尔地方有私垦地三百余顷,与该给事中原奏四至相符。并询据该蒙古家奴等,佥称此项牧厂招商开垦,伊等均愿迁移在厂内居住。其顷亩数目,碍难悬揣。俟开垦时,再行照例丈量奏报。"下部议行。(《清文宗显皇帝实录卷之一二四》)

○咸丰四年甲寅四月○癸巳,谕军机大臣等:"朕闻阜城逆匪窜出时,察哈尔官兵并未知觉。迨将防濠之炮挪向营盘轰击,始知贼出,兵已大乱。林凤祥爬越濠沟,平毁濠墙,贼众跟出。以致焚毁营盘,抢去帐房百余架,马匹驼只数百匹,伤亡兵丁数十人。前据僧格林沁奏称,逆匪于初六日子刻扑出重濠,燃烧帐房。仅请将培成摘去顶带。乌凌额尚请因伤从宽免议。迨逆匪窜至连镇,始奏称培成营盘阵亡官兵八十余名,并未将培成失事实在情形及被贼抢去帐房、驼马火药各情详细入告。是该大臣前次奏参培成,显有不实不尽。逆匪窜踞阜城,叠据僧格林沁等奏称,挖筑濠墙,杜贼窜逸。乃初六日贼踞濠边,初九日全行南窜。此数日中,竟不能设法堵剿,以致该逆窜踞连镇,余烬复燃,重烦兵力。可见该大臣平日布置,尽属空谈,毫无把握。至各营带兵大员,均归该大臣节制。有功则赏,有罪则惩,毫厘不容假借。倘有失事之员,即当据实严参,又岂可讳败为功?所有培成营盘,如何被烧?逆匪如何扑出?培成及该营兵丁是否在营?何以毫无知觉?帐房等件被贼抢去若干?着该大臣迅速详查,据实具奏。倘有一字虚捏,是僧格林沁自蹈欺罔之罪,断难逃朕洞鉴也。该大臣于军营一切事宜,自当秉公酌办,方足以折服人心,不可稍有瞻徇回护,致负委任。朕又闻该大臣延觅喇嘛,在营讽经设醮。此虽系蒙古素所崇奉,但当剿贼吃紧之时,恐兵丁等专务此事,于防剿或有疏虞,岂此事所能补救也!该大臣惟当力尽人事,不可以不急之务,致懈军心。将此由六百里谕令知之。"寻奏:"遵查该逆前扑出站墙,乘风纵火,将培成营盘帐房烧毁,失去驼马百余匹。培成

及营兵等当时俱在营盘,未能救护。"得旨:"培成着革职,留营效力赎罪。"(《清文宗显皇帝实录卷之一二八》)

○咸丰四年甲寅十一月○戊子,以署察哈尔都统华山泰为绥远城将军,署密云副都统穆隆阿署察哈尔都统。

○己丑,又谕奕山图伽布奏筹议牲畜变价抵给饷项一折:"所有察哈尔、厄鲁特两营官兵应领饷银,着照该将军等所请,准其将伊犁现存牲畜估变银五万二千六百七十八两零,以抵该官兵饷需。分作三年抵扣完款,以示体恤。"(《清文宗显皇帝实录卷之一五二》)

公元1855年

○咸丰五年乙卯正月○乙酉,又谕:"本日据僧格林沁、西凌阿奏,克复连镇,生擒逆首,全股贼匪埽数歼除一折,览奏欣慰。此股逆匪自上年窜踞东西连镇,并占踞附近村庄,节经僧格林沁等督率各营将弁,痛加剿洗。自攻克西连镇后,该逆全数蚁聚东连镇,死守巢穴。僧格林沁等令投诚义勇分札西连镇及灶户陈庄,并将大炮运进,隔河轰击。逆首林凤祥剃去长发,意欲乘隙溃围逃窜,贼势万分穷蹙。十九日寅刻,西凌阿、瑞麟、经文岱、伊勒东阿、珠勒亨、达崇阿督带马步队官兵,在北面进攻;庆祺、绵洵、穆腾阿、巴扬阿在南面攻打;瑞昌、玉明、双成、萨炳阿,带兵在河西扼截。将士兵勇,无不踊跃用命。先将贼巢木城焚毁,火光烛天,毙贼无数。林凤祥身受重伤,伙匪却退。我军攻破木城,兵刃相接。贼巢内屋宇墙垣被火烧塌,压毙及投河死者不计其数。奔逃余匪,歼殄罄尽。夺获大小炮十余尊,枪刀旗帜五百余件。林凤祥于地洞内污泥中潜藏,被我军搜获。并将伪总制、伪检点、伪将军等,一并生擒。实足以快人心而伸天讨。科尔沁郡王僧格林沁经朕授为参赞大臣,督兵剿贼,叠着勋劳。此次攻克连镇,生擒首逆。调度有方,深堪嘉尚。着加恩封为博多勒噶台亲王。伊子乾清门二等侍卫布彦讷谟祜,着在御前行走。察哈尔都统西凌阿襄赞军务,克奏厥功,着赏给伊精阿巴图鲁名号,并赏轻车都尉世职。现在畿辅地方,一律肃清。着僧格林沁等即移得胜之师前往高唐,督办军务,迅速克复州城,尽歼丑类,以副朕望。"

〇辛卯,谕军机大臣等贾桢、谭廷襄奏,凯撤官兵应由何路行走,请旨遵办一折:"连镇凯撤官兵,现皆由南运河行抵通州。除察哈尔官兵由通州取道昌平,必须路过京城外,其东三省、密云,并哲里木、昭乌达、热河各官兵,若令一并来京,转多纡折。着照贾桢等所请,东三省官兵即由通州等处出山海关,密云官兵即由通州、顺义至密云县,哲里木、昭乌达各盟官兵并热河官兵,即由通州、顺义出古北口。即着咨会伊勒东阿等就近分路撤遣,毋庸到京。其路过京城之察哈尔官兵,着贾桢等照例办理。将此谕令知之。"(《清文宗显皇帝实录卷之一五七》)

〇咸丰五年乙卯四月〇庚戌,谕内阁:"僧格林沁、德勒克色楞、西凌阿奏冯官屯军务告蒇,首逆就擒,余匪尽歼一折。览奏欣慰。此股逆匪由高唐窜踞冯官屯,经僧格林沁等叠次歼剿,引水围困,连日用炮轰倒贼巢房屋,该逆计无所施。于十三日巳刻遣伙匪百余名,溷入难民内拥出凫水投降。并有逆首李开方心腹伪先锋黄大汉,一同投出。我军将逆众全行渡出,除茌平、高唐难民外,将贼匪一百四十余名尽数伏诛。我军遂逼近土捻,烧毁贼窟数处,擒获贼匪十名。十四、十五等日,兵勇奋攻,用大炮轰击。该逆万分穷蹙,我军奋勇向前,枪炮齐施,轰毙贼匪无数,生擒逆首李开方,及授有伪职之黄懿端、谢金生,并李添佑、谭有淮、韦名传、曹得相、刘志瀍等八名。余逆百余名,尽行正法。其前次投入贼巢之伪土将军刘子明一犯,同时擒获,凌迟处死。穷搜余匪,并无一名漏网。实足以伸国法而快人心。科尔沁博多勒噶台亲王僧格林沁,自授为参赞大臣后,督师剿贼,均合机宜。忠勇之诚,深堪嘉尚。前次歼灭连镇贼匪,即迅速移兵,围剿高唐。迨逆匪窜踞冯官屯,坚匿不出,复多方设法,将逆党首要各犯悉数歼擒。北路一律肃清,厥功甚伟。前经赏给亲王,着加恩世袭罔替,并赏坐肩舆。伊兄二品顶带台吉琅布林沁,着赏给辅国公。伊弟四等台吉崇格林沁,着赏给二品顶带,并赏戴花翎。贝子德勒克色楞,前在胜保军营未能迅速奏功,本有应得之咎。自随同僧格林沁帮办军务后,极知奋勉,克成厥功。着赏给贝勒衔,并赏戴三眼花翎。察哈尔都统世袭轻车都尉西凌阿,帮办军务,叠着战功,着赏给三等男爵。所有在事出力文武各员,并着僧格林沁等查明保奏,候朕施恩。现在冯官屯逆匪,全数荡平。着僧格林沁挑选精锐官兵,分起南下。该大臣即驰驿来京陛见,以慰廑怀。"(《清文宗显皇帝实录卷之一六五》)

○咸丰五年乙卯四月○乙卯,谕军机大臣等:"僧格林沁奏,冯官屯现存京旗、吉林、黑龙江、绿营官兵六千余名,均交西凌阿统带,暂在该处听候谕旨等语。该处官兵除裁撤归伍外,尚存京旗兵若干名,吉林兵若干名,黑龙江兵若干名,绿营兵若干名。系何省何营,统计马队若干,步队若干,着西凌阿分晰开单,详细具奏。现在冯官屯军务告竣,直隶粮台,着即裁撤。其现存官兵,着暂留顺天粮台通永道觉罗海瑛会同山东粮台兖州府知府叶圭书办理支应。将此谕令知之。"(《清文宗显皇帝实录卷之一六六》)

○咸丰五年乙卯五月○壬戌朔,命察哈尔都统西凌阿为钦差大臣,驰往湖北督办军务。(《清文宗显皇帝实录卷之一六七》)

○咸丰五年乙卯五月○丁丑,直隶宣化镇总兵官赵毓桂因病解任,以江西南昌协副将罗玉斌为直隶宣化镇总兵官。(《清文宗显皇帝实录卷之一六八》)

○咸丰五年乙卯九月○己卯,谕军机大臣等:"内外扎萨克捐输驼马,前据穆隆阿等奏,请归商都两翼等群牧放。着于此项马匹内,挑选口轻膘壮者二千匹,派委妥员,缓途解京,交上驷院牧放。其驼只二千四百余只,并着缓途悉数解京,交上驷院牧放。该署都统等务饬委解之员沿途稽查,妥为管解无误。将此谕令知之。"(《清文宗显皇帝实录卷之一七七》)

○咸丰五年乙卯九月○乙酉,又谕:"前因湖北逆贼攻陷德安,特授察哈尔都统西凌阿为钦差大臣,并命荆州将军绵洵帮办军务,统率各路精兵前往督剿。如果布置得宜,蕞尔郡城何难克复!七月初二日,因逆匪攻扑营盘,损失军装器械,朕仅将西凌阿、绵洵革职留任,稍示薄惩,冀知愧奋。乃本日据奏攻剿情形,虽马队获胜,而步兵屡次溃散,调度乖方,毫无纪律,实属大负委任。西凌阿、绵洵均着即行革任。仍留军营,交官文差遣,以观后效。已革提督孔广顺革职留营后,不知激发天良,奋勉图报,藉词受伤患病,出队时并不亲自督带,以致兵勇溃散。着即拏问,交官文严讯确情,据实具奏。"(《清文宗显皇帝实录卷之一七八》)

○咸丰五年乙卯十月○壬寅,察哈尔都统西凌阿等奏收复德安府城,派兵追剿情形。得旨:"德郡并非攻破,实该逆有意窜逸,难保无另有诡谋。着即赶紧追剿,毋稍松劲。"(《清文宗显皇帝实录卷之一八〇》)

○咸丰五年乙卯十一月○丙子,谕军机大臣等御史伦惠奏蠹役舞弊,有碍钱法,请饬查禁一折:"据称地方官于民间交纳钱粮,不收大钱。故近京百里以外,大钱不能行使。延庆州等处差役,以买草豆煤炭为名,按户勒派。且勒令折价交纳。至当五、当十大钱,保安州行使已久,惟州署人役每持票向铺户勒取制钱,运至张家口发卖,以致民间疑议等语。大钱与制钱,相辅而行。地方官于民间交纳钱粮,自应恪遵前旨,按成搭收。至胥役藉端科派,并勒索制钱,贩卖渔利,尤属大干功令。着桂良严饬所属各州、县,于民间交纳钱粮时,务遵前定章程,将当五、当十大钱按成搭收。倘有阳奉阴违,不肯收受者,即着严行参办。其延庆州、保安州、怀来县差役舞弊,并着桂良按照该御史所参各情,密速拏访,尽法惩治。各该州、县等如查有纵容包庇情事,并着严参惩处,毋稍姑息。原折着抄给阅看,将此谕令知之。"(《清文宗显皇帝实录卷之一八三》)

〇咸丰五年乙卯十二月〇乙未,又谕理藩院奏,遵议多伦诺尔已革得木齐绰克扎勒呈控洞阔尔呼图克图各款一案:"洞阔尔呼图克图于应管仓存银两,欲试探有无亏空。辄托称借贷,已属不合。并拣选喇嘛各缺,办理迟延,藉词掩饰,均有应得之咎。洞阔尔呼图克图着即照该衙门所拟,摘去扎萨克达喇嘛印信。仍准其住京当差,以示薄惩。其预印空白文结之那旺海木楚克,着降补副达喇嘛。至该呼图克图所遗掌印扎萨克达喇嘛一缺,即着以阿嘉呼图克图补授。"(《清文宗显皇帝实录卷之一八五》)

〇咸丰五年乙卯十二月〇辛亥,谕内阁火器营奏台吉捐输马匹等语:"锡林郭勒盟阿巴噶扎萨克头等台吉杜噶尔希木所捐马一千二百匹,着赏收。并着于明年五月后,将马匹送交察哈尔都统查收牧放。俟收齐后,再行奏请奖励。"(《清文宗显皇帝实录卷之一八七》)

公元1856年

〇咸丰六年丙辰春正月〇乙丑,谕内阁内务府奏,讯明犯事太监大概供词一折："国子监祭酒彦昌、张家口理事同知恒俊,听信太监丁得禄辗转请托,荐用家丁,殊属有干例禁。彦昌、恒俊,均着降一级调用。"(《清文宗显皇帝实录卷之一八八》)

○咸丰六年丙辰二月○丙申,谕军机大臣等："前因张家口监督庆文奏请将朝阳村商货先行照例纳税一折,当交户部查议具奏。兹据该部奏称,道光二十九年,都统双德等奏请将朝阳村货物归入市圈,一体纳税。经该部议驳有案,应仍遵照旧章,俟货物进口时,严密稽查,照例收税。所有该监督请将朝阳村铺户贩货到村时,先行纳税之处,应毋庸议等语。张家口市圈商人,由恰克图贩货进口时,先行纳税,系道光五年定例。并无朝阳村收税之事,自未容轻议更张。惟该监督原奏内称,朝阳村铺户开设至二十余家,半系市圈分设。若不令其纳税,则将来市圈铺户纷纷迁至该处开设,恐有税之处,俱成无税。张家口历任钜亏,未必不由于此等情。该监督所奏,是否因该商人等在朝阳村囤货,即可绕越他处销售,偷漏税课;抑或勾通口内胥役私行进口,致有漏税,着穆隆阿、庆昀秉公查访,应如何变通办理,或应仍照旧章,设法稽查,力除偷漏之弊,着即据实奏闻。总期于国课商情两无窒碍,毋得稍涉迁就。庆文原奏及户部折均着抄给阅看。将此谕令知之。"

编者注:相关该事原委,现存碑刻于张家口堡子里抡才书院内。

○癸卯,谕军机大臣等官文奏请饬调察哈尔马匹一折："湖北军营马队官兵所用马匹,间有倒毙,自应赶紧备办,以资进剿。惟察哈尔马匹现值水草不接之时,未能一律膘壮。长途调用,恐难得力。着吴振棫即行饬属,于商州地方购买膘壮马六七百匹,迅速备齐,派委妥员解赴官文军营应用,不得以疲弱马匹滥行充数。官文接奉此旨,着即咨商吴振棫,赶紧筹办。将此各谕令知之。"(《清文宗显皇帝实录卷之一九〇》)

○咸丰六年丙辰二月○丁未,谕军机大臣等："安徽捻匪窜扰河南归德一带，现经英桂督办三省会剿事宜，兵力尚单。昨已谕令直隶、山西、陕西各督抚调拨兵丁，前往助剿。着穆隆阿、庆昀于察哈尔官兵内挑选精锐二千名，派委得力将领，带赴张家口驻札。仍饬带兵官勤加操练，务期技艺娴熟，候旨调遣。将此由四百里谕令知之。"

○甲寅，谕军机大臣等穆隆阿等奏，遵旨挑选官兵一折："察哈尔应挑官兵。据奏，将曾经出师年壮技优者，挑拔三千名，于什巴尔泰博罗柴济地方齐集。再由穆隆阿亲赴该处，拣选二千名，跟役兵三百名备调。着照所拟办理。此项官兵为豫备剿匪之用，务须一律精锐，毋得以老弱充数。总管约逊等四员，既系出师得力之员，着即交该总管侍卫等分别管带，勤加操练。将来调遣时，即着统带前往。所需马匹，准其于各扎萨克蒙古等捐输马匹内，挑选膘壮马二千三百匹应用。其余军装器械等件并着先期豫备齐全，以免临时贻误。将此谕令知之。"（《清文宗显皇帝实录卷之一九一》）

编者注：调察哈尔八旗兵参加对捻军农民起义的围剿。

○咸丰六年丙辰三月○壬午，谕军机大臣等穆隆阿等奏遵旨挑选官兵备调，并军装等项拟劝捐办理各等语："前因穆隆阿等奏，备调官兵军装器械，诸多不齐。并驻札盘费，无从筹画。谕令户部筹款拨解。已据户部奏称，筹拨银两解往。所有该官兵等军装器械，即着穆隆阿等于所拨银两解到后备办给发。其驻札盘费，亦即于此项银两内动给。该署都统等所请劝捐办理之处，着毋庸议。将此谕令知之。"○释遣戍军台已革大学士赛尚阿罪，交署察哈尔都统穆隆阿遣委。（《清文宗显皇帝实录卷之一九四》）

○咸丰六年丙辰五月○戊午，又谕穆隆阿等奏，操练官兵筹画经费一折："察哈尔蒙古备调官兵，现经穆隆阿等挑出精壮二千名、跟役三百名。既据查验该兵丁箭射无准，即着准其改演鸟枪。惟支发盘费每月需银三千余两,未免难以为继。该都统等于训饬戎行之中,仍须力求撙节,此项官兵着饬令赛尚阿,于五月内勤加操演,至六月即行停止,令兵丁等各回本处。俟七八月间再行酌调演看一二次,仍令听候调遣。其所请补造鸟枪刀矛,准其自行修造,以资利用。将此谕令知之。"(《清文宗显皇帝实录卷之一九七》)

○咸丰六年丙辰五月○壬午,以督剿安徽、河南捻匪出力,复已革察哈尔都统西凌阿职。(《清文宗显皇帝实录卷之一九九》)

○咸丰六年丙辰秋七月○癸亥,又谕穆隆阿等奏,张家口石坝被水冲塌,请饬派员勘办一折:"本年六月以来,该处河水涨发。致将护城石坝冲塌百十余丈,水势逼近城垣,自应赶紧修筑。着桂良遴派道府大员前赴张家口,将口内口外各坝逐细查明,即饬该地方官,妥为办理。另折奏官兵衙署房间,上届未经修理,现在渗漏坍塌,不堪栖止。着桂良即派查勘石坝之员,一并详查具奏。"(《清文宗显皇帝实录卷之二〇三》)

○咸丰六年丙辰八月○壬寅,又谕英桂奏捻匪鸱张,请派兵助剿一折:"已谕知穆隆阿等,迅调察哈尔马队二千名,赴豫协剿矣。捻匪回窜雉河、临涣等处,裹胁日众,股数甚多。徐州当北面要冲,现存兵数无几,专防则无从会剿,出剿又不敷分防,自应亟筹添调。着崇恩即将曹单一带沿河防兵酌拨数千名,迅速渡河,归并徐州,听候英桂分拨布置。其曹单扼要处所,或即责成民团实力堵御,或应添拨兵勇,以补调出之数,亦着崇恩酌量妥办。捻匪踪迹,飘忽靡常,急须痛剿。英桂等不得专待续调之兵,稍涉延缓。着先就现有兵勇,侦贼所向,分投邀击。先将雉河、临涣两处境内剿除,然后合力南趋,杜其旁窜。该匪股数虽多,胁从不少。或先剿大股以挫其锋,或分剿小股以杀其势。谅兹乌合之众，不难渐次解散。至所调察哈尔马队官兵，趁此天气渐凉，用之南方，必可得力。总宜迅速蒇事，俾得及时归伍，毋令久留。将此由六百里各谕令知之。"〇又谕英桂奏请添调马队官兵一折："据称捻匪大股，现由亳州向西北一路窜扰。平原旷野，匪踪飘忽靡常，非添调马队，痛加剿洗，难期迅速蒇事等语。所奏自系实在情形。着穆隆阿、庆昀将察哈尔备调马队官兵二千名，备齐军装、器械、马匹，拣派各该营得力总管，星速管带来京，驰赴河南军营，听候英桂调遣，藉资攻剿。再前据该署都统等覆奏，请于捐输马匹内挑马二千三百匹给官兵乘骑，并派总管约逊等统带备调。即着将此项官兵马匹，分起来京，前赴河南，毋稍稽延。将此谕令知之。"

〇癸卯，谕内阁："现在所调察哈尔马队官兵，已经到京。着派御前侍卫穆腾阿、乾清门头等侍卫托精阿，会同察哈尔总管管带官兵，前赴河南西凌阿军营。听候调遣。"〇又谕："昨因河南军营需用马队，谕令穆隆阿、庆昀将备调官兵二千名，并所备马匹，派员管带来京，前赴河南听调。此项官兵业经调出，倘续有征调，自应早为筹备。着穆隆阿、庆昀于察哈尔蒙古八旗官兵内，再行挑选年力精壮者一二千名，派定得力总管，备齐军装、器械、马匹。仍赴什巴尔泰博罗柴济等处地方，交赛尚阿勤加操演。至内外扎萨克捐输马匹，现在交存张家口者共有若干，着查明先行具奏。即于此项捐输马内，挑选膘壮适用二千匹，俟九月内分起缓程解京，以备拨用。将此谕令知之。"

〇己酉，又谕穆隆阿、庆昀奏，遵调官兵进口，请饬豫备药铅车辆一折："据称现已挑出精兵二千，分为四起。每起五百名，隔日排队进口。所需火药铅丸，着工部先期照数备齐，俟该兵丁等到日，按名发给。其沿途需用店房、草干、饭食，以及载运军装器械各车辆，着直隶总督饬令各州、县妥为豫备，毋误军行。"

〇庚戌，谕军机大臣等英桂奏马队官兵剿匪获胜，现筹分路进剿一折："该匪意图西窜豫境，蓄谋已久。此次格绷额等马队以少击众，亳州鹿邑，道路已通，或可杜其西窜之念。自应乘胜进攻，逼令南奔。四路兜围，可期得手。福济前奏，拟驰赴临淮，接替郑魁士。此时谅已移营前进。着即督饬珠克登等，由南路进兵。其豫省官军，即可由北而南。分投夹击。徐州官军较单，前次英桂奏请添调曹单防河兵勇。昨据崇恩以该处防兵无多，本境尚须弹压，奏请免调。业已允其所请。英桂现奏飞咨史荣椿移师前进。着即就现有兵勇妥筹调拨，三省官军，会合兜剿。福济、英桂务当合力同心，毋存意见，以期迅速蒇事。至英桂奏调察哈尔官兵，业据穆隆阿等具奏，已分起克日启程矣。将此由六百里各谕令知之。"（《清文宗显皇帝实录卷之二〇六》）

○咸丰六年丙辰九月○壬戌，谕军机大臣等："前因河南剿办捻匪，谕令穆隆阿、庆昀，将察哈尔备调马队官兵二千名配齐军械。并所备马匹，派员管带来京，前赴河南，听候调遣。嗣据该署都统等奏称：已将精兵挑出，分为四起，隔日进口。现在又逾半月，未据将启程日期覆奏。此项官兵，倘有回至游牧地方者，此时谅已调齐。着穆隆阿、庆昀速饬派出之营总等，即行统带来京。一面将启程日期迅速具奏，勿稍延缓。将此谕令知之。"（《清文宗显皇帝实录卷之二〇七》）

○咸丰六年丙辰九月○壬申，谕军机大臣等："本日据英桂奏，遵覆饬查各情，仍请暂驻陈州并请令福济驻札蒙城，史荣椿驻札临涣等语。览所奏情形，总以防贼西窜陈州为虑。试思该匪现在分踞涡河南北，势甚猖獗。非急加痛剿，岂能绝其窥伺之心？如必以坐镇为防，则应防地方岂止陈州一处？福济、郑魁士，现俱前赴巢县，势不能兼顾蒙宿。即据英桂现奏，北路责之西凌阿、徐宗干，亳州责之袁甲三。蒙城一带，岂可听其漫无统属？如果该抚亲督进剿，何至屡称呼应不灵？着英桂仍遵前旨，相机出境。毋得徒有居中调度之名，转致迁延株守，至樊城土匪滋事，湖北司道大员，多在襄阳，自应设法扑灭。该抚既经札饬庆德、边浴礼、周煦征,先后驰往;又调南阳镇兵前赴邓州、新野,自已足资防堵。当此剿匪吃紧之时,岂可将邱联恩一军率行改调?着英桂即饬该总兵速行折回,随同进剿,毋涉张皇。至察哈尔官兵,由京启程,不日即可到营。此项马队,会聚则能得力,不可各路分拨,致成单薄。将此由六百里谕令知之。"

○庚辰,察哈尔都统穆隆阿等奏:"察哈尔八旗蒙古官兵,自咸丰三年,挑拨直隶、山东等省出师后,余存精壮无几,现拟出口续挑备调。"得旨:"览奏系属实情,俟查明覆奏。并如何变通之处,一并妥筹。"(《清文宗显皇帝实录卷之二○八》)

○咸丰六年丙辰冬十月乙酉朔○谕军机大臣等:"福济等奏,怀远、蒙城一带剿贼吃紧,请饬英桂迅令伊兴额,带马队五百名前往助剿等语。此项马队官兵,已据英桂奏,俟察哈尔官兵到后,酌量分拨。现在察哈尔官兵当已陆续赶到,着英桂即饬伊兴额,将所带马队迅速赴怀远一带助剿。并据福济奏,水陆贼援,由裕溪神塘河窥伺东关,滋扰无为。巢城之贼,尚有数万。请调察哈尔马队一千名来巢听候调遣等语。着英桂于察哈尔官兵到后,酌拨五六百名,传旨令穆腾阿管带迅赴皖省,以资攻剿。将此由六百里谕令知之。"

○丁亥,又谕容照奏州城危急,请饬拨马步官兵会剿一折:"宿州境内,捻首李大喜等,股数甚多。现已绕至西北乡一带,逼近城垣十余里,肆行抢掳。且闻五旗捻匪合股来犯宿州。西北团练迎敌失利,濉溪口又有失守之信,势必并力窥伺州城。虽经容照将署游击恩临及署知州才宇和调回协同守御,而出剿无兵,情形实属危迫。昨据福济等奏,郝光甲、珠克登等在怀远叠获胜仗,匪势渐衰。此时惟有移缓就急,将该总兵北路兵勇酌量抽拨数百名饬赴宿州,交容照探匪所在,实力剿击,庶足以挫凶锋。不得株守州城,祗图自卫。至福济等奏请添兵助剿,昨已谕令崇恩于青、兖二处酌抽精锐,交福济等调遣。并谕英桂饬伊兴额马队速赴怀远，再调拨察哈尔兵五六百名，令穆腾阿管带赴皖。该抚即飞饬郝光甲等克日启程，毋许藉词延宕。容照片奏，周天爵之子周光岳训练有方，请饬督办团练等语。着照所请办理。将此由五百里谕知福济、郑魁士，并传谕容照知之。"

○壬辰，谕军机大臣等："前因皖省需兵，谕英桂饬调伊兴额马队，赴怀远协剿。再酌拨察哈尔兵五六百名，交福济等调遣。并谕崇恩于青、兖二处，抽拨精锐官兵赴皖。兹据福济奏：巢县于九月二十九日攻克，须派重兵扼守。又怀远虽已解围，而捻援大集，必须迅添马队。据伊兴额禀称，该员在徐，原带兵悉在亳营，恳请咨调，愿充前队各等语。剿办捻匪，马队最为制胜。伊兴额所带五百名既在亳州，着英桂懔遵叠次谕旨，拨交该侍卫统带，驰赴怀蒙会剿。其察哈尔马队，并着遵旨迅拨五六百名，交穆腾阿带往庐州，毋得藉词延宕。至前调山东青州满洲营，及兖州镇标兵前赴安徽，尚未据崇恩覆奏。现在庐江巢县等处，次第克复，均须拨兵防守。着崇恩迅速抽调派委得力将弁，管带启程，毋稍迟误。将此由六百里各谕令知之。"

○甲午，谕军机大臣等英桂奏移营前进，并留兵防守陈州一折："捻匪大股，既在涡河南岸屯聚。官军若专驻亳州，仍未能逼近贼巢。该抚现既移营前进，自可与袁甲三合兵一处。鹿邑附近匪众，不过零星小股。亟应迅图扑灭，节节疏通，克日会兵东剿。前据该抚奏，亳城以南久已民贼不分。若必俟抓捕净尽始行进剿，则官吉寺一带大股匪徒又将养成羽翼，势益鸱张。察哈尔官兵不日即可到齐，除拨赴皖省五六百名外，尚有一千四五百名，为数不少。此项马队到营，锐气方盛。该抚即当妥为调度，速行进剿。总期于明岁春融，能令归伍，方不至用违其长。至周家口地方，最关紧要。该抚所派张维翰、马春华等，能否得力？务饬严密防堵，不准稍有疏虞。"○又谕穆隆阿奏续挑备调官兵并筹画军械一折："察哈尔蒙古兵丁，现经该署都统挑出一千名，并跟役一百二十名。一俟帐房鸟枪等制造齐全，再行齐集操演。所需盘费届期应由户部筹拨。至该官兵等操演技艺，自以鸟枪为重，所需弓箭着穆隆阿斟酌制造，以备操演之用。将此谕令知之。"（《清文宗显皇帝实录卷之二〇九》）

〇咸丰六年丙辰十月〇乙巳，谕军机大臣等："昨据英桂奏，永夏交界会亭集及虞城连界地方，均有匪踪。并据史荣椿奏，捻匪窜扰砀山、丰萧各县，大股数万，直逼徐州府城。匪势鸱张，深恐窜至东境。已命崇恩于毗连徐州之郯城等处设防。其虞城等处，毗连曹单，并谕该抚会同王履谦、李钧严防河岸，以杜窜越矣。因思本年直隶山东所属地方，多被旱蝗，无业游民，最易流而为匪。畿辅重地与山东接壤，必有重兵弹压，方足以镇定民心。本日已谕令庆祺调盛京官兵一千名，穆隆阿调察哈尔官兵一千名，驰赴直隶听候桂良调遣。着桂良会同双锐，先于直隶各营内抽拨精锐官兵一千名，由双锐统带驰赴直东交界地方，择要驻札，以资弹压。所有盛京、察哈尔官兵到省，均归双锐管带。桂良接奉谕旨后，着与双锐商定驻札处所。双锐抵省后，酌带官兵先行前往。直隶提督着桂良派委妥员署理。将此谕知桂良，并谕双锐知之。"〇调盛京官兵一千名、察哈尔官兵一千名，赴直隶听候调遣。

〇丁未，派御前侍卫副都统德勒格尔、乾清门二等侍卫舒明阿，管带察哈尔马队官兵，赴直隶备调。（《清文宗显皇帝实录卷之二一〇》）

〇咸丰六年丙辰十一月〇丙子，又谕："福济奏，怀远捻氛猖獗，急须马队助剿。并请仍饬察哈尔官兵速赴桐城等语。前据英桂奏，豫省东南两路剿匪吃紧。除饬伊兴额、关保原带马队五百名先赴怀远，其察哈尔官兵五六百名暂留助剿，俟情形稍松再行分拨；复据邵灿等以徐州较蒙宿尤为紧要，请将伊兴额仍留徐营。并将袁甲三截留该侍卫所带马队二百五十名调回。当经谕令该漕督等，以伊兴额原带马队业已派赴怀远，未便折回。兹据福济奏，徐郡城围已解，仍恳令伊兴额马队二百五十名,带赴怀远一带与关保合力剿办,自应移缓就急。俾蒙怀得此劲旅,迅就肃清。邵灿、庚长务宜不分畛域。饬将此项马队,飞速调往。其察哈尔马队六百名,并着英桂交穆腾阿带赴桐城。毋得各执意见,藉词延误。将此由六百里各谕令知之。"

○己卯,谕军机大臣等:"英桂奏捻匪大股与官兵抗拒,须马队冲击。请将关保所带马队暂留豫省,帮同穆腾阿等马队进剿,并请饬催郝光甲迅来蒙城等语。英桂与福济剿办皖豫捻匪自应察看何路紧要,和衷商榷,调兵策应。乃关保所带马队,前据福济奏调蒙城。本日复据英桂奏留豫省,几致靡所适从。蒙怀一带,福济则奏称捻势日张。而英桂则谓该处情形,并不吃重。亦复各执一词。以致剿办机宜,漫无把握。迨至有误事机,亦复互相诿过。现已派郑魁士会同英桂剿办捻匪,三省官兵,均归节制。皖豫剿匪事宜,责有攸归。福济既远在桐城,毋庸处处过为遥制。郑魁士接奉前旨,谅已驰至蒙怀一带,务与英桂悉心商酌。关保所带马队,是否应赴蒙城,抑仍须留于豫省;穆腾阿所带察哈尔马队六百名,应否仍遵前旨,驰赴桐城,均着郑魁士会同英桂体察缓急情形,斟酌调派。"(《清文宗显皇帝实录卷之二一三》)

○咸丰六年丙辰十二月○甲午,又谕英桂奏请将马匹倒毙过多,并有迷失之带兵各员摘顶等语:"察哈尔官兵,沿途倒毙马匹,及到营后疲乏不堪乘骑者,为数甚多。经该抚续拨马七百余匹,旬日之间又据倒毙百余,并伤亡迷失三百余匹。显系带兵各员任听兵丁克扣喂养,且难保无被贼抢夺,假称迷失等弊。所有管带兵丁之察哈尔参领色普腾玛克索尔车林、副参领依计诺尔布、布彦吉尔嘎勒,均着摘去顶带。此项马匹本应勒令赔补,姑念该员等俱属寒苦,此次免其着赔。倘再不知慎重,致有伤亡遗失,定即勒令赔补。并将该员等从严惩办,决不宽贷。"(《清文宗显皇帝实录卷之二一五》)

○咸丰六年丙辰十二月○甲辰，又谕邵灿、庚长奏捻匪逼营，请饬拨察哈尔马队来徐一折："据称捻匪李月等勾结张乐行等股三万余人，阑入徐境。吏荣椿、伊兴额接战未能得手。该匪旋抵瓦口，围攻营盘，势甚危迫。徐州马队仅吉林余丁两起，不敷抵御等语。徐州地方紧要，现在捻匪围逼营盘，势极鸱张。必须添拨马队，以资冲突。着桂良、双锐即在景州防堵官兵内，抽拨察哈尔马队官兵五百名，交副都统德勒格尔统带，驰往徐州，会同史荣椿进剿，毋稍迟误。将此由五百里各谕令知之。"

○辛亥，谕军机大臣等邵灿等奏徐军剿匪获胜，请暂留马队一折："据奏十六日官军剿匪，适关保、全永带赴怀远之马队五百名，绕道过境，得以获胜。现在匪众兵单，恐援军非旦夕可到，拟暂留吉林马队在徐州剿办等语。自为军务紧要起见，直隶所调察哈尔马队一时尚未能到，吉林马队既能得力，自应准其暂留徐郡。俟直隶所调马队到时，再令关保等前赴怀远。或令直隶马队前赴怀远，仍留关保等马队在徐州助剿之处。着邵灿、庚长与英桂体察情形，酌量办理。徐州为南北要冲，断不可稍有疏虞。英桂曾否先派官兵前往协剿，并着迅速奏报，不得稍存畛域之见，自干咎戾。将此由六百里各谕令知之。"

○癸丑，上御保和殿，筵宴朝正外藩科尔沁、乌珠穆沁、巴林、扎赉特、喀喇沁、敖汉、土默特、鄂尔罗斯、杜尔伯特、和阗、阿克苏、喀什噶尔、叶尔羌、喀喇沙尔、伊犁、青海、察哈尔王、贝勒、伯克，及朝鲜正副使等，随文武大臣依次就坐。○谕军机大臣等福济、郑魁士奏上游贼匪下窜，请添兵助剿等语："据称武汉宁国各路败匪，纷纷窜入桐城，安徽各处防不胜防。且和州等州、县收复后，又须增兵防剿，兵力实形单薄，所奏自系实情。前次谕令英桂派穆腾阿带察哈尔马队五六百名，前赴安徽。嗣经英桂奏请暂留北路。今皖省需兵甚急，而就近各营、舍此亦无可分拨。着英桂即遵前旨，迅将此项马队交穆腾阿如数带往，以资分拨。不得藉词请留，徒滋延误。将此由六百里谕令知之。"（《清文宗显皇帝实录卷之二一六》）

公元1857年

○咸丰七年丁巳春正月○辛酉,谕军机大臣等:"英桂奏称,该营现在马队,马匹倒毙过半,兵丁间有伤亡。请饬前调湖北马队迅速赴营等语。现当剿捕捻匪吃紧之时,马队最关紧要。察哈尔官兵不服水土,伤病过多,实属难期得力。着官文酌度情形,如官军沿江东下,马队可以从缓。即着调拨一千或二千名,迅赴亳州,交英桂再行分拨。若能拨给二千名,则兵数较多,必须大员统率。即着传旨,令都兴阿统带前往。其余湖北存营马队,仍另派大员管带,以资得力。将此由五百里谕令知之。"(《清文宗显皇帝实录卷之二一七》)

○咸丰七年丁巳正月○辛未,谕军机大臣等:"前因邵灿、庚长奏、关保、全永马队过境助剿获胜,准其暂留徐郡。俟直隶马队到时,再令酌量饬赴怀远。本日复据该漕督等奏,察哈尔官兵未到,关保一军连次获胜,实为得力。请仍暂留徐州等语。着照所请。准其暂留防剿,其察哈尔马队到徐之日,着邵灿、庚长饬令径赴怀远,不必调换。设或南路紧急,准其调二百五十名,分往援应。不得此留彼调,徒事迁延,致有贻误。"

○丙子,谕内阁:"河南巡抚英桂,前因剿匪无功,降旨革职暂行留任。乃自去冬以来,又经数月,仍未能督率镇将,实力剿捕。株守亳州,匪踪四出,实属调度无方。着交部议处。察哈尔都统西凌阿,所带皆系劲旅。乃屡次败退,不胜统帅之任。着一并交部议处。河北镇总兵崇安,驻兵雉河,被匪扑陷,已有应得之咎。姬家桥之败,几至纵贼西窜陈州。迨追贼至临涣集地方,又复漫无纪律,为贼所乘。似此屡次挫败,实属恇怯无能。着交部严加议处。西凌阿、崇安,均着来京听候部议。所有西凌阿原带马队,着交穆腾阿管带。胜保现已赏给副都统衔,帮办剿匪事宜。着暂行署理河北镇总兵印务。崇安原带官兵，悉归统带。英桂务与胜保、袁甲三等戮力同心。迅图蒇事。毋再迁延，致干重罪。"○又谕副都统德勒格尔奏参领等官不能得力等语："该都统军营带队需人，着英桂于所辖察哈尔带兵营员内，拣派二三员前往接替，以资得力。英桂剿办捻匪，日久无功。即着遵旨调度，务与胜保和衷商榷，奋勉立功。毋得仍前委靡，致干重咎。将此由五百里谕知英桂，并谕令德勒格尔知之。"○又谕："本日据德勒格尔奏，行抵徐州后，拟即赴怀远助剿。惟原带驻札开州等处之察哈尔马队兵五百名，马匹疲乏，倒毙过多。自应亟为筹拨，以资利用。山东前备土默特兵乘骑之马四百匹，业已解往扬州。此时德勒格尔需用马匹，着崇恩先于该省营内，挑选膘壮战马二百五十匹，即日派员解赴徐州，交史荣椿拨给德勒格尔应用。至山东营马亦不可缺，着该抚再行酌量采买补额可也。将此由六百里谕令知之。"

○戊寅，又谕英桂奏遵派察哈尔马队赴皖等语："昨已降旨，令穆腾阿接管西凌阿所带马队，未便令其前赴安徽。着英桂另行拣派得力大员，前往接替。即饬穆腾阿赶紧折回，俾西凌阿迅速交卸来京。将此由六百里谕令知之。"（《清文宗显皇帝实录卷之二一八》）

　　○咸丰七年丁巳二月○乙酉，谕军机大臣等："前因德勒格尔以察哈尔马队倒毙过多，请饬购买补足。当经谕令崇恩抽拨营马二百五十匹，解交史荣椿营，拨往备用。兹据崇恩覆奏，该省存营马匹无多，不能抽调，亦无可采买等语。军营马匹，最关紧要。山东既无可抽调，着邵灿、庚长迅即筹款，于徐州附近各属，派员采买马二百五十匹，就近解交德勒格尔军营应用。将此由五百里谕令知之。"○又谕："前因察哈尔马队需用马匹，谕令崇恩挑选营马二百五十匹解赴徐州，并将缺额之马酌量买补。本日据该抚奏称，各标存马，通省核算，尚不足二百五十匹之数。览奏实堪诧异。兵丁差操，马匹最关紧要。山东为南北冲途，当此邻省多事之秋，早知营马缺乏，何不急筹买补？所需马价，能值几何？而斤斤以经费短绌为词，尤属藉端诿卸。除此次所调马匹已谕由江苏购备外，所有山东缺额营马，即着崇恩赶紧筹款，次第买补。嗣后遇有调拨，若再藉词推诿，惟该抚是问。将此由五百里谕令知之。"

○己丑，谕军机大臣等容照奏捻匪现在情形，拟设法用计，需用马队攻剿等语："据称捻匪人多粮少，正可就此用计，使其自相并吞。倘接有密报，而宿州并无马队追剿，恐失机会。请将徐州、怀远马队，准其临时调取数百名应用，自因兵力不足起见。现在伊兴额等马队叠次在吕家楼、张家奇楼获胜，即在宿州界内。如有缓急，尽可朝发夕至。德勒格尔所带察哈尔兵，尚缺马匹。昨令邵灿、庚长采买补额。着英桂、胜保察看情形，如果容照所奏，实有把握，即就近酌拨马队数百名，前往策应。一面知会邵灿、庚长毋失事机。倘仅止悬拟之词，一时未能得手，则徐州、怀远，皆关紧要。不可以有用之兵，调置一隅之地。胜保到亳州后，应先赴怀远。或先赴颍州，当已酌定。如可径赴怀远，则距宿尤近，即可就近调度。现在捻势狓猖，虽经伊兴额等叠获胜仗，尚未捣其巢穴。必当实力兜剿，以挫凶锋。使裹胁之徒，闻风解散。不可迁延时日，任令捻首久稽显戮，聚众愈多。致饷缺兵疲，更形棘手。将此由六百里谕知英桂、胜保，并传谕容照知之。"

○辛卯，又谕："前因英桂等剿办捻匪，日久无功，降旨交部分别严议议处。兹据吏部等部遵旨议奏，河南巡抚英桂业经革职，暂行留任。即照部议予以革任，实属咎有应得。惟念一时简用乏人，加恩仍着暂留本任，督剿捻匪，以观后效。该抚务当激发天良，身先士卒，迅速蒇功。毋得再事迁延，致干重罪。察哈尔都统西凌阿，前在北路军营，尚有劳绩。着加恩改为革职留任。河北镇总兵崇安屡次失律，罪无可逭。着即革职，发往军台效力赎罪。"

○丁酉，又谕德勒格尔奏参弁兵脱逃，请饬拏办一折："所有脱逃之察哈尔正黄旗骁骑校阿什达、东鲁普、护军鄂勒哲依巴图、马甲巴图那逊、镶红旗护军车林达什仲奈、镶蓝旗护军色伯克扎普、南吉特、正红旗马甲索诺木车林等八名。着山东巡抚、直隶总督、察哈尔都统饬属一体严拏,务获究办。营总楚楚玛、委参领轻车都尉奇莫特塔尔、委副参领骁骑校色伯克多尔吉等,管带未能得力,德勒格尔约束不严,均属咎无可辞。着一并交部分别议处。"(《清文宗显皇帝实录卷之二一九》)

○咸丰七年丁巳二月○己亥,又谕穆隆阿、庆昀奏遵备军营马匹,请饬沿途妥为照料等语:"察哈尔调赴军营马匹,既经该署都统等派员挑选,着于所调一千匹外,再行添备百余匹,一并管解来京,听候查验,再行拨赴军营。俟马匹进口时,着沿途督抚府尹派员妥为护送,毋使喂养缺乏,致误要需。"

○癸卯,修直隶张家口驻防官兵衙署营房。从大学士总督桂良请也。

○壬子,谕军机大臣等英桂、胜保奏,夺回乌龙集贼巢后连获大胜,并请调湖北马队及暂留察哈尔马队助剿等语:"乌龙集大股捻匪既被官军夺其巢穴,贼胆已寒。自应直趋固始,急解城围。而我兵前队与固邑声息尚未能通。息县接壤之地,伏莽尚多。现在胜保带兵,节节进剿。英桂暂驻新蔡,为胜保后路接应。必须联络声势,兼杜内窜之路,攻剿方能得手。且六安一带已有长发贼党窜踞,断不可令捻匪勾连粤逆,致有蔓延。侍卫托精阿所带马队,经胜保饬赴三塔集会剿,尚能得力,着准其暂留胜保军营调遣。惟庐州贼焰甚张,兵力亦极单薄。此项马队,俟道路可通,仍即饬赴福济军营,毋得久留。至武汉虽经克复,所存马队无多。已据官文等奏,不能分拨赴豫。现在淅川厅属内乡、县境,均有匪踪窜扰。本日已谕官文等,饬令楚陕带兵将弁,由西路绕出贼前,与邱联恩会合堵剿。但南阳陕汝情形吃重,着英桂迅饬该总兵务就现有兵勇,会集地方团练,实力堵剿,毋稍疏懈。将此由六百里谕令知之。"(《清文宗显皇帝实录卷之二二○》)

○咸丰七年丁巳三月○己卯,又谕英桂、胜保奏剿捻正当吃紧,粤逆又图北窜,请饬添兵助剿等语:"颍上县城,当归陈颍亳之冲。胜保既亲督兵勇前往,谅能得力。所请添兵之处,九江郡城尚未克复,楚军何能分半赴豫?况已拨往江西广信,并李孟群带兵一千五百名援应庐州,武汉存兵已属无多。本日仍谕令官文、胡林翼,如襄樊已就肃清,即于该处官兵内酌拨一千名,驰赴英桂等军营调遣。未知能否应付,并迟速如何。胜保前奏截留经过河南之陕甘官兵,究竟是否到营?连穆腾阿马队并现在暂留之察哈尔马队及山东官兵等,为数已不甚单,自应先筹迎剿,以遏贼锋。不可专待添兵,致令贼氛愈炽。至直隶防兵,据双锐奏报,已于二月二十九日由刘智庙启程。史荣椿一军,据邵灿等奏报,已赴亳州会同袁甲三堵剿。并由该漕督等另派吉林余丁、大同马队各二百名,赴颍州助剿。英桂、胜保即当迅速迎提,以资攻剿。至李孟群由楚赴皖,本为庐州吃紧起见。本日已将该员简放安徽布政使,尤应赶紧赴任。倘此项兵勇路经河南地方,该抚等不得率请截留,致滋贻误。将此由六百里谕令知之。"(《清文宗显皇帝实录卷之二二二》)

○咸丰七年丁巳夏四月○乙酉,谕军机大臣等德勒格尔奏察哈尔官兵到皖以来,马匹倒毙,粮饷拨解无期,恳将官兵带赴徐州一折:"该副都统所带察哈尔官兵现驻怀远,饷糈缺乏,马匹倒毙,所余无几,兵丁患病者亦复不少。所奏自系实情。着准其带赴徐州。即着邵灿、庚长饬令徐州道王梦龄,设法筹给兵食。并赶紧购买马匹,俟何处须兵,听候英桂、胜保等调遣。所有患病及技艺生疏各兵丁,即着德勒格尔遣令回旗,以节糜费。将此由五百里各谕令知之。"

○己丑,又谕英桂、胜保奏柳沟集剿贼获胜,并调邱联恩回防光息一折:"捻匪大股,现聚柳沟老巢。胜保赴援颍上之路,为其中阻。自应急筹攻克,以通南北声援。光息一带焚抢之匪,据称系李兆受一股,则其中难保无粤匪在内。该抚等所调邱联恩官兵及蒯贺荪之勇,是否足资堵御,尤不可不妥筹兼顾。至察哈尔官兵,既不得力。无论有马无马,着全行撤遣,饬令归伍。其调赴庐州之五百名,亦着全数遣回。此项官兵启程毋庸令其乘骑马匹,即由地方官酌备车辆,沿途递送。其现存马匹概留军营,以资攻剿。……将此由六百里谕令知之。"○又谕:"前据德兴阿等奏,营总佛尔恭阿所带黑龙江余丁五百名,派令驻札仪征朴树湾,归参领富明阿管领。本日据英桂、胜保奏,现在逼攻柳沟贼巢,察哈尔马队不能得力,请分别撤回归伍,添调黑龙江余丁六百名来营助剿等语。察哈尔马队既不得力,业已谕令全数撤回。惟黑龙江余丁,屡据该将军覆称,无可再调。且程途窎远。现在剿捻正当吃紧,岂能久待!着德兴阿等即将驻札朴树湾之黑龙江余丁五百名派员管带,迅速前赴胜保军营,以资调遣。其朴树湾一带防堵紧要,并着德兴阿等酌量妥筹布置,派兵前往扼守,毋稍疏懈。将此由六百里谕令知之。"(《清文宗显皇帝实录卷之二二三》)

○咸丰七年丁巳五月○戊午,谕军机大臣等邵灿、庚长奏徐郡无须添兵,请将察哈尔马队调赴胜保军营一折:"德勒格尔所带察哈尔官兵前因饷糈缺乏,准其就近前赴徐州,仍候英桂等调遣。嗣据英桂等奏,在营之察哈尔官兵,临阵不能得力,业经全行撤回归伍。德勒格尔所带之兵,既多患病,马匹又经倒毙,若调往军营,恐亦未能得力,着一并撤回。即交原带员弁,妥为管带归伍,并着邵灿等饬令沿途地方官豫备车辆,支给口粮,分起行走。德勒格尔即由怀远驰赴英桂、胜保军营,听候差委。徐州所购土驹,着邵灿等派员解送英桂军营备用。昨据英桂等奏,捻匪勾结长发贼麇聚方家集。调兵合剿,虽有斩擒,而该匪负隅抗拒,究未大加惩创。该抚等是否督兵前进?着将近日剿办情形,随时具奏。将此由五百里谕知邵灿、庚长、英桂、胜保,并传谕德勒格尔知之。"(《清文宗显皇帝实录卷之二二五》)

○咸丰七年丁巳闰五月○丁未,谕军机大臣等:"本日据西凌阿、庆昀奏,热河丰宁县所属大阁儿地方聚有匪徒约一二千人,焚毁衙署,抢掠铺户居民。现经热河道带兵前往查拏,并由西凌阿等派兵往多伦诺尔地方择要堵截各等语。此股匪徒,何以忽然聚集至一二千人之多?其有无地方官激变及讳盗贻患各情,着英隆迅即查明启衅根由,据实具奏。其热河道带兵若干,是否足敷剿办,并着酌量办理。总期一鼓歼擒,毋致蔓延为患。至多伦诺尔地方,与大阁儿毗连。该匪徒业经热河官兵查拏,即须防其窜入。既据西凌阿等派委总管特克慎等带兵四百名前往,着即饬令该总管等认真堵截,与热河官军会合兜拏,毋任窜逸。将此由四百里各谕令知之。"(《清文宗显皇帝实录卷之二二八》)

○咸丰七年丁巳六月庚戌朔○谕内阁谭廷襄奏请撤回患病防兵一折:"驻扎直隶开州之察哈尔官兵,现在患病者一百七十一员名,着先行撤回察哈尔原营。至其余官兵,为数无多。现在地方静谧,无须防堵,并着一并撤令归伍,以示体恤。"○谕军机大臣等:"前据西凌阿、庆昀奏,热河丰宁县大阁儿地方聚有匪徒约一二千人,焚毁衙署,抢掠铺户居民。业经热河道带兵前往剿办,并饬总管特克慎等堵拏。复据英隆奏,大阁儿地方有匪徒聚集抢掠。经巡检盛祖培等往捕,将首先纠抢滋扰之刘幅汰等格毙,余匪旋各四散。本日据谭廷襄奏,滦平县宝山寺地方又有矿匪与民人互斗,现令护理提督及口北道等分别督办等语。此股滦平县匪徒是否即系丰宁县匪徒,抑系另股滋事。着谭廷襄确切查明,并因何起衅根由,据实具奏。即饬该护理提督等认真剿办,迅速扑灭,毋任蔓延。进口难民,尤应认真稽查,勿令奸宄溷迹。将此谕令知之。"

○壬戌,谕内阁惠亲王等奏,蒙古王、贝勒、台吉、喇嘛等呈请捐输马匹,代奏请旨一折:"蒙古王、贝勒、台吉、喇嘛等,因军营需用马匹,情愿共捐马六千七百匹。洵属出于至诚,深堪嘉尚。所捐马匹,着即赏收。此项马匹,着察哈尔都统于七八月间照数验收。咨报该部后,再由理藩院将该王、贝勒等奏请奖叙。"(《清文宗显皇帝实录卷之二二九》)

○咸丰七年丁巳八月○甲子,谕军机大臣等袁甲三奏请撤回马队等语:"察哈尔马队前因英桂等奏称不能得力,当谕令撤回。本日据袁甲三奏,该营四起马队,因马匹倒毙过多,不成队伍,着即撤回以示体恤。其管带之记名副都统总管约逊带兵得力,着暂留袁甲三军营。并酌留随从官兵,以备差遣。遣回各兵,即交带队官公中佐领贡嘎德里克管带。并着地方官酌备车辆,沿途递送。前有旨谕令袁甲三驰赴正阳,接办剿匪事宜。本日据奏,约在中秋前后启程,计此时当已前进。现在攻剿正阳,正当吃紧,胜保病尚未痊。袁甲三着即星驰前往,帮同统带官兵,迅图克复,毋再延缓。将此由五百里谕令知之。"(《清文宗显皇帝实录卷之二三四》)

○咸丰七年丁巳冬十月○辛酉,署直隶总督谭廷襄奏:"宣化府属各州、县储存囤米,久未出粜,恐致霉变。请将宣化镇各营及张家口、独石口二厅捕盗营兵饷,自本年秋季为始,均于应放实银五成内,暂搭囤米二成。"允之。(《清文宗显皇帝实录卷之二三七》)

○咸丰七年丁巳十二月○乙丑,举行本年军政,……察哈尔都统所属,卓异官四员,才力不及官二员,年老有疾官六员,罢软不谨官五员。……分别议叙处分如例。(《清文宗显皇帝实录卷之二四二》)

公元1858年

○咸丰八年戊午春正月○己丑,以修筑直隶张家口坝工完竣,予知县姚忠亮等加衔有差。(《清文宗显皇帝实录卷之二四三》)

○咸丰八年戊午三月○戊寅,又谕:"本日据何桂清等奏,英吉利等夷酋欲由上海前赴天津，业已起碇。山海关地方紧要，亟应豫筹防范。着西凌阿于察哈尔各兵内，挑选马队劲旅二千名，备齐军装器械。即着该都统亲自统带，克日由密云一路前赴山海关，相机布置，不必由京行走。现在京营需用马匹，并着于察哈尔捐输马内挑选二千匹。俟四月间，缓程解京备用。西凌阿启程后，察哈尔都统印务着庆昀署理。将此由四百里密谕知之。"

编者注：第二次鸦片战争中，清政府抽调察哈尔八旗官兵二千名，由都统西凌阿亲自率领，奉命开赴山海关一带协助堵截英法联军。

〇癸未，谕军机大臣等西凌阿奏，遵旨饬调官兵来口，即行统带启程一折："据称，遵挑察哈尔兵二千名，以一千名作为鸟枪兵，一千名作为弓箭兵。分作四起，派令总管特克慎等四员分带。于商都太仆寺牧放捐输马内，挑膘壮马二千三百匹，以备乘骑。并于库存捐输银内动项，造就驼鞍绳屉六百副。即由商都驼群内，调用驼六百只，以备官兵使用。该都统统带头起官兵，先行启程，由密云一带径赴山海关布置等语。均着照所拟办理。至所称由口至山海关经过地方，沿途需用店房、饭食、草干、装载军器车辆，请饬直隶总督饬属豫备之处，着谭廷襄查照从前成案，饬属妥为应付，以利遄征。至西凌阿启程后，其后起各官兵，务饬络绎前进，毋许迟延。该都统行至山海关后，如何相机布置，并着随时奏报。到防后，蒙古兵性多糊涂，诚恐遇有夷人上岸，率加残害。务必严为约束，免生枝节。张家口驻防官员、兵丁，如有当差得力者，准其选派带往。所需铅丸火药，已谕工部即为筹解矣。将此各谕令知之。"

（《清文宗显皇帝实录卷之二四七》）

〇咸丰八年戊午三月〇戊子，谕军机大臣等："前因夷船驶至天津，当谕定福密加防范。兹据该副都统奏称，现已分派官兵驻札，布置尚属周妥。前派西凌阿督带察哈尔马队二千名，由密云一带径赴山海关防堵，以示声威。谅即可行抵该处。夷情诡谲，不可不豫为设防。惟该夷船到津,尚未猖獗滋事。现派仓场侍郎崇纶等与之接见,冀有转圜。若驶赴山海关停泊,着定福仍遵前旨,督饬员弁不动声色,暗中设防。不可先开枪炮,致令夷人有所藉口。奉天等处,业经谕令庆祺等一体遵办矣。该副都统务当示以镇静,不可稍涉张皇。将此密谕知之。"

○癸巳,谕军机大臣等御史来仪奏匪徒扰害地方,请饬查拏一折:"据称直隶宣化府延庆州属之曹官营等庄村,有本地土棍赵满朝之子赵永安等率领多人,各持火枪器械,至民人冯家铎等家抢掠粮米,并在村外砍伐树株等语。宣化为畿疆近地,自宜一律肃清。若如所奏,奸民结党持械,肆行抢掠,大为地方之害。若不急加惩办,何以缉奸宄而安闾阎?着谭廷襄即饬该管地方文武,赶紧查拏,将该御史指出各犯悉数弋获,毋任一名漏网。此等棍徒啸聚多人,深恐酿成大患,不得视为寻常劫案,稍涉迁延。原折着抄给阅看,将此谕令知之。"(《清文宗显皇帝实录卷之二四八》)

○咸丰八年戊午三月○丁酉,山海关监督清醇奏:"遵拨关税二千两,以资官兵防费。"得旨:"历届成案防费奏销,由何衙门核办,汝可查明具奏。"又奏:"察哈尔官兵防费,可否由应解部备拨米价内支发?"批:"准其暂行通拨,遵节支放。"

○壬寅,又谕西凌阿奏请将库存银两带往军营备用一折:"所有察哈尔库存捐输生息等项银两,着准其带往军营,以备要需。此项用款数目,并动支过路费等项银两,均着造册报销,以归核实。"(《清文宗显皇帝实录卷之二四九》)

○咸丰八年戊午夏四月丙午朔○谕军机大臣等:"昨据谭廷襄奏,俄夷不遵兴安岭分界旧约,欲另以乌苏里河、绥芬河为界等语。当经谕知谭廷襄,告以兴安岭分界,载在会典。其乌苏里河、绥芬河,此间无从知其界址，难以悬断。黑龙江现有钦派大臣，仍应到彼查勘。谅谭廷襄等当已妥为晓谕。该夷既称已行文伊国办理，其所称木拉幅叶幅，自即系木哩斐岳幅。览奕山等前奏，似分界一事，已归木酋经理。本日已谕知奕山，如其真心查办，即与秉公会勘。倘肆意侵占，亦祇能随时防范。普提雅廷之意，既以分界为重，务当晓以此事断不能在津议定，实缘道远，无可悬揣。至未分界址之地，止有乌特河一处。上年给该夷文内，亦经允其查办。其现在所称各河，必在黑龙江方能查知。如果该酋所言有理，奕山亦必不强驳。若不论情理，则天朝疆土，岂容尺寸与人？即如该夷地界，肯令他人侵占乎？至进京之说，亦未必是其本心。不过因从前曾有进京之人，欲借此诬我废弃和约。不知雍正九年议定章程，皆为该国贸易人来京而设，并无使臣进京之例。况皆由张家口陆路而来，亦无由天津前来之事，何得谓我废弃和约？该国通商，向止恰克图一处。道光三十年，已增伊犁、塔尔巴哈台两处。今因该夷前来说合，一番好意。复许其海口通商，此皆从前条约所无。今反责中国废弃条约，其优待于条约之外者，岂不知耶！我中国以仁义待人，从无失信之事。谅该夷亦无可置喙。英（吉利）法（朗西）船只虽多，天津地势民力，皆有可恃。不必虑其恫喝。美夷言既近理，着接见后察其情形，妥为驾驭。若俄夷能就范，则可用俄以制英、法。如美胜于俄，又不妨舍俄而用美。此中操纵，该督等谅能洞晓机宜，经权互用，妥为筹办。将此由五百里密谕谭廷襄、崇纶、乌尔棍泰，并传谕钱炘和知之。"

○甲寅，调热河、察哈尔、绥远城官兵各一千名，密云官兵五百名，驰赴通州防堵。○调察哈尔备用马二千匹，迅解南苑牧放。并令另选马二千匹备调。

○乙卯，谕内阁西凌阿奏理事同知不候清查，托故出口，请饬查办等语："张家口理事同知富纶于清查该厅仓库，不候查核，托故奉委查地，擅自出口。迨屡经饬催，始将仓库册档呈出，并未亲身赴口。似此不遵查核，难保无侵蚀情弊。着谭廷襄督饬口北道福厚，调取该员，带同

仓库册档,认真查核。如有亏短情弊,即着据实参办。"(《清文宗显皇帝实录卷之二五〇》)

〇咸丰八年戊午四月〇丁巳,又谕谭廷襄奏夷船倐忽内驶,筹防紧要,仍请酌拨京兵星夜来津等语:"现在京兵已难再调,惟察哈尔三四起兵一千名。本日据西凌阿奏,已派员驰赴永平等处,截回通州。此项官兵抵通后,并着僧格林沁等简派得力之员管带,饬令前赴天津,听候谭廷襄、托明阿调遣。僧格林沁等驻札通州,原以保卫京师。设津郡事机紧急,必须亲自前进,亦祇宜于杨村、蔡村等处择要驻札。庶于京师相距不远,而于津郡呼应亦灵。至官兵调赴津郡,僧格林沁等军营兵力太单。所有直隶通永等镇官兵,相距尚近。即着酌量调拨,以资防守。将此密谕知之。"〇又谕:"本日早间,因谭廷襄昨有请调京兵之奏,特命僧格林沁等俟密云兵到通州时,即饬赴天津。顷又据谭廷襄等来报据称,沿河兵勇,万难阻遏,仍请添调京兵。复谕知僧格林沁等,俟察哈尔官兵到通,再派员管带赴津,一并归托明阿分拨布置矣。惟此二项官兵,一时未能到齐。国瑞、珠勒亨、富勒敦泰,所带马步队京兵本有二千。何以不闻接仗,亦不见其扼守何处要隘?现在僧格林沁所带京兵,原为京师保障,岂能尽赴天津?若如所请,则国瑞等所带,皆不足恃,岂有如此办法?此项京兵,即有伤亡,为数当尚不少。加以张殿元、达年皆有本标之兵,何至如此一日数惊,张皇无措?托明阿久历戎行,素称勇敢。此时当已抵津,即着妥筹调度。该夷现虽乘船驶进,而陆路亦应严防。若以步兵练勇防河路,而以马队防陆路,布置更为周密。富勒敦泰等业已降旨革职,即国瑞、珠勒亨,一同退却,亦难辞咎。若再不力为防御,或致别有疏失,自问当得何罪?前谭廷襄屡次奏报,总言兵勇声势甚壮。迨一经溃败,即毫无筹画。事前既无布置,今又如此惶怯。即使再添精兵,何能有益?着即与托明阿、国瑞、珠勒亨等妥速筹办。务使郡城得保无虞,方可徐图议抚。若再有贻误,致失机宜,朕惟执法惩治,不能宽贷也。将此由六百里密谕谭廷襄、崇纶、乌尔棍泰、托明阿、国瑞、珠勒亨、富勒敦泰,并传谕钱炘和知之。"

〇庚申,谕军机大臣等:"前因谭廷襄等屡次奏请添调京兵。节经饬令僧格林沁等,将密云兵五百名、察哈尔三四起兵一千名,调赴天津。本日复据谭廷襄等奏,该夷大小火轮船七只,带舢板多只,直入内河。经该督等沉船下石堵塞,不料夷船乘潮而上,仍复开通。居民迁徙,兵勇溃散。扼守北河及分布近城地面之兵,为数无多。现在导水旁泄,以涸其船各等语。览奏实深愤懑。业经谕令谭廷襄等设法抵御,并于津郡以北一带水路侦察严防,以资补救。夷船恃强,直入内河。兵勇慑其虚声,纷纷溃散,几至逼近津郡。不知该夷虽船坚炮利,为数究属无多。且系入我重地,岂遂无制伏之法?兵家因地制宜,或囊沙遏流,或沉石阻船,或决堤泄水。总在用我之长,攻彼所短,使其伎俩无所施,方为得计。谭廷襄等于守御已无把握,僧格林沁久于行阵,着即相度地势,默运机宜。于天津以北,密为防备。闻武清县之王家务、天津县之筐儿港两处引河,皆可归入宁河县之芦台入海。由此泄水,即可使夷船不能再行前进,并着妥筹办理。至现在兵勇数既无多,前调之兵一时未能到齐,恐尚不敷调派。如需添调京兵之处,并着僧格林沁等酌量奏调,以资防守。将此谕令知之。"

〇甲子,调察哈尔续拨官兵一千名,赴科尔沁亲王僧格林沁军营,听候调遣。(《清文宗显皇帝实录卷之二五一》)

〇咸丰八年戊午四月〇丙寅,又谕:"僧格林沁、瑞麟奏遵覆运河水陆设备情形一折,所称河坝高于水面之处,自未便宣泄。其平家滩等处,即着照议办理。德州泗女寺及东昌城外之拦水坝,亦着照所请,妥为筹办。本日据朱凤标等奏,将卫河西河之水一律宣泄,海河即可立涸,可制夷船使不能退等语。着将原片抄给僧格林沁等阅看,悉心酌办。现在水路之防,以泄水为要着。而陆路之防,尤应严密。所有珠勒亨等所带马步各队,凡在天津迤北者,统归僧格林沁节制调遣。至现在需兵甚急,所有后调之察哈尔兵一千名,仍听其来京,毋庸截留口外。将此密谕知之。"○以散秩大臣穆隆阿、委散秩大臣文谦,署镶黄旗蒙古副都统。署刑部左侍郎文祥、都察院左副都御史书元,署镶黄旗汉军副都统。内阁学士双福,署正黄旗满洲副都统。太常寺卿察杭阿,署正黄旗蒙古副都统。通政使司通政使奎章、正黄旗满洲参领平瑞,署正红旗蒙古副都统。头等侍卫福钤、正黄旗汉军参领景纹,署正红旗汉军副都统。镶红旗满洲参领博铭,署正蓝旗满洲副都统。銮仪卫冠军使奕贵,署正蓝旗蒙古副都统。镶黄旗满洲参领文永,署正蓝旗汉军副都统。散秩大臣德鉴,署镶蓝旗汉军副都统。正蓝旗蒙古副都统托云,署正白旗护军统领。正黄旗护军统领载堪,署管宝坻等四处官兵事。○命署密云副都统哈福那、署宣化镇总兵官乌忠阿挑选精兵,亲带来京,听候调遣。

○庚午,调察哈尔备用马二千匹解京。

○辛未,谕军机大臣等:"现在托明阿带兵驻札杨村,该处为由津至京水陆最要之地。着瑞麟前往查看托明阿如何布置。如有备豫未周之处,着会同商办,以为僧格林沁前路屏蔽。现在惠亲王等奏明于京师城外分札十二营,尚无总统大员。瑞麟侯布置杨村一带前路妥协后,即着来京,总统各营事务。并着僧格林沁传旨咨调西凌阿前赴通州,帮同僧格林沁统带官兵。其山海关察哈尔官兵,即着僧格林沁另行派员前往管带。将此谕令知之。"(《清文宗显皇帝实录卷之二五二》)

○咸丰八年戊午五月○己卯,谕军机大臣等:"据惠亲王等参奏,耆英擅自回京,并呈递信函,览奏实深诧异。耆英本系获罪之员,前因惠亲王等奏请派赴天津,办理夷务,朕念伊尚悉夷情,宽其既往,弃瑕录用,令与桂良、花沙纳妥筹商办。伊应感发天良,力图报效。即使逆夷狡狯,猝难开导,亦须悉心筹画。昨桂良、花沙纳代伊奏请回京,未曾允准。乃竟不候谕旨,先自由津回至通州。阅伊所致僧格林沁信函,畏葸无能,不顾大局,置身事外,殊深痛恨。已有朱谕,令僧格林沁派员将耆英锁扭押解来京,交巡防王大臣等严讯矣。该大臣接奉此旨,务将耆英派员押解启程。现在抚局未定,难保该夷不肆狂悖,更起兵端。自应先机筹备防剿之策,方不致仓猝失据。该大臣驻札通州,距津甚近。务当随时侦探,作速布置。至驻札山海关之察哈尔兵一千名,本日已谕令前赴通州。并谕庆祺,迅调盛京兵一千名,饬交玉明统带,往山海关防堵,以臻严密。将此密谕知之。"○又谕:"前因通州需兵防堵,叠谕吉林、黑龙江将军,各调兵五百名迅速来京。本日据承志奏,吉林官兵业已分作两起,即日启程。其黑龙江官兵,谅奕山接奉谕旨,亦即迅调来京。着庆祺飞饬沿途,催提两处官兵克日驰赴通州,听候僧格林沁调遣,毋稍延缓。至山海关驻札之察哈尔兵一千名,亦着该副都统饬令迅赴僧格林沁军营。山海关地方紧要,着庆祺迅调盛京官兵一千名,交协领管带,饬令前往,交玉明统率。如该侍郎尚未行抵该处,即将此项官兵交定福暂行管带。至前调哲里木盟蒙古兵一千名,并着庆祺就近饬催,迅速启程进京,听候僧格林沁调遣。将此由六百里加紧各谕令知之。"

○癸未,又谕:"寄谕密云副都统胜保等,伊兴额、史荣椿奏追剿捻匪直至蒙城,现仍回顾宿、徐,请催援军一折。此次捻匪由六安逃出,攻陷怀远,围及蒙城,伊兴额等孤军不能解围。且自宿州浍河以南至临淮以北,遍地贼圩,聚党约十余万之多。胜保堵遏南路,而贼势已悉众北趋。徐、宿为紧要门户。虽前据和春等奏,已调傅振邦带兵一千余名,计日当可驰至,兵力尚嫌单弱。屡经谕令袁甲三带兵勇前进,以顾北路。兼谕胜保将陕甘兵一千名交袁甲三带往徐州。现在贼焰甚张,着即飞速拔队启程,毋再延误。胜保暂驻正阳,即可为袁甲三后路策应。至山东省金乡、单县,贼踪已遁。所有峄、郯等处防兵,仍着崇恩饬将弁管带出境,交伊兴额等调遣。伊兴额等片奏请饬拨察哈尔马五百匹等语,该处马匹因天津办理夷务,调解来京。俟夷务办竣,当即挑赴伊兴额等军营

应用。将此由六百里各谕令知之。"(《清文宗显皇帝实录卷之二五三》)

○咸丰八年戊午五月○丙戌,谕军机大臣等桂良、花沙纳奏密陈英、法两夷议论条约情形一折:"法夷所求内江通商一节,该大臣等已许南京一处。现在逆匪占踞金陵,官军克复之后,地方凋敝。一切善后事宜,非两三年不能妥办。须俟办妥后,方能议立马头。此事与英夷所求镇江,同一窒碍。该大臣等务当明白开导,以免临时饶舌。内地游行一节,该夷无非意在传教。但中国民情不一,肯否习教,不能相强。倘将传教之人暗中残害,或迷失伤亡,中国地广人众,不能纷纷代为查办。此层须向该夷先为说定,以免将来因此启衅。至派员进京看定房屋,留数人居住办事一条。该夷留人在京,无事可办。海口通商事宜,仍须由各督抚察看地势民情,京中碍难悬断。若照俄夷成例,其随从人等须改中国衣冠,遵中国制度,不得与闻公事,于该夷有何裨益?此事仍须嘱俄夷向英、法二夷详言阻止,方为妥善。其赔偿兵费,数目至二百万,虽属无理,原不足计较。惟广东关税,五年之中能否扣出此数?况尚有英、美二国,恐为数不敷。必须俟广东大局定后,方能核算。桂良等若先行画押,将来事有难行,反谓中国失信。又恐其复有要求,伊于胡底。若能借俄夷之力挽回,该大臣等亦须示以诚信,以见不轻定约,为定约后事必能行。其尚无把握者,不敢漫然应允,并非推诿也。另片奏俄夷遣人赴恰克图,已谕谭廷襄派员护送至张家口,并谕庆昀派员接送至恰克图矣。将此由六百里密谕知之。"○又谕桂良、花沙纳奏俄夷欲派人由驿往恰克图送信,恳请代奏等语:"据称现在前往祇有二人,其自天津启程,由张家口、库伦,径往恰克图。由驿行走,系向来学生行走故道,未便过为阻止。着谭廷襄遴派熟悉夷情之干练旗员,伴送该夷,由通州、昌平州一带至张家口后。着庆昀拣选通晓蒙古言语之干员,接续护送至恰克图。沿途密饬委员,暗中察看夷情,妥为防护。将此各密谕知之。"

○辛卯,又谕庆昀奏遵旨筹办派员护送俄夷一折,并密陈该夷由驿行走,恐有疏虞等语:"此次俄夷由张家口回恰克图,必须熟悉夷情之员伴送。据庆昀奏称,拟派员外郎福申、骁骑校伊什贡布沿途护送,可期得力。惟伊什贡布现在通州军营。着西凌阿即饬该员速回张家口,听候庆昀派委。至庆昀所称,该夷由天津至张家口,各路先被窥识,口外草地与驿站,复被履看。恐将来水陆两路,多所牵掣,所虑亦不为无见。惟该夷仅止二人,且由驿行走,业已应许,难于更改。着庆昀于该夷抵口后,饬令护送各员严密防范,催趱前进。不令沿途逗留,得肆窥探,以免意外之虞。将此由五百里各谕令知之。"(《清文宗显皇帝实录卷之二五四》)

○咸丰八年戊午五月○甲辰,谕军机大臣等本日据巡防王大臣等奏抚局已定,酌撤京兵,并拟查看海口情形一折:"现在天津夷船,全数退出内河。前经派出驻札八里桥官兵,自应先行裁撤。通州以东各营,暂令照旧驻札。各处调到官兵,将次抵京,亦可分别调度。其由天津至海口一带,即豫为防范,严密布置。着僧格林沁即行来京,面授机宜。所有通州各营盘,着派西凌阿照看。将此密谕知之。"(《清文宗显皇帝实录卷之二五五》)

○咸丰八年戊午六月○戊午,谕军机大臣等:"现在夷船全数退回,所有前调之哲里木、昭乌达两盟官兵各一千名,是否应留何处兵一千名,以备调用,抑或全拟撤回,着僧格林沁酌量奏明。所有应撤官兵,尚须酌给奖赏。再前据伊兴额奏请饬调察哈尔马五百匹等语,曾谕该副都统,俟天津夷务办竣,再行挑拨。并着僧格林沁察看情形,能否于察哈尔调京马匹内酌拨三四百匹赴伊兴额军营之处,一并具奏。将此谕令知之。"(《清文宗显皇帝实录卷之二五六》)

○咸丰八年戊午六月○辛酉,以察哈尔正黄旗总管约逊为正红旗汉军副都统。未到任前，仍以头等侍卫福铃署理。

○癸亥，谕军机大臣等："昨因英桂等奏，亳州剿匪获胜，谕令该抚即饬伊兴额等，将此股匪众速行扫荡。本日据袁甲三奏称，徐境捻匪，渐就肃清，即日进攻宿南贼匪。惟北路自亳州以至灵壁贼圩林立，朱连泰兵力过单，不敷剿办。请饬令德楞额与朱连泰合为一军，将亳境捻巢迅速扫除等语。亳州等处，匪势甚炽。非痛加剿洗，深虞延蔓。德楞额现驻鹿邑，藉杜该匪窜入豫境。惟远防不如近剿，着英桂、瑛棨，即饬该员统领所部赴亳，与朱连泰兵勇联络声势，协力攻剿，务使亳境肃清，即以保固归陈门户。不得株守鹿邑，致以有用之兵，置之无用之地。至袁甲三片奏，伊兴额所调察哈尔马匹请仍留北路，以备缓急，毋庸饬赴徐州等语。察哈尔解京马匹，现据僧格林沁查明，可以匀拨四百匹解往。惟时值暑热，须俟八月初间起解，一俟解到以后，着袁甲三即拨交伊兴额军营应用，以资得力。将此由六百里各谕令知之。"

○辛未，又谕德勒克多尔济等奏，俄罗斯署理固毕尔那托尔斐耶多罗斐志咨文内称请停止驿站供给盘费羊只之处，请旨斥驳一折："俄罗斯固毕尔那托尔呈请停止两国使臣往来驿站供给盘费羊只，实与旧例不符。着德勒克多尔济等咨覆时，即称本贝子业经奏奉大皇帝谕旨，中外相交，一切事宜均有定例，不可率行更易。一旦停止供给物件，亦非柔远之意。况驿站羊只物件，所费无几，亦无苦累之处等因。晓谕知之。"（《清文宗显皇帝实录卷之二五七》）

○咸丰八年戊午秋七月○辛巳，谕军机大臣等僧格林沁、西凌阿奏催办炮台营垒，拟移营双港一折："现在购办桩木，解赴天津修整炮台、营垒，并搬运炮位，办理渐有就绪。惟该夷船是否再来，不能豫定。该大臣可先赴天津，查看双港营垒。炮台布置周妥后，可仍回通州驻札，不必常驻天津。如有应行办理之处，不难随时前往，总以通州后路为要。如夷船到津，仍由瑞麟妥为开导。僧格林沁赴津后，通州营垒炮位即交副都统克兴阿暂为照料,应调官兵即照所拟办理。再前任漕运总督李湘芬,曾在僧格林沁军营。其人是否堪以调赴军营,藉资驱策,着查明具奏。将此谕令知之。"○又谕:"现在天津修造炮台,需用牛皮包裹,以避火攻。据僧格林沁奏,张家口购买皮张较易,着庆昀即饬该监督崇连,赶紧购办牛皮一千张,迅即派员解赴天津,以应要需。将此谕知庆昀,并传谕张家口监督崇连知之。"

○丙戌,谕军机大臣等:"本日据胜保奏,军务紧要,马队得力。请饬于绥远城、察哈尔各挑选四五百名来营等语。绥远城兵在通州者已有一千,恐难再调。其所需察哈尔马队,尚可酌量分拨。着僧格林沁于现存通州之一千名内,分拨五百名,派员管带,前赴胜保军营,以资得力。至伊兴额前请拨察哈尔马五百匹,据僧格林沁覆奏,可以匀拨四百匹。因天气炎暑,暂停起解。现在胜保军营亦尚缺马,此项马匹着即随同此起马队一并解交胜保,俾与伊兴额均匀拨用。津郡防务紧要。如果存兵尚形单弱,并着僧格林沁酌量情形,飞咨察哈尔都统再行挑选马队五百名,赴通补足原数。将此谕令知之。"(《清文宗显皇帝实录卷之二五八》)

○咸丰八年戊午七月○己丑,又谕僧格林沁奏遵旨筹拨官兵马匹一折:"察哈尔兵丁既于南方水土不宜,所有胜保军营需用官兵,着照所请,先将在津屯札之绥远城马队内,咨令托明阿匀拨五百名;并令拣选三百名,配用膘壮马匹,先行派员,管带启程。其余二百名,俟领到南苑马匹,再行前进。至僧格林沁请在南苑捐输马内挑选八百匹交绥远城领马官兵管解,分交胜保、伊兴额两路军营各四百匹之处,已谕令上驷院迅速挑选矣。僧格林沁现已移营赴津,如果兵力不敷,着即奏请调拨。将此谕令知之。"

○壬辰,又谕载垣等奏军营挑补炮手恐有情弊,请旨饬查一折:"据称镶白旗汉军三两炮手出缺,察哈尔都统西凌阿不挑本旗应补之人,另将镶黄旗炮手李雯挑补。其李雯所出二两炮手之缺,又不于炮手子弟内挑补,竟以闲散宝荣挑补,均与定例不符。嗣经载垣等节次咨驳,据西凌阿覆称,以李雯演炮有准,宝荣熟习演炮为词。及行查该旗,宝荣实并未学习炮手,情节显属不符。且出缺后指名调取到营,即行挑补,尤属可疑。着西凌阿明白回奏。"(《清文宗显皇帝实录卷之二五九》)

〇咸丰八年戊午八月〇甲辰,又谕僧格林沁奏请调察哈尔马匹等语:"前据庆昀奏称,该处捐输项下剩马无多,已将驳回更换,并已报捐输尚未送到,各项马匹,咨行转催。现在南苑牧放马匹屡次调拨,膘壮者亦少。着该署都统即在太仆寺牧群并捐输马匹内,挑选膘壮马八百匹,迅速派员解京,交南苑牧放,以备调用。俟将来捐输马匹解齐,仍如数拨还太仆寺牧群。毋令短少。"(《清文宗显皇帝实录卷之二六〇》)

〇咸丰八年戊午八月〇戊辰,谕军机大臣胜保奏,新调马队请分拨协剿等语:"该大臣现拟将怀凤一带布置停妥,即行督兵南下,自为南北兼顾。惟因察哈尔马队为袁甲三奏请截留。另片缕陈力言捻逆情形,南重于北,未免犹各存意见。该大臣既统全皖军务,应如何分拨兵勇,不妨径行派拨。即袁甲三有全数截留之奏,亦可酌度缓急,和衷商调。况捻匪大股,已越徐州而北,扰及山东。袁甲三所称北路吃紧,亦未可厚非。该大臣既拟将此项马队,以二百名暂留淮北,以三百名调赴南路,即着照所请分拨。此外马步各军应如何布置,总宜与袁甲三商榷,分别缓急,酌量调拨为要。至庐州大股贼匪。昨据德兴阿奏,已陆续东犯,其由梁园等处窜扑来安江浦者不下数万。则庐城贼众,必已空虚。胜保亟宜统兵前进,掩其不备。若能速克庐州,亦足牵制南路之贼,不使四出北犯。袁甲三未能即赴临凤,定远以北,诚不免空虚。该大臣现已留兵该处,并奏令徐广缙暂行督率。俟徐境贼势稍松,袁甲三仍当回顾淮南。该大臣布置妥协,即当迅速南征,毋再迟延。李兆受所递各件,有乞赏银一万两之语，未知胜保能否应其所求。设或不能，有无反覆，此时仍应饬令来安等处严防，并催李兆受迅速举事。果能着有成效，方可自明心迹，该大臣亦不致因此久稽进剿也。将此由六百里谕令知之。"（《清文宗显皇帝实录卷之二六二》）

○咸丰八年戊午九月○庚辰，又谕："前调赴通州驻札之察哈尔官兵，经僧格林沁挑留一千名。其余一千名，同屯驻南苑之察哈尔兵一千，撤回归伍。着庆昀仍将此项撤回兵二千名，备齐军械马匹，驻札张家口外，听候调遣。将此谕令知之。"（《清文宗显皇帝实录卷之二六三》）

○咸丰八年戊午九月○壬寅，又谕："现在兴办万年吉地工程，需用细丝黄松木植荒料长四丈、径四尺者。其余自长一丈至三丈者，均合应用。此项木植，现拟于热河围场以外，多伦诺尔等处躧办。着庆祺即饬该地方官详细履勘，该处山林所产黄松，何处最为茂盛，即将山场地段迅速具奏。将来采办时，着派委口北道或宣化府知府亲往弹压，稽查隐匿需索之弊。现在承办王大臣等，拟差派商人前往采访，恐该商人抵该处后，或有胥吏讹索情事。并饬令该地方官，严行禁止。毋使商人裹足不前，是为至要。将此谕令知之。"（《清文宗显皇帝实录卷之二六五》）

○咸丰八年戊午十月○丁巳，又谕僧格林沁等奏修理双港海口等处炮台营墙一律完竣，酌撤防兵，绘图呈览一折："僧格林沁在大沽海口及双港地方修筑炮台，安设营垒，并置木筏，以扼海口要隘。各项工程已于本月十二日一律告竣。该大臣办理海防，已逾数月。夙夜辛勤，自应暂行回京，以节劳勚。所有操练水师，建盖兵房等事，即交瑞麟、庆祺妥为办理。炮台分设炮位，着即饬副将乌忠阿等带宣化镇官兵一千名，协同大沽协官兵小心守护。至所调吉林、黑龙江、察哈尔等处官兵，程途遥远，未便令其归伍。此次回京后应在何处驻札，着僧格林沁筹议具奏。将此谕令知之。"○以办理海防得力,直隶宣化镇总兵官汤苏仍留天津镇署任。

○壬戌,又谕僧格林沁奏请将马队官兵口分全放实银等语:"天津双港屯扎吉林、黑龙江、察哈尔马队官兵,现届冬令,马匹无地牧放。豆草价昂,颇形苦累,自系实在情形。加恩着照所请,所有现驻天津之吉林、黑龙江、察哈尔马队官兵月支口分,准其全放实银,以示体恤。"(《清文宗显皇帝实录卷之二六七》)

○咸丰八年戊午十月○乙丑,上御洞明堂,勾到山东、山西、察哈尔情实罪犯,停决山东省斩犯二人,山西省斩犯二人,余六十七人予勾。(《清文宗显皇帝实录卷之二六八》)

○咸丰八年戊午十一月壬申朔○又谕:"现在徐州一带捻匪分股窜扰,势甚猖獗。万一北窜,则东豫交界之处,甚为吃紧。直隶本省无兵可拨,山东兵力亦单,亟应另拨劲旅,以遏匪踪。着庆祺、西凌阿即将驻扎天津之吉林兵二百五十名、黑龙江兵五百名、察哈尔兵一千名,派协领关保管带,驰赴徐州一带,交袁甲三调遣。前有旨令关保来京引见,着饬该协领迅即启程。俟引见回津后,即带兵分起南行。西凌阿俟官兵启程后,着即回察哈尔本任,毋庸来京陛见。所有此次派往徐州之官兵军装银两,着庆祺迅筹豫备,并咨令沿途支应,毋令缺乏。将此谕令知之。"

○乙亥,又谕:"昨据瑞麟、庆祺奏,酌拟拨添海口将弁,并招募水师足数各情。当交僧格林沁察核具奏。本日据覆称,该大臣所拟请裁移添设之将弁各缺,均甚妥协。其原设及新募之兵,足资守卫。业经降旨,依议办理矣。惟据称海口地方辽阔,尚须添调官兵,以资防守。所请调之吉林、黑龙江、蒙古两盟及察哈尔等处马队兵五千名,均于二月初间可到。合之僧格林沁另带京旗官兵二千名,共有七千之数。津郡现办厘捐及盐斤复价,犹恐不敷应用。除饬户部豫为筹备外,并着庆祺先期筹备,以免临时缺乏。将此谕令知之。"

○己卯,又谕庆昀奏请将藉词禀报之营总等官暂行摘顶示惩一折:"察哈尔右翼四旗营总僧格塔尔济等,现应操练备调官兵,乃率以时届严寒,兵丁缺少帐房冬衣等语禀报,殊属不合。营总僧格塔尔济、普尊扎普,副营总拉什栋鲁普阿、玉什扎普等四员,均着暂行摘去顶带,以示薄惩。至该兵丁等远道从军,时届冱寒,宜加体恤。着庆昀先行妥为晓谕,并查明欠发钱粮数目,陆续支领,均匀放给,以恤兵艰而备征调。"

○甲申,又谕:"前曾谕令庆祺、西凌阿,将驻扎天津之吉林兵二百五十名、黑龙江兵五百名、察哈尔兵一千名,派协领关保带赴徐州一带,交袁甲三调遣。关保业经来京引见,本日已谕该协领回津,统带此项官兵分起南下。官兵启程后,西凌阿即遵前旨,回察哈尔本任。所有前谕庆昀挑选备调之察哈尔官兵二千名,着西凌阿即于此项官兵内,挑选年力精壮,技艺娴熟者一千名。由该都统于明年正月,带赴天津驻扎。挑剩之一千名,着即饬令各归游牧。将此谕令知之。"(《清文宗显皇帝实录卷之二六九》)

○咸丰八年戊午十一月○丁亥,又谕袁甲三奏,军营缺额官兵马匹,请饬各原营挑补等语:"已谕令直隶、山东、河南各督抚,速照咨开数目,挑选派员解往矣。前因徐、宿需兵,将驻扎天津之吉林兵二百五十名、黑龙江兵五百名、察哈尔兵一千名,派协领关保统带前往助剿。此项官兵均系马队,可期得力。日内已由津启程,即日可到徐州。着袁甲三于该官兵到后,妥为调度。务将北路捻匪迅速歼除,毋任再有滋蔓。昨据恒福奏,总管德楞额因病饬回原营,黑龙江马队无人管带,已谕令咨商袁甲三,于新到黑龙江带兵官内酌派一员赴豫,以免另行饬调。即着袁甲三于该官兵到后,速行派往。将此由六百里谕令知之。"

○庚寅,又谕:"前因徐、宿需兵,谕令将驻扎天津之吉林、黑龙江、察哈尔等处官兵共一千七百五十名，交协领关保统带前往助剿。本日据崇恩奏，贼匪攻扑东省边境，单县兵勇，接仗失利。嘉祥、巨野亦有贼踪，大股屯踞金乡。经黄良楷等带兵击退，余贼向南败窜各等语。现在关保带兵，由天津前赴徐、宿，道出山东，经行之地，恐有贼踪。着西凌阿传谕关保于行抵东境时，即须豫为戒备，齐队前进。其军火器械必须随身携带，以便遇贼即剿。毋许参差落后，致令为贼所乘。如关保业已启程，即着西凌阿飞咨沿途知照，以免疏失。将此谕知西凌阿，并传谕关保知之。"

〇壬辰，又谕胜保等奏筹办南北粤捻各匪情形，请饬催川楚各兵助剿一折："皖省南路，自舒桐连陷，庐州贼势益张。北路复有捻匪猖獗，自非添调劲旅，未易兼顾。官文暂留之湖南兵一千五百名，四川兵一千名，皆因李续宾新挫，不得已移缓就急。其普承尧一军，亦派往九江巡防。已屡谕官文，查看楚省军情稍松，即饬催川楚各军赴皖。本日复寄谕，饬令与普承尧所带兵迅即赴皖矣。至绥远城马队，曾据袁甲三奏，将后起二百名拨赴胜保军营。而胜保止收到一百名，其余在何处逗留，有无迷失，着即查明具奏。现在复派关保由天津带吉林、黑龙江、察哈尔兵一千七百五十名，赴袁甲三徐宿军营，以杜北窜。此项官兵，到徐宿后，着胜保咨商袁甲三，将截留之头起绥远城兵三百名调赴皖营助剿。其吉林、黑龙江缺额兵丁，甫经谕景淳等挑补，尚未覆奏。远道何能速到，况为数亦属无多。胜保等稍待数日，湖北大队，必可到营。彼时分投布置，较易为力也。该大臣又以豫省吃重，请调索文带精兵一二千名，并多带甘省马队，驰赴汴梁堵剿。甘肃为西陲重地，近来野番出没无常。该提督控制颇为得力。且陕甘各镇，在军营者居多，未便调索文赴豫。至陕甘兵力，实已空虚。河南前调陕甘官兵，已不能凑足一千之数，现在杨昌泗带往。昨据德兴阿奏请拨兵，曾谕乐斌酌调，现未覆奏，能否调拨尚未可知，势难再调。归陈等处捻匪，经傅振邦、袁保恒前往夹击，大获胜仗，全境肃清。恒福到后又奏派邱联恩，总统各兵共六千名,居中策应。设或贼踪逼近开封,恒福自有调度,此时胜保原难兼顾也。将此由六百里谕令知之。"

○丁酉,又谕庆昀奏总管等被讦,供多疑窦,牵涉历任都统等家人得赃,请交部讯办;并因奏稿已定,该原告等复呈请息讼折片各一件:"此案察哈尔牛羊群委固山达鞯克济尔嘎勒等,呈控总管、副总管更改旧章,把持行私,牵涉历任都统、副都统家人,并京城通事书吏人等得赃各款。经庆昀提讯,供词前后不符,恐有不实不尽。且既经该署都统拟定奏稿,何以复自称愧悔,请将前呈撤销息讼?显有恃符情弊。着派灵桂、成琦驰驿前往察哈尔,秉公查办,以成信谳。所有随带司员着一并驰驿。"(《清文宗显皇帝实录卷之二七〇》)

○咸丰八年戊午十二月○戊申,又谕恒福奏袁甲三攻剿吃紧,需兵甚殷,豫省难于抽拨,请饬陕西省拨兵前往助剿等语:"袁甲三所统河南各兵,从征日久,缺额甚多。豫省原应挑补派往,以厚兵力。惟归陈一带防剿现甚吃紧,该抚已拨补四成,此外再难抽拨,自系实情。且徐宿军营所需援兵,前已将驻扎天津之吉林、黑龙江、察哈尔兵共一千七百五十名,派协领关保管带驰赴徐州一带,交袁甲三调遣。计此时亦将次可到。该抚即可知照袁甲三饬往迎提,以资攻剿。至陕西虽属安堵,然该省官兵在军营者居多。河南前调陕甘官兵,已不能凑足一千之数,是陕西兵力,亦未见充裕。该抚所请于陕省拨兵赴徐宿之处,着勿庸议。并着知会袁甲三可也。将此由五百里谕令知之。"

○癸丑,又谕胜保等奏,遵筹皖省大局,需兵甚亟,请饬催拨马队官兵一折:"皖省南路庐州贼势鸱张,北路复有捻匪麇聚,自应添派劲旅,以杜其北窜之路。本日据官文奏,四川官兵,该省并未截留,即日东下。湖南兵一千五百名亦已到营。惟普承尧一军,留防九江,未能赴援。胜保军营兵数已不为少,其所调吉林、黑龙江补额兵丁,亦已据报启程。至关保所带之吉林、黑龙江、察哈尔兵一千七百五十名,前赴徐宿,原为严防北路而设。昨据崇恩奏请,截留黑龙江官兵五百名,驻扎韩庄,暂为东境边防之助。其余吉林官兵二百五十名、察哈尔官兵一千名,已催令关保管带,前赴袁甲三军营。现据胜保等奏,需兵甚亟,马队无从筹措。着即咨商袁甲三,于吉林、察哈尔马队内酌拨二三百名,归胜保调遣。其余仍须严防北路,不得再行调拨。胜保前两次保举军营出力人员,至一千余名之多。其中文员不少。据单开劳绩,亦俱称其随同剿贼,未免失诸冒滥。嗣后务当核实酌保,以昭激劝,毋得沾染外间恶习,市恩邀誉,致开幸进之门。将此由六百里各谕令知之。"(《清文宗显皇帝实录卷之二七一》)

○咸丰八年戊午十二月○丁巳,又谕给事中凤宝等奏张家口应添季簿,藉端推诿,请旨惩办一折:"张家口新增货税,系部议奏准,纂入则例之案,自应照例另请季簿,以凭核对。经凤宝等屡次移催,该监督竟以并无疏漏,亦无牵混,无须另请季簿等词藉端推诿,殊非慎重课税之道。前任张家口监督崇连,着交部照例议处。并着新任监督崇筠遵照各关之例,另请季簿,与户部商填簿一律办理。毋许再有稽延。"

○己未,谕军机大臣等:"有人奏张家口总税书王式如、税书阎琇森、段培鲁、任吉安、杜昭淑,及税役王玉田等,通同舞弊,勒增税银。凡由口纳税过关者,仍照口票重征税银,名曰调剂。并捏称军需浩繁,出有告示,一切货物,例应税钱者,改收实银;例应税银者,额外多增一二钱不等。稍有不遂,即看守强逼。无钱交纳者,勒将货物作质放行。以致布匹、米粮、牲畜及一切杂货堆积关外,南北商贾裹足不前各等语。蠹吏把持税务,扰累商民,实属大干法纪。张家口地近京畿,于税课亦甚有关系。着庆祺迅派妥员,前往该处。将王式如等及税役王玉田等,按名查拏到案审讯,从严惩办。此外如有包揽纳税及侵渔肥己之人,并着详悉根究严办。该监督崇筠是否知情故纵,何以毫无觉察,并着查明参奏,以除积蠹而重税则。将此谕令知之。"

○庚申，谕内阁："前因庆昀奏，察哈尔牛羊群总管等被讦，牵涉历任都统等家人得赃，并因奏稿已定，原告等呈请息讼，显有情弊，特派灵桂、成琦前往查办。兹据灵桂等奏，现讯大概情形，该原告委固山达鞫克济尔噶勒等，所供该总管扎克都尔、副总管贡格呢玛，始不承认；及起获帐簿，与铺伙陈万荣质对，始据供认送给都统、副都统家人银两，及攒扣乌拉等价，并布施等项银两属实。察哈尔牛羊群总管扎克都尔、副总管贡格呢玛，均着先行解任，交灵桂、成琦彻底根究。务得确情，按律惩办，以成信谳。现署马兰镇总兵穆隆阿，据扎克都尔供，有收受皮袄银两等语。着穆隆阿明白回奏。"

○丙寅，又谕："前据灵桂、成琦奏，查办察哈尔总管等被讦案件大概情形。当将察哈尔牛羊群总管扎克都尔、副总管贡格呢玛先行解任。并令署马兰镇总兵穆隆阿将收受皮袄银两之处明白回奏。本日据灵桂等奏，业已逐款讯明，按律定拟。扎克都尔等收受马价银两，讯明属实。虽非由弁兵名下科敛，辄敢于领到俸饷扣还，即与监守自盗无异。解任总管扎克都尔、副总管贡格呢玛，均着照拟即行革职，准徒五年。仍勒限一年，追缴完赃。倘能限内全完，准其免罪。副总管萨米迪等，听受扎克都尔等主使，勒扣钱粮，均有应得之咎。除固山达额色尔古楞业已病故外。副总管萨米迪、固山达额勒桑达尔窄依、达木扎勒多尔济、扎普吉里克、章桑噶勒桑、翼长巴图那逊，均着即行革职。佐领何布登额、骁骑校玉山、依仁阿、贵春，于都统、副都统家人需索银两，听从传话，亦有不合。均着交部照例议处。鞫克济尔噶勒等所控各情，讯非虚诬。惟以属下控告长官，此风亦不可长。委固山达鞫克济尔噶勒、额外委固山达弼里克图、布呢雅阿里雅诺木图、护军校鄂呢音那木济勒色楞、达米林扎普特木尔、牧长桑鲁普、图们喇什、奇党喇什、拉什诺尔布、绷素克多尔济、奇巴克扎普、达瓦津巴、布彦图、章桑济克济特、克普沙尔满、绷素克、巴勒卓尔、鄂尔西什、拉什津巴、达瓦德沁、占巴勒、车林奇莫特、色楞鄂呢巴图，均着饬回游牧，仍于一年之内，停其升转，以示薄惩。其失察属员，私扣钱粮，及家人需索之前署都统穆隆阿、现任都统西凌阿、副都统庆昀，均着交部议处。总管巴彦济尔噶勒于交审事件未能悉心研究。并着交部议处。穆隆阿收受皮袄银两，应得处分。俟回奏到日，再降谕旨。"〇又谕灵桂等奏请饬筹察哈尔办公银两等语："察哈尔办公银两，向由两淮生息银内动支。此项银两，久未解到。应如何另行筹款办公，俾兵丁得以相安，着该都统、副都统等妥议章程具奏。其查群递送马匹，及乌拉租价等名目，着一概革除。该都统等仍当严禁家人需索等弊，毋得日久视为具文。"（《清文宗显皇帝实录卷之二七二》）

公元1859年

〇咸丰九年己未春正月〇己卯，谕内阁："前因察哈尔总管等被讦案内，据总管扎克都尔供出前署都统穆隆阿有收受皮袄银两情事，当谕令明白回奏。兹据穆隆阿奏称，并未收受前项银两，其家人范姓二名，一已病故，一已因疯走失等语。案关收受赃私，岂得以人证无从查传含糊了事？仍着穆隆阿即将家人范姓赶紧交出，送部审讯。至穆隆阿究竟有无收受皮袄银两确据，着西凌阿、庆昀再行提讯扎克都尔，录供具奏，毋许瞻徇消弭。"（《清文宗显皇帝实录卷之二七三》）

〇咸丰九年己未正月〇辛卯，谕军机大臣等："昨据理藩院奏，喇嘛嘉木磋与那木喀呼图克图口角忿争，以致达赖自戕一案，已派惠亲王等讯办矣。案内指出在多伦诺尔牧群居住之阿木呢固尔通巴，着庆昀选派委员，前往该处密速查拏，押解来京，以凭讯办。该固尔通巴屋内所有经卷及一切什物，均着一并查抄，逐细点明，开具清单。解交派审王大臣，归案查讯，毋得迟延漏泄。将此由四百里谕令知之。"

〇乙未，谕军机大臣等："前据理藩院奏，喇嘛嘉木磋与那木喀呼图克图口角忿争一案，现据供出有应行质讯之得木奇喇嘛伊什位、鲁布喇嘛布特巴拉，俱在多伦诺尔慧宗寺章嘉呼图克图仓上居住。着庆祺饬令多伦厅，与庆昀会同查拏，迅速派员押解来京，听候派审王大臣等讯办，不得任其托故延宕。如未在该处居住，即着就近访查，务获拏解。送交内务府慎刑司归案质讯，毋许迟延。将此各谕令知之。"○命挑直隶北路各营兵二千名，察哈尔兵一千名，密云热河兵各五百名，候天津防所调遣。

○丁酉，谕军机大臣等："曾国藩奏遵筹全局，请添马队进取一折，所称安徽贼氛甚恶，湖北据皖境上游，北岸须添足马步三万人，都兴阿、李续宜、鲍超任之。现在水师万余，杨载福、彭玉麟任之，南岸须添足马步二万人，由该侍郎率张运兰、萧启江等任之。又称驻札建昌，距赣州、景德镇两军较远，调度不灵。拟调萧启江一军并赴北路等语。该侍郎统筹全局，意在并力大江两岸，为节节进剿之计，所见甚是。惟现在江西南赣等处贼氛尚炽，该侍郎未能即日北行，俟南路稍松，再赴皖楚交界，筹办大局。其调察哈尔马匹一节，上年调赴袁甲三等军营之马，沿途倒毙十之七八，一路解费，概属虚糜。翁同书因庐营缺马，曾有就地采买之请。较之远路调拨，似有实济。本日已谕知官文等设法筹办矣。另片奏请饬健锐等营选派精练弓马之三四品官赴营等语，已谕都兴阿先于该营内酌量选派，或京营及东三省中有素所深悉之人，并着指名奏调，以资教练。将来楚军东下，如马队不敷，并可由胜保等军营酌量协拨。编修郭嵩焘现随僧格林沁前赴天津，俟该处撤防，再降谕旨。主事李榕已令赴营差委。至江西建昌、宁都现无防兵，亦已谕令王懿德，即饬饶廷选酌带所部兵勇驰赴江西，听候曾国藩调度矣。将此由六百里谕令知之。"○又谕曾国藩奏通筹全局，须添练马队一折："据称现在贼势以安徽为最重。能据其上游而制其死命，莫如湖北。曾与官文等筹商，北岸添马步三万人，以都兴阿等领其军。中流水师，杨载福等任之。南岸亦须添马步二万人，该侍郎自率萧启江、张运兰等前往统领。为三道并进,夹江东下之举。惟萧启江赴援赣州,张运兰专剿景德镇,两军皆距曾国藩军营甚远。拟商耆龄另调劲军以剿南赣,该侍郎即专办北路。调回萧启江,归并饶州彭湖等处。商由官文等奏调察哈尔马三千匹,以备募练马勇,所议军情均合时势。惟江西现无兵力可与萧启江抽换。曾国藩仍须暂留建昌,防剿南路。俟贼势稍松,再赴江西北境。察哈尔马匹本属无多,节次调往胜保、袁甲三军营,沿途倒毙十之七八,徒滋糜费。是以上年翁同书有筹银购马之请。不如仍由湖北采买,较为便捷。近年粤捻各匪,多用马贼冲锋。官军自应添备骑兵,与步兵相辅。前此湖北练习马队,已有成效,自可扩充办理。将来楚军东下如马队不敷,并可由胜保等军营酌量协拨。该侍郎又以南人使马不甚精熟,请由健锐营、火器营选派精练弓马、曾经战阵之三四品官五六员赴营教练等语。着都兴阿即于该营将弁中选择技艺精熟者,以资教练。如京营东三省中有都兴阿素所知悉之人,即着指名奏调。将此由六百里各谕令知之。"

○辛丑,又谕:"现据喇嘛案内,续经供出阿木呢固尔通巴之徒弟沙布陇,现在跟随伊师在察哈尔一带地方,此系案内要证。着庆昀严拏解京归案,勿得漏泄。将此由五百里密谕知之。"(《清文宗显皇帝实录卷之二七四》)

○咸丰九年己未二月○丁未,谕军机大臣等:"前调锡林郭勒马匹,因尚未到哨,当谕令常清派员迎催,经解通州军营。本日据僧格林沁奏,两盟官兵业已到营,亟须马匹应用。所有前调锡林郭勒马二千匹,此时如已到哨,着常清即派妥员催趱前进,以一千匹解交天津军营,一千匹解交山海关军营。倘已由张家口行走,即着该都统知照,令其迅速分解各该军营,毋稍迟误。将此由四百里谕令知之。"

○戊申,又谕:"现据喇嘛案内,续经供出阿木呢固尔通巴之徒弟杭噶拉,现在跟随伊师,在察哈尔一带地方。此系案内要证,着庆昀迅

速严拏,解京归案。勿得迟延漏泄,致令远扬。将此谕令知之。"(《清文宗显皇帝实录卷之二七五》)

　　○咸丰九年己未二月○甲寅,谕军机大臣等:"庆昀奏遵旨查拏要犯沙布陇杭噶拉情形,览奏均悉。阿木呢固尔通巴业已到京,现在审讯。所有查抄什物,前据奏称,俟解送进口,即行解京。其封存物件着庆昀详细查点,除经卷及可疑物件全数解京外,其余各物,轻便易解者,均着起解。交钦派王大臣查办。若佛像大者,及笨重器具,着留存该处,毋庸解京。仍开明清单,并所供系何佛像,一并具奏。将此谕令知之。"

　　○丁巳,谕军机大臣等:"据彭蕴章等呈递僧格林沁信函,朕详加披览。所筹各处布置,均尚妥协。天津北塘至山海关一带,沿海口岸纷歧,若处处设防,经费兵力均有不给,自应择要办理。现在大沽、北塘两处,防务已臻严密。山海关牛庄兵力过单,且夷人曾经窥伺,不可不豫为添调。着庆祺即将宣化镇备调兵一千名饬交署总兵乌忠阿,带赴山海关。僧格林沁即札饬墨尔根城副都统格绷额统带,以资协防。至安肃县安家庄,习教人数众多。如果无为匪情事,势难概行禁止,致生枝节。该督仍饬地方官,不动声色,严加防范。万一夷船北来,勿令勾结滋事。将此谕令知之。"

　　○戊午,又谕庆昀奏将承办鞍屉草率之员罚赔示惩一折:"上年西凌阿委前任协领阿穆察布成造驼鞍驼屉六百副,带往山海关应用。为时未久,即由撤遣官兵带回。委员查收,已多脱落不全,难期适用。此项驼鞍驼屉,实属偷工减料。着即发交阿穆察布领回。责令将原价加倍缴还,以儆浮冒。"(《清文宗显皇帝实录卷之二七六》)

　　○咸丰九年己未二月○丁卯,谕内阁兵部等部奏遵议署总兵处分一折:"前署察哈尔都统、现署马兰镇总兵穆隆阿于家人范星,日久尚未缉获,难保非有意徇庇。着照部议,于所兼世职降三级,每级折罚世职半俸三年，免其降调世职。至该员应得职任降三级调用处分，着俟家人范星缉获到日，讯明有无收受赃私情事，于定案时，由该部审明请旨。"

○己巳，谕军机大臣等："现在审讯德勒克色楞念经一案，有案内要犯阿木呢固尔通巴、罗布桑达尔济之徒弟，名沙布陇，又名棍楚克绰克济。经察哈尔都统派员查拏，据称已于上年十一月由鄂尔多斯前往唐古忒地方。而据罗布桑达尔济供内，则称沙布陇现回四川松潘厅卓尔济地方。着王庆云密派干员，前往确查。如该喇嘛尚在松潘厅属地方，即行密速查拏，押解来京。倘已回唐古忒，即由该督密咨满庆就近查拏。务须迅速弋获，不得迟延漏泄，致该喇嘛闻风远扬。将此由五百里谕令知之。"

○庚午，谕军机大臣等僧格林沁奏接奏密寄谕旨，覆陈筹备机宜一折："据称，夷船如到天津，拟以鸡心滩为限。该处系在拦江沙内，前次谕令派员前往理谕，须至拦江沙外，抚剿自不相妨。文煜于二十五日自省启程，计期已可到防。着僧格林沁与之会商。先行派出明干委员，一闻夷船驶至，即迅速迎往，询其来意。如果声称为互换和约而来，可告以此间专候上海来信，尔既在彼议定，则钦差大臣亦必折回，与尔了结此事。一俟上海文到，应令几人进口，此间定当拨兵护送，决不拦阻。我中国总以诚信待人，断不失信。若无上海文移，天津实难擅准，或在拦江沙外等候，或回上海候信，总不能遽行放入。尔若闯入内河，则民团乡勇，不免与尔为难。设有损失，地方官不任其咎。总在派出之员，随机应变，与之羁縻，以待桂良等奏到。若竟恃其船多，一拥而前，直入鸡心滩，则是有意寻衅，亦不能不慑以兵威，惟在僧格林沁相机酌办。至锡林郭勒马匹，据庆昀奏到，于二月十六日由左翼四旗一带草地送入热河境内。昨已谕知常清迅速分解矣。将此密谕知之。"（《清文宗显皇帝实录卷之二七七》）

○咸丰九年己未三月○壬午，谕军机大臣等僧格林沁、文煜奏，遵旨酌拨官兵一折："僧格林沁于海防抽拨昭乌达、吉林、黑龙江官兵共二千名，派员统带，前往黄河北岸。文煜并拨官兵千名，交大名镇道择要防守。均着照所议办理。惟抽拨之后，海防兵力较单。本日已谕景淳、特普钦、奕山，将吉林、黑龙江备调之兵各一千名，饬令迅速启程。仍于山海关截留各五百名，其余一千名，即屯扎天津海口。并照该大臣密咨，俟此项官兵到防后，再令常山、乐善等统带所拨之兵前往黄河北岸，以资防堵。所需马匹，已谕庆昀挑选，迅速解津。并传知武备院制备弓箭等项，听候该大臣调取矣。另片奏：大沽海口布置周密，不可令人窥伺等语。夷船如至海口，该大臣等仍遵二月二十九日所寄谕旨，先行派员晓谕。如有旨准其进京换约，即令其在拦江沙外停泊，用内地船只渡进内河。由北塘登陆到津，仍由水路至通。届时酌量办理可也。将此谕令知之。"

○调察哈尔牧群马二千匹，解往天津备用。(《清文宗显皇帝实录卷之二七八》)

○咸丰九年己未三月○戊戌，以规避兵差，革察哈尔佐领巴图等职。(《清文宗显皇帝实录卷之二七九》)

○咸丰九年己未夏四月○乙巳，谕军机大臣等："诚明奏，山海关防兵二千名，每月需饷九千余两。经直隶总督知照奏准，于关税项下动支。惟查上年察哈尔官兵所提饷银，系于备存米价银四万两内提用。现在无此巨款，实属不敷支提，请饬另行筹备等语。山海关防兵饷需紧要，既据该监督奏称关税难于兼顾，尚属实在情形。所有该处防兵每月应放饷银九千余两，着恒福另行筹款，以供支放。将此谕令知之。"(《清文宗显皇帝实录卷之二八○》)

○咸丰九年己未五月○辛巳，谕军机大臣等："张家口白城子地方,向值俄罗斯学生换班之年。有该国人在彼牧放牲畜,人数本属无多,闻近日愈聚愈多,竟至千余人,并有枪炮器械。是否照常安静,或与民间影射贸易,抑或有打造军器等事?现在该国存居人数,究有若干?着庆昀密派妥员,不动声色,细心访察,据实具奏。将此密谕知之。"(《清文宗显皇帝实录卷之二八三》)

○咸丰九年己未五月○癸巳,又谕恒福奏请将解马迟延之知县议处等语:"前因天津大沽添设腰拨,递送文报。经恒福于龙门等县饬令协济马匹,迄今数月之久,未据报解。实属不知缓急。龙门县知县卢天泽、署赤城县知县安志、署献县知县胡桂芬、交河县知县李镜瀛,均着交部议处。倘再不能赶解,即着从严参办。"(《清文宗显皇帝实录卷之二八四》)

○咸丰九年己未六月○庚申,以张家口协领库克吉泰为凉州副都统。(《清文宗显皇帝实录卷之二八六》)

○咸丰九年己未秋七月○辛未,察哈尔副都统庆昀奏:"骁骑校怀塔等捐输银两,请赏收支发官兵盘费。并拟由军台官兵俸饷项下动垫,以期接济。"得旨:"所捐银两,着赏收。应得奖叙,着拟请。至所称或有缓不济急,先于饷台项下动垫,此时正饷尚不能按季开放,归补恐亦无期,一面实力劝捐,如万不得已,必须奏明动用。"(《清文宗显皇帝实录卷之二八七》)

○咸丰九年己未七月○庚寅,谕内阁官文、胡林翼奏,军营购买马匹,请饬免税等语:"湖北委员出口购买战马二千匹,系为楚军攻剿皖匪之用。着该部移行张家口等处各税口,按照该省咨文,查验明确,准其免税放行。毋令迟滞。"

○壬辰,调浙江处州镇总兵官阿麟保为直隶宣化镇总兵官。○以直隶操防不力,撤宣化镇总兵官汤苏任,下部议处。(《清文宗显皇帝实录卷之二八九》)

○咸丰九年己未八月○乙巳,谕军机大臣等本日据僧格林沁奏遵旨筹拨马队,并近日夷船游驶情形一折:"英夷船只于八月初四、五等日,在大沽南北各海口往来游驶,以寻觅难民为词,而测水绘图。且用杉板船驶入内河,窥探炮台,情殊叵测。僧格林沁已飞咨西凌阿等严密防范,静以待动。所筹俱属周妥。本日适据劳崇光奏到,密询广东夷商各情形。据称英夷自天津挫败后,各国皆与离心。惟印度之孟加剌为英夷属国,若往调兵,不能不从。又南洋黑夷,谚称黑鬼,惟利是视。啖以重利,难保不从。若六月中旬由上海前往调兵,约八月中旬可到天津等语。此虽系夷商等臆揣之词,而该夷举动诡秘,亦难保其必无,该大臣总须严为之备,于大沽、北塘等处,勤加侦探,使其无隙可乘,方为妥善。又据劳崇光奏,该夷耳目甚众,即如僧格林沁天津报捷原奏,六月杪广东省处处传抄。考其由来,则称自夷船抄得。嗣接僧格林沁抄折咨会相符等语,前何桂清亦奏称该夷以重价购觅僧格林沁折稿,可见该夷工于侦伺,不可不防。着僧格林沁嗣后于陈奏折片各件,有关夷务者,加意严密,勿使稍有泄漏。至胜保所请马队,该大臣已派协领德福管带绥远城马队五百名,前赴德楞额军营。着即将此项马队官兵饬令径赴胜保军营,听候调遣。并知照德楞额,毋庸将原带马队抽换,以免周折。将此谕令知之。"(《清文宗显皇帝实录卷之二九○》)

○咸丰九年己未八月○己酉,谕军机大臣等翁同书奏请饬拨察哈尔马匹等语:"该抚军营马队,因出征年久,马多倒毙,改为步队,不能得力。自应酌加马匹,以利乘骑。惟察哈尔道路窎远,频年各路军营请拨该处马匹,沿途倒毙甚多,夏令为尤甚。所请着毋庸议。前因何桂清奏解皖采买马匹银两无款可筹,当交部议。由该督仍令苏州织造于浒墅关拨解银一万五千两交翁同书,以供买马之贳。该抚即飞咨何桂清等迅速催解,此项银两到日,即由该抚派员赴山、陕等处,自行购买。免致辗转调拨,徒劳往返。将此由六百里谕令知之。"(《清文宗显皇帝实录卷之二九一》)

○咸丰九年己未九月○庚辰,以河南商水县剿贼出力,赏游击王昆亭、守备吴凤桂、李明谟等花翎,把总王树标等蓝翎,察哈尔总管那木济勒多尔济巴图鲁名号。余加衔升叙有差。(《清文宗显皇帝实录卷之二九四》)

○咸丰九年己未冬十月○乙巳,又谕:"据恒福奏称,贼由兰仪窜至东明县之杜胜集、长垣县之前黄集等处,均经本地乡团兵勇截击获胜,贼始败窜。恳请调兵,添派大员统带,并截留黑龙江西丹各等语。东明、长垣系属直省门户,稍有疏虞,则北路必致震动。现在贼踪已窜至曹考一带,恒福业经调派宣化镇总兵阿麟保,驰赴大名布置。惟兵力尚单,准其将巴扬阿所带黑龙江西丹一千名暂留堵剿。俟贼踪远遁,即饬巴扬阿统带,由河南前赴湖北。至统兵大员,着派乐善迅速驰往大名一带,总统马步各队,择要驻札,以固疆围。如捻匪窜至边境,即当痛加歼戮,以剿为防,不可徒事株守。将此由四百里谕令知之。"(《清文宗显皇帝实录卷之二九六》)

○咸丰九年己未十月○丁未,谕内阁庆昀奏军台废员聚赌,审明定拟一折:"此案废员什亮等均系因案发往军台效力赎罪之员,乃不知安分悔罪,竟敢聚集无赖,开场赌博,实属怙恶不悛。所有废员什亮、文瑞、尹继昌、文哲浑、吉光、福荫,均着照该署都统所拟,改发新疆充当苦差。德山、李成膏、和尔赓额、崇喜、许鹢,均着于军台本罪年限上加留一年，以示惩儆。该管兼管各旗员，着查取职名，交兵部分别议处。庆昀失于觉察，着一并交部议处。失察聚赌之管站部员，及失察聚赌承缉不力之知县，着吏部查取职名议处。"

○己酉，谕军机大臣等："前据恒福奏，贼窜东明、长垣等处，当经谕令统兵需员。即派乐善迅速驰往大名一带，择要驻札。兹据僧格林沁等奏，探闻捻匪被长垣兵勇击败后，复被曹单兵团击退，分股窜往河南通许等处。北路情形已松，乐善即毋庸派令前往。所有直隶防兵马步各队，即着责令阿麟保统带，择要驻札，实力防剿，以固疆圉。将此谕令知之。"（《清文宗显皇帝实录卷之二九七》）

○咸丰九年己未十一月○戊子，谕军机大臣等僧格林沁奏，海防紧要，请添调官兵，以资扼守一折："夷人报复来津，势必凶狠，自应厚集兵力。本日已谕令常清、玻崇武将前饬备调官兵各五百名，分别派令协领尚那布、恩成管带，于明年惊蛰以前，到天津大沽防所听候调遣。其京营官兵，酌量给假，以示体恤。并京营及吉林、黑龙江、察哈尔、两盟等处疲病官兵，应行更换。据该大臣查明，每处不过一二百名。即着咨行各该处，派拨精壮兵丁补额，俟到防后，即将疲病各兵撤回。至所请添调吉林、黑龙江兵各一百名，现在该二处防务紧要，叠次调拨过多，势难再令派出。前拨往山东驻札之黑龙江兵一千名，交德楞额管带。经胜保调去五百名，据称俟克复怀远，即当撤回。着僧格林沁行知德楞额，俟胜保将调往官兵五百名撤回后，即行酌拨二百名，前往大沽军营，以资防守。如此一转移间，于山东办防未即见少，而津沽已可敷用。至山海关地方，极关紧要。定福于防务漫不经心，实堪痛恨。现已将该副都统开缺，饬令回京，以成保调补山海关副都统矣。该大臣即饬该副都统，于到任后将应办事宜实心经理。俟明年正月，仍着该大臣会同恒福，前往察看。无令稍涉疏懈。所称山海关兵勇较多，格绷额恐难独当一面，请调大员前往统带之处，即着僧格林沁酌保一员，奏明派往,以便督率办理。前因北塘后路太空,谕令挑勇设备,该大臣接奉谕旨,谅已遵照筹办。仍将如何布置之处专折具奏,以慰悬念。将此谕令知之。"(《清文宗显皇帝实录卷之三〇一》)

○咸丰九年己未十二月○丁酉,谕军机大臣等僧格林沁、恒福奏,遵筹海防布置事宜,绘图呈览,并遵保山海关统兵大员各等语:"用兵之道,不宜稍涉游移。僧格林沁等以夷情愿和则应在沪,欲战则必来津。大沽海口,仍以鸡心滩为界。倘夷船驶入,毁我防具,自应开炮轰击,使官兵有所适从,不致懈怠。其或在外游驶,即派员迎至北塘,告以彼处有人看待,看其如何情形,再行驰奏。随机应变,均甚妥协。其北塘陆路,暗伏地雷,不使占踞炮台,并有马队可以截击。又挑挖环濠,布置事宜,亦属周密。所请调察哈尔马一千匹,本日已谕令庆昀速行照数挑选,于明年二月内解抵防所。所需调健锐等营京兵二千名,亦已谕令各该营挑选候调。惟京营距津二百余里,必令一日夜赶到,恐人马疲乏,仍须先期数日奏调方妥。至此项京兵,宜选精锐者列为前敌,其次方令防守城濠。而所筑环濠,据称约三十五里。仍应拣选练勇之中可恃者,协助兵丁,以资守御。山海关地方紧要,自应谋勇兼优之员,方足以资捍卫。所保奕山、赛尚阿,俱未惬朕意。仍着该大臣再行酌保,候旨派往。僧格林沁办理夷务,竭尽心力,卓著战功。勤劳在外,瞬阅一年。朕心嘉悦之余,尤深廑系。此时防务稍松,着该大臣于本月中旬即行来京陛见,以慰朕念。并可面授机宜,俟来春再行赴津。该大臣来京之前,须将一切防务交明乐善、西凌阿暂行管理。恒福驻札大沽,呼应较灵,并着暂缓回省,与乐善等妥为防守。至该大臣等另片奏称,津沽布置情形,无妨令何桂清、劳崇光等告知该夷,令来决战等语。虽为先声夺人起见,然办理军务,惟当自筹善策。不必夸示敌人,转似激之使来。所奏着毋庸议。将此密谕知之。"○调察哈尔马一千匹,赴天津防所备用。

○乙巳,调直隶宣化镇总兵官阿麟保为大名镇总兵官,大名镇总

兵官马得昭为宣化镇总兵官。(《清文宗显皇帝实录卷之三〇二》)

○咸丰九年己未十二月○丙辰，青海扎萨克郡王乌尔津扎布等四人，喀尔喀扎萨克镇国公巴勒达尔多尔济等十人，伊克明安辅国公乌尔图那逊、土尔扈特头等协理台吉索诺木多布济、察哈尔三等台吉索诺木达尔济等五人，于神武门外瞻觐。

○乙丑，上御保和殿，筵宴朝正外藩。科尔沁、乌珠穆沁、喀喇沁、敖汉、阿巴噶、苏尼特、浩齐特、四子部落、喀尔喀、茂明安、郭尔罗斯、扎鲁特、翁牛特、乌拉特、奈曼、土默特、青海、伊克明安、土尔扈特、察哈尔、绰罗斯王、贝勒、贝子、公、额驸、台吉、塔布囊等，及朝鲜正副使等，随文武大臣依次就坐。(《清文宗显皇帝实录卷之三〇四》)

公元1860年

○咸丰十年庚申正月○戊子，又谕据庆昀奏，筹拟锡林郭勒备调官兵扎营地方，拟派查验操练之员，并请拨应需口分等项，请旨遵办一折："前谕令锡林郭勒挑备马队兵一千名，马一千匹，在察哈尔择地驻扎。锡林郭勒所属之阿巴噶扎萨克旗，既与正蓝旗及多伦诺尔厅相近，此项官兵，着即在正蓝旗地方驻扎，并可就近由多伦诺尔厅购买口粮。即派正蓝旗总管珠克都尔帕木妥为照料，认真操练，查验军装器械，务令一律整齐。遇有调遣，即行迅速驰往，毋误事机。其应需经费，着即由多伦诺尔厅税务项下酌量拨给，统归直隶报销。所有锡林郭勒备调官兵应需口分，已饬户部查明定例。应如何支给之处，咨明庆昀，以凭支放可也。将此谕令知之。"(《清文宗显皇帝实录卷之三〇六》)

○咸丰十年庚申二月○壬子，谕内阁庆昀奏，审明废员不安本分，援案定拟一折："已革正白旗蒙古世管佐领崇喜,屡次犯事。于军台本罪上加留一年。乃仍不知悔罪,辄以无据之词,擅行进口兴讼。又不静候查办,竟敢抢夺文卷。实属形同匪类,怙恶不悛。崇喜着发往新疆充当苦差,以示惩儆。张家口管站员外郎福申于该管废员,不能约束,实属庸懦无能。并着交部议处。"

○癸亥,谕内阁僧格林沁、恒福奏遴员递署总兵副将一折："直隶宣化镇总兵,着金泰署理。其所署山永协副将,本系绿营员缺。该大臣等请以山海关驻防右翼四旗协领伊克经额署理,并声明满洲营员署理绿营,与例未符。惟因该处现办防务,该员熟悉地方情形,不得不量为变通,以资得力。伊克经额着准其署理山永协副将,他处不得援以为例。"

○甲子,又谕:"前因喇嘛嘉木磋与那木喀呼图克图口角争执案内,牵涉已革贝子德勒克色楞有诵念黑经之事。当将该已革贝子交惠亲王、怡亲王载垣、瑞麟、穆荫,归案讯办。本日据惠亲王等奏,该已革贝子到案后,有遣伊家人向承审司员托情等事,业经供认。惟于念经一节,坚称系因祈祷母病,及问自己时运,余情悉未承认。应即照现供拟结等语。德勒克色楞前因侵蚀赏银获咎,发往热河。应如何悔过自新,乃复延请喇嘛念经,迹涉诅咒,致招物议。到案以后,复敢令家人行贿请托,并听从狱卒串供。种种行为,实属不安本分,罪有应得。若再发他处,难免别滋事端。着即照该王大臣等所拟,交刑部永远监禁。已革扎萨克达喇嘛嘉木磋,因闲话忿争,将那木喀呼图克图貂褂撕破,复将已往之事,撷拾评告,意存挟制。着照拟革去喇嘛,杖八十,徒二年。喇嘛扎噶拉噶尔毕图们桑宋略及杭噶拉,于阿木呢固尔通巴念经时,有随同诵念打鼓等事,均着照拟杖一百。其为德勒克色楞行贿请托之图克济扎布,着革去梅勒。康喜即康七,着革去二等护卫。均照拟杖九十,徒二年半。传述供词,及得受钱文之狱卒秦瑛得,着照拟笞五十,鞭责革役。阿木呢固尔通巴为德勒克色楞念经时,所悬佛像及供献服饰有异寻常,亦属罪有应得。该犯业已病故,着毋庸议。那木喀呼图克图于念经之事，既有所闻，辄敢有心徇隐。着即回原处，无庸在京当差。贝子索特那木色登家人有应讯之事，该贝子延不交出，亦有不合，着交理藩院议处。嘉木磋等事犯虽均在本年恩诏以前，惟情节较重，均着不准减等。在逃之萨布陇、扎隆阿，着热河都统、察哈尔都统一体严拏，勿令漏网。其拏解阿木呢固尔通巴出力之佐领舒都尔古、笔帖式多毓、委骁骑校依克津图、在京当差出力之领催候补骁骑校佛克兴阿，均着署察哈尔都统庆昀酌拟奏请奖励。另片奏已革知府到案，讯有得受谢银之事，定拟罪名请旨等语。已革湖南衡州府知府英桂，于章嘉呼图克图呈请进京，辄敢听受嘱托，并事后得受谢银四百两。着照拟勒限一年追赃，仍发往军台效力赎罪。倘逾限不完，即从重发往新疆，充当苦差，无庸再请展限。"（《清文宗显皇帝实录卷之三〇八》）

○咸丰十年庚申三月○癸未，修张家口驻防兵房，从都统庆昀请也。

○甲申，又谕恒福奏请将催纳屯粮暨拨运兵米办理不善之署知县，分别议处查办一折："直隶署龙门县知县卢天泽下乡催征屯粮，如果善为开导，何至乡民聚众抗违？乃该署县以稽查保甲，将未造户口草册之乡约严讯掌责，以至该乡民怀疑聚众，先后入城，殴伤书吏，哄堂拒捕，实属办理不善。卢天泽业经撤任，着先行交部议处。署赤城县知县余启咸拨运独石口驻防兵米，虽经遍谕绅耆，由官垫发运脚，又传谕改期开仓，惟尚有南乡村民聚众抗运，究属未能整顿，业经撤任。着即饬令回省，听候查办。并着该督饬令口北道，亲提现获各犯，严行审讯。是否刁民藉端聚众滋闹，或书吏人等查有抑勒苛派情弊，一并从严惩办，以肃吏治而儆刁风。"（《清文宗显皇帝实录卷之三一〇》）

○咸丰十年庚申三月○甲午，谕内阁恒福奏请将聚众滋事未能弹压各员及具禀含糊之道员分别参处一折："前因张家口办理捐厘不善，当降旨派署察哈尔都统庆昀，督同臬司吴廷栋，妥为办理。兹据该督奏称,张家口铺户于初四日概行关闭。匪徒乘间聚集,拥赴口北道赛音博勒格图行寓喧闹。万全县知县姚忠亮,弹压不服。该道头颅受伤,姚忠亮亦受砖伤。署张家口副将张毓贤,近在咫尺,当聚众滋事之时,该道差人往邀弹压,张毓贤置之不理。及人散后,始带兵出署,实出情理之外。署张家口协副将候补参将张毓贤,着交部严加议处。万全县知县姚忠亮,系专管地方之员,先事既未能解散,临时又不能弹压,实属软弱无能。着即撤任交部议处。口北道赛音博勒格图办理厘捐,未洽舆情,已有不合。迨聚众滋事以后,又不将受伤重情据实禀报,显系办理不善,有意隐饰。着先行交部议处。交该督查明情节,与候补道春保,一并奏参,以昭平允。"○又谕:"前因张家口办理厘捐不善,当派庆昀督同吴廷栋妥为办理。本日据恒福奏,该处上下两堡,铺户关闭。匪人乘间纠众,滋事殴官。已明降谕旨,将该文武各员分别严议议处查办矣。该道赛音博勒格图办理铺捐,关涉旗民,自应先向署都统庆昀悉心熟商,定议后妥为劝办,自不至有窒碍难行之处。乃据恒福奏,庆昀原咨与该道所禀意见两歧,显系该道办理颠顸所致。况各处抽厘,皆就买卖铺户计其所入,百分抽一,似与铺户无伤。何至激成事端?兹庆昀原咨,有两堡私产与地方官无涉之语。所言私产,未知何指。若指房屋而言,则房屋本不应入抽厘之内。究竟恒福所定章程如何,着庆昀会同臬司吴廷栋体察情形,妥筹办理。此系权宜之政,所入无多。总须无拂舆情,方为允协。其阻挠捐务,指使关铺,及聚众殴官各犯,务须按名弋获,严行惩办,以肃法纪。吴廷栋准其会同庆昀,联衔奏事。将此谕知恒福、庆昀,并传谕吴廷栋知之。"(《清文宗显皇帝实录卷之三一一》)

○咸丰十年庚申闰三月○戊午,谕军机大臣等庆昀奏,欠交马匹收全时,应否解京请旨等语:"锡林郭勒马一千匹,除挑出堪供调用及留牧息养外,余马七十二匹,不堪留牧。业经该署都统咨行理藩院行令补交,并着庆昀即行知照该盟长,饬令迅速备齐,不准以羸弱充数。此项马匹收全时,着即派员缓程解赴天津大营应用。所请令锡林郭勒盟长选派大员统带官兵,已谕理藩院行知。请拨铅丸火药等件,亦谕知工部迅速筹解矣。将此谕令知之。"(《清文宗显皇帝实录卷之三一四》)

〇咸丰十年庚申五月〇癸丑,调察哈尔马二千匹解京候拨。(《清文宗显皇帝实录卷之三一九》)

〇咸丰十年庚申五月〇辛酉,谕军机大臣等文煜奏近日夷情一折:"据称该夷日在洋面抢船,本有欲游蓬莱之说。近又闻无暇往游,孟酋已到。问巡检严国初由烟台赴天津有大河否。该酋带来兵千余人,马三四百匹。马高大者约有五尺。炮车三十余架。听其口气,似欲于过暑后,放船至海丰县属之大山地方,再行水陆并进,直赴天津。所抢船只,问作何用,据云用搭浮桥,装草料。请饬僧格林沁调派马队,前赴盐山扼截。至所到烟台海口,夷人及广东人约共一万数千人,小车共二百五六十辆,马共八百余匹,牛共一百六七十只,粮食军械不计其数等语。夷人于烟台海口愈聚愈多,并探有欲由海丰水陆赴津之信,实属居心险诈。现已谕知文煜,派委司道大员克日前往该处,筹办防堵。盐山等处,为海丰赴津必由之路。应如何派拨官兵前往该处择要驻札,以资扼截,即着僧格林沁等熟筹妥办。至夷人如果由山东陆路深入,官军与之接仗,务须步队在前,随后以马队继进,藉收抄截之效。马队断不可远迎,倘以马队为前敌,恐一挫不可复振,步队更难为力。并着该大臣等妥为调派。再昨令僧格林沁等将备调官兵二千名交派出得力大员管带,与克兴阿所带之京营官兵二千名分作两营,一并驻札青县。谅已遵照办理。前谕令乐善带领马队,必须探明该夷,或由山东陆路直奔京师,抑或抄袭大沽后路。该大臣务当相机截剿,勿堕该夷分我兵力之诡计。本日复谕春佑、玻崇武,各将备调热河、密云兵各五百名,并谕庆昀挑选察哈尔马队一千名,一并前往青县驻札,均交克兴阿管带。以上各项兵丁所需口粮，着恒福宽为筹备，于该处附近一带另设粮台，以供支放。或即由天津粮台支放，毋令缺乏。将此由五百里密谕知之。"○调热河、密云官兵各五百名，察哈尔马队官兵一千名，赴直隶青县驻札。命护军统领克兴阿统带。（《清文宗显皇帝实录卷之三二〇》）

○咸丰十年庚申六月○壬申，谕内阁庆昀奏带队官员来营迟延，请摘去顶带等语："察哈尔正黄旗骁骑校布彦达赖，前经庆昀调令带队，至今尚未到营，殊属任意耽延。着摘去顶带，仍令带队当差，以观后效。其漏未查催之营总济布尊扎普、布彦德勒格尔及带兵总管那玛善，并漏未饬令赴营之该旗署总管精莫特、署参领拉什达尔济、署副参领巴勒棍扎普、佐领贡噶章桑，均着交部分别议处。"（《清文宗显皇帝实录卷之三二一》）

○咸丰十年庚申六月○癸酉，谕军机大臣等："前因夷人载马北行，当谕玉明、文煜严禁居民卖给马匹。该夷现于金州福山等处停泊船只，搬运马鞍，包藏祸心，难免不为水陆并犯之计。恐其在各产马处所添买马匹。或密嘱奸商代为购求，并恐发捻各匪四路购买，不得不严为防范。盛京、吉林、黑龙江、绥远城、热河、察哈尔、大凌河及顺天直隶等省，或系产马之区，及民间马匹，均宜严禁私贩。着张祥河、董醇、玉明、景淳、特普钦、成凯、春佑、恒福、庆昀、侍顺、文煜、庆廉、英桂、谭廷襄派委干员，严密稽查。如有官为购买马匹者，必须验明执照，照例纳税后，方准放行，随时知照兵部。倘有来历不明之人及无执照者向各该处私买马匹，务须认真盘诘，立即严拏。将所买马匹尽行入官，拏获人犯，讯明具奏。毋使匪徒得售其奸，是为至要。将此由四百里各密谕知之。"

○壬午，又谕庆昀奏查明口外现无俄夷潜匿情形一折："口外地方经庆昀派委骁骑校兴福等，前往草地及黑城子、白城子等处详加履勘，并无俄夷藏匿形迹。附近蒙古亦佥称俄夷去年六月回国后，至今并未复来。惟此后难保无该夷潜来寄迹,仍着该署都统随时严密访查,毋令在该处藏匿。至口外地方辽阔,盗匪每易潜踪。既据该署都统访有自二三月以来盗匪多起,携械由民界中东西分走之语。并有该参领呈报骑马贼匪四十余人,由台行走之案。着该署都统即行严密查拏,务须迅速缉获,毋令日久远扬。其吴三即吴金榜一犯,仍着妥速密拏解京审办。将此谕令知之。"(《清文宗显皇帝实录卷之三二二》)

〇咸丰十年庚申六月〇戊子,谕内阁庆昀奏严防私贩马匹,请旨办理一折:"据称内外扎萨克以及各旗各群进口,前赴喇嘛庙烧香,所带之香赀马匹,并护送各庙马匹,以及蒙古牧丁送京马匹甚多。向无税银,又无稽核。此系大境门一处,其余山海关、古北口、杀虎口等处,似此尚多,难保无夹带私贩等情。着理藩院迅即议定章程,奏明请旨办理。并着张家口监督治昌,将大境门一处税口自接印至今逐日详细底簿封送察哈尔都统衙门,以备查核。另片奏,据治昌咨覆,本月并无马匹到局报税,显有私贩由小口行走,并未声明是何地方。至本年所收马税,虽经开具数目,未曾分别某月几匹,运往何处,发给税票几张,笼统无别,殊难考察。着庆昀再行逐层驳查,调取边口底簿详核,无任含混。"

〇己丑,又谕:"前据庆昀奏口外草地黑城子、白城子地方,并无俄夷藏匿情形。当谕令该署都统随时密查。现在俄夷船只在天津一带海口停泊,张家口外为俄夷往来熟径。此时虽无该夷藏匿,难保无内地汉奸暗通消息,务当严密查拏。至元宝沟地方,该夷前既有紧要之语,应如何防备之处,着庆昀不动声色,遴委明干之员,密赴远近一带,时常查探。以便先事豫防,毋稍大意。将此谕令知之。"〇又谕德楞额奏请饬调察哈尔马匹等语:"察哈尔距山东较远,恐解到时,转多疲乏。此项马匹为数无多,即着德楞额在该处左近地方自行采买膘壮马二百匹,补足疲残缺额。俾官兵随时训练,以成劲旅。将此由五百里谕令知之。"

〇辛卯,又谕:"前日据僧格林沁奏称,夷人占踞新河,恐由军粮城直赴天津府城。业令西凌阿派拨营城驻扎之吉林、黑龙江、察哈尔马队,会合大沽南北两岸马队,跟踪追剿。本日复据僧格林沁奏称,夷人已由新河攻入唐儿沽地方,大沽炮台万分危急。是该夷专欲攻扑大沽,急应厚集兵力。着西凌阿即将营城驻扎之吉林等马队刻即统带,前赴大沽救援后路,与僧格林沁合力夹击,以分贼势。军情紧急万分,不得以派援津城为辞,迁延不进,致罹国宪。将此由六百里加紧谕令知之。"

○又谕:"连日叠据僧格林沁等奏,英法等夷占踞北塘村庄,其大股分扑新河军粮城,我军接仗失利。本日据奏,唐儿沽亦被占踞,大沽炮台万分危急。现在夷氛猖獗,其或袭天津,或趋京师,均未可定。亟宜厚集兵力,以严捍卫而固畿疆。着托明阿于原调马队一千外,再行挑拨马队五百名,共一千五百名。成凯、德勒克多尔济、英桂于太原、绥远、归化各城内挑选驻防兵一千名。春佑挑选热河兵五百名。谭廷襄挑选陕西兵三千名。庆昀于原调马队一千外,再行挑选马队一千名,共二千名。文谦挑选直隶兵三千名。并文煜将本年原调之山东兵三千名,恩夔将本年原调之青德州兵五百名,玻崇武酌量于密云调派若干名,均须赶紧调派,一律精壮,配齐军装、器械、火药、铅丸,各派大员管带,即日启程驰抵通州,听候瑞麟调遣。该将军等务须勿涉张皇,致令民情惊扰。并不可稍涉延缓,贻误事机。将此由六百里谕令托明阿等,并传谕文谦知之。"(《清文宗显皇帝实录卷之三二三》)

○咸丰十年庚申秋七月○甲午,又谕庆昀奏参不以公事为重之税务监督一折:"张家口监督治昌于征收马税底簿经该署都统调查,以备详核。乃该监督率行咨覆,称六月以来,并无报税马匹。迨叠经驳查,始据送到各项税票,起数既夹杂不清,又有六月税票在内。与原咨亦属不符,显系巧为推避。治昌着先行交部议处。仍责令照该署都统所查之数,逐层送出,以凭核办。倘再有含混,即着从严参办。"○命拨张家口税银一万五千两,接济直隶军饷。

○辛丑,以奉天岫岩城守尉廉至为察哈尔副都统。(《清文宗显皇帝实录卷之三二四》)

○咸丰十年庚申七月○乙巳,谕军机大臣等:"前因通州一带防堵吃紧,当谕令僧格林沁等于要隘处所严密布置,并添调直隶等省官兵,归该大臣等调遣,尚恐不敷剿办。所有卓索图、哲里木、昭乌达三盟兵丁,除已调赴军营外,其余是否尚堪续调,着僧格林沁体察情形,或每盟各调一千,或各调二千,即行酌量具奏,并斟酌驻札地方。现在通仓米石,本拟运至京仓。惟转运非易,赶办尤难。若即以此项米石核算兵丁应得口粮,估计时值,于饷需内搭放数成,既可节省实银,且尤便于兵食,于经费较有裨益。着僧格林沁等悉心体察,妥议具奏。至顺天粮台,现既归并孙治一手经理,无论银米及搭放款项,均应与天津粮台一律支发,以昭平允。天津夷人虽未扰害地方,恐其探听路径,意图内犯。着僧格林沁等于由津至通各要路,多设巡卡,严密防范。遇有夷人潜行附近一带,立即阻止。勿令前进暗探消息,以杜其北犯之渐。来往行人,亦应认真盘诘。前由张家口解往之要犯关四,并由京解往之于七及潘志和三犯,曾否审有端倪,该犯等现在羁禁何处,着一并覆奏。将此密谕知之。"

○戊申,又谕:"前因庆昀奏参张家口监督治昌于咨查报税马匹意存推避,当将该监督先行交部议处,仍责令将所查之数送出,以凭核办。本日据治昌奏称,该处税局并未设有底簿。本年六月间,庆昀因查马税,叠经调取该局亲标底簿,先经该监督将税根式样咨覆,继将税根送查,嗣复将每日报单封送,该署都统未肯接收。复将报单拆封,订成二簿送往,始据该署都统覆称,历次所调,即系此簿。其六月内收税,马匹数目亦先经陆续咨送。现奉谕旨,责令照该署都统所查之数逐层送出。查该署都统一切查询之件,实已详细咨覆,别无遗漏等语。张家口税局是否向无亲标底簿?六月间既有进口马匹,何待往返咨查,始行查出？所称咨送报单等历次月日是否相符？即着庆昀按照所陈各情，详查据实具奏。将此谕令知之。"

〇壬子，又谕庆昀奏访查通夷要犯现经他往，先将家室人等解送讯究一折："要犯吴三即吴金榜，已经热河访获解京，由京解往通州，交僧格林沁审办矣。据庆昀奏，该犯雇工韩双喜供词，有吴金榜与关四认识强盗，来往分银，并吴金榜、关四勾结俄夷，商议买马送往天津。若有兵来，即在元宝沟屯聚之语。是潘志和前供，元宝沟地方紧要之说，不为无因。该处山川是何形势，其通草地之路共有几处，通于何方，并现在有无盗匪及夷人屯聚，亟应确切查明，认真严拏，以杜后患。着庆昀密派妥员，前往该处详细查勘，迅速具奏。该都统前奏，正白旗地方有刨挖黄蓍民人，聚众持械，驱逐不去。此项人数众多，难保无匪徒藉挖黄蓍为名，潜谋滋事。即着密札各群总管及驻防出青官厂，加意防护，认真盘查，不可稍存大意。张家口为俄夷往来熟径，久有通商之意。恐有该夷藏匿，及内地汉奸暗通消息。务当不动声色，多设侦探，遴派明干之员，密赴远近一带，时常访查。遇有形迹可疑之人，即行盘获究办，勿令遂其奸计，是为至要。将此密谕知之。"（《清文宗显皇帝实录卷之三二五》）

〇咸丰十年庚申七月〇癸丑，又谕："前因张家口监督治昌奏，税局并未设有底簿，并查询各件已详细咨覆。当谕令庆昀按照所陈各情详细具奏矣。本日复据治昌奏，请饬照监督原议，令大境门官兵盘诘进口马匹。并边墙缺口处所，一律堵塞。责成守口弁兵，严查偷漏，毋任讹索各折片。并将原咨章程呈览。私贩马匹，例禁綦严。现当查禁接济之时，尤当倍加周密。该处马匹进口，是否应由大境门官兵先行盘诘，开单加用戳记，再行报税，抑或由税局书役人等自行稽查？该都统咨文所称，加用戳记，碍难照办。有何碍窒之处，着庆昀查明具奏。至治昌所称堵塞边墙缺口，责成守口弁兵严查偷漏，并禁止藉端讹索各条，着该都统按照该监督所奏，一并查核覆奏。该都统惟当秉公核办，固不可任听该监督有意推诿，亦不得偏执己见。总期于公事有裨，是为至要。将此谕令知之。"

○丁巳，谕内阁："前因庆昀奏参监督治昌征收税票，与原咨不符，巧为推避，当降旨将治昌交部议处，并令该都统查明核办。兹据治昌奏称，向来承办税务，均系先将报单内所收货物银数核足定额造册，然后划出各费，俾敷应用等语。此等不应上达之词，辄敢形诸奏牍，实属冒昧，不知大体。张家口监督兵部郎中治昌，着即照部议降三级调用。"
（《清文宗显皇帝实录卷之三二六》）

○咸丰十年庚申八月壬戌朔○又谕："昨据德楞额奏，请分兵赴通助剿，已谕令该副都统，准带兵勇千名，驰赴通州，并谕知僧格林沁于附近通州一带酌量调派。本日据傅振邦奏，颖亳大股捻匪倾巢而出，计有十数万众，由永南沿涘而东，袭破练圩两处，围攻涘南军营。虽经击退，其势甚炽。请饬河南、山东，一体严防等语。复经谕知德楞额察看情形，能否带兵赴通，自行斟酌办理矣。再本日据托明阿等奏，西安马队二千三百名，并商雒等处步队一千五百余员名，配带军火等项，自七月十二至二十一二等日，业已渡河，趱出陕境。此次马步各队，计已陆续可到。着即将续调之察哈尔马队后起官兵一千名，分拨胜保军营。令于由通入京各要隘酌量布置，以为该大臣等后路援应。现在该大臣等军营兵共有若干名，及所调各路官兵，已到营者共有若干名，着将数目查明具奏。昨谕知僧格林沁等，额尔唫来通时，除约定千名以外。如有任意续来者，仍应拦阻。本日据载垣等奏，该夷业已就抚，俄酋于本日午刻到通，恐其于准带夷兵千名之外，仍有大队陆续到通。该处密迩京师，辰发午至，猝不及防，深为可虑。传闻该大臣等兵已退扎八里桥，其由张家湾至通一带，虽有格绷额等马队在彼屯扎，恐官兵等知已议和，未必认真拦阻。着该大臣即行激励众兵，刻不忘战，于张家湾一带照旧

清文宗显皇帝(咸丰)实录·察哈尔卷(附宣化府·口北三厅)之九

严防。除准带夷兵之外,如有陆续前进者,仍遵前旨严行截剿,毋稍顾虑。将此由六百里密谕知之。"

○乙丑,又谕僧格林沁等奏夷队来扑,我军退至八里桥一折:"僧格林沁现扼八里桥,截住夷兵前进之路。谅能振起军心,乘贼喘息未定之时,务须设法更番搠战,使其不得休息。恐该夷调齐大队,转来扑犯,致落后手,尤须防其抄袭后路。或由通州城内冲出,扑我八里桥之后取道北犯。胜保之兵,应令扎于家卫,以备截击来京要路。其所带仅止步队,现有察哈尔马队一千名,如老弱不堪冲突,即可将其兵丁守营,另选精兵,用其马匹,以利驰逐。事机万紧,着僧格林沁、瑞麟会同胜保妥筹战胜机宜,务期一鼓作气,戮力同心,迅挫凶锋,实殷厚望。该夷所恃火器猛烈,总须以奇兵抄袭,挫其前锋。能以鸟枪刀矛等短兵相接,则可操胜算矣。将此由六百里加紧各密谕知之。"(《清文宗显皇帝实录卷之三二七》)

编者注:八里桥之战,是第二次鸦片战争期间发生的一场激烈战役,因发生在八里桥(东距通州八华里)而得名。此次战役中,虽然清军士兵表现英勇,但终因战法、装备严重落后而惨败。法军军官吉拉尔在《法兰西和中国》一书中写到:"八里桥之役,中国军队以少有之勇敢迎头痛击联军。……他们宁愿一步不退,勇敢坚持,全体就地阵亡。"联军司令保尔·瓦兰在《征华记》一书中记载:"中国人和以勇气镇定著称的鞑靼人在战斗的最后阶段表现得尤为出色……他们中没有一个后退,全都以身殉职。"

○咸丰十年庚申八月○丁亥,又谕:"朕于本月十六日,驻跸热河。前有旨,令恒福迅赴古北口内驻扎,督率地方官办理一切。本日据恭亲王等奏,正议抚局,该夷酋于二十二日直犯圆明园,焚烧街市。恒福已到卢沟桥,道阻未能前往,请令吴廷栋赴口等语。着庆昀传知吴廷栋,即令该臬司由张家口赶紧赴古北口驻扎,督办往来兵差文报各事宜,毋稍延缓。将此由六百里加紧谕知庆昀,并传谕吴廷栋知之。"○又谕文谦奏请赴热河随扈一折:"前有旨,令恒福迅赴古北口内驻札,以资督率。本日复谕令吴廷栋,由张家口赶紧前来办理一切。直隶省垣紧要,现乏大员。着文谦毋庸前来随扈,所有各省解京饷银,路过直隶,仍着文谦遵奉前旨,饬令该委员等改解热河,以济要需。倘或道路梗阻,着该藩司设法解送,是为至要。"(《清文宗显皇帝实录卷之三二九》)

　　○咸丰十年庚申九月○乙未,谕内阁吴廷栋奏参疏防监狱各官,请革职分别留缉拏问,并自请议处一折:"张家口理事同知熙格、署万全县县丞谢立坊,于监内抢劫殴官重犯不知小心防范,致令脱逃至六十三名之多。虽当时拏获莫特等九名,其余各犯尚未弋获。实属漫不经心,非寻常疏忽可比。熙格着革职留任,勒限督缉。谢立坊着革职拏问,交宣化府提同禁卒人等严讯有无松刑、贿纵情弊,按例惩办。吴廷栋现驻张家口,不能先事豫防,着交部议处。"

　　○戊戌,谕军机大臣等庆昀奏请带官兵前赴行在一折:"据称探闻夷匪猖獗,绕至京北,请由张家口驻防旗营内挑选精壮五六百名,带赴行在,随驾当差。或派往何处防堵,请旨遵行等语。现在夷务未定,张家口地方直通库伦、恰克图等处,亟应严行防范。且两堡人心惶惑,尤须妥为弹压,以资镇静。庆昀着无庸前来,仍督率各员勤加侦探,实力稽察,以防奸宄而定人心。另片奏请将锡林郭勒官兵调至热河等语。此项官兵仍着在察哈尔正蓝旗地方驻札,饬令总管珠克都尔帕木,认真操演,听候调遣,无庸调赴热河。将此谕令知之。"

　　○辛丑,又谕据英桂奏,派兵分起前进等语:"据称先派参将珠尔杭阿,管带省标官兵前进。并咨总兵庆德,由宣化府一带至近京聚齐。复添调太原镇标官兵五百名,派城守尉庆瑞统带作为后路。除珠尔杭阿等所带官兵应随英桂驻札直境外,其庆德所带一军如由宣化而来,亦可留于京城西北一带拏办土匪,着胜保斟酌办理。"

○壬寅，又谕庆昀、吴廷栋奏审明巡丁诈赃未成，请将监督议处，并饬总督妥议税则一折："张家口监督所管，例有一定口岸，万全县并不在口岸之内。巡役范成等因诈赃未遂，辄将贩卖布疋之铺商吴通等妄挐指为漏税。该监督治昌不察虚实即行滥押，并苛罚银至二千两之多。虽未入手，已属不知检束。迨吴通等控告经庆昀等逐层咨查，覆文又复含糊支离，尤属有心回护。前任张家口监督降调兵部郎中治昌，着交部议处。至直隶物产，布疋居多，应如何就地征收税银，着恒福通查所属。各就产布之区与贩布路途，妥议税则具奏。并令专款报部，以垂久远而便商情。"○察哈尔副都统庆昀等奏办察哈尔兵私行回旗，并严拏骑马贼。得旨："逃犯固应严办，即寻常抢劫盗犯，应拏解审讯者，亦一并准其随处歼除，不必解审，以期清盗源而靖地方。"○以运炮迟延，摘张家口协副将乌忠阿等顶带，下部议处。

○乙巳，又谕："据胜保奏，僧格林沁等所统各队，请饬分别撤留等语。本日已有旨，令僧格林沁、瑞麟驰赴行在，并将所统察哈尔及蒙古三盟官兵带回遣撤。其余吉林、黑龙江等处各军，均着归并胜保军营，即交该大臣统带并着留心察看，其不得力者，即行撤回。该夷和约已换，各省续调兵勇，纷纷前来，未免虚縻粮饷。着胜保先将河南所调之勇，饬令折回。此外兵勇酌量情形具奏，再降谕旨停其赴京。将此由六百里密谕知之。"○又谕："本日据恭亲王奕訢等奏，英法两夷已于本月十一、十二等日互换和约，虽现在俱未退兵，城外尚有胜保一军以备缓急。僧格林沁、瑞麟着即赴行在该大臣等军营。所调察哈尔、蒙古三盟官兵，即着全数带回遣撤。其余各军，均着交胜保统带。将此由六百里密谕知之。"（《清文宗显皇帝实录卷之三三〇》）

○咸丰十年庚申九月○丁未，又谕据恒福奏请添派道员、分办粮台等语："现在英法两夷，业经换约。昨有旨谕令僧格林沁、瑞麟前来行在，所带察哈尔及蒙古三盟官兵，均令撤归游牧。所余无多，统归胜保管带，以备缓急。僧格林沁等大营粮台，自当即行裁撤，以节縻费。着恒福饬令天津道孙治，认真钩稽。核实报销，不准稍有浮冒。至胜保一军，着即派候补道柏春办理粮台，督率委员妥为支应。事竣即由该道造册报销可也，将此谕令知之。"○予张家口捕匪被害千总胡上志祭葬世职。（《清文宗显皇帝实录卷之三三一》）

○咸丰十年庚申冬十月○壬戌，又谕庆昀奏盗风日炽，请破格奖励一折："张家口一带，盗贼肆行。亟宜设法搜捕，以安良善。着照庆昀所请，嗣后无论口内口外，凡有拏获骑马持械，结伙同行，以及行强抢夺，积匪猾贼，准其格杀勿论。其有获解到官重犯，审明后即行正法，以免滋蔓。获盗之人，准随时酌核案情，分别人数多寡，赏给功牌翎顶，以示破格优奖。"

○加赏驻札张家口备调锡林郭勒官兵柴炭银。（《清文宗显皇帝实录卷之三三二》）

○咸丰十年庚申十月○丁丑，又谕僧格林沁等奏请裁减兵额等语："据称，本年天津海口一带接仗，察哈尔官兵首先溃败，实属不堪调用。而该处兵额最多，若不量予裁减，必致虚縻粮饷。所筹自系为节省经费起见。着庆昀查明该处兵额共若干名，其分拨各台者若干，游牧者若干，汰除老弱，简择精壮尚可练习者若干，应如何酌量分别裁减之处，即着妥议具奏。将此谕令知之。"（《清文宗显皇帝实录卷之三三三》）

○咸丰十年庚申十一月○辛卯，缓征直隶……怀来……三十六州、县被水村庄新旧额赋。（《清文宗显皇帝实录卷之三三五》）

○咸丰十年庚申十二月○辛酉，命镶蓝旗蒙古都统西凌阿、工部右侍郎国瑞，帮办钦差大臣僧格林沁军务。

○丁卯,又谕庆昀奏废员在配潜逃,请饬查拏一折:"已革四川督标外委许怀清、已革步军委协尉德馨,前经发往军台效力赎罪。该废员等胆敢在配潜逃,实属目无法纪。着步军统领衙门、顺天府、五城正白旗汉军都统及直隶总督、四川总督、山西巡抚、热河都统一体严拏,务获究办。"(《清文宗显皇帝实录卷之三三七》)

○咸丰十年庚申十二月○庚辰,谕军机大臣等僧格林沁等奏,捻逆出巢北窜,现拟整队截剿等语:"捻匪每遇冬春之交,即行离巢四出焚掠,习以为常。该大臣现既称有贼目赵浩然等,率领蓝黑两旗贼队围攻陈家寨后,即向北窜至砀山县境地方。又据伊兴额报称,捻匪五旗并出,有直扑济宁大营之信。现在西凌阿、国瑞剿捕邹县教匪竣事,业已将全队撤回。着该大臣等赶紧整饬队伍,联络乡团,扼要严防,一面勤加侦探。倘遇该匪窜至,即相机截击,毋令阑入东境。上次羊山之战,官军未能得手。此次如捻逆北窜,该大臣等务当布置周妥,谋定后战。不可稍涉大意。将此由六百里谕令知之。"

○己丑,上御勤政殿,筵宴朝正外藩。科尔沁、喀喇沁、土默特、乌拉特、克什克腾、奈曼、巴林、杜尔伯特、喀尔喀、青海、察哈尔、敖汉、翁牛特、阿噜科尔沁、阿巴哈纳尔、乌珠穆沁、霍硕特等,随文武大臣依次就坐。(《清文宗显皇帝实录卷之三三九》)

公元1861年

○咸丰十一年辛酉春正月○辛卯,缓征直隶……怀来……三十九州、县被水、被旱、被雹村庄新旧额赋。

○庚子,调陕西陕安镇总兵官惠成为直隶宣化镇总兵官,直隶宣化镇总兵官马德昭为陕西陕安镇总兵官。(《清文宗显皇帝实录卷之三

四〇》)

○咸丰十一年辛酉二月己未朔○又谕:"前据僧格林沁等奏,请裁减察哈尔兵额。当经谕令庆昀查明该处兵额,酌量裁减,以节縻费。兹据庆昀等奏,遵查该处各项兵额,共八千一百六十八名,饷数例祇京兵之半。分守之地。东西计千里以外,南北亦八九百里。与扎萨克游牧共卫北边,难议裁减。拟将现在甲兵空缺六十三名,暂行停拨。并已拨到旗之二百二十四名,及各旗出征兵内遇有出缺,无丁可补,一并暂行停拨等语。察哈尔各项官兵,控制北面,地方辽阔。近日缉盗防边,更为紧要。且俸饷定额,本较京旗数减,穷困者多。既据该都统等查明情形,自未便遽议裁减。着仍循旧章办理,所有甲兵等空缺,并着无庸停拨,以重边防。惟该处兵丁从前征调时,临阵多不得力。该都统等务宜汰除老弱,简补精壮。随时讲明纪律,认真操演,以备征调。庶几兵归实用,饷不虚縻。将此谕令知之。"(《清文宗显皇帝实录卷之三四二》)

○咸丰十一年辛酉二月○癸未,谕军机大臣等本日据恭亲王奕䜣等奏,接收俄国照会一折:"俄国以枪炮有应行修补之处,教演兵丁护送匠役于四月间方到。奕䜣等拟先挑熟习火器之兵丁数十名,前往试演。除留存鸟枪数十杆外,余俱由库伦办事大臣运京。此项鸟枪即在恰克图演习,不可令其赴张家口教演。所挑熟习火器兵丁,即着奕䜣等拣派妥员,奏明管带前往。其炮位五十尊,准其运至天津海口交纳。但不可令其在彼处安设,方为妥善。将此谕令知之。"○又谕:"奕䜣等奏,接据俄国照会,内称前允送枪炮。因事阅两年,须加修补。该国教演鸟枪兵丁及运送匠役,须于四月初十日左右到恰克图。此项匠役,均能查看山宝。又喇嘛固理自称恰克图地方较远,须令该国之人至张家口一带教演。其炮位五十尊,运至天津海口交纳等语。恭亲王奕䜣等现拟先挑熟习火器兵丁数十名,仍在恰克图试演。除存留鸟枪数十杆外,其余着色克通额、多尔济那木凯，俱由库伦妥速运京。至该国所称查看山宝，系希冀开矿。此事弊窦甚多，断难允准。该国人如未经提及开矿，该大臣等即毋庸先说，反致启贪利之心。倘若论及其事，即着设法阻止，并于该国运送鸟枪时，拣派妥员严密侦探，加意防范。其炮位是否由津运送，并着色克通额等随时探明具奏。将此谕令知之。"（《清文宗显皇帝实录卷之三四四》）

○咸丰十一年辛酉三月○庚寅，谕军机大臣等："奕䜣等奏，挑选兵丁赴恰克图演习火器，并请派大员管带一折。着照所请。即行知管理圆明园、健锐营、外火器营大臣，每营所挑选兵丁二十名，章京各二员，前赴恰克图，演试俄国运来鸟枪。此次兵丁，谕令色克通额、多尔济那木凯，就近管带演习。并谕令庆昀，派员护送该兵丁至赛尔乌苏地方，再由色克通额等派员迎护，送至恰克图，以期沿途安静行走。该员弁兵丁，并准其驰驿前往，即由户部给发盘费。至抵恰克图后，每日每员名酌给盐菜实银三钱，由恰克图税务项下支领，并演熟时由管带大臣酌请奖叙。及犒赏俄国教演之人，酬答运送火器之处，均谕令色克通额等酌量请旨办理矣。将此谕令知之。"

○甲午，谕军机大臣等："本日据色克通额等奏，俄国通商人等，不能悉遵条约。请饬总理各国事务衙门，知照遵办各等语。俄夷此次给住京修士固理公文包，并未知照库伦，与条约不符。着奕䜣等咨行伊格那提耶夫，嗣后解送物件，仍应备文知照库伦办事大臣。至贸易二十余人前往库伦及京城地方，欲雇蒙古驼只贩运一节。京城地方是否准该夷通商，自雇驼只，私立驿站，均在条约之外。日久恐多流弊，不可不防。所称张家口难走，欲进独石口，任意往来，尤恐漫无限制。着恭亲王奕䜣等将色克通额等折内所指各节，详细查明。如与条约不符，即行知照伊格那提耶夫，据理驳斥。并嘱其晓谕该国人等，务须遵照条约办理。至运送鸟枪一节，本日已谕令色克通额等，俟该国解到时，即在库伦暂停,须候总理各国衙门行知后,再行照办。色克通额等清字折三件,均着抄给阅看。将此由五百里谕令知之。"(《清文宗显皇帝实录卷之三四五》)

○咸丰十一年辛酉三月○壬寅,谕军机大臣等奕䜣等奏,阻止俄国商人进京贸易现办情形一折:"前因俄国商人欲至京城贸易,并欲由独石口行走,当经谕知奕䜣等据理阻止。兹据奕䜣等奏称,据俄罗斯馆修士固理禀称,接奉本国来文,陆路商人共二十名,货驼约百余只,已于二月十九日由本国启程。拟暂由独石口进京,约于三月底可到。当经派员以该商人不得到京贸易,亦不得由独石口行走之处,向固理驳斥等语。俄国商人并无在京贸易明文,亦不得由独石口入京,业经奕䜣等照会伊格那提耶夫据理驳斥。第恐该商人等仍由独石口行走。着文煜饬知该处地方官,倘有俄国商人到口,即据条约设法阻止,不得任令进口。至张家口地方,虽准其将零星货物销售,亦不得有设立行栈等事。并着庆昀、廉至转饬张家口监督,于该国商人到口时明晰晓谕,令照条约办理。如该商人在彼销售零星货物,即留心防范,毋令别生枝节,是为至要。原折着抄给阅看。将此由五百里各谕令知之。"(《清文宗显皇帝实录卷之三四六》)

○咸丰十一年辛酉三月○丙辰,又谕胜保奏请将获犯过半各员免议,并索赃通贼之同知,请革职拏问等语:"前因委参领格本泰等未能将盗犯回四等拏获,降旨令胜保查明参奏。兹据奏称,该员等会同地方官拏获盗犯曹三,即回四等四名,获犯过半,兼获首盗,尚知愧奋。委参领格本泰、领催祥云、候补知县王国栋,均着免其议处。宣化府知府李培祜、怀来县知县郭会昌,于被参后协同格本泰等拏获盗犯,着免其参办。未获各犯,仍着胜保严饬该员等迅速查拏,毋令漏网。直隶独石厅理事同知双贵,赴乡相验,勒索多赃。致乡约被逼自戕,复纵令盗匪李二传等拒捕伤差,任听夫役,劫去回四,以致要犯逃脱。似此纵盗虐民,实属蔑法已极。双贵着即革职拏问。"

○丁巳，谕军机大臣等："前因俄国商人欲由独石口行走，谕令文煜等阻止。仍准其于张家口销售零星货物。本日据庆昀等奏，独石厅连界处所集场廛市均应豫为筹议，并据文煜奏称，俄商行抵独石口，业经遵允改道各等语。俄国商人呢尔丕依汪，带领跟役十八名、喇嘛二十四名并驼马车辆等，于本月十九日抵独石口。经地方文武等据理阻止，该商已遵允改道。所携货物，前据固理声称，有令于途间零星销售之语。该商于独石口折回，其是否赴张家口，抑往他处，尚难揣测。如多伦诺尔及热河所属州、县均有集场廛市，难免该商在彼贸易，自应密为防范。着文煜、春佑严饬各该地方官。如俄商行抵该处，准其将零星货物销售，不得设立行栈。并晓谕居民，与该商公平交易，以期华夷相安。惟不必张贴告示，致令有所藉口。将此由五百里各谕令知之。"（《清文宗显皇帝实录卷之三四七》）

○咸丰十一年辛酉夏四月○甲子，谕军机大臣等色克通额等奏俄国送到鸟枪，派兵演习。拟于乌里雅苏台将军库存内拨解火药等项，并酌拟酬答该国，及赏给使臣等缎疋一折："已谕令色克通额，届期前赴恰克图，督率京城派出兵丁，妥为演习。并准于乌里雅苏台库存内拨解火药等项矣。至所称酬答该国，赏赐锦缎、大缎、江绸二百端，赏赐伊格那提耶夫大缎十二疋，固毕尔那托尔大缎四疋，玛雨尔大缎二疋，该办事大臣等误会意旨，以为朕之赏赐，殊属大错。究应如何酬答，着奕訢等妥为商议，再行具奏。届时只应作为库伦办事大臣酬答该国之件，断无以官物给发，反为臣下相酬之理。本日复据庆昀等奏，俄商携货进张家口，坚欲赴京销售，经庆昀等派出委员再三阻止，该商且始将车辆货物落店，致信固理商办等语。俄商前欲进京贸易，经奕訢等按照条约，逐层指驳，照会伊格那提耶夫。现在该商货物已进张家口，仍恐坚欲进京，所致固理信函，难免藉词狡执。着奕訢等设法开导固理，务遵条约，不得率行入京贸易，以致漫无限制。即在张家口，亦衹准行销零星货物，不得设立行栈，以符条约而防弊端。色克通额等原折二件，均着抄给阅看。将此由五百里谕令知之。"(《清文宗显皇帝实录卷之三四八》)

○咸丰十一年辛酉四月○乙亥，又谕据僧格林沁等奏军营马匹不敷，请饬察哈尔迅拨马匹等语："僧格林沁等现在山东攻剿捻逆，军营马匹不敷骑用。着庆昀、廉至于商都马群内拣选膘壮马一千匹，派员迅速解赴山东邹县僧格林沁等军营，毋稍迟误。将此由五百里谕令知之。"(《清文宗显皇帝实录卷之三四九》)

○咸丰十一年辛酉六月○庚申，谕军机大臣等："袁甲三奏请速拨马队，并饬解马匹等语。袁甲三军营马队，仅三百余名。现在沿淮两岸，贼踪飘忽，非得马队数千，不足以利抄击。自系实在情形。惟东三省马队调出甚多，现已无可调拨。该大臣请饬调马队之处，着毋庸议。至所请饬拨空马五百匹，现当夏令酷热之时，察哈尔马匹不免疲瘦。即勉强调拨，亦恐不能得力。该大臣惟当就现有兵力设法布置，遏贼北窜。其存营无马兵丁，既称劲旅，仍着就近设法采买马匹乘骑，以资策应。俟秋高马肥，再将马匹调赴该大臣军营可也。将此由六百里谕令知之。"(《清文宗显皇帝实录卷之三五四》)

清穆宗毅皇帝（同治）实录
察哈尔卷（附宣化府·口北三厅）之十

公元1861—1874年

公元1861年

○咸丰十一年辛酉八月○乙丑，又谕庆昀等奏请将玩视公务之固山达议处一折："察哈尔牛羊群正黄旗固山达布拉那，于拣补牧长验放时，因拟陪之牧副精莫特僧格出差未回，属令拟正之章楚布代为觅人冒名顶替。实属胆玩不职，布拉那着即撤任，交部议处。"

○丙寅，又谕袁甲三奏防剿吃紧，请饬察哈尔拣选膘壮马五百匹起解来营等语："现在恭奉皇考大行，皇帝梓宫回京，需用马匹甚多。察哈尔马匹除调赴行在外，所存无多，难以再行调拨。该大臣请饬拨空马五百匹之处，着毋庸议。将此由六百里谕令知之。"（《清穆宗毅皇帝实录卷之二》）

○咸丰十一年辛酉八月○乙亥，谕军机大臣等恭亲王奕䜣等奏，据俄使巴里玉色克称该国枪炮已抵恰克图。该使复派精于制炮之斐利偏廓，前往会同演制等语："由京派往演习之官兵人等，已据庆昀等奏称分起出口，计日可到库伦。着色克通额于此项官兵到齐后，即拣派体面晓事之员前往恰克图，妥为照料该官兵等演试枪炮。将此谕令知之。"（《清穆宗毅皇帝实录卷之三》）

○咸丰十一年辛酉九月○甲辰,谕内阁庆昀、廉至奏理刑司员被揭,恃符狡展,请旨解任传讯一折:"察哈尔正蓝旗满洲理刑员外郎文增,于窃贼贡噶诺尔布并不在监一案。经看监佐领桑斋等详揭,该员服役喇嘛珀楞累有得贿纵放情事。屡经庆昀等严札询问,该员辄以该旗克扣兵饷等词呈控,始终未将珀楞累交出,实属恃符狡展。文增着即行解任,归案严讯。其所控该旗克扣兵饷一节,是否反噬,抑系事出有因,并着庆昀等彻底根究,以成信谳。"(《清穆宗毅皇帝实录卷之五》)

○咸丰十一年辛酉十月○甲申,谕内阁:"朕奉母后皇太后、圣母皇太后懿旨,十一月初一日垂帘听政,王公大学士六部九卿应诣养心殿行礼。惟念惠亲王辈分最尊,且系内朝,与朝会大典有别,著加恩无庸随班行礼。以示优异。(《清穆宗毅皇帝实录卷之八》)

编者注:以下为两宫皇太后垂帘听政时期。

○咸丰十一年辛酉十一月○丁亥,又谕庆昀等奏筹运俄国呈进枪炮一折:"据称接准库伦咨称领运俄国呈进枪炮等件,已由所属爱曼沙毕约备驼六百只,车五十辆,分起赴恰克图,领送赛尔乌苏,更换运京。业经援案照会锡林郭勒、汗阿林、乌兰察布三盟长处,共派出驼四百只,马二百匹,车五十辆。各拣妥员兵丁,携带锅帐。限于十一月内赶赴赛尔乌苏台,以便与库伦人马更换。又行令察哈尔八旗亦如三盟所备官兵驼马等数,如期赶赴离口之第八台,等候更替三盟人马。又以随从乌拉人役日食所需羚羊一项为数较多,请由牛羊群牧调取。现届隆冬,不便运送,业已传知所属各台先行垫办,俟春融后再行补发等语。俄国呈进枪炮,原数系枪一万杆,炮五十六尊。所用驼马车辆,自应多备。昨据总理各国事务衙门奏,据库伦咨称,此项枪炮已到恰克图者仅鸟枪二千杆,炮六尊。并炸炮五百件,架二分。所需运送驼马车辆,安用如许之多?着庆昀、廉至、色克通额、阿尔塔什达按照库伦现到俄国枪炮数目,将所需驼马车辆核实豫备,毋得虚縻,亦不得有短缺,致误运送。其随从人役食宿所需柴薪米面,既令自备。廪羊一项,行令各台垫办,亦应核实造报。将来春融补发,不得以羸瘠充数,致令苦累。至俄国使臣所呈炸炮,已饬令火器营拣派妥员前往张家口帮同运送,庆昀等务饬沿途护送官兵人等加意小心,毋稍疏忽,致有损坏。将此由五百里各谕令知之。"

○辛卯,缓征直隶……怀来……二十六州、县被旱、被雹、被虫村庄新旧额赋,并减免差徭。(《清穆宗毅皇帝实录卷之九》)

○咸丰十一年辛酉十一月○癸卯,以察哈尔缉捕出力,赏蒙古佐领囊冲等升衔。

○甲辰,调察哈尔商都牧群马一千四,解赴钦差大臣僧格林沁军营备用。(《清穆宗毅皇帝实录卷之十》)

○咸丰十一年辛酉十二月○甲戌,又谕:"前因色克通额等奏,俄国续交枪炮,意涉推诿。当谕该大臣等毋庸再向询问,以示大方。兹据色克通额等奏,俄国呈递枪炮,延不交齐,并枝梧不肯教演施放,请将官兵撤回等语。俄国呈送枪炮,并教官兵演放,皆出自该国再三恳请,并非中国本欲如此。兹据该章京锡龄、阿昌阿等呈称,俄国未到之鸟枪炸炮等件,续交无期。三营官兵已经学习枪炮上卸修理各法,及询及学演试放之法。该俄国种种推诿,耽延时日,是该国自行反复。以后续交与否,听其自便。色克通额等即谕知该章京等,不必再向询问索取。至三营官兵久居守候,徒縻经费,着即行全数撤回。但须以官兵不服水土,免累贵国教演等词,向该俄官道达,仍示两敦和好之意。其拟赏该国教演枪炮官员等物件,即照该大臣等所拟赏给,并作为该大臣酬答之意,以存体制。将此谕令知之。"

○戊寅,以剿办山东会教各匪,收复范县等城出力,予都统西凌阿

优叙。(《清穆宗毅皇帝实录卷之十四》)

公元1862年

○同治元年壬戌春正月○乙酉,缓征直隶……怀来……二十六州、县歉收村庄粮赋地租。并展缓原贷仓谷。(《清穆宗毅皇帝实录卷之十五》)

○同治元年壬戌正月○丙申,又谕:"现在总理各国事务衙门有应行面商事件,庆昀着即行来京,察哈尔都统着廉至暂行兼署,以便庆昀交卸起程。将此谕令知之。"

○己亥,调察哈尔牧群马五百匹,解往钦差大臣袁甲三军营备用。(《清穆宗毅皇帝实录卷之十六》)

○同治元年壬戌二月○庚午,以察哈尔佐领定安为齐齐哈尔副都统。(《清穆宗毅皇帝实录卷之十九》)

编者注:○定安,察哈尔驻防张家口满洲镶蓝旗人,咸丰三年以"捐束",赏五品顶戴。之后升为佐领(从四品)。

○同治元年壬戌二月○乙亥,谕议政王军机大臣等:"前谕景纶、特普钦,于吉林、黑龙江各挑选西丹五百名,来京听候训练。本日据景纶等奏,所挑西丹已派员定期管带,分起行走进京。惟马匹一项,征调过多,实难凑办,可否由大凌河发给。又据特普钦奏,遵挑西丹官兵,拟于出境后取道蒙古草地,进法库边门,入山海关赴京。拟发给银两,俾买鞍马各等语。京师训练旗兵,现在暂移南苑屯扎,应用马匹业由察哈尔调到。此次吉林、黑龙江挑出西丹,既据该将军等奏称,马上尚皆娴熟,将来此项兵丁到京,即可将在京马匹,责令演习。该将军等毋庸另筹购马银两,亦毋庸在大凌河另行发给。惟鞍鞯等项,非多为豫备,不能敷用。仍着景纶、特普钦筹款购买,以资配用。将此由五百里各谕令知之。"(《清穆宗毅皇帝实录卷之二十》)

编者注:○西丹,满语音译,为"未成丁"之义。特指清代内务府包衣旗中未成年之男丁。

○同治元年壬戌五月○丙戌,以挈获邻境盗犯,赏察哈尔护军校贡噶尔扎普蓝翎。(《清穆宗毅皇帝实录卷之二十七》)

○同治元年壬戌五月○丁酉,调直隶宣化镇总兵官惠成,署天津镇总兵官。以督标中军副将冷庆署宣化镇总兵官。(《清穆宗毅皇帝实录卷之二十八》)

○同治元年壬戌五月○癸卯,谕内阁:"前因廉至奏,参察哈尔骁骑校阿木尔特古斯于贴写兵贡僧,控告披甲桑斋扎普偷窃烟壶一案,将该披甲责打,致令自缢,请将阿木尔特古斯等议处,当交庆昀再行定拟具奏。兹据奏称,遵旨将挟嫌诬良之贡僧等分别定拟各等语。察哈尔贴写兵贡僧等应得罪名,着该衙门分别核议具奏。阿木尔特古斯本无受理词讼之责,乃于贡僧诬控时,不察虚实,辄行拷讯,以致被诬之兵情急自缢,已属粗疏专擅。及至验出刑伤,又复贿属尸亲,实非寻常过失可比,着交部严加议处。原审此案之主事文秀、员外郎玛哈萨都,草率审拟,未能得实。于全案应拟罪名之人全行遗漏,与寻常承审不实者不同。文秀、玛哈萨都均着交部严加议处。廉至前审此案,于一切情罪并未悉心定拟,仅将阿木尔特古斯等请旨议处,亦属不合。廉至着一并交部议处。"寻议:"廉至降二级留任,文秀、玛哈萨都均降三级调用,准其抵销。阿木尔特古斯革职。"从之。(《清穆宗毅皇帝实录卷之二十九》)

○同治元年壬戌六月○癸丑，谕内阁："前因蒋琦龄奏，请开屯田以恤旗仆等语。当交八旗都统会同该部妥议具奏。兹据户部会同八旗都统筹议覆奏，并请饬令吉林等处将军、都统、府尹等，将指查各件迅速覆奏一折。国家定鼎燕都，八旗兵丁生齿日繁，丁虽增而兵额有定，不能因之加广。自应开垦闲田，豫筹移屯，以资生计。道光元年，吉林将军富俊奏办双城堡屯田，移居京旗闲散，除陆续移居三百七十六户，给田屯种外，余田尚多。上年惇亲王奏请筹议八旗开垦生理，经户部奏请，饬令吉林将军查明前项余地可否推广耕种，及房屋牛具等项有无经费，据实奏明，曾经允行在案。迄今未据该将军覆奏，实属任意颟顸。着景纶即行查明，迅速具奏。并着特普钦、玉明、和润、景霖，将该部议覆、惇亲王原奏，并蒋琦龄此次所称东三省沃壤数千里，可否移居八旗散丁，关东口外等处，有无闲田，可否移屯，及旗民之赎产、入官之籍产，可否授田各条详细查勘，认真筹画，速行覆奏。务使事在可行，以期经久。至蒋琦龄所称独石口外之红城子、开平，张家口外之兴和、新平等四城，及热河等处之闲田，与旗民赎产，入官籍产，可否开垦若干顷，足资安插若干户，及房屋、籽种、牛具等项应如何筹画经费，并酌定章程之处，均着春佑、庆昀并总管内务府大臣逐细详查，据实具奏。毋许草率了事。"（《清穆宗毅皇帝实录卷之三十》）

○同治元年壬戌六月○庚辰，以广西梧州城守营副将宋国永为直隶宣化镇总兵官。未到任前，仍以督标中军副将冷庆署理。（《清穆宗毅皇帝实录卷之三十二》）

○同治元年壬戌八月○己未，调察哈尔牧群马一千匹，赴钦差大臣僧格林沁军营备用。（《清穆宗毅皇帝实录卷之三十六》）

○同治元年壬戌八月○辛未，调张家口牧群马五百匹，赴钦差大

臣胜保军营备用。(《清穆宗毅皇帝实录卷之三十八》)

○同治元年壬戌闰八月○壬辰,调察哈尔马队二五十百名,赴钦差大臣僧格林沁军营备用。

○乙未,又谕罗惇衍奏请饬各省督抚,将欠解库款,凑定数目,立限解京一折:"各直省应解库款,例应年清年款。况当此经费浩繁之际,该督抚等尤应按限筹解,以裕库储。查山西、广东、山东、河南、四川、福建、湖南、湖北、江西等省,短解库款,为数甚巨。即使用兵省分需费浩繁而完善之区,岂容漠视库款,相率疲玩?所有应行先提之山西八十万两、广东六十万两、江西新旧漕折四十万两、九江关税三万两、四川、山东、河南各二十万两、福建十五万两、直隶旗租十二万两,均着照数先行提解。湖北现欠漕折银十万两、湖南现欠漕折银六万两,着照数迅解外,无论何项,均各再行酌提五万两解部。其河东加课欠解十万两、长芦盐课欠解五万两、山海关征税欠解十万两、张家口征税欠解一万五千两,均着各照欠数,统限年前赶紧解京,毋得再事推诿。并着该部明定处分,以为玩视京饷者戒。"(《清穆宗毅皇帝实录卷之四十》)

○同治元年壬戌闰八月○丙午,又谕:"据僧格林沁奏,此次察哈尔两起交到马六百匹,不堪骑用者较多。虽因调拨较繁,牧群内所存无几。而该管员弁平日不能小心喂养,临时率以老弱充数,亦概可知。着庆昀等实力整顿。嗣后各路军营调用马匹,如再似此草率,不能一律膘壮,定将该都统并该管之员一并惩处。将此谕令知之。"○以解马勤慎,予察哈尔翼长拉什色棱拉普坦等升叙。(《清穆宗毅皇帝实录卷之四十一》)

○同治元年壬戌九月○戊午,又谕庆昀等奏夷商控告运货车夫滋闹,并差弁各供情节支离,请饬查讯一折:"据称英商利渣士洛询等由张家口归化城赴山西丰镇厅销货,因未销售先行回口,将货物暂存丰镇厅,令引路之民人王善看守。彼时王善假冒差官,该厅同知不察虚实,又不候英商到厅,辄令差役雇车,将货物交王善等运回张家口。车夫郭隆等索价滋闹,经洋商呈诉后,庆昀饬令万全县知县查讯各供,词多矛盾各等语。丰镇厅既隶晋省,自应由山西巡抚查办,呼应较灵。此次英商持领执照,安分贸易,始而该厅不候英商,将所存货物强行运回。车夫滋闹后,万全县查讯各供,又复种种矛盾。其中不实不尽之处,难保必无别情。着庆昀咨交英桂提同全案卷宗人等,逐层讯究。在逃之车夫郭大通等,亦着该抚饬属拏获,归案审办。务期水落石出,以成信谳。尤当迅速断结,毋稍迁延。庆昀原折着抄给英桂阅看,将此各谕令知之。"寻奏:"英商利渣士洛询等因丰镇厅货物滞销,欲回张家口售卖,转托丰镇厅同知福祥代雇车辆。福祥劝令少待,英商不允,即将货物封存,只身先行。福祥因洋货久存旅次,恐有遗失,即代雇大车八辆,添派壮役,将货运至张家口交清。车夫等当向索取车价,英商以车非己雇,不肯给发,以致滋闹。查福祥为慎重商货起见,尚无不合,应请免议。车夫等因索价启衅,照例拟杖。至冒充差官之王善,俟拏获另办。下所司知之。"(《清穆宗毅皇帝实录卷之四十二》)

○同治元年壬戌九月○丙寅,钦差大臣僧格林沁奏:"帮办军务都统西凌阿病难速痊,恳请回京调理。"允之。(《清穆宗毅皇帝实录卷之四十三》)

○同治元年壬戌九月○癸酉,调察哈尔官马二百匹,赴浙江军营备用。

○甲戌,又谕刑部奏请革除库伦茶票陋规等语:"商人在恰克图交易,向于理藩院领取茶票。乃该章京衙门,每票一张,收规费银五十两。门丁领催等规费,尚不在内,并每月由商人供给月费砖茶三十箱。此外复有挑货借茶等名目,约计三年所得,即不下七八万两。除每年交理藩院二万两，作为蒙古王公廪饩之用以外，票规尚多赢余。国家设官分职，自有廪给俸糈，岂容私受陋规，致开侵渔贪婪之渐？着将该处票规即行裁革。其蒙古王公廪饩银两，应如何由茶票项下酌定额数，全行提解归公。并该章京及吏胥人等薪水心红纸张各项，应如何酌量津贴，着理藩院库伦办事大臣妥议章程，奏明办理。至茶票一张向系三百箱，近来何以加至六百箱？理藩院发给部票，向来何以不于票内注明茶箱数目？日后如何防弊之处，并着库伦办事大臣会同张家口监督确切查明，据实具奏。"寻理藩院奏："遵议章程，嗣后仍按旧章，每茶三百箱作票一张，收规费五十两。核计一年所收，全行提解送院，作为放给蒙古王公廪饩之用。商民所领商票，仍立限一年缴销，以杜引旧充新之弊。至该章京吏胥人等薪水心红纸张等项，每年除由户部领到盘费银两外，应由库伦办事大臣就近酌量添补津贴。"从之。（《清穆宗毅皇帝实录卷之四十四》）

〇同治元年壬戌十月〇癸卯，以护解马匹无误，予察哈尔防御玉山等升叙有差。（《清穆宗毅皇帝实录卷之四十七》）

〇同治元年壬戌十二月〇丙戌，又谕："前因有人奏，直隶延庆州知州汪桂有酷刑婪赃等款。当经谕令文煜确切查明，据实参奏。本日又有人奏，汪桂由佐杂历升知州，卑鄙贪污，声名狼藉各等语。知州为亲民之官，果如所奏贪赃枉法，害理灭伦，大为地方之害。着文煜汇入前参各款，确切查明，从严参办，以儆官邪。不准稍有瞻徇，原片着抄给阅看。将此谕令知之。"（《清穆宗毅皇帝实录卷之五十一》）

〇同治元年壬戌十二月〇丁酉，又谕："前因蒋琦龄奏请于独石、张家两口外红城子等四城开垦屯田，降旨令庆昀详查具奏。兹据庆昀等将开平、兴和等城地址，及未便开垦移屯情形，查明具奏。并据奏称新平城一处,察哈尔所属游牧各旗内,均无其地。惟与正黄旗连界之山西丰镇厅属有新平口,系边墙便口等语。该都统等所称新平口地方,是否即系新平城,着英桂确切查明。并将该处有无闲田可垦,堪以移设旗屯之处,一并详查具奏,毋得草率从事。原折着抄给阅看。将此谕令知之。"(《清穆宗毅皇帝实录卷之五十二》)

○同治元年壬戌十二月○甲辰,谕议政王军机大臣等:"前因文煜办理张锡珠股匪,不能得力,谕令崇厚驰往军营帮同办理。……前任浙江提督郑魁士战功素著,打仗颇能勇往,现在宣化府原籍,屡次起用,均以病辞。着崇厚传知该员,如精力尚可支持,即前赴该署督军营,带兵剿贼,不准藉病推诿。"

○丙午,调察哈尔牧群马二百匹,赴浙江军营备用。(《清穆宗毅皇帝实录卷之五十三》)

公元1863年

○同治二年癸亥二月○辛卯,宁夏将军奕梁因病解职,以察哈尔都统庆昀为宁夏将军。

○癸巳,以正红旗蒙古副都统阿克敦布为察哈尔都统。(《清穆宗毅皇帝实录卷之五十八》)

○同治二年癸亥二月○庚子,又谕庆昀奏由草地台站赴任,请准随带兵弁等语:"庆昀拟由草地取道绥远城等处,以入宁夏。该省军情方亟,所请之张家口员外郎保顺、蒙古佐领伊什贡布、满洲佐领额勒洪额、骁骑校禄彭,均着准其随带前往。其平日所练官兵有技艺娴熟、通晓蒙语者,并准其酌带二三十员名以资得力。宁夏匪股现已投诚,仍当妥为安抚。固原被陷尚未克复,附近一带匪股尚多,必须剿抚兼施,方能有裨大局。该将军部署既定,即须克日起程赴任,与熙麟、恩麟等会商妥筹办理,毋负委任。该将军起程后,阿克敦布未到任以前,察哈尔都统印务着廉至暂行署理。将此谕令知之。"(《清穆宗毅皇帝实录卷之五十九》)

○同治二年癸亥五月○辛酉,谕议政王军机大臣等阿克敦布等奏,官兵俸饷粮米积欠日久,亟应筹拨,并沥陈兵丁困苦情形各折片:"察哈尔官兵廉俸饷糈,向由直隶藩库筹拨,交口北道饬张家口同知散放。现在该处兵丁统计欠领俸饷四十一个月,共银二十余万两有奇;粟米十七个月,共一万六千余石。叠经前任都统庆昀咨催,该承办衙门仅止零星拨给,无济于事。该驻防兵丁迫于饥寒,鹄面鸠形,屡向阿克敦布等哀求调济,情形实堪悯恻。着刘长佑督饬直隶藩司,无论何款,速行酌量筹拨若干,以资接济。不得以无款可筹,藉词推诿。阿克敦布等原折片二件,均着抄给阅看。将此谕令知之。"

○乙丑,又谕刘长佑奏郑魁士到营日期等语:"前任浙江提督郑魁士,在皖北军营时,打仗尚称勇敢。惟系宣化府回人平素性情桀骜,多与统兵将帅不和,遇事率多龃龉。前经叠谕文煜、崇厚,饬令该员赴营剿贼,均以病辞。现复赴刘长佑军营,着刘长佑密行察看该员现在性情是否较前和平,行止是否安静。若令带兵剿贼,能否得力,即行据实密陈。该督惟当不动声色,密加体察,不可稍行泄露。将此密谕知之。"(《清穆宗毅皇帝实录卷之六十七》)

○同治二年癸亥六月○丁丑,又谕刘长佑奏公府官事官员私发谕帖诓提监犯,请旨提讯一折:"怀来县监犯李进珍,系聚众抗差滋事,罪应拟'遣尚未起解之囚'。乃该犯李和等辄敢商同镇国公桂池府中管事官员张应参(即张小曾),许给银两,私发谕帖,捏称提取庄头李进珍赴京办事，差令护军校兆惠前往。因兆惠一时不克分身，复觅得申文达顶充，持谕至怀来县守提。当经该县知县郭会昌查验谕帖，并无印信。且提讯李进珍，亦无充当庄头之事，情节可疑。将申文达及跟随同往之王士衡、王茂吉、徐大、董大海、佟隆顺，并李和、李继蓝等，先后拏获讯办。此案李和等设法诓提监犯，实属胆大妄为，目无法纪。而张应参以公府管事官员，辄敢通同舞弊，听属传提，尤宜严行讯办，彻底根究。着宗人府饬令贵池，迅将张应参（即张小曾）及护军校兆惠一并交出，由顺天府派员押赴直隶，交刘长佑归案严行审办，定拟具奏。"

○甲申，拨绥远城、察哈尔牧群马各一千匹，候调赴河南军营备用。（《清穆宗毅皇帝实录卷之六十九》）

○同治二年癸亥六月○壬辰，又谕："前据刘长佑奏，镇国公桂池府中管事官员张应参（即张小曾），并护军校兆惠，私发谕贴，诓提监犯各情。当谕宗人府，饬令桂池迅将张应参及兆惠交出，归案严审。兹据宗人府奏，据桂池呈称，张应参系已革刑部浙江司主事，并非该府管事官员。该公从前认识，后闻其不安本分，早经杜绝。现在遣人查问，不知去向。其兆惠一名，遍查档册，并无其人。该府内并无怀来县地亩，亦无庄头李进珍之名等语。着刘长佑即将现获各犯提集，严切根究。讯明张应参等确实住址，或饬属密拏，或密速知照各该衙门，以凭严缉。其兆惠一犯，究系何项人役，并着提集现获各犯，一并讯明确实，即行具奏。将此谕令知之。"（《清穆宗毅皇帝实录卷之七十》）

○同治二年癸亥七月○庚午，拨察哈尔备调马一千匹，解往钦差大臣僧格林沁军营备用。（《清穆宗毅皇帝实录卷之七十四》）

○同治二年癸亥八月○壬辰，又谕唐训方奏请抽调官兵马匹赴临等语："前因豫省军务吃紧，经袁甲三奏调吉林、黑龙江余丁，及绥远城、察哈尔马匹赴豫助剿。兹据唐训方奏称,苗逆马队颇多,临营仅有克蒙额所部马队百余,众寡悬殊,打仗难期得力。近因冒暑驰击,叠有倒毙,愈形单弱。请将调赴豫省之吉林、黑龙江余丁,及绥远城、察哈尔马匹,抽拨五百名匹,令记名副都统善庆管带来临等语。临淮攻剿苗逆,正形吃紧,亟须马队袭抄,以资得力。本日据庆春奏,调赴豫省之吉林、黑龙江官兵,已由善庆等统带,陆续入关。着刘长佑、张之万探明此项兵丁现在行抵何处,迅即提催前进。并即行知善庆,星速抽拨吉林、黑龙江余丁五百名,绥远城、察哈尔马五百匹,交其统带,克期赴临,以资攻剿。蒙城军情,万分紧急,刻需马队赴援。张之万不得藉词扣留,致大局或有贻误。萨萨布熟悉皖省情形,着刘长佑即饬令该员迅赴临淮军营,交唐训方差遣,以资得力。将此由六百里各谕令知之。"(《清穆宗毅皇帝实录卷之七十六》)

○同治二年癸亥八月○甲辰,绥远城将军德勒克多尔济等奏:"官兵捐补马匹,实系豫备差操,恳请无庸给还。"得旨:"既据该将军等奏称,若令其领回,不能兼顾喂养,必须折价变卖,转费周折,自系实情。着即无庸拨还,以遂其报效之忱。嗣后此项马匹,如有倒毙,着该将军等咨报兵部及察哈尔都统,即在锡林郭勒牧群内陆续拨补。"(《清穆宗毅皇帝实录卷之七十七》)

○同治二年癸亥九月○乙丑,又谕张之万奏宋逆党匪阑入河朔,兵练截击败窜等语:"前据刘长佑奏报,贼自大寨向西窜走,适河北镇道均未在防,总兵杨长春遇贼未及接仗等语。当经寄谕该督抚等饬令实力严防。兹据张之万奏,贼由开州进窥滑浚,杨长春探踪迎剿,由彰郡带兵,行抵郡南之张官屯遇贼,挥军进击,立即压退。并于初四等日督队至杨家新庄,及临漳之南骆村一带,叠加剿击,追贼出境。直至直隶肥乡县之李林铺王安堡而还等语。与刘长佑前奏,情形迥不相符。是否杨长春等及各地方文武捏报胜仗,希图谊责;抑系刘长佑前奏探报失实,均属不可不察。各省带兵将领及地方官吏,往往于贼踪所过,不能豫备截击。及贼去而捏饰禀报,辄称某日某处擒斩贼匪若干名,大吏不察,据以入奏。而贼实往来境地,毫无阻截。以至逆氛所至延蔓,积习相沿,痛恨实深。从前河南军务之无起色,未必不由于此。此次杨长春等于河朔地方击贼,究竟有无其事,着刘长佑、张之万,均各确切查明,据实奏闻,毋许稍存文饰。如实系防剿不力,事后捏报胜仗,即应据实严参。军营探报,亦往往有侦查不实之弊,刘长佑亦不可不加查察。运河东西分窜股匪,节据僧格林沁、刘长佑等所报,均各余匪数百名,日来剿办究复如何?其自藁城越滹沱河南窜之贼,又经窜向何处?宋景诗是否果已弃众潜逃,现在曾否捕拏就获?直豫两省防剿各军,仍着刘长佑、张之万,严督前截后追,迅歼丑类。亳捻李大个子由睢杞折趋兰考,避兵东归。经毛昶熙派令游击吕振河等率领马步,叠加剿创,遁回亳巢。此股捻匪,为苗逆指嗾,出而滋扰,仍难保不复图窥觎豫境,仍着张之万饬令宋防兵勇扼要严防。张之万前奏,大金店盘踞之张总愚股匪被剿南窜。现在各军剿办若何,此股贼匪,复又窜往何处?着张之万详悉具奏。善庆所带黑龙江余丁,早已进口南行,何以尚未抵豫?着张之万迅即迎提,并着刘长佑饬令所属,沿途查明,催趱前进。萨萨布一员,即准张之万所请,饬令赴豫带领马队。即由张之万传旨截留。善庆带兵到豫,仍即饬令遵奉前旨,抽拨吉林、黑龙江余丁五百名,绥远城、察哈尔马五百匹,统带赴皖,以资攻剿,毋稍迟延。李明惠一军,现已行抵河北。毋庸再行折赴许州,转费周折。仍着刘长佑遵旨饬令,由河北探明贼踪拦截,与直省官军速收夹击之效。俟贼股歼灭后,此军仍回直隶,归刘长佑调遣。将此由六百里各谕令知之。"(《清穆宗毅皇帝实录卷之八十》)

编者注:察哈尔八旗兵参加了对宋景诗农民起义的镇压。

○同治二年癸亥冬十月○丙子，谕议政王军机大臣等张之万奏，捻匪由鲁山南召南趋，剿击获胜，并攻破王寨，请留善庆暨黑龙江余丁察哈尔马匹各折片："张总愚股匪由登封汝州窜入鲁山县境，经官军追至该县之大营集，进剿获胜。贼复窜扑南召县城，为守城兵练击退，并经张曜督军追及于城南十里铺，续获胜仗。该匪遁至口字河迤南，扼拒山口，未能抢入。此股捻匪，人数众多。现被逼剿南趋，势必西窜商雒，南窥宛楚。该处系三省扼要之区，山岭丛杂，且与镇平内乡接壤，逼近武关，为多隆阿大营转运军火之路，亟应加意严防。张之万务当督饬张曜，派拨劲旅，严扼镇平内乡交界险要，毋令西窥陕境。仍督率永奎、王文行等各队，与张曜所部，就南召山内四面围剿，毋令他窜。并知照楚军迎头会剿，以期迅扫逆氛。陕南兴安一带，遍地贼踪。倘被此股捻匪窜入，勾结蔓延，益难收拾。着刘蓉、张集馨督饬商雒文武各员，鼓励兵团，严密堵截。一面知照李云麟就近防剿，并着多隆阿等拨兵勇，扼守武关，毋令该匪阑入腹地。至襄樊随枣一带，为捻匪由豫窜楚熟径。着官文、严树森迅饬在防将士，扼要固守，毋令扰近边界。僧格林沁现已督兵由大名前赴豫省，倘此股捻匪因陕楚两路防堵严密，折回东窜，即着迎头截击，痛加歼戮，以殄狂氛。至豫省正息各境，伏莽未清。虽经总兵李殿元将该匪击散，截杀百余名，平毁寨墙，而逆首并未就获，仍虑余烬复燃。着张之万督饬李殿元并该地方文武，迅将张正渭等首伙各贼悉数歼除，毋留余孽。萨萨布已由归德驰赴临淮，即着唐训方饬令管带马队，听候调拨。现在豫省贼势鸱张，官军马队，统带乏人。善庆适带黑龙江余丁行抵豫境，着照该抚所请，准其留于豫省，并将拨往临淮之黑龙江余丁五百名、察哈尔马一千匹，一并留豫，归善庆统带，以资防剿。再本日据李鸿章奏，刘长佑派赴上海招募楚勇之参将吴永敖，已由李鸿章拨给银三千两由沪渡江，顺途招集楚勇，驰回馆陶。此项楚勇能否留于豫省助剿之处，已谕令刘长佑酌量办理矣。将此由六百里谕知僧格林沁、官文、严树森、多隆阿、刘蓉、张之万、唐训方，并传谕张集馨

知之。"(《清穆宗毅皇帝实录卷之八十一》)

　　〇同治二年癸亥十一月〇丁未，谕议政王军机大臣等僧格林沁奏督军进援蒙城，蹴平贼垒，歼毙首逆，立解城围一折："苗沛霖怙恶不悛，屡降屡叛。前乘官军回救临淮，纠合丑类，围扑蒙城，深濠固垒，志在必得。自僧格林沁督师抵蒙，军威大振。南路运粮之贼营及蔡家圩逆众，闻风潜遁。该亲王复亲督将领，分路进攻，蹴平贼垒多座。苗沛霖暗越长濠，希图免脱。经王万清短兵砍毙，立解城围。览奏曷胜欣慰。现在元凶就戮，寿州下蔡等处，贼胆已寒。亟宜乘胜进兵，扫除巢穴。且怀远县城，昨据唐训方奏，业经收复。着僧格林沁饬令富明阿督同陈国瑞等迅速进取，下蔡苗逆老巢。唐训方恪遵昨日谕旨，商同李世忠率水陆各军，分剿寿州踞匪。并着曾国藩严饬驻守颍六之文武员弁会师夹击，务将苗逆余党悉数歼除，毋令一名漏网。至捻首李大个子窜回岳家集，相盘等占踞石弓山等处，程二老坎复回亳州有出巢肆扰之信。加以苗逆余党，随在可以并入。现在僧格林沁在皖，恐匪众不敢回巢，四出纷扰。该大臣已派苏克金等分路攻剿。一经得手，更恐伺隙旁窜。楚豫山左各边境，不可不加意防范，力遏贼氛。着官文、吴棠、严树森、张之万、阎敬铭分饬所属，豫为戒备，实力截剿。倘匪踪窜扰何省地方，即惟何省督抚是问，不能宽贷也。张之万奏留之黑龙江余丁及察哈尔马匹，已据僧格林沁派令色尔固善赴豫教练，着张之万随时整饬，俾成劲旅。其张总愚一股现窜何处，并着张之万督饬张曜等，赶紧歼除，毋贻邻患。本日据李鸿章驰奏，苏州省城业经官军克复，计可乘胜进取无锡、常州。近来各路军营，更番奏捷，天时人事，大有转机。各路统兵大臣及各该督抚等，受朝廷委任深恩，其各振刷精神，力图扫荡，廓清函夏，有厚望焉。将此由六百里各谕令知之。"(《清穆宗毅皇帝实录卷之八十四》)

　　〇同治二年癸亥十一月〇乙丑，又谕英桂奏川捻各匪窜踞秦豫交界,并闻甘省宁夏灵州继陷,分饬所属加意探防一折:"前因蓝、张两股匪徒,各窜秦豫交界之商南淅川地方,及甘回叠陷宁夏灵州。叠经寄谕晋省,实力筹防,并相机堵剿。兹据英桂奏称,晋省沿河,口岸林立,地广兵单。现饬副将罗承勋,带楚勇五百名,扼扎蒲解一带,以为游击之师。何路紧急,即赴何路策应,以防蓝、张二逆。并以甘回攻陷宁夏灵州,口外各厅,多属毗连。虽有满蒙官兵千余名,及大同镇兵练沿河设备,仍恐不足扼守。已令总兵庆德就近严防,将辽州潞安防兵,饬令归伍,以备调遣。着即照所拟。饬令庆德、罗承勋严密防剿。蓝、张二逆,其势骎骎,屡欲合并。仅有豫省张曜之军撑拄其间。陕省商潼一路,仅蓝斯明一军,甚属单薄。且恐秦豫两军并力剿办得手,则贼势乘间奔突,晋省沿河毗境,更宜严防。英桂尚未离晋,沈桂芬何日可以抵任,务即饬令沿河地方并罗承勋等严密戒备,不得稍涉疏虞。甘回逆焰突张,宁夏灵州,猝被攻陷。此与他贼不同,其种类到处皆有,不可不豫为之防。晋边口外各厅,多连甘境。即绥远、归化二城及张家口,皆可由蒙古草地,直达甘省。而蒙古未必能设侦探,尤恐甘回狡诈,潜行假道,或遣奸回四出诱煽。着英桂、沈桂芬速饬口外各厅,密行梭巡,防患未然。德勒克多尔济、阿克敦布等,亦即广设侦探,于绥远、归化二城、张家口各处,循环逻察。并须远探蒙古境地,彼此联络,声息相通,以为备豫。绥远城察哈尔官兵,并着该将军都统等勤加训练,以备不虞,毋稍懈弛。将此由六百里各谕令知之。"

○庚午,蠲缓直隶……怀来……二十一州、县被灾地方额赋并旗租仓谷有差。(《清穆宗毅皇帝实录卷之八十六》)

○同治二年癸亥十二月○丁丑,谕议政王军机大臣等刘长佑奏遵旨挑兵赴甘防剿一折:"据称提标各营,与宣化镇标,地处直隶北境,与塞外风土相宜。两标各挑精壮五百人。通永镇标拟挑四百人,天津、正定两标各挑三百人,合为二千人,交讷钦统带赴甘等语。即着照所拟迅速办理。该署提督由直隶至朔平归化，所需饷项军火，现已由刘长佑源源接济。至讷钦一军，如应进趋宁夏，其所署直隶提督一缺，及所需饷项军火应如何解交之处，均着临时再行请旨办理。前因阎敬铭奏，遵派赴晋防河楚勇，请改赴陕省。当谕令英桂、沈桂芬，晋省防河楚勇如未起程，即仍驻河防，毋庸调往。或已起程，而兵力不敷，尚须添补，即准其于直隶所派之讷钦所带兵勇二千名内，于过晋时酌留一半，以补河防。着讷钦于抵晋后，会合英桂、沈桂芬，酌量办理奏闻。将此由四百里各谕令知之。"（《清穆宗毅皇帝实录卷之八十七》）

〇同治二年癸亥十二月〇甲午，喀尔喀扎萨克贝勒锡里巴扎尔扎布等十人，土尔扈特郡王凌扎栋鲁布、阿拉善镇国公沙克都尔扎布、察哈尔扎萨克头等台吉玛尔清津布等六人，喀喇沁扎萨克公衔头等塔布囊乌凌阿等二人，于神武门外瞻觐。

〇戊戌，谕议政王军机大臣等："阿克敦布等奏，遵奉谕旨，派佐领伊什贡布等前往绥远、归化二城侦探，并派佐领额勒洪额等在大境门轮流稽查。现在宁夏及黄河两岸回匪盘踞，并无北窜声息。绥远等处回民，均各安业。沿河口岸及毗连甘省之蒙古地方，早已设防，复安设坐探，派兵分扎。又派佐领伊勒当阿等赴绥远、归化二城接探，并张家口稽查保甲，察哈尔训练兵丁各等情。蒙古地方设防，土著回民现虽安静，仍应严防外匪潜来勾结。着阿克敦布、廉至督饬派出之佐领等认真侦探，随时驰报，不得有名无实。张家口稽查保甲，察哈尔训练官兵，仍须实力奉行，毋稍疏懈。并随时知照绥远、归化两城，彼此联络声势，以固边防。蒙古民人，素性嗜利，恐宁夏逆回设计与之勾通。该将军等务须剀切晓谕蒙古民人，勿贪该逆回之利，致为所愚。其毗连甘省之蒙古地方，据称早已设兵防堵，恐不可恃，切须加意侦探。德勒克多尔济等前奏，遵旨设探逻察，挑派官兵策应。俟讷钦之师驰抵宁夏，即将所调两盟蒙古官兵一千名作为前队，相机继进。务当懔遵前旨，认真操防巡

察。不得以有讷钦援师可恃,遂于本境防军稍形松懈。将此由四百里各谕令知之。"(《清穆宗毅皇帝实录卷之八十九》)

公元1864年

○同治三年甲子春正月○甲辰,缓征直隶……怀来……二十四州、县被水、被旱、被雹被虫地方新旧额赋暨杂课有差。(《清穆宗毅皇帝实录卷之九十》)

○同治三年甲子二月○己亥,谕议政王军机大臣等平瑞奏陕甘驿路梗塞,折报阻滞,请暂行改道接递一折:"边疆重地,值此多事之秋,折报往还,最关紧要。若因驿路梗阻,致请旨遵行之件,日久稽滞,必至贻误事机。平瑞现拟暂行改道,由蒙古台站行走。并将古城迤北之北套桥等处戈壁台站添拨兵役,常川驻守,接递文报,所筹均合机宜。即着准其暂行改道行走,以昭便捷。本日业经谕知兵部理藩院转传各该处一体遵照办理外,并着明谊、麟兴、车林敦多布、锡霖、广凤、奎昌、阿克敦布等,于乌里雅苏台、科布多及察哈尔各台站,实力整顿。督饬各该盟长总管等一体接递,毋稍迟误。此次麟兴奏折到京,不过一月有余。视上年所递各报,迟速迥殊。是西南各城,亦可仿照办理。即着乌里雅苏台将军咨行伊犁将军、塔尔巴哈台、叶尔羌参赞大臣及所属各城,嗣后奏报,均着暂行改道,由乌里雅苏台、科布多所属蒙古台站,挨台递送至张家口转递进京,以期迅速。将此各谕令知之。"(《清穆宗毅皇帝实录卷之九十五》)

○同治三年甲子三月○己酉,又谕:"本日据军机处呈递常清咨送二年七月以后具奏折稿,除七月二十四日、八月十九日两次所发折报业经于递到时分别降旨批示，兹仍命军机处将上次批旨照录咨会，至其余折报，现均未经递到。自系中途延误，而阅时已久，不可再事稽迟。已先据奏稿所陈各情，分别降旨施行。折稿内有俄人远遁，凯撒兵勇，并办理善后。请饬明谊会俄使赴伊犁商办让地，派员勘界，绘图贴说各折片。俄人现均退至阿里木图、喀怕勒等处地方过冬。常清现将守卡官兵移于奎屯等各卡伦暂驻，每月更换一次，防范尚属周密。惟此时业已春融雪化，难保该夷不再来侵犯。着常清随时加意严防，毋稍疏忽。内附之哈萨克、布鲁特等，仍着随时奖励，以坚其心。其余部落有首鼠两端者，亦当加意严防。铁色克如知悔惧，即当设法确探，招令内附，以散俄人党与。巴哈善将伪称说和、猝伤我兵之夷人轰毙七人，旋将该夷余众驱逐出卡，并未尽数歼灭。以防俄人诬我劫夺，用意亦颇周密。在防兵丁，确守纪律，并不越营往掠该夷辎重，而出队辄挫凶锋，自应加以鼓励。着常清查明出力之官弁兵勇，奏请奖励。至俄夷于分界一事蓄意侵占，所议单内，于索伦营地面相距仅二十余里，势难相安。前已谕令常清、明绪、明谊，与该夷商酌让出数百里，并将内附之哈萨克、布鲁特招徕抚辑。着仍遵前旨办理。伊犁自用兵以来，该夷颇有忌心。将来夷使前来分界时，难免不种种逞习。明谊等自当刚柔互用，相机妥办，毋令决裂。常清仍当督饬防边将士，严密备御，毋为所乘。常清拟令明谊会同该使臣前赴伊犁商办一切，恐该使臣未肯前往。该将军现就山川形势、道里远近绘图贴说。咨送总理各国事务衙门，并明绪、明谊等。本日已谕令总理各国事务衙门酌办矣。并着明谊、明绪，俟俄使到塔时，按照送到地图详晰定议，速行办结。前据平瑞奏，陕甘驿路梗塞，折报阻滞，拟改道由蒙古台站行走，已谕令兵部理藩院转传各该处一体照办。并着乌里雅苏台将军咨行伊犁塔尔巴哈台、叶尔羌各参赞大臣及所属各城。嗣后奏报，均改由乌里雅苏台、科布多所属蒙古台站，递至张家口转递进京。常清、明谊等，嗣后奏报，即着遵照前旨，改道递送。并着转行知照各城一体办理，以期迅速。将此由六百里各谕令知之。"

(《清穆宗毅皇帝实录卷之九十六》)

○同治三年甲子夏四月○乙亥,谕内阁:"昨据御史常凯奏,道员贪劣不职,请饬查严究一折,所称直隶口北道等官秉性贪鄙,并未指名何人,亦未声明前任现任。又称怀来县知县系前湖南学政钱宝廉胞弟。钱宝廉已报丁忧,该道授意该县,暂可延阁。旋又揭参,亦未声明怀来县知县名姓。当经谕令议政王、军机大臣传旨询问。本日据议政王等奏称,传询该御史于口北道名姓,虽能指出,而于折内所参各节,叙述之下,语多参差歧异,似于其事尚未了然。且称湖南学政丁忧,口北道并未详报其怀来县知县不知姓名,业经病故等语。继阅其亲笔所书覆奏一纸,又称风闻怀来县丁忧回籍离任,同丁宝莲回籍,口北道于学政丁忧迟报日期,其怀来县名实不知悉等语。该御史折内所称系钱宝廉,而亲笔所书,何以又系丁宝莲?湖南学政丁忧,又何以应由口北道呈报?种种多不可解。御史原准风闻言事,惟必须将事之原委了然于胸,方可登诸奏牍。何以该御史所陈各节,与面询各情前后参差,语多不能明晰?仍着常凯明白回奏。"

○丙子,谕内阁:"昨因御史常凯奏参直隶口北道等官贪鄙,及授意署怀来县知县延阁不报丁忧,旋又揭参等情。当因折内未将口北道署怀来县姓名声叙,谕令议政王、军机大臣传询。而该御史面覆并亲笔所书覆奏一纸,又各前后参差歧异,语多不能明晰。当降旨仍着常凯明白回奏,兹据奏称,昨在军机处回话,实系仓卒之间,一时记忆不清,以致语多参差歧异。请旨将其议处等语。查直隶候补知县钱葆延,前经刘长佑奏参革职,常凯所指为湖南学政钱宝廉之胞弟,自应即系其人。据称于应行具报丁忧时,经口北道授意延阁,及至哄传通省,遂归过于该县,反为揭参一节。匿报丁忧,显干例禁。若如所奏,该署知县钱葆延因人授意延阁,居心已不可问。倘甘心匿报,以授意归过他人,尤属险诈。钱葆延究系如何匿报丁忧之处,着刘长佑查明严行参奏。并将常凯原折所参之口北道振麟,令署赤峰县事宣化府经历童鹤龄于各属索取陋规,派令出银修理衙署,滥荐干馆修金,勒加粜价解费各情,一并查明,秉公究办,毋稍徇隐。御史风闻言事,必须将事理了然于胸,方可陈诸奏牍。常凯面称各语,及亲笔所书,与原折毫不相符。及览其明白回奏一折,则又字句了然。其非出自本人之手,已无疑义。且原折既指署怀来县知县为湖南学政钱宝廉之胞弟,而始终不肯指实该署县之名,显系故作遁词,意存掩饰,难保无受人指使情弊。若竟将此事交部研讯,何难水落石出?惟现在言路宏开,姑免深究,常凯不胜御史之任,着回原衙门以主事降补。用示薄惩。"(《清穆宗毅皇帝实录卷之九十九》)

○同治三年甲子四月○丙戌,又谕:"前因降调御史常凯奏参,直隶口北道授意署怀来县知县钱葆延延阁不报丁忧,旋又揭参,当经降旨交刘长佑,查明钱葆延如何匿丧之处,严行参奏。兹据刘长佑奏称,查据已革前署直隶怀来县知县钱葆延禀称,同治二年三月间,曾经伊叔指定其胞兄,前任湖南学政钱宝廉为嗣。该员因见邸抄湖南巡抚恽世临奏报,湖南学政钱宝廉之父钱埙病故,误作钱盐,未敢遽凭呈报。迨至十二月十三日接到讣信,并知伊叔并未过继钱宝廉为嗣,始行呈报等语。此案既经恽世临折内声明钱埙病故,钱宝廉系属亲子,例应丁忧。虽其父名字邸抄传写偶误,其为钱宝廉并未过继,已无疑义。该革员何至因一字之讹,即涉迟疑?更难保非有心匿丧,枝梧掩饰,希图恋栈。仍着刘长佑将该革员调省查讯,如果属实,即行严参惩办。至振麟是否授意该革员匿报丁忧,及至哄传,反为揭参等款,并着归案究办。"(《清穆宗毅皇帝实录卷之一〇〇》)

○同治三年甲子五月○戊辰,谕议政王、军机大臣等:"前因刘长佑奏边墙地方辽阔,请饬严查奸宄,谕令麒庆等认真挈办。兹据麒庆奏称,查禁之法,务须不分畛域。口外地方辽阔,盗贼窃发,往往鞭长莫及。请饬协力兜拏,以靖地方等语。边外地皆空旷,此拏彼窜,自系该匪惯技。若非各该地方官同心抓捕,则互相诿卸,盗贼仍得来去自如,殊非整饬捕务之道。着万青藜、卞宝第、麒庆、阿克敦布、德勒克多尔济、刘长佑、沈桂芬、桂成、庆春、连成严饬所属官兵,于边墙内外一带联络声势,互相巡缉。一处有贼,则附近该处之地方官即当会同查拏,务获究办,毋得稍分畛域。此外尚有沿边应防处所,并着刘长佑、沈桂芬查明地界,咨会各该地方官协同缉捕,一体防范,以清盗源。麒庆所称回民杂处中国,久已相安。若以勾结甘肃叛回为疑,豫相逆亿,是猜嫌先启于上官,恐非开诚布公潜消反侧之道等语,所奏不为无见。应如何不动声色暗中严防之处,着万青藜、卞宝第、麒庆、阿克敦布、德勒克多尔济、刘长佑、沈桂芬、桂成、庆春、连成妥筹办理。将此各谕令知之。"
(《清穆宗毅皇帝实录卷之一〇四》)

〇同治三年甲子六月庚午朔〇谕内阁:"前因降调御史常凯奏参口北道等官贪鄙,及授意已革前署怀来县知县钱葆延匿报丁忧,旋复揭参等事,先后降旨,交刘长佑究办。兹据刘长佑奏称,遵查口北道振麟并无授意宣化府经历童鹤龄,令各属加送规礼情事。其修理衙署摊派银两,系属实用实报。该道查拏马贼,曾在延庆州借银给发口粮,并非程仪。经过怀来县时,勇役因觅屋争吵,非该道纵令丁役骚扰。至钱葆延迟报丁忧一节,实非该道授意各等语。振麟被参各款,均系查无确据。惟修理衙署派令所属捐廉,并将櫜价银两拨发兵饷,虽系因公动用,究属办理错误。振麟着交部议处,仍着送部引见。钱葆延之父钱埙病故,伊胞兄钱宝廉已在湖南学政任内丁忧。该革员因伊父名字邸抄传写误作钱盐,是以未报丁忧。钱宝廉丁忧,曾经湖南巡抚声明,系钱埙亲子。该革员乃因一字之讹,借口怀疑,已见明文,延阁月余。俟家信到时,始行呈报。显系有心蒙混,希图恋栈。钱葆延业经另案革职,着永不叙用,以示惩儆。童鹤龄既无分肥钻营情事,着免其置议。"(《清穆宗

毅皇帝实录卷之一○五》）

○同治三年甲子六月○甲午，……以察哈尔佐领富尔荪为镶黄旗汉军副都统。未到任以前，以正蓝旗蒙古副都统伊精阿署理。（《清穆宗毅皇帝实录卷之一○七》）

○同治三年甲子秋七月○壬寅，又谕："……延庆州知州汪桂，年力就衰，难期振作。着勒令休致，以肃吏治。"（《清穆宗毅皇帝实录卷之一○八》）

○同治三年甲子七月○辛酉，又谕富明阿奏筹办江宁京口满城善后大略情形一折："据称江宁驻防，额设官一百二十三员，兵四千七百余名。自被乱之后，仅余男妇老弱六百余名口。虽陆续添设官二十七员、兵二百五十八名，营制粗定。而颠连困苦，遗孑仅存。又满城自遭蹂躏，兵房公所仅余四五百间，散布零星，毫无完善。拟俟办理稍有端倪，再筹拨补江宁兵额。至京口驻防官兵，虽已陆续挑补足额，而应领俸饷五成尚不能全支。额设房屋，焚毁无存，露宿风餐，尤堪矜悯。请将该两处驻防旗兵俸饷照例全支，并将房屋筹款建盖等语。江宁克复，旗营驻防事宜亦应早筹办理。该兵丁等以兵燹余生，糊口栖身，尚难得所，殊非国家体恤旗丁之意。富明阿现已咨商曾国藩、李鸿章，即着该大臣等妥筹款项，迅将江宁京口驻防房屋早为建盖，以资栖止。其兵丁俸饷，能否即行照例全支之处，并着该大臣等妥筹办理。现在京旗驻防，生齿日繁。方拟于盛京吉林等处开垦闲荒，以资生聚。如挑其闲散，陆续拨补江宁兵额，能否有裨，着曾国藩、富明阿酌量情形，妥商具奏。至旗营器械、马匹，富明阿拟将扬镇遣撤各军所缴军械等项，并扬防马队之马，及黑龙江、张家口前次捐买马匹，一并截留，分给江宁京口驻防官兵，照例由藩库支领马干之处，均照所议办理。江宁驻防应办各事，地方新复，案卷无存。富明阿现派员赴京咨抄底案，即着户、兵、工三部，将江宁历办册案赶紧照录，饬交该委员领回，毋稍延误。该将军现赴江宁，着俟与曾国藩筹商大略，即行迅回扬营，将防务妥筹布置。另片奏，京口副都统杜嘎尔不识汉文，不通汉语，请与黑龙江对调，或另简贤员等语。杜嘎尔现在都兴阿军营，一时尚难到任。魁玉署理京口副都统，所有应办善后事宜，着富明阿督同该员妥为整理。所请另简妥员之处，着候旨行。将此六百里各谕令知之。"（《清穆宗毅皇帝实录卷之一一〇》）

○同治三年甲子八月○癸酉，又谕："新疆地方紧要，近来简放各城大臣，除哈密办事大臣保恒本在古城，即可赴任，乌什帮办大臣伊昌阿在都兴阿军营外，新授伊犁领队大臣阿隆阿、乌鲁木齐领队大臣德克吉讷、巴里坤领队大臣讷尔济、吐鲁番领队大臣扎克当阿、古城领队大臣联捷、库尔喀喇乌苏领队大臣惠庆、叶尔羌帮办大臣常绩、喀什噶尔办事大臣常明、和阗办事大臣奎章、乌什办事大臣庆明、阿克苏办事大臣崇恩、哈密帮办大臣明瑶先后奉旨简放为日已久，俱尚未据报抵任。新疆回匪纷纷变乱，占踞多城，军务正当吃紧。各该大臣均有统兵防剿弹压抚绥之责，岂容任意延玩，节节逗留？着阿克敦布、刘长佑、沈桂芬于接奉此旨后，查明各该大臣现在行抵何处，即传知迅速趱程前进，毋许再有稽延。如有托故不前、藉词延宕者，即指名奏参，毋稍瞻徇。将此由六百里各谕令知之。"（《清穆宗毅皇帝实录卷之一一一》）

○同治三年甲子八月○戊子，又谕："前因英元奏，山海关监督任内短征银两，与凤安无涉。请将部议令凤安摊赔之款，仍由英元赔缴。谕令户部查议具奏。兹据该部奏称，各关管关人员，向例无论两任数任，统以一年为期。倘有短少，各按在任月日摊赔。惟嘉庆二十四年，崇文门左右两翼遇有前任未经缺额，后任始行亏短，即着落后任赔缴。奉有谕旨。咸丰四年杀虎口短征银两，亦系按日核计，并不将前后任牵算,亦经办有成案。查英元接收交代折内,曾经奏明凤安代征一百三十五日,移交均属敷额。是短收新征赢余银两,系英元接征后始行亏短,自应援照成案,准如所请办理等语。各关短征税银,如第按任期摊缴,恐后任恃有前任分赔,转滋弊窦。所有英元在山海关监督任内短征新增赢余银一万八千三百八十三两内,议令凤安摊赔之六千余两,着照部议,责令英元于限内照数完缴,毋庸令凤安分赔。嗣后山海关及张家口、杀虎口关期任期,暨代征名目,悉仍其旧。惟应征税课,凡在此次奉旨以后交议者,无论经征代征,均按在任月日核计,毋庸按年统算。以归画一而杜牵混,并着纂入则例,永远遵行。此外各关,仍不得援照办理。"○又谕贾洪诏奏假期已满,病难速痊,请开缺调理一折:"贾洪诏自简放云南巡抚以来,朝廷因该省军务紧要,叠经谕令迅速前赴昭通,妥为办理。该抚以告病人员,经朝廷特加超擢,简任封圻,宜如何激发天良,遵旨前往,实心任事。乃自上年三月间简放后,该抚即托词节节逗留,迟至十月,始抵四川省城。方冀其抵川后权衡缓急,迅赴昭通,悉心筹办,以副委任。迄今又将一载,未离川省一步,措置毫无。览其奏报,均属纸上空谈,并不认真筹画。前以'呕血益剧,病体难支'等词入告,给假两个月,俾资调理。兹复据奏称,云南军务紧要,未敢以病躯恋栈,请开缺回籍调理等语,显系饰词规避,辜恩昧良,实堪痛恨。云南为边陲要地,治理需人。若奉旨简放之员,均似贾洪诏之托病不前,工于趋避,尚复成何事体!贾洪诏着即革职,以为规避取巧者戒。"(《清穆宗毅皇帝实录卷之一一二》)

○同治三年甲子冬十月戊辰朔○命刑部尚书绵森、户部左侍郎吴廷栋,驰往察哈尔查办事件。

○辛未,又谕:"前据武隆额、德明奏参常清劣迹多端,声名狼籍。嗣又据武隆额奏,查出牧厂亏短马匹各折片。据称常清居官办事,军民同深愤恨。甚至有'常口袋''常钱串子'之号。拣选协领,任意黜陟。徇庇解任听审之巴哈善，意存开脱罗世瑶一案，有该将军门丁吴姓在内，延不交出。属令委员逼供刑吓，意在致死灭口。绿营出有官缺，积压一年有余，未经出奏。需索守备夏正骡头未遂，意欲罗致重罪，以找贡马为名，遍地搜罗，以致军民不敢养马。传闻所得马匹，转售外夷，及马差沿途代为变价。凡有呈递马骡银物者，皆系章京图姓、达姓、与门丁吴姓等，互为线索。将自存顶领貂皮等物，卖与哈萨克等，锱铢必较。私宅工作，或取诸军民，或勒令属员代办。该将军因命名常清，凡公牍中遇有清字，必令改避。于勘分地界一事，一概推诿，为卸肩地步。察哈尔营牧厂官马仅存五百余匹，亏短四千四百余匹之多。该将军因每年需索马匹，售卖获利，遂任令管马官员虚蒙出结，代为隐瞒，以致马政大坏各等语。西陲重地，极关紧要。将军驻扎伊犁，有总统各城之责，必须公正廉明，方足以资治理。乃如所参各节，是常清居心卑鄙，办事谬妄，全不以国事为重，安望其表率僚属，绥靖地方？且现在新疆各城，回匪煽乱。伊犁地方，防守尤重。该将军平时既众怨繁兴，又安能固结人心，同资保卫？本日业经明降谕旨，将常清革职听候查办，明绪现在新授伊犁将军，无所用其回护。着将所参各款详细查明，据实具奏，不准一字欺饰。原折片四件，均着抄给阅看。将此谕令知之。"（《清穆宗毅皇帝实录卷之一一七》）

○同治三年甲子十一月○癸卯，谕议政王军机大臣等绵森、吴廷栋奏职官供词狡展，请旨革审一折："据称察哈尔商都牧群兵丁呈控总管、总管复揭翼长一案，经该尚书等督饬司员，逐加研讯，所控攒扣兵饷一节据舒浓栋鲁普供认，与翼长公同在各群兵饷内，每两扣银自二钱至六钱不等。至挑缺索要马匹银两一节，据护军罗布桑等供称，均经出过银两。舒浓栋鲁普则坚不承认，委翼长巴勒沁等佥供察连泰于所扣兵饷，委有欠交银两，并私用马驹价银。提讯察连泰，则称并无私用银两，亦未将收用马驹价银供明。请将该总管等革职严讯等语。此案已经绵森等讯有端倪,岂容该总管等恃符狡展,坚不吐实?总管舒浓栋鲁普、翼长察连泰,即着先行革职,交绵森等确切根究,务期水落石出,以成信谳。另片奏,据舒浓栋鲁普供,钦差到口,及部院等衙门,向来均有陋规等情。并着绵森等详稽帐目册档,认真查办,据实具奏,毋稍徇隐。将此谕令知之。"(《清穆宗毅皇帝实录卷之一二〇》)

〇同治三年甲子十一月〇戊申,谕内阁:"前因兵部奏,军台废员已革兵部尚书穆荫,补交台费,当经降旨,俟扣满三年,再行释回。兹据阿克敦布等奏,该废员现已三年期满,遵旨释回等语。穆荫前在军机大臣上行走有年,班次居首。于载垣等窃夺政柄,不能力争。溺职辜恩,获咎甚重。此次虽经加恩释回,仍着闭门思过,毋得再蹈愆尤。"(《清穆宗毅皇帝实录卷之一二一》)

〇同治三年甲子十一月〇庚申,谕内阁:"前因阿克敦布等奏,商都牧群护军那穆济勒多尔济等控告该群总管舒浓栋鲁普攒扣兵饷、勒索银两、挑缺受贿、擅将牧长解任各款。舒浓栋鲁普复呈揭该群翼长察连泰欠交饷银,私用驹价各情。当令绵森、吴廷栋驰往讯办。嗣因该总管等供词狡展,将舒浓栋鲁普、察连泰革职严审。兹据绵森等奏称,督同随带司员,讯明舒浓栋鲁普科敛饷银,察连泰私用马驹价银属实。并究出协领舒都尔古等收受陋规各节,分别定拟具奏。此案舒浓栋鲁普虽无勒索笔帖式巴特玛泳隆等银两、贿买牧丁,及每挑一缺,收受贿赂情事,其将牧长拉普坦多尔济等解任,或因差使懒惰,或因动用公项撤退,亦无勒索情事。惟因办公支绌,辄于放给兵饷后,令各出银两归公,为数至二万余两之多。虽据供称历任相沿,究属任意科敛。舒浓栋鲁普业经革职,着从重发往黑龙江效力赎罪。翼长巴彦系帮办总管,于舒浓栋鲁普科敛饷银,随同附和。翼长齐党依什于接署总管时,科敛兵饷一季。均着即行革职。察连泰虽无欠交饷银三百余两之事,惟擅用驹价银四十余两偿还私债,即与科敛入已无异。察连泰业已革职,着与巴彦、齐党依什,俱从重发往军台效力赎罪。惟系察哈尔蒙古,均着酌发吉林当差。翼长洋济普巴勒、诺尔布旺济勒,于舒浓栋鲁普科敛饷银并不劝阻,实属不合,均着交部照例议处。已革委翼长洋济普车林等八员代舒浓栋鲁普收取银两,亦有不合。洋济普车林着开复委翼长,与玛哈西哩、巴勒沁、额林沁、绷素克拉什、巴布噶尔布、那逊布彦、特古斯绰克图,均照律笞四十,准其纳赎。协领舒都尔古、主事恒廉,收受舒浓栋鲁普等规礼贺银,实属不知闲检,均着革职,发往军台效力赎罪。舒都尔古系察哈尔驻防,着酌发吉林当差。员外郎保顺、佐领伊什贡布、笔帖式庆瑞得受馈送银钱,均着交部照例分别议处。阿克敦布家人李详等应得杖笞各罪名,均着照拟办理。至察哈尔各任都统等,于商都牧群科敛兵饷,及所属官员暨家人等收受规礼,均有失察之咎。着交部查取职名,照例分别议处。至所称规礼,系历久相沿。上年查群大臣熙拉布收受该总管等程仪八折银五百两,马二匹;前任察哈尔佐领升任副都统定安,亦曾收受该总管等贺喜银一百两,着熙拉布、定安明白回奏。其案内牵涉之在京职官及书吏人等,均着交刑部提讯。应行对质之舒浓栋鲁普、巴彦、察连泰、巴勒沁端多克、济克默特旺布,并着解交刑部备质。"○又谕绵森、吴廷栋奏请饬整顿马政等语:"国家设立牧群,豢养弁兵,原以备临时征调,缓急可以应用。乃近年以来,该总管等并不认真牧放,遇有征调,往往马匹疲乏,不堪挑选。因而扣饷购马,累及兵丁。甚至将马驹变价,孳生日少,百弊丛生,殊堪痛恨。现在军务未竣,需用马匹尤多,岂容任意废弛?着察哈尔都统等力加整顿,严饬总管、翼长等认真牧放,随时查验。务期马匹全无疲乏,马驹核实归群,以祛积弊而收实效。如遇有征调,必须添买,及筹备供应各项,并着该都统等通筹全局,悉心妥议,奏明办理。其攒扣兵饷,马驹变价,及挑缺令兵丁出银添补马群,一切积弊务须全行革除。各衙门陋规及馈送查群大臣程仪等项名目,并着永远裁汰,毋得再蹈从前积习。"(《清穆宗毅皇

帝实录卷之一二二》）

　　○同治三年甲子十二月○辛未，谕内阁兵部等部奏，遵议前锋统领熙拉布收受陋规处分一折："熙拉布派往商都查群，不知洁己奉公，辄收受该处总管馈送银两马匹。本应照兵部等部所议，革职治罪。惟昨据熙拉布奏称，该员误听司员禀词，将折给银两信为公用之需，冒昧收受。请将银四百两、马二匹，交还察哈尔都统，发交该牧群兵丁等语。所奏各情，尚无掩饰回护。姑念其出于一时糊涂，较有心婪索者，情尚可原。熙拉布着即行革职，加恩免其治罪。其呈缴银两马匹，即由该旗发交察哈尔都统，转行发还。"（《清穆宗毅皇帝实录卷之一二三》）

　　○同治三年甲子十二月○己卯，谕议政王军机大臣等保恒、惠庆奏分兵剿匪失利，请调乌科官兵救援一折："迪化回匪，在阜康一带滋扰，欲攻济城。吐鲁番窜匪杀伤穆家地山口民勇，在奇台三个泉地方盘踞。木垒河街市被贼焚烧，济木萨兵勇接仗失利，蒙兵未曾接仗，先自溃散。各项兵勇，或接仗即挫，或不战先溃。兵勇缓急难恃至此，致匪势日益猖獗，殊堪痛恨。迪化陷后，贼踞适中之地，四出滋扰。前谕功讷布等驻扎济木萨，待援兵一到，进复乌城。此次接仗失利，非但收复乌垣毫无把握，将来匪势日渐东趋，何以御之？前因乌、科二城，蒙兵不能得力，已谕令嗣后不必勉强凑调。现在贼氛愈急，关外除蒙古以外，更无可调之兵。着明谊、麟兴、车林敦多布、广凤、奎昌等，于乌、科二城挑选蒙古精壮官兵若干名，听候调遣。此时饷项缺乏，如别无可筹之款，即由解到古城八万饷银内提出若干两，以顾急需。下余之饷，即行派员解赴古城，俾资散放。联捷简放伊犁参赞大臣，昨据刘长佑奏，该大臣已接到兵部勘合，并乌拉票于十一月十七日起程。着即星速前进，兼程出关，驰赴乌、科两城，将明谊等选出蒙古兵统带前往古城助剿。该大臣曾在直东带兵有年，身经战阵。务须妥筹调度，痛扫狂氛。联捷出关，必经由察哈尔地方。一俟行抵该城,着阿克敦布、廉至催令赶紧进发,不准片刻逗留。文祺前奏,饬令郡王伯锡尔派缠头回兵,会同巴里坤满汉官兵剿灭余匪。现在文祺复有自带缠头回兵来古进剿之说,着即统兵前进,相机剿办,以振军威。哈密防务,即责成扎克当阿会同伯锡尔慎固封守,严密图维,毋稍大意。昨据常清、明绪奏,贼已逼近伊犁,逆氛愈炽,纷窜更属堪虞。各援兵未到之先,保恒、惠庆务当就现有兵力妥为拊循,勤加激励,分投防剿,以卫地方。将此由六百里各谕令知之。"

(《清穆宗毅皇帝实录卷之一二四》)

〇同治三年甲子十二月〇己丑,又谕联捷奏请调大名等处官兵,并请将黑龙江官兵就近带往各折片:"据称乌、科二城蒙古兵,未谙战阵。前在大名道并防河任内,皆系招募勇丁,以及大名、正定、天津、河北官兵,亲加训练,情意相孚。缓急亦尚可恃。请调各该处兵勇协剿等语。乌、科二城蒙古兵,随剿未能得力,自系实情。惟回疆匪势甚炽,非有生力军前往,大张挞伐,不足痛殄逆氛。如令大名等处兵勇西征,于人地恐尚不甚相宜。所请在于大名等营内调拨马步官兵,并招集旧日勇丁带往之处,着毋庸议。该大臣旧部将领中,如有谋略素优、打仗勇往之员,准由联捷奏调,随带出关,以资统带。前据宝善奏,遵旨挑备黑龙江官兵五百名,听候调遣。兹据联捷奏,黑龙江挑派官兵五百名,分为两起,前赴新疆助剿,可否就近带往等语。此项官兵五百名,本系挑齐听候调遣,着宝善饬令迅速起程,取道张家口,交联捷统带进剿。该官兵起程后,所需行粮等项,着刘长佑妥为供应。并着阿克敦布、廉至于口外各台站妥筹款项,沿途接济。毋令稍有缺乏,俾利师行。将此由六百里各谕令知之。"

〇庚寅,……赏……察哈尔辅国公吉楚克扎木苏……花翎。

〇甲午,……以副都统衔锡拉那为伊犁察哈尔领队大臣。(《清穆宗毅皇帝实录卷之一二五》)

公元1865年

○同治四年乙丑春正月丁酉朔○又谕广凤、奎昌奏,探闻古城汉城失守,现筹豫防布置一折:"古城防剿吃紧,经广凤等拣派蒙古兵一千五百名前往助剿,旋于十一月十七日探闻古城汉城失守,满城附近现有汉回及缠头回逆约万余人,盘踞北套桥子地方。由科至古道路梗塞。览奏曷胜愤懑。逆回势甚鸱张,古城汉城,现已失陷。满城刻下情形若何,未据保恒等奏报。由科至古文报不通,着广凤、奎昌设法绕道侦探,迅即知照保恒、惠庆,督饬在城兵勇慎密防范,以待援师。广凤等仍当将科境要隘严密布置,相机筹办。并着知会巴里坤、哈密等城一体严防奔突,毋得专待关内之兵,以致缓不济急,坐失事机。该逆闻军饷不日到科,意图东窜,攻扑科城,其谋甚属凶狡。前据德勒克多尔济奏称,山西拨解新疆饷银,两次共十余万,已由绥远城转解科布多。其余各省协饷并经户部奏催迅解。着广凤等于此项饷银到境,妥为迎护。并着明谊、麟兴、车林敦多布拣派兵弁沿途护解,毋得稍有疏虞。科属人心惊惶,经广凤等安抚稍定,仍着会同各旗王公妥为镇抚,毋令浮言得以动摇。新疆军事孔棘,前经谕令联捷,俟黑龙江所派官兵到张家口时,即行统带进剿。着联捷于该官兵到口时,即遵前旨迅带起程。由科布多进剿逆匪,毋稍稽延。将此由六百里各谕令知之。"○又谕:"前因联捷奏请将黑龙江挑派官兵五百名,带赴新疆助剿。当经谕令宝善饬此项官兵迅速取道张家口,交联捷统带进剿。兹据广凤、奎昌奏,探闻古城汉城失守,满城附近有贼,道路梗塞,科城防剿情形吃紧等语。此项官兵计已起程,着宝善仍遵前旨派员沿途严催,迅赴张家口,以便联捷统带前进,相机剿办,毋得稍有延误。将此由六百里谕令知之。"

○壬寅,又谕:"前因商都牧群总管舒浓栋鲁普勒扣兵饷银两各款,内有前任察哈尔佐领升任副都统定安,亦曾收受该总管等贺喜银两情事。当令定安明白回奏。兹据奏称,前在张家口佐领任内,与舒浓栋鲁普等同官交好,常通往来。因在海口出力,得有协领记名。旋又调赴山东军营,舒浓栋鲁普等因送给贺喜银一百两,当已收受。请交部治罪等语。定安与舒浓栋鲁普等同隶察哈尔旗藉,同官一方,并无管辖之责。其所送贺喜银两,系属友谊往还。惟未能详查来历,遽行收受,亦有不合。除所收银两着缴还归公外,定安着交部议处。"(《清穆宗毅皇帝实录卷之一二六》)

〇同治四年乙丑正月〇己酉,谕议政王军机大臣等阿克敦布等奏西剿官兵取道蒙古台站,豫筹供应款项开单呈览一折:"黑龙江官兵五百名,前谕取道张家口,交联捷统带进剿,须经由察哈尔蒙古台站。该处地处沙漠,师行一切应用,各台站向来所无,额设蒙古包驼马等项,为数无多,亦难敷一军之用。阿克敦布等拟于马驼一项,由商都达布逊诺尔、太仆寺各牧群先期拨往该台,以备乘骑,事毕归群。并由向来帮台之各扎萨克旗及察哈尔八旗另行摊备马驼,分赴各台,以备更换。所筹尚妥,即着照所请行。惟此项征兵,每日需用帐房什物及廪羊米盐等项,据阿克敦布等估计,统应需银一万五千余两。该都统拟于口内外各旗群普劝捐输,以资备办,自系为节省帑金起见。惟该蒙古等生计本属艰难,此次师行帮贴已形困苦。再令捐输,殊不足以示体恤。且将来陆续征调官兵,经过该蒙古台站者,尚恐不止此起,尤难为继。所有单开应行制造购办诸物,需银一万五千四百两,即着刘长佑由直隶藩库如数拨解察哈尔,交该都统备办,以应急需。并须迅速派员解往,俾资赶办,无误师行。阿克敦布等于此项银两未到之先,并可于张家口税局先行提用。俟直隶银两解到,再行归款。察哈尔所属蒙古四十四台站之外,即入乌里雅苏台、科布多、塔尔巴哈台地界,明谊、车林敦多布、麟兴、广凤、奎昌、锡霖、图库尔,亦当一体先期妥筹,以便前项征兵到境,无误供支。并着阿克敦布、廉至,即将察哈尔各台站供应此项官兵一切办理章程,飞速知照各该城将军大臣等,妥筹照办。务于官兵未到之先,豫为筹策,毋致临渴掘井,有误师期。该三城所需此项供支经费,着沈桂芬于山西藩库迅速拨银一万五千两,分解乌科及塔城各五千两,以资应付。新疆军事孔亟,联捷于黑龙江官兵驰抵张家口,即当统带星速起程,相机进剿,毋得借口各该城台站未备,任意逗留。穆图善现在驻师宁夏,前因伊犁匪炽,谕令该将军迅统所部出嘉峪关,先抵哈密,布置一切,即行进剿古城乌鲁木齐等处之贼。联捷于驰抵科城后,或由塔尔巴哈台直趋伊犁,或探明道路,与穆图善联络声势,会筹进取。均着该大臣临机应变,妥筹办理。将此各谕令知之。"(《清穆宗毅皇帝实录卷之一二七》)

○同治四年乙丑正月○甲子,又谕联捷奏请调将领以资统带,并恳照例准领俸赏行装银两。黑龙江官兵抵口,筹给薪水口粮。到防后军饷由晋支应一折:"前因新疆军务紧要,令宝善将黑龙江挑备官兵五百名,取道张家口,交联捷统带进剿。昨据宝善奏,此项官兵已于正月十九、二十一等日起程。惟抵口后,须分起行走。所有在口守候期内按日应支薪水口粮,着刘长佑饬藩司筹备银两,派员解赴张家口支放。联捷于官兵到口后,即克期统带出关,毋稍延缓。应需军火饷糈,着沈桂芬筹款支应,按月源源接济。西路待援甚亟,毋使停兵待饷,致误戎机。此次所调之员弁兵丁十七员名,及侍卫麟文等,从征万里。应领俸赏行装银两,着准照旧例一体赏给,均着刘长佑由藩库筹款迅速拨发,以示体恤。将此由五百里各谕令知之。"(《清穆宗毅皇帝实录卷之一二八》)

○同治四年乙丑二月○己巳,谕内阁:"前因商都牧群总管舒浓栋鲁普勒扣饷银各款内,有升任副都统定安曾经收受该总管等贺喜银两,当令定安明白回奏。嗣据定安覆奏,前在张家口佐领任内,因调赴山东军营曾收受舒浓栋鲁普等贺喜银一百两属实,降旨将定安交部议处。兹据兵部奏称,定安收受舒浓栋鲁普贺喜银两,核与察哈尔员外郎保顺所收数目相同,自应援照办理。请将该副都统照私罪杖七十,降二级,调用例议处,无庸查级纪议抵等语。前任察哈尔佐领升任齐齐哈尔副都统定安,着照部议降二级调用,不准抵销。仍留山东军营带兵巡防,以观后效。"(《清穆宗毅皇帝实录卷之一二九》)

〇同治四年乙丑二月〇辛巳,又谕联捷奏乌里雅苏台地方苦累,不能接站一折:"据称准乌里雅苏台将军明谊咨报,近来差务络绎,蒙古游牧,万分苦累。黑龙江官兵到台,本城兵食缺乏,断难供应等情,请旨办理等语。明谊所咨,自系实情。前据宝善奏,黑龙江官兵起程后,自茂兴站出境,由蒙古草地进法库边门,入山海关,取道张家口,归联捷统带。兹据联捷奏,乌里雅苏台无力供支,自不能不改道前进,以利师行。此项官兵,即着由内地行走,取道山西、陕西、甘肃出关前进。联捷亦无庸在张家口等候,即行先赴山西省城,一俟该官兵到晋,即着统带遄行。该官兵无论行抵何处,着玉明、宝善、刘长佑、长善,于过境时饬令径赴山西省城,归联捷统带。无庸再赴张家口,以期迅速。沈桂芬于该官兵到晋时,妥为供应。一面知照陕西、甘肃各督抚,饬令沿途地方豫为筹备行粮,毋令缺乏。此项黑龙江马队专备联捷统带出关剿贼之用,不准都兴阿等截留。阿克敦布、廉至与联捷面称口外困苦,既知寻觅水火,亦非易易。自应将各台站穷乏情形,能否供应,与明谊等通盘筹画,再行具奏,方不至贻误戎机。乃该都统等并不悉心体察,仅将察哈尔办理支应各情一奏了结,若明谊不豫为知照,联捷带兵行至乌里雅苏台一带,驼马等项既难供支,粮食又无从购办,进退维谷,该官兵等势必尽成饿殍。阿克敦布、廉至于紧要军务办理粗率,至于此极,实堪痛恨。该都统等前奏制造购办诸物,需银一万五千四百两,谕令于张家口税局先行提用,俟直隶银两解到,再行归款。现在该官兵既由内地行走，前项银两着不准在张家口税局提用。刘长佑如尚未筹解，即着无庸解往归款。如已拨解，着刘长佑、阿克敦布、廉至饬令解交联捷，作为黑龙江官兵饷需。联捷当派员妥为经理，毋许滥支。阿克敦布、廉至即飞咨明谊，该官兵现已改道行走，无庸筹办供应。奎章、庆明现已到口，着阿克敦布、廉至催令迅速进发。其余简放新疆各路大臣一经到口，均着该都统等严催出关，以重职守。联捷现由内地行走，自可无误军粮。一俟黑龙江官兵到晋，惟当星速起程，不得藉词延宕，致干严谴。将此由六百里各谕令知之。"（《清穆宗毅皇帝实录卷之一三〇》）

〇同治四年乙丑三月〇乙巳，又谕沈葆桢奏闽贼去江日远，交卸起程回籍一折："沈葆桢前以福建康逆窜至白沙，于给假之后，仍暂缓起程。现因白沙之贼，归并漳郡，直趋海隅，去江甚远，该抚已于三月初一日交卸，由江起程。并令娄云庆统所部由会昌前进武平，刘胜祥移扎瑞金。赣南防务，责成席宝田会商各军，相机办理。如逆踪回窜，该抚仍拟星驰回江。足见体国公忠，能顾大局。惟江省兵燹之余，一切军事吏治，刻刻需人整理。如军情稍紧，该抚固须迅即回江。即闽省逆势日衰，无虞回窜，亦当无庸拘泥假满，早行回任，以慰驰廑。另折奏参克扣勇粮之霆营大员，请旨惩办等语。鲍超所部霆营，现在料理西征，而该营分统之记名提督谭胜达、总兵周有胜，竟敢将所发饷银捏开名目，多方克扣，以致合营鼓噪，几成大变。本当按照军法，立置重典；惟据该抚奏称，该员等均身经百战，屡着奇功。从宽暂允所请，记名提督谭胜达、提督衔记名总兵周有胜，均着一并革职，发往鲍超军营，效力赎罪。并着该抚咨行鲍超，如该革员等到营后，仍萌故态，或不得力，即行按照军法从事，毋稍姑息。记名提督直隶宣化镇总兵宋国永失于觉察，咎亦难辞，仍着交部照例议处。其霆营弁勇为首滋事之人，着饬宋国永不动声色，密行挐办，以儆刁风。该抚密陈片一件，已交军机处存记。将此由五百里谕令知之。"（《清穆宗毅皇帝实录卷之一三二》）

○同治四年乙丑四月○壬午，又谕官文奏霆军赴川路经鄂省金口地方，乘间溃散一折："据称总兵宋国永、冯标统带鲍超旧部十八营，由江西行抵汉阳。经官文给发水脚，优加犒赏，派员护送前进。师次金口，该勇丁等不愿西行，全行溃散。览奏实堪骇异。直隶宣化镇总兵宋国永、甘肃凉州镇总兵冯标，有统带之责。何至于全军溃散，毫无约束？实属咎无可辞。姑念从前尚有战功，均着即行革职，并撤销记名提督，仍饬前往鲍超军营效力赎罪，以观后效。"

○癸未，以记名提督张诗日为直隶宣化镇总兵官。（《清穆宗毅皇帝实录卷之一三六》）

○同治四年乙丑四月○丙戌，谕军机大臣等："前因发捻各匪，窜近清淮，谕令李鸿章酌度情形，应否出省，迅速驰奏。兹据李鸿章奏，清淮调到水陆各军，声援已壮。里下河及淮徐各郡，均可无虞。苏省所派援闽各军，须由海道，酌济饷项军火。江苏边境及苏浙后路仍当豫防，暂无庸出省督剿等语。所筹不为无见。即着照所议办理。惟发捻股匪，现由山东滕峄边界西趋，有直扑兖济之势。黄翼升、欧阳利见等水师，据李鸿章称，已据吴棠先期调拨，分布扼守。惟贼窜兖济，即距直境甚近。直隶仅有威县、曲周、清河等处防兵三千余名，元城县防兵千名，深恐兵力单薄，不敷堵御。刘铭传及周盛波所部各勇，合共一万数千人，兵力有余。畿辅地广兵单，防堵正关紧要。着刘铭传即于所部勇丁内，挑选精锐数千名，迅速带赴直隶，与刘长佑会商，分布直东交界地方，严密扼防，以固畿疆门户。应给饷需，即着吴棠、李鸿章迅速筹款，豫行拨给，以利遄行。此军行抵东境，并着阎敬铭竭力筹措饷需。东海关税银，阎敬铭亦可酌提拨解，以济此军食用，毋令停兵待饷，是为至要。刘铭传本系直隶提督，该省防务，责无旁贷。务当懔遵谕旨，统兵北行，毋许稍涉迁延，致滋贻误。张诗日昨已简放宣化镇总兵，直隶带兵需人，着曾国藩迅饬该员，驰赴刘长佑军营，听候调遣。……将此由六百里谕

知僧格林沁、曾国藩、刘长佑、吴棠、李鸿章、乔松年、阎敬铭,并传谕刘铭传知之。"(《清穆宗毅皇帝实录卷之一三七》)

○同治四年乙丑五月○戊戌,又谕:"现在发捻各逆,窜入山东曹州一带,勾结水套伏莽滋事。深恐各处土匪,乘机窃发。畿辅重地,防范不可稍疏。盛京、热河、察哈尔、密云、山海关、古北口等处切近京师,为东北屏蔽。毗连边墙内外,汉回杂处,最易藏奸,难保无不法匪徒从中煽惑。且各该处向多骑马贼匪,为患地方。此辈行迹诡秘,来去无常,更虑闻风滋扰。着玉明、宝珣、志和、德椿、麟庆、阿克敦布、廉至、连成、长善、徐廷楷各于所辖境内,派拨得力兵弁,认真巡缉,以清奸宄而遏乱萌。尤须不动声色,严密查拏,毋徒滋扰民间,转致人心惶惑也。将此由五百里密谕玉明、宝珣、志和、德椿、麒庆、阿克敦布、廉至、连成、长善,并传谕徐廷楷知之。"

○庚子,调察哈尔马队官兵一千名暨马一千匹,赴山东军营差遣。(《清穆宗毅皇帝实录卷之一三八》)

○同治四年乙丑五月○己酉,谕军机大臣等李鸿章奏……又片奏郑魁士不能得力等语:"郑魁士着毋庸调赴军营,前调之宣化镇总兵张诗日、总兵余承恩,着曾国藩、沈桂芬,饬令该员等赶赴刘长佑军营听候调遣。将此由六百里加紧各谕令知之。"

○壬子,又谕:"前因发捻窜扰山东曹州一带,谕令京师东北一带各将军、都统于所辖境内巡缉奸宄以靖乱萌。兹据阿克敦布、廉至奏,察哈尔口外各旗群地方,业派兵弁严密巡逻。惟口内上、下两堡各地方,系万全县属,归直隶管辖。请饬认真稽查,联为一气等语。直隶万全县属地居边要,良莠不齐,最易藏奸。着刘长佑饬令该管道府及该县地方官,于张家口上、下两堡一带编查保甲,严缉盗匪。务与口外官兵联络声势,妥为防范。该处距直隶省垣窎远,有鞭长莫及之势。如有应行与口外地方筹备联络之处,并着阿克敦布、廉至即行饬知,以期便捷。倘该管道府及地方各官于所属缉捕一切事宜并不实心办理,即着阿克敦布等指名参奏。将此各谕令知之。"(《清穆宗毅皇帝实录卷之一三九》)

  编者注:上文"察哈尔口"即指张家口大境门。"张家口上、下两堡"系指来远堡与张家口堡,来远堡居北大境门边口,称为上堡,原为明代蒙汉互市城,建于明万历四十一年(1613年),民间称为市圈;张家口堡居南,距边口五里,称为下堡。为明代边口戍堡,建于明宣德四年(1429年),民间称之为武城。二堡是形成今日张家口市的基础。

  ○同治四年乙丑闰五月○癸未,调察哈尔牧群马四百匹,解赴伊犁参赞大臣联捷军营备用。(《清穆宗毅皇帝实录卷之一四二》)

  ○同治四年乙丑六月甲午朔○又谕八旗都统等会同户部等部奏,遵议沈桂芬条陈筹费移屯,恤旗民而实边防一折:"据称旗人听往各省之法,道光年间曾经筹办有案,现拟量为推广,以裕旗人生计。请嗣后旗人有愿出外营生者,无论降革休致文武官员,及未食钱粮本食钱粮举贡生监,暨兵丁闲散人等,准由该都统给照前往。如愿在外省落业,准其呈明该州县编为旗籍。其服官外省之降革休致文武各员,及病故人员之子孙亲族人等无力回京者,亦准一体办理。所有词讼案件,统归该州县管理。如有不安本分、滋生事端者,即由该地方官照民人一律惩治。其愿入民籍者,即编入该地方民籍。文武考试章程,俟应试有人,再由督抚体察情形奏交该部核议。至八旗兵丁人等在外落业者,并准其调补绿营马战守兵各等语。所筹尚属周妥。即着八旗都统将此次推广办法逐节出示晓谕,俾众咸知,以裕生计而示体恤。沈桂芬折内所称独石口外之红城子、开平等处,张家口外之兴和、新平等城,可以筹费移屯一节,现在该处情形如何,有无可辟地亩。着各该将军、都统、督抚等认真筹画,务须变通尽利,因时制宜。不准畏难苟安,一奏塞责。一俟查勘确实，即行迅速具奏。"○谕军机大臣等刘长佑奏直隶防务较松，请将防军分别撤留一折："发捻各匪，均已回窜皖亳，相距直境较远。所有直隶防军并防河练勇，均可暂行遣撤，以节经费。着即照刘长佑所拟，将宣化镇标各营兵丁先行撤归，以重边防。山东张秋迤西各军仍撤回直境，交余承恩管带训练，以期得力。张秋以东各军，即咨商崇厚酌量撤留。长龙三板船只河面尚可驾驶，即着督饬委员赶紧照式添造，将吴棠派来水勇炮位，安设成营。并将曾国藩前拨大炮百尊，派员迎提，以备巡防之用。此股贼匪虽经南窜，防范不可稍疏。仍着督饬留防各兵勇严密堵遏。并着将李鹤年留于防所，以资督率。刘长佑着暂行回省。潘鼎新一军，前已有旨令其驻扎济宁防守，仍可与直隶防军联络声势，互相援应。……将此由四百里谕令知之。"

○己亥，又谕德勒克多尔济等奏花马池等处贼势猖獗，防兵力单，请饬都兴阿兼严后路之防一折："……绥远城及晋陕沿边一带，如有应行添兵防堵之处，着沈桂芬酌量情形办理。并着阿克敦布、廉至于察哈尔沿边等处豫行派拨官兵，筹备防范。将此由六百里谕知都兴阿、穆图善、雷正绾、德勒克多尔济、桂成、沈桂芬、刘蓉、阿克敦布、廉至，并传谕杨能格知之。"（《清穆宗毅皇帝实录卷之一四四》）

○同治四年乙丑六月○甲辰，以玩忽专擅，察哈尔总管根敦扎普、委员栋鲁普等，下部议处。

○庚戌，谕内阁刘长佑奏募勇官员在途骚扰，请饬查办等语："候补总兵魏得春经雷正绾派令，前赴直隶招募马勇，辄敢潜行出口，在蔚州一带采买马匹。进口时不服盘查，殴辱守口员弁，并在望都、新乐等县地方沿途纵勇滋扰，勒索供给。蔑法逞凶，肆无忌惮。若不从严惩办，何以肃军律而儆效尤？着雷正绾查明从严参办。其都司刘得胜、守备杨国玉、赵长盛、丁得禄、吴东来等五员是否系雷正绾所派，有无蒙混情弊，着一并查明，分别参办。"（《清穆宗毅皇帝实录卷之一四五》）

○同治四年乙丑六月○丙辰，调察哈尔牧群马五百匹，解赴直隶总督刘长佑军营备用。（《清穆宗毅皇帝实录卷之一四六》）

○同治四年乙丑八月○甲寅，以解马出力，赏察哈尔佐领伊勒当阿等花翎。（《清穆宗毅皇帝实录卷之一五二》）

○同治四年乙丑九月○乙丑，又谕："前据皂保奏请简员署理副都统等缺，本日已命富尔荪署理吉林副都统安住之缺，并将定安赏给二品顶带，署理伯都讷副都统高福之缺矣。惟富尔荪告假回旗，定安亦回旗补行穿孝。现在吉林地方紧要办事需员，着阿克敦布、廉至传知富尔荪，不必俟假期届满，定安亦无庸俟穿孝期满，均即迅速前赴署任，毋得稍涉迟延。将此各谕令知之。"

○壬申，谕内阁阿克敦布等奏，讯明太仆寺牧群固山达监守自盗，牧长亏短官群一折："此案乌勒哲依达赖除本管牧长亏群扶同徇隐轻罪不议外，惟以管群之员，胆敢抵换官马十三匹，侵蚀官马十八匹，实属枉法营私。着照所拟即行革职，杖一百，流二千里，并永不叙用，以儆官邪。亏群牧长，除齐默持业经病故外，其党苏伦扎布等十四员均着革去顶带，仍留牧长差使，并各加鞭责一百。牧副色博克巴勒卓尔等十五名，均着鞭责八十。所亏马匹，责令照数赔补归群。委署固山达色德锡礼色丕勒等二员，均着暂行革去顶带。失察之翼长们都巴雅尔，着降一级留任。原告拉普坦假公济私，殊属不合。着交部察议。总管拉什于各牧长亏群毫无觉察，迨经拉普坦具控，又复徇庇，并不即时究办。着交部严加议处。至官拴马一项，系各牧群巧立名目，私将官马自行乘骑，积弊相沿，殊属不成事体。着察哈尔都统等通饬各牧群总管等，嗣后将官拴马名目永远革除。倘敢阳奉阴违，仍藉名私乘官马，一经查出，即行从严参办。"（《清穆宗毅皇帝实录卷之一五三》）

○同治四年乙丑九月○丙子,谕军机大臣等:"前据文祥奏筹剿马贼,务使净绝根株一折,当经谕令恩合等妥筹覆奏。嗣据恩合、富平阿、麒庆、阿克敦布、廉至、刘长佑等先后奏到,各抒所见,均与文祥所奏大略相同。兹据军机大臣恭亲王等奏,各路备调官兵,坐镇弹压,不必轻动。责成地方官饬差缉挐,请饬各将军等转饬所属,晓谕居民,无生疑惧。马贼中有悔罪自新者,酌予奖赏。严定州县讳盗及邻封协缉不力处分。文武获盗官员,应请酌核议奖。请催盛京等处拣派官军各等语。所筹均属周密。所有盛京、直隶、吉林、热河等处,各豫派出官兵及备调兵,专为剿贼之用。如该匪伏而不动,但宜坐镇弹压,不准骚扰良民。仍责成地方官饬差役缉挐匪首,不准稍涉声张,妄挐无辜。着恩合等晓谕居民,照旧安居,无生疑惧。如有兵役骚扰,立按军法惩办。州县失察,严行参处。务期法在必行,不得徒托谕告具文。马贼中有悔罪自新者,均准照所奏章程,按其获盗名数,分别奖赏。均着按照恭亲王等原奏章程,于告示内详细逐层声叙明晰,俾家喻户晓,互相劝勉。地方盗案,限三日申报。仍照旧例立限开参,毋庸照新章严处。如获有邻境盗案,准其抵免处分。倘讳匿不报,即查明参革,从重治罪。该上司有徇隐不报者,一并治罪。邻封协缉不力,着各该管上司从严参办。兵役通盗,知而不首者,讯明后即将该兵役斩枭示儆。如挐获马贼系著名巨盗,及斩枭盗犯多名,准酌给翎支升阶,破格奖励。并着吏部兵部,将地方官挐获本境邻境盗犯,应如何将功抵过,及破格奖励之处,酌定获盗名数。分别核议,先行奏定章程,候旨遵办。此次刘长佑、阿克敦布、廉至等调拨各兵,或择要扼击,或勤操备调,均着遵照前奉谕旨,雇觅眼线,会同捕剿,不得稍涉松懈。所需口粮,宽为筹备,如有不敷,据实奏闻。未可各惜小费,致误大局。其关内外扼要处所,向有额设官兵,着即给与全饷,令于无事时随时操演,不得有缺额雇替等弊。恩合、皂保、麒庆等所派官兵未据奏到,着即挑选得力兵弁迅速具奏,毋稍玩延。其蒙古官兵,并着知照伯彦讷谟祜一体照办。刘长佑查勘边墙,已否周历?应如何择要设防,并赶紧兴修之处,着据实具奏。阿克敦布等所筹会哨日期及整顿卡伦之处,均着照办。惟当实力奉行,毋得空言塞责。……将此由四百里各谕令知之。"(《清穆宗毅皇帝实录卷之一五四》)

〇同治四年乙丑九月〇庚寅,又谕德勒克多尔济、王榕吉奏会商西北边防,就现有兵力分别布置,并请饬察哈尔挑选马队以备征调;杨岳斌奏请饬山西迅拨饷银各折片:"德勒克多尔济等所筹西北内外边防,布置尚属周妥。即着严饬在防旗绿各营员弁,统带所部官兵,随时操练,实力防守,毋稍大意。桂成现已统带乌兰察布盟等兵察看西南边界,择要驻防。着即于由甘入蒙扼要处所择地驻守,以防贼匪窜突。或于石觜子磴口之间,相机防堵。即着德勒克多尔济等酌度情形,随时咨商办理。惟归绥边境及蒙古部落,均与宁夏毗连,远戍近防,地方甚为辽阔。该将军虽就现有兵力内外设防,仍须添备得力马队,方足以策万全。即着阿克敦布、廉至,就近挑选察哈尔精壮马队一千名,备齐军械,并随时勤加操练,以备该处征调,毋稍延误。甘省需饷紧要,屡经降旨严催,兹据杨岳斌奏,请饬山西拨饷,以济眉急等情。即着王榕吉饬令藩司先行筹拨库银五万两,河东道筹拨库银三十万两,迅速解交甘肃杨岳斌军营。如道路尚未疏通,即交甘省守提委员,设法汇兑,毋得迟延干咎。将此由五百里谕知德勒克多尔济、桂成、阿克敦布、廉至,并传谕王榕吉知之。"(《清穆宗毅皇帝实录卷之一五五》)

〇同治四年乙丑十一月壬戌朔〇又谕刘长佑奏甄劾知县教佐各员,请旨分别惩办一折:"直隶……怀来县知县翟文光于各本任地方,俱不甚相宜,着即撤任,留于该省,遇有相当缺出另行酌补。……宣化府经历童鹤龄,性情狡猾,善于营私。……均着即行革职。以肃官方。"

〇丁卯,又谕本日据曾国藩奏,撤遣各起马队官兵回旗等语:"色尔固善、托伦布、高福等各起马队,除挑留外,计应撤官兵:吉林二百六十六员名、黑龙江一百六十员名、察哈尔四百八十二员名,均于九月初间陆续自徐州起程回旗。乌尔图那逊、春寿所带吉林、黑龙江土默特各起马队,除挑留外,撤防官兵一百四十三员名,于十月十五日起程回旗。此项马队,虽经曾国藩撤遣回旗,惟该官兵等曾经出师各省,熟习军情,未便即令归伍。现在奉天剿办马贼,兵勇不敷分布,即着恩合于此项撤遣吉林、黑龙江官兵到奉省时,全数截留该处,以备调遣。其察哈尔土默特撤遣官兵本不由奉省经过,即着毋庸咨调。并着刘长佑于吉林、黑龙江官兵过境时,饬令迅速前往奉天,毋任逗留。……将此由五百里各谕令知之。"(《清穆宗毅皇帝实录卷之一五九》)

○同治四年乙丑十一月○壬申,又谕崇厚奏请调马匹以资练习一折:"神机营前派往天津习练马队官兵,现已抵津。惟原带马匹无多,且多疲瘦。亟应添备壮健马匹,方足以资教练。即着阿克敦布、廉至于牧群官马暨蒙古捐输马匹内挑选四百匹。派员解赴天津交纳,务须选择口轻膘壮者,不准以疲劣充数。庶人马相得,可冀练成劲旅。崇厚于此项马匹解到时,严饬该将弁等认真操演,以收实效。至所称月需饷干银两及外国教队人薪俸,分别支给之处,均着照议办理。将此各谕令知之。"(《清穆宗毅皇帝实录卷之一六〇》)

○同治四年乙丑十一月○丁亥,谕军机大臣等:"昨因奉天大股马贼由清河边门,窜至热河朝阳县街肆行焚掠。当经谕令文祥、福兴斟酌情形,能否分兵兼顾,相机办理。并谕令刘长佑多拨马步兵勇,赴热河助剿。酌拨劲旅数百名,交徐廷楷统带,严防边口。因思此股马贼踪迹飘忽,势焰鸱张。沿边隘口甚多,恐徐廷楷一人带兵,尚不足以资堵御。刘长佑节制畿疆,沿边防务,本系该督专责。现在南路捻匪,并归豫省南阳等处,距大名一带较远。畿南防务稍松,北路情形吃紧。着刘长佑即行出省,挑选得力兵勇,酌带若干名,亲赴沿边隘口,择要驻扎,严密侦探,督同徐廷楷实力防堵。毋令贼踪窜入口内,仍一面选派劲旅,会同热河派出官兵,驰赴朝阳,实力剿办。倘堵剿不力,致令贼氛延蔓,必惟刘长佑是问。畿南一带防兵,如有可以抽调之处,着即酌量调赴北路。并须多调马队,以备追击迎剿之用。刘长佑出省以后,所有南路防务,即着交李鹤年督办。寻常日行事件,即由李鹤年代拆代行。遇有紧要事件,仍商同刘长佑办理。李鹤年俟刘长佑回省后,再行交卸。徐廷楷身任直隶提督,沿边防务,倘有疏虞亦难辞咎。古北口本有旗营驻防,喜峰口、冷口、罗文峪等处,均有山海关旗兵驻守。连成、长善责无旁贷,均应督饬该处防兵实力守御。如被贼踪阑入,则咎无可诿。不得豫存推卸之心,自干罪戾。麒庆前次疏防马贼闯入喜峰口,此次若再纵令贼匪闯入边关,震惊畿辅,自问当得何罪?此股马贼已有二三千名之多,赤峰县街尚有大股匪党盘踞。该都统务当就现有兵力,设法分投截剿。不可令其勾结合并,致成燎原之势。仍一面知照蒙古昭乌达等盟,派兵会剿。热河避暑山庄为禁籞重地,尤当备兵严加防护。茆津坝等处为朝阳赴热河要路,均应派兵扼堵。刘长佑仍遵昨日谕旨,多派劲旅,速赴热河,妥筹剿办。天津尚有洋枪队五百名,仍着崇厚备齐军械,听候续调。文祥、福兴所部各营,为数较单。能否分拨热河助剿之处,着酌量奉天、热河两处缓急情形,相机办理,一面奏闻。前谕阿克敦布、廉至挑备察哈尔官兵一千名,听候调遣。着该都统等勤加操练,以备调用。务须实力奉行,不得有名无实。仍须时加侦探,整顿各营武备,以防贼匪窥伺,毋稍松劲。将此由六百里谕知文祥、福兴、刘长佑、麒庆、阿克敦布、崇厚、李鹤年、连成、长善、廉至,并传谕徐廷楷知之。"(《清穆宗毅皇帝实录卷之一六一》)

○同治四年乙丑十二月○乙未,谕军机大臣等:"阿克敦布、廉至奏,热河咨调马队官兵,请旨遵行。阎敬铭奏,拏获奉省马贼头目偷越海口,请饬严查沿海各口各一折。据称马贼窜入朝阳境内,察哈尔左翼四旗边界,防务吃重。且张家口为北路要隘,现在挑兵镇压,尚虑单薄。所奏自系实在情形。所有热河咨调马队五百名,即着无庸派往。阿克敦布、廉至,务当督饬满蒙官兵,勤加操练,严防要隘。以备不虞。"

○戊戌,谕内阁崇恩奏病已成废,恳请休致一折:"副都统衔阿克苏办事大臣崇恩,自简任以来,在途耽延日久,以致道路梗阻,不能赴任。本日由张家口折回,随同联捷带兵出关,展转迟滞,畏葸不前。兹复以病势日笃,恳请休致,实属有负委任。仅予休致,不足示惩,崇恩着即革职回旗。"

○己亥,科尔沁扎萨克图谢图亲王巴宝多尔济等七人,喀尔喀扎萨克亲王车林多尔济等三人,喀喇沁郡王色伯克多尔济等三人,巴林郡王那木济勒旺楚克等二人,敖汉郡王布彦德勒格呼固噜克齐,阿巴哈纳尔贝勒衔贝子桑斋萨拉特多布等二人,扎鲁特贝勒诺尔布尔沁、阿巴噶公衔头等台吉都噶尔布木,翁牛特头等台吉德木楚克苏陇、察哈尔四等台吉车林多尔济等二人,于养心门内瞻觐。(《清穆宗毅皇帝实录卷之一六二》)

○同治四年乙丑十二月○乙卯,谕军机大臣等文祥、福兴奏请调马队剿贼等语:"奉省马贼蜂起,肆扰开原铁岭等处。官军分投进剿兵力尚单,亟应添调精兵,以资厚集。黑龙江马队虽未可远调,而奉省相距非遥,剿贼事竣,即可遣撤。着宝善迅速挑选精壮马队一千名,派员管带,前赴奉省,听候文祥等调遣。察哈尔参领达尔济,前在僧格林沁军营统带马队,尚称得力,该员现在已回本旗。着阿克敦布、廉至即饬达尔济挑选旧部兵百名,速赴文祥等军营,听候调遣,毋稍迟延。将此由五百里各谕令知之。"

○庚申,上御保和殿,筵宴朝正外藩。科尔沁、喀尔喀、喀喇沁、阿巴哈纳尔、敖汉、扎鲁特、乌珠穆沁、浩齐特、苏尼特、巴林、鄂尔多斯、阿巴噶、翁牛特、阿拉善、杜尔伯特、扎哈沁、察哈尔王、贝勒、贝子、公、

额驸、台吉,暨琉球使臣等,随文武大臣依次就坐。(《清穆宗毅皇帝实录卷之一六四》)

公元1866年

○同治五年丙寅二月○丁未,又谕:"前因曾国藩奏,调拨色尔固善等军赴奉助剿,当经谕令文祥等催提前进。现在奉天吉林等处剿贼叠次获胜,亟应添调兵力,以期迅就殄除。色尔固善等军计已在直隶山东境内。着刘长佑、阎敬铭、丁宝桢查明该军行抵何处,催令星夜趱程,速赴奉省,归文祥等调遣。至察哈尔参领达尔济一军,前据阿克敦布等奏称,已起程进口。并着刘长佑一并催令前进,迅赴文祥等军营听候调遣,毋稍迟误。将此由六百里谕知刘长佑、阎敬铭,并传谕丁宝桢知之。"(《清穆宗毅皇帝实录卷之一六九》)

○同治五年丙寅四月○乙卯,以侵吞恤赏银两,察哈尔捕盗官巴勒根扎普、佐领达克党罗索勒,均革职讯办。(《清穆宗毅皇帝实录卷之一七五》)

○同治五年丙寅五月○乙丑,谕军机大臣等都兴阿奏通筹奉省剿捕机宜,并将南路窜匪剿除净尽一折:"李洛万余党,均隐伏清河沟。该将军察其形踪,不甘遣散,亟应严密搜捕。着即督饬色尔固善等,并续派之托伦布等,各率所部协同搜剿,毋留遗孽。富明阿现在边外火路站,与色尔固善面议会剿机宜。其应如何添拨劲旅会同聚歼之处,着都兴阿咨商富明阿妥筹布置。八家子新兵堡等处,为东路要隘,均须派兵驻扎,扼贼纷窜之路。都兴阿现于五月初二日前赴兴京,察看各处情形。即着将杜嘎尔所带察哈尔黑龙江马队择要驻扎,妥为调度。李洸明、刘洛耗等逆首,业经正法,余党歼剿殆尽。南路现虽无贼,而零星残匪,难保不暗中伏匿,复图啸聚。仍着檄饬刘景芳等认真搜剿,务绝根株。将此由五百里谕令知之。"(《清穆宗毅皇帝实录卷之一七六》)

○同治五年丙寅五月○甲戌,调正黄旗汉军都统福兴为察哈尔都统,察哈尔都统阿克敦布为正黄旗汉军都统。(《清穆宗毅皇帝实录卷之一七七》)

○同治五年丙寅六月○己丑,谕军机大臣等:"前因回匪肆扰新疆各城,势甚猖獗。当经调派神机营及直隶省官兵前往进剿,旋以捻患未除,京畿防务紧要,降旨将神机营马步各兵暂缓调拨,并谕令神机营另行筹调。兹据遵旨筹议具奏,即着富明阿调吉林马队五百名,交副都统全福管带。特普钦调黑龙江马队五百名,派副都统安住管带。廉至调察哈尔兵五百名,交参领达尔济管带。刘长佑调直隶兵一千名,拣员管带。均取道张家口,前往科布多相机进剿。以上兵二千五百名,均交督办新疆北路军务库克吉泰统带,并派德兴阿帮办军务。库克吉泰未到以前,着德兴阿迅速驰往科布多,先行统带前项官兵,用资钤束。所请饬调锡林郭勒、乌兰察布、伊克昭等盟,及喀尔喀诸部落蒙古兵一千名,着德勒克多尔济、廉至迅速简调。此外尚有何部落之兵可以调派,并如何严密布置妥为分防之处,并着车林敦多布会同德勒克多尔济悉心筹画,奏明办理。所调各兵,一并归库克吉泰等节制调遣。直隶兵如尚可添调,并着刘长佑于一千名之外,再行酌量添调。张家口外一带为北路屏蔽,亦关紧要。着察哈尔都统、副都统除此次调拨兵五百名外,另简精兵若干,认真教练操演。并察看扼要处所,赶紧设防,以期有备无患。将此由六百里各谕令知之。"

○丁酉,谕军机大臣等刘长佑奏遵调官兵赴科布多,并沥陈办理情形一折:"据称直隶绿营官兵,前经调赴甘省花马池,近因南路防务未撤,大名各镇未能征调。惟提标及宣化镇官兵尚可调拨,第皆系步队,万余里草地,并无车马供应,整队前进,抵防之后,恐成疲敝之师各等语。所奏亦系实在情形。惟科布多为北路屏蔽,现在陕省军务未竣,而山西防务亦尚未稍松,别无可调之兵可以进援。刘长佑拟调提标及宣化镇标官兵前往,即着饬令挑选精壮兵丁,克日驰赴张家口,听候库克吉泰调遣,毋得稍存推诿。前调赴甘省花马池之兵,既有逃亡,即应募补,岂可任其旷缺?并着刘长佑迅速饬令募补足额,认真训练,以资防剿而固畿疆。将此由五百里谕令知之。"(《清穆宗毅皇帝实录卷之一七八》)

〇同治五年丙寅六月〇己酉,谕军机大臣等廉至奏遵调察哈尔及锡林郭勒蒙兵,并筹备台站事宜一折:"该署都统现已挑备察哈尔马队五百名,交达尔济管带。并挑锡林郭勒蒙兵二百五十名听调。其乌兰察布、伊克昭两盟,前已据德勒克多尔济奏报,挑选精壮三百名,听候调遣。此外尚有未经奏到之喀尔喀诸部落。着麟兴、车林敦多布、文盛、阿尔塔什达迅速拣调若干名,咨会廉至等所调蒙兵,克期启行,会齐进发。至此次调往新疆之吉林、黑龙江、直隶、察哈尔兵,共二千五百名。均由张家口前往科布多,师行大漠。台站供亿,本属万难。惟新疆军事甚殷,岂容畏难诿卸?廉至所拟六条,尚知豫为筹画。即着照所请行。至乌、科二城所属台站应如何迅筹接递,并豫备军粮,俾军无乏食之处,并着麟兴、车林敦多布、广凤、奎昌、明瑶,赶紧举办。一面奏闻,一面咨会廉至,以免征兵抵境,临事周章。不得藉称无法可筹,一奏塞责。廉至所拟六条,并着该署都统咨知麟兴、广凤等,酌量办理。至察哈尔防兵分布扼要之处,并着廉至责成管带之员,逐日操演,认真整顿,毋托空言。将此由五百里各谕令知之。"〇调察哈尔都统福兴为绥远城将军,以察哈尔副都统廉至署都统。调盛京副都统色尔固善为察哈尔副都统。(《清穆宗毅皇帝实录卷之一七九》)

○同治五年丙寅秋七月○甲子，谕军机大臣等富明阿奏，挑派头起官兵起程一折："吉林调赴张家口官兵，业经富明阿派委双寿管带头起，于六月二十二日起程。该官兵所乘马匹系由黑龙江捐办。长途行走，难免疲乏。着都兴阿、庆春于该官兵抵境时，查验所乘马匹。如有疲乏，即在牧场马群内更换补给，以利军行。其后起官兵，仍着富明阿催令迅速起程，毋再延缓。将此由四百里各谕令知之。"（《清穆宗毅皇帝实录卷之一八〇》）

○同治五年丙寅七月○辛巳，谕军机大臣等廉至奏征兵已将到口，拨款无着，豫为筹借一折："调赴科布多进剿官军，由张家口启行。所需台站经费，前经户部指拨，张家口赢余银一万五千两，杀虎口正税银一万五千两，热河矿课银一万两，解交察哈尔备用。如有不敷，由直隶及察哈尔先行筹垫。兹据廉至奏称，喀尔喀等四部落及乌兰察布等两盟，并锡林郭勒盟兵，均已启行，将次到口，而户部指拨之项拨发无期等语。除热河矿课银一万两，业经麒庆奏报，已于本月十一日起解，其张家口、杀虎口应拨银两，仍恐催提到日，缓不济急，有误师行。着刘长佑酌量于藩库口北道库及多伦诺尔厅税银项下，先行拨动银四五万两，解交廉至，以应急需。仍由户部指拨归款。至山西丰镇、宁远二厅，历年欠解察哈尔牧地租银，至三万五千余两。现在察哈尔垫给征兵经费，筹款维艰。着赵长龄或由藩库，或由归绥道税项下，借拨银二万两，迅即解赴察哈尔，交廉至收存备用。此项银两，即由丰镇、宁远二厅欠解察哈尔租银项下，陆续扣还。不准稍存漠视，致有贻误。将此由五百里各谕令知之。"

○乙酉，又谕麟兴等奏筹办进剿官兵应需乌拉驼马等项，并扼要添防，及训练各军；文盛等奏拨兵候调，历陈俄国变乱情形各一折："前调内地征兵二千五百名，应需驼马等项。麟兴等拟令扎萨克图汗、赛因诺颜两部落,凑备马一千七百匹,驼八百五十只,向导兵三百四十名,派赴西南两路三十四台站,以备支应。均着照麟兴等所议办理。如该两部落任意推延,即着指名严参。其官兵应行分起行走,并裹粮前进之处,并着麟兴等咨会廉至照办,俾免贻误。官兵备战马匹,若由张家口沿途牧放,送到科城,不惟有需时日,且恐遗失倒乏。着奎昌、明瑶在于该城附近,赶紧采买膘壮马数千匹。俾该官兵到防应用,较为径便。所需马价银两,即于解到科城饷银内动用,归军需项下报销。……将此由六百里各谕令知之。"(《清穆宗毅皇帝实录卷之一八一》)

○同治五年丙寅八月○癸卯,谕军机大臣等:"前因御史汪朝棨奏,直东交界枭匪充斥,请严饬缉拏。……再察哈尔地方紧要,着都兴阿饬令色尔固善迅即来京,前赴新任,不许稍有逗留。将此由四百里各谕令知之。"

○甲辰,以察哈尔副都统色尔固善为都统,调镶黄旗蒙古副都统玉亮为察哈尔副都统。

○丙午,命户部左侍郎皂保前往察哈尔照料征兵一切事宜。

○丁未,又谕:"据御史庆福奏称,现在派兵进剿西路所难在粟,请饬直隶、山西豫购米麦,聚集于张家口、绥远城二处,由买卖路径运至哈密巴里坤屯聚,嗣后随大兵源源而进,庶无乏食之患。饷银一项,仍由乌里雅苏台、科布多转运为便采。买羊只等项,亦复就近。至军营有应调乌里雅苏台军器火药等项,并科布多羊只麦面,准其先调后奏各等语。所奏购运粟米一节,着刘长佑、赵长龄斟酌情形,妥筹办理。至由张家口、绥远城运粮至哈密、巴里坤,应如何设法转运之处,着福兴、皂保会商妥办,据实覆奏。将此由五百里各谕令知之。"

○己酉,谕军机大臣等李云麟奏统筹西北路进兵机宜一折:"据称口内现调征兵,由军台进至科城听调,有不便者四。似速实迟,似省实费,似静实扰。且恐军台支应大兵,则一切饷银军火文报,全行阻隔。更可忧者,回逆若知大兵进剿,分党数千,由奇古迤东,商贾大路,径窜归化城,十一月可到绥远,则三路官兵饷道皆断,坐溃堪虞。方今之计,莫如即令口内征兵,由大西路起营前进,则今冬必能抵古。谨将应行事宜开单呈览,请饬军机大臣会同户兵两部,并咨行该统兵大臣速议施行等语。大西路为商贾买卖行走之捷径,由巴里坤迤北之三塘湖直趋古城,途径直捷,兼有水草。冬令较暖,可利师行。如此一转移间,既可迅速会剿,又可杜该逆间道东窜之谋。所奏不为无见。若待会议施行,恐致耽延时日。着刘长佑、皂保、庆爱速行传知直隶、察哈尔各带兵官,即照李云麟所请,由大西路一带行走。该兵丁行抵归化,沿途西进。着福兴、德勒克多尔济、赵长龄、穆图善、杨岳斌等,各饬所属妥为照料,并催趱前进,径赴古城,毋任逗留。李云麟单开请动款采买驼只米石等项,着福兴等妥速办理,毋误军行。库克吉泰行抵何处,即着来京陛见。德兴阿速赴古城,与李云麟会筹进剿。李云麟折单,着抄给库克吉泰等阅看。车林敦多布患病,已有旨准其开缺调理。其捐输马匹,着即赏收,发交李云麟军营听修调拨。应得奖叙,着理藩院核议具奏。现调之兵,由李云麟另行派员管带。锦丕勒多尔济现授乌里雅苏台参赞大臣,着麟兴催令迅速赴任,以重职守。李云麟奏采买战马二千匹,准于新疆饷银内动款采买,解赴古城,备此次所调兵丁乘骑。……将此由六百里谕知库克吉泰、李云麟、德兴阿、穆图善、德勒克多尔济、福兴、皂保、刘长佑、杨岳斌、赵长龄、麟兴、车林敦多布、锦丕勒多尔济、奎昌、明瑶、讷尔济、伯锡尔、成禄,并传谕庆爱知之。"○命御史庆福开缺以知府用,发往察哈尔。交户部左侍郎皂保差委。(《清穆宗毅皇帝实录卷之一八三》)

○同治五年丙寅九月○丙寅,谕军机大臣等皂保奏吉林官兵请借饷银,并动支归绥道属存储米石,请饬催安住等起程各折片:"吉林调征西路官兵抵口以后,驻候日久。曾在察哈尔都统衙门借银一千一百五十两。现请照黑龙江官兵每名支银七两之数,补救亏欠。着加恩准其援照黑龙江借支成案办理，以示体恤。即着皂保咨行玉亮，查明吉林官兵实数，除领过银一千一百五十两外，应行补发若干，即于各处解到察哈尔饷银内，照数发给。至征兵经行内地，向有地方官供应车辆。由归绥前赴古城，已有归化城豫备驼只。所有安住队内倒毙马匹，自毋庸在宣化补领。俟此队官兵行抵归化城时，即由德勒克多尔济、福兴给付驼只乘骑前进。并着皂保催令安住、全福，赶紧带兵起程西行。限于冬月内齐抵古城。倘再藉词逗留，即着皂保严参惩处。前据李云麟奏称，归绥道所属地方，有豫备蒙古兵应用小米四千石。可将此项分给口内各路征兵，每名一石，装载西行。现在口内官兵分起前进，不日即到杀虎口。着德勒克多尔济、福兴、赵长龄赶紧将所需饷干及驼只与米石各项备齐，以便临时发给，无误军行。其需用款项，即着赵长龄将晋省欠解部拨北路军饷银五万两，尽数解往归绥，以济急需。至各处解到察哈尔饷银三万一千余两，除支应吉林察哈尔等处征兵口分借款外，所余银两即着玉亮专款存储，不得擅行挪用。倘北路军营，时有急需，即行奏明，由台站解往应用。将此由五百里各谕令知之。"

○庚午，又谕福兴奏遵查西路进兵程途需用锅帐等件，请饬筹办，并将程途开单呈览一折："此次西征之师，经行大漠，锅帐驼马在所必需。前谕福兴等迅速筹办，兹据奏称，乌兰察布、伊克昭盟蒙兵应需锅帐等项，已由该将军筹备。其锡林郭勒、察哈尔蒙兵需用驼马等项，请由察哈尔都统筹办，自为分擎易举起见。惟现在征兵，不日可到杀虎口，恐察哈尔赶办不及。着皂保、福兴、玉亮斟酌情形。倘该蒙兵已抵杀虎口，仍由福兴迅速筹办。如尚未出直境，即由玉亮赶紧办理，以利师行。其吉林、黑龙江及直隶官兵所需锅帐、锹锤、铁橛、水桶等件，为数较多。直隶官兵应用之件，即着刘长佑于各营存储内迅速放给。吉林黑龙江官兵所需各件，并着赵长龄于山西各营内妥为筹拨，毋稍延误。福兴采买驼只，需款甚巨。前已有旨令赵长龄将欠解北路军饷五万两，迅解绥远城应用。即着福兴于解到后，酌量动用。如尚不敷，着赵长龄克期筹拨。其直隶官兵应用驼只价银,并着赵长龄筹垫,再由直隶归款以济要需。将此由五百里各谕令知之。"(《清穆宗毅皇帝实录卷之一八四》)

○同治五年丙寅九月○壬申,钦差察哈尔照料征兵户部左侍郎皂保奏:"请照吉林、黑龙江成案,发给直隶征兵添制皮衣银两。"允之。

○乙亥,予故察哈尔都统西凌阿祭葬,谥勇毅。

○戊寅,察哈尔都统色尔固善乞假葬亲,以正白旗蒙古都统裕瑞署察哈尔都统。(《清穆宗毅皇帝实录卷之一八五》)

○同治五年丙寅十月○丁未,又谕福兴奏筹办西征官兵驼只已齐,并陈大西路难于行走;德兴阿奏访查大西路难行,及请饬察哈尔支放达尔济月饷各折片:"前因李云麟陈奏,取道大西路进兵,较为省便。是以允其所请。兹据该将军等查明,自为慎重军行起见,即着福兴、德兴阿查明实在情形,或由台站,或由间道行走。一面奏明,一面速催进发,务期迅捷,毋许模棱两可,藉词延缓。福兴办理西征驼只,较之例价,撙节甚多,颇为认真。所议疲弱不堪留用,仍令该商缴价领回,亦尚周密。即着福兴咨明李云麟查照办理。直隶官兵应需锅帐等项,并着饬令归绥道赶紧制办,仍着刘长佑拨银归款,以清鳌轕。至参领达尔济所带马队,现在驻扎察哈尔听候调遣,所需月饷,着玉亮照数支给,以资饱腾,毋稍延缓。将此由五百里各谕令知之。"

○乙卯,又谕:"前因福兴、德兴阿奏,西征兵丁难由大西路行走,当经谕令福兴等查明实在情形。或由台站,或由间道行走,毋许模棱两可。兹据裕瑞、玉亮奏称,征兵难由台站行走情形一折。蒙古军台四十四站,地处荒落,水火俱不易求。口外扎萨克旗距军台路程,自数十里至数百里不等。前因征兵改道大西路,已将各旗蒙古备办台站驼马撤回,若征兵再由归绥折回,向台站行走,则传齐各扎萨克旗帮办驼马,势须三月之久,缓不济急。且往返耽延,徒糜饷需。冬令冰寒地冱,即长马长驼,亦虑半途倒乏,阻滞难进。着福兴、德兴阿遵奉前旨,赶紧询探可行间道,妥筹章程。一面奏闻,一面饬令兵丁速行起程西进,不得藉词推延,致误戎机。裕瑞等原折,着抄给福兴等阅看。将此由六百里各谕令知之。"(《清穆宗毅皇帝实录卷之一八七》)

○同治五年丙寅十一月丙辰朔○调察哈尔商都牧群马一千匹,蒙古马五百匹,解赴钦差大臣李鸿章军营备用。

○丁巳,谕军机大臣等福兴奏拨到银两不敷采办,请将解赴察哈尔饷银拨回应用一折:"山西欠解北路军饷银五万两,前谕令解赴绥远城为采办驼只之用。赵长龄已先解赴察哈尔银一万两,其解至归绥者仅四万两。除借支动用外,仅存二万余两,实属不敷。现在西征官兵既无须由台站行走,着裕瑞、玉亮即将前项山西解到银一万两解回归化,以资应用。并着赵长龄督饬藩司,迅速再筹拨银四五万两,委员兼程解绥,交福兴妥速办理,以期无误军行。将此由五百里各谕令知之。"(《清穆宗毅皇帝实录卷之一八八》)

○同治五年丙寅十一月○庚午,谕军机大臣等:"前因福兴奏称军需不敷,当经谕令裕瑞将山西解赴察哈尔饷银,拨回归绥应用。兹据裕瑞、玉亮奏称,前项饷银,业已委员解赴归化城交还,并请将丰镇等厅欠解察哈尔租银拨解一折。山西丰镇、宁远二厅,历年拖欠察哈尔办公牧地租银,至三万五千余两之多,屡催罔应,殊属疲玩。着赵长龄即将该二厅积欠银两,并本年分已征应解银两,即行照数拨解俾资办公,毋得仍前拖欠。将此谕令知之。"(《清穆宗毅皇帝实录卷之一八九》)

○同治五年丙寅十二月○庚寅,又谕库克吉泰奏西征官兵遵旨改道,并请酌带随员;德兴阿奏请以察哈尔蒙兵更替全福所部马队,及由内地赴甘各折片:"库克吉泰等所部官兵月饷,已由户部指拨。该将军拟与皂保等筹商，兼顾李云麟军饷，颇能力顾大局。即着会商办理。其应派员经理营务事宜，并着该将军会同德兴阿妥商具奏。所请随带之城守尉奎英等，既由库克吉泰带往。但其中不尽足恃，该将军务当留意，不可为所欺蒙，致误戎机。包头镇回匪窜扰之事，既不尽确，福兴前奏留扎该处之全福所部吉林马队五百名，着即随同德兴阿等西行。所有达尔济管带察哈尔兵四百名，并伊克昭、乌兰察布蒙兵三百名，即留于包头防守，以壮声势。现在包头一路，碍难行走，即着改由内地赴甘。德兴阿务当实力稽察，不准稍有滋扰。倘或有扰累情事，惟德兴阿是问。所有该官兵经过之山西、陕西、甘肃各省，于应付一切，即着照例支应，毋许稽迟。如有于例外需索滋扰者，并着杨岳斌、乔松年、刘蓉、赵长龄据实严参，以利师行而肃军律。将此由五百里各谕令知之。"

○辛卯，又谕穆图善奏沥陈军营情形，并筹陕省军务一折："回目马生彦等递禀投诚，欲移黄河南岸。该将军现已移知杨岳斌筹地安插。惟该回目并未呈缴马匹军械，是否真心悔罪，该将军仍当确切查明，不可为其所绐。杨岳斌亦当随时留心体察，与穆图善商酌办理，不得意存偏执，致误事机。中卫等处，既有贼氛，穆图善自应力筹剿办，不得藉词逗留，拥兵观望。鲍超一军，专办剿捻事务，并非令其久驻陕境。办理回匪，如捻匪窜出陕境，该提督即当追剿出陕。穆图善剿办中卫一带土匪事竣后，如遇陕省军务吃紧之时，仍当分兵兼顾包头、归化城一带，为该军后路饷道。德兴阿已派察哈尔马队并蒙古兵共七百名，赴包头防守，替出全福马队赴甘进剿。着福兴即督饬此起官兵实力防堵，如无贼踪，即饬此军赴甘，以助攻剿。赵长龄即饬总兵马升遵奉前旨，迅赴包镇，毋稍迟缓。将此由五百里各谕令知之。"

○甲午，又谕："前因皂保奏称，新疆征兵改由陕甘进发，前拨月饷，无庸由归化设局转解。当经降旨交户部速议具奏。兹据该部议覆，新疆征兵饷项，应解至陕省递解。李云麟军营应由归化转解，并请饬库克吉泰等将存营兵数报部。归化转运事宜，即由福兴就近经理。所筹尚属周妥。库克吉泰统带直隶等处征兵，德兴阿统带察哈尔等处征兵，现既改道由陕甘进发，并有旨令库克吉泰等将所带征兵裁汰老弱，挑选精锐带往，所需月饷无多。即着赵长龄自本年十二月起，在原定新疆内饷内按月划分二万五千两，径解陕西藩库。由陕西委员递解甘肃，探明库克吉泰、德兴阿军营投交。此项征兵出口后，仍由陕甘二省查明饷道转运，即着杨岳斌、乔松年妥为办理。……"（《清穆宗毅皇帝实录卷之一九一》）

○同治五年丙寅十二月○庚子，翁牛特镇国公永咙、喀尔喀扎萨克辅国公奈当苏隆等二人，察哈尔三等台吉布尔尼巴达尔等四人，茂明安扎萨克头等台吉绰克巴达尔呼、喀喇沁额驸吉兰泰等二人，于养心门内瞻觐。（《清穆宗毅皇帝实录卷之一九二》）

○同治五年丙寅十二月○丙午，又谕："内阁奏，接据察哈尔都统文称，有内务府镶黄旗闲散长福，向该衙门投递白文一角。内开现在东黄寺设立演礼收文处。如有察哈尔进京验放人员先赴该处投文演礼，并黏抄恭亲王谕帖开列教习护军参领双寿等名，当因情节支离，讯据长福供系内阁汉票签贴写刘姓，令其投递等情，咨行查究。现经查明，内阁并无贴写名目，亦无刘姓其人，请交刑部讯究等语。案关官役捏文假骗，亟应严行究办。着内务府即将该都统解到之长福一犯解交刑部，彻底根究。务将交令投文之人，指传到案，严行惩办。其文内所开双寿等名，有无其人，亦着一并详细查明，以凭讯究。至此外捏造王公大臣谕帖，假托公事，希图撞骗者，恐在所不免。并着京外各衙门随时查拏究办。"寻刑部奏："讯明长福捏造假文，系商同素识之刘三希图撞骗，文内所开双寿等名并无其人，实属不法，应按律加等科罪。惟该犯与刘三已先后在监病故，请无庸议。"报闻。○又谕库克吉泰奏请拨察哈尔炮位、银两，及请调随员德勒克多尔济等，奏请饬催后路大兵赴巴里坤；福兴奏遵将察哈尔官兵留防包头，及请饬宁夏商民赴包头均给执照；赵长龄奏请留马升驻扎碛口各折片："察哈尔所存劈山炮五尊尚堪使用，即着裕瑞等拨解库克吉泰军营应用。其库存银两，并准库克吉泰提取五千两以为支放口粮皮衣之用。余剩银两，即仍存察哈尔都统衙门，以备北路军饷。佐领伊什贡布等，库克吉泰既能深知，着准其行文调赴军营当差。哈密失守，巴城危急，已严谕库克吉泰等迅即由甘肃会同成禄出关，成禄攻剿肃州，至今杳无音耗，殊堪骇异。着该提督迅图攻克，会同库克吉泰、德兴阿克期驰赴巴里坤，以资镇率。全福所部吉林马队前因福兴派赴包头，现经福兴将察哈尔官兵六百五十名，分防舍太昭君坟渡口。即着照所拟办理。包头为商民辐凑之区，汉回贸易者不少，难保无奸民涠迹。福兴所请由宁夏道府州县发给执照，尚为妥协。即着咨商穆图善，转饬该地方官，详慎办理。但不准吏胥藉端需索，致滋扰累，务当于稽查之中寓体恤之意，方为妥善。前谕马升驰赴包头驻扎，赵长龄以碛口紧要，未便移动。惟该处已有蒋临照一军，足资守御。仍着赵长龄饬令马升赴包头扼扎，以保要区。将此由六百里各谕令知之。"

○乙卯，上御保和殿，筵宴朝正外藩。科尔沁、喀尔喀、喀喇沁、奈曼、乌珠穆沁、敖汉、察哈尔王、贝勒、贝子、公、额驸、台吉，暨朝鲜使臣等，随文武大臣依次就坐。（《清穆宗毅皇帝实录卷之一九三》）

公元1867年

○同治六年丁卯春正月○壬戌，以管解江南军营战马出力，赏察哈尔佐领伊勒当阿等花翎。余升叙有差。（《清穆宗毅皇帝实录卷之一九四》）

○同治六年丁卯正月○己卯，又谕："前因棍噶扎勒参奏，请赏给牛羊，并补发官兵盐菜各折片。当交户部速议具奏。兹据会同理藩院奏称，该喇嘛所奏厄鲁特等情形困苦，请给牛羊以资生计，自系为抚恤蒙兵起见。前经李云麟奏，请由蒙古各部落捐输牛羊，为西路征兵之用。业经谕令锦丕勒多尔济奎昌等一体劝办，请饬查明拨给等语。即着李云麟会同德勒克多尔济、麟兴锦丕勒多尔济、奎昌、明瑶，查明各盟所捐牛羊，供给征兵食用外，有无余存，应如何酌量拨给厄鲁特等众之处，一面拨给，一面奏闻。户部另片奏，该喇嘛所带察哈尔等处官兵三千名，自四年五月起，至五年正月止，未经发给盐菜银两。自应迅为筹拨，以资接济。并着李云麟、德勒克多尔济、奎昌等体察情形，将解到新疆饷银内，陆续补发，俾收饱腾之效。棍噶扎勒参另片奏，策林喇普坦、拉特那巴咱尔等革职后，深知畏惧，接济该营粮畜等项，并情愿备兵前进等语。策林喇普坦等既知悔罪奋勉，所有革职处分，均着暂行开复，并着李云麟等传知该亲王等整顿所部兵丁，随同官军合力堵剿，以赎前愆。棍噶扎勒参所请调取乌里雅苏台所属呼图克图呼毕勒罕二三人，并添调阿嘉萨木什等，一并来营各节，已于上年七月间谕令李云麟传知该喇嘛照所请行，仍着李云麟遵照前旨办理。图库尔弃城出境，避贼远扬，厥咎甚重。棍噶扎勒参奏请改将该喇嘛治罪，无此办法，着不准行。李云麟接奉此旨，即着传谕棍噶扎勒参知悉。将此由五百里各谕令知之。"寻李云麟等奏："现拟将扎萨克图汗捐输羊三万五千只，全数拨给厄鲁特。再从赛因诺颜及东两盟捐输羊只内分拨二万只，所余八万，拟即拨归乌城防兵，以资接济。"如所请行。

○甲申，谕军机大臣等："库克吉泰奏军营兵力单薄，请饬绥远城将军饬令达尔济，于察哈尔马队中挑选二百五十名驰赴军营等语。此项官兵本系留防包头。该镇防务紧要，未可稍形松劲。所有察哈尔马队四百名，乌兰察布、伊克昭两盟蒙兵三百名，自应仍留包头，以资守御。库克吉泰拟拨察哈尔马队二百五十名，驰赴军营，即着暂缓抽调。至驼只变价银两,前经福兴奏请作为吉林马队月饷,此时达尔济马队既不必抽调,所请拨驼价银一万两,亦可毋庸拨解。至察哈尔都统衙门存银六千两,库克吉泰请一并解交达尔济带营之处,亦毋庸议。山西应解新疆饷银,前谕令赵长龄每月划出二万五千两,本年正月起,按月报解库克吉泰军营。兹据该将军奏称,该军月饷现尚无着,着赵长龄懔遵前旨,迅速筹解,源源接济,毋令缺乏。将此由五百里各谕令知之。"(《清穆宗毅皇帝实录卷之一九五》)

○同治六年丁卯二月○乙未,又谕左宗棠奏筹拟购练马队,请免马税,并请调喜昌赴营各折片:"左宗棠现在督兵剿办捻回,必须先练马队,以资得力。吉林所属地方猎户,平素习骑耐劳,火枪有准,颇属可用。着富明阿、德英于旗民台站各丁内,挑选枪马娴习、年力精壮炮手二千五百名,并购办鞍鞯三千盘,作为六起,每起编成五扎兰。并着德英于通省实缺协佐领内,拣委得力营总。并于实缺及即补防御骁骑校官内,选派扎兰正副各官,权为管带,以资约束。每马队百名,另募长夫四十名。所有挑选事宜,即由德英专办,并着富明阿饬令地方各员帮同办理。务期迅募足数,不可推诿迁延,致滋贻误。所需战马三千匹,着裕瑞于张家口各处,如数购买。务择口轻膘壮之马,精益求精,不得以疲弱老羸充数。如张家口各处一时不敷采买,即着裕瑞移咨福兴、桂成,在归化城就近精为选购足数,统由裕瑞亲为验别,毋许稍有含混。此项马匹,俟吉林所募炮手行过京师时,由裕瑞解交该营总验收,转解左宗棠军营。其应需鞍马价银及选募炮手经费,即着富明阿、裕瑞于该处库项暂为划拨,由左宗棠解还归款。如不敷拨给,即着户部先行筹拨,于山西协甘月饷项内提拨归款。经过地方马税,均着免其交纳。吉林佐领喜昌现在告假回旗。着富明阿饬令于假满后,统带新募马队,仍赴左宗棠军营听候差委。将此由五百里各谕令知之。"(《清穆宗毅皇帝实录卷之一九六》)

○同治六年丁卯二月○癸卯，又谕裕瑞奏遵旨采办马匹，因时变通一折："据称春令青黄不接之时，购马实难。库储支绌，马价亦难筹画，拟于官群内选马一千匹，由蒙古各旗捐马一千匹，再行移咨福兴等或买或捐，采办一千匹，分起解京等语。官群马匹，膘分不齐。设或勉强凑数，必至贻误事机。着裕瑞详加选择，务须膘分一律肥壮，方堪应用。蒙古各旗捐输之马，亦须认真挑选，不得以疲羸充数。此项马匹，俟吉林炮手行过京师，即着分起解交该营总带往左宗棠军营，毋许延误。所短之马，着福兴、桂成赶办膘壮战马一千匹。无论或捐或买，总期迅速办理。至由归化城进杀虎口解交该营，自比张家口较为便捷。即着福兴等购办齐全时，自行验明，解交吉林营总验收，毋庸转由裕瑞点验，以免纡折。至官群马匹，亦关紧要。着左宗棠将马价解交察哈尔，由裕瑞买马一千匹，以补官群之额。左宗棠着仍遵前旨，一面先期赴陕，不必坐候新筹马队，以致久延。将此各谕令知之。"（《清穆宗毅皇帝实录卷之一九七》）

○同治六年丁卯夏四月○丁亥，又谕："前因左宗棠需用战马，裕瑞奏由福兴采办马一千匹，当经谕令福兴、桂成迅速购办齐全，以便解交吉林营总验收。兹据桂成奏称，绥远城蒙古各旗无力捐输，山后附近一带牧群亦无肥壮马匹，绥远市马须六七月间方能麕集，此时无从购买，自系实在情形。请将库存山西解垫直隶驼价银一万两，解交张家口采买各等语。此项战马需用甚急，即着福兴、桂成，将库存驼价银一万两，迅速派委得力妥员，解至张家口。会同该都统衙门就近采买膘壮马一千匹，即由署都统裕瑞点验，知照吉林，俟吉林营总届时验收，以符原数。将此由四百里各谕令知之。"

○丁酉，署察哈尔都统裕瑞奏："绥远城应购战马，仍请捐备。"得旨："所筹甚顾大局，即由裕瑞赶紧捐办。其绥远城所备马价银两，并着咨行福兴，毋庸批解。"（《清穆宗毅皇帝实录卷之二〇〇》）

○同治六年丁卯四月○辛丑，绥远城将军福兴因病解职，以正白旗蒙古都统裕瑞为绥远城将军。未到任前，仍以归化城副都统桂成署理。(《清穆宗毅皇帝实录卷之二〇一》)

○同治六年丁卯六月○甲辰，谕内阁："库克吉泰奏参调营规避人员，并请另行调员差委等语。察哈尔降调游牧员外郎保顺，经库克吉泰奏调赴营，始则藉词逗留，继又藉病推诿，实属有心规避。保顺着交部议处，即行开缺回旗，听候部议，毋庸前赴库克吉泰军营。察哈尔游牧员外郎恩霖，着察哈尔都统即饬该员迅赴库克吉泰军营，听候差遣。"

○乙巳，调察哈尔副都统玉亮为西安右翼副都统，盛京副都统杜嘎尔为察哈尔副都统。(《清穆宗毅皇帝实录卷之二〇六》)

○同治六年丁卯秋七月○丙辰，又谕裕瑞、桂成奏添调蒙兵分防，请调山西兵勇协防一折："陕省北边回逆肆扰，归绥毗连边隘，在在应防。裕瑞等现添调伊克昭盟兵五百名，前赴榆林属之神木县边界驻扎，与前往防边之蒙兵联络堵截，移乌兰察布蒙兵于黄河南岸驻守，察哈尔兵调往归萨适中处所，以筹兼顾。布置尚妥。着饬官带蒙兵之贝子扎那格尔第随时严密侦探，妥筹策应，毋稍疏虞。至所称咨调山西兵勇千名之处，该省河防吃重，捻氛尚逼，能否酌拨，尚不可知。惟托清萨三属河干，地广兵单，深虞窜入。左宗棠、库克吉泰、乔松年、赵长龄等，均当严固北路，兼顾统筹，使贼不得沿边窜逸，方为妥善。宁条梁为山陕门户，现有另股滋扰，着左宗棠、乔松年等迅饬带兵员弁，就地歼除，毋令窜入晋疆。并将该处防务严密布置，务臻妥协。裕瑞等请将所存哈密饷银，提给蒙兵二千两，即照所请行。将此由五百里各谕令知之。"(《清穆宗毅皇帝实录卷之二〇七》)

○同治六年丁卯七月○戊辰，谕军机大臣等库克吉泰奏请调马匹以资攻剿一折："据称所部吉林、黑龙江马队,本多疲弱。数月以来,阵毙倒毙者尤多。各营应需添之马,共实需五百匹,现又无力置买,请由察哈尔牧群官马内如数挑选,饬调赴营等语。着色尔固善即饬各牧群总管,挑选实在口轻膘壮骟马五百匹,派委妥员赶紧解陕,交库克吉泰调用。如该总管等仍以疲弱充数,致误急需,并着该都统查明从严惩处。库克吉泰于此项马匹到营,务须严饬各营认真训练,以资得力。将此由四百里各谕令知之。"(《清穆宗毅皇帝实录卷之二〇八》)

〇同治六年丁卯九月〇辛未,谕军机大臣等崇厚奏赴津习练京兵,需用马匹,请调来津一折："神机营续挑马队官兵五百余员名,赴津演练,需用马五百五十匹。着色尔固善如数挑选,务须身大口轻,膘壮合用。于十月内一律解赴天津,交崇厚验收。不得以疲瘦弱小者充数。并着崇厚督率该京兵认真演练,以期精熟。将此各谕令知之。"(《清穆宗毅皇帝实录卷之二一二》)

〇同治六年丁卯冬十月〇甲申,以正白旗满洲副都统文盛为察哈尔都统。未到任前以察哈尔副都统杜嘎尔兼署。〇予故察哈尔都统色尔固善祭葬,谥威勤。(《清穆宗毅皇帝实录卷之二一三》)

〇同治六年丁卯十月〇辛丑,谕军机大臣等杜嘎尔奏遵解天津京兵马匹,并调剂马政一折："所选骟马五百五十匹,业已分起由口起程赴津。即着神机营知照崇厚照数验收,认真操练。官群马匹,现既不敷调用,杜嘎尔请将各扎萨克旗捐马拨补官群。即着神机营理藩院查饬各扎萨克王公贝勒等,若有已捐未交之马,催令就近一并解交官群,以备调用。嗣后如再有捐马,届时奏请办理。原折着抄给阅看。将此各谕令知之。"(《清穆宗毅皇帝实录卷之二一四》)

○同治六年丁卯十一月庚戌朔○又谕裕瑞、桂成奏蒙古官兵击退越边窜匪、赵长龄奏布置河防情形各一折："甘省回匪,有分股窜晋抢掠,并于封河时由草地来包头、归化城之说。该匪既众且悍,亟宜严防以杜纷窜。沿边一带,地广兵单,实有防不胜防之虑。宣化一军,正在直省剿办枭匪,无可抽拨。其察哈尔右翼距绥远城较近之西四旗内,着杜嘎尔拣选精壮兵丁一千名,派令参领辙德恩图都布、巴扎尔毕都尔业,副参领布音吉尔噶勒管带,取道草地,迅赴绥远城,听候裕瑞等分拨协防,以厚兵力。昨据左宗棠等奏,捻逆窜入北山,经官军分路截剿,叠获胜仗,并分兵扼其偷窜黄河之路。虽匪势渐绌,而沿河地段太长,时须防其潜渡。着左宗棠、库克吉泰、乔松年、刘典懔遵前谕,严檄在事各军,实力歼除。并于黄河口岸认真堵遏,毋任扰越晋疆。裕瑞等务当督饬在防兵勇,时加戒备,不可稍涉大意。口外防饷积欠甚巨,值此防剿吃紧之际,岂容稍有拖欠?着赵长龄按月源源筹解,毋令缺乏。晋省防务,经赵长龄督饬陈湜分筹堵御,尚称完密。天寒冰结,处处宜防。现在兵勇渐集,仍着该抚檄令该臬司严督将士,堵剿兼施,以固边防。将此由六百里谕知左宗棠、库克吉泰、乔松年、裕瑞、桂成、杜嘎尔、赵长龄,并传谕刘典知之。"(《清穆宗毅皇帝实录卷之二一五》)

○同治六年丁卯十一月○辛酉,署察哈尔都统杜嘎尔奏："遵派协防绥远城马队官兵,并筹给器械,克期起程。"得旨："着照所请妥为办理,此时绥远防务吃紧,仍当严饬各该管带官迅速前赴,以资厚集。"

○戊辰,又谕裕瑞、桂成奏贼匪图窜口外,现筹防剿一折："董、高二逆,分路滋扰定边一带,逆党由西路日渐东趋,均思窜趋边外。蒙兵单薄,防不胜防,而捻逆现又窜陷延绥、包头一带,防务尤关紧要。裕瑞等已将桓昌带防河保之兵,撤回包镇等处。并将一间房驻扎大同官兵,调赴包头,交马升分布防守。即着饬令该总兵扼要布置,力遏狂氛。贼踪日逼晋边,包头地当冲要,左宗棠当速派兵勇,将此股贼匪截回,毋任肆意奔突,致滋延蔓。赵长龄亦当随时妥为防范,以固疆围。河保防兵,业经裕瑞等调回。陈湜所派接防之兵,着赵长龄催令迅速赴防,毋得顾此失彼。陕甘毗境,贼匪鸱张。左宗棠远在临潼,鞭长莫及。库克吉泰何得安坐省垣,不思振作,着即统带所部出省,相机剿办。倘再畏难株守,即当重治其罪。至派出前敌各军,如相距较远,即当饬其相机剿办,不得藉候指示,致误戎机。察哈尔距归绥不远,辙德恩等所带蒙兵,何以尚不见到?着杜嘎尔严饬该参领等,克期带兵前赴归绥,听候裕瑞等调遣。裕瑞等当就现有兵力,严密堵御。一面檄令各盟旗严守游牧地界,杜贼阑入。所筹团防劝捐事宜,着该将军等实力举行,期有裨益。又据文盛奏称,德勒克多尔济病痊,求赏差使一折。德勒多尔济病体初痊,即不自耽安逸,力图报效,深堪嘉尚。着即迅赴归绥,将包头等处防务,会同裕瑞等悉心筹画。德勒克多尔济曾任绥远城将军,于该处情形熟悉,必能办理裕如。着文盛知照该将军克期起程,用副委任。将此由六百里各谕令知之。"(《清穆宗毅皇帝实录卷之二一六》)

〇同治六年丁卯十一月〇己卯,又谕赵长龄奏调兵筹防冰桥,遵覆晋省西北防务各折片:"绥德等处之匪,经左宗棠所部官军连次击败,奔窜西南,恐由延安一路伺隙东窜,则下游乡吉石永等处,仍须加意严防。该处河流,冬令易于凝冱,地段绵长。非认真布置,严密梭巡,不足以昭稳固。现据赵长龄与陈湜商酌调度,即着饬令该臬司通盘筹画,严督各路员弁,探明何路有警,随时策应。并于冰桥最早最险处所厚集兵力,毋得稍涉大意,贻误事机。贼踪忽南忽北,纷窜靡定,设该逆折向北趋,并着陈湜酌量移营相机堵遏。河保以上直达口外,已结冰桥,绥远城一带防务,尤为紧要。着裕瑞等懔遵叠次谕旨,督饬总兵马升等各军,时加戒备。察哈尔官兵,已据杜嘎尔奏报即行起程,该将军即飞催到防,分布各口。大同镇兵,仍留内地严防河保一路,不必遽行抽动,以资堵守。将此由五百里各谕令知之。"(《清穆宗毅皇帝实录卷

之二一七》)

　　○同治六年丁卯十二月○壬午,又谕裕瑞、桂成奏拨兵遏守口外要隘,筹办布置情形;赵长龄奏陕匪窜入吉州,抽兵堵剿各一折:"陕省回捻,时思窜越晋省。裕瑞拟于包头河口驻兵防守,而以察哈尔马队并续调官兵分拨防边,兼为后路策应。并请饬令左宗棠拨出一旅,渡黄入晋,进趋河保。所筹固属周妥,惟此时陕匪已由宜川抢越冰桥,窜入吉州,黄河业经失险,晋省所属地方,在在均堪窜扰。左宗棠督办军务,日久未能蒇事,反纵贼踪东渡;赵长龄、陈湜毫无备御,致贼窜入晋疆,实堪痛恨。均着交部严加议处。赵长龄现已带兵出省,着即檄调各路兵勇,相机扼要堵截,并着陈湜督率所部,迅由隰州一带迎剿,毋令蔓延他处。左宗棠前奏,有捻回如过河窜晋,即拟率军先清晋省,再行入秦。并有令刘松山、郭宝昌等军追入晋省之议。着该大臣一面拨兵渡河,赴晋追剿,一面相度机宜,亲督各军入晋,将此股贼匪就地歼除,力赎前愆。倘再因循玩忽,任令蔓延四窜,致误大局,自问当得何罪?陕省回捻交乘,左宗棠并当与库克吉泰、乔松年、刘典会筹剿办,迅图殄灭,毋再玩延。晋省毗连直豫,到处可通。官文、李鹤年务宜迅筹兵勇,拣派得力将弁,扼要严守,毋任窜入边境。太原省城,并着赵长龄饬令胡大任严密守御。陕捻既窜晋境,难保沿边一带回逆不乘机由草地窜近萨托等处。着裕瑞等督饬马升各军实力防堵,毋稍疏虞。将此由六百里加紧谕知官文、左宗棠、库克吉泰、裕瑞、桂成、乔松年、赵长龄、李鹤年,并传谕刘典、陈湜知之。"寻吏部议:"左宗棠、赵长龄、陈湜,均照溺职私罪例革职。"得旨:"均着加恩改为革职留任。"

　　○乙酉,蠲缓直隶……怀来……宣化……六十一州、县被旱地方新旧额赋杂课,并民借仓谷有差。(《清穆宗毅皇帝实录卷之二一八》)

　　○同治六年丁卯十二月○癸巳,又谕:"左宗棠奏官军入晋剿捻获胜情形一折，所称克复吉州，并解河津稷山之围，与赵长龄所奏略同。惟现在捻踪已至洪洞，刘松山、郭宝昌两军由平阳进剿，该大臣调喜昌、安住、全福马队，从天井关趋泽潞一带，相机截击，尚属合宜。即着催令迅速前进，以期迎头拦击。韩侯岭为太原门户，前经陈湜派兵扼守，赵长龄计日亦可赶到。着即督饬各军，严加防守，毋许一匪窜越，致滋蔓延。宜川一带捻逆虽多，而晋省无知兵大员督办，事无禀承，恐未能迅速蒇事。且前调宋庆、程文炳等军由获鹿赴晋，张曜、余承恩两军由临洺关进发，并将陈国瑞发往该大臣军营差遣，客兵愈多。必得左宗棠亲往督办，方可调度合宜。着仍遵前旨，兼程东征。其宜川等处捻匪，另派妥员防剿，俾得移缓就急，廓清晋境，再行返旆而西，以纾廑念。并着陈湜严防西面沿河一带，毋使匪众再有阑入。直隶、河南各要隘，叠谕官文、李鹤年，加意严防，着懔遵前旨，相机办理，毋稍疏懈。昨据御史王道源奏，条陈晋省防剿事宜，所称进兵道途，固属详细。第兵机无定，难以遥制。着左宗棠、赵长龄酌量调度。阎敬铭如已就痊，并着赵长龄知照。令赴太原省城，帮办防守事宜，并将石岭关豫为布置。晋省团练，有名无实。丁忧候补侍读祁世长，人素谨饬。着赵长龄传知该员，会同原办之绅士田雨公、赵德辙，体察民情，认真妥办。河、保暨归化、包头一带，着裕瑞等督饬马升各军，并新调察哈尔官兵，严密堵御。口外各厅，着赵长龄酌量派员，帮同稽查，襄办防务，期免疏虞。王道源原折，着抄给左宗棠、赵长龄阅看。将此由六百里谕知官文、左宗棠、裕瑞、桂成、赵长龄、李鹤年，并传谕陈湜知之。"（《清穆宗毅皇帝实录卷之二一九》）

〇同治六年丁卯十二月〇己酉，上御保和殿，筵宴朝正外藩。科尔沁、喀尔喀、喀喇沁、敖汉、扎赉特、奈曼、苏尼特、扎鲁特、阿巴哈纳尔、翁牛特、乌拉特、土默特、克什克腾、茂明安、察哈尔王、贝勒、贝子、公、额驸、台吉，暨朝鲜正副使，随文武大臣依次就坐。（《清穆宗毅皇帝实录卷之二二〇》）

公元1868年

○同治七年戊辰三月○庚申,以记名提督王可忠为直隶宣化镇总兵官。○予直隶军营病故总兵官张诗日祭葬恤荫,谥勤武。(《清穆宗毅皇帝实录卷之二二六》)

○同治七年戊辰夏四月○辛巳,又谕德勒克多尔济等奏查探边防,酌将蒙古官兵暂行迁调,并请饬察哈尔选派蒙兵以备调遣一折:"陕西回匪在柳树涧一带盘踞,并有图窜包头镇之说。归绥沿边等处,防务紧急。德勒克多尔济等将扎那格尔第原带蒙兵,及驻扎归化城之察哈尔蒙兵,分别移拨。即着照所拟办理。惟贼踪飘忽,防剿未可稍松。并着该署将军等檄饬扎那格尔第统带所部,确探贼踪,于附近陕省各要隘认真扼扎。一面严饬马升督率沿河各营将士,昼夜梭巡,毋稍疏懈。其各旗营应领饷银马价,着札饬归绥道分别筹拨,以资接济。察哈尔蒙兵,除病废撤回外,所剩无多。着文盛、杜嘎尔于察哈尔八旗内,酌派马队兵五百名,配齐军械,并遴委干员,时加操练,听候德勒克多尔济等咨调。文盛等务将该蒙兵加意挑选,毋得以羸弱充数。此项官兵赴防时,即着杜嘎尔管带前往,会同德勒克多尔济等相机攻剿,以期得力。将此由五百里各谕令知之。"(《清穆宗毅皇帝实录卷之二二八》)

○同治七年戊辰四月○癸巳,察哈尔都统文盛等奏:"遵旨挑练马队官兵五百名,听候咨调。"报闻。(《清穆宗毅皇帝实录卷之二二九》)

○同治七年戊辰闰四月○戊午,又谕德勒克多尔济等奏回匪肆扰,请调兵筹饷一折:"四月间,另股回匪马拉拉又陷神木县城,并扰及镇羌木瓜孤山等处。董幅详股匪,现在怀远县南山滋扰,古城沙楞子仆牛川一带贼匪,有由草地图窜河口之说。贼势如此狓猖,倘竟分股窜扰,则萨托清各境,在在可虞。边防蒙古官兵,近多疲弱,恐不足以资堵截。着文盛、杜嘎尔,遵奉前次谕旨,于察哈尔八旗内选派马队兵五百名,配齐军械,即由杜嘎尔管带,前往绥远城,会同德勒克多尔济等相机攻剿,力保岩疆。德勒克多尔济等务就现有兵力,探明贼踪,分投堵剿,毋令一匪窜越边境。并着转饬贝子扎那格尔第、巴达尔琥,暨总兵马升等,严饬各官兵竭力堵御,共图保卫。察哈尔官兵应需锅帐、火药、铅丸等项,着郑敦谨宽为筹解。并无论何款,先行筹拨银数万两,迅速解赴绥城,毋稍延误。其沿边沿河防剿各军应需饷银,并着源源委解,以资接济。将此由六百里各谕令知之。"(《清穆宗毅皇帝实录卷之二三一》)

○同治七年戊辰闰四月○乙丑,又谕德勒克多尔济等奏沿边蒙兵堵截不力,贼匪逼近河干,请饬山西巡抚拨兵迎剿,并请截留文麟等军营饷银,及动碾归化厅仓谷各折片:"陕回窜陷神木高家堡后,盘踞乌绅旗,分扰府谷县等处。窜入准噶尔旗界,并有贼匪窜跨十里长滩及巴汉图地方,距托克托城不远。河防万分吃紧,即着该署将军等严檄扎那格尔第,激励诸军,相机拦截。一面飞饬马升督率兵勇,严守要隘。其乌拉特三旗,无险可扼,并着设法严防,以遏东窜。杜嘎尔计已带兵起程,着即赶紧前进,会同德勒克多尔济等迅筹剿击。绥城需兵甚亟,着文盛再行酌拨察哈尔马队兵数百名,派员带交德勒克多尔济、杜嘎尔等调度,以资厚集。匪踪趋向靡定,倘竟越河分扰,则晋疆岌岌可虞。郑敦谨务当抽拨劲旅,遴选得力将弁管带,取道河保,傍河北上,迎头截击,毋任阑入。……将此由六百里各谕令知之。"(《清穆宗毅皇帝实录卷之二三二》)

○同治七年戊辰十月○乙丑,又谕定安等奏请催山西巡抚筹解欠饷等语:"据称归绥一带防兵,欠饷甚多。乌兰察布、伊克昭两盟官兵,共欠领津贴银十二万余两。绥远右卫、土默特、大同镇各营官兵,欠领口分四个月。察哈尔各起官兵欠领口分亦将及两月。现值冬防吃紧,自应迅筹接济。着郑敦谨严饬藩司,无论何款,即将所欠满蒙旗绿各营饷银,赶紧如数筹拨,以恤兵艰而重防务,毋稍延缓。将此各谕令知之。"

○辛未,蠲缓直隶……怀安……四十五州、县被水、被雹地方新旧额赋。(《清穆宗毅皇帝实录卷之二四五》)

○同治七年戊辰十一月○丙戌,谕军机大臣等:"昨因金顺奏,葭境肃清,边外回匪肆扰,诚恐河冰凝结,山右河保等处,在在堪虞。当经谕令该统兵大臣等檄饬各军,分投防剿。现据金顺奏,由边外驰回榆林,探悉小川沟窜贼,盘踞海会寺马湖峪一带。向水堡迤南,复有大股屯踞。边外蒙地,一片沙漠,无险可扼。金顺所部兵力甚单,若不会合马步各军,亟图防范,设该匪乘虚东窜,必至防不胜防。着郑敦谨遵奉前旨,檄饬张曜星驰赴榆,以厚兵力。李鹤年迅饬宋庆统带所部,赶紧赴汾州驻扎,以壮声援。并着文盛遵奉前谕,将备调马队官兵内迅拨二三百名,派员管带,驰赴金顺军营,随同攻剿,毋稍迟延。各军未到以前,金顺务当就现有兵力,实力防剿。左宗棠、库克吉泰、刘典等,迅即严饬在事文武相机剿办。先东北而后西南,毋任贼股东趋,更成不了之局。金顺驻兵榆林,与宁夏花定相距较远,不能兼顾。设回匪勾结西窜,则该处亦甚可虞。着丰绅先事密筹防范,以免疏失。郑敦谨、刘典拨定协饷。暨河东道应解宁夏之饷,即着按月如数批解金顺行营,以资匀拨,毋稍延欠。蒙兵截剿窜匪,因众寡不敌,以致东犯,逼近河干。扎萨克召相距萨托包头镇,均不过三百余里。该处情形,均形吃紧。冰桥凝结,何堪一误再误!现在定安等已饬达尔济等督队分路防剿,大同镇官兵亦已到防,绥远右卫官兵交马升调遣,往萨清一带扼扎。即着定安、桂成、杜嘎尔等责成各路防军,沿河实力堵剿。遇贼即击,毋得稍涉松懈,致干重咎。杀虎口监督所拨税课银二万两,着定安等咨催迎提,以期妥速。察哈尔暨晋省沿河一带及宣化地方,着文盛、郑敦谨、官文一体认真严防。定安等前请户部筹拨银十万两,现在河防吃紧,饷项缺乏。着户部迅速拨银十万两,以济急需。将此由六百里各谕令知之。"

○戊子,谕军机大臣等定安等奏河防吃紧,请调官兵马匹以资防剿一折:"陕省土回各匪,扰及神木,窜出边外扎萨克乌绅贝子旗等处。榆林附近地方,贼势日重。并据获贼供,该逆股有分窜河保营包头镇抢掠之意。归绥河防,此时万分吃紧。着定安等会商杜嘎尔,先就现有兵力,相机进击。并饬达尔济过河截剿,以遏狂氛。包头镇浚濠筑墙,想已竣事。并着饬令马升督率兵勇,会合该处团练,加意防范,毋稍疏虞。归绥现存察哈尔各队马匹,膘分不齐。着文盛即由商都两翼太仆寺牧群挑选肥壮马五百匹,迅派妥员解由草地,驰赴定安等军营,以资剿击。该将军等所请调拨现驻南苑之吉林、黑龙江马队一千名,前锋护军营马队五百名,威远步队八百名,应领军火饷干等款,由神机营核发。又天津洋枪队一千名,应需军火等项,由三口通商大臣按月筹拨,本日已交神机营王大臣等速议具奏矣。将此由六百里各谕令知之。"(《清穆宗毅皇帝实录卷之二四六》)

○同治七年戊辰十一月○乙未,谕军机大臣等文盛奏遵拨马队赴陕,并筹办防务一折:"察哈尔备调马队三百名,该都统已遵调进口。着即饬令迅速启行,前赴金顺军营听候调遣,毋许稍有延缓。察哈尔界连归绥,现值冬令河冰凝结,甘省回匪,既窜扰扎萨克旗,难保不乘隙东犯,自应先事筹防。文盛拟派张家口驻防兵五百名,察哈尔八旗马队一千名择要驻扎,着即督饬该官兵等勤加操练,随时确探归绥一带情形,认真防范。所需马干等项银两,着宜成于张家口税银内提留银二万两,由文盛随时动用。需用军火等项,已谕令工部武备院照数拨发矣。将此谕知文盛,并传谕宜成知之。"

○丙申，谕军机大臣等："前据定安奏，陕省回匪扰及神木，窜至边外扎萨克乌绅贝子旗地方。当经谕令定安等相机进击，旋又调拨神机营及天津劲旅前往助剿。第恐边外地方辽阔，贼情飘忽，值此河冰凝结之时，尤恐乘间窜渡。现在归绥防务若何，萨拉齐清水河托克托城等处是否安谧，有无回逆窜近该处，着定安、郑敦谨确切探明，据实迅速覆奏，以慰廑系。并着定安会同杜嘎尔认真堵剿，毋令该逆得以渡河，扰及完善。定安身膺重寄，自当竭力防剿。郑敦谨有统辖全省之责，岂得置之不问？倘有边外贼情消息，即着妥筹兼顾，随时奏闻。将此由六百里各谕令知之。"寻定安等奏："现在匪踪去河较远，萨拉齐等处安谧如常。"报闻。

○己亥，又谕定安、桂成奏沿河沿边一带道路及扼要处所绘图呈览，并截剿贼匪情形各折片："贼党马系禁等三四千人，现在准噶尔旗南界古城哈喇寨及迤西拉拜山等处盘踞。该处路径崎岖，扎那格尔第、达尔济，以兵力过单，未便深入，即在沁札木招地方扼扎，距贼尚有百余里。此时河冰凝结，难保该逆不乘隙东窜。定安、桂成务当饬令该贝子等督率所部严密防范，勤加侦探。遇有贼踪窜近，即行奋力截剿，毋任扰及河干。并令杜嘎尔、马升督带官兵认真梭巡，毋稍大意。前调神机营马步各队及天津洋枪队，均已陆续起程。俟此项官兵到后，兵力较厚。即着定安、桂成相机调度。饬令会合杜嘎尔所带之兵，探明贼踪，过河进剿，扫荡逆氛。将此由五百里各谕令知之。"（《清穆宗毅皇帝实录卷之二四七》）

○同治七年戊辰十二月○丁未，又谕福济、锡纶奏现存满兵请改地安插一折："伊犁、巴燕岱、乌鲁木齐、古城、吐鲁番各城驻防满兵，自回逆倡乱以后，迁徙流亡。所余仅一百五十人，锋镝余生，殊堪矜悯。若留于西路征剿，亦不成一队，自应照福济等所请改地安置。即着于绥远城、热河、张家口三处，分别安插，毋庸改隶京旗。福济等即按定人数，妥筹赀遣,分隶各处。仍照该官兵等原有职任钱粮坐补,以示体恤。此项官兵到时,定安、麒庆、文盛,仍责令照常操演,毋令游手好闲,坐耗饷糈。布伦托海剿匪应需兵力,着福济、锡纶妥商筹办,毋稍贻误。将此各谕令知之。"

○辛亥,科尔沁扎萨克图谢图亲王巴宝多尔济等八人、乌珠穆沁扎萨克车臣亲王彭苏克那木济勒等三人、巴林郡王那木济勒旺楚克等二人、敖汉郡王布彦德勒格呼固噜克齐、苏尼特郡王托第布木等二人、扎赉特郡王阿勒坦鄂绰尔、扎鲁特镇国公达瓦宁保、郭尔罗斯辅国公阿勒坦鄂齐尔、喀喇沁公衔头等台吉塔布囊德勒格尔等三人、阿巴噶卓礼克图郡王刚噶尔伦布等二人、翁牛特辅国公克什克阿尔毕济呼、四子部落达尔汉卓礼克图郡王那木凯多尔济、喀尔喀扎萨克公衔头等台吉齐莫特多尔济、察哈尔恩骑尉巴图济勒噶尔,于养心门内瞻觐。

○丙辰,又谕定安等奏连日击退贼匪情形一折:"回逆马政和等股,窜扰唐盖谟多等处,经杜嘎尔、马升督率包托两路官兵分投奋击,贼均败退。马升现已回包头大营驻扎,并于中滩昭君坟地方添兵防守,布置尚属周密。惟该逆等均在哈拉寨十里长滩一带负嵎踞险,难保不偷越冰桥。自应迅筹截剿,力遏贼氛。着定安、桂成,仍商同杜嘎尔,督饬扎那格尔第、达尔济,并檄饬马升,均就现有兵力于沿河地面扼要严防,相机剿击,毋任该逆乘虚抢渡。神机营所拨各队,除吉林、黑龙江兵已由定安派赴托城外,其余马步各队,并天津所拨队,日内计可陆续抵绥。定安等当即咨令杜嘎尔督饬带队官,会同在防将士确探贼踪,节节进剿,以期早殄逆氛。将此由五百里各谕令知之。"(《清穆宗毅皇帝实录卷之二四八》)

○同治七年戊辰十二月○辛酉,察哈尔都统文盛奏:"查明商都牧群膘壮官马,实有三千八百十三匹,堪备征调。下部知之。"

○壬戌,喀尔喀扎萨克贝子德济特多尔济等十二人、喀喇沁额驸乌尔哲依巴图、察哈尔辅国公济楚克扎木苏等五人，于神武门外瞻觐。

○甲子，谕军机大臣等定安等奏，官兵截剿扑河窜匪获胜情形一折："此次杜嘎尔督率达尔济等迎剿逆匪，擒斩多名。该逆见我军整队齐进，翻山逃遁，仍窜回十里长滩。虽未将全股歼除，凶锋已挫。着定安等仍饬杜嘎尔等，觇贼所向，奋力攻剿，务期尽歼丑类，毋任东趋。包头河西踞匪千余名，由西山觜迤西抢入后套，渐向舍太一路窜扰。着一面檄饬马升尽心守御以遏逆氛，并着饬令威远队进扎萨拉齐地方，与该总兵声势联络，加意严防。金顺前奏带兵东趋府谷，着该副都统仍遵前旨，体察情形。如边内兵力已厚，即绕出边外，与归绥各军合力扫荡。将此由五百里各谕令知之。"

○壬申，上御保和殿，筵宴朝正外藩。科尔沁、乌珠穆沁、巴林、苏尼特、敖汉、扎赉特、阿巴噶、浩齐特、四子部落、车臣汗、喀喇沁、察哈尔、扎鲁特、郭尔罗斯、翁牛特王、贝勒、贝子、额驸、公、台吉，暨朝鲜正副使，随文武大臣依次就坐。(《清穆宗毅皇帝实录卷之二四九》)

公元1869年

○同治八年己巳春正月○甲戌，缓征直隶……怀安……四十九州、县歉收地方新旧额赋租课有差。(《清穆宗毅皇帝实录卷之二五〇》)

○同治八年己巳正月○壬辰，调察哈尔商都牧群驼三百只，解赴绥远、归化两城备用。(《清穆宗毅皇帝实录卷之二五一》)

○同治八年己巳二月○甲辰，又谕定安、桂成奏马队官兵续获胜仗，败匪退回边内，并请饬山西巡抚筹拨短解等项饷银各折片："据称回逆窜踞拉什吹朗召之库家铺，经乌尔图那逊、扎那格尔第等率队进剿，毙贼甚多。追至杭锦旗界，贼已由鄂托克旗遁入边内。现在伊克昭盟、鄂尔多斯七旗草地已无贼踪等语。惟陕甘回匪每因边内受创，即走草地，自应扼要严防，以杜纷窜。着定安等迅咨杜嘎尔，督饬达尔济所部，驻扎河西新召一带。其河西十里长滩哈拉寨等处，并着檄饬乌尔图那逊等，各带所部驻扎，与现扎古城之张曜一军联络声势，毋任该逆乘虚再犯。……将此由五百里各谕令知之。"

○甲寅，谕军机大臣等神机营奏，遵议金顺请调拨官兵一折："山西归绥一带，防务虽松，仍不可稍涉大意。吉林、黑龙江马队，未便拨赴榆林。着照神机营所议，仍归定安调遣，毋庸远调。此项官兵，未可久戍在外，一俟归绥撤防，即着定安饬令回京归伍。其察哈尔马队，既未便交杜嘎尔管带，应否仍回张家口备调，或即在归绥助防之处，着定安会商金顺妥筹办理。金顺现在剿贼吃紧，兵力如不敷分布，左宗棠、穆图善自应酌度情形。各将得力队伍酌量拨给，以资厚集。倘该副都统军营饷糈支绌，并着左宗棠、穆图善妥为兼顾，设法接济，毋任缺乏。原折着抄给阅看。将此由五百里各谕令知之。"（《清穆宗毅皇帝实录卷之二五二》）

○同治八年己巳二月○壬申，谕内阁文盛奏废员不安本分，请从重改发一折："废员特保，因钱债涉讼。胆敢抗不遵断，挟制问官，咆哮公署，实属目无法纪。特保着从重改发黑龙江，到配后枷号一个月。满日交该管官严加管束，以示惩儆。"（《清穆宗毅皇帝实录卷之二五三》）

○同治八年己巳三月○己卯，以直隶宣化镇总兵官马德昭为甘肃提督。

○丁亥，拨吉林、黑龙江官兵各二百五十员名，察哈尔牧群马五百匹，赴署宁夏将军金顺军营，听候调遣。（《清穆宗毅皇帝实录卷之二五四》）

○同治八年己巳三月○庚寅，谕军机大臣等定安等奏察哈尔马队击贼获胜,拨队迎剿另股贼匪,暨查询磴口失守情形各折片:"杭锦旗内盘踞回逆,虽经剿灭两股,惟尚有一股逃窜。逆首蓝倍漳亦未就擒,难保不纠党复来,再图肆扰。着定安饬令达尔济等探踪截击,务将此股败匪尽数歼除,毋留余孽。杭锦旗界连磴口,尤恐外来匪党乘间窜入。并着饬令达尔济严密防范,以顾西路。……将此由六百里各谕令知之。"

○辛卯,又谕曾国藩奏查明属员优劣,分别开单呈览一折:"直隶……蔚州知州李秉衡……,据曾国藩胪列,该员等才具政绩,均有可观,实为直隶出色人员,深堪嘉奖。着曾国藩饬令该员等益加策励,勉为循良,毋得始勤终怠。……"(《清穆宗毅皇帝实录卷之二五五》)

○同治八年己巳五月○丁丑,谕内阁文盛奏废员由配脱逃,请旨挐办一折:"已革佐领里善、已革千总王得胜、已革骁骑校富昌、已革千总李明晢、已革外委张九围,均因案发往军台效力赎罪,竟敢私自脱逃,实属玩法。着顺天府五城一体严挐,务获究办。"(《清穆宗毅皇帝实录卷之二五八》)

○同治八年己巳秋七月○丙子,谕军机大臣等福济、锦丕勒多尔济奏西两盟愿领厄鲁特人众一折:"厄鲁特人众,除察哈尔、哈萨古特两苏木择地安插外,所剩六千有余,尚无分安之处。经福济等札调扎萨克图汗、赛因诺颜诸盟长赴乌面议,该王公等现已递呈愿领,拟将所剩人数,平分五起。以一起留杜尔伯特,其四起按佐领均分,办理甚属妥协。即着福济等传知各该王公等,于该人众到旗后妥为约束,使之日久相安。惟该人众分赴各旗,沿途未免拥挤。着文硕、锡纶,先将应分三千余人,按照杜尔伯特及扎萨克图汗赛因诺颜佐领多寡均摊匀散,造具名册,交该管官带领陆续起程,俾臻妥速。并豫将所剩一半名册编齐,俟库伦咨到时,再行分遣。库伦之东两盟,所领人数无几,且见西两盟如此办理,谅亦不以为难。张廷岳等务须劝谕得宜,迅咨文硕等将该

人众领到,按数分安,俾此事早得就绪。……将此由五百里各谕令知之。"(《清穆宗毅皇帝实录卷之二六二》)

○同治八年己巳八月○戊申,谕内阁曾国藩奏续查属员优劣,分别开单呈览一折:"……怀安县知县邹振岳……,据曾国藩奏称:该员等操履不苟,勤敬自持,续行列入剡章。当此整顿吏治之际,亟宜甄拔循良,以端表率。着曾国藩仍饬该员等,洁己爱民,始终一辙,仰副朝廷厚望。……保安州知州李作棠,性耽安逸,罢软不职。着以县丞降补,前怀安县知县谷洪德,性情乖僻,治事颠顸。着勒令休致。"

○壬子,谕军机大臣等定安、桂成奏马队官兵剿除河西股匪净尽一折:"回匪马输,由边内窜扰杭锦旗属沙拉召地方。经达尔济等督饬所部,左右抄击,贼匪败逃。官军直前追杀,毙匪甚多,投河淹毙者无数。据获贼供,马输已于军前歼毙,窜扑中滩河干之马步回匪,亦经察哈尔马队连番追剿,斩除净尽。所有达尔济等所部出力官兵,着准其择尤汇案奏保。惟沿边一带,时届秋成,河西鄂尔多斯七旗地面又极辽阔。该逆等盘踞宁灵,难保不分股出边,复图掳掠。仍着该将军等咨会杜嘎尔,严饬达尔济等,联络张曜、宋庆各军,确探贼踪,节节追剿。一面分饬沿河各队,加意严防,毋稍疏懈。金顺何以久无奏报?现在行抵何处,曾否遇贼接仗,着即懔遵叠次谕旨,会同张曜等军相机兜剿,迅扫逆氛,并将贼势军情随时据实具奏。将此由五百里各谕令知之。"(《清穆宗毅皇帝实录卷之二六四》)

○同治八年己巳八月○戊午,谕军机大臣等文盛奏独石口应建兵房,请仍归地方官办理一折:"伊犁官兵安插独石口,应建住房一百四间。前经文盛奏请,由该都统衙门派员兴修,并在库存军需项下拨银动用。兹据奏称,招商估计,工价浩繁,库存军需,不敷应用。请饬直隶总督,令地方官办理,以期妥速等语。自系实在情形。所有此项官兵房间,着曾国藩责成该地方官踏勘地势，妥为建盖，俾资栖止。现在节逾秋分，水土渐冻，既据该都统奏称，今岁未能兴工，应如何先行借给住房，毋令该官兵失所之处，着文盛妥筹办理。将此各谕令知之。"(《清穆宗毅皇帝实录卷之二六五》)

　　○同治八年己巳九月○壬辰，谕军机大臣等定安等奏嵩武军驰抵宁夏，请饬察哈尔迅拨驼只，暨拟保打仗防河各官兵，并宋庆病痊销假各折片："张曜一军，前驻沙金托海迤西。一闻灵州警信，驰抵宁夏，与金顺各军共解城围。该提督远道赴援，叠获胜仗，实属忠勇可嘉。该军军火粮储，必须随时筹解，方可无误师行。除炮位各件已由定安等运解外，所需驼只，虽由归绥赶紧购买，而接替护送，犹虑不敷。着文盛即在商都驼群内，拣选膘壮大驼三百只，迅派妥员解往，以备各队转运之需，毋稍延缓。……将此由五百里各谕令知之。"

　　○戊戌，又谕："据文硕奏，经过直隶，访闻宣化镇总兵崔福泰于办理练军一事，操守未能廉洁，以致省局委员不服，竟有口角互揭之事等语。总兵为专阃大员，若操守平常，安能表率营员，整顿兵制？况练军一事，尤关紧要。着曾国藩即将该总兵与省局委员互揭之事确切查明，并留心察看。如果不能胜任，即行据实具奏，毋稍迁就。将此谕令知之。"○又谕："据文硕奏，经过蒙古台站，访闻近来差役繁多，行人需索过重，情形苦累等语。自西疆不靖以来，一切兵差往还，经过蒙古地方，不得不资其供应，惟为时既久，情形不无苦累，自应随时加意体恤。若如文硕所奏，驰驿官兵人等竟至夹带行商，包驮客货，苛求规礼，多索廪羊，劳扰追呼，动加鞭笞。种种恶习，实属不成事体。着福济、荣全、文盛于所属台站地方，务当随时查察。除照例供应外，不得任意需索。倘有前项情事，即行从严惩办。并着理藩院行知各该管驿部员，一体遵照办理。将此谕知理藩院，并由四百里谕令福济、荣全、文盛知之。"(《清穆宗毅皇帝实录卷之二六七》)

○同治八年己巳冬十月○辛亥,谕军机大臣等定安奏察哈尔官兵剿捕土回各匪获胜,并请暂留桂成办防;请将洋枪队留于归绥,及杜嘎尔因病请假各折片:"土回各匪,窜扰阿萨尔西里地方,经杜嘎尔饬令达尔济督兵往剿,遇贼于罕泰河迤北。官军奋勇截剿,贼匪败退。追杀四十余里,毙贼三百余名,余贼向西逃逸。宋庆派兵驰赴盐海子一带,剿办北路匪徒亦获胜仗。着定安咨会宋庆、杜嘎尔等,各督所部,迅将鄂尔多斯七旗境内败窜余匪剿除净尽,庶可专意河防。桂成久任归绥,沿河情形,尚为熟悉。着准其暂留该处,办理冬防事宜。俟明年春融冰泮,再行来京赴任。富勒珲所带洋枪队一百五十四名,着照所请,留于归绥,交富勒珲统带。即由定安知照金顺,并设法接济粮饷,毋令缺乏。杜嘎尔督队勇往,叠着战功。此次因病请假,着赏假一个月,准其暂赴托克托城就医。一俟稍痊,即着仍赴军营,以资得力。其所统各项马队,着饬令乌尔图那逊、达尔济分领防剿,不得稍有松懈。将此由五百里各谕令知之。"(《清穆宗毅皇帝实录卷之二六八》)

○同治八年己巳十二月○乙巳,科尔沁扎萨克图谢图亲王巴宝多尔济等四人,喀喇沁扎萨克都楞郡王旺都特那木济勒等三人,阿巴噶卓礼克图郡王刚噶尔伦布等二人,茂明安贝勒格楚克等二人,巴林贝子索哩雅等二人,郭尔罗斯扎萨克镇国公噶尔玛什第、扎赉特扎萨克郡王阿勒坦鄂绰尔、苏尼特扎萨克郡王托第布木、阿巴哈纳尔扎萨克贝子桑斋萨喇特多布、喀尔喀扎萨克郡王晋丕勒多尔济等八人,察哈尔轻车都尉巴扎尔等二人,于养心门内瞻觐。(《清穆宗毅皇帝实录卷之二七二》)

○同治八年己巳十二月○癸丑,喀尔喀扎萨克贝勒西哩巴扎尔扎布等七人,杜尔伯特扎萨克贝子察克都尔扎布、翁牛特镇国公永咙、阿拉善镇国公沙克都尔扎布、察哈尔四等台吉拉什栋鲁布等四人,于养心门内瞻觐。

○丙辰,又谕文盛奏请借款发给官兵俸饷,并请饬直省迅速拨解一折:"张家口驻防官兵,同治七年秋季至八年冬季俸饷,前借厘捐散放,应俟直隶藩库解到后,解还部库。文盛因官兵操防紧要,九年春季俸饷,亟应先期放给。请将已经解到之七年秋季俸饷借放,尚不敷银四千两。俟七年冬季俸饷解到时,照数提出接放。一俟藩库将九年春季俸饷解到,再行照数归还,解交部库。自为体恤兵艰起见。着照所请办理。并着曾国藩严饬藩司,遵照部奏,即将九年春季俸饷,先行拨发。嗣后按季迅速拨解,毋许积欠,以济要需。将此各谕令知之。"

○丙寅,上御保和殿,筵宴朝正外藩。科尔沁、喀尔喀、苏尼特、喀喇沁、扎赉特、阿巴哈纳尔、阿巴噶、茂明安、巴林、鄂尔多斯、郭尔罗斯、翁牛特、乌珠穆沁、杜尔伯特、阿拉善、察哈尔王、贝勒、贝子、公、额驸、台吉、塔布囊,暨朝鲜正副使等。随文武大臣依次就坐。(《清穆宗毅皇帝实录卷之二七三》)

公元1870年

○同治九年庚午春正月○己卯,又谕:"前据文硕奏请来京商办边界事宜,当经降旨允准。嗣以科城料理需人,谕令毋庸来京。兹据文硕奏称,定于十二月十七日起程,自系尚未接奉前旨。本日已寄谕文硕,令其懔遵前旨,即行折回,恐中途未能接到。着文盛于文硕行抵张家口时,即行传旨,令其折回科城,毋庸来京。将此由四百里谕令知之。"(《清穆宗毅皇帝实录卷之二七四》)

○同治九年庚午正月○戊子,谕军机大臣等:"据万青藜等奏科布多帮办大臣文硕行抵昌平州患病请假一折,文硕前报起程赴京,谕令文盛知照折回。该大臣未经接奉，已抵昌平。并称感受风寒，乞假调理。即着万青藜等传旨赏假二十日，并令假满后迅速折回科布多本任，毋稍迟误。春融后，奎昌前赴玛呢图嘎图勒汉至哈巴尔阿苏一带，办理俄国分界事宜。文硕到科需时，科城不可无大员镇摄。即着荣全前往暂行代办，俟文硕到后，再回乌里雅苏台，以重边防。将此谕知顺天府，并由五百里谕令福济、荣全知之。"

○壬辰，又谕定安奏副都统患病未痊，恳请开缺等语："察哈尔副都统杜嘎尔，久历戎行，打仗素称得力。前因患病，业经赏假调理。现在病体虽未就痊，察哈尔副都统事务较闲，非军营可比。杜嘎尔着无庸开缺，暂回察哈尔副都统本任，藉资调理。一俟痊愈，即着前赴军营，以资得力。"（《清穆宗毅皇帝实录卷之二七五》）

○同治九年庚午二月○辛丑，又谕："前因文硕奏，访闻直隶宣化镇总兵崔福泰操守未洁，与省局委员互揭等情。当经谕令曾国藩确查具奏。兹据奏称，遵查委员口角互揭一节，系候补知县王霂委署广平县篆之时，崔福泰留算交代。王霂赴任情急，措词失当。旋经算清交代赴任。其操守不洁一节，因七年正月，该总兵带练军在保定城外与贼接仗，遗失军械等项。传闻以兵丁缺额弥补亏空，致启物议。惟与未发车价、欠发兵饷等事，均查无实据等语。崔福泰被参各节，暨经访查并无确实冯证，即着无庸置议。署宣化中军守备玉鹏龄，把持营务，招摇放纵，实属不安本分。玉鹏龄着即革职，永不叙用，以肃营伍而昭惩戒。"

○丙午，又谕定安奏设法筹备驼只一折："甘省回氛未靖，防剿诸军需用粮饷军火，必应妥为运解。定安以湘皖各军，将改由边外转运，又有宋庆、张曜及沿河各队，转运均须驼只。非有驼六七千只，不敷支应。归绥蓄驼既少，雇觅甚难。察哈尔锡林郭勒一盟，及四爱曼诸部落，均系产驼之区。请饬察哈尔都统劝谕八旗及牧群军台兵弁，捐备大驼一二千只。其锡林郭勒及四爱曼王公台吉等，各劝捐大驼一千只。并调喀尔喀孳生驼只一并解赴绥远等语。边外转运,利用驼只,定安所筹,实系目前急务。即着文盛谆劝八旗及牧群军台各员弁,量捐驼一二千只,解往绥城。其锡林郭勒一盟及四爱曼诸部落,未遭匪警,畜牧蕃庶,或可劝令捐办。惟近日蒙古不无困累,能否量力捐输,着福济、荣全、锦丕勒多尔济、文盛、张廷岳、阿尔塔什达各就该处情形,酌量办理。如该王公台吉等好义急公,情殷报效,即着该将军等奏明,查照例案,核给奖叙,以示鼓励。一俟捐有成数,即行解交定安应用。喀尔喀孳生驼只,近年颇旺。着福济、荣全、锦丕勒多尔济转饬该扎萨克王公,于前项驼只内,调拨大驼一千只,解赴绥远,以济急需。至山东省每月应解绥远协饷二万六千两先后仅解过五万两,积欠尚多。着丁宝桢严饬藩司,务将此项协款源源批解,毋再迟延。将此由五百里各谕令知之。"(《清穆宗毅皇帝实录卷之二七六》)

○同治九年庚午三月○丁亥,又谕:"前因李鸿章奏督师入陕,解运军粮,需用驼只二千匹,当经谕令定安就近采买。兹据奏称,绥城驼只,现在缺乏。请于察哈尔锡林郭勒报捐驼只内就近调拨等语。察哈尔锡林郭勒距内地较近,着文盛将此项驼只于秋后即行派员解交李鸿章军营应用。如所捐不足二千之数,着定安设法购买补足,或于四爱曼等处捐驼内量为添拨,并着斟酌办理。刻下李鸿章西行,该营军粮等项,刻不容缓,万不可专恃驼载。着李鸿章斟酌情形,或由内地设法运解,以利军行。将此由四百里各谕令知之。"(《清穆宗毅皇帝实录卷之二七九》)

○同治九年庚午夏四月○己亥,又谕文盛奏军台被贼窜扰,调兵防剿,并擎获被胁人犯,供悉贼情各折片:"察哈尔额固德巴雅尔暨库克额尔济地方,均有马贼数百窜入,肆行焚掠,旋即向北逃窜。察哈尔系完善之区,岂可任贼蹂躏?文盛现已咨明定安,调回蒙古马队五百名,由达尔济管带,赴军台大路,择要驻扎,探踪进剿。即着定安迅饬该总管，即统前项马队折回，听候文盛调遣。文盛当先行督饬八旗及军台兵弁加意巡防，毋令匪踪再行窜突。杜嘎尔前已有旨令回本任，现在如已病痊，即着带兵前往，将此股贼匪尽数剿灭，以靖地方。定安接文盛来咨，即能筹画饷干器械，拨队赴援，尚属不分畛域。以后达尔济所带官兵需用饷项，准文盛于军需项下撙节动用。察哈尔地方辽阔，东与直隶张、独、多三厅接壤，张家口尤为紧要之区。着曾国藩饬令地方文武认真巡缉，毋稍大意。山西之丰、宁、归化三厅，亦与察哈尔相接，并着定安、李宗羲一体防范。贼匪既由北窜，并有库伦丰富可去抢夺之说。张廷岳、阿尔塔什达，务当随时侦探。倘有贼踪窜近，即行就地扑灭，毋留余孽。据拏获被胁民人王六娃子所供，是贼股系由甘肃甘州窜出，沿边北窜，滋扰蒙古游牧。贼数虽不甚多，而行踪飘忽，亟须及早歼除，免致勾结滋蔓。王六娃子既非甘心从逆，即着文盛按站解回原籍管束。又据福济等奏，扎萨克阿毕尔米特旗，突有大股贼匪焚掠招庙等语，该旗南接归绥，着定安饬属严密堵扼，毋任匪徒溷入。将此由五百里各谕令知之。"○又谕福济、荣全奏蒙旗被贼滋扰，现筹防守等语："据称扎萨克阿毕尔米特旗下，突有大股贼匪焚掠招庙，欲取孳生官厂，图扰各游牧地方。该处为新疆往来通衢台站，设有梗阻，关系非轻。福济等已由邻境各旗调兵接应，着即饬令迅速派拨蒙兵，会合进剿。务将此股及早扑灭，以免蔓延。并饬令该扎萨克联络各旗，力筹战守，不可轻率迁移，致贼匪益无顾忌。本日复据文盛奏，三月初间，察哈尔军台库克额尔济地方，突有马贼数百人窜扰。据拏获被胁民人供称，此股系属回民，由甘州草地沿边北窜，欲往库伦等语。近来甘肃回匪因大兵进剿，分党由草地北窜，股数不一。阿毕尔米特旗之匪，究由何处窜来，是否亦系回民，人数约有若干，着福济等查明具奏。边外地势辽阔，匪踪往来无定。福济等务当饬属勤加侦探，妥筹防范，毋稍大意。将此由四百里各谕令知之。"

○庚子，谕军机大臣等定安奏马队击贼连获胜仗情形一折："回匪被毅军击败后，窜入蒙古草地，复与另股乌合，肆行东犯。经达尔济督率马队迎头截击,连战皆捷。所有此次打仗出力各员,准其择尤汇保,以示鼓励。昨据文盛奏,察哈尔军台被贼窜扰,已咨调达尔济管带马队五百名,择要驻扎,探踪进剿。现在达尔济受伤既不甚重,即着定安一面饬令赶紧调治,仍懔遵前旨,迅饬该总管带队折回,听候文盛调遣。贼氛既距包头甚近,该将军当檄饬在防文武严密堵御。达尔济回察哈尔后,应以何营填扎,并着妥筹布置,毋稍疏虞。将此由五百里各谕令知之。"

○辛丑,谕军机大臣等张廷岳等奏请调官兵剿捕窜匪及筹画饷需各折片:"前据文盛奏军台被贼窜扰,当经谕令张廷岳等随时防剿。兹据张廷岳等奏称,内地剿败余匪,由扎萨克阿毕尔米特游牧窜入图谢图汗部落到处滋扰,复在赛因诺颜部落肆行焚抢。蒙古人众,闻警逃散。并探另有大股匪徒图犯库伦,亟应迅速扑灭,毋令蔓延。张廷岳等已饬东两部落盟长调兵攻剿,并咨乌里雅苏台将军转饬赛因诺颜部落派兵夹击。第兵力尚嫌单薄,恐不足以壮声威。所有驻扎卡伦之蒙兵一千五百名,着准其暂行檄调,交两部落盟长和贝等管带,前往西南一带,会合各旗官兵协力围剿。库伦向无城郭,蒙古性情柔弱,战守均难深恃,非有得力援兵,恐一时未能奏效。定安务当酌拨兵勇,前往会剿,以期早日蒇事,并查明匪扰处所距绥远道路若干,迅速奏闻。至库伦防守紧要,张廷岳应否驰赴前敌督兵剿贼之处,即着该大臣酌度情形,妥筹办理。此次调拨两盟官兵,需用军火饷糈,极为紧要。着户部即筹拨部库银十万两,交顺天府派员解赴察哈尔,交文盛如数收明,迅速拨银五万两,派员解赴库伦。一面知照张廷岳等派员迎提,毋稍迟误。库伦如有不敷,再行陆续提拨。察哈尔派兵剿贼,需饷亦殷,准其于现存五万两内撙节拨用。至此项部款未到以前,即照张廷岳等所请,暂令两盟设法筹画,先应急需。该蒙古各旗情形困苦,岂可以暂垫之款作为捐输,致滋扰累?着张廷岳等于领到部款后,即行照数给还。文盛于达尔济到后,即饬前往剿洗。杜嘎尔带兵素称得力,病体计已全愈,并传知该副都统拣派将弁,迅往督剿,肃清台站。前据福济等奏,扎萨克阿毕尔米特旗突有大股贼匪窜扰,已派旗兵会击。现在剿办已否得手,是否即张廷岳等所奏图犯库伦股匪,着福济、荣全查明具奏。仍遵前旨妥筹防剿,并着转饬赛因诺颜部落迅派蒙兵,将该旗界内窜匪,会同东二盟派出官兵合力夹击,以绝根株。将此由六百里各谕令知之。"

○丙午,谕军机大臣等:"前因文盛奏军台被贼窜扰,当以察哈尔东与直隶张、独、多三厅接壤,谕令曾国藩饬令地方文武认真巡缉。嗣据张廷岳等奏称,内地剿败余匪,由扎萨克阿毕尔米特游牧窜入图谢图汗部落到处滋扰,复在赛因诺颜部落肆行焚抢。并探另有大股图犯库伦等语。库伦至察哈尔一带,地势平旷,并无扼要处所可以守御。万一匪踪飘忽,突向南窜,恐直境人心未免震动,亟应严为戒备。曾国藩当勤加侦探,于沿边一带,应如何不动声色严密设防以备不虞之处,即着妥筹办理。前经刘盛藻派赵宗道管带铭军八营,移扎保定。该军是否勤加训练,足备调遣,嗣后有续调来直者否?该督前奏酌议练军事宜,古北口又添千人,即由提督傅振邦统带,此军是否足恃?其余谭胜达等所统正定等处练军,遇有缓急,能否备调以资策应?着曾国藩统筹全局,豫为布置。将此谕令知之。"○又谕李宗羲奏毅军击剿续来回匪获胜一折:"逆回窜扰草地,被官军击败后,复有后股贼匪马玉芝率众来援,经蒋东才带队追剿,斩杀甚多,并将马玉芝击毙。现在榆境边内外已无贼踪,着定安、李宗羲咨会宋庆随时侦探。饬令在防各军加意严防,如有败匪窜入,即行尽力兜剿,悉数歼除,毋稍松懈。库伦至察哈尔一带,贼匪窜扰,着定安懔遵叠次谕旨,迅拨兵勇会剿。并查明匪自何来,被扰处所,距绥城道路若干,迅速奏闻。包镇至石觜礠口以迄宁夏一带,近日有无匪踪窜及,粮运是否疏通,亦着随时具奏。将此由四百里各谕令知之。"

○庚戌,察哈尔都统文盛奏:"遵旨覆陈严防窜贼,并催总管达尔济来台进剿。"得旨:"即着会同杜嘎尔,严饬派出兵弁加意严防,毋令

匪踪窜突。一俟达尔济到日,即饬令勤加侦探,相机防剿。"(《清穆宗毅皇帝实录卷之二八〇》)

〇同治九年庚午四月〇乙卯,直隶总督曾国藩奏:"遵旨筹防窜匪,咨商文盛等相机策应。"得旨:"着与文盛先事豫筹,并令傅振邦、王可升等勤加侦探。一面将新旧练军实力操练,以备不虞。"

〇壬戌,谕军机大臣等定安奏派兵援剿窜匪,并筹办水路转运粮石,请派署副都统各折片:"军台窜匪滋扰,现经定安派达尔济带兵助剿,并调防河西缠金等处。即着文盛饬令达尔济,会同察哈尔官兵,务将窜匪悉数歼除,毋留余孽。并饬富勒珲、贡果尔,严防河西缠金一带。如遇河西有警,即令刘景芳带领马队渡河迎击。并饬沿河步队会合协剿,以壮声威。近日察哈尔军台,是否敉静?匪踪窜往何处?着文盛随时确探奏闻。归绥至宁夏一带,陆运维艰。着照所请,督率国英转饬萨拉齐托克托城两厅,赶造船一百只,试行运解。其各路驼只解到,并由陆路转运,以速补迟,毋得稍有延误。富勒珲现在带兵出防,所有归化城副都统印务,即着定安暂行兼署。将此由四百里各谕令知之。"寻文盛奏:"现在贼向西窜,军台境内并无匪踪,仍前敉静。"报闻。〇又谕:"文麟、景廉奏,接到李宗羲咨称,山西应解哈密饷银六万两,无款可筹。欲俟晋省撤防后再行筹拨,仍请饬催迅速拨解等语。哈密地方兵燹之后,异常瘠苦。现在军务未竣,防兵需饷甚为急迫。着李宗羲即饬藩司,无论何款先其所急,迅将前项银六万两如数拨交。委员奎禧等赶紧解回哈密,以济要需。文麟等另片奏,营中应需制造帐房、旗帜、号衣、军火、布匹、钢铁及纸札、食用等物,委员赴内地采办,经过地方需用驼只,请饬添派转运等语。着定安、文盛,于该委员等采办前项各物过境时,饬令台站添派驼只,迅速运解。俟行抵乌里雅苏台,该委员于照例支领驼脚外,如尚应需驼只,即着福济饬属代为添雇,俾资转运。其脚价银两,由文麟等自行发给,核实报销。将此由五百里各谕令知之。"

○甲子,调察哈尔牧群马五百匹,解赴署宁夏将军金顺军营备用。

○乙丑,又谕:"前因李鸿章入陕剿贼,谕令李宗羲垫款采办米麦各二万石,存储备拨。兹据李鸿章奏,接据该抚函称,晋省粮价极昂,仅能采办米麦二万石,计需价银十万两。司库无款可垫,已借动地丁正项,请奏明酌抵京饷等语。该省司库支绌,亦系实情。所有此项粮价,着准其于山西应解京饷内划抵银五万两,其余五万两,该省暂行筹措,仍由李鸿章解还归款。至李鸿章军营需驼二千只,前谕文盛由锡林郭勒捐驼内,于秋后如数解往。倘有不敷,由定安设法购补,或于四爱曼等处量为添拨。西北运解军粮,惟驼只最为利便。定安、文盛务当懔遵前旨,赶紧筹备,于秋后如数拨解。不得稍有迟误。将此由五百里各谕令知之。"(《清穆宗毅皇帝实录卷之二八一》)

○同治九年庚午五月○乙亥,谕军机大臣等张廷岳等奏督兵起程剿贼,暨请调兵会剿各折片:"张廷岳以贼股仍在赛因诺颜部落西界盘踞,已统蒙兵起程。咨明察哈尔、绥远城带兵各员,一并赴图谢图汗部落,会商进剿,并分派官兵防堵。惟闻赛因诺颜部落迤西,刻下已无贼匪。库伦附近,亦无匪踪。此时正不宜纷纷征调,转涉张惶。所请饬绥远城、察哈尔派兵会剿之处,着毋庸议。张廷岳现拟前赴额尔德尼招等处阅看蒙兵。即着认真整顿,毋涉骚扰。一俟查阅完竣,即当折回库伦。该处地方紧要,不得日久在外,致有疏虞。蒙古各游牧道路辽阔,定安、福济、荣全、文盛、张廷岳、阿尔塔什达,仍当随时侦探。如再有匪徒窜扰,即行就近兜拏,毋任纷窜。察哈尔应拨库伦饷银五万两,即由张廷岳等派员迎提,撙节拨用。将此由五百里各谕令知之。"

○丙子,谕军机大臣等金顺奏剿办南路窜踞各匪叠胜一折:"宁朔中卫交界木高山一带,陕土各回滋扰。经金顺商同张曜督队进剿,遇贼于庙山湖,各军合战。张曜复令总兵王连三等力扼西面,该逆向南奔逃,官军斩获甚多。其由峡口觅渡各匪,亦经追杀净尽。马家滩贼众,竟敢在分水岭地方列队抗拒，金顺等又令常福各军分路冲击，贼败入巢，各军乘胜追击，歼毙回匪二百余名，夺获器械无数，剿办尚属得手。刻下南路计可粗安，而北路渠口通昌通贵马全各回堡，紧滨河岸。仍着金顺会同张曜，督率各军，痛加剿洗，毋任陕回从中纠合，复肆蔓延。至库伦并察哈尔军台等处，前有贼匪滋扰，现贼踪虽已远扬，而边外地方辽阔，难保该逆不乘虚复来。金顺等务须审度情形，分投截剿，以遏逆匪北窜之路，不可稍涉大意。将此由五百里谕令知之。"

○庚辰，热河都统库克吉泰奏："回股窜扰军台，现饬所属一律防范。"得旨："前据文盛奏，赛因诺颜部落迤西现无贼踪，但边外各游牧地势平坦，难保不复图窜扰。着库克吉泰随时侦探，酌量缓急情形，妥筹防范。"（《清穆宗毅皇帝实录卷之二八二》）

○同治九年庚午六月○戊戌，又谕："福济奏，现派蒙兵择要防堵，请饬拨军装口食银两等语。现在福济需饷甚急，前由部库拨解察哈尔库伦军需银各五万两，着文盛即于此项银两内拨银二万两，知照福济委员迎提。并着张廷岳、阿尔塔什达于前拨银五万两内，酌量情形。如可匀拨银二万两，即行知会福济派员提取应用。福济于此两项银两解到后，务须撙节动用，毋得稍有虚糜。将此各谕令知之。"

○壬寅，又谕张廷岳奏撤兵回库，邻盟尚有匪警，暨严防贼匪窜扰各折片："前据福济等奏股匪由原路窜回，军台静谧。又据文盛奏贼匪向西回窜，军台所属境内，现无贼踪。兹览张廷岳所奏，赛因诺颜部落官兵，与贼接仗败溃。贼即折回额尔德尼班第达呼图克图庙内，乌里雅苏台差探亦在沙尔噶勒珠特台亲见。并据扎萨克图汗部落呈报，贼有于六月间窜扰额尔德尼班第达呼图克图庙后图犯库伦之语。与福济、文盛等奏报不符，着张廷岳、阿尔塔什达，再行确切侦探，固不可掉以轻心，亦不可听传闻无据之言，转致人心惶惑。张廷岳现已带兵回库，酌留图谢图汗部落官兵防守额尔德尼等处。并筹办清野之法，布置尚妥。即着会同阿尔塔什达认真防范，总当持以镇静，不得过事张惶。至额尔德尼班第达呼图克图庙宇如何被陷，应如何拨兵防剿之处，着福济、荣全迅速查明，妥为办理。文盛亦当派委妥员随时探明，互相知照。庶彼此声息相通，免致贼匪乘隙窜扰。至赛因诺颜部落现在究竟有无贼踪，并着查明迅速具奏。将此由五百里各谕令知之。"（《清穆宗毅皇帝实录卷之二八四》）

〇同治九年庚午秋七月〇己巳，又谕："前因逆匪窜扰台站，当经谕令定安迅派马队五百名，前赴哈尔尼敦一带堵御。兹据定安奏称，军台情形与内地不同，各项队伍均不甚相宜，惟察哈尔马队一项与台境情形熟悉。总管达尔济所部防河马队，除前拨过五百名驰往防剿外，现尚有五百名在河西达拉特旗驻扎。定安现已飞檄该队迅速来绥，筹给军粮，驰往防剿。即着照该将军所请，速饬整队来绥，由定安拨给军装、口粮，克日起程，统交达尔济管带，认真防剿，并归文盛调遣，以一事权。文盛仍当督饬官兵勤加侦探，实力防堵，毋任贼氛窜近。定安亦当远探严防，毋稍疏忽。将此由五百里各谕令知之。"（《清穆宗毅皇帝实录卷之二八六》）

〇同治九年庚午七月〇丁亥，谕军机大臣等："前因定安奏派拨察哈尔马队赴哈尔尼敦防剿，请归文盛调遣。当经降旨允准。兹据文盛等奏，哈尔尼敦台站系在乌城境内，距张家口约有四千余里，势难兼顾。请饬绥远城将军就近酌给锅帐驼只，饬令前赴乌境会剿，即归乌里雅苏台将军调遣等语。乌城境内现在有无贼踪？是否仍须马队助剿？着福济斟酌情形，如该处尚须此项马队，着一面具奏，一面咨会定安，就近酌给锅帐、驼只等项，饬令达尔济统带，迅赴乌境协同防剿，即归福济调遣。如该处现无贼匪窜扰，即着福济查明此项马队行抵何处，饬令达尔济管带折回绥城。如尚未起程，即着定安饬令此项马队暂在绥远驻扎。至察哈尔八旗及军台各地面，仍着文盛等饬饬官兵，密探严防，毋稍疏忽。亦不得稍涉张惶。将此由四百里各谕令知之。"（《清穆宗毅皇帝实录卷之二八七》）

〇同治九年庚午八月〇己亥，又谕："前因福济等奏，窜匪复扰台站，谕令定安、文盛各拨马队五百名，派赴哈尔尼敦防剿。兹据福济等奏称，接文盛咨会，马队到防后应需各项，由乌城就近酌给。而乌城地处穷荒，素无出产，购粮维艰。察哈尔及绥远城采买转运，较为简易，请饬仍由该都统筹给，并饬绥远城将军一律办理等语。所奏自系实情。所有察哈尔马队五百名应需口分等项，仍着文盛按月筹给。至绥远城所拨察哈尔马队五百名，如须前往，其口分等项，并着定安按月筹给，以济军食。倘转运未到，该军粮饷或形缺乏，仍着福济随时接济，俾免饥溃之虞。前谕令福济查明乌城境内现在有无贼踪，是否仍需马队助剿，斟酌情形具奏。该将军此时计已接奉前旨，所有续调之察哈尔马队五百名，究竟应否调往？如现在已无贼踪，即可无须调拨。着福济等一面具奏，一面咨照定安等截留，以免往返。将此由五百里各谕令知之。"

〇丙午，谕军机大臣等："前谕文盛将赴援军台之察哈尔马队五百名应需口分等项，按月筹给。续调之察哈尔马队五百名，如须前往，其口分等项谕令定安筹给。兹据定安奏称，前因河西空虚，另挑兵丁五百名填扎，并添设水师一营，共计兵勇一千余员名。每月饷项，即将应给察哈尔马队一千名之饷抵放，倘前项马队折回绥城，饷干无从筹给。察哈尔地面辽阔，该匪出没无常。现在即无贼踪，亦应防其窜扰。拟令达尔济管带马队一千名，在察哈尔右翼地方择要驻扎，于军台地面可以兼顾等语。此项续调之马队五百名，定安既难另行筹饷，所有此项续调马队与前调马队共一千名应领饷干，均由文盛按月筹给。并着照定安所拟，将此项马队驻扎右翼地方，勤加训练。如福济咨照乌城境内尚有贼踪，即饬迅速赴援。倘无须马队助剿，着文盛饬令分别归伍，以节饷

需。将此由四百里各谕令知之。"(《清穆宗毅皇帝实录卷之二八八》)

○同治九年庚午八月○甲寅,又谕:"前因文盛奏,捐驼足数二千,当谕李鸿章酌量咨照文盛拨解。兹据奏称'请饬分别拨解'等语,着文盛于此项捐驼内分拨一千只,径解保定。其余一千只,着解交定安,听候左宗棠拨用。该大臣如需用此项驼只,即着咨照定安拨解,以资转运。将此各谕令知之。"(《清穆宗毅皇帝实录卷之二八九》)

○同治九年庚午九月○乙亥,又谕福济等奏遵筹防剿情形一折:"据称额尔德尼招窜匪,仍由原路退去,现在贼在额哲尼河盘踞。阿毕尔米特旗下金山卡伦,有贼阻滞。该匪仍多伏莽,非厚集兵力,后患终不能除。请饬库伦办事大臣张廷岳带领该处蒙兵,其绥远城张家口马队统归调遣,迎头堵击等语。贼踪飘忽靡常,原应防其窜扰,惟张廷岳究应驻兵何处,方足联络声势;所带各队,应由何路进剿;蒙兵是否得力,应调若干,并未据福济等筹及。又前调马队,业据福济等奏称,咨照绥远城、张家口暂行停止。现在应否调拨,着福济等与张廷岳酌量缓急情形,迅速详细具奏。……"(《清穆宗毅皇帝实录卷之二九〇》)

○同治九年庚午九月○己卯,谕军机大臣等:"前据福济等奏,察哈尔马队已咨照绥远城等处暂行停调,惟匪踪飘忽靡常,请饬张廷岳带领蒙兵,并绥远城等处马队,统归调遣堵击。当谕令福济等与张廷岳会商,应否调拨此项马队,酌量具奏。兹据文盛等奏,拟将马队一千名遣撤归旗,并拟挑选精壮五百名,由各旗总管等勤加操练,以备调遣等语。即着照所拟办理。至张廷岳带兵进剿,应否需用马队,俟福济等覆奏到日,再降谕旨。文盛等仍当饬令各旗官兵认真训练,一面随时侦探,遇有匪踪,即行派兵截剿,毋稍松懈。将此由四百里各谕令知之。"(《清穆宗毅皇帝实录卷之二九一》)

○同治九年庚午冬十月○癸丑，谕军机大臣等定安奏拟筹苏木台站津贴银两，及酌拟京饷改道解运各等语："归化城迤北草地蒙古苏木台站三处，驼马一切，向由该旗自备。年来差务络绎，该扎萨克等力不能支，自应量予调剂。定安请援照土默特台站经费章程，每年每台酌给银五百两，三台共给银一千五百两，即由归绥道税课项下，按春秋二季支发。系为体恤蒙古起见，着照所请办理。仍俟军务稍松，转运轻减，再由该将军酌量情形，奏请停止。至定安所称归化距乌、科两城，程途虽较近便。而各省应解乌、科之件，运至归化，每多迂远。即如部拨京饷，由顺天府保定、太原转解归化，南北转折二千余里，始由归化运归军台正路。若径由部库发交顺天府解至察哈尔，即可由该都统转交阿勒台军台，直达乌、科两城，较形省便等语。不为无见。嗣后如有拨解乌、科饷银，即着户部顺天府查照办理，并着文盛选派妥员迎提护解，毋稍疏虞。将此谕知户部、奉天府，并谕令定安、文盛知之。"○又谕前据张廷岳等奏妥筹防剿情形，本日据福济等奏现筹堵剿窜匪各一折："贼匪在额哲尼阿盘踞，距绥城西北乌城西南均不过二千余里，与库伦则相距五千余里。若乌、绥两城派兵会剿，声势尚属联络。且此股贼匪现又窜入喀喇乌苏等处，分股抢掠。必须及早剿除，以靖台站。福济等已咨张家口、绥远城，将前次备调马队催赴哈尔尼敦一带迎击。着定安、文盛即将前项马队一千名，分别檄饬达尔济管带前进，与福济等派出各队会合，确探贼踪，并力截剿。金山卡伦之贼，业经张廷岳派员前往侦探。如探明匪踪所在，即着咨照福济等派兵堵截。张廷岳等仍当酌拨防兵迎头堵御。库伦地方紧要，该办事大臣等务当加意防范，以备不虞。台站地面辽阔，贼匪奔窜靡常，并着福济等会商定安、文盛随时派兵搜剿，净绝根株。至张廷岳现在应否督队进剿，及在何处驻扎，仍着福济等与之悉心商榷，迅速奏闻。将此各谕令知之。"

○甲寅，察哈尔都统文盛等奏："接准乌里雅苏台将军福济，咨调马队助剿。惟现届冬令，冰冻草枯，长途跋涉，难期得力。"得旨："昨据福济等奏报，乌、库一带贼踪，仍形窜扰，已谕令文盛将此项马队派往防剿。着仍遵昨日谕旨，迅速派赴该处。并着咨明福济等，如军务稍松，再将此项马队撤回休息。以示体恤。"

○丁巳，谕军机大臣等张廷岳等奏窜匪复扰乌境，请饬拨兵进剿一折："金山卡伦窜匪，现经张廷岳等探明，在额尔德尼班第达呼图克图地方肆行抢掠，后分股向西北、东北奔窜。并据乌城咨称，贼扰巴彦察罕等处，所向未定等语。张廷岳等以仓尼达赖地方距额尔德尼招等三处尚属相连，因将阿哈尔山防兵移扎该处，以资堵御。并令图谢图汗部落兵丁驰往会合驻守。添派干丹丹准车林先赴额尔德尼招等处，会同那木济勒端多布等相机防剿。酌留车臣汗部落官兵一千名防守库伦，布置尚妥。惟贼股奔突靡定，着福济、张廷岳等，严饬派出各队，确切侦探，跟踪兜剿，务绝根株。不得彼此推诿，以致贼势蔓延，不可收拾。乌城属境，现有贼踪，福济等尤当派队认真兜捕，毋任此拏彼窜。文盛、定安等，亦当确探严防，毋任匪踪扰及辖境。察哈尔马队一千名，前已准张廷岳等所奏，谕令定安、文盛等，檄饬达尔济管带前进。着福济等迅即迎提，以厚兵力。并着文盛等檄令此项马队克期起程，毋再延缓。所请添派绥城官兵赴乌会剿之处，是否可以调拨，着定安酌度情形奏明办理。将此由五百里各谕令知之。"

○壬戌，又谕定安奏拏获盗匪从严惩办，现仍跟缉首伙要犯一折："归绥一带地处晋边，界连蒙古草地。时有马贼乘闲剽掠，为害地方。现经定安檄令刘景芳派员密拏，已将巴噶多尔济等九犯拏获正法。其硕博果尔等十一名，亦经歼毙。惟该将军五月间札饬巴达尔琥严拏硕博果尔等犯之文，在硕博果尔所居帐房搜出。此等紧要公文，何以落于该犯之手？是否该旗官兵有通贼情事，亟应确切根究。着定安严饬乌阑察布盟长及茂明安扎萨克台吉，务将实在缘由迅速查明，严行究办，不得稍有含混。其博罗扣一股，现尚未获。硕博果尔余党，潜逃亦多。当饬张士林等赶紧躧拏务获，不准一名漏网。山西归绥、雁平各属及察哈尔左右翼地方,恐为该匪潜匿。着文盛、何璟各饬所属一体兜拏,务绝根株。如有拏获之匪,即由各该地方官就近讯办,无庸解赴绥城,免致疏失。察哈尔地方辽阔,定安所派弁兵,恐于该处路径生疏。并着文盛严饬各旗官弁,务当督率兵丁协同兜拏,以靖地方。将此由五百里各谕令知之。"(《清穆宗毅皇帝实录卷之二九三》)

○同治九年庚午闰十月○丁卯,又谕张廷岳等奏窜匪逼近乌城,请拨官兵会剿一折:"张廷岳等据东两部落盟长转报福济札文内称,十月初六七等日,贼匪万余,复聚额尔德尼班第达呼图克图游牧之博提哈拉乌苏库努克等处,伤害多人,肆行抢夺。该匪尚有二股,分扰乌里雅苏台、库伦地方。其推河乌勒干库努克盘踞之贼,人数尤众。沙尔噶勒珠特台亦有匪踞,道路梗塞等语。福济札文所称情形,尚未据该将军奏报。是否因台站被阻,未能迅速递到?着福济、荣全、锦丕勒多尔济,将现在贼窜何处,贼数若干,及剿办情形,赶紧驰奏。张廷岳等以蒙兵不能得力,请饬绥远城将军、察哈尔都统,派拨马步官兵,由赛尔乌苏台站前赴乌境会剿。前据福济等奏,已咨张家口、绥远城,将前次备调马队催赴哈尔尼敦一带。当谕令定安、文盛,即将前项马队一千名,分别檄饬达尔济管带前往。嗣据张廷岳等请,添派绥城官兵赴乌会剿。又谕令定安将是否可以调拨酌度情形,奏明办理。此时蒙兵防剿,甚不足恃,亦系实在情形。绥远城、察哈尔能否添拨官兵会剿之处,着定安、文盛权衡缓急,酌量办理,一面星速奏闻。贼股奔窜靡定,着福济、荣全、锦丕勒多尔济、张廷岳、阿尔塔什达懔遵前旨,督饬派出各队,确探贼踪,会同兜剿。毋得彼此推诿,任令贼势蔓延。并着福济、荣全、锦丕勒多尔济、张廷岳、阿尔塔什达等,将贼匪现窜处所,及台站相距道里若干,喀尔喀四部落各旗游牧地方何处扼要,何处应令设防,各绘细图贴说,详悉奏闻。将此由六百里各谕令知之。"

○己巳,又谕张廷岳等奏乌城戒严情形紧急,请饬拨兵来库,以资防守一折："据称十月二十六日，接准福济遣员递到夹板折匣一件，当即发交台站驰递，一面传询该差梅伦博罗。据称乌城贼氛逼近，台站不通。该差起身之日，福济与荣全会督蒙兵二百余名，在城防守。锦丕勒多尔济督带索伦蒙汉各兵五百五十名，驻扎头台，豫备迎击。其时窜匪三千余名，已抵舒勒克二台，现在乌城情形，不知若何等语。前据张廷岳奏，贼匪万余，窜近乌境，势甚猖獗。当经谕令定安、文盛等酌量拨兵，星速驰奏。兹览张廷岳等所奏各情，是贼势渐逼渐紧，而乌城兵力单弱。战守均不足恃，脱有不虞。则科布多等处，均形震动。即库伦亦恐孤立无援，必须迅拨劲旅，以捍疆圉。着李鸿章调拨宣化镇标抬枪、火枪等项官兵一千名，派委得力将弁管带，驰赴库伦，俾资协守。并着何璟调大同镇标抬枪、火枪等项官兵一千名，派委得力将弁管带，迅速出口，由赛尔乌苏直抵哲林台站，北接库伦所属额尔德尼招等四处，协同扼堵，力保库伦西境。其达尔济所带马队一千名，即着定安、文盛懔遵叠次谕旨，催令迅速起程，前赴乌城会剿，毋稍迟缓。并着于绥远城、察哈尔两处，各调得力官兵，遴员管带，饬令赶紧赴乌，为达尔济接应。不得以无兵可拨为词，一奏塞责。福济等于援兵未到之时，务当督率在防兵弁，实力堵剿。并将现在情形随时驰奏。张廷岳等亦当确探贼情，妥筹防守。不得稍涉大意。此次匪众突如其来，究从何处窜近乌城，着福济、张廷岳等确探具奏。一面檄饬附近各蒙古部落官兵，派队截剿，迅扫逆氛。张廷岳前次奏拨饷银五万两，业经谕令何璟于京饷内划拨，着该抚迅速筹解，毋再稽延。张廷岳本日折报，系十月二十七日所发，而二十六日转递福济折匣，至今未到。是否遗失，即着张廷岳等行文沿途台站，查明具奏。本日谕旨除分寄福济外，着军机处另录一分，递交张廷岳派员赍送乌城，交福济等祗遵，以免迟误。将此由六百里各谕令知之。"○拨部库银十万两，解赴察哈尔转解库伦，以济军需。

○辛未，又谕福济等奏窜匪欲犯乌库，请饬拨官兵援应；定安奏归绥官兵，无可调拨各一折："福济等所称贼匪屯踞博克多山、推河口、额尔德尼招等处。图扑乌里雅苏台、库伦，十月初九日，逆贼已抵第十一乌特台，驿卒逃避，文报不通等语。与张廷岳等前奏大略相同。乌、库两城关系极为紧要，锦丕勒多尔济现已亲带兵勇起程，驰赴第三台特默尔图，择要防堵。着福济、荣全与该参赞悉心会商，先就现有兵力，觇贼所向，相机进剿，毋任匪势蔓延。棍噶扎勒参剿贼尚能出力，现既愿效驰驱，即着令其拣选精壮千名，星速赴乌，协同防剿。福济等以贼众兵单，不敷分布，檄催前调之察哈尔马队，星速前进，并拟添调绥远城乌枪队一千名，东三省马队一千名，哈密巴里坤满绿营兵勇各一千名，前往协剿。昨据张廷岳等奏，窜匪逼近乌城，请拨兵会剿。当将绥远城、察哈尔能否拨兵前往，谕令定安、文盛酌量办理。本日复据定安奏，归绥军务紧要，官兵无可分拨。惟乌城窜匪滋扰，势甚猖獗，非厚集劲旅，不足以资堵剿。着定安先其所急，酌量分拨枪队暨东三省马队，赴乌协助。前调察哈尔马队一千名，着文盛催令达尔济管带迅速启行，兼程前进。并能否再行添拨，速筹具奏。……将此由六百里谕知定安、福济、荣全、锦丕勒多尔济、文盛、张廷岳、阿尔塔什达、文麟、景廉、伊勒屯，并传谕何瑄知之。"○又谕："前经调赴古北口之吉林马队二千名，黑龙江马队一千名，业已全数撤回。兹据福济等奏，贼匪屯踞博克多山、推河口、额尔德尼招一带，欲犯乌里雅苏台等处。台路梗阻，情形万紧，自应添拨马队，以资助剿。除前调察哈尔马队一千名，已寄谕文盛催令起程外，着都兴阿查明古北口撤回马队现在行抵何处，即行截留，于吉林马队内挑拨一千名，并黑龙江马队一千名，一并饬令折回。取道张家口，迅赴乌里雅苏台，归福济等调遣。所需军装、器械、锅帐等项，及沿途需用口粮，均着都兴阿就近先行筹给，俾利师行。刻下天气严寒，并着都兴阿筹备皮袄二千件，为该兵丁等御寒之具。共需经费若干，该将军核实奏明，由部筹给。其吉林挑剩马队一千名，仍令撤回该省。并着德英、毓福行令管带各员，迅速遄行，毋稍迟误。将此由六百里各谕令知之。"

○癸酉，谕军机大臣等："前因福济奏乌城防剿吃紧，恳请饬部迅筹饷银五十万两,当令户部速议具奏。兹据该部奏称,拟由部库拨库平银二十万两,并由山东、山西、河南等省,于应解本年京饷项下,各划拨银十万两,共拨银三十万两,以符五十万两之数等语。乌城军情紧要,自应宽筹饷项,以资剿办。所有部拨饷银二十万两,着顺天府派员迅即解赴察哈尔。其山东拨款,并着丁宝桢派员一并解赴察哈尔。均由文盛验收,迅速转运乌城。一面飞咨福济委员迎提。其山西、河南解款,即着何璟、李鹤年按照部定数目,赶紧筹拨。遴委妥员,解赴绥远城,由定安转解。此项饷银到乌,足敷剿办。福济务当督饬各防军实力堵遏,不得再以饷绌为词,致滋贻误。近日贼势如何,并着随时具奏。所有拨解乌城饷银,台站如有匪阻,即着解至库伦,由张廷岳等派员会同解饷委员,绕道前进。毋稍濡滞。库伦军饷,前已由户部拨银十万两,此次筹拨五十万两,系专为乌城防剿起见。张廷岳等不得擅请截留,致误要需。将此谕知万青藜、王榕吉,并由五百里谕令定安、福济、文盛、张廷岳、阿尔塔什达、丁宝桢、何璟、李鹤年知之。"○又谕文盛、杜嘎尔奏总管抗传规避,请予惩儆;并筹防贼匪南窜各折片:"边外军务紧要,经文盛等遵旨叠传总管达尔济,商酌口外进兵机宜。乃该员三次抗传,迄未到口,实属不知缓急。达尔济着暂行摘去顶翎,以示薄惩。仍着文盛、杜嘎尔懔遵前旨,饬令达尔济星速带领前调马队一千名,驰赴乌里雅苏台一带,会合各军探贼所向,迎头截击。倘再迁延贻误,即着严参治罪。赛因诺颜地方,现有贼匪窜扰,深虑匪踪南窜,益形滋蔓难图。文盛等已拨鸟枪火药等件,令赛尔乌苏站员领给各台,豫备堵击。并着随时确探严防,毋任贼股南窜。将此各谕令知之。"

○乙亥,又谕锦丕勒多尔济奏贼匪扑陷乌城,并请饬拨饷银;文盛等奏催调马队赴乌会剿,暨请饬直隶山西发给征兵饷干各折片:"贼匪四千余人,于十月十九日,扑犯乌里雅苏台。官兵未能抵御,旋即失陷。览奏实深愤懑。所有在城各官下落,着锦丕勒多尔济查明具奏。逆匪现在盘踞附城游牧于方,亟应厚集兵力,迅筹剿办。前调察哈尔马队一千名,着文盛等饬令达尔济克日管带启行,不准稍有迟误。其备调官兵五百名,即着饬赴什巴尔泰博罗柴济地方,听候调遣。定安仍遵前旨,于绥远城枪队暨东三省马队,酌量分拨,赴乌助剿。本日谕刘铭传赶紧赴陕,将陕省北路边内边外各要隘派兵扼扎,以便该将军腾出兵力,续行拨兵赴乌援剿,着定安斟酌办理。前令都兴阿等将古北口撤回马队截留二千名,取道张家口,赴援乌城。着即饬令迅速前进,毋稍迁延。惟所调各军,须有大员统率,方能调度合宜。杜嘎尔向来带兵,颇能得力。着即统带察哈尔马队先行前进。其绥远城及吉林、黑龙江调到官兵,均着归该副都统统带赴乌,相机调遣。前调宣化、大同两镇官兵各一千名,前赴库伦防剿。现在乌城既失,库伦情形亦属吃重。着李鸿章、何璟迅即调派,克期前往。该官兵经由军台行走,应需饷干等项,并着宽为筹给。令其自行备办糇粮,裹带前进。需用锅帐等项,一并备齐,以免沿途缺乏。……将此由六百里加紧谕知都兴阿、德英、定安、李鸿章、奕榕、毓福、文盛、杜嘎尔、何璟、锦丕勒多尔济、张廷岳、阿尔塔什达、文麟、景廉、伊勒屯,并传谕何琯知之。"(《清穆宗毅皇帝实录卷之二九四》)

○同治九年庚午闰十月○癸未,又谕:"昨因乌城失陷,北路军情紧要。谕令神机营王大臣拨兵前赴察哈尔等处扼守。兹据神机营王大臣奏称,选派马队官兵五百名,抬枪队官兵四百名,枪炮队官兵八百余名,并以副都统成明为总统,带领前往,择要布置等语。所筹均属妥协。即着照所议办理。该官兵到张家口后,应如何将步队在关扼扎,马队分驻关外,作为侦探游击之师,俾昭严密之处。着文盛与成明商酌情形,妥为调度。嗣后一切布置防守及应行具奏事宜,即由文盛与成明会同办理。前叠谕都兴阿等,将古北口撤回之吉林马队二千名内,挑选一千名,与黑龙江马队一千名即行截留,前赴乌里雅苏台援剿。此项马队如甫经出关,着玉亮、古尼音布查明。该官兵无论行抵何处,除将黑龙江一千名即行截留,其吉林马队二千名,着玉亮、古尼音布会同该省带队官挑选一千名,饬令一并折回,取道张家口,归杜嘎尔统带,即赴乌城,以昭迅速,不必俟到奉天后再行折回。前令杜嘎尔统带察哈尔马队先行前进,着恪遵前旨,星速趱行,毋稍迟延。其吉林马队挑剩之一千名,仍令撤回该省。此项官兵,马匹恐多疲乏,着文盛先行备出膘壮马二千匹,俟该官兵到口时,酌量拨换。其器械药铅等件如有不敷,着文盛查明,知照神机营王大臣酌给。黑龙江官兵分起行走,如有由草地径行归伍者,仍着德英查明若干名,照数挑拨赴乌,以符原拨一千名之数。将此谕知神机营王大臣,由五百里谕知都兴阿、德英、奕榕、毓福、文盛、杜嘎尔、玉亮,并传谕古尼音布知之。"

○甲申,谕军机大臣等:"定安奏遵拨官兵赴乌会剿,并陈归绥军务吃紧情形,请饬刘铭传拨兵扼扎缠金,暨参带兵侍卫各折片。乌城失陷后,北路需兵孔亟。定安现派参领贡果尔统带所部察哈尔马队二百五十名,由达拉特旗星夜来绥,驰赴哈尔尼敦推河一带。查探匪踪,相机截剿。以蒙兵赴援蒙境,自可得力。且系杜嘎尔旧部,兵将相习,呼应较灵。即着该将军催令迅速前进,沿途探询,与察哈尔队伍合兵一处,归杜嘎尔调遣,以一事权。至前调吉林、黑龙江马队,向归副都统富勒珲统带,驻扎后套缠金一带。定安奏称缠金为诸军粮运总汇之区,此时磴口石觜山一带,时有贼踪,陕回又有欲窜后套之信。若遽将此军撤动,设该逆乘虚北窜,不独粮运梗阻,即包萨一带,亦必震动等语。自系实在情形。前有旨令,刘铭传拨兵扼扎北路要隘,现在边外望援甚亟,不可不设法筹拨。着刘铭传迅派大支劲旅,由靖边安边一带,取道宁条梁,驰赴缠金,扼要屯扎,以保粮源。定安俟刘铭传派兵到后,即饬富勒珲统带所部马队一千二百名,取道乌拉特旗驰赴乌境助剿。绥远至乌城道里若干,有无台站并绕道处所,着定安迅即查明,详晰具奏,并绘图呈览。锦丕勒多尔济于援兵未到以前,务当督率蒙兵,妥筹防剿。仍将贼势军情,随时驰奏。侍卫福全管带神机营马队,宽严失当,不洽众情。不得因尚无劣迹,稍事姑容。着撤去管带官,并撤销二品顶带,饬令回京当差，以示惩儆。将此由六百里各谕令知之。"寻定安奏："绥远地方与乌城所管军台相距尚远，自归化城至乌城共五十四台，计四千五百余里。此外别无绕道处所，谨绘图呈览。"报闻。

○丙戌，又谕文盛、杜嘎尔奏遵饬察哈尔马队赴乌协剿，杜嘎尔奏催齐各军，统带前进，张廷岳等奏请饬催宣化、大同官兵各一折："据文盛等奏称，察哈尔右翼马队五百名，饬令达尔济管带先行起程。左翼马队五百名接续进发，并筹备驼只等项，俾利军行。所筹均尚周到。着即饬达尔济管带该官兵克日启行，相机进剿，毋稍稽迟。前叠谕都兴阿等截留吉林、黑龙江马队二千名，归杜嘎尔统带。何时可以到口，着杜嘎尔迅催此项官兵到齐，即行统带前进。刻下天气严寒，军士远道出征，朝廷深为廑念。该副都统务当妥为拊循，勉以忠义。沿途经过地方尤应认真约束，毋任滋事。库伦需兵甚急，前谕李鸿章饬王可升管带宣化练军一千名，前往库伦，协同防剿。着该督饬令星速拔队前行。所调大同镇兵一千名，着何憬憘遵叠次谕旨，迅即调拨，派委得力将弁管带，驰赴库伦。官兵早到一日，人心早安一日。不可稍涉延缓，致误戎机。此项官兵到口时，每起分拨二百名，间日出口，以期台站应付一切较为便捷。此次先后调拨官兵五千名，需用驼只甚多，文盛等拟由商都等处调拨外，由锡林郭勒十旗，每旗借用驼三百只。着理藩院飞饬锡林郭勒盟长，会同该都统等委员妥为办理，赶紧拨解，以应要需。马队临敌冲锋，全赖得力马匹。着张廷岳、阿尔塔什达转饬喀尔喀等部落，速拨膘壮马三千匹，先期解交库伦，妥为牧放，以便官兵到时应用，藉资进剿。惟喀尔喀等部所拨马匹，恐难如数。着文盛于各马群内，仍当宽为筹备，以利遄行。近日乌城贼情若何，张廷岳等随时探明奏闻。并着将筹办一切情形，知照锦丕勒多尔济，以壮声援。至大军进剿，兵食最关紧要。口外均非产粮之区，自应在察哈尔安设粮台，以资转运。惟该衙门差委之员，着李鸿章即饬口北道，酌派委员，赴口设立粮台。所有征兵粮饷，并采办干粮，及需用军火等项，责成派出之员专司其事。应需银两，并着李鸿章筹款拨给，奏明办理。将此谕知理藩院，并由六百里谕令李鸿章、文盛、杜嘎尔、何璟、张廷岳、阿尔塔什达知之。"○拨部库银二十万两，解赴察哈尔，以备军需。(《清穆宗毅皇帝实录卷之二九五》)

○同治九年庚午十一月○己亥，又谕："李鸿章奏，酌议津海关道章程七条。……又片奏，请以游击徐平川护理宣化镇总兵。该员能否胜任，着李鸿章随时察看。如果不能得力，即着另行派员署理。将此谕令知之。"○又谕："前据锦丕勒多尔济、张廷岳等先后奏报，乌里雅苏台失守，迄今二旬有余。未据续奏情形，殊深悬盼。贼匪窜陷乌城后盘踞附近游牧地方，近日有无窜动，在城各官下落究竟若何，锦丕勒多尔济现在驻扎何处，曾否调集蒙古官兵设法进剿，棍噶扎勒参曾否到乌，着即详细奏闻。并着张廷岳、阿尔塔什达，将乌城情形随时探明具奏。前据文盛等奏赴援乌城官兵，拟在察哈尔安设粮台，当经谕令李鸿章筹拨款项，饬口北道派员办理。该督谅已遵照筹办，惟自察哈尔至乌里雅苏台，程途甚远。军士粮食羊马设有缺乏，关系非轻。应如何节节转运，派员照料，必须先行筹画。赛尔乌苏地方应否设立转运粮台，并沿途应于何处设台接运，着文盛、杜嘎尔、张廷岳、阿尔塔什达酌度情形，奏明办理。察哈尔马队，计已起程。着文盛、杜嘎尔，饬达尔济迅速管带前进，相机援剿。其吉林、黑龙江马队现赴昌平州整顿行装，即可出口。杜嘎尔一俟此项官兵到齐，即着统带继进。前调宣化大同官兵均已奏报起程，着张廷岳、阿尔塔什达俟该官兵到后，妥为布置，藉资防剿。将此由六百里各谕令知之。"

○辛丑，又谕李鸿章奏派员筹设粮台一折："李鸿章现已遵旨在察哈尔设立粮台，以备调赴库伦等处征兵口食。宣化官兵一千名，已由该督筹给三个月饷干及军装等项，以后月需采运粮食费用，仍着李鸿章按月筹款，解交粮台，源源接济。其察哈尔、吉林、黑龙江马队官兵，应需采办干糇，裹带粮饷。前已准文盛等所请，由部拨银二十万两，即可于此项饷银内核实动用。着文盛、杜嘎尔会商李鸿章妥为应付,以利遄行。以后口粮,自应豫为筹画。着户部迅拨银三万两,交顺天府派员解交口北道收存,专备前项官兵口外购粮之用。并着李鸿章、文盛等饬令该道宽为购备,毋令缺乏。惟由察哈尔以至乌库,程途窵远。奉调出口征兵裹带粮饷军火等项,必须足用,以示体恤。现在如何采办,如何分给,及由何处接续转运之处,仍着文盛、锦丕勒多尔济、杜嘎尔、张廷岳、阿尔塔什达悉心酌度,详晰奏闻。李鸿章以大同官兵系由归化出口,归绥本有支应防兵粮台,所有该官兵粮食军火,应由定安、何璟饬令归绥道运解,免致辗转。着该将军等体察情形,奏明办理。各路官军抵乌库后,应需粮药,由李鸿章、文盛等督饬后路各粮局购运,其例支盐菜、马驼干等银,势难由远筹放。乌库本各有部拨饷银,着照李鸿章所议,所有察哈尔、吉林、黑龙江官兵应领饷干,着由锦丕勒多尔济就近支给。宣化、大同官兵应领饷干,着由张廷岳等就近支给。至军火等项,需用甚急。着工部先行筹发若干,解赴察哈尔粮台,以备应用。其业经出口及启行各营,请领军火粮食等项,着由各该统带官呈明文盛等,饬令粮台照例发给。用过银数,事竣核实报销。至所称乌城倘无大股啸聚,止须酌留官兵,分投搜捕,无庸专设粮台以节糜费之处。着定安、文盛、杜嘎尔、张廷岳、阿尔塔什达、锦丕勒多尔济随时侦探明确相度机宜,妥筹具奏。将此由六百里各谕令知之。"(《清穆宗毅皇帝实录卷之二九六》)

〇同治九年庚午十一月〇壬寅,谕军机大臣等:"张廷岳、阿尔塔什达奏筹防事宜,并绘图呈览,贼踪西窜,请饬堵截。喀尔喀驼只骤难筹拨。……宣化、大同官兵,已先后奏报起程。张廷岳等置办穹庐四百架,所筹甚妥。该官兵到库后,仍应择要分扎,以固边围。不得以匪踪渐远,稍涉大意。……现调赴乌城之兵,有吉林、黑龙江二千名,察哈尔马队一千名,又贡果尔带察哈尔亲军马队二百五十名,统归杜嘎尔调遣。

到乌后,着锦丕勒多尔济会同杜嘎尔妥筹布置。……所有调赴乌、库之察哈尔、吉林、黑龙江马队及宣化、大同官兵,仍应迅速分别前往,昨据李鸿章奏,已派员筹设粮台。所有采办粮食分给军火及沿途转运等事,着李鸿章、文盛、杜嘎尔、锦丕勒多尔济、张廷岳、阿尔塔什达仍遵昨日谕旨,分别妥筹具奏。大同官兵所需粮饷军火,何璟亦当源源应付,均毋任稍有缺乏。定安前派参领贡果尔统带察哈尔马队二百五十名,赴哈尔尼敦推河一带,探踪截剿,刻下谅早起程。此项马队,本归杜嘎尔调遣。着即饬令与达尔济所部合兵一处,相机探剿,毋稍迟延。……将此由六百里各谕令知之。"

○丁未,又谕张廷岳、阿尔塔什达奏筹拨马匹以备官兵骑乘,并探闻贼匪情形各折片:"据称赴援乌城之兵,若绕由库伦苏木台站行走,中途未免濡滞。不如由赛尔乌苏向西,由推河直抵乌城,较为便捷。所筹尚合机宜。张廷岳等现已札饬赛因诺颜部落盟长,将推河以北至乌城十五台,赶紧设复。着锦丕勒多尔济一体札饬该盟长迅速办理,以通台路。贼匪尚在距乌城西南四五台之杂普汗河地方盘踞,此时援兵若能赶早前往,正可出贼不意,击其惰归。达尔济所带察哈尔马队一千名,计已起程。着文盛、杜嘎尔即饬令由赛尔乌苏向西探踪截剿,毋稍迟延。贡果尔所带察哈尔马队二百五十名,着定安饬令探明达尔济行抵何处,即行合队进剿,以资厚集。……着杜嘎尔催齐吉林、黑龙江马队,统带前进。应如何与达尔济分路进兵,两面夹击之处,妥商办理。……宣化、大同官兵行抵库伦,即着妥为布置,以固边防。将此由六百里各谕令知之。"

○戊申,谕军机大臣等文盛、杜嘎尔奏达尔济所部马队五百名业已启行,察哈尔后起马队日内即可进发,乌城贼踪现已西窜,请将吉林、黑龙江马队暂缓进发一折:"昨因张廷岳等奏,贼匪尚在距乌城西南四五台之杂普汗河地方盘踞。各路援军若能及早赶到,正可聚而歼旃。当经谕令文盛、杜嘎尔饬达尔济一军,由赛尔乌苏向西探踪截剿,并令杜嘎尔催齐吉林、黑龙江马队,统带前进。此时若照文盛等所奏,遽将吉林、黑龙江马队暂停进发,则达尔济孤军无继,殊不足以壮声威。仍着懔遵昨日谕旨,俟吉林、黑龙江马队到口,由杜嘎尔统带,迅速进发。至进兵道路,自以由赛尔乌苏向西径达乌城,较为直捷。所有推河以北至乌城十五台,着锦丕勒多尔济迅饬赛因诺颜部落盟长,赶紧设复,以利师行。达尔济已于十一月初一日起程,此时计可行抵赛尔乌苏。即着饬令转西赴乌,毋庸绕赴库伦,致形濡滞。如达尔济行走迅速,业已抵库。应如何取道赴乌之处,着张廷岳等设法筹办。该军马匹,远道疲乏,如须更换,即由库伦筹备马匹内先行拨给一千匹,以应急需。并着文盛等于官群内如数拨还,俾备宣大官兵之用。参领贡果尔马队二百五十名,现已到口。着文盛等迅筹驼只,饬令即日启行,与达尔济合兵一处,相机探剿。塞外用兵,军食最关紧要,文盛等业于头台赛尔乌苏适中之地,添设支发转运一处。其乌、库两城所属各台,应于何处安设接运之处,并着锦丕勒多尔济、张廷岳等,酌度地势,妥为筹画。正在寄谕间。据李鸿章奏,张家口地方不敷官兵栖止,请将吉林、黑龙江马队暂行择要驻扎,及筹办难民难回事宜。福济、荣全奏现筹招集安抚各折片,已明降谕旨,将福济、荣全、锦丕勒多尔济革职留任。责令戴罪自效矣。贼匪尚在乌城附近,并未远扬,亟宜进兵剿办,所有吉林、黑龙江马队,断不可遽议停止。该官兵现已陆续驰抵昌平,着文盛等于驼只柴薪等项,宽为筹备。俟察哈尔马队及宣化、大同官兵出口后,即催吉林、黑龙江马队分起到口,陆续进发,毋稍迟误。福济、荣全防守无方,城池被陷。锦丕勒多尔济督剿不力,均应治以应得之罪。姑念该处兵力本单,从宽革留。该将军等务当激发天良,招集蒙兵,力筹剿堵。倘再不能勉赎前愆,或至一误再误,则国法具在,毋谓宽典可幸邀也。其喀尔喀扎萨克图汗、赛因诺颜西两部落,即着理藩院札知各扎萨克赶赴乌城,随同福济等将防剿事宜实心办理,不准观望迟回,自贻伊戚。李鸿章片内所称,窜陷乌城之贼系伊犁等处难民难回勾结本处蒙民喇嘛滋事,是否属实,着福济等查明具奏,仍妥筹办理,以遏乱萌。将此谕知理藩院,并由六百里谕令李鸿章、福济、荣全、锦丕勒多尔济、文盛、杜嘎尔、张廷岳、阿尔塔什达知之。"(《清穆宗毅皇帝实录卷之二九七》)

○同治九年庚午十一月○乙卯,又谕奎昌、文硕奏乌里雅苏台军情紧急,请调兵援剿一折:"前因贼匪窜扑乌城,叠经调派察哈尔马队一千二百五十名,吉林、黑龙江马队各一千名,令杜嘎尔统带赴乌助剿。并调宣化、大同两镇官兵各一千名,赴库伦防守。嗣据张廷岳、福济等先后奏报,贼于十月十九日攻陷乌城,二十三日旋即退去。该逆尚在距乌城西南四五台杂普汗河地方盘踞。业已催令所调各军,星速前进。此时贼既窜走,科城所属台站,着奎昌等赶紧设复,以通文报。乌城被贼焚掠一空,福济等重新整顿,需兵弹压。内地援军,远道遄征,转运等事,均须节节部署,恐未能克期抵乌。奎昌等所派吴云等带兵百名赴乌,仍着饬令前往,听候福济等差遣。棍噶扎勒参驻扎何处,现如尚未到乌,着奎昌等饬令迅速前进。文硕应否带兵东行援应之处,着咨商福济等斟酌情形办理。科城防务,亦关紧要。奎昌、文硕务当督饬官兵认真操练,加意巡防,以固边圉。将此由五百里各谕令知之。"

○戊午,谕军机大臣等……文盛、杜嘎尔奏遵饬马队陆续起程各折片:"……文盛等现已飞咨达尔济,由赛尔乌苏转西前进。察哈尔后起马队及贡果尔所带马队,亦已定期起程。着即催令迅速遄行。黑龙江马队既经陆续抵宣,即着赶给驼只,饬令先行进发,其宣大步队即饬随后启行。并着杜嘎尔催齐吉林马队克期统带前往,毋稍延缓。……将此由六百里各谕令知之。"

○庚申,又谕奎昌、文硕奏续探乌城情形,请将前折更正,自请议处;并陈边防利害,请拨饷项火药一折:"……奎昌、文硕等请拨部饷火药,系为边疆大局起见。着户部迅即筹拨银十万两,咨交顺天府解至察哈尔,由该都统派员护解赴科,以应急需。乌城前拨饷银,已由户部解往。如科城需饷孔亟,即着福济先行酌拨数万前往,俟科城饷项到时,再行扣还。并着定安速拨火药一万斤,火绳一万盘,遴派妥员解赴科城,以资利用。蒙古地方,首以茶布代烟为日用所需,现在贼踪虽远,深恐商民惑于流言,裹足不进,则蒙民生计日蹙。着定安出示晓谕商民,俾令照常贸易,以期食货流通,亦安边之要务也。达尔济一军,已由赛尔乌苏转西前进,察哈尔后起马队及贡果尔所带马队,亦已定期起程。黑龙江、吉林马队,亦令陆续进发。国家不惜数百万帑金,调集劲兵,绥靖疆圉。福济等务当懔遵叠次谕旨,将推河迤北台站赶紧设复,毋令援兵稍有阻滞,仍将目前防剿各事宜悉心妥筹,毋得再有疏虞,致干重咎。将此由六百里各谕令知之。"(《清穆宗毅皇帝实录卷之二九八》)

○同治九年庚午十二月○甲子,谕军机大臣等福济、荣全奏豫筹催调官兵,安设粮台一折:"前因乌城贼匪向西南退去,谕令文盛等飞咨达尔济,由赛尔乌苏转西前进。催令察哈尔后起马队及吉林、黑龙江马队陆续进发。现在贼踪未知究往何处,所有前项奉调出口官兵,仍着文盛、杜嘎尔遵照前旨,迅催前进。随时知照福济等,将此项援兵妥为布置,探踪防剿。福济等以大兵渐集,粮饷亟宜豫筹,请饬直隶、山西酌派实缺道府出口,在赛尔乌苏一带督办后路粮台。前据文盛等奏报,业于头台赛尔乌苏适中之地,添设支发转运一处。当谕锦丕勒多尔济、张廷岳等,于乌、库两城所属各台,酌度地势。应在何处安设接运,福济等此次所请直晋派员出口督办粮台,着李鸿章、何璟斟酌情形,咨商福济等妥筹办理。将此由五百里各谕令知之。"

○己巳,又谕张廷岳、阿尔塔什达奏遵设转运粮台,及应行筹办各事宜;并宣大官兵不可遽停,暨拨兵防守推河各折片:"口外用兵,转运最关紧要。张廷岳等拟在察哈尔所属之霍呢齐台及乌城所属之推河台两处设立转运粮台。揆之道里远近,尚属适中。即着福济、文盛等按照所陈,妥为筹办。并各拨官兵分赴该两处戍守,以资防护。乌城退出贼匪，虽已饱掠回肃，而乌拉特地方尚有贼匪千余，难保不乘虚窜突。且库伦获贼供称，有探明库属路径，拟于明春扑犯等语。是边外防守，仍不可一日稍松，致蹈乌城覆辙。达尔济头起马队，前据文盛等奏，已咨令由赛尔乌苏转西前进。察哈尔后起马队，亦已定期起程，此时计已陆续进发。文盛等即当将驼只帐房等项妥速筹画，催令宣、大官兵赶紧出口，迅赴库伦，以资防剿。毋得再以'冰冻草枯，支应艰难'为词，因循贻误。至宣、大两处之兵，均系派往戍守库伦。张廷岳等拟将大同官兵月需粮食，由推河粮台支领。宣化官兵月需粮食，由霍呢齐粮台支领。霍呢齐尚距赛尔乌苏不远，推河则在库伦大西，转输不易。仍着张廷岳等斟酌情形，力任其难。毋得稍涉推诿，致误事机。……将此由六百里各谕令知之。"（《清穆宗毅皇帝实录卷之二九九》）

〇同治九年庚午十二月〇癸酉，又谕何璟奏奉调大同官兵仍饬由张家口出边一折："山西大同镇官兵，业经何璟筹拨粮饷，齐集天镇，取道张家口行走，系由赛尔乌苏往库伦大路。若令折回大同向归化出口，程途既多纡折，驼只又艰于供应。察哈尔本有调拨商都等处及借用锡林郭勒十旗驼只，轮转驮载，足敷应用。所有奉调大同官兵，着照何璟所请，饬由张家口出边，以期便捷。仍令暂扎天镇，由何璟探明，接续进发，免致拥挤。应需军火饷项，该抚务当按月筹解，撤令归绥粮台转运接济，毋稍缺乏。此项官兵到口时，着文成、杜嘎尔随时出料，饬令分起出边。需用驼只等项，会饬台站妥为应付，不得稍涉推诿。察哈尔后起马队，及宣化、吉林、黑龙江官兵何日出口，如何分起前进，着文盛等赶紧料理，毋稍延缓，并着随时奏闻。将此由五百里各谕令知之。"

〇乙亥，又谕文盛、杜嘎尔奏达尔济一军行抵赛尔乌苏，阻滞不能前进一折："据称达尔济一军，现已行抵赛尔乌苏，惟查推河等处台站官兵，寥寥无几。驼马帐房等项，数亦无多。且管理五台之台吉吹扎普等，被警后迄未归台。拜达拉克等十台，亦被贼扰，又无毡房。哈尔尼敦起至沙拉嘎勒卓特台,虽未被扰,而积雪深厚,生畜疲弱,大兵不能前进。现饬该总管暂在赛尔乌苏迤西各台,分队驻扎,豫备进发等语。推河以北溃散各台,叠经谕令福济等,赶紧设复,以利师行。乃为日已久,而台站仍未整顿,实属因循疲玩。塞外风雪严寒,粮食稀少。倘分扎各军因天寒饷缺,或有哗溃之虞。福济等岂能当此重咎耶?即着该将军等迅将哈尔尼敦等二十台站应备驼只、薪水、蒙古包等项,无分昼夜,赶紧一律豫备妥协。并将援兵乘骑派员解赴经过各台,俾大军得以遄行,不至阻滞。毋得再有迟延,自干罪戾。文盛、杜嘎尔仍当督饬达尔济约束附循,设法相机前进。并催后起各队接续进发,毋稍观望。前窜乌城贼匪,首逆系何名姓,现在究窜何处。并着福济等查明,据实具奏。将此由六百里谕令知之。"

〇丁丑,谕军机大臣等锦丕勒多尔济奏确探贼踪,整饬台站,并请饬催部饷各折片:"昨因文盛等奏,达尔济一军行抵赛尔乌苏台站,阻滞不能前进。当经谕令福济等赶紧妥办,以利师行。此次锦丕勒多尔济折内声称,各处台站,仅通文报,尚未整齐等语。是疏通整饬之说,不过徒托空言,并无实效,实属因循贻误。台站系锦丕勒多尔济专责,前派多布钦扎木楚等帮办台务时,即谕令该参赞大臣妥为会办,不得以帮办有人,稍涉推诿。着懔遵前旨及昨日寄谕与福济、荣全,迅将哈尔尼敦等二十台站应用驼只、薪水、蒙古包等项,迅速豫备妥协。即知照杜嘎尔督饬达尔济等军陆续进发,捍卫边疆。倘再玩愒因循,致大军中途梗滞,贻误事机,必惟锦丕勒多尔济等是问。前据张廷岳等奏,在霍呢齐暨乌城所属之推台,各设转运粮台,并派兵戍守。着福济等遵照本月初八日谕旨,赶紧设法办理。至乌城饷需紧要,已于闰十月十一日,经户部奏拨部饷二十万两,由察哈尔运解赴乌。并于山东、山西、河南兵拨银三十万两,饬令分路解赴乌城。所有部饷二十万两,此时许已运解在途,即着福济等派委员弁,沿途迎护。一俟解到,即斟酌情形,撙节动用。锦丕勒多尔济与福济、荣全同办一事,总当遇事会筹,和衷共济,不得自分畛域。嗣后应奏事件,着会同福济、荣全联衔具奏。所请军需则例,本日已令户部由驿颁发矣。贼踪究窜何处,仍着福济等查明具奏。将此由六百里各谕令知之。"(《清穆宗毅皇帝实录卷之三〇〇》)

○同治九年庚午十二月○乙酉,又谕……文盛、杜嘎尔奏察哈尔马队应扎何处,请旨遵行各一折:"……惟据文盛等折内所称,十二月十九日接福济等咨,准锦丕勒多尔济咨称,有停止马队赴乌,藉苏台困,并免徒劳驼马等语。是福济等既欲援军之速至,又畏台站之难复,疲玩因循,自相矛盾,殊不可解。抑知台站一日不复,则大兵一日不得前进?转瞬春融,倘贼踪突至,该将军等何以御之?况赛尔乌苏,一望沙漠,牲畜稀少,薪水维艰。万一分扎各军饷缺哗溃,咎将谁执?着福济、荣全、锦丕勒多尔济懔遵叠次谕旨,迅将哈尔尼敦等二十台站,赶紧豫备妥协,咨催达尔济一军相机前进,毋得再有迟延,致干重咎。台站系锦丕勒多尔济专责,尤不准藉词推诿,自取罪戾。文盛等仍饬达尔济暂勿移兵,恪遵前旨,设法西行,毋稍观望。……将此由六百里各谕令知之。"

○庚寅,上御保和殿,筵宴朝正外藩。科尔沁、喀尔喀、扎赉特、阿巴噶、土默特、敖汉、翁牛特、扎鲁特、喀喇沁、苏尼特、归化城土默特、乌珠穆沁、克什克腾、巴林、察哈尔王、贝勒、贝子、公、台吉,暨朝鲜正副使等,随文武大臣依次就坐。(《清穆宗毅皇帝实录卷之三〇一》)

公元1871年

○同治十年辛未春正月○癸巳,谕军机大臣等神机营王大臣奏征兵出口援剿应行筹备各项,请饬实力举办一折:"口外用兵,米粮、驼马、柴薪、帐房等项最关紧要。叠经谕令文盛、张廷岳等妥为筹备。并令福济等设复台站，俾利师行。该将军等宜如何合力同心，认真经理。兹览神机营所奏，文盛于应办各事拘泥前奏，不求变通之法，即如米粮一项，虽由口北道委员采买，究竟如何转运，该都统并未筹有办法。驼只一项，闻参领达密林扎布已向各处措借，言明每驼酌给行粮。若有缺乏，赔补价值。该都统以价银甚多，不肯放给，致驼只不能应手，官兵出口，每人给驼一只。若不筹按站递换之方，必至长途疲乏，进退维谷。该都统前奏，每台备蒙古包二十三架。现闻大者仅容十人，小者容三四人，亦须赶紧添置，庶敷官兵栖止各等语。口外天气严寒，出征士卒，必应优加体恤，鼓其勇往之气，岂可顾惜小费，罔恤兵艰？着文盛、杜嘎尔悉心商酌，蒙古包、驼马等项，如须雇赁，必当优予价银。并将驼马如有缺乏作何赔偿，及分拨各台如何喂养之处斟酌妥办，以期踊跃集事。并着拣派蒙古信服之人，勿拘以文法，令其办理驼马事件，以专责成。用过各款，准归军需项下作正开销。所有驼马、锅帐、粮石、羊只、柴薪、水草等项，按台先为备齐。并另拨银数千两，交杜嘎尔携带前往，以备各项短缺之用，及雇觅蒙古向导之赀。此次出口各军未到乌城以前，均归杜嘎尔总统。所有未尽事宜，该副都统当随时筹画，与文盛详酌商办。总期援军直达乌城，不至半途阻滞。毋得以文盛职衔在前，意存推诿。折内声称风闻察哈尔马队承领饷银，有每两官扣六分之事，并着文盛、杜嘎尔严查所属有无侵冒军饷之员，据实参奏。推河以北台站系锦丕勒多尔济专责，且该参赞大臣管辖蒙古。何至呼应不灵，乃为日已久，而台站迄未设复，致达尔济一军阻于赛尔乌苏跋前疐后？倘因饷绌哗溃，锦丕勒多尔济自问当得何罪？着懔遵前旨，迅将应设台站一律设复，并将各台应备驼马、帐房等项筹备周全，俾大军得以速进。毋再观望迁延，致干重咎。防守库伦之宣大官兵，因各马队不能西进，现在尚未出境。张廷岳、阿尔塔什达，亦岂得袖手旁观、置之不问？至官军前赴库伦、乌城后应需马匹，并着福济、荣全、锦丕勒多尔济、张廷岳、阿尔塔什达等宽为选备。如不敷用，即行设法劝捐，以备乘骑，毋稍迟误。察哈尔、库伦、乌里雅苏台相距虽远，然既同办一事，即应通力合作。察哈尔、吉林、黑龙江各队官兵，或由赛尔乌苏径达乌城，或绕由库伦赴乌，无论何路行走，总以迅速前进为是。该将军大臣等当以大局为重，彼此设法商办，以期援兵早达，捍卫边陲。倘敢自分畛域，不顾大局，任令官兵濡滞道途，以致贻误戎机，惟福济、荣全、锦丕勒多尔济、文盛、杜嘎尔、张廷岳、阿尔塔什达是问。懔之慎之。原折均着抄给阅看。将此由六百里各谕令知之。"

○甲午，谕军机大臣等奎昌等奏遵旨筹办情形一折："前据福济等奏，棍噶扎勒参现有兵勇六百余名，已咨令统带来乌。当谕令妥为驾驭。现经奎昌等与之面议，将在途之兵七百余名及索伦一百十余名，均存留用。其余续调各项兵丁，令其停止。该呼图克图所部到乌后人数既多，又皆不谙纪律，深恐滋生事端。着福济、荣全、锦丕勒多尔济懔遵前旨，妥为驾驭。如不能得力，应如何设法遣撤之处，并着妥慎办理，毋令扰害地方。该呼图克图要求无厌，非有大军前往镇压，恩威并用，恐不足以资控制。此时察哈尔等处马队，必须迅速前进。或由赛尔乌苏径达乌城，或绕由库伦赴乌，着福济、荣全、锦丕勒多尔济、文盛、杜嘎尔、张廷岳、阿尔塔什达懔遵昨日谕旨，速筹办理。至大军遄行，尤非速复台站不可。若不赶紧设立，并将驼马帐房等项豫备齐全，致误师行，必惟锦丕勒多尔济是问。至福济、荣全前奏，乌城失陷时家属等殉难，及从前塔城失陷时荣全家属殉难各情，着奎昌、文硕查明奏请旌恤。将此由六百里各谕令知之。"

○戊戌，巴里坤领队大臣伊勒屯奏："乌里雅苏台城池失陷，北路阻塞。"得旨："乌里雅苏台被贼攻陷后，旋即退出。现已调察哈尔、吉林、黑龙江马队前往防剿，巴里坤防守事宜，着伊勒屯认真剿办，毋稍疏虞。"

○壬寅，谕军机大臣等福济、荣全奏豫筹毡房牲畜，接济大兵，严定蒙员告病章程各一折："此次所调官兵前赴乌城，需用毡房牲畜，必须宽为筹办。福济等现已札饬喀尔喀四部落赶办大毡房八百顶,骟驼四千只,骟马八千四。限于三月内办齐。并令豫备骟牛六千头,羯羊十万只。自本年正月起,每月解交牛六百头,羊一万只,以资应用。以上各项定以价值,由官发给。如各盟汗以下官员等有愿捐办者,照章从优请奖。即着照所议办理,并着理藩院、张廷岳、阿尔塔什达催令各该盟长等赶紧照数备办,不得迁延推诿,致误军需。惟福济等所筹各项,仅备官兵到乌后之用。此时察哈尔马队已抵赛尔乌苏。因台站未通,中途阻滞。后起各队,势难接续前进。锦丕勒多尔济管辖蒙古,责无旁贷。着懔遵叠次谕旨,将各台迅速设复。并将沿途应需驼马帐房等项筹备周全,俾得畅行无阻。倘再迟延观望,致官兵有哗溃之虞,恐不能当此重咎也。张廷岳、阿尔塔什达、福济、荣全,亦当懔遵前旨合力通筹,俾屯扎张家口各官兵陆续前进,毋得袖手旁观,贻误大局。锦丕勒多尔济现在是否已抵乌城?着仍遵前旨,与福济、荣全筹办,一切会衔奏事。大兵未到以前,所有应防处所,仍着派委得力之员,酌带蒙古官兵前往扼要防剿。至蒙古官员规避差使,纷纷呈请病假,实属不成事体。着照福济等所议章程办理。并着理藩院传谕各该部落,一体遵照。军行必需向导,着即责成车德恩顿多布多尔济及阿毕尔米特二员,多带蒙古官兵迎探大军,接引前进,俾利师行。蒙民假冒贼匪,肆行抢掠,业经福济等派员拏获四人正法。仍着随时认真搜捕,以靖地方。原折一件着抄给张廷岳、阿尔塔什达阅看。将此谕知理藩院,并由六百里谕令福济、荣全、锦丕勒多尔济、张廷岳、阿尔塔什达知之。"(《清穆宗毅皇帝实录卷之三〇二》)

〇同治十年辛未正月〇丙午,谕军机大臣等文麟、景廉奏科城咨请援兵,暨关外东西各路军务吃紧情形各折片:"文麟等前接科布多咨文,调军赴援。业已部署一切,由景廉督兵前进,自因该处军情紧急起见。惟乌里雅苏台之贼,早经退窜。且已调派察哈尔等处马队前往防剿。刻下乌科一带，情形较松，景廉即着无庸带兵前往。……将此由六百里各谕令知之。"

○庚戌，谕内阁定安奏请将违误台站要差之扎萨克等议处，仍严催赶备驼马一折："察哈尔所管阿勒台军台，第十二、十三两站，帮台之察克达哈布苏尔噶差务，向由乌兰察布盟乌拉特东公旗及茂明安两旗，出备乌拉驼只等项，差派官兵前往充当。近年以来，每多旷误。现当军务吃紧，又不妥速豫备，屡经严催，仍敢任意抗违，实属有心延玩。乌兰察布盟茂明安旗革职留任扎萨克台吉绰克巴达尔琥、署乌拉特东公旗扎萨克印务协理台吉噶勒桑色登，均着交理藩院议处。并着理藩院严催该盟长扎萨克等，将应行出备阿勒台军台第十二、十三两站乌拉驼马及添拨驼只等项，赶紧如数豫备，差派妥实官兵，克期前赴各台支应。用济要需，倘再仍前玩误，即由该盟长呈报理藩院，从严参处，以示惩儆。现在库伦、乌里雅苏台、科布多等处，均有大兵陆续前进。各蒙古台站，亟应实力整顿。着该将军都统大臣严檄各盟长，将应需驼只等项筹备齐全，俾利师行。"

○壬子，谕军机大臣等张廷岳奏因病请假调理，并恳催宣大官兵出口一折："张廷岳现患疮疾未愈，加恩着赏假一月调理，以示体恤。库伦办事大臣印信，业据张廷岳移交阿尔塔什达接管，遇有军务紧要事件，张廷岳仍当悉心筹画，会商具奏。宣化大同两镇官兵，前已谕令李鸿章、何璟催令克期前进。库伦地方防守亟需兵力，着李鸿章、何璟懔遵叠次谕旨，檄令该官兵赶紧出口到防，扼要布置，毋得稍涉延缓。此项官兵出口时，着文盛、杜嘎尔，将需用驼只宽为应付，以利遄行。并着张廷岳遵照前旨，俟该官兵抵库后每镇各拨五百名，配齐军器，派员带赴科布多驻扎，藉资扼守。达尔济一军，闻已由赛尔乌苏西进。所有奉调出口各军，亟应陆续进发。着文盛、杜嘎尔分别檄催，毋任中途濡滞。将此由五百里各谕令知之。"

○甲寅，谕军机大臣等文盛、杜嘎尔奏筹办征兵出口事宜，覆陈发饷章程,并刊刻关防,派员随营各折片:"达尔济马队现已行过赛尔乌苏。黑龙江、吉林官兵亦即定期起程。文盛等筹办转运军火粮饷,豫备驼马帐房等项,添派官兵沿途照料各事宜,均尚妥协。着即照所议办理。其自三十二台并四十四台通乌、库两城台站,亦应一体安设驼马官兵,以免阻滞。着文盛等即将所议章程,咨照该将军等迅速照办。乌里雅苏台一带素不产粮,军食必须先事筹备。若仅由口北道采办接运,尚恐不敷食用。着定安另行采办米面,就近解至十八台,即交驻扎该处之参领贡果尔一并转运。其所需粮价,或在应解乌城饷银内截留,或由察哈尔拨给,即着定安酌核奏明办理。各起官兵,长途乘骑马匹,不无疲乏。到乌后,防剿尤资马力。骆驼牛羊,亦应宽为筹备。文盛等现于察哈尔八旗三群军台及附近各扎萨克劝谕捐输,按照神机营收捐章程,奏请优奖。并着福济、荣全、锦丕勒多尔济、张廷岳、阿尔塔什达,于乌库所属蒙古各部落,广为劝捐,一体准予优奖,以资鼓励。文盛于黑龙江、吉林马队陆续行走后,一面即咨会李鸿章、何璟,檄饬宣大官兵,依次到张家口,以便接续前进,迅赴库伦,用资防剿。杜嘎尔现定于二月十五日起程,着准其刊用木质关防。所派随营各员,均着照所请行。推河以北台站,刻下曾否设复?该官兵等既经先后进发,必须迅达乌城,不可节节逗留。杜嘎尔起程后,着沿途催趱前进,并随时察看情形,飞咨福济等设法妥办,俾利师利。如官兵抵乌城所属台站,该将军等不能先期筹画,以致节节阻滞,必惟福济等是问。锦丕勒多尔济专管蒙古台站,尤当重处不贷。察哈尔开放兵饷,前因该官兵未经出境,每两核减六分,是否咨部有案?现在官兵系远道出征,不应再行扣平,即当全数发给,以示体恤。将此由六百里各谕令知之。"

○丁巳,谕军机大臣等福济等奏逆匪复图回窜,请饬催马队,并拟调员办理口外转运各折片:"回匪去来靡常,既有正二月间复来抢掠官厂,分扑库伦之说;并有平罗铜城堡逆匪,勾结陕回千余,携带半月口粮,以图北窜等语。自应厚集兵力,藉资防剿。着文盛、杜嘎尔督催吉林、黑龙江马队,接踵前进,毋稍逗留。杜嘎尔拟于二月初五日起程,着即将应办各事宜赶紧料理,早日成行,不得再有濡滞。至达尔济马队,据文盛奏现已行过赛尔乌苏,是该总管尚无退缩迁延情弊。福济等请将达尔济先行交部议处之处,着加恩宽免。文盛等仍当饬令迅速西行,探明贼踪,相机迎剿。推河至乌台站,福济等总当懔遵叠次谕旨,豫备周妥,俾利师行。不得以缓师无庸赴乌为词,遂置台站于不问。锦丕勒多尔济已回乌城,尤当将蒙古各站极力整顿,毋许推诿。总之台站不复,惟福济等是问。援兵逗留,惟带兵各员及文盛等是问。该将军等当同心协力,共靖边陲,毋自贻伊戚也。匪徒既有正二月间图扑库伦之信,文盛当迅催宣大官兵赶紧赴库,并知照张廷岳等派员迎提,沿途照料。福济等拟令马队援兵,均至哈尔尼敦额尔德尼招推河一带,会合探剿。于地势军情,是否相宜,着杜嘎尔行抵该处,会商筹画。总期于迎剿转运各事,均无窒碍,即行照议办理,朝廷亦不为遥制也。福济等片称,推河为往来冲道,未便安设粮台。霍呢齐地尚适中,拟添设转运粮台。请饬口北道随带委员,并张家口现存乌城饷项,迅到霍尼齐办理接运,酌拨贡果尔马队护守粮台等语。着李鸿章即饬口北道前往办理,如该道未能分身,即由李鸿章、何璟各派得力道府,迅既出口接办,以期无误要需。将此由六百里各谕令知之。"(《清穆宗毅皇帝实录卷之三〇三》)

○同治十年辛未二月○癸亥,又谕张廷岳等奏,筹办援兵需用各项,请饬拨饷银军火,并喀尔喀东两部落协理将军暂缓赴乌换班各折片:"征兵需用米粮,最为紧要。张廷岳等以库伦采办维艰,派员赴张家口购买。文盛何以辄称差役纷繁,概难支应?遽行咨覆,仍着该都统于库伦委员到口呈报采办齐备时,宽为应付驼只,俾源源运解,兵食不至缺乏。不得再行推诿。出口官兵需用驼马,必须速为筹备。参领达密林扎布于蒙古情形最为熟悉,其所筹措借应用一节,系变通办法,颇属可行。前据文盛等奏,该员因患病,暂派章京噶勒桑车林带领官兵,代办一切。现在曾否就痊?仍着文盛等责成该员一手办理,以期呼应较灵,易于集事。察哈尔马队业已行过赛尔乌苏,吉林、黑龙江马队亦已先后起程。惟闻哈尔尼敦推河一带台站,应需支应各项,仍未齐备。设官兵中途阻滞,贻误非轻。着福济、荣全、锦丕勒多尔济懔遵叠次谕旨,飞速筹办,俾利师行。杜嘎尔业经定期起程,即着督饬官军星速进发。沿途侦探贼踪,相机截击。俟行抵乌境,应于何处扎营防剿,即行咨商福济等妥为筹画。宣化、大同官兵定于何时出口,着文盛咨催接续进发,所需驼马帐房等项,既经张廷岳等豫为筹备,自可无虞缺乏。俟该官兵到库后,仍遵前旨分拨一千名,驰赴科布多防守。至察哈尔官兵发给饷银,前已谕令文盛等,每两毋庸减平六分。库伦官兵饷银,亦应一律全数开放,无须再行扣平,以示体恤。张廷岳等以宣化、大同官兵指日到防,饷项不敷支放。请饬拨部库银二十万两,着户部议奏。库城火药,将次用竣。着神机营王大臣筹拨火药五千斤,轰药五百斤,由张廷岳等派委妥员,前赴神机营领运回库,以济要需。本年夏秋季,轮应车臣汗、图谢图汗两部落赴乌住班。既据张廷岳等奏称,现值防堵吃紧,该协理将军和贝等,均属带兵得力,未能赴乌等语。着福济即咨行西两部落就近直班,其东两部落协理将军等,俟军务稍松,再行照常轮班赴乌。将此谕知神机营户部,并由六百里谕知福济、荣全、锦丕勒多尔济、文盛、杜嘎尔、张廷岳、阿尔塔什达知之。"

○丁卯,谕军机大臣等文盛等奏,遵饬援军分起前进一折:"总管达尔济所带官兵,已抵哈尔尼敦交界。乘骑驼只,均皆疲乏。业经文盛等咨催福济等,将应需驼马派员解往应用。并据达尔济探闻逆匪勾结陕回,意图北窜。援军自应迅速前进,以备拦剿。叠经谕令福济等,将哈尔尼敦以西台站赶紧设复,何以尚未备齐?军行人数较多,非寻常递送文报可比。必须将需用各项豫备齐全,方不至中途阻滞。现在黑龙江、吉林马队,均已分起出口。设达尔济之队稍有停留,则后起各队势必节节梗阻。福济等但知催军前进,而于台站应需支应各项,并未筹备周妥,实属不知缓急。着福济、荣全、锦丕勒多尔济迅将所属各台备齐,并筹拨马一千匹,即行派员解交达尔济,分给官兵乘骑以利遄行。并着文盛、杜嘎尔,催令达尔济设法前进。不得借口于台站未备,稍涉迁延。杜嘎尔已定于二月十五日起程,着即督饬黑龙江、吉林马队,接续进发早抵乌境,相机防剿。其大同、宣化官兵,随后分起出口。文盛亦当赶为整备,催调启行。并着张廷岳、阿尔塔什达派员迎提,照料一切,俾得早达库伦。将此由六百里各谕令知之。"

○戊辰,谕军机大臣等李鸿章奏霍呢齐地方接运事宜无庸另行派办,并宣大官兵不宜分拨一折:"据称口外各台筹办接运,文盛业已布置周密。霍呢齐系二十五台,尚是察哈尔所辖,即在文盛筹办接运之内。此时各军粮食既由张家口粮台采办,沿途各台接运,应责成贡果尔一手经理,未便另由内地派员往办等语。口外应设分局,本由文盛派员经管。霍呢齐既属察哈尔所辖,该处接运事宜,文盛应早顾及,即不必再议更张。李鸿章所奏与现在办法是否相符,着文盛、杜嘎尔随时斟酌情形,会商李鸿章妥为办理,总期无误师行。哈尔尼敦以西台站,仍着福济等懔遵叠次谕旨,赶紧设复,一律齐备,毋再迟误。至宣大官兵到库后,前谕各拨五百名赴科。李鸿章以两处分拨,统带之员,既难兼顾;分运粮饷,又多辗转。不如以大同兵驻科,宣化兵驻库,较为妥便。所奏甚合机宜。着张廷岳、阿尔塔什达遵照此次谕旨,将宣化兵一千名留驻库伦,其大同兵一千名全数拨赴科城。并着定安、何璟饬令归化转运局员,迅将该官兵粮饷军火,就近运赴科城,以资接济。另片奏,遵派官弁教习,并备送阵图营制赴科等语。着李鸿章饬令该弁任得魁等,带同教习十名迅速起程。文盛、杜嘎尔,转饬各台照料前进,抵科后,即着奎昌、文硕照章酌加该官兵口分,饬令认真教练,以资得力。将此由五百里各谕令知之。"(《清穆宗毅皇帝实录卷之三〇四》)

○同治十年辛未二月○辛未,谕军机大臣等张廷岳等奏库伦前调防兵难以分拨,并探闻回匪意图东犯,杜嘎尔奏起程出口各折片:"据称库伦为贼匪所垂涎,该处既无险可凭,蒙古兵又不足深恃。前调宣化、大同官兵二千名,俟到库后设营分防,尚恐不足,势难分拨。请饬直隶、山西各续拨官兵五百名,径赴科布多等语。前据李鸿章奏,宣化、大同官兵,两处分拨,统带之员,既难兼顾,分运粮饷,又多辗转。业经谕令张廷岳等,将宣化兵留驻库伦,大同兵拨赴科城。兹因库城兵力不敷,若由直晋两省各行添拨,仍恐事涉纷歧。不如专由直隶添拨,较为直捷。着李鸿章再于直隶所属各镇酌调兵一千名,派员管带,驰赴库伦,与前调宣化官兵一并听候张廷岳等调遣。其大同官兵一千,仍全数调赴科城,藉资防守。贼匪既已窜至额哲尼河,意图东犯库伦,援军必须星速前进。杜嘎尔现已统带马队起程,着即趱程前进,驰赴哈尔尼敦推河一带,相机防剿。所有乌属台站,福济等谅已遵奉叠次谕旨,赶紧设复,不至再有阻滞。杜嘎尔既不晓汉文,中途遇有紧要应奏事件,着准其缮写清文。俟抵乌后,一切防剿事宜,即会同福济等仍用汉字联衔具奏。并着福济等将折内陈奏之事,用清语向该副都统详悉告知,以免歧异。吉林、黑龙江马队既经陆续出口,所有宣化、大同官兵,着文盛迅速催调,克期起程,早抵库城,不得稍有延缓。将此由六百里各谕令知之。"(《清穆宗毅皇帝实录卷之三〇五》)

○同治十年辛未二月○辛巳,谕军机大臣等文盛奏筹雇驼只供送军行,并更调步队接续出口,请催乌城迎提军饷一折:"杜嘎尔已于二月十五日起程,吉林两起队伍,即于十八日陆续进发。黑龙江第四起官兵现已到口,文盛亦催令接踵出边。其宣化步队,文盛因库伦需兵孔亟,拟令该军于马队全行后,即日出口赴库。所筹均尚妥办。惟各台所设驼只日久疲乏,而捐借又不足恃。文盛拟派员晓谕蒙古人等,按照时价招雇,尚属因时制宜。着照所议妥速办理。所需雇价银两,准其由部拨项下开销。察哈尔、吉林、黑龙江等马队起程时，文盛已给发三个月口分银两。此后行抵乌境，若仍由察哈尔按月续发，道途过远，实有鞭长莫及之势。嗣后各该军月饷，即着由福济等如数放给，以归简便。部拨乌城饷银三十万两，早经解至察哈尔都统衙门收存。并着福济等迅派员弁，前赴察哈尔领回，毋再稽延。如乌城提饷委员至尚需时，即由文盛派委妥员先行分解，或即在此项饷银内，再发该马队一两个月口分，以免到乌后有停兵待饷之虞。均着文盛酌度办理，毋稍推诿。现在大兵接续西行，推河以北台站，福济、荣全、锦丕勒多尔济务当懔遵叠次谕旨，赶紧豫备妥协，俾利遄征。不得再有玩延，自干重咎。杜嘎尔仍遵前旨趱程前进，驰赴哈尔尼敦推河一带，相机防剿。贼踪究窜何处，并着随时奏闻。宣化步队指日出边，张廷岳等当派员迎提，并酌派向导接引。俾得早抵库伦，以资防守。将此由六百里各谕令知之。"

○癸未，又谕福济等奏亲查台站，并筹办防剿、探明各路贼情；杜嘎尔奏台站情形各折片："乌里雅苏台所属南二十台，经荣全往催赶办，部署略有规模。并拟将帮台蒙古官兵酌照正台暂给一半钱粮，以示体恤。即着福济、荣全、锦丕勒多尔济将各台站妥为整理。俟大兵到时，源源支应，俾利师行。哈尔尼敦、额尔德尼招、推河三处，为逆匪往来孔道。福济等拟将棍噶扎勒参兵勇在乌城西南贼去原路扼扎。抽调吉林、黑龙江马队五百名，在乌城东南东沟贼来要路扼扎。其余马队，均驻推河等处。着福济、荣全、锦丕勒多尔济会商杜嘎尔妥为布置。总期视贼所向，认真剿办。不得以有用之兵，置之无用之地。部拨乌城饷银三十万两，昨谕福济等派员前赴察哈尔领回。如乌城提饷委员到尚需时，即由文盛派员先行分解，或即在此项饷银内，再发该马队一两个月口分。福济等现以饷银解至霍呢齐、赛尔乌苏，专员支发，派兵巡护，较为稳妥。此项饷银或即解至该二台，抑或解交杜嘎尔，即由该副都统官兵顺道管解前往。着福济、荣全、锦丕勒多尔济、文盛、杜嘎尔悉心咨商，妥筹办理。贼匪有由英根色博苏台等处分扑库伦之信。该匪若走上年原路，必由推河等处经过。北向可入乌城，东向可入库伦。南向可入喀喇沁、赛尔乌苏、翁锦各台。西北向亦可径至科布多、多暨、巴里坤、哈密等城。贼踪趋向靡定，防范均不可稍疏。着福济、荣全、锦丕勒多尔济、张廷岳、阿尔塔什达、文盛、奎昌、文硕、伊勒屯、何琯、文麟、景廉于所属各境一体严防，毋稍大意。现在贼势又形吃重，杜嘎尔务当统率所部，兼程前进。探明贼踪，就地歼除。以免该逆纷窜各城，致剿办又形棘手。杜嘎尔所称达尔济行抵哈尔尼敦，未得驼马，不能前进；应领米面，不能应送；并据管站台吉与达尔济声称，惟推河台站尚备有毡房，别站皆不能应付等语。与福济等设法筹备驼马、毡房、羊只等项接济大兵之奏情形迥不相符。着福济、荣全、锦丕勒多尔济督饬各台站官员实心筹办，妥为供支，不得有名无实。台站系锦丕勒多尔济专责，不得藉病推诿。倘因台站所备一切不实不尽，致误戎机，恐该参赞不能当此重咎也。福济等现拟续行拨给杜嘎尔行营马一千五百匹，驼一千五百只。如须再行雇觅民驼，着杜嘎尔与文盛会商妥办。将此由六百里谕知福济、荣全、锦丕勒多尔济、文盛、杜嘎尔、奎昌、文硕、张廷岳、阿尔塔什达、文麟、景廉、伊勒屯，并传谕何琯知之。"

〇丁亥，又谕张廷岳等奏库属台站均已筹备一折："据称宣化官兵，由赛尔乌苏至库伦防所，计十四台。大同官兵由赛尔乌苏西行至哲林台，复由该处至库属额尔德尼招防所，添设新台四座。需用驼马穹庐等项，均已备齐。其自张家口至赛尔乌苏，复转西至第六台，向有库伦帮台，亦经添备齐全。是各路援军出口后，已无阻滞之虞。现在吉林、黑龙江官兵，计将全数出口。着文盛催令宣化、大同及直隶续调官兵迅速部署，接续前进。贼匪既欲由英根色博苏台等处分路扑犯库伦，情形实为紧要，援兵断不宜再迟。杜嘎尔业经统兵起程，着即星速遄行，驰赴哈尔尼敦一带，探踪截剿，迅扫逆氛。张廷岳、阿尔塔什达亦当将库伦防务严密布置，一面迎提宣化官兵到防，相机调度。其大同官兵，前已有旨调赴科布多防守。该军出口后，应如何取道前进，着文盛、张廷岳等酌度情形,咨商奎昌、文硕办理。续调赴库之直隶兵一千名应如何择要扼扎之处,并着妥筹调派。杜嘎尔所带各军,虽据福济等前奏应在哈尔尼敦、额尔德尼招、推河等处驻扎。而推河以北台站,亦须备办周妥,以便支应一切,声息相通。不得因大兵无须抵乌,敷衍塞责。蒙古生计维艰,驼只或须雇用。各台当差蒙兵,或须酌发口分。库伦、察哈尔现办各台,均有章程。着福济等迅行咨取,参酌办理,毋惜小费而误军行。文盛、张廷岳等,一面将现办台站章程知照乌城。前部拨乌城饷银,早经解至察哈尔。应如何设法解往,着福济、荣全、锦丕勒多尔济、文盛、杜嘎尔懔遵本月二十三日谕旨,会商妥办。或由文盛派员分解杜嘎尔军营,顺道带往。遇有应行雇觅驼只,发给台兵口分,俾师行不至濡滞之处,并着杜嘎尔与福济等妥筹速办,总以马队迅抵乌境防剿有资为要。现在乌城筹备支应,需饷较多。着户部再行拨银十万两,解交察哈尔转解赴乌应用。将此由六百里各谕令知之。"

○庚寅,谕军机大臣等文盛奏请赏给军台弁兵银两,并请饬添拨驼马各折片:"察哈尔所属军台官兵照料征兵及转运粮饷,差务繁多,情形苦累,自应量加调剂。着照文盛所请,每官给银五两,每兵给银三两。共需银五千二百六十两,即由部拨军需项下动用,核实开放。达尔济、车登所部头二起马队,暂扎哈尔尼敦迤西公布里特地方,经盟长西哩巴咱尔扎普,及乌里雅苏台解到马共四百九十余匹,均皆疲弱不堪乘骑。原骑骆驼亦已大半疲伤,必须添拨应用。前据福济等奏,调拨官厂孳生厂及三盟捐马共一千五百匹,解交达尔济营中。并于四部落再拨骟马一千五百匹,驼一千五百只,解交杜嘎尔行营。现在达尔济收到之马,既皆疲弱;其续行解到者,恐亦未必适用。着福济、荣全、锦丕勒多尔济,将前调驼马,务须选择膘健,催令迅速解往。第恐尚属不敷,并着赶紧宽为添拨,俾利军行。如已无可调拨,必须设法雇用。所有乌城饷银,着文盛仍遵前旨,派员分解杜嘎尔军营,顺道带往。或即由杜嘎尔设法雇用,以应急需。并着杜嘎尔将军台需用一切及进剿机宜,随时咨商文盛、福济等妥筹办理。宣化等处官兵，仍着文盛催令速为部署，克日起程，毋稍迟误。达尔济带兵前进，尚知奋勉，着赏还顶翎。将此由六百里各谕令知之。"(《清穆宗毅皇帝实录卷之三〇六》)

〇同治十年辛未三月〇癸巳，谕军机大臣等："前因何瑄奏巴城需饷孔亟，请饬部拨银十万两，派员赴京领解，当经饬令户部议奏。兹据该部奏称，上年议拨巴、哈两城饷需，于各省积欠新疆月饷，先行提拨山东银十二万两，河南银十万两，山西银六万两，直隶银二万两，共银三十万两。本年正月，文麟等奏请拨饷，复经议令在前提饷银三十万两内拨用。现在巴里坤请饷，与哈密之案相同。请仍令在前提三十万两内分拨等语。即着照所议，由伊勒屯、何瑄饬令前派守备刘光珍，迅往张家口、绥远城两处守候，俟前项解到时，分领银十万两押解回营。至各省应解新疆月饷，自同治五年九月起，截至本年二月止，山东欠解银八十三万两，河南欠解银一百二十一万六千两，山西欠解银四十四万九千两，直隶欠解银十二万五千两。着李鸿章、丁宝桢、何璟、李鹤年督饬令该藩司，将欠解月饷并前提饷银迅速筹解，不准再行延宕。嗣后月饷，仍当源源解济，毋误要需。将此由五百里谕知李鸿章、丁宝桢、何璟、李鹤年、伊勒屯，并传谕何瑄知之。"

〇丁酉，谕军机大臣等福济等奏拏获贼探，饬属严防；何璟奏乌属各台未齐，大同兵候调前进各等语："贼匪伺隙回窜，本在意中。现据福济等拏获贼探，据供教成娃子，贼中分遣细作，陆续赴乌城、库伦放探。并有贼股在各该旗地界藏匿行走。额哲尼河等处，又有贼股盘踞，约定三月间在雪山沟会齐，四月间向东北来乌滋扰，图上库伦。并调施元师带队二千出口，谋犯库伦。贼情叵测，亟宜先事豫防。着福济、荣全、锦丕勒多尔济、张廷岳、阿尔塔什达各饬所属扼要严防，断贼来路。一面勤加侦探，将各起细作按名搜拏，毋任漏迹。贼既图犯乌库，乘其党羽未集，先发制之，则乌合之众，不难尽数歼除。着杜嘎尔迅即督兵前进，探踪雕剿,毋任丑类蔓延。福济、张廷岳等当各就现有兵力,防剿兼筹,彼此随时知照,互相联络,不得稍涉大意。福济等原片,着抄给张廷岳等阅看。乌属各台,叠经谕令福济等一律设复,乃日久尚未备齐,以致师行多滞,实属疲玩。大同官兵改调赴科,应由赛尔乌苏转西行走。文盛因乌属各台未齐,令该官兵暂缓来口,驻扎天镇候调。俟宣化兵全过后,再行前进。究竟乌属各台驼马何时可以备齐,宣化官兵何时全过,着文盛、福济等妥速应付,毋再稽延。杜嘎尔亦应遵奉叠次谕旨,会商福济等设法办理,以便迅速前进。福济等即将各台备齐,由文盛就近饬令大同官兵接续进发,星速赴科。转饷既由贡果尔一手经理,晋省即无须派员出口。其由归化购粮及运赴察哈尔台站事宜,仍着何璟会商定安,妥为筹办,毋令兵食缺乏。福济等另折奏请将捐输踊跃之蒙古王公等奖励等语。业已照请,将车林敦多布赏穿黄马褂,余令该衙门议给奖叙矣。即着该将军等传知该王公,率属守御,共卫边疆,力图报效。将此由六百里各谕令知之。"

○庚子,谕军机大臣等杜嘎尔奏遵筹进兵各事宜,并拟调贡果尔一军剿贼,请饬文盛另派旗员督催粮饷各折片:"杜嘎尔因乌城防兵单薄,现派苏彰阿统带黑龙江官兵五百名前赴乌城,调度尚合机宜。福济、荣全、锦丕勒多尔济务当懔遵叠次谕旨,赶将喀尔喀二十台站应用驼马、帐房一切豫备妥协,以利师行,不得再事因循,致滋贻误。并一面迎提苏彰阿所带马队,迅速到乌以资防剿。乌城饷银三十万两,叠经谕令文盛设法筹解,或分解杜嘎尔军营顺通带往。现在文盛已否派员管解起程,并着知照福济等设法提催。杜嘎尔遴员照料,用昭慎重。杜嘎尔于途次雇驼一百只,补足驿传驼只之额。其不敷之数,仍准其随地雇募,分给各站。俾大军得以迅进,不至濡滞中途。杜嘎尔已于三月初四日由济斯洪果尔前进,驰赴哈尔尼敦、推河、额尔德尼招等处择要扎营。即着确探贼踪,相度地势,妥筹防剿。仍与福济、张廷岳等随时知会,声息相通,以期无误戎机。杜嘎尔兵分见单贡果尔一军,即着该副都统带赴前敌,俾壮声威。所有贡果尔各路督催事宜,即着文盛于察哈尔苏鲁克旗官员内,拣派贤能大员,前往接办,毋稍迟缓。贼匪既有回窜乌城东犯库伦之信,福济、荣全、锦丕勒多尔济、张廷岳、阿尔塔什达等,务将各该处防剿事宜妥慎筹画,不得稍有疏虞,致干重咎。将此由六百里各谕令知之。"

○辛丑,谕军机大臣等定安奏遵旨采办米面协济军食,酌拟章程覆奏一折:"塞外用兵,粮运最关紧要。定安现拟遴派妥员采办米面,另筹经费由苏木台站运送十八台。惟各省应解乌城协饷,山西之十万两,早经解往河南之十万两,仅解二万两,亦已拨交,其余尚无到绥信息。现在该处克日设局采办,需用甚殷,势难久待。所有归绥采买米面价值,并苏木台站运解经费,以及派出采买运解官兵应给口分银两,即着文盛在察哈尔库存军需项下拨给,以济要需。并着该都统酌派协佐官一员,前赴绥城会同办理。一切用款,即饬承办之员按月造册,呈由定安详核,咨照文盛,统归察哈尔都统汇总报销。其现筹采买运送章程,均着照定安所议办理。一切未尽事宜,着定安、文盛随时咨商,和衷妥办。昨因杜嘎尔奏兵分力单,准其将贡果尔调赴前敌。其督催粮运各事,谕令文盛另派妥员前往接办。定安拟将归绥粮石直送至济斯洪果尔,交贡果尔查收之处,着咨询文盛派出接办者系属何人,饬令领运之员妥为交付,毋稍疏虞。定安原折,着抄给文盛阅看。将此由五百里各谕令知之。"

○庚戌,又谕张廷岳等奏请饬直隶续拨官兵迅速到防等语:"贼匪屡有图扑库伦之信,该处警报频仍,情形甚属吃紧。前因大同官兵业已拨赴科城,谕令李鸿章添调直隶官兵一千名驰赴库伦,听候调遣。该督谅已遵旨调拨。其前调宣化官兵一千名,此时计可出口。所有续拨之兵,着即饬令赶紧部署,早日成行,不得稍涉延缓。前据文盛奏,吉林、黑龙江马队,三月初五日可以走毕。拟令宣化步队接续行走,大同兵及直隶续派步队,随后进发。仍着该都统妥筹应付,催令各起官军陆续前进。张廷岳等俟该官兵出口后，着即派员迎提，俾得迅速到防，以资厚集。将此由五百里各谕令知之。"

○丁巳，谕军机大臣等定安、何璟奏筹议转运军粮一折："大同征兵所需军粮，定安等本拟在布库尔采买，运至乌兰哈达军台。因该处产粮无多，挽运不易，现仍在归绥购买，取道苏木六台，每驼每站，酌给雇价。其采买价值及运解经费杂用，何璟已饬藩司筹款，解交归绥道撙节支用，按月报销。所筹尚为妥协，即着照所议办理。仍着定安、何璟饬令国英将米石赶紧购齐，俟各起征兵过竣，即由苏木六站运至察哈尔所属之济斯洪果尔，交文盛派出督催转运之员接收，运赴乌属台站，由乌接运抵科。着文盛、福济、荣全、锦丕勒多尔济、奎昌、文硕，分别督饬该委员妥为转运，不得稍有迟误。粮运抵科时，并着奎昌、文硕照数验收，即行咨覆定安、何璟，以凭查核。贡果尔已令带队驰赴前敌，其各路督催事宜，文盛现派何员接办，着迅速派往，即行奏闻。将此由五百里各谕令知之。"

○己未，谕军机大臣等奎昌等奏支发兵粮章程，大同官兵径由赛尔乌苏赴科，并口外需兵情形各折片："奎昌等所筹防兵薪粮等项支发章程，着户部议奏。前据定安、何璟奏大同征兵所需军粮，每月计需粟米三百三四十石，由归绥采买，转运赴科。按一月作为一批等语。是此项官兵口粮，已经定安、何璟会商，由山西按月支应。此次奎昌等请饬定安、文盛，各协解粮二千石，自系未悉三月二十七日寄谕筹办情形。所请应毋庸议。惟征兵出口后，粮食刻不可缓。若按月批解，沿途转运，设有迟滞恐难接济。着定安、何璟先筹数月之粮，赶紧解赴科城以备缓急。随后仍按月分批拨解，俾免缺乏之虞。文盛前因乌属各台未齐，令大同官兵暂缓来口，驻扎天镇候调。现在科城需兵甚急，着福济、荣全、锦丕勒多尔济，将乌属各台应需一切，迅速备齐。以便吉林、黑龙江马队过后，大同兵亦可陆续前进。自乌至科台站，并着福济、荣全、锦丕勒多尔济、奎昌、文硕先事豫筹。锦丕勒多尔济专管台站，更属责无旁贷。

倘因供支缺乏，致误戎机，该参赞尤不能当此重咎也。并着文盛催令大同官兵克期出口，由赛尔乌苏西进，径赴科城，毋稍延缓。库伦防务紧要，尤盼内地援军早日到防。所有前调宣化兵一千名及续调直隶兵一千名，着文盛懔遵前旨，妥筹应付，催令陆续进发。杜嘎尔行抵何处，着即统率马队，星速遄行。确探贼踪，妥筹布置，迅扫逆氛。将此由六百里各谕令知之。"（《清穆宗毅皇帝实录卷之三〇七》）

〇同治十年辛未夏四月〇壬戌，谕军机大臣等文盛奏筹办驼只，并拟雇用车辆运送军粮一折："察哈尔所属各台驼只供送征兵、转运军械粮饷，日无休息，率已疲乏不堪使用。文盛派委佐领何步登额等，携带银两前往就地雇用，着即饬令该佐领等赶紧雇觅，毋误急需。宣化官兵已于三月二十六日全行出口。大同官兵拟于四月初四日起，间日进发，约于二十四日亦可走毕。其续调直隶一军，即令接续启行。仍着文盛妥为应付，饬令依次前进，迅速到防。察哈尔、吉林、黑龙江马队，前带三个月行粮，计四月间即应接济。文盛饬口北道购办四个月粮米，先期解送。惟口外驼只缺乏，兼之夏令驼只不能得力。文盛现拟雇用牛车于端节前赶紧运送，着照所请准其动款办理，该都统既迅速筹办起运。并行知福济、张廷岳等，派员在哈尔尼敦、赛尔乌苏等处接收，妥为存储备用，俾济军食。将此由五百里谕令知之。"（《清穆宗毅皇帝实录卷之三〇八》）

〇同治十年辛未四月〇丁丑，谕军机大臣等定安奏拨队填扎缠金，腾出马队西进，谨陈筹办情形一折："前因定安军营马步各队陆续撤回，谕令该将军于金运昌所部到营后，妥筹调派，以便腾出萨萨布马队赴乌援剿。兹据定安奏称，宁夏平罗一带，渐次肃清，无须添兵助剿。惟灵州等处需兵驻守，现令金运昌督饬全军，仍扎灵州，以资镇摄。其缠金地方，已饬刘廷于所部五营内先行抽拨一营，就近赶赴缠金驻扎，腾出萨萨布马队克日起程等语。所筹均尚周密，即着定安妥为办理，毋误事机。至萨萨布各起马队官兵一千二百余员名，定安前议，拟令取道乌拉特旗径赴乌城。现因查探该旗荒沙戈壁，并无人烟村落，驼马雇觅维艰，军行不易。拟仍由归化城赴十八台，归军台大路行走，亦是正办。即着定安传知萨萨布，督队暂扎茂明安等旗境内，相机进发。文盛前奏宣化官兵全数出口，大同官兵约于四月二十四日亦可走毕。其续调直隶一军即令接续启行等语。仍着文盛妥为应付，催令依次前进。一俟各军全行出口，即知照定安，督催萨萨布一军接踵西行，毋稍迟误。将此由四百里各谕令知之。"

○戊寅，谕军机大臣等杜嘎尔奏到营日期及军务地方大略情形一折："杜嘎尔已于四月初三日，督带马队驰抵哈尔尼敦台站。惟马匹疲弱，水草缺乏。蒙古生计维艰，需用各物，皆难应手。该副都统现在贡鄂博地方移营暂驻。着即咨商福济等，将需用驼马牛羊等件赶紧催解，以应要需。福济、荣全、锦丕勒多尔济，务即檄饬各蒙古台站，设法应付。毋得袖手旁观，置之不顾。苏彰阿抵乌后，即着福济等饬令扼要防堵，遇贼即击。并将在城各官兵实力整顿，以资得力。军行粮食最为紧要，该官兵裹带行粮，转瞬即将罄尽，亟应源源接济。着文盛饬令口北道广为购办，陆续运解。该都统前奏派参领毕都里业接办转运事宜，着即饬令该参领实力督催，毋稍迟误。前据定安覆奏，归绥设局采买米面，由苏木台站运送十八台，并着速为办理，不可稍涉迁延。其宣化、大同官兵现已先后出口，所有该两军粮饷，并着李鸿章、张树声饬令承办之员，速筹应付。军士远道出征，朝廷深为廑念。务使军食无缺，方可责以用命。谅该将军都统督抚等必能迅速筹办也。前谕李鸿章续调直隶官兵一千名，前赴库伦。究竟曾否调派？何人统带？定于何时起程？着该督即行奏闻。将此由六百里谕知李鸿章、定安、福济、荣全、锦丕勒多尔济、文盛、杜嘎尔，并传谕张树声知之。"

○甲申，又谕："前因张廷岳等奏库伦防兵不敷分拨，当经叠谕李鸿章，于前调宣化官兵一千名外，再行续调直隶官兵一千名，前赴库伦协同防守。兹据李鸿章奏称,本年调防乌库官兵已有五千余人,沿途台站苦累已极,驼只倒毙甚多,雇募帮运实属不敷周转。现闻库伦甚属平静,前调宣化官兵,训练尚为整齐。协防库伦,似可稍壮声势。现经续派古北口练兵一千名,饬令豫为整备。俟秋凉后台站驼匹敷用,届时乌、库两城如有警信,再行调派出口等语。所筹自系实在情形。刻下杜嘎尔所带各队,已抵哈尔尼敦,分扎防堵。苏彰阿吉林、黑龙江马队已抵乌城,宣化头起步队亦即抵库。果能就现有兵力,认真防堵,自可稍壮声威。库伦地方,现尚平静。所有一切筹防事宜,仍着张廷岳、阿尔塔什达妥为办理。并将现在贼势军情,详细具奏。如果贼势东趋,亟须添兵,即着该大臣等迅速奏调,毋误戎机。将此由五百里各谕令知之。"

○乙酉,谕内阁:"前因锦丕勒多尔济奏参福济谬妄贻误各款,当经谕令奎昌驰赴乌里雅苏台,会同荣全查明具奏。兹据奎昌、荣全奏称,上年贼陷乌城,福济遇救得生,是否与贼同居,此时无从质讯。至以仓库酬贼,系得自传闻,亦无确据。其奏报贼名,系据难民称述。所杀蒙民,均系乘机抢夺匪徒,并非置之不理。至被扰地方,事前既令蒙古各盟固守藩篱,事后又调内地大兵会合防剿,尚非漠视不恤。惟厄鲁特人众抢据牲畜一节,实有其事。因乌城旋陷,未及究办。至改调察哈尔马队,上年七八月间,福济因贼已远扬,咨令暂在赛尔乌苏一带,听候调遣。并未止令归伍各等语。福济被参各节,虽查无实据,惟身膺边寄,不能振作有为,力图报称,实属有负委任。该将军前经革职留任,着即行革任,以示惩儆。锦丕勒多尔济与福济同办一事,不能和衷共济,迨偾事后,辄思诿过于人,已属非是。本日复与福济、奎昌、荣全联衔奏请,以该参赞能得众心为词,拟即驰归游牧,尤属谬妄。锦丕勒多尔济着即开参赞大臣之缺,交理藩院严加议处。至福济被参案内马兵常安子需索羊只一节,仍着奎昌、荣全,查明定拟具奏。"

○丙戌,谕军机大臣等张廷岳等奏请饬催带兵大员乘时进剿,等拨乌城驼马等项;张树声奏遵派将弁随军赴科各折片:"本年三月间,回匪突犯赛因诺颜部落,阿毕尔米特旗所属诺彦山一带住户多被抢掠。四月初一日,窜至固尔班赛汗等处焚掠,并有四出窜扰之信。现在该逆究窜何处,着杜嘎尔统率马队探明贼踪,迅速进剿,毋任蔓延。奎昌、荣全、张廷岳、阿尔塔什达,务当各饬防兵严密堵御,力扼该逆窜突之路。刻下关外大兵云集,时交夏令,正可乘时进剿。若徒久驻防所,坐待贼至,转瞬又届秋冬,冰雪在地将士苦寒,剿办愈形棘手,糜饷劳师,何日方能蒇事耶?着杜嘎尔会商奎昌、荣全、张廷岳、阿尔塔什达,探明何路有贼,即由何路进剿,以期迅速蒇功。不得迁延时日,坐耗饷需。如杜嘎尔兵力尚单,即咨商张廷岳、阿尔塔什达,抽调库伦防兵协助。该逆一经大军痛剿,难保不沿边回窜。着定安、金顺、张曜于沿边一带,先事筹防,以杜奔突。宣化、大同官兵均已起程,着文盛催令星速遄行,趱程前进,以赴戎机。昨据李鸿章奏,续派古北口练兵一千名,如乌、库两城有警,再行调派出口。兹据张廷岳等奏,回逆出窜,请饬催续调官兵到防。着李鸿章仍将续派古北口练兵一千名妥为整备,克日起程赴库,以资厚集。乌里雅苏台将军等以各军咸集,需用驼马等项,咨令库属图车两盟协同筹备。张廷岳等现已饬该两盟,将乌城指调驼马毡帐等项,无论足数与否,竭力筹办,解交乌城应用。惟图车两盟,供应已极苦累,亦系实在情形。嗣后所需一切,着奎昌、荣全就近札饬所属西两部落未经被扰各旗,设法办理。宣化、大同官兵所需军粮,极关紧要。着李鸿章、张树声懔遵前旨,妥筹应付,不得稍有贻误。派往科城之桓昌等八员,张树声即饬迅速前进。乌里雅苏台参赞大臣本日已简放多布沁扎木楚,该参赞即迅速起程,前赴新任,会同奎昌、荣全,将一切应办事宜,实心办理。并将台站事宜竭力整顿,以副委任。将此由六百里谕知李鸿章、定安、金顺、奎昌、荣全、多布沁扎木楚、文盛、杜嘎尔、张廷岳、阿尔塔什达,并传谕张树声、张曜知之。"(《清穆宗毅皇帝实录卷之三〇九》)

○同治十年辛未五月庚寅朔○又谕杜嘎尔奏逆匪向东侵犯，现筹防剿情形，请催调承办粮台官员迅速出口各折片："逆匪有赴翁音河、哈尔尼敦附近之萨巴尔图河、推河等处东窜之信。另股距库伦翁音站仅七八日路程。四月初间，该逆分股，在阿毕尔米特游牧之白心图、西楼图各寺盘踞。杜嘎尔现饬管带吉林二起马队之讷苏肯等，前赴翁音驿驻扎。着即饬令严密设防，一面侦贼所向，实力进剿，迅扫逆氛。逆匪现既扰及阿毕尔米特境内，势将侵犯东南。亟应通力合作，会筹扫荡。着定安、金顺、奎昌、荣全、多布沁扎木楚、文盛、张廷岳、阿尔塔什达一并侦探贼情，妥筹备御。务期各路声息相通，为一鼓聚歼之计。杜嘎尔统兵进剿，需用驼马甚殷。着奎昌、荣全、多布沁扎木楚、张廷岳、阿尔塔什达将备调驼马赶紧备齐，解交杜嘎尔营中应用。杜嘎尔当懔遵前旨，探明何路有贼，星驰剿办。不得顿兵不进，日久无功。乌城饷银三十万两，业经杜嘎尔饬令贡果尔等择地存储看守。仍着妥为照料，不可稍有疏虞。所称此项饷银，须有承办官员专司开放等语。着即咨商金顺、奎昌、荣全、多布沁扎木楚、文盛等妥筹办理。将此由六百里各谕令知之。"

○辛卯，谕军机大臣等："前因福济等奏口外安设后路粮台，请饬户部拣派司员经理粮饷事务。当交户部议奏，兹据奏称，北路往来文移及官兵册档，大半系蒙古文字。该部司员中通晓蒙文者较少，且该司员等有稽核报销之责，不便即令经理支发等语。所奏亦系实情。福济等所请拣派部员之处，着毋庸议。惟杜嘎尔所称罗桑台可为支发粮台，察布齐尔台及哲林两处可以屯粮，该副都统随营人员过少，自应添派妥员，专司其事。金顺向在甘肃带兵，本有专设粮台。该处必有经理之员，该将军驰赴新任，即着酌量带往，藉资差遣。至直隶察哈尔及山西之绥远城，均已设立粮台。各该处委员内，必有熟悉情形之人。北路设立粮台，如果经理乏人，并着金顺、奎昌、荣全、多布沁扎木楚、咨商李鸿章、定安、文盛、张树声等，就近派员前往，协同办理，以期得力。李鸿章等亦不得藉词推诿。此时支放粮饷等事，着杜嘎尔咨商奎昌等，先行酌量筹办,期无贻误。原折均着抄给阅看。昨据杜嘎尔奏称,据文盛咨前项饷银三十万两,分为三起由口起程等语。现在是否全数起解?如尚有未经起解者,着文盛酌度缓急办理。其已在途中者,着杜嘎尔责令贡果尔等拣择妥实处所,多拨弁兵,认真守护。文盛于察哈尔各台站亦当檄令小心护解,不得以饷已起程置之不顾也。将此由五百里谕知李鸿章、定安、金顺、奎昌、荣全、多布沁扎木楚、文盛、杜嘎尔,并传谕张树声知之。"

○丙申,谕军机大臣等定安奏遵筹转运粮食事宜,请饬察哈尔、乌里雅苏台多备牛车驼只等语:"军行远道,粮食最关紧要。必须源源接运,方可免匮乏之虞。定安因大同官兵业经出口,即将归绥所办军粮,饬派土默特官兵领解头批,于四月二十五日由归化起运,送至济斯洪果尔,交参领毕都尔业接收转解。以次陆续分批运往,所办甚是。惟时当夏令,驼只毛脱,不能负重致远。非设法协济,必至贻误事机。着文盛赶紧多备牛车,妥为转运,以辅驼力之不足。其乌城一带台站,并着奎昌、荣全、多布沁扎木楚认真整理,并将牛车驼只宽为豫备,务使军粮随到随解,不至壅滞中途,庶可收饱腾之效。金顺到任以后,亦着一体遵办,毋稍懈弛。至归绥代察哈尔购备军粮一节,俟出口征兵接踵遄发后,文盛即派员携价赴绥,会同定安派出各员妥筹采买转运,以裕兵食。杜嘎尔前奏逆匪向东侵犯,当经谕令该副都统侦贼所向,实力进剿。现在贼势若何,官军曾否接仗,着杜嘎尔懔遵前旨,星驰探剿,不得顿兵不进,日久无功。仍将近日军情,随时具奏。将此由五百里各谕令知之。"(《清穆宗毅皇帝实录卷之三一○》)

○同治十年辛未五月○辛丑,又谕奎昌、文硕奏酌议营规支款,附陈台站饷银事宜一折:"奎昌等接据文盛来咨,大同官兵三月底业经出口,因将一切应办事宜先行酌议。所拟章程十条,着该部妥议具奏。至哨队官兵丁勇名目,请定清文蒙古语一节。着照所拟缮用。北路奉拨各项官兵,暨操练教习,出口后经过各台站,着金顺、奎昌、荣全、多布沁扎木楚、文盛、杜嘎尔、瑛棨、文硕督饬所属，懔遵叠次谕旨，妥速应付，毋得稍有留难。科城所管七台，奎昌等现已派员承办，酌定支应章程，并更定帮台差使。所有此次帮台官兵，着加恩量予差费，即照奎昌等所议，核实支发。此系专为紧要兵差变通办理，其余常差，不得援以为例。着理藩院、乌里雅苏台将军传谕各该盟长，倘有避差取巧者，仍照向章罚惩，以符定制。大同官兵粮石，前据定安奏，已由归绥转运。科布多存粮无几，难供兵食，仍着定安、何璟、张树声，饬局赶紧运解，源源接济，毋任缺乏。前次部拨科城饷银十万两，由察哈尔转解。曾谕文盛派员护解赴科，自应酌分数起，陆续拨发，免致疏虞。兹据奎昌等所奏，该都统已将饷银全数发交科城委员接领，曾否派有妥员协解拨兵护送，着文盛查明，迅速筹办，以昭慎重。以后遇有此等要差，均应遵例施行，妥为照料。至解护粮饷军火，例有专条。经过地方，及管解员弁，责成綦重。并着通谕合属官兵，使知例义，庶不敢掉以轻心，致有疏失。奎昌、文硕等折报，嗣后务须言简意明，不得似此次之语多拉杂，意不明晓，殊乖奏折体裁。将此谕知理藩院，并由六百里谕知定安、金顺、奎昌、荣全、多布沁扎木楚、文盛、杜嘎尔、何璟、瑛棨、文硕，并传谕张树声知之。"

○乙巳，谕军机大臣等文盛奏遵筹转运军粮，拟仍归军台挽运，并拨款派员赴绥一折："文盛前以口外驼只缺乏，兼值夏令，不能得力，拟改用牛车赶运粮米。兹据该都统体察情形，牛车笨滞，又须觅有水草之路，绕道行走，较之台路更为纡折。为日过久，米粮恐致霉变，且该处仅有牛车八百辆，不敷应用。现拟将备齐米面，仍归军台运解，即着照该都统所议办理，总期军粮早日运到，以裕兵食。各台驼只现多疲瘦，文盛已酌给银两，令其设法雇觅车驼，依次运送。着严饬毕都尔业及管台各员实力督催，毋许延误。文盛现派员赴绥采办军粮，着定安饬令归绥道会同该委员，赶紧购齐转运，以资接济。大同官兵粮石，亦着源源运往，毋任匮乏。将此由四百里各谕令知之。"

○丁未，谕军机大臣等定安奏西来贼股尚众，现筹布置，并请添拨山西协饷,饬催山东欠饷各折片:"据称西来贼股,现仍盘踞乌拉特旗之洪库勒塔拉地方,并据各处探报,贼匪约有万余,由阿毕尔米特旗西北界分股东窜等语。该逆因北路大兵云集,又无粮食可掠,是以铤而走险,窜向东南。乌兰察布盟所属各旗,较为吃紧。其前股窜踞洪库勒塔拉地方,仅四百余人,当不难于殄灭。着定安催令萨萨布迅速前进,分队兜击。并饬金运昌、马升各军合力进剿,先将此股就地歼除,免致勾结蔓延,转行棘手。包头地方素为贼匪垂涎,尤应加意防范。定安现调毅前军五营,驻扎台梁一带。并令水师由托克托城至包头一带梭巡,布置尚妥。所派马步各队,分扎乌拉特、茂明安等旗境内,亦颇周密。着即饬令派出各军勤加侦探,遇有贼踪窜近,飞速截剿,毋稍松劲。该逆若分股东窜,则察哈尔一带,亦恐吃重。着文盛先事图维,妥筹防剿。军台大路,为北路各城大军粮运所关,设被贼扰,尤属可虞。赛尔乌苏一带,应如何拨兵保护之处,着文盛、张廷岳、阿尔塔什达会商办理。直隶续派古北口练军一千名,着李鸿章催令克日起程,前赴库伦,以备张廷岳等扼要分扎,不可稍有迟误。杜嘎尔现驻哈尔尼敦,距贼较远。岂可顿兵坐待,致误戎机?着即探明贼踪所向,督率马队紧蹑追剿,并与定安派出各军联络声势,合力兜围,以期早殄逆氛。金顺接奉前旨,谅已部署起程。所部得力马步各队,谅必酌带前往,亦可与杜嘎尔、定安各军会合迎剿。刻下宁、灵甫定,河西尚有零星窜匪,且阿拉善旗西界,时有镇番贼匪窜扰。张曜所部各军应如何扼扎防剿之处,着即妥筹办理。定安现因添募马勇,及调派土默特官兵,需用饷银。请饬山西于每月应协归绥防饷三万之外,再增银五千两。现在归绥防务紧要,着何璟、张树声迅即先行如数筹拨归绥粮台,以后仍按月源源批解,毋稍迟缓。山东应解归绥防饷,每月二万六千两。着丁宝桢迅饬藩司,将欠解银两克期扫数解清,以应急需。将此由六百里谕知李鸿章、定安、金顺、文盛、杜嘎尔、丁宝桢、何璟、张廷岳、阿尔塔什达,并传谕张树声、张曜知之。"

(《清穆宗毅皇帝实录卷之三一一》)

○同治十年辛未五月○癸丑，察哈尔都统文盛因病解职，以盛京户部侍郎额勒和布为察哈尔都统。未到任前，以镶蓝旗蒙古都统庆春署理。

○丁巳，又谕张廷岳等奏探悉贼情，现筹防剿一折："据称四月初十日，贼匪在巴噶诺木汗地方与图谢图汗部落蒙兵相遇，被蒙兵击败，窜往东南。追至沙巴克乌苏会同乌拉特中公旗巡防官兵兜击斩馘八名，击伤二十余名。现仍盘踞沙巴克乌苏一带，恐向东南窜扰等语。所奏贼匪奔窜踪迹，与定安前奏大略相同。惟贼股究有若干，未据张廷岳等奏及。蒙兵与贼接仗，不能穷追，任贼奔逸。设径由东南扰及台路，乌库文报粮饷被阻，固属可虞，归绥及察哈尔一带，亦形吃紧。总当四面兜击，使该逆无隙可乘，方可一鼓聚歼，尽除丑类。着定安、文盛、张廷岳等，各饬派出兵弁，择要堵御，相机扼击。仍随时勤加侦探，互相知照，以期声势联络。杜嘎尔当懔遵叠次谕旨，督饬各军探踪进剿，毋得稍涉松劲。乌城地方紧要，金顺当迅速部署，驰赴新任，并挑带得力马步队迎头截击，迅扫贼氛。正在寄谕间，据文盛奏挑选马队守卫军台粮路，并台站弁兵逃避情形各折片，贼匪窜入乌拉特旗界内，文盛拣派右翼兵五百，在该翼地方驻扎，扼贼东窜；左翼马队五百，在军台要路分布侦探。惟济斯洪果尔台站仅有毕都尔业随带官兵四十名，在彼督运。该处为察哈尔、归绥运粮要区，自应拨兵护守。贡果尔所部前在该处驻扎，熟悉情形。此时北路兵力已厚，贼踪又窜向东南。着杜嘎尔即饬贡果尔管带所部，迅即驰赴济斯洪果尔台站驻扎，以保粮路而遏狂氛。至布鲁图属之喜喇穆呼尔等五台弁兵，闻有枪声，恐贼来扰，先后逃避。以致大同征兵半途阻滞，后路军粮不能转运。览奏殊深廑系。蒙兵如此懦怯，甚不足恃，着文盛赶将已散五台设法招集设复。其未散各台，并着妥为拊循，饬令照常当差，毋得妄生疑惧。现在军台人心未免惶惑，亟需有兵镇压。贡果尔所部未到以前，即照文盛所议，将左翼四旗马队派赴布鲁图一带分布驻扎，以安众心。大同七起官兵，急切不能前进，即着暂扎各台，藉资防堵。仍须将各台驼马速行整备，俾该官兵得以克期进发，并将后路粮石接续转运。不得任意迁延，致有贻误。萨萨布所部，本由绥远取道济斯洪果尔前进。着定安饬令该副都统将此股贼匪，悉数歼除，至济斯洪果尔台站后暂扎，以护粮运，俟贡果尔到时，再行西进。续调古北口练军千名曾否起程。着李鸿章催令迅赴库伦，以备张廷岳等调遣。将此由六百里各谕令知之。"

○戊午，谕军机大臣等杜嘎尔奏查探贼踪，派队进剿一折："贼匪由阿毕尔米特旗分股东窜，一股窜入乌兰察布盟乌拉特旗境内，叠经谕知定安催令萨萨布督队剿办。并谕令杜嘎尔探踪进剿。兹据该副都统奏称，派令吉尔洪额带领马队四百余名前进，着即饬令该员探明贼踪所向，迅速截剿。该匪股数不一，恐其分投窜突，杜嘎尔仍当懔遵叠次谕旨，勤加侦探，拨兵堵击，与定安、文盛派出各军联络声势，迅扫逆氛。不得拥兵株守，坐失事机。昨已寄谕定安、文盛，仍着该副都统随时咨照，不得稍分畛域。惟征兵需用驼只马匹，尚多缺乏，亟宜宽为筹备。着奎昌、荣全、多布沁扎木楚、张廷岳、阿尔塔什达严饬各爱曼，速将驼马解逆杜嘎尔营中，以应要需。杜嘎尔现将乌城饷银内，先拨三万六千两，发给官兵。其余银两，仍饬令派出官兵小心看守，毋稍疏忽。将此由六百里各谕令知之。"（《清穆宗毅皇帝实录卷之三一二》）

○同治十年辛未六月庚申朔○谕军机大臣等李鸿章奏续派古北口练军赴库协防，拟俟台站疏通，再行饬催前进一折："古北口练军一千，李鸿章现派都司贾吉龄统带。并筹给三个月饷干，酌发两具号衣等项。又照宣化官兵章程，购备月需食米，所筹均尚妥洽。即着该督饬令承办各员，赶将该官兵应需饷银等项迅速给发，催令克日起程，驰赴库城。协同防剿，毋稍迟误。前谕文盛赶将已散五台，设法招集。其未散各台，妥为拊循。本日李鸿章亦称目下情形，以整复台站赶通运道为急。着文盛懔遵前旨，将台站赶紧设复，并将应需驼只，设法筹添保护。

俾军行无阻,粮道疏通,不得稍涉迁延,致滋贻误。此项续调官兵行抵库伦后,张廷岳、阿尔塔什达务当妥筹布置,相机防剿。应领饷银即由张廷岳等照章接续支放,毋令缺乏。文盛前奏布鲁图属之喜喇穆呼尔五台弁兵,闻有枪声,纷纷逃避。究竟贼匪曾否扰及台站,现在匪众是否仍踞乌拉特旗境内,抑已由西而东,着文盛、张廷岳等多设侦探,派兵会合兜剿。该五台与赛尔乌苏台毗连,即赴库伦大道,并恐贼众避兵而行,由东绕道赴库,均应先事豫筹。张廷岳等尤当确探严防,毋稍大意。将此由五百里各谕令知之。"

○癸亥,又谕福济等奏,会议酌派委员总办粮台,请饬速解马队口粮,赶办驼马等项;奎昌等奏遵筹拨兵会剿;杜嘎尔奏侦探逆匪奔窜情形各折片:"出征马队,需用粮饷,极关紧要。福济等拟请在张家口设立总局,由口北道专司其事,按月源源运送,一面由乌城派员在霍呢齐等处迎提。着李鸿章酌量情形,或令口北道亲赴张家口,或派员前往,妥为办理,期无贻误。惟疏通粮路,尤为第一要着。刻下苏彰阿所带马队在乌城防所,已有断粮之患。杜嘎尔营中裹带之粮亦将罄尽,情形实为困苦。前据文盛奏,布鲁图属五台弁兵,闻警逃避,粮石中途堆积,该都统业已挑拨牧群驼马,赶为运送,尚能先其所急。仍着饬令各台赶紧整顿齐备,务将应需粮饷陆续趱运,以资军食。并着杜嘎尔遵照五月二十八日谕旨,饬令贡果尔迅带所部,驰赴济斯洪果尔台站驻扎,保护粮路。至驼只马匹等项,均为军营急需。福济等因蒙古力难供应,发给西两盟银各一万两,以为采买之需。着张廷岳、阿尔塔什达饬令东两盟长即行派员赴乌领价,一体照办。并着理藩院传知各该盟长,晓谕所属。此次派兵远征,原为保卫蒙古游牧地方。若因驼马缺乏,贻误事机,致贼匪蔓延愈广,于蒙古生计,亦大有关碍。该盟长等务当力顾大局,竭力筹办。不得观望推延,致滋贻误。定安前奏,贼踞洪库勒塔拉地方,萨萨布等带兵进剿,现在剿办情形若何?本日据杜嘎尔奏,贼于五月十五日窜至拉苏伦巴咱尔所属游牧之巴尔图叟吉地方,与第十七台相近,是否另是一股？该副都统现令吉尔洪额所带之队改道追剿。着即饬令紧蹑贼踪，相机截击。并着定安催令萨萨布，迅将洪库勒塔拉之贼剿除净尽，即行取道前进，探明贼踪，与杜嘎尔所派之兵联络声势，会合夹击，以期迅扫逆氛。边外地势辽阔，该匪到处流窜，防不胜防。奎昌等请将杜嘎尔之兵酌留一千名于哈尔尼敦，以顾乌、库两城门户。其余一千数百名，派令跟踪进剿。并请饬绥远城、察哈尔、库伦各派官兵合力会剿等语。着定安、文盛、杜嘎尔、张廷岳、阿尔塔什达悉心会商，妥筹办理。总期将此股窜匪设法及早殄除，免致日久纷扰。……将此谕知理藩院，并由六百里谕令李鸿章、定安、奎昌、荣全、多布沁扎木楚、文盛、杜嘎尔、张廷岳、阿尔塔什达知之。"

〇甲子，又谕张廷岳等奏侦探逆匪窜踞情形，请饬各路援兵就近进剿一折："据称逆匪分作三股，一股扰及喀喇沁图固里克暨托里布拉克二台，一股在腾格里诺尔地方盘踞，一股窜至噶克察巴扬莫多等处。现在图固里克、托里布拉克二处台站业经涣散，乌、库两城粮饷及宣大两军兵食，必将阻滞不通。非各路援兵合力剿洗，不足以肃清边境各等语。贼匪飘忽无常，现既分股滋扰台站，牵掣粮饷要路，难保不俟库伦兵众前往堵剿，即乘虚扑犯库伦。张廷岳等现调蒙兵六百名，驰往该处相机剿捕，并督饬宣化步队严密防守。所筹尚属周密。即着张廷岳等多发侦探，防剿兼施，毋稍疏懈。杜嘎尔驻扎哈尔尼敦一带，距图固里克等台站仅二十二台，尚不堪远。着该副都统仍遵本月初四谕旨，侦贼所在，派员带兵进剿。匪股分合不定，并着饬令带兵员弁，于赛尔乌苏迤南一带，会同库伦派出各军，将此三股贼匪聚而歼灭，以通台站而清东路。文盛已派兵千名前进，着定安酌量情形，派拨队伍，合力兜剿。萨萨布现扎何处，并着定安懔遵前旨，饬令该副都统迅率所部，转战而前，至济斯洪果尔一带暂扎，以护粮运。布鲁图属已经溃散各台，文盛当懔遵叠次谕旨，赶紧设复，以利师行。李鸿章即饬都司贾吉龄统带古北口练军一千名，迅速起程赴库，归张廷岳等调遣，俾厚兵力。将此由六百里各谕令知之。"○又谕瑛棨奏科城需饷甚殷,请暂由乌城借拨银两一折:"前因科布多防剿紧要,业经文盛将部拨饷银十万两,发交该城委员接领。并增添驼只,派员护送到科。惟现在喜喇穆呼尔等五台弁兵,闻警溃逃,道途梗阻。此项饷银,一时未能起解。而该城援兵不日到防,饷需刻不容缓。着奎昌、荣全、多布沁扎木楚即于部拨乌城兵饷内,先行借拨三四万两,就近解赴科城,以应急需。一俟台站疏通,该城饷银经过乌城时,即将借拨之项如数扣还,以清款目。该城粮石,业经定安、何璟设法接济。瑛棨、文硕于官兵到防后,即着妥筹布置,认真防剿。另片奏请将续调前赴库伦之直隶官兵一千名暂扎张家口外,以张声势等语。库伦防务正在吃紧,本日已谕令李鸿章将此项官兵饬令驰赴库伦,以资防守。该处需兵孔亟,万不能稍有迟留。瑛棨所请暂留该军扎张家口之处,着毋庸议。将此由五百里各谕令知之。"

○庚午,又谕杜嘎尔奏贼匪东窜,派队追剿一折:"据称贼于五月十七日经过图固里克台站,在拉苏伦巴咱尔游牧地方盘踞。旋即东窜寨莫得库等处,嗣又窜向莫霍尔嘎顺台站。与文盛、张廷岳等先后奏报,大略相同。该逆由阿勒台军台向东窜走,距察哈尔不过千余里,正宜乘其窜近,合力兜剿。杜嘎尔已令讷苏肯带领官兵与库伦派出喀尔喀各队会合进剿,并派西勒兴阿会同吉尔洪额所带之兵向东迎击。着即催令各队星速前进,探踪截剿。文盛前派察哈尔左翼官兵五百名在军台要路安营,并令大同兵暂扎各台防堵。此时贼距台站不远,着文盛、庆春饬令迎头遏截。务期与杜嘎尔所派之兵两面夹击,就地殄除。该匪骎骎东向,难免不觊觎库伦。着张廷岳、阿尔塔什达督令派出各队实力追剿,并严檄附近防兵确探严防,毋稍大意。萨萨布前次进剿洪库勒塔拉踞匪,曾否蒇事?着定安催令迅速取道,前赴济斯洪果尔一带,相机兜剿,以顾粮运,毋稍迟缓。杜嘎尔现在催调驼马,并在附近雇觅驼只应用。着俟办理就绪,即行统带官兵克期进剿。其哈尔尼敦一带应如何留兵扼扎,以顾乌、库门户,仍着懔遵前旨,妥筹办理。刻下台路梗阻,粮运迟滞。若不迅筹疏通,兵食必至缺乏,关系非轻。着杜嘎尔饬令伊勒和布,会同赛尔乌苏管站官玉和,将台站失散人众赶紧收集,并着文盛、庆春将布鲁图属各台一律设复,并将各军粮饷催趱运解,以资接济。将此由六百里各谕令知之。"(《清穆宗毅皇帝实录卷之三一三》)

○同治十年辛未六月○丙子,又谕李鸿章奏口外台站溃散,粮运阻滞,请饬迎提保护;定安奏拨队探剿,檄调马队进扎台路;庆春奏设复台站情形,派兵赴台防剿;杜嘎尔奏酌配调到驼只,带队起程各一折:"杜嘎尔于图谢图汗部落解到驼只后,即抽调官兵三百余名,亲自统带起程,侦探贼踪,向东南进剿。并饬吉尔洪额、讷苏肯迅速前进,一体探剿。即着该副都统督饬各军,视贼趋向,实力夹击。毋得再涉迟延,致令匪踪纷窜。至驻扎哈尔尼敦各队调出千有余名,存营官兵无多,而饷银十余万两尚在乌讷格图站收存。杜嘎尔务当严饬达尔济等,于推河等处要隘严密防守,以保粮饷。喜喇穆呼尔等台虽已设复大半,惟默霍尔噶顺、霍呢齐二台,又被贼扰。且探有分犯库伦、多伦诺尔之说。是贼踪骎骎东窜,距察哈尔不过千余里。庆春当饬前调察哈尔官兵,迅即起程前进,探踪迎剿,与杜嘎尔等军两面夹击,就地殄除。张廷岳、阿尔塔什达仍懔遵叠次谕旨,督饬官军,勤加侦探,妥筹防剿,毋稍懈弛。台站梗阻,前敌各军粮食,恐有匮乏之虞。虽经文盛檄催各台驼马,并拨兵护送,尚恐缓不济急。着杜嘎尔将二十五台以下存积米粮,派队迎提到营接济军食,仍酌拨队伍,择要扼扎,以护续运之粮。庆春迅将已复各台,设法保护。未复各台赶紧招集,以期源源接运,无误师行。其宣化官兵,并着张廷岳等,就近在恰克图采办粮石,以资接济。一俟台站疏通,即由李鸿章饬令口北粮台,如数解运库伦。至张家口粮台,既据李鸿章奏称现由口北道就近督办,均尚妥协,即着照旧办理,毋庸另议更张。前窜乌拉特旗之贼,经萨萨布等派兵会剿,贼向西北窜去,难保不与固尔板赛汉一股会合,扰及军台。着定安仍遵前旨,催令萨萨布督率所部,克日驰赴济斯洪果尔一带,相机兜剿,以顾粮运。并令刘廷等军联络声势,会合夹击,以期尽扫逆氛。贼匪究分几股,共有若干人,现在究竟分窜何处;除萨萨布所部曾与贼接仗外,杜嘎尔所派吉尔洪额等何以终未与贼相遇。着定安、庆春、杜嘎尔、张廷岳等确切侦探,实力防剿。并着定安檄饬乌拉特、茂明安等旗,严密堵御,毋任贼匪再行窜入。将此由六百里各谕令知之。"

○庚辰,又谕杜嘎尔奏带兵追剿贼匪,筹拨驼马,并分兵严防后路一折:"贼匪窜至霍呢齐台之西,旋窜扎萨克达尔玛僧格游牧。杜嘎尔现饬吉尔洪额、讷苏肯等探踪截击,该副都统亦催兵前进。着即督饬各军认真追剿,务殄逆氛。不得观望迟回,致令贼踪纷窜。吉尔洪额等带兵击贼,月余以来,总未与贼相遇,实属不成事体。着杜嘎尔认真督催前进,如敢再涉迁延,即着严参惩办。惟分兵三起,前敌兵力尚单。杜嘎尔现令带队官富珠哩,俟乌里雅苏台驼马解到,即分给哈尔尼敦等处官兵,全数管带来营。其察哈尔官兵一千名,令达尔济统带,在推河哈尔尼敦一带分驻防守,以壮声威。即着照所请办理。至塞外地方辽阔,全赖驼马裹粮,师行方无阻滞。着奎昌、荣全、多布沁扎木楚、张廷岳、阿尔塔什达分饬各该部落扎萨克等,遇有经过官兵,驼马疲乏者,即当妥为应付,以利师行。阿勒台一带台站被扰,粮运阻滞。着庆春、杜嘎尔饬令毕都尔业等,赶将已散各台设法招集,俾利转输。其各军应需口粮,并着定安、庆春陆续解运,以足兵食,正在寄谕间。据张廷岳等奏蒙兵续获胜仗,贼众西逸,台站渐通一折,该逆窜至霍呢齐迤西之鄂罗盖庙地方盘踞,经扎齐鲁克齐伯克瓦齐尔督兵追击,歼毙贼目一名,余匪四五十名。贼匪突围向西南奔窜。该台吉裹创力战,挫贼凶锋,实属勇敢可嘉。着准由张廷岳等从优保奏,候旨施恩。仍着张廷岳等,饬令干丹丹准车林督率所部蒙兵,星夜驰往,会同扎齐鲁克齐伯克瓦齐尔乘胜追击,悉数歼除。并着杜嘎尔严饬吉尔洪额等,迅速进兵,协力夹击,不准再有迟误。将此由五百里各谕令知之。"

○丙戌，谕军机大臣等庆春奏筹运军粮，发兵保护台路，并饬探踪迎剿一折："疏通粮路，最关紧要。庆春现已将图固里克等三台官兵招集，并筹备驼只，将各台存积米粮依次起运。办理尚为妥协。前敌各军裹带之粮已将罄尽，即着庆春饬令毕都尔业，并现经添派之瑞森、多尔济扎普等，认真督催，克日运送。并饬粮台接续采办，源源运解，毋令匮乏。大同征兵尚在十七八台，着俟积粮运竣，即令拔队前进，迅速到防。前据张廷岳等奏，窜至霍呢齐迤西之贼向西南奔窜。现在究窜何处，即着庆春确探奏闻。察哈尔左翼官兵，由布尔噶素台进发，该署都统务当督饬派出员弁，视贼所向，实力截剿。并与杜嘎尔所派之吉尔洪额等军联络声势，两面夹击，务殄贼氛。右翼官兵分布各台，并着饬令保护台路，妥为镇抚，毋任再有溃散。将此由四百里谕令知之。"（《清穆宗毅皇帝实录卷之三一四》）

○同治十年辛未秋七月己丑朔○谕军机大臣等杜嘎尔奏催队进剿并侦探贼窜情形一折："前据定安奏，贼匪已窜出乌拉特旗界五六百里以外。此次杜嘎尔声称，逆匪现窜乌拉特公中旗交界之什巴克台地方。是否侦探未确，抑系贼踪回窜，着杜嘎尔懔遵叠次谕旨，迅催吉尔洪额、讷苏肯等，跟踪追剿，力挫贼锋。不得借口驼马，稍涉迁延。致与贼匪相左，任令远扬。贡果尔既经调营会剿，所有台站粮路，杜嘎尔务当饬令在防官兵妥筹保护，毋稍疏虞。前据庆春奏，图固里克等台业经招集，并筹备驼只，将各台存积米粮依次起运，是粮道已经通畅。着杜嘎尔派员迎催，以济军食。将此由五百里谕令知之。"

○壬辰，又谕库克吉泰奏据咨甘回东窜，豫筹防范一折："多伦诺尔为热河西北门户，地方富庶，素为贼所垂涎。库克吉泰因直隶咨文声称，探闻贼匪有分犯库伦、多伦诺尔之说，即拣派员弁驰往多伦厅常川坐探，并饬丰宁县大阁司会同营汛。调集兵团，严为防备。复由热河八旗派定官兵一千名，俟有警信，驰赴交界驻扎。所筹尚属周密。即着该都统督饬在事员弁，认真侦探，严密防范。不得以贼踪尚远，稍涉懈弛。至古北口练军一千，叠经谕令迅赴库伦防剿。此次库克吉泰折内声称，李鸿章现饬该军赶紧出口协剿等语。是此项官兵，即可起程。即着李鸿章檄饬都司贾吉龄统带前进，迅速出口，毋稍迟延。此时溃散各台，已经设复。即或粮运紧要，驼马不敷周转。而该练军行抵张家口后，亦当以次渐进，与察哈尔派出各队联络声威，藉截贼匪纷窜之路。着庆春斟酌办理。多伦东北克什克腾地方兵力单薄，库克吉泰现咨昭乌达卓索图两盟长，将上年古北口撤回防兵二千操练整齐，以备协剿。即着理藩院转饬昭乌达卓索图两盟长，一体遵照豫备，听候征调，庶免临时延误。正在寄谕间，据杜嘎尔奏，吉尔洪额等追贼至乌拉特旗所属之布拉特地方，击贼获胜。歼毙二百余名，生擒十余名，现饬该协领等乘胜追剿等语。此次吉尔洪额等奋力剿贼，大挫凶锋，洵堪嘉尚。溃匪现已无多，着杜嘎尔饬令前敌各军，探明贼踪，悉数扫荡。前据定安奏，此股匪徒约有二千余人，现分两股窜扰等语。此次吉尔洪额等击败之贼系属何股，其余现窜何处，尚有若干，着定安、杜嘎尔确切侦探，视贼趋向，饬令各军妥筹防剿。前以扎齐鲁克、齐伯克、瓦齐尔歼毙贼目，裹创力战，已谕令张廷岳等从优保奏。此次杜嘎尔奏称剿贼出力之扎奇鲁克齐巴奇瓦齐尔是否即系其人，着该副都统遇便奏闻。其所部官兵，即着张廷岳等择尤请奖，仍令该带兵官确探贼踪，会合吉尔洪额等乘胜进击。并着杜嘎尔饬令达尔济迎头兜剿，净扫逆氛。将此谕知理藩院，并由五百里谕令李鸿章、定安、库克吉泰、庆春、杜嘎尔、张廷岳、阿尔塔什达知之。"寻杜嘎尔奏："遵查吉尔洪额等斩杀之贼，即系窜入中公旗等处股匪。扎奇鲁克齐巴奇瓦齐尔即系扎齐鲁克齐伯克瓦齐尔。"报闻。

○丙申，又谕定安奏追剿乌拉特旗窜匪获胜一折："贼匪窜扰乌拉特旗界门，避兵而行。提督金运昌探悉贼踪，派队追剿，于上月十六日击贼于奔巴庙，斩杀殆尽。并在察洪噶尔庙内围剿分窜之贼，两次杀毙悍贼三百余名，生擒十余名正法。卓胜营剿贼奋勇，甚为得力。着定安择尤保奏，以示鼓励。贼目韩阿珲是否歼毙，零匪现逃何处，仍当确切查明，认真搜捕，毋令漏网。前据杜嘎尔奏，吉尔洪额等在乌拉特旗所属之布拉特地方击贼获胜。是乌拉特旗界内贼股不一。此外究有几股，现在何处窜扰。仍着定安、杜嘎尔懔遵前旨，确探具奏。一面饬令各军侦探兜剿，迅扫逆氛。将此由五百里各谕令知之。"

○戊戌，谕军机大臣等杜嘎尔奏追剿另股贼匪获胜情形，并派员保护粮路各折片："吉尔洪额等前在布拉特地方剿败贼匪后，复探得正南百余里山谷中另有贼股，当经追至阿巴尔干河击毙贼匪一百余名，败窜无多。所有出力人员，准其择尤保奏。吉尔洪额等两次所剿贼股，均不过二三百人。昨据定安奏，卓胜营追剿奔巴庙等处之贼，亦止三百余人。是贼数并不甚多，叠经官军擒斩，漏网无几。此外贼匪究竟尚有几股，仍着定安、杜嘎尔确切侦探贼踪所在，督饬各军迅速兜剿。趁此初秋之际，务将各股窜匪悉数扑灭，克期蒇事。若稍涉迟延，转瞬风雪严寒，剿办又形棘手。杜嘎尔因马匹疲乏，远调不及，请于察哈尔商都太仆寺牧群调拨应用，着庆春迅调膘壮马五百匹，解赴杜嘎尔军营，俾资进剿。喇嘛伊达本捐输马匹，甚属急公。着杜嘎尔将该喇嘛从前曾否得有奖叙，查明具奏后，再交理藩院核给奖叙。台站为粮运所经，关系紧要。察哈尔所派驻扎台站官兵，即着杜嘎尔责成达尔济辙德恩，速赴济斯洪果尔妥为管带，保卫粮道，不可稍有疏虞。将此由六百里各谕令知之。"

○己亥，谕军机大臣等张廷岳等奏蒙兵追剿贼匪获胜等语："据奏伯克瓦齐尔会同吉尔洪额等，于六月十八日，在乌兰察布盟乌拉特公游牧之搭拉布拉克地方剿贼获胜。与本月初四日，杜嘎尔奏报情形大略相同。惟余匪尚有百余名，穷蹙逃散，亟宜跟踪追剿。着张廷岳、阿尔塔什达饬令和贝贝勒干丹丹准车林迅速带兵前进，会合伯克瓦齐尔等，将此股败匪悉数歼除。杜嘎尔亦当督饬吉尔洪额等与库伦派出官兵联络声势，会合击剿，务绝根株。昨又据杜嘎尔奏，吉尔洪额等追剿另股贼匪至阿巴尔干河,毙匪一百余人,败窜无多。此外贼匪究竟尚有几股,张廷岳等务当确切侦探,各饬官军视贼所向,实力兜击,毋稍迟缓。将此由五百里各谕令知之。"

○壬寅,谕军机大臣等文硕奏请饬催大同兵赴科,并迅解饷银一折:"据称科布多第五六台地方有贼数百名,窜扰抢掠,需兵防剿。前据庆春奏,大同官兵后起各队,尚在十七八台,俟积粮运竣,饬令拨队前进。现在该处需兵甚殷,即着庆春催令该官兵迅速起程,接踵进发,不得再有濡滞。台站业经设复,并着饬令妥为应付。其经由乌里雅苏台台站,着奎昌等饬属一体支应,以利师行。瑛棨此时计可抵任,此项官兵到防后,瑛棨、文硕务当妥筹布置,认真防剿。其滋扰台站贼匪现窜何处,瑛棨、文硕当一面催提大同官兵,一面先就现有兵力,并通饬所属各旗,将此股贼匪悉数殄除,毋稍延玩。部拨科城饷银十万两,前经文盛发交该城委员领解,并派员护送,即着庆春催令迅速解往。瑛棨前奏请由乌城借拨银两,当经谕令奎昌等于部拨乌城兵饷内,先行借拨三四万两,解赴科城。俟该城饷银经过乌城时,如数扣还。该署将军等即懔遵前旨办理。将此由六百里各谕令知之。"(《清穆宗毅皇帝实录卷之三一五》)

○同治十年辛未七月○乙巳,又谕奎昌等奏,豫筹官兵御冬皮衣,请饬直隶、山西筹款采办一折:"据称军士远出沙漠,转瞬严寒。若不豫筹冬衣,征兵难期用命。合计在乌防守及南台防剿各营官兵,共四千三百六十八员名,需皮衣等项各四千三百六十八件。乌城值兵燹之余,无从购买。请饬拨款由张家口、归化城制办等语。官兵远道出征,寒衣亟宜早备。着李鸿章、何璟无论何款,速行筹拨。分饬口北道、归绥道,赶紧采办皮衣、皮裤、靴帽各二千一百八十四件,由定安、庆春派员,限于九月内解赴乌城,俾资应用,毋稍延缓。此项解到后,即着奎昌等如数分给,以励军心。将此由五百里各谕令知之。"

○丁未，谕军机大臣等李鸿章奏古北口练兵起程日期；庆春奏筹办防务，豫备练军出口，并暂缓协济粮石各折片："古北口练军，现已先后起程，暂扎宣化，整备进发。据庆春奏称台路现已疏通，大同官兵均已前进。拟将征兵九、十月军粮运竣，令练军分起出口。着李鸿章、庆春即饬王可升、奎斌，催令都司贾吉龄督带该军，接续拨队遄行，迅赴库伦，毋稍延缓。所有宣化、古北口两军月饷，除由直隶筹给办粮等银外，着张廷岳、阿尔塔什达查照李鸿章咨明饷章，豫为筹备，照数发给，毋令缺乏。济斯洪果尔一带台站紧要，即着庆春、杜嘎尔飞饬达尔济，催令辙德恩速赴该处，统带察哈尔马队，分布防堵，保卫粮道。庆春以赛尔乌苏迤北库属台站空虚，拟将古北口练军，在该属台站择地分扎，与察哈尔马队联络防守。着张廷岳等酌度情形，妥筹办理。杜嘎尔需用马匹，已经庆春调拨牧群马五百匹，分起解往。刻下贼匪窜向何处，吉尔洪额等追剿情形若何，着杜嘎尔督饬官军，确探贼踪，实力进剿。张廷岳等亦当饬令伯克瓦齐尔等会合兜剿，务期悉数殄灭，早靖边疆。庆春所称征军粮石，足供半年之需，请饬绥远城暂缓采办等语，着定安即将协济军粮暂行停止，饬令协领额勒洪额仍回察哈尔当差。庆春仍当督饬口北道就地采办，源源运解，以资兵食。其多伦诺尔毗连之察哈尔二旗，并着饬令该旗总管督率所部，加意严防，毋稍大意。将此由六百里各谕令知之。"

○己酉，谕军机大臣等："前因总理各国事务衙门奏，俄国带兵将伊犁城代为收复，并欲前往收复乌鲁木齐。当经谕令荣全、景廉分赴该两城速筹布置，所有饷需，谕令户部迅速筹拨。兹据该部奏称，荣全军饷拟由部库先行拨给库平银十万两，解交察哈尔递解；景廉军饷先由西征粮台就近借拨银十万两，星速解往等语。伊犁、乌鲁木齐事机紧迫，荣全、景廉两军驰赴该城，刻不容缓。非饷需应手，不足以利师行。所有部拨原库平银十万两，即着户部知照顺天府，立即委派妥员，解至察哈尔。庆春于此项饷银到时，即行派员妥速递解。荣全带兵起程，不能稍缓。前次部拨乌、科两处饷银各十万两,现在存项尚多,该署将军师行迅速,即着于该两城存项内就近提用。一俟部饷解到,再行归款。此项饷银,即着奎昌、多布沁扎木楚、瑛棨、文硕,拨交荣全应用。景廉带兵规复乌鲁木齐,军情急迫,饷项甚关紧要。若由部拨及外省指拨,仍恐缓不济急。着左宗棠饬令袁保恒,即由西征粮台内先行借拨银十万两,星速解赴景廉军营,以应急需。西征粮台距该帮办大臣军营尚近,左宗棠等惟当迅即起解,毋稍稽迟。并着何璟于应解本年京饷内,划拨银十万两,解赴西征粮台归款。所有荣全、景廉续用饷银,着户部再行筹拨,以资接济。荣全、景廉各当迅赴戎机,毋稍迟误。将此由六百里谕知左宗棠、荣全、奎昌、多布沁扎木楚、瑛棨、文硕、庆春、景廉、何璟,并传谕袁保恒知之。"○又谕:"前因总理各国事务衙门奏,俄国官兵将伊犁代为收复。当经谕令荣全驰赴伊犁,妥筹布置。并令户部筹拨有着之款,俾资接济。本日据户部奏,动拨部库银十万两,由察哈尔解赴乌城。未到以前,即于乌、科两城存项内先行提用等语。已照所请寄谕该将军大臣等迅速办理矣。惟念赴伊兵饷,虽经该部筹定,而荣全远道驰驱,为国家力肩重钜;若不宽筹饷项,不足示体恤而奖勤劳。着户部再行筹拨部库银五万两,迅速起解,交荣全收领。以二万两赏给荣全,作为该署将军部署行装及沿途驼马之需。其余三万两,即由荣全带赴伊犁,如俄国兵丁有须犒赏之处,即于此项内先行动用,毋误事机。将此由六百里谕令知之。"

○庚戌,又谕定安奏吉林、黑龙江马队赴台护运一折:"据称萨萨布到绥患病,尚未起程。其吉林、黑龙江马队已派员统带,分往济斯洪果尔、茂明安旗驻扎等语。萨萨布系派令带兵剿贼西进之员,嗣因济斯洪果尔一带台站紧要,令定安饬萨萨布暂扎该处护运。现阿勒台已散各台,早经设复。粮饷畅行无阻,并有达尔济、辙德恩统带察哈尔马队前赴济斯洪果尔,足资防护。即着定安檄饬该副都统迅速起程,仍带吉林、黑龙江马队西行,会同杜嘎尔探有贼踪处所,竭力截剿,毋任延宕。

其茂明安旗，仍着直字营马队折回驻扎，相机防剿，毋稍疏虞。将此由四百里谕令知之。"

○癸丑，又谕户部奏续行筹拨荣全、景廉、成禄军饷一折："荣全前赴伊犁，饷需紧要。除饬拨部库银十五万两外，即着丁宝桢、李鹤年再由山东、河南地丁项下各拨银五万两，解交察哈尔都统递解。至户部奏定新疆月饷，山东月协银三万五千两，河南月协银二万二千五百两，山西月协银一万两，直隶月协银二千五百两，并着李鸿章、丁宝桢、何璟、李鹤年按月拨解。其景廉军饷，除由西征粮台先拨银十万两外，该大臣与成禄同赴乌鲁木齐，饷银自应公同支用。其月协之款，四川每月一万数千两，湖北、陕西每月各数千两。着李瀚章、吴棠、郭柏荫、蒋志章，分别按月报解成禄、景廉军营。其专协之款，四川欠银六十五万两，山东欠银十九万五千两，山西欠银五万五千两，河南欠银四万四千两，并着吴棠、丁宝桢、何璟、李鹤年迅速扫数解甘，转饬道员萧宗干，解交成禄、景廉军营应用，毋再延缓。户部续拨山东地丁项下银五万两，作为成禄专款，即由丁宝桢一并迅解成禄军营。以上续拨及原定伊犁、乌鲁木齐饷项，倘各该省报解迟延，致误事机。即着户部指名参处。至荣全等行抵各该防所后续需饷项，均着核实计算，察酌情形，奏明办理。将此由五百里各谕令知之。"（《清穆宗毅皇帝实录卷之三一六》）

○同治十年辛未八月○戊辰，谕军机大臣等杜嘎尔奏，查明贼匪情形，请将官军择地移扎，并派员采办兵丁衣服各折片："据称甘肃回匪侵扰二年，皆由土尔扈特旗突出，往来抢夺。现被官兵在乌拉特境全行剿灭，附近亦无另股。惟溃匪尚多，不知盘踞何处。土尔扈特境内有无另股贼匪，亦未深悉等语。该处逆匪，虽经官军剿尽，惟溃贼纷窜各处，尤恐勾结本地匪徒，蔓延为害，亟应迅图扑灭。着杜嘎尔督饬各军确加侦探，将溃散余匪分投剿捕，迅速歼除，毋留余孽。其土尔扈特境有无另股，并着严饬派出官兵实力踞探，务得确情，不得稍有含糊，致贻后患。该处阴雨连绵,兵丁等衣服不齐,多染寒疾。杜嘎尔已派员分赴张家口、归化城等处买补衣服。即着定安、庆春督饬各属妥为照料,毋误要需。其吉林、黑龙江各队,即照杜嘎尔所请,准其暂扎四子部落等处,以就水草。将此由六百里各谕令知之。"

○癸酉,谕军机大臣等杜嘎尔奏探明贼股窜出,派队进剿一折:"贼匪二百余名,由金塔寺城窜出抢掠。旋窜入诺彦山前苏珲图等处,并据伯克瓦齐尔等探报,亦大略相同。杜嘎尔现已派兵一百五十名,交参领栋鲁布管带前进。总管达尔济亦派队前往科雅尔诺尔地方扼要扎营。贼匪避兵而行,在诺彦山一带纷窜,即着饬令栋鲁布、达尔济等探踪截击,迅将此股窜匪悉数歼除,毋令逃逸。杜嘎尔仍当随时分路侦探,将各处贼匪搜捕净尽,务绝根株。其染病官兵,及堪用驼马,迅即设法认真整顿,以期追剿得力。将此由五百里谕令知之。"(《清穆宗毅皇帝实录卷之三一七》)

○同治十年辛未八月○庚辰,谕军机大臣等庆春奏兵房因雨坍塌,请给款补砌一折:"本年秋雨过多,张家口官署兵房,半皆坍塌渗漏。该官兵栖身无所,亟宜赶紧兴修。惟查勘办理,尚需时日。即着照所请,先行筹款。每户赏给银五两,令该兵丁等自为补砌遮盖。并着饬令各该旗协领、佐领等眼同散放,具结存案。此项银两,即准其于该都统衙门库存茶马厘捐项下动支。并将用过银两数目,并案报部核销。将此谕令知之。"

○丙戌,谕军机大臣等奎昌等奏俄人袭取伊犁,遵旨筹办情形,请饬杜嘎尔赴翁音河一带剿贼;定安奏另股贼匪复犯草地,派队迎剿,萨萨布因病请假;张廷岳等奏请派兵击贼,并催古北口官兵,暨购备铁掌各折片:"俄人代复伊犁,仍令满汉察哈尔官员办事。查察该国情形,虽不至公然占踞伊城,惟口舌辩论,势所难免,亟须大员前往经理。着荣全仍遵叠次谕旨,与奎昌、多布沁扎木楚会商,部署起程。荣全拟由杜嘎尔军营抽调黑龙江头起、三起官兵五百名,交吉尔洪额统带。吉林官兵五百名,交讷苏肯统带。配齐军火器械,并将夺获贼中驼只选择膘壮者五百只,兼程前进,限九月内到乌。并拟将在绥防剿之萨萨布所带吉林、黑龙江马队一千二百余名,调至杜嘎尔营中,以补其数。现在杜嘎尔剿贼,亦属吃紧之际。该副都统能否令吉尔洪额、讷苏肯带领马队赴伊,抑或另行派员统带前往,着荣全与杜嘎尔悉心商酌,妥筹调派。闻索伦官兵,现住苇塘子地方。荣全即可就近带往,以壮声威。杜嘎尔无论如何为难,总须抽调官兵,拨交荣全带赴伊城。不得因荣全尚有索伦官兵可拨,遽存推诿。荣全拟带官兵一千余名,裹粮三个月,约需二十万斤。请饬由口北道、归绥道另筹款项,各先办粮十万斤,由台站解赴乌城。即着李鸿章、何璟饬令各该道如数筹办,由绥远城、张家口分道运解。并着定安、庆春赶紧催提,设法趱运,以济要需。所请添调吉林、黑龙江马队二千名之处,该处官兵年来征调不少,已谕该将军等先行挑齐,候旨备调。奎昌等所称科城迤西约十数站应设粮台之处,着瑛榮、文硕与奎昌等妥筹办理。定安所奏贼匪窜入阿毕尔米特旗游牧诺彦山等处,与奎昌、张廷岳等奏报大略相同。该将军已令侍卫永德督带马队,由济斯洪果尔驰赴乌拉特旗,会合杜嘎尔所派之兵进剿。此项官兵,本应由萨萨布统带西进,现在杜嘎尔所部马队既须拨赴伊犁,萨萨布一军,尤当速赴杜嘎尔营中合队,以资厚集。萨萨布病尚未愈,着定安饬令迅速调理就痊,克日起程。一面檄令永德先行带队进发,探踪截剿。杜嘎尔前奏贼匪并不甚多,而本日奎昌等奏,贼中逃出蒙古人供称,贼约二万。分起向西扑犯,于七月二十七日,已到巴彦察罕山,逼近翁音河。又据张廷岳等奏,贼于八月初间,窜至巴勒达尔多尔济旗界内,向东北窜扰。贼众约六七千人,欲犯库伦。贼踪已至翁音河哲林等处各等语,贼数究有若干,现在究窜何处,共有几股,着杜嘎尔侦探明确。贼势趋重何路,即行迎头拦击,并着奎昌等督饬派出蒙古官兵,速赴哈尔尼敦等处,与达尔济一军合力堵击。张廷岳等亦当饬令伯克瓦齐尔统率所部实力严防,以遏奔突。库伦军情吃紧,着李鸿章迅催都司贾吉龄统带古北口练军星速前进,并着庆春严饬各台,一体妥速应付驼只,俾得早日到防。张廷岳等奏口外驼马疲乏,皆由不用铁掌所致。着定安、庆春于绥远城、张家口两处,将铁掌宽为筹备。一面咨照各路统兵大员,需用若干,随时领取,以利驰逐。奎昌等另片奏请调员随营,已谕侍卫处令锡纶驰赴乌城,并谕户部等衙门拣派司员、笔帖式六员一并前往。其山西试用县丞长庚、试用从九品曹遇亨,着何璟饬令由驿赴乌,均交荣全差委。所请拣发大员二员,俟简派有人,再行发往。将此由六百里各谕令知之。"○又谕:"前因俄国派兵代为收复伊犁,当经谕令荣全带兵前往经理。兹据该署将军奏称,拟于杜嘎尔所统吉林、黑龙江马队内先调一千名,统带赴乌。惟兵力太单,必须添调官兵,方足以资接应。着奕榕、托克湍于吉林、黑龙江所属,各挑选得力马队一千名,豫备调遣。一面仍令认真操练,俟续奉谕旨,再令起程。将此由五百里各谕令知之。"(《清穆宗毅皇帝实录卷之三一八》)

○同治十年辛未九月○己丑,谕军机大臣等庆春奏贼匪窜近台路,派拨马队保护科城粮饷,并饬官兵迎剿,催古北口练军出口;杜嘎尔奏探明西境窜匪向东扰犯,添队堵剿各折片:"科布多二起饷银运至窄尔玛克台,因察布察尔台迤西,探有贼匪踪迹。经护解员弁将饷银折回哈沙图地方,不敢遽行前进。庆春现饬达尔济派拨马队,就近前往保护科城军饷,一面选派劲旅,迎头截剿。并饬参领辙德恩拨兵驰赴赛尔乌苏,护饷卫台。即着该署都统严饬达尔济等确探贼踪,认真防剿,不得稍有疏虞。台站人众,闻警易致惊惶,务当责令玉和等妥为拊循,毋令疑惧逃避,又蹈从前覆辙。贼匪奔窜靡定,现又扑犯翁音河,图犯库伦。若不赶紧殄除,转瞬风雪严寒,剿办更形棘手。都司贾吉龄所带古北口一军,已定于九月初三日由宣化启行赴口。着李鸿章严催该都司迅速拔队前进,驰赴库伦。庆春将该军应需驰只帐房等项,设法宽为筹备,以利师行。杜嘎尔现已追贼至乌兰察布盟界,距翁音河二千余里。虽据该副都统派兵四百名,交福珠哩等侦探夹击,惟相隔较远。奎昌、多布沁扎布楚、张廷岳、阿尔塔什达,总当就现有兵力相机扼剿,毋令蔓延。杜嘎尔亦当侦明贼踪,督兵会合夹击,尽殄贼氛。定安前已派侍卫永德驰赴乌拉特旗一带探剿,此次庆春请饬绥远城将军派队驰往察布察尔一带剿贼之处,着定安斟酌调派。杜嘎尔营中,能否分拨马队一同前往,亦着酌度军情,妥筹办理。其多伦诺尔等处防务,即由庆春随时知照库克吉泰,严密巡防,毋令东窜。将此由六百里各谕令知之。"

○甲午,又谕张廷岳等奏库防情形危急,请饬催援军,并贼匪逼近库伦各折片:"逆匪于八月十四、十七等日,窜至翁音河哲林等处,扰及哲林台迤东之图尔里察布齐尔台站,赛尔乌苏西北台路已断。另股逆匪于二十至二十二等日,分窜图谢图汗部落乌克尔哈什雅图地方,距库伦不过七八台,有直扑库伦之信。情形甚为危急。达尔济一军,已驰抵乌勒干呼秀地方,着张廷岳等就近檄令会合齐默特多尔济、伯克瓦齐尔等,迎头截击,力遏狂氛。古北口练军叠经催令出口,现在库伦待援甚急,着李鸿章严饬贾吉龄统带遄行。庆春一面迎提到口,即将驼马等项妥为应付,催令克日进发,驰抵库伦,毋任延缓。杜嘎尔带兵剿贼,是其专责。数月以来,未见大挫逆锋。且前据奏报贼数无多,而于大股分窜之贼,并不探明确实,设法截剿,实属不知缓急。现在贼踪窜近库伦,情形万紧。该副都统岂得徘徊于无贼之地,任令贼势狓猖?着即督带各队,兼程前进。将翁音河一带贼匪实力剿办,迅扫逆氛。定安前饬侍卫永德统率马队,由济斯洪果尔驰赴乌拉特旗。着懔遵前旨,即饬此起官军迅速取道,前赴杜嘎尔营中合队,以资进剿。并着催令萨萨布赶紧前往督带,不得藉病延宕。将此由六百里各谕令知之。"

○乙未,谕军机大臣等庆春奏台站官兵溃散,现饬赶紧设复一折:"察布察尔等台官兵,闻警溃散。现在台站不通,大同官兵,停滞中途。前敌各军粮饷军火,均虞梗阻。亟应赶紧设复,以利遄行。着庆春严饬玉和、车林多尔济,迅将该台官兵设法招集,并将未散各台加意拊循,以保台路。庆春现饬辙德恩拨队驰往防剿,惟兵力过单,不足以资捍御。着定安迅拨马队,驰赴察布察尔一带,相机截剿,迅扫逆氛,毋稍延缓。库伦情形吃紧,昨谕杜嘎尔带队驰往剿办,着懔遵前旨,星速拔队,兼程前进,将翁音河一带贼匪实力剿除,不得迁延贻误,致干重咎。古北口练军,已于初六日由口起程。着庆春饬令迅速到防,以厚兵力。将此由五百里各谕令知之。"(《清穆宗毅皇帝实录卷之三一九》)

○同治十年辛未九月○癸卯,谕军机大臣等庆春奏派员设复台站,并催马队保卫台路一折:"察布察尔等台阻滞,现经庆春派员驰赴赛尔乌苏,会同管站各员弁,赶紧招集设复。并携银雇觅驼只,饬催马队驰往,保卫台路,扼贼东窜。即着庆春饬令色布什新泰等,赶将溃散之第三十八台至第四十一台,迅速设复。一面催令大同官兵及乌、科两城饷银等项,依次起程,陆续前进,毋任中途逗留。其余附近各台,亦当加意拊循,以臻妥善。辙德恩所拨马队,庆春已催令驰赴台路,即着严檄该参领,于所拨队伍到台后妥为布置。遇贼即击,以卫台站。前因辙德恩兵力过单,谕令定安迅拨马队,驰赴察布察尔一带截剿。即着咨催该将军赶紧派拨。将此由五百里谕令知之。"

○甲辰,又谕张廷岳奏带兵大员贻误戎机,请旨查办,并带兵回库各折片:"毕留图庙内盘踞之贼,不过八九百名。自应悉力围攻,一鼓殄灭。乃总管达尔济轻听贼匪投诚之言,自懈防守。并阻止伯克瓦齐尔等军无须巡逻,致令贼匪于九月初三日,乘夜向西奔逸,贻误戎机,实堪痛恨。扎萨克齐默特多尔济、伯克瓦齐尔,业经张廷岳摘去顶带,以示惩儆。达尔济轻妄纵贼,厥咎尤重。着先行摘去顶带,交奎昌、荣全、多布沁扎木楚、杜嘎尔,查明达尔济此次贻误情形,从严参办,以肃军律。并着将被裹从逆之邢章解赴乌里雅苏台城,交奎昌等严讯贼匪窜逸情形,据实具奏。现在贼匪窜向何处,张廷岳当饬伯克瓦齐尔等探踪跟追，痛加剿洗。杜嘎尔亦当督饬各军确侦贼踪，会合夹击。并着严饬达尔济实力兜剿，毋令得容喘息，余烬复燃。张廷岳恐贼分股直犯库伦，现已带兵回库。即着将防守事宜妥筹办理，毋稍疏忽。贼股西窜，趋向靡定。着定安严饬各路防军，遇贼即击，毋形疏懈。其萨萨布所部马队，仍着催令星速前进，以资厚集。将此由五百里各谕令知之。"

○乙巳，谕军机大臣等李鸿章奏练军分起出口日期，请饬察哈尔台站防护弁兵，互相援应，并由库伦多派驼只迎引一折："古北口头起官兵，已于本月初六日出口。其余各哨每起百名，间日前进。贾吉龄亦亲率中营于十二日赴口，陆续进发。即着李鸿章饬令该都司督率各起官兵，迅速趱程接续前进，毋稍迟误。李鸿章折内，现有探闻马贼三四千余，由山后乌拉齐向东北分股窜扰图谢图汗地面，距赛尔乌苏较近等情。该军前赴库伦，必由赛尔乌苏经过，深恐附近有贼突至，或致疏失。着庆春檄饬沿途防护弁兵，于该军经过时互相援应。并着张廷岳、阿尔塔什达多派膘壮驼只，遴委得力员弁，带赴二三十台处所，沿站迎提导引，以免迟滞。此军到库后应如何分拨防剿，张廷岳等务当妥为布置，力保要区。将此由五百里各谕令知之。"○又谕定安奏遵拨马队前赴杜嘎尔军营，并解送乌科两城军饷等项应需经费，及各营应赏皮衣，均请饬部拨解银两各折片："萨萨布患病未能速痊，既据定安奏称并无捏饰。着准其回旗调理，其所部吉林、黑龙江马队，定安已饬侍卫永德带队先发。并令副都统成山一军由茂明安旗就近驰赴杜嘎尔军营。即着该将军檄饬永德、成山等，星速前进合队，以资厚集，毋稍稽延。口外气候早寒，现届秋深，朔风凛冽。所有沿边一带驻扎各营兵勇寒苦情形，实深廑系。着准其援照上年成案，每兵勇一名，赏给皮衣银一两五钱，以示体恤。应需银四万一千余两，即着何璟于应解京饷内如数酌拨，派员解赴归绥粮台，俾得及得放给。至乌、科两城军饷、军火及新疆各处饷银，待用孔亟。定安所称运送经费，无款可筹，亦系实在情形。着准其于山西应解京饷内先拨银一万两，即着何璟照数筹拨，就近解赴绥远，以济急需。将此由五百里各谕令知之。"

○丙午，谕军机大臣等神机营王大臣奏请整饬边外台站一折："前因库伦情形吃紧，察布察尔等台官兵溃散，深虑官兵停滞中途，粮饷军火，多致梗阻。叠谕庆春赶紧设复。又以荣全驰赴伊犁，于库尔喀喇乌苏迤西，如何设站安台，接护转运，谕令荣全等体察办理。兹据该王大臣奏称，边外各路台站，现拟分段责成。张家口外头台至八台，专交察哈尔都统。自九台以北至乌里雅苏台、科布多各台，分交各该盟长。自赛尔乌苏至库伦，自济斯洪果尔至归化城各台，亦交各该盟长。按照定制，何台应归何旗管辖者，仍令该王公等自行经理。每台连额设之数，以骆驼一百只、马五十匹为定数。戈壁地内不能用马之处，即备骆驼一百五十只。如不敷用，应由帮台办事官员添雇。所需添雇价银，准其报领。在台供差官兵等，应分别给予口分，仍由该将军等稽查。遇有认真办理或贻误不齐等情，随时奏请劝惩。至进取伊犁，应由何路前往，亟应设法安台。官兵过境时，除照例支给外，并令蒙古旗户多备牛羊柴草，按照时价卖给官兵，以资接济。倘该官兵勒索凌虐，准其禀报该管之将军等参办。哈尔尼敦等处，匀拨官兵、分扎联络等语。着理藩院、定安、庆春、奎昌、荣全、多布沁扎木楚、文硕、张廷岳、阿尔塔什达，按照该王大臣所奏详细情形悉心核议，奏明举办。该将军都统大臣等所属蒙古旗界应设之台，向归何旗安设者，并着绘图贴说，详细奏闻。其应筹各台经费，一并核实，奏请拨用。另片奏，荣全前赴伊犁，虽有路可通，第关内外正路未通，若以孤军径趋伊犁，亦非计出万全等语。此时伊犁既不可置为后图，而进兵之后，尤应豫筹久远。着奎昌、荣全、多布沁扎木楚、文硕妥为核议，奏明办理。原折片均着分别抄给阅看。将此谕知理藩院，并由六百里谕令定安、庆春、奎昌、荣全、多布沁扎木楚、文硕、张廷岳、阿尔塔什达知之。"

○丁未，又谕杜嘎尔奏追剿贼匪情形一折："据称达尔济于八月十八等日，在翁音河等处击贼获胜，与奎昌等前奏大略相同。惟毕留图庙内盘踞之贼,已据张廷岳等续报,于九月初三日乘夜向西窜逸。此次杜嘎尔折内所称,探闻贼匪扰及哈沙图等站,旋于九月初二、初四等日,向西避窜。是否即系毕留图庙窜出贼股,抑系另股之贼,着张廷岳查明具奏。达尔济轻听贼匪投诚之言,纵令已困之贼复行他窜,贻误戎机,厥咎甚重。着奎昌、多布沁扎木楚、杜嘎尔懔遵前旨,查明实在情形,从严参办,毋稍讳饰。杜嘎尔接奉叠次谕旨,自已趱程前进。着即督饬所部,探明贼踪,实力剿办,毋任日久蔓延。张廷岳亦当督饬伯克瓦齐尔等会合兜剿,并将库伦防务严密布置,以杜窥伺。昨据定安奏,萨萨布患病未痊,请假回旗。其所部马队,已饬侍卫永德、记名副都统成山统带前进,驰赴杜嘎尔军营合队。该副都统得此一军,兵力较厚。本日据荣全奏,已于九月初四日起程,前赴伊犁。随带官兵,仅止百余名。所有该署将军前请由杜嘎尔军营抽调吉林、黑龙江官兵各五百名,令吉尔洪额、讷苏肯统带前进,着杜嘎尔遵照前旨,迅速派拨,克日前往,毋稍延缓。将此由六百里各谕令知之。"

○庚戌,又谕杜嘎尔奏遵旨商调伊犁马队,请拨饷银数万两合各折片:"荣全已于九月初四日起程前赴伊犁,随带官兵仅百余名,甚形单薄。昨谕杜嘎尔迅速拨兵前往,现在萨萨布所部马队已饬永德、成山带赴杜嘎尔营中合队。该副都统有此一军,已足补荣全指调之数,亟应速筹派拨。着杜嘎尔懔遵叠次谕旨,抽调吉林、黑龙江官兵各五百名,令吉尔洪额、讷苏肯统带赴伊。荣全业经起程,此项官兵自应克日前进,不必往返咨商,致稽时日。杜嘎尔前由乌城军饷内提银九万两,发给官兵口粮。现仅存银一万数千两,九月以后,不敷支放。据该副都统奏称,拟于张家口所存应解乌城饷银内,暂拨数万两交口北道。将该副都统管带之吉林二三四起、黑龙江头三四起、察哈尔五起、及讷苏肯、福珠哩、贡果尔等兵丁应需饷银,统由该道按月放给。并先筹两三个月饷银,解赴该营等语。张家口如尚有应解乌城饷银,即着李鸿章、庆春查明拨给银数万两,照该副都统所筹办理。如张家口已无乌城存饷,仍着杜嘎尔咨商金顺、奎昌、多布沁扎木楚,由乌城解到饷银内筹拨,以资接济。至该副都统请将乌城征兵粮饷责成口北道办理之处。着李鸿章、庆春斟酌情形,奏明办理。将此由六百里各谕令知之。"

○丙辰,又谕:"前因杜嘎尔奏,官兵口粮,九月以后不敷支放,请于张家口所存应解乌城饷银内暂拨数万两,并先筹两三个月饷银解赴该营。当谕李鸿章、庆春查明拨给。如张家口已无乌城存饷,即由杜嘎尔咨商金顺、奎昌等,由乌城解到饷银内筹拨。兹据庆春奏,张家口前存部拨乌城军饷十万两,业已扫数提解出口。库存并无乌城饷项,拟由杜嘎尔咨商金顺、奎昌等,由乌城解到饷银内筹拨,或由部拨荣全军饷银十万两内,截留数万等语。荣全带兵前赴伊犁,规复各城,道路辽远。此项饷需,关系至为紧要。杜嘎尔督队剿贼,需饷甚迫。张家口既无存项,仍着杜嘎尔会商金顺、奎昌等,由乌城解到饷银内,如数筹拨。如乌城饷项一时短绌,亦无可提,着庆春于部拨荣全军饷内酌量拨给,以应急需。仍由金顺、奎昌等,设法补解荣全军营,以清款项。该将军等务当通筹全局,审度缓急,会商办理,不得稍分畛域。将此由六百里各谕令知之。"(《清穆宗毅皇帝实录卷之三二〇》)

○同治十年辛未冬十月戊午朔○又谕张廷岳等奏拏获从逆人犯,并贼匪窜扰情形一折:"据获贼供称,该匪在毕留图庙被官军合围,贼势已极穷蹙。乃达尔济轻率招降,并自撤营垒,纵令贼匪远扬,实属罪无可逭。达尔济前已降旨摘去顶带,着即革职拏问,交奎昌、多布沁扎木楚、杜嘎尔,将该革员贻误情形,严行审讯,定拟具奏。该犯韩会林等三名,着张廷岳、阿尔塔什达,解赴乌里雅苏台,交该署将军等归案审讯,并将该犯等原供一并抄送奎昌等核办。达尔济所部官兵,即着杜嘎尔另派妥员管带,以资得力。阿毕尔米特游牧边界,及巴勒达尔多尔济游牧边界,均有贼匪窜扰。现在该逆已窜过固尔板赛堪地方,齐默特多尔济、伯克瓦齐尔业已追剿无及,逆踪飘忽靡常,难保不复图回窜。着张廷岳、阿尔塔什达,督饬各军妥筹防剿。杜嘎尔务当侦贼所向,实力扫荡,迅殄逆氛。将此由六百里各谕令知之。"○又谕张廷岳等奏台站阻滞,请饬设法疏通一折:"据称直隶宣化到防官兵,应需八九两月军粮,散在喀喇沁各台,未能运解到库,情形万紧。现在古北口练军陆续出口,尤须台站疏通,方能克期进发。即着庆春饬令沿途管台各员,赶紧设法雇觅驼只。务将喀喇沁各台壅滞粮石早日运解到库,毋稍迟延。张廷岳、阿尔塔什达一面派员迎提,以期迅速。李鸿章、庆春仍饬口北道采办军粮,源源接济,俾免缺乏。喀尔喀孳生驼只,现在库伦迤东迤南十余台牧放。着奎昌、多布沁扎木楚饬令桑噶西利旺楚克、察克都尔苏陇,务当移缓就急,各调拨一千只。无论能否足数,饬委妥员管解,前往喀喇沁台站,迎引古北口官兵应用。李鸿章、庆春即檄令贾吉龄,途次如遇此项驼只,拨令官兵乘骑迅速前进,毋再藉词逗留。前据神机营王大臣奏整饬边外台站,拟分段责成经理。谕令定安等核议举办。着定安、庆春、奎昌、多布沁扎木楚、张廷岳、阿尔塔什达,懔遵九月十九日寄谕,赶紧核议,奏明举办,俾利师行。将此由五百里各谕令知之。"

○辛酉,谕军机大臣等杜嘎尔奏追剿溃匪,殄除净尽一折:"溃匪窜踞阿毕尔米特旗游牧地方,经福珠哩等带队驰剿,于赛堪阿林之北那林浑第等处,将贼匪四百余名悉数殄除。贼首圭堆老四,亦经杀毙。其马受、王大汉、晁老五等是否一并擒斩,仍着杜嘎尔详悉具奏。昨据张廷岳等奏称,阿毕尔米特游牧边界及巴勒达尔多尔济游牧边界,均有贼匪窜扰。现在已窜过固尔板赛堪地方,是逆踪飘忽靡常,难保不肆行纷窜。杜嘎尔现饬各队在扎达噶图地方驻扎,并派员在固尔板赛堪及翁音河等处侦探贼踪。仍着认真探防,遇贼即击,毋稍松懈。昨有旨将达尔济革职拏问,其所部官兵,谕令该副都统派员管带。即着遴派妥员接统,以资得力。库伦防务紧要,张廷岳、阿尔塔什达仍当就现有兵力,严密防剿,迅扫逆氛。将此由六百里各谕令知之。"

○乙丑,又谕奎昌、多布沁扎木楚奏筹拨官兵赴台堵剿,庆春奏筹拨台站事宜各一折："奎昌等以毕留图庙被围之贼诈降逃遁,恐南路一带台站为贼所扰。现派棍噶扎勒参带兵,前赴哈尔尼敦、翁音、适中等台,择要驻扎,保护粮道。即着督饬该呼图克图实力防守,毋稍疏虞。前据杜嘎尔奏,福珠哩等军在那林浑第地方,将溃匪两股剿除净尽,贼首圭堆老四等亦经歼毙,当经谕令该副都统认真探防,遇贼即击。现在翁音河等处有无另股贼踪,仍着杜嘎尔严饬所部,确实侦探,相机进剿,毋稍疏虞。乌城兵力本单,棍噶扎勒参现扎哈尔尼敦一带,总以力顾后路为要,毋得贪功轻进,致乌城空虚,或有疏失。库伦防兵粮石,庆春现饬管台参领等,将喀喇沁台站壅滞军粮设法催运,并令迎提军粮差官洪富等赴台督运,即着檄饬在事各员迅速办理,源源运解,毋稍稽迟。额勒和布到京,现在请假一月,俟假期届满,即饬该都统驰赴新任。所有台站分段责成事宜,仍着庆春赶紧筹画,奏明举行。不得以接替有人,稍涉推诿。并着奎昌、多布沁扎木楚懔遵九月十九、十月初一日谕旨,将边外台站如何分段整饬之处,详慎筹办,迅速奏闻。将此由六百里各谕令知之。"寻奎昌等奏："各台站情形不一,应即由各旗均匀分办,逐段责成照章整顿。其伊疆台站,相距窎远,应由该将军等酌办具奏。"从之。

○壬申,谕军机大臣等景廉奏遵旨筹画进兵一折："景廉奉命进规乌鲁木齐,现已檄调驻扎安西等处步队三营,交提督张玉春统带,由巴里坤向西进发,并咨调巴里坤绿营官兵三百名随同进攻。统计兵勇三千有余,防剿兼筹,实属不敷分布。景廉已会商文麟,饬令孔才驰赴西路,调齐镇西定西等营暨奇古一带兵勇,听候调遣。即着酌度情形,妥为驾驭,以资得力。成禄即懔遵前旨,迅统所部,克期出关,不准再涉迟延。景廉军饷,前已由西征粮台借拨银十万两,并催令四川等省,将月协专协等款扫数筹解。着户部再筹拨银十万两,解至察哈尔,由景廉派员迎提应用。庆春当派员护解,催趱前进,以期迅速。此项饷银到尚需时,准景廉先于乌、科两城各借拨银二万两,着金顺、奎昌、多布沁扎木楚、常顺、文硕，照数发交该委员运解回营。俟部拨饷银解到，即行叩还。景廉现需健驼六百只，牛二百头，羊二千只。着文硕饬属于乌梁海等处代为购买。此项价值，即由借拨饷银内提出发给。至军行粮随，最关紧要。景廉现拟派员分赴巴里坤奇台古城一带，查看采办军粮，必须宽为筹备，以供支放。着伊勒屯、文麟随时照料，毋稍漠视。景廉迅将诸事布置妥协，刻即督队西行，力图规复，毋误机宜。安敦玉等处险要，着文麟拨兵填扎，严密防守，不可稍涉大意。关外军情紧急，乌里雅苏台又时虞贼匪回窜，着金顺迅即驰赴新任，将防剿事宜悉心布置，以副委任。另片奏请调员差委及分拨马队等语。荣全军营，前已将富和等十员发往，足敷差委。本日有旨将景廉简放乌鲁木齐都统，哈密帮办大臣令锡纶补授，并令赴景廉军营随同办事矣。穆图善如能分拨吉林、黑龙江马队二三百名，归景廉调遣。即着檄令兼程出关，以资攻剿。其请拨洋枪军火，已谕令李鸿章等筹解矣。将此由六百里各谕令知之。"（《清穆宗毅皇帝实录卷之三二一》）

○同治十年辛未十月○戊寅，又谕奎昌等奏官军剿匪获胜，生擒逆众各折片："据称达尔济带队于九月初九日，在喀雅喀喇乌苏地方剿匪获胜，逸贼约仅百名。此股残匪，现窜何处？翁音河一带是否尚有另股窜踞？前据杜嘎尔奏，圭霍老四业经杀毙，兹据贼供该逆向南山逃窜。着奎昌、多布沁扎木楚探明贼踪，严密设法，以遏奔突。杜嘎尔当懔遵叠次谕旨，督率所部，觇贼所向，相机进剿，迅扫逆氛。此项贼匪皆由肃州窜出，据获贼供称，大头目马四久伏肃州，若不捣其巢穴，则该逆首时嗾匪党出关，为害伊于胡底。着左宗棠檄催徐占彪赶赴肃州，认真搜捕，务将马四老巢迅速攻毁，毋任逆首稽诛，致令蔓延为患。成禄如尚未西进，亦着督率将士协同搜剿，以绝根株。达尔济前因轻率招降，纵贼远扬，业经降旨革职拏问。着奎昌、多布沁扎木楚、杜嘎尔仍遵前旨，将该革员贻误情形严行审讯，定拟具奏。达尔济所部官兵，杜嘎尔拟派何员管带，并着该副都统一并具奏。荣全前赴伊犁，带兵仅百余名，甚形单弱。着杜嘎尔迅饬吉尔洪额、讷苏肯统带吉林、黑龙江官兵各五百名，克日前往，听候荣全调遣。该二员起程日期，即着迅速具奏，毋再推诿迁延。倘荣全因兵力不敷，贻误事机，恐杜嘎尔不能当此重咎也。将此由六百里各谕令知之。"

○癸未，谕军机大臣等荣全奏探道西进，布置后路机宜，并请饬催杜嘎尔迅拨马队；杜嘎尔奏筹办调往伊犁各队，并派员接统筹达尔济所部官军，暨擒获贼供情形各折片："荣全现已行抵科布多所属扎哈沁之沙扎盖台。所有筹办驼马及留备后路接济，均尚周妥。惟从此西进，天气严寒。程途荒僻，殊深廑念。荣全勇于任事，不避艰险，甚属可嘉。着即激励官兵，探道前进。早抵伊犁，妥为经理。其后路转运各事宜，仍着奎昌、多布沁扎木楚、常顺、文硕妥速筹办，不得稍有贻误。索伦官兵远在苇塘子，流离日久，缓急难恃，自非得力劲旅，不足以壮声威。杜嘎尔现已令吉尔洪额、讷苏肯整队起程，并因应放饷银，咨商庆春。先由部拨荣全军饷内截留银五万两，交口北道办理月饷。下余解营赶办各项，自因移缓救急起见，着庆春即行拨给应用。并着奎昌、多布沁扎木楚于乌城饷银内提拨五万两，解交荣全，以抵截留之款。杜嘎尔务当饬令吉尔洪额等，迅速拨队前进，毋稍迟缓。经过乌、科台站应备各项，并着奎昌等豫为筹备，毋致沿途阻滞，是为至要。杜嘎尔请拨锅帐五百分，本日已谕令工部照数拨给。该副都统赶紧派员领取，以资应用。并将该副都统所部各营现有锅帐，先行凑齐。饬吉尔洪额、讷苏肯迅速西进，不得藉词耽延。达尔济所带之队，杜嘎尔拟派参领贡果尔接统，并先令营总鞯克巴雅尔暂行管带。着即饬令贡果尔星速前往统带。察哈尔官兵在翁音河一带扎防守，期与乌、库两城声势联络。刻下败残余匪窜往何处，据获贼任发汶供称，贼首马受等是否被杀，并未确知等语。仍着杜嘎尔查明具奏。一面确探贼踪，认真追剿，迅扫逆氛。所有任发汶供词，并着咨送奎昌等核办。记名副都统成山、侍卫永德业已到营,杜嘎尔当督同该员等,将所带队伍相机布置,协力防剿,毋误事机。荣全另折奏保经理台站采办驼只尤为出力各员,已照请奖励。其余正台帮台出力人员,并着奎昌、多布沁扎木楚、常顺、文硕,俟西进大兵过境后,查明分别请奖。荣全又奏接据伊犁被难官员来禀情形,本日已明降谕旨将该官弁等免其治罪,并令荣全妥为抚恤矣。该处官民感戴国恩,不为俄人煽惑,其志可嘉。所有各营官员,着仍以原职分管各众,并准以喀尔莽阿暂署锡伯营领队图记。各营事务,即责令一体照料。仍着荣全到伊后察看情形,多方激劝,以固人心而维大局。将此由六百里各谕令知之。"(《清穆宗毅皇帝实录卷之三二二》)

○同治十年辛未十一月○己丑,又谕庆春奏派赴伊犁官员分起出边一折:"副都统富和等六员现已到口。庆春已派员前赴各台会同管站各员,筹备驼只。惟布鲁图所属十一台内帮台之扎萨克旗驼马,仅有二旗在台应差。其察汉托罗盖所属第九台至第十二台,默霍尔嘎顺所属十一台,窄尔玛克台所属十台之扎萨克帮台驼马,率多不齐。叠经庆春严催,各该盟长视为具文,迄今罔应,实属不成事体。着理藩院严饬锡林郭勒、乌兰察布、图谢图汗、车臣汗各盟长,迅将各扎萨克帮台驼马,埠数赶赴各台,以济要差,毋任稍延,致滋贻误。并着庆春督饬派出各员随时照料,添雇驼只。俾赴伊各员,得以迅速前进,不至濡滞。至赴库防剿之古北口练军应需驼只,业经庆春酌给银两,分段雇觅。仍着随时督饬催趱,以利师行。将此谕知理藩院,并谕令庆春知之。"(《清穆宗毅皇帝实录卷之三二三》)

○同治十年辛未十一月○壬寅,谕军机大臣等荣全奏科属台站阻滞,设法前进,减调后路大兵,请饬催金顺等赴任各折片:"此次荣全前赴伊犁,关系西北大局。经过各台站宜如何豫筹周备,俾利遄行。乃文硕空言敷衍,毫无实济。致荣全行抵乌梁海头台,即已阻滞,实堪痛恨。

本日已将文硕开缺,并授保英为科布多帮办大臣矣。现在荣全阻于察库尔泰台,未能前进。常顺身任科布多参赞大臣,责无旁贷。着即将乌梁海迤西各台迅速设复,并着保英迅赴新任,与常顺会商妥办。倘荣全及各官兵因台站梗塞,贻误事机,恐常顺、保英不能当此重咎也。科城筹办一切,常顺等务与乌里雅苏台将军等悉心会商,以期彼此联络,声息相通。前因荣全需兵甚急,叠催杜嘎尔饬令吉尔洪额、讷苏肯迅速拔队前进。本日览荣全所奏,是该副都统咨照荣全各情,均属空言搪塞,并无起程确期,实属不知缓急。杜嘎尔着交部严加议处,仍着该副都统懔遵叠次谕旨,迅饬吉尔洪额等克日起程,星驰前进,毋再观望迁延。荣全因科城驼只仅敷官兵五百名裹带之需,拟将讷苏肯所带吉林官兵五百名,即用科城存驼前进。至吉尔洪额所带黑龙江官兵五百名行至科城后,由该城参赞大臣等设法送至哈密,交景廉调遣,规取乌鲁木齐。自系因驼只不敷起见,惟荣全兵力甚单,应否设法仍令吉尔洪额一并赴伊,抑或于乌科两城暂扎,随后调往。或拨至景廉行营,着荣全斟酌情形,并咨商景廉分别办理。所有荣全粮饷转运及后路一切事宜,着金顺、奎昌、多布沁扎木楚、常顺、保英认真经理。倘有贻误,必惟该将军等是问。乌城事机紧要,金顺务当赶紧部署,速赴新任,以重职守。图库尔前已告病开缺,索伦领队大臣,本日已简放额尔根巴图。着荣全即饬该员将苇塘子索伦人众妥为抚辑,以安其心。富和已放塔尔巴哈台参赞大臣,应令驻扎何地以资钤束,并料理官兵前进,及转运粮饷军械之处,着荣全与富和会商办理。至巴燕岱、锡伯、察哈尔、厄鲁特各领队大臣员缺,即着荣全于派往之沙克都林扎布等数员到伊后,择其人地相宜者奏请简放。将此由六百里各谕令知之。"寻兵部议:"杜嘎尔照捏词蒙混降一级调用。例上加等,降二级调用。系私罪不准抵销。"得旨:"着加恩改为革职留任。"○又谕景廉奏变通饷路,亲赴巴里坤筹办事宜;文麟奏派兵随同西征,并筹办防务各一折:"……景廉请将四川等省协饷,改由察哈尔转解。本日已谕令各该督抚并察哈尔都统照办。此项饷银解到时,仍着景廉、成禄分别动用。将此由六百里各谕令知之。"

○又谕:"前因户部奏,拨景廉、成禄军饷,当经谕令四川每月拨银一万数千两,湖北、陕西每月各拨银数千两,解交成禄、景廉军营。其专协之款,四川欠银六十五万两,山东欠银十九万五千两,山西欠银五万五千两,河南欠银四万四千两,……即将各该省应解景廉、成禄饷银,暂行解至察哈尔,转解景廉军营。俟驿路疏通,再由甘省运解。额勒和布、庆春于各该省饷银到时,即行派员转解景廉军营,毋稍迟误。将此由五百里谕知李瀚章、吴棠、李鹤年、额勒和布、庆春、丁宝桢、鲍源深、蒋志章、郭柏荫,并传谕文彬知之。"

○丙午,以察哈尔官军剿办沙漠窜匪出力,予协领讷苏肯以副都统简放。余加衔升叙有差。

○辛亥,又谕杜嘎尔奏调赴伊犁官兵起程日期,豫筹台站事宜,并请饬部拨饷各折片:"讷苏肯所带吉林官兵五百名,经杜嘎尔饬令十二月初六日起分队起程。吉尔洪额所带黑龙江官兵五百名,亦令豫筹驼只前进。据称该队现由克克伊尔根起程,必须由乌兰察布盟所属台站经过,方能行至济斯洪果尔地方。各该台站应备一切支应,着杜嘎尔与定安、富勒珲、额勒和布、庆春咨商办理。务当豫筹周备,俾利遄行。……杜嘎尔因所部官兵饷项不敷,请饬部拨银五万两。着户部照数拨给杜嘎尔行营饷银。前据李鸿章奏未便由内地派员遥为经理此项饷银,着户部知照顺天府解赴察哈尔都统衙门,由杜嘎尔派员领取,以供支放。该副都统现因贼已远遁,拟将官兵移于四子王游牧屯扎。惟逆踪来去无定,仍当勤加侦探。何路有贼,即着派兵驰击。不得株守一隅,致滋贻误。将此由六百里各谕令知之。"

○甲寅,又谕奎昌等奏请拨银两备用一折:"旧驻塔尔巴哈台之厄鲁特、察哈尔、哈萨克人丁,自失游牧以来,侨居科布多接境额尔济斯河南之布伦托海一带。奎昌等以该游牧旧地土脉肥饶,水草茂盛,较胜布伦托海,不若令其仍迁原处。即着金顺、奎昌、多布沁扎木楚与常顺、保英、富和、文硕会同咨商,责成巴彦特古斯妥为办理。该营旧设总管、副总管等缺,并着责令巴彦特古斯就现在人员内详加察看,如有办公勤慎、才具优长者,即着该将军大臣等奏请作为实缺。如其不堪胜任,亦即拣选更换,以资得力。……将此由六百里各谕令知之。"

○乙卯,又谕:"户部奏,遵旨议拨并请催巴、哈两城饷银。……各该省所解之饷,着懔遵前旨,暂行改道解至察哈尔,即由额勒和布、庆春派员转解,以期迅速。至文麟等复请拨京饷二十万两,兹据户部奏称,现难尽数筹拨库款。拟先在部库拨银五万两,再于欠解新疆饷银之山东提银五万两,河南提银四万两,山西提银四万两,直隶提银二万两,以符二十万之数等语。所有部拨之五万两,着照文麟等所请,发交委员常祥等领解回营。其提拨山东等省银十五万两,着李鸿章、丁宝桢、文彬、鲍源深、李鹤年严饬各该藩司,迅即如数措齐,解交察哈尔都统派员转解。……其以后月饷,仍着按月如数解清,以备新疆各城分别提用。山东应解哈密粮价,除已解四万两外,尚欠解六万两。着丁宝桢、文彬督饬藩司迅速筹解,俾济要需。将此由五百里谕知李鸿章、李鹤年、额勒和布、庆春、景廉、文麟、丁宝桢、鲍源深,并传谕文彬知之。"
(《清穆宗毅皇帝实录卷之三二四》)

○同治十年辛未十二月○丁巳,又谕奎昌等奏乌城需饷甚急,请饬部指拨一折:"乌城防务紧要,解到之饷,除分拨各营外,存项无多。该处军务甚殷,饷需自刻不容缓。着户部迅速指拨有着款项银五六十万两,限于来春正月内解至张家口。即着奎昌等派员迎提,以资接济。乌城防剿正在吃紧,金顺仍懔遵前旨,迅速赴任,妥为布置。至山西应解该城本年经费银两,据奏尚无起解之期,实属迟缓。着鲍源深即将此项经费克期起解,毋稍迁延。将此由五百里各谕令知之。"

○乙丑,谕军机大臣等户部奏遵拨乌城饷银一折:"乌里雅苏台专饷,上年经户部奏拨部库及山东等省银共五十万两。现因该城存项无多，需款甚急。该部请于山东、山西积欠新疆协饷项下各提拨银二十万两，河南积欠新疆协饷项下提拨银十万两，共银五十万两，作为乌城专饷等语。乌里雅苏台防务紧要，饷需刻不容缓。此次户部提拨饷银，本系各该省应解欠款，并非格外添拨。着李鹤年、丁宝桢、鲍源深、文彬按照部拨数目迅速筹款，委员起解。限于来春正月内，解至张家口，交察哈尔都统转解，由金顺等派员迎提。并将起解日期、数目报部查核，至乌城前后收到协饷各数，并着金顺等详细报部备查。……将此由五百里谕知金顺、奎昌、多布沁扎木楚、李鹤年、丁宝桢、鲍源深，并传谕文彬知之。"（《清穆宗毅皇帝实录卷之三二五》）

○同治十年辛未十二月○癸酉，又谕文硕奏豫筹边饷以裕军储一折："据称科布多库储未裕，岁支之费，军需之费，需款甚钜。加以抚驭团民，安设台站，用项甚多。请豫筹接济等语，边疆重地。军储必宜宽裕，方足以备缓急。文硕请发部库银十万两由察哈尔转解之处，着户部速议具奏。……将此由六百里各谕令知之。"

○壬午，谕军机大臣等："前据伊勒屯奏、巴里坤军饷支绌，请饬催各省应解月饷，并请饬拨部款，当交户部速议具奏。兹据奏称，现在库款支绌，实难再拨。至前于积欠新疆月饷各省，提拨巴、哈两城饷银三十万两内，山东欠解七万两，山西欠解三万两，河南欠解十万两，请饬催赶解等语。所有该大臣请拨部款之处，着毋庸议。现在巴里坤需饷甚殷，各该省欠解饷银自应赶紧筹解，以应急需。着李鹤年、鲍源深、丁宝桢、文彬严饬各该藩司，将提拨巴、哈两城饷银按照欠解之数迅速措齐，解交察哈尔都统衙门，由额勒和布派员转解。此项银两解到时，着伊勒屯知照文麟等，分提应用。倘各该省仍前延玩，即照迟延军饷章程。由该大臣等严行参奏。至山东、山西、河南、直隶欠解新疆军饷四百十二万八千两，并以后应解月饷，着李鸿章、李鹤年、鲍源深、丁宝桢、文彬源源报解，以资接济，毋再迟延。将此由四百里谕知李鸿章、额勒和布、李鹤年、丁宝桢、鲍源深、伊勒屯,并传谕文彬知之。"○又谕:"前据文硕奏,科城饷项支绌,请饬拨部库银十万两,当交户部速议具奏。兹据奏称,部库放款支绌,不敷周转。惟科城需饷急迫,自应迅筹接济。请先由部库拨银五万两,由山东拨还部库。再由山西拨银五万两,以足十万两之数等语。着照所请办理。所有此次部拨银五万两,着户部知照顺天府,委员解赴察哈尔都统衙门交纳,额勒和布于此项饷银到时,即行派员转解科布多,交该大臣等应用。至该部请由山西积欠新疆协饷项下提拨银五万两,着鲍源深赶紧如数筹拨,解赴科城,以济要需。常顺等接到各项饷银,务当撙节动用,毋稍糜费。此次所拨户部库款,尤当迅速归还。着丁宝桢、文彬即由山东欠解新疆协饷项下,提银五万两改解部库,毋稍迟延蒂欠,以重库储。将此由五百里谕知额勒和布、丁宝桢、鲍源深、常顺、保英、文硕,并传谕文彬知之。"○又谕奎昌等奏探闻肃州回匪情形,并请饬库伦捐备驼只各等语:"据称有蒙古人由肃州贼营逃回,言及贼匪因东路有大兵阻止,定于明年正月间,大股分起由西路欲犯乌城,自应先事豫防。奎昌等以察汉淖尔地方为乌科西路总要之区。拟将鞠克巴雅尔所部察哈尔马队,移赴该处驻扎,以断该逆来路。即着饬令认真防守,毋稍疏虞。惟该营移扎后,南台空虚可虑。着杜嘎尔另拨队伍,迅速驰赴哈尔尼敦一带,择要扼扎,以资保卫。转瞬春融,该逆出边窜扰,自在意中。杜嘎尔务当勤加侦探,豫为戒备。不可稍涉大意。……将此由五百里各谕令知之。"○又谕奎昌等奏仍请饬派口北道总办各军粮饷一折:"据称官军远道征剿,随带饷银,恐有疏虞。所有各队月饷,自应照马队出口时已经放过三个月成案,并交口北道照办。请饬直隶总督饬令口北道,将吉林、黑龙江、察哈尔各营粮饷,统归该道办理。并请饬察哈尔都统将前次指拨乌城军饷五十万两,俟到口时以一半交口北道以备提放,其余仍解乌城等语。口外各军饷银,前叠据李鸿章奏未便由内地遥为经理。惟奎昌等所奏亦系为慎重饷需起见,应如何办理之处,着李鸿章、额勒和布悉心会商,妥议具奏。将此由四百里各谕令知之。"

○乙酉,上御保和殿,筵宴朝正外藩。科尔沁、喀尔喀、苏尼特、乌珠穆沁、敖汉、浩齐特、阿巴哈纳尔、土默特、巴林、鄂尔多斯、郭尔罗斯、翁牛特、茂明安、喀喇沁、阿拉善、察哈尔王、贝勒、贝子、公、台吉、额驸,暨朝鲜正副使等,随文武大臣依次就坐。(《清穆宗毅皇帝实录卷之三二六》)

公元1872年

○同治十一年壬申春正月○辛卯,谕军机大臣等:"前据额勒和布奏,察哈尔军需不敷,请饬迅拨银十万两,当交户部速议具奏。兹据奏称,部库银两未便再议外拨,惟察哈尔军需急迫,亟须迅筹接济。请由部先拨银十万两,在山东、山西地丁项下提银归还等语。着照所请办理。所有此次部拨银两,即着知照顺天府,派员迅速解赴察哈尔都统衙门投交。额勒和布接到此项银两,务当撙节动用,毋稍虚糜。刻下如有急需之处,该都统暂将上年部拨杜嘎尔军饷银五万两,酌量借用。俟此项银两解到,即行如数提还。至此次部库所拨之银,即着丁宝桢、鲍源深,各饬藩司,于地丁项下提银五万两,迅解部库归还,不得稍有蒂欠,以重库储。将此由四百里各谕令知之。"

○戊申,谕军机大臣等杜嘎尔奏遵派队伍前赴哈尔尼敦等处驻防一折:"前因肃州回逆有分股由西路欲犯乌城之信,当谕令杜嘎尔拨队前赴哈尔尼敦一带扼要扎守。现经杜嘎尔派令福珠哩前往办理剿守事宜,其所带吉林兵一队,已令分起由驿前进。即着饬令福珠哩迅速到防,相度地势,择要驻扎,与乌库各营协同防剿,遇贼即击,毋稍疏虞。金顺、奎昌、多布沁扎木楚、张廷岳、阿尔塔什达,仍当分饬各营,联络声势,以壮军威。至遣赴济斯洪果尔各处官兵需用驼只,既经杜嘎尔于各营内选择备用,仍一面设法雇觅,即着赶紧解送,俾利师行。肃回既有春间西窜之言,该将军等务宜督饬各营,认真防范。如有警信,杜嘎尔仍当立即派队迎剿,迅珍逆氛。将此由五百里各谕令知之。"(《清穆宗毅皇帝实录卷之三二七》)

○同治十一年壬申二月○乙丑,又谕:"张廷岳等奏,窜匪出边肆扰,妥筹防剿一折。西路逆匪二千余人,已于正月间窜至阿毕尔米特游牧西南济尔哈朗图地方,沿途掳掠。该逆倾巢出扰,势甚猖獗,难保不伺隙纷乘,牵我兵力。边外地方辽阔,无险可扼。亟应妥筹防剿,免致蔓延。且据探称索伦贼首意图报复,有欲带贼二万余分犯乌科库伦之说,尤宜先事图维。着金顺、奎昌、多布沁扎木楚、常顺、保英、张廷岳、阿尔塔什达勤加侦探,协力防范。遇有贼股窜近,即行痛加剿洗,力遏狂氛。赛尔乌苏一带台站为粮饷往来要路。该处距库伦较远,张廷岳等兵力甚单,未能兼顾。着杜嘎尔迅派得力将领,选带马队,驰赴赛尔乌苏一带,择要扼扎,严密堵截,毋任贼匪窜扰。并着金顺、奎昌、多布沁扎木楚、额勒和布,各将所属台站布置周密,设法保护,以期有备无患。贼匪如窜近库伦,即着张廷岳带兵前往迎剿,毋任窜入。将此由六百里各谕令知之。"(《清穆宗毅皇帝实录卷之三二八》)

○同治十一年壬申二月○庚午,又谕杜嘎尔奏贼匪肆窜,派队迎剿等语:"据奏贼匪于正月初间窜由苏哈图向东北奔逸,阿毕尔米特游牧济尔哈郎图山阳地方,有贼股蜂拥窜扰。与张廷岳等前奏大略相同。该逆倾巢出扰,亟应乘其喘息未定,迎头截击,痛加剿洗,免致日久蔓延。杜嘎尔现派贡果尔带队前往迎剿,并令福珠哩、永德等合力夹击。即着檄令该将领等星速驰剿,务将贼匪一鼓扑灭,毋稍玩延。该匪既有欲窜库伦之说,张廷岳等当懔遵前旨,勤加侦探。如有匪踪窜近,即行带兵截剿,毋任窜入。该城防守事宜,并着张廷岳、阿尔塔什达会商妥筹布置。不得以贼踪尚远,稍涉大意。赛尔乌苏一带,杜嘎尔仍当派队扼扎,以卫运道。杜嘎尔另折奏请,由察哈尔营总那木济勒色楞管带队内,挑补第五队缺额等语。即着额勒和布按照杜嘎尔所咨缺额数目挑补,以资得力。将此由五百里各谕令知之。"

○壬申,修察哈尔独石口兵房,从都统额勒和布请也。

○丙子,又谕李鸿章奏筹运巴里坤军粮,请嗣后改办粟米一折:"巴里坤粮石,已据该督饬令口北道采办白面十万斤,于本年二月间全数运送出口,赴乌里雅苏台接收转运。惟张家口距巴里坤等处计程万里,面质潮湿,诚恐远道霉变。所请嗣后或由景廉就地屯垦招买,如必需张家口办运,应改购粟米,以免潮变等语,自系为慎重军食起见。着景廉体察情形,查明该处兵粮确数,将口北、归绥两道各应办运若干豫为筹定,随时知照李鸿章、鲍源深转饬核办。直隶所需米价脚费,即照李鸿章所请,由口北粮台领到部饷项下动支,汇案造报。将此由五百里各谕令知之。"○拨工部铅丸五万粒、火绳三千丈,解赴直隶张家口粮台备用。(《清穆宗毅皇帝实录卷之三二九》)

○同治十一年壬申三月○己丑,谕军机大臣等杜嘎尔奏筹拨各队分布防剿一折:"贼匪三百余人,现由阿毕尔米特旗渐趋东南,窜近桑锦达赖等处。乌拉特为贼窜熟径,防剿吃紧。杜嘎尔已檄成山、永德,各带吉林、黑龙江马队,前赴乌拉特交界洪科塔拉地方,暨达尔汉贝勒旗和林果尔一带,分投堵截。即着饬令该两军星驰前进,扼要严防,遇贼即击。杜嘎尔仍当将存营马队赶紧挑补,整饬队伍,前赴适中地方,相机剿办,毋稍大意。该逆此击彼窜,飘忽靡常。并着定安、富勒珲督饬防军勤加侦探,联络防剿,以免疏虞。赛尔乌苏为粮运要路,杜嘎尔以贼势东犯,拟于奎昌等前调察哈尔马队一千名内截留五百名,仍防哈尔尼敦。腾出福珠哩一军守赛尔乌苏,以卫粮道,自系先其所急。即着饬令该副都统带队前往防守,毋稍松懈。将此由六百里各谕令知之。"

○甲午，又谕："前因张廷岳等奏参达尔济纵贼远扬，及伯克瓦齐尔等附和招降等情，先后降旨，将达尔济革职拏问，交奎昌、多布沁扎木楚、杜嘎尔讯拟具奏，并将伯克瓦齐等分别撤任质讯。兹据奎昌等讯明达尔济被参各情，请旨办理等语。此案已革总管达尔济，于上年九月间追贼至毕留图招地方，贼已被困庙内，并不就地扑灭，轻听贼匪投诚之言，致令乘夜逃窜，实属咎有应得。惟念该员旋在喀雅喀喇乌苏地方剿贼获胜，其从前带队，亦尚得力。达尔济着免其治罪，仍带革职处分，留于军营。责令管带察哈尔马队剿贼，以观后效。公齐默特多尔济、扎奇鲁克齐伯克瓦齐尔，同在毕留图庙东南地方列队，贼匪潜由该处窜走，又复捏词禀报，希图卸过，情殊可恶。姑念该员等前在库伦防剿，尚属出力，齐默特多尔济、伯克瓦齐尔均着革职留营效力，以示薄惩。张廷岳等轻信属员一面之词，并不详细查明，率行参奏，实属不合。张廷岳、阿尔塔什达，均着交部议处。其擒获贼党，着奎昌等分别办理。"寻兵部会同理藩院议："张廷岳、阿尔塔什达均照误揭属员例降一级调用。"得旨："准其抵销。"

○庚子，谕军机大臣等："前据奎昌等奏，仍请饬口北道兼管各军饷银，当谕李鸿章、额勒和布，妥议具奏。兹据奏称，口外西北各城距口数千里或万余里，行营饷项，按月酌发，非内地所能悬揣。现在口外各路兵势已分，断难强令由一处放饷各等语，所奏系属实情。口外各军饷银，既未便由内地遥为经理，应仍归各城就近酌放，以免贻误。……至杜嘎尔所部察哈尔、吉林、黑龙江马队应行支放饷银，业据该副都统奏请循旧办理。……李鸿章、额勒和布，当随时督饬口北道，将口外各军米粮宽为筹备，俾免缺乏。额勒和布前已请拨饷银，筹办转运。近闻各台存粮，尚多未经起解。着额勒和布严饬各台员弁，迅将存粮陆续起解，源源转运，以济军食。将此由五百里各谕令知之。"

○辛丑，谕军机大臣等张廷岳、阿尔塔什达奏口外窜匪不靖，敬陈管见一折："边外地方辽阔，贼匪不时出窜，避兵而行，屡次饱掠远扬，均未能跟追兜剿。蠢兹小丑,竟至来去自如。若不先事图维,制其死命,势必乘虚再犯,迄无了期。张廷岳等请于土尔扈特贝勒游牧等处驻扎马步精兵二三千名,扼要设防,遏其窜路。乌科库伦等处,可保无虞。于地势贼情,是否可操胜算,杜嘎尔带兵出口剿贼,自必熟悉情形,即着酌度机宜,会商张廷岳等妥筹办法,迅速奏闻。……"寻杜嘎尔奏:"遵查边外穷荒沙漠,客兵未便常屯。土尔扈特等处能否久驻多兵,未敢遥揣。现已督军进剿,俟随时体察情形,会商办理。"得旨:"着即督军进队,会商张廷岳等确探贼踪,择要扼剿。毋任匪徒四出滋扰。"○又谕张廷岳、阿尔塔什达奏请将戍守库伦宣、古两军,仍由直隶协饷项下拨解一折:"据称直隶练军饷项向由长芦等处筹拨。现在库伦戍守之宣化、古北口官兵,统计二千余名,月需饷银一万余两。此外支放蒙古官兵等项为数尚多。宣、古官兵月饷,现既在库伦支领,则原饷自在两镇存储。请将该两军月饷仍由直隶练军饷内拨解等语。库伦防守紧要,饷需短绌,自系实情。所有宣、古两军饷项,即着李鸿章自奉旨之日起,即由直隶练军原饷内,按月照数委解张家口,转解库伦。如一时接济不及,仍着张廷岳等由库垫放,俟解到时再行归款。将此由五百里各谕令知之。"

○庚戌,谕军机大臣等常顺、保英奏回匪分股出窜,请调拨马队防剿一折:"据称探报回匪二万余众,分为两股。一股由索伦锡伯格图路扑犯乌科,一股由巴勒巴尔海、春住拜新、图赛哈诸路窜扰库伦等语。……前据杜嘎尔奏,滋扰阿毕尔米特旗游牧之贼,窜近桑锦达赖等处。该副都统拟赴适中地方,相机督剿。此股贼匪现窜何处?该逆股数不一,奔突靡常。杜嘎尔务当斟酌机宜,严饬将弁,侦贼所向,实力截剿。并将窜库、窜乌之路,派兵严密堵御,毋任匪踪扰及。……将此由五百里各谕令知之。"(《清穆宗毅皇帝实录卷之三三〇》)

○同治十一年壬申夏四月甲寅朔○又谕:"前因奎昌等奏,请加增乌城官兵领款,并酌增调防满洲索伦蒙古兵丁领款,暨请指拨协济银五万两。当交户部议奏。兹据奏称,乌城文武员弁加增银两,拟照奎昌等原拟数目减半支给。绿营兵丁领款,拟请每月每名增银九钱。棍噶扎勒参所带官兵,请统合盐菜粮折计算,每兵增银九钱。均自本年四月为始,一律支给等语。均着照所议办理。此次既经优加体恤,金顺、奎昌等当激励该官兵等实力剿防,毋得虚縻饷项。至乌城所属台站,需用较多。该部请于山东、河南两省同治十一年征收地丁项下各拨银二万五千两,以资接济。即着丁宝桢、李鹤年、钱鼎铭,迅速如数筹拨,解交察哈尔都统衙门,转解乌里雅苏台,以资应用,毋稍延缓。将此各谕令知之。"

○丙辰,又谕杜嘎尔奏窜匪回遁,探踪进剿一折:"据称本年正月间,阿毕尔米特旗属博罗诺木汗地方,突由西北窜来贼匪二三百人,于二月间向西窜走。巴勒达勒多尔济旗,亦有西来贼匪数十名,于二月间回向西遁,由察里勒图察汗德勒地方窜入胡济尔图和硕等处,现已回遁等语。据奏各情,似此股贼匪由乌里雅苏台附近窜出,现又向西回窜。匪踪飘忽靡定,究竟来自何方,窜往何处?杜嘎尔已拔队由中路进兵,务当确探贼踪,截击痛剿,毋任日久蔓延。贼情诡谲,并须防其多分股数,四面牵掣。致官军应接不遑,乘间窜扰完善地方。匪踪前趋东南,近又西遁。乌城防务,甚关紧要。库伦虽稍远贼氛,仍虞再犯。着奎昌、志刚、多布沁扎木楚、张廷岳、阿尔塔什达随时侦探,互相知照。一遇贼匪窜近,立即痛加剿洗,毋稍疏懈。杜嘎尔营中驼只疲乏,远道运粮,未能得力。该副都统已商令四子部落等旗,派员帮同委员就地雇觅民驼,以资应用。着定安传知各该旗妥为照料,不得稍涉漠视。贼势既分,并着督饬防军相机堵遏,毋任窜近乌拉特等旗境。张廷岳等前奏逃回蒙古男妇报称,有正月间贼匪带二万余众分犯乌、库之说。嗣后探得西路窜匪有二千余人之多。此次杜嘎尔所奏回窜之贼仅二三百名及数十名,是否分股逃窜他处,是否另有匪徒窜匿,着张廷岳、杜嘎尔等查明据实具奏。将此由五百里各谕令知之。"(《清穆宗毅皇帝实录卷之三三一》)

○同治十一年壬申四月○己巳,谕内阁杜嘎尔奏职官潜逃,请饬查拏等语:"吉林四起马队委参领海春,经杜嘎尔派令随队西进,胆敢中途潜逃,实属目无法纪。海春着即革职,并着吉林将军、直隶总督及西北路将军大臣等,饬属一体严缉,务获究办。其同逃兵丁永寿、西拉布、兴春,着一并缉拏惩办。以肃军令。"

○癸酉,又谕奎昌等奏筹办城工,拟请援案设法办理,并整复台务,酌添驼马,暨请饬绥远城、察哈尔所属安设台兵,接送军粮各折片:"乌城前经贼扰,城垣毁坏无存,亟宜赶紧兴修,以资保守。奎昌等拟援照道光年间成案,由喀尔喀牧放孳生驼内,提出骗骡马驼,分交乌属支食盐粮蒙古官兵折价,即由应领盐菜项下扣饷备工。并由志刚倡捐面斤,以助工用,将前建木城改用石垣。即着照所拟办理。现在孳生厂内,除张廷岳提用驼只外,所存骗骡马驼,究有若干,着奎昌、多布沁扎木楚、志刚酌量提取,扣饷应用。并着督饬在事人员核实兴办,以重要工。乌、科两属台站,现在接送兵差,整理不容稍缓。奎昌等已将乌属西路七台,南路二十台及绰和尔首台,遵照科城定章,每台添设官兵驼马。其余台站需用盐菜羊价茶银款项,一并筹办。该署将军前请指拨银五万两,业经户部奏请,在于山东、河南两省分拨应用。着户部再行咨催该两省迅速筹解,奎昌等即一面赶紧筹办,毋稍迟延。并着常顺、保英一并妥为办理,以资转运。至赴乌台站接运军粮等项,多有损失,实属不成事体。着定安、额勒和布,迅将所属台站按段安设官兵,妥为接送,毋得推诿,致有疏虞。将此由五百里各谕令知之。"(《清穆宗毅皇帝实录卷之三三二》)

○同治十一年壬申五月○乙酉,谕军机大臣等奎昌等奏请免分兵队,以固防守一折:"前因贼匪由阿毕尔米特旗,渐向东南窜扰。杜嘎尔派队分剿,请将乌城所调之察哈尔马队一千名,分拨五百移扎察汉淖尔地方,截留五百仍驻哈尔尼敦,以防乌库门户。兹据奎昌等奏称,乌城防兵除察哈尔马队外,仅有棍噶扎勒参营九百余名,苏彰阿营三百余名,棍噶扎勒参所存索伦、伊犁、十苏木等处之兵,已据富和咨调赴塔。景廉又因兵力单薄,亦拟拨用该营之兵。若再将察哈尔之兵分队驻扎,不足以壮声威等语。乌城地方紧要,棍噶扎勒参营既须西进,察哈尔马队自宜合队择要防守,方免兵分力单。惟库伦门户亦当兼顾,该处防兵约有三千余名,或可自为设守,毋须将察哈尔马队分拨。着杜嘎尔、张廷岳、阿尔塔什达悉心酌度,会商奎昌等办理。总当相度机宜,统筹全局。不得顾此失彼,致有疏虞。将此由五百里各谕令知之。"

○己丑,谕军机大臣等景廉奏探闻西路军情,派兵西进,暨安敦地方被贼窜扰情形各折片:"乌鲁木齐回逆,现与安集延彼此攻击。景廉当乘此机会,随时确切侦探,设法进取。趁俄人未经东犯,将丑类悉数扫除,收复疆宇。该逆曾差人赴赵兴体营投诚,未允所请。嗣后如回逆安集延等复有投诚之说,景廉仍当妥慎筹办,断不可为其所绐。孔才办事未能妥协,景廉已派提督张玉春驰赴古城,会同孔才办理防剿并屯垦事宜。着即饬令该提督悉心部署,以资战守。徐学功回营后,尤应妥为驾驭,令其带队进剿。并将赵兴体营勇随时加意拊循,俾为我用。靖边中营,已赴古城。后营及亲兵营,亦陆续调令赴坤。惟驻扎安西之靖边左营,一时尚难开队。着景廉催令杨定邦,将该营赶紧募补足额,克期启行,毋任延宕。景廉军营饷需支绌,各省专协各饷,着户部催令各该督抚,迅即如数运解,以济要需。并着奎昌多布沁扎木楚、志刚、额勒和布,各将所属台站竭力整顿,酌添驼马,接运景廉军营饷银,毋稍迟滞。安敦被贼窜扰,与文麟前奏略同。该逆虽已东窜,难保不去而复来,仍着文麟懔遵前旨,认真防剿,抚恤居民。靖边左营,现须西进。文麟当饬令安西州豫备车辆行粮,俾利遄行,毋稍漠视。将此由五百里各谕令知之。"(《清穆宗毅皇帝实录卷之三三三》)

○同治十一年壬申六月甲寅朔○甲子,又谕额勒和布奏台站往来各差近来每藉官差贩带货物,在台任意需索驼马,稍不如意,辄加鞭挞,请旨严禁等语:"台站为支应官差而设,若如所奏藉差带货滥索驼马等情,实堪痛恨,亟应严行禁止。着各城将军大臣等,嗣后凡遇各项差使,即分别差务轻重,人数多寡,核明应用驼马数目,给发印照。将官兵员名、往来处所、实需驼马数目,逐一填明照内。赛尔乌苏张家口管站部员,即按印照所开数目,另加传单,饬台供应。其由京前赴口外各差,即责成张家口管站部员按照部发勘合,如数饬传。倘该官兵有格外需索各情,或管站之员暨各台徇情滥应,一经查出,即着从严参处。毋稍徇庇。"(《清穆宗毅皇帝实录卷之三三五》)

○同治十一年壬申七月○乙巳,谕军机大臣等额勒和布奏遵旨商办调兵筹饷,采买驼只一折:"景廉带兵进规乌鲁木齐,亟宜迅赴戎机,早图克复。前经谕令李鸿章、定安等添派劲旅,筹拨饷需,办运军粮一切。旋据定安奏称,派拨马步队二千名赴乌助剿,此项官兵若由张家口取道,未免稽迟。额勒和布拟令由绥远所属六台,取道察哈尔所属之第十八台济斯洪果尔,归入军台正站,可省路程二千余里。其军装等项亦由绥远城就近办给,较为便捷。即着定安如所议速为办理,俾利师行。该官兵驮运军装等项需驼二千五百只,暨归绥运粮需驼一千二百五十只,察哈尔采买维艰,并着定安即由绥远城迅速购买,发交应用。所有制办军装及采买驼只共需银十七万五千两,亟应速为筹备,以应急需。着丁宝桢、钱鼎铭、鲍源深于各该省应解乌鲁木齐饷银内各先行筹拨银四万五千两,邵亨豫于应解乌鲁木齐饷银内先行筹拨银四万两,迅即解交绥远城归定安支用。至口北运粮需用驼一千二百五十只,着额勒和布于各省饷银解到时即行设法采买,毋稍迟误。将此由五百里各谕令知之。"

○丁未,以正红旗汉军参领景瑞署察哈尔副都统。(《清穆宗毅皇帝实录卷之三三七》)

○同治十一年壬申九月○庚寅,又谕杜嘎尔奏拟择地移扎官军一折:"据称边外现无贼踪,济尔嘎朗图地方官兵驻扎日久,水草取用尽竭。现值天气寒冷,拟于四子王旗达尔汉贝勒部落择地驻扎等语。即着照所拟行。惟贼踪出没靡常,该副都统仍当多派员弁,分投远探。遇有贼匪,即行率队剿击,毋稍大意。福珠哩一军原扎赛尔乌苏,距库伦较近。即着咨商张廷岳等,酌度地势情形,饬令福珠哩统率所部,遵照扼扎,以护粮运。将此由四百里谕令知之。"(《清穆宗毅皇帝实录卷之三四〇》)

○同治十一年壬申九月○辛丑,又谕:"……景廉另片奏,拟在察哈尔设立转运粮台,请派徐树铭督办等语。景廉在察哈尔设立粮台,一切督催转运事宜,即着额勒和布、景瑞派员经理,以专责成。所请令徐树铭前往督办之处,着毋庸议。又另片奏请拨天津洋枪等语,已谕令李鸿章照数采买,即着景廉派员赴直领取,以资应用。将此由六百里各谕令知之。"○拨火器营火箭一千五百枝,工部火药二万斤,火绳四百盘,解赴察哈尔转交哈密军营备用。

○庚戌,拨神机营弓五百张,弦一千条,箭三万枝,长枪西百杆,腰刀五百把,工部火药五千斤,轰药五百斤,火绳二万根,铅丸四万粒。由察哈尔递解署伊犁将军荣全军营备用。(《清穆宗毅皇帝实录卷之三四一》)

○同治十一年壬申十一月○甲申,又谕定安奏另调马队助剿,请变通办理一折:"前因乌鲁木齐需兵助剿,经定安由绥远城防军内,将拨归杜嘎尔调遣之神机营练兵、吉林、黑龙江马队各五百名,暨大同镇属步队一千名,饬赴景廉军营。应需制办军装及采买驼只银十七万五千两,已谕山东等省筹拨,由绥远城就近办给。嗣准神机营奏前项马队在防已久,不无疲乏,难令远道赴乌。另由吉林、黑龙江两省调拨换班官兵一千名前往。此项马队,既不由绥远防所派拨起程,若仍照额勒和布前议程途行走,未免迁滞。即着神机营俟此项马队到京,饬令径由张家口,取道阿勒台军台前进,以期迅速。应需军装裹带等项,即由额勒和布就近办给。并将所需驼只一并就近采买,以归便捷。前次派拨饷银,仅据山西解交定安银一万五千两,现在定安部署大同步队起程,着钱鼎铭、邵亨豫即将该省应解银两如数解交定安应用。额勒和布现需照料马队启行。山东派拨银两,着丁宝桢迅即径解察哈尔,交额勒和布应用。并着李鸿章、吴棠、李瀚章、郭柏荫,各于该省欠解新疆军饷及景廉军营协饷内先行筹拨银六七万两,迅速解至察哈尔,交额勒和布收存,以供支应。均不准稍涉推诿,致误要需。将此由四百里各谕令知之。"

○戊子,又谕额勒和布、景瑞奏请将两淮欠解牧群办公息银饬催筹解一折:"察哈尔口外牧群,向赖两淮生息银九千两按年解交,藉资办公。自咸丰二年停解后,即由本群抽收碱厘项下暂行撙节动用。现在收款不敷支放,办公倍形支绌。两淮军务早竣,应解察哈尔牧群生息银两,自应仍照旧章征解,以资接济。着张树声督饬两淮盐运使,迅速筹款拨解。即一时未能如数筹拨,务须先拨一半。余仍按年征解,俾应急需。其自咸丰二年后积欠之款,俟两淮开办新纲,停厘加课,再行如数带征补解,以清款项。将此谕令知之。"

○乙未,又谕杜嘎尔奏请饬派员暂行接管队伍一折:"前因杜嘎尔旧疾复发,当经赏假一月在营调理。兹据奏称骸疾增剧,精神委顿,未能督队剿贼,请饬定安暂派妥员接管所部队伍等语。杜嘎尔向来带队勇往,近来在边外防剿,亦甚得力。现在患病未愈,自系实情,仍着在营安心调理。本日据奎昌等奏,肃州出边之贼现窜科属以南之扎哈沁旗界,贼踪飘忽靡常,自应豫筹截击。杜嘎尔既未能克期督剿,着先派得力营员管带各队,探贼所向,相机剿办。并着定安酌派妥员,迅速前往杜嘎尔营中,暂行接管队伍,以期无误戎机。一俟杜嘎尔病体稍痊,仍归该副都统亲自调度,毋稍诿卸。将此由五百里各谕令知之。"(《清穆宗毅皇帝实录卷之三四四》)

○同治十一年壬申十一月○丁酉，谕军机大臣等额勒和布、景瑞奏遵筹马队出边，并请饬部速拨银两各一折："此次调赴乌鲁木齐之马队一千名，取道张家口出边。所需随军骆驼约一千五六百只，额勒和布等现已派员赴锡林郭勒等旗采买，仍恐不能如数。归绥地面，向有驼市。着定安酌核筹款，迅在该处采买骆驼八百只，派委妥员解送张家口应用，以利师行。至前拨部帑银两，据额勒和布等奏称业经用尽，转瞬马队出边，馈运转输，需用甚钜。若待各省解饷，深恐缓不济急等语。自系实在情形。着户部迅即筹拨银十五万两，交顺天府派员解至察哈尔，交额勒和布等收存支用，以应急需。此项马队到口，如有疲乏，即由额勒和布等查看，调取捐输马匹，按数更换，俾免濡滞。其余未尽事宜，并着该都统等随时奏明办理。将此由四百里各谕令知之。"

○丙午，谕内阁额勒和布、景瑞奏司员办稿蒙混，以致拣选错误，据实检举一折："察哈尔镶黄旗出有副参领一缺，据该旗署总管巴雅斯呼朗塔尔将噶勒桑车林等呈送请拣，经额勒和布等拣选，以噶勒桑车林拟正咨部。嗣后查明该员原保，系以军台副参领即补，并无以本旗副参领即补字样。乃该司员于呈画资部查核稿内，竟敢将该员原保官阶任意删改。其镶黄旗署总管送选册内，亦未注明军台字样，以致拣选错误，均有应得之咎。所有办稿蒙混之左司掌印员外郎承恩、候补防御景文，着分别交部严加议处。呈送拣选并未详细声叙之察哈尔镶黄旗署总管及该司随同画稿之官员等，均着查取职名，分别交部议处。额勒和布于该司呈画稿件，未能查出，着交部议处。景瑞到任未及三月，着加恩改为交部察议。"寻议："额勒和布应罚俸六个月，景瑞罚俸三个月。巴雅斯呼朗塔尔降一级留任，均准其抵销。"从之。（《清穆宗毅皇帝实录卷之三四五》）

○同治十一年壬申十二月○壬子，又谕定安奏筹办杜嘎尔马队情形，并先提借察哈尔饷银赶办行粮各折片："前谕杜嘎尔在所部吉林、黑龙江马队内再拨五百名，自备行粮，赴塔尔巴哈台听候荣全调遣。并因杜嘎尔患病，谕定安派员前往，暂管队伍。兹据定安奏称，现将吉林、黑龙江两队全数拨往，派副都统富珠哩统带，在赛尔乌苏一带暂扎。请饬部拨银三万两置办行粮，并请先于部拨察哈尔饷银十五万两内提用等语。荣全军营需兵甚亟，着杜嘎尔即派得力营员管带黑龙江马队，前赴赛尔乌苏，并归富珠哩调遣，克日西征。至该马队行粮，尤应赶紧筹办。即着额勒和布、景瑞于户部解到银十五万两内，先行提拨银三万两解交杜嘎尔，将该队行粮迅速办齐，饬令富珠哩统带西进，毋稍逗留。富珠哩启行后，赛尔乌苏一带即责成辙德恩带察哈尔马队，在该处扼扎护运，并确探贼踪，相机防剿。惟该处兵力单薄，如须添拨队伍，着定安酌度办理，以免疏虞。所有此地提用银三万两，并着户部照数筹拨，解交察哈尔以清款项。将此由五百里各谕令知之。"

○戊午，科尔沁图谢图亲王巴宝多尔济等三人，阿拉善扎萨克亲王贡桑珠尔默特、苏尼特扎萨克郡王托第布木、土默特贝勒散巴勒诺尔赞、茂明安贝勒格楚克、阿巴噶贝子杜英固尔扎布等二人，巴林二等台吉色旺诺尔布、喀尔喀二等台吉三音乌察拉勒图、察哈尔恩骑尉巴图济尔噶勒，于养心门内瞻觐。

○己未，又谕奎昌等奏请调马队剿贼，并请饬催前调各军；杜嘎尔奏派拨西征马队情形各一折："贼匪麕聚扎萨克图汗迤南，踞山抗拒，亟应就地剿除。乌城兵力不敷，该署将军等前调之察哈尔马队二百五十名，库伦练军五百名，着额勒和布、景瑞、张廷岳、阿尔塔什达懔遵前旨，即行派拨，克日起程，毋稍延缓。奎昌等此次因援兵未到，请将富珠哩所部吉林马队二百五十名，先行就近调拨。此项马队，现经杜嘎尔添派黑龙江马队，前往赛尔乌苏会合，调赴荣全军营。着杜嘎尔即将察哈尔提到银两饬令赶办行粮，迅速进发。该军沿途西行，即可觇贼趋向，相机截剿。如行抵乌城后，该处军情尚未稍松，即着奎昌等就近调度，饬令与达尔济所部各队合力剿办，以期迅殄逆氛。荣全需兵正殷，奎昌等俟该处军务稍松,或察哈尔、库伦调派各队有一处到齐,即令该军驰赴荣全军营,听候调遣。将此由六百里各谕令知之。"○拨火器营火箭四百枝,解赴张家口,交乌里雅苏台委员领回备用。(《清穆宗毅皇帝实录卷之三四六》)

○同治十一年壬申十二月○丁卯,又谕:"前因乌城需用马队,当谕额勒和布等拣调蒙古马队二百五十名,裹带行粮军装,分起赴乌。兹据额勒和布等奏称,现由察哈尔八旗兵丁内如数挑选,派佐领那穆济勒色楞管带,分作三起于本月十五日接续起程前进,随带行粮军装等项,业经酌量发给等语。此项队伍行抵乌里雅苏台界内,需用驼马毡帐等项,暨所需驼只价银,着奎昌等豫为筹备。并先期派员至哈尔尼敦守候接办,俾利师行。该队马匹间有不齐,即由该署将军等查核拨补。额勒和布等已放给该官兵三个月口粮,以后月饷,并由奎昌等接续开放。此项官兵到乌,该署将军等务当妥为调派,俾资防剿,毋稍疏虞。额勒和布等以该队续用粮石不敷,拟由直隶添筹款项,交口北道购办,按期拨运。即着该都统咨商李鸿章筹办,以资接济。所称制办军器等项及补造帐房应需银两,请由军项下动用等语,即着照所拟办理。将此由五百里各谕令知之。"

○己巳,谕军机大臣等:"前因乌里雅苏台城防紧要,经奎昌等奏请于库伦练军内,抽调古北口、宣化兵共五百名,以资防御。当谕令张廷岳等照数派拨,速赴乌城。如库伦练军不敷分拨,再由宣化、古北口转调足额。兹据张廷岳等奏称,此项练军现在分扎库伦迤西一带,扼要巡防,方资镇摄,未便遽行掣动。若径由古北口调拨前往,与察哈尔马队分起直达乌城,较为妥速等语。所陈自是实在情形。乌、库两城防守,同关紧要。此起练军既称得力,即着张廷岳等饬令认真梭巡,遇贼即击。乌城需兵甚急,着李鸿章即于宣化、古北口练军内迅速挑选五百名,裹带行粮等件,分起速赴乌城,交奎昌等调遣。奎昌等当将城防事宜豫为筹画,毋得稍有疏虞。将此由五百里各谕令知之。"

○庚辰,上御保和殿,筵宴朝正外藩。科尔沁、喀尔喀、阿拉善、苏尼特、鄂尔多斯、阿巴噶、浩齐特、土默特、茂明安、喀喇沁、乌拉特、郭尔罗斯、翁牛特、归化城土默特、敖汉、察哈尔、土尔扈特、巴林王、贝勒、贝子、公、额驸、台吉,暨朝鲜正副使等,随文武大臣依次就坐。(《清穆宗毅皇帝实录卷之三四七》)

公元1873年

○同治十二年癸酉春正月○壬辰,谕军机大臣等景廉奏请严催各省专协等饷一折:"景廉奉命西征,需饷紧急,各省应解专协等饷,报解寥寥。该都统现驻巴城,部署兵勇每月约需饷银六万余两,若不迅筹接济,哗溃堪虞。着户部即于库存项内提拨银二十万两,交顺天府派员解至察哈尔,由额勒和布等接收,转运景廉军营以应急需,毋稍迟误。其各省欠解新疆军饷,及奉拨景廉军营专款,着户部严催各该省迅速设法源源筹解,不得意存漠视,致误要需。景廉军营转运粮饷军火,亟需驼只。着定安、额勒和布、景瑞各将前次派办驼只如数采买,解送景廉军营以备应用。景廉即将巴城防守事宜布置周密,督率兵勇克期迅赴古城,力图进取。将此谕知户部,并由六百里谕令定安、额勒和布、景瑞、景廉知之。"

○癸卯,谕军机大臣等李鸿章奏宣化、古北口练军,未便续行调派;托伦布等奏筹办防剿各一折:"前谕李鸿章于宣化、古北口练军内挑选五百名赴乌调遣。兹据奏称该处练军存兵无多,捍卫畿辅,弹压地方,未便再议。抽调自系实在情形,乌里雅苏台前调察哈尔马队二百五十名,计日即可到防。现在兵力是否足敷分布?倘必需步队协防,仍着咨商张廷岳等,于库防练军内酌量抽拨,就近赴乌,用资防守。……将此由五百里各谕令知之。"○又谕托伦布、保英奏请饬催经费银两等语："科布多经费银两,前经户部于山东、河南两省地丁项内,各拨银五万两,限于上年年内解运过半。兹据奏称此项银两尚未解到,该城艰窘异常。应放各款,刻不容缓,请饬迅速拨解,以济急需。着丁宝桢、钱鼎铭,即将该两省指拨科城经费银两,赶紧如数筹解,运至察哈尔都统衙门交纳,由托伦布等派员迎提应用,毋稍迟缓。将此由四百里各谕令知之。"

○甲辰,又谕额勒和布等奏筹办马队出边,暨核计供运军粮各折片:"调赴景廉军营之吉林、黑龙江马队一千名,已由额勒和布等拨给驼只口粮,分起由张家口出边。并派员随往沿途照料,送至乌里雅苏台交替。该都统以时值春深驼只力弱,即难负重致远,恐抵乌城台界内原带牲畜不能得力,所虑自是实情。着常顺、多布沁扎木楚、志刚、景廉各于所属台路豫为筹备驼只。俟前项马队到时酌量拨给替换前进,以免耽延。额勒和布等动用饷银,着即核实具奏,应解景廉军营驼只,着迅即如数拨往,毋稍延缓。嗣后察哈尔续运米石供应分防各军,即照该都统等所议,查照直隶总督奏定成案办理。调赴伊犁及景廉军营各队由察哈尔转运米石供支,每石约需银十余两,糜费甚钜。伊犁、巴里坤等处间有耕种收获,着荣全、景廉体察各该处情形,就地采买若干。再由察哈尔粮台运送若干,亦可稍省经费。如购粮款项不敷,即可咨明额勒和布等,将察哈尔所省运费米价等项按数拨往,以资应用。将此由五百里各谕令知之。"(《清穆宗毅皇帝实录卷之三四八》)

○同治十二年癸酉二月○庚申,谕军机大臣等常顺等奏督队进扎以扼贼冲,并豫筹军储;景廉奏请采买战马耕牛各折片:"乌城防剿紧要,现在肃州军务,正在得手。诚恐贼匪窜出纷扰,该城防堵未可稍疏。常顺等拟飞催福珠哩马队并宣化等练军到城,分起扎扎。惟福珠哩一军,前经谕令杜嘎尔饬令驰赴荣全军营,该城不得截留。宣化等练军,亦据李鸿章奏称该处存兵无多,未能抽调。谕令该署将军等咨商张廷岳等,于库防练军内酌量抽拨,就近赴乌。常顺、多布沁扎木楚、志刚务当就现有兵力,扼扎严防,勤加侦探。倘贼势紧急,常顺等当亲往督剿。毋稍疏虞。该城需用火器甚急,着神机营调拨洋马枪五百杆,随带洋火药铅箭铜帽,酌带什物以及擦枪器具,排枪二百杆,随带铅丸二万出,配带什物弹模等项,即行解赴察哈尔都统衙门。并着定安调拨子母炮四十位,随带马架抬枪一百杆,随带铅丸一万出,配带什物弹模等项。统由常顺等即派官兵,分往迎提,以资防剿。……将此由五百里各谕令知之。"

○癸亥,以察哈尔官军剿办甘肃窜匪出力,予委营总达密兰等升叙有差。(《清穆宗毅皇帝实录卷之三四九》)

○同治十二年癸酉三月○癸未,谕军机大臣等常顺、多布沁扎木楚奏台站关系紧要,应筹顾恤,并请添备车驼各折片:"近来西北各路,征调频仍。各台站支应要差,情形极形疲累。必须随时整顿,遇事体恤,方不至贻误事机。若如常顺等所奏,凡出口差使,均须察哈尔管站部员发给传单,始得传驼马乌拉等项,因之通同贿弊,于定章之外,任意多开,该管站员役遂藉为需索之地,不肖差员亦得快其挟带之私。其赛尔乌苏管站部员,亦以稍有赂遗,遂复依样转传。驿骚扰害,雕敝日形等语。似此积弊相沿,伊于胡底。常顺现于乌城查出哈密领饷委员杨万清挟带商货等弊,业已咨明该城大臣参办。其余虚传驼只之案,尚不一而足。若不速筹整饬,何以恤台站而利遄行?着定安、常顺、多布沁扎木楚、志刚、托伦布、保英、额勒和布、景瑞,一体妥为筹办。嗣后由口或由绥远城起运饷银军械等项,即由该将军都统核明斤数,酌给应用驼只,饬行管站员役遵照传支。至各城派员入口采办一切,亦由该城详细具文,知会绥远城及察哈尔两处,核给驼只,以免需索扰害。其管站部员即着额勒和布等随时查察,如有前项情弊,即行从严参办。出口西行之大小官员弁兵,台站仅供骑马。应否添给车驼以资体恤之处,着额勒和布等详查成案,酌核事宜,妥筹办理。将此由五百里各谕令知之。"

○庚子,拨工部火药一万斤,铅丸二万斤,火绳四万条,轰药一千斤,解由察哈尔转解科布多军营备用。

○乙巳,命察哈尔副都统景瑞来京,以前任科布多参赞大臣奎昌署察哈尔副都统。(《清穆宗毅皇帝实录卷之三五〇》)

○同治十二年癸酉夏四月○庚申,谕军机大臣等杜嘎尔奏会商筹备防剿一折:"贼匪意图窜扰,飘忽靡常,亟应认真防范。杜嘎尔以军台四十四站,绵延数千里。地势原分四段,拟于中两段左近,择要分营扼扎,所筹尚妥。即着勤加防探,遇贼即击,毋稍疏虞。惟该营仅有马队二百名,不敷分布。着额勒和布等即由察哈尔八旗添调官兵三百名,速赴杜嘎尔军营,以资防剿。该营饷项支绌,刻下兵数既添,饷需尤亟。察哈尔前请部款十五万两,现在所存无多,势难分顾。着户部迅速筹拨银五万两,解交察哈尔存储,由杜嘎尔按月派员请领。应由何省协饷归还之处,即由该部奏明办理。杜嘎尔一军,上年领过锅帐等项,支搭日久,残破不堪。着工部再行核发全分锅帐二百副,由额勒和布等就近派员赴部请领,分拨应用,毋稍稽迟。将此谕知户部、工部,并由四百里谕令额勒和布、杜嘎尔、景瑞、奎昌知之。"

○壬申,以察哈尔副都统景瑞为正蓝旗蒙古副都统。(《清穆宗毅皇帝实录卷之三五一》)

○同治十二年癸酉六月戊申朔○辛酉,调察哈尔战马一千匹,解赴前任乌里雅苏台将军金顺军营备用。(《清穆宗毅皇帝实录卷之三五三》)

○同治十二年癸酉闰六月○辛丑,又谕:"前因富顺等奏,参总管达尔济营私渔利各情,当经降旨将达尔济革职,不准留营。并所领饷银有无侵蚀,饬常顺等查办。兹据奏称,已革总管达尔济所领饷银十万三千两,仅系给发迟延,尚无显肆侵克情事。其虚支军饷,该革员于被参后业经交出。勒交皮价一项,已饬赔缴。至其侵吞驼只,现经取回七十三只,交该营牧养备用等语。达尔济既据查无侵克军饷重情,即着加恩免其追赔。所亏皮价一项,仍由常顺等饬令如数赔缴,不准延欠。该革员本系不准留营之员,常顺即当饬令起程回旗,并咨明察哈尔都统严行管束,毋任滋事。将此由四百里谕令知之。"(《清穆宗毅皇帝实录卷之三五四》)

〇同治十二年癸酉八月〇辛巳,又谕:"前因常顺奏,贼氛北窜,黑龙江马队遽难移拨。当经谕令李鸿章挑选宣化官兵五百名前赴乌城,再饬黑龙江马队西进。兹据李鸿章奏称,宣化练兵无多,势难照数抽调。拟将乌城额驻宣化防兵二百二十七名,及现由宣镇挑定换班官兵一百四名,均暂留乌城,作为此次抽调征兵。所有换防官兵,请改由张家口行走,以期迅速等语。着照李鸿章所议,赶紧调往乌城,以资守御。额勒和布、奎昌,于此项官兵抵口后,即饬沿途台站,供应驼只。其应领盐菜米折等项,并饬口北道速为筹发,俾利师行。该官兵等到防后,常顺、车林多尔济、文奎务饬黑龙江官兵迅赴荣全军营,并将乌城防守事宜妥为布置,不得稍涉疏懈。将此由五百里各谕令知之。"

〇癸卯,谕军机大臣等:"……哈密盼饷迫切,所需兵粮,由各路采买,均应速拨款项,以济要需。着户部拨发军饷现银十万两,粮价现银五万两,解交察哈尔都统衙门收存。由文麟委员候补道常祥等领解赴哈,俾供支放。将此由六百里各谕令知之。"(《清穆宗毅皇帝实录卷之三五六》)

〇同治十二年癸酉九月〇庚戌,又谕张廷岳等奏请饬催各省协饷一折:"据称库伦防兵协饷山东欠解银十万两,山西欠解银七万两,河南欠解银一万五千两,叠据张廷岳等咨催,迄今尚未报解。现在库伦需饷甚殷,请饬催迅解等语。着丁宝桢、鲍源深、钱鼎铭迅速如数筹解,派委妥员解交察哈尔都统衙门收存。由张廷岳等派拨官兵赴口领解回库,以济要需。将此由四百里各谕令知之。"

○丁巳,谕军机大臣等杜嘎尔奏严布防探、豫筹堵击一折:"陕回出边扑犯巴哈等处,哈密被围甚急。前经谕令该副都统将现驻绥远城台路之察哈尔马队移扎哈尔尼敦,用资防剿。即着杜嘎尔懔遵前次谕旨迅速移扎,毋误戎机。一面严饬派出官兵巡护粮路,勤加侦探。遇贼即击,毋稍疏虞。另片奏请饬山西将拨补饷银迅即筹解等语。此项饷银,系该省应行抵还杜嘎尔划拨之款。现在该营防剿正急,需饷甚殷,着鲍源深迅将应行拨补饷银二万五千两赶紧筹备,务于九月内解至察哈尔,以济急需,毋得稍有延缓。将此由五百里各谕令知之。"

○戊午,谕军机大臣等常顺等奏请拣调蒙兵赴乌防剿一折:"陕回大股围扑哈密,乌里雅苏台界,据探亦有匪踪出没。该处为各城咽喉,道路分歧,非有得力骑兵,不足制贼奔突。常顺等请于察哈尔八旗蒙古官兵内拣调马队一千名,即着额勒和布、奎昌,照数挑选,饬令迅速赴乌防剿。该队统带需员,据奏副都统衔头等侍卫永德熟悉蒙部情形,现随神机营当差。着神机营王大臣即饬该员就近赴察哈尔,于该蒙古内择其年力强壮、曾经战阵者,挑选足数,统带赴乌。并着该营转饬正白旗三等侍卫倭恒额,帮同永德照料前往。该营王大臣即饬永德等带领该队,先行分起由台行走。俟到乌后,由常顺等筹给马匹,以资乘骑。仍着额勒和布等迅速由察哈尔挑备膘壮战马二千匹,于来岁草生膘起时解送乌城,俾利攻剿,不得迟误。将此谕知神机营王大臣,并由五百里谕令常顺、多布沁扎木楚、文奎、额勒和布、奎昌知之。"

○己巳,谕军机大臣等额勒和布等奏拣调蒙古官兵赴乌防剿,请饬部迅筹银两一折:"额勒和布等遵旨在察哈尔八旗内挑备官兵一千名,筹办军装口粮。俟侍卫永德到口,会同选定分起管带前赴乌城。应需军械等项不敷分给,着神机营王大臣筹拨鸟枪二百杆、鸟枪佩带五百分、刺刀五百把，帐房三百架，配齐锣锅什物，并火药一千斤，轰药一百斤，火绳四千根，铅丸六千出。由额勒和布等派员赴京请领，以资应用。此项官兵启行，已由额勒和布等筹给三个月口分，饬令各台妥为照料。并援案雇觅蒙古驼只，送至哈尔尼敦交替。其行抵乌里雅苏台界内，应用驼马毡房等项，常顺等当先期豫为筹备，派员至哈尔尼敦守候接办，俾免耽延。以后该官兵月饷，着常顺等接续开放，毋令缺乏。如须续用粮石，即着额勒和布等知照李鸿章添筹款项，交口北道购办源源接济。察哈尔筹备征兵，需用甚亟，饷项短缺，着户部迅拨部库银十万两，解交额勒和布等撙节动用。前次部拨山东、山西地丁银各三万两，河南地丁银四万两，日久尚未报解。着丁宝桢、鲍源深、钱鼎铭各饬藩司迅速如数筹拨，解往察哈尔应用，毋再迟延。额勒和布等已在牧群内挑备战马二千匹，俟来岁草生膘起时，解送乌城。届期仍着该都统等拣派妥员管解前往，毋令疲乏。所有截留河南饷银一万两，自为归还垫款起见。惟景廉军营需饷甚急，哈密现又被围，嗣后不得随意截留，以期彼此兼顾。将此谕知户部、神机营，并由五百里谕令常顺、多布沁扎木楚、文奎、额勒和布、奎昌、丁宝桢、鲍源深、钱鼎铭知之。"（《清穆宗毅皇帝实录卷之三五七》）

○同治十二年癸酉冬十月○辛丑，谕内阁："都察院奏，都司史锦岭以前在河南军营保列，尽先都司，嗣经撤销，旋即开复。本年由直隶总督请补蔚州都司，经部议驳。但叙保案撤销，未及开复案件。缘有书吏罗玉峰索费未遂，是以将开复之案隐匿不举等情，赴该衙门呈诉。案关书吏舞弊，如果属实，亟应严行根究。着刑部提集人证，严讯确情，定拟具奏。"寻奏："史锦岭于同治四年奏保都司，经部议驳撤销。七年保案，查系续保，并非开复。其请补蔚州都司册内，未经叙明。罗玉峰又不详查核对，以致稿内漏叙，讯无隐匿需索等情，应比律减等笞责。"从之。（《清穆宗毅皇帝实录卷之三五八》）

○同治十二年癸酉十一月○辛亥,谕军机大臣等文奎等奏城防兵单,请催前调察哈尔兵官一折:"前据额勒和布等奏所调察哈尔官兵,已于八旗内挑备一千名,筹备军装口粮,俟侍卫永德到口管带前赴乌城。现在常顺带兵驰赴前敌督剿,城防兵力益形单薄。侍卫永德、倭恒额,刻下计已到口。着额勒和布等催令将备调之兵赶紧挑选,务于今冬克期驰赴乌里雅苏台,不得迟误。此项官兵未到时,文奎等当就现有兵力,妥为布置,毋稍疏虞。……将此由五百里各谕令知之。"

○壬戌,又谕常顺奏乌城战守兵数相等,城防布置周妥情形一折:"据称文奎等请催察哈尔官兵折内,隐然以该署将军为多拥强兵于外,而留孱弱以居守,置城防于不顾。因将布置情形缕晰上陈等语。文奎等前请催调官兵,自系为严密设防起见。常顺率行揣度,哓哓置辩,殊属非是。嗣后该署将军务当以公事为重,与该参赞等随时和衷商办,不得稍存意见,贻误事机,自干咎戾。将此谕令知之。"(《清穆宗毅皇帝实录卷之三五九》)

○同治十二年癸酉十二月○戊寅,谕军机大臣等鲍源深奏遵旨调派大同官兵赴塔驻防,并嘉峪关道路已通,可否仍由甘省拨兵前往各折片:"塔尔巴哈台向有甘肃换防官兵,因道路梗阻久未派往。前经谕令李鸿章、鲍源深于宣化、大同两镇,各拨兵五百名赴塔,以资防守。兹据鲍源深奏,业已如数派拨,分作两起委员统带。即着懔遵前旨饬令迅速起程,仍照上年调赴科城官兵成案,由张家口行走,以免濡滞。所有官兵盐菜口粮,该抚请照征兵章程支给,并援案借支减半行装银两。均着照所请行。该官兵抵防后,所需月饷,着户部奏明办理。俟将来换防时再由甘省调拨,以符旧章。将此由四百里谕令知之。"

○壬午,科尔沁扎萨克图谢图亲王巴宝多尔济等七人,苏尼特扎萨克郡王托第布木等三人,阿巴噶扎萨克郡王瓦津达拉等三人,浩齐特扎萨克郡王济克登噶维张、乌珠穆沁扎萨克贝勒达克丹等二人,茂明安贝勒格楚克等二人,敖汉贝子达克沁、扎鲁特镇国公达瓦宁保、翁牛特辅国公克什克阿尔毕济呼、喀尔喀扎萨克亲王车林多尔济等六人,土默特贝勒散巴勒诺尔赞、巴林贝子索哩雅、乌拉特扎萨克辅国公贡桑端鲁布、阿巴哈纳尔二等台吉多特诺尔布、察哈尔蓝翎侍卫达尔玛扎布,于神武门外瞻觐。

〇丁亥,以骚扰台站,署乌里雅苏台参赞大臣文奎下部严议,命开缺来京。以察哈尔副都统杜嘎尔署乌里雅苏台参赞大臣。(《清穆宗毅皇帝实录卷之三六〇》)

〇同治十二年癸酉十二月〇辛卯,谕军机大臣等文麟奏追剿窜匪获胜,请催各省欠饷并饬部拨银五万两,请饬常顺等安设北路台站各折片:"围逼哈密贼匪自援军击败后,窜至瞭墩地方。经诚庆等跟踪追剿,毙贼多名。将回王迈哈默特等救出,惟缠头去而从贼,恐勾结吐鲁番回逆仍复窜扰哈密,亟应严加防范。着文麟等督饬各将士,将城守事宜妥筹布置,不得以贼踪已远,稍涉疏懈。台站为运道所关,现在北路蒙古各台被扰,均已逃避,自应赶紧安设。着常顺等迅饬蒙古人等,将头二三台以及北路各台速为安设,以通运路。刻下哈密需饷甚殷,即着照文麟所请,由户部筹拨银五万两,迅速解交察哈尔都统衙门收存,即由文麟等派员迎提。其各省应拨哈密饷银,着户部咨催各该省督抚,饬令藩司迅速拨解,毋任迟延。回城被贼抢掠,该回王等情形困苦,殊深廑念。本日已明降清字谕旨,赏给该回王银二万两,由户部解往,着文麟等即将此旨宣示,并着妥为安抚。将此由五百里各谕令知之。"〇又谕:"前据常顺奏,参文奎骚扰台站等款,当经明降谕旨,将文奎开缺,交部严加议处。并谕令额勒和布将所参文奎为药商徐姓传坐驾杆车等情查明具奏。兹据文奎奏,常顺任性妄为,列款参劾一折。该署将军、署参赞大臣并不以公事为重,辄各挟私见,彼此纠参,殊属不成事体。所有该署将军等互参各款,虚实均应彻底根究。着派额勒和布驰赴乌里雅苏台，秉公确查。据实具奏，毋稍徇隐。……将此由四百里谕令知之。"○以镶蓝旗蒙古都统庆春署察哈尔都统。未到任前，以前任科布多参赞大臣奎昌暂署。

○甲午，谕军机大臣等："前经谕令额勒和布驰赴乌里雅苏台，将常顺、文奎互参各款查明具奏。兹复据文奎奏，常顺不顾军务任意回城一折，着交额勒和布一并确查，据实奏闻。原折着抄给阅看。将此谕令知之。"

○丙申，又谕常顺奏伤疾举发，同官意见不和，恳请派员接署将军印务；并遵查六品官恒衿实无劣迹各一折："据称文奎自到任后，以该署将军所派各员为均不得力，致令纷纷引退。文奎随带之主事志勋等派署各图记，不加体察。常顺出城督剿，文奎不与多布沁扎木楚会商公事，甚至药商传坐台车，主事裕昌等勒索台站，并不查问。其六品官恒衿办事勤奋，是以暂留随营。该员于工需银两，并未经手，无从干没等语。常顺、文奎前次互相参劾，业经降旨令额勒和布秉公查办，即着额勒和布将此次常顺所奏各情，汇入前案一并确查，据实覆奏。原折二件，均着抄给阅看。将此谕令知之。"

○甲辰，上御保和殿，筵宴朝正外藩。科尔沁、喀尔喀、苏尼特、阿巴噶、敖汉、乌珠穆沁、浩齐特、土默特、茂明安、巴林、扎鲁特、喀喇沁、翁牛特、乌拉特、鄂尔多斯、阿巴哈纳尔、土尔扈特、扎哈沁、察哈尔王、贝勒、贝子、公、额驸、台吉，暨朝鲜正副使，随文武大臣依次就坐。（《清穆宗毅皇帝实录卷之三六一》）

公元1874年

○同治十三年甲戌春正月○辛酉，谕军机大臣等荣全奏援剿吃紧，请催察哈尔马队速进，暨伊犁现在情形，请饬大兵迅速出关，并请饬部添拨月饷；景廉奏因病请开缺各折片："陕回大股勾结乌鲁木齐玛纳斯昌吉古牧地等处贼众，分扑沙山子沙湾地方，攻破村堡。荣全派令福珠礼带队应援，驰抵沙湾，贼已闻风遁去。沙山子等处地方，关系紧要。徐学功一军，在上马桥与贼久持，虽获胜仗，无如贼众兵单，盼援甚急。前经谕令荣全速饬孝顺带兵前往，现在福珠礼业由沙湾前往援剿。仍着该署将军酌量缓急，饬令迅速驰往，会同徐学功暨景廉派出各队，迅将此股贼匪合力歼除，毋任蔓延为患。荣全所部马队无多，防剿实不敷分布。科城前次截留之察哈尔马队官兵二百五十名，前经托伦布等奏，已由科布多放给两个月口分银两，定于上年十二月二十日分起西进。即着托伦布、保英饬令此起官兵，迅速驰赴塔城，以厚兵力。……将此由六百里各谕令知之。"

　　○丙寅，谕军机大臣等常顺等奏分拨马队，裁撤蒙兵。并请饬催欠饷各折片："荣全锡纶军营需兵助剿，常顺拟将永德挑选察哈尔新兵分拨五百名，令依楞额带赴科布多驻扎。即将科城截留察哈尔马队二百五十名，驰赴荣全军营助剿。其前由乌城分驻科城之吉林、黑龙江官兵，撤回归起。所有乌城驻扎之赛札两盟蒙古防兵，即行裁撤。至依楞额原带之察哈尔二起马队，归并丰升阿统带，仍在扎巴罕驻扎。即着常顺、多布沁扎木楚分别办理，并饬令统带各员迅赴防所。……将此由五百里各谕令知之。"（《清穆宗毅皇帝实录卷之三六二》）

　　○同治十三年甲戌三月○丁未，又谕荣全奏委员私动军饷、擅离职守，请分别惩办一折："副参领衔升用副参领印务章京文增，上年正月间，经荣全派令赴京领饷。该员于所领军饷内，胆敢私行动用银四百二十余两。候补笔帖式德克吉讷，经荣全派赴张家口办理转运各事宜，乃于上年六月潜行入都，至九十月间尚未旋口，均有应得之咎。文增着先行革职，即将所欠银两严行追缴。如有别项情弊，照例惩办。德克吉讷着即行革职，饬令回旗，以儆官邪。"

○庚午，谕军机大臣等庆春等奏筹运乌城军粮一折："据称乌里雅苏台驻扎各军应需米粮，由察哈尔运送赴乌。现因驼只雇觅维艰，请照案招觅牛车，接运本年前半年军粮。其本年七月以后乌城各营粮石，请饬署乌里雅苏台将军等，仿照库伦运粮章程，由乌属之扎萨克图汗赛因诺颜各部落雇觅驼只，派员来口，自行驮运等语。着照所议办理。并着常顺、多布沁扎木楚按照该署都统等所奏情形，妥为筹办，以济兵食，而免延误。原折着抄给阅看。将此由四百里各谕令知之。"

○辛未，谕军机大臣等常顺等奏请将特尔清阿暂留乌城，并请拨洋枪各等语："塔尔巴哈台领队大臣特尔清阿，着准其暂留乌城统带马队。仍着常顺等咨商荣全、英廉，如塔城需员，即行饬令赴任，以重职守。至棍噶扎勒参请拨洋枪，本日已有旨令神机营拨给洋马枪一百杆，解交察哈尔都统衙门转运。此项洋枪交到，即着存储乌城，俟该呼图克图需用时，再行酌量发给。将此由五百里各谕令知之。"（《清穆宗毅皇帝实录卷之三六四》）

○同治十三年甲戌夏四月○壬辰，以察哈尔都统额勒和布为乌里雅苏台将军。调镶蓝旗蒙古都统庆春为察哈尔都统。

○甲午，拨工部火药五千斤，火绳二千五百丈，轰药五十斤，神机营洋马枪二百杆，排枪二百杆解交察哈尔，转交乌里雅苏台委员领回备用。

○丙申，又谕托伦布、保英奏请饬催山东等省迅拨欠解科城饷银等语："前次山东、河南、山西奉拨科城饷银十四万两，据托伦布等奏，山东仅解到银一万五千两，河南仅解到银一万二千五百两，尚欠解银共十一万二千五百两。科城贼氛甫靖，调防官兵马队，需饷甚殷。着文彬、钱鼎铭、鲍源深督饬藩司，迅将欠解指拨科城饷银，赶数解至察哈尔都统衙门交纳，由托伦布等派员迎提，以济要需，毋稍迟延。将此由四百里各谕令知之。"（《清穆宗毅皇帝实录卷之三六五》）

○同治十三年甲戌五月○乙卯，谕军机大臣等："前据庆春等奏，乌城军粮请自本年七月以后，由乌属各部落接办，当谕常顺等妥筹办理。兹据常顺等奏称，现传集各部落妥筹办法，恐一两月间不能定议。发驼装运等事，亦须数月方能办理。若自七月接运，实系赶办不及。请饬察哈尔都统，将乌城各营七八九三个月军粮仍由张家口运送等语，所奏尚系实在情形。着照所请，乌城本年秋季军粮，仍由察哈尔暂行代运。自本年十月以后，即由乌里雅苏台将军等接办，以济兵食。将此由四百里各谕令知之。"（《清穆宗毅皇帝实录卷之三六六》）

○同治十三年甲戌六月○己卯，又谕托伦布等奏遵拨察哈尔官兵分起西进，并催调乌城应拨马匹一折："据称驻防科布之多察哈尔马队五百名，业经借拨科城蒙古马匹，并饬科属台站筹备驼马，于东台运到部拨荣全军饷内截拨银一万五千两，作为三个月口分。令伊楞额督率队伍，于五月二十等日分起西进，直抵布伦托海等语。此项官兵前赴塔城，所有塔属各台，着荣全饬令一体筹备，乌拉接护前进，俾利师行。其乌城应拨马匹并着额勒和布等迅催察哈尔克期解运，毋稍延缓。此项马匹解到，除归还科城蒙古马队二百匹外，其余尽数拨赴荣全军营，以资应用。贼踪飘忽靡常，科城与塔城交界地方，仍着托伦布等勤加侦探。应如何相机堵御，以期联络声势之处，务当严密存置妥筹办理。将此由五百里各谕令知之。"

○壬辰，谕内阁庆春、奎昌奏请将在配脱逃之废员饬缉究办一折："废员邱瑞祥、李振海、张同方胆敢在配潜逃，亟应严拏惩办。着顺天府五城一体严密查拏，务获究办。"（《清穆宗毅皇帝实录卷之三六七》）

○同治十三年甲戌秋七月○辛亥，谕军机大臣等荣全奏官兵两次击败回逆，台路已通，并请将孝顺仍留军营各折片："逆回两次扑犯西湖等处，滋扰南台。虽经官军击退，仍恐去而复来。该处为前敌饷道，关系甚重。着荣全仍饬孝顺等勤加侦探,严密防范。并与沙克都林扎布等联络声势,前后夹击,毋稍大意。察哈尔官兵到营后,并着酌量分拨,饬令速赴前敌,以资助剿。库尔喀喇乌苏地方,既据奏称遭乱后,旧制一时难复,新任领队大臣孝顺,即着准其暂留荣全军营,专办前敌军务。将此由五百里谕令知之。"

○壬子,又谕:"荣全现在塔城筹办西路军务,屡经奏调景廉、金顺所部前往助剿。古城防务吃紧,景廉所部马队未能分拨,金顺又不能既抵古城,均属缓不济急。不若就地筹画兵力,设法自强。伊犁迤北数百里尚有察哈尔官兵驻牧,去塔城、晶河均不甚远。此项官兵定额一千八百余名,或全数调往西湖,或酌调一半,训练成军。土尔扈特蒙古近驻库尔喀喇乌苏南山,亦可酌调二三百名,藉壮声势。大河沿户民约数百家,如招募数百名入营,随同打仗,可补兵力之不足。其不愿入营者,饬令筑堡自卫。伊犁之南,尚有锡伯营及厄鲁特人众,均在本游牧驻扎,人数尚不单弱。荣全本有整顿伊犁营制之责,如能就近调募,加意抚绥,俾成劲旅,较之远道望援,甚为便捷。即着该署将军酌度情形,妥为筹办。将此由六百里谕令知之。"(《清穆宗毅皇帝实录卷之三六八》)

○同治十三年甲戌九月○庚申,谕军机大臣等袁保恒奏,统筹出关转运全局,先陈大概情形,暨购办驼只粮石,请饬部指提积欠甘饷各折片:"现在大军陆续出关,转运最关紧要。必须宽筹款项,先事布置,方免临时贻误。袁保恒以粮台并无现饷,无从措手,请由户部库存项下拨发现银二百万两。俾将驼只车辆粮石应用各项赶紧备办。着户部酌度情形,应如何发给之处,妥议具奏。西征原有饷项如何匀拨,并此后常年运费的饷共需若干,着左宗棠、袁保恒悉心商酌,迅速具奏。转运需驼甚多,袁保恒已派员分赴晋豫等省采买,并商令协领喜胜赴张家口采购三四千只。咨明户部,将金顺委员划解西征粮台之部拨银五万两,改解张家口,交察哈尔都统衙门收存,以备喜胜领用。喜胜赴口时,着庆春、奎昌妥为照料。此项驼只过境，着廉恩、海绪照例免税放行。并额勒和布、杜嘎尔、多布沁扎木楚会同乌城所属各蒙古王旗，克期代购健驼四五千只，由北路解送巴里坤交收，限于年内解到，责成庆寿认真监收牧放，以备拨用。所需驼价，即于此次请拨部款内，由袁保恒咨明划解乌城应用。……将此由五百里谕知左宗棠、袁保恒、额勒和布、杜嘎尔、多布沁扎木楚、庆春、奎昌、文麟、明春、并传谕庆寿、廉恩、海绪知之。"

○己巳，又谕："……直隶口北道奎斌，前任归绥道国英，采办军粮，尚属出力。均着交部从优议叙。……将此由五百里各谕令知之。"（《清穆宗毅皇帝实录卷之三七一》）

○同治十三年甲戌十一月○甲辰，谕军机大臣等英廉奏台站供支需款，请饬催迅解饷银一折："据称大同官兵陆续西进，塔城牲畜疲乏，难以供支。现令土尔扈特所安台站暂为应付前进，仍须添买驼只，以备接济。请将部拨饷银迅催赶解等语。着顺天府即行派委妥员，赴部承领前拨塔尔巴哈台饷银二十万两，设法迅速解交英廉验收应用。至察哈尔佐领人丁，业已移回塔城，即着照所请。赏给该官兵三个月俸饷，以示优恤。由英廉于部饷解到，核实散放。将此谕知顺天府，并由四百里谕令英廉知之。"

○丙午，谕军机大臣等："袁保恒……另片奏请饬绥远城察哈尔购买驼只，即着定安、庆春饬令所属蒙古各旗，克期代购健驼共足四千只之数，所需价银由袁保恒拨交喜胜照数给发。所购驼只由喜胜点验，分起派员解台。每起由该将军都统加派蒙古官一员、兵二名随同照料。所有绥远城驼税，着一并免收。将此谕知户部，并由五百里谕令左宗棠、袁保恒、定安、庆春知之。"（《清穆宗毅皇帝实录卷之三七三》）

清德宗景皇帝（光绪）实录
察哈尔卷（附宣化府·口北三厅）之十一

公元1874——1908年

公元1874年

〇同治十三年甲戌冬十二月〇己卯，拨工部夯火药一万斤，铜轮火药一万斤，抬枪铅丸一万斤，鸟枪铅丸一万斤，解交察哈尔都统，派员运赴景廉军营备用。（《清德宗景皇帝实录卷之一》）

〇同治十三年甲戌十二月〇庚寅，阿巴噶多罗郡王刚噶尔伦布一人，四子部落多罗郡王那木凯多尔济一人，苏尼特多罗贝勒布彦图一人，喀喇沁辅国公僧格扎布等二人，喀尔喀扎萨克辅国公特古斯德勒格尔等三人，青海扎萨克辅国公棍楚克拉逊多布等三人，土尔扈特扎萨克头等台吉图布新克什克一人，察哈尔三等台吉布尔呢巴达哩等五人，在神武门外瞻觐。（《清德宗景皇帝实录卷之二》）

公元1875年

〇光绪元年乙亥二月〇丁亥，谕军机大臣等："崇绮、常春现在行抵何处？着庆春等传知崇绮即行回京，其喀尔喀车臣汗赐奠。即着常春

前往,将此由五百里各谕令知之。"(《清德宗景皇帝实录卷之四》)

○光绪元年乙亥夏四月○戊辰,又谕额勒和布等奏山东、山西、河南等省上年欠解该城月饷,仅据山东省解到银四万两,又归还部库银一万两;山西省解到银一万两,其余均未解到。现在该城需饷甚殷,请饬筹解等语:"乌城防兵月饷关系紧要,自应源源报解,以应急需。着丁宝桢、鲍源深、钱鼎铭督饬各该藩司,即将欠解同治十三年分应协乌城月饷银二十九万两迅筹报数,派员解至察哈尔,交庆春等验收转解,俾资接济,毋再延欠。将此由五百里各谕令。"

○乙亥,谕军机大臣等景廉奏请饬整顿台站等语:"各路军报并饷银、军火关系戎机。递运不容迟缓。着额勒和布、多布沁、扎木楚、杜嘎尔、托伦布、保英、庆春、奎昌,设法整顿蒙古台站,并严饬各台,遇有军营折报以及饷银军火,务当迅速运送,毋得仍前玩泄,致有贻误。将此各谕令知之。"

○辛巳,又谕庆春、奎昌奏请饬催各省欠解银两以应要需一折:"河南等省前经户部指拨察哈尔银两,除山东一省业已报解外,河南除划还部库银二万两外,尚欠解银二万两。山西除解过银一万两,并划还部库银一万两外,尚欠解银一万两。现在该处差务繁多,需饷甚急。着钱鼎铭、鲍源深督饬藩司,迅将欠解银两如数批解,毋再宕延。将此由四百里各谕令知之。"(《清德宗景皇帝实录卷之七》)

○光绪元年乙亥五月○辛丑,谕内阁荣全奏请调废员随营差遣一折:"前发张家口军台效力之已革佐领依力布,着庆春、奎昌饬令随差,由台前赴荣全军营,效力赎罪。"

○辛亥,又谕庆春等奏军台差务繁重,请照旧制分路应付一折:"察哈尔所属台站,现在驼马倒毙,各台力难支持。亟应分路应付,以期无误要差。着左宗棠体察情形,饬属赶紧设复驿站,分路供应,以归旧制,并着理藩院严催乌兰察布盟长迅饬所属各扎萨克旗,将应帮布鲁图各台、察克达哈、布苏尔嘎官兵驼马,查照向章照数备齐,克期送赴台站,勿稍迟误。乌里雅苏台、库伦、科布多三城驻扎防兵六七千名,所有转运饷项、军火,及北路各处公文折报,各项例差,并俄人箱包,暨换防坐卡各项,官兵往来各差,该都统等请仍由解到军需项下放给津贴随时发价,雇觅驼只供送之处,即着照所请行。原折着抄给左宗棠阅看。将此由五百里各谕令知之。"(《清德宗景皇帝实录卷之九》)

○光绪元年乙亥五月○乙卯,拨户部银三万两交张家口粮台。(《清德宗景皇帝实录卷之十》)

○光绪元年乙亥秋七月乙未朔○以打仗伤废,准吉林、察哈尔弁兵百余名回旗就医,并准披甲奎亮等仍食全饷免差。(《清德宗景皇帝实录卷之十三》)

○光绪元年乙亥八月○辛卯,又谕文麟等奏,请饬神机营拨发带刺洋枪二百杆、洋帽十万个、洋药二千斤,工部火药局拨发加工火药一万斤、铜轮火药二万斤、火绳四千盘,并由神机营拨发七响后膛洋炮二百尊,随带炮子十万出,并请调员差委各等语:"哈密防务紧要,所需军火,着神机营、工部照数拨给,解交察哈尔都统衙门存储。副护军参领常恩、吏部笔帖式文秀,着吏部正红旗护军营分饬该员等前往哈密,交文麟等差遣,并令迅速起程,道出察哈尔,即由都统衙门将此次拨发军火解赴哈城,毋稍迟延。"(《清德宗景皇帝实录卷之十六》)

○光绪元年乙亥冬十月○庚午,又谕庆春等奏军台差务繁重,以致溃散四台,现饬赶紧安设一折:"察哈尔所属台站,因往来差使络绎,驼马倒毙甚多,以致溃散四台,各台兵丁困苦难堪,势将纷纷逃避。庆春等现已派员前往,即着饬令将溃散各台赶紧设复。所有阻滞各项差使,即行设法雇觅车驼应付前进。蒙古兵丁生计艰难,情形苦累,该都统等当加意拊循,以示体恤。至所奏军营差员不候驼马周转,一味勒催,甚至鞭挞官兵等语,殊属不成事体。着该都统等严行禁止。倘该员弁等有藉端需索,勒折骚扰等情,即分别从严参办,以肃邮政。前谕左宗棠设复驿站,分路供应。着懔遵前旨,迅速筹办,俾免贻误。察哈尔支发台站官兵银两等款,需饷甚殷。河南欠解银二万两,山西欠解银一万两,着鲍源深、刘齐衔迅即如数拨解,毋稍迟延。庆春等情愿在茶马厘捐项下拨银二万两,以作军需之用,着照所议办理。将此由五百里谕知左宗棠、庆春、奎昌、鲍源深,并传谕刘齐衔知之。"(《清德宗景皇帝实录卷之十九》)

○光绪元年乙亥十一月○己未,拨神机营排枪三百杆,随配带三百份,六力以上硬弓五百张,皮弦一千条,梅针箭三万枝,工部万夯火药五千斤,鸟枪铅丸六万出,鸟枪火绳一千丈,轰药五十斤,运至察哈尔。护送乌、科二城,转解荣全军营应用。

○庚申,察哈尔都统庆春奏请赏给署副都统奎昌全分廉俸。得旨:"着照所请。即由庆春等咨行直隶总督查照办理。"

○壬戌,又谕李鸿章奏查明庸劣不职各员,据实甄劾一折:"……广昌县知县刘荣办事竭蹶,难膺民社,着以县丞归部选用。……以示惩儆。"(《清德宗景皇帝实录卷之二十二》)

公元1876年

○光绪二年丙子春正月○甲辰,谕军机大臣等庆春等奏请饬派练军缉捕匪徒一折:"据称多伦诺尔即喇嘛庙地方,与张家口所辖接壤,该处时有匪徒在路行劫。该旗额兵无多,请由口内派军协缉等语。着李鸿章饬令地方官,酌派宣化练军五六十名,在张家口外至喇嘛庙一带大路,分起往来巡缉,拏获贼匪,即解由宣化镇总兵就近移送道府委员审办。庆春等仍当督饬蒙古官兵,各于本游牧地方,实力兜拏,毋稍疏懈。将此各谕令知之。"

○辛酉,谕内阁李鸿章奏请将庸劣不职各员分别革休等语:"直隶……前署宣化县事巨鹿县知县英荣,办工草率,精力就衰。……均着勒令休致。"(《清德宗景皇帝实录卷之二十五》)

○光绪二年丙子夏四月○甲戌,谕军机大臣等……托伦布等另片奏请由部库拨解银两等语:"科城需饷甚殷,现已将暂存科城之荣全军饷内提借银一二万两应用。即着户部拨银五万两,解交察哈尔都统衙门饬台递运。务于三个月内,解至科城,以备补还荣全军饷。即由山西、山东、河南欠解科城指拨饷银七万三千两内,就近解还部库以清款项。将此由六百里各谕令知之。"(《清德宗景皇帝实录卷之二十九》)

○光绪二年丙子五月○丙辰,拨工部火药一万斤,火绳一万丈,排枪铅丸五万粒,解赴察哈尔都统衙门收存。转交塔城委员领解应用。

○丁巳,谕内阁李鸿章奏职员冒充钦派差使,私造文扎印信,请旨革职审办一折:"据称内务府赞礼郎续昌与伊兄桂昌,私雕假印,续昌辄纠同庄丁刘宗顺等,假充钦派四品京堂,驰驿查办地亩。至直隶延庆州一带,骚扰地方,现经拏获解审等语。续昌身为职员,不知奉公守法,辄敢冒充钦派京堂,驰驿查地,私雕印信,捏造文扎,实属目无法纪。续昌着即革职,交刑部提同现经解到各犯严行审讯。并着内务府步军统领衙门顺天府五城,将桂昌一体严拏,解交刑部。归案照律惩办。"(《清德宗景皇帝实录卷之三十二》)

○光绪二年丙子闰五月○甲戌，又谕荣全奏请将军火饷项仍暂由北路军台转运一折："据称该营应运军火饷项，向由北路台站转解，尚能源源接济。若由关内转运，不但迁延时日，且乌鲁木齐等处塘站未复，恐贼氛逼近，致有疏虞等语。所奏自系实在情形，着照所请，所有荣全军营应运军火等项，仍暂由北路军台运解。俟关外各城收复，道路肃清，再行规复旧制。察哈尔及乌里雅苏台、科布多、塔尔巴哈台各城所属台站，即着该将军都统等设法整顿，以期转运迅速，毋误要需。……将此由五百里各谕令知之。"（《清德宗景皇帝实录卷之三十三》）

○光绪二年丙子六月○庚子，又谕庆春、奎昌等奏军台应付难支，请分路供应一折："据称军台差务繁重，驼马疲毙，力难支持，必须稍资息养。新疆西北各处军务要差，拟请分路供应，以免贻误，自系实在情形。金顺驻军古城以及巴里坤、哈密，均距嘉峪关较近。该三处军营要差，若由嘉峪关行走，既免绕道耽延，而北路蒙古军台，亦不致于拥滞。着左宗棠即将金顺军营，并巴里坤、哈密，一切转运要差，悉令由嘉峪关就近行走。通饬所属，妥为照料。此外塔尔巴哈台英廉并荣全军营，暨科布多、乌里雅苏台、库伦一切转运要差，以及北路各项例差，均由察哈尔台站行走。即着庆春、奎昌迅速应付，毋误要需。将此由五百里各谕令知之。"

○察哈尔正红旗总管僧格塔尔因病乞休，允之。（《清德宗景皇帝实录卷之三十四》）

○光绪二年丙子六月○丁未，谕军机大臣等志刚等奏库伦印房办事，由理藩院派往司员等，于蒙古语言文字多未谙悉，请调员差委等语："着庆春等拣选通晓清汉文兼习蒙古语言文字之领催三名，前往库伦交志刚等差遣。将此各谕令知之。"（《清德宗景皇帝实录卷之三十五》）

○光绪二年丙子秋七月己未朔○谕军机大臣等庆春、奎昌奏兵丁官房并护营石土二坝被水冲塌,援案请饬修理一折:"本年六月间,张家口一带山水涨发,护营石土二坝,均被冲决,驻防兵丁官房坍塌甚多。着李鸿章即行派员查勘,饬令地方官于秋闲赶紧修理,俾兵丁得以栖止。将此由四百里谕令知之。"

○乙丑,谕军机大臣等:"前因金顺奏,副都统吉尔洪额不遵节制各节,当经谕令,将该革员等解赴左宗棠军营查办。兹复据金顺奏称,吉尔洪额依勒和布已率队向北逃逸,乌、科两城沿途台站,现有该营饷银难保不抢截滋事等语。览奏不胜诧异。着额勒和布、车林多尔济、杜嘎尔、托伦布、保英、桂祥、庆春、奎昌查明吉尔洪额等,无论行抵何处,即行严拏,解赴左宗棠军营,毋令在途滋事。一俟解到后,即着左宗棠严行查办,按律惩治。原折并呈词,着抄给左宗棠阅看。吉尔洪额等以带队大员,岂竟不知法纪,何以胆大妄为至于此极?是否金顺有不善驾驭、操之过激之处,并着左宗棠一并查明,据实具奏。现当用兵吃紧之际,金顺务当随时相机调和将士,以期共奏肤功。毋得激切从事,致失军心。将此由六百里各谕令知之。"(《清德宗景皇帝实录卷之三十六》)

○光绪二年丙子七月○辛巳,察哈尔都统庆春等奏:"旗丁练习洋枪、车炮队伍着有成效,请将教练官佐领宝勋等分别奖叙。"下部议。(《清德宗景皇帝实录卷之三十七》)

○光绪二年丙子八月○癸巳,谕军机大臣等志刚等奏筹办添练马队饷干一折:"据称库伦现筹添练马队一百名,每年须加饷干银三千六百两。此次撤回步兵三百名,勿庸补回。即于此项内省出之银,抽出三千六百两,拨与直隶练饷局,作为添练马队饷干。尚可省出运价银七百六十两,一并由张家口粮台拨交练饷局,作为库防另案加增柴草之项等语。着李鸿章核议具奏,原折着抄给阅看。将此谕令知之。"寻奏:"驻防库伦宣化练军改练马队,筹备饷干,应如志刚等原奏办理。"下部知之。

○丙申,谕军机大臣等杜嘎尔等奏存营马匹不敷亟需补足,现在饷项支绌,无纵筹款采买。孳生厂内存马无多,未便再行提拨。请于察哈尔牧群内拣选应用等语:"着庆春于所属牧群内,拣选膘壮口轻战马六百匹,于明年水草畅茂时,派员解往乌里雅苏台,以备操防。并饬解马员弁沿途妥为牧放,缓程前进,毋令疲乏。将此谕令知之。"(《清德宗景皇帝实录卷之三十八》)

○光绪二年丙子九月○庚申,谕内阁:"张家口监督锡恩奏差满回京,亏短赢余银两,请减成赔缴一折,着户部核议具奏。"(《清德宗景皇帝实录卷之四十》)

○光绪二年丙子冬十月○甲寅,……以察哈尔都统庆春为绥远城将军。调热河都统瑞联为察哈尔都统。

○乙卯,……察哈尔副都统杜嘎尔,赏给副都统衔,作为乌里雅苏台参赞大臣。前科布多参赞大臣奎昌为察哈尔副都统。(《清德宗景皇帝实录卷之四十一》)

○光绪二年丙子十一月○癸未,谕内阁李鸿章奏张家口驻防营房坝工,请饬就近勘修一折:"张家口应修各营兵房暨护营石土二坝,着察哈尔都统照案就近遴派营员核实勘估,自行修理。所需银两,着李鸿章饬令藩司筹款拨解,以资应用。"(《清德宗景皇帝实录卷之四十三》)

公元1877年

○光绪三年丁丑春正月○戊午,缓征直隶……怀安、玉田、武邑、

武强、饶阳三十二州、县歉收村庄上年粮赋租课,并民借仓谷,暨津军厅苇渔课有差。(《清德宗景皇帝实录卷之四十六》)

○光绪三年丁丑夏四月○戊子,察哈尔都统瑞联等奏:"军台差务繁重,请饬部筹垫银三万两,并由各省指拨银六万两。"下部议。

○壬辰,命……察哈尔都统瑞联为绥远城将军。以青州副都统春福为察哈尔都统。

○丙午,予察哈尔委参领达尔玛僧格优恤,从乌里雅苏台将军额勒和布等请也。

○戊申,又谕瑞联等奏张家口驻防营房坝工,请仍饬直隶总督派员勘修一折:"张家口应修各营兵房暨护营石土二坝,既据瑞联等奏称委员勘估,前后价值悬殊。该处各员,不谙工程,恐滋贻误,亦属实在情形。此项工程,仍着李鸿章派妥员前往勘估,赶紧兴修,以昭核实。"

○又谕瑞联、奎昌奏署任同知欠放兵米,并擅改折色,请旨摘顶等语:"张家口驻防满洲蒙古官兵月支粟米,向系采买支放。乃署理张家口理事同知成锦任意迁延,又复擅给折色,实属玩泄。成锦着摘去顶戴,饬令将应放兵米,迅速开放,不准颗粒拖欠。倘再迟延,即着从严参办。其欠放兵米之前署同知常升,着交部议处。由该旗勒追米石,以重兵食。"(《清德宗景皇帝实录卷之五十》)

○光绪三年丁丑五月○丁卯,谕军机大臣等:"额勒和布等……另片奏,前因军饷支绌,请饬部筹拨有着之款二万两。经部议由河南解银六千两,山东、山西各解银七千两,迄今三月有余,均无起解信息,请一并饬催等语。并着曾国荃、李庆翱、李元华,迅将前项银两派员解交察哈尔都统衙门,转解乌城,以资应用。将此由四百里谕知曾国荃、李庆翱,并传谕李元华知之。"(《清德宗景皇帝实录卷之五十一》)

○光绪三年丁丑秋七月○庚申,谕内阁瑞联、奎昌奏张家口被水,兵房土坝被冲,筹款赈恤一折:"前因张家口驻防旗营官房暨护营土坝被水冲塌,当允该都统等所请,谕令直隶总督委员勘修。兹复据瑞联等奏称,该处兵房堤坝正在勘估筹修间。本年六月二十七日大雨如注,山水涨发,堤坝复行冲决,坍塌营房二百余间,间有淹毙人口。并称左翼营房地势低洼,若仅修补旧坝,仍难捍御。请饬直隶总督委员会同地方官,相度高敞地方,移建四旗营房,并修理堤坝等语。该兵丁荡析离居,殊堪悯恻。着瑞联等即将被灾兵丁分别妥为抚恤,毋任一夫失所。其应修兵房及护营堤坝,即着李鸿章迅饬委员,会同地方官酌度情形,查看估修。"(《清德宗景皇帝实录卷之五十三》)

○光绪三年丁丑七月○庚午,直隶总督李鸿章奏:"委员试办张家口外诸山铅矿。"报闻。(《清德宗景皇帝实录卷之五十四》)

○光绪三年丁丑八月○庚寅,……以察哈尔都统春福为乌里雅苏台将军,青州副都统穆图善为察哈尔都统。(《清德宗景皇帝实录卷之五十五》)

编者注:穆图善在察哈尔都统任内,曾与副都统奎昌、绥远城将军定安及万全县知县尹开先,共同倡建了张家口堡子里抡才书院,现书院和碑记保存完好。

○光绪三年丁丑九月○壬戌,谕军机大臣等春福等奏归绥后山游匪分股东窜,亟须豫筹守备。察哈尔精锐营前由津局领取洋药等项,将次用竣,请饬拨给等语:"着李鸿章饬令拨给洋枪药三千七百五十磅,洋炮药七百五十磅,大铜帽二十四万七千五百粒,车炮子七百五十颗,铜拉火一千五百枝,铅子十五万粒。由春福等委员赴津领取,以资应用。将此谕令知之。"○又谕:"春福等奏,察哈尔备兵防剿,军械不足。

请饬拨乌枪三百杆，佩带三百份，刺刀五百把，帐房三百架。配齐锣锅什物，军需火药一千斤，铅丸六千出，火绳四千根，轰药一百斤等语。着神机营照数迅速备齐，由春福等派员赴京领解，以资应用。"○察哈尔都统春福等奏："遵拨官兵探剿归绥游匪，征军待饷。请饬部拨银三万两，以应急需。"下部议。（《清德宗景皇帝实录卷之五十七》）

○光绪三年丁丑九月○丙子，察哈尔都统春福等奏："到任未久，本年军政请俟新任都统穆图善到任举办。"允之。（《清德宗景皇帝实录卷之五十八》）

○光绪三年丁丑十月○癸巳，察哈尔都统穆图善奏："考验军政逾岁人员，精力未衰，应请留任。"得旨："保清等均着准其留任。"（《清德宗景皇帝实录卷之五十九》）

○光绪三年丁丑十月○己亥，乌里雅苏台将军春福等奏："挑选察哈尔马队官兵以备防剿。"得旨："包头迤西马贼游匪，前据曾国荃奏派兵剿办获胜。惟贼酋王歪子等尚未擒获，余匪亦未净尽，难保不乘间东窜。春福等现派贡果尔统带右翼官兵，择要驻扎。着即饬令勤加侦探，认真防范，以杜窥伺。"

○庚子，命……察哈尔都统穆图善，在紫禁城内骑马。（《清德宗景皇帝实录卷之六十》）

○光绪三年丁丑十一月○癸丑，谕军机大臣等志刚等奏筹撤防营另调马队一折："留防库伦之宣化练军，志刚等业已咨商李鸿章，拟移扎多伦诺尔一带。于明年三四月内，将此军陆续遣撤，请调察哈尔马队换防等语。着照所议。所有宣化练军七百名，着俟明年三四月内陆续遣撤，届期仍知照李鸿章办理。并着春福拣派蒙古马队五百名，挑选得力将领管带，于明年三四月分起前赴库伦，交志刚、那穆济勒端多布分布防守，以资镇慑。据志刚等奏，宣化练军米面可支至明年六月。若于明年三四月间互换防营，尚可留五百名两月口粮接济。察哈尔粮运仍照乌里雅苏台章程办理。所留口粮，请令察哈尔马队先来一起，交代米面，并称营房均各整齐，牧放官马，旧章可循，不至多费周折各情。均着春福查照酌办，将此各谕令知之。"（《清德宗景皇帝实录卷之六十一》）

○光绪三年丁丑十二月○戊戌，谕军机大臣等穆图善等奏遵拨马队前赴库伦，暨请饬部拨饷各一折："库伦所调察哈尔马队五百名，业经该都统等饬令各旗豫备挑选，于明年三四月间启程，由台站行走。库伦所属各台，着志刚等届时派员前往接办。此项官兵粮运事宜，前据志刚等奏，请照乌城章程办理。兹据穆图善等奏称，乌城马队军粮系归口北道采办，仅由该都统衙门代办转运。垫用银两，仍由乌城饷银内扣还。察哈尔马队军粮无款垫办，势难兼顾等语，着照该都统等所请，所有该官兵到防后，粮饷转运等事均照驻库宣化练军章程，由志刚等派员自行经理。察哈尔军台使繁重，应发给官兵津贴银两，暨此次调拨赴库防军裹带饷糈，需款孔急。前由户部指拨山西地丁银四万两，河南地丁银二万两，及山西前欠解银二万两，均未报解。该二省本年被旱成灾，未能筹拨。着户部即行改拨他省，照数迅速解往。并着该部于明年二月筹拨银六万两，交该都统等委员领回应用。至所请就近暂由张家口监督征存税银内提拨银一万五千两，俟部拨饷银领到，即行归款，并着照所议行。将此各谕令知之。"

○辛丑，谕军机大臣等李鸿章奏勘估张家口驻防营房坝工，分别筹款修办一折："张家口驻防营房坝工被水冲塌，亟应赶紧兴修。李鸿章奏请将左翼营房挖河筑坝，以浚水道。右翼及蒙古两翼营房，仍循旧址分别建修。所需工费，因欠饷无可提拨，请于察哈尔都统衙门征收茶马厘捐项下拨实银二万两，口北道扣存该营上次修房借动茶马厘捐项下拨实银五千五百两,历年积存朋扣建旷项下拨实银四千五百两。再由藩库凑拨实银四万余两,均抵欠饷就款开除各节。着照所请,由李鸿章饬令该驻防协领、佐领各员认真经理,分司其事。会同直隶委员及时妥善修建,毋稍虚糜。所请修理河坝实银二万余两,援案在于张家口监督征收税课项下拨银二万两,余由藩库添拨。惟此项银两,前经穆图善奏明察哈尔军台等项,需款孔急,提借银一万五千两。该处存款能否再行拨用,着李鸿章、穆图善筹商妥办。如此项不敷借拨,仍由李鸿章另行筹画,以备要需。"

○壬寅,谕军机大臣等保英等奏请饬拨军火等语:"着神机营拨发洋药铅箭二万出,铜帽四万粒,交顺天府运解察哈尔都统衙门转解科布多,以应要需。"

○癸卯,察哈尔都统穆图善等奏:"到任未久,请将本年军政展缓半年。"从之。○敖汉多罗郡王色丹诺尔多克、杜尔伯特固山贝子拉什彭苏克、巴林固山贝子毕齐那逊、科尔沁镇国公特固斯毕里克图、阿巴噶辅国公恩克托克托呼、归化城土默特辅国公贡格巴勒、土默特头等塔布囊哈斯塔玛噶、喀喇沁固山额驸吉兰泰、青海固山贝子棍楚克拉旺丹忠等四人,喀尔喀固山贝子旺楚克察克达尔阿拉善镇国公沙克都尔扎布、察哈尔头等台吉吗哩晋沁保,于养心门内瞻觐。(《清德宗景皇帝实录卷之六十四》)

公元1878年

○光绪四年戊寅春正月○乙丑,谕军机大臣等金顺奏筹办屯田营制,及整顿库尔喀喇乌苏城垣一折:"新疆南北各城次第克复,自应及时兴利举废,渐复旧规。金顺以屯田为筹边要务,勘明博勒塔拉及车牌子地方,堪以屯垦。拟分拨察哈尔、锡伯营兵前往耕种,即着照所定章程办理。其察哈尔、锡伯营应补放各官缺，着金顺于军营内挑选差战出力及屯田熟悉员弁，酌量请补。所有察哈尔领队大臣一缺，准以总管喀尔莽阿调署。其锡伯营领队大臣，并准以协领果权署理，以期得力。金顺当饬令该员等，随时督率官弁，认真垦种，以兴地利而裕兵食。库尔喀喇乌苏城垣颓废，亟应修复。现届春融，即着金顺克期兴筑。并将荒地量加开垦，用固边围。伊犁满营惠远、惠宁两城，金顺拟仍分八旗。每旗先设防御、骁骑校各一员。两旗设佐领一员分左右翼，各设协领一员，以成营制。着与派署理事粮饷同知等官均照所议行。将此由五百里谕令知之。"○补铸察哈尔领队大臣印信，从伊犁将军金顺请也。（《清德宗景皇帝实录卷之六十五》）

○光绪四年戊寅正月○丙寅，谕军机大臣等："前据明春奏，张家口局存军装等件，请再展限一年，仍由蒙台行走，当经降旨允准。兹据额勒和布等奏称，巴里坤苏木台站当差官兵每年盐菜等项，由各旗帮贴银两，所费太钜，蒙众赔累堪怜。此项台兵，散处四盟，相离台路甚远。现在甫经裁撤，碍难设复等语。所请自系实在情形。即着明春将张家口所制军装等项，仍由嘉峪关行走，以纾蒙力。将此各谕令知之。"

○己卯，谕军机大臣等穆图善等奏请将拏获盗匪从严惩办，并请饬邻省一体兜拏各折片："张家口地当冲要，现在口外马贼充斥，商贾裹足。口内窃案叠出，甚至形同明火，肆行无忌。亟应严密查拏，从重惩办。着准其查照成案。无论口内口外，缉获骑马持械、结伙同行及行强抢夺、形同明火各犯讯明后，即行正法。该都统等务当督饬官兵实力巡查，认真缉捕，毋任稍形懈弛。并着李鸿章、瑞联、延煦、曾国荃严饬所属毗连察哈尔游牧地方之文武各官，一体派令兵役，各在本境梭巡兜拏，以靖地方。将此各谕令知之。"（《清德宗景皇帝实录卷之六十六》）

○光绪四年戊寅二月○甲申，又谕那穆济勒端多布奏察哈尔步队尚无饷糈定章,另筹办理一折:"据称宣化练军现拟分起撤回,所有换防之察哈尔马队官兵到防粮运以及饷糈,库伦现无专饷,无从办运,请饬察哈尔都统筹办等语。从前宣化练军粮饷,系由直隶筹拨。此次察哈尔马队,如由察哈尔筹给饷糈,深恐力有不及。若照宣化练军章程,统由直隶拨给,或尚易筹。着李鸿章、穆图善会商筹办,以期无误军需。将此各谕令知之。"(《清德宗景皇帝实录卷之六十七》)

○光绪四年戊寅三月○壬申,谕军机大臣等李鸿章奏直隶旱荒甚重,民间牛马无存,农作难兴。请拨察哈尔牧群马匹,俾资耕作等语:"察哈尔所属各处牧群,既据穆图善知照该督,骟马较多,可以酌拨三四千匹前往。惟积歉之余,民情困苦。若令缴回马价,民力实恐难胜。着即照李鸿章所请,赏给察哈尔牧群孳生马三千匹,分给民间,以示优恤。穆图善即分饬各该牧群总管,挑选膘壮得力马三千匹,由李鸿章派员筹拨口分盘费,前往陆续领取,俾资应用,余着照所议办理。"(《清德宗景皇帝实录卷之七十》)

○光绪四年戊寅五月○乙丑,谕军机大臣等额勒和布等奏乌城防兵欠饷过多,现在库款罄尽,月饷更无从支放,请饬拨款,并催欠饷等语:"该城防兵需饷孔亟,着户部筹拨有着之款十五万两,俾得补放兵丁历年欠饷。并着李瀚章、梅启照、潘霨饬令各藩司,即将光绪三年十二月间户部指拨乌里雅苏台月饷银各二万四千两,迅速解至察哈尔都统衙门,转解乌城,以济急需。将此由四百里谕知李瀚章、梅启照,并传谕潘霨知之。"

○乙亥,库伦办事大臣英奎等奏:"帑项支绌,请将调库防察哈尔马队官兵暂行酌减,并请拨部款以济兵食。"下部议。

○丙子,察哈尔都统穆图善奏:"赴库官兵,酌撤一半。拟令前起前进赴库,后起缓进。"得旨:"此项后起官兵,即着毋庸派往。"(《清德宗

景皇帝实录卷之七十四》）

○光绪四年戊寅六月○壬午，赏前陕甘总督杨岳斌之父前直隶独石口副将杨秀贵并其母向氏御书扁额，曰"教忠裕后"。从山西巡抚曾国荃请也。

○戊戌，谕内阁："前因春福等奏，遵查遣犯刘鸿恩并未告假回籍，亦未潜逃，与铭安所奏情节不符。当令将刘鸿恩解交刑部审讯。兹据该部奏称，审明该犯由台潜逃回籍，闻挐复回配所，供认不讳，按例定拟等语。刘鸿恩着照所拟，从重改发新疆效力赎罪。军台该管站员、看守丁役，有无贿纵情弊，着察哈尔都统查明具奏。前任察哈尔都统庆春，于遣犯刘鸿恩脱逃，失于觉察。春福并未确切查明，率以刘鸿恩未经潜逃覆奏。察哈尔都统穆图善，于刘鸿恩私自潜逃，率称查无确据，均属不合。着交部分别议处。副都统奎昌，着一并交部议处。"寻兵部议上。得旨："福州将军前任察哈尔都统庆春，着照部议罚俸六个月，准其抵销。察哈尔都统穆图善，着降一级留任，加恩准其抵销。乌里雅苏台将军、前任察哈尔都统春福，察哈尔副都统奎昌，应得降一级调用处分，均着加恩改为降三级留任。不准抵销。"（《清德宗景皇帝实录卷之七十五》）

○光绪四年戊寅秋七月○癸丑，察哈尔副都统奎昌奏："察哈尔镶蓝旗总管达米林扎普三次三年期满，察哈尔正黄旗总管托达托克托二次三年任满。可否送京陛见？"得旨："达米林扎普着毋庸来见，托达托克托着来见。"

○丙寅，察哈尔都统穆图善奏："依限出口考验察哈尔各属官员军政并校阅兵丁，事毕回任。"报闻。○又奏："每届考验军政之便，认真抽查阿勒泰军台。又赴察哈尔左翼考验军政事毕赴右翼之便，顺路在布尔嘎苏台调齐四段管台参领校阅骑射。"报闻。（《清德宗景皇帝实录卷之七十六》）

○光绪四年戊寅八月○乙酉，谕内阁理藩院奏题本内汉字夹片错误，请旨更正，并自行检举一折："所有察哈尔咨报拒捕伤人贼犯根敦等越狱脱逃一案，着将根敦照拟绞监候，秋审缓决。拉木苏陇调发伊犁，给兵丁为奴。其汉字夹片，将贼犯根敦误写为贼犯拉木苏陇，实属疏忽。承办司员，着交部议处。该衙门堂官失于觉察，着交部察议。至内阁票签看本之中书侍读，未能将题本详细查对，并着交部议处。未经看出之大学士，着交部察议。"

○庚子，谕军机大臣等穆图善等奏军台差务尚繁，请仍照案添雇驼马一折："现在新疆底定，嘉峪关驿路畅通。西路各城差使已改由驿路行走。现据穆图善等奏称，乌库科等处防兵尚未遣撤，运送饷需，一切均由察哈尔所属台站供应。且布鲁图帮台之察克达哈布苏尔嘎驼马雇觅不易。该处台站费用，仍难规复旧章。即着照所请，所有察哈尔每月应发各台津贴等项银两，仍准照前开放。如有紧急要差，由该都统等派员驰往布鲁图各台，发价添雇驼马，俾资应用。一俟乌、库、科三处防兵遣竣，布鲁图帮台驼马到台，即着穆图善、奎昌体察情形，奏明停放，以节糜费。该城军需支绌，着刘秉璋、李文敏、文格迅将应解察哈尔衙门军需银两，克期拨解，以应急需。至布鲁图帮台之察克达哈布苏尔嘎驼马，何以屡经严催，抗不应付？着理藩院严催乌兰察布盟长，迅将所属各旗应出帮台驼马备齐，速赴各台，俾资协济。毋得仍前玩忽，致误要差。将此谕知理藩院，并由四百里谕令穆图善、奎昌、刘秉璋、李文敏、文格知之。"（《清德宗景皇帝实录卷之七十七》）

○光绪四年戊寅九月○辛亥，谕内阁穆图善奏军台废员由配脱逃，请旨饬缉究办一折："废员谭飞麟、杜振元胆敢由配脱逃，难保不潜行来京，亟应严密查拏。着步军统领衙门、顺天府、五城御史一体严缉，务获究办。"（《清德宗景皇帝实录卷之七十八》）

○光绪四年戊寅冬十月○壬午，以擅收报垦牧场费银，革察哈尔正黄旗参领木那尔布彦职。（《清德宗景皇帝实录卷之七十九》）

○光绪四年戊寅十一月○庚申，又谕："英奎等奏，哈拉河等处游匪尚多，盗案迭出。防兵太单，难资镇抚。察哈尔换防兵丁饷项不济，须变通办理。请准仍由直隶宣化练军内，酌拨马队二百五十名赴库，更换察哈尔防兵，仍归五百名之数等语。着李鸿章如数酌拨，即行派往。并着穆图善、奎昌、英奎、那木济勒、湍多布遵照办理。将此由四百里各谕令知之。"（《清德宗景皇帝实录卷之八十一》）

○光绪四年戊寅十二月○癸未，直隶总督李鸿章奏："顺天乡试宣化府属文生请复旦字号原额，另中四名。"下部议行。○以张家口修理营房河坝工竣，予佐领阿尔荪等奖叙加衔有差。（《清德宗景皇帝实录卷之八十三》）

○光绪四年戊寅十二月○丙申，又谕穆图善等奏出差大员中途病故等语："委散秩大臣伯爵勒英，前经派往三音诺彦爱曼致祭，事毕后回至中途病故，殊堪悯恻。勒英着加恩照委散秩大臣例赐恤，任内一切处分，悉予开复。应得恤典，该衙门察例具奏。"○谕军机大臣等穆图善、奎昌奏请饬催两淮欠解牧群办公银两一折："察哈尔口外牧群办公银两，向赖两淮生息银九千两，按年解交应用。自咸丰二年停解后，即由本群抽收碱厘暨茶马厘捐项下动用。现在收款不敷支放，办公倍形支绌，自应设法变通办理。着沈葆桢督饬两淮盐运使，即于票盐及盐厘项下筹款，或在各项厘捐项下，无论何款，先行设法迅速按年筹拨，解交察哈尔都统衙门，以应急需。俟开办纲盐，即将应解生息银两，照数抵还，俾清款目。将此谕令知之。"

○戊戌，喀尔喀多罗郡王鄂特萨尔巴咱尔等三人，青海固山贝子伊达木林沁等二人，伊克明安辅国公巴克莫特多尔济一人，察哈尔辅国公济楚克扎木苏一人，乌珠穆沁镇国公堆代扎布等二人，乌拉特镇国公色楞那木济勒一人，科尔沁辅国公哈斯巴图尔等二人，苏尼特辅国公玛哈西哩一人，喀喇沁公衔头等塔布囊和硕额驸阿育尔扎那一人，鄂尔多斯公衔头等台吉扎那巴兰扎一人，于养心门内瞻觐。（《清德宗景皇帝实录卷之八十四》）

公元1879年

○光绪五年己卯春正月○乙巳，谕军机大臣等金顺奏，军饷请准暂由北路军台行走一折："金顺军营饷需关系紧要，遽由关内驿站行走，旷日持久，兵丁诸多苦累，亦属实情。着照所请。所有金顺应领部库饷银，每季四万六千两，仍准暂由北路军台行走。即着穆图善、奎昌、春福、车林多尔济、杜嘎尔、保英、安祥查照办理，毋稍推诿。统俟新疆大定，再复旧制。金顺应严饬领饷委员，迅速运解。沿途毋得骚扰逗留，致累台站。将此由四百里各谕令知之。"

○壬子，谕军机大臣等春福等奏乌城防兵所需粮米脚费无款可筹，近年口北道所采乌城军粮自经裁兵后，约计一年仅及半年米石可敷食用，请饬变通办理等语："该城军米办齐因脚价无出，致迟起运，自应设法办理，以济军需。此项脚价，即着李鸿章饬令口北道，于每年所余一半粮价内备垫，其须运粮米，统归该道一手经理，并令就近报销，以期便捷而免转折。所有察哈尔前垫脚费，现在无款归补，着准其暂缓扣留。俟乌城库项稍裕，由春福等陆续归清。将此各谕令知之。"（《清德宗景皇帝实录卷之八十五》）

○光绪五年己卯二月○壬午，又谕锡纶奏塔城运道请仍由阿尔泰路军台行走一折:"塔城军务未靖,转运关系紧要,遽改由嘉峪关驿路行走,旷日持久,深恐贻误事机,亦属实情。着照锡纶所请,塔城一切转运事宜,仍由阿尔泰军台行走,以昭便捷。穆图善当督饬各台站官兵,妥为供应,俾利遄行。将此由四百里各谕令知之。"

○丁亥,谕军机大臣等穆图善奏请饬严催帮台官兵驼马赴台当差一折:"据称近数年布鲁图所属各台帮台官兵驼马数台空缺,托里布拉克、图固里克两台官兵驼马现复撤回,往来差务阻滞堪虞等语。蒙古台站向由帮台扎萨克各旗协同供应,现在布鲁图各台竟至全行空缺。乌兰察布盟六旗各王公漠视台务,藉端推延,实属不成事体。着理藩院议定限期,严檄该盟长督饬所属各旗,将应帮布鲁图各台之察克达哈布苏尔嘎官兵驼马等项,如数派拨,并派妥员按限管带,前往督率供应。如仍玩抗不遵,即由该衙门奏参,请旨严行惩办。并着径饬图什业图汗盟长,迅将托里布拉克、图固里克二台撤回帮台官兵驼马,克期催令仍回本台,照常当差,毋再贻误。刻下军台差务络绎,支应纷繁。着该衙门咨行各城将军大臣严饬差弁,不得稍有夹带。并咨察哈尔都统等派员认真稽查,力杜浮冒,以免扰累。余着照所议办理,原折着抄给阅看。将此谕令知之。"○又谕穆图善等奏请饬部筹拨银两,并请饬催各省欠饷一折:"西北各城应运军火等项,现在大半仍由军台行走。该处应付一切需款孔殷,自系实情。穆图善等所请饬部先行筹拨银六万两之处,着户部议奏。察哈尔差务繁重,待饷迫切。所有江西、山东各欠解银一万两,亟应赶紧解清。即着李文敏、文格迅速如数批解,俾资接济。将此谕知户部,并由四百里谕令李文敏、文格知之。"(《清德宗景皇帝实录卷之八十七》)

○光绪五年己卯三月○辛亥,谕军机大臣等清安等奏,请旨调练官兵并催解协饷各折片:"据称前撤蒙古马队练军五百二十员名,请仍饬调来科,每年需用饷银,由部发给等语。此项练军,前因该城饷项不敷,遣撤回旗。所有该参赞等仍请调练之处,着毋庸议。即着就现有兵力勤加操练,以资驱策。该处饷需,前经户部奏明,由湖北、广东厘金项下各拨银一万二千五百两,山西、河南、山东每年各应解帮贴台费银一万两。因晋豫两省前被旱灾,暂由山东一并筹解。时逾年余,均未报解。现在该官兵待饷孔殷,着李瀚章、刘坤一、潘霨、文格各饬藩司,迅即照数筹拨。分别委员解赴绥远城将军、察哈尔都统衙门,转解赴科,以济要需。将此由五百里各谕令知之。"○乌里雅苏台将军春福等奏:"酌撤察哈尔残病官兵。"又奏:"蒙古灾区宜恤,军务未定,请展限查边。"均报闻。(《清德宗景皇帝实录卷之八十九》)

○光绪五年己卯三月○辛酉,又谕:"穆图善奏,前在署吉林将军任内,挪借商号银二万二千五百两,以备支放兵饷。该都统旋卸署任,将此款全数移交古尼音布应用。现在未据吉林解还。请饬两江总督于应解吉林欠饷内,提银二万二千五百两,交该都统委员兑还上海商号等语。着沈葆桢、吴元炳即行如数提拨,俾清商款,毋稍迟延。将此由四百里各谕令知之。"(《清德宗景皇帝实录卷之九十》)

○光绪五年己卯闰三月○丁酉,察哈尔副都统奎昌因病乞休,以参领花尚阿为察哈尔副都统。(《清德宗景皇帝实录卷之九十二》)

○光绪五年己卯夏四月○癸亥,又谕傅振邦奏站员不服水土,呈请回京当差一折:"独石口距京不远,该处管站司员理藩院郎中祺保,辄以水土不服为词求卸差使。其性耽安逸,已可概见。祺保着即开缺回旗,所请回原衙门当差之处,着不准行。其管站差缺,着理藩院照例拣员更换。"(《清德宗景皇帝实录卷之九十三》)

○光绪五年己卯五月○壬午,河南巡抚涂宗瀛奏,原武、新乡等州、县螟孽情形。得旨："着严饬各属实力扑捕,毋任稍留余孽。"又奏豫省荒后,牲畜无存。派员赴张家口等处,采买骡马三千匹,分给灾区垦种之用,请照战马例免税。允行。

○乙酉,又谕穆图善奏军台废员由配脱逃,请旨饬缉究办一折:"废员杜光凯胆敢由配脱逃,难保不潜行来京,亟应严密查拏。着步军统领衙门、顺天府、五城御史一体严拏,务获究办。"

○戊子,直隶总督李鸿章奏:"委员赴张家口喇嘛庙采买战马,请援案免税。又请展直隶捐案,请奖三个月。"均允之。(《清德宗景皇帝实录卷之九十四》)

○光绪五年己卯六月○丁未,谕内阁穆图善奏讯明副参领被控各情,请旨革职,并将原案各员分别察议一折:"察哈尔正白旗亲军校兼副参领特古斯济尔嘎勒,于左翼苏尼特扎萨克旗,关提盗犯贡哩勒,辄自行提犯查讯,以致疏脱。又未立时饬属拏解,实属玩视缉案。且该员因病请假,并不候该总管批准,径行进口,尤属任性。特古斯济尔嘎勒着即行革职。镶白旗总管布彦德勒格尔,前在参领任内,动用厂资垫给兵丁,并不早为归结,迨经委员会算,始行措交。正白旗总管巴扎尔,于该旗厂资款项,未能派委妥员管理,致属员怀疑指控,均属不合。布彦德勒格尔、巴扎尔,着一并交部察议。另片奏请将解差妄报之骁骑校革职等语。骁骑校栋哲依奉委押解盗犯贡哩勒,归案审讯。辄敢捏报该犯病重,以致稽延时日,不能收审,实属意存徇隐。栋哲依着即革职。"

○又谕穆图善奏查明亏短官马各员,请分别惩处一折:"已革固山达鄂勒哲依达赖呈控该群亏短马匹各情,经该都统讯明解马各员,欠缴余备马,虽已陆续补齐,系于事后巧为弥补。备拴骑马一项,前经申禁之后,仍有违禁情事。牧长奇巴克扎普等,亏短马三百五十余匹;笔帖式鞰克济尔嘎勒兼牧孳生马毛色等项,间与图册不符,据称系因残倒赔补,殊属任意取巧;总管巴图那逊挪用银两,亦属妄为;总管翼长固山达等官,失于稽察,均有应得之咎。所有牧长奇巴克扎普等二十五名,均着革去顶戴,仍留牧长差使,各加鞭责一百。所亏马匹,责令照数赔补归群,报部存案。该群委署固山达巴扎尔萨都等十员,均着革去顶戴。笔帖式鞦克济尔嘎勒,着革去笔帖式。翼长索特那木栋、岳特阿木嘎巴扎尔职司分统,有弥补欠交余马情弊,均着革职留任。总管巴图那逊,整顿马政是其专责,竟敢置亏短于不问,视拴马为故常,玩弛已极,着即行革职。鄂勒哲依达赖系因案革职永不叙用之员,呈内牵引前案,罔知愧悔,着交该旗佐领严加管束。至备拴骑马,系牧群巧立名目,私将官马乘骑。前于同治四年奉旨禁止之后,仍有前项情弊,实属不成事体。着再严饬该总管等,倘敢仍蹈故辙,即从严参办。"(《清德宗景皇帝实录卷之九十六》)

○光绪五年己卯六月○己未,福州将军庆春因病乞休,以察哈尔都统穆图善为福州将军,密云副都统景丰为察哈尔都统。(《清德宗景皇帝实录卷之九十七》)

○光绪五年己卯八月○癸卯,谕军机大臣等穆图善等奏请饬催发商四项生息银两一折:"直隶口北道应解察哈尔发商生息银两,自同治二年起至光绪四年冬季止,前后共欠解银二万七千余两。该处办公紧要,需款甚亟。着李鸿章严饬口北道,勒催所属各州县,将积欠银两埽数解清,以资散放。嗣后仍饬按季拨解,毋稍蒂欠。原单着抄给阅看。将此谕令知之。"

○甲子,谕军机大臣等总理各国事务衙门奏筹办交收伊犁事宜。请饬疆臣核议一折:"据称连接崇厚电报,内称约章现皆定议。崇厚定于八月初八日起身,赴黑海画押后,即由南洋回京覆命。并将现议条约十八款摘要知照,详加覆核。偿费一节,尚不过多。通商则事多轇轕,分界则弊难枚举。亟宜筹画布置,迅图补救各等语。崇厚出使俄国,固以索还伊犁为重。而界务、商务关系国家大局者，自应熟思审处，计出万全。且叠经总理各国事务衙门电致崇厚，若照来函，有碍大局。节略内并言所损已多，断不可行。该大臣尤应遵照办理，设法与之辩论。乃竟任其要求，轻率定议，殊不可解。现在俄约既经议定，其第七款所称：中国接收伊犁后，豁尔果斯河西及伊犁山南之帖克斯河归俄属；第八款所称：塔城界址拟稍改，是照同治三年议定之界。又于西境、南境划去地段不少。从此伊犁势成孤立，控守弥难。况山南划去之地，内有通南八城要路两条，关系回疆全局，尤非浅鲜。至第十款：于旧约喀什噶尔、库伦设领事官外，增出嘉峪关、乌里雅苏台、科布多、哈密、吐鲁番、乌鲁木齐、古城七处，亦欲酌设领事。第十四款并有：俄商运俄货走张家口、嘉峪关，赴天津、汉口，过通州、西安、汉中，运土货回国同路之语。不特口岸过多，并与华商生计亦有妨碍，允行则实受其害。先允后翻，则曲仍在我，自应设法挽回，以维全局。左宗棠于新疆情形了如指掌，金顺、锡纶久在西北各路谙习边情。且西路通商如何布置，始能害少利多，左宗棠必有权衡。至张家口、汉口，系南北洋分辖地方。所有通商诸务，亦应彼此通筹。着左宗棠、金顺、锡纶，将界务、商务各条款悉心酌核。李鸿章、沈葆桢素顾大局，除商务各条款详加筹画外，其界务如何办理始臻周妥之处，分别详细密陈。该衙门另片所陈，界务尤关紧要，就崇厚寄来分界图说，中国如尚可设法布置，即当妥为办理。若必不可允，则边防尤宜及时筹办各等语。此事一出一入，关系綦重。左宗棠督办军务，事权归一。尤当通筹全局，权其利害轻重，一并核议，密速具奏。原折片均着抄给阅看。将此由六百里各谕令知之。"（《清德宗景皇帝实录卷之九十九》）

○光绪五年己卯九月○己丑，命拨万夯常操火药鸟枪、铅丸、火绳等，解交察哈尔都统衙门，由台递解科布多应用。（《清德宗景皇帝实录卷之一〇〇》）

○光绪五年己卯十一月○丁亥,……以察哈尔都统景丰为荆州将军,山海关副都统祥亨为察哈尔都统。

○丁酉,谕军机大臣等锡纶奏折件遗失,请旨查办,并请严饬整顿军台积弊一折:"本年六月间,锡纶由六百里拜发奏折一件遗失,业经兵部奏交察哈尔都统详查。即着该都统按站转查,其遗失之管站各员,着交该衙门分别严加议处。台站接递折报,关系紧要。现据锡纶奏称,张家口、赛尔乌苏中间数台,不但驼马缺乏。所有堂差官兵,竟敢有远避雇人看守者。似此废弛情形,实属不成事体。着祥亨、景丰、花尚阿、丰绅、瑞联、吉和、春福、车林、多尔济、杜嘎尔、清安、桂祥,各将所属各台认真整顿。务期实事求是,以利邮传。将此谕知理藩院,并由五百里谕令祥亨、景丰、花尚阿、丰绅、瑞联、吉和、春福、车林多尔济、杜嘎尔、清安、桂祥知之。"(《清德宗景皇帝实录卷之一○四》)

○光绪五年己卯十二月○丁未,赏喀尔喀正贡使迭咱巴哈、副贡使帕那巴哈花翎。○科尔沁扎萨克亲王巴宝多尔济等三人,喀喇沁郡王和硕额驸旺都特那木济勒等二人,阿巴噶郡王瓦津达拉等三人,喀尔喀扎萨克郡王莽珠巴扎尔等八人,翁牛特辅国公克什克阿尔毕济呼等二人,敖汉郡王察克达尔扎布、苏尼特郡王绰克苏伦、浩齐特郡王喇特那巴咱尔、茂明安贝勒格楚克、阿巴哈那贝勒达木定扎布、郭尔罗斯辅国公图布乌勒济图、土默特贝勒散巴勒诺尔赞、阿拉善镇国公沙克都尔扎布、察哈尔三等侍卫巴雅斯呼朗塔尔,于养心门内瞻觐。

○壬子,又谕李鸿章奏参贪劣不职各员一折:"直隶保安州知州张毓生,藉端婪索,贪劣颇著。……延庆州吏目金乃赓,声名甚劣。……均着即行革职。……赤城县知县宋尚文,才识庸闇。……均着勒令休致,以示惩儆。"(《清德宗景皇帝实录卷之一○五》)

○光绪五年己卯十二月○丙辰,谕军机大臣等:"此次崇厚出使俄国议办条约章程,俄人多所要求势难允许。崇厚率行画押,擅自回京。现已降旨将崇厚革职拏问,交刑部治罪。并将此事交王大臣等会议,现在尚未覆奏。惟念俄人挟制多端,心怀叵测。此时虽事机未定,不可不亟筹防务,备豫不虞。所有兵饷两端及布置之法,着该将军、督抚等豫为筹画,妥慎办理。务须不动声色,毋得稍涉张惶。此外一切机宜,俟定议后再降谕旨。将此由五百里密谕李鸿章、左宗棠、彭玉麟、岐元、铭安、希元、丰绅、金顺、穆图善、庆春、吉和、春福、刘坤一、李瀚章、何璟、张树声、景丰、祥亨、吴元炳、裕宽、裕禄、李文敏、谭钟麟、勒方锜、潘霨、李明墀、周恒祺、松林、锡纶、车林多尔济、杜嘎尔、清安、桂祥、奕榕、那穆济勒端多布,并传谕谭钧培、李成谋知之。"

○壬戌,谕军机大臣等景丰等奏帮台驼马久未到台,请饬会商筹办一折:"据称布鲁图等台疲惫,系因乌兰察布六旗帮台驼马等项不到,每致贻误要差。叠经奉旨交理藩院予限严催,乃该六旗帮办驼马,迄无来台信息。请饬会商设法筹办等语。蒙古各台站差务纷繁,原设帮台驼马等项延不到台,实属不成事体。着丰绅、瑞联迅派妥员,督饬乌兰察布盟长,转饬该六旗择地定期会商。即着祥亨、景丰、花尚阿派员前往妥议筹办。并着理藩院严行晓谕该盟长,督率该旗妥筹办理,毋得再事推诿。将此谕知理藩院,并谕令祥亨、景丰、花尚阿、丰绅、瑞联知之。"(《清德宗景皇帝实录卷之一〇六》)

公元1880年

○光绪六年庚辰春正月○癸未,谕内阁金顺奏防御私自潜逃,请革职查拏等语:"黑龙江墨尔根城即补防御富尔洪额、胡逊布二员,携带军械战马私自潜逃,查无下落,实属目无法纪。富尔洪额、胡逊布,均着即行革职。并着察哈尔都统、乌里雅苏台、科布多、塔尔巴哈台将军、

大臣、山海关副都统、黑龙江将军,一体查拏,务获惩办,以肃军律。"(《清德宗景皇帝实录卷之一〇七》)

○光绪六年庚辰正月○己丑,谕军机大臣等本日据王大臣等会议筹备边防事宜一折:"此次俄国所议条约多所要求,万难允准。虽已另派曾纪泽前往再议,而该国心怀叵测,诡谲多端。不可不先事防范,用折狡谋。天津屏蔽京师,关系全局。李鸿章等防有年,所有建筑炮台、购备战船等事,现已粗具规模。即着将现有兵力,认真整顿。一面备齐战舰,于烟台、大连湾等处择要扎,以固北洋门户。奉天、营口本属北洋所辖,该处与烟台海防,责成该督统筹兼顾,庶几呼应较灵。至现在水师不足,仍注重陆师,以期有备无患。李鸿章所部淮军,久经战阵,亦宜有威望素著之宿将统带。在籍提督刘铭传,应否调赴天津,着李鸿章奏明办理。湖南提督李长乐,如其才尚可用,亦着奏调赴津,以资倚任。北路绥远城、张家口均属近边,已调刘连捷一军往驻绥远,其张家口一路,亦宜有兵屯扎。李鸿章所部淮军,现扎山东张秋镇者人数尚多,着该督酌调此军,派得力将领,统率前赴该处,分扼要隘。并着景丰、祥亨,将本有额兵认真操防,并于本地边人,无论旗民蒙古,一体简募训练,以联声势。该处附近围场地方,弥望沃壤。亦可募军屯田,以为省饷实边之计。现在时事多艰,边防孔棘。全在任事诸臣,殚心筹办,以收实效。不得徒托空言,敷衍从事,致糜饷劳师,于防务终属有名无实。李鸿章倚畀最深,责任最重。尤当力肩巨任,宏济艰难。所有一切应办事宜,并着于奉旨一月内,迅速具奏。将此由五百里各密谕知之。"(《清德宗景皇帝实录卷之一〇八》)

○光绪六年庚辰二月○辛酉,乌里雅苏台将军春福等奏:"遵旨布置防务,当即密谕管带黑龙江、察哈尔防兵丰升阿等,督饬所部马队官兵常川操练。并檄扎三两盟盟长、副将军等,拣选精壮蒙兵,派员在各该旗勤加训练,整备马匹器械,豫备调遣。暨密饬各卡伦侍卫,乌梁海总管等官,不动声色,严密访查。并请饬部筹拨兵饷,以备缓急之需。"下部议。

〇癸亥,调镶蓝旗汉军副都统永德为察哈尔副都统,察哈尔副都统花尚阿为镶蓝旗汉军副都统。

〇甲子,又谕祥亨等奏遵筹边防一折:"张家口为边疆要隘,亟应先事筹防。祥亨等现拟于精锐营洋枪队外,由满蒙官兵内拣选精壮四百名作为马队,与额设官兵一体训练,以备缓急。并令察哈尔八旗总管将各旗操练官兵内挑选精兵一千名,分扎什巴尔、博罗柴吉两台,仍饬每旗再挑选精兵五百名,各在本旗操演,以资应援。所需口分银两,由茶马厘捐余款项下动支。其马匹军火,均足应用。所筹尚为周妥,即着照所议办理。祥亨务当饬令各军认真操练,不得稍有疏懈。嗣后军火饷项,如实有不敷,或筹防尚有未尽事宜,即由祥亨酌量具奏。练勇现多窒碍,自应变通办理。该都统等以直属之张、独、多三厅,与晋属之丰、宁二厅,各旗官荒马厂,开垦已有成效。若能认真查明欠交押荒银两,责令按亩补交,比户计田,派夫训练,饷需既有着落,练勇即可有裨,尤为两得之计。着李鸿章、曾国荃拣选明干道府前往,会同各厅员切实查明呈报。应如何筹办之处,由该督抚酌核具奏。将此各密谕知之。"

〇丁卯,谕军机大臣等奕榕等奏遵筹防务,请添调官兵一折:"库伦前经撤回察哈尔官兵,奏请调换直隶练军马队二百五十名,赴库防守。嗣据李鸿章奏明,调拨马队官兵一百名前往。该城现办防务,关系紧要。着李鸿章仍拨给宣化练军马队官兵二百五十名,俾资布置。该营饷干银两,仍由直隶粮台拨发。前有旨选派土谢图汗、车臣汗兵各二千名,驻扎库伦,该办事大臣等当懔遵前旨,督率操防,认真训练,以备不虞。将此由四百各密谕知之。"(《清德宗景皇帝实录卷之一一〇》)

〇光绪六年庚辰三月〇庚午,谕军机大臣等李鸿章奏遵筹防务一折:"直隶沿海各处口岸歧出,亟应妥筹布置,备豫不虞。郭松林旧部现留湖北襄阳之武毅步队三营、马队一营,着李瀚章饬令即行拨队来直。所需月饷军装,仍由湖北源源解济。至所奏请将奉天原调古北口练军步队右营马队三哨、津防练军枪队两营,全数撤回等语,前因奉天兵力甚单,降旨调宋庆一军前往营口等处扼扎,该军到防后,直隶练军能否撤回,着岐元体察情形,奏明办理。所有北塘等处海口,李鸿章即商同郭松林酌拨队伍,择要扼扎,以臻周密。烟台、大连湾等处兵船尚少,兵亦单薄,所陈自属实在情形。该督当实力经营,务期缓急足恃。其所称张家口不宜屯驻多营,倘北边有警,派队前往,计程不过数日,现在毋庸调拨大队,令刘盛休拨两三营,赴宣化府附近屯扎等语。即着照所议办理。祥亨着仍遵前旨,实力操练满蒙官兵,以期得力。将此由五百里各密谕知之。"

○癸未,谕军机大臣等铭安奏遵筹选将练兵事宜,并将各城地势绘图呈览一折:"吉林密迩俄境,筹防必不可缓。据铭安奏,练兵必先择将。吉林现有将领,带队尚属勇往,而谋略非其所长。请调直隶通永镇总兵唐仁廉,及在宣化统领练军之郭长云,赴吉差遣等语。该二员现在能否派往,若畀以总统吉林官兵之任,是否相宜,着李鸿章酌度具奏。该将军以三姓一带,拟造舢板战船,简练水师。请饬彭玉麟、杨岳斌,密荐水师宿将一二人,酌带船将水勇数十人赴吉举办等语。从前长江设有长龙舢板等船,剿办内地贼匪,尚属得力。至三姓一带,轮船可通。舢板战船是否足资守御,及应如何设立水师,以防侵越之处,并着李鸿章体察情形,妥筹具奏。铭安现拟添练马队一千名、步队二千名,分扎珲春、宁古塔、三姓等处。省城亦扎马步队四五百名,以资策应。请饬部添拨每月的饷二万五千两,并先行支领半年饷银十五万两。着户部议奏。所请由天津机器局拨给五百斤洋炮二尊,三百斤洋炮四尊,二百斤洋炮四尊,马上单筒洋枪一千二百杆,带刺步枪二千三百杆,洋火药三万斤,洋铜帽二百万颗,洋铅弹子二百万粒。着李鸿章酌量拨给,以资应用。至挑练西丹兼用猎户人等,及查办金厂安插流民诸事,着铭安悉心经画,妥慎筹办。所请饬调马匹,已谕令岐元等拨给矣。图三件、片一件留中。将此由五百里各密谕知之。"○又谕铭安奏遵筹练兵事宜,请调马匹等语:"吉林现筹添练马队,着岐元、祥亨、古尼音布,于察哈尔、锦州牧群内,挑选膘壮口轻战马各五百匹,迅速分解吉林,以资应用。将此由五百里各谕令知之。"

○庚寅,谕军机大臣等春福等奏请调马匹,并请饬整顿台站各折片:"乌城布置边防需用马匹,着祥亨于所属牧群内,拣选膘壮口轻骟马四百匹,务于本年四五月内,水草茂盛之时,派委妥员解赴乌城。并令该官兵沿途妥为牧放,以免疲乏。其所奏此项马匹未到之先,就近由乌属孳生马厂内暂行提拨,俟解到时再行补还等语,着照所议办理。察哈尔所属布鲁图等台驼马缺乏,每致贻误要差,殊属不成事体。着该都统设法认真整顿,以利邮传。另折奏请饬神机营拣派久经战阵、通晓蒙语之官兵来乌训练蒙兵等语。神机营前已拣派官兵前往教练,仍着春福等于该城防营内,择其通晓蒙语者酌量选派,以资得力。将此由四百里各谕令知之。"

○乙未,谕军机大臣等春福等奏张家口所属布鲁图台站溃散废弛,请严饬整顿一折:"据称该将军等本年接奉由台转送御赐福字荷包等件,木匣皮包均有破烂之处,荷包银钱等物亦短少大半。业经挨台严查,并无遗失窃取情弊。惟张家口所属布鲁图等台,溃散废弛,积弊日深。并有乌城饷项在该台被窃,以石块换取银两之事,请饬整顿等语。台站关系紧要,若如所奏各节,尚复成何事体?着祥亨即将所属布鲁图各台,遵照历次谕旨,赶紧认真整顿,毋任废弛。并将乌城遗失之项,迅速查明究由何台窃取,严行惩办,以肃邮政。另片奏该城防务纷繁,请调张家口驻防防御吉春差委等语,着祥亨即饬吉春迅即起程,由驿驰赴乌里雅苏台,以资差遣。将此谕令知之。"(《清德宗景皇帝实录卷之一一一》)

○光绪六年庚辰夏四月○庚戌,谕军机大臣等祥亨等奏军台需饷孔亟,请拨银两,并请饬催会商帮台事宜一折:"察哈尔军台差务纷繁,应给官兵津贴等银积欠甚多。现在应放之款,亦须随时给领。该都统等请饬部速拨银十万两,着户部速议具奏。乌兰察布所属各旗帮台驼马,久未到台。前有旨令该盟长饬令与察哈尔都统等所派委员定期会商,迄今数月,并未遵行,殊属延玩。着理藩院严催该盟长懔遵前旨,迅即委员会同筹商,不准稍涉推诿。祥亨等务当遵照叠次谕旨,将台站认真整顿,毋任贻误。将此谕知户部、理藩院,并谕令祥亨、永德知之。"

○癸丑,察哈尔都统祥亨等奏:"乌城饷项被窃,现在审讯大概情形。"得旨:"着即传齐犯证,严讯确情。务期水落石出,毋稍含混。"○换铸宣化镇总兵印信,从直隶总督李鸿章请也。(《清德宗景皇帝实录卷之一一二》)

○光绪六年庚辰五月○癸未,先是,公德鉴报效独石口外马厂地亩事阅多年,勘丈未清。德鉴先请招商承垦,旋招旋革,彼此互控,致酿事端,户部奏饬直隶总督查办。至是,李鸿章奏,查明马厂地亩,共计已垦地六百余顷。酌拟章程,饬属次第举办。下部知之。(《清德宗景皇帝实录卷之一一三》)

○光绪六年庚辰六月○癸卯,又谕祥亨等奏察哈尔马队官兵分翼驻扎操防,请饬神机营拨发洋马枪二百杆,暨配带铜帽洋药等项等语:"着神机营照数发给。"○察哈尔都统祥亨等奏:"察哈尔马队官分照案核减,拟给口份。"得旨:"所有挑选马队官兵务当督饬管带官认真操练,毋得有名无实,虚縻饷项。请拨马枪等项,已谕令神机营照数发给矣。"○又奏调已革察哈尔镶红旗总管达尔济等防营差委。报闻。○刊刻统领察哈尔马队官兵木质关防,从都统祥亨等请也。(《清德宗景皇帝实录卷之一一四》)

○光绪六年庚辰秋七月○丁丑，又谕詹事府右庶子张之洞奏条陈海防事宜一折："俄国现有派兵来华之信，北洋地方紧要，亟宜选将调兵，严密布置，方免疏虞。提督刘铭传素为淮军推服，现在如已病痊，该督当催令克期赴津，以备任使。福建建宁镇总兵张得胜现在请假回籍，可否调令北来，并顺道募带楚军同行，以期厚集；直隶正定镇总兵娄云庆、宣化镇总兵王可升，近在畿辅，应否先期檄令各带所部赴津听用，均着李鸿章酌度办理。天津沿海处所倡办民团，亦可助官兵声势。前已谕李鸿章相度情形，应否派令曹克忠倡办天津团练？又东北一带海滨小口纷歧，以芦台为总汇，必须屯兵扼扎。或即令该提督募兵专屯该处，于人地尤熟悉相宜。至重兵应分数层扼扎，不宜全聚海口，该庶子请以大沽、北塘为头敌，新城为二敌，紫竹林为三敌，三岔河北为四敌，择要筑垒。诸军半守老营，半赴前敌。营口海口难守，宜备陆战。大沽、营口并备水师以为奇兵，扼守天津内河，较之海口尤易。所陈各节，均有可采。着该督悉心体察，妥为筹画，务臻周密，毋得稍涉大意。原单着摘抄给阅看。将此由五百里密谕知之。"（《清德宗景皇帝实录卷之一一五》）

○光绪六年庚辰八月○壬寅，谕军机大臣等清安等奏请饬催积欠帮贴台费银两一折："据称山西等省应解科布多帮贴台费银，每年共三万两。自光绪元年奏准后，仅准山西解银五千两，山东解银五万两，河南解银一万五千两。核计山西欠解各年台费银共四万五千两，山东欠解四年分代解山西、河南银二万两，应解本年银一万两，河南欠解银三万五千两等语。科布多现在边防紧要，所需台费银两，待用甚殷。着周恒祺、涂宗瀛、葆亨查照应解银两，务于年前赶紧筹款，埽数解至绥远城、张家口，由清安等派员迎提，以资应用。嗣后每年按数筹解，毋稍延欠。将此由四百里谕知周恒祺、涂宗瀛，并传谕葆亨知之。"

○丁未，察哈尔都统祥亨等奏察阅防军，酌地设卡巡查。报闻。

○庚戌，谕军机大臣等李鸿章奏霆军应需马匹采购不及，请拨给察哈尔官马一折："据称塞外马匹，必须夏令采购。现已八月中旬，卖者次第收场，势难零星挖索。拟请于察哈尔牧群孳生官马内赶紧选拨，并拟派记名提督杨安典驰往口外，会同拣择等语。鲍超招练马队克日到防，需用马匹甚亟。着祥亨分饬商都、太仆寺各总管，即于该处牧群内孳生官马项下，不必分定成数，迅速挑选能战骟马三千匹，会同杨安典认真拣择，不得以老口疲瘦充数。即由杨安典分起派弁押送进口，拨给霆军应用，毋稍延缓。将此由四百里各谕令知之。"（《清德宗景皇帝实录卷之一一七》）

〇光绪六年庚辰九月〇己卯，察哈尔都统祥亨奏，拣派马队现支干银，酌减津贴。报闻。（《清德宗景皇帝实录卷之一一九》）

〇光绪六年庚辰九月〇庚寅，库伦办事大臣奕榕等奏，造报察哈尔马队军需用款。下部知之。（《清德宗景皇帝实录卷之一二〇》）

〇光绪六年庚辰冬十月〇庚子，谕军机大臣等奕榕等奏请饬调军防守一折："据称前经咨商李鸿章调拨宣化练军二百五十名赴库，以资镇摄。嗣准李鸿章咨覆难以抽调，现在防务紧要，请饬或仍酌调宣化练军，或挑选各镇原营步队一二千名赴库等语。宣化练军暨直省步队能否调拨，着李鸿章酌度具奏。将此谕令知之。"寻奏："宣化练军及各镇步队，委难调往库伦。"报闻。（《清德宗景皇帝实录卷之一二一》）

〇光绪六年庚辰十月〇癸丑，以性情贪鄙，革直隶口北道玉珩职。
〇甲寅，察哈尔都统祥亨等奏："边防紧要，总管贡果尔任满，请缓送京陛见。"得旨："贡果尔着俟防务稍松遣撤回旗，再行来京。"〇又奏索郭克等处俄人游探绘图情形。得旨："俄人至索郭克卡伦窥探，已据杜嘎尔等具奏。祥亨等当督饬防军勤加操练，豫为戒备，毋稍大意。"

○丁巳，乌里雅苏台将军杜嘎尔等奏，部拨察哈尔马队官兵月饷，请展限三年。下户部议。(《清德宗景皇帝实录卷之一二二》)

○光绪六年庚辰十一月○辛卯，又谕杜嘎尔等奏请调员差委等语："张家口驻防正白旗满洲即补协领、佐领赓吉图，着祥亨、永德即饬该员，由驿迅赴乌里雅苏台，听候差委。其所奏酌调贴写兵数名，并着该都统等查照办理。将此各谕令知之。"

○癸巳，蠲免直隶永平、宣化、遵化、张家口、顺天、保定、正定、河间、天津、顺德、广平、大名、易、定，十四府、厅、州属旧欠杂赋。(《清德宗景皇帝实录卷之一二四》)

○光绪六年庚辰十二月○丙午，又谕李鸿章奏裁撤张家口粮台，改给乌库防兵月饷，以节经费一折："据称张家口前设粮台，办运乌里雅苏台、库伦等处防兵口粮。近年以来，殊多糜费。现拟裁撤粮台，查照部议，改给月饷。该兵远戍边荒，优给折价，以示体恤。核计每年应由部拨给乌城防兵改折米价运脚银一万三千五十六两，闰年则须银一万四千一百四十四两。驻库宣军改折办运米粮及原有添练马队加饷银九千七百七十四两，闰年则须银一万二百八十八两五钱。统计每年祗须银二万三四千两，较从前可省银一万数千两。惟防兵计口授食，未能稍有缓欠等语。自系为搏节经费，优恤防兵起见。着户部按照该督所拟银数，一年一次豫行拨给，俾得及时采办。并着该将军等核实经理，务令兵沾实惠，款不虚糜。将此各谕令知之。"(《清德宗景皇帝实录卷之一二五》)

公元1881年

○光绪七年辛巳春正月○乙酉，以伊犁、塔尔巴哈台并安集海所属之南五工，暨博勒塔拉等处屯种军粮，收获出力。予署锡伯营领队大臣果权、署察哈尔领队大臣喀尔莽阿优叙。余升叙加衔有差。(《清德宗景皇帝实录卷之一二六》)

○光绪七年辛巳二月○壬寅，察哈尔都统祥亨等奏："请就八旗押荒银两，添练马队五百名，分驻萨达克图一带常川训练。"报闻。○赏已革察哈尔镶红旗总管达尔济四品顶戴，责令管带马队。从都统祥亨等请也。

○壬戌，谕军机大臣等左宗棠奏拟调马步各营兴修水利等语："据称顺天房山、直隶正定等处，近年地势迥异从前。不修水利则旱潦相寻，民生日戚。治水之法，下流宜令深广，上游宜多开沟洫。拟令所带现扎张家口各营，移治顺天直隶上游水利。其下游津沽等处，仍由直隶总督经理。着李鸿章、童华、李朝仪，将各该处地势情形，及应如何办理之处，会同筹议具奏。原折着摘抄给阅看。将此各谕令知之。"○军机大臣左宗棠奏："马步各营已抵张家口，拟调驻畿郊，教练旗兵。"钦奉慈安端裕康庆昭和庄敬皇太后、慈禧端佑康颐昭豫庄诚皇太后懿旨："左宗棠奏请将王德榜所带各营调驻畿郊，商办教练旗兵等语，着神机营王大臣会同左宗棠妥议具奏。"(《清德宗景皇帝实录卷之一二七》)

○光绪七年辛巳三月○甲申，以……伊犁锡伯营总管喀尔莽阿为察哈尔领队大臣。(《清德宗景皇帝实录卷之一二八》)

○光绪七年辛巳夏四月○丙午，钦奉慈禧端佑康颐昭豫庄诚皇太后懿旨，曾纪泽奏与俄国改订约章，及办事艰难情形各一折："总理各国事务衙门奏，进呈曾纪泽改定条约章程并地图等件一折。着惇亲王奕誴、醇亲王奕譞、潘祖荫、翁同和，会同总理各国事务衙门王大臣，复核具奏。"

○丁未，谕军机大臣等："清安等奏，各省帮贴台费银两积欠过钜。自光绪元年起至本年止，山东解过银六万两，尚欠代解山西、河南四年分银二万两，并应解本年分银一万两。河南解过银二万两，欠解各年分银三万两，并应解本年分银一万两。山西解过银五千两，欠解各年分银四万五千两，并应解本年分银一万两。现在需用甚亟，请旨严催等语。科布多差务殷繁，添补驼马，全赖各省帮贴银两应用。着周恒祺、卫荣光、涂宗瀛查明欠解数目，督饬藩司赶紧筹拨，分别解交绥远城将军、察哈尔都统各衙门。由清安等派员迎提，以应要需。嗣后并着按年清款，毋稍延缓。将此各谕令知之。"

○庚申，又谕："清安等奏，防护台站蒙古官兵，岁需饷银一万八千两。前经户部奏准，安徽、江西两省，各拨银九千两，按年筹解。现届两年，仅据江西解到银九千两，安徽分厘未解等语。该处台站紧要，官兵需饷维殷。着裕禄、李文敏督饬藩司，迅速埧数筹拨，委员解交绥远城将军、察哈尔都统衙门，由清安等派员迎提。嗣后务当年清年款，不得稍有延宕，致误要需。将此由四百里各谕令知之。"（《清德宗景皇帝实录卷之一二九》）

○光绪七年辛巳五月○癸未，直隶总督李鸿章奏："宣化迤北之张家口、独石口及塞外多伦诺尔三厅地方重要。请将理事厅员酌设抚民要缺，并于多伦移驻武职大员，添设三厅捕盗兵弁，以资控扼。"下部速议。

○己丑，总理各国事务衙门奏："中俄新订约章各款，界务除接收伊犁外，塔、喀二处，亦须重加勘定。前奉谕派锡纶会商金顺，相机筹办，应由该大臣详慎筹办。商务新添嘉峪关一口，请设监督一员，拟以甘肃安肃兵备道兼充。其应否设税务司办理税务，请饬下陕甘总督，察看情形具奏。嘉峪关、吐鲁番设领事，张家口设行栈及茶税各节，应于换约后分别办理。偿款卢布九百万圆，约合银五百万两，六次归还。应由户部妥速覆议，以备届期开办。"从之。（《清德宗景皇帝实录卷之一

三〇》)

○光绪七年辛巳八月○戊辰,以察哈尔都统祥亨为荆州将军,宁夏副都统谦禧为察哈尔都统。

编者注:谦禧在任察哈尔都统期间,曾在都统署内书写并镌刻"龙""虎"碑,现尚存该碑残块。

○壬申,又谕:"有人奏直隶延庆州知州荣恩不恤民隐,听信门丁书役,纳贿揽权;怀来县知县吴钦贪墨性成,久滋物议,履任以来,惟以派费勒捐为事。胪列各款,请饬查办各等语。如果属实,亟应严行惩办。着李鸿章确切查明,据实具奏,毋稍徇隐。原片二件,着抄给阅看。将此谕令知之。"寻奏:"原参荣恩各款,均查无实据。惟延庆州本系冲途,荣恩才欠开展,人地不宜。应请旨将该员即行开缺,撤省另补。怀来县知县吴钦,罚捐义谷及书院经费,虽均系地方善举,惟不于平时妥劝,辄因案饬捐,致招物议。应请将该员以县丞降调,归部铨选,以示惩儆。"如所请行。(《清德宗景皇帝实录卷之一三四》)

○光绪七年辛巳九月○戊戌,谕内阁祥亨等奏军台废员由配脱逃,请旨饬缉究办一折:"废员张润胆敢由配脱逃,难保不潜行来京。着步军统领衙门、顺天府、五城御史一体严挐,务获究办。"(《清德宗景皇帝实录卷之一三六》)

○光绪七年辛巳九月○丁未,察哈尔都统祥亨奏:"改驻前营续练官兵五百名,已有成效,应即撤回各旗。口外冬令苦寒,拟将统带各员裁撤一半,另由各旗额兵内拣选二百五十名,送营备练。俟交夏令,饬原撤各官将新挑练兵二百五十名管带来营,仍归两翼操演。"报闻。(《清德宗景皇帝实录卷之一三七》)

○光绪七年辛巳冬十月○壬戌，直隶总督李鸿章奏，条议张、独、多三厅改设员缺营制事宜，下部速议。寻奏："张、独、多三厅理事同知，改为抚民同知，其营制移张家口协将等官，驻多伦诺尔协。其原设张家口协中军都司等官，仍驻张家口堡，为张家口营都司。以旧多伦诺尔营都司，为多伦诺尔协副将中军都司。设千总、把总、外委各一人。"依议行。

○戊子，蠲缓直隶……怀安……三十九州、县水旱及被雹、被虫地方……村庄钱粮租课额赋有差。（《清德宗景皇帝实录卷之一三八》）

公元1882年

○光绪八年壬午春正月○己丑，蠲缓直隶……怀安……四十四州、县被灾歉收地方租课。

○辛卯，谕内阁谦禧等奏军台废员由配脱逃，请旨饬拏，并将管站各员议处一折："废员双全胆敢由配脱逃，难保不潜行来京，或擅自回旗。着步军统领衙门、顺天府、五城御史、吉林将军，一体严拏务获，解部讯办。管站部员理藩院郎中崇寿、笔帖式文瑞，于双全脱逃时漏未呈报，殊属颟顸。均着交部分别议处。"○又谕谦禧等奏军台废员由配脱逃，请旨饬缉惩办一折："废员赵清韶胆敢由配脱逃，难保不潜行来京，或逃回原籍。着步军统领衙门、顺天府、五城御史及山东巡抚一体严拏务获，解部讯办。"○察哈尔都统谦禧等奏："库伦办事大臣喜昌所部官兵需用牛车，请饬直隶雇觅。"得旨："喜昌所部官兵需用牛车，即着谦禧等会商喜昌派员雇觅，不必由直隶派员，转多周折。"（《清德宗景皇帝实录卷之一四二》）

○光绪八年壬午二月○癸亥，直隶总督李鸿章……又奏："张、独、多三厅官荒地亩查办完竣。"得旨："此外游牧地方，有无已垦之地，即

着知照谦禧查明,知会该督办理。嗣后划清界限,不准私相放垦。以符定制。"(《清德宗景皇帝实录卷之一四三》)

　　○光绪八年壬午三月○甲辰,又谕:"谦禧等奏,各城差弁运解军需夹带商货,所派弁兵为数过多,复加跟役,间有委弁饬传驾杆车,并支食廪羊,及差弁赴绥远城归途票传供应,不俟查核,早经过站等语。台站供应差务向有定章,前经严禁夹带,力杜浮冒,何以仍有前项弊端,殊于邮政大有关系。着各该城将军大臣遵照向章,嗣后采运一切军需各差,务将物色、数目、斤重逐细注明、核实传用驼只,所派员弁兵役,亦应从减。并先期咨察哈尔都统衙门稽核,均不得传给廪羊。委员准带跟役一二,各末弁概不准带。武职实任二品、文职实任三品,方准坐驾杆车,以示限制。至各城差赴绥远城,往返传站一体遵照办理。仍着察哈尔都统等认真稽查,通饬所属各台官兵妥为应付,不得推诿贻误。各城差弁倘再有夹带扰累情弊,即行分别查参惩处。"(《清德宗景皇帝实录卷之一四四》)

　　○光绪八年壬午五月○癸卯,察哈尔都统谦禧奏:"查明口外官荒牧厂尚有未尽事宜,请饬直隶派员会勘,设立壕堑,以杜侵占。"得旨:"清查地亩自应分清界限,惟不得稍涉纷扰。着即知照张树声、张之洞,分别派员妥理。"○又奏:"察哈尔蒙古旗界新产碱坯可否准蒙民照章刨挖?"下部议。(《清德宗景皇帝实录卷之一四六》)

　　○光绪八年壬午六月○庚申,又谕金顺、升泰奏领队大臣被刺殒命,请迅赐简放一折:"据称察哈尔领队大臣喀尔莽阿因公前赴伊犁,行至萨墨尔彦布拉克地方,被缠斯扎伤殒命等语。以领队大臣竟被缠斯戕害,览奏殊深诧异。着金顺、升泰,饬令委员将该犯悉心研鞫,因何起意,有无同谋主使之人,务得确情,据实具奏。所有察哈尔领队大臣一缺,即着德勤暂行署理。将此由五百里各谕令知之。"

○壬戌,库伦办事大臣喜昌等奏:"库伦台站路途绕远,运解迟滞。拟改由奔巴图至张家口,免绕路途一千余里,新添六台兵饷,请赴部支领。"下部议。

○甲子,谕军机大臣等:"张之洞奏,山西丰镇、宁远两厅境内各旗官荒马厂前经奉旨查明,筹办该两厅距省太远,拟请派口北道奎斌就近兼办。一面檄饬两厅实力勘查,添派委员随同劝谕。并咨行大同镇酌拨勇营,藉资弹压等语。查办押荒,自应核实清厘,妥善经理。所有晋省丰、宁两厅押荒事宜,即派口北道奎斌兼办。着张树声责成该道查照章程,斟酌情形妥为措置。并着张之洞将应办事宜,随时咨明谦禧,查照办理。期于边饷民生,均有裨益。将此各谕令知之。"(《清德宗景皇帝实录卷之一四七》)

○光绪八年壬午六月○辛未,以神灵显应,颁直隶……延庆州居庸关青龙潭龙神庙匾额,曰"厘福日新"。(《清德宗景皇帝实录卷之一四八》)

○光绪八年壬午秋七月○己丑,察哈尔都统谦禧奏:"清查察哈尔旗群垦荒,侵占游牧,有碍蒙民生计。现拟掘濠分界,界外不得复行开垦。"报闻。(《清德宗景皇帝实录卷之一四九》)

○光绪八年壬午八月甲寅朔,署直隶总督张树声奏:"张、独、多三厅现难遽定学额,请将童生暂行酌量进取。"下部议行。

○辛酉,谕军机大臣等张之洞奏山西丰、宁两厅,现办押荒事宜,请仿照直隶章程,先行由部颁发空白执照,并咨照谦禧,饬旗蒙各员会勘办理等语:"押荒升科,于地亩丈清后,自应即时发给部照,方能取信于民,藉免耽延刁难等弊。即着户部颁发空白执照三千张,俾资应用。

并着谦禧严饬旗蒙各员,会同张之洞所派之员,详勘办理。于耕牧画分地界之处,确切指定。不得藉端需索,意为出入,以致将来仍留葛藤。将此各谕令知之。"

○壬申,又谕:"前据喜昌等奏,库伦台站绕远,拟请改就直径,当谕令该衙门议奏。旋经理藩院覆奏,骤更成法,难以率准。兹据喜昌等奏,库伦近与俄邻,为漠北第一咽喉。现在驻兵设防,馈运转输,旧站绕远,亟宜变通。改设捷近,以期缓急足恃。乌里雅苏台等处,文报虽多绕千里,而由库伦至乌城,尚有哈尔哈四部苏木站直径。紧要事件由苏木台递达,便而且速。并请令乌里雅苏台于所属两部,分拨三十六户,归库伦新台当差等语。库伦台路改就直径,可纾台力。运解军火粮饷得以便捷,于防务实有裨益。着杜嘎尔、谦禧各就该处情形,悉心体察有无窒碍,迅速妥筹覆奏。将此由五百里各谕令知之。"

○己卯,帮办军务伊犁将军金顺奏:"察哈尔领队大臣喀尔莽阿被刺一案讯明,请饬部定拟。"下部议。(《清德宗景皇帝实录卷之一五○》)

○光绪八年壬午冬十月○辛未,蠲缓顺直……张家口、独石口……四十七厅、州、县歉收地方粮租有差。

○丁丑,谕军机大臣等李鸿章、张树声奏,口外荒地查无越界私垦,请饬照原定界址办理一折:"据称张、独、多三厅升科地亩,前经办理勘查,立定界址。谦禧以该处近多越界,咨请派员会查。现经查明,该都统所奏越界私垦并无实据。谦禧所派各员,于红阁图、三眼井等处旗地,指交民户开垦,凑垫地价,意在新开游牧草地,藉端影射等语。该处游牧旧有私垦之地,前经谕令该都统查明,知会直隶办理。嗣后不准私相放垦,诚恐有碍蒙古游牧。谦禧自应遵照勘办,乃该都统竟于新开草地,任令蒙员指地索价。种种弊端,纷扰不堪。似此不遵定章,是何意见?着即据实具奏,并着懔遵前旨,按照原定界址办理。所收地价,照数解交口北道抵作押荒。派出各员,迅速一并撤回。倘再有纷扰情事,惟该都统是问。将此谕令知之。"

○戊寅，谕军机大臣等："前据喜昌等奏，库伦台站绕远，拟请改就直径。当谕令杜嘎尔、谦禧体察情形，妥筹覆奏。嗣据谦禧等奏，军台官兵苦累，若撤旧添新，恐西北各城往来差务繁多，力难支应。兹又据杜嘎尔等奏，西两盟各部落连遭灾祲，情形艰窘。加增新差，力难接当各等语。库伦台站改就直径，原冀纾台力而利转运。既据该都统、将军等查明均有窒碍难行之处，自系实在情形。即着喜昌等仍照旧章办理。将此各谕令知之。"（《清德宗景皇帝实录卷之一五三》）

○光绪八年壬午十一月○戊子，命察哈尔都统谦禧来京另候简用，以内大臣吉和为察哈尔都统。（《清德宗景皇帝实录卷之一五四》）

○光绪八年壬午十一月○乙巳，……以直隶口北道奎斌为山西按察使。（《清德宗景皇帝实录卷之一五五》）

○光绪八年壬午十二月○壬申，又谕喜昌奏遵筹遣撤吉林官兵，暨筹给路费，给发功牌，并假期届满，恳请开缺各折片："遣撤吉林官兵，据称拟取道台路。所需毡包粪薪等价，库伦十四台由防饷项下拨给。察哈尔三十二台，由该都统筹拨，并缴收军械等语。即着照所议行。并着喜昌咨明察哈尔都统，将应需各项饬令妥筹备用。至此次官兵经过各该省地方，备豫车辆尖宿之处，着兵部先期咨照，遵章办理。该官兵由库至吉所需经费，即着仿照饷章，酌发应用。所有侦探及操练各员弁，准其分别给发功牌，以示鼓励。该处屯垦遣撤各事宜，均尚未办竣。自应由喜昌一手经理，俾免贻误。喜昌着再赏假两个月调理，毋庸开缺。将此由四百里谕令知之。"

○丁丑，察哈尔都统谦禧等奏："废员洪汝奎报效台费，请援案奖叙。"得旨："洪汝奎着加恩，准其释回。"（《清德宗景皇帝实录卷之一五七》）

公元1883年

○光绪九年癸未春正月○甲申，蠲缓直隶……张家口、独石口……等五十厅、州、县成灾村庄应纳本年春赋正杂钱粮有差。(《清德宗景皇帝实录卷之一五八》)

○光绪九年癸未二月○壬戌，署直隶总督张树声奏："口外张家口厅属兴和城等处续垦地亩，分别收纳押荒，照例升科。"下部知之。(《清德宗景皇帝实录卷之一五九》)

○光绪九年癸未二月○戊寅，又谕喜昌奏西北各城差徭络绎，台站迟滞。拟饬穆赫尔噶顺九台，每台运草五万斤，养驼五十只，以资供应。惟张家口至穆赫尔噶顺三十二台，系归察哈尔都统管辖，必应清查弊端，体恤灾区。又察哈尔十二台、布鲁图十一台，去岁报灾不实。布鲁图帮差各旗，擅自散去。内蒙四子部长旗下照例差使，任意不当。请饬分别查察妥办等语："西北各城转运粮饷等项，极关紧要。必须整顿台站，豫为筹备，方足以利转输。被灾各台，固宜体恤。其并未有灾者，亦不得任令藉端诿卸。着丰绅、吉和查照所奏各节，斟酌情形，分别确查妥办，以资整饬而昭平允。原片着抄给阅看。将此各谕令知之。"(《清德宗景皇帝实录卷之一六〇》)

○光绪九年癸未三月○辛丑，又谕前据喜昌奏西北各城差徭络绎，台站迟滞，当谕令丰绅、吉和确查妥办。兹据吉和等奏，遵旨整顿台站现办大概情形一折："台站关系紧要，必须认真整顿，方足以资转运。其察罕托罗海、布鲁图等处台站被灾情形。吉和等现已派员履勘，即着饬令迅速查明,妥为筹办。穆霍尔噶顺九台帮台之汗山盟各旗所派官兵,据奏有潜逃回旗情事,殊属不成事体。着喜昌等严饬该处帮台之扎萨克各旗官兵协力供差,不准藉词诿卸。至兵丁骚扰台站,尤应严行查禁。着伊犁、乌里雅苏台、绥远城、科布多、塔尔巴哈台、库伦各城将军大臣,严饬遣撤换防各官兵,以及转运军饷、军火、折报等差,务须恪遵定章,照例供支。勿得夹带私货,任意需索挑剔,以纾台力。喜昌前奏请由察哈尔都统派员赴绥远城购运草束一节,既据奏称诸多不便,即着毋庸置议。将此各谕令知之。"(《清德宗景皇帝实录卷之一六一》)

○光绪九年癸未五月○戊戌,谕军机大臣等清安奏科属叠经报灾,请饬催各省欠解新陈台费一折:"据称科属连遭旱灾,上年尤甚。水涸草枯,瘟疫流行,牲畜倒毙无存,差务极为繁重。请饬河南、山东、山西将欠解科城新陈台费埽数解清,以备采买驼马、供应差徭等语。科布多本系瘠苦之区,近年连遭亢旱。驼马倒毙,差徭难以供应,自系实在情形。着陈士杰、张之洞、成孚督饬藩司,将欠解科城新陈台费埽数筹拨。分别解交察哈尔都统、绥远城将军各衙门,由清安派员迎提,以济急需,毋稍迟延。将此谕知陈士杰、张之洞,并传谕成孚知之。"

○丙午,谕内阁吉和等奏军台废员由配脱逃,请旨饬缉究办一折:"废员哈达洪阿,胆敢由配脱逃,难保不私回原籍,或潜行来京。着吉林将军、步军统领衙门、顺天府、五城御史一体严拏,务获究办。"○谕军机大臣等吉和等奏军台亢旱成灾,驼马毙尽,请饬部速拨银两以资抚恤一折:"据称默霍尔嘎顺布鲁图所属各台,自上年夏秋至今久遭亢旱,赤地千里,驼马倒毙殆尽,情形困苦不堪。帮台官兵,因灾溃散。南北往来差徭,停辍半途。亟应设法改道行走,催集帮台驼马,并筹款办理抚恤等事。拟请饬部迅拨银两,以应急需等语。军台各属亢旱成灾,驼马倒毙极多,差徭难以供应,自系实在情形。所有此次前赴塔城换防大同官兵,着张之洞饬令改由嘉峪关行走。应解伊犁、塔尔巴哈台军饷等项，亦暂行取道嘉峪关，以纾台力。蒙古向有帮台驼马，着桂祥、那穆济勒端多布转饬各王公照章豫备。并催潜逃回旗之帮台官兵，速赴各台应差，毋任藉词诿卸。其乌里雅苏台、库伦、科布多三城差使，能否暂停，着吉和等咨明该将军等酌量商办。至所请筹拨银十万两以资应用之处，着户部速议具奏。原折着抄给户部、张之洞、桂祥、那穆济勒端多布阅看。将此谕知户部，并由五百里谕令吉和、永德、张之洞、桂祥、那穆济勒端多布知之。"

○丁未，乌里雅苏台参赞大臣恒明奏："台站壅滞，现驻张家口，暂缓赴任。"得旨："俟台站稍通，即着设法迅速赴任。"

○戊申，谕军机大臣等："昨据吉和等奏，军台亢旱成灾，请拨银两抚恤，当有旨令户部速议具奏。兹据署都察院左副都御史张佩纶奏，内外蒙古地方亢旱太甚，被灾颇广，请饬妥筹办理等语。口外蒙古各旗，向以畜牧为生。默霍尔嘎顺布鲁图等处，自上年夏秋以来旱灾甚重，赤地千里。蒙古人等困苦情形，殊堪轸念。着张树声、吉和、永德、张之洞确切查明应如何妥筹抚恤及安设台站之处，即行具奏。将此由五百里各谕令知之。"（《清德宗景皇帝实录卷之一六三》）

○光绪九年癸未六月○丙辰，以前察哈尔都统谦禧署青州副都统。

○戊午，又谕玉山、乌拉布奏台路梗塞，亟宜设法疏通一折："据称此次致祭三音诺彦取道台路，自默霍尔嘎顺至赛尔乌苏各台旱灾甚重，驼马倒毙殆尽，亟宜疏通要差，并详查被灾轻重，及严禁私载货物等语。所奏台站被灾情形，与吉和等前奏大略相同。亟应设法办理，以通台路。着吉和、永德于商都大马群内挑选健驼，分给被灾各台以应要差。昨据户部筹拨银五万两，为该处办赈各项要需。着即分析确查，实系被灾者加意抚恤。如有藉灾为名，藏匿驼马，亦不得任令委卸。至各城差务由台经过，尤应于出张家口时严禁私载货物，以省台力。并着该都统等随时严查，毋稍瞻徇。将此各谕令知之。"

○辛酉,以神灵显应,颁张家口万寿宫内关帝匾额曰"神功广运",文昌匾额曰"珠垣锡福",龙神匾额曰"功溥为霖"。(《清德宗景皇帝实录卷之一六四》)

○光绪九年癸未六月○甲子,谕军机大臣等张树声奏台站被灾,遵旨筹拨银两以资抚恤一折:"默霍尔嘎顺布鲁图等处蒙古台站被灾,需款抚恤。张树声现筹拨银三万五千两,派员解赴察哈尔都统衙门交收。即着吉和、永德,将抚恤蒙古兵民、安设台站各事宜详细查明,妥筹办理。如有口外蒙民因灾流徙至口北道属地面,即督饬该道分别安置遣回,毋任失所。将此各谕令知之。"

○戊辰,又谕丰绅奏乌兰察布盟属六旗连年荒旱,无力帮差,请稍为变通,将该盟所属六旗应帮布鲁图十一台差务暂行展缓数年。其布鲁图各台差徭,可否暂归察哈尔都统就近并筹台费,以资津贴等语:"所奏是否可行,着吉和、永德体察情形,酌度办理。原折着抄给阅看。将此各谕令知之。"

○癸酉,谕军机大臣等清安奏请饬设法疏通台站一折:"据称派员采买农具,领解饷银,久未旋科。各处台站,差徭聚集过多,驼马无几,不能前进等语。该城饷银等项,关系紧要。着丰绅、吉和、永德即行派员,将所属台站妥为安设,认真整饬。所有各项差务,迅速应付起程。并着清安饬令委员将饷银等项赶紧运解,以济要需。将此由四百里各谕令知之。"(《清德宗景皇帝实录卷之一六五》)

○光绪九年癸未秋七月○辛卯,又谕吉和奏乌兰察布盟属各旗应帮布鲁图台差,实难展缓一折:"据称乌兰察布盟各旗十余年来尽以天灾诿卸,以致布鲁图各台差徭全赖发给津贴,需款甚钜。现闻该盟于六月间已得透雨,水草尚不缺乏。若再任其诡避,恐帮台各盟群起效尤。拟请饬催该盟赴台当差,以便一律整顿等语。西北各城差务紧要,全赖各盟帮贴驼马以资转运,岂容藉灾诿卸?着丰绅派员前赴乌兰察布盟各旗晓以大义,责令赴台当差,毋任托词推诿。并着吉和、永德将台站各事认真整顿,以通台路而应要差。将此由四百里各谕令知之。"(《清德宗景皇帝实录卷之一六六》)

○光绪九年癸未八月○壬子,又谕:"杜嘎尔等奏各省欠解乌城军饷:截至本年四月,河南欠解银二十一万余两,山东欠解银七万两,江西欠解银三万余两,安徽欠解银四万余两。现在需饷甚殷,请饬河南先筹银五六万两,山东先筹银三四万两,由乌城派员请领,以后仍源源拨解。其江西、安徽两省所欠,为数无多,并请饬埝数筹拨,由该两省派员解至察哈尔都统衙门,交乌城运饷委员迅解等语。乌城防军待饷孔亟,着该抚等查照该将军等所奏,赶紧筹解,以济要需,毋再延缓。将此谕知鹿传霖、陈士杰、潘霨、裕禄,并传谕成孚知之。"

○戊午,又谕清安奏军台阻滞,请饬将科城饷差设法应付一折:"据称科城各项差使,由台行走者,以饷差为最要。去年十月在山西领解经费台费,至今尚无到科消息。其在部请领抚恤蒙哈并购办赏需等款,亦已押解到口,不能应付起程。现在待饷孔急,科城委员万难自行设法进发,请饬察哈尔都统赶紧变通应付等语。科布多领到饷银,中途阻滞,自应赶紧运解,以应急需。着吉和、永德无论如何为难,设法应付起程,毋得任听阻阁。一面由清安派员迎提,以期妥速。将此由五百里各谕令知之。"(《清德宗景皇帝实录卷之一六八》)

○光绪九年癸未冬十月○辛亥,谕军机大臣等:"前因默霍尔嘎顺布鲁图所属各台亢旱成灾,当经谕令户部拨款抚恤。兹有人奏,吉和、永德等奏请拨款,由户部拨银五万两,并由山西筹解银三万两,直隶筹解银三万五千两,共计十余万两。该都统等于抚恤一切,实用不及十之二三。且闻沿途竟有十余站毫无驼马等语。该处被灾,经朝廷拨款抚恤,该都统等自应实力筹解,何得稍有虚縻?所奏各情,着吉和、永德据实覆奏,不准稍涉含混。将此各谕令知之。"(《清德宗景皇帝实录卷之一七一》)

○光绪九年癸未十月○丙子,谕军机大臣等:"吴大澂……另片奏请饬由察哈尔拨官马四百匹,已谕令永德照数拨解矣。……将此由四百里各密谕知之。"○又谕吴大澂奏请饬拨官马等语:"该营此次抵津,添设枪炮各队需用马匹,天津无从购办。察哈尔所属商都达布逊诺尔、达里冈爱、太仆寺等处,牧群孳生官马甚多。着永德督饬该总管等,会同吴大澂所派之总兵徐得元,挑选肥壮、口轻、身大之马四百匹解回该营,俾资应用。将此谕令知之。"(《清德宗景皇帝实录卷之一七二》)

○光绪九年癸未十二月○甲寅,科尔沁扎萨克和硕图什业图亲王巴宝多尔济等四人,敖汉多罗郡王察克达尔扎布等二人,苏尼特扎萨克多罗郡王绰克苏伦等二人,阿巴噶多罗卓礼克图郡王刚噶尔伦布等二人,喀尔喀郡王衔扎萨克多罗贝勒晋丕勒多尔济等六人,阿拉善镇国公阿玉尔扎那等二人,茂明安多罗贝勒额外侍郎格楚克、鄂尔多斯扎萨克贝勒衔固山贝子扎那济哩第、扎鲁特镇国公达瓦宁保、土默特多罗贝勒散巴勒诺尔赞、喀喇沁扎萨克公衔头等塔布囊和硕额驸阿育尔扎那、蓝翎侍卫察哈尔公中佐领达尔玛扎布,于养心门内瞻觐。

○丙辰,谕军机大臣等:"前据杜嘎尔等、吉和等先后具奏台站苦累及军台被灾各情,当谕令金顺等将伊犁运解差使,暨军饷等项分路行走,以纾台力。兹据金顺等奏,现闻乌、科一带得雨,各台已有起色。察哈尔所属亦经安设台路。伊犁边防紧要,待饷孔殷。若将部拨月饷改由嘉峪关行走,旷日持久,官兵苦累。请仍由北路军台行走等语。所奏自系实在情形。着照所请,所有伊犁军营应领部库饷银及遇有紧急要差,仍由北路军台行走,以期迅速。即着杜嘎尔、车林多尔济、恒明、永德、清安、额尔庆额饬令所属各台妥为应付,毋稍延误。"○……以察哈尔都统吉和为西安将军,泰宁镇总兵绍祺为察哈尔都统。(《清德宗景皇帝实录卷之一七五》)

○光绪九年癸未十二月○甲戌,朝鲜国臣闵仲墨等三人,喀尔喀和硕亲王特古斯瓦齐尔等四人,察哈尔头等台吉玛尔晋沁布等五人,青海头等台吉沙哈都尔扎布、扎赉特郡王旺喇克帕勒齐、扎鲁特贝勒桑巴、鄂尔多斯贝子阿尔宾阿雅尔、乌珠穆沁镇国公堆代扎布、乌拉特镇国公色楞那木济勒、科尔沁辅国公哈斯巴图尔、苏尼特辅国公玛哈西哩、阿巴噶头等台吉呼沁旺楚克,于午门外瞻觐。(《清德宗景皇帝实录卷之一七六》)

公元1884年

○光绪十年甲申二月○乙丑,旌表孝子直隶怀来县贡生徐永绪。(《清德宗景皇帝实录卷之一七八》)

○光绪十年甲申三月○丁亥,以……记名副都统玉宽署察哈尔领队大臣。(《清德宗景皇帝实录卷之一七九》)

○光绪十年甲申夏四月○戊申,又谕:"张之洞奏,归化城副都统奎英于地方公事多有意见,民蒙交涉事件偏袒徇庇,有意阻挠,不知大体等语。着派察哈尔都统绍祺于到任后,就近将所奏各节确切查明,据实具奏。毋稍徇隐。"(《清德宗景皇帝实录卷之一八一》)

○光绪十年甲申闰五月○丙辰,谕军机大臣等李鸿章奏多伦厅附近蒙古地面游民聚众滋事，现饬剿办一折："本年四五月间，蒙古克什克腾旗鱼泡子地面游民聚集四五百人，赴刘家营子、白岔等处焚掠，拒敌官兵。经李鸿章饬令王可升调派练军前往剿捕，并由绍祺、继格派兵会剿。该犯宋敬思等现窜至赛军坝一带，即着李鸿章檄饬王可升迅速出边，亲往督办。并着绍祺、继格分饬派出官兵，实力会剿。其热河建昌县股匪，着李鸿章、继格督饬所属，一体赶紧剿办。务将匪首宋敬思、杨步澐等，迅即按名弋获。匪党克日殄除，不准稍涉玩延。被胁饥民，并当设法解散，妥为办理，以靖地方。将此由五百里各谕令知之。"（《清德宗景皇帝实录卷之一八五》）

○光绪十年甲申闰五月○己巳，谕军机大臣等绍祺奏调派官兵会剿贼匪、继格奏兵勇剿匪获胜各一折："多伦厅附近地方游民聚众滋事，经继格派员督带兵勇，在刘家营一带及亦峰县属地方叠次剿匪获胜，屡有擒斩，并搜获杨步澐贼党多名，惟匪首均未就获。匪众聚至一二千人之多，亟应迅速扑灭。着李鸿章、绍祺、继格严饬派出各军，合力跟踪追剿，严密搜捕。并着李鸿章饬催王可升，迅即前往会剿，务将匪首宋敬思、杨步澐等悉数弋获，克日殄除，毋留余孽，以靖地方。不准稍有玩误。据绍祺奏请饬直隶拨给洋马枪一千杆，铅药、铜帽五万出，着李鸿章酌量拨给。其所饬拨饷银，已谕令户部议奏。请拨军火等件，并谕令工部神机营酌拨矣。将此由五百里各谕令知之。"（《清德宗景皇帝实录卷之一八六》）

○光绪十年甲申六月○丙子，又谕："前据张之洞奏，归化城副都统奎英阻挠公事，于蒙民交涉事件偏袒徇庇各节，当谕令察哈尔都统绍祺就近确查具奏。兹据查明覆奏，副都统奎英于山西办理边务，尚无授意阻挠情事。至私栽罂粟，令解户司惩办。清丈粮地，叠次行文，先造底册，办理均尚无错谬。惟于蒙古五十一窝盗分赃一案，地方官审有确据。该衙门兵司尚以现有要差,咨提会审。该副都统失于觉察,咎实难辞。副都统奎英着交部照例议处。"○又谕:"前据李鸿章、继格、绍祺先后奏,称热河建昌县及多伦厅附近地方,匪徒聚众滋事,叠经谕令督军会剿。嗣据该署督等奏报,屡次剿匪获胜。兹据继格奏,击散全股逆匪,生擒首要各犯一折。此股匪徒由白岔窜入赤峰县属,并分窜赛汉坝底旧巢。官军整队迎击,胆敢列阵抗拒,施放枪炮。官军分路夹攻,匪势不支,纷纷逃窜。歼毙多名,生擒逆首杨长清等,讯明正法。惟匪目王端仁率党二百余人逃入围内,及匪目周元得等未获。仍着严饬各员弁跟踪追捕,迅将在逃余匪悉数歼除,毋留余孽,以靖地方。该署督等前奏此股匪徒,系宋敬思、杨步澋为首。此次讯据匪供,并无其人。是否属实,着确切查明,认真躧缉,毋任漏网。"

○己卯,察哈尔都统绍祺奏:"追剿马贼获胜。"得旨:"着即严饬派出各军与王可升等四面会合,跟踪兜剿。务将匪徒悉数擒除,毋留余孽。"

○甲申,谕军机大臣等有人奏参直隶宣化镇总兵王可升各款等语:"前据李鸿章奏,五月二十二等日,王可升禀报,克什克腾旗鱼泡子地面匪徒滋事,派宣化练军马队前往剿办。续经奏报该练军于闰五月初五等日出队迎剿,毙匪多名。兹据所参此次股匪起事,闰五月十六日经该厅达报,该总兵置若罔闻,十九日始派队出缉。核其日期,系属错误。至所参该总兵克扣马干,以致马匹疲瘦,闰五月十八日犹演戏贺寿各节是否属实,着李鸿章确查具奏。原片着抄给阅看,将此谕令知之。"
(《清德宗景皇帝实录卷之一八七》)

○光绪十年甲申六月○丁酉,署直隶总督李鸿章奏:"遵查口外贼数无多,无须添拨兵队。"得旨:"即着督饬王可升将王端仁股匪迅速剿除,此外如有余匪,亦即会同各军搜捕务尽。所有王端仁、周沅德等各匪首,必须按名弋获,勿任漏网。王可升出示解散胁从,办理尚妥。着分别良莠,酌量安插,勿令失所。并着会商热河都统责成围场官员,于围

场地面认真巡缉，以靖匪踪。"（《清德宗景皇帝实录卷之一八八》）

○光绪十年甲申秋七月○戊申，予剿贼阵亡察哈尔正白旗护军校吉瓦散保等优恤。（《清德宗景皇帝实录卷之一八九》）

○光绪十年甲申七月○己未，谕军机大臣等："绍祺奏，多伦东北白岔沟、刘家营子、经棚一带，与围场西北两面毗连。游民聚处，查其籍贯，山东曹充居多，性情强悍，种种不法。此次匪徒滋事，擎获宋敬愚父子，据供结盟拒敌，确系悍贼。尚有总社长严礼为之具保，若非犯供确凿，几为摇惑。拟请严饬地方官，将该处游民设法查办，驱逐抚恤，相间而行等语。毗连围场草地，游民逐渐聚居。附近匪徒，藉此为逋逃薮，自应实力查办。惟其中良莠不齐，势难概行驱逐。着李鸿章严饬该处地方官体察情形，清查户口。遴选各社长，随时查拏匪党。仍将安分良民加意抚绥，以靖地方。毋得视为具文。原片着抄给阅看。将此谕令知之。"

○庚申，谕内阁绍祺奏搜获首要各匪，并余匪窜入蒙古地面，围剿净尽各折片："蒙古鱼泡子地方股匪滋事，前经官军会剿，已将全股击散，谕令跟踪追捕余匪。此次擎获之宋洛四即宋敬愚，宋金藻、李志典、王珍环，或系著名积匪，或系随同拒敌，业经绍祺讯明正法，足昭炯戒。至前窜围场余匪是否已于蒙古地面剿除净尽，仍着李鸿章、绍祺、谦禧确切查明。如有在逃余匪，督饬认真搜缉，毋任漏网。"

○丙寅，又谕谭钟麟奏遵议调营一折："前据谭钟麟奏，拟抽调马步五千人以资调遣。当经谕令派员带赴直隶择地驻扎，请旨遵行。兹据奏称，善庆请调雷正绾所部三营，冯南斌所统两营，拟派冯南斌统领，由草地驰赴张家口，在甘筹给四个月行粮，随后由部于协甘饷内指拨有着之款等语。甘省所调之营，着谭钟麟于善庆指调五营外，另拨二千五百人，以符该督原奏五千人之数。其另拨之军，应派何员统带及由何处行走，均由该督酌度办理。所需行粮，并着筹足四个月应用。将来到

防后,该军月饷如何给领,着户部议奏。将此由六百里谕令知之。"(《清德宗景皇帝实录卷之一九〇》)

○光绪十年甲申冬十月○辛巳,以慈禧端佑康颐昭豫庄诚皇太后五旬万寿锡类推恩,赏……察哈尔副都统永德之母关佳氏御书匾额曰"彤管扬芬"。并赏文绮珍玩有差。(《清德宗景皇帝实录卷之一九五》)

○光绪十年甲申十一月○戊申,予直隶宣化镇经棚、白岔等处伤亡社长姜宗魁等,及团民四十九名,马兵苏永贵等十三名,分别议恤。

○蠲缓顺天直隶……怀来……保安、宣化……三十四州、县暨津军厅坐落地亩被水、被雹、被虫、被旱地方应征钱粮租课。(《清德宗景皇帝实录卷之一九七》)

○光绪十年甲申十二月○戊寅,科尔沁扎萨克和硕图什业图亲王巴宝多尔济等三人,阿拉善扎萨克和硕亲王多罗特色楞、喀喇沁扎萨克多罗都楞郡王和硕额驸旺都特那木济勒、敖汉多罗郡王察克达尔扎布等三人,阿巴噶多罗卓礼克图郡王刚噶尔伦布、浩齐特扎萨克多罗额尔德呢郡王喇特那巴咱尔、茂明安多罗贝勒额外侍郎格楚克、扎鲁特镇国公达瓦宁保、巴林扎萨克多罗郡王额尔齐木巴雅尔、阿巴哈那尔扎萨克多罗贝勒达木定扎布等二人,喀尔喀固山贝子托果瓦等三人,乌珠穆沁辅国公阿勒坦呼雅克图、翁牛特头等台吉花连、察哈尔参领兼世管佐领巴雅斯呼朗达尔,于养心门内瞻觐。

○甲申,乌珠穆沁扎萨克和硕车臣亲王阿勒坦呼雅克图、科尔沁扎萨克多罗扎萨图郡王乌泰等三人,敖汉扎萨克多罗郡王达木林达尔达克、喀尔喀多罗贝勒贡桑珠尔默特等五人,扎鲁特扎萨克多罗贝勒林沁诺依噜布、阿巴噶固山贝子贡多桑保等二人,喀喇沁辅国公僧格扎布、克什克腾扎萨克头等台吉棍布栋噜布、察哈尔扎萨克头等台吉

阿拉布斋，于神武门外瞻觐。（《清德宗景皇帝实录卷之一九九》）

○光绪十年甲申十二月○癸巳，赏……察哈尔辅国公格楚克扎穆苏……着挑在乾清门行走。

○乙未，谕军机大臣等："前据大理寺少卿郭勒敏布奏，土默特、达拉特两旗争地。克蒙额等覆奏，迹近抑勒。当谕令理藩院查明具奏。旋据奎斌奏称此案克蒙额未能深悉情形，奎英迹涉偏袒，请派大臣查办。兹据理藩院覆奏，两旗争地一案，该将军因何不照定例办理，请饬据实覆奏等语。该两旗互相争地，必当以原定界址为凭，方能折服两造。着绍祺驰往该处，秉公查勘，持平办理。至奎斌片称，土默特蒙员废弛旗务，苦累兵丁，副都统奎英在任最久，不免见好属员，该公款尚多，请核实清厘等语。并着绍祺详细查明，一并妥筹具奏。原折片三件。均着抄给阅看。将此谕令知之。"（《清德宗景皇帝实录卷之二〇〇》）

公元1885年

○光绪十一年乙酉春正月○壬寅，蠲缓直隶……怀来……保安、宣化……三十八州、县上年被灾地方新旧租课，暨民借仓谷有差。（《清德宗景皇帝实录卷之二〇一》）

○光绪十一年乙酉二月辛未朔○以伊犁历年剿匪出力，赏青州副都统托云布、陕西题奏道王金海等军功一级。予厄鲁特领队大臣依楞额、甘肃候补道恩龄优叙，记名副都统玉宽等正一品封典，道员李如玉等二品封典，锡伯营领队大臣果权等头品顶戴，知府蒋松龄等花翎，笔帖式钟龄等蓝翎。余升叙加衔有差。准遣戍革员松林、张士林由新疆释回。予筹饷出力，两江总督曾国荃等议叙，四川布政使易佩绅等优叙；

转饷出力,察哈尔都统绍祺等议叙;协剿余匪出力,土尔扈特郡王巴雅尔优叙。(《清德宗景皇帝实录卷之二〇三》)

〇光绪十一年乙酉三月〇丙辰,豁免直隶永平、宣化、遵化三府州属,并张家口厅光绪元二、三、四、五等年,顺天、保定、正定、河间、天津、顺德、广平、大名、易、定十府、州属光绪四、五两年民欠及缓征带征海防经费,暨各地租。(《清德宗景皇帝实录卷之二〇五》)

〇光绪十一年乙酉夏四月〇庚午,谕内阁:"土默特、达拉特两旗争地一案,前据理藩院查覆大理寺少卿郭勒敏布所奏各节,请饬绥远城将军覆奏。并因奎斌奏称此案克蒙额未能深悉情形,奎英迹涉偏袒,当派绍祺驰往查办。兹据该都统确查覆陈,据称体察情形,酌中拟议。请将干壕以南,现流黄河之北,所有地亩丈量明确,援照成案,刨濠立碑。迤北之地以六成归土默特,迤南之地以四成归达拉特,恭候钦定等语。即着照所请行。至克蒙额办理此案,及奎英被参各节,既据查明,均无不合,即着毋庸置议。惟土默特参领于领催等攒敛差钱,未能认真查办,实属咎有应得。参领音德布等十二员,着理藩院查取职名,一并议处。其所请将断归土默特地亩征租练兵一节,着绥远城将军妥筹办理。总期营务地方,两无妨碍,以垂久远。"(《清德宗景皇帝实录卷之二〇六》)

〇光绪十一年乙酉五月〇辛酉,以老病乞休,予察哈尔佐领巴扎尔什迪等原品休致。

〇丙寅,以老病乞休,予伊犁察哈尔营镶蓝旗佐领蒙胡勒德克原品休致,并赏食全俸。(《清德宗景皇帝实录卷之二〇八》)

〇光绪十一年乙酉七月〇壬戌,谕军机大臣等有人奏库伦办事大臣桂祥办事乖谬,藉端勒捐一折:"据称桂祥信任贪劣属员,上年令甲首捐银七八千金。本年又以新设印房噶尔达六员廉俸无出,就地捐输为名,分赴各路勒捐砖茶。刑逼威吓,剥削商民。该大臣于新添笔帖式之外,将官兵随带奏调。多糜帑项,纷纷更张等语。库伦为边徼要地,桂祥身膺重任,宜如何体恤商民,撙节饷项。所奏如果属实,必应从严惩处。着绍祺驰驿前往库伦,将所参各节确切查明,据实具奏,毋稍徇隐。原折着抄给阅看。将此谕令知之。"(《清德宗景皇帝实录卷之二一二》)

○光绪十一年乙酉冬十月○丙子,谕内阁:"前据御史冯应寿奏,库伦办事大臣桂祥办事乖谬,藉端勒捐等情。当派绍祺驰往确查,兹据查明具奏,此案桂祥被参上年令甲首捐银七八千两,查无其事。其所提商户罚款,系为发放各员口分薪水等项之用,尚无蒙蔽。惟派令差官书都那玛等,赴后地劝捐砖茶,因商民欠交捐款,责打押追。该大臣信用劣员,任令刑逼勒捐,毫无觉察。且捐款已有成数,并未具奏。种种办理不善,殊难辞咎。桂祥着交部严加议处。卓索图盟四等塔布囊书都那玛即武忠额,既无职任,又非调赴库伦差委人员,胆敢擅作威福,任意妄为,荒谬已极。着从重发往黑龙江充当苦差。笔帖式纶锡,于书都那玛责押商民时但知附和,并不拦阻,实属庸劣不职,着即行革职。蒙古办事大臣那逊绰克图随同画稿,协领音得泰、笔帖式松荫,稿面画押,均有不合。着一并交部察议。至所称此项捐存砖茶,库伦现无急需,应存应提,请旨交部办理等语。此项砖茶,本非奏明捐办之项,岂得任意苛派?所有现存之茶九百十五箱五块,着交那逊绰克图,赏还原捐各商民,按照所捐多寡数目,分别摊给。毋任经手员役,从中舞弊。倘再查有侵蚀情事,即惟该大臣是问。"(《清德宗景皇帝实录卷之二一七》)

○光绪十一年乙酉十月○辛巳,库伦办事大臣桂祥等奏设法筹备边防,就地劝捐情形。得旨:"桂祥于绍祺查办后,甫行具奏,饰词弥缝,意存取巧。原折着掷还。至所称地亩租项,分成提用,殊失体恤之道。着不准行。"

○戊子,蠲缓顺直……怀安、枣强、武邑、柏乡、隆平、宁晋、津军六十七厅、州、县被灾地方钱粮、米谷、租项杂课、出借仓谷籽种等项有差。并分别减免差徭。(《清德宗景皇帝实录卷之二一八》)

○光绪十一年乙酉十一月○己酉,谕内阁绍祺等奏请整顿台站一折:"据称近来台站疲累,实由帮台官兵并不到台,以致本台官兵独力难支等语。各旗帮台官兵自应赴台当差,岂容托故不到,致误差徭?着该都统严饬应行帮台各旗,嗣后务当恪遵旧制,依限到台,毋得迟误。倘再藉词推诿,即着管站各衙门指名具奏。"(《清德宗景皇帝实录卷之二一九》)

○光绪十一年乙酉十二月○戊辰,塔尔巴哈台参赞大臣锡纶奏:"派队驻扎博罗塔拉,扼防塔城西南边境,兼护伊犁所属察哈尔游牧,以期有备无患。"报闻。○予故前任镶蓝旗蒙古都统穆隆阿恤典如例。(《清德宗景皇帝实录卷之二二一》)

公元1886年

○光绪十二年丙戌春正月○丙申,缓征直隶……怀安等七十四州、县及津军厅上年被灾地方新旧额赋并地租杂课有差。(《清德宗景皇帝实录卷之二二三》)

○光绪十二年丙戌二月○乙亥,吏部尚书崇绮因病解职,以刑部尚书锡珍为吏部尚书,工部尚书麟书为刑部尚书,理藩院尚书昆冈为工部尚书,察哈尔都统绍祺,为理藩院尚书。

○丙子,以正白旗满洲副都统托伦布为察哈尔都统。(《清德宗景皇帝实录卷之二二四》)

○光绪十二年丙戌秋七月○己亥,库伦帮办大臣那逊绰克图奏:"请撤回驻防库伦宣化马队练兵,以节库款。"从之。(《清德宗景皇帝实录卷之二三〇》)

○光绪十二年丙戌十一月○己酉,以神灵显应,颁直隶……西宁县黄花山龙神庙匾额曰"阳原惠普",宣化县黄羊山龙神祠匾额曰"顺圣敷仁"。

○癸丑,谕军机大臣等:"前因宗室情实绞犯再锡临决脱逃,降旨严拏。复谕步军统领等衙门设法购线,勒限严缉。迄今数日,尚未缉获,难保不远扬潜匿。着庆裕、希元、李鸿章、谦禧、托伦布、永德、曾国荃、崧骏、张曜饬属一体严密查拏。务将该犯弋获,派解来京,毋任漏网。将此由五百里各谕令知之。"(《清德宗景皇帝实录卷之二三五》)

公元1887年

○光绪十三年丁亥二月○丁卯,赏库尔喀喇乌苏领队大臣双全副都统衔,为察哈尔领队大臣。(《清德宗景皇帝实录卷之二三九》)

○光绪十三年丁亥三月○丁巳,谕内阁李鸿章奏甄劾衰劣各员一折:"直隶……怀安县知县李蓉镜,因循不振,才力竭蹷。……着勒令休致。……赤城县知县许憬,性情疲软,文理尚优。着以教职归部选用。"(《清德宗景皇帝实录卷之二四〇》)

○光绪十三年丁亥夏四月○戊寅,加给察哈尔都统衙门理刑司员津贴银两。从都统托伦布请也。

○庚辰,以亏欠交代,革已故直隶怀安县知县吴师郊职,并籍产备抵。(《清德宗景皇帝实录卷之二四一》)

○光绪十三年丁亥八月○癸卯,又谕托伦布等奏军台废员由配脱逃,请旨饬缉究办一折:"废员张升楷胆敢由配脱逃,难保不私回原籍,或潜行来京。着湖南巡抚、步军统领衙门、顺天府、五城御史,一体严拏,务获究办。"(《清德宗景皇帝实录卷之二四六》)

○光绪十三年丁亥冬十月○己丑,又谕:"前黑龙江将军定安前经告病开缺,现在谅已痊愈,着托伦布传知该将军,即行来京陛见。将此谕令知之。"(《清德宗景皇帝实录卷之二四八》)

○光绪十三年丁亥十一月○癸酉,又谕托伦布等奏军台废员由配脱逃,请旨饬缉究办一折:"废员梁步高胆敢由配脱逃,该都统等已飞咨邻境缉拏。难保不私回原籍,或潜行来京。着安徽巡抚、步军统领衙门、顺天府、五城御史,一体严拏,务获究办。"(《清德宗景皇帝实录卷之二四九》)

○光绪十三年丁亥十二月○丁酉,喀尔喀多罗贝勒堆固尔苏咙等五人,青海扎萨克固山贝子棍楚克拉旺丹忠一人,察哈尔扎萨克头等台吉阿拉布齐等五人,于神武门外瞻觐。

○甲辰,以神灵显应,颁……蔚州城隍庙匾额曰"武垣显佑"。

○直隶总督李鸿章奏:"延庆州属之永宁城,地处边要,应复设巡检,拟以唐县倒马关巡检移驻。"下部议。(《清德宗景皇帝实录卷之二五〇》)

公元1888年

○光绪十四年戊子春正月○丙子，直隶总督李鸿章奏："知州邹振岳请遇有直隶知府缺出，量予简擢。"得旨："邹振岳本日已简放宣化府矣。嗣后保荐人才，勿再随缺声请。"（《清德宗景皇帝实录卷之二五一》）

○光绪十四年戊子夏四月○丙戌，察哈尔都统托伦布等奏："废员张佩纶效力年满，应否释回？"得旨："张佩纶着准其释回。"

○丙申，湖广总督裕禄等奏："委员赴张家口采买马匹，请饬免税。"下部知之。（《清德宗景皇帝实录卷之二五四》）

○光绪十四年戊子八月○甲午，察哈尔都统托伦布等奏："废员何如璋效力三年期满，台费缴清，应请释回。"得旨："何如璋着准其释回。"

○壬寅，以神灵显应，颁直隶……延庆州龙安大佛寺匾额曰"妫川昭佑"，黄龙潭龙神庙匾额曰"泽周上谷"。

○丁未，赏前乌里雅苏台参赞大臣恒明副都统衔，为伊犁察哈尔领队大臣。（《清德宗景皇帝实录卷之二五八》）

○光绪十四年戊子十一月戊申朔○谕内阁托伦布奏军台废员由配脱逃，请旨饬缉究办一折："已革游击田福志，胆敢由配脱逃，该都统已咨行邻境缉挐。难保不私回原籍，或潜行来京。着广西巡抚、步军统领衙门、顺天府、五城御史，一体严挐，务获究办。"

○癸酉，谕内阁托伦布等奏军台废员由配脱逃，请旨饬缉究办一折："已革参将唐永福胆敢由配脱逃，该都统等已咨行邻境缉挐。难保不私回原籍，或潜行来京。着湖南巡抚、步军统领衙门、顺天府、五城御

史,一体严拏,务获究办。"(《清德宗景皇帝实录卷之二六一》)

○光绪十四年戊子十二月○癸巳,青海扎萨克多罗贝勒拉旺多布济一人,喀尔喀扎萨克镇国公扎布萨林扎布等二人,察哈尔辅国公格楚克扎木苏一人,土默特辅国公贡格巴勒一人,于神武门外瞻觐。

○乙未,察哈尔都统托伦布等奏:"废员效力期满,可否释回?"得旨:"蒋大彰着准其释回。"

○甲辰,命喀尔喀镇国公扎木萨林扎布、察哈尔辅国公格楚克扎木苏,在御前行走。(《清德宗景皇帝实录卷之二六三》)

公元1889年

○光绪十五年己丑正月○戊辰,又奉懿旨:"各省封疆大吏均为国家倚任之臣,其久历戎旃,熟谙韬略者,懋建殊勋,贤劳尤著。现任提镇诸臣,类皆起自行间,淬砺专阃。各该文武大员,为国宣勤,历久不懈。现在归政伊迩,允宜分别施恩。……察哈尔都统托伦布、直隶提督李长乐……均着赏加二级。……此外现任曾历军营之文武一二品大员,着吏部、兵部分晰查明,均赏加一级。"○又奉懿旨:"从前军务繁兴,封疆将帅之臣,运筹决策,戮力同心。或未蒇全功,或始终勤事。论其谋国之忠,均属声施烂然,勋名相埒。兹当归政之始,追念劳臣。所有功绩最著之原任……福州将军穆图善、……察哈尔都统西凌阿、察哈尔都统色尔固善……均着赐祭一坛。……"(《清德宗景皇帝实录卷之二六五》)

○光绪十五年己丑三月○壬戌,谕军机大臣等有人奏牧政扰累兵民,请饬查究一折:"据称张家口管理牧群主事文鉴,屡向该牧长勒索规费,并向钱店勒借银两,由兵饷作扣。致各群无计应差,都统意存庇

护等语。所奏是否属实,着李鸿章确查具奏。原折着抄给阅看。将此谕令知之。"(《清德宗景皇帝实录卷之二六八》)

○光绪十五年己丑夏四月○庚子,以亏短交代,已故署直隶赤城县知县王邦杰,籍产备抵。(《清德宗景皇帝实录卷之二六九》)

○光绪十五年己丑五月○丁巳,谕内阁:"前据御史文郁奏,张家口管理牧群主事文鉴勒索规费,都统意存庇护等情。当谕令李鸿章查奏。兹据逐款查明,据实覆奏。此案文鉴借口查群,任意刁难,向各牧群勒索银两。现经查出确据者,已有五百余两之多。实属贪劣昭著,荒谬异常。文鉴着即革职,永不叙用,以示惩儆。察哈尔都统托伦布,虽查无受贿情事,惟于司员勒索失于觉察,着交部议处。该处牧群积疲已久,管理人员营私害公,恶习相沿,实堪痛恨。着该都统即将一切陋规,严行查革。督饬司员等实力整理,体恤兵丁,以期牧政日有起色。倘仍前玩泄,定当严惩不贷。"寻议:"托伦布应降三级调用。"得旨:"着加恩改为降三级留任。"(《清德宗景皇帝实录卷之二七〇》)

○光绪十五年己丑六月○壬辰,又谕李鸿章奏永定河道员缺,吴廷斌堪以胜任等语:"疆吏留意人才,如于地方河工各有专长者,尽可随时保荐,以备擢用。断不准随缺陈请,致开魁柄下移之渐。上年宣化府出缺,李鸿章附保邹振岳。朝廷因该员曾经该督保举有案,特旨简授。仍批令嗣后保荐人才,勿再随缺声请,该督自应懔遵。吴廷斌在直服官多年,未见登诸荐剡。此次永定河道出缺,辄请破格录用,殊属不合。李鸿章着传旨申饬。将此谕令知之。"(《清德宗景皇帝实录卷之二七一》)

○光绪十五年己丑秋七月○辛亥,谕内阁:"前据托伦布等奏,察哈尔牛羊群控案,两造情词各执,当谕令将副总管鄂呢巴图等解任提案讯办。兹据该都统等奏,鄂呢巴图等并不听候查办,先后私行他往,及潜来京城,难保非畏罪逃避。鄂呢巴图、达米林扎普、巴特玛桑、窄色博克扎普等,均着先行革职。并着顺天府、五城御史一体严拏,解交该都统等归案审讯。"(《清德宗景皇帝实录卷之二七二》)

○光绪十五年己丑冬十月癸酉朔○谕内阁托伦布等奏军台废员由配脱逃,请旨饬缉究办一折:"已革都司刘正兴胆敢由配所脱逃,该都统已咨行邻境缉拏。难保不潜行来京,或私回原籍。着步军统领衙门、顺天府、五城御史、江苏巡抚,一体严拏,务获究办。"

○戊寅,谕军机大臣等:"前据李鸿章覆奏,张家口管理牧群主事文鉴被参各款,当经降旨将文鉴革职永不叙用。并谕令托伦布将该处牧政实力整理。兹有人奏,该都统并不驱逐文鉴出境,辄为置买田产,多方慰留。并将原告鄂尼巴图等解任讯办,勒令出具诬控甘结。现闻此案非刑致命者已有二人,蒙古被冤各家相约京控,该都统密计阻留,复希图押荒地价,招民垦种牧厂,以致厂地日窄等语。着李鸿章按照所参各节,确切查明,据实具奏。原折着抄给阅看。将此谕令知之。"

○癸巳,谕军机大臣等:"前有人奏,察哈尔都统托伦布查办鄂尼巴图等控案,勒令出具诬控甘结,并有非刑毙命等情。当经谕令李鸿章确查具奏。现据托伦布奏讯明牛羊群控案分别奏参一折,所称查明各情是否属实,并所拟鄂尼巴图等罪名处分是否允协,着李鸿章一并详晰确查,据实具奏。原折着抄给阅看。将此谕令知之。"(《清德宗景皇帝实录卷之二七五》)

○光绪十五年己丑十一月○丁未,又谕:"有人奏直隶怀来县知县潘青照纵令书吏杨瑞、范景仁,将正折粮草苛派浮收,并任听丁书藉差需索。请饬严查参办,规复旧章等语。着李鸿章确切查明,据实具奏。原片着摘抄给与阅看。将此谕令知之。"寻奏:"潘青照并无纵令书吏苛派浮收,任听丁书藉差需索情事。"仍饬该县按照向章,核实办理,毋得稍涉浮冒。(《清德宗景皇帝实录卷之二七六》)

○光绪十五年己丑十一月○辛酉,又谕:"前据御史周天霖奏,参察哈尔都统托伦布审理牧群控案,诸多谬妄;旋据托伦布奏讯明牛羊群控案,分别奏参,先后谕令李鸿章详晰查明,据实具奏。兹据李鸿章覆奏,此案已革主事文鉴,该都统并无多方慰留、置买田产实据。案内应讯人证病故二人,查无刑讯情事。即着毋庸置议。总管图普新巴雅尔,系案内被控之员。原告鄂尼巴图、巴特玛桑窄,撤任各缺,委署之员均属该总管姻戚子弟,该都统徇庇劣员,已可概见。其查讯控案折内,前后词意,种种自相矛盾。信任佐领赓吉图,挟私播弄,株连原告,坐诬者至六十余人之多。该都统于满蒙汉文不甚通晓,致被属员欺蒙,实属有负委任。托伦布着开缺来京当差。佐领赓吉图颠倒是非,舞文泄怨,实属荒谬。着即行革职。牛羊群总管图普新巴雅尔、固山达喇什巴拉、挡玛哈巴咱尔、护军校萨炳阿四员,虽无为该都统结纳倚仗确据,惟委署各缺,显涉朋比,不知远嫌。均着交部议处。鄂尼巴图挺身健讼,达米林扎普、巴特玛桑窄、色博克扎普随同京控,既据讯明所控各节,尚非全虚。业经革职,即着免其科罪。托伦布所请分别斥革之护军校哈勒津等五十六员名,虽附列上控,而情有可原。原奏负气株连,殊欠平允,均毋庸议。至张家口厅界私垦地亩,着李鸿章会同察哈尔都统认真清厘。其有碍游牧者,仍着永远禁止,以杜纷扰。"

○丁卯,以湖北巡抚奎斌为察哈尔都统。(《清德宗景皇帝实录卷之二七七》)

○光绪十五年己丑十二月○乙酉,古城城守尉德胜奏:"仿照察哈尔练军章程,挑练旗兵六百七十四名,演习枪法步法。拟请由新疆每年

厘金项下，或由神机营赏拨银两，以作练军津贴。"下部议。(《清德宗景皇帝实录卷之二七八》)

○光绪十五年己丑十二月○乙未，赏开缺察哈尔都统托伦布头等侍卫。

○辛丑，调任察哈尔都统湖北巡抚奎斌奏请陛见。得旨："着俟谭继洵到任后，再行来京陛见。"(《清德宗景皇帝实录卷之二七九》)

公元1890年

○光绪十六年庚寅二月○辛未朔，以前察哈尔都统托伦布为正蓝旗蒙古副都统。

○乙亥，谕内阁："前因锡纶咨行户部文内，有职员马瑞麟揭告统带马亮等侵吞军饷呈词一件，当交色楞额等查明具奏。嗣据户部奏参锡纶擅动军饷各情，复谕令一并查奏。兹据色楞额、魏光焘查明覆奏，此案记名副都统马亮，既经查明尚无捏造欠款、侵吞军饷情事，且原告之马瑞麟查无其人，显系借名捏控，即着与无故牵涉之前署察哈尔领队大臣德克津布等，暨业经革职、病故各员，均毋庸置议。惟已故署伊犁将军锡纶，因挪用正款，经部议驳，辄即捏借商款报部，款目种种不符，实属有心蒙蔽，大负委任。其所报借款曾否拨给，着户部确切查明。据实覆奏。"(《清德宗景皇帝实录卷之二八一》)

○光绪十六年庚寅秋七月○壬申，谕军机大臣等："有人奏乌里雅苏台将军托克湍于今春赴任时，沿途勒索台站，骚扰地方。并有由张家口包揽商货，令蒙兵按站运送乌城，及向喀拉喀站逼索银两马匹情事，请饬查办等语。着奎斌于到任后，按照所参各节，秉公严密确查，据实

覆奏，毋稍徇隐。原折着摘抄给与阅看。将此谕令知之。"（《清德宗景皇帝实录卷之二八七》）

○光绪十六年庚寅八月○辛丑，命察哈尔都统奎斌在紫禁城内骑马。（《清德宗景皇帝实录卷之二八八》）

○光绪十六年庚寅冬十月○丙辰，又谕："前有人奏，乌里雅苏台将军托克湍于赴任时，有勒索台站、骚扰地方等情。当经谕令奎斌确查覆奏。兹据托克湍奏失察家人勒索，自行检举，请交部议罪一折，所称于家人陈有衣箱内搜出银两，讯系沿途勒索。该家人旋即脱逃，是被参勒索台站，已有确据。折内并有饬传驼只，驮运烟茶，又因购选贡马，嘱令各台代买马匹等语。种种情节，均与原参各款大致相同，亟应彻底根究。着奎斌懔遵前旨，秉公严密确查。并饬拏该家人陈有到案研讯，务得实情，详晰覆奏，不准稍涉徇隐。托克湍原折，着抄给阅看。将此谕令知之。"（《清德宗景皇帝实录卷之二九〇》）

○光绪十六年庚寅十一月○乙酉，谕军机大臣等奎斌奏遵查乌里雅苏台将军托克湍参款，据实覆奏一折："据称托克湍赴任时，骚扰台站，勒索银两，均有实据。惟各台呈送银两，皆系委员吉通收受。请送部严究等语。此案前据托克湍自行检举，失察家人陈有勒索情弊，当谕令该都统饬拏陈有到案研讯。现既查出骁骑校吉通有收受台站银两各节，是否与该家人沿途通同舞弊，自应就近审办。何得率请送部，致涉诿卸？乌里雅苏台骁骑校吉通，着即行革职，由该都统提讯确供，所收银两究系交付何人。并遵前旨，将陈有严拏到案，彻底根究，定拟具奏，毋稍徇纵。将此谕令知之。"（《清德宗景皇帝实录卷之二九一》）

○光绪十六年庚寅十二月○癸卯，喀尔喀贝子衔扎萨克头等台吉勒旺呼克津、科尔沁卓礼克图亲王济克登旺库尔等十人,阿巴哈那尔扎萨克多罗贝勒达木定扎布、科尔沁王乌泰等六人,喀尔喀扎萨克固山贝子普尔布扎布、察哈尔世管佐领德木楚克扎布、喀尔喀贝勒布林曼都呼等五人,科尔沁扎萨克图什业图亲王色旺诺尔布桑保、喀尔喀扎萨克多罗贝勒云端旺楚克等三人,在神武门外瞻觐。

○甲辰,旌表刲股疗亲孝子,直隶蔚州民人陶永兴。

○戊午,命阿巴噶多罗卓礼克图郡王布彦乌勒哲依、科尔沁多罗贝勒凯毕苏尼特、多罗贝勒索特那木多布沁、喀尔喀辅国公德哩克多尔济、察哈尔辅国公车旺哩克靖,在乾清门行走。(《清德宗景皇帝实录卷之二九二》)

公元1891年

○光绪十七年辛卯春正月○壬辰,察哈尔都统奎斌奏:"遵旨会商直隶督臣清厘口外牧地,查禁越界私垦,以安游牧。惟查私垦之地,毗连山西者居多。拟请饬晋抚拣派熟悉边务之员会同筹办,以期迅速集事。"得旨:"即着知照山西巡抚派员会办。"

○甲午,伊犁副都统额尔庆额奏:"塔城呈进贡马向由布梁托海、乌梁海、科布多、乌里雅苏台等处地方迳达张家口,极为便捷。沿途水草肥美,得资牧放。拟请照章办理。并饬下科布多参赞大臣等,届期一体应付,俾利遄行。"得旨:"即着咨行托克湍等查照办理。"(《清德宗景皇帝实录卷之二九三》)

○光绪十七年辛卯五月○庚午,署伊犁将军富勒铭额奏:"遵照部议挑留新满营官兵,并规复锡伯、索伦、察哈尔、厄鲁特营,酌核岁需饷数。"下户部议。(《清德宗景皇帝实录卷之二九七》)

○光绪十七年辛卯六月○壬子,谕内阁:"前据御史文郁奏,参乌里雅苏台将军托克湍于赴任时,有勒索台站、骚扰地方情事。当谕令奎斌确查具奏。旋据托克湍自行检举,请交部议罪。并据奎斌查明,委员吉通有收受各台银两,请送部严究。复经先后谕令该都统确查研讯,并将家人陈有严拏到案,彻底根究,定拟具奏。兹据奎斌奏称,查明将军托克湍被参各款,提讯吉通及家人平安、张有等,供认该将军勒索骚扰等情均有实据,请旨分别惩办等语。此案乌里雅苏台将军托克湍于经过台站时,竟有折收羊价礼银,纵容属员家人揽货分肥,勒派驼马;复捏造家人陈有之名,希图卸罪。实属贪黩营私,辜恩溺职。托克湍着即行革职,仍追缴赃银,分别入官还主。已革骁骑校吉通着从重发往新疆充当苦差。所有分收赃银之家人平安、张有,均着照拟惩办。外委陈玉山等,即着该都统咨行各该管将军大臣,就近审明,分别定拟。另片奏酌拟章程、整顿台站等语。即着该都统悉心酌核,妥议具奏。"

○甲寅,以察哈尔副都统永德为乌里雅苏台将军。未到任前,以参赞大臣崇欢暂行署理。

○乙卯,以记名副都统吉升阿为察哈尔副都统。(《清德宗景皇帝实录卷之二九八》)

○光绪十七年辛卯秋七月○乙酉,察哈尔都统奎斌等奏:"酌拟整顿台站章程八条:一、驰驿人员从役马驼,请定限制;一、大员携眷赴任,请酌加路费,停发车价廪粮;一、应付廪羊,不准折价;一、核减官差;一、核减贡差;一、各旗帮台尚未尽到,请仍给津贴;一、大员赴任回京,勿复派兵迎送;一、驰驿人员如伤驿马、殴驿兵,照例惩处。"又请饬内外扎萨克等遵限拨送帮台驼马。并下所司议行。○又奏:"请调理藩院员外郎润朴清厘游牧事务。"得旨:"清查牧地并非紧要事件,所请着不准行。"(《清德宗景皇帝实录卷之二九九》)

○光绪十七年辛卯十一月○辛酉,调察哈尔都统奎斌为热河都统。以镶红旗蒙古都统德铭为察哈尔都统。未到任前,以口北道吉顺暂行护理。

○癸亥,谕军机大臣等:"奎斌前已调补热河都统,并派吉顺暂护察哈尔都统。热河防剿事务紧要,奎斌着迅赴新任,毋稍延缓。起程日期,先行驰奏。将此谕令知之。"(《清德宗景皇帝实录卷之三〇三》)

○光绪十七年辛卯十一月○乙酉,又谕沙克都林扎布奏军台废员漫无约束,请饬查禁一折:"据称废员在台当差来去自由,毫无拘束。每至卯期,请人代投名刺,甚或潜逃数月,该管官始行知觉等语。废员到配,理应安分当差。若如所奏游行街市,漫无管束,殊属不成事体。着德铭于到任后,申明旧章,实力整顿。毋得视为具文。原折着抄给阅看,将此谕令知之。"寻德铭奏:"遵旨严饬各官,约束军台废员。并饬不得借口约束,假端需索。"报闻。(《清德宗景皇帝实录卷之三〇四》)

○光绪十七年辛卯十二月○乙未,护理察哈尔都统吉顺奏:"边界土匪啸聚,调兵分驻多伦以固边防。"下部知之。(《清德宗景皇帝实录卷之三〇五》)

○光绪十七年辛卯十二月○癸丑,赏……察哈尔头等台吉阿尔布斋花翎。……(《清德宗景皇帝实录卷之三〇六》)

公元1892年

○光绪十八年壬辰春正月○癸未,直隶总督李鸿章奏:"审明口外滋事逆首杨悦春等,按律惩办。"下刑部知之。

○乙酉,察哈尔都统德铭等奏:"热河肃清,拟撤协防多伦等处马队,其饷需并请由茶马厘捐项下作正开销。"允之。(《清德宗景皇帝实录卷之三〇七》)

○光绪十八年壬辰二月○辛亥,又谕沙克都林扎布奏蒙古台站递送公文折报任意耽延,请饬整顿等语:"台站递送折报公文例有程限,岂容稍涉延误?若如所奏各节,疲玩成风,毫无稽查,尚复成何事体?着永德、德铭、魁福、阿兴阿严饬各属台站,遇有公文折报,务即随到随递,勿许片刻羁留。倘敢仍前玩泄,即着从严惩办。原片均着抄给阅看,将此各谕令知之。"(《清德宗景皇帝实录卷之三〇八》)

○光绪十八年壬辰夏四月○辛亥,谕内阁德铭等奏军台废员临解脱逃,请旨饬拏,并将管站司员交部察议一折。已革防御常升阿胆敢临解脱逃,该都统等已咨行邻境缉拏,难保不潜行回旗。着吉林将军严饬查拏,务获究办。管站理藩院候补主事凯音布疏于防范,着交部察议。"寻部议:"凯音布应得降一级留任,公罪。"得旨:"准其抵销。"(《清德宗景皇帝实录卷之三一〇》)

○光绪十八年壬辰六月○壬寅,蠲免顺直两属……昌平、顺义、怀柔、密云、平谷、……延庆、保安、蔚、宣化、万全、怀安、西宁、怀来……张家口一百十九厅、州、县民欠及缓征带征钱粮。(《清德宗景皇帝实录卷之三一二》)

○光绪十八年壬辰冬十月○庚午,蠲免直隶……张家口、丰润、玉田、武强、饶阳四十一厅、州、县被水村庄本年粮租杂课有差,并展缓民备仓谷籽种。(《清德宗景皇帝实录卷之三一七》)

○光绪十八年壬辰十一月乙酉朔○谕内阁李鸿章奏甄别庸劣不职各员一折："直隶……赤城县知县谢炘,猥琐嗜利,声名平常,着以县丞降补。"○豁免直隶……昌平……延庆、保安、怀来……六十三州、县光绪九年暨十三年以前民欠及缓带征钱粮。(《清德宗景皇帝实录卷之三一八》)

○光绪十八年壬辰十二月○壬午,赏喀尔喀郡王衔多罗贝勒贡桑珠尔默特、阿巴噶固山贝子贡多桑保、察哈尔辅国公格楚克扎木苏紫缰,科尔沁和硕卓礼克图亲王丹色哩特旺珠尔三眼花翎,青海固山贝子吹木丕拉诺尔布双眼花翎。(《清德宗景皇帝实录卷之三一九》)

编者注:○紫缰,乘马用的紫色缰绳。清代对皇室近支和有功的高级官员特许乘马用紫缰,以示恩宠。为清代"入八分"八种待遇之一(八种待遇是指:朱轮、紫缰、背壶、紫垫、宝石、双眼、皮条、太监)。

公元1893年

○光绪十九年癸巳春正月○丙戌,蠲缓顺天直隶……张家口五十二厅、州、县水灾地方地丁钱粮及各项租课有差。(《清德宗景皇帝实录卷之三二○》)

○光绪十九年癸巳二月○戊午,直隶总督李鸿章……又奏:"张家口内外被灾,民间困苦,耕作难兴。会商察哈尔都统及旗群各官,捐助牛只。请饬立案,事竣优奖。"允之。
○辛酉,调厄鲁特领队大臣春满为察哈尔领队大臣。○以衰病庸劣,勒察哈尔左翼总管扣克依休致,革正白旗佐领巴彦吉尔噶勒等职。○予故察哈尔领队大臣恒明恤典如例。(《清德宗景皇帝实录卷之三二一》)

○光绪十九年癸巳三月○庚子，以捐助书院经费，予直隶保安州贡生司云龙为其母建坊。（《清德宗景皇帝实录卷之三二二》）

○光绪十九年癸巳秋七月○壬辰，察哈尔都统德铭等奏："各牧群牛羊马轮届均齐，循案奏请派员往查。"得旨："仍着暂缓均齐。"（《清德宗景皇帝实录卷之三二六》）

○光绪十九年癸巳十一月○丙午，以亏短银米，革直隶赤城县知县石承武职。（《清德宗景皇帝实录卷之三三〇》）

○光绪十九年癸巳十二月○己巳，谕内阁李鸿章奏甄劾庸闒不职各员一折："直隶……捐升知府宣化县知县王家瑞，粗率任性，不洽舆情。均着勒令休致。"（《清德宗景皇帝实录卷之三三一》）

公元1894年

○光绪二十年甲午春正月○丁酉，又奉懿旨："本年予六旬庆辰，在廷臣工业经降旨加恩。因念各省文武大臣，有久膺重寄、卓著勋劳者，允宜同膺懋赏。……杭州将军吉和、荆州将军祥亨、广州将军继格，均着交部从优议叙。……定边左副将军永德、热河都统庆裕、察哈尔都统德铭、直隶提督叶志超，均着交部议叙。……直隶……宣化镇总兵王可升……均着赏给用宝寿字一方，大卷八丝缎二疋。"○又奉懿旨："本年予六旬庆辰，率土胪欢。蒙古王公等，自应一体加恩，以彰庆典。……察哈尔辅国公济楚克札木苏……均着赏穿贝子补服。……察哈尔辅国公车旺哩克靖，着赏戴花翎。……"（《清德宗景皇帝实录卷之三三二》）

○光绪二十年甲午正月○丙申,谕内阁:"朕钦奉慈禧端佑康颐昭豫庄诚寿恭钦献皇太后懿旨,本年予六旬庆辰,各省文武大员,情殷祝嘏。业经降旨于各省将军、督抚、副都统、提镇藩臬内,每省各酌派二三员来京庆祝。兹派盛京礼部侍郎文兴、副都统济禄,吉林副都统沙克都林扎布,黑龙江副都统文全,直隶总督李鸿章,察哈尔副都统吉升阿……均着于十月派出各员,毋庸再行吁请。"

○辛丑,以捐修宣化文庙,予直隶郎中职衔马崇熙为其嗣祖父、本生祖父、父建坊。(《清德宗景皇帝实录卷之三三三》)

○光绪二十年甲午二月○乙卯,以玩视边防,革察哈尔营右翼总管车林多尔济等职。(《清德宗景皇帝实录卷之三三四》)

○光绪二十年甲午二月○甲戌,又谕许振祎奏遵旨亲勘永定河上游情形一折:"据称查勘怀来县之和合口一带,两崖耸立,不能建坝。拟在卢沟桥设立河防局,派臬司周馥等办理河务。并仿照乾隆年间裘日修办法,修复浚船一百二十号,疏浚中流河槽等语。所筹尚属妥协。即着许振祎会商李鸿章,将河防局事宜督饬周馥等认真经理。务使中槽一律疏通,永弭水患。所请于前次准拨岁修银四万两外,再添拨银二万两。即着户部自光绪二十一年起,每年如数拨给,以资应用。并着直隶总督严饬在工各员,破除积习,核实办理。总期工归实用,款不虚糜,用副朝廷,廑念民生,慎重河防至意。"(《清德宗景皇帝实录卷之三三五》)

○光绪二十年甲午夏四月○丙辰,谕内阁德铭等奏军台废员二次由配脱逃,请旨饬缉究办一折:"已革防御文铎,前次由配潜逃,当经拏获押解到台。乃未及半载,胆敢又复在配脱逃,实属怙恶不悛。该都统等已飞咨邻境查缉,难保不潜行回旗。着马兰镇总兵、步军统领衙门、顺天府、五城一体严拏,务获究办,以肃法纪。"(《清德宗景皇帝实录卷

之三三八》)

〇光绪二十年甲午五月〇辛巳,以亏短银米,已革直隶署赤城县知县石承武,籍产备抵。(《清德宗景皇帝实录卷之三四〇》)

〇光绪二十年甲午秋七月〇丙戌,又谕:"电寄李鸿章:倭船运兵驶赴北洋海面,意图滋扰,事机甚紧,亟应加意严防。丁汝昌所带兵舰现在何处?着李鸿章严饬,令速赴山海关一带,遇贼截击。若能毁其数船,亦足以逭前愆。其山海关陆路,尤应速添重兵扼守,并派大员驰赴山海关等处,驻扎巡阅,相机堵剿。畿疆门户,关系尤要。着李鸿章调派宣化练军、正定马队,并分电河南、山西派调嵩武各军及大同练军,一并驰赴通州驻扎。并已谕令神机营派马步队赴通驻防,以卫京畿。前任提督曹克忠,籍隶天津。着饬速募津勇数营在天津后路屯扎,以资策应。初十日夜,经过旅顺之倭船,现在驶往何处?着随时侦探电闻。李鸿章所称南米接济军食,未便概禁出洋,已电刘坤一照办。本日张之洞等请派吴凤柱带兵五百赴津填扎,亦已照请矣。"(《清德宗景皇帝实录卷之三四四》)

〇光绪二十年甲午七月〇辛卯,又谕:"电寄李鸿章:电奏已悉。平壤马步各队尚未到齐,着即迅催前进,合力攻剿。据称前敌及后路,须添足三万人,乃可图功。惟现闻倭兵有北赴平壤之信,若株守以待,未免坐失事机。仍着饬令各军相机进取,力挫凶锋。一面催调宣化练军及晋豫等军到后,由该督酌派若干陆续继进,以为后路声援。至后路设防,以有关运道为最先,尤应择要派兵扼扎。叶、聂等军有无消息?仍即速探电闻。"

〇戊戌,又谕电寄李鸿章:"现据李鸿章电奏,叶志超已到平壤,聂士成次日可到,多日廑怀为之一释。昨降旨饬催平壤诸将,迅速进兵。

现叶志超等既到，所有敌中情势及一切接仗方略，马玉昆等向其咨询，更可激励军心，增发壮气。着即行电饬各该统将，迅即和衷商榷，将如何分合攻剿，前后策应，筹画妥协。电由李鸿章覆奏，前饬调派宣化、正定马步各队并晋豫等军，驰赴通州驻扎。本日据裕宽奏称，已派蒋尚钧先带一营起程，尚有三营陆续前进。现在平壤后路需兵甚亟，着李鸿章催令该军，到直后与宣化、正定、大同练军，一并前赴平壤，以资厚集。宣化、正定、大同各军，派拨各若干，并叶志超一军现存若干，均着查明具奏。昨已特派周馥驰赴前敌，总理营务处。着李鸿章催令赶紧部署，即将何日启程，何日可到，先行电覆。"

○己亥，直隶总督李鸿章奏："宣化练军马队遵赴通州驻防，并拟将驻防库伦马队一营调回经棚，择要扼扎。"得旨："已有旨令赴平壤矣。"（《清德宗景皇帝实录卷之三四五》）

○光绪二十年甲午八月○丙午，以秉铎称职，予直隶怀来县学教谕王煜等升叙。

○庚戌，谕军机大臣等："前因京师五方杂处，最易藏奸，叠经谕令该衙门查拏究办。此事总以遴选长于缉捕之番役弁兵，多方调察，设法破获为最要。步军统领衙门所属各营兵勇人等，为数较多。着责成该统领等遴派妥人分投躧缉，务期不动声色认真缉拏。不准任令属员等敷衍塞责，致滋他患。将此谕令知之。"○又谕："有人奏卫汝贵恇怯无能，性情卑鄙。且平日克扣军饷，不得兵心。并闻此次统军经过牛庄一带地方，不胜骚扰。若令久领偏师，必至败事等语。卫汝贵驻军平壤日久，并未进兵。据参恇怯无能，不为无因。着李鸿章严加查察，据实覆陈，不准稍涉回护。至其平日发饷，是否有克扣情事；此次统军经过地方，有无骚扰，着一并查明具奏。将此谕令知之。"○又谕："电寄李鸿章：现在平壤进兵后路，亟须填扎接应。所有姜桂题、程允和、卫汝成等添募各营，已否成军，着李鸿章赶紧催办，克日遄发。其河南、大同、正定、宣化等

军,着一并迅催前进,以资厚集。"(《清德宗景皇帝实录卷之三四六》)

　　○光绪二十年甲午八月○丁卯,谕军机大臣等:"着德铭于察哈尔马队官兵内挑选一千五百名,拣派得力员弁管带,迅速山海关驻扎,听候桂祥调遣。由五百里谕令知之。"○又谕刘坤一电奏程文炳督队北上需用马五百匹,已派员赴张家口外采购,经过各处请饬免税放行等语:"即着兵部转行直隶总督、察哈尔都统,饬属一体免税放行。"(《清德宗景皇帝实录卷之三四七》)

　　○光绪二十年甲午九月○庚辰,又谕德铭、吉升阿奏遵旨饬调察哈尔官兵赴防山海关一折:"所有张家口至山海关沿途一带地方,应备该官兵店房、草干、饭食,并装运军械车辆,着李鸿章、孙家鼐、陈彝迅饬各该地方官,查照咸丰八年调防山海关成案,妥为豫备,以利遄行。将此各谕令知之。"

　　○癸未,谕军机大臣等安德等奏宣化练军调回内地,库伦边境愈形空虚。请仍调官兵驻扎一折:"据称库伦近接俄境,现因日本变动,谣言纷起,民情惶惑,需兵巡防。自系实在情形。所有宣化练军,应否仍驻库伦,抑或另有可调之兵前往接替,着李鸿章酌度情形,奏明办理。原折着抄给阅看,将此各谕令知之。"(《清德宗景皇帝实录卷之三四八》)

　　○光绪二十年甲午冬十月○己酉,办理山海关防务镶白旗汉军都统桂祥等奏:"请拨察哈尔马队饷干银两,并筹办枪械,以重操防。"下所司议。

　　○辛亥,又谕:"电寄李鸿章:现在近畿防兵尚嫌单薄,所有直隶大名、宣化、正定等未调之练军,着李鸿章再行调集山海关一带,分布防守,毋得延误。"

　　○壬子,又谕:"昨谕李鸿章饬令李光久五营驻扎山海关,俟该营到齐后,桂祥即统率所部移扎蓟州。所有前调察哈尔马队官兵一千五百名,即着归沙克都林扎布统带,仍在山海关驻扎,以资守御。将此各谕令知之。"

○戊午,赏前署察哈尔领队大臣德克津布副都统衔,为锡伯营领队大臣。(《清德宗景皇帝实录卷之三五一》)

○光绪二十年甲午十月○甲子,谕军机大臣等桂祥等奏遵旨统带马步队移扎蓟州一折:"所有察哈尔马队官兵,嗣后请领饷银军火等项,即着移交沙克都林扎布自行办理。桂祥等移扎后,务当严饬所部,恪守营规,不准稍有滋扰。将此各谕令知之。"

○己巳,办理天津团练事宜兵部左侍郎王文锦奏:"军中需马,拟派员赴张家口选购。"下部知之。(《清德宗景皇帝实录卷之三五二》)

○光绪二十年甲午十一月○癸酉,谕军机大臣等:"前据德铭奏,挑选膘壮马匹,拨赴山海关军营。兹据沙克都林扎布奏,察哈尔调到官兵马匹,沿途倒毙三百余匹。其余亦多疲瘦,不堪乘骑等语。何以与该都统前奏迥不相同?办理殊属颟顸。所有倒毙马匹,即着德铭赶紧挑选,另行拨补足额。不得仍以疲瘦充数,致误军行。此外如实有不堪乘骑者,已令沙克都林扎布咨明该都统挑换矣。将此谕令知之。"寻德铭奏:"遵旨挑选马匹解送军营,先补倒毙之数,并请将解马逾限之总管博特多尔济摘去顶戴,以示薄惩。如所请行。"○又谕:"电寄沙克都林扎布:据奏称察哈尔调到官兵马匹,沿途倒毙三百余匹,其余亦多疲瘦等语。与德铭前奏'选择口轻膘壮马匹'迥不相符。所有倒毙马匹,已寄谕德铭另行拨补。其余马匹,着沙克都林扎布饬令官兵认真喂养。如实有不堪乘骑者,着即咨明德铭挑换备用。"

○乙酉,吉林都统沙克都林扎布……又奏:"前借款补放察哈尔马队官兵皮衣等银,恳饬部筹还,以示体恤。"下部议。(《清德宗景皇帝实

录卷之三五三》）

○光绪二十年甲午十一月○甲午，察哈尔都统德铭奏："发解商都马匹启程日期，并遵解山海关军营马匹数目。"报闻。

○丙申，察哈尔都统德铭奏："请饬晋抚迅解丰宁两厅积欠地租，并请部定章程，以清公款。"又奏："拟挑察哈尔官兵驻扎操练，用备缓急，并请饬筹款以济饷需。"均下部议。○又奏："遵旨入都陛见，请派员署理察哈尔都统。"得旨："着俟吉升阿回任后，再行来京陛见。"（《清德宗景皇帝实录卷之三五四》）

○光绪二十年甲午十二月○己酉，又谕："电寄宋庆：据奏荢兰店大股，有向皮子窝东趋之谣，海城南三十余里，倭已设卡。又李鸿章转据吕本元等电，贼在通原堡上下挖洞匿其中，大股在薛礼站长岭子各山头架炮各等语。该逆分路窜扰，无非接应海城之贼，以图东窥辽阳，或西窜牛庄，均未可定。现在依克唐阿、长顺俱在辽阳，与大高岭防军，当可策应。宋庆仍当探明贼踪所向，相机攻剿，毋任纷扰。前令陈湜一军会合沙克都林扎布马队出关，为宋庆后路策应。现在陈湜所部，已令赴援辽阳。本日据沙克都林扎布电称，察哈尔马队多不得力，拟挑五百名一同往援等语。现在宋庆军营兵力尚单，此项马队应否令赴宋庆军营助剿，抑令仍与陈湜赴援辽阳，着宋庆酌量知照该副都统遵照，即行拨队前进。毋稍迟延。"○又谕："电寄沙克都林扎布：据奏察哈尔马队多不得力，拟选五百名前赴辽阳等语。所留马队，务选精壮可用，其余即行撤回。现在宋庆军营兵力尚单，该副都统所带马队，或赴宋庆军营，或与陈湜援辽，已谕宋庆酌量知照该副都统遵照，即行拨队前进。所请挑选吉林西丹一千名，另募团勇一千名，训练驱策等语，着照所请行。"（《清德宗景皇帝实录卷之三五五》）

○光绪二十年甲午十二月○癸丑，又谕："电寄沙克都林扎布：前据电称察哈尔马队多不得力，拟选五百名前赴辽阳。当经降旨务选精壮可用，其余即行撤回。乃本日据该副都统电奏，将马队挑选八百名，较前奏又增出三百名，数目不符。且遣撤兵丁归伍，川资车辆等项，向来自有定章。今电内觍缕声请，殊属琐渎。着仍遵前旨挑选马队五百名，即拔队驰赴辽阳助剿。遣撤之兵，每兵准给银三两五钱，由该副都统拣派妥员押送，撤回原厂。沿途如有骚扰需索等情，定惟该副都统是问。其另募团勇一千名，西丹一千名，并着慎加选择。务使兵归实用，不准以空名疲弱充数，致干重咎。懔之。"（《清德宗景皇帝实录卷之三五六》）

公元1895年

○光绪二十一年乙未春正月○乙亥，谕军机大臣等定安等奏吉林、黑龙江练军改步为马，大凌河牧群马匹不敷挑选，请由察哈尔改拨一折："着德铭于商都达布逊诺尔，暨两翼太仆寺各牧群内，挑选战马二千五百匹，迅速派员解交定安等应用。务须一律膘壮，毋得以疲乏充数，致误戎机。原折着抄给阅看。将此由四百里谕令知之。"寻德铭奏："已饬两翼太仆寺牧群各总管等，照章分成挑选膘壮马二千五百匹，克日解营应用。"报闻。（《清德宗景皇帝实录卷之三五八》）

○光绪二十一年乙未正月○丁亥，察哈尔都统德铭奏："车臣汗部落解到报效战马一千二百匹，照数收讫。其哲布尊丹巴呼图克图等报效之马，全行疲瘦。解差呈请领回牧放，俟膘壮再行呈交。"报闻。（《清德宗景皇帝实录卷之三五九》）

○光绪二十一年乙未正月○戊戌，又谕："电寄长顺：据奏前拨察哈尔马匹疲乏无用，不如待有水草时再行拨解等语。着长顺知照德铭，暂缓调拨。"

　　○己亥，谕内阁恩泽等奏剿灭谋叛教匪，请将尤为出力人员奖励一折："伯都讷乌拉属界教匪孟毓奇即孟福山等，造言惑众，推朱承修为首，建立伪总兵元帅等名目，在张家口、奉天、吉林、黑龙江等处煽惑匪党，约期谋叛。经恩泽等调派翼长富顺，及营官保全等，在五常厅东山以内，并吉林府属十六窝棚等处分队进剿。该匪败入桦皮甸子，负嵎抗拒。我军四面环攻，擒斩多名，夺获伪印器械等件。旋追至天成街，拏获孟毓奇，审明枭示。复经翼长庆禄等派委营员，协同民团，在黑林子地方擒获朱承修及伪总兵岳祥等正法，余犯分别惩办。并将裹胁人众，讯明开释。办理尚为迅速，自应量予恩施，以昭激劝。记名副都统协领富顺，着赏给头品顶戴。协领庆禄，着以副都统记名简放，并赏给捷勇巴图鲁名号。补用佐领骁骑校保全，着免补佐领，以协领尽先补用，并赏给壮勇巴图鲁名号。其余出力人员，着恩泽等查明，分别请奖，毋许冒滥。"○谕军机大臣等："恩泽等奏，教匪孟毓奇、吕大拙等，创立武圣教、如意教等名目，自吉林至山海关内外，以迄张家口一带，被其诱惑者，实繁有徒。孟毓奇业经拏获正法，吕大拙等现在潜匿未获，请饬查办等语。教匪造言惑众，刊刻邪书，到处勾引，日久恐滋蔓延。亟宜设法查办，以期消患未萌。着裕禄、王文韶、德铭、崇礼、增祺通饬所属，严密查拏吕大拙等，务获惩办。一面出示晓谕，解散胁从。该将军等务当不动声色，妥筹办理。慎勿操之过蹙，激成事端，是为至要。原片均着抄给阅看，将此由四百里各谕令知之。"（《清德宗景皇帝实录卷之三六〇》）

　　○光绪二十一年乙未二月○庚戌，察哈尔都统德铭奏："山海关撤回防兵一千六十九员名，饬令出口各归本旗当差。"报闻。（《清德宗景皇帝实录卷之三六一》）

○光绪二十一年乙未二月○戊午,以任性妄为,革直隶宣化练军马队中营帮办官游击陈长青职。(《清德宗景皇帝实录卷之三六二》)

○光绪二十一年乙未三月○甲午,调察哈尔副都统吉升阿为京口副都统。

○丁酉,又谕:"电寄裕禄:沙克都林扎布所带马队一千五百名,着交裕禄派员解赴察哈尔归伍。并传知沙克都林扎布,即回吉林副都统本任。该副都统前挑吉林西丹,并另募团勇,均着由裕禄查明,妥为资遣。"(《清德宗景皇帝实录卷之三六四》)

○光绪二十一年乙未夏四月○辛亥,察哈尔都统德铭奏:"蒙古地方劫案叠出,请援就地正法、格杀勿论章程办理,以清盗源。"允之。(《清德宗景皇帝实录卷之三六五》)

○光绪二十一年乙未四月○己未,东三省练兵大臣定安等奏:"察哈尔解到马匹,拟俟喂养膘壮,拨赴前敌。"下部知之。(《清德宗景皇帝实录卷之三六六》)

○光绪二十一年乙未五月○丁酉,盛京将军裕禄等奏:"察哈尔等处兵勇撤防归伍,资遣完竣。并前借垫饷银,请饬部照发。"均下部知之。(《清德宗景皇帝实录卷之三六八》)

○光绪二十一年乙未秋七月○己酉,又谕德铭等奏军台废员由配脱逃,请旨饬缉究办一折:"已革候补县丞许鸿范,胆敢由配所脱逃。该都统已咨行邻境缉挐,难保不潜行来京或私回原籍。着步军统领衙门、顺天府、五城御史、河南巡抚一体严挐,务获究办。……"又谕:"本日据鹿传霖奏,四月间,接御史钟德祥上海来电,向鹿传霖乞假千金,并据藩司王毓藻言及钟德祥向其借银等语。钟德祥业已另案革职,发往军台效力赎罪。到台后,着德铭、吉升阿留心察看,严加管束。如有不安本分情事,即着据实参奏,勿稍宽纵。将此谕令知之。"(《清德宗景皇帝实录卷之三七二》)

　　〇光绪二十一年乙未八月〇壬辰,盛京将军裕禄奏:"东三省练兵次第裁撤,前调察哈尔官马,拨交大凌河牧群,以节饷需。"下部知之。(《清德宗景皇帝实录卷之三七五》)

　　〇光绪二十一年乙未九月〇丁巳,察哈尔都统德铭奏:"哲布尊丹巴呼图克图等,报效战马一千二百匹。"报闻。(《清德宗景皇帝实录卷之三七六》)

　　〇光绪二十一年乙未十月〇戊子,又谕:"现在甘肃回匪猖獗,军事方殷。所有军营文报关系戎机,递送不容迟缓。着崇欢、志锐、魁福、额勒春、德铭、吉升阿体察蒙古台站情形,设法整顿并严饬各台,遇有军营文报等件,务当迅速接递,毋得稍有贻误。将此由四百里各谕令知之。"寻奏:"遵饬各台,遇有文报,即刻急递,不得贻误戎机。并扎饬回盟所有帮台蒙户,一体多备牲畜,听候调用。如将来运送太多,挽输较众,再行体察情形酌加津贴。"下所司知之。(《清德宗景皇帝实录卷之三七八》)

　　〇光绪二十一年乙未十一月〇辛酉,以前正红旗汉军副都统伊崇阿为察哈尔副都统。〇予故察哈尔副都统吉升阿祭葬。(《清德宗景皇帝实录卷之三八〇》)

　　〇光绪二十一年乙未十二月〇庚辰,察哈尔都统德铭奏:"牛羊牧

群抽收盐厘不敷办公,请仍由茶马厘捐项下提拨。"下部知之。(《清德宗景皇帝实录卷之三八一》)

○光绪二十一年乙未十二月○己丑,又谕德铭奏直晋两省厅属毗连察哈尔旗群军台游牧诸地,请饬直隶、山西各督抚转饬各该厅务,将侵占游牧民人驱逐惩办一折:"察哈尔旗群游牧地亩,为蒙古生计攸关,岂容民人任意侵占。前此张、独、多三厅暨丰镇、宁远两厅,其毗连旗群游牧者,直隶、山西两省曾经清查奏结,声明不准再行私垦。乃甫经数年,何以又多越界私垦?亦难保无蒙古勾串民人盗卖情事。着王文韶、胡聘之转饬各该厅员,务将侵占游牧民人查明惩办。并严定以后私买私卖罪名,及旗员厅员各处分,以重游牧而杜纷扰。原折均着抄给阅看,将此各谕令知之。"

○命阿拉善头等台吉扎拉木禅旺济勒、察哈尔头等台吉阿拉普齐、科尔沁和硕卓礼克图亲王额尔德毕里克图,在乾清门行走。(《清德宗景皇帝实录卷之三八二》)

公元1896年

○光绪二十二年丙申二月○庚午,伊犁将军长庚奏:"派员勘明巴尔鲁克山形势,布伦布拉克地方,尤为形胜之区。拟即将塔尔巴哈台之厄鲁特游牧领队大臣移设布伦布拉克,并将伊犁察哈尔营领队大臣出驻博罗搭拉,庶彼此联为一气。"如所请行。(《清德宗景皇帝实录卷之三八五》)

编者注:新疆察哈尔领队大臣从此定居驻扎博尔塔拉(即文中博罗搭拉)。

○光绪二十二年丙申四月○丙戌，乌里雅苏台将军崇欢等奏："逆回穷蹙北窜，请饬察哈尔速调蒙兵，设法阻截。"得旨："察哈尔兵征调较难，所奏着毋庸议。"

○戊子，直隶总督王文韶奏："北洋机器局添购新式子弹机器经费，请饬部立案。"又奏："武毅等军前赴张家口、多伦厅一带选购马匹，请饬部给票，免税放行。"均下部知之。（《清德宗景皇帝实录卷之三八九》）

○光绪二十二年丙申五月乙未朔○以神灵显应，颁直隶宣化府龙神庙匾额曰"神功昭佑"。（《清德宗景皇帝实录卷之三九〇》）

○光绪二十二年丙申六月○癸未，以报效枪械，予察哈尔副都统依崇阿奖叙。（《清德宗景皇帝实录卷之三九二》）

○光绪二十二年丙申十一月○己亥，谕军机大臣等桂斌奏请饬催营官迅速到防一折："据称宣化营练军营管带总兵徐平川，于八月间派赴库伦，尚未到防，殊属玩延等语。库伦冬防，关系紧要。即着王文韶查明该管带现在行抵何处，催令迅速赴防，毋再迟延。至所领薪水，究应何日起支，并着查明向章，咨行库伦办事大臣查照办理。原折着抄给阅看，将此谕令知之。"

○己未，察哈尔都统德铭因病解职。以仓场侍郎祥麟为察哈尔都统。（《清德宗景皇帝实录卷之三九七》）

公元1897年

○光绪二十三年丁酉二月○癸亥，察哈尔都统祥麟等奏："张家口驻防官兵应支粟米，请全行开放本色，以符旧制而济兵艰。"下部议。

○丁丑，又谕祥麟等奏军台废员由配脱逃，请旨饬缉究办一折："已革署海城县典史蒋有栋、已革牛庄巡检兆龄，胆敢由配所脱逃。该都统等已咨行邻境缉拏，难保不潜回旗籍。着安徽巡抚、顺天府、五城一体严拏，务获究办。"○又谕祥麟等奏职官被控讯明各情一折："请将察哈尔总管达尔济、游牧员外郎国仁交部照例分别议处等语。折内未将奏案隐匿等情切实声叙，殊未明晰。着祥麟等明白回奏，再降谕旨。"（《清德宗景皇帝实录卷之四〇一》）

○光绪二十三年丁酉三月○癸丑，直隶总督王文韶奏："遵旨裁兵，直隶……马队宣化四营、保阳军练勇步队中营一营，均裁二成。"……下部议。

○己未，谕内阁王文韶奏考察属员分别举劾一折："直隶……前代理万全县知县宣化府经历言恩，居心巧猾，罔恤民艰。……均着即行革职，以肃官方。"（《清德宗景皇帝实录卷之四〇三》）

○光绪二十三年丁酉五月○己酉，察哈尔都统祥麟等奏："军台各站连年被旱，牲畜疲毙，酌拟购买驼马，分拨应差。所需价银，由岁收茶马厘捐项下动用报销。"如所请行。（《清德宗景皇帝实录卷之四〇五》）

○光绪二十三年丁酉六月○壬申，谕内阁祥麟等奏废员报效军台经费，可否赏收，并请奖叙一折："已革御史钟德祥，系因言官收受赃私，获咎发遣，情节较重。所捐银两，着不准收。祥麟、依崇阿并未声明该革员犯事原委，率行具奏，殊属非是。着传旨申饬。"（《清德宗景皇帝实录卷之四〇六》）

○光绪二十三年丁酉八月○丙寅，谕内阁前任顺天学政徐会沣奏酌保教职一折："雄县教谕于福泽、延庆州学正周兆麒、保升知县怀来县教谕王煜。既据徐会沣胪列该员等品行学问,核实保奖,自应俯如所请,以示鼓励。于福泽、周兆麒,均着以知县在任候升,王煜着送部引见。"

○壬申,察哈尔都统祥麟等奏:"察哈尔蒙古旗群连界诺尔新产碱坯,请准令喇嘛人等刨挖,以裕国课而恤蒙艰。"允之。(《清德宗景皇帝实录卷之四〇八》)

○光绪二十三年丁酉冬十月○甲子,谕军机大臣等:"电寄春满等:富勒铭额昨已准其开缺。本日降旨,春满补授伊犁副都统。伊犁满营右翼协领恩祥,补授察哈尔领队大臣矣。春满着接办塔尔巴哈台参赞大臣事务。该处地方紧要,着即赴新任。毋庸来京请训。"○伊犁副都统富勒铭额因病解职。以察哈尔领队大臣春满为伊犁副都统。赏伊犁满营右翼协领恩祥副都统衔为察哈尔领队大臣。(《清德宗景皇帝实录卷之四一一》)

○光绪二十三年丁酉十一月○戊戌,直隶宣化镇总兵王可升因病出缺。以直隶督标副将陈飞熊为直隶宣化镇总兵官。

○壬寅,察哈尔都统祥麟奏:"张家口精锐营操防紧要,请饬津局拨给洋枪。"得旨:"即着咨行王文韶酌量拨给,以资操防。"(《清德宗景皇帝实录卷之四一二》)

○光绪二十三年丁酉十二月○癸酉,黑龙江副都统景祺奏:"请设铺税药牙,并请饬查察哈尔左翼荒地。"下部议,寻户部奏:"请饬顺天府暨各直省将军督抚查明办理,据实覆奏。不得藉词推诿延宕,致误要需。"从之。(《清德宗景皇帝实录卷之四一三》)

公元1898年

○光绪二十四年戊戌二月○辛酉,又谕:"户部奏遵议察哈尔左翼四旗游牧厂地,应比照右翼成案,清丈升科等语。着王文韶、祥麟、伊崇阿,遴委廉明公正之员,会同该厅前往勘办。将已垦成熟之地,即行查照右翼成案,照例升科。并令补交押荒银两,以重国课。原片着抄给阅看,将此各谕令知之。"

○壬午,以办事实心,予张家口左翼满洲协领玉璞,仍交军机处存记。

○癸未,察哈尔都统祥麟等奏:"军台废员已革御史安维峻三年期满,台费交清,可否释回?"得旨:"着再留二年。"(《清德宗景皇帝实录卷之四一五》)

编者注:张家口赐儿山云泉寺内崖壁上留有安维峻题诗字迹,诗曰:"为览云泉胜,山中我亦峨。石漱传怪久,洞佛赐儿多。老树森阴壑,屏峰束大河。得间三载戍,长剑倚天磨。"落款为"光绪乙未春,陪志都护游陇南,安维峻和"。"光绪乙未"为光绪二十一年(1895年),"志都护"应指光绪帝珍妃之兄志锐。当时安维峻正在察哈尔军台服役期间。

○光绪二十四年戊戌三月○丙申,以报丧迟延,营务废弛,革直隶宣化练军营官记名总兵徐平川职。○以奉派无防,耽延不赴,革直隶宣化镇标膳房堡守备佛保职。(《清德宗景皇帝实录卷之四一六》)

○光绪二十四年戊戌夏四月○甲申,予故直隶宣化镇总兵王可升优恤。事迹宣付史馆立传。

○戊申,予故前任正蓝旗蒙古副都统托伦布恤典如例。(《清德宗景皇帝实录卷之四一八》)

○光绪二十四年戊戌六月○辛丑,调正红旗满洲副都统明秀为察哈尔副都统。○予故察哈尔副都统依崇阿,照军营病故例优恤。(《清德宗景皇帝实录卷之四二二》)

○光绪二十四年戊戌九月○癸亥,又谕:"电寄裕禄等:盛宣怀电称,恰克图电工由乌得至张家口所需杆木,在库砍运艰远。请由多伦诺尔所属围场采用,分运较易等语。着准其刊运杆木一万根,仍不得砍伐大松木。并着直隶总督、察哈尔都统派员点验,毋许逾数。"

○甲子,户部奏:"察哈尔军台灾荒,亟须补救。"依议行。(《清德宗景皇帝实录卷之四二九》)

○光绪二十四年戊戌九月○庚午,察哈尔都统祥麟等奏:"军台废员效力期满,可否令缴台费释回?"得旨:"钟德祥所犯情节较重,着再留三年,期满后再行请旨。"

○庚辰,谕军机大臣等奕劻等会奏遵议京旗徙户开屯,查明成案,酌拟办法开单呈览一折:"八旗生齿日繁,生计日蹙。从前所筹京旗移屯之法,本属切实可行。亟应接续扩充,举办开垦边屯各事宜,为京旗妥筹久远之计。该王大臣等所拟办法尚为详备,惟兹事体大,经营伊始,事理极为纷繁,必须虑始图终,行之无弊,方为一劳永逸之举。着依克唐阿、延茂、恩泽、永德、裕禄、色楞额、祥麟等,按照单开各该处荒地,可移京旗屯垦者,实有若干亩。并着八旗都统,迅将各该旗人丁情愿到屯耕种者,查明实在数目,奏明请旨办理。原折单均着抄给阅看,将此各谕令知之。"(《清德宗景皇帝实录卷之四三〇》)

○光绪二十四年戊戌冬十月○甲午,以照料远人周妥,赏察哈尔管理军台参领绷苏克那木津二品衔。(《清德宗景皇帝实录卷之四三一》)

○光绪二十四年戊戌十月○丁酉,谕军机大臣等:"现在时局艰难,练兵为当务之急。热河、察哈尔均属边疆要地,所设额兵,着该都统认真训练,并督同协佐等员,将一应军资整顿齐备。各该旗余丁精壮可用者,谅必不少,亦着逐名挑拣,随同训练。仍将办理情形,随时具奏。将此由四百里谕令知之。"

○丙午,又谕:"已革提督孙万林、已革副都统丰升阿,前因获罪,发往军台。该二员年力是否精壮,尚堪效用,着祥麟查明具奏。将此谕令知之。"

○丁未,察哈尔都统祥麟等奏:"遵挑各旗精壮余丁,随同额兵训练。"报闻。(《清德宗景皇帝实录卷之四三二》)

○光绪二十四年戊戌十一月○乙卯,谕军机大臣等祥麟等奏遵旨查明在台废员一折:"已革提督孙万林、已革副都统丰升阿,均着加恩释回,交荣禄差遣委用。将此谕令知之。"(《清德宗景皇帝实录卷之四三三》)

○光绪二十四年戊戌十一月○戊辰,又谕:"有人奏张家口、独石口、多伦诺尔三厅口外王公报效马厂地亩,户部奏定开垦及押荒升科章程。直隶督臣业经举办,请乘此经营伊始,详定屯田章程,切实办理等语。口外马厂地亩,是否定有开垦章程,历来曾否举办,有无窒碍之处,着裕禄确切详查,分别奏明办理。原片着抄给阅看,将此谕令知之。"寻奏:"查明张家口三厅口外未垦荒地难以兴办屯田。应请仍照前定章程升科。"报闻。

○庚午,察哈尔都统祥麟奏:"为军台各站冬雪夏旱,灾荒较重,人畜饿毙甚多。拟亟恤赈户口,补购驼马,免误要差。"从之。(《清德宗景皇帝实录卷之四三四》)

○光绪二十四年戊戌十二月○丁亥,又谕志锐等奏大臣家丁骚扰台站,据实纠参一折:"据称前乌里雅苏台将军贵恒告病回京时,自传行李驼只已溢例额。该家丁等又多传三十余只,并有携带私人货物及勒索规礼各情,请饬究办等语。骚扰台站例禁綦严,贵恒所过内盟各站,有无苛索情事,着祥麟按照所参各节确切查明,据实具奏,勿稍徇隐。贵恒家丁耿忠,暨通晓蒙语之唐姓家丁,着顺天府先行查传看管,听候质讯。原折均着抄给阅看,将此各谕令知之。"

○癸巳,又谕祥麟等奏遵旨挑选兵丁一折:"据称现于察哈尔额兵、张家口驻防余丁内各挑选五百名,请旨准用何处,再行派员送京等语。张家口额兵既属不敷挑选,察哈尔蒙兵与内地言语不通,训练亦难得力。此项兵丁即毋庸派送来京,惟练兵为该都统分内之事,仍当将挑选之精壮兵丁,随时认真训练,俾成劲旅。将此谕令知之。"(《清德宗景皇帝实录卷之四三五》)

○光绪二十四年戊戌十二月○乙巳,谕内阁:"钦奉慈禧端佑康颐昭豫庄诚寿恭钦献崇熙皇太后懿旨,……察哈尔都统祥麟前得革职留任处分,……着加恩开复。"

○丙午,赏……察哈尔辅国公车旺哩克靖……紫缰。(《清德宗景皇帝实录卷之四三六》)

公元1899年

○光绪二十五年己亥正月○丁卯,谕军机大臣等:"向来口外台站支应差使,内外扎萨克各有专责。前因办理运务差使繁多,或因地方灾歉,始有别项部落帮台之处。现在各路并无军务,乃闻各台站仍有别部帮台之事。着祥麟、连顺、兴廉等,严饬内外蒙古各扎萨克,认真整顿。

凡某处台站,应归某部落承应,务当各专责成,规复旧制。除原有本部帮台仍照旧办理外,所有别部帮台名目,应即一律裁撤。各应各差,庶昭公允。倘有藉端规避,贻误要差者,即行随时参办,以重台务。将此各谕令知之。"寻志锐等奏:"查明并无勒令帮台等弊。"报闻。(《清德宗景皇帝实录卷之四三八》)

○光绪二十五年己亥三月○甲戌,以疏防劫案,直隶延庆州知州吕懋光、永宁镇巡检沈炳奎,下部议处。(《清德宗景皇帝实录卷之四四一》)

○光绪二十五年己亥五月○甲子,察哈尔都统祥麟等奏:"查明察哈尔所属旗群军台等处,并无荒地可移京旗屯垦。"下部知之。

○庚午,直隶总裕禄奏:"多伦厅清厘庶狱,请申明旧章。饬下察哈尔、库伦各旗,遵章一年派员会讯两次。以免积压。"(《清德宗景皇帝实录卷之四四五》)

○光绪二十五年己亥六月○己亥,总理各国事务衙门奏:"申明增定矿务章程:一、限制矿地,只准指定某县一处。不得兼指数处,及混指全府全县,以杜垄断;一、华洋股本,均令各居其半,以免偏畸。并须由华商出名领办;一、请办矿务,必须查无窒碍,业经批允,始准招集洋股,订立合同;一、批准后以十个月为期,即须呈报开工,逾限准案作废。其议开在先各矿,仍照旧核办,以免纷扰。"从之。(《清德宗景皇帝实录卷之四四七》)

○光绪二十五年己亥秋七月○壬戌,察哈尔都统祥麟等奏:"查明各台站并无别部帮台情弊。"得旨:"仍着随时认真稽查,毋任稍滋弊窦。"(《清德宗景皇帝实录卷之四四八》)

○光绪二十五年己亥九月○乙丑，……以察哈尔领队大臣恩祥为正白旗汉军副都统。

○辛未，谕内阁："本年夏秋以来，雨泽稀少，直隶、山西、山东、河南等省被旱之区甚广。明岁青黄不接之时，必须早为筹备。着各该督抚严饬该地方官，及时确查灾区轻重情形。将来春如何接济之处，分别妥筹，以期有备无患，用副朝廷轸念民依至意。"

○壬申，谕军机大臣等永德、奎成奏大青山后突有马贼白昼抢掠，请添调练军以资镇慑一折："据称本年九月初一日，据绥远城东北山后科布尔镇铺头兴合元商民胡茂财等报称，八月二十九日晌午，突有骑马贼匪三十余人，扑进元合店内打抢受伤多人，抢去银钱等物，元合成等三家亦被抢去银钱货物等项，该匪仍向东逸去等语。归绥辖境辽阔，又近接察哈尔西翼四旗，留防马队人数无多，深虑顾此失彼。着何枢迅饬大同镇总兵，选拨精壮练兵，派得力统领管带分往山后一带驻扎。并着祥麟转饬西翼四旗总管，随时派拨蒙兵巡缉，统由永德等遇事调拨，以资镇慑。原折着抄给祥麟、何枢阅看，将此各谕令知之。"（《清德宗景皇帝实录卷之四五一》）

○光绪二十五年己亥冬十月○戊寅，察哈尔都统祥麟等奏："派兵驰赴赤峰县交界，防堵奉省窜匪。"得旨："即着饬令先后派出各营，严密防堵。并将侦探情形随时具奏。"（《清德宗景皇帝实录卷之四五二》）

○光绪二十五年己亥十月○乙未，察哈尔都统祥麟等奏："遵旨派拨蒙兵赴科布尔一带巡缉马贼。"得旨："即着督饬派出将兵，随时协力巡缉，以靖地方。"○又奏："太仆寺牧群直年主事，拟请仿上驷院例，作为额外缺，以直年笔帖式升补。"下所司议。

○丙申，谕内阁裕禄奏特参讳匿盗案之地方官一折："直隶蔚州知州石赓臣，身任地方，于境内窝聚盗贼，一日之内，连劫多起。又复并案具报,希图规避。实属有心讳盗,巧为掩饰。石赓臣着即行革职,永不叙用。仍着裕禄,严饬缉拏在逃各犯,务获究办,以靖地方。"

○戊戌,蠲缓直隶……宣化、怀来、饶阳三十三州、县灾歉地方粮租杂赋有差。(《清德宗景皇帝实录卷之四五三》)

○光绪二十五年己亥十一月○壬子,直隶总督裕禄奏:"永平、宣化两属征收屯粮,请严裁浮费,加增粜价。"得旨:"着照所请,仍随时认真查察,毋任再滋弊端。"(《清德宗景皇帝实录卷之四五四》)

○光绪二十五年己亥十二月○癸巳,察哈尔都统祥麟等奏:"废员安维峻留台又届期满,家有八旬老亲,请予释回,以光孝治。"得旨:"着准其释回。"(《清德宗景皇帝实录卷之四五七》)

公元1900年

○光绪二十六年庚子春正月○乙巳,缓征直隶……宣化、怀来……十六州、县被水地方额赋旗租。(《清德宗景皇帝实录卷之四五八》)

○光绪二十六年庚子六月辛未朔○察哈尔都统祥麟奏:"遵探俄兵举动,并筹防御情形。"得旨:"仍着随时确探严防,毋稍疏懈。"

○癸酉,命察哈尔都统祥麟来京,以镶黄旗满洲副都统芬车为察哈尔都统。

○乙亥,察哈尔都统祥麟奏:"侦察俄兵未动确实情形。"得旨:"仍着确探严防,随时驰奏。"○又奏库伦张家口地居冲要,驻兵扼守情形。得旨:"即着督饬派出各营,严密防范,毋稍疏虞。"

○丁丑,又谕察哈尔副都统着魁福补授,明秀着回京当差。张家口防务紧要，所有战守一切事宜，着与芬车会同妥筹办理。"

○乙酉，又谕："陈飞熊着即开缺，何乘鳌着补授直隶宣化镇总兵。现在军务吃紧，该总兵着即星驰赴任，整顿营伍，办理防务，毋稍迁延。"(《清德宗景皇帝实录卷之四六五》)

○光绪二十六年庚子秋七月庚子朔○谕军机大臣等毓贤奏新疆、甘肃仓存粮石甚多，请饬运京；端方奏拨款派员前往宁夏购米，并请先由宁夏仓廒提借备用各折片："用兵以足食为先，果能迅速运京，接济军食，自属目前至要之务。惟道途遥远，全恃人力周转，总须不至贻累民间，方为妥善。将此谕令永德、连顺、芬车、魏光焘、饶应祺、瑞洵、李廷箫、端方知之。"

○丙午，察哈尔都统芬车等奏："万本华一军遵调赴京，地方益觉空虚。拟添募马步团勇，以资镇抚。"如所请行。

○己酉，谕军机大臣等："察哈尔地方空虚，甘肃布政使岑春煊，着即前往会同芬车等筹商防守事宜。俟该藩司所带马步各旗到齐，即驻扎该处。"(《清德宗景皇帝实录卷之四六六》)

○光绪二十六年庚子七月○壬戌，又谕："行在随扈兵丁，炎天奔走，辛苦异常。着怀来县无论何款，筹凑若干，先行酌给兵饷，勿致枵腹。并传知下站一律照办。"○是日驻跸怀来县，翌日如之。

编者注：八国联军攻入北京城，慈禧携光绪帝仓惶西逃，美其名曰"西幸"。

○癸亥，上谕："朕奉慈舆西幸，随扈各营官弁及地方各官，理宜严行约束兵丁及闲杂人等，不准喧哗乱行。如有兵丁在行在附近无故擅行放枪，定以军法从事。至溃军散勇，络绎于途。着总理行营处传知各营，自行酌量收集给饷，再整军伍。如有不法之徒，混行抢掠，即行从严就地惩办。其不愿归营，并未为匪者，收其枪械，令其回籍。时局至此，想我军民各具天良，必共体此意也。"○谕军机大臣等："居庸关为京师门户，关系最要。着马玉昆速派得力数营，驻扎居庸南口一带，扼守险隘。除随扈王公、大小官员、太监人等及各家眷属，准其放行外。务须稽查散勇，及形迹可疑者，不准放进一人。将其所带枪械，必令扣留，违者军法从事。并着马玉昆检派晓事勇敢员弁，分带数营。先在驾前两三站内轮流防守，截堵前窜散勇，勿任令抢掠。此二事责任綦重，如所派营弁虚应故事，均惟该提督是问。着派岑春煊沿途护送。至随驾官兵粮草，需用最急。着派俞启元、吴永先行前往，会同地方官豫为备办，万勿贻误，致干咎戾。"

○甲子，上奉慈禧端佑康颐昭豫庄诚寿恭钦献崇熙皇太后自怀来县启銮。○谕军机大臣等："居庸关地势险要，昨已命马玉昆留军扼守。并着何乘鳌将所部驻保定之四营调回，即扼扎沿边猪龙口一带。并收集散勇，修理炮台，以壮声援而杜窥伺。"○是日驻跸沙城堡。

○乙丑，上奉慈禧端佑康颐昭豫庄诚寿恭钦献崇熙皇太后自沙城堡启銮。○谕军机大臣等："朕恭奉慈舆巡幸太原，深恐随扈兵勇于所经州、县、乡、镇，或有滋扰，已饬带兵各员严加约束。乃近闻颇有逃兵散勇，百十为群，托名扈从，沿途肆行抢掠，以致民多逃匿，市肆一空，尚复成何事体！且似此瞥不畏法，尤恐流而为匪。着何乘鳌将原带之正定练军四营，即由保定调回，带同驰往宣化至大同一带，查明此项散勇，严行截止。其有营可归者，派弁押回原营。若无营可归，即择其年力强壮，技艺优娴者，编立两营。认真训练，以备调遣。凡老弱疲惰，不愿从军者，概将军械收回，资遣归籍。所需经费，由行营前路粮台给发。倘仍敢结党行强，不受约束，即照军法从事，以肃军政而靖闾阎。该总兵务当振刷精神，实力办理，勿稍延误。"○又谕："朕钦奉慈舆西幸，沿途需饷甚急。所有口北道库存公银两，及宣化县征起未解各项钱粮，并张家口、归化城、杀虎口各关征存未解税银，着口北道暨该监督等，于接奉此旨后，即日起解，交行在前路粮台兑收，毋稍刻延。该粮台亦毋任吏胥稍有需索，将此谕令行在户部知之。"○是日驻跸鸡鸣驿。

○丙寅，上奉慈禧端佑康颐昭豫庄诚寿恭钦献崇熙皇太后自鸡鸣驿启銮。○上谕："畿辅军情着马玉昆派弁连环侦探，按日具报，不得稍有疏误。近日关内外官弁兵勇，沿途络绎不绝，辄以随扈为名，几至无从稽考，尚复成何事体！并着马玉昆严饬守关将士，自奉旨之日起，苟非有旨征调之兵，应一律截留，不准擅放出关。仍核实点名造册，收缴军械，分别咨遣，以清跸路。"○又谕："随扈人数众多，往往徒步从行，千里之遥，殊形竭蹶。着口北道、宣化府、宣化县等设法多备车马，务于即日报齐，勿稍迟误。"○擢直隶怀来县知县吴永以知府留于本省候补，先换顶戴。○是日驻跸宣化府。至己巳皆如之。

○丁卯，又谕："朕恭奉慈舆暂行巡幸太原，自启銮以来，见所过地方秋禾遍野。随扈官兵及各项当差员役人数繁多，于农事不免损折，朕心轸念实深。着将直隶宛平、昌平、延庆、怀来、保安、宣化、怀安等州、县属，凡跸路所经地户应征钱粮，加恩豁免一年，以示体恤。并着顺天府、口北道、宣化府先行恭录谕旨，出示晓谕，俾众咸知。仍由直隶藩司即日刊刻誊黄，颁行张贴。务期实惠及民，毋任吏胥舞弊。"○又谕："昨令何乘鳌截留散勇，挑选千人编成两营。所需招集经费，由前路粮台给发。其成军后应支月饷，着口北道、宣化府就地筹款，按月给发。"○谕军机大臣等："着派英年督同宣化府知府李肇南，即往前路查看驿站，及尖宿驻跸处所，随时奏报。"○又谕："朕恭奉慈舆暂行巡幸太原，着山西大同镇总兵即日带兵前来交界处所迎扈，毋得迟误。"○又谕："朕恭奉慈舆暂行巡幸太原，着山西大同府知府速赴怀安县交界地方，随同户部侍郎英年查勘驿路并尖宿处所，与直隶宣化府知府李肇南互相交替，毋得迟误。"○命察哈尔都统芬车随扈当差，以镶白旗汉军副都统奎顺为察哈尔都统。

○己巳，谕军机大臣等："前有旨着芬车挑选壮马一千匹，迅解行在，现已命奎顺补授察哈尔都统。即着责成奎顺将前项马匹连鞍辔如数办齐,迅速解赴行在备用,勿稍迟误。明日恭奉慈舆自宣化启銮,并谕该都统知之。"

○予直隶候补知府宣化县知县陈本,交军机处记名以道府用。(《清德宗景皇帝实录卷之四六七》)

○光绪二十六年庚子八月○庚午,奉皇太后自宣化府启銮。

○辛未,上奉慈禧端佑康颐昭豫庄诚寿恭钦献崇熙皇太后自左卫城启銮。○是日驻跸怀安县。

○壬申,上奉慈禧端佑康颐昭豫庄诚寿恭钦献崇熙皇太后自怀安县启銮。○是日驻跸山西天镇县。

○癸酉,上奉慈禧端佑康颐昭豫庄诚寿恭钦献崇熙皇太后自天镇县启銮。○是日驻跸阳高县。

○甲戌,上奉慈禧端佑康颐昭豫庄诚寿恭钦献崇熙皇太后自阳高县启銮。

○丙子,军机处奏:"前命察哈尔都统挑选壮马,现解到八百二十四匹。随扈人等缺马甚多,此项马匹应交何处分赏,恭候命下。"得旨:"内留一百七十四,余交总管内务府大臣继禄。"(《清德宗景皇帝实录卷之四六八》)

○光绪二十六年庚子八月○戊子,以……直隶口北道钟培为河南按察使。

○丙申,察哈尔都统奎顺等奏:"张家口添招勇队成军,续调马队,亦皆到防驻扎。"得旨:"即着督饬该统带等认真训练,扼要巡防,毋稍疏懈。"○又奏:"军台废员杨万才等请投营效力,以赎前愆。"得旨:"杨万才等情节较重,所请着不准行。"(《清德宗景皇帝实录卷之四六九》)

○光绪二十六年庚子闰八月○辛丑,察哈尔都统奎顺等奏:"军台废员已革江苏道员沈敦和报效军饷万金,可否释回?"得旨:"不准释回,银两发还。"

○壬寅,护理直隶总督布政使廷雍……又奏:"请以宣化府知府李肇南补保定府知府。"得旨:"李肇南已有旨开缺矣。"

○癸卯,调……前察哈尔都统芬车为镶白旗蒙古都统。……

○乙巳,又谕:"此次西巡长安,所有武卫前左两军,除马玉昆酌带随扈外,其余各营,统归宋庆节制。自居庸南口以及宣化、大同一路各关隘,安设地营,扼要驻扎,严密防范。该提督即统率亲军,驻守太原,居中调度,妥筹布置。该提督须择平素得力营官,派充分统,各专责成。其各营将弁,是否均堪胜任,并着实力整顿,分别撤留,毋稍迁就。此路防范最关紧要,该提督老成凤望。着即责成各分统认真筹防,随时指授方略,朝廷不为遥制也。将此谕令知之。"(《清德宗景皇帝实录卷之四七〇》)

○光绪二十六年庚子冬十月○戊辰,湖广总督张之洞奏:"鄂省防营亟需马匹,派员往张家口各处采买,请饬部给票,并行知各口监督,免税放行。"下所司知之。

○壬寅,察哈尔都统奎顺奏:"洋兵队伍已过居庸关,由怀来一带北进。已饬张家口各队,随时弹压防守。"得旨:"着即认真弹压防守,并将此后情形,随时驰报。"

○辛亥,察哈尔都统奎顺等奏:"英、德、意、奥四国洋兵已过宣化,现调镇边新军、察哈尔兵队各一千人,于张家口一带分段防守,以阻洋兵西趋之路。"报闻。○又奏:"洋兵到境恫喝万端,经派军台效力已革江苏候补道沈敦和,入死出生,与之委曲争论,始获无事。请将沈敦和破格擢用。"得旨:"沈敦和着免其发遣,交奎顺等差遣委用。"(《清德宗景皇帝实录卷之四七四》)

○光绪二十六年庚子十二月○戊戌,察哈尔都统奎顺等奏:"洋兵复来,已革道员沈敦和两次理论退敌,并办理妥洽情形,恳恩逾格奖励。"得旨:"沈敦和着开复原官翎衔,仍交奎顺等差遣委用。"

○辛亥,追予在京殉难前察哈尔副都统明秀等优恤。殉节各官绅兵丁妇女七十三名口,分别恤旌如例。(《清德宗景皇帝实录卷之四七六》)

○光绪二十六年庚子十二月○丙辰,谕内阁奎顺等奏军台废员由配脱逃,请饬拏办一折:"已革笔帖式恒有于本年九月间,胆敢由配脱逃。已由该都统咨行邻境缉拏,难保不潜行回京。着顺天府、五城一体严拏,务获究办。"(《清德宗景皇帝实录卷之四七七》)

公元1901年

○光绪二十七年辛丑春正月○戊辰,豁免多伦诺尔年贡海龙等皮张。

○己巳,谕军机大臣等:"电寄奕劻等:东三电悉,前据奎顺查覆,署归绥道郑文钦,戕害过境洋官周尼思属实,自应从严惩办。郑文钦着即行正法,惟绥远城将军永德,据奎顺查无派兵之事。论洋官一人,亦何至派兵五百之多?究竟是何实情,自应确切查明再办。永德着先行革职,听候查办。该亲王等即就近传旨,令奎顺复查实在情节。如果永德实有纵令戕害洋官确据,定行重惩。俟定案明发谕旨时,先行送与英使阅看,再行发抄。即着奕劻、李鸿章照此办法,切告英使,即行电奏。"(《清德宗景皇帝实录卷之四七八》)

○光绪二十七年辛丑二月○庚子,察哈尔都统奎顺等奏:"地方紧要,请留道员沈敦和办理交涉。"得旨:"沈敦和着暂赴山西办事后,再回察哈尔。"

○辛丑,又谕:"电寄盛宣怀:支电悉,自张家口至京至乌得电杆,全被毁失，亟需修复。应用电杆木约五千根，拟援照前案，由多伦诺尔所属围场采办等语。着照所请，即由盛宣怀咨行李鸿章、奎顺派员点验，毋稍迟延。"

○乙巳，谕军机大臣等："有人奏直隶延庆州等处，藉查匪为名，拘繋各户封闭房产，勒罚巨金有多至五千两者。览奏殊堪痛恨。畿辅现经兵燹，小民流离失所，岂可任贪吏朘削，致闾阎益形困苦？着李鸿章确切查明，如有前项婪索情弊。即将该地方官据实严惩，毋稍姑息。将此谕令知之。"寻奏："遵查知州秦奎良在署设坛，不能辞咎。此外并无拘繋人民、勒罚巨款情事。应请即行革职，永不叙用。"从之。

○己未，察哈尔都统奎顺等奏："交涉紧要，拟调广东候补道陈明远差遣。"得旨："陈明远声名恶劣，着不准调往。"

○庚申，以逗留淫掠，革直隶宣化镇左营守备何天龙职。并讯办。
（《清德宗景皇帝实录卷之四八〇》）

○光绪二十七年辛丑三月○壬辰，又谕："电寄昆冈、岑春煊：电称晋省后山一带，谣传蒙古四子王部落调兵仇教。近以洋兵西来，蒙兵开枪，经极力排解息事。现归绥道与教士商办教案，甫有端倪。深恐蒙兵滋事，致碍和局等语。着昆冈迅即严饬蒙古四子王部落约束兵民，不得稍滋事端。并知照察哈尔都统奎顺一体妥为约束，毋稍大意。"（《清德宗景皇帝实录卷之四八一》）

○光绪二十七年辛丑夏四月○己亥，又谕："电寄奕劻等：据奎顺等奏，三月间有德兵至张家口空营内，将埋藏之军火刨出拉运，自行失火，伤毙洋兵数名，旗兵伤毙甚多。衙署房屋，全行震塌。该洋官南北送信，恐藉词生衅。请电饬全权派员查办等语。此事究竟是何实情，德兵有无寻衅之意，即着奕劻、李鸿章探明电覆。并派员驰往查办，毋任滋扰生事。"

编者注：察哈尔都统署建筑遭到严重毁坏。

○己酉，山西巡抚岑春煊奏："补用道沈敦和，请留晋襄办洋务。"得旨："沈敦和着仍赴察哈尔，随同奎顺办理交涉事件。俟事定后，准奏留于山西，以道员尽先补用。"（《清德宗景皇帝实录卷之四八二》）

○光绪二十七年辛丑五月○乙丑，谕军机大臣等："电寄理藩院等：前据岑春煊电奏，晋省后山一带，谣传蒙古四子王部落调兵仇教。当经电谕理藩院，并由六百里谕令奎顺，转饬认真约束查察，毋任滋事。兹复据岑春煊奏称：蒙古兵民谣传仇教，请饬禁止等语。究竟有无其事，亟应确查严禁。上年拳匪滋事，蒙古兵民相率效尤，教案至今尚未办结。该蒙古王等均世受国恩，应如何仰体时艰，约束兵民。现在和局将定，岂容再生枝节，上贻宵旰之忧！着信恪、奎顺认真查办，切实开导。并传谕各盟旗，如遇兵民造谣惑众，即行严拏惩办，并随时保护教民，以杜外人借口为要。并着理藩院再饬蒙古四子王部落及各盟旗王公盟长等，将部下兵民严加约束。总期民教相安，毋任再生事端。前谕令信恪查办塔拉特王及蒙古十一人之案，并着迅速覆奏。原折均着抄给阅看。"寻奏："查明蒙古地方谣传仇教，均无其事。塔拉特王戕杀教民一案，业饬将蒙员调绥，饬调帮办教案直隶知府寿勋等，持平办理，以昭妥慎而期速结。"得旨："着将塔拉特王一案迅速持平办理。严禁谣言，以弭后患。"（《清德宗景皇帝实录卷之四八三》）

编者注：原文中"塔拉特"又写为"搭拉特"。

○光绪二十七年辛丑十一月○戊子，又谕岑春煊奏筹议开垦蒙地，请特派八旗大员督办一折："晋边西北乌兰察布、伊克昭二盟，蒙古十三旗荒地甚多。土脉膏腴，自应及时开垦，以实边储。于旗民生计，均有裨益。着派贻谷驰赴晋边督办垦务，即将应办事宜，会同该将军、巡抚，随时筹议具奏。另片奏察哈尔蒙地请饬一律招垦等语，并着会同奎

顺妥筹办。原片着分别抄给阅看,将此各谕令知之。"(《清德宗景皇帝实录卷之四九〇》)

○光绪二十七年辛丑十二月○乙未,察哈尔都统奎顺等奏:"察哈尔原有驻防满营,拟就该营添设武备学堂,改练新军。即仿照北洋武备学堂章程,先行试办。"得旨:"着即认真挑选训练,务成劲旅,以备缓急。"

○丁酉,豁缓直隶……张家口八十二厅、州、县被灾歉收村庄粮赋地租。

○庚子,科尔沁多罗宾图郡王敏鲁布扎布二人、喀喇沁多罗都楞郡王多罗额驸贡桑诺尔布等二人、敖汉多罗郡王察克达扎布等三人、土默特郡王衔多罗贝勒色凌那木济勒旺宝一人、喀尔喀扎萨克多罗郡王多尔济帕喇穆等二人、阿鲁科尔沁郡王衔多罗贝勒巴咱尔济哩等一人、巴林固山贝子杜英固尔扎布等二人、扎鲁特镇国公鲁勒玛扎布一人、翁牛特镇国公旺布林沁一人、苏尼特辅国公特穆尔、察哈尔公中佐领鞦柯巴雅台一人,于乾清门瞻觐。(《清德宗景皇帝实录卷之四九一》)

○光绪二十七年辛丑十二月○乙卯,又谕袁世凯奏特参贪劣不职各员一折。直隶……署宣化县调补清苑县知县李兆珍……着传旨嘉奖。"○以办理交涉出力,赏察哈尔左翼协领额勒浑副都统衔,予道员沈敦和等存记升叙加衔有差。(《清德宗景皇帝实录卷之四九二》)

公元1902年

○光绪二十八年壬寅五月○戊辰,督办垦务兵部左侍郎贻谷奏:"驰抵归化,暂缓会商西盟垦务,趁便赴察哈尔,先行筹办右翼旗清垦事宜。并派员先赴绥化城八旗牧厂,勘分地界,再定详细章程,扩充妥办。"得旨："着即将清垦事宜认真经理,为蒙旗开辟利源。"

○甲申,察哈尔都统奎顺等奏："拟将察哈尔左翼东四旗会同一律开垦。"得旨："着会商贻谷妥筹办理。"(《清德宗景皇帝实录卷之四九九》)

○光绪二十八年壬寅六月○癸巳,察哈尔都统奎顺等奏："厘定新军兵制饷章。"得旨："着即核实办理,务除积习。"(《清德宗景皇帝实录卷之五〇〇》)

○光绪二十八年壬寅六月○甲辰,督办垦务兵部左侍郎贻谷奏："筹拟察哈尔右翼四旗垦务办法,量为变通,以期清弊而浚利源。"从之。

○丁未,督办垦务兵部左侍郎贻谷等奏："王公马厂与察哈尔各旗地界毗连,交错牵混,辨认不易。惟有令该王公将厂地一律报效开垦,以兴地利。"从之。(《清德宗景皇帝实录卷之五〇一》)

○光绪二十八年壬寅八月○壬子,察哈尔都统奎顺等奏："修理营房经费请饬直隶补拨,以济要工。"得旨："着咨商袁世凯饬司筹拨。"(《清德宗景皇帝实录卷之五〇四》)

编者注:察哈尔都统署得到一次全面大修。此次大修保持了原建筑格局,但建筑形制有所变化。

○光绪二十八年壬寅冬十月○戊申,又谕奎顺等奏科布多帮办大臣瑞璋假期届满,病仍未痊,恳请开缺据情代奏一折："瑞璋托病迁延,久不赴任,实属有意规避。着即行革职。"(《清德宗景皇帝实录卷之五〇六》)

○光绪二十八年壬寅十一月○辛未,察哈尔都统奎顺等奏："请截留茶价银两,以备洋务局、警察营等处饷需,并请于茶马厘捐项下,发

给兵丁衣价。"均从之。(《清德宗景皇帝实录卷之五〇七》)

○光绪二十八年壬寅十二月○己丑,察哈尔都统奎顺等奏:"蒙古等处牛羊群,轮届均齐之年。请援案缓查,以示体恤。"得旨:"准其暂缓均齐。"

○庚寅,直隶总督袁世凯奏:"顺直昭信股票,展限请奖。并请豁免宣化府属驼差,以除扰累。"允之。

○甲午,上御乾清宫。科尔沁和硕卓礼克图亲王额尔德、木毕里克图等五人,翁牛特亲王衔多罗都楞、郡王赞巴勒诺尔布等二人,阿巴噶亲王衔多罗郡王杨桑等四人,扎赉特多罗郡王旺勒克帕勒赍一人,喀喇沁多罗都楞郡王多罗额驸贡桑诺尔布一人,敖汉多罗郡王察克达尔扎布等三人,土默特郡王衔多罗贝勒色凌那木济勒旺宝一人,苏尼特多罗贝勒索特那木多布沁等二人,巴林固山贝子杜英固尔扎布等二人,喀尔喀固山贝子托果瓦等三人,浩齐特头等台吉色隆济勒一人,扎鲁特多罗贝勒林沁诺依鲁布一人,茂明安多罗贝勒棍布一人,阿巴哈那尔头等台吉珠尔默特云端一人,察哈尔辅国公车旺哩克靖等二人,青海扎萨克头等台吉丹巴一人瞻觐。

○己亥,察哈尔都统奎顺等奏:"蒙旗挑练马队,请拨解枪枝子药,并筹给饷需。"得旨:"着咨行袁世凯拨解。所需饷项,户部议奏。"(《清德宗景皇帝实录卷之五〇九》)

○光绪二十八年壬寅十二月○甲辰,察哈尔都统奎顺等奏:"会议察哈尔左翼垦务,拟照右翼现办章程,一律办理。"从之。

○丙午,予张家口管站部员理藩院员外郎连厚等奖叙。

○甲寅,命察哈尔辅国公车旺哩克靖在御前行走。(《清德宗景皇帝实录卷之五一〇》)

公元1903年

○光绪二十九年癸卯春正月○己卯,谕内阁袁世凯奏特参贪劣不职等官一折:"直隶……署张家口同知天津海防同知熊寿钱,心地糊涂,举止乖谬。准补宣化县知县王华清,喜事铺张,操守难信。……均着即行革职。保安州知州荣恩,才具竭蹶,声名平常。……均着开缺另补,以示惩儆。"(《清德宗景皇帝实录卷之五一一》)

○光绪二十九年癸卯二月○癸卯,外务部奏:"金贵银贱,中国受亏甚钜。亟变通钱币,以图补救。一、铸金钱;一、存金款;一、严金禁;一、用金票;一、铸银圆;一、设银行。大要以金钱定铜银二币之值,以抄票济金银二币之用,以银行为利国便民之枢纽,以矿产为设局鼓铸之来源。借鉴列邦成法,损益尽善,庶挽利权。"下政务处会同户部议奏。(《清德宗景皇帝实录卷之五一二》)

编者注:近现代中国金融货币的重大改革。

○光绪二十九年癸卯三月丙辰朔○又谕:"有人奏直隶宣化镇总兵何乘鳌纵匪肆掠,营务废弛,以致强劫之案,层见叠出。所属一带土匪,任意扰害。该镇捏报肃清,蒙保多名,并误疑村民窝匪,烧毁民房,杀毙多命。贼首派充马勇,兵匪合而为一,请旨饬查等语。着袁世凯按照所参各节。认真确查,据实具奏,毋稍徇隐。原片着抄给阅看,将此谕令知之。"(《清德宗景皇帝实录卷之五一三》)

○光绪二十九年癸卯夏四月○甲辰,谕内阁:"前据御史李灼华奏,参直隶宣化镇总兵何乘鳌纵匪殃民各节,当经谕令袁世凯确查。兹据查明覆奏,该总兵被参各款。或事出有因,或查无实据。惟于营员多所徇纵,未能随事究办,实难辞咎。何乘鳌着交部议处,留省补用。副将周得胜,剿匪延误,着即行革职,永不叙用。游击衔都司前洗马林守备明立,于匪徒抢劫衙署,捏报规避。哨官千总高清选,畏葸无能。着一并革职。都司薛东林以溃弁留营肆行抢掠,现复在逃,着即革职。仍通饬严拏,务获就地正法,以肃军纪。"寻兵部议奏:"何乘鳌应降三级调用。"得旨:"直隶宣化镇总兵何乘鳌,着加恩改为降三级留任。"(《清德宗景皇帝实录卷之五一四》)

○光绪二十九年癸卯五月○癸未,督办垦务兵部左侍郎贻谷奏:"察哈尔左右两翼各王公马厂,业经查明坐落处所。遵旨行知该王公一律报效开垦。"报闻。(《清德宗景皇帝实录卷之五一六》)

○光绪二十九年癸卯秋七月○壬寅,谕内阁袁世凯奏举劾属员一折:"……署赤城县知县祝嘉庸,性情畏葸,罔知振作。着即行革职。……蔚州知州黄祖戴,性近优柔,才具竭蹶。着开缺另补。……"(《清德宗景皇帝实录卷之五一九》)

○光绪二十九年癸卯八月○丁巳,谕内阁商部奏拟于各省设立路矿农务工艺各项公司,请饬各将军督抚会同筹办等语:"现在振兴商务,全在官商联络一气,以信相孚。内外合力维持,广为董劝,以期日有起色。着各省将军、督抚于商部议设各项公司,会同筹画,悉心经理。并饬该管道、府、州、县,随时认真保护。倘有推诿因循,仍前漠视,该部即行据实奏闻,力除壅蔽,毋稍迁就。"

○癸亥,以防边出力,予张家口蒙古左翼协领富伦优叙。○调商都太仆寺牧群骟马五百匹,赴张家口军营备用。

○丙寅,督办垦务绥远城将军贻谷奏:"察哈尔右翼垦务成效过半,请奖出力各员。"得旨:"准其择尤酌保,毋许冒滥。"

○丙子,督办垦务绥远城将军贻谷等奏:"酌留察哈尔八旗官兵缺地,暨各佐公共牧地,以恤蒙艰。"允之。○又奏:"察哈尔左翼垦务成效过半,请奖出力人员。"得旨:"准其择尤保奖,毋许冒滥。"○察哈尔都统奎顺奏:"试办加收马厘,并推广牛马驼只等捐,以济饷需。"下部知之。

○丁丑,察哈尔都统奎顺等奏:"察哈尔左翼垦地日广,请将原设张家口、独石口两厅,均移驻口外适中之地,便民就治。"下吏部议。(《德宗实录卷之五二〇》)

○光绪二十九年癸卯九月○乙巳,直隶总督袁世凯奏:"口北盐务设局督销,包交课银。请将张家口监督多伦厅盐税,暨宣化府属旧有包课一并裁免。"下部知之。(《清德宗景皇帝实录卷之五二一》)

○光绪二十九年癸卯十一月○癸巳,命察哈尔都统奎顺抬入正蓝旗满洲旗分。

○丁酉,察哈尔副都统魁福奏:"旗群马队,蒙饷不敷。请分别裁留,以示体恤。"允之。(《清德宗景皇帝实录卷之五二三》)

○光绪二十九年癸卯十二月○丁巳,上奉慈禧端佑康颐昭豫庄诚寿恭钦献崇熙皇太后御乾清宫。喀尔喀扎萨克多罗郡王多尔济帕拉穆等七人,翁牛特多罗郡王赞巴勒诺尔布等四人,扎赉特多罗郡王旺喇克帕勒斋一人,敖汉多罗郡王察克达尔扎布等三人,土默特多罗贝勒色凌那木济勒旺宝一人,阿鲁科尔沁多罗贝勒巴咱尔济哩第等四人,茂明安多罗贝勒棍布一人,阿巴噶固山贝子贡多桑保一人,扎鲁特镇国公鲁勒玛扎布一人,喀喇沁辅国公僧格扎布一人,苏尼特辅国公特穆尔一人,巴林二等台吉色丹那木扎勒旺宝一人,察哈尔三等侍卫齐莫特多尔济一人,阿拉善头等台吉普勒忠呢什尔一人瞻觐。

○己未,以保护边境有功,察哈尔都统奎顺、副都统魁福,传旨嘉奖。

○壬戌,杜尔伯特和硕亲王索特那木扎木柴一人,青海多罗郡王栋阔林沁等二人,喀尔喀头等台吉车林棍布一人,察哈尔三等台吉贡楚克多尔济等五人,乌珠穆沁镇国公达木林等二人,巴林固山贝子萨旺喇布坦一人,喀喇沁辅国公林沁多尔济一人,科尔沁辅国公呢玛一人,翁牛特辅国公达尔玛巴拉一人,于神武门外瞻觐。(《清德宗景皇帝实录卷之五二四》)

公元1904年

○光绪三十年甲辰春正月○癸巳,御史溥琦奏:"闻直隶常备各军,先后开赴山海关、张家口一带保护边界。乃各军闻调,相率逃溃,请派大员密查。"得旨:"着练兵处查明具奏。"寻奏:"此次调防各营,自开拔以及到防,并无一名逃亡。所参各节,查无实据,请毋庸议。"报闻。(《清德宗景皇帝实录卷之五二六》)

○光绪三十年甲辰五月○辛丑,谕内阁袁世凯奏举劾属员一折:"……署怀安县事稿城县知县陈沐,懒惰因循,难期振作。龙门县知县张兆龄,性耽安逸,不勤民事。……均着一并革职。"(《清德宗景皇帝实录卷之五三一》)

○光绪三十年甲辰六月○辛亥,谕军机大臣等:"有人奏库伦办事大臣德麟溺职营私,有误大局一折。着奎顺按照所参各节,确切查明,据实具奏,毋稍徇隐。原折着抄给阅看,将此谕令知之。"(《清德宗景皇帝实录卷之五三二》)

○光绪三十年甲辰秋七月○庚子,督办垦务绥远城将军贻谷奏:"拟将附近察哈尔旗直晋边厅余荒地亩,拨充学堂经费。并恳恩免押荒升科,以资教养。"如所请行。(《清德宗景皇帝实录卷之五三三》)

○光绪三十年甲辰八月○己巳,谕内阁:"前据御史刘汝骥奏参库伦办事大臣德麟溺职营私各款,当经谕令奎顺确查。兹据查明覆奏,德麟虽查无贪婪骄纵实迹,惟办事操切,人地不宜,着开缺来京当差。蒙古翻译色楞扎布,招摇生事,着即革职。驱逐回旗,严加管束。"
○辛未,谕内阁理藩院奏敏珠呼图克图因躲热在多伦诺尔地方圆寂一折:"敏珠呼图克图驻京年久,经卷亦甚娴熟。兹闻圆寂,朕心深为悼惜。加恩着赏给手串一串,银三百两,五十两重银曼达一个,大哈达一个,小哈达一百个,香四束。所赏物件,交该院转交伊徒苏拉喇嘛,什赍回颁给。"(《清德宗景皇帝实录卷之五三四》)

○光绪三十年甲辰九月○辛丑,以擅离汛守,革察哈尔营佐领达岱职。
○甲辰,以缉匪出力,开复宣化镇总兵何乘鳌降级处分。(《清德宗景皇帝实录卷之五三五》)

○光绪三十年甲辰冬十月○壬戌,蠲缓……独石口四十四厅、州、县被水、被雹、被虫、被旱、被雾、被风地方本年应征粮租。……(《清德宗景皇帝实录卷之五三六》)

○光绪三十年甲辰十一月○癸未,谕军机大臣等:"电寄延祉:据电奏,前经察哈尔都统派佐领图麟等随带兵役,沿途护催驼马,请将该员等暂留差遣。并请饬库伦大臣拨银五百两,事竣开报等语。均着照所请行。"(《清德宗景皇帝实录卷之五三七》)

○光绪三十年甲辰十二月○己酉，命乌里雅苏台将军连顺来京，以察哈尔都统奎顺为乌里雅苏台将军，陕西巡抚升允为察哈尔都统。

○壬子，上奉慈禧端佑康颐昭豫庄诚寿恭钦献崇熙皇太后御勤政殿。科尔沁和硕亲王额尔德木毕里克图等二人，图什业图汗部落亲王刚达多尔济一人，翁牛特亲王衔多罗郡王赞巴勒诺尔布等二人，喀喇沁多罗郡王多罗额驸贡桑诺尔布等二人，敖汉多罗郡王察克达尔扎布等二人，昭乌达巴林扎萨克多罗郡王扎噶尔一人，阿巴噶多罗郡王布彦乌勒哲依等二人，巴林多罗郡王扎噶尔等二人，茂明安多罗贝勒棍布一人，喀尔喀固山贝子托果瓦等四人，阿巴哈那尔贝勒衔固山贝子车凌多尔济一人，阿拉善贝子衔头等台吉勒旺布哩克济勒一人，苏尼特辅国公特穆尔一人，察哈尔公中佐领巴扎尔一人瞻觐。（《清德宗景皇帝实录卷之五三九》）

○光绪三十年甲辰十二月○癸亥，督办垦务绥远城将军贻谷奏："独石口驻防官兵，饷薄丁众，拟援案拨给缺地。防守御一员五百亩，防御二员各三百亩，骁骑校二员各二百亩，笔帖式二员、委署骁骑校、领催、委领催共十二名，各一百五十亩。马甲八十六名，各一百亩。养育兵二十名，各六十亩。现饬左翼垦务局，先尽正白旗红旗滩等处荒地丈拨，不足再由他处拨补，以资养赡。"允之。○又奏："察哈尔左翼垦务，前经奏明在张家口设局，嗣又奏设东路垦务公司。现各处垦务办理将竣，当饬归并，以节经费。"下部知之。

○丁卯，赏……察哈尔辅国公罗布桑索特巴……花翎。

○己巳，拨察哈尔左右翼旗蒙地，分给张、独、多、丰、宁、兴、陶七厅学堂各五千亩。（《清德宗景皇帝实录卷之五四〇》）

公元1905年

○光绪三十一年乙巳春正月○甲午,以察哈尔都统升允为闽浙总督。未到任前,以福州将军崇善兼署。

○乙未,以都察院左都御史溥颋为察哈尔都统。(《清德宗景皇帝实录卷之五四一》)

○光绪三十一年乙巳二月○癸丑,谕军机大臣等:"电寄延祉等:电悉达赖回藏,准其由张家口、大同内地行走。着理藩院知照各将军、都统、督抚并各盟旗一体遵办。"(《清德宗景皇帝实录卷之五四二》)

○光绪三十一年乙巳三月甲戌朔○督办垦务绥远城将军贻谷等奏:"察哈尔驻防张家口满蒙官兵,生计困难。拟请援案饬垦务局在镶黄、正白两旗未放余荒拨给缺地。并恳准免升科,以恤兵艰。如所请行。"

○己丑,以捐赀兴学,予直隶万全县职员王乃节建坊。(《清德宗景皇帝实录卷之五四三》)

○光绪三十一年乙巳夏四月○壬子,直隶总督袁世凯等奏:"筹设京张铁路,工巨款繁。酌议提拨关内外铁路余利,每年提银一百万两,从速动工,四年可成。此路即作为中国筹款自造之路,不用洋工程司经理。俟将全路工程测勘完竣,绘具图说,另行核办。"下部知之。(《清德宗景皇帝实录卷之五四四》)

○光绪三十一年乙巳五月癸酉朔○以提倡学务成绩卓著,赏直隶宣化府知府王守堃二品顶戴。

○壬午，察哈尔都统溥颋等奏："台灾待赈孔急，仍请援案开办驼马捐输。"下所司知之。(《清德宗景皇帝实录卷之五四五》)

○光绪三十一年乙巳六月癸卯朔○督办垦务绥远城将军贻谷……又奏："请饬察哈尔都统就近会筹左翼垦务。"得旨："着溥颋会筹办理。"

○己酉，察哈尔都统溥颋奏："到任后体察情形，撮拟办法六条，曰：整顿武备学堂、建设八旗学堂、简练军实、创兴工艺、慎重交涉、整饬官常。"下所司知之。

○庚戌，察哈尔都统溥颋等奏："台灾迫切，先行借款，驰往放赈。一面遵办驼马捐输，以解倒悬。"下所司知之。

○戊辰，直隶总督袁世凯奏："添练陆军，需用战马日多。拟于口外黑峰河海流台两处安设牧场，请饬下察哈尔都统转饬定界。"下所司知之。(《清德宗景皇帝实录卷之五四六》)

○光绪三十一年乙巳八月○己酉，擢署保定营参将韩廷贵为山西大同镇总兵官。

○甲寅，察哈尔都统傅颋等奏："台灾迫切，赈捐缓不济急。请截留张家口监督署库银二万两，以济台荒。"下部议。

○丁卯，察哈尔都统傅颋等奏："台站扰累，积弊甚深。请饬部院申明台差定章，严行通饬，以恤台艰。"下所司议。(《清德宗景皇帝实录卷之五四八》)

○光绪三十一年乙巳冬十月庚子朔○给事中左绍佐奏："西北空虚，拟请设立行省。"下政务处议。寻奏："请饬直隶总督、山西巡抚及热河、察哈尔都统，并入程德全折。体察情形，通盘筹画。先于要害处所添设地方各官，责令调和蒙汉。依议行。"○督办垦务绥远城将军贻谷等奏："察哈尔左翼毗连群台，私垦地亩，一律勘明丈放，分清地址。其已经垦局丈放者，不准再有牵涉翻腾，致令民蒙受累。其未经丈放者，亦不准再有侵垦私卖，致与牧政有妨。"下户部知之。

○己未，谕内阁溥颋等奏边臣回京，随从人等索扰台站，据实纠参一折："据称前科布多参赞大臣瑞洵行李过境，需用驼马至一二百只，毡房至数十架之多。所带巡捕家丁，并有折价索银情事等语。现在蒙情困苦，朝廷方深轸念。出差人员，自应深明大体，格外体恤。乃该大臣竟敢肆意扰累，纵令随从人等沿途需索，实属荒谬。瑞洵着即行革职，发往军台效力赎罪。并着将巡捕谷金保、家丁德化一并交出，严行惩办。所有索取银两，着溥颋按数追出，发还各台站，以示惩儆。"（《清德宗景皇帝实录卷之五五〇》）

○光绪三十一年乙巳十一月○甲午，谕内阁兵部、理藩院会奏、议覆溥颋等奏，沥陈台站扰累积弊，请申明定章，开单呈览，并酌给津贴各折片："据称台站定例，本属甚严，日久弊生。官员弁兵，肆行扰累，亟宜严定章程，变通办法等语。着各都统及将军大臣等遵照单开各节，一体办理。遇有驰驿公务，暨差遣员役，准照议定章程，核实填给。不得瞻徇情面，稍涉浮滥。各站供应，亦着一律遵办。此项出差人员，着户部按照程途远近，酌给津贴，以利遄行。如再有前项扰累情事，即着该都统等据实纠参，从严惩办。以肃台政而恤蒙艰。"（《清德宗景皇帝实录卷之五五一》）

○光绪三十一年乙巳十二月○丙辰，谕内阁："前据锡恒两次奏，参瑞洵、景善等婪赃舞弊各款，当经谕令连魁确查。兹据查明覆奏，景善供出各情（瑞洵纵容家丁，营私通贿，又复捏报添兵）均有实据。该大臣身膺边寄，应如何整躬率属，乃竟营私舞弊，胆大妄为，实属辜恩溺职。瑞洵业经因案发往军台，着溥颋派员押解来京，交刑部严讯。将各款勒限如数追出，按律治罪。章京景善阿附通贿，前经革职。着连魁拏解来京,归案讯追。家丁吕明义、翟广俊,诈赃索贿。着步军统领、顺天府、察哈尔都统严拏务获,送部一并治罪。"(《清德宗景皇帝实录卷之五五三》)

公元1906年

○光绪三十二年丙午三月○乙亥,察哈尔都统溥颋等奏:"续垦蒙荒,拟亲往覆勘。派员设局,以期及时招垦。"下部知之。

○丁酉,以报效银两,赏多伦诺尔干珠尔瓦诺们汗志诚名号。(《清德宗景皇帝实录卷之五五七》)

○光绪三十二年丙午闰四月○乙酉,赏头等侍卫峻昌副都统衔,为察哈尔领队大臣。

○丙申,察哈尔都统溥颋等奏:"各旗群报垦蒙地,亲往覆勘。以期垦牧,两无妨碍。"下所司知之。(《清德宗景皇帝实录卷之五五九》)

○光绪三十二年丙午六月○丙戌,督办垦务绥远城将军贻谷等奏:"察哈尔左翼垦务局,光绪二十八年开办起,至三十一年底止。新旧两案收过押荒已垦、未垦各地,应照章升科,分别年分起征。"下户部知之。(《清德宗景皇帝实录卷之五六一》)

○光绪三十二年丙午秋七月○庚子,直隶总督袁世凯奏:"直隶万全县距城三十里之张家口,近因铁路交通,公事繁多,兼有交涉,较之县城,繁简悬殊。请移置县署并典史,署于张家口,以资治理。"下部议。

编者注:万全县政府衙门迁驻张家口下堡。

○己未,以主使属员互斗,革察哈尔左翼总管鄂裕泰等职。并讯

办。(《清德宗景皇帝实录卷之五六二》)

○光绪三十二年丙午九月○乙卯,又谕:"此次改定官制,除民政部、学部、农工商部、尚书、侍郎,均毋庸更换外,吏部尚书仍着鹿传霖补授,左侍郎着陈邦瑞调补,右侍郎着唐景崇调补,度支部尚书着溥颋补授,左侍郎着绍英补授,右侍郎仍着陈璧补授,礼部尚书仍着溥良补授,左侍郎着张亨嘉调补,右侍郎仍着景厚补授,陆军部尚书着铁良补授,左侍郎仍着寿勋补授,右侍郎着荫昌补授,法部尚书着戴鸿慈补授,左侍郎仍着绍昌补授,右侍郎着张仁黼补授,邮传部尚书着张百熙补授,左侍郎着唐绍仪补授,右侍郎着胡燏棻补授,理藩部尚书着寿耆补授,左侍郎着堃岫补授,右侍郎着恩顺补授,都察院都御史仍着陆宝忠补授,副都御史仍着伊克坦、陈名侃补授。"○又谕:"溥颋未到任以前,度支部尚书,着铁良兼署。"○谕军机大臣等:"现在改定官制,所有各衙门直日次序,另行更正。着各衙门一体遵照。"○以裁缺工部尚书松寿为察哈尔都统。

○丁巳,察哈尔副都统魁福解职。以记名副都统额勒珲为察哈尔副都统。

○辛酉,察哈尔都统溥颋奏:"张家口八旗驻防原有之精壮精锐三营,骤难尽汰。现惟陆续抽练,改名巡防队,以别旧称。俟练成一队后,再行仿照陆军营制,调派管带等员。"下部知之。(《清德宗景皇帝实录卷之五六四》)

○光绪三十二年丙午冬十月○己卯○蠲缓……张家口三十三厅、州、县被雹、被虫、被水、被旱地方……粮赋有差。(《清德宗景皇帝实录卷之五六五》)

○光绪三十二年丙午十二月○庚午,上奉慈禧端佑康颐昭豫庄诚寿恭钦献崇熙皇太后御乾清宫。科尔沁和硕达尔汉亲王那木济勒色楞等四人，翁牛特亲王衔多罗都楞郡王赞巴勒诺尔布等二人，喀喇沁多罗都楞郡王多罗额附贡桑诺尔布等三人，敖汉多罗郡王色凌端鲁布一人，巴林多罗郡王扎噶尔等二人，土默特郡王衔多罗贝勒色凌那木济勒旺宝一人，茂明安多罗贝勒棍布一人，阿巴噶固山贝子贡多桑保一人，喀尔喀固山贝子敏珠尔多尔济等二人，察哈尔辅国公车旺哩克靖等三人，乌珠穆沁镇国公达木林一人，扎鲁特镇国公鲁勒玛扎布一人，苏尼特辅国公特木尔一人，鄂尔多斯二等台吉阿勒坦鄂齐尔一人瞻觐。

○己卯，苏尼特多罗郡王玛克苏尔扎布等二人，青海扎萨克多罗郡王巴勒珠尔拉布坦等二人，翁牛特辅国公达尔玛巴拉一人，乌珠穆沁辅国公喇什一人，察哈尔二等台吉扎那西哩等四人，于神武门外瞻觐。

○己丑，绥远城将军贻谷奏："乌兰察布盟四子王旗与察哈尔镶蓝旗毗连地段，时启争端。现拟收为办学公产，民蒙均无异言。"下部知之。（《清德宗景皇帝实录卷之五六八》）

公元1907年

○光绪三十三年丁未春正月○壬子，……以察哈尔都统松寿为闽浙总督。○以广州将军诚勋为察哈尔都统。

○癸丑，又谕："电寄额勒浑：松寿已补授闽浙总督，着即来京。察哈尔都统着额勒浑暂行护理。"

○乙卯，命察哈尔都统诚勋来京陛见。（《清德宗景皇帝实录卷之五六九》）

○光绪三十三年丁未三月○戊申，命直隶宣化镇总兵何乘鳌、……

山西大同镇总兵韩廷贵、……均解职。以直隶督标中军副将黄懋澄为直隶宣化镇总兵官。……前陕西河州镇总兵王得胜为山西大同镇总兵官。(《清德宗景皇帝实录卷之五七一》)

○光绪三十三年丁未夏四月○壬戌,谕军机大臣等:"本日前直隶宣化镇总兵何乘鳌具奏谢恩折件,抬写违式,着传旨申饬。"

○乙亥,署察哈尔都统额勒浑奏:"抽练巡防队,渐著成效。请续由精锐三营内挑选,练足全队。"下部知之。

○戊寅,以转战数省,叠著军功,追予故察哈尔副都统吉升阿等六员,照军营立功后积劳病故例优恤。(《清德宗景皇帝实录卷之五七二》)

○光绪三十三年丁未五月○壬辰,谕军机大臣等:"前据岑春煊奏统筹西北全局各折,业经谕令徐世昌等妥议具奏。兹又据该督奏,各边拟设民官,亟应变通旧例。并录呈左绍佐原奏各折片。查左绍佐原奏请设西北行省一折。经政务处议覆,饬下直隶、山西督抚,热河、察哈尔都统,体察情形,奏明办理,至今尚未举办。着徐世昌等归入该督前奏,一并妥议。原折片并左绍佐原奏,均着抄给阅看。"(《清德宗景皇帝实录卷之五七三》)

○光绪三十三年丁未六月庚申朔○热河都统廷杰奏:"遵议西北全局,以改设行省为要。改设行省,以人民财赋足敷分布为要。今若划分三省,恐形逼窄。宜依左绍佐原奏,以承德、朝阳二府两盟之地,再隶以张、多、独三厅,围场一厅及察哈尔迤东各旗地,为热河省。以为畿辅左臂。以丰镇右翼四旗并归绥道属之归化、萨拉齐、托克托城、和林格尔、清水河五厅,武川五原东胜三厅,而隶以乌、伊二盟,阿归善一旗,为绥远省。以为畿辅右臂。俟整理就绪,再将乌、科各城,一律改设。下考察政治馆知之。"

○丁卯,御史庆斌奏:"察哈尔拉什普勒哲依兄弟争袭佐领世职,公行贿赂,涉讼经年。请饬查办。"下陆军部查核办理。寻议:"请饬察哈尔都统诚勋,一并彻查究办。"寻奏:"应以刚普尔布拟正,拉什普勒哲依拟陪。"允之。

○戊寅,直隶总督袁世凯奏:"请赶紧实行豫备立宪,谨陈管见十事:一、昭大信。请亲诣太庙,昭告立宪;一、举人才。请饬京外保荐,不拘官阶,破格录用;一、振国势。请重交涉,修武备,任胡惟德、陆征祥等,而勿用凤山;一、融满汉。臣工有意见较深者,请量予裁抑;一、行赏罚。新政迄无进步,其久无成绩,及徒托空言者,请分别惩处;一、明党派。党有公党,如曾国藩之用同乡同里是也。有私党,如瞿鸿禨之汲引私人是也。请勿概加疑忌,使人心瓦解;一、建政府。立宪国制,皆使国务大臣代任君主之责。请采内阁合议制度,或并军机政务处为一,以固基础;一、设资政院。比年争路争矿,上书抗辩,时有所闻。请因势利导,设州县议事会,省咨议局。递升于资政院,以借群力;一、办地方自治。自治不侵官权,且选举多数者,必非乡里见摈之辈。请认真举办,行之十年,必有奇效;一、行普及教育。豫备立宪之期,全国臣民,当以振兴学务为第一事。公私财产,当以筹助学费为第一宗。请详查学龄儿童与人民财产之数,通盘合计,强迫立学。"下会议政务处王大臣会议。

○己卯,察哈尔都统诚勋奏:"考查察防新政,应创者四:曰理财、保商、查矿、勘路。可因者六:曰武备、教育、巡警、工艺、垦务、牧政。谨随时随事,奏咨办理。"得旨:"着即次第筹办。"(《清德宗景皇帝实录卷之五七五》)

○光绪三十三年丁未秋七月○辛丑,察哈尔都统诚勋奏:"察哈尔推广垦务,丈放地段,为数尚多。请派原勘大员副都统额勒浑、督同委员德克登额,始终其事。"从之。

○乙巳，绥远城将军贻谷奏："察哈尔左翼垦务办理完竣，裁撤垦局。"下度支部知之。○以办理察哈尔垦务出力，予记名副都统德克登额优叙。（《清德宗景皇帝实录卷之五七六》）

○光绪三十三年丁未八月○辛酉，察哈尔都统诚勋奏："遵议西北边防，拟将察哈尔及绥远城、热河三处，改为行省。别以直隶之宣化、山西之大同二府，择要拨归察哈尔管辖，分设总督、巡抚各员。其张家口并先行自开商埠。"下会议政务处议。（《清德宗景皇帝实录卷之五七七》）

编者注：首议察哈尔改为行省，并先行开为商埠。

○光绪三十三年丁未冬十月己未朔○直隶布政使增韫奏推广旗丁生计，藉实边陲办法四条："一、调查边荒；一、筹贷垦田成本；一、筹设劝农银行；一、设立管理大员。请饬核议施行。下会议政务处议。"寻奏："原奏各节，皆属相因之事。清查资遣，拟责成驻防省分。经画安插，拟责成招垦省分。毋庸另设大员管理。"另奏："请准旗丁出外谋生，暨退伍汉兵，同时安插。均请照准，以示体恤。"从之。

○丁丑，察哈尔都统诚勋奏："请拨部款二百万，开办练兵及学堂警察各项新政。"下政务处议。寻奏："库帑支绌，各省试办新政，未有由部拨给常款者。所请拨给二百万之处，应毋庸议。"从之。（《清德宗景皇帝实录卷之五八一》）

○光绪三十三年丁未十一月○癸丑，察哈尔都统诚勋奏："宽筹旗民生计，前留随缺地亩一千顷，将来实行撤甲，恐不敷用。当扎饬推广垦务局，再酌留空地一千顷。"报闻。

○丁巳，伊犁察哈尔领队大臣俊昌以终养解任。赏头等侍卫博贵副都统衔，为伊犁察哈尔领队大臣。（《清德宗景皇帝实录卷之五八三》）

○光绪三十三年丁未十二月○乙丑，上御乾清宫。科尔沁和硕达尔汗亲王那木济勒色楞等三人，喀喇沁多罗都楞郡王多罗额驸贡桑诺尔布等二人，巴林多罗郡王扎噶尔等二人，阿巴噶多罗卓礼克图郡王布彦乌勒哲依等三人，喀尔喀亲王衔扎萨克多罗郡王多尔济帕喇穆等六人，青海扎萨克多罗郡王洞阔林沁一人，翁牛特多罗达尔汗岱青贝勒花连等二人，茂明安多罗贝勒棍布一人，鄂尔多斯固山贝子阿尔宾巴雅尔等四人，阿巴哈那尔贝勒衔固山贝子车凌多尔济一人，阿拉善镇国公普勒忠呢什尔一人，郭尔罗斯镇国公衔辅国公齐莫特散帔勒一人，乌珠穆沁镇国公达木林一人，苏尼特辅国公特穆尔一人，察哈尔扎萨克头等台吉阿喇布齐等二人瞻觐。（《清德宗景皇帝实录卷之五八四》）

公元1908年

○光绪三十四年戊申二月○戊午，察哈尔都统诚勋奏："遵旨妥筹旗丁生计，谨陈安插田亩，暨办理实业教育事宜。请拨的款以济要需。"又奏："口外练兵饷项支绌，拟由商人试办包捐，认缴款项。"均下所司议。寻奏："察哈尔土宇宽广，垦务、商务均于地势为宜。原奏先后酌留缺地二千顷，应由该都统定章给放，并拟定撒粮办法。荒地以三年为限，熟地以一年为限，仍即通行各省，一律遵照。至请拨部款，前经议驳。惟所请皆关察满要政，请饬部拨银十万两，以资兴办。"另片奏："招商包捐一节，认款有限，而流弊实多。应毋庸议。"从之。（《清德宗景皇帝实录卷之五八七》）

○光绪三十四年戊申五月○己丑，察哈尔都统诚勋奏："边疆要地，铁轨将通，交涉日盛。请于口外正黄旗所属博罗差滩地方，自开商埠，以保主权。"下所司议。寻议："开埠事关交涉，多一商埠即多一辘轇,请暂从缓办。"从之。○又奏:"遵部颁新章,于张家口设立察哈尔矿务总局。凡边墙外厅属,但为察辖旗地,无论已开未开各矿,统归该局办理。从押荒项下支给经费。"下部知之。

　　○庚寅,察哈尔都统诚勋等奏:"查明两翼马群亏额甚巨,蒙情困苦,遽难认赔。恳借领俸饷,限年筹补。"下陆军部议。○又奏:"军台废员宗绪,存故两歧。据东三省总督咨文,该废员实尚生存,应请饬下徐世昌迅将该废员饬传到案,解察审讯,以昭核实而肃台政。"从之。(《清德宗景皇帝实录卷之五九一》)

　　○光绪三十四年戊申五月○庚戌,谕内阁:"朕钦奉慈禧端佑康颐昭豫庄诚寿恭钦献崇熙皇太后懿旨,诚勋、额勒浑奏,蒙古各旗群被雪成灾,恳恩抚恤一折。本年蒙古地方春雪过大,又复狂风时作。察哈尔镶白等旗及陆军部左右两翼、商都牧群等处,人畜被灾甚重,颇多损伤。蒙民当此困苦,轸念实深。着赏给帑银五万两,由度支部给发。交诚勋等派委妥员,按照所属灾区,查明户口,察看轻重,分往散放。务使实惠均沾,毋任失所,用副朝廷抚恤蒙艰之至意。"

　　○甲寅,又谕:"有人奏察哈尔祥仁慧宗两寺喇嘛巴撒尔、巴图彦,以达玛元丹身死不明,在部控告一案,请饬查明,以成信谳等语。着杨士骧会同诚勋,按照所参各节,据实查明,秉公研究,毋稍徇隐。原片均着抄给阅看。"寻奏:"查明达玛元丹即巴特玛永瑞,委因患病身死。巴撒尔等事后怀疑误控,不足为凭。原审委员,亦查无行贿之事。均请毋庸置议。"报闻。(《清德宗景皇帝实录卷之五九二》)

　　○光绪三十四年戊申秋七月○庚子,察哈尔都统诚勋等奏:"两翼前借俸饷银十二万两筹补亏马,现变通章程,切实整顿。仍查照原拟于每年应领俸饷内,匀分十年,扣还归款,以示体恤。"下陆军部议。(《清德宗景皇帝实录卷之五九四》)

○光绪三十四年戊申九月○戊子,察哈尔都统诚勋奏:"筹备旗丁生计,领到部款,拟分别缓急,速筹开办工艺,改编巡防营,整顿学堂。授田一节,经费不敷,应请缓办。"得旨:"仍照原奏展宽年限,妥筹办理,不得任意挪移。"(《清德宗景皇帝实录卷之五九六》)

清宣统政纪
察哈尔卷（附宣化府·口北三厅）之十二

公元1908—1911年

公元1908年

○光绪三十四年戊申十一月○甲辰，谕内阁陆军部奏两翼牧群积弊太深，拟请变通以资整顿一折："牧政关系重要，亟应及时筹办，藉储军备。张家口外左右两翼牧群，着派副都统昆源为统辖总管，于两翼适中地方择要驻扎，认真经理。仍着陆军部随时考察，以期牧政日有起色。"（《清宣统政纪卷之三》）

○光绪三十四年戊申十二月○辛未，谕内阁："前据宪政编查馆奏，议覆度支部奏清理财政章程，当以财政关系重大，不厌求详，仍饬度支部妥酌具奏。兹据度支部奏称，该馆核覆章程，增益条文，益加周密，妥善可行等语。方今财政艰难，内外交困。必以廓清积弊、确定豫算为先。全赖部臣、疆臣和衷共济，各饬所属，共矢公忠，按照所拟章程，实力奉行，认真办理，用副朝廷慎重度支之至意。"

○附录：妥酌清理财政章程清单

第一章　总纲

第一条，清理财政。以截清旧案，编订新章，调查出入确数，为全国豫算决算之豫备。

第二章　清理财政之职任

第二条，臣部设立清理财政处，各省设立清理财政局，专办清理财政事宜。

第三条，臣部清理财政处，由臣部选派司员分科办理，其职任如下：一、开列各省出入各项条款，发交各省清理财政局分别调查。一、综核京外光绪三十四年分出入款项、详细报告册，并宣统元年以后各季报告册。一、摘录各项说明书，分门别类，编成总册。一、会同各司稽核京外各处豫算报告册、决算报告册。一、汇录京外各处豫算报告册、决算报告册，编成总册。一、核定各项清理财政章程。

第四条，各省清理财政局，设总办一员，以藩司或度支司充之。会办无定员，以运司关盐粮等道，及现办财政局所之候补道员充之。设监理官二员，由臣部派员充之。其职任如下：一、造送该省光绪三十四年分，出入款项详细报告册，及宣统元年以后各季报告册。一、造送该省各年豫算报告册、决算报告册。一、调查该省财政沿革利弊，分门别类，编成详细说明书，送部查核。一、拟订该省各项收支章程，及各项票式、簿式送部。

第三章　划分新旧案之界限

第五条，各出入款项，截至光绪三十三年年底止，概作为旧案。各省旧案历年未经报部者，分年开列清单并案销结。

第六条，各省出入款项，自宣统三年起作为新案。前项新案，遵照本章程第十四条、第二十三条办理。

第七条，各省出入款项，自光绪三十四年至宣统二年年底止，作为现行案。前项现行案，除由清理财政局将光绪三十四年分调查报告、宣统元年分按季报告外，仍由该管司道详请督抚，将全年出入款项分别造册报销。

（宪政编查馆增订）第四章　调查财政之方法

第八条，各省入款，如田赋、漕粮、盐课、茶课、关税、杂税厘捐、受协等项，出款如廉俸、军饷、制造、工程、教育、巡警、京饷、各款洋款、杂支等项，统由臣部撮举纲要，开列条款，发交各省清理财政局，将光绪三十四年分各项收支存储银粮确数，按款调查，编造详细报告册并赢亏比较表。限至宣统元年底，呈由督抚陆续咨送到部。

第九条，各省清理财政局，如有应行调查事件，得派局员至各衙门局所调查出入各款及一切规费。遇有抗延欺饰者，经该员呈报到局，由局查实，禀请督抚参处，并报臣部查核。如所派之员有需索，或扶同弊混情事，由该局禀请督抚参处。

第十条，清理财政局应将该省财政利如何兴，弊如何除，何项向为正款，何项向为杂款，何项向系报部，何项向未报部；将来划分税项时，何项应属国家税，何项应属地方税，分别性质，酌拟办法，编订详细说明书，送部候核。前项说明书限至宣统二年六月底，陆续咨送到部。

第十一条，自宣统元年起，各省文武大小衙门局所，应将出入各款按月编订报告册，送清理财政局。由局汇编全省报告总册，按季呈由督抚咨部。上季报告册，限于下季到部。其清理财政局未成立以前出入各款，一律造册补报。

第十二条，在京各衙门所管出入各款，属于光绪三十四年者，应编造详细报告册，并附说明书。限至宣统元年年底，陆续咨送到部。

第十三条，在京各衙门所管出入各款，属于宣统元年、二年者，应按季编订报告册咨送到部。

第五章　豫备全国豫算之事

第十四条，各省文武大小衙门局所，自宣统二年起，豫算次年出入款项，编造清册，于二月内送清理财政局，由局汇编全省豫算报告册，呈由督抚于五月内咨送到部。各省豫算报告册内，应将出款何项应属国家行政经费，何项应属地方行政经费，划分为二，候部核定。前项之国家行政经费，系指廉俸、军饷解京各款，以及洋款协饷等项。地方行政经费，系指教育、警察、实业等项。

第十五条，各省岁入，当国家税、地方税未分以前，咨议局不得议减现行税率。其于地方行政经费范围内视为应增新税时，得呈请督抚核定，奏咨办理。

第十六条，各省款项出入比较，若有赢余，概列入次年入款之豫算报告册。

第十七条，各省款项若有不足，于每年编订豫算报告册时，由各该督抚商同臣部设法筹措。

第十八条，在京各衙门，自宣统二年起应将该衙门次年出入各款，编订豫算报告册，于五月内送部。

第十九条，臣部直接所管之出入款项，应自宣统二年起编定次年豫算册，奏明办理。

第二十条，臣部自宣统二年起，逐年将京外各处送到豫算报告册详细核定，奏请施行。前项豫算报告册，限于文册到部两个月内，核定各省豫算报告册内款项。属于地方行政经费者，由臣部奏交督抚，送咨议局议决。并将豫算全册送供参考。

第二十一条，京外各署出入各款。自宣统三年正月初一日起，一律遵照豫算册办理。凡属出款项下，不得于定额外开支别项经费，亦不得彼此挪用。

第二十二条，遇有临时特别重要支款，未经列入豫算册，或已列豫算册而收不足数，不敷所出者，由该省督抚会商臣部，随时奏明酌量筹拨。

第六章　豫备全国决算之事

第二十三条，各省文武大小衙门局所，自宣统四年起，查明上年出入款项，编造清册，于三月内送清理财政局，由局汇编全省决算报告册，呈由督抚于六月内咨送到部。各省决算报告册内，应将出款项下国家行政经费、地方行政经费分别编列。

第二十四条，在京各衙门自宣统四年起，应将该衙门上年出入各款编订决算报告册，于六月内送部。

第二十五条，臣部直接所管之出入款项，应自宣统四年起，编定上年决算册，奏明销结。

第二十六条，臣部自宣统四年起，逐年将京外各处送到决算报告册，核定奏销。前项决算报告册，限于文册到部两个月内核定。凡向由京师主管各衙门核销之款，由各省另造专册，送各该衙门查核。该衙门于文册收到一个月内，核定知照臣部，汇总奏销。各省决算报告册，属于地方行政经费者，由臣部奏交督抚，送咨议局议决。并将决算全册，送供参考。

第七章　酌定外官公费

第二十七条，在官俸章程未经奏定之先，除督抚公费业由会议政务处议筹外，其余文武大小各署及局所等处，应由清理财政局调查各处情形，一面禀承督抚及臣部酌定公费，一面提出各款项规费。除津贴各署公费外，概归入该省正项收款。

第八章　附则

第二十八条，全国财政，自宣统元年起，至宣统五年全国豫算案成立日止，一律照本章程办理。

第二十九条，本章程各项报告册，应分门别类，每类细别为款，每款细别为项，每项细别为目，不得笼统含混。

第三十条，本章程所定造报到部期限，如有任意逾限，以致豫算、决算无从豫备贻误宪政者，该管藩司或度支使，由度支部据实奏参，请旨办理。本章程所定造报到局期限，如有任意逾限者，由清理财政局禀请督抚，将该管官员分别撤去差使。

（宪政编查馆增订）第三十一条，云南、贵州、广西、四川、甘肃、新疆六省，每年豫算报告册得展限至六月十五日以前到部，决算报告册得展限至七月十五日以前到部。

第三十二条，热河、察哈尔、绥远城、归化城各处都统、将军、副都统所管收支各款，应编光绪三十四年详细报告册，并赢亏比较表，及自宣统元年起各季报告册，又自宣统二年起应编次年之豫算报告册，自四年起应编上年之决算报告册，均由该处自行办理，按照各省定限咨送到部。

第三十三条，乌里雅苏台、科布多、阿尔泰、伊犁、塔尔巴哈台、西宁、西藏、库伦各处将军、大臣所管收支各款，应编光绪三十四年分详细报告册并赢亏比较表，限于宣统元年年底咨送到部。又自宣统二年起应编次年之豫算报告册，自四年起应编上年之决算报告册。均由该处自行办理，按照甘肃、新疆等省展缓限期，一律咨送到部。其自宣统元年起每季应编报告册，仍行按季照限报部。

第三十四条，臣部清理财政处、各省清理财政局，所有办事章程，另行详订。

第三十五条，本章程如有应行变通之处，由臣部临时奏明办理。

○丁丑，察哈尔都统诚勋等奏："查办张家口外蒙汉要匪，分别惩治。并探明魁腾梁贼巢，设法擒拏，妥筹善后办法，以冀一劳永逸。"下部知之。(《清宣统政纪卷之五》)

公元1909年

○宣统元年己酉正月○戊申，邮传部会奏光绪三十四年二月十九日，军机处片交陕甘总督升允，代奏宁夏府知府赵惟熙请建西北铁路一折："原奏规路线一节，内称西北铁路拟请分筑干路两条。一由张家口至库伦为东干。一由张家口至绥远城，逾蒙古过凉州，出关至伊犁为西干。干路既定，拟由太原南经泽潞，接道清为一枝；由西安东出潼关，接汴洛为一枝；西道汉中达成都为一枝；由兰州北接凉州干路为一枝；由迪化经天山南路达疏勒府为一枝等语。邮传部查该知府所拟各项路线，与臣部上年所奏筹画全国轨线大致相同。惟形势各有攸宜，即措置未容或泥。张家口至库伦一线，最关重要。上年臣部议覆，库伦办事大臣延祉及肃亲王善耆筹办蒙古铁路各折，曾奏准俟。京张路成，展达库伦至恰克图，并于筹画全国轨线折内声明俟干线抵张家口，即分枝西趋绥远城。该知府所拟张库一路，应即照臣部前奏办理。至西北路线，关系地利国防，尤须力图建设。惟须造端腹地，渐及边陲，庶经武通商，相资为用。该知府所请由张家口至绥远城，逾蒙古过凉州，出关至伊犁一节。该线中经荒漠，长途旷野，防护需兵，计不如由中原以达边要。现在拟仍定为由洛潼西安出兰州以至伊犁，藉收脉络贯通之效。该知府所拟西安接汴洛一线，及兰州至凉州一线，应即并入办理。其天山南路达疏勒一线，应俟西北路线筑至迪化时，再行酌量办理。至由太原南经泽潞接道清一枝，前据同蒲铁路公司呈称，拟由太原至平遥，应俟奏派勘路查款委员禀复，再行核办。汉中达成都一枝，为臣部旧所规定，均俟西潼、川汉告成时，分别筹办。现在洛潼、西潼方始筹修，此外由西安达兰凉以出新疆，路线过长，需款太钜，兴工尚属有待。应由臣部随时会商各省，另行奏明办理。原奏造人才一节，内称拟在天津设一铁路学堂，选直隶、晋、豫、陕、甘五省聪颖子弟，分肄各科，三年卒业，资遣游学后，分布各路等语。邮传部查近年路政需才，非止五省。而天津设学，实为良图。现臣部所辖奏定上海实业学堂兼习四政外，其官立唐山路矿学堂，附近臣署之实业学堂，及公立郑州铁路学堂，仍俟厘订妥章，再行分别奏明办理。原奏备物料一节，内称铁轨枕木，仰给外洋，漏卮殊甚。请在太原建一铁厂，专铸路轨。并饬近路州县各种榆三万株等语。邮传部查近来各路需轨，均尽汉阳铁厂购办，常患不敷。诚能建厂太原，广为铸造，实属路矿交益。榆木宜作枕木，上年曾饬官商各路夹道课种，以期推广。所议筹建铁厂推广种榆各条，农工商部查晋省官绅筹办保晋矿务公司原拟章程，即有俟资本充裕，择地开设炼厂，以宏制造之条。现在矿产所出，计尚不敷供炼厂之需。各路应需铁轨，仍应先向汉阳铁厂购办。一面饬令该公司迅即实力扩充开采，俟出矿日多，或即由该公司设厂铸造,或由公家建厂收炼,届时再酌量办理。至各路夹种榆树,以备枕木之需,诚足挽利权而塞漏卮,原奏所称不为无见。应由农工商部咨行各督抚饬属课种,逐渐推广,以兴林业而裨路用。原奏筹经费一节,内称各省驿站岁需帑金四百余万。自邮政畅行,驿站几成虚设。请将此项驿费分作四年次第裁减,至第五年全停支发,每年入银四百万两等语。度支部查各省驿站钱粮,有闰之年,共额征银二百十七万数千两。无闰之年,仅额征银二百零八万数千两。每年开支实止一百七十余万两左右,并无四百余万金之多。所拟分年裁驿之法,陆军部查驿站之设,军报为重。钱粮马匹,各管官均有责成,例章极为严备。原奏为西北边防起见,乃以各省驿费悉数抵充,剜肉补疮,殊属窒碍难行。近年举行新政,文报日繁。在京各衙门外行要件,仍送由臣部驰递,其交邮局转寄者尚少。刻下邮局章程尚未全备,一有迟误,不过罚办。倘遇军事,难以责成。且安设处所,多在府州各埠。驿站路分支干,站有冲僻。原自曲折便通,遇军事紧要,并能随时添改,设法驰报。查江南等省裁撤提塘铺递,设文报局;奉天裁撤驿站,改设文报局所,均系派员经理。奉天仍于偏僻地方兼设马拨、步拨,以补其缺。则邮局之难遽责成,已可概见。忆庚子兵燹,日俄交战,其时文报能通者,实由各站知有责成,递夫不避难险,设法变装绕越驰递,藉免贻误。现当兴练陆军,一切军需报告,尤赖有驿站之存,较为可恃。惩前毖后,各省驿站,委难遽议减裁,致误要公。所有裁停驿费之处,应毋庸议。至原奏筹豫算、设督办二节,应俟各项章程筹定决行后,再由邮传部酌量情形,分别办理。"从之。(《清宣统政纪卷之七》)

○宣统元年己酉闰二月辛巳朔○直隶总督杨士骧奏遵章改设巡警学堂,暨各属设立巡警教练所:"查天津巡警学堂,设于光绪二十八年,名曰北洋高等巡警学堂,学员以二年毕业,学兵以一年毕业。省城巡警学堂设于光绪三十二年,分高等、普通两班,用速成教法。高等学生,以一年毕业。普通学生,以六个月毕业。即以学资高下,派充各厅、州、县教员、巡官、区长等差。现查毕业学生,暂可敷用。即饬宽定学期,俾资深造。当于省城天津各学堂添设完全高等警察一班,定期四年毕业。此后应即遵照奏定章程,将限期课程一律更定,以资遵守。其各厅、州、县向设巡警传习所,即饬遵章改为教练所。应习科学,及毕业限期,亦一律遵章办理,俾归画一。"下部知之。○塔尔巴哈台参赞大臣扎拉丰阿奏:"现将塔城领队衙门酌量修改,作为养正学堂。延定各项教师,挑选满、汉、察哈尔、厄鲁特、土尔扈特、哈萨克子弟。酌拟章程,择期开学。"下部知之。

○丁亥,专司禁卫军训练大臣贝勒载涛等奏:"拟订禁卫军服色章记:常服一项,略分帽正、军帽、领章、肩章。军常服各项,仍用三等九级,以辨品秩。一帽正,全面均用紫铜,中用椭圆形,錾金十字格,分嵌黄白红蓝四色,以珐琅式制造。一军帽,用瓦灰呢制做。帽顶周围缘红色细边一条,帽墙除上等官全缀红边外,余均按本科兵种定色,分别加边。夏季加土黄布罩。一领章,全面用紫铜。形如腰圆,内錾飞鹰。一肩章,以编牌之金片金辫,分上中下三等。上等用满金片,瓦灰呢地。中等金辫三道,下等金辫二道。一军常服,冬用瓦灰呢,夏用土黄布。袖面及军裤均加红色细线一道。其军乐队军衣,冬夏均用红色,裤用蓝色。袖面加细灰边一道,裤旁另加红色直条一道。至官佐应用军刀所佩刀穗,均用银白丝线制做,惟宗室加用黄结,觉罗加用红结,以示区别。"又奏绘拟禁卫军标旗式:"全面平分黄白红蓝四色,黄色格内均绘火球、彩云、飞龙,白色格内正书清汉文标数。旗边编缀金色穗,穗长六寸,带用红色。马队旗式,全面以黄白红蓝四色绸镶成,每色均宽二寸,长一尺四寸。旗尾端向里成等边三角形。"又奏绘拟训练大臣徽章:"全用金质,形椭圆,周围错出金牙。长径一寸一分,短径约八分。内篆书清文'训练大臣'字样,系蓝地金文。外錾二小蟒左右围抱,红地金身。用珐琅式样。射击徽章,长径一寸八分,宽径一寸六分。分优等及一二三等各等。徽章面内均高錾二小枪,左右交叉。上錾飞鹰一,惟左右下三角内,优等各錾竖形子弹五枚,一等各錾横形子弹三枚,二等二枚,三等一枚。全面均用镀金。凡目兵射击精练者,分别赏给,以资奖异。"均从之。(《清宣统政纪卷之九》)

○宣统元年己酉闰二月○戊戌,邮传部奏:"遵将应办要政,分则按年筹备,开单呈览。第一年,沪宁告成,门头沟枝路告成,……接筑京张、汴洛、广九各官路。……第二年,……京张告成。……勘明张绥路线,测勘张库北干路线。……大修张家口至恰克图电线。"(《清宣统政纪卷之十》)

○宣统元年己酉三月○壬戌,察哈尔都统诚勋等奏:"盟旗恳留蒙盐销地,以保利源。并请驱遣游民以安蒙境。现拟创设公司,择地建栈。认包蒙盐,行销旧地。并禁止民人入蒙运盐,以保蒙旗。"下部知之。(《清宣统政纪卷之十一》)

○宣统元年己酉六月戊寅朔○热河都统廷杰奏:"蒙匪窜扰边境,沥陈积年剿办情形。并电商东三省总督锡良、察哈尔都统诚勋,派兵防边,互为声援。更饬哲里木、锡林郭勒各盟一体派兵合剿,以靖边患。"(《清宣统政纪卷之十五》)

○宣统元年己酉六月○庚子,署归化城副都统三多奏:"时势日急,外患更深。整顿蒙旗,万难再缓。拟请将蒙地分建四部,以东四盟为一部,而设治所于洮南;西二盟为一部,察哈尔、土默特并套西之阿拉善附焉,而设治所于绥远;土谢图车臣为一部,而设治所于库伦;三音诺颜扎萨克图为一部,科布多、塔尔巴哈台并额济纳之土尔扈特附焉,而设治所于乌里雅苏台。并拟各设蒙部大臣一员,仿东三省总督兼将军之例。而于其下分设总务、调查、警政、垦地、劝业、财政、编练、文化、裁判、交通、交涉、咨议十二局,以综理庶务。其筹蒙经费,除开办初每部拨一百二十万两外,每年递减二十万两,五年一律减尽。以蒙财治蒙地,当可安中夏而御强邻。"下会议政务处议。寻奏:"分设四部大臣,费钜事繁,难以猝举。拟请责成各路将军大臣等,先将蒙旗情形,实地调查。"从之。

〇癸卯,又谕:"有人奏直隶怀来县知县王锡光听从劣绅藉筹学堂经费,侵夺勋裔地亩,请饬查办一折。着端方按照所参各节,确切查明,据实具奏。"(《清宣统政纪卷之十六》)

〇宣统元年己酉秋七月戊申朔〇邮传部奏:"展筑张绥铁路,据工程司勘称,由张家口起抵归化城,计分四线。现拟由张家口取道大同,北折边墙,出得胜口达丰镇,接北线西段。再由归化至河口,即托克托城为枝线。边地早寒,每岁施工祇六个月。约计八年,方能完竣。估需银一千七百五十六万余两,拟请援京张成案,就京奉余利项下,分起提拨。不敷之款,即由京张路利拨用。现京张指日竣工,便可专营此路。即饬令京张路局人员,一手经理。暂时定名张绥,毋庸另行设局,以节縻费。"从之。(《清宣统政纪卷之十七》)

〇宣统元年己酉八月〇甲申,理藩部奏:"察哈尔都统以锡林郭勒盟长呈报本盟阿巴噶等八旗,遭灾请抚,据情咨部,查定例于报部后,请旨派员查明赈济。惟蒙旗遥远,往返行查,动需数月。拟请饬察哈尔都统就近查明,奏明办理。并请嗣后蒙旗遇灾较重,即由各路将军大臣奏请恩施。又库伦办事大臣据图什业图汗部落盟长呈报,因灾请匀差户。查车臣汗等三部落,前次亦纷纷呈报年景荒歉,差务不均,请以邻盟替当。惟邻盟亦遭灾歉,必致互相推诿,殊非郑重差务之道。应仍按照乌里雅苏台将军所奏四部会盟章程,按佐领户丁抵当。其人丁或亡

或增，均应奏请添裁，以免丁简差繁之累。"依议行。(《清宣统政纪卷之十九》)

○宣统元年己酉八月○庚子，调察哈尔都统诚勋为热河都统。以礼部尚书溥良为察哈尔都统。(《清宣统政纪卷之二十》)

○宣统元年己酉九月○丁巳，引见陆军贵胄学堂毕业学生。得旨："所有考列上等之……世袭二等子爵兼世管察哈尔佐领福荫，着赏给大门二等侍卫。"(《清宣统政纪卷之二十一》)

○宣统元年己酉九月○乙丑，谕内阁诚勋、额勒浑奏查明盟旗被灾情形，恳恩抚恤一折："锡林郭勒盟旗、阿巴嘎、阿巴哈那尔、浩齐特、乌珠穆沁等八旗游牧地方，连遭亢旱，上年冬季又复大雪成灾，牲畜倒毙实多，蒙民困苦情形殊堪轸念。加恩着赏给帑银三万两，由度支部给发。交诚勋等派委妥员驰往灾区，查明户口被灾轻重，分别妥为散放，毋任失所。用副朝廷抚恤蒙艰之至意。"(《清宣统政纪卷之二十二》)

○宣统元年己酉冬十月○庚辰，察哈尔都统诚勋奏："前据锡林郭勒盟长、西乌珠穆沁副盟长等，因闻京张铁路将通，深恐芦盐浸灌，有碍蒙销，恳请设法保护。业经订立合同条约，奏明办理。兹复据东西苏尼特派出专员，陆续来口，与公司当面定议。凡行销直隶、热河、大同等处者，均愿归公司认包，并请派勇驱逐外来游民，均归蒙人自运。惟西苏尼特有运销山西、归化等处之白盐，据称仍愿自运销售，不归公司认包。自应听从其便。嗣后遇有该旗运往山西归化等处销售白盐，应由公司查验所随时给予运票，任其前往所指地方销售，以顺蒙情。其西乌珠穆沁一旗，因路途遥远，尚未据派员来口。应俟到日，与公司直接定议，以归一律。"下部议。

○癸未,察哈尔都统诚勋奏:"察防财力支绌,与内地库藏各有指拨者不同。惟有按照新章变通办理,其有案可稽者,照案接报。其实在无从查核,漫无根据者,不敢饰词捏造。请准由奴才任内算起,免予造册,分别列单,汇案送部,以清尘牍。"下部知之。(《清宣统政纪卷之二十三》)

○宣统元年己酉十二月○丙申,谕军机大臣等理藩部奏扎萨克辅国公巴彦济尔噶勒由游牧起程,行至中途被劫一折:"着溥良通饬所属,一体严拏务获。从严惩办,据实覆奏。原折着抄给阅看。"(《清宣统政纪卷之二十八》)

公元1910年

○宣统二年庚戌正月○丙寅,谕军机大臣等:"电寄察哈尔副都统额勒浑:电奏悉,比国君主赠给宝星,着准其收受。"(《清宣统政纪卷之三十》)

○宣统二年庚戌夏四月甲戌朔○甲申,察哈尔都统溥良奏:"遵设宪政筹备处。"下所司知之。(《清宣统政纪卷之三十四》)

○宣统二年庚戌五月○戊申,伊犁将军广福……又奏:"伊犁编练陆军一协,筹款为难。拟将新旧两满营,锡伯、索伦两营,察哈尔、厄鲁特两营,酌裁兵额,匀出旧饷,以济急需。"下所司议。

○丙寅,调察哈尔副都统额勒浑为伊犁副都统,兼塔尔巴哈巴参赞大臣。以热河总管盛桂为察哈尔副都统。(《清宣统政纪卷之三十六》)

○宣统二年庚戌七月○壬戌,农工商部……又奏:"请旨饬下各省督抚,察哈尔、热河都统,饬属清查商办各矿。凡领有探矿执照者如已勘挖,即换领开矿执照。倘不遵限勘办,应缴照注销。其领有开矿执照者,如已开采。应查明矿产衰旺,运销畅滞,出入盈亏,先行报部。仍饬矿商将矿质矿税,按月呈报劝业道或矿政局,汇核详部。如领有执照并不兴工,须查勘情形。果系认真筹办,或资本不敷,或办法未善,或矿地争执,或特别事故,应由官代为清理维持,并即限令开工。仍先将现在情形报部。倘于领照后并不切实筹办,延不开工,更有招摇撞骗情事,除将矿照缴销外,仍究办,并将矿地另招商。至从前商办旧矿,暨各处小矿,本应一律补领矿照。现各省多以商力薄弱,或作辍无常,请予通融。惟各商所占矿地、所采矿质各数目亦应清查汇报。既可杜绝私挖,且藉以周知全国矿山区域暨各省每年矿产总数,以备编订统计之需。"均从之。(《清宣统政纪卷之三十九》)

○宣统二年庚戌八月朔○乙亥,予前任察哈尔副都统魁福恤典。(《清宣统政纪卷之四十》)

○宣统二年庚戌八月○丁亥,理藩部奏:"藩部豫备宪政,首在振兴蒙务;开浚利源,莫重于辟地利;启牖蒙智,莫急于化畛域、通文字诸大端。谨先酌将旧例量为变通,以为筹办蒙务措手之方。曰变通禁止出边开垦各条,拟请将已经奏准开垦之各旗,凡旧例内禁止出边开垦地亩,禁止民人典当蒙古地亩,及私募开垦地亩牧场治罪等条,酌量删除,以期名实相副。其已经招垦之各盟旗,或酌照内地旗民交产之例,许各蒙旗与民人交易,报官核办。其未经招垦之各蒙旗,或由各边省督抚暨各路将军大臣,商同蒙旗奏请开放。由臣部咨商将军大臣督抚察酌各处情形,妥拟章程,纂入则例,奏明办理。曰变通禁止民人聘取蒙古妇女之条,旗汉现已通婚,蒙汉自可仿照办理。拟由各边将军都统大臣各省督抚出示晓谕，凡蒙汉通婚者，均由该管官酌给花红，以示旌奖。曰变通禁止蒙古行用汉文各条，旧例内外蒙古，不准延用内地书吏教读。公文、禀牍、呈词等件，不得擅用汉文。蒙古人等不得用汉字命名。今则惟恐其智之不开，俗之不变，断无再禁其学习行用汉文汉字之理。应请将以上诸例一并删除，以利推行而免窒碍。"从之。

○戊戌，以亏短交代，革前署直隶张家口厅同知达洪额职，查抄备抵。（《清宣统政纪卷之四十一》）

○宣统二年庚戌九月○壬子，直隶总督陈夔龙奏："围场厅抚民同知自归直隶专辖后，开辟荒地，辖境愈广。管理旗民命盗讼案，较前繁剧。现又创办一切新政，均关紧要。且该厅与张、独、多三厅事同一律，自应定为冲繁疲难四字要缺。该厅司狱，责任亦较前繁重，应仍定为边地要缺。"下部知之。（《清宣统政纪卷之四十二》）

○宣统二年庚戌冬十月○癸未，察哈尔都统溥良等奏："道员彭汶孙续陈调查矿产办法：一调查权限宜专，一调查经费宜备，一宜设矿务学堂以储人才，一宜定各员功过以专责成。"下部知之。

○庚寅，蠲缓……张家口三十一厅、州、县被灾村庄粮租有差。（《清宣统政纪卷之四十三》）

○宣统二年庚戌十一月○戊午，寻邮传部等会奏："铁路性质约分为二，内地则计懋迁，边地则重征调。臣部前经奏定中国轨线全图，西干自京城历潼关、兰州以至伊犁，北干自京城历张家口、库伦以达恰克图。北枝自库伦抵科布多，西枝自太原历大同至张家口与北干相接。是西北等路，臣部业经筹及。原奏于归新一路。所谓五便，仅就节省路工而言。究竟修养之资有无把握，应俟筹有的款，实行开办。至所议甘肃西线，一绕灵州，一绕宝鸡，似不如臣部奏定两干较省纡折。总之目下

造路必资借款,将来如何筹还本利,如何防守路线,应俟筹有办法后,再行妥酌办理。"从之。(《清宣统政纪卷之四十五》)

○宣统二年庚戌十二月○丁丑,赏帑银一万两,抚恤察哈尔右翼四旗被灾民户。

○庚辰,以深知愧奋,复已革安徽候补知县董玉春原官,暂留察哈尔差遣。

○辛巳,资政院奏:"议决修筑蒙古铁路,计路线三条。一曰张恰铁路,为东方贯通内外蒙古、由南至北第一要道。当经邮传部声明筹办,自应从速兴工。一曰张锦铁路,为内蒙古交通要道。亦经邮传部规画,自张家口至热河。惟查路线专达热河,似觉未当。当不如避越热河,由多伦厅、赤峰州朝阳府以达锦州为善。一曰库伊铁路,此路由东至西,以贯外蒙古。为国防计,亦不可少。惟路线太远,未经实测,则经费多少,工程难易,毫无把握。且将来或由库伦经乌里雅苏台以通伊犁,或取道宁夏以通伊犁。非实地测量,不能确定,似应稍从缓办。应请饬邮传部先将张恰、张锦二路,从速筹办,一面测量库伊路线,应由何处以达伊犁,规画详明。俟明年开院,再交会议下部知之。"(《清宣统政纪卷之四十六》)

公元1911年

○宣统三年辛亥四月○丁酉,理藩部会奏:"派员前赴蒙疆,择要调查,并豫计行程及调查办法。约分三端:一、调查事项。如司法之筹设审判厅,改良监狱,添设习艺所等类,皆为应办事项。然向来盟长扎萨克均有审判死罪以下之权,与将军大臣无异。其中祇分单蒙案件与民蒙交涉案件而已。因案件不同,而审判之权,遂有会同不会同之别。是不独行政官兼管审判,即审判人员,又有蒙员汉员之差异。如欲筹设审判厅,则司法不能不独立。究竟将军大臣与盟长扎萨克能否尽弃其审判权,而单蒙与蒙民交涉案件,能否全归审判厅办理,或暂行分别审判等级,凡关于初级审判厅案件,无论民蒙,均归各旗自审;关于地方审判厅以上案件,无论民蒙,统归审判厅审理,仍以将军大臣为监督机关。暂定过渡办法之处,均须就各地情形切实调查,乃能定改正之方法也。又如教育一节,为开通蒙民之要政,而教育之善不善,其结果尤在入手之初采用何种教育,可以无流弊。否则蒙古素重黄教,迷信者多。强迫太深,徒滋为渊驱鱼之害。现在各将军大臣与内盟各旗,有已经设立学堂者,有甫经组织者,应由调查员先赴各将军大臣驻所并已设学堂之蒙旗,切实调查其教育方法与所用教科书及教育人员,是否宗旨纯正,不染歧趋;并应如何推广,如何改良,可以收开通蒙民之效。此外尤关紧要者,如蒙古商务,向以茶为大宗。理藩部例有清茶票规,为大宗入款。近来销数顿减,不及旧额十之三四。实由西伯利亚铁路交通便利,俄茶倒灌,华茶质窳费重,难与竞争。加以向来限制华商最严,票额有定,转不如俄商之任便贸易。此皆宜详细调查,急图改良,以维商业而抵外货。又蒙古素重牧畜,其皮革骨角,亦为出口大宗。惟不知牧养之法,顿形销减。其余风俗习惯,凡有堪资政治学术者,均由调查员就近调查,以资参考,渐图改良之豫备。除实业、交通、警务、财政、兵制,既据各该衙门覆称暂不派员,拟由此次所派各员就调查之便。如有所得,亦拟咨商各衙门以资补助。至边防一端,事关秘密。应由军咨府酌定宗旨,另行会同办理。此调查宗旨之宜豫定者也。一、调查区域。拟由察哈尔入手,先行调查其所属八旗,次多伦诺尔厅、锡林郭勒盟,东至热河及昭乌达、卓索图两盟,锡呼图扎萨克喇嘛旗;北至库伦及图车两部落、恰克图哲布尊丹巴沙毕游牧;西至乌里雅苏台及三扎两部落;又南至绥远城及依克昭、乌兰察布两盟。如时期短促,则乌里雅苏台及三扎两部落暂缓调查。其哲里木一盟交通甚便,拟另行调查。其西路各盟,拟俟来年续办,此调查区域之宜先规定者也。一、调查办法。凡调查员所经之处,须由各将军大臣派员协同调查。并派明白通事,以便传语。至各盟旗之处,亦由各盟旗派员导引,以资接洽。又向来各部所派调查员,均优给津贴公费,自备车辆,不用地方官供给一切。所以省扰累、便调查也。此次亦仿照办理,凡调查员在内地行走,及至将军大臣驻所,并有旅店饮食可购之处,均须自备资斧,不受地方官供给。惟由台站行走及出外调查,所须饮食房间仍由台站供应,按值发价,以免扰累。臣等公同商酌,意见相同。伏候命下,敬谨遵办。"依议行。(《清宣统政纪卷之五十三》)

○宣统三年辛亥六月○丙子,谕内阁陈夔龙等奏考察办学各员优劣,分别举劾一折:"……延庆州知州周文藻,情形隔膜,不知振兴。……正任保安州知州吕懋光,才力短绌,莫睹成绩。均着开缺另补。"(《清宣统政纪卷之五十五》)

○宣统三年辛亥八月○甲辰,直隶总督陈夔龙奏:"直隶绿营经历任督臣一再裁改,上年复由臣酌裁官弁十分之三,现计各标尚存官弁一千零六十三员,马步守兵一万二千五百七十四名,岁需廉俸饷干杂支银三十四万八千六百余两。内除马兰、泰宁两镇内外标兵及提标昌平营所属汛兵责任綦重,未便议裁者,应由臣咨会各就原有饷项,将营制设法组织,并将酌留之昌平营官兵划归泰宁镇管理。此外督标、提标,通永、天津、正定、大名、宣化各镇标,计共存官弁七百一十员,马步守兵六千六百八十名。除提督一缺另行奏请外,余悉裁撤。每年约节银十万两。……"○又奏:"直隶提督姜桂题秩崇望,着应如何办理,未敢擅拟。所有通永镇总兵官田文烈、天津镇总兵官张怀芝、正定镇总兵官徐邦杰、大名镇总兵官李进才、宣化镇总兵官黄懋澄,原兼统淮练各军。裁缺后应分别专令统带淮练各防营,仍在旧驻处所督理操防事

宜。"得旨："直隶提督着暂缓裁撤。余照所请。"（《清宣统政纪卷之六十》）

○宣统三年辛亥八月○丁巳，绥远城将军堃岫奏："体察垦务情形，遵筹收束。查察哈尔左翼垦务，至光绪三十三年三月底办竣。因地隶直境，奏明将民户尾欠押荒，即饬张、独、多各厅经征，解由直隶总督造销在案。至右翼垦地，系山西丰、宁、兴、陶四厅管辖，迄今民欠押荒尚二十三万余两。今秋可望丰收，催收押荒，可期踊跃。惟西垦民贫地瘠，如伊克昭盟七旗、准噶尔鄂托克扎萨克郡王旗乌审等旗地，虽先后放竣，而升科岁租，均未造报。杭锦旗尚有未放之地，非开通渠道，无人认领。奈公款支绌，且亟图收束。故历办垦务者，屡议改照旱地减价招放，期于竣事。达拉特旗本系租地，与别旗报垦者不同。且地质胶泥，必赖渠水浸溉。在创办之初，后套全恃客民租种，视地质以定租价。故修渠悉归公家，岁需钜款，得不偿失，于是有改办永租之议。惟既核减租价，仅将枝子各渠归民户承修，干渠仍由官办，似非得计。臣查从前短租之弊，任民择地租种，一年一易。至渠道之淤塞，与地户无关。故地亩愈种愈少，渠道愈修愈艰。若改办永租，本为收束起见，必须通盘筹议。核计近年垦地收租，约二千顷左右。拟即按此数试办，分段选举地户，酌定年限，汇总认租，使民视为恒产。并拟将租价核减，干枝各渠，悉归地户修理。此后民办有效，垦局即可裁撤，由地方官收租，佃赋减轻。责令地户每年秋后计亩交租，是公家有常年进款，农民可乐业安心。他如乌兰察布六旗、乌拉中西两公及茂明安旗，均有放而未尽之地，今已饬局赶放。乌拉东公并达尔罕旗地虽放竣，尚未奏结。四子王旗地夙称荒瘠。虽曰放竣，实则押荒，全数拖欠，地亩大半荒芜。兹查该处上年被旱成灾，不得不缓征租赋，以顺舆情。"报闻。（《清宣统政纪卷之六十一》）

○宣统三年辛亥九月○丁卯，察哈尔都统溥良奏："察哈尔居西北要冲,张家口当内外孔道,为畿辅之项背,库恰之后援。自来有事于西北者,莫不于张家口屯驻重兵,以资拱卫。循至今日全防仅有巡防马队一营,步队二营,弁兵七百余名。所存枪枝大都为旧式毛瑟,不适于用。兵单地要,环顾忧心。现拟就察哈尔八旗兵中挑选精壮,编练马步队一千名。不足则兼招土著,互相维持。马匹由本群挑取,饷糈按陆军给发,并与口内巡防马步队三营,一律添换新式快枪,庶可少资凭藉保卫边隅。计约经费银十余万两,恳饬部筹拨,以裨急需。"下所司议。(《清宣统政纪卷之六十二》)

○宣统三年辛亥九月○庚辰,又谕:"电寄溥良:据电奏,接张绥铁路局大同工程处电称,太原变兵窜至大同之怀仁县,现大同镇总兵王得胜派队迎击。查张绥铁路筑至天镇,深虞东窜朝夕可达,当经力饬巡防马步队及警察马队,扼要守卫,并调宣化镇兵两营赴口驻扎。惟兵力单弱,势难兼顾等语。着军咨府陆军部,迅派得力兵队,扼要堵截。并着直隶总督迅拨兵队妥筹防守。顷据署山西巡抚吴禄贞电奏称,太原陆防各军多已就抚归诚。着传谕大同镇总兵王得胜,迎头宣告,俾此路窜兵得知后路无援,立即相机招抚。倘能就范,亦可稍节兵力。着该都统等迅即察酌办理。"

○辛巳,又谕:"电寄溥良:据电奏,张家口近因鄂晋事起,金融机关异常窘迫。请饬部拨银圆二十万圆,发交大清分银行,散拨殷实商户等语。现在库款奇绌,万难筹拨。着该都统督饬商会,就地设法筹画,竭力维持,以安市面而定人心。"○归化城副都统麟寿奏:"土默特旗东连察哈尔左右两翼,西接乌兰察布、伊克昭二盟,往来文牍多用满蒙文字。近因与汉民相处年久,满蒙语文诚恐荒废。拟于该旗高等小学堂内,附设满蒙文一科,以期保存国粹,而养成通译人才。"下部知之。(《清宣统政纪卷之六十三》)

○宣统三年辛亥冬十月○庚子，察哈尔都统溥良因病解职。以直隶宣化镇总兵黄懋澄兼署察哈尔都统。（《清宣统政纪卷之六十五》）

○宣统三年辛亥十月○壬子，以第一军军统冯国璋为察哈尔都统。未赴任前，以署第一镇统制何宗莲署理。（《清宣统政纪卷之六十六》）

○宣统三年辛亥十一月○乙酉，绥远城将军堃岫等奏："添练兵团防剿土匪，并请饬派劲兵速清会匪以顾边局。"得旨："着署察哈尔都统何宗莲派队协力迎剿。"（《清宣统政纪卷之六十八》）

○宣统三年辛亥十二月○壬寅，内阁代递绥远城将军堃岫等奏："匪徒攻逼萨厅，归绥万分危险。请电饬大同暨察哈尔都统等处领兵大员，飞速往援。"得旨："着该衙门迅速饬拨军队往援。"

○甲辰，又谕："电寄堃岫：内阁代递电奏悉，顷据何宗莲电奏，业已派步队统领官李奎元督率马步枪炮各队，前往赴援矣。"○又谕："电寄察哈尔都统何宗莲：内阁代递电奏悉，叠据堃岫电告急，该派出援救归绥军队，着即迅速开拔前进。所请筹发粮价及提前发饷各节，着度支部设法速拨。"○又谕："电寄督办边防大臣张怀芝：据内阁代递电奏，续假期满，病益加剧，恳恩暂行开去差缺等语。畿疆重地，防务吃紧，着再赏假十日，安心调治。所请开去差缺之处，着毋庸议。"

○戊申，又谕："电寄堃岫等内阁：代递电奏悉，绥远待援孔急。前据何宗莲电奏，已派协统李奎元带队赴援，于十二日出发矣。现在匪势逼近归化，各蒙告警。着何宗莲即饬该协统星夜前进，毋稍延误。"（《清宣统政纪卷之六十九》）

○宣统三年辛亥十二月○戊午，谕内阁："钦奉隆裕皇太后懿旨，前因民军起事，各省响应，九夏沸腾，生灵涂炭。特命袁世凯遣员与民军代表讨论大局,议开国会,公决政体。两月以来,尚无确当办法。南北暌隔,彼此相持。商辍于涂,士露于野。徒以国体一日不决,故民生一日不安。今全国人民心理,多倾向共和。南中各省既倡议于前,北方诸将亦主张于后。人心所向,天命可知。予亦何忍因一姓之尊荣,拂兆民之好恶?是用外观大势,内审舆情。特率皇帝将统治权公诸全国,定为立宪共和国体。近慰海内厌乱望治之心,远协古圣天下为公之义。袁世凯前经资政院选为总理大臣,当兹新旧代谢之际,宜有南北统一之方。即由袁世凯以全权组织临时共和政府,与民军协商统一办法。总期人民安堵,海宇乂安。仍合满蒙汉回藏五族完全领土为一大中华民国。予与皇帝得以退处宽闲,优游岁月,长受国民之优礼,亲见郅治之告成。岂不懿欤?"○又奉懿旨:"古之君天下者,重在保全民命,不忍以养人者害人。现将新定国体,无非欲先弭大乱,期保乂安。若拂逆多数之民心,重启无穷之战祸,则大局决裂,残杀相寻。势必演成种族之惨痛,将至九庙震惊,兆民荼毒,后祸何忍复言!两害相形,惟取其轻。此正朝廷审时观变,痌瘝吾民之苦衷。凡尔京外臣民,务当善体此意,为全局熟权利害,勿得挟虚骄之意气,逞偏激之空言,致国与民两受其祸。着民政部、步军统领姜桂题、冯国璋等严密防范,剀切开导,俾皆晓然于朝廷应天顺人、大公无私之意。至国家设官分职,以为民极。内列阁府部院,外建督抚司道。所以康保群黎,非为一人一家而设。尔京外大小各官,均宜慨念时艰,慎供职守。应即责成各长官敦切诫劝,毋旷厥官。用副予夙昔爱抚庶民之至意。"○又奉懿旨:"前以大局阽危,兆民困苦,特饬内阁与民军商酌优待皇室各条件,以期和平解决。兹据覆奏,民军所开优礼条件:于宗庙陵寝永远奉祀、先皇陵制如旧妥修各节,均已一律担承。皇帝但卸政权,不废尊号。并议定优待皇室八条,待遇皇族四条,待遇满蒙回藏七条,览奏尚为周至。特行宣示皇族暨满蒙回藏人等,此后务当化除畛域,共保治安。重睹世界之升平,胥享共和之幸福,予有厚望焉。附录优待条件:甲、关于大清皇帝宣布赞成共和国体,中华民国于大清皇帝辞位之后,优待条件如下:第一款,大清皇帝辞位之后,尊号仍存不废,中华民国以待各外国君主之礼相待。第二款,大清皇帝辞位之后,岁用四百万两,俟改铸新币后,改为四百万圆。此款由中华民国拨用。第三款,大清皇帝辞位之后,暂居宫禁,日后移居颐和园。侍卫人等照常留用。第四款,大清皇帝辞位之后,其宗庙陵寝永远奉祀,由中华民国酌设卫兵,妥慎保护。第五款,德宗崇陵未完工程如制妥修,其奉安典礼仍如旧制。所有实用经费,均由中华民国支出。第六款,以前宫内所用各项执事人员,可照常留用,惟以后不得再招阉人。第七款,大清皇帝辞位之后,其原有之私产,由中华民国特别保护。第八款,原有之禁卫军归中华民国陆军部编制,额数俸饷,仍如其旧。乙、关于清族待遇之条件:一、清王公世爵,概仍其旧。二、清皇族对于中华民国国家之公权及私权,与国民同等。三、清皇族私产,一体保护。四、清皇族免当兵之义务。丙、关于满蒙回藏各族待遇之条件:今因满蒙回藏各民族赞同共和,中华民国所以待遇者如左。一、与汉人平等。二、保护其原有之私产。三、王公世爵,概仍其旧。四、王公中有生计过艰者,设法代筹生计。五、先筹八旗生计,于未筹定之前,八旗兵弁俸饷仍旧支放。六、从前营业居住等限制,一律蠲除。各州县听其自由入籍。七、满蒙回藏原有之宗教,听其自由信仰。以上条件,列于正式公文。由两方代表照会各国驻北京公使,转达各该政府。"(《清宣统政纪卷之七十》)

《续修四库全书·史部·政书类》（乾隆朝）《钦定大清会典事例》

卷一一二八

兵部　八旗都统

游牧察哈尔兵制：初编佐领时，每佐领下设亲军二名，前锋二名，护军十七名，领催四名，马甲二十五名，共五十名。雍正二年，每旗增设捕盗兵十名；十年，每佐领下增设护军八名，领催二名，马甲十名，共七十名。乾隆五年，每旗增设捕盗兵十名。二十六年谕："察哈尔旗分，向系京城八旗兼管，但本管之旗务，尚不能用，其兼管察哈尔旗务，不过有其名耳，应另行简放都统一员统理，简放副都统二员分翼管理，至新放之都统、副都统驻劄何处，如何分管，再各省驻防将军、都统、副都统之中有应裁者，酌量裁减，著军机大臣拟议具奏。钦此。"遵旨议定："归化城土默特裁都统一缺，绥远城裁副都统一缺，右卫裁副都统一缺，作为察哈尔新添之缺。都统驻劄张家口地方，左翼副都统于左翼游牧地方驻劄，右翼副都统于右翼游牧地驻劄。"三十一年，察哈尔左右翼副都统内，裁汰一人，留副都统一人，协同都统办事。

卷一一三三

八旗都统　授官

补授八旗察哈尔游牧各官：康熙年间定，游牧总管员缺，以副管、佐领、轻车都尉、骑都尉、云骑尉选拟正陪题补；副管员缺，以骑都尉、云骑尉及本处护军校、骁骑校选拟正陪题补。乾隆三年覆准，八旗游牧总管员缺，由该旗都统等会同理藩院堂官，于本翼一等侍卫、前锋、护军、骁骑营参领、理藩院郎中、各部蒙古郎中内遴选四人，各注考语，交该旗引见补授。五年奏准，游牧副管员缺，由该总管于本处子男轻车都尉及参领内选一人拟正送京；在京该旗，于本旗轻车都尉、骑都尉、前锋侍卫、护军骁骑营副参领、步军协尉内选一人拟陪引见补授。游牧捕盗官员缺，由该旗蒙古都统等于本旗前锋护军领催内遴选，拟定正陪，引见补授。其效力勤慎、五年无过者，该总管出具考语，送旗注册，遇应升之缺，指名咨取来京，与护军骁骑校等一同引见。二十一年奏准，八旗游牧察哈尔补授副管，毋庸拟陪。二十三年奉旨，察哈尔总管，管辖旗，有养育教导之责，必择人而任，方有裨益。若率性简放，无济于事。着交军机大臣会同该部旗大臣，不论旗分，惟将堪胜其任者，拣选带领引见。二十五年议准，察哈尔八旗，每旗有随印笔帖式二员，向由本旗蒙古兵丁内拣选正陪，咨送吏部考试补放，但该处行走领催、护军并无升路。嗣后再添设虚职笔帖式一缺，各该总管即由本旗行走蒙古领催、护军内拣选正陪，咨送吏部，照例考试拣选一人，给予笔帖式虚职顶戴。如当差勤勉，遇实缺出，咨行吏部补放八品笔帖式。其所出虚职笔帖式缺，仍拣选咨部考试。二十七年议准，察哈尔都统添随印笔帖式二员，副都统添随印笔帖式一员，该员由在京八旗考中满洲蒙古文字之蒙古候补笔帖式内挑取，六年期满照例调换。所遗之缺，仍照前例遣往。二十八年奏准，嗣后出牧止用察哈尔官员兵丁，不必由京派出。惟派左右翼副都统二员，察哈尔总管二员，以专责成。又奏准，每年出牧，除察哈尔都统总理外，两翼副都统逐步轮管，以专责成。三十三年奉旨，察哈尔总管缺出，着该部不论旗分，咨取各处应升之侍卫章京等，交军机大臣、领侍卫内大臣会同拣选，与察哈尔都统保送人员，一同带领引见补授。三十八年奉旨，察哈尔总管缺出，从前停止补放在京官员，止于该处公、散秩大臣、侍卫内遴选者，诚以本地之人，习知伊等情性，办事庶有裨益。但总管一官，关系甚重，遇有缺出，仅选本处人员补放，为日既久，难免袒护属人，彼此关通情弊。嗣后总管员缺，着将察哈尔与京中应放之人各送二、三员，一并带领引见，候朕补放。五十八年议准，察哈尔牧放马驼牧场四品总管，遇参领员缺，与应升人员一并拣选。委养牛羊牧场五品副总管，遇佐领缺出，与应升人员一并拣选补放。嘉庆四年议定，补放察哈尔总管年月日期并系何旗，逐件详查，造具满汉清册，每月两次咨送兵部，以备缮写月折。若咨送后遇有事故，亦即报部办理。

附：《续修四库全书·史部·政书类》（光绪朝）《钦定大清会典事例》

卷九七七

察哈尔官制

都统一人，副都统一人，总管十人，副总管十人，参领八人，副参领八人，佐领一百二十人，骁骑校一百二十人，护军校一百十五人，亲军校四人，捕盗六品官四人。总管以下由察哈尔都统选拟，总管送直年旗引见，余皆咨院，送各蒙古本旗引见。又设理事章京十七人，其九人由院拣选引见补放，其八人由察哈尔都统选拟咨院送各蒙古本旗引见。其承袭佐领世职，俱与在京八旗之例同。

天聪六年，平定察哈尔，置部众于义州，嗣移扎宣化、大同边外，编设左右翼八旗。镶黄旗世袭佐领五人，公中佐领五人。正黄旗世袭佐领七人，公中佐领二人。正白旗世袭佐领三人，公中佐领一人。又茂明安世袭佐领二人，科尔沁世袭佐领二人，科尔沁公中佐领二人。又察哈尔、巴尔虎（亦称巴尔呼）、喀尔喀、茂明安合编公中佐领一人，察哈尔、茂明安合编公中佐领一人。镶白旗世袭佐领三人，公中佐领四人，半分世袭佐领一人，半分公中佐领一人。正红旗世袭佐领四人，公中佐领二人。镶红旗世袭佐领三人，公中佐领五人。正蓝旗世袭佐领三人，轮管佐领一人，公中佐领二人。镶蓝旗世袭佐领二人，公中佐领六人。

顺治初年，伊苏特由阿巴噶地方率众来归，编设半分世职佐领一人，附隶正黄旗。

康熙初年，厄鲁特淖尔布由准格尔投诚，编设世袭佐领一人，附隶镶黄旗。

十四年定：每旗设总管各一人，副总管各一人，参领各三人，照内八旗之例，随人数设佐领、骁骑校、护军校、亲军校、捕盗六品官等员，俱属在京蒙古都统兼辖。

三十一年，苏尼特二品台吉诺尔济率众来归，编设世袭勋旧佐领一人，附隶镶蓝旗。

三十四年，以科尔沁扎赉特贝子阿鲁哈之户，编设半分世袭勋旧佐领一人，附隶镶黄旗。又厄鲁特玛达穆特巴扎尔等由阿尔泰地方率众来投，编设轮管佐领一人，附隶镶黄旗。又厄鲁特达拉什玛穆等率众来投，编设世袭佐领一人，附隶正黄旗。

三十五年，厄鲁特土谢图寨桑淖尔布由准噶尔投诚，以其人户同寨桑图克齐招来人丁，合编轮管佐领一人，附隶镶黄旗。又厄鲁特额林沁，同玛穆寨桑由准噶尔投诚，合编轮管佐领一人，附隶镶黄旗。又厄鲁特续来人丁，合编世袭佐领一人，附隶镶蓝旗。

三十六年，喀尔喀二品台吉根敦，同四品台吉楚伦率众投诚，合编轮管佐领一人，附隶镶黄旗。又厄鲁特噶尔丹族杜尔伯特台吉卓零率众投诚，编设世袭勋旧佐领一人，附隶正白旗。

三十七年，厄鲁特丹巴由准噶尔率众投诚，编设世袭佐领一人，附隶正黄旗。又乌拉特春达们札木萨克锡木斗等由乌拉特旗分率众来归，编设勋旧佐领二人，附隶正黄旗。又厄鲁特台吉巴拜率众来归，编设公中佐领一人，附隶正白旗。又厄鲁特鄂贝率众来归，编设公中佐领一人，附隶正红旗。又厄鲁特格里古音噶尔丹率众来归，编设世袭佐领一人，附隶镶红旗。又厄鲁特札那来归，编设世袭佐领一人，附隶正蓝旗。

三十八年，喀尔喀台吉索淖木车零率众投诚，编设半分佐领一人，附隶镶黄旗。又以巴尔虎人丁，编设公中佐领一人，附隶正黄旗。又喀尔喀寨桑阿尔噶齐以台吉锡喇布额尔和之众来归，编设半分佐领一人，附隶正白旗。又以巴尔虎人丁，编设公中佐领一人，附隶正白旗。又以巴尔虎人丁，编设公中佐领一人，附隶镶白旗。又以巴尔虎人丁，编设公中佐领一人，附隶正红旗。又以巴尔虎人丁，编设公中佐领一人，附隶镶红旗。又以厄鲁特札那带来人丁，增设世袭佐领二人，附隶正蓝旗。又以巴尔虎人丁，编设公中佐领一人，附隶镶蓝旗。又每旗各裁参领二人。

三十九年，将原隶正蓝旗之巴尔虎公中佐领一人，改隶镶黄旗。又茂明安扎萨克率众来归，编设公中佐领二人，附隶正红旗。

四十一年，喀尔喀锡喇布额尔和之众来归，与寨桑阿尔噶齐之半分佐领合编公中佐领一人，仍附隶正白旗。

四十四年，以巴尔虎人丁，编设公中佐领一人，附隶正蓝旗。

六十年，土尔扈特由准噶尔投诚，编设公中佐领一人，附隶正白旗。又厄鲁特札那之世袭佐领下人数众多，增设公中佐领一人，仍附隶正蓝旗。

雍正元年，因正蓝旗改隶镶黄旗之巴尔虎佐领下人数众多，增设公中佐领一人，仍附隶镶黄旗。又议准：每旗设理事员外郎二人，在京人员与游牧察哈尔旗下各选授一人，审理一应事务。在京由护军校、骁骑校选用者，授为员外郎。由中书、笔帖式、护军选用者，授为主事，俟三年后，果能称职授为员外郎。在外由散秩官、护军校、骁骑校选用者，授为员外郎。由笔帖式选用者，授为主事，三年后称职，授为员外郎。

九年，正黄旗巴尔虎公中佐领下人数众多，增设公中佐领一人，仍附隶正黄旗。

十年，乌拉特阿尔布坦率众来归，编设世袭佐领一人，附隶正黄旗。又镶黄旗巴尔虎公中佐领下人数众多，增设公中佐领一人，仍附隶镶白旗。又正红旗巴尔虎公中佐领下人数众多,增设公中佐领一人,仍附隶正红旗。又厄鲁特原隶正黄旗之公中佐领一人,改隶正红旗。又厄鲁特原隶正黄旗之公中佐领一人,改隶镶红旗。又镶红旗巴尔虎公中佐领下人数众多,增设公中佐领一人,仍附隶镶红旗。又正蓝旗巴尔虎公中佐领下人数众多,增设公中佐领一人,仍附隶正蓝旗。又以科尔沁台吉那木扎勒等人丁,编设世袭佐领一人,附隶正蓝旗。又镶蓝旗之巴尔虎公中佐领下人数众多,增设公中佐领一人,仍附隶镶蓝旗。

十一年议准:嗣后由京补放察哈尔理事官,专在现任部院衙门主事、小京官、中书、笔帖式内拣选补用,由主事授为员外郎,由小京官、中书、笔帖式授为主事。由外补放者,仍照旧例拣选咨送到院。如咨送之人平常,即与在京蒙古旗下护军校、骁骑校、护军内遴选引见补放。

乾隆五年,正黄、正红、镶红、镶蓝四旗,每旗增设捕盗六品官各一人。

七年,正黄旗增设亲军校一人。

十五年,厄鲁特撒拉尔由准噶尔来归,编设半分公中佐领一人,附隶正蓝旗。

二十一年,以新来之厄鲁特人丁,编设半分公中佐领一人,附隶正蓝旗。

二十五年,每旗增设副参领一人,协同参领办事。给予四品虚衔顶戴。

二十六年,察哈尔设都统一人,驻扎张家口,总理游牧八旗事务,兼辖张家口驻防官兵。设副都统二人,在左右翼游牧边界驻扎。所有该处弁兵,毋庸由在京都统兼管。又镶黄、正红、镶红、镶蓝,每旗增设佐领、骁骑校、护军校各一人。又以新来之厄鲁特人丁,编设半分公中佐领一人,附隶镶黄旗。又以新来之厄鲁特人丁,编设半分公中佐领一人,附隶正红旗。又以新来之厄鲁特人丁,编设半分公中佐领一人,附隶镶红旗。又以新来之厄鲁特人丁,编设公中佐领一人,附隶镶黄旗。

二十七年,察哈尔八旗副总管裁汰。又镶黄、正黄、正红、镶红、镶蓝五旗,每旗各裁捕盗六品官一人。

三十一年，左右翼副都统内裁汰一人，留副都统一人，驻扎张家口，协同都统办事。

五十三年，察哈尔驼马厂，设四品总管一人，牛羊群牧场，设五品副总管一人。

嘉庆四年，察哈尔牛羊群牧场，设四品总管一人。

十年奏准：原隶正蓝旗之世管佐领无人承袭，改为公中佐领，仍隶正蓝旗。

光绪二年奏定：察哈尔游牧司员，遇有考试时，各衙门蒙古候补额外学习各主事，一并准其预考，即比照小京官、中书、笔帖式之例办理。

十年奏定：察哈尔游牧理事官缺出，准将在旗六品荫生比照该处笔帖式一体入选。

附表 1　清代历任察哈尔都统、署都统年表

序号	姓名	职务	任职时间	离职时间	任期	备注
1	嵩椿	都统	乾隆二十六年(1761年)十一月	乾隆二十七年(1762年)五月	六个月	乾隆三十年任绥远城将军
2	巴尔品	都统	乾隆二十七年(1762年)闰五月	乾隆三十一年(1766年)九月免	四年四个月	乾隆三十二年任塔尔巴哈台参赞大臣
3	安泰	都统	乾隆三十一年(1766年)九月	乾隆三十三年(1768年)三月	一年六个月	迁职
4	巴禄	都统	乾隆三十三年(1768年)三月	乾隆三十五年(1770年)八月	二年五个月	病卒
5	常青	都统	乾隆三十五年(1770年)十二月	乾隆四十七年(1782年)十二月	十二年	乾隆五十二年任湖广总督
6	乌尔图纳逊	都统	乾隆四十七年(1782年)十二月	乾隆四十九年(1784年)六月	一年六个月	迁任绥远城将军
7	积福	都统	乾隆四十九年(1784年)六月	同年九月	三个月	迁任绥远城将军
8	乌尔图纳逊	都统	乾隆四十九年(1784年)九月	乾隆五十四年(1789年)十月	五年一个月	兼任乌里雅苏台参赞大臣，降职
9	保泰	都统	乾隆五十四年(1789年)十月	乾隆五十五年(1790年)八月	十个月	迁任正红旗蒙古都统
9	观明	署理都统	乾隆五十五年(1790年)八月	乾隆五十五年(1790年)九月	一个月	嘉庆元年(1796年)调任青州副都统
9	乌尔图纳逊	署理都统	乾隆五十五年(1790年)九月	乾隆六十年(1795年)九月	五年	累计任都统十年。迁任绥远城将军
10	博兴(亦作宝兴)	都统	乾隆六十年(1795年)九月	嘉庆六年(1801年)十二月	六年三个月	迁任理藩院尚书
11	观明	都统	嘉庆六年(1801年)十二月	嘉庆八年(1803年)十二月	二年	调任黑龙江将军

续表

序号	姓名	职务	任职时间	离职时间	任期	备注
12	佛尔卿额	都统	嘉庆八年（1803年）十二月	嘉庆十二年（1807年）四月	三年四个月	免，八月起任正红旗汉军都统
13	贡楚克扎布	都统	嘉庆十二年（1807年）四月	嘉庆十二年（1807年）八月	四个月	革职，原任西宁大臣
14	庆怡	都统	嘉庆十二年（1807年）八月	嘉庆十五年（1810年）十二月	三年四个月	迁职荆州将军
15	兴肇	都统	嘉庆十五年（1810年）十二月	嘉庆十六年（1811年）七月	七个月	罢免，原任荆州将军
16	贡楚克扎布	都统	嘉庆十六年（1811年）七月	嘉庆十九年（1814年）十二月	三年五个月	革职，贬为三等侍卫
16	成宁	署理都统	嘉庆十六年（1811年）七月	嘉庆十六年（1811年）八月	一个月	迁任山西巡抚
17	祥保	都统	嘉庆十九年（1814年）十二月	嘉庆二十二年（1817年）六月	二年六个月	迁任宁夏将军
18	松筠	都统	嘉庆二十二年（1817年）六月	嘉庆二十三年（1818年）十月	一年四个月	迁任礼部尚书
19	伊冲阿	都统	嘉庆二十三年（1818年）十月	嘉庆二十三年（1818年）十一月	未到任	迁任热河都统
20	庆溥	都统	嘉庆二十三年（1818年）十一月	嘉庆二十五年（1820年）六月	一年七个月	降职为正黄旗蒙古副都统
21	富兰	都统	嘉庆二十五年（1820年）六月	道光三年（1823年）十一月	三年五个月	免，后任署正红旗蒙古副都统
22	瑚松额	都统	道光三年（1823年）十一月	道光五年（1825年）七月	一年八个月	迁任成都将军
23	和世泰	都统	道光五年（1825年）七月	道光六年（1826年）九月	一年二个月	免，道光十二年起任宁夏将军
24	博启图	都统	道光六年（1826年）九月	道光七年（1827年）七月	十个月	迁任吉林将军
25	安福	都统	道光七年（1827年）七月	道光九年（1829年）六月	二年	福安入京
25	福克精额	署理都统	道光九年（1829年）六月		共计九个月	
26	福克精额	都统	道光九年（1829年）十二月	道光十年（1830年）三月		迁任吉林将军
27	武忠额	都统	道光十年（1830年）三月	道光十三年（1833年）十一月	三年八个月	迁任热河都统
27	廉敬	署理都统	道光十一年（1831年）七月	同年八月	一个月	迁任库伦办事大臣
27	凯音布	署理都统	道光十三年（1833年）十一月	道光十四年（1834年）五月		

附表1 清代历任察哈尔都统、署都统年表

续表

序号	姓名	职务	任职时间	离职时间	任期	备注
28	凯音布	都统	道光十四年（1834年）五月	道光十六年（1836年）七月	共计二年八个月	迁任都察院左都御史兼镶蓝旗蒙古都统
29	乐善	都统	道光十六年（1836年）七月	道光十七年（1837年）七月	一年	迁任荆州将军
30	赛尚阿	都统	道光十七年（1837年）七月	道光十八年（1838年）八月	一年	迁任理藩院尚书
31	布彦泰	都统	道光十八年（1838年）八月	道光二十年（1840年）三月	一年七个月	迁任伊犁将军
	敬敩	署理都统	道光二十年（1840年）三月	当月	不足月	道光二十二年十二月迁任福州副都统
32	壁昌	都统	道光二十年（1840年）三月	道光二十年（1840年）十二月	九个月	迁任伊犁参赞大臣
33	铁麟	都统	道光二十年（1840年）十二月	道光二十四年（1844年）七月	三年八个月	迁任绥远城将军
	禄普	署理都统	道光二十四年（1844年）正月	道光二十五年（1845年）五月	一年四个月	兼署正红旗蒙古都统
	阿彦泰	护理都统	道光二十四年（1844年）正月	道光二十六年（1846年）十一月	共计二年九个月	因病解职
	阿彦泰	署理都统	道光二十四年（1844年）七月			
34	裕诚	都统	道光二十七年（1847年）正月	道光二十八年（1848年）三月	一年二个月	迁任荆州将军
35	双德	都统	道光二十八年（1848年）三月	道光三十年（1850年）十二月	二年九个月	解职
	赓福	署理都统	道光三十年（1850年）十二月	咸丰元年（1851年）二月	二个月	迁任热河都统
	庆禄	署理都统	道光三十年（1851年）十二月		不足月	咸丰元年六月被革职拿问
36	恒春	都统	咸丰元年（1851年）二月	咸丰元年（1851年）八月	七个月	迁任正蓝旗汉军都统
37	西凌阿	都统	咸丰元年（1851年）八月	咸丰三年（1853年）四月	总七年十一个月	因镇压太平天国起义堵剿不力，被革职
			咸丰三年（1853年）八月	咸丰五年（1855年）九月		因围剿太平天国战功，开复都统原官；又被革职
			咸丰六年（1856年）五月			以督剿安徽捻军功，复都统职

续表

序号	姓名	职务	任职时间	离职时间	任期	备注
37	西凌阿	都统	咸丰七年（1857年）二月	咸丰十年（1859年）七月	总七年十一个月	因剿捻军不力，被革职留任。调镶蓝旗蒙古都统
	盛桂	署理都统	咸丰二年（1852)年十二月	咸丰三年（1853年）三月	三个月	还政都统，仍任副都统
	华山太	署理都统	咸丰三年（1853年）三月	咸丰四年（1854年）十一月	一年八个月	迁任绥远城将军
	盛桂	署理都统	咸丰三年（1853年）五月	咸丰三年（1853年）九月	五个月	奉调入京，同年十月授内阁学士兼礼部侍郎
	穆隆阿	署理都统	咸丰四年（1854年）十一月	咸丰七年（1857年）三月	二年四个月	咸丰九年（1859年）二月调任署马兰镇总兵
	庆昀	署理都统	咸丰八年（1858年）三月			
	廉至	署理都统	同治元年（1862年）正月		不足月	回任察哈尔副都统
38	庆昀	都统	咸丰十年（1859年）七月	同治二年（1863年）二月	四年五个月	迁任宁夏将军
39	阿克敦布	都统	同治二年（1863年）二月	同治五年（1866年）五月	三年三个月	迁任正黄旗汉军都统
	廉至	署理都统	同治二年（1863年）二月			
40	福兴	都统	同治五年（1866年）五月	同治五年（1866年）六月	一个月	调任绥远城将军
	廉至	署理都统	同治五年（1866年）六月	同年九月	三个月	回任察哈尔副都统
41	色尔固善	都统	同治五年（1866年）八月	同治六年（1867年）十月	一年二个月	病卒
	裕瑞	署都统	同治五年（1866年）九月	同治六年（1867年）四月	八个月	迁任绥远城将军
42	文盛	都统	同治六年（1867年）十月	同治十年（1871年）五月	三年七个月	因病免职
	杜嘎尔	署理都统	同治六年（1867年）十月	次年归政于文盛	一年	调署乌里雅苏台参赞大臣
	庆春	署理都统	同治十年（1871年）五月	同治十年（1871年）十一月	一年六个月	兼署镶黄旗汉军都统
43	额勒和布	都统	同治十年（1871年）五月	同治十三年（1874年）四月	三年	擢乌里雅苏台将军

附表1　清代历任察哈尔都统、署都统年表

续表

序号	姓名	职务	任职时间	离职时间	任期	备注
	奎昌	署理都统	同治十二年（1873年）十二月		不足月	回任察哈尔副都统
	庆春	署理都统	同治十二年（1873年）十二月			
44	庆春	都统	同治十三年（1874年）四月实授	光绪二年（1876年）十月	二年六个月	迁任绥远城将军
45	瑞联	都统	光绪二年（1876年）十月	光绪三年（1877年）四月	六个月	迁任绥远城将军
46	春福	都统	光绪三年（1877年）四月	同年八月	四个月	迁任乌里雅苏台将军
47	穆图善	都统	光绪三年（1877年）八月	光绪五年（1879年）六月	一年十个月	调任福州将军
48	景丰	都统	光绪五年（1879年）六月	同年十一月	五个月	调任荆州将军
49	祥亨	都统	光绪五年（1879年）十一月	光绪七年（1881年）八月	一年九个月	调任荆州将军
50	谦禧	都统	光绪七年（1881年）八月	光绪八年（1882年）十一月	一年三个月	召回,光绪九年六月署青州副都统
51	吉和	都统	光绪八年（1882年）十一月	光绪九年（1883年）十二月	一年一个月	迁任西安将军
52	绍祺	都统	光绪九年（1883年）十二月	光绪十二年（1886年）三月	二年三个月	迁理藩院尚书兼署礼部尚书
53	托伦布	都统	光绪十二年（1886年）三月	光绪十五年（1889年）十一月	三年八个月	被召入京降为头等侍卫
54	奎斌	都统	光绪十五年（1889年）十一月	光绪十七年（1891年）十一月	二年	迁任热河都统
54	吉顺	护理都统	光绪十七年（1891年）十一月	光绪十八年（1892年）正月	一个月	归政于都统德铭,回任口北道员
55	德铭	都统	光绪十七年（1891年）十一月	光绪二十二年（1896年）十一月	五年	因病卸任
56	祥麟	都统	光绪二十二年（1896年）十一月	光绪二十六年（1900年）六月	三年七个月	奉召回京
57	芬车	都统	光绪二十六年（1900年）六月	同年七月随扈光绪出离	二个月	当年闰八月迁任镶白旗蒙古都统
58	奎顺	都统	光绪二十六年（1900年）七月	光绪三十年（1904年）十二月	四年五个月	迁任乌里雅苏台将军
59	升允	都统	光绪三十年（1904年）十二月	光绪三十一年（1905年）正月	一个月	调任闽浙总督
60	溥颋	都统	光绪三十一年（1905年）正月	光绪三十二年（1906年）九月	一年九个月	迁任度支部尚书

续表

序号	姓名	职务	任职时间	离职时间	任期	备注
61	松寿	都统	光绪三十二年（1906年）九月	光绪三十三年（1907年）正月	四个月	迁任闽浙总督
62	诚勋	都统	光绪三十三年（1907年）正月	宣统元年（1909年）八月	二年八个月	迁任热河都统
62	额勒浑	署理都统	光绪三十三年（1907年）正月	同年六月	六个月	归政于新任都统诚勋，回任察哈尔副都统
63	溥良	都统	宣统元年（1909年）八月	宣统三年（1911年）十月	二年二个月	因病解职
63	黄懋澄	署理都统	宣统三年（1911年）十月	宣统三年（1911年）十月	一个月	仍任宣化镇总兵
64	冯国璋	都统	宣统三年（1911年）十月		未到任	1911年12月15日任禁卫军总统领兼察哈尔都统
64	何宗莲	署理都统	宣统三年（1911年）十月	民国元年（1912）九月	一年	仍署第一镇统制

附表 2 清代历任察哈尔副都统年表

序号	姓名	任职时间	原任职务	调离时间	调任职务
1	七十	乾隆二十六年十一月	绥远城副都统	乾隆三十一年九月	正蓝旗蒙古副都统
2	常清	乾隆二十六年十一月	西安副都统	乾隆三十一年八月	归化城副都统
3	集福	乾隆三十一年八月	归化城副都统	乾隆三十三年二月	热河副都统
4	齐勒克忒	乾隆三十三年二月	围场总管	乾隆四十四年二月	署镶蓝旗蒙古副都统
5	观音保	乾隆四十四年二月	哈喇沙尔办事大臣	乾隆四十五年三月	散秩大臣、泰陵总管内务府大臣
6	乌尔图纳逊	乾隆四十七年二月	镶红旗蒙古副都统	乾隆四十七年十二月	升任察哈尔都统
7	阿玉什	乾隆四十七年十二月	正白旗蒙古副都统	乾隆五十一年七月	因病离职
8	兴福	乾隆五十一年七月	乾清门侍卫	乾隆五十二年正月	乌里雅苏台副都统
9	佛住	乾隆五十二年正月	正黄旗蒙古副都统	乾隆五十四年二月	署理理藩院侍郎
10	观明	乾隆五十四年二月		乾隆五十九年十二月	青州副都统
11	觉罗金良	乾隆五十九年十二月	正红旗满洲参领	嘉庆十三年闰五月	卒
12	富僧额	嘉庆十三年闰五月	打牲乌拉总管	嘉庆十四年二月	解职
13	彦吉保	嘉庆十四年二月	察哈尔总管	嘉庆十六年七月	奉召入京
14	本智	嘉庆十六年七月	泰宁镇总兵官、兼总管内务府大臣	嘉庆十七年十二月	广州将军
15	来灵	嘉庆十七年十二月	正黄旗汉军副都统	嘉庆十八年十月	革职,赏头等侍卫
16	福珠隆阿	嘉庆十八年十月	正白旗满洲副都统	嘉庆二十一年六月	革职
17	棍楚克策楞	嘉庆二十一年六月	正白旗蒙古副都统	嘉庆二十二年十月	降职任散秩大臣
18	瑞龄	嘉庆二十二年十月	正红旗汉军副都统	嘉庆二十三年十一月	革职,散秩大臣
19	海昇	嘉庆二十三年十一月	热河协领	道光五年十二月	年老休致
20	永明额	道光五年十二月	正黄旗蒙古副都统	道光六年五月	泰宁镇总兵官

续表

序号	姓名	任职时间	原任职务	调离时间	调任职务
21	乐善	道光六年五月	镶白旗汉军副都统	道光六年六月	库伦办事大臣
22	存华	道光六年六月	正白旗蒙古副都统	道光六年九月	山海关副都统
23	福克精阿	道光六年九月	山海关副都统	道光十一年七月	乌里雅苏台审案
24	廉敬	道光九年六月	大理寺卿	道光十一年八月	调任库伦办事大臣
25	苏苏勒通阿	道光十一年八月	察哈尔总管	道光十八年闰四月	被革职发配新疆伊犁
26	明训	道光十八年闰四月	都察院左副都御史	道光十八年十一月	正红旗汉军副都统
27	敬敩	道光十八年十一月	正红旗汉军副都统	道光二十二年十二月	福州副都统
28	阿彦泰	道光二十二年十二月	镶白旗汉军副都统	道光二十六年十一月	因病解任
29	裕诚	道光二十六年十一月	光禄寺少卿	道光二十七年正月	升任察哈尔都统
30	景淳	道光二十七年正月	正黄旗汉军印务参领	道光二十八年九月	盛京副都统
31	庆禄	道光二十八年九月	盛京副都统	咸丰元年十月	降为头等侍卫
32	麟魁	咸丰元年九月	乌什办事大臣	咸丰元年十月	户部右侍郎、兼管钱法堂事务
33	盛桂	咸丰元年十月	吉林副都统	咸丰三年九月	奉调入京,内阁学士兼礼部侍郎衔
34	庆昀	咸丰三年九月	凉州副都统	咸丰十年七月	授察哈尔都统
35	廉至	咸丰十年七月	奉天岫岩城守尉	同治五年六月	署察哈尔都统
36	色尔固善	同治五年六月	盛京副都统	同治五年八月	升任察哈尔都统,同治六年十月卒
37	玉亮	同治五年八月	镶黄旗蒙古副都统	同治六年六月	西安右翼副都统
38	杜嘎尔	同治六年六月	盛京副都统	同治十二年十二月	署乌里雅苏台参赞大臣
39	景瑞	同治十一年七月	正红旗汉军参领	同治十二年三月	奉诏入京任,改正蓝旗蒙古副都统
40	奎昌	同治十二年三月	科布多参赞大臣	光绪五年闰三月	降三级留任,因病乞休
41	花尚阿	光绪五年闰三月	参领	光绪六年二月	镶蓝旗汉军副都统
42	永德	光绪六年二月	镶蓝旗汉军副都统	光绪十七年六月	乌里雅苏台将军
43	吉升阿	光绪十七年六月	记名副都统	光绪二十一年三月	京口副都统,光绪二十一年十一月卒
44	伊崇阿	光绪二十一年十一月	正红旗汉军副都统	光绪二十四年六月	卒
45	明秀	光绪二十四年六月	正红旗满洲副都统	光绪二十六年六月	回京当差,光绪二十六年十二月殉难
46	魁福	光绪二十六年六月	科布多参赞大臣	光绪三十二年九月	病解,宣统二年八月卒
47	额勒珲	光绪三十二年九月	记名副都统	宣统二年五月	伊犁将军、兼塔尔巴哈台参赞大臣
48	盛桂	宣统二年五月	热河总管	宣统三年九月	卸任,候补三院卿,以副都统记名

附表3 历任宣大总督、巡抚、巡按年表

历任宣大总督年表

序号	姓名	任职时间	原任职务	调任时间	调任职务
1	吴孳昌	顺治元年七月	吏部员外郎	顺治二年二月	革职
2	李鉴	顺治二年二月	宣府巡抚	顺治二年八月	降任巡抚
3	马国柱	顺治二年十月	山西巡抚	顺治四年七月	兵部尚书
4	申朝纪	顺治四年七月	山西巡抚	顺治五年三月	卒于任
5	耿焞	顺治五年三月	顺天巡抚	顺治五年十一月	革
6	佟养量	顺治五年十一月	山东沂州总兵官	顺治十一年二月	解任
7	马鸣佩	顺治十一年二月	总督仓场户部左侍郎	顺治十二年	江南总督
8	马之先	顺治十二年	陕西巡抚	顺治十三年三月	陕西总督
9	张悬锡	顺治十三年五月	内翰林弘文院学士	顺治十四年正月	直隶总督
10	卢崇峻	顺治十四年正月	吏部右侍郎	顺治十五年七月	

顺治十五年七月,裁宣大总督,顺治十六年命直隶巡抚兼摄宣镇。

历任宣府巡抚年表

序号	姓名	任职时间	原任职务	调任时间	调任职务
1	李鉴	顺治元年五月	前明巡抚	顺治二年二月	升任宣大总督
2	冯圣兆	顺治二年二月	山西潞安府通判	顺治十年十一月	以原衔巡抚偏沅

顺治九年四月,裁宣府巡抚,以总督兼理。

巡按宣大御史年表

序号	姓名	巡按时间	职务
1	张鸣骏	顺治元年(1644年)	前明监察御史
2	朱廷翰	顺治二年(1645年)七月	云南道试监察御史
3	宁承勋	顺治三年(1646年)七月	山东道监察御史
4	高景	顺治三年(1646年)十一月	湖广道监察御史
5	朱鼎延	顺治四年(1647年)十月	云南道监察御史
6	金志远	顺治五年(1648年)九月	贵州道监察御史
7	刘达	顺治六年(1649年)十一月	江西道监察御史
8	薛陈玮	顺治八年(1651年)七月	监察御史
9	焦毓瑞	顺治九年(1652年)十一月	广东道试监察御史
10	翁祖望	顺治十二年(1655年)六月	中书科中书舍人
11	俞铎	顺治十四年(1657年)正月	江南道监察御史

顺治十五年五月,裁宣大巡按差,归并山西巡按。

附表 4　清代直隶宣化镇总兵官任职年表

序号	姓名	任职时间	原任职务	离职时间	调任职务及原因
1	胡章	顺治二年十月	副将都督同知	顺治六年三月	山东布政使司右布政使
2	刚阿泰	顺治六年三月	大同总兵官	顺治十一年四月	
3	佟学文	顺治十一年四月	甲喇章京都督佥事	顺治十六年闰三月	以老病乞休
4	刘永亨	顺治十六年闰三月	浙江绍兴副将	康熙九年六月	任上病故
5	拜音达礼	康熙九年闰二月	参领	康熙十三年七月	浙江平阳总兵官
6	阎可权	康熙十三年七月	参领		
7	蓝理	康熙二十六年九月	陕西延绥神木副将	康熙二十八年十二月	浙江定海总兵官
8	许盛	康熙二十八年十二月	湖广襄阳总兵官	康熙三十四年十一月	以年老有疾解任
9	白斌	康熙三十四年十一月	通州副将	康熙三十七年十一月	被革职
10	尚宣	康熙三十七年十一月	直隶三屯营副将	康熙四十四年九月	以老病乞休
11	康泰	康熙四十四年十月	陕西西凤副将	康熙五十一年四月	四川提督
12	司九经	康熙五十一年四月	直隶石匣营副将	康熙五十六年三月	以声名甚劣被革退
13	张自成	康熙五十六年三月	张家口副将	雍正元年十一月	以年老乞休
14	许国桂	雍正二年正月	正黄旗汉军副都统	雍正三年十二月	正红旗汉军副都统
15	黄廷桂	雍正三年十二月	镶红旗参领	雍正五年四月	
16	李如柏	雍正五年四月		雍正八年十二月	署理太原总兵
17	高弘燊	雍正八年十二月	三屯营副将	雍正十年十月	被革任
18	补熙	雍正十年十月	署直隶天津总兵官	雍正十二年九月	江南提督
19	南天祥	雍正十二年九月	原任江南提督	雍正十三年五月	署山西大同总兵官
20	蔡永文	雍正十三年五月	署山西大同总兵官	乾隆元年六月	正蓝旗汉军副都统
21	李质粹	乾隆元年六月	陕西提督	乾隆八年五月	谭行义
22	谭行义	乾隆八年五月	广西提督	乾隆八年十二月	山东登州镇总兵
23	丁士杰	乾隆八年七月	广西左江镇总兵	乾隆八年十月	贵州提督
24	萧良金	乾隆八年十月	通州协副将	乾隆九年二月	河南南阳镇总兵
25	高琦	乾隆九年二月	直隶蓟州协副将	乾隆九年三月	江西南昌镇总兵
26	李如柏	乾隆九年三月	江西南昌镇总兵	乾隆十七年四月	云南临元镇总兵
27	吴士胜	乾隆十七年四月	直隶督标副将	乾隆十八年六月	奉调回京

附表4 清代直隶宣化镇总兵官任职年表

续表

序号	姓名	任职时间	原任职务	离职时间	调任职务及原因
28	吴进义	乾隆十八年六月(署)	提督	乾隆十八年十月	直隶古北口提督
29	福禄	乾隆十八年十月	正黄旗蒙古副都统	乾隆十九年十一月	广东右翼镇总兵
30	丁大业	乾隆十九年十一月	广东右翼镇总兵	乾隆二十年八月	降任副将
31	存泰	乾隆二十年八月	乾隆二十一年十月	陕西河州镇总兵	
32	和成	乾隆二十一年十月	山西杀虎协副将	乾隆二十六年二月	山西太原镇总兵
33	福勒黑(亦作富勒赫)	乾隆二十六年二月	湖南永州镇总兵	乾隆三十年八月	留京以副都统用
34	恒德	乾隆三十年七月(署)			
35	巴延弼	乾隆三十年八月	大同镇总兵	乾隆三十年八月	派往和阗办事
	恒德	乾隆三十三年十一月		乾隆三十六年九月	凉州副都统
36	达齐	乾隆三十六年九月	河南南阳镇总兵	乾隆三十八年六月	奉召入京
37	仁和	乾隆四十一年三月	湖北宜昌镇总兵	乾隆四十一年十月	天津镇总兵
38	兴奎	乾隆四十一年十月	陕西庆阳协副将	乾隆四十三年正月	山西大同镇总兵
39	达色	乾隆四十三年正月			
40	托宾泰	乾隆四十五年七月	湖广督标中军副将	乾隆五十一年十二月	天津镇总兵
41	保兴	乾隆五十一年十二月	西安将军标中军副将	乾隆五十二年九月	陕西兴汉镇总兵
42	刘允桂	乾隆五十二年九月	陕西兴汉镇总兵	乾隆五十四年正月	福建建宁镇总兵
43	希当阿	乾隆五十四年正月	福建建宁镇总兵	乾隆五十四年二月	因咎罢黜
44	爱星阿	乾隆五十四年二月	直隶河屯协副将	乾隆五十六年四月	因病辞职
45	扎勒杭阿	乾隆五十六年四月	护军校	嘉庆五年三月	直隶正定镇总兵官
46	观祥	嘉庆五年三月	直隶正定镇总兵官	嘉庆六年五月	以年老乞休
47	富兰	嘉庆六年五月	浙江湖州协副将		丁忧解职
48	刘景昌	嘉庆七年十二月	福建福宁镇总兵	嘉庆十年七月	以病解任
49	爱星阿	嘉庆十年七月	河屯协副将	嘉庆十一年正月	喀什噶尔帮办大臣
50	王模	嘉庆十一年正月	前任闽粤南澳镇总兵	嘉庆十一年四月	大同镇总兵
51	隆福	嘉庆十一年四月	正黄旗满洲副都统	嘉庆十三年四月	命来京在乾清门行走
52	萧福禄	嘉庆十三年四月	服阕总兵官	嘉庆十五年二月	降职为副将
53	图兴阿	嘉庆十五年二月	直隶天津镇总兵	嘉庆十六年四月	以年老辞任
54	刘荣庆	嘉庆十六年四月	前任江西九江镇总兵	嘉庆十七年九月	以丁忧辞任
55	音登额	嘉庆十七年九月	直隶督标中军副将	嘉庆二十五年正月	福建台湾镇总兵官
56	舒凌阿	嘉庆二十五年正月	直隶督标副将	道光元年八月	山东兖州镇总兵官
57	海凌阿	道光元年八月	兖州镇总兵官	道光十年十月	湖南提督
58	李廷扬	道光十年十月	服阕总兵官	道光二十年十一月	任浙江衢州镇总兵
59	石生玉	道光二十年十一月	直隶张家口协副将	道光二十四年三月	湖南提督
60	春福	道光二十四年三月	贵州铜仁协副将	道光二十六年五月	汉中镇总兵
61	赵毓桂	道光二十六年五月	直隶督标中军副将	咸丰五年五月	因病解任
62	罗玉斌	咸丰五年五月	江西南昌协副将	咸丰八年十月	江南六合阵亡
63	乌忠阿	咸丰八年四月(署)	张家口副将	咸丰十年九月	以运炮迟延摘去顶带
64	汤苏	咸丰八年十月	直隶通永协副将	咸丰九年七月	以直隶操防不力撤职
65	阿麟保	咸丰九年七月	浙江处州镇总兵官	咸丰九年十二月	大名镇总兵
66	马得昭	咸丰九年十二月	大名镇总兵官	咸丰十一年正月	陕西陕安镇总兵官
67	金泰	咸丰十年二月(署)			

续表

序号	姓名	任职时间	原任职务	离职时间	调任职务及原因
68	惠成	咸丰十一年正月	陕西陕安镇总兵官	同治元年五月	署天津镇总兵官
69	冷庆	同治元年五月	督标中军副将		
70	宋国永	同治元年六月	广西梧州城守营副将	同治四年四月	因故革职
71	张诗日	同治四年四月	记名提督		
72	王可忠	同治七年三月	记名提督		
73	崔福泰	同治八年九月	都司	同治十三年六月	湖北宜昌镇总兵
74	徐平川	同治九年十一月	游击		
75	王可升	光绪六年七月		光绪二十三年十一月	因病出缺
76	陈飞熊	光绪二十三年十一月	直隶督标副将	光绪二十六年六月	开缺
77	何乘鳌	光绪二十六年六月	前四川川北镇总兵	光绪三十三年三月	解职
78	黄懋澄	光绪三十三年三月	直隶督标中军副将		

附表5 伊犁察哈尔（带队）领队、稽查大臣年表

序号	姓名	任职	时间
1	巴图济尔噶勒	稽查	乾隆二十六年（1761年）九月
2	达克塔纳	带队	乾隆二十八年（1763年）正月
3	齐里克特	带队	乾隆二十八年（1763年）三月
4	衮布策凌	领队大臣	乾隆二十八年（1763年）六月以前
5	伊凌阿	领队大臣	乾隆二十八年（1763年）六月
6	爱隆阿	领队大臣	乾隆三十年（1765年）正月
7	那彦（那延）	领队大臣	乾隆五十二年（1787年）二月
8	讷音	领队大臣	乾隆五十五年（1790年）二月
9	色尔衮	领队大臣	嘉庆十四年（1809年）正月在任
10	舒伦保	领队大臣	道光二年（1822年）六月在任
11	扎布都勒噶	领队大臣	道光八年（1828年）在任
12	克什克特依	领队大臣	道光九年（1829年）十月在任
13	忠泰	领队大臣	道光十四年（1834年）七月
14	佛尔金布	领队大臣	道光二十六年（1846年）
15	阿隆阿	领队大臣	同治三年（1864年）八月
16	锡拉那	领队大臣	同治三年（1864年）十二月
17	喀尔莽阿	领队大臣	光绪四年（1878年）正月署，光绪七年（1881年）三月实授
18	德勤	领队大臣	光绪八年（1882年）六月暂署
19	玉宽	领队大臣	光绪十年（1884年）三月署
20	双全	领队大臣	光绪十三年（1887年）二月
21	恒明	领队大臣	光绪十四年（1888年）八月
22	德克津布	领队大臣	光绪十六年（1890年）二月前署
23	春满	领队大臣	光绪十九年（1893年）二月
24	恩祥	领队大臣	光绪二十三年（1897年）十月
25	峻昌	领队大臣	光绪三十二年（1906年）闰四月
26	博贵	领队大臣	光绪三十三年（1907年）十一月

乾隆三十二年（1767年）七月，铸给领队大臣钤记。察哈尔领队大臣任免在嘉、道、咸几朝《清实录》鲜有记载，光绪朝比较连续，至宣统朝又不见记录。以上仅将《清实录》中所记载者录之。

后 记

　　张家口是察哈尔都统驻扎地，察哈尔都统署是察哈尔的重要历史文化遗迹。为发挥其珍贵的文物价值，本着"保护为主，抢救第一，合理利用，加强管理"的原则，在国家、省文物部门的大力支持下，中共张家口市委、市人民政府对其进行了整体修缮，并利用其独有的历史文化内涵，在此开展察哈尔历史文化宣传。得益于这个机缘，编者有幸参与了首次基本陈列展览大纲的编撰及展陈的筹划设计工作。

　　由于此前编者对察哈尔历史知之甚少，属于名副其实的察哈尔盲。为不辱使命，遂俯下身来从头学起，以荷重负。为了能尽快了解察哈尔的历史，进而准确地诠释出察哈尔历史文化精髓，提取出能够展示的生动内容，编者选择了以清代正史为基础的研读之路。在有关察哈尔历史的文献典籍史料中，《清实录》无疑是记载察哈尔历史最准确、详实的典籍，也是能为我们提供陈列展览可靠素材的资源宝库。但《清实录》全篇四千四百三十三卷，20世纪80年代由中华书局影印成60册，总计62357页，每页影印四个版面，竖排繁体，无标点符号。洋洋巨著，浩如瀚海。通览一遍，谈何容易！从2013年孟春，至2016年孟冬，编者用近四年时间，走马观花，一目十行，粗览一遍。无非以相关关键词为看点，涉及者取之，无关者略之。文海浩瀚，形似浪中取贝，头晕目涩，精疲力竭。其中艰辛非亲历者所能想象。有感于此，编者遂萌发点

后 记

校辑纂《清实录·察哈尔卷》的想法：既便于自己今后参阅，又能为他人减轻查阅负担，岂非功德之举？于是便付诸实施。其间，又索性将宣化府、口北三厅等凡涉及本地历史的内容一并择取，以求地方史的完整。经数度披阅节选，从中择取出相关资料82万余字，又经点校辑纂而最终成就此卷。但愿能对今后地方史学研究有所裨益，如此也不虚此劳矣。

由于本书涉及蒙古族人名较多，为严谨计，特请内蒙古自治区苏尼特旗察哈尔文化学者高永厚先生、新疆博尔塔拉蒙古自治州察哈尔文化学者郎札先生分别对《清太宗实录卷》和附表中《伊犁察哈尔（带队）领队、稽查大臣年表》进行了审校，在此一并鸣谢。

高鸿宾

2016年10月31日 于张家口